조선에 전해진 중국 문헌

서울대학교 규장각한국학연구원 한국학연구총서 43

조선에 전해진 중국 문헌

초판 1쇄 발행 2021년 1월 15일

지은이 이종묵 외 6인
펴낸이 오세정
편집 정미경
디자인 최선아
인쇄 상지사

펴낸곳 서울대학교출판문화원
주소 08826 서울 관악구 관악로 1
도서주문 02-889-4424, 02-880-7995
홈페이지 www.snupress.com
페이스북 @snupress1947
인스타그램 @snupress
출판등록 제15-3호

ISBN 978-89-521-2018-2 94820
978-89-521-1028-2 (세트)

이 저서는 서울대학교 규장각한국학연구원에서 시행한 2008년도 한국학장기기초연구사업의 지원을 받아 수행된 연구 결과임(08-03-122-11: 조선 후기 중국 서적의 수입과 유통).

서울대학교 규장각한국학연구원 한국학연구총서 43

조선에 전해진 중국 문헌

이종묵 외 6인 지음

서울대학교출판문화원

Chinese Books in Joseon Korea:
An Annotated Bibliography

Lee, Jongmook
Kim, Hyoungsool
Jang, Yooseung
Baek, Seungho
Park, Minsu
Dang, Yunhui
Han, Jongjin

Oh, Soohyoung
Ok, YoungJung

Seoul National University Press

머리말

朝鮮은 文獻의 나라다. 조선의 왕과 문인들이 이렇게 자부한 대로 조선시대 수많은 문헌이 생산되고 유통되었다. 이러한 문헌 중 상당수가 조선에서 자체적으로 생산되었지만, 중국에서 생산되거나 번역된 것을 바탕으로 재생산한 것이 더 많다. 특히 조선 후기에는 방대한 중국 문헌이 조선으로 유입되어 조선의 학문을 다채롭게 했다. 이러한 점에서 조선에 수용된 중국 문헌에 대한 연구가 매우 긴요하다.

이 책은 특히 조선 후기에 유통된 중국 문헌에 대한 기초적 연구의 결과물이다. 중국 문헌의 수용에 관한 연구는 크게 두 가지로 나눌 수 있다. 우선 현재 규장각 등 우리나라에 소장된 중국 문헌에 대한 연구가 있을 수 있고, 또 조선시대 문헌에 등장하는 중국 문헌에 대한 연구가 있을 수 있다. 두 연구 모두 중요하지만 이 책에서는 후자를 취한다. 우리나라의 여러 기관에 소장되어 있지만 실제로는 활용되지 않은 문헌이 많고, 또 현전하지는 않지만 당대 문인들이 서가에 진열해 두고 그들의 학문과 문학에 활용한 문헌이 더욱 중요한 의미를 갖기 때문이다.

물론 조선시대 문헌에서 중국 문헌이 인용된 사례의 전모를 확인하기는 어렵다. 부득이 조선 후기 중국 문헌을 이용하여 새로운 문헌을 만들어낸 類書나 類說을 통해 중국 문헌이 수용된 양상의 개략을 살필 수밖에 없다. 이 책에서는『星湖僿說』,『海東繹史』,『五洲衍文長箋散稿』등 중국 문헌을 가장 방대하게 인용한 세 종의 문헌을 대상으로 했다. 이 연구는 규장각한국학연구원의 지원을 받아 장기 과제로 수행한 결과인데, 단기간의 연구에 그쳐『芝峯類說』,『林園經濟志』등을 다루지 못한 것은 참으로 안타깝다. 그렇지만 이 세 종의 문헌만으로도 조선 후기에 수용된 중국 문헌의 개략적인 정보는 확인할 수 있을 것이라고 생각한다.

이 책에서 다룬 세 종의 문헌은 한국고전번역원의 한국고전종합DB를 따른 것이다. 선학의 큰 공에 힘입어『星湖僿說』,『海東繹史』는 모두 번역되어 있고『五洲衍文長箋散稿』는 일부가 번역되어 있다. 이에 힘입어 이 세 종의 문헌에서 참고한 중국 문헌 목록을 뽑았다. 그중 일부는 서명인지 여부를 확인하기 어려운 것도 있고, 또 일실된 지 오래라 문헌의 내용을 확인할 수 없는 것도 상당수에 달했다. 기술 자체가 불가능한 한 문헌 일부를 제외하고 나니 2,400여 항목이 되었다.

이 책은 2,400여 종의 중국 문헌에 대한 간략한 해제를 목표로 했다. 기존에 축적되어 있는 국내외의 중국 문헌 해제를 참조하되, 中國基本古籍庫, 四庫全書 등 DB로 확인할 수 있는 문헌과 국내외의 여러 영인본을 두루 조사하고, 일부는 규장각 등에 소장되어 있는 원본을 직접 찾아 해제를 작성했다. 바이두(Baidu) 등 중국 검색 사이트의 정보도 적극 참조했다. 아울러 한국본은 한국고전적종합목록시스템, 중국본은 중국 국가도서관의 古籍與特藏文獻資源과 일본 京都大學의 全國漢籍DB를 활용하여 해당 전적이 어떤 기관에 소장되어 있는지를 살폈다. 그리고 한국고전번역원의 한국고전종합DB를 기본으로 하여 특정한 중국 문헌이 우리 문헌에 인용이나 소개가 된 사례를 찾았다. 중국 문헌이 직접 인용되어 있을 경우에는 中

國基本古籍庫, 四庫全書 등에서 확인하는 절차도 빠뜨리지 않았다. 이 과정에서 직접 인용한 것처럼 되어 있는 중국 문헌의 경우에도 상당 정도가 직접 인용이 아닌 다른 문헌의 재인용이라는 점도 확인할 수 있었다.

이 책에서 다룬 해제는 대강 이러한 내용을 담고 있다. 2년 동안의 작업을 통하여 초고를 완성했고, 그보다 훨씬 긴 시간을 들여 원고를 보완하고 수정했다. 김형술, 당윤희, 박민수, 백승호, 장유승, 한종진 등 여섯 사람이 초고를 작성했고, 누락되거나 간략하게 기술된 항목은 내가 추가로 작성한 것이다. 초고를 작성한 사람은 제각기 다르지만 내가 수정하고 보완한 것이므로 이 책의 내용에 대한 책임은 전적으로 나에게 있다. 이 과제를 시작할 때 대학원생이었던 여섯 분이 모두 교수나 연구원이 되어 각 분야에서 큰 성취를 이루고 있다는 점이 무엇보다 기쁘다.

이끗에 밝은 세상, 책을 멀리하는 시대, 이러한 낡은 것을 다룬 책을 출간해주는 서울대학교출판문화원에 사의를 표한다.

2021년 1월

필진을 대표하여 이종묵이 쓴다.

차례

ㄱ

家禮

南宋 朱熹가 가정에서 지키는 禮法을 모아 엮은 책. 朱熹(1130~1200)는 字가 元晦 혹은 仲晦이고 號는 晦庵, 晦翁, 雲谷山人 등이다. 福建 尤溪 출신으로 『資治通鑑綱目』, 『太極圖說解』, 『通書解』, 『古今家祭禮』, 『近思錄』 등 방대한 저술을 남겼으며 四書의 新註를 완성했다. 周代 이후 冠婚喪祭 등 儀禮에 관한 다양한 학설을 집대성해 이 책을 편찬했다. 보통 『朱子家禮』라 부른다. 총 5권, 附錄 1권으로 되어 있다. 宋人이 朱熹의 이름을 가탁했다는 학설도 있다. 朱子學이 널리 보급되면서 왕실부터 일반 서민까지 의례의 지침서로 활용되었다. 특히 顯宗, 肅宗 때에는 南人과 西人 사이에서 격렬한 禮訟 논쟁을 촉발하기도 했다. 『高麗史』, 『太宗實錄』, 『星湖僿說』, 『五洲衍文長箋散稿』 등 이른 시기부터 많은 문헌에서 빈번히 인용되었다. 太宗 3년(1403) 平壤府에서 100부를 간행해 배포했다는 기록이 實錄에 보인다. 또 仁祖 10년(1632)에는 『家禮諺解』가 간행되었는데 규장각 등에 소장되어 있다. 『家禮儀節』, 『家禮集說』 등과 같이 주석을 붙인 책으로도 널리 유통되었다.

家禮儀節

明 丘濬이 『朱子家禮』의 儀節에 주석을 붙인 책. 『文公家禮儀節』로도 불리는데 서명이 『朱子家禮』로 되어 있지만 실제는 이 책을 지칭하는 경우가 많다. 丘濬(1418~1495)은 字가 仲深이고 瓊山 출신으로, 『丘文莊集』, 『瓊臺詩

文會稿』, 『大學衍義補』, 『家禮儀節』, 『本草格式』 등 많은 저술을 남겼다. 이 책은 『朱子家禮』에 당시의 제도를 가감하고 매 장 끝에 주석과 고증을 부기했다. 引用書目은 40여 종이다. 小註에 '濬按'이라고 해서 자신의 의견을 붙였다. 권1 通禮, 권2 冠禮, 권3 昏禮, 권4 喪禮, 권5 喪禮와 葬禮, 권6 葬禮, 권7 祭禮, 권8 家禮雜儀이고, 부록에 書狀, 字辭, 字說, 聘啓, 書疏, 墓誌, 壙記, 祭文, 祝文, 告家廟文, 土神祭文 등이 있다. 『慕齋集』, 『退溪集』, 『高峯集』 등 조선 초기부터 여러 문헌에서 널리 인용되었으며 『芝峰類說』, 『星湖僿說』, 『五洲衍文長箋散稿』 등에서도 여러 차례 인용되었다. 국립중앙도서관에 中宗 연간(1506~1544) 금속활자로 간행한 판본이 일부 전한다. 明宗 10년(1555) 청주에서 간행한 판본이 일본 宮內府에 현전하며, 전라도관찰사 閔聖徽가 인조 4년(1626) 靈光郡에서 목판으로 간행한 8권 8책이 규장각 등에 소장되어 있다. 乾隆 24년(1759) 古吳卓觀樓에서 간행한 4권 4책의 중국 간본도 규장각에 전한다.

家禮集說

明 馮善이 편찬한 『朱子家禮』의 註釋書. 馮善은 字가 擇賢이고 號가 戒軒이며 無錫 출신이다. 자세한 생애는 알려져 있지 않다. 『注解文公家禮』도 그의 저술로 알려져 있다. 이 책은 明 宣德 연간(1426~1435)에 편찬되었는데 『千頃堂書目』 등에는 5권으로 되어 있다. 成化 15년(1479) 간행된 판본이 중국 國家圖書館에 소장되어 있다. 『退溪集』, 『愚伏集』, 『沙溪全書』, 『宋子大全』, 『星湖僿說』, 『五洲衍文長箋散稿』 등 여러 문헌에 인용되어 있는 것으로 보아 조선에 유입된 것으로 보이지만 국내에 남아 있는 판본은 확인되지 않는다.

家世舊聞

南宋 陸游가 편찬한 筆記雜錄. 陸游(1125~1210)는 字가 務觀이고 號가 放翁이며 浙江 山陰 출신이다. 이 책은 陸游 가문의 遺事를 기록한 것인데, 陸游의 高祖인 陸軫에서부터 父親 陸宰까지의 친가 및 외가인 唐氏 일족에 관한 다양한 정보를 기록했다. 특히 北宋의 眞宗부터 南宋의 高宗까지 8대에 걸친 宋朝의 政治, 經濟, 典章制度, 道德規範, 學術, 文學 등 여러 史實도 수록하고 있다. 규장각에 소장된 『陸放翁全集』, 『鴉村叢話』, 『說郛』, 『宋人百家小說』 등에 이 책이 수록되어 있다. 국립중앙도서관 등에 필사본이 소장되어 있는 것으로

보아 조선시대 널리 유통되었음을 알 수 있다. 『芝峰類說』, 『靑莊館全書』, 『海東繹史』, 『硏經齋全集』 등에 이 책이 인용되었다.

賈氏談錄

北宋 張洎가 唐代의 인물과 고사에 관해 기록한 雜錄. 張洎(933~996)는 字가 思黯인데 나중에 偕仁으로 고쳤으며 全椒 출신이다. 南唐에서 知制誥와 中書舍人을 지냈고 宋에서 翰林學士를 거쳐 參知政事에 이르렀다. 『宋史』의 「張洎傳」에 자세한 행적이 기록되어 있다. 978년 고려에 사신으로 왔다. 이 책은 賈黃中이라는 사람에게서 들은 바를 기록한 것이므로 이러한 이름이 붙었다. 賈黃中은 『宋史』에 立傳되어 있다. 서명이 『賈氏譚錄』, 『談錄』으로 된 데도 있다. 원문은 일실되고 『說郛』에 일부가 실렸다. 『芝峯類說』, 『與猶堂全書』, 『硏經齋全集』, 『五洲衍文長箋散稿』 등에 이 책이 인용되었다. 『硏經齋全集』에는 『賈氏譚錄』으로, 『常變通考』에는 『談錄』으로 인용되었다.

家語 → 孔子家語

嘉祐補注本草

北宋 掌禹錫과 蘇頌 등이 편찬한 醫藥書. 掌禹錫(992~1068)은 字가 唐卿이고 許州 郾城 출신이며, 『皇祐方域國志』, 『周易集解』 등의 저술이 있다. 蘇頌(1020~1101)은 字가 子容이고 福建 同安 출신이다. 이 책은 嘉祐 연간(1056~1063)에 편찬되어, 『嘉祐本草』라고도 한다. 諸家의 本草 및 經史百家에 실린 藥學 지식을 참고하되 당시 醫家가 常用하지만 本草에 실려 있지 않은 藥物에 관한 내용과 注解를 보충했다. 21권으로 1,082種의 藥材가 기재되어 있다. 이 책은 현재 전하지 않고 元代의 『居家必用事類全集』 등에 일부가 인용되어 있다. 『海東繹史』, 『五洲衍文長箋散稿』 등에서 이 서명이 확인되지만 역시 『居家必用事類全集』 등을 재인용한 것으로 보인다.

嘉祐雜志 → 鄰幾雜誌

賈子新書

前漢 賈誼가 편찬한 政論書. 賈誼(B.C.200~B.C.168)는 河南 洛陽 출신이다.

이 책은 총 10권으로 『漢書』「藝文志」에는 단순히 『賈誼』라고 되어 있고, 『隨書』「經籍志」에는 『新書』라고 되어 있으며, 『新唐書』「藝文志」 이후에는 『賈誼新書』, 『賈子新書』라고 되어 있다. 賈誼의 政論이 실려 있는데, 앞의 5권은 奏文이고 뒤의 5권은 禮樂政術 등을 서술했다. 원래는 72편이었다고 하나 劉向이 58편으로 删定했으며, 지금은 56편만 남아 있다. 先秦의 諸家思想을 취사선택하여 하나의 종합적 사상체계를 형성해갔던 漢代 儒學의 성격이 잘 드러난다. 『星湖僿說』, 『芝山集』, 『弘齋全書』 등에 이 책이 인용되었다. 규장각에 소장된 明 陳仁錫이 편찬한 『奇賞齋古文彙編』에 이 책이 수록되어 있다. 국립중앙도서관에는 寬延 2년(1749) 간행된 일본 목판본이 소장되어 있고, 규장각에는 光緖 元年(1875) 간행된 10권 2책 목판본이 소장되어 있으며 서명은 『新書』로 되어 있다.

干祿字書

唐 顔元孫이 편찬한 字書. 顔元孫(?~714)은 字가 聿修이고 京兆 萬年 출신이다. 訓詁와 書法에 정통한 琅琊 顔氏 집안 출신으로, 高祖父 顔之推, 伯祖父 顔師古, 侄子 顔眞卿이 모두 저명한 士人이다. 이 책은 顔元孫이 顔師古의 『顔氏字樣』을 증보하여 펴낸 것이다. '干祿'이란 俸祿을 구한다는 뜻이다. 科擧 시험의 답안을 正字로 작성해야 하는 科擧 수험생이 참고할 字體를 제시했다. 총 1,656字의 한자를 韻에 따라 배열하고, 글자마다 正字, 俗字, 通字 등으로 나누어 정리했다. 『說郛』에 1권으로 실려 있다. 『海東繹史』, 『五洲衍文長箋散稿』 등에 인용되었다. 文化 14년(1817) 일본에서 간행한 목판본 1책이 국립중앙도서관 등에 소장되어 있다.

簡式類編

淸 錢謙益이 簡札의 書式을 정리한 책. 錢謙益(1582~1664)은 字가 受之이고 號가 牧齋이며 만년에 蒙叟 혹은 東澗老人이라 했다. 常熟 출신으로 東林黨의 영수 중 한 사람이다. 문집 『牧齋有學集』과 『牧齋初學集』 등 많은 저술을 남겼다. 이 책은 편지 작성에 실제적인 도움을 줄 수 있도록 편지의 각 부분에 상용되는 표현과 어휘 및 상식적으로 알아두어야 할 내용 등을 분류하여 제시했다. 1책이며 41항으로 되어 있는데, 전반부는 편지의 첫 대목부터 끝 대목까지 나누어 그에 알맞은 표현을 나열했으며, 후반부는 편지를 쓰는 상황

에 적당한 내용을 제시했다. 1739년 李寅錫이 補注한 목판본 1책이 규장각, 국립중앙도서관 등에 소장되어 있는데 錢謙益의 책에 金淨의 『東人例式』 등을 보충하여 편찬한 것이다. 동국대, 경기대, 고려대, 단국대 등 여러 곳에 소장된 필사본은 조선에서 증보한 것으로 추정된다. 『五洲衍文長箋散稿』에는 『寒暄箚錄』과 함께 대표적인 조선의 簡札 書式集으로 기술했는데, 이 역시 조선에서 증보한 것을 이르는 것으로 보인다. 규장각에 소장된 『童觀識錄』은 『寒暄箚錄』 등과 함께 이 책을 인용하고 해설을 붙인 것이다.

艮齋倦稿

淸 尤侗이 편찬한 文集. 尤侗(1618~1704)은 字가 同人이고 號는 艮齋 또는 西堂老人으로 江蘇 長洲 출신이다. 詩와 古文詞에 능했으며 『西堂雜俎』, 『艮齋雜記』 등의 저서를 남겼다. 규장각에 『西堂全集』에 수록되지 않은 글을 모은 『西堂餘集』 65권이 소장되어 있는데 권4~29에 이 책이 수록되어 있다. 詩集 11권, 文集 15권으로 구성되어 있다. 詩集에는 1684년부터 1698년까지의 詩 1,258수와 詞 27수, 詞曲 7수, 雜體詩 15수가 수록되어 있고, 文集에는 碑記·記(권1), 序(권2~3), 壽序·帳詞(권4), 賦·頌·贊·銘·約(권5), 傳·書·疏(권6), 題跋·募引·連珠(권7), 墓誌銘·行狀·祭文(권8), 1684년부터 1698년까지의 雜文 187則(권9~15)이 실려 있다. 『五洲衍文長箋散稿』에는 담배를 고증하면서 이 책을 인용했다.

艮齋雜說

淸 尤侗이 편찬한 筆記雜錄. 서울대 중앙도서관에 康熙 庚午(1690) 尤侗의 序가 달린 목판본 10권 2책이 소장되어 있다. 규장각에 소장된 『西堂餘集』에 6권으로 실려 있다. 經史와 百家書, 典章制度, 名物器用 등에 대한 의론과 고증으로 이루어져 있다. 孫致彌의 『朝鮮採風錄』에 실려 있는 고려와 조선 문인의 시를 이 책에서 인용했는데, 『海東繹史』에서 이러한 내용을 소개했다.

簡平儀說

이탈리아 출신의 선교사 熊三拔이 편찬한 天文書. 熊三拔(Sabatino de Ursis, 1575~1620)은 예수회 선교사로서 중국에 도착해 宗務를 담당했고, 萬曆 39년(1611) 徐光啓의 추천으로 曆法 작업에 참여했다. 『泰西水法』, 『表度說』 등의 저술을 남겼다. 이 책은 태양의 운행을 측정하는 簡平儀의 용법을 소개한 것이다. 南秉哲의 『圭齋遺藁』에 실려 있는 「簡平儀說」은 『四庫全書總目』을 인용하여 이 책을 논한 글이며 그의 다른 저술 『儀器輯說』도 이 책을 많이 참조했다. 『星湖僿說』, 『五洲衍文長箋散稿』에 이 책이 인용되어 있는데 『簡平儀』, 『簡平儀度說』 등의 명칭도 보인다. 국민대 도서관에 필사본 1책이 전하는데 丁若鏞이 편찬한 것으로 되어 있다. 규장각 소장의 『守山閣叢書』에도 이 책이 수록되어 있다.

羯鼓錄

唐 南卓이 편찬한 樂書. 南卓은 字가 昭嗣인데, 大中 연간(847~860) 黔南觀察使를 지냈다. 羯鼓는 南北朝 시대 西域에서 수입된 타악기인데, 특히 唐 玄宗과 재상 宋璟이 연주에 뛰어났다고 한다. 이 책은 前後 2錄으로 구성되어 있는데, 大中 2년(848) 완성된 前錄은 羯鼓의 원류와 형상을 서술하고, 大中 4년(850) 완성된 後錄은 唐 玄宗과 宋璟의 일화 등에 대해 서술했으며, 附錄에서는 羯鼓의 여러 曲名을 기록했다. 『東國李相國集』에 이 책을 인용하고 있어 고려시대 수입되어 읽혔음을 알 수 있지만, 그 이후에는 거의 언급되지 않다가 조선 후기에 이르러 『心田稿』, 『五洲衍文長箋散稿』 등에서 이 책을 언급했다. 규장각에 소장된 『尙白齋鐫陳眉公訂正秘笈』, 『說郛』, 『唐代叢書』, 『守山閣叢書』 등에 이 책이 수록되어 있다.

鶡冠子

편찬자를 알 수 없는 先秦의 諸子書. 『漢書』에 따르면 鶡冠子는 春秋時代 楚國 사람으로 깊은 산 속에 살면서 鶡鳥의 꽁지깃으로 장식한 冠을 쓰고 다녔다고 하여 이러한 이름이 붙었다고 한다. 前漢 이후 여러 典籍어 그의 이름으로 假託되었고 이 책 역시 그러하다. 이 책의 내용은 道家에 가까우며 法家, 兵家의 사상도 절충했다. 총 3권이며 博選, 著希, 夜行, 天則, 環流, 道端, 近迭, 度滿, 王鈇, 泰鴻, 泰錄, 世兵, 備知, 兵政, 學問, 世賢, 天權, 能天, 武靈王 등 19편으로 되어 있다. 『芝峯類說』, 『宋子大全』, 『陶谷集』, 『椒園遺槁』, 『星湖僿說』, 『明皐全集』, 『與猶堂全書』, 『金陵集』, 『靑莊館全書』, 『五洲衍文長箋散稿』 등에 여러 차례 인용되어 있다. 乾隆 39년(1774)의 序가 달린 武英殿聚珍字本 3책과 淸代 목판본 1책이 규장각에 전한다. 明 深津의 『百家類纂』, 明 陳仁錫의

『諸子奇賞』, 明 侯應琛의 『諸子彙函』, 明 陳深의 『諸子品節』 등에도 이 책이 수록되어 있다.

感舊集

明末淸初 王士禛이 師友의 시를 모아 편찬한 詩集. 王士禛(1634~1711)은 字가 貽上이고 號가 阮亭인데, 別號인 漁洋山人을 따서 王漁洋으로 불렸다. 山東 新城 출신으로 일생의 저술은 500여 종, 詩作은 4,000여 수에 달한다고 하며, 주요 저작으로 『漁洋山人精華錄』, 『池北偶談』, 『香祖筆記』, 『居易錄』, 『帶經堂集』 등이 있다. 이 책에는 淸 順治 연간(1644~1661)과 康熙 연간(1662~1722) 330인의 詩 2,572수가 수록되어 있다. 또한 朝鮮 金尙憲의 시가 인용되어 있어 조선 후기 문인들의 관심을 불러일으켰다. 『湛軒書』, 『熱河日記』, 『戊午燕行錄』, 『靑莊館全書』, 『海東繹史』, 『研經齋全集』, 『楓皐集』, 『臺山集』, 『瓛齋集』 등 많은 책에 인용되어 있다. 서명이 『感舊錄』으로 표기된 데도 있다. 서울대 중앙도서관에 乾隆 17년(1752) 廣居堂에서 16권 8책으로 간행한 목판본이 전하는데, 같은 해 張元과 盧見曾이 쓴 序가 실려 있다. 국립중앙도서관에 소장된 필사본은 이 계열의 판본을 轉寫한 것으로 추정된다.

甘德長柳占夢

중국 고대의 占夢書. 편찬자는 알 수 없다. 줄여서 『甘德占夢』이라고도 한다. 『漢書』「藝文志」에 『七略』의 雜占 18家 중에 으뜸으로 기재되어 있으며 20권이라 했다. 『黃帝長柳占夢』(11권)과 함께 언급되는 책이지만, 魏晉 시대에 일실되었다. 『五洲衍文長箋散稿』 외에 『順菴集』「解夢」에서도 이 책을 언급하고 있지만 모두 『漢書』를 인용한 것이다.

甘露經

唐 汝陽王 李璡이 秘傳되던 술 빚는 방법을 적은 책. 李璡(?~750)은 唐 寧王 李憲(679~742)의 長子로 술을 좋아하여 杜甫의 「飮中八仙歌」에도 등장하는데 스스로 釀王兼麴部尙書라 자부했다. 許筠의 『閑情錄』에는 淸 袁宏道의 『觴政』을 인용하여 이 책을 언급했다. 『五洲衍文長箋散稿』에는 편찬자를 王璡으로 잘못 표기했다. 이 책은 일실되었는데 중국의 문헌에서도 北宋 陶穀(903~970)의 『淸異録』 등에 그 내용이 소개되어 있을 뿐이다.

甘石星經

戰國時代 齊의 甘德과 魏의 石申이 저술한 天文學書. 甘德과 石申은 기원전 4세기 무렵에 활동한 것으로 추정된다. 甘德은 齊가 아니라 楚 혹은 魯 출신이라는 설도 있다. 石申은 石申夫라고도 한다. 『史記』에 甘德이 『天文星占』과 『歲星經』을 편찬하고, 『隋書』에 石申이 『星簿經贊』, 『四七法』 등을 편찬했다고 하지만 모두 일실되었다. 이 책은 각기 8권으로 된 甘德의 『天文星占』, 石申의 『天文』에 수록되어 있던 천문학 관련 학설을 후대에 모은 것으로, 『星經』이라고도 한다. 2권이며 800개의 恒星을 다루었다. 『白湖全書』, 『東史綱目』, 『海東繹史』 등에 이 책에 대한 언급이 보인다. 許傳의 『性齋集』에 수록된 「穀辨」 등에 이 서명이 보인다. 『五洲衍文長箋散稿』에도 이 책을 인용했다. 규장각 등에 소장된 『說郛』와 『漢魏叢書』, 장서각에 소장된 『唐宋叢書』 등에 이 책이 수록되어 있는데 서명이 『星經』으로 되어 있다.

堪輿金匱

後漢 班固가 편찬한 風水地理書. 班固(32~92)는 字가 孟堅이고 扶風 安陵 출신이다. 『漢書』의 편찬자로 알려져 있으며, 『白虎通義』 등을 남겼다. 이 책은 陰陽五行, 時令日辰 등을 기록하고 있는데 『淮南子』의 설명에 따르면, 堪은 天道이고 輿는 地道이며, 堪輿學은 天地의 學을 가리킨다고 한다. 秦漢 시대에 풍수를 전문적으로 보는 堪輿家가 출현하기 시작하여, 漢代에 전문적인 堪輿術 저작인 『堪輿金匱』가 편찬된 것으로 알려져 있다. 이 책은 『漢書』 등에 그 서명만 보일 뿐 일실되어 전하지 않는다. 『五洲衍文長箋散稿』에서는 『漢書』 「藝文志」를 인용해 五行家의 저술에 『堪輿金匱』 14권이 있다고 했다.

感遇傳 → 神仙感遇傳

感應類從志

吳의 승려 贊寧이 동식물의 현상을 사람과 관련하여 기술한 雜錄. 서명이 『感應類從譜』로 된 데도 있고 저자명이 贊甯으로 표기된 데도 많다. 『十國春秋』에 따르면 贊寧은 姓이 高氏로 그 선조가 渤海人이다. 『宋史』에는 贊寧이 『物類相感志』 5권을 편찬한 것으로 되어 있는데 『物類相感志』는 내용이 다른 별개의 책으로 뒤에 자세히 다룬다. 『四庫全書總目』 등 많은 중국 문헌에는 『感

應類從志』의 편찬자를 晉의 張華라 했다. 張華(232~300)는 字가 茂先이고 范陽 方城 출신으로, 『博物志』, 『張茂先集』 등의 저술이 있다. 『五洲衍文長箋散稿』에서 인용한 대목은 『說郛』에 수록되어 있으며 그 편찬자가 贊寧으로 되어 있다. 『五洲衍文長箋散稿』에서 비슷한 서명의 『物理類從志』를 인용했는데 같은 내용이 『埤雅』와 『山堂肆考』 등에 보인다. 그 출처를 『類從』이라 했지만 중국 문헌에서 『物理類從志』는 확인되지 않는다.

感應篇 → 太上感應篇

甘藷疏

明 徐光啓가 편찬한 農書. 徐光啓(1562~1633)는 字가 子先이고 南直隸 松江府 출신으로, 『農政全書』, 『測量異同』, 『句股義』, 『崇禎曆書』 등을 편찬했고, 『幾何原本』 등을 번역했다. 甘藷는 고구마로, 明 萬曆 초에 중국 東南沿海에 처음 들어왔는데, 徐光啓가 이 책을 지어 그 農法을 널리 보급했다. 徐光啓의 序만 전하고 본문은 일실되었는데 후대의 문헌에 재인용되어 일부가 전한다. 徐有榘의 『種藷譜』는 이 책과 함께 朝鮮 姜必履의 『甘藷譜』, 金長淳의 『甘藷新譜』 등을 절충해 聚珍字로 간행한 책이다. 『研經齋全集』, 『林下筆記』, 『楓石全集』, 『斗室存稿』, 『嘉梧藁略』, 『舫山集』, 『五洲衍文長箋散稿』 등에서 이 책을 언급했다.

感精符 → 春秋感精符

紺珠集

편찬자를 알 수 없는 筆記雜錄. 宋 晁公武의 『郡齋讀書志』에서 편찬자를 北宋 朱勝非라 했다. 百家小記를 편집하면서 唐 張燕公의 紺珠 고사에서 따 서명으로 삼는다고 했다. 朱勝非(1082~1144)는 字가 藏一이고 諡號가 忠貞이며 蔡州 출신이다. 南宋 紹興 연간(1131~1162)의 序에는 이 책이 어느 시대 이루어졌는지 모르겠다고 하고, 그 저자가 朱勝非라는 것도 후세의 오류로 보았다. 明 天順 연간(1457~1464) 간본이 대만 中央研究院 傅斯年圖書館에 소장되어 있다. 『四庫全書』에 13권으로 수록되었다. 이 책은 『穆天子傳』, 『古今注』, 『異聞實錄』, 『明皇雜錄』 등 다양한 서적을 인용해 특정한 어휘를 풀이했다. 『五洲衍文長箋散稿』에 이 책을 언급하고 있지만, 清 王士禛의 『香祖筆記』를 재인용한 것이다.

甲乙剩言

明 胡應麟이 편찬한 雜錄. 胡應麟(1551~1602)은 字가 元瑞 혹은 明瑞이고 號는 少室山人, 石羊生 등을 사용했으며 蘭溪 출신이다. 明末五子로 일컬어지며 『少室山房類稿』, 『續稿筆叢』, 『詩藪』 등을 남겼다. 이 책은 薛素素, 太太, 合㬅 등 풍속과 세태에 관한 항목을 다루고 있다. 胡應麟의 잡록을 모은 규장각 유일본 『鴉村叢話』, 沈天生과 沈白生 형제가 엮은 『尙白齋鐫陳眉公訂正秘笈』, 그밖에 『說郛』와 『叢書』 등에도 수록되어 있다. 이 책은 『星湖僿說』, 『林下筆記』, 『海東繹史』, 『研經齋全集』, 『洛下生集』 등에 인용되어 있는 것으로 보아 조선 후기 광범위하게 읽힌 것으로 추정된다.

甲子會紀

明 薛應旂가 편찬한 編年體 史書. 薛應旂(1500~1574)는 字가 仲常이고 號가 方山이며 武進 출신이다. 『宋元資治通鑑』, 『四書人物考』, 『憲章錄』, 『方山文錄』, 『薛方山紀述』, 『薛子庸語』 등 방대한 저술을 남겼다. 이 책은 총 5권으로 嘉靖 38년(1559)의 序가 실려 있다. 권1~4는 黃帝 甲子年부터 明 嘉靖 42년(1563)까지 71甲子 4,260년의 일을 연도별로 기록했으며, 권5에서는 黃帝 이전의 역사를 적고 邵雍의 「觀化詩」 16수를 덧붙였다. 『靑莊館全書』, 『海東繹史』, 『弘齋全書』, 『五洲衍文長箋散稿』 등에 이 서명이 보인다. 존경각, 국립중앙도서관 등에 明 陳仁錫이 評閱하고 許穀의 序를 붙여 간행한 5권 4책의 목판본이 소장되어 있다.

江南別錄

北宋 陳彭年이 편찬한 歷史書. 陳彭年(961~1017)은 字가 永年이고 江西 南城 출신이다. 이 책은 五代十國 南唐의 義祖 徐溫에서 後主 李煜까지 4代의 史實을 기록했다. 宋初 徐鉉과 湯悅이 편찬한 『江南錄』의 부족한 부분을 보충한 것이기 때문에 책 이름을 『別錄』이라 했다. 다른 史書와 일치하지 않는 부분도 있지만, 南唐에 대한 내용이 상세하기 때문에 宋 司馬光의 『資治通鑑』도 이 책을 採錄한 부분이 많다. 『五洲衍文長箋散稿』에 南唐의 사건이 산견된 기

록으로서 『江南錄』, 『九國志』, 『南唐近事』, 『江南野史』 등과 함께 이 책을 소개했다. 『說郛』에 1권으로 실려 있다. 규장각에 소장된 필사본 『古今說海』에도 수록되어 있다.

江南野史

北宋 龍袞이 편찬한 歷史書. 龍袞은 字가 君章이고 吉州 永新 출신이다. 생몰년은 확인되지 않지만 眞宗 연간(997~1022)과 仁宗 연간(1022~1063)에 활동했다. 이 책은 南唐에서 宋初에 이르기까지 江南의 역사를 紀傳體로 엮은 史書로, 원래 20권에 84인의 傳記를 수록했다고 하나 현재 10권만 전한다. 권1~3에는 南唐 세 군주의 事跡을 싣고, 권4~10은 南唐 諸臣의 列傳을 수록했다. 『靑莊館全書』, 『五洲衍文長箋散稿』에 이 책이 언급되어 있다. 『豫章叢書』에 10권으로 수록되어 있고 『說郛』에는 표제 없이 10조만 실려 있다. 서울대 중앙도서관에 1923년 간행된 『豫章叢書』 간본이 소장되어 있다.

江寧府志

淸代 편찬된 江寧府의 地方志. 江寧府는 지금의 南京 지역으로, 이 책은 康熙 6년(1667) 江寧知府 陳開虞가 주관하고 鄭旭, 白夢鼐 등이 찬수하여 이듬해 간행했다. 陳開虞는 字號와 이력이 자세하지 않다. 이 책은 34권으로, 圖紀, 沿革表, 疆域志, 山水志, 建置志, 賦役志, 學校志, 科貢表, 歷官表, 官績傳, 人物傳, 古迹志, 災祥志, 祠祀志, 寺觀志 등으로 구성되어 있다. 嘉慶 16년(1811) 呂燕昭, 姚鼐 등이 편찬한 『新修江寧府志』와 光緖 6년(1880) 蔣啓勳, 趙佑宸 등이 편찬한 『續纂江寧府志』 등이 따로 있다. 『五洲衍文長箋散稿』에 『江寧府志』를 인용했는데 구체적으로 어느 책인지는 확인하기 어렵다.

江隣幾雜志 → 隣幾雜志

綱目 → 資治通鑑綱目

綱目考異

元 汪克寬이 司馬光 『資治通鑑綱目』의 凡例를 교감한 책. 汪克寬(1304~1372)은 字가 德一 혹은 仲裕이며 祁門 출신이다. 『元史』 편찬에 참여했으며 문집

『環谷集』이 있다. 이 책은 『通鑑綱目凡例考異』라고도 하는데 대부분의 『資治通鑑綱目』 앞부분에 함께 실려 있다. 『宣祖實錄』에서부터 이 책이 보이기 시작하며, 兪莘煥의 『鳳棲集』에 실려 있는 「跋沙溪先生綱目標識」에는 金長生의 수택본이 있었다고 한다. 『五洲衍文長箋散稿』에는 汪克寬이 이 책과 함께 『綱目集覽』 12권, 『綱目後』 3편 11권, 『續綱目』 27권도 함께 편찬한 것으로 되어 있지만 확인되지 않는다. 元 王幼學의 『資治通鑑綱目集覽』이 규장각 등에 소장되어 있는데 59권으로 권수에서 큰 차이가 난다. 『續綱目』은 明 商輅가 27권으로 편찬한 책인데 이것을 가리킬 수도 있다. 『綱目後』라는 서명의 책은 발견되지 않는다. 『眉巖集』에 柳希春이 같은 서명의 『綱目考異』를 저술한 것으로 되어 있지만 그 내용은 다르다. 初鑄甲寅字로 간행한 1책본이 성암고서박물관에 소장되어 있으며, 隆慶 6년(1572) 金陵 直旨寺에서 간행한 목판본이 동국대에 소장되어 있다.

綱目集覽 → 綱目考異

綱目後 → 綱目考異

綱常記 → 五倫全備記

羌爾雅

北宋 劉溫潤이 西夏語를 풀이한 字書. 劉溫潤은 『宋史』에 이름이 보이는데 字號와 이력은 알려져 있지 않지만 이 책과 함께 『西夏須知』를 저술한 것으로 되어 있다. 南宋 章如愚의 『山堂考索』에는 이 책 羌虜의 말을 華語로 풀이한 것이라 했다. 『五洲衍文長箋散稿』에서는 『爾雅』에 대한 변증설을 설명하면서 서명만 소개하고 있어 직접 보지는 못한 것으로 추정된다.

江鈿文海 → 文海

江村消夏錄

淸 高士奇가 편찬한 筆記雜錄. 高士奇(1645~1704)는 字가 澹人이고 號는 江村이며 錢唐 출신이다. 『春秋地名考略』, 『左傳紀事本末』, 『春秋講義』, 『毛詩講

義』, 『天祿識餘』, 『江村消夏錄』, 『苑西集』 등 많은 저술을 남겼다. 이 책은 裝潢에 대해 기술한 것으로, 康熙 32년(1693) 寶芸堂 간본이 중국 香港大에 소장되어 있으며 『四庫全書』에도 3권으로 실려 있다. 국립중앙도서관에 寬政 12년(1860) 일본 목판본 6권이 소장되어 있다. 『五洲衍文長箋散稿』에 "錢塘詹事江祁銷夏錄"이라 되어 있는데 "錢塘詹人江邨銷夏錄"의 잘못이다. 『燕臺再遊錄』, 『明皐全集』, 『楓石全集』 등에 『灤陽銷夏錄』이 보이는데 이는 淸 紀昀의 저술이다. 또 『丙子消夏錄』이 있는데 『唐律消夏錄』이라고도 하며 唐詩를 모은 책이다.

江表傳

西晉 虞溥가 편찬한 歷史書. 虞溥는 字가 允源이고 山東 高平 昌邑 출신인데 정확한 생몰년은 밝혀져 있지 않다. 저술로 『春秋經傳注』, 『厲學』 등이 있고, 詩, 賦 수십 편을 남겼다. 이 책은 현재 전해지는 판본이 없지만 『三國志』, 『太平御覽』 등 후대의 문헌에 빈번하게 인용되어 있다. 제목에 쓰인 江表는 南方의 六朝를 포괄하는 칭호로서, 흔히 揚州 혹은 荊州를 가리킨다. 『三國志』에서 江表는 대부분 孫權 판도에 있던 지역을 가리키므로 이 책은 三國 중에서도 손권 세력을 위주로 하여 서술한 三國時代의 歷史書라고 할 수 있다. 『海東繹史』, 『順菴集』, 『雅言覺非』, 『林下筆記』, 『五洲衍文長箋散稿』 등에 이 책이 언급되어 있지만 직접 본 것은 아닌 듯하다. 일본 국회도서관에 『江表傳』이라는 서명으로 된 목판본이 전하지만 같은 책인지는 알 수 없다.

江表志

北宋 鄭文寶가 南唐의 野史를 모아 편찬한 책. 鄭文寶(953~1013)는 字가 仲賢이고 寧化 출신으로, 南唐에서 관직 생활을 시작하여 宋代 陝西轉運使, 兵部員外郎 등을 지냈다. 이 책은 스승인 徐鉉 등이 편찬한 『江南錄』을 보완한 것으로, 明代의 간본 3권이 대만 故宮博物院圖書館에 소장되어 있다. 上卷에는 列祖의 사적을, 中卷에는 元宗의 사적을, 下卷에는 後主의 사적을 기록했다. 編年體를 따르지 않고 王과 大臣 등의 이름 아래 사건을 적었다. 규장각에 소장된 『說郛』, 『叢書』 등에 수록되어 있다. 『說郛』에는 序 다음에 皇子, 宰相, 使相, 樞密使, 文臣, 將帥 등의 표제 아래 인명을 나열한 후 중요 인물에 대한 기사를 수록했다. 『五洲衍文長箋散稿』에 이 책을 인용했지만 王士禎의 「兩漢紀

見聞後錄跋』에서 재인용한 것이다.

康熙幾暇格物論

淸 康熙帝가 편찬한 筆記. 康熙帝(1654~1722)는 原名이 愛新覺羅 玄燁이고 廟號는 聖祖다. 이 책은 天文, 地理, 古生物, 動物, 植物, 醫藥, 哲學 등 다양한 분야를 망라하고 있으며 星宿海, 蒙氣, 方音, 窩集 등 281조목으로 구성되어 있다. 『幾暇格物論』, 『康熙幾暇格物編』이라고도 한다. 『四庫全書』에 수록되어 있는 『聖祖仁皇帝御製文集』 권26~31에 실려 있다. 『海東繹史』와 『五洲衍文長箋散稿』에서 중요한 참고도서로 활용되었다. 『硏經齋全集』, 徐浩修의 『燕行紀』, 『耳溪集』 등에서도 이 책이 여러 차례 인용되었다.

康熙御製集

淸 康熙帝의 文集. 원래 서명은 『聖祖仁皇帝御製文集』이다. 『四庫全書總目』에는 『聖祖仁皇帝御製文集』 176권이라 했다. 癸亥(1683) 이전의 것은 初集에, 丁丑(1697) 이전의 것은 二集에, 辛卯(1711) 이전의 것은 三集에, 그 이후의 것은 四集에 수록했다. 대만 故宮博物院圖書館에 『聖祖仁皇帝御製文』이 소장되어 있는데 初集 40권, 二集 50권, 三集 50권이다. 같은 곳에 소장되어 있는 『聖祖御製詩集』은 初集 10권, 二集 10권, 三集 8권이고, 『聖祖仁皇帝御製文集』은 初集 40권과 目錄 5권, 二集 50권과 目錄 6권, 三集 50권과 目錄 6권, 四集 36권과 目錄 4권이다. 『四庫全書』에도 수록되어 있다. 규장각에 소장되어 있는 『御製文集』도 동일한 책이다. 『五洲衍文長箋散稿』에서 언급되었다.

康熙字典

淸 張玉書, 陳廷敬 등이 康熙帝의 命을 받아 明 梅膺祚의 『字彙』와 張自烈의 『正字通』을 참고하여 康熙 55년(1716) 완성한 字典. 원명은 『字典』이지만 후세에 『康熙字典』이라고 통칭했으며, 『五洲衍文長箋散稿』에도 『康熙字典』으로 기술되어 있다. 張玉書(1642~1711)는 字가 素存이고 號가 潤浦이며 江蘇 丹徒 출신이고, 陳廷敬(1639~1712)은 字가 子端이고 號가 說巖이며 山西 澤州 출신이다. 이 책은 12地支에 의해 12集으로 나누었으며, 각 集은 다시 上, 中, 下 3권으로 나누었고, 卷頭의 凡例, 等韻, 總目, 檢字와 券尾의 補遺, 備考 등 6권을 합하여 모두 42권으로 이루어졌다. 1728년에 謝恩使 驪川君 李增이 귀국

하면서 『康熙字典』과 함께 『性理精義』, 『詩經傳說彙纂』, 『音韻闡微』 등을 淸에서 받아 왔다는 기록이 『英祖實錄』에 보이고 『燃藜室記述』과 『林下筆記』, 『靑莊館全書』 등에서도 유사한 내용이 확인된다. 이 외에도 『星湖僿說』과 『五洲衍文長箋散稿』에서 수차례 거론했고, 『弘齋全書』, 『湛軒書』, 『心田稿』에서도 이 책의 방대한 규모를 논했다. 규장각, 국립중앙도서관, 서울대, 성균관대, 한양대, 동국대 등에 다양한 목판본이 소장되어 있다.

岕茶彙抄

明末淸初 冒襄이 편찬한 茶에 관한 책. 冒襄(1611~1693)은 字가 辟疆이고 號는 巢民 혹은 樸巢이며 江蘇 如皐 출신이다. 어릴 때부터 재능이 뛰어나서 史可法이 監軍으로 추천했지만 明이 망한 후 벼슬길에 뜻을 버리고 樸巢, 水繪園, 深翠山房에서 은거하면서 그림과 글씨로 소일했다. 저서로 『水繪園詩文集』, 『樸巢詩文集』과 『影梅庵憶語』 등이 있다. 이 책은 宜興, 長興 및 皖南 일대에서 생산되는 岕茶에 관한 고사와 사적을 수집한 것으로, 馮可賓의 『岕茶箋』과 許次紓의 『茶疏』, 熊明遇의 『羅岕茶記』 등을 취합하여 편찬했다. 규장각 등에 소장된 『昭代叢書』에 수록되어 있으며, 19세기 후반 간행된 『冒氏小品四種』, 『冒氏叢書』 등에도 수록되었다. 『五洲衍文長箋散稿』에 이 책이 인용되었다.

改竝篇海 → 五音類聚四聲篇海

開寶本草

北宋 劉翰과 馬志 등이 편찬한 醫藥書. 劉翰(910~990)은 湖北 倉州 출신의 醫官으로, 『經用方書』, 『論候』, 『今體治世集』 등을 편찬했다. 馬志는 北宋의 醫官이지만 생애가 자세하지 않다. 唐代에 『新修本草』가 편찬된 이래, 약재의 종류가 다양해지면서 현실에 맞지 않게 되자, 開寶 7년(974) 宋 太祖가 劉翰과 馬志 등에게 기존의 『新修本草』, 『蜀本草』 등을 교정해 『開寶新詳定本草』를 편찬하게 했는데, 이에 劉翰 등이 藥物의 종류를 추가하고 세분하여 총 983종을 수록한 『開寶重定本草』를 완성했다. 이 책 자체는 일실되고 일부가 『證類本草』나 『本草綱目』 등에 일부가 인용되어 전한다. 『海東繹史』에는 이 책을 인용하면서 21권이라 하고 약재와 함께 넣는 닭은 조선의 것이 좋다고 했는데 『證類本草』에서 재인용한 듯하다.

改歲改時改月解 → 潛邱劄記

開元禮

唐 玄宗 연간(712~756) 편찬된 禮制에 관한 저술. 총 150권으로 구성되어 있다. 『大唐開元禮』라고도 한다. 편찬에 참여한 사람들은 모두 當代의 名相과 碩儒로, 貞觀 연간(627~649)과 顯慶 연간(656~661)의 禮制를 바탕으로 하여 吉禮, 賓禮, 軍禮, 嘉禮, 凶禮의 순서로 황제 중심의 國家典禮 제도를 서술했다. 현재 이 책이 따로 전하지는 않고 唐 杜佑가 편찬한 『通典』에 일부가 실려 전한다. 『通典』은 雍正 7년(1729) 간행된 판본이 규장각에 소장되어 있다. 『高麗史節要』, 『宋子大全』, 『順菴集』, 『愼獨齋全書』, 『弘齋全書』, 『經世遺表』, 『氣測體義』 등에 여러 차례 인용되어 있는데, 『通典』에 실린 것을 재인용한 것으로 보인다. 『五洲衍文長箋散稿』에도 이 책을 소개했다.

開元譜

唐 韋述이 편찬한 唐代의 성씨에 관한 저술. 韋述(?~757)은 京兆 출신으로, 『唐職儀』, 『西京新記』, 『御史臺記』 등 많은 저작을 남겼다. 이 책은 총 20권으로 되어 있지만 지금은 전하지 않고 후대의 문헌에 인용되어 일부가 전한다. 『五洲衍文長箋散稿』에서는 氏姓과 譜牒에 대한 서적으로 이 책을 들었지만 직접 보지는 못한 것으로 추정된다. 이밖에 柳重教의 『省齋集』에 樂章에 대하여 서술하면서 이 책을 인용했지만 다른 책이다.

開元天寶遺事

五代 王仁裕가 편찬한 筆記小說. 王仁裕(880~956)는 字가 德輦이고 天水 출신이다. 唐末에 節度判官으로 출사한 후, 五代 後晉에서 諫議大夫, 後漢에서 翰林學士承旨 등을 역임했다. 『歸山集』, 『秦亭篇』, 『錦江集』, 『入洛集』, 『西江集』 등 많은 저술을 남겼다. 이 책은 『開天遺事』라고도 한다. 총 4권으로 唐 玄宗 연간(712~756)의 遺事 159조를 기술하고 있다. 『說郛』에 玉有太平字, 步輦召學士, 賜筯表直 등의 제목 아래 기사가 실려 있다. 『明皐全集』, 『青莊館全書』, 『海東繹史』, 『阮堂集』, 『湛軒書』 등에 이 책이 언급되어 있다. 국립중앙도서관에 1639년 일본에서 간행한 목판본이 소장되어 있으며, 규장각에 소장된 『唐代叢書』에도 수록되어 있다.

芥子園畫譜

淸初의 화가인 王槪, 王蓍, 王臬 삼형제가 康熙 18년(1679) 편찬한 畫譜. 『芥子園畫傳』이라고도 한다. 출판을 도운 李漁(1611~1680)의 南京 별장 이름이 芥子園이었던 까닭에 『芥子園畫譜』라 이름했다. 王槪(1677~1705)는 字가 節安이고 號가 東廓이며 南京으로 이주하여 산수화로 이름을 날렸다. 王蓍는 王槪의 형으로 字는 宓草이고, 花卉와 翎毛뿐만 아니라 書法과 篆刻에 출중했다. 王臬은 王槪의 동생으로 詩畫와 印刷에 능했다. 이 책은 총 5권으로 되어 있는데, 권1에는 歷代의 畫論을 소개하고 顏料 및 彩色에 관하여 논했다. 권2 이하에는 산수화의 描法, 先人의 筆法을 圖示했다. 『靑莊館全書』, 『林下筆記』, 『蓮坡詩鈔』, 『五洲衍文長箋散稿』 등에 이 책이 언급되어 있다. 康熙 18년(1679) 간행된 목판본 9권 5책이 규장각과 영남대에 소장되어 있다.

開天遺事 → 開元天寶遺事

開天傳信記

唐 鄭綮가 唐代의 전설과 고사를 모아 편찬한 책. 鄭綮(?~899)는 字가 蘊武이고 鄭州 滎陽 출신이다. 이 책은 『開元傳信記』로 된 데도 많다. 1권으로 된 이 책은 唐 開元 연간(713~741)에서 天寶 연간(742~756)까지의 故事 32조를 기록했다. 『東國李相國集』에 『開元傳信記』로, 『五洲衍文長箋散稿』에는 『開元天寶傳信記』, 『開天傳信』으로 인용되었다. 『說郛』에는 『開天傳信記』로, 『唐代叢書』에는 『開元傳信記』로 수록되어 있다. 『說郛』에는 鄭綮의 「傳信記序」가 앞에 실려 있다.

客燕雜記

明末淸初 陸啓浤이 편찬한 筆記雜錄. 陸啓浤은 字가 叔度이고 浙江 平湖 출신이다. 『賁趾山房詩文集』, 『讀史』, 『北京歲華記』 등의 저술이 있었다고 하는데 모두 일실된 듯하다. 이 책은 『千頃堂書目』과 『明史』 등에 3권으로 되어 있지만 역시 전하지 않는다. 『海東繹史』에 이 책을 인용하여 高麗 繭紙를 언급하고, 3권이며 편찬자가 陸啓宏이라 소개했지만 직접 본 것인지는 알 수 없다.

客座新聞

明 沈周가 편찬한 雜錄. 沈周(1427~1509)는 字가 啓南이고 號가 石田이며 長洲 출신으로, 書畵에 뛰어났다. 『石田雜記』, 『石田先生集』 등의 저술이 있다. 이 책은 서명이 『客坐新聞』으로 된 데도 있다. 『明史』에는 22권으로 기재되었지만 일실되고 일부가 전한다. 『說郛續』에 鷄鳴枕, 白眉神 등 24조가 수록되었다. 『唐宋叢書』에도 일부가 수록되어 있다. 대부분 明代 인물의 일화와 고사를 다루었다. 『五洲衍文長箋散稿』는 王士禎의 『池北偶談』에서 인용한 내용을 수록한 것이다.

客座贅語

明 顧起元이 편찬한 筆記雜錄. 顧起元(1565~1628)은 字가 太初이고 號가 遁園居士이며 應天府 江寧 출신이다. 『蟄庵日錄』, 『金陵古金石考』, 『說略』 등의 저술이 알려져 있다. 비슷한 시기 조선 許筠의 『惺所覆瓿藁』에서부터 그 이름이 확인된다. 이 책은 총 10권, 467편으로 구성되어 있다. 明代 南京 지역의 地理形勢, 水陸交通, 戶籍賦役, 街道坊廂, 山川河流, 名勝古跡, 方言俗語, 名物稱謂, 天文曆法, 科擧制度, 風土人情, 習俗變化, 僧尼寺廟, 歷史掌故, 名人傳略, 名人佚事, 文學美術, 論著方志, 書畵金石, 歷代碑刻, 經義注疏, 考據辯論, 傳說故事, 酒茶果品, 花鳥蟲魚, 衣冠服飾 등 풍부한 내용을 담고 있다. 비록 허황한 기록이 보이지만, 기존 史書의 결함을 보충할 수 있는 자료도 적지 않다. 『五洲衍文長箋散稿』에서 字學書의 하나로 『客坐詮俗』을 소개했는데 이 책의 편명 중 하나가 詮俗이다. 중국 清華大 등에 萬曆 연간(1573~1620) 간본이 소장되어 있다. 『五洲衍文長箋散稿』에서 이 책을 인용했지만, 국내에 이 책이 수입된 흔적은 확인되지 않는다.

居家雜儀

北宋 司馬光이 편찬한 雜錄. 司馬光(1019~1086)은 字가 君實이고 諡號가 文正이며 陝州 夏縣 涑水 출신인데, 原籍을 따라 涑水先生이라고도 한다. 『資治通鑑』 외에 『涑水紀文』, 『司馬文正公集』 등 많은 저술이 있다. 이 책은 집안에서의 일상적인 예절을 규정한 것이다. 『性理大全』, 『文公家禮儀節』 등에 이 책이 실려 있어 조선시대에 널리 읽혔다. 규장각에 소장된 한글 자료 『古今女範』에도 이 책의 일부가 실려 있다. 『退溪集』과 『芝山集』, 『松巖集』 등 16세기

부터 이 책이 인용되었고, 조선 후기에도 『星湖僿說』, 『英祖實錄』, 『硏經齋全集』 등 많은 문헌에 인용되어 있다.

契丹國志

南宋 葉隆禮가 편찬한 契丹의 歷史書. 葉隆禮는 號가 漁林이고 浙江 嘉興 출신으로, 淳祐 연간(1241~1252) 출사하여 秘書丞을 역임했다. 이 책은 『遼志』, 『契丹志』라고도 한다. 총 27권으로, 帝紀와 列傳 외에 三國往來文書, 各國饋貢禮物數, 地理, 族姓, 風俗, 行程錄, 使北記, 諸蕃雜記, 歲時雜記 등 다양한 내용을 담고 있다. 卷首에 契丹國九主年譜, 進契丹國志表, 契丹國初興本末, 契丹世系之圖, 契丹地理地圖 등도 수록되어 있다. 서울대 중앙도서관에 『契丹國志』 27권이 소장되어 있는데 嘉慶 3년(1798) 간행된 목판본이다. 乾隆 60년(1795) 간행된 목판본 『宋遼金元別史』, 嘉慶 3년(1798) 간본 『大金國志』와 『元史類編』 등에도 실려 있는데, 규장각과 서울대 중앙도서관에 소장되어 있다. 계명대에는 필사본이 소장되어 있다. 『芝峯類說』, 『靑莊館全書』, 『弘齋全書』, 『海東繹史』 등 여러 문헌에 이 책이 언급되어 있다.

祛疑說

南宋 儲泳이 편찬한 雜錄. 儲泳(1101?~1165)은 字가 文卿이고 號가 華谷이며 華亭에 우거했다. 문집은 일실되고 몇몇 작품이 다른 문헌에 실려 있을 뿐이다. 『周易』에 뛰어나 『周易參同契』의 주석을 단 것으로 유명하다. 이 책은 서명이 『祛疑說纂』으로 된 데가 많으며 호를 따서 『儲華谷祛疑說纂』으로 표기한 데도 많다. 陰陽五行說을 고찰하고 方士의 術數를 배격한 것이 주를 이루며, 醫學과 먹에 대한 기사도 실려 있다. 『稗海』에 절반 정도만 실려 있는데 『祛疑說纂』이라 했지만 원본과는 차이가 있다. 南宋 左圭의 『百川學海』에 수록된 것이 비교적 完本에 가까운 것으로 알려져 있다. 易占說, 辨脈, 辨針, 墨說, 行持是正心誠意之學, 符印呪訣不靈祭將召邪, 咒水自沸移景法, 叱劍斬鬼, 咒棗煙起咒棗自焦, 燒香召雷神錢入水卽化, 請封書僊, 呼鶴自至, 呼鼠祛蚊, 覆射, 知術, 邪正, 鬼神之理, 陽神陰靈之說, 天道不遠說, 神像所以靈, 陰陽家多拘忌, 辨身壬法, 赤口煞, 驛馬是先天三合數, 三刑是極數, 六壬三殺乃先天四衝數, 貴人是十干合氣, 黃白之術, 燒金煉銀, 煅硃砂說, 服丹藥, 論男女之分生殺之炁, 龜卜說, 刻漏說, 大五行說, 辨歲本說 등의 항목으로 되어 있다. 규장각의 『野客叢書』

와 『稗海』, 『東軒筆錄』, 『說郛』, 장서각의 『唐宋叢書』, 동아대의 『雜事叢書』 등 여러 중국 문헌에 수록되어 있다. 『五洲衍文長箋散稿』에 이 책이 인용되어 있다.

居易錄

淸 王士禎이 편찬한 筆記雜錄. 王士禎(1634~1711)은 字가 貽上이고 號가 阮亭인데 別號인 漁洋山人을 따서 王漁洋으로 불렸다. 山東 新城 출신으로 일생의 저술은 500여 종, 詩가 4,000여 수에 달하며, 주요 저작으로 『漁洋山人精華錄』, 『池北偶談』, 『香祖筆記』, 『帶經堂集』 등이 있다. 居易라는 서명은 '居易俟命', 즉 "편안하게 거처하며 皇命을 기다린다"는 뜻을 취한 것이다. 『居易錄』은 左副都御史로 있던 康熙 28년(1689)부터 刑部尙書로 있던 康熙 40년(1701)까지 13년 동안의 기록을 모은 것으로 총 34권이다. 詩와 文章에 대한 品評과 名人에 대한 譽贊, 각종 事物이나 典禮의 源流에 대한 考證, 정치의 잘잘못에 관한 論斷 등을 담고 있다. 『靑莊館全書』, 『硏經齋全集』, 『五洲衍文長箋散稿』 등에서 이 책을 인용해 여러 사실을 고증했다. 규장각과 서울대 중앙도서관 등에 淸代의 목판본 34권 8책이 소장되어 있다.

乾坤寶典

北宋 史序가 편찬한 天文學에 관한 저술. 史序(935~1010)는 陝西 關中 출신으로, 天文學에 조예가 깊어 判司天監을 지냈다. 이 책은 『崇文總目』, 『通志』에 417권이라 했고, 『宋史』에는 455권이라 했지만 일실되어 전하지 않고 『玉海』 등에 일부가 인용되어 있다. 『靑莊館全書』와 『五洲衍文長箋散稿』 등에서 이 책을 언급했지만 다른 문헌에서 재인용한 것이다. 『五洲衍文長箋散稿』에 따르면 明 胡翰의 『泰壹全書』에 수록되어 있다고 한다.

乾坤鑿度 → 七緯

建炎假道高麗錄

南宋 楊應誠이 高麗에 사신으로 가서 지은 雜錄. 楊應誠은 高宗 연간(1127~1162)의 문인이지만 이력은 자세하지 않다. 南宋 陳振孫의 『直齋書錄解題』에 이 책이 1권이며, 遼東을 경유해 金에 사신으로 갔지만 도착하지 못하고 되돌아왔다고 했다. 같은 내용이 『文獻通考』에 보이는데 『海東繹史』는

이를 인용했다. 이 책은 일실되어 전하지 않는다. 서명으로 보아 고려를 경유하여 金國으로 가는 내용이 실려 있었던 듯하다. 韓致奫은 『宋史』를 인용하여 建炎 2년(1128) 고려에 사신으로 가서 徽宗과 欽宗 두 황제를 맞이해 올 것을 도모하려 했으나 고려에서 詔書를 받지 않았다는 기록을 함께 적었다. 楊應誠이 사신으로 온 일은 李仁老의 『破閑集』에도 기록되어 있다.

乾隆御製全韻詩

清 高宗 乾隆帝의 詩集. 이 책은 4권이며 『全韻詩』, 『御製全韻詩』라고도 한다. 역대 제왕의 사적을 읊은 시를 모은 것이다. 106韻 순서대로 되어 있는데 上平聲 15수는 清의 발상부터 太祖, 太宗까지, 下平聲 15수는 世祖, 聖祖, 世宗의 사적을 다루었다. 上聲, 去聲, 入聲 76수는 堯舜부터 明 福王까지의 사적을 다루었다. 자세한 주석이 부기되어 있는데, 특히 明末과 清初의 역사적 사실에 대한 기록이 상세하다. 조선에서 사신으로 파견한 羅德憲과 李廓이 清 太宗에게 절을 하지 않았다는 기록이 있어 조선 문인들에게도 주목받았던 것으로 보인다. 규장각과 국립중앙도서관에 乾隆 연간(1736~1795) 목판본이 소장되어 있다. 『正祖實錄』을 위시하여 『頤齋遺藁』, 『青莊館全書』, 『熱河日記』, 徐浩修의 『燕行紀』, 『五洲衍文長箋散稿』 등 여러 책에 비슷한 내용이 보인다.

乾隆御製集

清 高宗 乾隆帝의 文集. 高宗(1711~1799)은 성이 愛新覺羅, 이름이 弘曆이다. 詩書畵에 두루 능했으며 학문에도 관심이 높아 『大清一統志』, 『續文獻通考』, 『皇朝文獻通考』, 『大清會典』, 『清文鑑』, 『四庫全書』 등 많은 편찬 사업을 했다. 高宗의 詩文 중에 潛邸에 있을 때 지은 것은 『樂善堂全集』으로 따로 정리되어 있다. 이 책은 初集, 二集, 三集, 四集으로 되어 있다. 清 乾隆 14년(1749) 大學士 蔣溥가 初集을 간행한 이래 나머지도 차례로 간행했다. 규장각에는 乾隆 14년 序가 있는 『御製詩初集』 44권 19책, 『御製詩二集』 90권 37책, 『御製詩三集』 98권 32책, 『御製詩四集』 100권 39책이 소장되어 있다. 初集에 4,166수, 二集에 8,484수, 三集에 11,519수, 四集에 9,902수, 五集에 7,792수 등 총 41,863수가 실려 있다. 규장각에 『乾隆御製』도 소장되어 있는데 『御製詩初集』과 『御製文初集』을 합친 것이다. 『青莊館全書』, 『泠齋集』, 『五洲衍文長箋散稿』 등에 이 책을 소개했다.

乾元敍制 → 易緯乾元序制記

黔滇紀遊 → 滇黔紀游

格古要論

元末明初의 曹昭가 편찬한 雜錄. 曹昭는 字가 明仲이고 松江 출신인데, 자세한 이력은 밝혀져 있지 않다. 이 책은 銅器, 古畵, 墨迹, 碑帖, 古硯, 窯器, 珍奇, 金鐵, 漆器, 綺繡, 異木, 異石 등 13門으로 나누어 고금 名器의 우열과 眞假를 서술한 것으로 洪武 21년(1388) 완성되었다. 景泰 연간(1450~1456) 王佐가 증보한 책이 13권의 『新增格古要論』이다. 서명이 『格古論』으로 된 데도 많다. 우리 문헌에는 尹根壽, 成海膺, 金正熹 등 여러 문인의 문집에 이 서명이 보이며, 『海東繹史』, 『五洲衍文長箋散稿』 등에서도 여러 차례 이 책을 인용하고 있다. 장서각에 明 舒敏이 주석을 달아 증보하여 天順 3년(1459) 간행한 목판본의 후쇄본 『新增格古要論』이 소장되어 있다. 서울대 중앙도서관에 소장된 동일한 서명의 책은 淑躬堂에서 간행한 것이다.

擊壤集

北宋 邵雍이 편찬한 詩文集. 邵雍(1011~1077)은 字가 堯夫이고 號가 安樂先生인데 諡號가 康節이어서 흔히 邵康節이라 불린다. 이 책은 『伊川擊壤集』이라고도 하는데, 총 20권이다. 邵雍은 易學에 조예가 깊어 『擊壤集』에는 宇宙와 古今의 근원에 대한 철학적인 고민이 담겨 있는 작품이 많이 수록되어 있다. 『簡易集』, 『明齋遺稿』, 『牧隱集』, 『宋子大全』, 『芝山集』, 『青莊館全書』, 『海東繹史』 등 많은 조선 문헌에서 이 책이 여러 차례 인용되었다. 다양한 종류의 중국 목판본이 규장각, 국립중앙도서관, 고려대, 장서각에 소장되어 있으며, 그밖에 국학진흥원 등에 목활자본과 필사본이 전한다. 서명은 판본에 따라 『擊壤集』, 『伊川擊壤集』, 『宋邵康節先生伊川擊壕集』 등 다양하다. 규장각에는 중국 목판본 외에 조선에서 간행한 목판본이 소장되어 있는데 元祐 6년(1091)의 後序가 붙어 있지만 후대에 인쇄된 것이다. 규장각에 소장된 중국 목판본 『邵子全書』에도 이 책이 실려 있는데 萬曆 연간(1573~1620) 간본으로 추정된다.

格致鏡原

淸 陳元龍이 편찬한 類書. 陳元龍(1652~1736)은 字가 廣陵이고 號가 乾齋이며 浙江 海寧 출신이다. 工部尙書를 지냈으며 문집 『愛日堂文集』이 있다. 이 책은 100권으로 30類 816目으로 되어 있으며 天文, 地理, 身體, 冠服, 宮室, 飮食, 布帛, 舟車, 朝制, 禮器 등 다양한 내용을 담고 있다. 『四庫全書』에 실려 있다. 雍正 乙卯(1735) 陳元龍의 序가 있으므로 이즈음 완성된 듯하다. 규장각에 光緖 10년(1884) 간행된 석판본이 소장되어 있다. 『燕巖集』, 『五洲衍文長箋散稿』에서 이 책을 인용했다. 『海東繹史』에서 『夷事略』을 인용했는데 같은 내용이 이 책에 보인다. 『夷事略』은 『格致鏡原』에서만 인용되어 있다.

格致草

明末 熊明遇가 편찬한 科學書. 熊明遇(1579~1649)는 字가 良孺이고 號가 壇石이며 江西 南昌 進賢 출신이다. 문집 『南樞集』과 『靑玉集』이 있다. 宋明 理學의 格物致知의 전통을 계승하면서도 예수회에 개방적인 태도를 가지고 이 책을 저술했다. 예수회 선교사들의 저작 중에 西學의 많은 부분을 인용하여 天文學, 氣象學, 世界地理 및 靈魂學 등에서 새로운 이론을 소개했다. 6권으로 되어 있으며 順治 연간(1644~1661)의 간본이 미국 국회도서관에 소장되어 있다. 『五洲衍文長箋散稿』에 이 책을 인용했는데 같은 내용이 方以智의 『物理小識』에 인용되어 있으므로 여기서 재인용했을 가능성이 높다.

格致叢書

明 胡文煥이 편찬한 叢書. 胡文煥은 字가 德甫이고 號가 全庵이며 錢塘 출신이다. 萬曆 연간(1573~1620)에서 天啓 연간(1621~1627) 활동했다. 『會文堂琴譜』, 『古器具名』 등의 저술이 있다. 이 책의 명칭은 『大學』의 格物致知에서 따왔다. 총 238책의 방대한 규모로, 古今의 名物을 考證했는데, 經訓, 韻學, 史學, 掌故, 律例, 地輿, 儒家, 道經, 博物, 禮玩, 農, 醫, 卜, 星, 評詩, 樂府, 金石 등 다양한 類로 분류하여, 각각 수십 종의 서적에서 기사를 모아 놓았다. 『芝峯類說』, 『星湖僿說』, 『保晩齋叢書』, 『無名子集』, 『五洲衍文長箋散稿』 등 다양한 문헌에 이 책이 인용되어 있으므로 17세기 무렵 조선에 유입된 것으로 추정된다. 徐命膺이 『保晩齋叢書』를 편찬할 때 이 책을 참조했다. 萬曆 31년(1603) 錢塘胡氏 간본이 중국 國家圖書館에 소장되어 있다. 단국대에 20세기 전후 鉛

活字로 간행한 판본이 소장되어 있다.

見聞錄

淸 徐岳이 편찬한 雜錄. 徐岳은 字가 季方이고 嘉善 출신인데 이력이 자세하지 않다. 『徐氏族譜』 외에 『義貓記』, 『瓊枝曼仙記』, 『婉蘭傳』 등 여러 편의 소설을 남겼다. 『說鈴』에 실린 『術數紀遺』의 저자 徐岳은 漢代의 다른 인물이다. 이 책은 雜史와 逸話 등 잡다한 내용을 모아 4권으로 편찬했는데 기괴한 이야기가 주종을 이룬다. 『靑莊館全書』, 『海東繹史』, 『研經齋全集』, 『五洲衍文長箋散稿』 등에 이 책이 인용되어 있다. 규장각 등에 소장된 『說鈴』, 미국 하버드대에 소장된 필사본 『絹臼瑣錄』 등에 이 책이 실려 있다.

甄異記

晉 戴祚가 편찬한 筆記雜錄. 戴祚는 字가 延之고 江東 출신으로, 이 책 외에 『西征記』가 전한다. 이 책은 3권이며 『甄異傳』, 『甄異錄』이라고도 한다. 기이한 이야기를 집록한 것인데 일실되었다. 『太平廣記』, 『太平御覽』 등에 일부가 인용되어 있으며 魯迅이 『古小說鉤沈』에서 이를 편집했다. 『海東繹史』에도 이 책을 인용했지만 재인용으로 보인다.

蒹葭堂雜抄

明 陸楫이 편찬한 雜錄. 陸楫(1515~1552)은 字가 思豫이고 號가 小山이며 松江 출신이다. 부친 陸深과 함께 『古今說海』를 편찬했다. 문집 『蒹葭堂稿』가 전하는데 여기에 『蒹葭堂雜抄』가 실려 있다. 이 책은 『蒹葭堂雜著摘抄』로 된 데도 있다. 『說郛續』에는 明 太祖의 功業, 明初 劉健과 丘濬의 업적, 科擧와 功臣의 제도 등 9조가 실려 있다. 장서각에 소장된 『唐宋叢書』와 규장각에 소장된 『叢書』와 『說郛續』에도 이 책이 실려 있다. 『五洲衍文長箋散稿』 외 우리나라 문헌에는 이 서명이 잘 보이지 않는다.

兼明書

唐末의 丘光庭이 편찬한 雜錄. 丘光庭은 浙江 烏程 출신으로, 太學博士를 지냈다. 『康敎論』, 『海潮論』, 『海潮記』, 『同姓名錄』 등 많은 저술을 남겼다. 이 책은 五經과 四書, 기타 雜說과 字書 등에 관해 고증한 것으로, 120則으로 구성되어 있다. 이 책은 『亦政堂鐫陳眉公家藏彙秘籍四十二種』에 5권으로 실려 있고 『說郛』에는 2권으로 수록되어 있다. 『保晩齋集』, 『靑莊館全書』, 『硏經齋全集』, 『五洲衍文長箋散稿』 등에 이 서명이 보인다.

兼三圖

明 屠本畯이 편찬한 놀이에 관한 雜錄. 屠本畯은 字가 田叔이고 鄞縣 출신이며, 萬曆 연간(1573~1620) 활동한 문인으로, 福建鹽運司同知 등을 지냈다. 『閩中海錯疏』, 『茗笈』, 『韋玄佩』, 『離騷草木疏補』, 『情采編』, 『山林經濟籍』 등 주목할 만한 저술을 다수 남겼다. 『五洲衍文長箋散稿』에는 그의 저술 중 『文字飮』, 『甁史月表』, 『野菜箋』 등이 인용되어 있다. 규장각 등에 소장된 『說郛續』과 『叢書』 등에 이 책이 실려 있는데 편찬자가 屠豳容으로 되어 있으나, 屠豳叟 곧 屠本畯의 잘못이다. 『說郛續』에는 권두에 序가 실려 있다. 골패 세 개를 던져 그 상벌로 술을 마시는 놀이를 설명한 것으로, 投瓊例에서 골패를 던져 점수를 얻는 방식을 소개하고, 兼三五十六圖總目에서 점수에 따라 차지한 장소에 관해 小品 형식으로 적었다. 『五洲衍文長箋散稿』에서 놀이 도구를 변증할 때 이 책을 인용했다.

兼濟堂文集

淸 魏裔介의 詩文集. 魏裔介(1616~1686)는 字가 石生이고 號가 貞庵 혹은 昆林이며 直隸 柏鄕 출신이다. 吏部尙書와 保和殿大學士, 太子太傅 등 요직을 지냈으며 문학과 書法에도 뛰어났다. 이 책 외에 『魏文毅公奏議』, 『唐詩淸覽集』, 『聖學知統錄』 등이 규장각에 소장되어 있다. 규장각에 소장된 『兼濟堂集』은 24권의 文集과 8권의 詩集으로 되어 있다. 『聖學知統錄』, 『知統翼錄』, 『鑑語經世編』 등의 저술이 함께 실려 있다. 『四庫全書』에는 20권으로 수록되어 있다. 조선시대 문헌에 이 문집 자체를 언급한 기록은 확인되지 않지만, 『靑莊館全書』와 『五洲衍文長箋散稿』에서 인용한 「龍宮取木記」가 그의 문집에 수록되어 있다. 龍宮에 목재를 조달하는 황당한 이야기지만 李德懋는 신빙성이 있다고 했다.

庚溪詩話

南宋 陳巖肖가 편찬한 詩話書. 陳巖肖는 高宗 연간(1127~1162) 활동한 문인

으로, 字가 子象이고 號가 西郊野叟다. 金華 출신으로 兵部侍郞을 역임했다. 이 책은 2권이며 靖康 연간(1126~1127) 天淸寺에서 편찬한 것으로, 唐宋의 중요한 작품에 관해 평론한 것이다. 漢 高祖, 唐 玄宗, 宣宗, 宋 太祖, 太宗, 眞宗, 仁宗 등 御製에 대한 것이 상당 분량에 달한다. 南宋 左圭의 『百川學海』에 실려 있다. 서울대 중앙도서관에 順治 4년(1647) 姚安이 宛委山堂에서 간행한 『庚溪詩話』가 소장되어 있는데 南宋 周紫芝의 『竹坡詩話』, 魏泰의 『臨漢詩話』, 呂伯恭의 『紫微詩話』 등이 함께 붙어 있다. 『五洲衍文長箋散稿』에는 『說郛』에 수록되어 있는 시화를 들면서 이 책을 언급했다.

敬君詩話

明 葉秉敬이 편찬한 詩話書. 葉秉敬(1562~1627)은 字가 敬君이고 號가 寅陽이다. 衢州 西安 출신으로 荊西道布政司參議를 지냈다. 40여 종의 저술을 남긴 학자로 『字孿』, 『韻表』, 『明諡考』, 『寅陽』, 『書肆說鈴』, 『葉子詩言志』 등이 전하며, 특히 『字孿』는 『五洲衍文長箋散稿』에도 인용되어 있다. 이 책은 順治 4년(1647) 兩浙督學 李際期가 간행한 판본이 중국 國家圖書館에 소장되어 있다. 杜詩洞庭, 金山寺詩, 杜羔妻詩, 石尤風, 詩學 등 5조가 『說郛續』에 실려 있다. 『五洲衍文長箋散稿』에는 『說郛續』에 수록되어 있는 시화를 인용하며 이 책을 언급했다.

景德傳燈錄

北宋 道原이 편찬한 중국 禪宗의 역사를 기록한 책. 道原은 東吳 출신의 승려로 "百尺竿頭, 更進一步"와 "枯木逢春" 등의 화두를 남겼다. 이 책은 景德 元年(1004) 30권으로 편찬되었다. 줄여서 『傳燈錄』이라 부른다. 毘婆屍佛에서 釋迦牟尼佛을 거쳐 菩提達磨에 이르는 인도의 傳燈 法系부터, 菩提達磨 이후 法眼文益의 法嗣에 이르는 중국의 傳燈 法系를 밝히면서 1,701인에 달하는 禪宗의 계보를 서술했다. 이 가운데 951인은 緣機 어구를 수록하고 나머지는 이름만 수록했다. 高麗 恭愍王 21년(1372) 李穡의 序가 붙은 판본이 간행되었다. 규장각 등에 이 판본의 후쇄본이 소장되어 있는데, 隆慶 2년(1569) 平安道 順安地 法興寺 開板으로 되어 있다. 萬曆 42년(1614) 濟州 圓明院에서 간행된 목판본도 전한다. 崔致遠의 『孤雲集』 이래 『高麗史』, 『太祖實錄』 등 이른 시기부터 자주 인용되었다. 『芝峯類說』, 『五洲衍文長箋散稿』, 『海東繹史』 등 역대

類書에도 이 책이 두루 보인다.

經略高麗文

隋 韋沖이 高句麗에 대해 기록한 旅行記. 韋沖(540~605)은 字가 世沖이고 雍州 萬年 출신으로, 北周에 출사했다가 隋에 들어서 戶部尙書를 지냈다. 『舊唐書』에 따르면 韋挺이 貞觀 18년(644) 고구려를 정벌할 때 河北饋運使가 되었는데 부친 韋沖이 편찬한 '經略高麗遺文'을 올렸다는 기사가 보인다. 책이 아니라 한 편의 글로 추정되는데 『海東繹史』에는 이를 서명으로 보았다. 지금은 일실되어 전하지 않는다.

經略復國要編 → 朝鮮復國經略要編

經禮補逸

元 汪克寬이 『禮記』의 일실된 부분을 보완한 책. 汪克寬(1304~1372)은 字는 德輔 또는 仲裕이고 號는 環谷이다. 新安 祁門 출신으로, 이 책 외에 『周易程朱傳義音考』, 『春秋胡傳附錄纂疏』, 『詩集傳音義會通』, 『四書音證』, 『通鑑綱目考異』 등의 저술이 있다. 이 책은 『儀禮』, 『周官』, 『春秋三傳』 등 『禮記』와 관련된 문헌을 정리해 吉禮 68目, 凶禮 57目, 軍禮 25目, 賓禮 13目, 嘉禮 21目을 두어 9권으로 편찬했다. 『通志堂經解』에 수록되어 있다. 『靑莊館全書』, 『研經齋全集』, 『五洲衍文長箋散稿』 등에서 9권으로 소개했다. 柳希春의 『眉巖日記』에 謝恩使가 이 책을 구입해 왔다는 기록이 보이는데 편찬자는 밝히지 않았다.

瓊林雅韻

明 朱權이 편찬한 韻書. 朱權(1378~1448)은 明 太祖의 16번째 아들로, 獻이라는 諡號를 받아 寧獻王이라고도 불렀다. 自號는 大明居士, 涵虛子 등이며, 음악에 통달했고 樂府에 능했다. 『琴阮啓夢』, 『神奇秘譜』, 『太和正音譜』 등의 저술이 있다. 이 책은 洪武 31년(1398)에 편찬되었다. 『洪武正韻』 이후 平聲에서 陰陽의 분류를 빼버린 최초의 韻書로, 이후 明 王文璧의 『中州音韻』과 陳鐸의 『菉斐軒詞林要韻』 등 南曲 韻書에도 영향을 미쳤다. 明初의 실제 방언을 반영하고 있어, 중국 音韻學史에서 중요한 위치를 점하고 있다. 『五洲衍文長箋散稿』에는 『轉注古音』과 『字彙』에 실려 있다고 했으므로 직접 본 것이 아니

라 재인용한 것임을 알 수 있다. 중국 南京圖書館에 유일본이 소장되어 있다.

經問

淸 毛奇齡이 經典의 난해한 대목을 풀이한 책. 毛奇齡(1623~1716)은 字가 大可이고 號가 西河이며 浙江 蕭山 출신이다. 經學, 歷史, 地理 등을 고증한 많은 저술을 남겼는데, 특히 朱熹의 학설을 비판한 『四書改錯』, 閻若璩의 『古文尙書疏證』을 반박한 『古文尙書寃詞』 등이 널리 알려졌다. 이 책은 經書에 관한 견해를 一問 一答 형식으로 기록하여 '經問'이라 한 것이다. 총 18권으로 구성되어 있는데, 마지막 3권은 아들 毛遠宗이 보충한 것이다. 『五洲衍文長箋散稿』에 이 책이 여러 차례 인용되어 있다. 규장각과 국립중앙도서관 등에 소장된 목판본 『西河合集』에 이 책이 수록되어 있다.

景物略 → 帝京景物略

京房易傳

前漢 京房이 편찬한 『周易』의 注疏書. 京房(B.C.77~B.C.37)은 本姓이 李이고 字가 君明이며 東郡 頓丘 출신이다. 梁의 焦延壽에게 易理를 배워 이 책을 지었는데, 『京氏易傳』, 『京房易占』, 『京房易鈔』, 『京氏周易占』 등으로도 불린다. 災異에 밝아 元帝의 총애를 받았고, 그 학문이 漢代 易學의 큰 유파를 이루었다. 『隋書』 「經籍志」에 따르면 京房은 『周易章句』, 『京氏釋五星災異傳』, 『周易占』, 『周易四時候』 등 14종을 지었다고 하나, 모두 일실되었고 이 책만 전한다. 上中下 3권으로 구성되어 있고, 권마다 八卦의 이름으로 體例를 정했으며, 주로 점치는 방법과 災變의 徵驗을 설명했다. 『高麗史』에 따르면 宣宗 8년(1091) 宋의 館伴이 일실된 서적 129종의 목록을 주고 고려에서 찾도록 했는데, 이 목록에 『京房易』 10권이라 했다. 『益齋集』, 『成宗實錄』, 『希樂堂稿』, 『冲庵集』 등 고려 말 조선 초의 문헌에 이 책이 인용된 것으로 보아 이른 시기 우리나라에 전래된 듯하다. 조선 후기에는 『經世遺表』, 『眉叟記言』, 『星湖僿說』, 『弘齋全書』, 『林下筆記』, 『海東野言』 등 여러 책에 이 책이 인용되어 있다. 장서각 등에 소장된 『漢魏叢書』에 이 책이 수록되어 있으며, 규장각에 소장된 『天元玉曆』에 이 책의 일부가 인용되어 있다.

鯨背吟集

元 宋無의 文集. 宋無(1260~1340)는 字가 子虛이고 號가 晞顔이며 蘇州 출신으로, 詩에 능했고 墨梅로 명성을 날렸다. 문집 『翠寒集』이 있다. 趙孟頫가 지은 『翠寒集』의 序에 따르면, "宋無는 至元 연간(1264~1294) 부친이 領征東萬戶案牘으로 있다가 고려로 출발하려 할 때 병이 들자, 자신이 대신 가기를 청해서 바다로 나아갔다. 고려의 여러 산을 지나면서 시를 읊기를 그만두지 않았는데, 鯨背吟은 바로 그때 지은 것이다"라고 했다. 이 때문에 『鯨背吟集』이 宋無의 文集으로 알려지게 되었다. 康熙 연간(1662~1772) 간본이 중국 國家圖書館에 소장되어 있다. 『四庫全書總目』에는 『鯨背吟集』이 元 朱晞顔의 문집으로 1권이라 했다. 朱晞顔(1132~1200)은 字가 子淵이고 休寧 출신이다. 문헌에 따라 晞顔이 字이고 본명은 名世로 된 데도 있다. 淸 丁丙의 『善本書室藏書志』에는 2권의 抄本이며 편찬자가 元 朱名世라 했다. 『兩宋名賢小集』에는 朱晞顔의 문집으로 『桂巖吟藁』 1권이 소개되어 있다. 『海東繹史』에는 저자를 宋無라 했는데 그 내용은 『四庫全書總目』에서 인용했다.

經史證類備急本草

北宋 唐愼微가 편찬한 本草書. 唐愼微는 字가 審元이고 蜀州 晉原 출신인데, 생몰년은 밝혀져 있지 않다. 이 책은 『證類本草』, 『備用本草』라고도 한다. 漢代의 『神農本草』 이후로 증보되어 온 本草書를 집성한 것으로 평가된다. 전체 31권으로 序例와 衍義序例에 이어 玉石部, 草部, 木部, 人部, 獸部, 禽部, 蟲魚部, 果部, 米穀部, 菜部 등으로 구성되어 있으며, 有名未用, 本經外草木類 등도 붙어 있다. 중국 國家圖書館에 元 大德 6년(1302)의 간본이 소장되어 있다. 일본 東洋文庫에 『重修政和經史證類備用本草』 殘卷이 소장되어 있는데 조선에서 乙亥字로 간행한 금속활자본이다. 경희대에는 萬曆 9년(1581) 간행한 『重修政和經史證類備用本草』 일부가 소장되어 있다. 『醫林撮要』에 『備用本草』로, 『海東繹史』와 『五洲衍文長箋散稿』에 『證類本草』로 소개되어 있다. 『海東繹史』에는 『大觀本草』를 소개하면서 宋의 曹孝忠이 政和 6년(1116) 32권으로 편찬한 것이라 했다. 『經史證類大觀本草』를 줄여서 이른 것인데, 大觀 2년(1108) 『經史證類備急本草』를 수정하면서 이 이름으로 바꾸었다. 『經史證類大全本草』라고도 한다. 目錄 1권이 붙었으며 628종을 증보했다. 『世宗實錄』에서 醫員의 取才에서 쓰인 『大全本草』는 이 책을 가리킨다. 규장각에 順治 14

년(1657) 籍山書院 간본이 소장되어 있다.

經世宏辭

明 沈一貫이 편찬한 散文選集. 沈一貫(1531~1615)은 字가 肩吾, 子唯, 不疑 등이고 號는 蛟門 혹은 龍江 등을 사용했다. 浙江 鄞縣 출신으로, 吏部侍郎과 太子賓客을 겸했다. 列朝의 館課를 살피고 詔疏에서 詩賦에 이르기까지 다양한 문체를 선록하여 이 책을 편찬했다. 館課는 天子의 서적을 보관하는 秘館에서 시행한 日課를 가리키는 것으로, 科擧를 위한 敎本이다. 이 책은 원래 書名이 『皇明館課經世宏辭』 혹은 『金陵新鐫皇明史館名公經世宏辭』이고 『皇明館課』, 『增定館課』라고도 한다. 15권이며 詔, 冊, 璽書, 誥, 奏, 疏, 表, 箋, 致語, 韻語, 檄, 露布, 議, 論, 策, 序, 記, 傳, 碑, 考, 評, 解, 說, 書, 頌, 賦, 箴, 銘, 讚, 跋, 詩 등의 문체로 분류되어 있다. 성암고서박물관과 고려대에 明 王錫爵이 增定하고 沈一貫이 參訂한 목판본 일부가 소장되어 있는데 康熙 2년(1663)의 간기가 있다. 규장각에는 필사본 15권 『增定國朝館課經世宏辭』가 소장되어 있다. 『靑莊館全書』에는 王錫爵이 增定하고 沈一貫이 參訂한 책이라 했다. 李時恒의 『和隱集』에는 서명이 『明朝經世宏辭』로 소개되어 있다. 『明臯全集』 등에도 이 책이 소개되어 있다.

經世紀年 → 皇極經世紀年

經世大典

元 趙世延과 虞集 등이 文宗의 命으로 편찬한 政法書. 總裁인 趙世延(1260~1336)은 옹구트족으로, 字는 子敬이고 四川 成都 출신이다. 副總裁인 虞集(1272~1348)은 字가 伯生이고 號가 道園 혹은 邵庵이며 江西 臨川 출신이다. 『道園學古錄』, 『道園類稿』 등의 저술을 남겼다. 이들 외에도 저명한 문인학자 다수가 편찬에 참여했다. 이 책은 天曆 2년(1329) 文宗의 命으로 편찬을 시작하여, 至順 2년(1331) 완성했다. 원서명은 『皇朝經世大典』이다. 元朝의 典故와 制度에 관한 상세한 政書로 本文 880권, 目錄 12권, 補篇 2권 등 총 894권으로 구성되었으며, 帝號, 帝訓, 帝制, 帝系의 君事 4편과 治典, 賦田, 禮典, 政典, 憲典, 工典 등 6部의 臣事 6편, 총 10편으로 이루어져 있다. 간행되지 않은 채 궁중에 비장되어 있다가 明 中期 이후 일실되었는데 『永樂大典』에

일부가 수록되었다. 『五洲衍文長箋散稿』에는 『安南志略』의 跋을 인용하여 이 책을 소개했다. 규장각에 소장된 『元高麗紀事』가 이 책에 수록되어 있는 고려 관련 기사를 정리한 것이므로 고려시대 이 책이 수입된 것으로 추정된다. 『退溪集』, 『藥圃集』, 『西厓集』, 『宋子大全』, 『明皐全集』, 『弘齋全書』 등에 이 책이 소개되어 있다.

經世書 → 皇極經世書

經世要談

明 鄭善夫가 편찬한 雜錄. 鄭善夫(1485~1523)는 字가 繼之이고 號가 少谷이며 閩縣 출신이다. 南京吏部驗封司郎中을 지냈고 『明史』「文苑傳」에 자세한 기록이 있다. 문집 『鄭少谷集』, 『鄭詩』, 『鄭文』 등이 전한다. 이 책은 1권으로, 정치와 처세, 학문 등 다양한 내용을 다루었는데 『鄭少谷集』에 실려 있다. 李睟光의 『芝峯類說』과 黃景源의 『江漢集』에 인용되어 있다. 규장각 등에 소장된 『說郛』와 장서각에 소장된 明 胡廣의 『性理會通』에도 수록되어 있다.

庚辛玉册

明 朱權이 편찬한 道家의 煉丹術書. 朱權(1378~1448)은 明 太祖의 16째 아들로, 寧獻王이라고도 불렸다. 自號는 大明居士, 涵虛子 등이며, 『琴阮啓夢』, 『神奇秘譜』, 『太和正音譜』, 『活人心法』 등을 저술했다. 이 책은 일실되고 李時珍의 『本草綱目』 등에 일부가 인용되어 있어 그 편린만을 확인할 수 있다. 『五洲衍文長箋散稿』에 水銀 제조법과 관련하여 이 책을 인용했지만 『物理小識』에서 가져온 것으로 보인다.

庚申外史

元末明初 權衡 등이 편찬한 編年體 史書. 權衡은 字가 以制이고 號는 葛溪이며 江西 吉安 출신으로, 元末에 彰德 黃華山에 은거했다. 이 책은 元朝의 마지막 황제 順帝 연간(1333~1368)의 治亂을 기록한 것이다. 明의 『元史』를 편찬한 시기와 비슷하거나 조금 앞서 편찬된 것으로 보인다. 저술 당시 順帝라는 諡號가 없었기 때문에, 황제의 생년인 庚申을 따서 서명으로 삼았다. 『庚申帝史外聞見錄』, 『庚申大事記』 등으로도 불린다. 上下 2권으로 구성되어 있다. 元

朝 내부의 권력 투쟁과 농민 전쟁에 관해 비교적 상세하고 정확하게 기술하여, 元末 농민 전쟁 연구에 기본이 되는 사료다. 元末 조정의 권력 투쟁을 부정적인 시각으로 서술하고, 이에 저항한 농민 반란에 대해 비교적 동정적인 시각을 보였다. 元 황실에 들어간 고려 출신 後宮과 宦官, 奇皇后 등의 기사가 실려 있어 『海東繹史』에서 여러 차례 인용했다. 규장각에 소장된 『尙白齋鐫陳眉公訂正秘笈』에 이 책이 실려 있다.

京氏易傳 → 京房易傳

京氏周易占 → 京房易傳

景岳全書

明 張介賓이 편찬한 醫學書. 張介賓(1563~1640)은 字가 會卿이고 號가 景岳 혹은 通一子이며 浙江 山陰 출신이다. 醫術에 정통했는데 기존의 寒冷論을 비판하고 溫補論을 주장했다. 주요 저술로 『類經』, 『類經圖翼』, 『類經附翼』, 『質疑錄』 등이 있다. 이 책은 총 64권인데, 傳忠錄, 脉神章, 傷寒典, 雜證謨, 婦人規, 小兒則, 痘疹詮, 外科鈐, 本草正, 新方八陣, 古方八陣, 古方補陣, 古方和陣, 古方攻陣, 散陣, 寒陣, 熱陣, 固陣, 因陣, 婦人, 小兒, 痘疹, 外科 등으로 구성되어 있다. 『茶山詩文集』, 『林下筆記』, 『海東繹史』, 『弘齋全書』 등에 이 책이 인용되어 있다. 1783년 중국에서 목판으로 간행한 文盛堂藏板이 고려대에, 1819년 중국에서 간행한 목판본이 규장각에 소장되어 있다. 『景岳全書』의 오류를 비판한 1844년 중국 간본 『景岳全書發揮』도 규장각에 전한다.

景祐遁甲符應經 → 武備志

景祐姓解 → 姓解

景祐太乙福應集要

北宋 楊惟德이 편찬한 道家書. 楊惟德은 天文과 曆象에 밝아 『景祐乾象新書』, 『景祐遁甲玉函符應經』 등을 저술했다고 알려져 있지만 이 책과 함께 모두 전하지 않는다. 이 책은 『直齋書錄解題』에 10권으로 되어 있으며 九宮과 八門의

分野, 遁甲 등을 다룬 것이라 했다. 『五洲衍文長箋散稿』에 따르면 『福應』이 明 胡翰의 『泰壹全書』에 수록되어 있다고 했는데 『福應』이 이 책과 관련이 있는 듯하다.

經義考

淸 朱彝尊이 經典을 고증한 책. 朱彝尊(1629~1709)은 字가 錫鬯이고 號가 竹垞이다. 詩, 詞, 散曲에 뛰어났으며, 『明史』의 편집에 참여했다. 저서로 『曝書亭集』, 『日下舊聞』 등이 있다. 이 책의 원래 서명은 『經義存亡考』인데, 처음에는 存, 亡으로만 구별했다가, 후에 存, 闕, 佚, 未見 등 네 부류로 구분하면서 『經義考』로 수정했다. 총 300권으로 구성되어 있는데, 중국의 經書를 群經, 史書, 逸經, 毖緯, 擬經, 承師, 刊名, 書壁, 鏤版, 著錄, 通說 등 29항목으로 분류했다. 각 책의 저자, 서명, 권수와 그 현존 여부를 기록하고, 각 책의 序와 跋, 저자, 책과 관계있는 論說을 모두 소개하여 經學書 목록으로서 높은 평가를 받는다. 『湛軒書』, 『浦渚集』, 『青莊館全書』, 『海東繹史』, 『五洲衍文長箋散稿』 등에 여러 차례 인용되었다. 규장각과 서울대 중앙도서관에 乾隆 42년(1777)의 序가 달린 목판본이 소장되어 있는데 淸 李濤가 교감한 판본이다.

經翼 → 五經翼

敬齋古今黈

元 李冶가 편찬한 雜錄. 李冶(1192~1279)는 字가 仁卿이며 號가 敬齋로 欒城 출신이다. 저명한 수학자로서 『測圓海鏡』, 『益古演段』 등을 편찬했다. 이 책은 만년에 독서하면서 적어놓은 筆記로, 『元史』 등에는 서명이 『古今難』으로 되어 있다. 원래 총 40권이지만, 현재 남아 있는 것은 永樂大典本 8권이다. 經史子集으로 나누어 각 2권으로 편차하고, 『毛詩』, 『中庸』, 『孟子』, 『千字文』 등 다양한 문헌의 내용을 고증했다. 『五洲衍文長箋散稿』 외에 『青莊館全書』에도 이 책이 인용되어 있다. 乾隆 40년(1775) 武英殿聚珍字로 간행한 목판본 8권 4책이 규장각에 소장되어 있다.

經籍考 → 國史經籍志

經籍志 → 國史經籍志

經典釋文

唐 陸元朗이 편찬한 經典의 注疏書. 陸元朗(550~630)은 字가 德明이며 蘇州 출신이다. 이 책은 총 30권으로 여러 經書 및 老莊 諸家書에 관한 주석을 편집하여, 經典의 原文 및 注文의 字音과 字意를 풀이한 것으로 583년 무렵 완성되었다. 서명이 『經傳釋文』으로 표기된 데도 있다. 『周易』, 『古文尙書』, 『毛詩』, 『周禮』, 『儀禮』, 『禮記』, 『春秋左氏傳』, 『公羊傳』, 『穀梁傳』, 『孝經』, 『論語』, 『老子』, 『莊子』, 『爾雅』 등 14종의 문헌을 대상으로 하여 편찬 순서에 따라 文字의 異同과 諸子百家의 音義를 集錄했다. 『十三經注疏』가 이 책의 音訓을 채용하고 있다. 『阮堂集』, 『林下筆記』, 『靑莊館全書』, 『弘齋全書』, 『五洲衍文長箋散稿』 등에 여러 차례 인용되어 있다. 『釋文』, 『釋文鈔』 혹은 『釋名』으로도 인용되었다. 규장각에 乾隆 56년(1791) 간기가 있는 목판본이, 장서각에 조선 후기 필사본이, 서울대 중앙도서관에 1809년 일본에서 간행된 목판본이 소장되어 있다. 장서각에 있는 『雅爾堂叢書』에도 이 책이 실려 있다. 『左傳音義』, 『周易音義』, 『尙書音義』, 『毛詩音義』, 『孝經音義』, 『春秋左氏音義』, 『老子道德經音義』 등 별개로 된 책도 있다.

經傳通解 → 儀禮經傳通解

更定文章九命

淸 王晫이 王世貞의 『文章九命』을 보완하여 편찬한 책. 王晫은 字가 丹麓, 仁和 출신이며, 『檀几叢書』를 편찬했고 『遂生集』, 『丹麓雜著十種』 등의 저술을 남겼다. 정확한 생몰년은 알려져 있지 않다. 『靑莊館全書』에는 그의 『今世說』과 『文苑異稱』 등이 인용되어 있다. 王世貞의 『文章九命』은 先秦부터 唐宋까지의 문인들을 貧困, 嫌忌, 玷缺, 偃蹇, 流貶, 刑辱, 夭折, 無終, 無後 등 9개 조목으로 분류하여 서술했는데 분류된 조목이 부정적인 것 일색인 까닭에 王晫이 이를 수정하여 通顯, 薦引, 純全, 寵遇, 安樂, 榮名, 壽考, 神仙, 昌後 등 9개 조목으로 바꾸어 긍정적인 기술을 했다. 王世貞의 『文章九命』은 李植, 申晸, 丁若鏞 등 여러 학자의 문집에 인용되어 있으나, 『更定文章九命』은 『五洲衍文長箋散稿』에만 보인다. 『文章九命』은 『說郛續』에 실려 있고 『更定文章九命』은

규장각 등에 소장된『昭代叢書』에 수록되어 있다.

經濟類編

明 馮琦가 편찬한 類書. 馮琦(1558~1604)는 字가 用韞이고 號가 琢庵이며 山東 臨朐 출신이다. 禮部尙書를 지냈고 諡號는 文敏이다. 평생 實學에 힘을 기울여 政事에 임하여 근실하고 엄숙했다. 東林學派의 일원으로서 直言을 마다하지 않아 당시 부패한 官界를 비판하고 혼란한 사회현실을 힘써 개혁하고자 했다.『宋史紀事本末』,『海岱會集』 등 많은 저술을 남겼다. 문집『宗伯集』과『馮用韞先生北海集』 등이 규장각에 소장되어 있다. 이 책은 馮琦가 개략적인 분류 작업을 하여 저술하다가 완성하지 못하고 죽자 그 아우 馮瑗과 門人 周家棟, 吳光義 등이 21類로 다시 정리하여 편찬한 것이다. 帝王類 21권, 政治類 8권, 儲寶類 2권, 宮掖類 3권, 臣類 6권, 諫諍類 3권, 詮衡類 6권, 財賦類 4권, 禮儀類 7권, 樂類 1권, 文學類 8권, 武功類 13권, 邊塞類 3권, 刑法類 3권, 工類 1권, 天類 4권, 地類 2권, 人倫類 3권, 人品類 5권, 人事類 5권, 道術類 3권, 物類 1권, 雜言類 2권 등으로 되어 있다. 그 체제는『冊府元龜』를 따랐지만『冊府元龜』가 史傳을 중심으로 한 데 비해 이 책은 諸子百家의 다양한 文章을 두루 수록했다.『四庫全書』에 이 책이 편제되어 있다. 규장각에는 100권 100책의 목판본이 소장되어 있는데 明 "大明萬曆三十二年(1604)校刻於浙虎林郡南屛山"이라는 간기가 붙어 있다. '內閣'이라는 장서인이 날인되어 있어 규장각에 소장되어 있던 책임을 알 수 있다. 권두에 萬曆 32년(1604) 吳光義와 馮夢禎의 序가 실려 있고 이어 目次가 수록되어 있다. 국립중앙도서관과 장서각에 동일한 판본이 소장되어 있는데 周家棟이 校正한 것으로 100권 50책이다. 李瀷이 1696년 쓴「答尹幼章」에 이 책을 구입한 내용이 실려 있다.『星湖僿說』에서 여러 차례 이 책을 인용하여 고증했다. 李德懋의『磊磊落落書』에는『大淸一統志』를 인용하여 柴紹炳이『考古經濟類編』을 저술했다고 했는데 곧『省軒考古類編』으로 이 책과는 별개의 것이다.

耕織圖

南宋 樓璹이 편찬한 圖錄. 樓璹(1090~1162)은 字가 國器이고 鄞縣 출신이다. 이 책 외에『醉翁寱語』가 전한다. 이 책은 그가 浙江 於潛縣令으로 있을 때, 農夫와 織婦를 찾아가 농사와 길쌈에 대한 그림을 그리고, 그림마다 5언 8구

의 詩를 덧붙인 것이다. 『耕織圖詩』라고도 한다. 耕圖 21폭과 織圖 24폭, 총 45폭으로 되어 있다. 成俔의 『慵齋集』에 실려 있는 「奉敎耕織圖後序」에 따르면 權景佑가 중국에 사신으로 갔다 돌아올 때 이 책을 가져와 대궐에 바쳤으며, 中宗이 이 책을 병풍으로 만들도록 했다. 『熱河日記』, 『與猶堂全書』, 『燕轅直指』, 『林下筆記』 등 여러 문헌에 이 책이 인용되었다. 康熙 28년(1689) 南巡 때 이 책을 구한 康熙帝가 서양화법에 익숙한 궁정화가 焦秉貞 등에게 命해 耕圖와 織圖 각 23폭을 그리게 하고, 그림마다 자신의 七言詩를 실은 다음 康熙 35년(1696) 內府에서 간행했는데 원래 서명은 『佩文齋耕織圖』다. 장서각에 『佩文齋耕織圖』가 소장되어 있다. 규장각에 소장된 『龍威秘書』, 『御覽知不足齋叢書』 등에도 실려 있다. 규장각에 소장된 『御製耕織圖』는 光緖 5년(1879)과 光緖 11년(1885)에 간행된 石印本이며, 1902년 權東壽의 贊이 붙은 병풍 『耕織圖』가 따로 소장되어 있다.

稽古錄

北宋 司馬光이 편찬한 史書. 司馬光(1019~1086)은 字가 君實이고 諡號는 文正이다. 陝州 夏縣 涑水 출신인데 原籍을 따라 涑水先生이라고도 한다. 『資治通鑑』, 『涑水紀文』, 『司馬文正公集』 등 많은 저술이 있다. 이 책은 『資治通鑑』 편찬에 사용한 史料를 정리해 『資治通鑑』을 열람하기 편하도록 편집한 것이다. 총 20권으로 古代 三皇五帝의 하나인 伏羲氏부터 北宋 治平 4년(1067)까지를 다루고 있다. 제1부는 『史記』 本紀와 『尙書』, 『國語』의 내용을 발췌한 것으로, 三皇五帝부터 夏·殷·周 三代까지 諸王들의 傳을 취사선택해 紀傳體로 구성했다. 제2부는 『資治通鑑』의 범위와 일치하는 부분으로, 周 威烈王 23년(B.C.403)부터 後周 顯德 6년(959)까지 編年體로 중요한 사건을 기록하고, 각국의 흥망성쇠에 대한 評論을 덧붙였다. 제3부는 宋 太祖 建隆 元年(960)부터 英宗 治平 4년(1067)까지의 編年體 기록이지만 評論은 없다. 중종 때 崔淑生이 이 책을 대궐에 바쳤다는 기록이 실록에 보이며, 司馬光이 이 책을 바친 고사가 성균관 유생의 시험 문제로 출제되기까지 했다. 숙종 때 朴世采가 직접 필사하여 바쳤다는 기록도 보이며, 1751년 兪拓基가 중국에서 구해 온 것을 처음 조선에서 간행했다는 기록이 『英祖實錄』에 보인다. 『眉巖集』, 『南溪集』, 『宋子大全』, 『白湖全書』, 『燕臺再遊錄』, 『五洲衍文長箋散稿』, 『靑莊館全書』 등 여러 문헌에 인용되어 있다. 戊申字로 간행한 책이 규장각, 국립중앙도

서관, 고려대 등에 소장되어 있고, 중국에서 간행한 목판본도 규장각 등에 전하며, 필사본도 장서각에 소장되어 있다.

稽古名異錄

淸 孫海門이 古人 姓名의 異同을 밝힌 책. 孫海門은 어떤 인물인지 자세하지 않은데 대략 康熙 연간(1662~1722) 활동한 인물이다. 施閏章의 「稽古名異錄序」에 禹航 孫海門이라 했으므로 禹航은 그의 출신지로 추정된다. 禹航은 餘航으로 된 데도 있다. 獨孤微生의 「孫海門九十壽序」에는 餘航海門孫君이라 하고 『周易』에 능하다고 했는데, 海門 역시 본명은 아닌 듯하다. 民國 시기 李格의 『杭州府志』에 『周易麈談』을 소개하면서 '隰州知州餘杭孫應龍海門撰'이라 했으므로 이름이 孫應龍일 가능성이 높다. 淸 朱彝尊의 『經義考』에 이 책의 찬자를 孫應龍이라 했다. 『四庫全書總目』에도 이 책을 소개하면서 孫應龍이 찬자라 하고 餘杭 출신으로 隰州知州를 지냈다고 했다. 『五洲衍文長箋散稿』에는 편찬자가 禹航孫으로 잘못 표기되어 있다. 이 책은 上古 이래 역사서에 실린 名氏와 謚號를 발췌하여 모은 것이다. 淸 施閏章의 序에 따르면 『同名錄』, 『同姓名錄』 등이 姓名이 같은 것을 모아놓은 것에 지나지 않으므로 이 책을 편찬했다고 한다. 또 上古 이래로 史書에 실려 있는 名氏나 謚號가 두 가지로 되었거나 이중으로 된 것을 취하여 2,452건을 수록한다고 했다. 이 책은 일실되어 전하지 않는다. 『五洲衍文長箋散稿』에서 이 책의 序를 소개했는데 施閏章의 『學餘集』을 재인용한 것이다. 『靑莊館全書』에 「稽古名異錄」 항목을 따로 두고 이 책의 序를 소개하면서 施閏章이 편찬한 것이라 했는데 이는 잘못이다.

戒賭文

淸 尤侗이 도박의 폐해를 경계하여 편찬한 책. 尤侗(1618~1704)은 字가 同人 혹은 展成이고 號는 西堂老人, 悔庵, 艮齋 등을 사용했으며 長洲 출신이다. 문집 『西堂全集』과 『西堂餘集』을 남겼다. 이 책은 張潮의 『昭代叢書』에 수록되어 있고 尤侗의 『西堂雜組』에도 실려 있다. 『西堂雜組』는 『西堂全集』에 실려 있다. 『西堂全集』은 1644년 중국에서 간행된 목판본이 규장각, 고려대, 국립중앙도서관 등에 소장되어 있다. 別本 『西堂雜組』도 서울대 중앙도서관에 소장되어 있다. 李德懋의 『靑莊館全書』에서 「戒賭文」을 자세히 인용하며 도박의 폐해를 지적했다. 『五洲衍文長箋散稿』에도 이 책을 인용했다.

鷄林類事

北宋 孫穆이 高麗에 관한 見聞을 기록한 책. 孫穆은 書狀官으로 高麗에 왔지만, 이력은 거의 밝혀져 있지 않다. 이 책은 원래 3권으로, 고려의 風習, 制度, 言語, 表文 등을 소개한 것인데, 1103년 무렵 편찬된 것으로 추정된다. 현재는 方言과 土風, 朝制의 일부만 『古今圖書集成』과 『說郛』 등에 실려 전한다. 고려의 제도와 풍습 등을 간략히 소개한 다음, 方言이라는 표제 밑에 당시의 高麗語를 356항목에 걸쳐 중국 字音으로 표기했다. 漢字音은 宋代의 開封 일대의 것으로 추정된다. 『星湖僿說』, 『熱河日記』, 『林下筆記』, 『靑莊館全書』, 『海東繹史』, 『五洲衍文長箋散稿』 등에 여러 차례 인용되었다.

雞林志

北宋 王雲이 高麗에 관한 見聞을 기록한 책. 王雲은 字가 子飛이고 澤州 출신이다. 崇寧 2년(1103) 徽宗이 高麗와 國交를 재개하고 給事中 吳栻과 戶部侍郎 劉逵一을 高麗에 파견했을 때 書記官으로 고려로 가서 보고 들은 것을 바탕으로 이 책을 편찬했다. 이 책은 지금 전하지 않고 몇몇 문헌에 일부가 소개되어 있다. 南宋 晁公武의 『郡齋讀書錄』에는 儀式과 言語를 8類로 분류하여 기술했는데 高麗事類에서부터 海東備檢까지로 되어 있다고 했다. 南宋 陳振孫의 『直齋書錄解題』에 『奉使雞林志』 30권은 王雲이 편찬한 것이며 神宗 연간(1067~1085) 이래 宋과 高麗가 交通한 사실이 자세히 기재되어 있다고 했다. 또 明 王應麟의 『玉海』에는 王雲이 30권으로 편찬한 책과 함께 宋 吳栻이 20권으로 편찬한 『崇寧雞林志』를 따로 소개하고 왕래한 행적과 당시의 制誥를 실었다고 했다. 吳栻은 字가 顧道이고 甌寧 출신인데 이름이 吳拭으로 된 데도 있다. 이 책은 『說郛』에 일부가 실려 있는데 편찬자 이름은 밝혀져 있지 않다. 北宋 徐兢은 『宣和奉使高麗圖經』에서 王雲의 『雞林志』를 참조했다고 밝혔다. 『芝峯類說』에도 이 책을 인용하여 高麗僧의 磨衲을 언급했는데 같은 내용이 『說郛』에 실린 『崇寧雞林志』에 보인다. 『靑莊館全書』에서는 『文獻通考』를 인용하여 王雲의 30권본을 소개하고 『玉海』를 인용하여 吳拭의 20권본을 소개했다. 『海東繹史』에는 王雲의 30권본을 통해 고려의 債貸, 新羅漆 등을 소개했는데 『說郛』에 실린 것을 인용했다. 『林下筆記』에도 이 책을 인용하여 고려의 松扇, 염색 등을 소개했는데 『說郛』에 실린 것과 같다.

稽命曜

편찬자와 편찬 시기를 알 수 없는 『禮記』 緯書의 하나. 일실되어 전하지 않으며 『北堂書鈔』 등에 몇 조가 인용되어 있다. 『禮稽命曜』라고도 한다. 『谿谷集』에 緯書를 설명할 때 『稽命曜』로 소개했으며 『五洲衍文長箋散稿』에는 『河圖稽命曜』와 『洛書稽命曜』도 함께 소개했다.

稽命徵

『含文嘉』, 『斗威儀』와 함께 『禮記』 緯書의 하나. 편찬자와 편찬 시기는 알려져 있지 않다. 『說郛』에는 7條만 간략하게 실려 있다. 『經義考』에는 『河圖稽命曜』와 같은 책이라 했다. 申欽, 張維, 李瀷 등 17세기 문인의 글에서부터 緯書를 논할 때 자주 언급되었으며 『五洲衍文長箋散稿』에도 소개되어 있다. 규장각에 소장된 『玉函山房輯佚書』에 실려 있다. 『五洲衍文長箋散稿』에는 『稽命曜』, 『河圖稽命曜』, 『洛書稽命曜』 등을 소개했는데 이 책과의 관련성은 알 수 없다. 또 『稽命曜』는 『谿谷集』에 『禮記』의 緯書를 설명할 때 『稽命曜』로 소개했다. 『稽命曜』로 된 책은 소장처가 확인되지 않는다.

啓蒙意見 → 易學啓蒙意見

啓蒙翼傳 → 周易啓蒙翼傳

繫辭要旨

南宋 洪興祖가 『周易』의 繫辭를 풀이한 책. 洪興祖(1090~1155)는 字가 慶善이고 號가 練塘이며 丹陽 출신이다. 經學에 뛰어나 太常博士를 지냈다. 『楚辭補注』, 『韓子年譜』 등의 저술이 있다. 『宋史』에 『繫辭要旨』가 그의 저술로 되어 있지만 모두 일실되었다. 『周易通義』도 편찬했다고 『五洲衍文長箋散稿』에서 소개했지만 모두 일실되어 전하지 않는다.

稽神錄

北宋의 徐鉉이 편찬한 雜錄. 徐鉉(916~991)은 字가 鼎臣이며 廣陵 출신이다. 散騎常侍를 지냈고 小學과 篆隸에 밝았다. 이 책 외에 『質疑論』 등의 저술이 있다. 이 책은 唐末에서부터 五代에 이르기까지 신이한 이야기를 모아 6권으로 엮은 것인데, 『津逮秘書』에 실려 있다. 『四庫全書』에도 6권으로 편제되어 있다. 규장각에 소장된 『唐代叢書』, 『叢書』에도 이 책이 실려 있다. 『說郛』에는 5조만 수록되었다. 『星湖僿說』, 『青莊館全書』, 『歗齋文鈔』, 『五洲衍文長箋散稿』 등에 이 책의 일부가 인용되어 있다.

癸辛雜識

宋末元初 周密이 편찬한 雜錄. 周密(1232~1298)은 字가 公謹이고 號는 草窓, 四水潛夫, 弁陽老人, 華不注山人 등을 사용했다. 豐儲倉檢察, 義烏令 등을 지냈지만 宋이 멸망한 후 은거했다. 『齊東野語』, 『志雅堂雜抄』, 『武林舊事』, 『癸辛雜識』 등의 저술이 있다. 이 책은 당대의 人物談과 野史 등을 모은 것인데 前集, 後集, 續集, 別集을 합쳐 6권으로 구성되어 있다. 『四庫全書』에 실려 있다. 明의 商濬이 교감한 『稗海』에 실린 판본이 규장각과 장서각 등에 전한다. 규장각에 소장된 『說郛』, 고려대에 소장된 郭象의 『六種奇話』 등에도 수록되어 있다. 李好憫, 李睟光 등 17세기 인물의 저술에서부터 이 서명이 널리 보이므로 조선에서 상당히 널리 읽힌 책인 듯하다. 『五洲衍文長箋散稿』에도 여러 차례 인용되어 있다.

戒菴漫筆

明 李詡가 편찬한 雜錄. 李詡(1506~1593)는 字가 厚德이고 號가 戒庵이며 江陰 출신인데, 평생 벼슬을 하지 않았다. 문집 『世德堂吟稿』 외에 『名山大川記』, 『心學摘要』, 『續吳郡志』 등을 저술했지만 대부분 일실되었다. 이 책은 『戒庵老人漫筆』이라고도 한다. 당시 유전되던 朝野의 典故와 詩文의 評論, 민간의 풍속 등을 모아 8권으로 편찬한 것으로 562조의 標題가 붙어 있다. 萬曆 20년(1592) 李詡의 손자 李如一이 간행했지만 일실되고 『說郛續』 등에 30여 조만 실려 전한다. 『星湖僿說』, 『熱河日記』, 『青莊館全書』, 『五洲衍文長箋散稿』 등에서 풍속을 고증할 때 이 책을 인용했다. 규장각에 소장된 光緖 연간(1875~1908)의 『常州先哲遺書』에 이 책의 일부가 편집되어 실려 있다.

啓禎野乘

明末清初 鄒漪가 明末 문인의 傳記를 기록한 책. 鄒漪는 字가 流綺 혹은 西村이고 江蘇 無錫 출신인데, 자세한 이력은 밝혀져 있지 않다. 『明季遺聞』 등의

저술을 남겼다. 이 책은 初集과 二集으로 구성되어 있다. 初集은 16권으로, 天啓 연간(1621~1627)에서 崇禎 연간(1628~1644)의 인물을 品節, 行誼, 經濟, 文學, 循良, 忠烈, 義烈, 隱逸, 孝友, 貞姬, 烈女, 方外, 藝流 등으로 나누어 서술했다. 二集은 康熙 18년(1679) 완성되었는데 崇禎 연간의 인물을 品節, 行誼, 經濟, 文學, 循良, 忠烈, 義烈, 隱逸, 孝友, 貞姬, 方外, 藝流 등으로 나누어 기술했다. 初集과 二集은 같은 體例를 따르되, 수록 인물의 沒年을 기준으로 분류했다. 『陶谷集』, 『凌壺集』, 『星湖僿說』, 『青莊館全書』, 『研經齋全集』, 『舫山集』 등 여러 서적에 이 책이 인용되어 있다. 康熙 5년(1666)의 序가 달린 16권 8책의 목판본과 康熙 43년(1704)의 序가 달린 22권 12책의 목판본이 규장각에 전한다. 장서각에는 康熙 18년(1679)의 序가 붙은 목판본이 소장되어 있다.

雞跖集

北宋 王聖美가 편찬한 雜錄. 王聖美는 字가 子韶이고 太原 출신이다. 王安石의 추천으로 監察御史를 지냈는데 생몰년은 알려져 있지 않다. 이 책은 南宋 曾慥가 편찬한 『類說』에 29조가 실려 있는데 『說郛』에는 玉虎鳴, 銀河, 飮墨 등 11조만 수록되어 있다. 규장각에 소장된 『叢書』에도 일부가 실려 있다. 高麗의 折風冠과 관련하여 『五洲衍文長箋散稿』에서 인용했지만 『類說』과 『說郛』에는 해당 기사가 보이지 않는다. 北宋 宋祁의 문집 역시 『雞跖集』이고, 朝鮮 후기 鄭弘錫 역시 동일한 제목의 책을 편찬한 것으로 알려져 있지만 내용은 전혀 다르다.

季漢書

明 謝陛가 편찬한 蜀漢의 歷史書. 謝陛는 字가 少連이고 歙縣 출신인데, 자세한 이력은 밝혀져 있지 않다. 이 책은 朱熹가 편찬한 『通鑑綱目』의 뜻을 계승하여 蜀漢을 정통으로 삼아 『三國志』를 개찬한 것이다. 季漢은 前漢과 後漢에 이어 일어난 劉備의 蜀漢을 말한다. 本紀, 內傳, 世家, 外傳, 載記, 雜傳, 問答으로 나누어져 있고, 총 60권이다. 本紀와 內傳에는 蜀漢의 三帝와 諸臣을 世家와 外傳에는 魏와 吳의 列帝와 諸臣을, 載記와 雜傳에는 그 밖의 인물을 기술했다. 마지막에 첨부된 問答 22편은 수록 내용 중 의문점과 해설을 문답식으로 論辯한 것이다. 陳壽의 『三國志』와 裴松之의 注 등을 재편한 것이며, 『後漢書』나 『晉書』와 겹치는 부분이 많다. 『息山集』, 『順菴集』, 『碩齋稿』, 『弘齋全

書』, 『游齋集』, 『五洲衍文長箋散稿』 등에서 이 책을 인용하고 있다. 李玄錫의 『游齋集』에 실려 있는 「謝少連季漢書序」에 이 책에 관한 자세한 설명이 실려 있다. 明 鍾人傑이 교정을 본 목판본이 규장각에 소장되어 있다. 국립중앙도서관, 연세대, 영남대 등에도 중국 목판본이 소장되어 있다.

桂海虞衡志

南宋 范成大가 편찬한 地方志. 范成大(1126~1193)는 字가 致能이고 號가 石湖居士이며 蘇州 吳縣 출신이다. 南宋四大家의 한 사람으로, 『石湖居士詩集』, 『石湖詞』, 『吳船錄』 등의 저술이 있다. 이 책은 范成大가 知靜江府, 四川制置使로 재직하면서 보고 들은 풍물을 기록한 것이다. 내용은 巖洞, 金石, 香, 酒, 器, 禽, 獸, 蟲魚, 花, 果, 草木, 雜志, 蠻 등 13門으로 이루어져 있고, 편마다 小序가 있다. 본래 3권이었으나 현존하는 것은 1권뿐이다. 규장각 소장 『古今說海』, 『唐宋叢書』, 『御覽知不足齋叢書』와 장서각 소장 『漢魏叢書』 등에 수록되어 있다. 『星湖僿說』, 『息山集』, 『頭陀草』, 『靑莊館全書』, 『研經齋全集』, 『與猶堂全書』, 『舫山集』, 『五洲衍文長箋散稿』 등 여러 문헌에 이 서명이 보인다.

古鏡記

唐 王度가 겪은 기괴한 이야기를 기록한 소설. 『戴氏廣異記』와 『太平御覽』 등에 작가가 王度로 되어 있지만 자세한 생애는 알려져 있지 않다. 이 책은 大業(605~618) 말년 王度가 御史로 나갔을 때 汾陰侯生으로부터 오래된 거울을 얻어 괴물을 퇴치했다는 내용이다. 규장각에 소장된 『說郛』와 『龍威秘書』 등에 실려 있다. 『五洲衍文長箋散稿』 외에는 인용된 예를 찾기 어렵지만 이 소설이 『太平廣記』에 실려 있어 조선시대 제법 읽혔을 것으로 추정된다.

考古圖

北宋 呂大臨이 편찬한 金石學에 관한 저술. 呂大臨(1046~1092)은 字가 與叔이고 陝西 藍田 출신이다. 謝良佐, 游酢, 楊時와 더불어 程門四先生이라 불렸다. 박학하고 문장에도 뛰어났으며, 형 呂大鈞과 함께 呂氏鄕約을 조직했다. 이 책은 殷代부터 漢代에 이르기까지 鼎, 鬲, 尊 등의 靑銅器를 圖示하고 그 소장자와 출토처 등을 기술했다. 총 10권으로 되어 있으며 『博古圖』, 『古玉圖』와 함께 『三古圖』라고 부른다. 권1에서 권6까지는 商과 周의 銅器 140여 종을

수록했고, 권7에는 鍾, 磬 등의 악기, 권8에는 玉器 등 총 234器의 기물을 소개했다. 『冲齋集』, 『淸陰集』, 『宋子大全』, 『醇庵集』, 『林下筆記』, 『警修堂全藁』, 『五洲衍文長箋散稿』, 『硏經齋全集』 등에 인용되어 있다. 萬曆 辛丑(1601) 吳萬化의 跋이 달린 목판본 『亦政堂重修考古圖』가 규장각에 소장되어 있고, 장서각에 『寶古堂重修考古圖』가 소장되어 있다. 黃晟이 편찬한 『宣和博古圖錄』에도 이 책이 수록되어 있다.

考工記圖

淸 戴震이 『考工記』를 풀이한 책. 戴震(1724~1777)은 字가 東原 혹은 愼修이고 號가 杲溪이며 安徽 休寧 출신이다. 文字, 音韻, 訓詁 연구에서 출발해 經書를 해명하고, 이를 바탕으로 옛 聖賢의 道를 구명하는 고증학적인 經學方法論을 주창하여, 考證學의 체계적인 이론을 수립했다. 대표적인 저작으로 『孟子字義疏證』, 『屈原賦注』 등이 있다. 이 책은 春秋時代 『考工記』를 고증한 것으로, 宮室, 車輿, 兵器, 禮樂 등 분야별로 그림과 함께 설명하고, 文物, 制度, 字義 등을 고증했다. 총 2권으로, 先秦의 문물제도에 관한 중요한 참고문헌이다. 『五洲衍文長箋散稿』에서 이 책을 인용해 건축물을 고증했다. 乾隆 14년(1749)과 乾隆 44년(1779) 중간된 판본이 서울대 중앙도서관과 장서각 등에 소장되어 있다.

考工記解

南宋 林希逸이 『考工記』를 풀이한 책. 林希逸(1193~1271)은 字가 肅翁 혹은 淵翁이고 號는 竹溪 혹은 獻齋이며, 『列子獻齋句義』, 『句解南華眞經』, 『竹溪十一稿詩選』 등의 저술이 있다. 이 책은 2권으로 康熙 12년(1673) 通志堂 간본이 전한다. 器物 도판 70폭이 실려 있다. 『靑莊館全書』, 『硏經齋全集』, 『五洲衍文長箋散稿』에서 이 책을 소개했다.

古國都今郡縣合考

淸 閔麟嗣가 중국 고대의 都邑을 고증한 책. 閔麟嗣(1628~1704)는 字가 賓連이고 號가 橄庵이며 徽州 巖寺鎭 출신이다. 이 책 외에 『黃山志定本』, 『廬山集』 등의 저술이 있다. 李德懋의 『磊磊落落書』와 『皇明遺民傳』에 그의 전기를 적고 있는데 王士禎의 『感舊集』을 인용하여 그의 문집 『廬遊艸悟雪艸堂集』을

소개했다. 이 책은 道光 13년(1833)의 간본 1권이 중국 國家圖書館에 소장되어 있다. 『昭代叢書』에도 1권으로 실려 있다. 『研經齋全集』에 그의 전기와 함께 이 책을 인용해 寧古塔, 會寧, 五國城 등을 고증했다. 『五洲衍文長箋散稿』에도 이 책을 소개했다.

古局象棋圖

北宋 司馬光이 장기에 관해 기술한 책. 司馬光(1019~1086)은 字가 君實이고 諡號가 文正이며 涑水先生으로 불린다. 『資治通鑑』, 『涑水記聞』, 『司馬文正公集』 등 많은 저술을 남겼다. 이 책은 王逸民의 敍, 장기판 그림, 장기에 대한 설명 등으로 구성되어 있다. 규장각 소장 『說郛』에 실려 있다. 『五洲衍文長箋散稿』에 雜戲와 관련하여 이 책이 인용되어 있다.

古今郡國志

唐 賈耽이 편찬한 地理書. 賈耽(729~805)은 字가 敦詩이고 滄州 南皮 출신이다. 汾州刺史, 山南西道節度史, 工部尙書 등을 역임했으며 地理學에 정통했다. 『海內華夷圖』, 『略急單方』 등의 저술이 있다. 규장각에 그의 글씨로 된 「顔魯公茅山碑」가 전한다. 이 책은 총 40권으로 貞元 17년(801) 편찬되었는데 자신이 편찬한 『海內華夷圖』를 해설한 것이다. 원래 서명은 『古今郡國縣道四夷述』이다. 『海內華夷圖』는 일실되고 紹興 7년(1137)의 石刻 華夷圖에 일부가 실려 있다. 『海內華夷圖』에 수록된 각 지역의 道路里數, 軍事, 山川 등을 상세히 기록했지만 歐陽修가 『新唐書』를 편찬할 때 이미 일실되었다고 한다. 분량이 방대하여 저자가 이를 요약한 『貞元十道錄』을 편찬했지만 이 역시 일실되었다. 金富軾이 『三國史記』를 편찬할 때 이 책을 참조한 것으로 되어 있다. 黃胤錫의 『頤齋遺藁』에 『唐元和郡國志』가 보이는데 같은 책인지는 확인할 수 없다. 『東史綱目』, 『燃藜室記述』, 『海東繹史』, 『五洲衍文長箋散稿』에서 이 책을 인용하고 있지만 『三國史記』에서 재인용한 듯하다.

古今刀劍錄

南朝 梁 陶弘景이 帝王의 刀劍에 관해 기술한 책. 陶弘景(456~536)은 字가 通明이고 號가 華陽隱居이며 丹陽 秣陵 출신이다. 道敎 茅山派의 대표적인 인물로 알려져 있다. 15세에 養生에 뜻을 두어 『尋山志』를 지었다고 하며, 36세에

曲山(茅山) 華陽洞에 은거했다. 『神農百草經』을 정리하여 『本草經集注』를 편찬했고 『眞誥』, 『眞靈位業圖』, 『陶氏效驗方』, 『補闕肘後百一方』, 『陶隱居本草』, 『藥總訣』, 『效驗施用藥方』, 『服食草木雜藥法』, 『斷谷秘方』, 『消除三尺要法』, 『服氣導引』, 『養性延命錄』, 『人間卻災患法』, 『集藥訣』 등 많은 저술을 남겼지만 대부분 일실되었다. 淸代의 문헌에는 '弘'을 避諱하여 陶宏景이라 표기했다. 이 책은 夏의 帝啓에서부터 梁代까지 40여 종의 刀劍을 다루었고, 小國의 刀劍에 관해서도 수록했다. 이 책의 내용 중 의심스러운 대목이 있어 後人이 가탁한 것으로 보기도 한다. 규장각에 소장된 『說郛』, 『漢魏叢書』 등의 叢書에 수록되어 있다. 正祖 때 편찬된 『武藝圖譜通志』에서 이 책을 많이 인용했다. 『五洲衍文長箋散稿』에도 이 책이 인용되었다.

古今圖書集成

淸 康熙帝의 命을 받들어 康熙帝의 3子 胤祉가 陳夢雷 등과 편찬한 類書. 원래는 『文獻彙編』 혹은 『古今圖書彙編』이라 했다. 1701년 편찬이 시작되었으나 완성된 것은 雍正帝 때인 1728년이다. 正文 10,000권 외에 目錄 40권으로 되어 있다. 실질적인 편찬자인 陳夢雷(1650~1741)는 字가 則震이고 號가 省齋 혹은 松鶴老人이며 福建 侯官 출신이다. 『周易淺述』, 『盛京通志』, 『承德縣志』, 『海城縣志』 등을 편찬했다. 陳夢雷는 北京의 一間樓에 거주하면서 방대한 인력을 고용하여 協一堂과 자신의 집에 소장되어 있던 15,000권의 전적을 정리하여 1706년 10,000권으로 이 책을 완성했으나 간행하지 못했다. 그 후 雍正帝가 즉위한 후 胤祉가 구금되고 陳夢雷는 黑龍江으로 유배되었는데 雍正帝가 蔣廷錫에게 다시 편집을 맡기고 陳夢雷의 이름을 삭제한 후 서명을 『欽定古今圖書集成』으로 고치게 했다. 蔣廷錫(1669~1732)은 字가 揚孫이고 江南常熟 출신이며, 『靑桐軒集』, 『秋風片雲集』 등의 저술이 있다. 이 책은 曆象彙編, 方輿彙編, 明倫彙編, 博物彙編, 理學彙編, 經濟彙編 등 6彙編으로 분류하고 그 하위에 32典 6,117部를 두었다. 部에서는 방대한 문헌을 모아 彙考라 하고 일반적인 글을 모아 總論이라 했으며, 각 주제에 대한 인물 전기인 列傳을 두었다. 또 해당 주제와 관련한 문학작품을 모아 藝文이라 하고, 일부의 명구만을 뽑은 것은 選句라 했다. 역사적인 사실을 모아 紀事라 하고, 기타 내용은 雜錄에 담았으며 신뢰성이 떨어지는 자료는 外篇에 수록했다. 圖像과 地圖를 덧붙였으며 마지막에 考證을 두어 수록한 서적의 오류를 지적했다. 1728년 銅

活字를 사용하여 10,040권으로 인쇄했는데 이를 武英殿印本이라 한다. 이 책은 正祖의 命에 의하여 正祖 元年(1777) 正使 李溵과 副使 徐浩修가 銀 2,150兩을 주고 구입해 왔는데 현재 규장각에 소장되어 있다. 正祖는 1780년 규장각의 檢書官에게 命하여 편차를 새롭게 하고 장정을 바꾸었다. 표지의 제목은 당시 글씨에 뛰어난 曺允亨이 썼다. 책의 첫째 면마다 정조의 도서인인 '朝鮮國', '弘齋', '萬機之暇', '極' 등 도장이 찍혀 있다. 『弘齋全書』, 『靑莊館全書』, 『泠齋集』, 『茶山詩文集』, 『研經齋全集』, 『金陵集』, 『楓石全集』, 『存齋集』, 『五洲衍文長箋散稿』, 『熱河日記』, 『海東繹史』, 『燕轅直指』, 『林下筆記』 등 많은 문헌에 이 책이 인용되어 있다.

古今錄驗方

唐 甄立言이 편찬한 醫書. 甄立言(545~?)은 許州 扶溝 출신으로, 형 甄權과 함께 醫術로 명망이 높았고, 唐 武德 연간(618~626) 太常丞에 올랐다. 특히 本草에 정통하고, 기생충 질병 치료에 일가견이 있었다. 저술로 『本草音義』, 『本草藥性』, 『本草集錄』 등을 남겼으나 모두 전하지 않는다. 이 책은 총 50권이었다고 하나 일실되고, 『外台秘要』와 『醫心方』 등에서 일부만 확인할 수 있다. 『舊唐書』에는 편찬자가 甄權으로 되어 있다. 『高麗史』에 宣宗 8년(1091) 宋의 館伴이 요청한 書目에 이 책이 보이는데 50권이라 했다. 『靑莊館全書』, 『海東繹史』 등에 언급되어 있지만 『高麗史』에 실린 내용을 인용한 것이다.

古今法書苑

北宋 周越이 쓴 法帖. 周越은 字가 子發 혹은 淸臣이며 山東 鄒平 출신으로, 생몰년은 밝혀져 있지 않다. 서예가로 명망이 높았으며 평생 宋初의 書體를 변혁하는 것을 목표로 했지만 後世에 높은 평가를 받지는 못했다. 이 책은 唐 張彦遠의 『法書要錄』을 계승한 것으로, 北宋 朱長文의 『墨池編』이 이 책의 영향으로 편찬된 것이다. 1권으로 되어 있으며 『說郛』에 『法書苑』이라는 이름으로 실려 있다. 규장각 소장 『承華樓書目』에 이 책이 실려 있지만 承華樓 소장본은 전하지 않는다. 『星湖僿說』에 『法書苑』으로, 『五洲衍文長箋散稿』에 『古今法書苑』으로 인용되어 있다. 『五洲衍文長箋散稿』에는 『佩文齋書畵譜』에 실려 있는 『王氏法書苑』의 내용을 인용했는데 이 책이 아닌 王世貞이 편찬한 『古今法書苑』을 이른다.

古今法書苑 → 王氏法書苑

古今釋疑

淸 方中履가 편찬한 類書. 方中履(1638~?)는 安徽 桐城 출신으로 方以智의 아들이다. 字가 素伯이고 號가 合山이며, 문집 『汗靑閣集』이 있다. 『靑莊館全書』에 方中履의 이력을 자세히 적고 이 책과 문집 『汗靑閣集』도 소개했다. 이 책은 18권이며 국립중앙도서관에 康熙 49년(1710) 간기가 있는 목판본이 소장되어 있고, 장서각과 국립중앙도서관에 필사본이 전하는 것으로 보아 조선시대 널리 유통된 것으로 보인다. 書籍總目에 이어 『周易』, 『尙書』 등의 經書를 다루었고, 이어 郊祀, 明堂, 謚號, 律呂, 曆法 등 다양한 내용을 다루었다. 『硏經齋全集』, 『楓石全集』, 『淵泉集』, 『五洲衍文長箋散稿』 등에도 이 책을 빈번하게 인용했다.

古琴疏

宋 虞汝明이 역대 琴에 관해 기술한 책. 虞汝明은 吳郡 출신이지만 이력이 알려져 있지 않다. 이 책은 『說郛』에 실려 있는데 丹維, 祖床, 委文, 衡華, 皇來, 鸞來, 鳳來, 瑀玗, 雷母, 菌首, 義輔, 蓬明, 白民, 簡開, 垂漆, 國阿, 嚮風 등 琴을 두루 소개하고 있다. 『五洲衍文長箋散稿』에 琴의 제도와 관련하여 이 책을 인용했다.

古今樂錄

南朝 승려 智匠이 편찬한 樂書. 智匠에 관해서는 거의 알려진 바가 없다. 이 책은 『隋書』 「經籍志」에는 12권, 『宋史』 「藝文志」에는 13권으로 되어 있다. 陳 光大 2년(568)에 편찬한 책으로, 漢代부터 陳代까지의 音樂史를 다루었다. 「木蘭詩」를 비롯하여 漢魏六朝의 樂府에 대한 자료가 많다. 郭茂倩의 『樂府詩集』에 인용되어 있으나 이후 일실된 것으로 보이며, 현전하는 것은 후대 집록된 것이다. 『星湖僿說』에 이 책을 인용하고 있으나 편찬자가 알려져 있지 않은 宋代 『復齋漫錄』을 재인용한 것이다. 『自著』, 『與猶堂全書』, 『洛下生集』에서 인용한 부분은 『樂府詩集』의 것인 듯하다. 『高麗史』에 따르면 宣宗 8년(1091) 宋의 館伴이 일실된 서적 129종의 목록을 주고 고려에서 찾도록 했는데, 13권으로 되어 있다. 『靑莊館全書』, 『五洲衍文長箋散稿』에도 이 기사가 소

개되어 있다. 규장각에 소장된 『玉函山房輯佚書』에 일부가 실려 있다.

古今列女傳

明 解縉 등이 永樂帝의 命을 받아 편찬한 여성 傳記集. 解縉(1369~1415)은 字가 大紳, 號가 春雨이며 江西 吉水 출신이다. 학문과 시에 능하여 『永樂大典』의 편수를 주관했고, 『春雨雜述』, 『解學士集』, 『天潢玉牒』 등의 저서를 남겼다. 이 책은 3권으로 구성되어 있는데, 上卷에서는 역대의 后妃, 中卷에서는 諸侯와 大夫의 妻와 母, 下卷에서는 士庶人의 妻와 母를 대상으로 했다. 漢代 이전의 인물은 劉向의 『列女傳』에서 따온 것이 많고, 元과 明에 이르는 후대의 인물은 대부분 역대 史書의 「列女傳」에서 취했다. 立傳 대상 인물의 성명이나 신분, 행적, 君子의 포폄, 『詩經』 구절 순서로 적는 것이 列女傳의 일반적인 방식인데, 이 책에서는 漢代 이전의 인물에는 이 방식을 따랐지만, 漢代 이후의 인물에는 君子의 포폄이나 『詩經』의 인용을 생략한 경우가 많다. 『太宗實錄』에는 태종 2년 110부, 태종 4년 500부를 중국에서 들여왔다는 기사가 보인다. 『燃藜室記述』, 『歷代要覽』, 『海東繹史』 등에도 태조 4년(1404) 明 永樂帝로부터 彩幣와 藥材와 함께 이 책을 받아 왔다는 기사가 보인다. 중종 38년(1543) 기사에 『列女傳』 간행과 관련한 기사가 보이는데 이 책을 가리키는 듯하다. 『英祖實錄』에는 이 책과 함께 『內訓』 간행을 命한 기록이 보인다. 국립중앙도서관에 표제가 『典故列女傳』으로 된 중국 一餘堂 목판본 4권 4책이 전하는데 같은 책이다. 규장각에 소장된 『古今列女傳』은 권2~3만 남아 있는데 조선에서 간행된 목판본이다.

古今韻會擧要

元 熊忠이 편찬한 韻書. 熊忠은 字가 子中이며 昭武 출신인데, 이력은 자세하지 않다. 이 책은 黃公紹가 편찬한 『古今韻會』가 지나치게 번다하여 熊忠이 大德 元年(1297) 30권으로 새롭게 편집한 것이다. 黃公紹는 熊忠과 같은 시대 인물로 昭武 출신이며 字는 直翁이다. 咸淳 연간(1265~1274) 進士가 되었으나 宋이 망한 후 출사하지 않고 樵溪에 은거했다. 『古今韻會』라 하면 黃公紹가 편찬한 것이 아니라 熊忠이 편찬한 이 책을 가리키며 『韻會』로 줄여 부른다. 凡例, 韻會韻母目錄, 禮部韻略七音三十六母通攷에 이어, 平聲上 15韻, 平聲下 15韻, 上聲 30韻, 去聲 30韻, 入聲 17韻 등 총 107韻으로 분류하고 총

12,652字를 수록했다. 고려의 李穡이 이 책을 참고했다는 기록이 있으며, 世宗이 訓民正音 창제 후 申叔舟, 成三問 등에게 이 책의 번역을 命했으나 완성하지 못했다는 기사도 『世宗實錄』에 보인다. 1484년 이 책을 일본의 요구에 의하여 증여했다는 기록이 『成宗實錄』에 보인다. 1573년에도 간행 관련 기록이 『宣祖實錄』에 보이므로, 이른 시기 조선에서 간행된 것으로 추정된다. 성암고서박물관에 조선 전기 복각본으로 추정되는 9권 3책의 낙질이 있고, 고려대에 1574년 간행된 목판본 2권 1책이 전한다. 陶山書院에도 이 책이 소장되어 있는데 1570년 이 책을 수장했다는 기록이 남아 있다. 규장각에는 1659년 간행된 목판본 30권 13책이 소장되어 있으며, 중국본으로는 元版覆刻本 낙질 7책 등이 있다. 국립중앙도서관에도 明代의 목판본 30권 15책이 소장되어 있으며, 이밖에도 여러 종의 판본이 국내 도처에 전한다. 『牧隱稿』 등 고려의 문헌에서부터 『春亭集』, 『保閑齋集』 등 수많은 문집에서 이 책을 인용했으며, 조선 후기 『星湖僿說』, 『海東繹史』, 『五洲衍文長箋散稿』 등의 類書에서 두루 인용되고 있다.

古今韻會擧要小補

明 方日升이 『古今韻會擧要』를 보완하여 편찬한 책. 方日升은 字가 子謙이고 浙江 永嘉 출신이다. 시와 바둑으로 명성이 높았으며 文字學에 능했는데 생몰년은 밝혀져 있지 않다. 이 책은 『韻會小補』 혹은 『古今韻會小補』라고도 한다. 총 30권으로 12,652자를 수록했다. 萬曆 연간(1573~1620) 京山 李維楨의 집에 머물면서 이 책을 편찬했다. 元의 熊忠이 편찬한 『古今韻會擧要』에 수록된 글자를 그대로 싣고, 글자마다 本音과 本義를 밝혔다. 『靑莊館全書』, 『五洲衍文長箋散稿』 등에 인용되어 있다. 고려대에 萬曆 32년(1604) 간행된 목판본 30권이 소장되어 있는데, 明 李維楨이 교정을 보고 門人 周世顯이 간행한 판본이다. 유사한 판본이 국립중앙도서관에 소장되어 있다.

古今律曆考

明末淸初 邢雲路가 편찬한 天文曆法書. 邢雲路는 字가 士登이고 安肅 출신인데, 정확한 생몰년은 밝혀져 있지 않다. 萬曆 23년(1595) 河南僉事로 있을 때, 기존의 大統曆이 實測과 맞지 않는 점을 지적하면서 改曆을 건의하고 그 작업에 참여했다. 이 책은 72권으로 역대 曆法의 得失을 논변했다. 授時曆과 大統

曆에 總結과 批判을 가하고, 양자의 장점을 반영한 새로운 曆法을 제안했다. 역대 학자들의 天文, 星象, 曆法, 機械 및 數學과 관련된 내용이 수록되어 있는데, 가장 빠른 것은 漢代 趙君卿이 註한 『周髀算經』에서부터, 아래로는 淸代 江永이 撰한 『數學』 등에 이른다. 『海東繹史』에서 이 책을 두고 曆에 관해서는 상세하게 서술했지만 律에 관해서는 소략하다고 평했다. 萬曆 28년(1600) 延安知府 徐安 등이 간행한 판본이 『內蒙古線裝古籍聯合目錄』에 보인다. 『四庫全書』에 72권으로 실려 있다. 서울대 중앙도서관에 民國 9년(1919) 간행한 목판본이 소장되어 있다.

古今字詁

三國時代 魏의 張揖이 편찬한 字書. 張揖(220~265)은 字가 稚讓이고 淸河 출신이며, 『三蒼』, 『埤倉』, 『廣雅』, 『蒼頡篇』 등을 저술했다. 이 책은 『隋書』에는 難字 1권, 錯誤字 1권, 雜字 1권 등 총 3권으로 구성되어 있다고 했는데 지금은 雜字 1권만 전한다. 『字詁』로 줄여 부르기도 한다. 『厚齋集』, 『星湖僿說』, 『研經齋全集』, 『與猶堂全書』, 『五洲衍文長箋散稿』 등에 이 책이 인용되었다. 1884년 馬國翰이 편찬한 『玉函山房輯佚書』에 포함되어 있다.

古今注

晉 崔豹가 여러 가지 사물에 관해 고증한 책. 崔豹는 字가 正雄이고 漁陽 출신으로, 太子太傅丞을 지냈다. 이 책은 『古今註』로 표기된 데도 많다. 輿服, 都邑, 音樂, 鳥獸, 魚蟲, 草木, 雜注, 問答, 釋義 등으로 나누어 3권으로 편찬되었다. 『說郛』 외에 明 何鏜이 편찬한 『漢魏叢書』, 淸 汪士漢이 편찬한 『秘書二十一種』 등에 수록되어 있다. 『四部叢刊』에도 3권으로 실려 있는데 唐의 太學博士 馬縞가 편찬한 『中華古今注』 3권도 함께 실려 있다. 『東國李相國集』 등 고려시대 문헌에서부터 조선 후기 『星湖僿說』, 『海東繹史』, 『五洲衍文長箋散稿』 등에 이르기까지 지속적으로 인용된 책이다.

古今黈 → 敬齋古今黈

古今通要 → 十七史纂古今通要

古今通韻

淸 毛奇齡이 편찬한 韻書. 毛奇齡(1623~1716)은 字가 大可이고 號가 西河이며 浙江 蕭山 출신이다. 經學, 歷史, 地理 등에 관한 많은 저술을 남겼다. 이 책은 顧炎武의 『音學五書』를 배척하고 자신이 창안한 五部, 三聲, 兩界, 兩合의 개념에 의거하여 편찬했다. 東, 冬, 江, 陽, 庚, 靑, 蒸韻 1부, 支, 微, 齊, 佳, 灰韻 1부, 魚, 虞, 歌, 麻, 蕭, 肴, 豪, 尤韻 1부, 眞, 文, 元, 寒, 刪, 先韻 1부, 侵, 覃, 鹽, 咸韻 1부로 되어 있다. 三聲에서는 平聲, 上聲, 去聲은 서로 통하고 入聲과는 통하지 않는다고 보았다. 兩界에서는 入聲이 있는 17韻과 入聲이 없는 13韻이 서로 통하지 않는다고 했으며, 兩合에서는 入聲이 없는 13韻의 去聲과 入聲이 있는 17韻의 入聲은 통하되 平聲, 上聲과는 통하지 않는다고 했다. 총 12권이다. 『康熙甲子史館新刊古今通韻』이 중국 國家圖書館에 소장되어 있는데 康熙 23년(1684)의 간본이다. 『四庫全書』에도 편입되어 있다. 『五洲衍文長箋散稿』에는 李德懋가 『奎章全韻』을 편찬할 때의 引用書目에 이 책이 실려 있다고 했다.

古今合璧事類備要

南宋 謝維新이 편찬한 類書. 謝維新은 字가 去咎이고 膠庠進士로 자칭했다. 建安 출신인데 생몰년은 자세하지 않다. 이 책은 寶祐 5년(1257) 완성되었으며, 前集 69권 41門 491目, 後集 81권 48門 416目, 續集 56권 6門 570目, 別集 94권 6門 410目, 外集 66권 16門 430目으로 이루어져 있다. 매 항목 앞부분에 事類를 싣고 뒤에 詩를 수록했다. 인용된 책들이 대부분 宋 이전의 일실된 서적들이며, 宋代의 遺事나 佚詩도 이 책에 수록된 것들이 많다. 또 宋代의 복잡한 관제를 後集에 조리 있게 구별해 놓았다. 『合璧事類』로 줄여 부른다. 洪直弼의 『梅山集』, 『五洲衍文長箋散稿』 등에 이 책이 인용되어 있다. 고려대와 동아대에 16세기 중국 목판본이 소장되어 있다.

古器說

南宋 蔡絛가 편찬한 詩話書. 蔡絛는 字가 約之이고 號가 無爲子 또는 百衲居士이며 興化 仙遊 출신이다. 蔡京의 次子로 宣和 6년(1125) 출사했지만 靖康 元年(1126) 邵州로 유배되었다. 『國史後補』, 『北征紀實』, 『鐵圍山叢談』, 『西淸詩話』, 『蔡百衲詩評』 등을 저술했다. 이 책은 虞夏에서 隋唐에 이르기까지의 古

器에 관해 전반적으로 설명한 한 편의 글로 『鐵圍山叢談』에 실려 있다. 『鐵圍山叢談』은 규장각 등에 소장되어 있는 『知不足齊叢書』에 실려 있다. 唐順之의 『稗編』에 『蔡氏古器說』로 수록되어 있다.

高麗國海外使程記 → 海外使程廣記

高麗圖經 → 宣和奉使高麗圖經

高麗圖紀

北宋 宋球가 高麗에 관해 기술한 雜錄. 宋球는 開封 酸棗 출신으로 宋守約의 아들이다. 『宋史』에 따르면 蔭官으로 禮賓院의 직책을 맡고 있다가 元豐 6년(1083)에 錢勰이 고려에 사신으로 갈 때 수행했는데, 몰래 고려의 山川과 風俗을 조사하고 이를 그림으로 그려 神宗에게 바쳤다고 한다. 『海東繹史』는 이 기사를 바탕으로 『高麗圖紀』를 서명으로 보았다. 『高麗史』에도 宋球가 사신으로 온 기사가 보인다. 이 책은 일실되어 현재 전하지 않는다. 『海東繹史』는 宋 劉延世의 『孫公談圃』를 인용해 이 책을 소개했다.

高麗圖記

明 鄧鍾이 高麗에 관한 見聞을 기록한 책. 鄧鍾은 字가 道鳴이고 晉江 출신이다. 『明史』에 따르면 萬曆 연간(1573~1620)에 벼슬하고 『横槊篇』을 남겼다고 한다. 『海東繹史』에 『世善堂藏書目錄』을 인용해 이 책을 소개했지만 일실되어 전하지 않는 듯하다. 明 陳第의 『世善堂藏書目錄』에는 서명이 『日本高麗圖記』로 소개되어 있으며 『籌海編』에 鄧鍾의 저술로 소개되어 있다. 『四庫全書總目』에서 10권의 『籌海重編』을 소개하면서 萬曆 20년(1592) 倭가 朝鮮을 침략했을 때 總督 蕭彦의 命을 받아 鄭若曾의 『籌海圖編』을 刪削하고 각 지역의 地圖, 奉使朝貢의 일을 기록하되 沿海의 여러 지역을 나누어 兵制를 기록했다고 되어 있다. 두 책이 서로 관련이 있을 듯하지만, 『高麗圖記』라는 서명의 책은 전하지 않는다. 『籌海重編』은 萬曆 壬辰(1592) 간본이 중국 國家圖書館에 소장되어 있고, 규장각에는 필사본이 전하는데 12권 5책이다. 莊獻世子의 『凌虛關漫稿』에 『籌海重編』이 인용되어 있다.

高麗世紀

明 吳明濟가 편찬한 朝鮮에 관한 책. 吳明濟는 字가 子魚이고 會稽 출신으로, 임진왜란 때 조선에 出兵했으나 자세한 이력은 밝혀져 있지 않다. 『朝鮮詩選』을 편찬하여 조선 문인들의 관심을 많이 받았다. 『朝鮮詩選』의 序에 吳明濟가 『高麗世紀』 1권을 편찬했는데 조선에 관한 기록이 상세하다고 했다. 淸 錢曾의 『讀書敏求記』에는 『朝鮮世紀』 1권으로 소개했고. 高麗의 始末을 기술한 것이라 했다. 『靑莊館全書』, 『海東繹史』, 『五洲衍文長箋散稿』 등에서도 이 책을 소개하고 있다. 『海東繹史』와 『林下筆記』 등에서 편찬자를 밝히지 않은 채 『朝鮮世紀』를 인용하여 檀君과 桓雄 등에 관해 설명했는데 동일한 책인 듯하다. 『珮文韻府』에서도 비슷한 내용이 보이는데 출처를 『朝鮮世紀』라 밝혔다. 『朝鮮世紀』는 대만 中正紀念圖書館에 2권 1책의 필사본이 소장되어 있다.

高麗女眞排辨式

高麗와 女眞의 풍속에 관해 기록한 책. 宋代 저술이지만 편찬자는 알 수 없다. 『宋史』에는 1권이며 北宋 元豐 연간(1078~1085)의 저술이라 했다. 『海東繹史』에서는 이 기록을 인용하여 이 책을 소개했는데 서명을 『高麗女卓排辨式』으로 잘못 기록했다. 일실되어 지금은 전하지 않는다.

高麗入貢儀式條令

北宋 錢藻 등이 高麗의 入貢 儀式을 기록한 책. 錢藻(1022~1082)는 字가 醇老이고 浙江 臨安 출신이다. 『宋史』에는 30권이고 神宗 元豐 연간(1078~1085)의 저술이라 했다. 일실되어 지금은 전하지 않는다. 『玉海』에는 元豐 8년(1085) 錢勰이 교열하고 李士京이 편수했다고 되어 있다. 錢勰(1034~1097)은 字가 穆父이고 杭州 출신이며, 詩書에 능했다. 李士京은 어떤 인물인지 알 수 없다. 『海東繹史』에서 『宋史』와 『玉海』를 인용하여 이 책을 소개했다.

高麗志

元 王約이 高麗에 사신으로 다녀온 뒤 見聞을 기록한 책. 王約(1252~1333)은 字가 彦博이고 號는 豫齋로 汴京 출신이며, 元朝에 入仕하여 集賢殿太學士에 올랐다. 經史에 능통했고 『史論』, 『潛丘稿』 등의 저술을 남겼다. 이 책은 王約이 成宗 大德 7년(1303, 충렬왕 29) 高麗에 사신으로 가서 보고 들은 것을 4권

으로 엮은 것이다. 현전하지 않아 정확한 저작 연대와 구체적인 체제 및 내용 등은 알 수 없다. 『靑莊館全書』, 『海東繹史』, 『五洲衍文長箋散稿』 등에 언급되어 있지만, 모두 宣宗 8년(1091) 宋의 館伴이 고려에서 찾고자 한 書目을 보냈다는 『高麗史』의 기사를 재인용한 것이며 7권으로 되어 있다. 『熱河日記』에 이 서명의 책이 일본에서 발굴되었다는 소문을 적고 있는데 같은 책인지는 알 수 없다. 조선시대 문헌에서 '高麗志'라 한 것은 『高麗史』의 志를 가리키는 것이 대부분이다.

高麗勅令例儀範坐圖

宋代 편찬자를 알 수 없는 高麗와의 외교 절차를 기술한 책. 『玉海』에 徽宗 政和 7년(1117) 이 책을 찬수했다는 기록이 보인다. 『海東繹史』에서는 이 기록을 옮겼다. 서명으로 보아 고려로 사신을 보낼 때 사용되는 勅令과 관련한 儀式을 그림으로 그린 것으로 추정되지만, 지금은 전하지 않는다.

高麗表章

宋代 高麗와 관련한 表章을 모은 책. 『宋史』에 1권으로 되어 있다는 기록만 보이고, 다른 문헌에서는 확인되지 않아 편찬자를 알 수 없다. 『海東繹史』에서는 『宋史』의 기록을 옮겼다. 일실되어 전하지 않는다.

高麗風俗記

隋末唐初 裴矩가 高句麗의 풍속에 관해 편찬한 책. 裴矩(547~627)의 원래 이름은 世矩인데, 唐 太宗의 이름을 避諱하여 矩로 고쳤다. 字는 弘大이고 河東 聞喜 출신이다. 隋 煬帝 때의 西域 정벌에 큰 공을 세웠는데, 이때의 경험을 바탕으로 『西域圖記』 3권을 편찬했다. 이 외에도 『開業平陳記』, 『鄴都故事』, 『大唐書儀』 등의 저술을 남겼으나, 모두 일실되었다. 이 책 또한 현재 전하지 않아 구체적인 내용을 확인할 수는 없다. 『靑莊館全書』에 宣宗 8년(1091) 宋의 館伴이 고려에서 찾고자 하는 書目을 보냈다는 『高麗史』의 기사를 재인용하여 소개했다. 『海東繹史』에서는 『新唐書』와 『通志』에 실린 기사를 재인용했다. 『海東繹史』에는 『通志』를 인용하여 『高麗風俗記』 1권이 있다고 했는데, 『通志』에는 『高麗風俗』으로 되어 있다.

高麗行程錄

宋代 편찬자를 알 수 없는 高麗에 관한 저술. 宋 尤袤의『遂初堂書目』地理類에 실려 있는데 권수나 편찬자가 적혀 있지 않다.『海東繹史』역시 여기서 본 書目만 제시했다. 중국의 다른 문헌에서 확인되지 않는다.

考靈曜

『尙書』緯書의 하나.『尙書考靈曜』라고도 한다. 편찬자는 알려져 있지 않다. 申欽, 張維, 李瀷 등 17세기 문인의 글에서부터 緯書를 논할 때 자주 인용되었다.『說郛』에 실려 있다. 규장각에 소장된『玉函山房輯佚書』에도 실려 있다.

古文奇賞

明 陳仁錫이 편찬한 文章選集. 陳仁錫(1581~1636)은 字가 明卿이고 號는 芝台이며 長洲 출신이다.『四書備考』,『經濟八編類纂』,『重訂古周禮』,『無夢園集』등 많은 저작을 남겼다. 이 책은『古文奇賞』22권,『續古文奇賞』34권,『三續古文奇賞』26권,『四續古文奇賞』으로 구성되어 있다. '一代大作手', '一代持世之文', '一代榮世之文'을 선발의 기준으로 삼아 문장을 선발하고 圈點과 注解, 批評을 붙였다. 규장각에 22권의『古文奇賞』이, 서울대 중앙도서관에 34권의『續古文奇賞』이, 한양대에 26권의『三續古文奇賞』이, 서울대 중앙도서관에 53권의『四續古文奇賞』이 소장되어 있다.『古文奇賞』에는 萬曆 戊午(1618)의 序가,『續古文奇賞』에는 天啓 원년(1621)의 序가,『三續古文奇賞』에는 天啓 4년(1624)의 序가,『四續古文奇賞』에는 天啓 5년(1625)의 序가 붙어 있어 1618년부터 1625년까지 차례로 편찬되었음을 확인할 수 있다. 규장각에 天啓 원년(1621)의 序가 붙은 80책의『古文奇賞』은『續古文奇賞』이다.『三續古文奇賞』은『奇賞齊廣文苑英華』혹은『三續古文奇賞廣文苑英華』로 된 데도 있다.『古文奇賞』은 屈原에서부터 宋 王炎午에 이르기까지의 산문이 수록되어 있다. 陳仁錫의『明文奇賞』도 이 일련의 작업을 이른 것이다.『靑莊館全書』,『五洲衍文長箋散稿』에『古文奇賞』을 소개했다.『海東繹史』에『三續古文奇賞』을 53권으로 소개했는데『四續古文奇賞』의 잘못이다.

古文四聲韻

北宋 夏竦이 편찬한 文字學에 관한 책. 夏竦(985~1051)은 字가 子喬이고 謚

號는 文莊이며 德安縣 車橋鎭 출신이다. 北宋의 大臣이며 古文字學의 大家로 알려져 있다. 『策論』, 『箋奏』, 『聲韻圖』, 『文莊集』 등의 저술이 있다. 이 책은 『古文四聲韻解』로 된 데도 있다. 韻에 따라 글자를 나누고 篆書를 풀이했다. 『研經齋全集』과 『五洲衍文長箋散稿』 등에 이 책이 인용되어 있다. 규장각에 乾隆 44년(1779) 汪啓淑의 序가 달린 5권 2책의 목판본이 소장되어 있다.

古文尙書考

淸 惠棟이 『古文尙書』를 고증한 책. 惠棟(1697~1758)은 字가 定宇이고 號가 松崖이며 吳縣 출신이다. 『周易』, 『尙書』 등의 經書를 실증적으로 연구하여 漢代 經學의 복원에 힘썼다. 『周易述』, 『易漢學』, 『荀爽易』, 『易例』, 『明堂大道錄』, 『九經古義』 등의 저술이 있다. 이 책은 총 2권으로, 전반부에서는 孔安國의 『古文尙書』와 『尙書孔氏傳』이 僞作임을 밝히고, 후반부에서는 구체적으로 각 문구의 출처를 하나하나 고증했다. 『茶山詩文集』, 『阮堂集』, 『靑莊館全書』 등에 인용되어 있다. 乾隆 15년(1750) 惠棟의 序가 달린 목판본 2권 2책이 국립중앙도서관에 소장되어 있다.

古文尙書疏證 → 尙書古文疏證

古文尙書義疏

隋 顧彪가 『古文尙書』를 풀이한 책. 顧彪는 字가 仲文이고 餘杭 출신이다. 煬帝 때 秘書學士를 지냈으며 『尙書』와 『春秋』에 뛰어났다. 『北史』 등에 이 책이 20권으로 소개되어 있지만 원문은 일실되어 전하지 않고 그 일부가 『漢魏叢書』에 1권으로 편집되어 있다. 『漢學堂叢書』에 『顧彪尙書義疏』로 실려 있다. 『與猶堂全書』, 『惕齋集』, 『研經齋全集』 등에서 顧彪의 설을 소개했는데 다른 문헌에서 이 책을 재인용한 것이다. 『五洲衍文長箋散稿』에서 20권으로 서명만 소개했다.

古文淵鑑

淸 康熙帝가 선발하고 徐乾學 등이 編注한 文章選集. 徐乾學(1631~1694)은 字가 原一이고 號가 健庵이며 崑山 출신이다. 『明史』의 總裁官을 맡았고 『大淸一統志』, 『淸會典』 등의 편찬에 참여했다. 이 책은 康熙帝가 역대의 散文 중

뛰어난 작품을 선발했기에 정식 이름은 『御選古文淵鑑』이라 부르며 『淵鑑古文選』이라고도 한다. 康熙帝는 梁 蕭統의 『文選』, 北宋 姚鉉의 『唐文粹』, 南宋 呂祖謙의 『文鑑』 등이 一朝一代의 수집에 그쳤다며, 春秋時代부터 宋末에 이르는 문장 1,324篇을 널리 선발해, 康熙 24년(1685) 64권으로 간행했다. 金昌業의 『燕行日記』에 康熙 52년(1713), 康熙帝로부터 『全唐詩』, 『佩文韻府』와 함께 이 책을 받아 왔다고 했다. 『靑莊館全書』, 『海東繹史』, 『燃藜室記述』, 『五洲衍文長箋散稿』, 『林下筆記』 등에도 이 책이 인용되어 있다. 『雜同散異』에 「古文淵鑑目錄」이 실려 있다. 서울대 중앙도서관과 성암고서박물관, 국립중앙도서관, 장서각, 존경각, 전남대 도서관 등에 중국 목판본이 전한다.

古文苑

편찬자를 알 수 없는 古代의 詩文總集. 이 책은 東周부터 南齊까지의 詩, 賦, 雜文 등 총 260篇을 모은 것이다. 『直齋書錄解題』에 따르면 北宋 孫洙(1032~1080)가 어느 절의 經龕에서 唐本을 발견하면서 그 존재가 알려졌다고 한다. 南宋 淳熙 6년(1179) 韓元吉이 9권으로 편집했는데 紹定 5년(1232) 章樵가 增訂하고 주석을 달면서 21권으로 증보했다. 韓元吉(1118~1187)은 字가 無咎이고 號가 南澗이며 開封 雍丘 출신이다. 『南澗甲乙稿』, 『南澗詩餘』 등의 저술이 있다. 章樵는 字는 升道이고 號는 峒麓이며 臨安 昌化 출신이다. 정확한 생몰년은 알려져 있지 않으며, 저서로 『補注春秋繁露』, 『章氏家訓』 등이 있다. 이 책은 唐 이전의 사라진 작품을 많이 수록하고 있다는 점에서 문헌학적 가치가 높다. 권1 文, 권2~7 賦, 권8 歌, 曲, 詩, 권9 詩, 권10 勅, 啓, 書, 권11 對, 狀, 권12 頌, 文, 述, 권13 贊, 銘, 권14~16 箴, 권17 雜文, 권18 記, 碑, 권19 碑, 권20 誄, 권21 賦다. 章樵는 唐宋의 類書들을 인용하여 빠진 것을 보충하고 잘못된 것을 고치는 데 많은 노력을 기울였으며, 특히 古字의 음과 의미를 설명하고 예시했다. 규장각에 淳熙 6년 韓元吉의 序와 弘治 己未(1499) 王嶽의 跋이 붙어 있는 목판본 21권이 소장되어 있다. 清 孫星衍이 보완하여 光緒 11년(1885) 간행한 20권의 『續古文苑』도 전한다. 『簡易集』, 『谿谷集』, 『靑莊館全書』, 『弘齋全書』 등에 『古文苑』이 인용되어 있다.

古文眞寶

宋末元初 黃堅이 편찬한 詩文選集. 黃堅은 이력이 거의 밝혀져 있지 않다. 이

책은 戰國時代부터 宋代에 이르기까지 역대 詩文을 前集과 後集으로 나누어 실었다. 중국에서는 『諸儒箋解古文眞寶』가 가장 이른 시기의 것으로 알려져 있는데 5권이고 明 神宗의 序와 明 孝宗의 跋이 실려 있으며 편찬자는 밝혀져 있지 않다. 神宗의 序에 따르면 舊本에는 312편이 실려 있었는데 35편을 더하여 간행했다고 한다. 당시 內府에 소장된 판본에는 성명이 밝혀져 있지 않은 跋이 실려 있는데 20권이라 했다. 우리나라에는 고려 말부터 수용하여 초학자들이 古文의 體法과 시대적 변이를 익히는 데 많이 이용했으며, 우리 실정에 맞게 刪增하여 여러 차례 간행했다. 1367년 田祿生이 元에서 『古文眞寶』를 가지고 와서 合浦에서 목판으로 간행했다는 기록이 보이는데 어떠한 판본인지는 알 수 없다. 그 후 姜淮仲의 「善本大字諸儒箋解古文眞寶誌」에 따르면 세종 2년(1420) 姜淮中이 忠淸道觀察使로 재임하면서 田藝가 소장한 補註가 달린 책을 참조하여 『善本大字諸儒箋解古文眞寶』를 편찬했으며, 沃川郡守 李護의 도움을 받아 목판으로 간행했다. 문종 2년(1452)에는 『詳說古文眞寶大全』이 庚午字로 간행되었다. 金宗直의 「詳說古文眞寶大全跋」에서 성종 3년(1472) 『詳說古文眞寶大全』이 진주에서 간행되었음을 확인할 수 있다. 이후에도 수차례 간행되어 널리 유포되었고, 諺解本과 懸吐本까지 유통되었다. 1803년 田以采와 朴致維가 방각본으로 간행한 판본도 널리 유통되었다. 규장각에는 『善本大字諸儒箋解古文眞寶』와 『詳說古文眞寶大全』 두 종이 소장되어 있는데, 수록된 詩文의 편수가 다를 뿐만 아니라 체제도 큰 차이가 있다. 이 책은 고려 말부터 지속적으로 우리 문헌에 등장하며 조선 후기에는 『星湖僿說』, 『海東繹史』, 『五洲衍文長箋散稿』 등 중요한 문헌에 거의 빠짐없이 이 책이 소개되고 있다. 『故事撮要』에서 문학 관련 서적 중 가장 많은 책판이 『古文眞寶』라고 한 것처럼 시문 수업에서 가장 중요한 역할을 한 교재였다. 조선에서 『古文眞寶』의 문제점을 인식하게 된 것은 16세기 말엽부터다. 高尙顔은 『泰村集』「叢話」에서 「古文眞寶前集註多舛誤」라는 제목으로 『古文眞寶』 주석의 문제점을 지적했다. 趙緯韓은 중국에서 우리나라 사람들의 문장이 뛰어날까 우려하여 『史略』과 『古文眞寶』를 보냈고, 그 이후 우리나라의 문장이 쇠미해졌다고 했다. 許筠은 이 말이 과장이라고 하면서도, 조선 초기 이래 모두 『古文眞寶』를 읽어 귀하게 취급되지만 읽지 않아도 좋다고 하고, 權鞸과 李安訥이 모두 『古文眞寶』를 읽지 않았지만 좋은 시를 지었다는 예를 들었다. 비슷한 시기 李德弘은 『古文眞寶』의 의문처에 관해 자신의 견해를 피력했다.

古文訓 → 書古文訓

故物譜

金 元好問이 편찬한 書畵와 骨董에 관한 책. 元好問(1190~1257)은 字가 裕之이고 號가 遺山이며 鮮卑 拓跋氏의 후예로 太原 秀容 출신이다. 『元遺山先生全集』, 『遺山樂府』 등의 저술이 있다. 이 책은 본디 한 편의 글인데, 문집 『元遺山先生全集』과 元 蘇天爵이 편찬한 『元文類』 등에 실려 있다. 자신의 집안에서 소장한 元祐 연간(1086~1094) 이전의 書畵, 古器 등을 소개했다. 『五洲衍文長箋散稿』에서 古器를 변증할 때 이 글을 인용했다.

考槃餘事

明 屠隆이 文房淸玩의 취미에 관해 기술한 책. 屠隆(1541~1605)은 字가 長卿 혹은 緯眞이고 號는 赤水, 一衲道人, 蓬萊仙客, 鴻苞居士 등이며 浙江 鄞縣 출신이다. 戲曲에 능했고, 만년에 吳越 지역을 유람하면서 玄談을 즐겼으며, 『棲眞館集』, 『由拳集』, 『采眞集』, 『南遊集』, 『遊具雜編』 등의 저술을 남겼다. 書名 考槃은 隱者의 樂이라는 뜻으로 『詩經』에서 유래한다. 이 책은 書, 帖, 畵, 紙, 墨, 筆, 硯, 琴, 香, 茶, 盆玩, 魚鶴, 山齋, 起居器服, 文房器具, 遊具 등 16箋으로 나누어져 있고, 그 하나하나에 대한 감상과 收藏 방법을 자세히 설명했다. 당시 유행한 文房淸玩의 멋을 개관하고 체계화했고, 이를 응용하는 데에도 편리하게 되어 있다. 『星湖僿說』, 『海東繹史』 등에 언급되어 있다. 서울대 중앙도서관에 陳繼儒의 『尙白齋秘笈』에 수록된 목판본이 전하며 국립중앙도서관에 筆寫本 1책이 소장되어 있다. 규장각에 소장된 『存笥新抄』에도 이 책이 필사되어 있다.

古史攷

蜀漢 譙周가 『史記』에 기록된 先秦의 人名과 歷史 등에 관해 변증한 책. 樵周(201~270)는 字가 允南이고 巴西 西充國 출신이다. 六經에 밝았으며 『法訓』, 『五經論』 등을 저술했다. 이 책은 원래 25편으로 되어 있었지만 宋元代에 원본은 일실되고, 淸代 章宗源이 1권으로 다시 편집한 것이 전한다. 1815년 蘭陵孫氏藏板으로 간행한 『平津館叢書』에 『譙周古史考』라는 이름으로 수록되어 있는데, 규장각에는 1885년 朱氏楚廬家塾에서 간행한 『平津館叢書』가 소장되

어 있다. 『白湖集』에 金履祥이 편찬한 『資治通鑑前編』에서 이 책을 인용했지만 직접 본 것은 아닌 듯하며, 『星湖僿說』, 『靑莊館全書』, 『海東繹史』, 『燕轅直指』, 『五洲衍文長箋散稿』 등 여러 문헌에서도 재인용한 것으로 추정된다. 『高麗史』에 따르면 宣宗 8년(1091) 宋의 館伴이 일실된 서적 129종의 목록을 주고 고려에서 찾도록 했는데, 이 목록에는 25권이라 했다.

高士傳

西晉 皇甫謐이 편찬한 高士의 傳記. 皇甫謐(214~282)은 字가 士安이고 安定朝那 출신으로, 玄晏先生이라 自號했으며 책을 좋아한다 하여 書淫으로 일컬어졌다. 『年曆傳』, 『逸士傳』, 『列女傳』, 『玄晏春秋』, 『黃帝甲乙經』 등 많은 저술을 남겼다. 이 책은 太古부터 三國時代 魏까지 8代에 걸친 隱逸之士들의 傳記를 기술한 것으로, 皇甫謐 자신과 뜻을 같이한 인물을 중심으로 했다. 삼국시대 魏 嵇康의 『聖賢高士傳』을 모방하여 지은 것으로, 판본에 따라 72인에서 96인의 傳記가 수록되어 있다. 이 책에 수록된 避世隱逸의 내용은 도가적인 색채가 강하며 魏晉南北朝 시대 志人小說의 면모를 동시에 지니고 있어서, 고대 道家文學과 筆記文學을 연구하는 데 중요한 자료가 된다. 『谿谷集』, 『四佳集』, 『星湖僿說』, 『弘齋全書』 등에 여러 차례 인용되었다. 서울대 중앙도서관, 국립중앙도서관, 규장각 등에 목판본이 소장되어 있지만 대부분 19세기 후반 중국에서 간행된 것이다. 장서각 등에 소장된 明 何允中의 『廣漢魏叢書』, 淸 汪士漢의 『秘書』 등에 실린 것이 비교적 빠른 시기의 것이다. 『說郛』에는 『古今高士傳』이라는 서명으로 실려 있다. 국립중앙도서관에는 일본에서 간행된 목판본이 소장되어 있다.

古事捷錄

明 李廷機가 편찬한 아동용 학습서. 李廷機(1542~1616)는 字가 爾張이고 號는 九我이며 福建 출신이다. 『四書臆說』, 『春秋講章』, 『通鑑節要』, 『性理刪』, 『燕居錄』, 『李文節文集』 등의 저술이 있다. 이 책은 淸 王相이 箋註를 하고 增補하여 1책으로 간행했다. 王相은 字가 晉升이고 江西 臨川 출신이며, 『三字經訓詁』, 『尺牘嚶鳴集』, 『百家姓考略』 등의 저술이 있다. 이 책은 幼學들이 익혀야 할 故事를 聯句 형식으로 對句를 맞추어 예시하고, 그 고사의 출처와 용례 및 의미를 雙行으로 주를 달아 편집했다. 총 50항목으로, 역대의 人物, 制度,

文物, 天文, 地理, 宗教, 學術 등 다양한 내용을 저술했다. 『翰墨便用故事捷錄註解』라는 표제를 단 목판본과 필사본이 규장각, 국립중앙도서관 등 여러 곳에 소장된 것으로 보아 조선시대 비교적 널리 보급된 책으로 보인다. 『星湖僿說』에서 이 책을 인용했다.

姑蘇志

明 林世遠과 王鏊 등이 편찬한 蘇州 일대의 地理書. 林世遠은 字가 思紹이고 廣東 四會 출신인데 생몰년은 밝혀져 있지 않다. 王鏊(1450~1524)는 字가 濟之 혹은 守溪이고 號는 拙叟이며 吳縣 출신이다. 이 책은 弘治 연간(1488~1505)에 편찬이 시작되었으나 미완성으로 남았던 것을 正德 元年(1506) 林世遠이 蘇州知府로 부임하자마자 王鏊를 청하여 續纂하게 했다. 오류를 바로잡고 크게 增補하여 총 60권으로 완성했다. 書名 姑蘇는 姑蘇山에서 유래한 蘇州의 옛 이름이다. 『五洲衍文長箋散稿』 외에 『艮齋集』 등에 이 책이 인용되어 있다. 규장각에 正德 元年(1506)의 序가 달린 60권 39책의 목판본이 소장되어 있다.

高僧傳

南朝 梁의 慧皎가 역대 승려의 傳記를 모아 편찬한 책. 慧皎(497~554)는 浙江 會稽 上虞 출신으로, 會稽 嘉祥寺의 주지를 지냈다. 이 책은 梁 天監 18년(518)에 편찬되었는데, 後漢 明帝 永平 10년(67)부터 南朝 梁 天監 연간(502~519)에 이르는 高僧 257인의 傳記를 수록했다. 『梁高僧傳』, 『高僧傳初集』 등으로도 불린다. 譯經, 義解, 神異, 習禪, 明律, 忘身, 誦經, 興福, 經師, 唱導 등 10類로 구분하여 事蹟을 13권으로 정리했다. 佛敎史 연구에 중요한 자료로서, 西域僧이 중국에 불법을 전하고 中國僧이 西域에 가서 求法한 내용이 있어 中西交通史 자료로도 주목을 받는다. 이후에 편찬된 『續高僧傳』, 『宋高僧傳』, 『明高僧傳』 및 『補續高僧傳』, 『新續高僧傳』 등의 모범이 되었다. 海印寺의 『高麗大藏經』에 이 책이 수록되어 있다. 서울대 중앙도서관에 일본의 徑山寂照庵에서 慶安 4년(1651) 간행한 목판본 13卷 6冊이 전한다. 『孤雲集』 등 신라시대부터 이 책이 인용되고 있으며, 『星湖僿說』, 『五洲衍文長箋散稿』에도 이 책이 인용되어 있다.

古詩紀

明 馮惟訥이 편찬한 詩選集. 馮惟訥(1512~1572)은 字가 汝言이고 號가 少洲이며 山東 臨朐 출신이다.『馮光祿集』등의 저술을 남겼다. 이 책의 정식 명칭은『詩紀』로, 총 156권이다. 前集 10권에는 漢 이전의 歌, 謠, 諺, 銘 등의 古逸詩를, 正集 130권에는 漢, 魏 이후 隋 이전의 시를, 外集 4권에는 神仙이나 鬼神의 시를, 別集 12권에는 前人들의 詩話를 각각 시대와 작가에 따라 수록했다. 오랜 세월에 걸친 많은 작품이 채택되었기 때문에, 그중에는 僞作이 섞여 있고 오류도 많다. 이후 출간된『古詩源』,『全漢三國晉南北朝詩』등의 選集이나 總集 등은 모두 이 책을 바탕으로 했다. 국립중앙도서관, 전남대와 부산대에 嘉靖 37년(1558)의 序가 달린 판본 일부가 소장되어 있는데, 明 王世貞 등이 교감한 판본이다.『四庫全書』에 156권으로 수록되어 있다. 李宜顯의「陶峽叢說」에 이 책에 대해 매우 자세히 적었다. 張混의「平生志」에도 소장하고자 하는 서책 목록 가운데 이 책이 보인다.『芝峯類說』,『燕巖集』,『海東繹史』,『金陵集』등에도 이 책을 인용했다.『承華樓書目』에 이 책이 보이므로 조선 왕실에 소장된 것은 분명하지만 지금 규장각에는 소장되어 있지 않다.

高氏小史

唐 高峻이 편찬한 紀傳體 通史. 高峻은 唐 憲宗 元和 연간(806~820)에 활동한 문인인데 이력은 자세하지 않다. 이름이 高峻으로 된 데도 있다. 이 책은『高峻小史』라고도 한다.『文獻通考』에는 司馬遷의『史記』에서부터『陳書』와『隋書』,『唐實錄』등을 바탕으로 하여, 10例로 나누어 60권으로 편찬했는데 그 아들 高逈이 120권으로 만들었다고 한다. 明 楊士奇의『文淵閣書目』에 이 책이 기재되어 있지만 일실된 듯하다.『五洲衍文長箋散稿』에 이 책이 인용되어 있는데 출처는 알 수 없다.

古言

明 鄭曉가 편찬한 雜錄. 鄭曉는 字가 窒甫이고 海鹽 출신이며, 嘉靖 연간(1522~1566)에 출사하여 刑部尙書를 지냈다.『禹貢圖說』,『禹貢說』,『四書講意』,『徵吾錄』,『今言』,『吾學編』,『邊紀略』,『端簡文集』등 방대한 저술을 남겼다. 이 책은『古言類編』이라고도 한다. 公孫弘, 司馬光, 王安石 등 宋代 인물에 관한 품평 등 다양한 내용을 담고 있다.『四庫全書總目』에는 2권으로 되어 있으나,

『說郛續』에 1권으로 수록되었다. 장서각에 소장된 『性理會通』에도 수록되어 있다. 『燕巖集』, 『與猶堂全書』, 『五洲衍文長箋散稿』 등에서 이 책을 인용했다.

古燕史 → 燕史

古韻通

明末淸初 柴紹炳이 편찬한 音韻書. 柴紹炳(1616~1670)은 字가 虎臣이고 號가 省軒이며 浙江 仁和 출신이다. 西泠十子의 한 사람이며, 天文, 輿地, 曆法, 禮制, 樂律, 農田, 水利, 兵制, 賦役 등에 정통했다. 明이 멸망한 후 南屛山에 은거했다. 저술로 『省軒文鈔』, 『詩鈔』, 『白石軒雜稿』, 『考古類編』 등이 있는데, 그중 가장 뛰어난 것이 이 책이다. 이 책은 8권이며, 『柴氏古韻通』이라고도 한다. 당시의 韻을 全通, 半通, 旁通 등 3法으로 나누어 古韻과 통하는 바를 찾고자 했다. 引據가 매우 풍부하고, 考證 또한 치밀한 것으로 평가된다. 『四庫全書總目』에 이 책에 대한 자세한 설명이 보인다. 중국 國家圖書館에 乾隆 41년(1776) 간행한 목판본이 소장되어 있다. 일본 京都大에도 이 책이 소장되어 있다. 『靑莊館全書』, 『五洲衍文長箋散稿』 등에 인용되어 있다. 규장각에 소장된 淸 陸繁弨의 『善卷堂四六』에 「柴氏古韻通序」가 실려 있어 참고가 된다. 朝鮮 후기 金濟謙의 『增補三韻通考』의 卷末에도 이 책과 관련한 내용이 실려 있는데 규장각에 소장되어 있다.

古音獵要 → 轉注古音略

古音叢目 → 轉注古音略

古音表 → 音學五書

考異 → 韓文考異

考異郵 → 春秋考異郵

觚賸

淸 鈕琇가 편찬한 筆記小說集. 鈕琇(?~1704)는 字가 玉樵이고 吳江 南麻 출신이다. 문집 『臨野堂集』이 전한다. 이 책은 그가 廣東의 高明知縣으로 있던 康熙 39년(1700) 8권으로 엮은 正編과 康熙 41년(1702) 4권으로 엮은 續編으로 구성되어 있다. 정편은 吳觚 3권, 燕觚 1권, 豫觚 1권, 秦觚 1권, 粵觚 2권으로 되어 있고, 속편은 言觚 1권, 人觚 1권, 事觚 1권, 物觚 1권으로 되어 있다. 鈕琇의 臨野堂 간본이 일본 東京大에 소장되어 있다. 규장각 소장 『說鈴』에도 실려 있는데 歲寒集, 貞白樓詩, 西山五七言 등의 표제어가 붙어 있다. 『靑莊館全書』에서 이 책을 매우 자주 인용했으며, 『弘齋全書』, 『硏經齋全集』, 『五洲衍文長箋散稿』 등에서도 이 책을 인용했다.

高宗幸張府節次略

宋末元初 周密이 편찬한 雜錄. 周密(1232~1298)은 字가 公謹이고 號는 草窓, 四水潛夫, 弁陽老人, 華不注山人 등을 사용했다. 豐儲倉檢察, 義烏令 등을 지냈지만 宋이 멸망한 후 은거했다. 『齊東野語』, 『志雅堂雜抄』, 『武林舊事』, 『癸辛雜識』, 『雲煙過眼錄』 등의 저술이 있다. 이 책은 규장각에 소장된 『叢書』에 수록되어 있으며, 『說郛』에도 1권으로 실려 있다. 『武林舊事』에도 수록되어 있다. 紹興 22년(1152) 高宗이 淸河郡 王第에 行幸할 때 제공한 물품을 적은 글이다. 『海東繹史』에 이 책을 인용하여 新羅葛을 소개했다.

古周易

南宋 呂祖謙이 古代의 『周易』을 再構한 책. 呂祖謙(1137~1181)은 字가 伯恭이고 金華 출신으로, 東萊先生으로 일컬어졌다. 『東萊博議』, 『春秋左氏傳說』 등의 저술이 있다. 朱熹가 이 책을 높이 평가하여 『周易本義』의 저본으로 삼았다. 北宋 晁說之가 편찬한 『古周易』을 보정한 것으로, 上經과 下經, 彖上傳, 彖下傳, 象上傳, 象下傳, 繫辭傳, 文言傳, 說卦傳, 序卦傳, 雜卦傳 등 十翼의 체제를 취했다. 규장각에 소장된 『通志堂經解』에 1책으로 실려 있다. 『白水集』, 『靑莊館全書』, 『硏經齋全集』, 『五洲衍文長箋散稿』 등에서 이 책을 언급했다.

高峻小史 → 高氏小史

穀梁廢疾

後漢 何休가 편찬한 『春秋穀梁傳』의 註釋書. 何休(129~182)는 字가 邵公이고 任城 樊縣 출신이다. 曆算에 능한 經學家로, 특히 『春秋公羊傳』에 정통하여 『公羊墨守』, 『左氏膏肓』, 『穀梁廢疾』의 3부작을 편찬했지만, 모두 일실되고 전하지 않는다. 『高麗史』에 따르면, 宣宗 8년(1091) 宋의 館伴이 일실된 서적 129종의 목록을 주고 고려에서 찾도록 했는데, 여기에 이 책이 포함되어 있으며 3권으로 되어 있다. 『海東繹史』, 『靑莊館全書』 등에도 같은 기사가 보인다. 『退溪集』, 『德溪集』, 『宋子大全』 등에도 이 서명이 보이지만 다른 책에서 재인용한 것이다. 漢의 鄭玄이 이 책을 이어 『起廢疾』을 지었는데 『釋穀梁廢疾』이라고도 한다. 서울대 중앙도서관에 소장된 『皇淸經解』에 淸 劉逢祿이 편찬한 『穀梁廢疾申何』가 소장되어 있다.

穀山筆麈

明 于愼行이 편찬한 筆記. 于愼行(1545~1607)은 字는 可遠 혹은 無垢이고 山東 東阿 출신으로, 『穀城山館文集』, 『穀城山館詩集』, 『讀史漫錄』 등의 저술이 있다. 이 책은 그의 사후 門人인 郭應寵이 정리하여 18卷 35類로 분류해서 萬曆 41년(1613) 간행했다. 『筆麈』으로 줄여 부르기도 한다. 明 萬曆 이전의 人物, 經籍, 禮樂, 兵刑 등 광범한 분야를 기술하고 있으며, 그 원류를 탐색하기 위하여 明 이전의 역사적 사건들도 더불어 기술했다. 35類의 구체적인 내용은 制典, 紀述, 迎鑾, 藩封, 恩澤, 國體, 相鑑, 臣品, 勳戚, 閹伶, 經子, 典籍, 詩文, 選擧, 官制, 月俸, 謹禮, 建言, 明刑, 籌邊, 形勢, 賦幣, 儀音, 冠服, 稱謂, 雜解, 雜考, 雜記, 雜聞, 雜說, 璅言, 論略, 夢語, 釋道, 夷考 등이다. 『星湖僿說』, 『順菴集』 등에 이 책을 둘러싼 問答이 실려 있다. 규장각에 萬曆 41년(1613) 序가 달린 목판본과 필사본이 소장되어 있다.

曲艶品

明 潘之恒이 편찬한 雜錄. 潘之恒(1556~1621)은 字가 景升이고 號가 鸞嘯生 혹은 冰華生이며, 安徽 歙縣 출신이다. 『盛明雜劇』, 『新安山水志』, 『亘史』, 『六博譜』, 『葉子譜』, 『續葉子譜』. 『廣菌譜』, 『金陵妓品』, 『典中志』, 『后艶品』, 『續艶品』, 『半塘小志』 등 많은 저술을 남겼다. 『五洲衍文長箋散稿』에서 周亮工의 『因樹屋書影』을 인용해 이 책을 소개했다. 이 책은 『說郛續』에 실려 있는데,

앞에 序가 있고 國璠枝, 希疏越, 元靡初, 掌翔風 등 4인의 기생에 대해 설명하고 七言絶句를 붙였다.

曲中志

明 潘之恒이 편찬한 雜錄. 『五洲衍文長箋散稿』에서 周亮工의 『因樹屋書影』을 인용해 이 책을 소개했다. 이 책은 『說郛續』에 실려 있는데, 楊玉香, 徐姬, 張小娥, 徐飛卿, 王賽玉 등 27인의 기생의 傳記를 기록한 것이다. 李尙迪의 『恩誦堂集』에 실려 있는 「韓藕人綠波雜記序」에서 『綠波雜記』를 소개하고 이 책을 바탕으로 한 것이라 했다.

坤靈圖 → 易緯坤靈圖

坤輿圖說

벨기에 출신의 淸代 예수회 선교사 南懷仁이 편찬한 地理書. 南懷仁(Ferdinand Verbiest, 1623~1688)은 1658년 중국으로 와서 字를 敦伯 혹은 勳卿이라 했는데 천문 역법에 대한 지식을 인정받아 欽天監 監正으로 등용되었다. 『坤輿外紀』, 『西方要記』 등의 저술을 남겼다. 이 책은 上下 2권으로 구성되어 있는데, 上卷에는 坤輿부터 人物까지 15조로 나누어 地理通說을 기술했고, 下卷에는 海外諸國의 道里, 山川, 民風, 物産 등을 서술했다. 『四庫全書』에 편입되어 있다. 규장각에 淸代의 목판본 일부가 소장되어 있다. 19세기 말에 필사된 『稗叢』에도 이 책이 수록되어 있다. 이 책은 景宗 2년(1722) 兪拓基가 北京에 갔을 때 입수하여 가져왔다. 『星湖僿說』, 『貞蕤閣集』, 『左蘇山人集』, 『五洲衍文長箋散稿』 등에서도 이 책을 인용하고 있다. 규장각에 『坤輿圖』라고 표기된 지도첩이 소장되어 있는데, 이 책과 관련이 있을 것으로 추정된다. 崔錫鼎의 「西洋乾象坤輿圖二屛總序」에 따르면 湯若望(Johann Adam Schall von Bell)이 그린 「乾象坤輿圖」를 병풍으로 만들었다고 하며, 李匡師는 「讀法華經」에서 利瑪竇(Matteo Ricci)의 「坤輿圖」를 언급했지만, 이들 坤與圖가 무엇을 가리키는지 알 수 없다. 李晩燾의 「成均進士河濱愼公行狀」에 따르면 愼後聃의 저술 중에 『坤輿圖說辨題』가 있다고 했는데 이 책을 풀이한 것으로 추정된다.

坤輿外紀

벨기에 출신의 선교사 南懷仁(Ferdinand Verbiest)이 편찬한 地理書. 『四庫全書總目』에 따르면 원본은 일실되고 吳震方의 『說鈴』에 이 책 일부가 실려 있다. 규장각에 소장된 『說鈴』은 1702년 吳震方의 序가 달린 16책의 목판본이다. 1868년 목판본으로 간행한 『藝苑捃華』에도 『坤輿外紀』가 수록되어 있는데 규장각에 소장되어 있다. 『靑莊館全書』, 『硏經齋全集』, 『五洲衍文長箋散稿』 등에서 이 책을 인용했는데 『說鈴』에 수록된 것을 본 듯하다.

閫外春秋

唐 李筌이 편찬한 擬經書. 李筌은 號가 達觀子이고 隴西 출신의 隱士로, 道敎와 함께 정치와 군사에 정통했다고 하지만 이력은 자세하지 않다. 『太白陰經』, 『中台志』, 『陰符經疏』 등의 저술이 있다. 이 책은 원래 10권인데 敦煌 殘本이 프랑스 파리에 남아 있다. 『五洲衍文長箋散稿』에서 이 책을 인용했는데 胡應麟의 『少室山房筆叢』의 것을 인용한 듯하다.

困學紀聞

宋末元初 王應麟이 편찬한 筆記. 王應麟(1223~1296)은 字가 伯厚이고 號가 深寧居士 혹은 厚齋이며 慶元府 鄞縣 출신이다. 『玉海』, 『玉堂類稿』, 『詩考』, 『詩地理考』 등 방대한 저술을 남겼다. 이 책은 총 20권으로 되어 있으며, 易, 書, 詩, 周禮, 儀禮, 春秋, 公羊傳, 孟子, 天道, 地理, 考史, 評文, 評詩, 評文, 雜識 등 총 2,628條에 이르는 考證과 評論을 수록했다. 『硏經齋全集』, 『與猶堂全書』, 『椶溪遺稿』, 『艮齋集』, 『海東繹史』, 『五洲衍文長箋散稿』 등에 인용되어 있다. 乾隆 7년(1742) 간기가 있는 20권 8책의 목판본 『校訂困學紀聞三箋』이 장서각에, 嘉慶 13년(1808) 陳嵩慶의 序가 달린 20권 17책의 목판본과 嘉慶 18년(1813) 간기가 있는 20권 12책의 목판본 『校訂困學紀聞集證』이 국립중앙도서관에, 嘉慶 18년(1813) 掃葉山房에서 20권 12책으로 간행한 목판본 『困學紀聞集證合註』가 서울대 중앙도서관에 소장되어 있다.

困學齋集

元 鮮于樞의 文集. 鮮于樞(1246~1302)는 字가 伯機이고 漁陽 출신으로, 詩文과 書畵에 능했다. 만년에 困學齋를 짓고 스스로 困學山民이라는 號를 썼으

며, 奇直老人이라고도 했다. 『蘇軾海棠詩卷』, 『韓愈進學解卷』, 『論草書帖』, 『困學齋雜錄』 등을 남겼다. 대만 故宮博物院圖書館, 중국 國家圖書館, 일본 국회도서관, 미국 하버드대 등에 康熙 41년(1702) 간행된 목판본 일부가 전한다. 『星湖僿說』에서 箕子의 후손으로 鮮于樞를 소개하고 이 책을 언급했다.

碧溪詩話

南宋 黃徹이 편찬한 詩話書. 黃徹(1093~1168)은 字가 常明이고 號가 太甲 혹은 巩溪居士이며 邵武 출신이다. 이 책은 10권으로 乾道 4년(1168) 陳俊卿의 序가 붙어 있으므로 이즈음 편찬된 것으로 보인다. 風教를 위주로 하는 詩論을 개진했으며 자연스러운 詩風을 고평했다. 『御覽知不足齋叢書』와 『學海類編』 등에 실려 있고, 『詩人玉屑』과 『說郛』 등에는 일부만 실려 있다. 『五洲衍文長箋散稿』에서는 歷代詩話를 辨證하면서 서명만 제시했다.

空同集

明 李夢陽의 文集. 李夢陽(1472~1530)은 字가 獻吉이고 號가 空同이며 慶陽安化 출신이다. 古文詞에 뛰어나 "文必秦漢, 詩必盛唐"을 내세우며 復古를 주장했다. 前七子의 영수다. 이 책은 『空同子集』, 『空同先生集』이라고도 하며, 원집 66권과 부록 2권으로 구성되어 있다. 李夢陽이 직접 편집한 것으로 嘉靖 10년(1531) 처음 간행되고 萬曆 30년(1602) 중간되었다. 원집은 詩 37권과 文 29권으로, 권1~3 賦, 권4 風雅, 권5~8 樂府, 권9~22 五言古詩와 七言古詩, 권23~33 五言律詩와 五言排律, 七言律詩, 권34~37 五言絶句와 七言絶句, 七言排律, 雜言體詩, 권38 族譜, 권39~40 上書와 狀疏, 권41~51 序와 碑文, 祭文, 권59~66은 雜文과 書다. 『眉巖日記』, 『月汀集』, 『於于集』, 『象村稿』 등 조선시대 문헌에 자주 인용되었다. 규장각에는 萬曆 31년(1603) 68권 13책의 목판본 『李空同全集』이 소장되어 있다. 또 규장각에 소장된 중국 목판본 『皇明五先生文雋』에 4책 분량으로 이 책이 실려 있다. 萬曆 30년(1602) 序가 붙은 『李崆峒先生詩集』도 규장각에 전한다.

公私畵史 → 貞觀公私畵史

公孫尼子

戰國時代 公孫尼가 편찬한 음악에 관한 책. 公孫尼는 字가 子石이고 魯國 출신으로, 孔子의 弟子다. 중국 최초로 音樂을 체계적으로 논술한 『樂記』를 저술한 것으로 유명하다. 『漢書』「藝文志」에는 孔子의 제자가 28편으로 편찬했다고 기록되어 있고 『隋書』와 『舊唐書』에는 1권으로 되어 있다. 梁의 沈約이 편찬한 『樂記』가 이 책과 유사한 것으로 추정되지만 일실되어 전하지 않는다. 『高麗史』에 따르면, 宣宗 8년(1091) 宋의 館伴이 일실된 서적 129종의 목록을 주고 고려에서 찾도록 했는데, 여기에 이 책이 포함되어 있으며 1권으로 되어 있다. 『星湖僿說』, 『海東繹史』, 『青莊館全書』, 『五洲衍文長箋散稿』 등에서 이와 관련한 내용을 다루었다.

孔氏談苑

北宋 孔平仲이 편찬한 雜錄. 孔平仲(1044~1111)은 字가 毅父 혹은 義甫이며 형 孔文仲, 孔武仲과 함께 淸江三孔으로 일컬어졌다. 『珩璜新論』, 『續世說』, 『朝散集』, 『良史事證』, 『孔氏雜說』 등의 저술이 있다. 이 책은 『譚苑』, 『談苑』으로 줄여 부르기도 한다. 4권으로 되어 있는데 北宋을 중심으로 하여 이전 왕조의 政事와 典章, 人物, 風俗, 土産 등을 다루고 있다. 『四庫全書總目』에서는 역사적 사실과 맞지 않아 孔平仲이 직접 편찬한 것은 아니라 했다. 『唐宋叢書』, 『尙白齋鐫陳眉公訂正秘笈』 등에 수록되어 있다. 『青莊館全書』, 『與猶堂全書』, 『海東繹史』, 『五洲衍文長箋散稿』 등에 이 책이 인용되어 있다. 『與猶堂全書』에는 『孔平仲談苑』으로 인용하여 압록강에 대해 고증했다.

孔氏雜說

北宋 孔平仲이 편찬한 雜錄. 이 책은 『珩璜新論』이라고도 하는데 1권으로 되어 있으며 國家의 故實과 賢哲의 文章 등을 기술했다. 『陳眉公訂正叢書』에 수록된 판본은 王體國이 교정을 본 것인데 以名爲字, 三世用之字, 或諱或不諱, 古文字通稱, 龍不止比君德, 大人, 射策對策, 可憑, 佛氏, 留落, 得太上皇名, 古人名字, 羃帷, 稱謂可通用, 巾箱五經, 更點擊鐘, 用仰字, 累重, 阿誰, 日子, 功夫, 停待, 日許, 抽替, 五夜, 課馬, 太夫人 등의 표제를 달았다. 『說郛』에 수록된 판본은 표제가 없다. 『與猶堂全書』, 『五洲衍文長箋散稿』에는 『孔氏雜記』로 인용되어 있다.

公羊墨守 → 春秋公羊墨守

孔演圖 → 春秋孔演圖

孔子家語

孔子와 관련된 說話를 모은 책. 『漢書』「藝文志」에는 27권으로 孔子의 門人이 지었다고 하지만 일찍이 일실되었고, 魏 王肅(195~256)이 註解한 10권 44편이 전한다. 王肅은 字가 子雍이고 山東 東海 출신이다. 이 책은 秦漢의 여러 서적 중에 孔子의 遺文과 逸事를 모아 수록한 것이다. 漢代부터 眞僞 논란이 있어 王肅의 僞作으로 보이지만, 초기 儒家의 면모를 보여준다는 점에서 의의가 있다. 『稗官雜記』, 『芝峯類說』, 『東史綱目』, 『星湖僿說』, 『燃藜室記述』, 『海東繹史』, 『五洲衍文長箋散稿』 등에서 두루 인용되었다. 崔致遠의 『孤雲集』에도 이 책이 인용되고 있어, 매우 이른 시기 국내에 수입되어 널리 읽힌 것으로 추정된다. 元 泰定 2년(1325) 崇文書塾 간본 『新刊標題孔子家語句解』가 중국 國家圖書館에 전한다. 규장각에는 조선 高宗 연간 간행한 『孔子家語句解』가 소장되어 있다. 또 寬政 元年(1789) 일본의 信陽太宰純이 註를 달고 千葉玄之가 교정을 본 『標箋孔子家語』, 道光 14년(1834) 涵芬樓에서 石版으로 간행한 판본도 전한다.

孔子馬頭易卜書

隋 臨孝恭이 편찬한 占卜書. 臨孝恭은 京兆 출신이지만 字號와 이력이 자세하지 않다. 天文算術에 능하여 文帝의 신임을 얻었으며 吉祥과 災殃의 날짜를 잘 맞추었다고 한다. 『欹器圖』, 『地動銅儀經』, 『九宮五墓』, 『遁甲月令』, 『元辰經』, 『元辰厄』, 『百怪書』, 『祿命書』, 『九宮龜經』, 『太一式經』 등의 저술이 있었다고 하지만 대부분 전하지 않는다. 이 책은 『馬頭易卜書』, 『馬頭易』 등으로 줄여 부르기도 한다. 『北史』 등에 1권으로 되어 있는데, 전하지 않아 자세한 내용은 알 수 없다. 孔子의 이름을 가탁한 책으로 보인다. 『五洲衍文長箋散稿』에 이 책을 인용했지만 淸 顧炎武의 『日知錄』에서 가져온 듯하다.

孔子三朝記

淸 洪頤煊이 孔子와 魯哀公과의 문답을 기록한 책. 洪頤煊(1765~1833)은 字

가 旌賢이고 號가 筠軒 혹은 倦舫老人이다. 浙江 臨海 출신으로 어려서부터 형 坤煊과 더불어 독서와 강론을 부단히 하여 二洪의 칭호를 들었다. 『禮經宮室答問』, 『管子義證』, 『漢志水道疏證』, 『諸史考異』, 『讀書叢錄』 등 다수의 저술을 남겼다. 이 책은 孔子가 魯哀公의 물음에 답한 말을 기록한 것인데 三朝는 哀公에게 세 번 朝見했다는 뜻이다. 줄여서 『三朝記』라고도 한다. 『大戴記』와 『小戴記』의 원천이 되는 것으로 알려져 있다. 7권이며 嘉慶 16년(1811) 간본이 『邃雅齋叢書』에 수록되어 있다. 규장각에 소장된 『玉函山房輯佚書』에도 이 책이 수록되어 있다. 『南溪集』, 『弘齋全書』, 『研經齋全集』, 『與猶堂全書』, 『常變通攷』, 『五洲衍文長箋散稿』 등에 이 책을 소개했지만 모두 재인용한 것이다.

孔子集語

南宋 薛據가 孔子의 語錄을 모은 책. 薛據는 字가 叔容이며 永嘉 출신으로, 『宅揆成鑑』 등의 저술이 있다. 唐代 인물 중에 같은 이름의 시인과는 다른 인물이다. 이 책은 원래 20권이었지만 지금은 3권만 전한다. 규장각에 소장된 『百子全書』에는 唐 薛據의 『孔子集語』로, 『唐宋叢書』에는 唐 薛據의 『孔氏集語』로 수록되어 있다. 淳祐 6년(1246) 薛據가 쓴 序가 있으므로 이즈음 편찬된 것으로 추정된다. 易者, 子貢, 孔子御, 持盈, 子觀, 公父文伯, 文藝, 依賢, 漆雕氏, 楚昭王, 子出衛, 顏叔子, 齊侯問, 文王, 齊桓公, 公索氏, 子夏問, 楚伐陳, 孔子先, 曾子 등 20개의 표제 아래 여러 문헌에 나오는 공자의 語錄을 모았다. 『曾子』, 『大戴禮』, 『孔叢子』, 『孔子家語』, 『搜神記』, 『白虎通』, 『國語』, 『論衡』 등 30여 종의 전적을 인용했다. 『五洲衍文長箋散稿』에 이 책이 인용되어 있다. 淸 孫星衍이 같은 이름의 저술을 남겼는데 규장각 소장 『二十二子全書』에는 17권으로 실려 있다. 이 책은 勸學, 孝本, 五性, 六藝, 主德 등으로 구성되어 있다. 孫星衍이 편찬한 『平津館叢書』에도 수록되어 있다. 孫星衍(1753~1818)은 字가 淵如이고 號가 季逑이며 江蘇 陽湖 출신이다. 經史, 文字, 音韻, 諸子百家, 金石 등에 두루 능했고, 『尙書今古文注疏』, 『周易集解』, 『寰宇訪碑錄』, 『芳茂山人集』, 『孫淵如先生全集』, 『問字堂集』 등의 저술을 남겼다. 孫星衍의 책은 조선시대 문헌에서 확인되지 않는다.

孔叢子

秦末漢初 孔鮒가 孔子와 그 후손의 言行을 기록한 책. 孔鮒(B.C.264?~B.

C.208?)는 字가 子魚이고, 孔子의 8세손이다. 孔子, 子思, 子上, 子高, 子順 등의 言行을 모아 3권 21편으로 엮어 이 책을 완성했다. 이후 10세손 孔臧이 賦와 書 2편을 덧붙여 『連叢子』라고 했다. 嘉言, 論書, 記義, 刑論, 記問 등은 주로 孔子의 언행을 기록했고, 雜訓, 居衛, 巡狩, 公儀, 抗志 등은 子思의 언행, 公孫龍, 儒服, 對魏王 등은 子高의 언행, 陣士義, 論勢, 執節 등은 子順의 언행, 獨治, 問軍禮, 問答 등은 子魚의 언행을 기록한 것이다. 이 책은 『漢書』「藝文志」에 수록되지 않았고, 魏 王肅의 『聖證論』에 처음 인용되었기 때문에, 王肅이나 그의 문인이 가탁한 것이라는 설도 있다. 장서각에 萬曆 5년(1577)의 간기가 있는 목판본 4책이 소장되어 있다. 규장각에 소장된 明 程榮의 『漢魏叢書』와 明 深津의 『百家類纂』, 장서각에 소장된 明 陳仁錫의 『奇賞齋古文彙編』과 明 陳深의 『諸子品節』, 국민대에 소장된 明 歸有光의 『諸子彙函』 등 많은 문헌에 이 책이 실려 있다. 고려시대 『稼亭集』, 『牧隱集』에서부터 조선시대 『四佳集』, 『谿谷集』 등 다양한 문집에 두루 인용되어 있다. 『芝峯類說』, 『五洲衍文長箋散稿』 등에도 이 책이 자주 인용되었다.

果報聞見錄

清 楊式傳이 善惡의 應報에 관해 적은 책. 楊式傳은 字가 雪崖이고 鄞縣 출신인데, 자세한 이력은 밝혀져 있지 않다. 이 책은 『說鈴』에 1권으로 수록되어 있으며 『四庫全書總目』에는 『果報見聞錄』으로 되어 있다. 『海東繹史』와 『五洲衍文長箋散稿』에 이 서명이 보인다. 『海東繹史』에서는 1572년 明의 韓世能이 品服을 하사하러 조선에 사신으로 왔다는 기사를 『果報聞見錄』을 인용하여 소개했다. 韓世能은 字가 存錄이고 長洲 출신이며, 南京禮部侍郎, 翰林學士 등을 지냈다. 書畵의 감식안이 높았으며 문집 『雲東拾草』가 있다.

瓜蔬疏

明 王世懋가 채소에 관한 자료를 모아 편찬한 책. 王世懋(1536~1588)는 字가 敬美이고 別號가 麟州이며 少美라고도 불렸다. 江蘇 太倉 출신으로, 明 後七子의 領袖인 王世貞의 동생이다. 詩學書 『藝圃擷餘』가 있으며, 이 외에 文學과 農學에 관련된 글이 『王奉常集』에 전한다. 이 책은 王世懋의 『學圃雜疏』에 한 부분으로 들어가 있다. 『學圃雜疏』는 『寶顔堂眉公秘笈』에 수록되어 있는데 花疏, 果疏, 蔬疏(附 水草, 瓜), 豆疏, 竹疏로 구성되어 있다. 『說郛』에 『瓜蔬疏』라

는 이름으로 실려 있으므로 『靑莊館全書』와 『五洲衍文長箋散稿』에서 언급한 『瓜蔬疏』는 『說郛』에 실린 것을 인용한 것으로 보인다.

管窺輯要 → 天文大成管窺輯要

觀象玩占

唐 李淳風이 편찬한 占術書. 李淳風(602~670)은 岐州 雍縣 출신으로, 天文, 曆算, 陰陽의 학문에 뛰어났다. 唐 太宗의 命을 받아 算博士 梁述, 助敎 王眞儒 등과 함께 『五曹』, 『孫子』 등을 注解했다. 기존의 戊寅曆을 대신하는 麟德曆을 편찬했고, 『典章文物志』, 『乙巳占』 등을 남겼다. 『舊唐書』에 立傳되어 있다. 이 책은 天文氣象으로 人事吉凶을 實徵하는 占書인데, 序跋이 없어 편찬 연대를 알 수 없다. 『英祖實錄』에 따르면 1731년 觀象監에서 이 책을 간행했다고 한다. 규장각에 韓構字로 간행한 47권 12책이 소장되어 있다. 『星湖僿說』에는 明 劉基가 편찬한 것으로 되어 있다. 『明史』에는 편찬자를 알 수 없는데 劉基가 편찬했다는 설도 있다고 했다. 『焦氏經籍志』에도 劉基가 편찬했고 49권이라 했다. 劉基(1311~1375)는 字가 伯溫이고 靑田 출신이며, 『誠意伯文集』 등이 전한다. 『磻溪隨錄』, 『頤齋遺藁』, 『靑莊館全書』, 『五洲衍文長箋散稿』 등에서 이 책을 인용했지만 편찬자는 밝히지 않았다.

觀石錄

明末淸初 高兆가 편찬한 怪石에 관한 저술. 高兆는 字가 雲客이고 號가 固齋 혹은 棲賢이며 閩縣 출신이다. 書法에 뛰어났고 『續高士傳』을 편찬했으며, 『端溪硯石考』, 『怪石考』, 『硯石錄』 등 많은 저술을 남겼다. 이 책은 1권이며 140종의 壽山石을 품평하고 그 형체와 색상을 그려서 편집했다. 康熙 34년(1662) 霞擧堂 간본이 일본 東京大 등에 전한다. 淸 毛奇齡은 이를 이어 『後觀石錄』을 편찬했는데 『昭代叢書』에 1권으로 실려 있으며 그의 문집 『西河合集』에도 실려 있다. 毛奇齡(1623~1716)은 字가 大可이고 號가 西河이며 浙江 蕭山 출신이다. 經學, 歷史, 地理 등에 관한 많은 저술을 남겼는데, 『四書改錯』, 『古文尙書冤詞』 등이 널리 알려져 있다. 『五洲衍文長箋散稿』에서 怪石을 논하면서 자신이 『大觀石錄』을 모방하여 저술을 남겼다고 했는데 『觀石錄』이나 『後觀石錄』을 이르는 듯하다.

關尹子

戰國時代 尹喜가 편찬한 道家書. 尹喜는 字가 公度, 號가 關尹子 또는 關令子인데, 函谷關尹을 지냈다. 函谷關을 지키다가 西遊를 떠나는 老子를 만나 『道德經』 3천 자를 전수받았다고 한다. 이 책은 『漢書』「藝文志」에 9편이라고 기록되어 있지만, 『隋書』와 『舊唐書』에는 모두 기록되어 있지 않다. 『四庫全書總目』에서는 이 책을 唐과 五代 사이 方士들의 僞撰으로 보았다. 『文始眞經』 혹은 『文始經』이라고도 한다. 『說郛』, 『百子全書』 등에 1권으로 수록되어 있다. 南宋 陳顯微의 『文始眞經言外旨』, 元 杜道賢의 『關尹子闡玄』, 元 牛道淳의 『文始眞經直解』, 明 王一淸의 『文始經釋辭』 등이 이 책을 주해한 것이다. 『東國李相國文集』, 『簡易集』, 『靑莊館全書』 등 고려시대부터 조선 말까지 지속적으로 이 책이 인용되고 있다. 『冠巖全書』와 『五洲衍文長箋散稿』에는 『文始經』으로 소개되었다.

管子

春秋時代 齊의 管仲이 편찬한 諸子百家書의 하나. 管仲(B.C.723?~B.C.645)은 이름이 夷吾이며 法家의 대표적인 인물이다. 『海東繹史』에서 『管子』가 그의 저술이라 하지만 맞지 않는 내용이 많기 때문에 어느 한 사람이 일정한 시기에 지은 것이 아니라고 했다. 원래는 86篇이었는데 지금은 76篇이 남았다. 『海東繹史』에서 24권이라 했는데 房玄齡의 注가 달린 南宋 紹興 연간(1131~1162)의 간본을 이른다. 국립중앙도서관에 乾隆 元年(1736) 淸 方苞의 序가 붙은 목판본이 소장되어 있다. 규장각에는 嘉慶 9년(1804) 간행된 『管子評註』가 소장되어 있는데 24권이다. 『管子』는 고려 말부터 우리 문헌에 인용되기 시작하며, 『惺所覆瓿藁』, 『星湖僿說』, 『保晩齋集』, 『雪橋集』, 『與猶堂全書』 등에서 자세히 다루었다.

關中金石記

淸 畢沅이 關中 지역의 金石文을 모은 책. 畢沅(1730-1797)은 字가 纕蘅 혹은 秋帆이고 號는 靈巖山人이다. 湖廣總督을 지냈으며 經學, 金石學, 地理學에 두루 능했다. 『續資治通鑑』의 편찬에 참여했고 『傳經表』, 『經典辨正』, 『靈巖山人詩文集』 등의 저술이 있다. 이 책은 畢沅이 乾隆 36년(1771)부터 10여 년 陜西의 按察使 등으로 있으면서 조사한 陜西省 일대의 금석문을 모은 것으로,

乾隆 47년(1782) 완성되었다. 秦漢에서 金元까지의 碑誌石刻, 磨崖造像, 瓦當, 鼎彝 등 797종을 수록했다. 乾隆 47년(1782) 經訓堂에서 8권으로 간행했는데 서울대 중앙도서관에 소장되어 있다. 장서각에 소장되어 있는 『經訓堂叢書』에도 수록되어 있다. 『靑莊館全書』, 『五洲衍文長箋散稿』에 이 책을 소개했는데 淸 洪亮吉의 『卷施閣集』에 실려 있는 「中州金石紀後序」에서 인용한 것이다.

管絃志

三國時代 魏 張揖이 편찬한 악기에 관한 책. 張揖(220~265)은 字가 稚讓이고 淸河 출신이다. 文字學에 밝아 『埤倉』, 『廣雅』, 『古今字詁』 등의 저술을 남겼다. 『新唐書』와 『玉海』 등에는 凌秀가 편찬했고 10권이라 했지만 『高麗史』에는 『廣雅』와 함께 이 책의 편찬자가 張揖이고 4권이라 했다. 『說郛』에 1권으로 실려 있는데 편찬자가 凌秀로 되어 있다. 凌秀의 이력은 밝혀져 있지 않다. 『高麗史』에 따르면, 宣宗 8년(1091) 宋의 館伴이 일실된 서적 129종의 목록을 주고 고려에서 찾도록 했는데, 여기에 이 책이 포함되어 있으며 4권으로 되어 있다. 『海東繹史』, 『靑莊館全書』, 『五洲衍文長箋散稿』 등에도 이 기사를 소개했다.

括地志

唐 李泰가 편찬한 地理書. 李泰(618~652)는 唐 太宗 李世民의 4男으로, 字는 惠褒이고, 左武侯大將軍 등을 지냈으며 魏王과 濮王에 봉해졌다. 638년 魏王으로 있을 때 司馬 蘇勖의 건의를 받아 새로운 地理 總志를 편찬할 것을 太宗에게 奏請하여 蕭德言, 顧胤, 蔣亞卿, 謝偃 등과 함께 이 책을 편찬했다. 642년 原集 550권과 序略 5권을 완성하여 진상했다. 이 책은 南宋代에 일실되고 다른 문헌에 단편적으로 인용되어 있다. 淸 孫星衍이 『岱南閣叢書』를 편찬할 때 8책으로 편집해 수록했다. 동아대에 이 책이 소장되어 있다. 黃奭의 『漢學堂叢書』, 朱記榮의 『槐廬叢書』에도 수록되어 있다. 규장각에 소장되어 있는 『槐廬叢書』는 『魏王泰括地志』로 8권 2책이 실려 있다. 『星湖僿說』, 『藥泉集』, 『順菴集』, 『海東繹史』, 『東史綱目』, 『鹿門集』, 『靑莊館全書』, 『弘齋全書』, 『惕齋集』, 『研經齋全集』, 『與猶堂全書』, 『楓石全集』 등 많은 문헌에서 『括地志』를 인용했지만 직접 본 것인지는 확인할 수 없다.

廣群芳譜

淸 汪灝 등이 康熙帝의 命으로 편찬한 식물에 관한 類書. 汪灝는 字가 文漪 혹은 天泉이고 臨淸 출신이다. 康熙 연간(1662~1722)에 貴州巡撫를 지냈지만 생몰년은 밝혀져 있지 않다. 문집 『倚雲閣詩集』이 있다. 이 책은 康熙 47년(1708) 100권으로 편찬되었는데, 明 王象晉의 『群芳譜』를 증보한 것이다. 天譜와 歲譜를 天時譜라 했고 鶴魚譜는 식물과 무관하다 하여 산삭했다. 天時譜 6권, 穀譜 4권, 桑麻譜 2권, 蔬譜 5권, 茶譜 4권, 花譜 32권, 果譜 14권, 木譜 14권, 竹譜 5권, 卉譜 6권, 藥譜 8권으로 구성했다. 康熙帝가 이름을 내렸다 하여 『欽定佩文齋廣群芳譜』라고도 한다. 서울대 중앙도서관에 康熙 47년(1708) 序가 달린 목판본 100책이 소장되어 있고, 규장각에는 同治 7년(1868) 32책으로 간행한 목판본이 소장되어 있다. 규장각에 소장된 필사본 『存筍新抄』에 이 책에서 화훼에 관한 내용을 뽑아 실었다. 金昌業의 『老稼齋燕行錄』에 처음 이 책이 소개되었고 『靑莊館全書』, 『研經齋全集』, 『五洲衍文長箋散稿』 등 여러 문헌에서도 이 책을 인용했다.

廣金石韻府

淸 任尙葵와 李根이 편찬한 韻書. 任尙葵는 字가 朱臣이고 福建 莆田 출신이며, 李根은 字가 阿靈 혹은 雲根이고 福建 晉江 출신인데 모두 자세한 이력은 알려진 바 없다. 『四庫全書總目』에 따르면, 이 책은 본래 朱時望의 『金石韻府』를 모방하여 지었으나, 이보다 더 광범위하기 때문에 앞에 '廣'자를 붙였다고 한다. 四聲에 따라 분류한 다음, 朱書로 古文籀篆 등의 글자를 적고, 墨書로 楷字를 적었다. 국립중앙도서관에 康熙 9년(1670) 周亮江의 序가 달린 大業堂藏板 3책이 소장되어 있는데 규장각과 장서각 등에도 같은 판본이 소장되어 있다. 또 1857년 張鳳藻가 增訂한 『理董軒增廣金石韻府』가 존경각에 소장되어 있다. 1776년 무렵 일본에서 다시 간행하면서 『新刻廣金石韻府』라 했는데 국립중앙도서관에 소장되어 있다. 경기대에는 필사본이 전한다. 전남대와 고려대에도 목판본과 필사본이 소장되어 있는데 편찬자의 이름이 淸 周亮工으로 되어 있지만 周亮工은 이 책의 序를 썼다. 黃胤錫의 『頤齋遺藁』에서 이 책을 인용했고, 『五洲衍文長箋散稿』에서도 여러 차례 이 책을 인용했다.

廣記 → 天府廣記

廣東新語

明末清初 屈大均이 편찬한 筆記. 屈大均(1630~1696)은 字가 翁山이고 號는 菜圃이며 廣東 番禺 출신이다. 淸이 들어선 뒤 明의 流民으로 자처했고, 이후 吳三桂의 반란에 가담했으며, 康熙 22년(1683) 臺灣의 鄭克塽이 淸에 항복하자 은거하면서 저술에 전념했다. 주요 저술로 『皇明四朝成仁錄』, 『翁山詩外』, 『翁山文外』, 『道授堂集』 등이 있다. 康熙 39년(1700) 완성된 이 책은 기존 『廣東通志』의 부족함을 보완하기 위해 편찬한 것이다. 총 28권이고 권마다 하나의 '語'로 분류했는데, 天語, 地語, 山語, 水語, 石語, 神語, 人語, 女語, 事語, 學語, 文語, 詩語, 藝語, 食語, 貨語, 器語, 宮語, 舟語, 墳語, 禽語, 獸語, 鱗語, 介語, 蟲語, 木語, 香語, 草語, 怪語 등이며, 그 아래 총 869目을 두어 설명을 붙였다. 康熙 39년의 목판본이 미국 국회도서관에 소장되어 있다. 『靑莊館全書』, 『泠齋集』, 『五洲衍文長箋散稿』 등에서 이 책을 인용했다.

廣利方 → 貞元廣利方

廣文選

明 劉節이 편찬한 詩文選集. 劉節(1476~1555)은 字가 介夫이고 號는 梅國이며 南安府 大庾 출신이다. 『梅國集』, 『寶制堂錄』, 『春秋列傳』 등의 저술이 있다. 이 책은 王子松, 林璧, 曾辰, 李世用 등과 함께 중국 고대의 詩文을 선발한 것으로 『文選』의 체제를 바탕으로 하여 賦, 詩, 騷, 詔, 冊, 令, 敎 등 37類로 분류했다. 국립중앙도서관에 60권 32책의 목판본이 소장되어 있는데, 嘉靖 12년(1533)의 序와 嘉靖 16년(1537) 陳惠의 後序가 있으므로 이 무렵 편찬된 것으로 보인다. 『厚齋集』, 『靑莊館全書』, 『楓石全集』, 『五洲衍文長箋散稿』 등에서 이 책을 소개했다.

廣博物志

明 董斯張이 편찬한 類書. 董斯張(1586~1628)은 字가 遐周이고 浙江 烏程 출신이다. 이 책은 唐 이전의 역대 문헌 가운데 事物의 기원 관련 기록을 집록한 것이다. 天道, 時序, 地形, 斧扆, 靈異, 職官, 人倫, 高逸, 方伎, 閨壺, 形體, 禮苑, 武功, 聲樂, 居處, 珍寶, 服飾, 器用, 飮食, 草木, 鳥獸, 蟲魚 등 22門으로 나누고, 다시 167子目으로 세분했다. 민간의 판본은 배제하고 원자료를 직접 인용하

여 정확성을 높인 것으로 평가된다. 『碩齋稿』, 『警修堂全藁』, 『五洲衍文長箋散稿』 등에 인용되어 있다. 규장각에는 乾隆 26년(1761) 50권 24책으로 간행한 高暉堂藏板이 소장되어 있으며, 성균관대, 한양대 등에는 萬曆 35년(1607) 간기가 붙은 목판본이 소장되어 있다.

廣雅

魏 張揖이 漢字의 訓釋을 밝힌 책. 張揖(220~265)은 字가 稚讓이고 淸河 출신이며, 博士를 지냈다. 『三蒼』, 『埤倉』, 『廣雅』, 『蒼頡篇』 등의 저술이 있다. 張楫으로 표기된 데도 있다. 이 책은 『爾雅』의 大文에 의거하여 漢代 학자의 설을 종합하여 增補한 것으로 18,150자의 풀이를 달았다. 南宋 晁公武의 『郡齋讀書志』에는 張揖의 『廣雅』에 隋 曹憲이 音釋을 달았는데 煬帝의 諱를 피하여 『博雅』로 바꾸었으며 뒤에 張揖의 表가 있다고 했다. 『退溪集』, 『芝峯類說』, 『迂齋集』, 『白湖全書』, 『星湖僿說』, 『約軒集』, 『靑莊館全書』, 『弘齋全書』, 『與猶堂全書』, 『研經齋全集』, 『燕臺再遊錄』, 『海東繹史』, 『五洲衍文長箋散稿』 등에 이 서명이 확인된다. 서울대 중앙도서관에는 嘉慶 元年(1796) 段玉裁의 序가 달린 목판본 『廣雅疏證』 10권 8책이 소장되어 있다. 淸의 王樹枏이 주석을 달아 文莫室에서 간행한 『廣雅疏義』 4권 2책, 三餘堂에서 간행한 『博雅』 10권 2책 등도 소장되어 있다. 인하대에 淸 王念孫이 주석을 더하여 學海堂에서 『皇淸經解』의 일부로 간행한 『廣雅疏證』 21권 8책이 소장되어 있다. 규장각 등에 소장된 『漢魏叢書』에도 실려 있다.

廣輿記

明 陸應陽이 편찬한 地理書. 陸應陽(1542~1627)은 이력이 자세하지 않지만 『樵史』, 『象山縣志』 등이 그의 저술로 알려져 있다. 이 책은 『大明一統志』를 모방하여 4권 10책으로 편찬한 것으로, 各省을 府나 州로 나눈 다음 建置沿革을 기술하고, 形勝, 山川, 土産, 關梁, 祠廟, 古蹟, 名宦, 人物 등을 기록했다. 淸 蔡方炳(1626~1709)이 이 책을 증보하여 24권의 『增訂廣輿記』를 편찬했다. 崔致遠, 崔匡裕, 鄭夢周, 申叔舟, 申光漢, 李淑卿 등 우리나라 인물과 관련된 내용이나 鳥嶺 등 조선의 지리가 실려 있어 조선 후기 『東史綱目』, 『熱河日記』, 『靑莊館全書』 등에 언급되어 있고, 특히 『海東繹史』에서 여러 차례 인용되었다. 국립중앙도서관에 明 汪明際가 교열하고 鍾人傑의 序가 달린 本衙藏

版 24권이 소장되어 있다. 규장각 등에 蔡方炳의 『增訂廣輿記』도 소장되어 있다. 『青莊館全書』에는 明 田汝成의 『廣輿記』를 들어 許蘭雪軒 관련 기사를 인용했는데 『廣輿記』에는 이 내용이 보이지 않으므로 다른 책으로 추정된다.

廣虞初新志

淸 黃承增이 편찬한 筆記小說集. 黃承增은 字가 心庵이고 安徽 歙縣 출신으로 생몰년은 밝혀져 있지 않다. 이 책은 明末 張潮의 『虞初新志』를 계승한 것으로, 총 40권이며 嘉慶 8년(1803) 완성되었다. 朱彝尊, 毛奇齡, 袁枚 등의 글에서 가져온 것이 많으며, 특히 史震林의 작품이 많이 실려 있다. 傳, 記, 墓誌銘, 說, 逸事 등 인물 행적에 관한 것이 대부분이다. 『五洲衍文長箋散稿』에 따르면 李圭景이 이 책을 벗에게서 빌려 보고 여러 변증에서 인용했다고 한다. 규장각에 嘉慶 8년(1803) 寄鷗閒舫에서 간행된 40권 20책이 소장되어 있다.

廣韻 → 大宋重修廣韻

廣莊

明 袁宏道가 『莊子』를 풀이한 책. 袁宏道(1568~1610)는 字가 中郞이고 號가 石公이며 湖廣 公安 출신이다. 國子助敎, 吏部郎中 등을 지냈지만 노년에는 은거하여 학문과 문학에 전념했다. 『廣莊』 외에 『袁中郞全集』, 『觴政』, 『甁史』 등의 저술이 있다. 이 책은 『莊子』의 뜻을 풀이한 것으로 「逍遙遊」, 「德充符」 등의 편명에 따라 풀이했다. 成大中의 『青城雜記』에 실린 「四肢百體」가 이 책을 모방하여 지은 것이다. 『五洲衍文長箋散稿』에 이 책을 인용했다. 규장각에 소장된 『袁中郞全集』 권12에 이 책이 실려 있으며, 규장각과 국립중앙도서관 등에 소장된 『尙白齋鐫陳眉公訂正秘笈』에도 이 책이 실려 있다. 『說郛續』에도 실려 있다. 일본 天理大에 이 책과 함께 袁宏道의 『甁史』와 『觴政』 등을 필사한 조선본이 소장되어 있고, 장서각에 소장된 필사본 『語林』에도 실려 있다.

廣志

晉 郭義恭이 다양한 사물에 관해 기록한 雜錄. 郭義恭에 관해서는 알려진 바가 거의 없다. 이 책은 『新唐書』에 2권으로 되어 있지만 『說郛』에는 그 일부만 실려 있다. 檳榔, 龍眼, 荔枝, 薇蕪, 莫難珠, 蟬鳴稻 등 특이한 사물을 다루

고 있다. 『東國李相國文集』 주석에 이 책을 인용했는데 『杜工部草堂詩箋』에 실린 주석의 내용과 같은 것으로 보아 여기서 인용한 듯하다. 『星湖僿說』, 『燕巖集』, 『茶山詩文集』, 『靑莊館全書』, 『五洲衍文長箋散稿』 등 다양한 문헌에 이 책이 보인다. 『廣東通志』와 같은 책으로 설명된 데도 있으나 다른 책이다. 『廣東通志』는 明 郭裵가 편찬한 廣東의 地理志다.

怪洋記

南宋 洪芻가 편찬한 筆記雜錄. 洪芻(1066~?)는 字가 駒父이고 南昌 출신이며, 형 洪朋, 아우 洪炎, 洪羽과 함께 四洪으로 일컬어졌다. 『老圃集』, 『豫章職方乘』 등의 저술이 있었지만 대부분 일실되었는데 『永樂大典』을 편찬할 때 『老圃集』이 2권으로 정리되었다. 이 책과 함께 『香譜』가 전한다. 이 책은 1권으로 『海外怪洋記』라고도 한다. 바다에 사는 신이한 동물과 기이한 사건을 다루었다. 明代의 간본이 중국 國家圖書館에 소장되어 있으며, 규장각에 소장된 『宋百家小說』 등의 총서에도 수록되어 있다. 『五洲衍文長箋散稿』에서 이 책을 인용했다.

槐西雜志

淸 紀昀이 편찬한 雜錄. 紀昀(1724~1805)은 字가 曉嵐 또는 春帆이고 號는 石雲 또는 觀弈道人이며 諡號는 文達이다. 河北 獻縣 출신으로 24세에 順天府 鄕試에서 장원한 이래 禮部尙書, 協辦大學士 등을 지냈다. 『唐韻考』, 『杜律疏』, 『玉台新詠考異』, 『閱微草堂筆記』 등의 저술이 있다. 이 책은 기괴한 자연 현상에 관한 이야기를 모은 것이다. 10종의 소설을 담은 紀昀의 『閱微草堂筆記』에 이 책이 수록되어 있다. 서명이 『槐西雜識』 혹은 『槐西雜誌』로도 표기되었다. 『閱微草堂筆記』는 규장각에 소장되어 있는데 光緖 3년(1877) 唐文星堂에서 간행된 10책의 목판본이다. 『五洲衍文長箋散稿』에서 『槐西雜志』로 인용했다.

觥記注

北宋 鄭獬가 편찬한 술잔에 관한 筆記雜錄. 鄭獬(1022~1072)는 字가 毅夫이고 號가 雲谷이며 虔化 출신인데, 安岳에 우거했다. 『鄭獬制詔敕』, 『鄖溪集』, 『幻雲居詩稿』 등의 저술이 있다. 『佔畢齋集』에 「書鄭獬詩卷」이, 『滄溪集』에 「次鄭獬詩軸韻」이 있어 조선시대 그의 시가 제법 널리 읽혔음을 알 수 있다.

이 책은 『說郛』에 1권으로 수록되어 있고 규장각에 소장된 『叢書』에도 실려 있다. 觥은 고대 짐승의 뿔로 만든 酒器로, 이 책에는 다양한 술잔이 소개되어 있다. 『海東繹史』에서 이 책을 인용하여 고려의 紫霞盃를 소개했다. 『五洲衍文長箋散稿』에도 이 책이 보인다.

交廣志

편찬 시기와 편찬자를 알 수 없는 交州와 廣州 지역의 풍물을 소개한 책. 『海東繹史』에서 이 책을 인용하여 고려의 長尾鷄를 소개했지만 편찬자는 밝히지 않았다. 『淵鑑類函』에 『交廣志』를 인용해 꼬리가 五尺 남짓 되는 닭을 소개했지만 편찬자의 이름은 적지 않았다. 晉의 王隱과 黃恭이 『交廣記』라는 이름의 저술을 남겼는데 전하지 않아 같은 책인지 알 수 없다.

教坊記

唐 崔令欽이 開元 연간(713~741)의 음악에 관해 기록한 책. 崔令欽은 어떤 인물인지 알려져 있지 않다. 이 책은 開元 연간의 음란하고 잡다한 고사와 樂曲 등을 수록하고 있다. 南宋 曾慥의 『類說』에 수록되어 있는데 月陂, 失落, 前頭人, 雲韶, 搊彈家, 軟舞健舞, 打鼓, 打裘, 墮馬, 崖公蜆斗長入, 筋斗, 聲伎兒, 四女善歌, 賣假金賊, 娘子眼破, 左轉, 蘇五奴, 踏謠娘 등의 항목으로 되어 있다. 『說郛』에도 수록되어 있는데 그 내용이 좀 더 자세하다. 규장각 등에 소장된 『唐代叢書』에도 실려 있다. 『退溪集』, 『芝峯類說』, 『青莊館全書』, 『五洲衍文長箋散稿』 등에 이 책이 인용되어 있다.

九歌譜

元 吾丘衍이 편찬한 고대의 歌謠에 관한 책. 吾丘衍(1272~1311)은 字가 子行이고 號는 貞白, 竹房, 竹素 등을 사용했고 布衣道士, 貞白先生 등의 別號도 있다. 후대 孔丘를 避諱하여 吾衍이라고도 했다. 衢縣 棠村 출신으로 杭州에 거주했고, 金石學과 印章에 출중했다. 古學을 좋아하여 經史百家에 능통했고, 書法과 音律에도 뛰어났다. 한쪽 눈을 失明한 데다 오른다리를 절었지만 趙孟頫와 명성을 나란히 했다. 『周秦石刻釋音』, 『閑居錄』, 『竹素山房詩集』, 『學古編』, 『尙書要略』 등의 저술이 있다. 이 책은 『明一統志』, 『續文獻通考』 등에 보이지만 일실되어 卷數나 내용은 알려져 있지 않다. 九歌는 『楚辭』의 篇名이므로

그 樂譜를 재구한 것일 가능성이 높다. 『五洲衍文長箋散稿』에서 詩話書로 서명만 소개했다.

九經字樣

唐 唐玄度가 편찬한 九經의 字形에 관한 책. 唐玄度는 字가 彦升이고, 文宗 연간(826~840) 待詔를 지냈는데 書法과 小學에 능했다. 『直齋書錄解題』에는 唐元度로 되어 있다. 이 책은 원래 서명이 『新加九經字樣』이다. 九經의 글자 字劃을 추정하여 古文, 大篆, 小篆, 八分, 飛白, 薤葉, 懸針, 垂露, 鳥書, 連珠 등 十體로 구분했다. 開成 2년(837) 太學에 石壁을 세워 九經을 새겼는데, 이때 文宗이 翰林勒字官 唐玄度를 시켜 字體를 교정하게 했고, 이에 『新加九經字樣』이 편찬되었다. 大曆 11년(776) 張參이 지은 『五經文字』를 참고하여 이 책을 편찬했는데, 총 76部, 421字를 수록했다. 乾隆 33년(1768) 간본이 중국 國家圖書館에 소장되어 있다. 『四庫全書』에도 1권으로 실려 있다. 『靑莊館全書』, 『弘齋全書』, 『五洲衍文長箋散稿』 등에 인용되어 있다. 『五洲衍文長箋散稿』에는 이 책과 별도로 『五經字樣』을 다루었다. 같은 내용이 『直齋書錄解題』에서 보이는데 편찬자가 唐元度라 했다.

舊唐書

五代 劉昫 등이 편찬한 唐의 歷史書. 劉昫(887~946)는 字가 耀遠이고 涿州 歸義 출신으로, 太常博士와 翰林學士, 平章事 등을 지냈다. 이 책은 24史의 하나로, 唐 20대 290년 동안의 역사를 기록한 正史다. 本紀 20권, 志 30권, 列傳 150권 등 총 200권으로 되어 있다. 199권 「東夷傳」에 高句麗, 百濟, 新羅가 수록되어 있다. 『星湖僿說』, 『與猶堂全書』, 『海東繹史』, 『五洲衍文長箋散稿』 등 많은 문헌에서 이 책을 인용했다. 규장각에 乾隆 4년(1739) 간행된 목판본이 소장되어 있다.

岣嶁神書

明 南宮從이 편찬한 法術書. 南宮從은 어떤 사람인지 알려져 있지 않다. 淸 黃虞稷의 『千頃堂書目』에는 九霞子가 편찬한 것으로 되어 있는데 동일 인물인지는 알 수 없다. 이 책은 『升仙神術』, 『升仙術』, 『升仙神書』 등으로도 불린다. 민간의 法術을 모은 것으로, 制人術, 解被人鎭法, 止血神咒, 隱形法, 取天罡氣

法, 神傳智慧法, 收拘魂法, 神符取勝, 桃符傳賊, 黑天昏日, 飛劍制人, 靈符禁惡, 印伏蛟龍 등을 설명하고 있다. 淸 吳翌風이 편집한『藝海滙編』에 실려 있지만, 이 책 자체가 희귀하여 조선에 수입되지 못한 듯하다.『五洲衍文長箋散稿』에 인용되어 있지만『本草綱目』등에서 가져온 것이다.

丘氏衍義 → 大學衍義補

歐陽公居士集

北宋 歐陽修의 文集. 歐陽修(1007~1072)는 字가 永叔이고 號가 醉翁이며 江西 吉州 출신으로,『新唐書』,『新五代史』 등을 편찬했고 문집 외에『洛陽牡丹記』,『集古錄』,『歸田錄』 등의 저술이 있다.『歐陽公居士集』은『歐陽文忠公集』의 일부로서 50권이고, 古詩, 律詩, 賦, 雜文, 論 등으로 나누어져 있다. 권두에는 蘇軾의 序가 실려 있다. 淳熙 연간(1174~1189) 孫益謙이 교정하여 다시 간행한 것이다. 이와 별도로『六一居士集』50권도 전한다. 조선시대 문헌에서 언급된 것은 그의 문집을 통칭한 것이 대부분이지만, 李宜顯의「庚子燕行雜識」에『歐陽公集』15권처럼 특정한 판본을 지칭한 예도 있다.『慵齋叢話』에는 成宗 辛卯(1471)『王荊公集』과『歐陽公集』에서 集字하여 辛卯字를 만들었다고 한 것으로 보아 상당히 이른 시기부터 조선에 유통된 듯하다.『中宗實錄』에는『歐陽公集』이 弘文館에 1권밖에 없어 간행을 청한 기록이 보인다. 柳希春의『眉巖集』등 16세기 문헌에서부터 歐陽修의 문집이 언급되었다. 申翊聖의『樂全堂集』에서는『歐陽公居士集』을 직접 거론했다.『海東繹史』에서는『四庫全書總目』을 인용해 이 책을 소개했다.『四部叢刊』에 153권의『歐陽文忠公集』이 실려 있다. 崇禎 4년(1631) 跋이 붙은 32권의『宋大家歐陽文忠公文抄』가 충남대에, 正德 元年(1506) 간본을 후대 다시 찍은 50권의『歐陽公文集』이 동국대에, 嘉靖 39년(1560) 跋이 달린 130권의『歐陽文忠公集』이 규장각에 소장되어 있다. 규장각에는 萬曆 40년(1612) 序가 달린 판본 등 여러 종이 더 소장되어 있다. 또 국립중앙도서관에 조선에서 初鑄甲寅字로 간행한『歐陽文忠公集』殘卷이 소장되어 있다.

九域志 → 元豐九域志

丘儀 → 家禮儀節

九章算經 → 九章算術

九章算術

편찬 시기와 편찬자가 알려져 있지 않은 古代의 數學書. 前漢 張蒼(B.C. 256~B.C.152)과 耿壽昌이 증보하고 수정했다. 『九章』, 『九章算經』이라고도 하는데, 黃帝가 隸首에게 命하여 지은 算法이라 한다. 方田, 粟米, 衰分, 少廣, 商功, 均輸, 盈不足, 方程, 句股 등 9장으로 나누어 246개의 문제와 정답풀이 등을 수록했다. 三國時代 劉徽(225~295)와 唐 李淳風(602~670) 등이 주석을 달았으며, 南宋 楊輝(1238~1298)가 『詳解九章算法』과 『詳解九章算法纂類』를 펴냈다. 『世宗實錄』에 이 책에 주석을 달자는 吏曹의 啓請이 실려 있으며, 『經國大典』에서는 『楊輝算法』과 함께 이 책을 算科의 기본 교재로 채택한다는 기록이 보인다. 고종 때 全史字로 간행한 南秉吉(1820~1869)의 『九章術解』는 이 책에 주석을 단 것이다. 『磻溪隨錄』, 『靜觀齋集』, 『屛溪集』, 『青莊館全書』, 『硏經齋全集』, 『與猶堂全書』, 『五洲衍文長箋散稿』 등에서 『九經算術』을 인용했다. 규장각에 소장된 『九章算術細草圖說』은 淸 李潢이 讚을 붙인 9권 8책의 목판본이다.

九朝野記

明 祝允明이 편찬한 筆記雜錄. 祝允明(1460~1527)은 字가 希哲이고 號가 枝山, 枝山老樵, 枝脂生, 枝指山人 등이며 長洲 출신이다. 書畵에 뛰어나 唐寅, 文徵明, 徐禎卿 등과 이름을 나란히 하여 吳門四才子로 일컬어진다. 『祝氏集略』, 『懷星堂集』, 『志怪錄』 등의 저술이 있다. 이 책은 『明史』 등에는 4권으로 되어 있지만 『說郛』에 1권만 전한다. 『海東繹史』에 『九朝野談』으로 소개하고 편찬자는 밝히지 않았는데 이 책을 가리키는 듯하다. 『五洲衍文長箋散稿』에는 祝允明의 「關王廟記」가 인용되어 있지만 『懷星堂集』에는 이 글이 보이지 않는다.

九州春秋

西晉 司馬彪가 편찬한 史書. 司馬彪(?~306)는 字가 紹統이고, 西晉의 宗室로 史學에 조예가 깊었으며 『續漢書』를 편찬했다. 이 책은 後漢 말년에 軍閥이

할거하던 亂世의 사실들을 司隸, 冀州, 徐州, 兗州, 青州, 荊州, 揚州, 涼州, 益州, 幽州 등 9개의 州로 나누어 총 9권으로 기술했다고 하지만, 원문은 일실되고『說郛』에 7조가 수록되어 있다.『順菴集』,『海東繹史』등에 언급되어 있다.

九華山錄

南宋 周必大가 九華山을 유람한 글. 周必大(1126~1204)는 字가 子充이고 號가 平園老叟이며 江西 廬陵 출신이다. 左丞相을 지내고 益國公에 봉해졌으며 諡號는 文忠이다. 문집『文忠集』외에『益公題跋』,『二老堂雜志』,『淳熙玉堂雜記』,『玉蘂辨證』등 많은 저술을 남겼다. 그의 저술은『四庫全書』에 편입된『文忠集』에 대부분 실려 있으며 이 글도 여기에 실려 있다.『說郛』에도 이 글이 실려 있는데 金地藏과 관련한 기록이 있어『海東繹史』에서 인용했다.

救荒本草

明 朱橚이 편찬한 本草書. 朱橚(1360~1425)은 明 太祖 朱元璋의 다섯째 아들 周定王이다. 永樂 4년(1406)에 간행된 이 책은 기근 때의 구황식품으로 이용할 수 있는 식물을 해설한 것이다. 上下 2권에 5部로 구성되어 있는데, 草部에 245종, 木部에 80종, 米穀部에 20종, 果部에 23종, 菜部에 46종 등 총 414종을 수록했다. 식물의 형태를 문장과 그림으로 나타내고 간단한 요리법을 기록했는데, 모두 실제의 관찰에 의거한 것이라 한다. 崇禎 12년(1639) 徐光啓가 편찬한『農政全書』의「荒政」부분은 이 책에 바탕한 것이다. 국립중앙도서관에 몇 종의 일본 간본이 소장되어 있다. 조선시대에는 徐光啓의『農政全書』에 실린 내용을 보았을 것으로 추정된다.『茶山詩文集』에 인용되어 있다.『五洲衍文長箋散稿』에는 편찬자를 周憲王이라 했는데 周憲王은 朱橚의 아들 朱有燉이다.

臞仙神隱志

明 朱權이 편찬한 道教書. 朱權(1378~1448)은 字가 臞仙이고 號는 涵虛子 혹은 丹丘先生이며 自號는 南極遐齡老人이다. 朱元璋의 17번째 아들로 15세에 大寧에 봉해져 寧王으로 불렸다. 戲曲 理論에 밝았으며 道教에도 능통했다. 저서로『漢唐秘史』,『神奇秘譜』,『太和正音譜』등이 있다. 이 책은 黃老術에 관한 저작으로 2권이며 永樂 6년(1408) 완성되었다.『山林經濟』에서 이 책을 빈

번하게 인용했다. 『五洲衍文長箋散稿』에도 이 책이 인용되어 있다. 국민대에 근대 시기에 이 책을 필사한 『秘傳神隱鈔錄』이 소장되어 있다.

國榷

明末清初 談遷이 편찬한 明朝의 編年體 史書. 談遷(1594~1658)은 字가 仲木이고 號가 射父이며 浙江 海寧 출신이다. 원래 이름은 訓인데 明이 멸망한 후에 遷으로 바꾸었다. 역사가로서 司馬遷을 존숭했기 때문이라고 한다. 저서로 『棗林雜俎』, 『棗林詩集』, 『西遊錄』, 『海昌外志』 등이 있다. 順治 13년(1656) 완성된 이 책은 元末 天曆 元年(1328) 朱元璋의 출생부터 弘光 元年(1645) 南明 정권의 멸망까지 317년간의 역사를 다루고 있는데, 萬曆 연간(1573~1620) 이후의 기록이 특히 상세하다. 『明實錄』 및 다양한 史籍을 참고하여 사실을 기술하고 간혹 평론을 덧붙이기도 했다. 天啓 6년(1626) 談遷의 自序와 崇禎 3년(1630) 喻應益의 序가 붙어 있는 판본이 대만 中研院傅斯年圖書館에 소장되어 있는데 分卷이 되어 있지 않다. 『青莊館全書』에는 朱彝尊의 『靜志居詩話』를 인용하여 이 책과 談遷에 관해 적었다. 『研經齋全集』, 『五洲衍文長箋散稿』 등에도 이 책이 인용되어 있다.

國老談苑

南宋 王銍이 편찬한 筆記雜錄. 王銍은 字가 性之이고 號가 汝陰老民이며 汝陰 출신이다. 建炎 연간(1127~1130)과 紹興 연간(1131~1162) 활동했지만 자세한 이력은 밝혀져 있지 않다. 저서로 이 책 외에 『雲溪集』, 『補侍兒小名錄』, 『默記』 등이 있다. 이 책은 1권으로 『說郛』에 실려 있는데 趙晉, 范質, 王著, 張詠, 査道 등에 관한 野史나 逸話를 수록했다. 규장각에 소장된 『歷代小史』에도 이 책이 실려 있다. 『星湖僿說』에서 『談苑』으로 인용했다.

菊譜 → 范村菊譜

菊譜 → 劉氏菊譜

麯本草 → 麴本草

麴本草

北宋 田錫이 편찬한 술에 관한 雜錄. 田錫(940~1004)은 初名이 繼沖이고 字가 表聖이며 嘉州 洪雅 출신이며 右諫議大夫를 지냈다. 문집 『咸平集』이 전한다. 이 책은 『說郛』에 실려 있는데 廣西蛇酒, 江西麻姑酒, 淮安綠豆酒, 南京瓶灑 등 15종의 술을 대상으로 양조 방법과 특성을 두루 설명했다. 『五洲衍文長箋散稿』에 소개되어 있다.

國史經籍志

明 焦竑이 편찬한 目錄書. 焦竑(1541~1620)은 字가 弱侯이고 號는 澹園이며 江寧 출신으로, 『國朝獻徵錄』, 『禹貢解』, 『遜國忠節錄』, 『焦弱侯問答』, 『焦氏筆乘』, 『焦氏類林』, 『玉堂叢話』, 『熙朝名臣實錄』, 『國史經籍志』, 『中原文獻』 등 많은 저술을 남겼다. 이 책은 明 徐象橒 간본 6권이 전하는데 규장각에 소장된 『粵雅堂叢書』 등에 실려 있다. 『焦氏經籍志』라고도 하는데 『硏經齋全集』에 『國史經籍志』로 소개되어 있다. 『與猶堂全書』에서 『經籍志』라 하고, 『五洲衍文長箋散稿』에서 『經籍考』 혹은 『經籍志』라 한 것이 이 책을 가리킨다.

國史紀傳

南朝 梁 顧野王이 편찬한 史書. 顧野王(519~581)은 字가 希馮이며 吳郡 출신이다. 『陳書』, 『輿地志』, 『符瑞圖』, 『顧氏譜傳』, 『分野樞要』, 『續洞冥記』, 『玄象表』 등 많은 저술을 남겼다. 이 책은 『南史』에 200권이라 했지만 현재 전하지 않는다. 『五洲衍文長箋散稿』에 南朝의 史書로 언급했다.

國史補 → 唐國史補

國語解

元 脫脫이 거란족의 姓氏, 官名, 地名 등을 풀이한 책. 脫脫(1314~1356)은 托克托이라고도 하며 字는 大用이고 몽골 메르키트족 출신이다. 1328년 다루가치가 된 이후 知樞密院使를 역임했고, 1341년에 中書右丞相, 監修國史가 되어 遼金元 三國의 역사 편찬을 총재했다. 18세기 무렵 중국에서 간행한 목판본 『遼史』와 『金史』가 규장각에 소장되어 있다. 이 책은 順帝의 命에 따라 편찬을 시작하여 至正 4년(1344) 완성한 116권의 『遼史』의 부록에 1권으로 실려

있다. 『靑莊館全書』, 『硏經齋全集』, 『與猶堂全書』, 『五洲衍文長箋散稿』 등에서 『遼史』의 『國語解』를 인용했다. 『國語解』는 『遼史』 외에 『金史』와 『元史』에도 붙어 있는데 『靑莊館全書』에는 『金史』의 『國語解』를 따로 인용했다. 『五洲衍文長箋散稿』에는 따로 『三史國語解』를 들었는데 이는 곧 乾隆 51년(1786) 淸 乾隆帝의 命으로 편찬된 『欽定遼金元三史國語解』를 가리킨다. 『四庫全書』에 46권으로 수록되어 있다. 규장각에 『欽定遼史語解』가 소장되어 있는데, 10권이며 君名, 后妃, 皇子, 公主, 宮衛, 軍名, 部族, 地理, 職官, 耶律, 蕭氏, 人物, 名物 등으로 되어 있다. 『說郛』에 수록되어 있는 『焚椒錄』 마지막에도 『遼史』의 『國語解』 일부가 실려 있다. 淸 厲鶚이 편찬한 『遼史拾遺』에도 『國語解』가 붙어 있지만 내용은 다르다. 『海東繹史』에는 다른 한 종의 『國語解』도 함께 인용했는데 이는 삼국시대 吳의 韋昭가 주석을 단 『國語』의 별칭이므로 다른 책이다.

菊莊樂府

明末淸初 徐釚가 지은 詞集. 徐釚(1636~1708)는 字가 電發이고 號는 菊莊 외에 虹亭, 拙存, 竹莊, 楓江漁父 등 다양하며 江蘇 吳江 출신이다. 康熙 연간(1662~1722) 史館에 있다가, 외직으로 발령이 나자 사직하고 고향으로 돌아갔다. 詩詞와 古文에 두루 뛰어나서 『南州草堂集』, 『本事詩』, 『詞苑叢談』 등을 남겼다. 『南州草堂集』에서 '菊莊詞'라 한 것이 이 책을 가리키는 듯하다. 중국 國家圖書館에 2권으로 간행된 목판본 『菊莊詞』가 소장되어 있다. 일본 京都大에 『南州草堂集』과 함께 『菊莊詞』 1권이 소장되어 있다. 『海東繹史』에서는 『曝書亭集』과 『漁洋集』을 인용하여, 『菊莊樂府』가 조선에 전해져 조선 사람 가운데 이 시집 뒤에 題詩하는 사람까지 있다고 했다. 金邁淳의 『臺山集』에는 『菊莊詞』로 인용되어 있다.

國朝登科記

南宋 洪适이 宋代 과거 급제자를 기록한 책. 洪适(1117~1184)은 初名이 造이고 字가 景伯이며 號는 盤州老人이다. 饒州 鄱陽 출신으로, 尙書左僕射를 지냈으며 『盤州文集』, 『隸釋』, 『隸韻』 등의 저술이 있다. 이 책과 함께 『五代登科記』 1권, 『唐登科記』 15권을 편찬했는데 모두 일실되어 전하지 않는다. 문집 『盤洲集』에 수록된 「大宋登科記序」가 『國朝登科記』의 序이므로 이 책의 원

래 서명은 『大宋登科記』다. 宋 陳振孫의 『直齋書錄解題』에 따르면, 『大宋登科記』는 21권으로 洪适이 建隆 연간(960~963)부터 紹興 연간(1131~1162)까지 13,600여 인의 급제자를 기록했다고 한다. 『靑莊館全書』, 『餘窩集』, 『東史綱目』, 『海東繹史』에 『國朝登科記』로 소개되어 있다. 北宋 眞宗 大中祥符 9년(1016) 고려의 사신 郭元이 환국하면서 『國朝登科記』를 베껴서 돌아가게 해주기를 요청했다는 기록이 『宋史』에 보이는데 『東史綱目』과 『海東繹史』에서 이를 인용했다. 『海東繹史』의 「引用書目」에 宋 樂史의 『登科記』를 들었는데 『宋史』에는 30권으로 되어 있지만 일실되었다. 또 『登科記』를 인용해 新羅 金雲卿을 다루었는데 宋 樂史의 『登科記』로 추정된다. 『五洲衍文長箋散稿』에 편찬자를 밝히지 않고 『唐登科記』를 인용했는데 『日知錄』에 동일한 기록이 보이지만 이 『唐登科記』가 누가 편찬한 책인지는 알 수 없다. 또 淸 洪亮吉의 『卷施閣集』을 인용해 宋 崔氏의 『登科記』를 언급했다. 5권의 『唐顯登科記』를 지칭하는데 일실되어 전하지 않는다.

國朝文類 → 元文類

國朝三家文抄 → 三家文抄

國朝獻徵錄

明 焦竑이 편찬한 明代 인물의 傳記集. 焦竑(1541~1620)은 字가 弱侯이고 號는 澹園이며 江寧 출신으로, 『禹貢解』, 『遜國忠節錄』, 『焦弱侯問答』, 『焦氏筆乘』, 『焦氏類林』, 『玉堂叢話』, 『熙朝名臣實錄』, 『國史經籍志』, 『中原文獻』 등 많은 저술을 남겼다. 이 책은 120권이며, 『獻徵錄』이라고도 한다. 洪武 연간(1368~1398)부터 嘉靖 연간(1522~1566)까지 12代의 訓錄, 方志, 野史, 神道碑, 墓志銘, 行狀, 別傳 등의 사료를 수집하여 宗室戚畹, 勳爵, 內閣, 六卿以下各官의 標目으로 분류하고, 관직을 지내지 않은 사람들은 孝子, 義人, 儒林, 藝苑 등의 항목으로 분류하여 해당 인물의 전기 자료를 수록했다. 大臣부터 地方官吏까지 많은 인물의 전기를 망라했으며, 대부분 그 출처를 밝히고 있다. 萬曆 14년(1616) 曼山館에서 간행한 『集太史編輯國朝獻徵錄』이 중국 國家圖書館과 미국 버클리대에 소장되어 있다. 이 책은 許篈의 『朝天記』를 위시하여 『茶山詩文集』, 『靑莊館全書』, 『海東繹史』 등에 인용되었다.

郡國利病書 → 天下郡國利病書

郡國志 → 古今郡國志

群芳譜

明末清初 王象晉이 편찬한 식물에 관한 책. 王象晉(1561~1653)은 字가 藎臣 혹은 子進이고 號는 康宇인데, 明農隱士, 好生居士로도 자칭했다. 山東 新城 출신으로 집에서 奴僕과 함께 園圃를 가꾸면서 식물의 재배와 관련된 지식을 쌓았고, 古籍에서 관련 자료를 광범하게 수집하여 10여 년 동안 이 책을 편찬했다. 총 30권으로 天, 歲, 穀, 蔬, 果, 茶竹, 桑麻, 葛棉, 藥, 木, 花, 卉, 鶴魚 등 12譜로 분류하고, 400여 종에 달하는 식물을 기재했으며, 하나하나마다 種植, 制用, 療治, 典故, 麗藻 등의 항목을 두어 기술했다. 특히 식물의 형태와 특징에 관한 기술이 매우 상세하며, 그 명칭을 자세히 고증했다. 清 康熙 47년(1708) 汪灝 등이 편찬한 『廣群芳譜』는 바로 이 책을 증보한 것이다. 李匡呂의 『李參奉集』에 『群芳譜』를 보고 쓴 「書群芳譜後」가 실려 있다. 『老稼齋燕行日記』, 『燕巖集』, 『阮堂集』, 『林下筆記』, 『青莊館全書』, 『五洲衍文長箋散稿』 등 많은 문헌에 인용되었다. 장서각에 天啓 元年(1621) 간본이 소장되어 있는데 서명이 『二如亭群芳譜』로 되어 있다.

群碎錄

明 陳繼儒가 편찬한 筆記雜錄. 陳繼儒(1558~1639)는 字가 仲醇이고 號가 眉公 혹은 麋公이며 華亭 출신이다. 文學과 書畵에 뛰어나 董其昌과 함께 文人畵를 창도했고 南北宗論을 주장했다. 『妮古錄』, 『梅花冊』, 『雲山卷』, 『陳眉公全集』, 『小窓幽記』 등의 저술이 전한다. 이 책에는 惡客, 龍種, 下官, 庶出, 公主, 嬰兒, 搢紳, 梟首, 市井, 行李, 豆腐, 門生, 巴豈, 桐花, 倒壺 등 150여 조가 실려 있는데 대부분 특정한 사물이나 어휘에 관한 변증이 중심을 이룬다. 규장각에 소장되어 있는 『說郛續』, 『尙白齋鐫陳眉公訂正秘笈』 등에 실려 있으며 장서각에 소장된 『唐宋叢書』에도 실려 있다. 『星湖僿說』, 『青莊館全書』, 『五洲衍文長箋散稿』 등에서 이 책을 인용하고 있다.

群徵 → 主制群徵

郡縣志 → 元和郡縣志

屈宋古音義

明 陳第가 『楚辭』의 音韻을 고증한 책. 陳第(1541~1617)는 字가 季立이고 號는 一齋이며 福建 連江 출신이다. 薊鎭遊擊將軍까지 올랐다가 致仕한 후 귀향하여 古音 연구에 몰두하여, 『毛詩古音考』, 『讀詩拙言』 등의 저서를 남겼다. 宋人의 叶韻說에 반대하고 『詩經』, 『楚辭』에 반영된 것이 古音이며, 唐宋의 今音으로 古音의 표준을 삼을 수는 없다고 주장했다. 이 책은 『詩經』, 『楚辭』 등을 근간으로 古音과 今音을 서로 비교함으로써 古音의 本讀을 고증한 것이다. 서명이 『屈宋古音考』로 된 데도 있다. 『靑莊館全書』, 『五洲衍文長箋散稿』 등에서 이 책을 인용했다. 규장각에 乾隆 丁亥(1767) 徐時作의 序가 달린 중국 간본이 전하는데 明 焦竑이 교열한 판본이다.

宮閨小名錄

淸 尤侗이 역대 여성의 행적을 기록한 책. 尤侗(1618~1704)은 字가 同人 혹은 展成이고 號는 西堂老人, 悔庵, 艮齋 등이며 長洲 출신이다. 문집 『西堂全集』과 『西堂餘集』을 남겼다. 이 책은 漢代로부터 明代까지 여성의 姓名과 事迹을 기록했는데 后妃에서 仙鬼에 이르기까지 다양한 계층을 망라했다. 公主, 外戚을 포함한 后妃 1권, 妾妓 중의 節行이 있는 列女 2권, 妾婢 3권(雜類 附), 外國 4권(寇盜 附), 余懷의 補 등으로 구성되어 있다. 이 책은 규장각에 소장되어 있는 『西堂餘集』에 5권으로 실려 있는데 康熙 甲戌(1694) 錢肅潤의 序가 달린 20책본이다. 李淑媛 등 조선 여성에 관한 기록이 있어 『燕巖集』, 『海東繹史』 등에서 인용했다.

卷施閣文乙集

淸 洪亮吉의 文集. 洪亮吉(1746~1809)은 字가 君直 혹은 稚存이고 號는 北江이다. 江蘇 陽湖 출신으로, 經史와 音韻 訓詁에 뛰어났고 특히 地理에 정통했다. 『洪北江全集』, 『春秋左傳詁』, 『比雅』, 『六書轉注錄』 등 많은 저술을 남겼다. 詩는 黃景仁과 병칭되고 騈儷文은 孔廣森에 견줄 만큼 명성이 높았다. 규장각에 嘉慶 24년(1819) 간행한 목판본이 소장되어 있는데 「出關與畢侍郎牋」, 「嘉禾序」, 「漢麒麟閣功臣頌」 등의 騈儷文 16편이 수록되어 있다. 장서각

에는 1809년 간행한 목판본 『卷施閣集』 74권 24책이 소장되어 있는데 乙集 외에도 甲集 등이 함께 실려 있다. 고려대 도서관에는 문집 『洪北江全集』에 『卷施閣文乙集續編』이 실려 있다. 朴齊家는 『貞蕤閣集』에 쓴 洪亮吉의 傳에서 이 책을 열독한 감회를 서술했다. 『五洲衍文長箋散稿』에서도 여러 차례 인용했다.

卷施閣集 → 卷施閣文乙集

倦遊雜錄

北宋 張師正이 편찬한 筆記雜錄. 張師正은 字가 不疑이고 襄國 출신이며, 仁宗 연간(1022~1063) 太常博士를 역임했다. 저서로 『括異志』 등이 있다. 이 책은 8권으로 張師正이 평생의 견문을 기록한 것인데, 魏泰의 위작으로 보기도 한다. 魏泰는 北宋의 학자로 字가 道輔이고 襄陽 출신이며, 徽宗 연간(1100~1126)에 활동했다. 『臨漢隱居集』, 『臨漢隱詩話』, 『東軒筆錄』 등의 저술이 있다. 다른 사람의 이름을 가탁하여 저술하기를 좋아했는데, 張師正의 이름을 가탁하여 『志怪集』, 『括異志』, 『倦遊錄』 등을 편찬했다. 이 책은 서명이 『倦遊錄』으로 된 데도 있다. 원본은 일실되고 『事實類苑』 등에 100여 조가 인용되어 전한다. 국가의 典章制度, 名人의 遺聞逸事, 民情風俗에 이르기까지 광범위한 내용으로 되어 있어 宋代의 정치와 사회를 이해하는 데 도움이 된다. 이밖에 朝鮮, 日本과의 교류에 관한 내용도 있다. 규장각에 소장된 『說郛』와 『叢書』 등에 실려 있다. 『燕巖集』, 『警修堂全藁』, 『五洲衍文長箋散稿』 등에 인용되어 있다.

闕里文獻考

淸 孔繼汾이 『闕里志』를 보완하기 위해 편찬한 책. 孔繼汾(1725~1786)은 孔子의 69대손으로, 字는 體儀이고 號는 止堂이며 山東 曲阜 출신이다. 經學과 金石學, 歷代의 故事 및 典禮에 정통하여 乾隆帝 때 중용되었으며, 『孔氏家儀』, 『樂舞全譜』, 『匡儀糾謬集』, 『行餘詩草』 등의 저술이 있다. 闕里는 孔子의 廟를 가리키는데, 『孔叢子』가 漢代까지 闕里에 관해 포괄적인 내용을 다룬 이래, 南宋代에 『東家雜記』가 나오기는 했으나 충분치 못했고, 이후 『孔氏實錄』, 『孔庭纂要』, 『素王事紀』 등이 간행되었으나 대부분 家藏되었을 뿐 판각되지

않거나 일실되어 널리 알려지지 않았다. 또 明 弘治 18년(1505) 陳鎬가 처음으로 이런 책들을 모아 『闕里志』를 편찬했으나, 내용과 체제가 조잡하다는 평을 받았다. 이에 孔繼汾이 『闕里志』의 부족한 부분을 보충하기 위해, 여러 자료를 조사한 후 번잡한 내용을 정리하여 이 책을 편찬했다. 권두에 乾隆 27년(1762) 昭煥의 序가 붙어 있다. 전체 100권이며 世系考, 林廟考, 祀典考, 世爵職官考, 禮考, 樂考, 戶田考, 學校考, 城邑山川考, 宗譜考, 孔氏著述考, 藝文考, 聖門弟子考, 從祀賢儒考, 子孫著聞考, 敍考로 구성되어 있다. 『承政院日記』에 1796년 중국에서 『闕里志』, 『闕里文獻考』, 『幸魯盛典』, 『聖蹟圖』 등을 구입했다는 기록이 보인다. 규장각에 乾隆 27년(1762) 간행된 목판본 100권 8책이 소장되어 있다. 이 판본 외에도 光緖 17년(1891) 湘陰李氏 중간본도 있다. 『靑莊館全書』, 『五洲衍文長箋散稿』 등에 인용되어 있다.

闕里志

明 陳鎬가 편찬하고 孔允植이 補訂한 孔廟의 沿革을 기록한 책. 陳鎬(?~1511)는 浙江 會稽 출신으로 字가 宗之이고 號가 矩庵이다. 孔允植은 孔子의 65대손이며 衍聖公의 작위를 세습했지만 자세한 이력은 밝혀져 있지 않다. 弘治 17년(1504) 孔廟를 수리할 때 편찬되었는데 崇禎 연간(1628~1644) 孔允植이 補訂했다. 圖像, 禮樂, 世家, 事跡, 祀典, 人物, 林廟, 山川, 古跡, 恩典, 弟子, 譔述, 藝文 등으로 구성되어 있다. 1509년 朴元宗이 중국에서 8권을 구입하여 中宗에게 바쳤다는 기록이 『中宗實錄』에 보인다. 『星湖僿說』, 『弘齋全書』, 『與猶堂全書』, 『梅山集』, 『五洲衍文長箋散稿』, 『果齋集』, 『華西集』 등에도 이 책이 인용되어 있다. 규장각에는 조선 高宗 연간에 木活字로 간행한 10권 10책본과 12권 11책본, 비슷한 시기 校書館筆書體鐵活字로 간행한 13권 7책본, 淸에서 목판으로 간행한 24권 10책본 등 여러 종이 소장되어 있다. 趙寅永의 「東國闕里誌序」에 따르면 수원에 공자의 사당을 짓고 그 지명을 闕里라 했으며, 이를 기념하여 『東國闕里誌』를 편찬했다고 하는데 규장각에 校書館筆書體鐵活字로 1839년 간행한 2권 1책본이 소장되어 있다.

歸愚集

淸 沈德潛의 文集. 沈德潛(1673~1769)은 字가 確士이고 號가 歸愚이며 江蘇吳縣 출신이다. 저서로 『歸遇詩鈔』, 『說詩晬語』 등이 있으며, 『古詩源』, 『唐詩

別裁』, 『明詩別裁』, 『淸詩別裁』 등을 편찬했다. 장서각에 乾隆 24년(1759) 序가 달린 판본이 소장되어 있는데 歸愚詩抄, 歸愚文鈔, 歸愚文續, 說詩晬語, 浙江通省志圖說, 歸田集, 黃山遊草, 南巡詩 등으로 되어 있다. 비슷한 판본이 대만 故宮博物院圖書館에 소장되어 있는데 68권으로 되어 있다. 또 『沈歸愚詩文全集』이 미국 프린스턴대에 소장되어 있는데 長洲 沈氏 敎忠堂에서 간행한 판본이며 73권이다. 『海東繹史』에서 『歸愚集』 46권이라 했는데 어떤 판본을 지칭하는지 알 수 없다. 『靑莊館全書』, 『弘齋全書』, 『硏經齋全集』 등에서도 『歸愚集』으로 소개했다.

貴耳錄

南宋 張端義가 편찬한 筆記雜錄. 張端義(1179~1248)는 字가 正夫이고 號는 荃翁이다. 原籍은 鄭州지만 蘇州에 거주했다. 이 책은 『貴耳集』이라고도 한다. 淳祐 연간(1241~1252) 廣東에 유배되어 있을 때 완성되었다. 총 3권으로 이루어져 있는데, 1권과 2권에는 조정의 逸事와 詩話, 考證을 기술했고, 3권에는 瑣聞, 神怪 등의 내용을 담았다. 특히 詩人과 文人에 대한 評述이 약 100則에 가까워 전체 분량의 40% 정도를 차지한다. 唐의 李頎, 唐末의 黃巢, 北宋의 蘇軾, 黃庭堅, 秦觀, 周邦彦, 南宋의 李淸照, 朱敦儒, 陸游, 范成大, 楊萬里, 金의 汪世顯, 吳激, 西夏의 張元 등 그 범위가 방대하고 그들에 대한 비평 또한 탁월하다. 규장각에 소장된 『宋人百家小說』, 장서각에 소장된 『唐宋叢書』 등에 이 책이 수록되어 있다. 『海東繹史』에 인용되었다.

歸潛志

金 劉祁가 편찬한 筆記雜錄. 劉祁(1203~1250)는 字가 京叔이고 號가 遯士이며 山西 渾源 출신이다. 몽골군이 남하하자 고향에 있는 歸潛堂에 머물면서 이 책을 편찬했다. 이 책은 金末의 見聞을 기록한 것으로 瑞平 元年(1234)경에 완성되었다. 金末諸人傳, 金末遺事, 大梁事, 崔立碑事, 弁亡, 語錄, 詩文 등으로 구성되어 있는데, 『金史』 편찬의 중요한 자료로 활용되었다. 元 至大 연간(1308~1311) 孫和伯이 14권으로 간행했으나, 후에는 8권의 초본이 주로 유통되었다. 동아대 도서관에 乾隆 44년(1779) 武英殿에서 간행한 목판본 14권 4책이 소장되어 있다. 규장각에 소장된 『御覽知不足齋叢書』에도 이 책이 수록되어 있다. 『海東繹史』와 『五洲衍文長箋散稿』에 이 책이 인용되어 있다.

歸藏易

殷夏의 黃帝가 지었다고 하는 易書. 黃帝(B.C.2717~B.C.2599)는 本姓이 公孫인데 姬水에 살아서 姓을 姬로 바꾸었으며 軒轅의 언덕에 자리하여 軒轅氏라 했다. 『黃帝內經』이 그의 저술로 전한다. 이 책은 『殷易』, 『歸藏』이라고도 한다. 『連山易』, 『周易』과 함께 三易으로 일컬어진다. 『周禮』에서 太卜이 三易의 법을 맡았는데, 첫째는 『連山』, 둘째는 『歸藏』, 셋째는 『周易』이라고 했다. 『歸藏易』은 13권으로 되어 있는데 晉의 薛貞, 唐의 司馬膺이 각기 注를 달았다. 『林下筆記』에는 桓譚의 『新論』을 인용하여 『連山易』은 8만 자이고, 『歸藏易』은 4,300자이니, 夏의 易은 상세하고 殷의 易은 간략하다고 했다. 『連山易』과 『歸藏易』은 魏晉 이래 일실되었다. 고려시대 『陶隱集』 이래 『五山說林草藁』, 『星湖僿說』, 『五洲衍文長箋散稿』 등 많은 책에 이 서명이 보이지만 직접 본 것은 아니다. 『四庫全書』에 宋 朱元昇의 『三易備遺』가 수록되어 있는데 여기에 『歸藏易』에 관한 설명이 보인다. 明 胡應麟의 『少室山房筆叢』에 실려 있는 『四部正訛』에서 이 책을 僞書로 보고 변증했다. 淸 林春溥가 편찬하여 咸豐 3년(1852) 4권 2책 목판으로 간행한 『古書拾遺』에 逸文이 수습되어 있는데 이 책이 규장각에 소장되어 있다. 淸 馬國翰이 편찬한 『玉函山房輯佚書』에도 일부가 실려 있다.

睽車志

南宋 郭彖이 편찬한 志怪小說集. 郭彖은 字가 伯象으로 安徽 和州 출신인데, 정확한 생몰년은 밝혀져 있지 않다. 高宗이 神鬼幻誕한 책을 좋아했는데, 이에 호응해 이 책을 편찬했다. 총 6권으로, 대부분 建炎, 紹興, 乾道, 淳熙 연간의 기이한 일을 기록한 것이며, 因果應報와 勸善懲惡을 취지로 하고 있다. 南宋 張端義의 『貴耳集』에서 기이한 내용을 담은 문헌의 하나로 이 책을 소개했는데 서명을 『睽車志』로 적었다. 또 宣和 연간(1119~1125) 사신으로 다녀온 사람의 전언으로 高麗에 先秦 이래 隋, 梁까지의 기이한 책 수천 종이 소장되어 있었다고 했다. 『惺所覆瓿稿』, 『靑莊館全書』, 『五洲衍文長箋散稿』 등에 이 책이 언급되어 있다. 규장각 소장 『稗海』, 『宋人百家小說』, 『北夢瑣言』, 『龍威秘書』, 『東軒筆錄』 등 여러 문헌에 이 책이 실려 있으며, 고려대에 목판본으로 소장된 『六種奇話』에도 수록되어 있다.

圭峯文集

明 董越의 文集. 董越(1430~?)은 字가 尙矩이고 號는 圭峰이며 諡號는 文僖다. 江西 寧都縣 출신으로, 右春坊右庶子兼翰林院侍講으로 재직하던 1488년 1월, 弘治帝의 등극을 알리는 사절단의 正使로 임명되어 副使인 刑科給事中 王敞 등과 함께 朝鮮에 사신으로 갔다가 5월에 귀국했다.『朝鮮賦』,『使東日錄』,『朝鮮雜志』등의 저술을 남겼다. 이 책은『江西通志』에서 董越의 傳記를 기록하면서 간략하게 언급했을 뿐 관련 기록이 소략하여 그 존재 자체를 알 수 없다.『五洲衍文長箋散稿』에 이 책을 언급하고 있지만 실제 보지는 못한 듯하다.『靑莊館全書』의 기록 역시 淸 魏禮의『季子集』에 실려 있는「寧都先賢傳」을 재인용했을 뿐이다. 또『四庫全書總目』에는 문집『文僖集』42권이 있었지만 일실되었다고 했다.

虯髥客傳

唐 張說이 편찬한 傳奇小說. 張說(667~730)은 字가 道濟 혹은 悅之이며 洛陽 출신이다. 鳳閣舍人, 左丞相 등의 관직을 역임했으며, 燕國公에 봉해졌다. 許國公 蘇頲과 함께 이름을 나란히 하여 燕許大手라고 칭해졌다. 주요 저술로『梁四公記』가 있다. 서명의 虯髥은 唐 太宗 때 扶餘國에 침입하여 왕을 죽이고 자신이 왕이 되었다는 전설상의 인물로 성이 張氏라고 하는데, 太宗이 命天子임을 과시하려는 뜻에서 이 책을 편찬한 것이라 한다. 虯髥의 호방한 언행에 관한 묘사가 인상적이고 그 문장이 예술적 측면에서 높은 평가를 받고 있다. 규장각에 소장된『說郛』,『唐代叢書』,『龍威秘書』등에 수록되어 있다.『茶山詩文集』,『星湖僿說』,『五洲衍文長箋散稿』등에 인용되어 있다.

筠廊偶筆

淸 宋犖이 편찬한 筆記雜錄. 宋犖(1634~1713)은 字가 牧中이고 號는 漫堂 또는 西陂이며 商丘 출신으로, 吏部尙書, 太子少師 등을 지냈다. 문집『西陂類稿』외에『滄浪小志』,『錦津山人詩集』,『漫堂說詩』등의 저술이 있다. 이 책은 2권이며『說鈴』에 실려 있다. 보고 들은 잡다한 일화와 함께 관련한 詩文을 소개했다. 문집『西陂類稿』에도 수록되어 있는데『漫堂說詩』와 함께 규장각에 소장되어 있다.『西陂類稿』는 康熙 50년(1711) 序가 달려 있으며 50권 12책인데 李宜顯의 所藏印이 찍혀 있다. 李宜顯의『壬子燕行雜識』에『西陂集』

16권을 구입해 왔다는 기록이 보이는데 『西陂類稿』를 이른다. 『筠廊偶筆』은 『熱河日記』, 『靑莊館全書』, 『研經齋全集』, 『海東繹史』 등에 관련 기록이 보인다. 『五洲衍文長箋散稿』에는 『大說鈴』에 실려 있다고 했는데 『說鈴』을 가리킨다. 『筠廊二筆』 2권이 따로 있는데 미국 하버드대에 소장된 필사본 『絹臼瑣錄』에 수록되어 있지만 조선시대 문헌에서 이 책에 대한 언급은 확인되지 않는다.

近思錄

南宋 朱熹와 呂祖謙이 학문과 수양에 요긴한 글을 뽑아 엮은 책. 朱熹(1130~1200)는 字가 元晦 혹은 仲晦이고 號는 晦庵, 晦翁, 雲谷山人 등을 사용했으며 福建 尤溪 출신이다. 呂祖謙(1137~1181)은 字가 伯恭이고 號가 東萊이며 浙江 金華 출신이다. 이 책의 제목은 『論語』의 "널리 배우고 뜻을 돈독히 하며, 절실하게 묻고 가까이 생각하면[切問而近思] 仁은 그 가운데 있다"는 구절에서 따온 것이다. 淳熙 3년(1176) 간행된 이 책은, 北宋의 周敦頤, 程顥, 程頤, 張載 등 4인의 글에서 학문과 수양에 관한 내용을 뽑아 622조로 구성했다. 道體, 爲學, 致知, 存養, 克己, 家道, 出處, 治體, 治法, 政事, 敎學, 警戒, 辨異端, 觀聖賢 등 14권으로 되어 있다. 고려 말 性理學과 함께 들어온 책으로, 恭愍王 19년(1370) 晉州牧使 李仁敏이 4책으로 번각한 목판본이 沖齋博物館에 소장되어 있다. 규장각에 正祖 18년(1794) 간행된 목판본 등 다양한 간본이 소장되어 있다. 이 책은 中宗 무렵 널리 보급되기 시작하여 조선 말기까지 필수적인 문헌으로 인식되었다. 17세기 중반 鄭曄의 『近思錄釋疑』, 18세기 李瀷의 『近思錄疾書』를 비롯한 많은 해설서가 나왔다. 『芝峯類說』, 『磻溪隨錄』, 『星湖僿說』 등에서도 이 책을 자주 인용했다.

禽經 → 師曠禽經

金鏡式 → 太乙金鏡式經

金誥 → 靈寶經

金匱要略

後漢 張機가 편찬한 醫書. 張機(150~219)는 河南 南陽 출신인데 字로 행세해

張仲景으로 일컬어진다. 長沙의 太守를 지냈으나, 그의 一族이 열병으로 목숨을 잃자 醫學에 깊은 관심을 가진 것으로 알려져 있다. 書名의 金匱는 매우 중요하고 진귀하다는 뜻이다. 이 책은 張機가 편찬한 『傷寒雜病論』의 雜病 부분을 가리킨다. 『傷寒雜病論』은 원래 16권으로 되어 있었지만 원본이 일실되었는데 西晉의 王叔和가 훼손된 상태의 원본을 찾아 다시 편집하여 『金匱玉函要略方』이라 했다. 王叔和(210~?)는 이름이 熙인데 字로 행세했고 高平 출신이며 『脈經』을 저술했다. 그 후 北宋 校正醫書局의 林藝 등이 다시 편집하여 治平 2년(1065) 『金匱要略方論』 3권으로 간행했는데 『金匱要略』은 주로 이 책을 이른다. 傷寒, 雜病, 藥方과 婦人病 등으로 구성되어 있다. 『新編金匱要略方論』이라고도 하는데 萬曆 연간(1573~1620) 간본이 대만 故宮博物院圖書館 등에 소장되어 있다. 『張仲景金匱要略論注』는 淸 徐彬이 주석을 달아 24권으로 간행한 책인데 『四庫全書』에 편입되어 있다. 계명대에 淸 張錫駒가 풀이한 『傷寒論直解』 6권이 소장되어 있는데 康熙 51년(1712) 간기가 붙어 있다. 국립중앙도서관에 元錄 10년(1697) 일본에서 간행된 『金匱要略註解』가 소장되어 있다. 『山林經濟』, 『五洲衍文長箋散稿』에 이 책이 인용되어 있다.

金櫃玉門經 → 靈樞經

錦囊 → 葬經

錦囊秘錄

淸 馮兆張이 편찬한 醫學 叢書. 馮兆張은 字가 楚瞻이고 浙江 海鹽 출신으로, 康熙 연간(1662~1722)에 활동했다. 13세부터 醫術을 익혀 천하를 돌면서 치료에 나섰는데 30년에 걸친 의료 경험을 바탕으로 康熙 33년(1694) 50권으로 이 책을 편찬했고, 康熙 41년(1702) 千頃堂에서 간행했다. 『馮氏錦囊』, 『馮氏錦囊秘錄』이라고도 부른다. 『內經纂要』, 『雜症大小合參』, 『脈訣纂要』, 『女科精要』, 『外科精要』, 『藥按』, 『痘疹全集』, 『雜症痘疹藥性主治合參』 등 8종의 문헌을 수록했다. 고려대에 康熙 41년(1702) 千頃堂에서 간행된 판본이 소장되어 있다. 장서각에 필사본 7책이 소장된 것으로 보아, 조선 후기 이 책이 제법 유통되었음을 짐작할 수 있다. 『五洲衍文長箋散稿』에 이 책이 인용되어 있다.

金臺紀聞

明 陸深이 편찬한 雜錄. 陸深(1477~1544)은 字가 子淵이고 號는 儼山이며 松江 출신이다. 집이 부유하여 방대한 서적을 수집했는데, 만년에는 精本을 사들일 여력이 없자 殘本들을 염가에 구입하여 이를 抄補하고 『陸文裕藏書目』, 『江東藏書目』 등의 장서 목록을 제작했다. 문집 『儼山集』 외에 『南遷日記』 등 많은 저술이 있다. 이 책은 陸深이 翰林으로 재직하던 正德 연간(1506~1521) 당시 朝廷의 故事 및 붕우와의 논설 등을 기록한 것이다. 아들 陸楫(1515~1552)이 陸深의 저술을 모아 편찬한 『儼山外集』에 실려 있다. 중국 國家圖書館에 嘉靖 24년(1545) 간본이 소장되어 있다. 『儼山外集』은 동아대에 이 간본 일부가 소장되어 있다. 『金臺紀聞』은 규장각과 서울대 중앙도서관에 소장된 『尙白齋鐫陳眉公訂正秘笈』, 『說郛』 등에 실려 있다. 『靑莊館全書』, 『海東繹史』 등에 인용되어 있다.

金陵妓品

明 潘之恒이 편찬한 雜錄. 潘之恒(1556~1621)은 字가 景升이고 號가 鸞嘯生 혹은 冰華生이며 安微 歙縣 출신이다. 『盛明雜劇』, 『新安山水志』, 『亘史』, 『六博譜』, 『葉子譜』, 『續葉子譜』. 『廣菌譜』, 『曲艶品』, 『后艶品』, 『曲中志』, 『續艶品』, 『半塘小志』 등 많은 저술을 남겼다. 『五洲衍文長箋散稿』에서 周亮工의 『因樹屋書影』을 인용해 이 책을 소개했다. 이 책은 『說郛續』에 실려 있는데, 金陵 지역의 기생을 품평한 것이다. 앞에 序가 있고 끝에 辛酉年에 쓴 跋이 실려 있다. 品, 韻, 才, 色 넷으로 나누고 品은 典則이 빼어난 자, 韻은 丰儀가 뛰어난 자, 才는 調度에 뛰어난 자, 色은 穎秀가 뛰어난 자로 했다. 32인의 기생 이름만 각 유형에 따라 배열했다.

今文尙書纂言 → 書纂言

金瓶梅

明代 作家가 밝혀져 있지 않은 長篇小說. 현존하는 것 중 가장 오래된 版本인 『金瓶梅詞話』에 붙어 있는 欣欣子의 序에는 山東 蘭陵의 笑笑生이 작가라 했는데, 欣欣子는 笑笑生의 變名이고 李開先(1501~1568)일 가능성이 크다고 한다. 일설에는 明 王世貞의 작품이라고도 한다. 따로 天啓 연간(1621~1627)

간행된 『原本金瓶梅』가 있는데, 山東 지방의 토착어가 삭제되어 있다. 성적인 장면을 삭제한 『眞本金瓶梅』도 따로 전한다. 총 100回로 구성되어 있으며, 嘉靖 末年에서 萬曆 中期의 창작으로 추정된다. 『水滸傳』의 西門慶과 潘金蓮의 情事에 이야기를 보탠 것으로, 書名은 西門慶의 첩 潘金蓮과 李瓶兒, 그리고 潘金蓮의 시녀 春梅에서 한 글자씩 따온 것이다. 시대 배경은 北宋이지만, 실제로는 明代 사회를 배경으로 한 것으로, 당시 지방관의 부패, 紳士의 탐학, 胥役의 부정 등 세태와 풍속을 생생하게 묘사했다. 노골적인 묘사 때문에 평가도 극히 상반된다. 『青莊館全書』와 『茶山詩文集』에서는 음란한 서적이라 평했지만, 『五洲衍文長箋散稿』에서는 사람의 마음을 잘 묘사한 것으로 평가했다. 아울러 李圭景은 王世貞이 저자라는 설을 부정했다. 규장각에 12권 12책의 『繡像續金瓶梅』와 20책의 목판본 『第一奇書』 등이 소장되어 있고, 그 밖에 국립중앙도서관, 영남대, 존경각 등 여러 곳에 다양한 판본이 소장되어 있다.

琴史

北宋 朱長文이 琴의 沿革에 관해 적은 책. 朱長文(1039~1098)은 字가 伯原이고 號가 潛溪隱夫이며 蘇州 吳縣 출신이다. 『樂圃集』 등 많은 저술이 있었지만 兵禍에 대부분 일실되고 『樂圃餘稿』, 『易郡圖經續記』, 『墨池編』 등만 전한다. 이 책은 琴에 관한 전문적인 저술로, 전반부 5권은 琴에 통달한 역대 인물 156인의 事蹟을 기록했고, 후반부 1권은 11篇으로 나누어, 瑩律, 釋弦, 明度, 擬象, 論音, 審調, 聲歌, 廣制, 盡美, 志言, 敍史 등을 서술했다. 康熙 45년(1706) 揚州使院의 간본이 『內蒙古線裝古籍聯合目錄』에 보인다. 『四庫全書』에도 6권으로 실려 있다. 『五洲衍文長箋散稿』에서 이 책을 인용했다.

金史

元 脫脫이 편찬한 金의 歷史書. 脫脫(1314~1356)은 托克托, 脫脫帖木兒로도 표기한다. 성은 蔑里乞氏이고, 字가 大用이며 蒙古 蔑兒乞 출신이다. 이 책 외에 『遼史』, 『宋史』 등의 편찬에도 참여했다. 이 책은 金의 역사를 기록한 正史로 24史의 하나로, 元 順帝 때 완성되었다. 本紀 19권, 志 39권, 表 4권, 列傳 73권 등 총 135권으로 되어 있다. 135권 外國列傳에 高麗傳이 수록되어 있다. 『成宗實錄』에 韓明澮가 이 책을 중국에서 가져온 기사가 보인다. 『碩齋稿』에도 이 책에 대한 자세한 기록이 보인다. 『息庵遺稿』, 『星湖僿說』, 『與猶堂全

書』, 『海東繹史』, 『五洲衍文長箋散稿』 등에도 이 책이 소개되어 있다. 규장각에 乾隆 12년(1747) 간본이 소장되어 있다.

金石記

清 洪亮吉이 편찬한 歷史地理書. 洪亮吉(1746~1809)은 字가 君直 혹은 稚存이고 號는 北江이다. 江蘇 陽湖 출신으로 經史와 音韻 訓詁에 뛰어났고 특히 地理에 정통했다. 『卷施閣詩文集』, 『更生齋詩文集』, 『北江詩話』, 『比雅』, 『六書轉注錄』, 『春秋左傳詁』 등 저술이 많다. 이 책은 현재 전하지 않고 洪亮吉의 墓表에만 관련 기록이 보인다. 『貞㽔閣集』과 『五洲衍文長箋散稿』에서 이 책을 인용한 바 있지만 洪亮吉의 墓表를 재인용한 것으로 추정된다. 書名으로 보아 古代의 金石文을 고증한 책으로 추정된다.

金石錄

南宋 趙明誠이 편찬한 金石學書. 趙明誠(1081~1129)은 字가 德甫 혹은 德父, 德夫이며 山東 密州 諸城 출신이다. 金石銘刻에 심취하여, 수집한 자료를 여류시인인 아내 李淸照와 함께 정리한 것이 이 책이다. 소장하고 있던 책 2만권, 金石銘刻 2천여 점을 바탕으로 이 책을 편찬했다. 夏殷周 三代부터 隋唐五代에 이르는 鐘鼎, 彝器, 碑碣 등의 목록 및 찬자와 시기를 기재하고 일부 跋尾를 더했다. 전반 10권은 2천여 점의 金石器 목록, 후반 20권은 502편의 跋尾를 수록했다. 규장각에 乾隆 27년(1762) 維雨堂에서 간행한 『金石錄』 목판본 30권이 소장되어 있다. 규장각에 소장된 『隸釋』에도 실려 있다. 『阮堂集』, 『林下筆記』 등 조선 후기 문헌에 금석학과 관련하여 이 책이 여러 차례 인용되었다. 淸의 葉奕苞가 이 책에 빠진 것을 정리하여 『金石錄補』를 편찬했는데 규장각에 소장되어 있다.

金石文字記

明末淸初 顧炎武가 편찬한 金石學書. 顧炎武(1613~1682)는 原名이 絳이었으나, 明이 멸망한 후 炎武로 改名했다. 字는 寧人이고 號는 亭林이며 江蘇 昆山 출신이다. 『日知錄』, 『天下郡國利病書』, 『肇域志』, 『韻補正』, 『亭林詩文集』 등의 저술이 있다. 이 책은 총 6권으로, 自序에 따르면 자신이 古人의 金石文에 흥미를 느껴 20여 년 동안 각지의 금석문을 직접 찾아다니며 읽을 수 있

는 부분은 손수 베껴왔다고 한다. 『靑莊館全書』, 『五洲衍文長箋散稿』, 『硏經齋全集』, 『巘齋集』 등에 이 책이 중요하게 다루어져 있다. 규장각에 소장된 『顧亭林先生遺書十種』에 이 책이 실려 있고, 서울대 중앙도서관에는 嘉慶 17년(1812) 목판본과 光緖 14년(1888) 掃葉山房 판본이 소장되어 있다.

金石史

明末淸初 郭宗昌이 편찬한 金石學書. 郭宗昌(?~1652)은 字가 允伯이고 陝西 華州 출신이다. 淸初에 출사하지 않고 은거했는데, 書, 畵, 金石, 篆刻, 分法 등에 대한 鑑識眼이 높았다. 이 책은 평생에 걸친 그의 경험을 바탕으로 저술한 것으로, 上卷에는 周에서 隋唐까지의 금석문, 下卷에는 唐碑 20여 건을 다루었다. 규장각에 乾隆 41년(1776) 간행된 목판본이 소장되어 있으며, 『御覽知不足齋叢書』에도 이 책이 실려 있다. 『惕齋集』, 『五洲衍文長箋散稿』에 인용되어 있다.

金葉子格 → 編金葉子格

金鰲退食筆記

淸 高士奇가 편찬한 筆記雜錄. 高士奇(1645~1704)는 字가 澹人이고 號는 江村이며 錢唐 출신이다. 『春秋地名考略』, 『左傳紀事本末』, 『春秋講義』, 『毛詩講義』, 『江邨消夏錄』 등 많은 저술을 남겼다. 이 책은 2권으로 구성되어 있는데 明代의 古跡을 탐방하고 그 개요를 기술한 것이다. 『說鈴』에 수록되어 있고, 규장각에 소장된 『龍威秘書』에도 실려 있다. 『熱河日記』, 『硏經齋全集』, 『海東繹史』 등에 이 책이 언급되어 있다.

金玉詩話 → 西淸詩話

琴操

後漢 蔡邕이 편찬한 樂書. 蔡邕(133~192)은 字가 伯喈이고 陳留 圉縣 출신이다. 獻帝 때 左中郎將을 역임하여 蔡中郎이라고도 불렸다. 시문집으로 『蔡中郎集』이 있다. 이 책은 上下 2권으로 되어 있으며 5曲(鹿鳴, 伐檀, 騶虞, 鵲巢, 白駒), 12操(將歸操, 猗蘭操, 龜山操, 越裳操, 拘幽操, 岐山操, 履霜操, 雉朝

飛操, 別鶴操, 殘形操, 水仙操, 懷陵操), 9引(列女引, 伯姬引, 貞女引, 思歸引, 辟曆引, 走馬引, 箜篌引, 琴引, 楚引), 雜歌(箕山操, 文王思士, 思親操, 周金縢, 儀鳳歌, 龍蛇歌, 杞梁妻歌, 崔子渡河操, 楚明光, 曾子歸耕, 梁山操, 諫不違歌, 三士窮, 聶政刺韓王曲, 霍將軍歌, 處女吟, 流澌咽, 雙燕離) 등으로 구성되어 있다. 곡조별로 작자 및 창작 경위, 가사 등을 수록했다. 곡명만 있고 가사가 없는 것도 있다. 후대인의 假託으로 보기도 한다. 규장각에 소장된『平津館叢書』에 이 책이 실려 있으며,『星湖僿說』에 이 책에 관한 설명이 실려 있다.

金志 → 大金國志

禽蟲述

明 袁達이 편찬한 雜錄. 袁達은 字가 德修이고 號가 佩蘭子이며 閩縣 출신이다. 이름이 袁達德으로 된 데도 있다. 正德 연간(1506~1521) 활동했는데 畵家로 이름이 높고 博覽强記한 인물로 알려져 있다. 이 책은『袁達禽蟲述』이라고도 하는데 새와 벌레의 名義와 典故를 서술한 것으로 1권이다.『禽經』,『埤雅』등의 체제를 따랐다. 門目을 나누지 않고 주석도 달려 있지 않다. 萬曆 연간(1573~1620) 新安汪氏 간본이 중국 國家圖書館에 소장되어 있다.『五洲衍文長箋散稿』에서 이 책을 인용했다.

金薤琳琅

明 都穆이 편찬한 金石學書. 都穆(1458~1525)은 字가 玄敬이고 江蘇 吳縣 출신이다. 金石學者, 藏書家로 유명하며,『周易考異』,『史補類抄』,『寓意編』,『鐵網珊瑚』,『吳下塚墓遺文』등을 저술했다. 이 책은 총 20권으로,『隸釋』의 體例를 모방하여 金石文字를 모아 나열하고 각각 辨證했으며, 周刻 2건, 秦刻 6건, 漢刻 23건, 隋刻 5건, 唐刻 27건의 原文을 수록했다.『金陵集』,『嘉梧藁略』,『五洲衍文長箋散稿』등에 이 책이 인용되어 있다. 서울대에 乾隆 43년(1778) 목판본이 소장되어 있다.

汲塚周書 → 逸周書

急就篇

前漢 史游가 편찬한 字學書. 史游는 元帝(B.C.48~B.C.33 재위) 때 黃門令을 지낸 인물인데 생애가 자세하지 않다. 이 책은 『倉頡篇』, 『訓纂篇』, 『凡將篇』 등과 함께 대표적인 漢代의 아동을 위한 학습서로 알려져 있다. 4권 34장인데 2,016자의 한자를 3字句, 4字句, 5字句로 배열한 후 脚韻을 달았다. 姓氏, 人名, 錦繡, 飮食, 衣服, 臣民, 器物, 蟲魚, 服飾, 音樂, 宮室, 植物, 動物, 疾病, 藥品, 官職, 法律, 地理 등 다양한 내용을 포괄하고 있다. 隋唐 顔之推가 주를 단 『急就篇註』가 통용되고 있는데 4권이다. 규장각에 소장된 『古逸叢書』, 『四部叢刊續編』 등에 실려 있다. 『靑莊館全書』, 『研經齋全集』, 『與猶堂全書』, 『海東繹史』, 『五洲衍文長箋散稿』에는 顔之推의 『急就篇註』가 소개되어 있다. 南宋 王應麟의 『姓氏急就篇』은 별개의 책이다.

急就篇姓氏註 → 姓氏急就篇

幾暇格物論 → 康熙幾暇格物論

棋經 → 靈棋經

記括髮免髽 → 戴氏遺書

奇器圖說 → 遠西奇器圖說錄最

奇器目略

淸 黃履莊이 자신이 발명한 기구에 관해 기록한 책. 黃履莊(1656~?)은 揚州 출신으로 字號와 이력은 밝혀져 있지 않다. 幾何, 代數, 物理, 機械 등의 지식을 바탕으로 많은 機械器具를 발명했는데, 이 책은 자신의 발명품을 기록한 것이지만 원본은 일실되고 일부가 『虞初新志』에 부록으로 실려 있다. 驗器, 諸鏡, 諸書, 玩器, 水法, 造器之器 등으로 나누고, 驗燥濕器, 千里鏡, 龍尾車 등 다양한 기구를 소개했다. 『曠園雜志』에도 간략한 설명이 실려 있다. 『五洲衍文長箋散稿』의 「陰晴節氣兩表辨證說」에 이 책을 인용했는데 『虞初新志』의 것을 가져온 것으로 보인다.

奇器說 → 遠西奇器圖說錄最

畿輔人物志

明末淸初 孫承澤이 明代 畿輔 출신 인물에 관해 적은 책. 孫承澤(1593~1676)은 字가 耳北 혹은 耳伯이며 號는 北海, 退谷, 退谷逸叟, 退翁 등을 사용했다. 山東 益都 출신으로, 科給事中을 지냈다. 『春明夢餘錄』 등의 저술을 통하여 明代의 정치와 제도, 풍속 등을 정리했다. 『四朝人物略』 6권도 편찬했는데, 漢에서 唐宋에 이르는 四朝의 인물에 관해 기록한 것이다. 이 책은 20권으로 되어 있는데 順治 연간(1644~1661) 간본이 대만 中硏院傅斯年圖書館에 소장되어 있다. 제목의 '畿輔'는 北京 일원을 이르는 말이다. 淸의 魏裔介가 이 책의 序를 썼다. 董倫, 宋訥, 秦裕 등 많은 인물의 略傳을 싣고 있다. 『五洲衍文長箋散稿』에 孫承澤의 『人物志』로 소개되어 있다.

奇姓通

明 夏樹芳이 기이한 姓氏에 관해 기록한 책. 夏樹芳은 萬曆 연간(1573~1620)의 학자인데 생몰년은 밝혀져 있지 않다. 自號는 氷蓮道人이며 저술로 『棲眞志』 등이 있다. 이 책은 楊愼이 편찬한 『希姓紀錄』의 미비한 점을 보완하여, 上古로부터 明代에 이르기까지 특이한 姓氏들을 취합하고 韻에 따라 엮어 설명했는데, 複姓 또한 따로 설명했다. 天啓 4년(1624) 간본 14권이 대만 故宮博物院圖書館과 중국 國家圖書館, 미국 국회도서관 등에 소장되어 있다. 明 朱之蕃, 王命新, 張瑋 등의 序와 李維楨 등의 跋이 붙어 있다. 陳繼儒가 교정한 판본이다. 『靑莊館全書』에서 王士禎의 『池北偶談』을 인용하여 이 책을 소개한 바 있다. 『五洲衍文長箋散稿』에도 이 책이 소개되어 있다.

紀勝 → 輿地紀勝

記深衣 → 戴氏遺書

寄園寄所寄

明末淸初 趙吉士가 편찬한 野史雜錄集. 趙吉士(1628~1706)는 字가 天羽이고 號는 恒夫이며 安徽 休寧 출신이다. 주요 저술로 『萬靑閣全集』, 『林臥遙集』 등

이 있다. 이 책은 규장각에 康熙 34년(1695) 漁古山房에서 간행한 목판본 12권 12책이 소장되어 있다. 前代의 小說 및 野史, 筆記, 故事를 모아 엮은 것으로 내용에 따라 12類로 분류했는데 권1 囊底寄, 권2 鏡中寄, 권3 倚杖寄, 권4 撚鬚寄, 권5 滅燭寄, 권6 焚麈寄, 권7 獺祭寄, 권8 豕渡寄, 권9 裂眥寄, 권10 驅睡寄, 권11 泛葉寄, 권12 挿花寄로 구성되어 있다. 『五洲衍文長箋散稿』는 이 책을 79회나 인용할 만큼 중요한 참고문헌으로 삼았다. 『熱河日記』, 『靑莊館全書』 등에도 여러 차례 인용되어 있어 조선 후기 상당히 널리 유통되었음을 알 수 있다.

冀越集記

元末明初 熊太古가 편찬한 筆記雜錄. 熊太古는 豫章 혹은 豐城 출신인데 字號와 이력이 자세하지 않다. 元末 盜賊이 봉기하자 관직을 버리고 明朝에도 出仕하지 않았다. 평생 천하를 유람하여 北으로는 灤河, 西로는 洞庭, 東으로는 浙右, 남으로는 交廣에 이르렀는데 이렇게 南北을 왕래했다는 뜻에서 이 책의 서명을 冀越이라 한 것이다. 雜記와 見聞이 상세하다고 하지만 원본은 일실되고, 明 李時珍이 편찬한 『本草綱目』에 일부가 인용되어 있다. 『五洲衍文長箋散稿』에서 몇 차례 인용했지만 『本草綱目』에서 가져온 것이다.

記經帶 → 戴氏遺書

幾何要法

이탈리아 출신의 선교사 艾儒略이 편찬한 數學書. 艾儒略(Giulio Aleni, 1582~1649)은 예수회 수사로 중국에서 활약한 최초의 선교사다. 天文學에 조예가 깊어 1610년 중국 마카오에 선교사로 파송되어 포교하는 한편, 1612년의 月蝕을 관찰하고 經緯度를 측정하고 서양의 과학기술을 전파하는 데도 앞장섰다. 1613년 포교를 위하여 北京에 갔으며, 徐光啓를 따라 上海와 揚州 등을 순회하고, 다시 常熟에서 포교하며 여러 곳에 교회당을 지었다. 중국 예수회의 中央管區長을 지냈다. 주요 저서로 世界地理를 기술한 『職方外紀』, 서양학문의 槪說書인 『西學凡』 등이 있다. 규장각에 소장된 『崇禎曆書』, 『新法曆書』, 『治曆緣起』 등에 『幾何要法』이 실려 있는데, 모두 徐光啓가 편찬한 책이다. 『五洲衍文長箋散稿』에서 편찬자를 밝히지 않고 『幾何要法』을 인용했다.

幾何原本

이탈리아 출신의 선교사 利瑪竇와 明 徐光啓가 유클리드의 『幾何學原論』을 번역한 數學書. 利瑪竇(Matteo Ricci, 1552~1610)는 예수회 선교사로, 萬曆 10년(1582) 마카오에 도착한 후 28년 동안 중국에 머물렀다. 徐光啓, 李之藻 등 漢人 士大夫와 교류하면서 數學, 天文學, 地理學 등 다양한 西學을 중국에 전파했고, 漢字와 儒敎經典을 공부하여 四書를 라틴어로 번역했다. 萬曆 35년(1607) 徐光啓의 도움을 받아 이 책을 漢譯했다. Geometry란 단어를 幾何로 처음 번역한 책으로 알려져 있다. 『星湖僿說』, 『續雜錄』, 『與猶堂全書』, 『楓石全集』, 『阮堂集』, 『五洲衍文長箋散稿』 등에 인용되었다. 『正祖實錄』에는 李承薰이 1783년 『天主實義』, 『數理精蘊』 등과 함께 이 책을 중국에서 구해 온 것으로 되어 있다. 『承政院日記』에 1864년 天文學官 金在衡이 이 책을 구해 觀象監에 바쳤다는 기록이 보인다. 서울대 중앙도서관에 6권 4책의 목판본이 소장되어 있는데 萬曆 35년 利瑪竇의 跋이 실려 있다. 同治 4년(1865) 金陵에서 간행된 15권 8책의 목판본이 규장각에 소장되어 있고, 3권 2책의 필사본도 전한다.

紀效新書

明 戚繼光이 편찬한 兵書. 戚繼光(1528~1588)은 字가 元敬이고 號가 南塘 혹은 孟諸이며 山東 登州 출신이다. 이 책 외에 『練兵實紀』, 『止止堂集』 등의 저술을 남겼다. 東南海에서 벌인 倭賊과의 전투 경험을 바탕으로 이 책을 편찬했다. 年譜에 따르면 嘉靖 39년(1560) 浙江에서 편찬했다고 한다. 본문 18권에 卷首 1권이 더 있다. 卷首에는 任臨觀請創立兵營公移, 新任台金嚴請任事公移, 或問 등이 수록되어 있다. 본문은 束伍篇, 操令篇, 陣令篇, 諭兵篇, 法禁篇, 比較篇, 行營篇, 操練篇, 出征篇, 長兵篇, 藤牌篇, 短兵篇, 射法篇, 拳經篇, 諸器篇, 旌旗篇, 守哨篇, 水兵篇 등 18편으로 구성되어 있다. 戚繼光은 廣州에서 越을 정벌할 때 이 책을 軍中에서 간행해 보급했는데 14권으로 되어 있고 내용도 차이가 있다. 卷頭에 明 王世貞의 序와 「練兵實紀凡例」가 수록되어 있고, 본문은 束伍篇, 耳目篇, 手足篇, 比較篇, 營陣篇, 行營篇, 野營篇, 膽氣篇, 舟師篇, 守哨篇, 練將篇 등 14편이다. 戚繼光이 만년에 교정한 것으로 『練兵實紀』의 중요한 부분을 보탰는데 이를 李承勛本이라 한다. 이 책은 1593년 임진왜란 중에 李如松이 조선에 들여왔다. 宣祖는 柳成龍에게 이 책을 講解하게 했

고, 이듬해에는 訓鍊都監郎廳 韓嶠에게 번역하게 했으며, 1595년에는 이 책의 중요한 부분을 초록하여 1권의 撮要로 만들게 했다. 鄭琢의 「紀效新書節要序」에 따르면 이 책을 금속활자를 주조하여 3권으로 간행하여 널리 배포했는데, 李時發이 다시 가려 뽑아 『紀效新書節要』를 편찬했고 安東府使 黃克中, 洪履祥 등이 그 뜻을 이어 1602년 安東에서 간행했다고 한다. 正祖 때 간행한 『兵學指南』도 이 책의 操鍊法을 중심으로 편집한 것이다. 규장각에는 李承勛本을 저본으로 別集 4권을 덧붙여 18권으로 간행한 목판본이 소장되어 있는데, 이는 金左明이 1664년에 간행된 활자본을 목판으로 바꾸어 다시 인쇄한 것이다. 규장각에는 木活字本도 따로 전하며, 1819년과 1848년 중국에서 간행한 판본 등 여러 종이 더 소장되어 있다. 『錦溪日記』, 『朝天記』, 『宣祖實錄』, 『國朝寶鑑』, 『燃藜室記述』, 『萬機要覽』 등 역사서에 두루 인용되어 있고, 『藥圃集』, 『四留齋集』, 『西厓集』 등 임진왜란 당시부터 널리 읽혔다. 『星湖僿說』, 『審理錄』, 『林下筆記』 등에도 이 책을 인용했다.

吉凶要禮

唐代 편찬자를 알 수 없는 禮學書. 『新唐書』에 垂拱 2년(686) 2월에 신라의 神文王 金政明이 사신을 파견하여 『禮記』 1부를 내려주기를 요청하니, 有司에게 命하여 이 책을 베끼게 하여 하사했다는 기록이 보인다. 일실되어 전하지 않는다. 『金陵集』, 『海東繹史』 등에서 이 책을 인용하고 있지만 『新唐書』의 기록을 재인용한 것이다.

ㄴ

諾皐記

唐 段成式이 편찬한 雜錄. 段成式(803~863)은 字가 柯古이고 齊州 臨淄 출신이며, 太常少卿을 지냈다. 『酉陽雜組』가 대표적인 저술이다. 『諾皐記』는 『酉陽雜組』에 들어 있는 篇名인데, 『說郛』에 따로 실려 전한다. 『芝峯類說』, 『五洲衍文長箋散稿』 등에서 이 책을 인용했다.

樂郊私語

元 姚桐壽가 편찬한 野史雜錄. 姚桐壽는 字가 樂年이고 號는 桐江釣叟이며 睦州 출신이다. 생몰년은 알려져 있지 않은데 元 惠宗 연간(1333~1370) 활동한 것으로 보인다. 『四庫全書總目』에 따르면, 至正 23년(1363) 兵火가 미치지 않은 海鹽에 은거할 때 이 책을 저술했다고 한다. 이 책은 1권으로, 평소 보고 들은 이야기를 조목별로 정리했는데, 元末 江南의 농민봉기를 자세히 다루고 있다. 趙孟堅, 楊完, 張士誠 등의 일화나 天仙湖, 六里山 등과 관련한 신이한 이야기를 수록했다. 『五洲衍文長箋散稿』 외에 『青莊館全書』에서 이 책을 인용했다. 규장각 등에 소장된 『說郛』와 『眉公訂正秘笈』에 수록되어 있으며, 『學海類編』에도 실려 있다.

洛書稽命曜 → 稽命徵

洛書錄運法

편찬자를 알 수 없는 『洛書』의 緯書. 黃帝, 舜, 桀妃 등의 기이한 고사 몇 條만 明末 孫穀의 『古微書』와 淸 喬松年의 『緯攟』 등에 인용되어 전한다. 『五洲衍文長箋散稿』에서 緯書의 하나로 이 책의 서명만 언급했다.

樂善堂集

淸 高宗 乾隆帝의 文集. 乾隆帝(1711~1799)는 詩書畵에 두루 능했으며 학문에도 관심이 높아 『大淸一統志』, 『續文獻通考』, 『皇朝文獻通考』, 『大淸會典』, 『淸文鑑』, 『四庫全書』 등 많은 편찬 사업을 했다. 樂善堂은 紫禁城 崇敬殿의 별칭이다. 乾隆帝의 문집은 『乾隆御製集』이 따로 있는데 이 책은 潛邸 때의 詩文을 정리한 것이다. 雍正 8년(1730) 『樂善堂文鈔』 14권으로 편찬했고, 乾隆 2년(1737) 즉위 이전의 작품까지 합하여 『樂善堂全集』 40권으로 편찬했다. 乾隆 23년(1758) 40권본을 산삭하여 30권으로 간행했다. 규장각에 이 판본 30권 6책이 소장되어 있다. 說, 序, 記, 跋, 書, 雜著, 表, 頌, 贊, 箴, 銘, 制義, 賦, 古體詩, 今體詩 등의 순으로 편차되어 있고, 乾隆 2년(1737)의 御製序와 乾隆 23년(1758) 蔣溥의 序, 乾隆 元年(1736) 顧成天의 跋 등이 붙어 있다. 『靑莊館全書』의 「盎葉記」에서 이 책에 대해 자세히 적었다. 비슷한 내용이 『五洲衍文長箋散稿』에도 보인다.

洛陽伽藍記

北魏 楊衒之가 洛陽의 사찰과 관련한 기사를 모아 엮은 책. 楊衒之(?~555?)는 羊衒之로 된 곳도 있는데 이력이 자세하지 않다. 이 책은 3권으로 自敍에 이어 城内와 四門之外로 나누고 永寧寺, 建中寺, 長秋寺 등 사찰의 역사와 물산 등을 자세히 적었다. 『硏經齋全集』, 『東樊集』, 『五洲衍文長箋散稿』 등에 이 서명이 보인다. 규장각 등에 소장된 『漢魏叢書』, 『四部叢刊』에 수록되어 있다. 『說郛』에는 일부만 수록되어 있다.

難經 → 黃帝八十一難經

蘭譜 → 王氏蘭譜

蘭言

明末淸初 冒襄이 난초와 관련한 글을 모아 엮은 책. 冒襄(1611~1693)은 字가 辟疆이고 號는 巢民, 朴庵, 朴巢 등을 사용했다. 如皐 출신으로, 『巢民詩文集』, 『集美人名詩』, 『同人集』 등의 저술이 있다. 李德懋의 『磊磊落落書』에 그의 행적이 소개되어 있다. 이 책은 『巢民詩文集』에 실려 있는데 난초를 노래한 작품, 난초와 관련한 자신의 일화 등을 간략하게 기술했다. 『昭代叢書』에도 1권으로 실려 있다. 『五洲衍文長箋散稿』에서 이 책을 인용했다.

讕言長語

明 曹安이 편찬한 筆記雜錄. 曹安은 字가 以寧이고 號는 蓼莊이며 松江 출신으로, 正統 연간(1436~1449) 활동했다. 이 책은 『說郛續』에 실려 있는데 그 序에 讕言은 逸言이고 長語는 剩語의 뜻이라 했다. 紙筆, 鋟板, 雙六, 和韻, 籬落 등 잡다한 내용 40여 조가 실려 있다. 『五洲衍文長箋散稿』에서 문장 選集의 유래와 특성을 논하면서 이 책을 인용했다. 『研經齋全集』에서 曹莊의 『言閑言長語』로 인용했는데 曹莊은 曹安의 잘못인 듯하다.

蘭莊詩話

明 閔文振이 편찬한 詩話書. 閔文振은 字가 道充이고 浮梁 출신이며, 嘉靖 연간(1522~1566) 활동했고 『異物彙苑』, 『涉異志』 등이 전한다. 이 책은 淸 順治 4년(1647) 간본이 중국 國家圖書館에 소장되어 있는데 1권이다. 『說郛』에는 曹子建, 陶潛, 漢魏, 劉太眞 4조만 수록되어 있다. 『五洲衍文長箋散稿』에는 저자가 無名氏로 되어 있지만 『明史』와 黃虞稷의 『千頃堂書目』에는 閔文振이 편찬한 것으로 되어 있다.

暖姝由筆

明 徐充이 편찬한 野史雜錄. 淸 朱彝尊이 『明詩綜』에 徐充의 시를 수록하면서 江陰 출신으로 字가 子擴이며, 문집 『鐵硯齋集』이 있다고 했다. 문집은 전하지 않고 『汴遊錄』, 『唐詩粹選』 등의 저술이 전한다. 생몰년이나 이력은 밝혀져 있지 않다. 이 책은 『說郛續』 등에 『暖姝由筆』로 되어 있지만 『暖姝由筆』이 옳다. 暖姝는 『莊子』에 나오는 말로 自得한 모양을 가리킨다. 『靑莊館全書』와 『臺山集』, 『五洲衍文長箋散稿』에는 『暖姝由筆』로 소개되어 있다. 『臺山集』에

는 저자가 徐光으로 잘못 표기되어 있다. 萬曆 34년(1606) 간본이 중국 國家圖書館에 소장되어 있는데 3권이다. 『說郛續』에는 打秋風, 拜門과 같은 특수한 어휘, 張元禎, 祝允明의 일화 등 40여 조가 실려 있다.

嬾眞子錄

南宋 馬永卿이 편찬한 筆記雜錄. 馬永卿(?~1136)은 揚州 출신으로 字가 大年인데 馬大年이 이름이고 永卿이 字로 된 데도 있다. 『元城語錄』 등의 저술이 있다. 이 책은 『嬾眞子』라고도 한다. 규장각에 5권 1책의 淸代 간본이 전한다. 無敖逸欲有邦, 五柳詩訛, 導官, 客旅獻酬, 東坡詩下立字有來處 등 표제를 달고 있으며 문학과 역사 등 다양한 기록에 관한 고증을 위주로 했다. 규장각에 소장된 『百子全書』, 『說郛』, 『宋人百家小說』, 『稗海』, 『北夢瑣言』, 『東軒筆錄』 등에도 수록되어 있다. 『宋子大全』, 『農巖集』, 『艮齋集』, 『五洲衍文長箋散稿』 등 여러 문헌에 이 책이 인용되어 있다.

南柯夢傳奇

明 湯顯祖가 지은 傳奇小說. 湯顯祖(1550~1616)는 字가 海若이고 號가 若士이며 臨川 출신이다. 『牡丹亭記』, 『紫釵記』 등의 희곡과 소설, 『茶經』, 『玉茗堂集』 등의 저술이 전한다. 『玉茗堂集』은 규장각에 소장되어 있다. 『南柯夢傳奇』는 『南柯記』, 『南柯夢』, 『南柯夢記』, 『南柯記傳奇』라고도 하며, 『紫釵記』, 『牡丹亭還魂記』, 『邯鄲夢記』 등과 더불어 臨川四夢이라고 불린다. 南柯夢은 唐 淳于棼이 술에 취하여 자기 집 남쪽에 있는 槐樹 밑에서 잠이 들었는데, 꿈에 大槐安國의 초빙을 받아 南柯郡太守가 되어 부귀영화를 누리다 깨어났다는 고사를 가리킨다. 이 책은 이를 부연하여 조정의 사치와 음란, 문인의 아부 등을 풍자했다. 『五洲衍文長箋散稿』에 이 책이 인용되어 있다. 明代의 간본이 중국 國家圖書館에 소장되어 있다. 규장각에 소장된 『唐代叢書』에는 唐 李公佐의 『南柯記』가 실려 있는데 『南柯夢傳奇』와는 다른 소설로 『南柯太守傳』이라고도 한다.

南京太常寺志

明 沈若霖이 太常寺와 관련한 고사를 모은 책. 沈若霖에 대해서는 알려진 것이 없다. 淸 朱彝尊의 『曝書亭集』에 실려 있는 「南京太常寺志跋」에서 40권이

며 嘉善 沈若霖이 편찬한 책이라 했다. 書名으로 볼 때 明初 太常寺와 관련한 자료를 모은 책으로 보인다. 이 跋에는 碽妃, 李淑妃 등 高麗 출신의 궁녀를 언급하고 있다. 『海東繹史』, 『靑莊館全書』, 『五洲衍文長箋散稿』 등에서 이 책을 인용했지만, 『曝書亭集』의 跋이나 『靜志居詩話』에 등장하는 고려 궁녀에 관한 기사를 가져온 것이다. 『千頃堂書目』에도 沈若霖의 이 책이 40권으로 되어 있다. 明初 汪宗元이 『南京太常寺志』 13권을 따로 소개했는데 다른 책이다. 『四庫全書總目』에 따르면 汪宗元은 號가 春谷이고, 崇陽 출신으로, 總理河道右副都御史를 지냈으며 『經濟考』, 『皇明文選』 등의 저술이 있다. 南京의 太常寺卿으로 있을 때 『南京太常寺志』 13권을 저술했는데, 謨訓, 規制, 職官, 禮書와 樂書의 舊制, 薦獻, 祭告, 祭器, 祿食, 夫役, 列傳 등 12門으로 나누었고, 각종 제사의 祝文과 陳設, 樂章, 樂器 등을 자세히 적었다. 이 책은 조선시대 문헌에서 확인되지 않는다.

南唐近事

北宋 鄭文寶가 편찬한 南唐의 歷史書. 鄭文寶(953~1013)는 字가 仲賢이고 汀州 寧化水茜鄉 鄭家坊 출신으로, 兵部員外郎을 지냈다. 小篆에 뛰어나 『嶧山碑』를 남겼고, 이 책 외에 『歷代帝王譜』, 『談苑』, 『玉璽記』, 『鄭文寶集』 등의 저술이 있다. 이 책은 南唐 天福 丁酉(937)에서 開寶 乙亥(975)까지 40년의 역사를 기술하고 있다. 1권으로, 권두에 鄭文寶의 序가 있다. 正史가 아닌 野史나 雜錄과 같은 체제로 되어 있다. 『續百川學海』에 1권으로 편입되어 있다. 규장각에 소장된 『說郛』, 『寶顏堂秘笈』, 『唐宋叢書』, 『叢書』에도 수록되어 있다. 『碩齋稿』와 『五洲衍文長箋散稿』에 인용되어 있다.

南唐書

南宋 陸游가 편찬한 五代 南唐의 歷史書. 陸游(1125~1210)는 字가 務觀이고 號는 放翁이며 越州 山陰 출신이다. 『劍南詩稿』, 『渭南文集』, 『老學庵筆記』 등 많은 저술을 남겼다. 五代 南唐의 역사를 紀傳體로 엮은 史書 중에서 北宋 胡恢가 편찬한 것은 일실되었고 北宋 馬令이 편찬한 것과 陸游가 편찬한 이 책이 전한다. 馬令의 것을 『馬氏南唐書』, 陸游의 것을 『陸氏南唐書』라 하여 구분한다. 陸游의 『南唐書』는 南唐의 건국에서부터 宋에 멸망되기까지의 역사를 18권으로 엮었다. 列朝本紀, 元宗本紀, 後主本紀, 宋齊丘列傳, 周徐查邊列傳,

周柴何王張馬游刁列傳, 徐高鍾常史沈三陳江毛列傳, 三徐三王二朱胡申屠喬睦列傳, 劉高盧陳李廖列傳, 張李皇甫江歐列傳, 馮孫廖彭列傳, 孟陳韓朱列傳, 劉潘李嚴張龔列傳, 郭張林盧蒯二陳列傳, 周鄭李三劉江汪郭伍蕭李盧朱王魏列傳, 后妃諸王列傳, 雜藝方士節義列傳, 浮屠契丹高麗列傳 등으로 구성되어 있다. 元末 戚光이 音釋을 달았는데 1권으로 되어 있다. 明 李清이 陸游의 『南唐書』를 주로 하여 馬令의 것으로 보완하고 그 밖의 野史 등을 보충하여 『南唐書合證』을 편찬했다. 陸游의 『南唐書』는 康熙 34년(1695) 간행한 『嘉業堂叢書』의 일부로 수록되어 있는데 이 판본은 清 周在浚이 注를 단 것으로 서울대 중앙도서관에 소장되어 있다. 규장각, 고려대, 국립중앙도서관 등에 소장된 중국 목판본 『陸放翁全集』에도 이 책이 수록되어 있다. 尹行恁의 『碩齋稿』에 이 책을 자세히 고찰한 글이 실려 있다. 『青莊館全書』, 『海東繹史』, 『五洲衍文長箋散稿』 등에도 이 책을 인용하고 있다. 『研經齋全集』에는 이 책을 다룬 『南唐書合證』이 실려 있다.

南方草木狀

晉 嵇含이 南越과 交趾의 植物에 관해 기술한 책. 嵇含(263~306)은 字가 君道이고 號는 亳丘子이며, 襄陽太守를 지냈다. 자세한 행적은 『晉書』 「嵇紹傳」에 보인다. 이 책은 3권이며 草木類, 木類, 果類, 竹類 등 4類로 나누어 80종의 식물을 다루었다. 『說郛』, 『漢魏叢書』, 『存笥新抄』 등에 실려 있다. 『山林經濟』, 『青莊館全書』, 『研經齋全集』, 『五洲衍文長箋散稿』 등 여러 문헌에 이 책이 인용되어 있다.

南部煙花記

唐 馮贄가 편찬한 筆記雜錄. 馮贄는 唐 昭宗 연간(901~904)의 인물로 이 책 외에 『雲仙雜記』, 『記事珠』 등이 전하지만 字號와 이력은 자세하지 않다. 이 책은 桂宮, 綠綺窓, 金虀, 玉膾 등 35종의 음악과 기물, 식물 등을 다루었다. 『說郛』와 『唐代叢書』 등에 1권으로 수록되어 있다. 『五洲衍文長箋散稿』에 악기 등을 고증할 때 인용했다. 『弘齋全書』에서는 馮贄를 藏書家로 소개한 바 있다.

南史

唐 李延壽가 편찬한 南朝의 歷史書. 李延壽는 隴西 출신으로 相州에 거주했으며 字는 遐齡이다. 貞觀 연간(627~649) 崇賢館 學士를 지냈고『晉書』,『隋書』 등의 편찬에 참여했으며, 부친 李大師의 뜻을 이어 이 책과 함께『北史』를 편찬했다.『太宗政典』도 그의 저술이다. 이 책은 南朝 宋, 齊, 梁, 陳의 170년 역사를 기록한 正史로, 本紀 10권, 列傳 70권 등 총 80권으로 구성되어 있으며, 79권「夷貊列傳」에 高句麗, 百濟, 新羅의 역사가 수록되어 있다. 貞觀 17년(643) 편찬을 시작하여 顯慶 4년(659) 완성했다. 규장각에는 萬曆 연간(1573~1620)과 崇禎 연간(1628~1644)의 간본 등 몇 종이 소장되어 있다. 이 책은『世宗實錄』을 위시하여 이른 시기부터 자주 문헌에 등장한다.『中宗實錄』에는 이 책을 중국에서 구해 오도록 건의한 기사가 보인다.『星湖僿說』,『海東繹史』,『五洲衍文長箋散稿』 등 많은 문헌에서 인용했다.

南越志

唐 沈懷遠이 南越의 지리와 풍토 등에 관해 기술한 책. 沈懷遠은 吳興 출신으로, 武康令을 지냈다. 이 책은『隋書』 등에 8권으로 되어 있지만『說郛』에 일부가 1권으로 실려 전한다.『初學記』,『北戶錄』,『太平寰宇記』 등에 상당한 분량이 인용되어 있다.『芝峯類說』,『星湖僿說』,『五洲衍文長箋散稿』 등에 이 서명이 보인다.『星湖僿說』과『林下筆記』,『硏經齋全集』,『嘉梧藁略』에서 인용한 내용이『說郛』에 수록된 판본에는 실려 있지 않으므로 다른 문헌에서 인용했을 가능성이 높다.『芝峯類說』의 내용은『北戶錄』에 보이는 것과 같다.『耳溪集』에서 인용한 부분은『說郛』에 실려 있다.

南齊書

南朝 梁 蕭子顯이 편찬한 南齊의 歷史書. 蕭子顯(489~537)은 字가 景陽이고 梁 南蘭陵 출신으로,『後漢書』 등 많은 저술이 있었지만 이 책 외에는 일실되었다. 이 책은 南齊 7대 24년의 역사를 기록한 正史로, 本紀 8권, 志 11권, 列傳 40권 등 총 59권으로 구성되어 있다. 58권「東南夷列傳」에 高句麗, 百濟, 加羅가 수록되어 있는데 南齊와의 交涉을 주로 기록했다. 규장각에 崇禎 연간(1628~1644) 간본이 소장되어 있으며, 乾隆 연간(1736~1795) 간행된『全史』에도 수록되어 있다.『星湖僿說』,『與猶堂全書』,『海東繹史』,『五洲衍文長箋

散稿』 등 많은 문헌에서 이 책을 인용했다. 『研經齋全集』에 「題曾南豐南齊書目錄序後」가 실려 있는데 北宋 曾鞏의 「南齊書目錄序」를 읽고 쓴 것이다.

南州異物記 → 萬震南州異物志

南州異物志 → 萬震南州異物志

南中紀聞

明 包汝楫이 편찬한 筆記雜錄. 包汝楫은 字가 公剡이고 嘉興 출신이며, 天啓 연간(1621~1627)과 崇禎 연간(1628~1644) 활동했다. 문집 『牂牁草』가 있었으나 전하지 않는다. 이 책은 長江 중류 지방의 풍속과 산물을 기록한 것이다. 규장각에 乾隆 40년(1775)의 序가 달린 淸 金忠淳의 叢書 『硯雲甲乙編』이 소장되어 있는데 여기에 이 책이 실려 있다. 『五洲衍文長箋散稿』에 민둥산에 금이 나는지 여부를 두고 이 책을 인용했다.

南楚新聞

唐 尉遲樞가 唐末의 일화와 고사를 기록한 책. 尉遲樞는 행적이 자세하지 않은데, 『說郛』에 이 책과 함께 『中朝故事』가 수록되어 있다. 『史略』에는 이 책이 3권이며 寶曆 연간(825~827)에서 天祐 연간(904~907)까지의 사건을 기록한 것이라 했지만 원문은 일실되고 『說郛』에 일부만 실려 있다. 唐 李泌에 대한 기사가 많다. 『五洲衍文長箋散稿』에서 서명만 소개했다.

南豐集

北宋 曾鞏의 文集. 曾鞏(1019~1083)은 字가 子固이고, 출신지를 따라 南豐先生으로 불렸다. 그의 문집은 『元豐類稿』, 『宋曾文定公全集』, 『南豐先生近體詩抄』, 『元豐題跋』 등이 전한다. 『海東繹史』에 『南豐集』이 53권이며 『南豐先生元豐類藁』라고도 한다고 했다. 元豐 연간(1078~1085) 편집되었으므로 이 이름이 붙었다. 『續稿』 40권과 『外集』 10권이 더 있었지만 일실되었다. 장서각에는 萬曆 25년(1597) 중간한 판본 53권과 崇禎 11년(1638) 序가 달린 『南豐先生元豐類藁』 판본 51권이 소장되어 있다. 규장각에는 『南豐先生元豐類藁』가 소장되어 있는데 崇禎 3년(1630)의 序가 달려 있고 51권이다. 『宋曾文定公全

集』, 『南豐先生近體詩抄』 등도 소장되어 있다. 『農巖集』, 『青泉集』 등에는 『南豐集』으로 인용되어 있다.

南海藥譜

後唐 侯寧極이 편찬한 本草書. 侯寧極은 天成 연간(926~929)의 학자지만 字號와 이력은 밝혀져 있지 않다. 이 책은 『藥譜』로 줄여서 부를 때가 많다. 『通志』 등에 7권으로 되어 있으며 중국 남방지역에서 나는 약초 195종의 産地와 效能 등에 관해 기술했다고 하지만 원서는 전하지 않고 『說郛』와 『唐代叢書』 등에 일부가 1권으로 실려 있다. 假君子는 牽牛, 昌明童子는 川烏頭, 淡伯은 厚樸, 木叔은 胡椒 등으로 부른다는 간략한 내용이다. 掌禹錫의 『證類本草』에도 일부가 인용되어 있다. 李時珍은 이 책을 두고 『海藥本草』라 했다. 『通志』의 저자 南宋 鄭樵는 『海藥本草』와 『南海藥譜』가 같은 책이라 했지만, 다른 책으로 보는 것이 일반적이다. 『海東繹史』에 이 책과 함께 前蜀 李珣의 『海藥本草』를 따로 소개했다.

南軒解 → 論語解

南濠詩話

明 都穆이 편찬한 詩話書. 都穆(1459~1525)은 字가 元敬이고 吳縣 출신이며, 太僕寺少卿을 지냈고 『壬午功臣爵賞錄』, 『使西日記』, 『金薤琳琅』, 『吳下塚墓遺文』, 『都氏鐵網珊瑚』, 『談纂』 등 많은 저술을 남겼다. 이 책은 『南濠居士詩話』로 된 데도 있다. 국립중앙도서관에 『南濠居士詩話』가 소장되어 있는데 弘治 15년(1502) 간행된 것으로 추정된다. 『御覽知不足齋叢書』에도 수록되어 있다. 陶淵明, 李商隱, 蘇軾, 黃庭堅, 范成大, 陸游의 시 등 75조가 실려 있다. 『說郛續』에는 陶淵明과 蘇軾의 시, 七哀詩 등 일부만 수록되어 있다. 李滉, 李端相 등의 문집에 都穆에 관한 기록은 있지만 『南濠詩話』 자체를 인용한 책은 『五洲衍文長箋散稿』 외에는 확인되지 않는다.

内簡尺牘

南宋 孫覿의 簡札을 모은 책. 孫覿(1081~1169)은 字가 仲益이고 晉陵 출신이다. 문집으로 『鴻慶居士集』이 있다. 이 책은 『孫仲益内簡尺牘』이라고도 한

다. 그의 門人인 李祖堯가 注를 달아『內簡尺牘編注』10권으로 편찬했다. 乾隆 12년(1747) 판본이 중국 國家圖書館에 전한다.「與信安郡王孟少傅」,「與胡樞密」,「欺胡樞密」등의 간찰이 수록되어 있는데 간찰 套式에 대한 주석이 소상하다. 서울대 중앙도서관에 光緖 25년(1899) 목판으로 간행한 10권 2책이 소장되어 있는데 南宋 李祖堯가 編注하고 淸 盛宣懷가 編한 것이다.『五洲衍文長箋散稿』에 대표적인 尺牘書로 인용되었다.

內經 → 黃帝內經

內觀玉文寶籙

작자 미상의 仙道 口訣書. 朝鮮 중기 韓無畏의『海東傳道錄』에 따르면 唐 文宗 開成 연간(836~840) 신라의 崔承祐와 金可紀가 唐에 유학하여 進士가 된 후 함께 終南山에 놀러갔다가 廣法寺에서 申元之와 승려 慈惠와 사귀었는데 이때 鍾離에게『靑華秘文』,『靈寶畢法』,『八頭嶽訣』,『金誥』,『內觀玉文寶籙』,『天遁鍊魔法』,『伯陽參同契』,『黃庭經』,『龍虎經』,『淸淨心印經』등을 전수받았다고 한다.『五洲衍文長箋散稿』에서 이 기록을 인용했다. 중국의 문헌에는 이 책에 관한 기록이 보이지 않는다.

內丘縣志

淸 汪匡鼎 등이 편찬한 內丘縣의 地理書. 內丘縣은 河北省에 있는 고을이다. 일본 東京內閣文庫에 康熙 19년(1680) 간본 4권(圖 1권)이 소장되어 있는데 편찬자가 淸 汪匡鼎으로 되어 있다. 淸 施彦士가 道光 12년(1832) 간행한 4권 4책도 일본 東京大에 소장되어 있다. 또 明 孫能傳의『內閣藏書目錄』에는 明의 郝學詩가 2권으로 편찬한 것으로 되어 있다. 汪匡鼎, 施彦士, 郝學詩 등은 모두 이력이 자세하지 않다.『五洲衍文長箋散稿』에서 淸 顧炎武의『日知錄』에 실린『內丘縣志』를 재인용했는데 누가 편찬한 책인지는 확인할 수 없다.

內訓

明 仁孝皇后가 편찬한 여성 敎化書. 仁孝皇后(1362~1407)는 徐皇后로 불리는데 成祖의 後妃다. 中山王 徐達의 長女로 어려서부터 독서를 좋아하여 女諸生으로 일컬어졌다. 이 책은 德行, 修身, 愼言, 謹行, 勤勵, 節儉, 警戒, 積善, 遷

善, 崇聖訓, 景賢范, 事父母, 事君, 事舅姑, 奉祭祀, 母儀, 睦親, 慈幼, 逮下, 待外戚 등 20편으로 되어 있다. 이 책은 『大明仁孝皇后內訓』라고도 하는데 永樂 5년(1407) 內府刊本이 중국 國家圖書館에 소장되어 있다. 『中宗實錄』에서 『皇后內訓』이라 한 것이 이 책을 가리키는 듯하다. 『英祖實錄』에서 '明太祖高皇后'의 『內訓』이라 한 것도 이 책을 잘못 이해한 것으로 보인다. 『星湖僿說』에 『內訓』으로, 『性潭集』, 『艮齋集』, 『新野集』 등에 『皇后內訓』으로, 『靑莊館全書』에 『成祖后內訓』으로 소개되어 있다. 이 책은 漢 班昭의 『女誡』, 唐 宋若莘와 宋若昭의 『女論語』, 明 劉氏의 『女範捷錄』과 합쳐 『女四書』로 일컬어진다. 王相이 주석을 붙여 天啓 4년(1624) 『閨閣女四書集註』로 간행한 판본이 널리 알려져 있다.

冷齋夜話

南宋 惠洪이 편찬한 詩話書. 惠洪(1071~1128)은 승려로, 德洪이라고도 한다. 字는 覺範이고 筠州 출신이다. 이 책은 『稗海』에 10권으로 실려 있다. 규장각에도 목판본 10권 1책이 전한다. 규장각에 소장된 明 商濬의 『北夢瑣言』과 『東軒筆錄』 등에도 이 책이 실려 있다. 詩話를 중심으로 雜術과 見聞 등도 기록했다. 江神嗜黃魯直書韋詩, 秦少游作東坡筆語題壁, 羅漢第五尊失隊 등의 표제어가 붙어 있다. 『說郛』에는 표제어 없이 일부만 수록되어 있다. 『芝峯類說』, 『農巖集』, 『知守齋集』, 『靑莊館全書』, 『五洲衍文長箋散稿』 등 여러 문헌에 이 서명이 보인다.

老君實錄

南宋 謝守灝가 지은 『老子』에 관한 註釋書. 謝守灝(1134~1212)는 字가 懷英이고 號는 觀復居士이며 永嘉 瑞安 출신이다. 道家에 뜻이 있어 떠돌다가 道士인 沈若水를 만나서 『許眞君石函秘文』을 전수받았다. 紹熙 元年(1190) 조정에서 觀復大師라는 칭호를 받아 壽寧觀의 高士가 되었다. 道學과 經籍에 밝아 道家의 玄旨와 金丹理論에 능통했다. 儒, 釋, 道의 會通을 주창하여 설교할 때마다 三敎의 이론을 인용했다. 『太上老君年譜要略』, 『太上混元老子史略』, 『太上混元聖紀』 등의 저술이 있는데 이 책과 관련이 있는 듯하다. 南宋 許綸의 「謝觀復長髯垂膝, 儼然山澤之癯, 棄去儒業, 從皇甫道士於廬阜, 余見之三茅以所編老君實錄見贈, 賦此奉酬」가 이 책과 관련한 기록이다. 미국 국회도서관

에 『太上老君混元上德皇帝實錄』 6권이 소장되어 있는데 紹熙 元年(1190) 謝諤의 跋이 붙어 있다. 『五洲衍文長箋散稿』에서 이 책을 인용했는데 같은 내용이 明 焦竑의 『老子翼』에 보인다.

路史

南宋 羅泌이 三皇에서 漢까지의 歷史에 관해 기술한 책. 羅泌(1131~1189)은 字가 長源이고 號는 歸愚이며 廬陵 출신이다. 이 책 외에 『易說』, 『六宗論』, 『九江詳證』 등의 저술이 있다. 이 책은 萬曆 癸卯(1603) 張鼎思의 序가 달린 판본이 香港大學 馮平山圖書館에 소장되어 있는데 47권으로 되어 있다. 前記 9권, 後記 14권, 國名記 8권, 發揮 6권, 餘論 10권으로 구성되어 있다. 前紀는 三皇과 陰康, 無懷氏에 대한 기록이고, 後記는 太昊에서 夏에 이르기까지의 일을, 國名紀는 上古에서 兩漢까지 여러 나라의 성씨와 지리에 대해 기술했으며, 發揮와 餘論에서는 성씨에 대해 변론하고 고증했다. 장서각에는 明 吳弘基가 주석을 단 목판본 『重訂路史』가 전하는데 17세기 초반의 간본으로 추정된다. 규장각에는 光緒 2년(1876) 紅杏山房에서 중간한 9권 16책이 전한다. 『宋子大全』, 『耳溪集』, 『自著』, 『與猶堂全書』, 『海東繹史』, 『下廬集』, 『五洲衍文長箋散稿』 등에 이 책이 인용되어 있다.

路史

明 徐渭가 편찬한 筆記雜錄. 徐渭(1521~1593)는 紹興 山陰 출신으로 字는 文淸인데 나중에 文長으로 바꾸었다. 號는 靑藤老人, 天池山人, 金壘, 金回山人 등을 사용했다. 문학과 書畵, 戲曲, 軍事에 두루 능했다. 『靑藤書屋文集』, 『繡像雲合奇蹤』, 『徐文長全集』 등의 저술이 규장각 등에 전한다. 이 책은 羅泌의 것과 구분하여 『靑藤山人路史』라 한다. 중국 國家圖書館에 소장되어 있다. 2권이며 잡다한 내용을 담은 筆記雜錄이다. 『燕巖集』, 『靑莊館全書』, 『硏經齋全集』 등에서 網巾, 松煙墨 등을 소개하면서 이 책을 인용했다.

露書

明 姚旅가 편찬한 類書. 姚旅(?~1622)는 字가 園客이고 初名은 鼎梅이며 莆田縣 涵江 출신이다. 이 책은 총 14권인데 四書三經의 오류를 논한 核篇, 詩와 賦의 문체적 결함을 논한 韻篇, 아름다운 문장을 품평한 華篇, 잡다한 내용

을 논의한 雜篇, 古跡名勝을 기록한 跡篇, 莆田 지방의 풍물을 기록한 風篇, 지방의 産物을 기록한 錯篇, 人物에 대한 논의를 전개한 人篇, 政事에 대해 논한 政篇, 교훈적인 경구를 모은 籟篇, 해학적인 이야기를 모은 諧篇, 풍자적인 내용을 담은 規篇, 技藝에 대해 논한 技篇, 신이한 이야기를 모은 異篇 등으로 구성되어 있다. 중국 福建省圖書館에 明末의 抄本이 소장되어 있으며, 일본 東京大에 殘卷이 전한다. 『青莊館全書』, 『研經齋全集』, 『海東繹史』, 『五洲衍文長箋散稿』 등에 이 책이 인용되어 있지만 『香祖筆記』 등에서 재인용한 것으로 보인다.

魯詩解 → 詩說

老子歷藏中經

편찬자와 편찬 시기를 알 수 없는 道家書. 원문은 전하지 않고 『太平御覽』, 『事物異名錄』 등에 일부가 인용되어 전한다. 『五洲衍文長箋散稿』에서 『和漢三才圖會』를 인용하여 이 책의 내용을 소개했다.

老子注

漢 河上公이 쓴 『老子道德經』의 注釋書. 河上公에 관해 南宋 晁公武의 『讀書志』에서는 河上 丈人으로 齊相 曹參의 스승 蓋公에게 『老子』를 가르친 인물, 혹은 漢 孝文帝 때 河水 가에 살았는데 『老子』에 통달했다는 말을 듣고 孝文帝가 방문하자 『素書』와 『道經』을 준 인물이라는 두 가지 설을 제시했다. 이 책은 『老子道德經章句』 혹은 『道德眞經注』, 『道德經解』라고도 부른다. 규장각에 소장된 『老子評註』, 고려대에 소장된 『老子經評註』와 『纂圖互註老子道德』이 이 계열의 책이다. 『芝山集』, 『無名子集』, 『石泉遺稿』, 『與猶堂全書』 등에 이 책이 보인다. 『星湖僿說』에서는 「河上公」이라는 항목을 두어 河上公의 해석을 고증했다. 『五洲衍文長箋散稿』에는 河上公의 『老子注』를 인용했으며, 이와 별도로 西晉 羊祜의 『老子注』 2권, 羅仲의 『老子注』 2권, 魏 鍾會의 『老子注』 2권을 함께 거론했다. 羊祜는 중국이나 조선에서 羊祐로도 표기되었다. 이 기록은 『青莊館全書』와 『海東繹史』에도 확인되는데 羅仲은 東晉 鳩摩羅什의 잘못이다. 『高麗史』에 보이는 宣宗 8년(1091) 宋에서 요구한 서책 관련 기록을 옮긴 것이다. 통상적으로 『老子注』라고 하면 魏晉의 王弼이 쓴 『道德眞

經』 혹은 『老子道德眞經』을 가리킨다. 『星湖僿說』, 『五洲衍文長箋散稿』 등 우리나라 문헌에도 이 책을 인용한 예가 많다. 王弼(226~249)은 字가 輔嗣이고 山陽 高平 출신이다. 『老子指略』, 『周易注』, 『周易略例』, 『論語釋疑』 등 많은 저술을 남겼다. 『道德眞經』과 『老子道德眞經』은 규장각 등 여러 곳에 소장되어 있다. 조선 후기 洪奭周도 『道德經解』 2권을 저술했다.

虜廷事實

北宋 文惟簡이 편찬한 筆記雜錄. 文惟簡은 字號나 이력이 알려져 있지 않다. 이 책은 내용으로 보아 女眞으로 잡혀갔을 때의 견문을 기록한 것으로 보인다. 『說郛』에 1권으로 실려 있다. 규장각에 소장된 『宋人百家小說』에도 실려 있다. 姓氏, 風俗, 杖責, 拜天, 黃鼠, 婚聘, 過盞, 放偸, 披秉, 喪葬, 血泣, 釋奠, 寺塔 등의 항목으로 되어 있다. 『星湖僿說』, 『研經齋全集』과 『碩齋稿』에는 『虜庭事實』로 인용되어 있다. 『海東繹史』에는 『塞北事實』로 소개되어 있는데 清 于敏中의 『日下舊聞考』에도 이 서명으로 되어 있다. 『北庭事實』, 『北使事實』 등으로 된 데도 있다.

老學庵筆記

南宋 陸遊가 편찬한 筆記雜錄. 陸遊(1125~1210)는 字가 務觀이고 號가 放翁이며 越州 山陰 출신이다. 문집 『劍南詩稿』, 『渭南文集』 등이 전한다. 老學庵은 陸游가 紹熙 元年(1190) 고향 山陰에 칩거할 때 寄居한 書齋의 이름이다. 이 책은 陸游가 체험하고 心得한 일을 기록한 것으로 내용이 실질적이면서도 문장이 빼어나 후대에도 존숭되었다. 『四庫全書總目』에서는 전고에 뛰어나고 고증을 잘 갖추고 있다고 평했다. 총 10권인데, 중국 國家圖書館에 津逮秘書本이, 규장각에는 6권으로 된 『老學庵筆記』가 소장되어 있다. 규장각에 소장된 『陸放翁全集』, 『宋人百家小說』, 『叢書』 등에도 『老學庵筆記』와 『老學庵續筆記』가 실려 있다. 그 밖에 규장각 소장 『稗海』, 『枕中秘』 등에도 이 책이 실려 있다. 『與猶堂全書』, 『靑莊館全書』, 『夢經堂日史』, 『五洲衍文長箋散稿』 등에 이 책이 인용되어 있다.

老學叢談

元 盛如梓가 편찬한 筆記雜錄. 盛如梓는 衢州 출신으로 號는 庶齋인데 이력이

자세하지 않다. 이 책은 그의 號를 붙여 『庶齋老學叢談』이라고도 한다. 經과 歷史에 관해 다양하게 논하고 있으며 詩文을 평가하고 여러 逸事를 다루었다. 총 3권인데 제2권은 두 권으로 나눌 수 있으므로 실제로는 4권이다. 규장각에 소장된 『御覽知不足齋叢書』에 실려 있다. 『靑莊館全書』, 『五洲衍文長箋散稿』 등에 이 책이 인용되어 있다.

綠雪亭雜言

明 敖英이 편찬한 筆記雜錄. 敖英은 字가 子發이고 號가 東谷이며 淸江 출신이다. 正德 연간(1506~1521) 南京工部主事, 四川右布政使 등을 지냈다. 이 책 외에 『愼言集訓』, 『東谷贅言』 등도 저술했다. 自序에 따르면 이 책은 저자가 노년에 綠雪亭에 물러나 살면서 쓴 것인데, 전반부에는 역사적 사건 등에 대한 의론적인 글을, 후반부에는 잡다한 일상사로부터 기이한 이야기, 문장 평론에 이르기까지 다양한 내용을 수록했다고 한다. 『說郛續』에는 序와 함께 蘇東坡가 『史記』를 좋아하지 않았다는 것에 대한 변증, 鶡冠子에 대한 해석, 秦始皇의 焚書坑儒에 대한 평가 등 40여 조가 실려 있다. 許筠의 『閒情錄』에 이 책이 인용되어 있는데 『說郛續』 등에 수록된 『公餘日錄』을 재인용한 것이다. 규장각에 소장된 『叢書』에도 이 책이 수록되어 있다. 『雲養集』과 『五洲衍文長箋散稿』에도 이 서명이 보인다.

論禮雜儀 → 禮論

論律算書

淸 唐樂宇가 편찬한 樂書. 唐樂宇(1739~1791)는 『靑莊館全書』에서 李德懋가 琉璃廠에서 그를 만나 시를 수창한 기록을 소개하고, 특히 「入燕記」에서 그의 字가 堯春이고 號가 鴛港이며 綿州 출신인데, 李調元과 어릴 적 벗으로 易理와 律曆에 뛰어나다는 등 그에 관해 자세히 적었다. 『五洲衍文長箋散稿』에서 乾隆 연간(1736~1795)의 인물이라 하고 이 책을 인용했지만 지금은 전하지 않는 듯하다. 淸 王培荀의 『聽雨樓隨筆』 등에 그의 이력이 소개되어 있지만 이 책에 대한 기록은 확인되지 않는다. 문집 『南籠遺稿』, 『黔南詩存舊』 등을 남겼다.

論孟集注或問 → 四書或問

論孟或問 → 四書或問

論語古訓

淸 陳鱣이 편찬한 『論語』의 註釋書. 陳鱣(1753~1817)은 字가 仲魚이고 號가 簡莊 혹은 河莊이며 海寧 硤石 출신이다. 藏書家로도 널리 알려졌으며 『綴文』, 『說文正義』 등의 저술이 있다. 이 책은 漢代 이래의 『論語』 疏注를 참고하여 편찬한 것으로, 高麗와 日本의 異本까지 망라했다. 陳鱣은 朴齊家의 『貞蕤閣集』의 序를 지은 인물이기도 한데, 朴齊家는 琉璃廠에서 陳鱣을 만나 이 책을 받은 일이 있다. 柳得恭 역시 陳鱣을 만나 이 책을 열람한 일을 『燕臺再遊錄』에 기록했다. 『與猶堂全書』에도 이 책을 인용했다. 『海東繹史』에는 陳鱣이 高麗本 『論語集解』를 인용했다고 밝혔는데 韓致奫은 高麗本이 아니라 日本本을 잘못 안 것이라 했다. 서울대 중앙도서관에 일본 延享 2년(1745) 간기가 있는 목판본 20권과 江都書山房 元文 4년(1739) 간기가 있는 목판본 10권이 소장되어 있다. 丁若鏞이 여러 차례 언급한 『論語古訓外傳』은 일본의 太宰純이 편찬한 별개의 책이다.

論語旁注

元末明初 朱升이 편찬한 『論語』의 註釋書. 朱升(1299~1370)은 字가 允升이고 安徽 休寧 출신으로, 明의 開國功臣이다. 『朱楓林集』, 『女戒』, 『五經旁訓』 등의 저술이 있다. 이 책은 일실되어 전하지 않는다. 淸 黃虞稷의 『千頃堂書目』에 『四書旁注』를 들고 缺本이라 했다. 『五洲衍文長箋散稿』에 참고할 만한 『論語』의 주석서로 소개했지만 직접 본 것은 아닌 듯하다.

論語疏 → 論語義疏

論語緯

편찬자와 편찬 시기를 알 수 없는 『論語』의 緯書. 『舊唐書』에는 10권이며 宋均이 注를 달았다고 했지만 일실되어 전하지 않고, 明 孫穀이 編輯한 판본이 중국 國家圖書館 등에 소장되어 있다. 『谿谷集』, 『青莊館全書』, 『與猶堂全書』,

『五洲衍文長箋散稿』 등에 서명만 소개되어 있다. 『靑莊館全書』, 『五洲衍文長箋散稿』에는 『論語緯撰考』도 함께 소개했는데 『禮記註疏』에서 가져온 듯하다. 『論語緯撰考』는 『論語撰考讖』이라고도 하는데 淸 黃奭이 1권으로 편집한 간본이 대만 中研院文哲所圖書館에 소장되어 있다. 『與猶堂全書』에서 『論語緯』라 한 것은 『論語撰考讖』을 이른다.

論語義疏

南朝 梁 皇侃이 『論語』를 풀이한 책. 皇侃(488~545)은 皇偘이라고도 하는데 吳郡 출신이지만 字는 알려져 있지 않다. 三禮, 『孝經』, 『論語』에 정통했고, 『禮記講疏』 외에 『禮記義疏』, 『孝經義疏』, 『論語義疏』 등의 저술이 있다. 이 책은 『隋書』에 10권으로 되어 있다. 일본 室町時代 抄本 10권이 대만 故宮博物院圖書館에 소장되어 있다. 『知不足齋叢書』에 수록되어 있는 『論語集解敍』에는 편집되어 실려 있다. 成海應의 『硏經齋全集』에 실려 있는 「題倭本皇侃論語義疏後」는 일본의 古本을 소개한 글이다. 『阮堂全集』, 『恩誦堂集』에도 이 책을 소개했다. 『五洲衍文長箋散稿』에는 『義疏』, 『論語疏』라는 書名으로 소개되어 있다. 『靑莊館全書』, 『與猶堂全書』에도 『論語疏』로 되어 있다. 『硏經齋全集』에는 『四庫全書總目』을 인용하여 魏 何晏이 注를 달고 北宋 邢昺이 疏를 단 『論語義疏』 20권을 소개했다. 曺命采의 『奉使日本時聞見錄』에는 皇侃이 王侃으로 되어 있다.

論語異同

北齊의 李鉉이 『論語』를 풀이한 책. 李鉉은 字가 寶鼎이고 渤海 南皮 출신이다. 書法에 뛰어났고 經學에도 일가를 이루어 『字辨』, 『周易義例』, 『三傳異同』, 『毛詩同異』, 『論語異同』, 『孝經異同』 등 많은 저술을 남겼지만 모두 전하지 않는다. 『北齊書』에 이 책이 보이지만 일실되어 전하지 않는다. 『五洲衍文長箋散稿』에 書名만 소개했다.

論語摘輔象

편찬자와 편찬 시기를 알 수 없는 『論語』의 緯書. 魏 宋均이 注를 달았다. 일본 東京大 등에 淸 黃奭이 1권으로 편집한 간본이 소장되어 있다. 『谿谷集』과 『五洲衍文長箋散稿』에 『論語』의 緯書로 소개되어 있다.

論語正義

北宋 邢昺이 魏 何晏의 『論語集解』를 풀이한 註釋書. 邢昺(932~1010)은 字가 叔明이고 曹州 濟陰 출신이다. 五經에 두루 통하여, 杜鎬, 舒雅, 孫奭 등과 함께 『論語』를 비롯하여 『周禮』, 『儀禮』, 『春秋公羊傳』, 『孝經』, 『爾雅』 등을 교정했다. 이 책 외에도 『孝經正義』와 『爾雅義疏』 등의 저술이 있는데 모두 『十三經注疏』에 들어 있다. 이 책은 원서명이 『論語正義』인데, 『十三經注疏』에 들어가면서 『論語注疏』, 『論語注疏解經』으로도 불린다. 魏 何晏이 편찬한 『論語集解』의 疏를 20권으로 풀이한 책이다. 『論語集解』 당시 유행하던 玄學의 영향으로 名物制度가 자세하지 않고, 騈儷文으로 老莊의 뜻에 치우친 폐단이 있었기 때문에 邢昺이 名物訓詁를 보완해 이 책을 편찬했다. 계명대에 崇禎 10년(1637) 간기가 있는 『論語注疏解經』 20권이 소장되어 있다. 규장각에 『論語正義』, 『論語注疏』 등의 이름으로 소장되어 있지만 모두 근대의 石板本이다. 영남대에 1873년 중국에서 간행한 『十三經注疏』가 소장되어 있다. 『農巖集』, 『東史綱目』, 『明皐全集』, 『阮堂集』, 『弘齋全書』, 『五洲衍文長箋散稿』 등에서 『論語正義』를 자세히 다루었다. 『論語注疏』라는 이름으로도 『顯宗實錄』, 『燃藜室記述』, 『定齋集』 등에서 인용했다.

論語集注

北宋 朱熹가 편찬한 『論語』의 註釋書.. 朱熹(1120~1200)는 福建 尤溪 출신으로, 字가 元晦 혹은 仲晦, 號가 晦庵, 晦翁, 雲谷老人, 遯翁 등인데, 높여서 朱子라고 한다. 『四書章句集注』와 『四書或問』, 『詩集傳』, 『周易本議』, 『孝經刊誤』, 『儀禮經傳通解』, 『資治通鑑綱目』, 『八朝名臣言行錄』, 『楚辭集注』, 『韓文考異』 등 많은 저술을 남겼다. 이 책은 『四書章句集注』의 일부로, 지나친 訓詁를 반대하면서 理로서 經을 해석하고 經에서 義理를 밝히고자 하는 뜻을 반영한 것이다. 규장각 등에 1754년 英祖의 命으로 간행된 20권 4책이 소장되어 있다. 규장각에 소장된 『易本義』의 권두에는 廣州留守 洪啓禧가 지은 「新刊經書總目」이 수록되어 있는데, 『易本義』 12권 등과 함께 『論語集註』 10권, 『大學章句』 1권, 『大學或問』 1권, 『中庸章句』 1권, 『孟子集註』 7권 등 총 13종 68권을 간행했다는 사실이 적혀 있다. "崇禎三甲戌 奉教新刊 三經四書, 南漢永寶閣藏板"이라는 刊記가 있어, 1754년에 간행된 것임을 알 수 있다. 『東國輿地勝覽』에 따르면 『四書集註』의 간행을 건의했다는 기록이 보이며, 조선시대 문헌에

지속적으로 빈번하게 인용되었다.

論語集解

三國時代 曹魏 何晏 등이 『論語』를 풀이한 註釋書. 何晏 외에도 荀顗, 曹羲, 鄭沖, 孫邕 등이 함께 참여한 것으로 알려져 있다. 何晏(193~249)은 字가 平叔이고 南陽 출신의 학자로, 이 책 외에도 「景福殿賦」, 「道論」 등의 작품이 알려져 있다. 이 책은 총 10권으로 이전 孔安國, 馬融, 鄭玄, 陳群, 王肅, 周生烈 등의 『論語』 註釋書를 종합한 후 자신의 독창적인 견해를 덧붙였다. 중국에서는 南宋 이후 일실되었고 일본에만 전해지다가 淸代에 역수입되어 翻刻되었다. 1783년 일본에서 巖垣彦明의 標記를 붙여 간행한 『論語集解標記』가 국립중앙도서관에 소장되어 있다. 규장각에 소장된 『古逸叢書』에도 수록되어 있다. 曺好益의 『芝山集』 등 조선 전기 문헌에 이 책이 보이지만 모두 재인용한 것이다. 『東史綱目』의 기사 역시 재인용이다. 『燕臺再遊錄』에 柳得恭이 陳鱣을 통해 이 책을 보았는데 중국인들은 高麗板으로 생각했지만 일본 글자가 적힌 日本版임을 밝힌 기록이 보인다. 『海東繹史』의 인용서목에서 10권이라 한 것 역시 日本板을 번각한 것으로 추정된다. 金興洛의 『西山集』에 이 책을 언급하고 있는데, 이는 日本 太宰純이 편찬한 일본판 『論語古訓外傳』을 가리키는 듯하다. 이 판본은 서울대 중앙도서관에 소장되어 있다.

論語撰考讖 → 論語緯

論語解

北宋 張栻이 『論語』를 풀이한 책. 張栻(1133~1180)은 字가 敬夫인데 나중에 欽夫로 바꾸었고 號는 南軒이며 樂齋도 사용했다. 『論語解』, 『孟子解』, 『南軒易說』, 『張南軒公全集』 등의 저술이 있다. 이 책은 『南軒論語解』라 하는데 『通志堂經解』와 『四庫全書』에 10권으로 실려 있다. 『癸巳論語解』라고도 한다. 『五洲衍文長箋散稿』에서 『南軒解』라 한 책이 이것을 가리킨다. 또 南齊 祖沖之의 『論語解』, 南宋 許翰의 『論語解』, 南宋 尹焞의 『論語解』 등을 함께 소개했다. 祖沖之와 許翰의 것은 일실되었다. 祖沖之(429~500)는 字가 文遠이고 建康 출신이며, 數學과 天文學에 뛰어났다. 『述異記』가 전한다. 祖沖之의 저술 중에 『論語解』는 중국 문헌에서 확인되지 않고 『南齊書』의 傳에 『論語』에 주석

을 달았다는 기록만 보인다. 許翰(?~1133)은 字가 崧老이고 拱州 襄邑 출신이며, 『春秋傳』과 함께 『論語解』를 편찬했다고 하지만 전하지 않는다. 『襄陵文集』, 『集注太玄』 등의 저술은 전한다. 尹焞(1071~1142)은 字가 彦明 혹은 德充이고 洛陽 출신이다. 그의 저술 중 『和靖集』과 『師說』이 전하며 『論語解』는 중국 國家圖書館에 1권으로 소장되어 있다. 宋 員興宗이 편찬한 『論語解』는 1권으로 『四庫全書』에 실려 있다. 그 밖에 唐 韓愈와 南宋 謝良佐도 『論語解』를 저술했으나 전하지 않는다.

論語或問 → 四書或問

論衡

後漢 王充이 쓴 諸子書. 王充(27~97?)은 字가 仲任이며 會稽 上虞 출신이다. 『養性書』, 『譏俗書』, 『政務書』 등의 저술이 있었으나 전하지 않고 淸 王仁俊이 편집한 『周易王氏義』와 淸 嚴可均이 편집한 『果賦』 등만 전한다. 이 책은 본래 모두 85편인데 제44편 「招致」가 유실되어 84편이 전한다. 규장각에 소장된 『漢魏叢書』, 『說郛』, 『諸子品節』, 『百家類纂』, 장서각에 소장된 『奇賞齋古文彙編』 등에 실려 있다. 국립중앙도서관에 天啓 6년(1626) 閻光表의 序가 있고 劉光斗가 評을 한 明代의 간본 30권 8책이 소장되어 있고, 서울대 중앙도서관에 1750년 일본에서 간행한 목판본 30권 8책이 소장되어 있다. 고려대에는 明末 黃嘉惠가 교열한 중국 목판본이 전한다. 『孤雲集』, 『希樂堂稿』, 『龍泉談寂記』, 『退溪集』, 『惺所覆瓿稿』, 『芝峯類說』, 『星湖僿說』, 『海東繹史』, 『五洲衍文長箋散稿』 등 많은 책에 인용되었다.

農家諺

後漢 崔寔이 節氣와 관련하여 농사짓는 법을 설명한 책. 崔寔은 字가 子眞이고 涿郡 安平 출신으로, 『政論』 등을 저술했다. 五原太守를 지낼 때 백성들에게 농사를 잘 짓도록 한 공을 세웠다. 이 책은 원문이 일실되고 『說郛』에 25조만 실려 있다. 『熱河日記』와 『五洲衍文長箋散稿』 등에서 이 책을 인용했다. 규장각에 필사본 『崔寔農家諺』이 전하는데 중국의 기사 외에 우리나라의 山川과 歷史를 기술하고 있으며, 日本과 오키나와, 南極, 北極, 六大洲 등 세계 지리에 관한 언급도 실려 있어 崔寔의 원래 책을 조선 사람이 증보한 것으로 추

정된다.

農具記

淸 陳玉璂가 농사에 필요한 도구에 관해 기술한 책. 陳玉璂는 字가 賡明이고 號가 椒峯이며 武進 출신이다. 생몰년은 정확하지 않은데 康熙 연간(1662~1722)에 中書舍人을 지냈다. 문집『學文堂詩餘』와『學文堂文集』,『學文堂詩集』등이 서울대 중앙도서관에 소장되어 있다. 이 책은 1책으로 되어 있으며, 犂, 磨 등의 농업에 필요한 도구를 소개했다. 이화여대 도서관 등에 소장된『檀几叢書』에 실려 있다.『五洲衍文長箋散稿』에서 이 책을 인용했다.

農桑要覽

편찬자와 편찬 시기를 알 수 없는 農書.『五洲衍文長箋散稿』에서 편찬자를 밝히지 않고 몇 차례 인용했다. 淸 陳元龍의『格致鏡原』, 吳鵠의『卜歲恒言』, 鄒存淦의『田家占候集覽』등에서 이 책을 인용하여 같은 내용을 기록했다. 明末淸初의 저술로 추정된다.『五洲衍文長箋散稿』에서는 이 책 외에『農桑雜訣』,『農家驗曆注』,『農家驗暵澇訣』등도 소개했는데 다른 문헌에서는 확인되지 않는다.

農桑衣食撮要

元 魯明善이 편찬한 農書. 魯明善은 이름이 鐵柱이며 新疆 高昌 출신으로, 생몰년은 정확하지 않은데 元末에 활동한 것으로 추정된다. 農學에 관심을 두어 이 책 외에『養民月宜』도 편찬했다. 이 책은『農桑撮要』라고도 한다. 延祐元年(1314)에 편찬한 것으로, 月令의 체제를 모방하여 농업과 의식에 관련된 항목을 208條로 나누어서 설명했는데 農作物, 栽培, 家畜, 家禽飼養, 農産品의 加工, 貯藏 등의 내용이 포함되어 있다.『四庫全書』에 2권으로 편입되어 있다.『五洲衍文長箋散稿』에서 이 책을 인용했다.

農桑輯要

元代 大司農司에서 편찬한 農書. 孟祺, 暢師文, 苗好謙 등이 편찬에 참여하여 至元 10년(1273) 7권으로 완성했다. 典訓, 耕墾, 栽桑, 養蠶, 瓜菜, 果實, 竹木, 藥草, 孳畜, 禽魚 등의 항목으로 구성되어 있다. 많은 부분은『齊民要術』,『士

農必用』, 『務本新書』, 『四時纂要』, 『韓氏直說』 등에서 인용한 것이다. 장서각에 嘉靖 16년(1537) 간기가 있는 목판본 7권 2책이 소장되어 있다. 李穡의 「農桑輯要後序」가 『牧隱集』에 실려 있는데 편자와 내용은 밝히지 않았지만 이 책을 가리키는 것으로 보인다. 또 『太宗實錄』 1414년 기사에 이 책을 번역하여 민간에 배포하자는 주장이 실려 있는 것으로 보아 매우 이른 시기부터 유통되었던 듯하다. 『世宗實錄』, 李原의 『容軒集』 등 조선 초기의 문헌에 집중적으로 이 책이 언급되지만, 조선 중기 이후에는 거의 보이지 않는다. 『燕巖集』, 『五洲衍文長箋散稿』 등에서도 이 책을 인용하고 있지만 明 徐光啓의 『農政全書』의 것을 재인용했을 가능성이 높다.

農田餘話

明 長谷眞逸이 편찬한 筆記雜錄. 長谷眞逸은 누구인지 자세하지 않지만 이 책에 元末의 기사나 張士誠의 난과 관련한 기록이 많고, 1392년 홍건적의 난, 1404년 流星이 땅에 떨어진 일 등을 직접 겪었다 한 것으로 보아 元末明初의 학자로 추정된다. 正德 연간(1506~1521)의 일도 기록되어 있어 후대에 덧붙인 것으로 보인다. 日影의 측정, 여러 곳의 지리와 산물, 流星 등 천문 현상, 朱淸, 朱國英, 王景玉처럼 잘 알려지지 않은 인물에 대한 야사 등 다양한 내용을 2권에 담았다. 규장각에 소장된 『說郛』, 『尙白齋鐫陳眉公訂正秘笈』에 수록되어 있다. 『海東繹史』에서 이 책을 인용했다.

農政全書

明 徐光啓가 편찬한 農書. 徐光啓(1562~1633)는 字가 子先이고 號는 玄扈이며 松江 출신이다. 이 책 외에 『測量異同』, 『句股義』, 『崇禎曆書』, 『宜耕令』, 『北耕錄』, 『農遺雜疏』 등을 편찬했고, 『幾何原本』 등을 번역했다. 崇禎 연간(1628~1644) 禮部尙書 東閣太學士가 되어 利瑪竇에게 天文과 算法, 火器를 배웠고 天主敎 세례를 받았다. 이 책은 그의 門人 陳子龍이 明 崇禎 12년(1639) 간행했다. 卷首에는 松江府知府 方岳貢의 序와 陳子龍의 凡例 및 總目이 있다. 전체 60권으로 農本 3권, 田制 2권, 農事 6권, 水利 9권, 農器 4권, 樹藝 6권, 蠶桑 4권, 蠶桑廣類 2권, 種植 4권, 牧養 1권, 荒政 18권, 首 1권으로 구성되어 있다. 1712년 金昌業이 중국에 갔을 때 『本草綱目』 등과 함께 구입한 책 목록에 나온다. 『正祖實錄』에 正祖가 이 책에 관심을 보였다는 기록이

보인다. 규장각에 岳貢의 序가 달린 중국 平露堂에서 간행한 목판본이 소장되어 있다. 동일한 판본이 이화여대에 소장되어 있는데 1639년 張國維의 序가 실려 있다. 『李參奉集』, 『頤齋遺藁』, 『燕巖集』, 『靑莊館全書』, 『明皐全集』, 『研經齋全集』, 『海東繹史』, 『弘齋全書』, 『竹石館遺集』, 『五洲衍文長箋散稿』 등 많은 책에서 인용했다.

隴蜀餘聞

淸 王士禛이 편찬한 筆記雜錄. 王士禛(1634~1711)은 원래 이름은 士禛이었으나 世宗의 諱를 피해 士正으로 바꿨다가, 다시 詔命을 받고 士禎으로 고쳤다. 字가 貽上이고 號는 阮亭인데, 別號인 漁洋山人을 따서 속칭 王漁洋으로 불렸다. 山東 新城 출신으로 『漁洋山人精華錄』, 『池北偶談』, 『香祖筆記』, 『居易錄』, 『帶經堂集』, 『池北偶談』, 『五代詩話』 등 많은 저술을 남겼다. 이 책은 『說鈴』, 『昭代叢書』 등에 1권으로 수록되어 있다. 隴右와 西蜀 지역에서 벼슬할 때 알게 된 잡다한 내용을 기록한 책인데 직접 견문하지 않은 것도 있어 餘聞이라 한 것이다. 『五洲衍文長箋散稿』에서 여러 차례 이 책을 인용했다.

雷公炮灸論

南朝 宋 雷斅가 편찬한 醫書. 雷斅의 字號와 이력은 밝혀져 있지 않은데 5세기 무렵에 활동했다. 이 책은 중국에서 가장 먼저 나온 製藥 관련 서적인데, 원문은 일실되고 일부가 『本草綱目』 등에 인용되어 전한다. 『炮灸論』이라고도 한다. 明 李中梓가 편찬한 『雷公炮製藥性解』에서 이 책을 자주 인용했는데 『四庫全書總目』에서는 雷斅의 이름을 가탁한 것이라 의심했다. 『雷公炮製藥性解』는 중국 國家圖書館 등에 소장되어 있다. 『五洲衍文長箋散稿』에는 『本草綱目』에 없는 내용도 인용했는데 淸 周亮工의 『因樹屋書影』에 같은 기록이 보인다. 李中梓(1588~1655)는 字가 士材이고 號가 念莪 혹은 盡凡이며 의술에 능하여 『診家正眼』, 『本草通元』, 『病機沙篆』 등을 남겼는데 이를 묶은 『李仕材先生三書』가 서울대 중앙도서관에 소장되어 있다.

磊磊落落書 → 留溪外傳

耒耜經

唐 陸龜蒙이 농기구에 관해 적은 책. 陸龜蒙(?~881)은 字가 魯望이고 吳江 출신으로, 행적이 『唐書』「隱逸傳」에 보인다. 陸龜蒙이 편찬한 또다른 저술 『小名錄』이 『說郛』에 수록되어 있다. 이 책은 『說郛續』, 『唐代叢書』 등에 1권으로 수록되어 있다. 앞에 序가 실려 있는데 직접 농사를 지으면서 그 수고로움을 잊지 않겠다는 뜻에서 지은 것이라 했다. 耒耜는 소에 매달아서 쓰는 농기구를 이르는 말로 본문에서는 그 사용법을 간략히 적었다. 『課農小抄』, 『五洲衍文長箋散稿』 등에 이 서명이 보인다.

能改齋漫錄

南宋 吳曾이 지은 筆記雜錄. 吳曾은 字가 虎臣이고 崇仁 출신이다. 생몰년은 자세하지 않은데 紹興 연간(1131~1162)에 활동했다. 『得閑文集』, 『君臣論』, 『南北事類』 등의 저술이 있었지만 『能改齋漫錄』만 전한다. 이 책은 『復齋漫錄』이라고도 한다. 당시의 중요한 사건을 기록하고 詩文의 典故를 辨證했으며 名物制度를 분석했다. 2권으로 된 것과 18권, 20권으로 된 간본도 있다. 事始, 辨誤, 事實, 沿襲, 地理, 議論, 記詩, 記事, 記文, 類對, 方物, 樂府, 神仙鬼怪 등 13門으로 나누어서 기술하고 있다. 규장각 소장 『說郛』와 『叢書』 등에 18권으로 실려 있다. 중국 國家圖書館에 正德 己巳(1509) 閶闔 葉琳의 手鈔本 2권이 소장되어 있다. 『林下筆記』에는 『能改齋漫錄』으로, 『芝峯類說』, 『星湖僿說』 등에는 『復齋漫錄』으로 인용했다.

ㄷ

茶經

唐 陸羽가 茶에 관해 기술한 책. 陸羽(733~804)는 字가 鴻漸 혹은 季疵이고 號는 竟陵子, 桑苧翁, 東岡子, 茶山御史 등을 사용했다. 復州 竟陵 출신으로 평생을 차 연구에 매진하여 후인들이 茶神이라 부르고 제사를 지냈다. 이 책은 『陸子茶經』이라고도 하는데 3권으로 되어 있다. 源, 具, 造, 器, 煮, 飮, 事, 出, 略, 圖 등 10類로 나누어 기술했다. 『百川學海』, 『唐宋叢書』, 『說郛』 등에도 수록되어 있다. 고려시대 李奎報, 李穡 이래 수많은 문인이 이 책을 인용할 정도로 영향이 컸다. 특히 金八元이 이 책을 읽고 쓴 「讀茶經」이 『芝山文集』에 실려 있으며, 具鳳齡의 『栢潭文集』에 실려 있는 「讀茶經」도 이 책을 읽고 쓴 시다. 『五洲衍文長箋散稿』 등 조선 후기 문헌에서도 빈번하게 이 책을 인용하고 있다. 明 張謙德의 『茶經』, 淸 陸廷燦의 『續茶經』 등도 따로 전하는데 조선에서 유통된 흔적은 보이지 않는다.

茶錄

北宋 蔡襄이 茶에 관해 기술한 책. 蔡襄(1012~1067)은 莆田 출신인데, 仁宗으로부터 君謨라는 字를 하사받았다. 端明殿學士를 역임했다. 唐 陸羽의 『茶經』이 建安의 제품을 다루지 않았고 北宋 丁謂의 『茶圖』는 製法만 다룬 것을 불만으로 여겨 이 책을 저술했다. 上下 2篇으로 되어 있는데 上篇에는 茶論, 下篇에는 器論을 실었다. 차의 맛과 향, 저장법, 차를 마시는 데 필요한 도구

등을 자세히 소개했다. 『百川學海』, 『說郛』 등에 실려 있다. 『退溪集』, 『龜川遺稿』 등 조선 전기 문헌에서부터 이 책을 인용하고 있다. 曺好益의 『芝山集』에는 『茶譜』로 서명이 잘못 표기되어 있다. 『五洲衍文長箋散稿』에도 이 책을 인용했다.

茶寮記

明 陸樹聲이 茶에 관해 평론한 책. 陸樹聲(1509~1605)은 字가 與吉이고 號가 平泉이며 南直隸 華亭 출신인데, 嘉靖 연간(1522~1566) 출사하여 禮部尙書를 역임했다. 『平泉題跋』, 『汲古叢語』, 『長水日抄』, 『陸學士雜著』, 『陸文定公書』 등 많은 저술을 남겼다. 萬曆 44년(1616) 序가 붙은 『陸文定公集』이 규장각에 소장되어 있다. 嚴嵩과 사이가 좋지 않아 관직에서 물러난 후 終南山의 僧 明亮과 天池茶를 마시면서 이 책을 지었다. 『四庫全書總目』에는 人品, 品泉, 烹點, 嘗茶, 茶候, 茶侶, 茶勳 7則으로 구성되어 있다고 했는데 『說郛續』에는 茶事 아래 雲脚乳面, 茗戰, 茶名, 候湯三沸, 秘水, 火前茶, 五花茶, 文火長泉, 報春鳥, 酪蒼頭, 漚花, 換骨輕身, 花乳, 瑞草魁, 白泥赤印, 茗粥 등의 항목을 두어 차의 효능과 명칭 등에 대한 기록을 수록했다. 앞에 붙은 序는 陸樹聲의 것이지만 본문은 모두 北宋 蔡襄의 『茶錄』을 전재한 것이므로, 『說郛續』이 잘못 편집된 것임을 알 수 있다. 『陳眉公訂正叢書』에도 이 책이 1권으로 실려 있다. 『五洲衍文長箋散稿』에서 차를 변증하면서 이 책을 인용했다.

茶譜

五代十國 蜀 毛文錫이 茶에 관한 故事와 唐代의 詩文을 모은 책. 毛文錫은 字가 平珪이고 高陽 혹은 南陽 출신이다. 蜀에서 樞密院學士를 지냈고 『前蜀記事』 등의 저술을 남겼다. 이 책은 현전하지 않고 南宋 陳景沂의 『全芳備祖』 등에 일부가 인용되어 전한다. 『五洲衍文長箋散稿』에서 이 책을 인용하고 있지만 南宋 熊蕃의 『宣和北苑貢茶錄』 등 후대 문헌에서 가져온 것이다. 고려시대 洪侃과 李穡, 李崇仁 등의 문집에 이 서명이 보이지만 이 책을 가리키는지는 알 수 없다. 조선시대 문헌에서 『茶譜』라 하면 차에 대한 책이라는 일반명사로 쓰이거나 明 顧元慶이 편찬한 책을 가리킨다. 顧元慶의 『茶譜』는 茶略, 茶品, 藝茶, 採茶, 藏茶, 制茶諸法, 煎茶四要(擇水, 洗茶, 候湯, 擇品), 茶三要(滌器, 熁盞, 擇果), 茶效 등의 항목으로 구성되어 있다. 『五洲衍文長箋散稿』에도

이 책이 소개되어 있다. 顧元慶(1487~1565)은 字가 大有이고 號는 大石山人이며 長州 출신이다. 『雲林遺事』, 『簷曝偶談』 등의 저술이 있다.

茶疏

明 許次紓가 茶에 관해 기술한 책. 『說郛續』에는 편찬자를 許次忬로 표기했지만 許次紓의 잘못이다. 許次紓(1549~1604)는 字가 然明이고 錢塘 출신이다. 이 책은 『說郛續』에 실려 있는데 産茶, 今古製法, 採摘, 炒茶, 岕中製法, 收藏, 置頓, 取用, 包裹, 日用頓置 등의 표제 아래 찻잎을 따는 법, 차를 보관하는 법, 차를 끓이는 법 등 다양한 내용이 실려 있다. 규장각에 소장된 『陳眉公訂正叢書』와 장서각에 소장된 『唐宋叢書』에도 실려 있는데 『說郛續』보다 몇 조가 더 실려 있다. 『五洲衍文長箋散稿』에서 차를 변증하면서 이 책을 소개했다.

茶述

唐 裴汶이 편찬한 茶에 관한 책. 裴汶은 唐 元和 연간(806~820)에 재상을 지낸 인물로 文學과 筆法에 능했다. 평소 차를 좋아하여 이 책을 편찬했다. 唐 嚴羽의 『茶經』을 계승한 것이라 하지만 원문은 일실되고 淸 陸廷燦의 『續茶經』에 일부가 소개되어 있는데 茶攻과 茶品에 대한 것이다. 『五洲衍文長箋散稿』에서 이 책을 인용했는데 南宋 熊蕃의 『宣和北苑貢茶錄』의 내용과 동일하다.

茶箋

明 聞龍이 편찬한 茶에 관한 雜錄. 聞龍(1551~1631)은 字가 隱鱗 혹은 仲連이고 號는 飛遁翁이며 浙江 四明 출신의 隱士다. 『幽貞廬遺草』 등의 저술이 있다. 이 책은 『說郛續』에 실려 있는데 차의 제조와 저장 방법을 중심으로 10여 조가 수록되어 있다. 『五洲衍文長箋散稿』에서 차를 변증하면서 이 책을 소개했다. 明 屠隆(1543~1605)이 편찬한 같은 이름의 『茶箋』도 전하는데 조선시대 문헌에서는 확인되지 않는다.

茶解

明 羅廩이 편찬한 차에 관한 雜錄. 羅廩(1573~1620)은 字가 高君이고 古鄞 출신으로, 書法에 능했지만 이력은 자세히 밝혀져 있지 않다. 『說郛續』에 수록되어 있는데 茶의 산지, 재배법, 수장법, 달이는 법, 색깔 등 14조로 되어 있

다. 『五洲衍文長箋散稿』에서 차를 변증하면서 이 책을 소개했다.

丹溪心法

元 朱震亨이 養生術을 적은 책. 朱震亨(1281~1358)은 字가 彦脩이고 號가 丹溪로 婺州 義烏 출신이다. 의술에 능하여 『格至餘論』, 『本草衍義補遺』 등을 편찬했다. 이 책은 『丹溪心法學』이라고도 한다. 明 程充이 교정하여 成化 17년(1481) 간행했다. 程充(1433~1489)은 字가 用光이고 休寧 출신이며, 문집 『管天稿』를 남겼다. 이 책은 총 5권으로 이루어져 있으며 卷首에 十二經見證, 不治已病治未病 등 6篇의 醫論을 두었으며, 질병의 증상을 100篇으로 나누어 실었다. 內科雜病을 위주로 하여 기타 各科의 병을 다루었으며, 末尾에 「故丹溪先生朱公石表辭」와 「丹溪翁傳兩篇」을 실었다. 明 弘治 연간(1488~1505) 간본이 중국 國家圖書館에 소장되어 있다. 지금 전하는 것은 대부분 이 책을 보완한 明 方廣의 『丹溪心法附餘』다. 方廣은 字가 約之이고 號가 高庵이며 休寧 출신의 의학자다. 朱震亨을 사숙하여 이 책을 정밀하게 연구하고 『丹溪心法附餘』 24권을 남겼다. 중국 國家圖書館과 대만 國立臺灣圖書館 등에 嘉靖 15년(1536) 河南 藩署 간본이 소장되어 있다. 『丹溪心法』은 『芝峰類說』, 『仁祖實錄』, 『五洲衍文長箋散稿』 등에 인용되었다. 『海東繹史』에는 『東醫寶鑑』을 소개하면서 『心法』으로 인용했다. 『與猶堂全書』에서는 『丹溪心法附餘』를 인용했다.

端溪硯譜

南宋 葉樾이 편찬한 벼루에 관한 雜錄. 淳熙 10년(1183) 榮芑의 跋에 따르면 葉樾이 이 책을 전했다고 하지만 정확하지 않다. 이 책은 벼룻돌의 產地와 石質, 石眼 등을 먼저 논하고 이어 가격, 形製, 石病 등을 다루었다. 『說郛』에 1권으로 수록되어 있는데 편찬자를 葉樾이라 적었다. 서울대 중앙도서관에 소장된 淸 姚安의 『宣和石譜』에도 葉樾의 저술로 실려 있다. 『五洲衍文長箋散稿』에도 葉樾을 편찬자로 적고 있다. 葉樾은 宋末 元初의 인물인데 『分省人物考』에 字가 文叔이고 縉雲 출신이라 했지만 이력이 자세하지 않다.

檀弓訂誤

淸 毛奇齡이 『禮記』 「檀弓」의 오류를 고증한 책. 毛奇齡(1623~1716)은 字가

大可이고 號가 西河이며 浙江 蕭山 출신이다. 經學, 歷史, 地理 등에 관한 많은 저술을 남겼는데, 『四書改錯』, 『古文尙書寃詞』 등이 널리 알려져 있다. 이 책은 1권으로 『知不足齋叢書』에 실린 판본이 널리 유통되었다. 규장각 등에 소장된 『昭代叢書』에도 수록되어 있다. 『五洲衍文長箋散稿』에서 이 책을 인용하여 經書를 고증했다. 『靑莊館全書』, 『金陵集』, 『與猶堂全書』 등에 毛奇齡의 「檀弓」 관련 기록은 이 책과 관련된다.

檀弓證誤

明末淸初 方中履가 『禮記』의 「檀弓」을 고증한 책. 方中履(1638~?)는 安徽 桐城 출신으로 方以智의 아들이다. 字가 素伯이고 號가 合山이며, 문집 『汗靑閣集』과 『古今釋疑』, 『切字釋疑』 등의 저술이 있다. 『靑莊館全書』에는 方中履의 이력을 자세히 적고 『古今釋疑』와 문집 『汗靑閣集』을 소개했다. 『五洲衍文長箋散稿』에는 『禮記』의 주석서로 이 책을 소개했지만 다른 문헌에서는 이 서명이 확인되지 않는다. 『古今釋疑』에서 『禮記』를 다루었지만 「檀弓」에 대한 고증은 보이지 않는다. 『杭州府志』에는 淸 孫玉檢이 동일한 서명 2권을 편찬한 것으로 되어 있는데 다른 책이다. 孫玉檢은 字가 仲雅이고 仁和 출신의 문인이다.

檀几叢書

淸代 王晫과 張潮가 편찬한 叢書. 王晫(1636~?)은 錢塘 출신으로 原名은 棐이고 號는 木庵, 丹麓, 宋溪子 등을 사용했다. 저서로 『遂生集』, 『霞擧堂集』, 『墻東草堂詞』, 『今世說』 등이 있다. 張潮(1659~?)는 字는 山來 혹은 心齋이고 歙縣 출신이다. 翰林院 孔目으로 재직할 때 淸初 各家들의 저술을 모아서 『昭代叢書』를 편찬했으며, 『虞初新志』, 『心齋雜俎』, 『心齋詩鈔』, 『花影詞』 등의 저술을 남겼다. 『檀几叢書』는 初集, 二集으로 구성되어 있는데 50종의 저술을 모았다. 初集은 帙東, 帙壁, 帙圖, 帙書, 帙府 등으로, 二集은 帙西, 帙園, 帙翰, 帙墨, 帙林으로 구성되어 있다. 三集에 해당되는 餘集이 더 있는 판본도 있는데 卷上과 卷下로 분류되어 있다. 그 뒤에 附政이 있는데 王晫과 張潮의 글 10편이 수록되어 있다. 규장각에는 康熙 34년(1695) 新安張氏 霞擧堂 간본이 전하는데 二集과 餘集의 卷下, 附政으로 되어 있다. 이화여대 도서관에는 帙東, 帙壁, 帙圖, 帙書 등으로 되어 있는 판본이 소장되어 있다. 존경각에 淸末의

목판본 102권 14책, 장서각에 102권 12책의 목판본이 소장되어 있다. 『熱河日記』, 『弘齋全書』, 『明皐全集』, 『五洲衍文長箋散稿』 등에 이 책이 소개되어 있다.

丹房鑑源

隋 獨孤滔가 편찬한 醫學書. 獨孤滔는 字號나 이력이 알려져 있지 않다. 北宋 王堯臣의 『崇文總目輯釋』에 3권으로 되어 있지만, 현전하지 않고 明 李時珍의 『本草綱目』에 일부가 인용되어 전한다. 『宋史』에 서명이 『丹房鏡源文』으로 되어 있으며 3권이라 했다. 『五洲衍文長箋散稿』에 여러 차례 이 책을 인용했지만 『本草綱目』의 기록에서 가져온 것이다.

丹鉛錄

明 楊愼이 편찬한 筆記雜錄. 楊愼(1488~1559)은 字가 用修이고 號가 升庵이며 四川 新都 출신이다. 正德 6년(1511) 殿試에 장원하여 翰林院 修撰이 되었지만, 世宗의 미움을 받아 雲南 永昌衛에서 30여 년간 유배생활을 하고 그곳에서 죽었다. 저서로 『升庵先生文集』, 『升庵詩話』 등 280여 종이 있다. 서명 丹鉛은 죄인의 호적을 붉은 글씨[丹]로 쓰고 납[鉛]으로 묶었던 것을 빌어 자신의 처지를 비유한 것이다. 楊愼은 『丹鉛餘錄』 17권, 『丹鉛續錄』 12권, 『丹鉛閏錄』 9권을 편찬하고, 1547년 다시 그것을 13권으로 정리하여 『丹鉛摘錄』으로 간행했는데, 天文, 地理, 花木, 鳥獸 등 다양한 주제에 대해 고증한 글을 모았다. 그 후 門人 梁佐가 이를 다시 모아서 하나로 묶은 것이 『丹鉛總錄』인데 『丹鉛輯錄』, 『丹鉛錄』이라고도 한다. 天文, 地理, 時序, 花木, 鳥獸, 宮寶, 冠服, 珍寶, 音律, 物用, 人事, 人品, 史籍, 訂訛, 字學, 官爵, 博物, 禮樂, 卦名, 飮食, 幹支, 數目, 怪異, 身體, 詩話, 瑣語 등 모두 27類로 분류되어 있다. 明 陳耀文의 『正楊』 4권은 楊愼의 오류를 150조항에 걸쳐 지적한 책으로 隆慶 3년(1569) 완성되었다. 明 王世貞은 楊愼에 대해 “경전을 증명하는 데에는 뛰어나지만 경전을 풀이하는 데에는 소홀하며, 稗史는 상세히 알지만 正史에는 소홀하다. 詩와 관련된 이야기는 상세히 알지만 詩의 의미를 이해하는 데에는 소략하고, 우주 밖의 것을 추구했지만 눈과 귀로 깨달을 수 있는 것에는 부족하다”고 했다. 규장각에 1601년 목판으로 간행된 『升庵先生文集』 81권 18책이 소장되어 있고, 1795년 養拙山房에서 목판으로 간행한 『升菴全集』 81권 26책이 소장되어 있는데 여기에 실려 있는 『丹鉛輯錄』이 『丹鉛總錄』이다. 『升菴全集』에 실

려 있는 『丹鉛錄』도 같은 내용이다. 규장각에는 이와 별도로 『丹鉛餘錄』 목판본 13권 2책이 소장되어 있는데 明代의 간본이다. 규장각 등에 소장된 『尙白齋鐫陳眉公訂正秘笈』에 『丹鉛續錄』이, 『說郛續』에 『丹鉛雜錄』이, 『筆叢』에 『丹鉛新錄』이 수록되어 있다. 국립중앙도서관과 존경각에 乾隆 39년(1774) 陳愷의 序가 실린 『丹鉛總錄』이, 서울대 중앙도서관 소장 『函海』에 10권 2책의 『丹鉛雜錄』이 수록되어 있다. 『厚齋集』, 『夢囈集』, 『熱河日記』, 『星湖僿說』, 『海東繹史』, 『靑莊館全書』, 『硏經齋全集』, 『與猶堂全書』, 『五洲衍文長箋散稿』 등에 이 책이 인용되었다. 『芝峯類說』, 『月沙集』, 『象村稿』 등에 楊愼의 문집에 관한 기록이 보이므로, 17세기 무렵 국내에서 널리 읽힌 것으로 추정된다.

丹元子步天歌 → 步天歌

丹靑記

편찬자를 알 수 없는 書畵에 관한 책. 『熱河日記』, 『靑莊館全書』, 『海東繹史』, 『五洲衍文長箋散稿』 등에 이 책이 인용되어 있는데, 唐 王維가 그린 그림 속의 바위가 날아갔다는 고사에 관한 것이다. 『御製佩文齋書畵譜』 등에도 이 책을 인용하여 같은 기사를 적고 있다. 이 책은 일실되어 그 내용을 알 수 없다. 淸의 趙殿成이 편찬한 『王右丞集箋注』에는 『瑯嬛記』에 실린 내용을 재인용했는데 『瑯嬛記』는 元의 伊世珍이 편찬한 것이므로, 이 책이 元 이전에 편찬된 것임을 알 수 있다.

端淸樂書 → 樂律全書

譚輅

明 張鳳翼이 편찬한 筆記雜錄. 張鳳翼(1527~1613)은 字가 伯起이고 號가 靈虛 혹은 冷然居士이며 長洲 출신이다. 아우 張獻翼, 張燕翼과 함께 三張으로 일컬어졌다. 『夢類占考』, 『海內名家工畵能事』, 『處實堂集』 등을 저술하고 『文選』에 주석을 달아 『文選纂注』를 편찬했다. 이 책은 문집 『處實堂集』 마지막에 1권으로 수록되어 있는데 서명이 『談輅』으로 되어 있다. 『說郛續』에는 『通鑑』, 『晉書』 등의 역사서에 실린 기사에 대한 변증, 혼란기를 틈타 거부가 된 도둑, 束修의 의미 등 20여 조가 실려 있다. 책을 빌리는 사람과 빌려주는 사

람, 빌렸다가 돌려주는 사람을 바보라 한 기사가 주목받았다. 『五洲衍文長箋散稿』에서 이 책을 인용했다.

談錄 → 賈氏談錄

淡墨錄

淸 李調元이 편찬한 筆記雜錄. 李調元(1734~1803)은 字가 美堂이고 號가 雨村 혹은 童山俊翁이며 綿州 출신이다. 문집 『童山詩集』 외에 『雨村曲話』, 『雨村劇話』, 『全五代詩』, 『粵風』, 『函海』, 『續函海』 등 많은 저술을 남겼다. 조선 후기 北學派 문인들과도 교유가 있었다. 이 책은 16권으로 되어 있으며, 順治, 康熙, 雍正 三朝와 乾隆 前期 科擧의 條例, 規則, 主要 합격자의 姓名과 言行, 그들과 관련된 일화와 奇聞 그리고 翰林院의 制度 등을 다루고 있다. 서울대 중앙도서관에 소장된 『函海』에 수록되어 있다. 『楓石全集』, 『五洲衍文長箋散稿』 등에서 이 책을 인용했다.

蟫史

淸 屠紳이 편찬한 文言小說. 屠紳(1744~1801)은 字가 賢書이고 號가 笏巖 혹은 磊砢山人이며 江蘇 江陰 출신으로, 『笏巖詩抄』, 『六合内外瑣言』 등의 저술이 있다. 편찬자를 알 수 없다고 한 곳도 있지만 淸 金武祥의 『粟香隨筆』에는 屠紳이 소장한 책을 소개하면서 이 책이 20책이고 磊砢山人이 편찬한 것이라 했다. 磊砢山人은 屠紳의 號다. 이 책은 권두에 「小停道人序」와 「杜陵男文序」가 있고 이어 1~2책에 人物像贊이 실려 있다. 3책부터 目錄과 小說이 시작되는데 내용이 황당하며 외설적인 것도 섞여 있다. 『說郛』에도 일부가 실려 있는데 편찬자는 闕名으로 되어 있다. 『五洲衍文長箋散稿』에 인용되어 있는데 편찬자를 無名氏라 했다. 明 祁承爜의 『澹生堂藏書目』에는 11권 4책이며 편찬자가 明 穆希文이라 했는데 이 책은 『蟫史集』으로 蟲類에 관한 것이다.

澹山雜識

宋 錢功이 편찬한 野史雜錄. 이 책은 『說郛』, 『宋人百家小說』에 1권 혹은 3권으로 수록되어 있다. 편찬자가 宋 錢功으로 되어 있지만 錢功이 어떤 인물인지 알 수 없다. 族嬸兇虐, 蠅子水心亭, 産鯉魚, 維揚無燕子, 獄囚自脫枷杻, 東坡

借磚, 麗安時 등의 표제가 달려 있다. 중국 國家圖書館 등에 明代와 淸代의 간본이 전하는데 편찬자가 錢功 혹은 淮海野人으로 되어 있다. 淸 李佐賢의 『書畫鑑影』에 "淮海野人錢伯言"이라 했는데 錢伯言(1066~1138)은 字가 遜叔이고 錢勰의 아들이며 龍圖閣直學士 등을 역임했지만, 그가 『澹山雜識』를 편찬했다는 기록은 다른 문헌에서 확인되지 않는다. 淸 陳邦彦의 『烏衣香牒』에 "宋錢惟演澹山雜識"라 했는데 錢惟演(977~1034)은 字가 希聖이고 錢塘 출신이며 同平章事를 지냈다. 『家王故事』, 『金坡遺事』, 『玉堂逢辰錄』 등의 저술을 남겼지만 이 책의 편찬과 관련한 기록은 확인되지 않는다. 淸 黃生의 『字詁』에는 "錢功父澹山雜識"라 했는데 錢功父는 明 錢允治(1541~1624)를 이른다. 錢允治는 長洲 출신으로, 初名이 府인데 나중에 字 功甫(혹은 功父)로 행세했다. 允治 역시 그의 字로 알려져 있다. 『少室先生集』, 『國朝詩餘』 등의 저술을 남겼다. 그가 『澹山雜識』을 편찬했다는 기록 역시 다른 문헌에서 확인되지 않는다. 『五洲衍文長箋散稿』에서도 이 책의 편찬자를 錢功이라 했다.

談藪

北宋 龐元英이 편찬한 筆記雜錄. 龐元英은 字가 懋賢이고 單州 출신인데, 정확한 생몰년은 밝혀져 있지 않다. 至和 2년(1055) 출사하여 光祿寺丞을 지냈다. 朝散大夫를 지냈으며 이 책 외에 『文昌雜錄』 등의 저술이 있다. 이 책은 규장각 등에 소장된 『說郛』에 수록되어 있다. 南宋의 寧宗과 理宗 兩朝의 잡다한 일을 기록했는데 1권이며 25조로 되어 있다. 『四庫全書總目』에서는 僞作으로 보았다. 『熱河日記』와 『海東繹史』에 이 책이 인용되어 있다. 『熱河日記』와 『瓛齋集』에 100권의 『翁伯談藪』를 언급했는데 편찬자가 明 介休然이라 했으므로 다른 책이다. 隋의 楊松玠가 편찬한 『談藪』가 있는데 8권이며 역시 이 책과는 다르다. 南宋 曾造의 『類說』의 한 편명이 「談數」이기도 하다.

談淵

南宋 王陶가 편찬한 筆記雜錄. 王陶(1020~1080)는 字가 樂道이고 西安 출신이다. 知制誥, 給事中 등을 지냈으며 文集 외에 『詩說』 등을 남겼다. 이 책은 『宋史』에 1권이라 했는데 그중 일부가 규장각에 소장된 『說郛』, 『宋人百家小說』 등에 수록되어 있다. 王貴 등 당시 인물의 일화 7조가 실려 있다. 『星湖僿說』에서 이 책을 인용했다.

湛然居士集

元 耶律楚材의 文集. 耶律楚材(1190~1244)는 字가 晉卿이며 號는 玉泉老人, 湛然居士 등을 사용했다. 거란족으로 遼東 丹王(突欲)의 8世孫이다. 이 책 외에 『西遊錄注』, 『庚午元曆』 등의 저술이 있다. 그의 문집은 宗仲亨이 紹定 6년(1233) 9권으로 편집했는데 그 이후의 작품을 모은 5권이 덧붙여져 14권이 되었다. 서울대 중앙도서관에 光緒 21년(1895) 漸西에서 목판으로 간행한 14권 3책이 소장되어 있다. 詩를 중심으로 하되 8권, 13권, 14권에 書, 序, 碑, 記의 산문이 섞여 있다. 『海東繹史』에는 『湛然居士集』 14권으로 소개되었고, 『海翁藁』에도 같은 서명으로 소개되어 있다. 『阮堂集』과 『五洲衍文長箋散稿』에는 『湛然集』으로 소개했다.

談苑 → 孔氏談苑

譚苑醍醐

明 楊愼이 편찬한 筆記雜錄. 楊愼(1488~1559)은 字가 用修이고 號가 升庵이며 新都 출신으로, 『升庵先生文集』, 『升庵詩話』 등 많은 저술이 있다. 博學으로 명성이 높았고 文字學, 經學 등에도 능했다. 이 책은 考證을 주로 한 것으로 嘉靖 21년(1542) 완성되었다. 서명의 醍醐는 우유를 정제한 식품인데 佛家에서 불법의 오묘함을 비유하는 말로 쓰인다. 『四庫全書』에 9권으로 실려 있다. 『說郛』에도 실려 있다. 『自著』에 이 책이 인용되어 있다. 『五洲衍文長箋散稿』에서 詩話書의 하나로 『醍醐苑譚』을 소개하면서 편찬자를 無名氏라 했는데 이 책을 말한 듯하다.

憺園集

明末淸初 徐乾學의 文集. 徐乾學(1631~1694)은 字가 原一이고 號가 健庵으로 江蘇省 崑山縣 출신이며, 內閣學士 兼禮部侍郎을 지냈다. 藏書家로도 이름이 높아 그의 書庫를 傳書樓라 불렀다. 顧炎武의 조카이기도 하다. 문집 외에 『讀禮通考』 등의 저술이 있고 康熙帝의 命으로 『古文淵鑑』을 편찬했다. 이 책은 총 38권으로 이루어져 있는데 康熙 16년(1677) 宋犖原의 序를 받아 간행했다. 『海東繹史』에 조선의 모란과 관련하여 이 책에 실려 있는 시를 인용했으며, 『五洲衍文長箋散稿』에도 여러 차례 이 책을 인용했다. 『五洲衍文長箋散

稿』에는 徐乾學의 『虞浦集』도 소개했는데 『虞浦集』은 『憺園集』에 포함된 시집이다. 『正祖實錄』에 徐乾學의 문집에 대한 기록이 보이므로 18세기 조선에 수입된 것으로 보이지만 현재 국내에 전하는 판본은 확인되지 않는다. 任埅의 『水村集』 이래 조선 후기 문인의 문집에 徐乾學의 文集이나 그의 글에 대한 기록이 자주 보인다.

譚子化書

南唐 譚峭가 편찬한 筆記雜錄. 譚峭는 字가 景升이고 福建 泉州 출신이다. 崇山의 道士를 스승으로 삼아 10년 동안 辟穀과 養氣의 術을 터득하고 南嶽에서 鍊丹術을 익힌 후 靑城山에 은거했다. 이 책은 미국 버클리대에 萬曆 19년(1591)의 목판본이 소장되어 있는데 6권 112편으로 구성되어 있다. 권1 道化, 권2 術化, 권3 德化, 권4 仁化, 권5 食化, 권6은 儉化 등으로 구성되어 있으며 각 부문 아래 다시 소제목을 붙여 기술했다. 규장각에 소장된 『說郛』와 『唐宋叢書』에도 수록되어 있다. 규장각에 소장된 『尙白齋鐫陳眉公訂正秘笈』에는 『化書』라는 서명으로, 『子彙』에는 『齊丘子』로 수록되어 있다. 『弘齋全書』와 『五洲衍文長箋散稿』 등에 『化書』로, 申國賓의 『太乙菴集』에 『齊丘子』로 인용되어 있다.

澹圃畫品

明 王世懋가 편찬한 書畫에 관한 책. 王世懋(1536~1588)는 字가 敬美이고 別號가 麟州이며 少美라고도 불렀다. 江蘇 太倉 출신으로, 明 後七子의 領袖인 王世貞의 동생이다. 詩學書 『藝圃擷餘』 외에 문집 『王奉常集』이 전한다. 이 책은 별본으로 전하는 것은 없고 明 汪砢玉의 『珊瑚網』, 淸 孫岳頒의 『佩文齋書畫譜』 등에 인용되어 전한다. 明 楊愼의 『楊升菴外集』에도 실려 있다. 唐 閻立本의 「五星二十八宿粉本」, 唐 周昉의 「擣衣圖」, 南宋 李唐의 「三生圖」 등 40여 종의 繪畫에 대한 기록을 싣고 있다. 『五洲衍文長箋散稿』에 이 책이 보인다. 『函海』에 수록되어 있는 明 楊愼의 『畫品』은 별개의 책이다.

唐鑑

北宋 范祖禹가 편찬한 唐의 歷史書. 范祖禹(1041~1098)는 字가 淳甫 혹은 夢得이고 成都 華陽 출신이다. 저서로 이 책 외에 『帝學』, 『仁宗政典』, 『范太史

集』 등이 있다. 이 책은 12권인데 원본은 전하지 않고 南宋 呂祖謙이 주를 단 『東萊先生音註唐鑑』이 전한다. 唐 高祖 武德 元年(618)에서 昭宣帝 天祐 4년(907)에 이르는 290년의 歷史를 『資治通鑑』의 체제를 따라 서술한 것이다. 『高麗史節要』에 따르면 1135년 經筵에서 이 책을 사용했다. 『朝鮮王朝實錄』에 1423년 世宗이 集賢殿에 命하여 이 책을 필사하여 올리게 했고 『國朝寶鑑』에 1490년 『文苑英華』, 『文章正宗』 등과 함께 민간에서 찾아 올리도록 했다는 기록이 보인다. 또 1511년 중종이 이 책을 간행하라는 命을 내렸다는 기사가 『中宗實錄』에 보인다. 弘治 10년(1497) 간행된 판본이 중국 國家圖書館에 소장되어 있다. 李瀷은 『星湖僿說』에서 「唐鑑議論」이라는 항목을 두어 이 책을 자세히 다루었다. 『益齋亂藁』, 『太祖實錄』, 『陽村集』 등 고려시대부터 많은 문헌에서 이 책을 인용하고 있으며, 『海東雜錄』, 『五洲衍文長箋散稿』 등 조선 후기 문헌에도 두루 인용되어 있다. 조선 후기 經筵의 교재로도 사용했다. 일반적으로 『唐鑑』이라고 하면 『東萊先生音註唐鑑』을 가리킬 때가 많다. 이 책은 1791년 경상감영에서 간행한 판본이 유통되었는데 규장각, 장서각, 연세대 등에 전한다.

唐國史補

唐 李肇가 편찬한 歷史書. 李肇는 唐 憲宗 연간(805~820)의 문인인데 자세한 이력은 밝혀져 있지 않다. 尙書左司郎, 補闕, 翰林學士, 中書舍人 등을 지냈고 이 책 외에 『翰林志』를 저술했다. 이 책은 『國史補』라고도 하며, 李肇가 尙書左司郎으로 있을 때 편찬한 것으로 開元 연간(713~741)에서 長慶 연간(821~824)까지의 일을 기록했다. 上卷과 中卷에 103조, 下卷에 102조를 수록했는데 五字로 매 조목의 標題를 삼았다. 국립중앙도서관에 1782년 일본에서 간행한 목판본 2권 2책이 소장되어 있다. 규장각 등에 소장된 『唐宋叢書』, 『說郛』 등에 일부가 수록되어 있다. 『白湖全書』, 『壽谷集』, 『頭陀草』, 『星湖僿說』, 『海東繹史』, 『與猶堂全書』, 『警修堂全藁』, 『性齋集』 등에 이 책이 인용되어 있다. 『五洲衍文長箋散稿』에 인용한 것은 『弇州四部稿』에서 가져온 듯하다. 『研經齋全集』에는 李肇의 『國史補』와 함께 南宋 蔡絛와 明 焦竑의 『國史補』 2종을 들고 있지만 다른 책이다. 蔡絛의 『國史補』는 『國史後補』를 이른다.

唐登科記

편찬자를 알 수 없는 唐代의 登科者와 科擧에 관한 기록을 모아 편찬한 책. 唐代에 進士科를 제외하고는 과거의 명칭과 종류가 번잡하여 宣宗 大中 10년(856) 鄭顥奉이 처음으로 『諸家科目記』 13권을 편찬한 이래 여러 차례 登科記가 편찬되었다. 南宋 陳振孫의 『直齋書錄解題』에 宋 洪适이 편찬한 『唐登科記』 15권이 소개되어 있다. 『唐書』 「藝文志」를 인용해 崔顯慶의 『登科記』 5권, 姚康의 『科第錄』 16권, 李奕의 『登科記』 2권 등이 있다고 하고 이를 합쳐 이 책을 편찬한 것이라 했다. 洪适(1117~1184)은 初名이 造이고 字가 景伯이며 號는 盤州老人이다. 饒州 鄱陽 출신으로, 尙書左僕射를 지냈으며 『盤州文集』, 『隸釋』, 『隸韻』 등의 저술이 있다. 姚康은 姚康復이라고도 하는데 字가 汝諧이고 下邽 출신이며, 『統史』를 편찬했다. 崔顯慶과 李奕은 어떤 인물인지 알려져 있지 않다. 『五洲衍文長箋散稿』에서 『唐登科記』를 인용했지만 清 顧炎武의 『日知錄』에서 가져온 것인데 여기에도 편찬자가 밝혀져 있지 않다. 『星湖全集』에도 『登科記』에 대한 기록이 보이지만 어떤 책을 가리키는지 알 수 없다.

唐曆

唐 柳芳이 편찬한 唐의 歷史書. 柳芳은 蒲州 河東 출신으로 생몰년은 자세하지 않으며 至德 연간(756~758) 활동한 인물로 唐의 國史를 편찬하는 데 큰 공헌을 했다. 上元 연간(760~761) 柳芳이 黔中으로 유배되었을 때 高力士를 만나 開元 연간(713~741)과 天寶 연간(742~756) 궁중의 사건을 들은 것이 이 책의 편찬 동기가 되었다. 이 책은 南宋 晁公武의 『郡齋讀書錄』에 40권으로 되어 있다. 隋 義寧 元年(617)부터 大曆 13년(778)까지 궁중의 역사를 기술했는데 제도에 대한 서술이 상세하다는 평가를 받으며 『舊唐書』나 『新唐書』 편찬에 중요한 자료로 활용되었다고 하지만, 일실되어 전하지 않는다. 『海東繹史』에 이 책을 인용했지만 직접 본 것은 아니고 『通鑑考異』의 내용을 재인용한 것이다. 『五洲衍文長箋散稿』에서는 清 顧炎武의 『日知錄』을 인용하여 이 책의 내용을 소개했다. 『世宗實錄』, 『與猶堂全書』, 『性齋集』 등에서는 길흉을 점치는 것과 관련하여 『唐曆』을 언급하고 있지만 같은 책인지는 알 수 없다. 『五洲衍文長箋散稿』에는 柳芳의 다른 저술 『永泰譜』도 함께 소개했다.

唐禮纂要

唐 柳逞이 편찬한 儀禮에 관한 책. 이 책은 현재 전하지 않고 『新唐書』 등에 柳逞이 『唐禮纂要』 6권을 편찬했다는 기록만 보인다. 柳逞은 『宋史』에 柳珵으로, 『通志』에는 柳郢으로 되어 있다. 『海東繹史』에 『新唐書』와 『舊唐書』를 인용하여 신라와 발해가 당에서 이 책을 구하려 한 기사를 수록했다. 『沙溪全書』에 따르면 『家禮輯覽』을 편찬할 때 『唐禮』를 참고했다고 하지만 같은 책인 것 같지 않다.

唐柳先生集

唐 柳宗元의 詩文集. 柳宗元(773~819)은 字가 子厚이고 柳州刺史를 역임하여 柳州를 號로 사용했으며, 출신지 河東을 別號로 사용하기도 했다. 문집 외에 『龍城錄』이 그의 대표적인 저술이다. 柳宗元의 문집은 劉禹錫이 45권으로 편집하여 『河東先生集』이라 했는데 후대의 판본들은 대부분 이를 바탕으로 주석을 더했다. 南宋 韓醇이 편집한 『詁訓柳先生文集』이 明 嘉靖 연간(1522~1566) 간행되었는데 같은 판본이 『四庫全書』에 45권으로 실려 있다. 또 宋 童宗說의 注를 단 元代의 간본 『注音辨唐柳先生集』, 宋 廖瑩中이 편집한 宋代의 간본 『河東先生集』, 宋 魏仲擧가 편집한 宋代의 간본 『增廣百家補注唐柳先生文集』 등도 전한다. 明代 蔣之翹가 輯注한 『柳河東集』이 통용된다. 조선시대에는 금속활자본 『唐柳先生集』이 간행되었는데 南秀文의 跋에 의하면 1438년 韓愈와 柳宗元의 문장을 選集하여 주해한 『韓柳文註釋』이 편찬되었다고 한다. 明末淸初 錢謙益의 「跋高麗板柳文」에도 조선본이 언급되었다. 국립중앙도서관에 初鑄甲寅字本 『唐柳先生集』의 殘卷이 남아 있다. 규장각에 소장된 『河東先生集』 45권은 明 呂圖南의 序가 붙어 있어 明代의 간본으로 추정된다. 『櫟泉集』과 『燕巖集』에 『唐柳先生集』에 대한 언급이 보인다. 『希菴集』과 『海東繹史』 등에는 『柳河東集』이라는 서명으로 인용되었다. 鄭樞의 『圓齋稿』, 『星湖僿說』, 『五洲衍文長箋散稿』에서는 『柳柳州集』으로 소개되었다. 柳宗元의 문집은 『唐柳先生集』, 『河東先生集』, 『柳柳州集』 등으로 다양하게 불렸지만 내용에 큰 차이가 있는 것은 아니다. 『五洲衍文長箋散稿』에서 인용한 『河東集』은 北宋 柳開의 문집을 이른다.

唐類函

明 兪安期가 편찬한 類書. 兪安期는 初名이 策이고 字가 羡長 혹은 公臨이며 吳江 출신인데, 노년에 金陵에 거주했다. 생몰년은 자세히 밝혀져 있지 않은데 萬曆 연간(1573~1620) 활동한 것으로 추정된다. 문집 『寥寥集』 외에 『唐類函』, 『類苑瓊英』, 『啓雋類函』, 『詩雋類函』 등 많은 저술을 남겼는데 그중 『詩雋類函』이 규장각에 소장되어 있다. 이 책은 『北堂書鈔』, 『藝文類聚』, 『初學記』, 『白孔六帖』 등 前代의 類書를 참조하여 중복되는 것은 산삭하고 『歲華紀麗』, 『通典』 등의 내용을 보태 편찬한 책이다. 明 徐顯卿이 校訂하여 200권 40책으로 간행한 판본이 널리 유통되었다. 天部 地部, 人部로 나누고 다시 歲時部, 帝王部, 后妃部, 儲宮部, 帝戚部, 設官部, 封爵部, 政術部, 禮儀部, 文學部, 武功部, 邊塞部, 釋部, 道部, 靈異部, 方術部, 巧藝部, 京邑部, 州君部, 居處部, 產業部, 水部, 火部, 珍寶部, 布帛部, 儀飾部, 服飾部, 器物部, 舟部, 車部, 食物部, 五穀部, 藥部, 菜蔬部, 果部, 草部, 木部, 鳥部, 獸部, 鱗介部, 蟲豸部 등으로 나누어 기술했다. 각 항목마다 『藝文類聚』, 『初學記』, 『北堂書鈔』 등을 직접 인용한 다음, 專對, 詩, 賦, 贊, 表 등 다양한 시문을 수록했다. 규장각에는 3종의 『唐類函』이 있는데 모두 萬曆 연간 간행된 것으로 추정되며, 내용에도 큰 차이가 없다. 萬曆 31년(1603)에 쓴 申時行, 李維楨, 沈思孝, 程開祜 등의 序가 앞에 실려 있다. 朝鮮 憲宗의 장서인 '元軒'과 '文獻之章', '萬華墨書' 등이 날인되어 있다. '海東青丘', '春坊內府之藏', '弘文館', '離文院' 등의 소장인도 찍혀 있다. 국립중앙도서관, 장서각, 존경각 등 여러 곳에 萬曆 31년의 序가 실린 중국 목판본 200권 40책이 소장되어 있다. 장서각에 필사본 1책이 전하며, 충남대 도서관에는 宋의 蔣一葵가 편찬한 『珠玉』 필사본 1책이 소장되어 있는데 『堯山堂記』와 함께 『唐類函抄』가 수록되어 있다. 이 책은 17세기 무렵부터 우리나라에 유통된 것으로 보인다. 金昌業의 『老稼齋燕行錄』에 따르면 1713년 康熙帝로부터 『全唐詩』, 『佩文韵府』 등과 함께 이 책을 받아왔다. 「類苑叢寶序」에 따르면 金堉이 『類苑叢寶』를 편찬할 때 이 책을 크게 참조했다고 한다. 『芝峯類說』, 『星湖僿說』, 『耳目口心書』, 『海東繹史』 등에서 여러 가지 고증에 이 책이 활용되었다.

唐文粹

北宋 姚鉉이 편찬한 詩文總集. 姚鉉(967~1020)은 字가 寶之이고 廬州 合肥 출

신이다. 이 책은 『文苑英華』에 실려 있는 唐詩 가운데 古體를 위주로 편찬했다는 설이 있으나 梁 昭明太子 蕭統이 편집한 『文選』을 본보기로 했다는 설이 더 유력하다. 다만 『文選』과는 분류에서 약간의 차이가 있어서 四六文과 近體詩는 싣지 않았는데, 序에서 고아함을 위주로 하고 조탁에 힘쓴 글은 생략했다고 밝히고 있다. 古賦 9권, 詩 13권, 頌 5권, 贊 2권, 表奏書疏 7권, 文 4권, 論 5권, 議 4권, 古文 8권, 碑 17권, 銘 5권, 記 7권, 箴誡銘 1권, 書 12권, 序 8권, 傳錄紀事 2권 등 총 100권으로 賦 1,104篇, 詩 961首가 수록되어 있다. 李穡의 「選粹集序」에 따르면 金九容의 『選粹集』이 이 책을 전범으로 삼았다고 한다. 崔瀣의 『拙藁千百』에도 이 책을 인용하고 있어 고려시대 널리 유통되었음을 알 수 있다. 『寅齋集』, 『壽谷集』, 『而已广集』, 『石泉遺稿』, 『與猶堂全書』, 『靑莊館全書』, 『海東繹史』, 『五洲衍文長箋散稿』 등 많은 문헌에 이 책이 인용되어 있다. 洪奭周의 『洪氏讀書錄』은 이 책을 중요한 참고문헌으로 삼고 있다. 고려대에 明代의 간본 殘卷이, 장서각에 淸 朱整同이 校正한 淸代의 간본이, 규장각에는 光緖 9년(1883) 간행한 목판본 100권 16책이 소장되어 있다.

唐本草

唐 蘇敬 등이 高宗의 命을 받아 편찬한 本草書. 蘇敬(599~674)은 陳州 淮陽 출신으로, 蘇恭, 蘇鑑으로도 불린다. 이 책은 『新修本草』라고도 하는데, 唐 高宗 顯慶 4년(659) 편찬되었다. 蘇敬의 책임 아래 李勣 등 22인이 참여했다. 本草 20권, 目錄 1권, 藥圖 25권, 圖經 7권 등 총 53권으로 구성되어 있으며, 844種의 藥物을 수록하고 있어 『本草經集注』에 비해 114種이 더 많다. 증보된 약물에는 安息香, 龍腦香, 胡椒, 訶黎勒 등 외래종들도 포함되었다. 원본은 일실되고 일부가 『證類本草』, 『本草綱目』 등에서 인용되어 전하는데, 이를 후대 다시 편집하여 『唐新修本草』라고 했다. 『芝山集』, 『靑莊館全書』, 『海東繹史』 등에 인용되었다. 『海東繹史』에는 이 책이 20권이라 했는데 本草 부분만 든 것이다.

唐史記

北宋 孫甫가 唐의 역사를 비평한 책. 孫甫(998~1057)는 字가 之翰으로 許州 陽翟 출신이다. 經의 정신을 史에 적용해야 한다고 주창하고, 『尙書』와 『春秋』의 大義를 법으로 삼아 역사가 현실에 모범을 제시해야 한다고 주장했다. 이

책은 원래 75권인데 하나의 사건으로 1篇을 구성하고, 사건마다 論斷을 붙였지만 원문은 일실되었다. 후대에 論斷만 뽑아 『唐刻史論斷』, 『唐史論斷』이라 했는데 2권 혹은 3권으로 되어 있다. 淸 李調元이 교정한 『函海』가 서울대 중앙도서관에 소장되어 있는데, 이 책이 실려 있고 孫甫의 序가 붙어 있다. 규장각에 소장된 목판본 『粤雅堂叢書』에도 이 책이 실려 있다. 民國 15년(1926) 편집된 『孫諫議唐史記論』 3권이 통용되고 있는데 중국 國家圖書館, 일본 東京大 등에 소장되어 있다. 『海東繹史』에 고구려와 당의 대외 관계를 논하면서 『唐史論斷』으로 인용했다. 『五洲衍文長箋散稿』에 『唐史記』를 들고 있지만 직접 본 것은 아닌 듯하다.

唐史論斷 → 唐史記

唐書演義

明代 편찬자를 알 수 없는 衍義小說. 明 嘉靖 32년(1553) 熊大木이 간행했는데 100回로 되어 있다. 熊大木(1506?~1578)은 號가 鍾谷 혹은 鰲峯後人이며 建陽 출신이다. 通俗小說에 밝아 이 책 외에 『前漢志傳』, 『南北兩宋志傳』, 『大宋中興通俗衍義』, 『日記故事』 등을 지었다. 이 책은 원래 서명이 『唐書志傳通俗演義』인데 일본 內閣文庫와 靜嘉堂文庫 등에 嘉靖 연간(1522~1566)과 萬曆 연간(1573~1620)의 간본이 소장되어 있다. 明 陳繼儒의 序가 붙어 있는데 正史에서 상세하지 못한 부분을 시속에서 떠도는 말로 보충한 것이라고 했다. 『靑莊館全書』, 『五洲衍文長箋散稿』 등에 보이는데 楊萬春이 唐 太宗의 눈을 애꾸로 만든 사건을 다루었다.

唐書直筆新例

北宋 呂夏卿이 편찬한 歷史書. 呂夏卿(1015~1068)은 字가 縉叔이고 泉州 출신으로, 『新唐書』 편찬에 참여했다. 이 책은 총 4권으로 紀, 傳, 志가 각 1권, 補遺 1권이고, 끝에 校勘記 1권이 실려 있다. 맨 뒤에 『新例須知』가 부기되어 있다. 규장각에 소장된 『小萬卷樓叢書』에 『新例須知』가 빠진 『唐書直筆』로 실려 있다. 『五洲衍文長箋散稿』에 『唐書直筆新例』로 이 책을 소개했다.

唐宋白孔六帖

唐 白居易의 『白氏六帖』과 宋 孔傳이 편찬한 『後六帖』을 합쳐 만든 類書. 『白孔六帖』으로 줄여 부르기도 한다. 『四庫全書總目』에는 『文獻通考』를 인용하여 각기 30권으로 되어 있던 이 두 책을 합친 사람이 누구인지는 알 수 없고 또 60권을 100권으로 만든 사람도 알 수 없다고 했다. 白居易(772~846)는 字가 樂天이고 號가 香山居士이며 河南省 新鄭縣 출신이다. 『白樂天集』, 『元白唱和集』, 『劉白唱和集』, 『白氏六帖』 등의 저술이 있다. 孔傳(1065~1139)은 字가 世文이고 知撫州軍州事 兼管內勸農使를 지냈으며 『東家雜記』 등의 저술이 있다. 이 책은 白居易의 『白氏六帖』은 여러 문학 작품에 나타난 어휘를 1,870여 부문으로 분류하여 편찬한 것으로 律, 令, 格, 式의 條目으로 나누고, 律은 擅興律, 賊盜律 등으로, 令은 樂令, 選擧令, 考課令, 封爵令, 喪葬令, 戶令, 授田令, 祠令, 雜令 등으로, 格은 倉部格, 金部格, 戶部格, 祠部格 등으로, 式은 兵部式, 祠部式, 吏部式, 考功式, 戶部式, 主客式, 水部式 등으로 다시 분류했다. 律만 전하고 令, 格, 式은 일실되었다. 孔傳의 『後六帖』은 『續六帖』이라고도 하며 30권으로 구성되어 있다고 하는데 현재 따로 전하지 않는다. 『白孔六帖』은 대분류 없이 天, 地, 日, 月, 星, 明天文, 晨夜, 律曆, 律呂, 雲, 雨, 雪, 風, 霞, 霰, 雷, 雹, 虹, 蜺, 天河, 霜露, 霧, 冰, 火, 灰, 塵, 敘四時, 春, 夏, 秋, 冬, 歲陽, 歲名, 月陽, 寒, 熱, 陰陽, 元日, 人日, 正月十五, 晦日, 社日, 中和節, 寒食, 三月三, 五月五, 伏日, 七月七, 七月十五, 九月九, 歲除, 閏月, 臘 등과 같은 하위 항목 아래 바로 관련 기록을 수록했는데 그 항목이 일반적인 類書의 내용을 포괄하고 있다. 규장각에 明 嘉靖 연간(1522~1566) 간본 두 종이 소장되어 있다. 100권 49책본은 韓駒의 序가 실려 있다. '摛文院' 장서인이 날인되어 있어 규장각에 소장되어 있던 책임을 알 수 있다. '朴啓楨'의 소장인도 찍혀 있다. 『青莊館全書』에 이 책을 인용했고 『五洲衍文長箋散稿』에는 清 周亮工의 『因樹屋書影』을 인용해 이 책을 거론했다. 『與猶堂全書』, 『貞蕤閣集』, 『海翁藁』 등에서 이른 『唐六帖』도 이 책을 가리키는 듯하다. 조선시대 문헌에는 『白孔六帖』보다 『白氏六帖』을 인용한 사례가 더 많다. 『成宗實錄』, 金正國의 『思齋集』 등에 『白氏六帖』을 인용했다. 『白氏六帖』의 일부인 宋代의 간본 『新雕白氏六帖事類添注出經』은 중국 國家圖書館에 전한다.

唐宋詩本

清 戴第元이 편찬한 唐宋代의 漢詩選集. 戴第元(1728~1789)은 字가 正宇이고 號가 簋圃 혹은 省翁이며 江西 大庾 출신이다. 동생 均元, 큰아들 心亨, 둘째아들 衢亨과 더불어 당시 西江四戴로 文名을 떨쳤다. 이 책은 76권(目錄 8권) 32책으로 편차된 乾隆 38년(1773)의 간본이 중국 國家圖書館과 고려대에 소장되어 있다. 고려와 관련한 기사가 『海東繹史』에 인용되어 있다.

唐宋叢書

明 鍾人傑이 唐宋 시기를 중심으로 한 저술을 모은 叢書. 鍾人傑은 字가 瑞先이고 錢塘 출신인데, 明 崇禎 연간(1628~1644)의 인물이지만 정확한 생몰년은 알려져 있지 않다. 『性理會通』의 편찬에 참여했다. 『史記』, 『漢書』, 『國語』, 『晉書』 등을 교감하여 간행한 판본이 규장각 등에 전한다. 『唐宋叢書』는 唐宋 시기의 저술을 중심으로 하되 先秦, 六朝의 문헌 20종과 元代의 문헌 2종 등 도합 90종의 문헌을 수록했다. 明代의 간본, 淸初의 간본, 淸 王文誥의 袖珍本 등이 알려져 있다. 일본에는 公文書館에 62책본 明代의 간본과 東洋文庫에 39책본 淸代의 간본이 소장되어 있는데 鍾人傑과 張遂辰이 함께 편집한 것으로 되어 있다. 이 두 종은 모두 90종을 수록하고 있지만 수록한 전적의 목록이 서로 다르다. 張遂辰(1589?~1668)은 字가 相期이고 號가 西農이며 浙江 錢唐 출신으로, 저서로 『張卿子四編』이 있다. 이화여대에 木活字本 32책 『唐宋叢書』 가 소장되어 있는데 經德堂藏板으로 冊1~4에는 經翼이, 冊4~10에는 別史, 冊11~15에는 子餘, 冊16~32에는 載籍이 실려 있다. 일본 法政大에도 經德堂藏板本 48책이 소장되어 있다. 규장각에는 43책의 목판본이 소장되어 있는데 戴澳의 序와 鍾人傑의 識가 붙어 있다. 戴澳은 奉化 출신으로 字는 有斐다. 萬曆 연간(1573~1620)에 進士가 되었고 應天府丞을 지냈으며 『杜曲集』을 남겼다. 규장각 소장본은 萬曆 연간에 간행된 明代의 간본으로 추정되는데, 戴澳의 序와 鍾人傑의 識는 다른 판본에서는 확인되지 않는다. 陳繼儒나 陶宗儀가 교정한 판본이 실려 있어 『尙白齋鐫陳眉公訂正秘笈』, 『說郛』의 판본을 이용했을 가능성이 높다. 弘文館 인장과 함께 元繼孫의 장서인도 보이는데 元繼孫은 생부가 元景夏이며 元仁孫이 그의 형이다. 중간에 補寫한 곳이 제법 있다. 규장각본은 체제가 經翼, 別史, 子餘, 載籍의 4類로 나누어져 있는데 『說郛』 판본을 중간한 책이 이러한 체제를 따르고 있으며 鍾人傑과 張遂辰

이 함께 편집한 것으로 되어 있지만 규장각본은 이러한 사실이 명기되어 있지 않다. 目錄 다음에 "又補漢魏失刻二十種"이라 새겨져 있는데, 여기서 20종은 『漢魏叢書』에 수록되지 않은 先秦, 六朝의 문헌 20종만 든 것으로 추정된다. 李瀷이 『星湖僿說』에 이 책을 인용했으므로 17세기 무렵부터 조선에 유통된 듯하다. 徐命膺의 『保晩齋集』「題保晩齋叢書」에 『漢魏叢書』, 『格致叢書』 등과 함께 이 책을 들고 있는 것으로 보아 『保晩齋叢書』를 편찬할 때 이 책을 참조한 듯하다. 成海應의 『研經齋全集』에도 이 책을 들고 있다. 『唐宋叢書』에 편입되어 있는 개별적인 전적 중에 조선시대 널리 이용된 것이 많지만, 이 책을 참조한 것인지는 확인할 수 없다. 다만 『說郛』나 『說郛續』에 실린 것과 겹치는 것이 대부분이라는 점에서 『說郛』가 더욱 광범위하게 읽혔을 가능성이 높다. 또 일본 東京大 등에 소장된 『唐宋叢書』는 『說郛』를 묶은 것이다.

唐宋八大家文鈔

明 茅坤이 편찬한 散文選集. 茅坤(1512~1601)은 字가 順甫이고 號가 鹿門이며 歸安 출신이다. 『白華樓藏稿』, 『玉芝山房稿』, 『史記抄』, 『浙省分署紀事本』, 『徐海本末』 등의 저술이 있다. 이 책은 韓愈, 柳宗元, 歐陽修, 蘇洵, 蘇軾, 蘇轍, 曾鞏, 王安石의 문장을 뽑아 엮은 것이다. 明 唐順之가 周代부터 宋代까지 문장을 뽑아 『文編』을 편찬했는데, 그중 唐宋代 韓愈, 柳宗元, 歐陽修, 蘇洵, 蘇軾, 蘇轍, 曾鞏, 王安石 등 8인을 대상으로 했다. 茅坤이 이들 8인의 문장을 선별해 이 책을 편찬하면서 唐宋八大家라는 명칭이 처음 붙여졌다. 乾隆 18년(1743)의 序가 붙은 목판본 36권이 중국 國家圖書館에 소장되어 있다. 이 책은 조선에서도 여러 차례 간행되어 顯宗實錄字와 戊申字로 간행한 금속활자본과 함께 여러 종의 목판본이 규장각, 국립중앙도서관 등에 소장되어 있다. 清 皖省 聚文堂本 등의 중국본도 규장각에 소장되어 있다. 이 책은 『農巖集』, 『弘齋全書』, 『貞蕤閣集』, 『淵泉集』, 『樊巖集』, 『楓石全集』, 『五州衍文長箋散稿』, 『梅泉野錄』 등 많은 문헌에서 인용되었다. 正祖가 편찬한 『唐宋八子百選』은 이 책에서 100편을 엄선한 것으로 규장각 등에 소장되어 있다. 『五州衍文長箋散稿』에는 王道思가 편찬한 『八家文抄』가 있는데 俗名 『八大家』라 부른다고 했다. 王道思는 王愼中을 이른다. 王愼中(1509~1559)은 字가 道思이고 號가 南江 혹은 南江仲子, 遵巖居士 등을 사용했다. 문집 『王遵巖集』이 규장각에 소장되어 있다. 그가 『八家文抄』를 편찬했다는 기록은 다른 데서는 보이지 않으

므로, 李圭景의 착오일 가능성이 높다. 淸 沈德潛이 唐宋八大家의 古文 379편을 뽑아 評點을 한 散文選集『唐宋八家文讀本』이 전하는데 별개의 책이다. 또 규장각에 소장된 1권의『皇明正嘉八才子文抄』는 조선에서 戊申字로 간행한 것으로, 徐禎卿, 唐寅, 王廷陳, 黃省曾, 田汝成, 陳束, 袁袠, 皇甫汸 등 明 문인 8인의 散文選集이다.『五洲衍文長箋散稿』에서 明 陳仁錫이 편찬했다고 한『八才子文抄』는 이 책을 가리킨다.

唐詩紀事

南宋 計有功이 唐詩와 관련한 逸話와 批評을 모은 책. 計有功은 字가 敏夫이고 號는 灌園居士이며 정확한 생몰년은 밝혀져 있지 않은데 北宋과 南宋 교체기에 활동했다. 이 책은 총 81권으로 唐代 詩人 1,150家를 수록했다. 후대 이 책을 모방하여『宋詩紀事』와『明詩紀事』등이 편찬되었다. 이 책은 宋 王禧가 嘉定 17년(1224) 처음 간행했고 嘉靖 24년(1545) 洪楩과 張子立이 다시 간행했으며 崇禎 5년(1632)에도 毛晉이 汲古閣에서 간행한 바 있다. 규장각에 嘉靖 24년 간행된 판본 일부가 소장되어 있다. 국립중앙도서관에는 汲古閣에서 간행한 81권 81책본이 소장되어 있다.『耳溪集』,『金陵集』,『五洲衍文長箋散稿』에서 이 책을 인용했다.

唐詩品彙

明 高棅이 唐代의 시를 선발한 漢詩選集. 高棅(1350~1423)은 字가 言恢이고 號가 漫士이며 福建 長樂 출신으로, 閩中十才子의 한 사람이다. 永樂 연간(1403~1424)에 翰林院 待詔, 典籍을 지냈다. 저서로『嘯臺集』,『木天淸氣集』,『唐詩正聲』등이 있다. 이 책은 高棅이 洪武 17년(1384) 편찬에 착수하여 洪武 26년(1393) 완성했으며 이듬해 王偁의 序를 붙여 간행했다. 高棅은 다시 5년의 시간을 들여 洪武 31년(1398) 61인의 시인과 954수의 시를 모아『唐詩拾遺』10권을 만들어 도합 100권으로 증보했다. 이 시집에는 唐 貞觀 연간(627~649)부터 天祐 연간(904~907)까지 620인의 시 5,769수가 실려 있다. 먼저 詩體를 분류한 뒤 初唐, 盛唐, 中唐, 晩唐으로 다시 분류했으며, 또 각 시기의 특징을 드러내기 위하여 初唐은 正始, 盛唐은 正宗, 大家, 名家, 羽翼, 中唐은 接武, 晩唐은 正變, 餘響으로 나누었다.『稗官雜記』등 이른 시기 문헌에서부터 이 책을 인용하고 있으며, 조선 중기『惺所覆瓿藁』,『芝峯類說』,『壺谷集』,『星湖

僿說』 등에도 인용되었다. 李宜顯의 「庚子燕行雜識」에는 중국에서 이 책을 구입했다는 기록이 보인다. 규장각에 成宗 15년(1484) 甲辰字로 간행한 간본 일부가 소장되어 있으며, 崇禎 연간(1628~1644) 간행된 中國本도 소장되어 있다. 국립중앙도서관, 계명대 등 여러 곳에 다양한 판본이 소장되어 있다.

唐詩畵譜

明 黃鳳池가 편찬한 詩畵集. 黃鳳池는 徽州 출신으로 號는 集雅齋主人인데 생몰년은 밝혀져 있지 않다. 이 책은 唐詩 絶句를 선발하고 시의 意景에 알맞은 그림을 붙인 것이다. 萬曆 연간(1573~1620) 간행된 것으로 추정된다. 五言唐詩畵譜, 七言唐詩畵譜, 六言唐詩畵譜로 구성되어 있다. 권두에 程涓의 序가 있고, 4책에 각각 시 50수와 그림 50폭을 수록했다. 黃鳳池는 이 3종의 畵譜와 『梅竹蘭竹四譜』, 『草本花詩譜』, 『木本花鳥譜』, 『唐解元倣古今畵譜』, 『張白雲選名公扇譜』를 합쳐 『黃氏畵譜八種』으로 간행했는데, 이 8종을 모두 합쳐 『唐詩畵譜』라 일컫기도 한다. 규장각에 중국 목판본 『唐詩畵譜』 4책이 있는데 유일본인 듯하다. 『畵譜』, 『新鐫五言唐詩畵譜』 등으로 되어 있는 책은 『五言唐詩畵譜』로 중국 목판본이다. 규장각에는 『新鐫草本花詩譜』, 『唐解元倣古今畵譜』 등도 소장되어 있다. 개인 소장의 姜世晃 手澤本도 알려져 있다. 南泰應의 『聽竹畵史』에 尹斗緖가 이 책을 열람했다는 기록이 있으며, 李正臣의 『燕行錄』에는 이 책을 중국에서 구입했다는 기록이 보인다. 『星湖僿說』에 고추를 변증하면서 이 책을 인용했고, 『硏經齋全集』에도 이 서명이 보인다.

唐新修本草 → 唐本草

唐氏左編 → 歷代史纂左編

唐樂曲譜

南宋 高似孫이 편찬한 樂書. 高似孫(1158~1231)은 字가 續古이고 號가 疎寮이며 餘姚 출신이다. 『剡錄』, 『子略』, 『硯箋』, 『史略』, 『緯略』, 『文苑英華』, 『騷略』, 『文選句圖』 등 많은 저술을 남겼다. 이 책은 唐 太宗(4曲), 高宗(7曲), 玄宗(34曲), 代宗(2曲), 德宗(4曲), 文宗(2曲), 武宗(1曲), 宣宗(1曲) 때의 악곡을 소개하고 있다. 『說郛』에 수록되어 있다. 『五洲衍文長箋散稿』에서 이 책을

소개했다.

唐語林

北宋 王讜이 唐代 名士의 모범이 될 만한 言行을 모은 筆記雜錄. 王讜은 字가 正甫이고 長安 출신으로, 생몰년은 자세하지 않으며 徽宗 연간(1100~1126)에 활동했다. 이 책은 『語林』이라고도 하는데 原本은 일실되고 明初에 『永樂大典』을 편찬할 때 殘本을 정리한 것이 전한다. 『世說新語』를 모범으로 삼아 52門으로 엮었다. 淸 李錫齡의 『惜陰軒叢書』에 수록되어 있다. 『說郛』에는 德行, 言語, 政事, 文學, 方正, 雅量, 識鑑, 賞譽, 規箴, 夙慧, 容止, 企羡, 栖逸 등 13조만 수록되어 있고, 『五洲衍文長箋散稿』에서 이 책을 인용한 부분은 『說郛』에 없는 내용인데, 동일한 내용이 明 楊愼의 『丹鉛餘錄』에 실려 있으므로 여기서 인용한 것으로 보인다. 『硏經齋全集』에 이 책을 인용했는데 같은 내용이 『四庫全書總目』에서 확인된다. 규장각에 明 何良俊의 『何氏語林』, 袁宏道의 『語林』 등이 소장되어 있는데 이 책과는 관련이 없다.

唐韻

唐 孫愐이 편찬한 韻書. 孫愐은 唐 玄宗 때 인물로 天寶 연간(742~756) 陳州의 司馬를 지냈고 音韻學에 정통했다. 이 책은 『孫氏唐韻』, 『孫愐唐韻』이라고도 한다. 隋 陸法言의 『切韻』을 증보한 것으로 751년 5권으로 편찬되었다. 淸 卞永譽의 『式古堂書畵彙考』에는 5권으로 195韻을 수록했다고 되어 있다. 北宋의 徐鉉이 『說文解字』를 교정할 때 注音은 모두 이 책을 근거로 했으며, 北宋 陳彭年의 『廣韻』도 이 책의 체제를 따랐다고 한다. 원본은 일실되고 淸 黃奭의 『黃氏逸書』에 2권으로 수습되어 있다. 근대 王國維가 입수한 寫本을 교감하여 石印本으로 『唐寫本唐韻殘卷校勘記』를 편찬했다. 『世宗實錄』에서 이 책을 인용했고, 崔錫鼎, 朴趾源, 李德懋, 正祖, 丁若鏞 등의 많은 문집에 이 책과 편자를 소개했다. 『五洲衍文長箋散稿』에서도 이 책을 인용하여 변증한 것이 많지만 재인용인 듯하다.

唐韻古音 → 音學五書

唐韻正 → 音學五書

唐陸宣公奏議 → 陸宣公奏議

唐六典

唐 玄宗 때 편찬한 唐의 法典.『周禮』를 모범으로 삼아서 令, 式, 勅 등의 율령체제를 따르고 三師, 三公, 三省, 九寺, 五監, 十二衞 등의 항목 아래에 官職과 정원, 職掌, 연혁 등이 자세히 적혀 있다. 李林甫 등 集賢院의 학자들이 주석을 달아 開元 27년(739) 완성했다.『大唐六典』이라고도 한다. 正德 연간(1506~1521)과 嘉靖 연간(1522~1566) 간본이 대만 故宮博物院圖書館, 中研院傅斯年圖書館 등에 소장되어 있는데 30권이다. 三師, 三公, 尙書省, 吏部, 戶部, 禮部, 兵部, 刑部, 門下省, 中書省, 秘書省, 殿中省, 內官侍中省, 御史臺, 太常寺, 光錄寺, 宗正寺, 太僕寺, 大理寺, 國子監 등으로 구성되어 있다. 규장각에『大唐六典』의 필사본이 소장되어 있고, 서울대 중앙도서관에 1895년 간행된 淸代의 간본이 소장되어 있으며, 국립중앙도서관에는 18세기 일본에서 간행한 목판본이 소장되어 있다.『世宗實錄』,『南溪集』,『磻溪隨錄』,『芝峯類說』,『南溪集』,『與猶堂全書』,『弘齋全書』,『研經齋全集』,『星湖僿說』,『林下筆記』,『五洲衍文長箋散稿』 등에 이 책이 인용되어 있다.

唐朝名畵錄

唐 朱景玄이 唐代의 繪畵를 정리한 책. 朱景玄은 吳郡 출신으로 元和 연간(806~820)에서 太和 연간(827~835)에 주로 활동했다.『星湖僿說』에는 편찬자가 朱景元으로 잘못 표기되어 있다. 朱景元은 會昌 연간(841~846) 활동한 다른 인물이다. 이 책은『唐畵斷』,『唐朝名畵綠』이라고도 한다. 1권으로 되어 있으며 唐의 畵家 1,204명을 神, 妙, 能, 逸의 4품으로 나누어 기술했다. 神, 妙, 能은 다시 上中下로 나누고 畵格이 常法에 얽매이지 않은 화가를 逸品에 넣었다.『海東繹史』에서 이 책을 인용했다. 이 책은 王世貞의『王氏書苑』에 수록되었는데,『王氏書苑』은『靑莊館全書』,『五洲衍文長箋散稿』 등에 인용되었으며 규장각, 장서각 등에 淸代의 간본이 소장되어 있다.

唐春秋

唐 吳兢이 唐代의 역사를 기술한 책. 吳兢(670~749)은 汴州 浚儀 출신으로 字號는 알려져 있지 않다.『舊唐書』와『新唐書』,『唐會要』,『宋史』 등에 吳兢이

저술한 역사서가 16종 216권에 이르고, 官撰에 참여하여 완성한 역사서가 8종 725권에 이른다고 했다. 『貞觀政要』, 『樂府解題』 등이 전한다. 이 책은 『舊唐書』, 『史略』 등에는 30권으로 되어 있지만, 지금은 전하지 않는다. 唐의 역사서 중에 『唐書』는 紀傳體로 기술된 데 비해 이 책은 編年體로 되어 있으며, 『舊唐書』의 저본으로 활용했다고 한다. 『五洲衍文長箋散稿』에서 서명만 소개했다.

唐荊川先生稗編 → 荊川先生稗編

唐會要

北宋 王溥가 唐代의 제도에 관해 기술한 歷史書. 王溥(922~982)는 字가 齊物이고 幷州 祁縣 출신으로, 太子太師를 지냈고 祁國公에 봉해졌다. 저술로 이 책 외에 『五代會要』가 전한다. 이 책의 정식 명칭은 『新編唐會要』인데 보통 『唐會要』라고 한다. 唐의 蘇冕背이 高祖에서 德宗까지를 대상으로 『會要』 40권을 편찬했고 楊紹復 등이 다시 德宗에서 宣宗까지를 대상으로 續編 40권을 편찬했는데, 王溥가 이를 합치고 宣宗부터 唐末까지 포괄하여 514개의 항목을 100권으로 엮어 961년에 宋 太祖에게 바친 것이 이 책이다. 서울대 중앙도서관과 국립중앙도서관 등에 淸 康熙 연간(1662~1722) 간행한 목판본 100권 28책이 소장되어 있다. 『朽淺集』, 『同春堂集』, 『宋子大全』 등 17세기 문헌에서 빈번하게 이 책을 인용하고 있으며, 『海東繹史』, 『五洲衍文長箋散稿』 등에도 이 책의 서명이 확인된다.

帶經堂集

淸 王士禛의 詩文集. 王士禛(1634~1711)은 字가 貽上이고 號가 阮亭인데, 別號인 漁洋山人이 널리 알려져 王漁洋으로 불렸다. 원래 이름은 士禛이었으나 世宗의 諱를 피해 士正으로 바꿨다가, 다시 詔命을 받고 士禎으로 고쳤다. 山東 新城 출신으로 일생의 저술은 500여 종, 詩는 4,000여 수에 달했다. 주요 저작으로 이 책 외에 『漁洋山人精華錄』, 『池北偶談』, 『香祖筆記』, 『居易錄』 등이 있다. 이 책은 독립된 두 문집인 『漁洋集』과 『蠶尾集』을 하나로 묶은 總集인데 漁洋詩集, 漁洋續詩集, 漁洋文集, 蠶尾詩集, 蠶尾續詩集, 古夫于亭稿, 後集, 蠶尾文集, 蠶尾續文集 등으로 구성되어 있다. 蠶尾는 王士禛이 1684년 南

海에 祭를 올리러 가다가 小洞庭에서 본 산 이름이다. 규장각에 乾隆 12년(1747) 黃晟의 序가 달린 淸代 목판본 92권 24책이 소장되어 있다. 淸 程哲이 교정하여 七略書堂에서 간행한 판본이다. 이 책은 『熱河日記』, 『阮堂集』, 『靑莊館全書』 등 많은 문헌에서 인용되었다.

大孔雀經 → 佛母大孔雀明王經

大觀茶論

北宋 徽宗이 茶에 관한 이론을 적은 책. 徽宗(1082~1135)은 이름이 趙佶이고 神宗의 아들이며 哲宗의 아우인데 哲宗이 병사한 후 제위에 올랐다. 이 책은 地産, 天時, 采擇, 蒸壓, 製造, 鑑辨, 白茶, 羅碾, 盞, 筅, 缾, 杓, 水, 點, 味, 香, 色, 藏焙, 品名, 外焙 등으로 항목을 나누어 차에 대한 다양한 정보를 기술했다. 규장각 등에 소장된 『說郛』에 수록되어 있다. 『五洲衍文長箋散稿』에서 이 책을 인용했다.

大觀本草 → 經史證類大觀本草

大觀石錄 → 觀石錄

臺郡雜誌

淸代의 편찬자를 알 수 없는 雜錄. 일실되어 전하지 않는다. 『五洲衍文長箋散稿』에 이 책이 인용되었지만 편찬자 등의 정보는 확인할 수 없다. 淸 魏源의 『海國圖志』에 이 책을 인용한 부분과 동일하므로 재인용일 가능성이 높다. 『臺郡雜志』로 인용된 문헌도 보인다. 淸 阮元의 『疇人傳』에 淸 徐朝俊의 『高厚蒙求』가 이 책을 참조했다는 기록이 보인다. 臺郡은 臺灣을 이르므로 臺灣과 관련한 잡다한 내용을 담고 있었던 듯하다.

大金國志

元 宇文懋昭가 편찬한 金의 歷史書. 宇文懋昭는 字號나 이력이 자세하지 않다. 이 책은 총 41권으로 金 太祖에서부터 哀宗 9년까지 117년의 역사를 다루었다. 本紀 26권, 開國功臣傳 1권, 文學翰苑傳 2권, 雜錄 3권, 地理, 天文, 制度,

風俗 등 雜載制度 7권, 許亢宗奉使行程錄 1권으로 구성되어 있으며, 卷首에 年表와 地圖가 있다. 卷頭의 「經進大金國志表」는 그 편찬 시기가 宋 端平 元年(1234)으로 되어 있으나 假託이다. 列傳의 「文學翰苑傳」은 金 元好問의 『中州集』에서, 「許奉使行程錄」은 南宋 徐夢莘의 『三朝北盟會編』에서 채록한 것이다. 『四庫全書總目』 등에서는 南宋과 元 사이에 만들어진 僞作이라 했다. 『四庫全書』에는 『欽定重訂大金國志』라는 명칭으로 41권이 수록되어 있다. 嘉慶 3년(1798) 掃葉山房에서 40권 3책으로 간행한 목판본이 서울대 중앙도서관에 소장되어 있는데 宋, 遼, 金, 元 4國의 別史인 『東都事略』, 『南宋書』, 『契丹國志』, 『元史類編』과 이 책을 합쳐서 간행한 판본인 『宋遼金元別史』의 일부다. 이 책은 『耳溪集』, 『海東繹史』, 『研經齋全集』, 『與猶堂全書』, 『五洲衍文長箋散稿』 등에 인용되었다.

大記 → 大戴禮記

戴記 → 大戴禮記

大農孝經

北宋 賈道元이 農家의 관점에서 편찬한 孝經類의 저술. 南宋 鄭樵의 『通志』, 北宋 王堯臣의 『崇文書目輯釋』 등에서 이 책을 農家類로 소개했고, 편찬자는 開寶 연간(968~976)의 賈道元이라 했다. 淸 王應麟의 『玉海』, 淸 朱彝尊의 『經義考』에는 賈元道로, 淸 李文藻의 『乾隆歷城縣志』에는 賈充道로 되어 있다. 『五洲衍文長箋散稿』에는 賈充道로 표기했다. 賈道元이나 賈元道, 賈充道 모두 그 생애를 알 수 없고, 이 책도 현재 전하지 않아 정확한 내용을 알 수 없다.

大唐姓系錄

唐 柳冲이 唐代의 姓氏를 정리한 책. 柳冲(?~717)은 蒲州 虞鄕 출신으로, 자세한 이력은 밝혀져 있지 않다. 唐 太宗이 『氏族志』 100권을 편찬하게 했지만 온전하지 못하여 中宗 때 魏元忠, 張錫 등이 중심이 되어 改修했는데 이 역시 정밀하지 못하여 玄宗이 柳冲 등에 命하여 수정한 것이 이 책이다. 이 책은 『大唐姓族系錄』이라고도 하는데, 『舊唐書』와 『新唐書』 등에서 名望과 功勞, 德

行과 사회적 지위에 따라 中唐以前 각지의 士族, 官族, 豪族 등의 姓氏를 총 200권에 나누어서 기술한 것이라 했지만 현재 전하지 않는다. 『五洲衍文長箋散稿』에서 서명만 소개했다.

大唐新語

唐 劉肅이 唐代의 野史와 逸話를 엮은 책. 劉肅은 字號나 이력이 알려져 있지 않으며, 憲宗 元和(806~820) 말기에 활동했던 인물로 추정된다. 이 책은 唐 武德 연간(618~626)에서 大曆 연간(766~779)까지의 역사를 30門으로 나누어 13권으로 기술한 것으로 『四庫全書』에 편입되어 있다. 『說郛』에는 그중 匡贊, 規諫, 公直, 淸廉, 持法, 節義, 敎行, 識量, 容恕, 聰敏, 從善, 諛佞 12門이 수록되어 있으며, 『稗海』, 『唐駢體文抄』, 『唐代叢書』 등에도 내용 일부가 수록되었다. 『芝峯類說』, 『熱河日記』, 『五洲衍文長箋散稿』 등에 이 책이 인용되어 있다.

大唐典 → 唐六典

大戴禮記

西漢 戴德이 편찬한 禮書. 戴德은 字가 延君이고 時梁 출신인데 魏郡 斥丘 출신이라는 설도 있다. 생몰년과 행적은 자세히 알려져 있지 않다. 이 책은 『大戴禮』, 『大戴記』라고도 하는데 『隋書』 「經籍志」에 13권으로 되어 있다. 漢의 鄭玄이 『周禮』, 『儀禮』, 『小戴禮記』에 注를 달아 『三禮』라고 부른 이후 『小戴禮記』가 통용되고 『大戴禮記』는 점차 폐기되어 상당 부분이 일실되고 85편 중 39편만 남았다. 明 嘉靖 癸巳年(1533) 宋代의 간본을 번각한 목판본 13권이 중국 國家圖書館에 소장되어 있다. 北周 盧辯이 注를 단 것을 바탕으로 하여 淸代 다양한 校注本이 편찬되었다. 『漢魏叢書』에 孔廣森의 『大戴禮記補注』가, 『皇淸經解』에 阮元의 『大戴禮記正誤』가, 『叢書集成』에 王樹枏의 『校正孔氏大戴禮記補注』가 실려 있다. 규장각에 소장되어 있는 『骨董飯』에도 『大戴禮記』 일부가 필사되어 있다. 『桂苑筆耕集』, 『益齋亂藁』, 『大峯集』, 『退溪集』, 『陶谷集』, 『星湖僿說』, 『青莊館全書』, 『研經齋全集』, 『與猶堂全書』, 『海東繹史』, 『五洲衍文長箋散稿』 등에서 이 책을 인용했지만 어떤 판본인지는 자세하지 않다. 李裕元의 『林下筆記』에는 『大戴禮記』 항목을 두어 자세히 소개했다.

對類總龜

明 徐駿이 편찬한 筆記雜錄. 徐駿은 成化 연간(1465~1487)에서 弘治 연간(1488~1505) 활동한 인물로, 字가 叔大이고 號가 積菴이며 常熟 출신이지만 행적은 자세하지 않다. 『詩文軌範』, 『五服集』 등의 저술이 있다. 이 책은 현재 전하지 않으므로 그 내용을 알 수 없지만 淸 王士禎의 『香祖筆記』 등에 인용된 내용으로 보아 잡다한 野史와 逸話를 모은 것으로 추정된다. 『稗官雜記』에서 이 책을 보았다고 하면서 宋代의 『對類大成』을 明 徐駿이 증보한 책이라고 했으므로 조선 전기에 이 책이 들어와 있었던 듯하다. 『熱河日記』, 『五洲衍文長箋散稿』 등에 이 책이 언급된 내용은 王士禎의 『香祖筆記』에 보인다. 『對類大成』은 明 莫旦의 『大明一統賦』에 詞賦를 다룬 목록 중에 서명이 보이지만 일실된 듯하다. 중국 國家圖書館 등에 明代의 『對類』 20권이 전하지만 같은 책인지는 알 수 없다.

臺灣紀略

淸 林謙光이 臺灣의 지리와 역사, 풍토 등에 관해 기술한 책. 林謙光은 字가 芝楣이고 長樂 출신으로, 생몰년은 밝혀져 있지 않다. 康熙 22년(1683) 臺灣府 儒學教授로 재임하면서 臺灣의 산천과 풍속을 두루 조사하여 2년 뒤 1권으로 완성했다. 이 책은 形勢, 沿革, 建置, 山川, 礁嶼, 城郭, 戶役賦稅, 學校選擧, 津梁, 天時, 地理, 風俗, 物產 등 15門으로 구성되었고 마지막에 澎湖版圖가 붙어 있다. 康熙 29년(1690) 臺灣에서 처음 간행되었는데 『說鈴』, 『龍威秘書』 등에 수록되었다. 국립중앙도서관에 있는 『海外番夷錄』에도 실려 있다. 『熱河日記』, 『五洲衍文長箋散稿』 등에서 이 책을 인용했다. 乾隆 연간(1736~1795) 간행된 『欽定平定臺灣紀略』이 『四庫全書』에 70권으로 실려 있는데 乾隆帝의 命으로 편찬된 별개의 책이다. 또 淸 杜臻의 『澎湖臺灣紀略』이 따로 전한다.

臺灣雜記

淸 季麒光이 臺灣의 지리와 역사, 풍토 등에 관해 기술한 책. 季麒光은 字가 聖昭 혹은 蓉川이고 江蘇 無錫 출신인데, 康熙 23년(1684) 臺灣府가 설치되어 福建省에 예속될 때 諸羅縣 知縣이 되었다. 문집으로 『蓉洲詩文稿』가 전한다. 이 책은 季麒光이 臺灣에 있을 무렵 편찬한 듯하다. 『說鈴』, 『龍威祕書』 등에 1권으로 수록되어 있다. 『五洲衍文長箋散稿』에 여러 차례 인용되었다.

大明律

明 太祖 朱元璋의 命으로 편찬한 刑法書. 朱元璋(1328~1398)은 字가 國瑞이고 濠州 鍾離 출신인데, 明을 건국했으며 廟號는 太祖, 諡號는 高皇帝다. 이 책은 역대의 법률을 취합하여 30권으로 편찬되었다. 1권에서 형벌과 죄목을 5刑(笞, 杖, 徒, 流, 死), 10惡(謀反, 謀大逆, 謀叛, 惡逆, 不道, 大不敬, 不孝, 不睦, 不義, 內亂), 8議(議親, 議故, 議功, 議賢, 議能, 議貴, 議勤, 議賓) 등으로 나누었다. 이어 각 部에 따라 吏律 2권, 戶律 7권, 禮律 2권, 兵律 5권, 刑律 11권, 工律 2권으로 나누고 총 460條를 두었다. 6部 6律로 분류한 방식은 『元典章』과 『唐律』을 계승한 것이지만, 내용으로 보면 『唐律』을 계승한 부분이 많다. 『太祖實錄』에 따르면 조선 개국 시기부터 모든 형법은 이 책에 실린 법률을 준용한 것으로 되어 있다. 이 때문에 조선에서도 여러 차례 이 책의 주석본이 간행되었다. 1395년 간행된 『大明律直解』 이외에 그 후에 간행된 다양한 판본이 여러 도서관에 소장되어 있다. 『太祖實錄』 등 역대의 실록, 『三峯集』, 『圃隱集』 등 麗末鮮初의 문집을 비롯하여 조선 후기 『星湖僿說』, 『海東繹史』, 『五洲衍文長箋散稿』 등에서 이 책을 인용했다.

大明史 → 明史稿

大明一統名勝志 → 輿地名勝志

大明一統志

明 李賢 등이 英宗의 命으로 편찬한 地理書. 李賢(1408~1466)은 字가 原德이고 鄧州 鄧縣 출신으로, 吏部尚書 兼翰林院學士를 지냈으며 『天順日錄』, 『古穰雜錄』, 『古穰集』 등의 저술이 있다. 이 책은 天順 5년(1461) 李賢이 總裁가 되어 彭時 등 57인과 함께 90권으로 완성하고 萬壽堂에서 간행했다. 『明一統志』라고도 한다. 체제는 『元一統志』를 따랐다. 南京과 北京, 十三布政司를 綱으로 하고 149目을 두었으며 그 아래 建置, 沿革, 郡名, 形勝, 風俗, 山川, 土産, 公署, 學校, 書院, 宮室, 關津, 寺觀, 祠廟, 陵墓, 古迹, 名宦, 流寓, 人物, 列女, 仙釋 등 38門으로 나누어 설명을 붙였다. 天順 5년(1461)의 經廠大字本이 善本으로 알려져 있고, 弘治 18년(1505)의 愼獨齋本, 嘉靖 38년(1559)의 歸仁齋本, 明末에 간행된 萬壽堂本 등이 있다. 『四庫全書』에 편입되어 있다. 조선에서는

嘉靖 43년(1564) 乙亥字로 간행된 판본 일부가 규장각에 소장되어 있으며, 經廠大字本도 소장되어 있다. 이 책은『成宗實錄』,『三灘集』,『佔畢齋集』,『虛白堂集』등 조선 초기의 문헌에서부터 자주 인용되었으며,『星湖僿說』,『海東繹史』,『五洲衍文長箋散稿』등 많은 서적에서 빈번하게 인용되었다.

大明集禮

明 太祖의 命으로 편찬된 禮書.『明集禮』라고도 한다. 徐一夔, 梁寅, 胡行簡 등이 중심이 되어『明典彙』를 바탕으로 하여 洪武 2년(1369) 완성했다. 吉禮, 凶禮, 軍禮, 賓禮, 嘉禮 등 5禮를 중심으로 하여 26部로 분류하고 별도로 冠服, 車輅, 依仗, 鹵簿, 字學, 鍾律, 雅樂, 俗樂을 두었다. 이 책은 원래 14권으로 간행된 것을 嘉靖 9년(1530) 누락된 부분을 보충하여 53권으로 增補했다. 규장각에 소장된 중국본 零本 5책은 嘉靖 연간(1522~1566)의 판본으로 추정된다. 조선 世宗 22년(1440) 중국에서 이 책을 구입했다는 기록이『世宗實錄』에 보인다. 또 1692년 肅宗이 이 책을 간행하도록 했는데 이 판본이 장서각에 소장되어 있다. 이때 肅宗이 지은「御製御筆大明集禮後序」가 규장각에 소장되어 있다. 이 책은『芝峯類說』,『國朝寶鑑』,『白湖全書』,『沙溪全書』등 많은 문헌에 인용되어 있다.

大明淸類天文分野之書

明 劉基 등이 편찬한 天文書. 劉基(1311~1375)는 字가 伯溫이고 靑田 출신으로,『郁離子』,『覆瓿集』,『寫情集』,『犁眉公集』,『春秋明經』,『誠意伯文集』등의 저술이 전한다. 이 책은 총 24권으로『大明淸類分野之書』라고도 하는데, 12분야의 星次를 天下의 府縣에 나누어 배치하고 郡縣 아래에 古今의 建治 연혁을 상세하게 기술했다. 대만 故宮博物院圖書館과 중국 國家圖書館에 明初의 간본이 소장되어 있다. 이 책은『斗室存稿』,『性齋集』,『海東繹史』,『東典考』,『五洲衍文長箋散稿』등에『淸類天文分野書』로 인용되었다.

大明憲宗純皇帝實錄 → 憲宗實錄

大明會典

明 徐溥 등이 편찬한 明代의 行政 제도에 관한 法典. 徐溥(1428~1499)는 字

가 時用이고 號가 謙齋이며 祁溪 출신으로, 華蓋殿大學士를 역임했다. 문집 『謙齋文錄』이 있다. 이 책은 弘治 15년(1502) 180권으로 완성했고 正德 연간(1506~1521) 교정을 보아 다시 간행했으며, 萬曆 4년(1576) 申時行 등이 228권으로 증보하여 『重修會典』으로 간행했다. 이 책은 明의 각종 행정기구를 文職 衙門 226권, 武職 衙門 2권으로 나누어 수록했는데, 文職 衙門을 宗人府와 六部, 都察院, 六科, 諸寺, 諸府, 諸監, 諸司 등으로 세분했으며, 武職 衙門을 五軍都督府와 각 衛로 나눈 뒤 그 순서에 따라 각 관서의 職務, 沿革, 事例들과 각 기관이 보유한 章程, 法令, 典例 및 소속 관리들이 준수해야 할 禮儀와 착용해야 할 관복까지 상세하게 기록했다. 규장각과 장서각 등에 萬曆 4년(1576) 간행된 목판본이 일부 전한다. 일본 蓬左文庫에 明宗 7년(1552) 丙子字로 간행한 조선 간본이 전하며 국립중앙도서관에도 일부가 소장되어 있다. 이 책은 조선 태조가 李仁任의 아들이라 하고 고려의 공민왕 등을 시해했다고 하는 기록이 있어 『中宗實錄』 등에서 자주 언급되었다. 『冲齋集』, 『陰崖集』, 『思齋集』 등 조선 초기 문헌에서부터 『星湖僿說』, 『海東繹史』, 『五洲衍文長箋散稿』 등 조선 후기의 문헌까지 이 책이 지속적으로 논란의 대상이 되었다.

大方廣佛華嚴經疏鈔懸談 → 華嚴懸談

大方廣圓覺修多羅了義經略疏注

唐 圭峰宗密이 『圓覺經』을 풀이한 책. 圭峰宗密(780~841)은 華嚴宗의 第5祖로 果州 출신이다. 草堂禪師 또는 圭山大師라고 하며 시호는 定慧禪師다. 저술로 이 책 외에 『原人論』, 『盂蘭盆經疏』, 『華嚴經綸貫』, 『大乘起信論疏』, 『禪源諸詮集都序』 등이 있는데 그중 『禪源諸詮集都序』는 조선 후기에 4集科의 교과목으로 수용되었다. 이 책은 『圓覺經略疏』, 『圓覺經大疏釋疑義抄』, 『大方廣圓覺修多羅了義經集注』라고도 한다. 대만 故宮博物院圖書館에 元 延祐 乙卯(1315) 許道琯 手寫本 『大方廣圓覺修多羅了義經集注』 3권이 소장되어 있다. 『五洲衍文長箋散稿』에 『大方廣圓覺修多羅了義經略疏注』로 인용되어 있다. 규장각에 『大方廣圓覺修多羅了義經』 6권이 소장되어 있는데 光海君 3년(1611) 조선에서 간행한 목판본이다. 宋 康定 2년(1041)의 序가 붙어 있다. 일본 東京大에는 『大方廣圓覺經略鈔』 12권이 소장되어 있는데 慶安 元年(1648)의 간기가 있으며, 같은 곳에 『大方廣圓覺脩多羅了義經略疏註』 2권이 소장되어 있는

데 寬文 10년(1671)의 간기가 있다.

待訪錄 → 寶章待訪錄

大事記

南宋 呂祖謙이 편찬한 年表. 呂祖謙(1137~1181)은 字가 伯恭이고 金華 출신으로, 東萊先生으로 일컬어졌으며 『古周易』, 『春秋左氏傳說』 등을 저술했다. 이 책은 漢 司馬遷의 年表 방식을 취하여 春秋 이후 周 敬王 39년(B.C.481)에서 漢 武帝 征和 3년(B.C.90)까지의 중요한 사적을 여러 서적에서 발췌하여 27권으로 구성했으며 그 출처를 주석에서 밝혔다. 부록에 『通釋』 3권과 『解題』 12권이 함께 실려 있다. 이 책은 『四庫全書』에 편입되었고 『說郛』에는 歲目만 간략하게 실려 있다. 柳希春, 宋時烈, 朴世采, 李瀷의 문집 등 많은 문헌에서 이 서명을 확인할 수 있는데, 『說郛』가 아닌 원래의 책을 본 것으로 추정된다. 장서각에 乾隆 51년(1786) 간기가 있는 목판본이 전하며, 규장각에는 『呂東萊先生大事記』로 된 목판본이 소장되어 있다. 장서각에 같은 이름의 책이 있지만 朝鮮의 李善始가 明宗 19년(1564)부터 英祖 35년(1759)까지의 중요 사건을 編年으로 기록한 다른 책이다.

大司樂釋義及樂律論辨

清 李光地가 편찬한 樂書. 李光地(1642~1718)는 字가 晉卿이고 號가 厚庵 혹은 榕村이며 泉州 安溪 湖頭 출신이다. 문집 『榕村全集』이 있고, 康熙帝의 命을 받아 『御纂朱子全書』, 『欽定篆文六經四書』, 『御纂性理精義』 등을 편찬했다. 『榕村全集』에 「進大司樂釋義及樂律論辨序」가 실려 있는데 이에 따르면 舜에서 周 武王에 이르기까지 十三經에 나오는 음악 관련 기록을 모아 이 책을 편찬한 것이라 한다. 『五洲衍文長箋散稿』에서도 이 序를 인용했다. 이 서명의 책은 확인되지 않는다.

大晟樂譜

宋 徽宗의 命으로 大晟府에서 편찬한 樂譜. 崇寧 4년(1105) 궁중의 雅樂을 제정하면서 편찬한 것인데 일실되어 전하지 않지만 『世宗實錄』 등 이른 시기 문헌에서부터 여러 차례 인용되어 있다. 成俔이 『玄琴合字譜』를 편찬할 때에도

참조했는데 이와 관련한 기록이 『五洲衍文長箋散稿』에 보인다. 『社稷署儀軌』, 『宗廟儀軌』, 『景慕宮儀軌』에도 이 책이 인용되어 있으므로, 조선 왕실에 이 책이 전해졌을 가능성도 있다. 『宋史』에 政和 7년(1117) 高麗에 雅樂을 내려주고 聲律과 大晟府에서 지은 樂譜와 歌辭를 익히게 하라면서 악보를 내려주었다는 기사가 보인다. 『宋史』에 劉昺의 『大晟樂譜』 20권이 이 책을 가리킨다. 劉昺은 初名이 炳인데 이 이름을 하사받았다. 字는 子蒙이고 開封 출신이다.

大霄琅書 → 太霄琅書

大宋重修廣韻

北宋 陳彭年과 丁度 등이 大中祥符 元年(1008) 眞宗의 命으로 편찬한 音韻書. 陳彭年(961~1017)은 字가 永年이고 撫州 南城 출신으로, 『江南別錄』, 『貢擧叙略』 등의 저술이 있다. 丁度(990~1053)는 字가 公稚이고, 開封 출신으로, 文字學에 뛰어났으며, 『邇英聖覽』, 『編年總錄』, 『備邊要覽』, 『禮部韻略』 등의 저술이 있다. 이 책은 『廣韻』이라 줄여서 부르는데, 切韻 계열 가운데 完本으로 전하는 가장 오래된 韻書다. 문자의 聲調에 따라 분류한 206韻目의 순서로 26,194字를 배열하고 문자마다 주석을 붙였다. 총 5권 3책으로 구성되었는데 平聲은 上下 2권이며, 上聲, 去聲, 入聲이 각 1권이다. 『太宗實錄』에 따르면 1412년 史官 金尙直에게 命하여 忠州史庫에서 가져다 바치게 한 책 중에 이 서명이 보인다. 『東國李相國集』 등 이른 시기의 전적에서부터 이 책을 참고했음을 확인할 수 있다. 『靑莊館全書』, 『與猶堂全書』, 『海東繹史』, 『五洲衍文長箋散稿』 등에서도 여러 차례 이 책을 인용했다. 이 책은 서울대 중앙도서관, 규장각 등에 소장되어 있는데, 규장각 소장본은 張氏澤存堂本으로 康熙 43년(1704)에 쓴 淸 朱彝尊의 「重刊廣韻序」, 潘耒의 「重刊古本廣韻序」, 張士俊의 跋 등이 붙어 있다.

戴氏遺書

淸 戴震의 저술을 모은 總集. 戴震(1724~1777)은 字가 愼修이고 號가 東原이며 安徽 休寧 출신이다. 『大戴禮記』, 『水經注』, 『算經十書』, 『詩經二南補注』, 『毛鄭詩考正』, 『考工記圖』, 『方言疏證』, 『原善』, 『原象』, 『孟子字義疏證』, 『爾雅文字考』, 『聲類表』, 『聲韻考』, 『勾股割圜記』, 『屈原賦注』, 『曆考』, 『東原文集』

등 20여 종의 저술을 남겼다. 이 책은 戴震의 주요 저작을 후세 사람이 彙編한 것으로 위에 소개한 대부분의 저술이 여기에 실려 있다. 서울대 중앙도서관에 乾隆 42년(1777)에서 乾隆 44년 사이에 간행된 『戴氏遺書』에 포함된 저술들이 별본으로 소장되어 있다. 규장각에도 같은 판본 일부가 소장되어 있는데 『東原戴氏文集』(10권), 『聲韻考』(4권), 『續天文略』(2권), 『聲類表』(9권), 『戴氏水經注』(1권), 『原善』(上下) 등이 있다. 이 책은 『五洲衍文長箋散稿』에 인용되었다. 戴震의 遺書라고 한 것도 이 책을 이른다. 『五洲衍文長箋散稿』에는 이 책에 실린 글을 독립적으로 인용한 예가 여럿 있다. 「記深衣」, 「記經帶」, 「記括髮免髽」, 「明堂考」, 「自轉車記」, 「九章算術序」, 「勾股割圜記」, 「周禮大史正歲年解」, 「水經酈道元注序」, 「爾雅文字考序」 등이 그러한 예다.

大樂律呂元聲

明 李文利가 편찬한 樂書. 李文利는 字가 乾遂이고 號가 兩山이며 莆田 출신으로, 成化 연간(1465~1487) 출사한 학자다. 이 책은 『律呂元聲』이라고도 한다. 『呂氏春秋』에서 黃鍾音의 길이가 3寸 9分이라고 한 주장에 근거하여 9寸이라는 漢 司馬遷의 주장을 반박한 내용이 실려 있다. 明 嘉靖 14년(1535) 간행한 목판본이 대만 故宮博物院圖書館 등에 소장되어 있는데 6권이며 부록으로 『律呂考注』 4권이 붙어 있다. 『與猶堂全書』, 『五洲衍文長箋散稿』 등에서 이 책이 인용되었고, 『湛軒書』, 『金陵集』 등에 보이는 李文利에 대한 언급 역시 이 책과 관련이 있다.

大業拾遺記

唐 顔師古가 편찬한 것으로 알려져 있는 野史. 顔師古(581~645)는 이름이 籀인데 주로 字인 師古로 불렸다. 雍州 萬年 출신으로, 秘書監을 지냈으며 『匡謬正俗』 등의 저술이 전한다. 이 책은 『南部煙花錄』, 『隨遺錄』이라고도 한다. 大業은 隋 煬帝의 연호(605~618)이므로 顔師古의 이름에 가탁하여 후대인이 편찬한 것으로 추정된다. 책의 내용은 隋 煬帝 때의 宮中秘事를 다루고 있다. 『說郛』에 일부가 수록되어 전하며 『五洲衍文長箋散稿』에 이 책이 인용되어 있다. 『大業拾遺錄』은 다른 책으로 唐 杜寶가 편찬한 것이다.

大業拾遺錄

唐 杜寶가 604년 隋 煬帝가 제위에 오른 때부터 618년 鄭王인 王世充이 唐에 항복할 때까지의 역사를 다룬 책. 杜寶는 武后 때의 사람으로 著作郎 등을 지냈고, 『杜儒童隋季革命記』 등을 저술했다. 이 책은 거의 일실되고 『說郛』에 6조만 수록되어 있다. 『大業雜記』라고도 하므로, 南朝 宋의 劉義慶의 『大業雜記』와 혼동된다. 『大業雜記』는 隋 煬帝 때 건설한 城郭과 西苑, 毓德殿, 天經宮, 仙都宮, 汾陽宮, 宮苑 등의 연혁과 제도를 기술한 책이다. 『說郛』에는 劉義慶의 『大業雜記』와 杜寶의 『大業拾遺錄』이 따로 수록되어 있다. 『五洲衍文長箋散稿』에 『大業拾遺記』와 『大業拾遺錄』이 모두 인용되었다. 『退溪文集故證』에 『大業拾遺』라 한 것이 『大業拾遺錄』을 이른다.

大易象數鉤深圖

元 張理가 『周易』의 원리를 圖說로 풀이한 책. 張理는 淸江 출신으로 字가 仲純이다. 延祐 연간(1314~1320) 활동한 학자로 武夷山에 들어가 『周易』을 배웠으며 특히 象數易學에 밝아 北宋 陳摶, 邵雍을 이어 圖書易學을 전했다. 『易象圖說』, 『周易圖』 등의 저술이 있다. 이 책은 南宋 朱熹의 『周易本義』에 실려 있는 9개의 圖에 근거하여 先天學을 圖解한 것이다. 규장각에 소장된 『通志堂經解』에 3권으로 실려 있다. 『靑莊館全書』, 『五洲衍文長箋散稿』 등에서 이 책을 소개했는데 편찬자를 元 梁寅으로 잘못 표기했으나 『硏經齋全集』에는 바르게 되어 있다. 梁寅(1303~1389)은 元末明初의 학자로, 字가 孟敬이고 新喩 출신인데 문집 『梁石門集』과 『周易』을 풀이한 『周易參義』를 저술했다. 『硏經齋全集』에서 그를 소개했다. 宋 楊甲이 편찬한 동일한 서명의 3권이 중국 國家圖書館에 소장되어 있다.

大易粹言

南宋 方聞一이 『周易』을 풀이한 학설을 모은 책. 方聞一은 舒州 출신으로, 淳熙 연간(1174~1189) 활동한 학자다. 宋 曾穜이 知舒州로 있을 때 이 책을 편찬하게 했는데 이 때문에 편찬자가 曾穜으로 잘못 알려졌다. 『五洲衍文長箋散稿』에서도 편찬자를 曾穜이라 했다. 『硏經齋全集』에서는 편찬자가 曾穜이 아닌 方聞一이라고 했다. 曾穜은 字가 獻之이고 福建 泉州 출신이다. 이 책은 宋 程顥, 程頤, 張栻, 楊時, 游酢, 郭忠孝, 郭雍 등 7인의 학설을 모은 것이다.

붙어 있으므로 唐 顧愔의 『新羅國記』와 唐 柳玭의 『續十四事』가 이 책의 부록이었음을 알 수 있다. 이 책은 『貞陵遺事』라고도 한다. 宋 陳振孫의 『直齋書錄解題』에 令狐澄의 『貞陵遺事』 2권과 續 1권을 소개하면서 令狐澄이 17事를 기록했고 柳玭가 14事를 보탰다고 했으며 宋 高似孫의 『史略』에는 令狐澄의 『正陵遺事』 2권, 柳玭의 『續正陵遺事』 1권이라 했다. 宋 王堯臣의 『崇文總目輯釋』에는 같은 기록을 싣고 『貞陵遺事』와 『正陵遺事』가 같은 책이라 했지만 貞陵이 唐 宣宗의 陵號이므로 『貞陵遺事』가 옳은 표기일 듯하다. 『海東繹史』에 花郎을 소개하면서 『大中遺事』를 소개했다.

大全本草 → 經史證類備急本草

大淸開國方略 → 皇淸開國方略

大淸一統志

淸 蔣廷錫 등이 乾隆帝의 命으로 편찬한 地理書. 蔣廷錫(1669~1732)은 字가 揚孫이고 號가 酉君 혹은 南沙이며 江蘇省 常熟縣 출신이다. 禮部侍郎, 文華殿大學士 등을 지냈고 『聖祖實錄』 편찬의 總裁를 맡았으며 『靑桐閣集』 등의 저술을 남겼다. 이 책은 3차에 걸쳐 改修되었는데, 乾隆 8년(1743) 1차로 342권을 완성하고, 乾隆 49년(1784) 2차로 424권을 완성하여 간행했다. 2차본은 『乾隆大淸一統志』, 『增修一統志』 등으로 부른다. 道光 22년(1842) 李左賢 등이 650권의 3차본을 완성했다. 李左賢(1807~1876)은 字가 竹明이고 山東 利津 출신으로, 翰林院 編修官을 역임한 학자다. 3차본은 道光 22년에 완성되었지만 卷首의 「凡例」를 통해 乾隆 8년(1743) 初修되고 乾隆 49년(1784) 增修되었으며 嘉慶 25년(1820) 재차 續纂이 개시된 점을 명기했기 때문에 『嘉慶大淸一統志』, 『嘉慶重修一統志』, 『嘉慶一統志』 등으로 칭한다. 이 책은 京師 이하 18省과 外藩, 인근 諸國의 分野, 建置沿革, 形勢, 城池, 學校, 戶口, 田賦, 山川, 古迹, 關隘, 津梁, 堤堰, 陵墓, 寺觀, 名宦, 人物, 流寓, 烈女, 仙釋, 土産 등을 기록했다. 各省의 지도는 乾隆에서 嘉慶에 이르는 시기 중국 판도를 정확하게 표시했다. 이 책은 『燕巖集』, 『耳溪集』, 『頤齋遺稿』, 『靑莊館全書』, 『五洲衍文長箋散稿』 등에 인용되었다. 규장각, 이화여대, 국립중앙도서관 등에 여러 종의 淸代 간본이 소장되어 있다.

大淸會典

淸 康熙帝, 雍正帝, 乾隆帝, 嘉慶帝, 光緖帝 등 5대에 걸친 典章制度를 수록한 책. 『欽定大淸會典』이 정식 명칭이며 『大淸五朝會典』, 『五朝會典』이라고도 한다. 『康熙會典』(162권), 『雍正會典』(250권), 『乾隆會典』(100권)과 『乾隆會典則例』(180권), 『嘉慶會典』(80권)과 『嘉慶會典事例』(920권), 『光緖會典』(100권)과 『光緖會典事例』(1220권), 『光緖會典圖』(270권) 등으로 구성되어 있다. 일반적으로 『大淸會典』이라 하면 최종본인 『光緖會典』을 지칭한다. 규장각에는 『欽定乾隆會典』, 『欽定嘉慶會典』 등이 소장되어 있고 국립중앙도서관, 고려대 등에도 여러 판본이 소장되어 있다. 『鶴巖集』, 『順菴集』, 『屐園遺稿』 등 여러 문헌에서 이 책을 언급하고 있다. 특히 『五洲衍文長箋散稿』에서 이 책을 자주 인용했다.

大統七政曆 → 新法曆書

大泌山房集

明 李維楨의 文集. 李維楨(1547~1626)은 字가 本寧이고 京山 출신이다. 『神宗實錄』을 편수했으며 저서로 이 책 외에 『史通評釋』이 전한다. 이 文集은 134권으로 되어 있는데 詩集 6권, 雜文 128권으로 구성되어 있다. 雜文 중에서 世家와 傳志, 碑表, 行狀, 金石文, 獨居 등에 관한 내용이 60권을 차지한다. 『海東繹史』에는 조선에 사신으로 온 明 朱之蕃의 글씨와 관련하여 이 책을 인용했다. 규장각에 萬曆 辛亥(1611) 張惟任의 序가 달린 明代의 간본이 소장되어 있다.

大學考

淸 李紱이 『大學』을 풀이한 책. 李紱(1673~1750)은 字가 巨來이고 號가 穆堂이며 江西 臨川 출신이다. 史學에 조예가 깊었으며 특히 地方志를 많이 저술했는데, 『八旗通志』, 『廣西通志』, 『畿輔通志』, 『臨川縣志』 등은 官撰이며, 『西江志補』, 『撫州續志』는 私撰이다. 그 밖에 문집으로 『穆堂類稿』, 『續稿』, 『別稿』 등이 전한다. 이 책은 1권으로 되어 있으며 문집 『穆堂類稿』 권19에 수록되어 있다. 규장각에 雍正 壬子(1732) 李紱의 序가 달려 있는 『穆堂初藁』 50권 16책이 소장되어 있는데, 그중에서 『大學考』를 확인할 수 있다. 『五洲衍文長箋

散稿』에서 『大學』을 변증하면서 이 책을 인용했다.

大學圖 → 中庸大學論語孟子諸圖

大學發微

南宋 黎立武가 『大學』을 해석한 책. 黎立武는 字가 以常이고 號가 寄翁이며 생몰년은 자세하지 않은데, 宋이 망한 후 元에 출사하지 않고 고향인 新餘로 낙향하여 蒙山에 蒙峰書院을 건립하고 講學에 진력했다. 저서로 『大易元通說』, 『中庸指歸』, 『中庸分章』 등이 있고, 『大學』에 능통하여 이 책 외에 『大學本旨』도 남겼다. 『大學發微』는 『大學』의 핵심을 이루는 格物과 致知를 새롭게 해석한 것으로 유명하다. "格物은 物에 本末의 物이 있고 致知는 知에 先後의 知가 있다"고 한 대목이 『與猶堂全書』, 『五洲衍文長箋散稿』 등에 인용되었다. 이 책은 『四庫全書』에 1권으로 실려 있으며, 중국 國家圖書館에도 道光 11년(1831) 간본이 소장되어 있다.

大學旁注

明 朱升이 편찬한 『大學』의 註釋書. 朱升(1299~1370)은 字가 允升이고 號가 楓林이며 安徽 休寧 출신이다. 『朱楓林集』, 『女戒』, 『五經旁訓』 등의 저술이 있다. 清 朱彝尊의 『經義考』에서 『大學旁注』가 1권이라고 했지만 朱彝尊 역시 직접 보지는 못하고 그 序와 跋 두 편만 수록했다. 清 黃虞稷의 『千頃堂書目』에도 『四書旁注』가 결본이라 했다. 『五洲衍文長箋散稿』에 참고할 만한 『大學』의 주석서로 『大學旁注』를 소개했지만 직접 본 것은 아닌 듯하다.

大學四體文

明 楊時喬가 『大學』을 풀이한 책. 楊時喬(1531~1609)는 字가 宜遷이고 號가 止庵이며 信州 上饒 출신이다. 저술로 『周易古今文全書』, 『馬政記』 등이 전한다. 이 책은 『大學古今四體文』으로 표기하기도 하는데 清 朱彝尊의 『經義考』에 이 서명이 보인다. 이 책 외에 『中庸古今四體文』 1권, 『孟子古今四體文』 7권, 『論語古今四體文』 10권이 소개된 것으로 보아, 원래는 『四書古今四體文』이라는 이름으로 묶여 있었던 듯하다. 중국 國家圖書館에 『大學古今四體文章句』가 소장되어 있고, 일본 東京都立圖書館에 『四書古今四體文集註全書』 10권이 소

장되어 있다. 『五洲衍文長箋散稿』에는 『大學四體文』을 인용했는데 같은 내용이 毛奇齡의 『大學證文』에 보인다.

大學述解

金 潘迪이 『大學』을 풀이한 책. 潘迪은 字가 牖民 혹은 允功이고 元城 출신으로, 이 책과 함께 『憲臺通紀』, 『易述解』, 『春秋述解』, 『六經發明』 등을 저술했지만 『石鼓文音訓』만 전한다. 그가 세운 石鼓音訓碑가 玉河館 인근에 있어 조선 후기 燕行使들의 글에 그의 이름이 자주 보인다. 明 馮從吾의 『元儒考略』에서 그의 저술로 『庸學述解』를 들었으므로 『大學述解』와 『中庸述解』를 합본한 책이 있었을 듯하지만 역시 일실되어 전하지 않는다. 『五洲衍文長箋散稿』에서 『大學』을 풀이한 저술로 소개했다.

大學衍義

南宋 眞德秀가 『大學』을 풀이한 책. 眞德秀(1178~1235)는 字가 實夫 혹은 景元, 希元 등이고 號는 西山이며 浦城 출신으로, 戶部尙書를 역임했다. 이 책 외에 『唐書考疑』, 『讀書記』, 『文章正宗』, 『西山甲乙稿』, 『西山文集』, 『心經附註』, 『三禮考』 등 많은 저술이 있다. 이 책은 원서명이 『眞西山讀書記乙集上大學衍義』인데 통상 『大學衍義』 혹은 『眞西山讀書記』라고 부른다. 『大學』의 三綱領(明明德, 親民, 止於至善), 八條目(格物, 致知, 誠意, 正心, 修身, 齊家, 治國, 平天下) 등에 대하여 역대의 嘉言과 善行을 類聚해서 편찬했다. 총 43권 12책으로, 帝王爲治之序, 帝王爲學之本, 格物致知之要(明道術, 辨人材, 審治體, 察民情), 誠意正心之要(崇敬畏, 戒逸欲), 修身之要(謹言行, 正威儀), 齊家之要(重妃匹, 嚴內治, 定國本, 敎戚屬) 등으로 되어 있다. 이 책은 元明淸 3代에 걸쳐 皇族과 學士의 필독서로 읽혔다. 『太宗實錄』과 『歷代要覽』에 따르면 1403년 明 황제가 이 책과 함께 『元史』, 『十八史略』, 『諸臣奏議』, 『大學衍義』, 『春秋會通』, 『眞西山讀書記』, 『朱子成書』를 하사했다고 한다. 이 책은 고려 太祖가 즐겨 보았다고 하며 『牧隱藁』, 『三峯集』, 『春亭集』 등 麗末鮮初의 문헌에서 꾸준히 인용되었고, 『芝峰類說』, 『星湖僿說』, 『海東繹史』, 『五洲衍文長箋散稿』 등 조선 후기의 문헌에서도 빈번하게 인용되었다. 규장각에는 嘉靖 6년(1527) 간행된 간본, 崇禎 5년(1632) 序가 달린 간본, 乾隆 2년(1737) 序가 달린 간본, 光緖 11년(1885) 간행된 간본 등 다양한 판본이 소장되어 있다. 조선에서도 이 책

을 甲辰字와 戊申字 등으로 여러 차례 간행했고 그 판본이 규장각 등 여러 도서관에 전한다. 조선의 李石亨이 편찬한 『大學衍義輯略』과 權常愼이 편찬한 『國朝大學衍義』는 이 책을 우리나라 실정에 맞게 새롭게 편집한 것이다.

大學衍義補

明 丘濬이 南宋 眞德秀의 『大學衍義』를 보완한 책. 丘濬(1418~1495)은 廣東 瓊山 출신으로 字는 仲深이고 號는 深菴, 瓊山先生, 瓊臺 등을 사용했다. 典故에 밝았고 특히 朱子學에 정통했다. 주요 저작으로 『世史正綱』, 『家禮儀節』, 『瓊臺集』 등이 있다. 이 책은 160권으로, 『大學』의 8조목 가운데 格物致知부터 齊家까지 6조목을 다룬 眞德秀의 『大學衍義』를 계승하여, 나머지 治國과 平天下를 보충한 것이다. 成化 23년(1487)과 萬曆 33년(1605) 간행된 판본 등이 전하며, 그중 萬曆 33년 판본이 장서각에 소장되어 있다. 조선에서는 成宗 25년(1494) 목판본으로, 英祖 연간에는 戊申字로 간행된 바 있다. 규장각에는 중국 목판본과 戊申字本 등 여러 종이 소장되어 있다. 이 책은 『經世遺表』, 『國朝寶鑑』, 『白湖全書』, 『沙溪全書』, 『林下筆記』, 『五洲衍文長箋散稿』 등 다양한 문헌에 인용되었고, 특히 『弘齋全書』에서 빈번히 인용되었다. 조선에서는 이 책을 증보한 저작들이 나타나는데 正祖의 命으로 편찬한 『大學類義』가 대표적이다. 규장각에는 『大學衍義補』의 내용을 간략하게 요약하여 도표로 만든 『大學衍義補圖』도 소장되어 있다.

大學正譜

明末淸初 李士璸이 『大學』을 풀이한 책. 李士璸은 字가 文伯이고 同州 출신이며, 과거에 나아가지 않고 文史로 自娛했다. 『理學宗言』 등의 저술이 있다. 『靑莊館全書』와 『硏經齋全集』에는 『大淸一統志』를 인용하여 黨湛에 대해 기술한 후 그와 함께 은거하면서 理學에 잠심한 인물로 소개하고 『玉山集』, 『大學正譜』를 편찬했다고 소개했다. 黨湛은 字가 子澄이고 同州 출신으로 理學에 뛰어났다. 淸 錢林의 『獻徵存錄』에는 이 책이 2권이라 소개했지만 현재 전하지 않는 듯하다. 『五洲衍文長箋散稿』에서는 편찬자를 黨湛이라 했다.

大學證文

明末淸初 毛奇齡이 『大學』의 異本을 校勘한 책. 毛奇齡(1623~1716)은 字가

大可이고 號가 西河이며 浙江 蕭山 출신이다. 經學, 歷史, 地理 등에 관한 많은 저술을 남겼으며, 『四書改錯』, 『古文尙書疏證』 등이 널리 알려져 있다. 이 책은 眞古本, 漢의 始平石經本, 魏의 正始石經本, 宋 程明道의 改修本, 程伊川의 改修本, 朱熹의 改修本 등 다양한 『大學』의 異本을 실은 다음 考證하고 註解했다. 宋 王柏의 改修本, 明 季本의 改修本, 明 高攀龍의 改修本, 明 崔銑의 改修本, 明 葛寅亮의 改修本 등은 異同이 있는 부분만을 발췌하여 수록했다. 규장각 소장 毛奇齡의 문집 『西河合集』에 수록되어 있고, 규장각 소장 『龍威秘書』에도 실려 있다. 『五洲衍文長箋散稿』, 『碩齋稿』 등에 이 책이 인용되어 있다.

大學指掌圖

元 胡炳文이 『大學』을 圖說로 풀이한 책. 胡炳文(1250~1333)은 字가 仲虎이고 考水 출신이다. 經學史에서 雲峯胡氏로 일컫는데 雲峯은 그의 號다. 『雲峯集』, 『書集解』, 『春秋集解』, 『四書通解』, 『禮書纂述』, 『爾雅韻語』 등 많은 저술을 남겼다. 이 책은 『元史』에 1권으로 되어 있지만 전하지 않는다. 『五洲衍文長箋散稿』에서 『大學』의 참고문헌으로 언급했는데 清 朱彝尊의 『經義考』에서 보지 못한 것으로 되어 있다.

大學千慮

明 穆孔暉가 『大學』을 풀이한 책. 穆孔暉(1479~1539)는 字가 伯潛이고 號가 玄庵이며 山東 堂邑 출신이다. 翰林院檢討, 翰林院侍講學士, 南京太常寺卿 등을 지냈고 文簡의 시호를 받았다. 『明史』 「儒林傳」에 王守仁의 學說을 따르고 佛敎에도 심취한 것으로 되어 있다. 이 책은 1권으로, 『大學章句』와 『大學或問』을 바탕으로 자신의 견해를 밝힌 것이다. 隨의 智顗가 『法華經』의 文句로 『分別功德品』과 『大莊嚴經論』을 해설한 것을 근거로 『大學』의 格物을 설명했는데 清 王士禎은 『池北偶談』에서 이를 비판했다. 『五洲衍文長箋散稿』에 이 책이 인용되었지만 『池北偶談』의 내용을 재인용한 것으로 보인다.

大學通考

明 顧憲成이 『大學』을 풀이한 책. 顧憲成(1550~1612)은 字가 叔時이고 號가 涇陽이며 흔히 東林先生으로 불린다. 東林書院에서 동생 顧允成과 高攀龍 등과 함께 강학하여 東林黨이라 불렸다. 『顧端文遺書』, 『質言』, 『大學重定』 등이

그의 저술이다. 淸 朱彛尊의 『經義考』에 이 책을 1권이라 하면서 自序를 인용했는데 自序가 壬辰年의 것이므로 이 책도 1592년 무렵에 편찬된 것으로 볼 수 있다. 『退溪文集攷證』에서 같은 서명의 책을 인용했지만 동일한 책인지는 알 수 없다. 『五洲衍文長箋散稿』에서 『大學』의 참고문헌으로 이 책을 들고 있지만 직접 보지는 않았던 듯하다.

大學或問 → 四書或問

刀劍錄 → 古今刀劍錄

道經總錄 → 抱朴子

道經總目 → 抱朴子

道德經解 → 老子注

道德指歸論

漢 嚴遵이 『老子』를 풀이한 책. 嚴遵(B.C.86~A.D.10)은 字가 君平이고 蜀郡 成都 출신이다. 老莊을 좋아하여 은거하며 出仕하지 않고 成都에서 卜筮로 생계를 유지했다. 이 책은 『老子指歸』, 『嚴遵道德指歸論』 등으로도 불리는데 『老子』를 조목마다 풀이했다. 『四庫全書總目』에서는 明末淸初 曹學佺의 「元羽外篇序」에 의거하여 이 책이 明末에 僞撰한 것이라 했다. 明末의 간본 6권으로 미국 국회도서관에 소장되어 있는데 明 劉鳳의 序, 胡震亨의 識 등이 실려 있다. 上德不德篇, 得一篇, 上士聞道篇 등 60여 편으로 編次되어 있다. 『津逮秘書』에도 6권으로 실려 있다. 『臺山集』과 『五洲衍文長箋散稿』에 이 책을 인용했다. 규장각에 朝鮮의 徐命膺이 주석을 단 필사본 『道德指歸』가 소장되어 있는데 이 책의 내용을 많이 참조하여 『道德經』을 풀이한 것이다. 徐有榘의 「書祖考文靖公遺事」, 「跋道德指歸」에 이에 대한 자세한 내용이 실려 있다.

都利聿思經

편찬자와 편찬 시기를 알 수 없는 占術書. 『五洲衍文長箋散稿』에서 推命의 說

을 논하면서 이 책과 함께 『都利益都賴』를 언급했는데 동일한 내용이 淸 王世貞의 『宛委餘編』에 보이므로 여기서 인용한 것이라 하겠다. 두 책 모두 전하지 않으며 다른 문헌에서는 확인되지 않는다.

道山新聞

편찬자를 알 수 없는 宋代의 筆記雜錄. 이 책은 『宋史』에 1권으로 되어 있지만 전하지 않는다. 후대의 문헌에서 인용한 것은 李後主의 宮嬪 窅娘에 대한 것이다. 『五洲衍文長箋散稿』에서 이 책을 인용하여 같은 내용을 다루었지만 『山堂肆考』 등에서 가져온 것으로 보인다. 淸 周中孚의 『鄭堂讀書記』에 『道山淸話』와 동일한 책이라고도 했다. 『道山淸話』는 北宋의 잡사를 기록한 책으로 宋 王暐가 1권으로 편찬했으며 『說郛』에 실려 있다. 『靑莊館全書』와 『警修堂全藁』에 이 책이 인용되어 있다. 王暐는 字號나 이력이 밝혀져 있지 않다.

圖書集成 → 古今圖書集成

圖書編

明 章潢이 편찬한 易學과 天文에 관한 類書. 章潢(1527~1608)은 字가 本淸이고 號는 斗津이며 文德先生으로 일컬어졌다. 江西 南昌 출신으로 吳與弼, 鄧元錫, 劉元卿 등과 더불어 江右四君子로 불렸다. 白鹿洞書院에서 강학했으며 『爲學次第』를 지어 제자를 길렀다. 이탈리아 신부 利瑪竇(Matteo Ricci)를 청하여 白鹿洞書院에서 西學을 강의하도록 했고 西學을 반영한 『圖書編』을 지었다. 또한 范淶를 도와서 『南昌府志』를 편찬했다. 『周易象義』 10권도 그의 저술이다. 이 책은 明 萬曆 41년(1613) 간행되었는데 127권이다. 규장각에도 이 때의 판본이 소장되어 있다. 萬曆 41년 萬尙烈이 白雲樓에서 지은 「刻章聘君先生圖書編丐敍」가 실려 있고 이어 章潢의 「自序」가 실려 있다. 萬尙烈의 序에 따르면 嘉靖 壬戌年(1562) 편찬을 시작하여 萬曆 丁丑年(1577) 완성했고 萬曆 41년(1613) 萬尙烈이 여러 문인과 벗의 도움을 받아 간행했다. 萬尙烈은 章潢의 사위이자 문인으로 字는 思文이고 南昌 출신이며, 저서에 『四書測』이 있다. 『四庫全書總目』에는 章潢의 年譜에서 萬曆 5년(1577) 『論世編』을 완성하고 萬曆 13년(1585) 『圖書編』을 간행했다고 한 기록을 근거로 처음에 『論世編』이라 이름한 것을 나중에 『圖書編』으로 바꾼 것이라 했다. 「自序」에 이

어 「圖書編原」, 「凡例」, 「目錄」이 실려 있다. 문인 丘曰敬, 萬尙烈, 周誠學과 아들 章自省이 章斗津先生年譜를 편찬할 때 참고한 서책 목록인 圖書編採輯考證書目과 전체 127권의 목록이 수록되어 있다. 본문은 宋의 朱震, 楊甲, 朱熹, 元의 張理, 吳澄, 明初 趙撝謙, 韓邦奇 등의 학술과 함께 易圖 100幅을 수록했다. 1권에서 15권까지는 經義, 16권에서 18권까지는 象緯曆算, 29권에서 67권까지는 地理, 68권에서 125권까지는 人道다. 126권 易象類編, 127권 學語多識은 說 뒤에 圖를 따로 붙였다. 127권 끝에 牌記가 있는데 張心虞, 王鳴陽 등 출판 비용을 댄 인물의 성명이 기재되어 있다. 서울대 중앙도서관에는 동일한 계열의 판본이 108권 51책의 零本으로 소장되어 있다. 장서각에 소장된 판본은 天啓 3년(1623) 序가 실린 127권 60책 목판본으로 明 岳元聲이 교정을 본 것이다. 『肅宗實錄』과 『正祖實錄』, 『承政院日記』, 『國朝寶鑑』 등에서 典禮를 위하여 이 책을 참조했다는 기록이 보이므로 국가적으로 공인된 책이었음을 알 수 있다. 『南溪集』, 『瓶窩集』 등 18세기 문헌에서부터 이 책이 자주 인용되고 있다. 李宜顯의 「庚子燕行雜識」에 따르면 1720년 중국에서 구입한 서책 목록 중에 이 책이 보이는데 78권이라 했다. 78책으로 제책된 것을 구입했다는 의미인 듯하다. 『東槎日記』, 『星湖僿說』, 『星湖全集』, 『順菴集』, 『弘齋全書』, 『研經齋全集』, 『林下筆記』, 『靑莊館全書』, 『海東繹史』, 『五洲衍文長箋散稿』 등 많은 문헌에서 이 책을 인용하여 여러 사실을 고증했다. 章潢이 편찬한 또 다른 저술 『百戰奇法』이 규장각에 소장되어 있는데 『圖書編』을 저본으로 한 것이다. 『宣祖實錄』에 『百戰奇法』으로 군사를 훈련했다는 기록이 보인다.

道餘錄

元末明初 姚廣孝가 편찬한 雜錄. 姚廣孝(1335~1418)는 法名이 道衍이고 字가 斯道이며 自號는 逃虛子로 蘇州 출신이다. 元 至正 12년(1352) 출가하여 승려가 되었는데, 儒, 道, 佛 등 諸家의 학문에 능통했고 詩文을 잘 지어서 宋濂, 高啓 등과 교유했다. 주요 저작으로 『逃虛集』과 『逃虛子詩集』, 『逃虛類稿』 등이 있다. 이 책은 만년의 저술로 先儒를 심하게 비판하고 있어 당시 식자들이 상당히 꺼려했다. 明 萬曆 47년(1619) 錢謙益이 간행한 판본이 중국 國家圖書館에 소장되어 있다. 『活齋集』, 『五洲衍文長箋散稿』, 『艮齋集』 등에서 이 책이 인용되었다.

道園學古錄

元 虞集의 文集. 虞集(1272~1348)은 字가 伯生이고 號가 道園 혹은 邵庵이며 江西省 臨川 출신이다. 『道園類稿』, 『道園遺稿』, 『翰林珠玉』, 『伯生詩續編』 등 많은 저술이 있다. 특히 杜甫의 시에 주석을 단 『虞注杜律』이 널리 알려져 있다. 이 책은 至正 元年(1341) 그의 아들 虞翁歸와 門人 李本 등이 편찬하여 간행한 것으로 朝稿 20권, 應制錄 6권, 歸田稿 18권, 方外稿 6권 등 총 50권으로 구성되었고, 碑, 銘, 墓志, 行狀, 傳, 記, 序, 題跋, 制詔 등 다양한 산문이 실려 있다. 明 景泰 7년(1456) 鄭達, 黃江이 元代의 간본을 정리하여 간행했는데 『四部叢刊』에도 이 판본을 실었다. 『湛軒書』, 『沙溪全書』, 『星湖僿說』, 『青莊館全書』, 『金陵集』에 이 책이 인용되어 있다. 虞集의 시문은 고려 후기에 수입되어 널리 읽혔지만 이 서명의 문집이 국내에서 전하는 것은 확인되지 않는다.

陶隱居帖

晉 王羲之의 書帖. 王羲之(321?~379)는 字가 逸少이고 號는 澹齋로 琅琊 臨沂 출신이다. 東晉의 名筆로 이름이 높아 書聖이라 불린다. 이 書帖은 王羲之가 南北朝의 隱士 陶弘景의 은거 기록을 쓴 것이다. 李圭景은 『五洲衍文長箋散稿』에서 이 書帖을 인용했지만 北宋 黃伯思의 『東觀餘論』의 기사를 옮긴 것으로 보인다. 독립된 書帖으로 전하는 것은 확인되지 않는다.

道一編

明 程敏政이 朱熹와 陸九淵의 편지를 모은 책. 程敏政(1445~1500)은 字가 克勤인데 休寧 篁墩 출신이므로 程篁墩이라 불렀다. 『宋遺民錄』, 『篁墩文集』, 『明文衡』, 『宋紀受終考』, 『新安文獻志』, 『道一編』, 『心經附註』 등의 저술이 전한다. 이 책은 6권으로 되어 있는데 朱熹와 陸九淵의 왕복 편지가 중심을 이루고 있다. 明 弘治 3년(1490) 李信이 간행한 판본이 통용되고 있다. 『退溪集』에서 이 책과 함께 『心經附註』를 들어 朱熹와 陸九淵의 학설을 절충했다 하여 크게 비판했고, 朴世采의 『南溪集』 등에도 비슷한 내용이 보이는 것을 보면 16세기 무렵 조선에 수입된 것은 분명한 듯하다. 『五洲衍文長箋散稿』에서 元 趙汸의 「對江右六君子策」을 인용했는데 朱熹와 陸九淵의 학설에 대한 것으로 이 책에 실려 있다.

道藏

明 張宇初와 張宇清이 道敎의 經典을 모은 叢書. 張宇初(1359~1410)는 字가 子旋이고 號가 耆山이며, 道敎 正一派의 43代 天師다. 張宇淸은 그의 아우로 字가 彦璣고 號는 西璧이며, 44代 天師에 올랐다. 道藏이라 하면 道敎의 經典을 이르며, 특히 『正統道藏』을 이를 때가 많다. 『正統道藏』은 永樂 4년(1406) 張宇初와 張宇淸이 永樂帝의 명으로 편찬했는데, 邵以正이 校正하고 增補하여 正統 10년(1445) 간행했다. 三洞, 四輔, 十二部로 분류되어 있는데 洞眞部에 316종, 洞玄部에 303종, 洞神部에 364종, 太玄部에 117종, 太平部에 66종, 太淸部에 24종, 正一部에 240종 등 1,430종의 문헌이 수록되었다. 『五洲衍文長箋散稿』에 이 책이 보인다.

陶靖節集

東晉 陶潛의 詩文集. 陶潛(365~427)은 字가 淵明 혹은 元亮이며, 靖節先生으로 일컬어진다. 尋陽 柴桑에서 생장했으며, 문 앞에 버드나무 다섯 그루를 심어놓고 五柳先生이라 자칭했다. 문집 외에 志怪小說集인 『搜神後記』가 그의 저술로 알려져 있다. 明代 이후로 何孟春本을 비롯하여 수많은 『陶淵明集』이 간행되었다. 淸 陶澍가 편찬한 『陶靖節先生集』 10권이 이전의 문집을 집대성한 판본으로 가장 널리 읽히고 있다. 규장각에는 正德 庚辰(1520) 張志淳의 序, 正德 戊寅(1518) 何湛之의 跋이 달린 明代의 간본 2권 2책이 소장되어 있는데 권1에 賦와 詩, 권2에 辭와 記, 傳, 贊, 述, 疏, 祭文, 四八目, 附錄과 何孟春의 序記, 張志淳의 後序, 陳察의 後序, 靖節先生像, 歸去來圖, 何孟春의 跋 등이 수록되어 있다. 또 康熙 庚午(1690) 周文焜의 序가 달린 4권 2책의 『陶靖節詩集』도 소장되어 있다. 그밖에 국내 여러 기관에 다양한 판본이 소장되어 있다. 陶潛은 이른 시기부터 우리나라에 큰 영향을 끼쳤으므로 고려시대에 그의 문집이 널리 유통된 것으로 추정된다. 鄭惟吉의 『林塘遺稿』에 宣祖의 命으로 『陶靖節集』의 跋을 지었다는 기록이 보이며, 『宣祖實錄』에 이 책을 성균관에 하사했다는 기록이 보인다. 『芝峯類說』, 『宋子大全』, 『林下筆記』, 『五洲衍文長箋散稿』 등 많은 문헌에도 이 책이 인용되어 있다.

圖畫見聞志

北宋 郭思가 편찬한 繪畫에 관한 책. 郭思는 字가 若虛이며 山西省 太原 출신

이다. 郭熙의 아들로 仁宗 연간(1022~1063)과 神宗 연간(1067~1085) 활동했으며 회화 평론가로 명성을 날렸고 특히「論氣韻非師」가 유명하다. 이 책은 張彦遠의『歷代名畫記』를 계승하여 唐末에서 北宋 중기에 이르는 회화와 관련된 사적을 기록한 것으로 총 6권이다. 권1 畵論, 권2~4 紀藝, 권5 故事拾遺, 권6 近事로 구성되어 있다. 明 毛晉이 교정하여 간행한 津逮秘書本이 널리 알려져 있다. 고려대에 淸代 掃葉山房 石印本이 소장되어 있다.『芝山集』,『海東繹史』,『研經齋全集』,『五洲衍文長箋散稿』등에 이 책이 인용되어 있다.

桃花扇

淸 孔尙任이 지은 戲曲. 孔尙任(1648~1718)은 字가 聘之 혹은 季重이고 號는 東塘 혹은 岸堂, 雲亭山人이고 山東 曲阜 출신이다. 이 작품은 洪昇의『長生殿』과 함께 淸代 戲曲의 최고봉으로 일컬어진다. 康熙 29년(1690)부터 38년(1699)까지 세 차례의 개작 끝에 완성되었다. 明末의 公子인 侯方域과 기생 李香君의 사랑을 소재로 하고, 여기에 明末의 부패한 사회상을 풍자하는 내용을 담았다. 규장각에 夢鶴居士의 序가 달린 4권 4책의 淸代 간본이 소장되어 있고, 장서각에는 乾降 7년(1742) 간기가 있는 목판본 4권 4책이 소장되어 있다. 李麟祥의『凌壺集』에 이 작품을 읽고 쓴「桃花扇識」이 실려 있고, 尹喜求의『于堂詩鈔』에도「讀桃花扇」이 실려 있다.『江漢集』,『警修堂全藁』,『五洲衍文長箋散稿』,『荷齋日記』등 여러 문헌에서 이 책을 소개하고 있는 것으로 보아 조선 후기에 제법 널리 읽혔음을 확인할 수 있다.

圖繪寶鑑續纂

淸 馮仙 등이 繪畫史를 정리한 책. 馮仙은 字가 鑑이고, 號가 過登이며 耶溪墨俠이라고도 불렸다. 浙江 紹興 출신으로 山水畵에 능했으며 康熙 연간(1662~1722)과 乾隆 연간(1736~1795)에 활동했다. 이 책은 元末明初 夏文彦의『圖繪寶鑑』을 증보한 것이다. 夏文彦은 字가 士良이고 號가 蘭諸生이며 吳興 출신인데 雲間에 거주했다. 馮仙이 이 책 5권에다 明代에 증보된 明代 畫家의 전기를 합치고 淸初 화가의 전기를 덧붙여 8권으로 편찬했다.『圖繪寶鑑』은 동아대에 至正 乙巳(1365) 夏文彦의 序가 붙은 淸代의 간본 8권이 소장되어 있는데 3권이 馮仙이 증보한 것이다. 元 楊維禎의 序도 붙어 있다. 유사한 판본이 미국 하버드대와 버클리대에도 소장되어 있다. 馮仙이 증보한 3권

에는 644인의 明清 畫家를 다루었는데 여성화가도 포함되어 있다. 『金陵集』, 『警修堂全藁』 등에 『圖繪寶鑑』이 소개되어 있는데 馮仙이 증보한 판본으로 추정된다. 『五洲衍文長箋散稿』에는 『圖繪寶鑑續纂』으로 소개했다.

獨斷

漢 蔡邕이 편찬한 雜錄. 蔡邕(133~192)은 字가 伯喈이고 陳留 圉縣 출신이다. 漢 獻帝 때 左中郎將을 역임했으므로 蔡中郎으로 불렸다. 飛白體를 창시했으며 시문집으로 『蔡中郎集』이 있다. 이 책은 2권으로 漢 皇室의 服飾, 名節, 皇帝의 교체와 封謚 등을 다루었다. 『禮記』의 체제를 따르고 各條의 解義는 鄭玄을 따랐다. 諸家를 인용함에 잘못도 있고 傳寫에 있어 脫誤가 많지만 전체적으로 조리가 있고, 요지는 크게 그르치지 않았다는 평가를 받았다. 규장각에 소장된 『說郛』, 『漢魏叢書』 등에 수록되어 있다. 『瓶窩集』, 『壽谷集』, 『經世遺表』, 『星湖僿說』, 『耳溪集』 등 조선 후기 문헌에 자주 인용되었다. 특히 李瀷은 「跋獨斷」을 지었다.

讀禮志疑

明末清初 陸隴其가 『禮記』, 『周禮』, 『儀禮』의 난해처를 풀이한 책. 陸隴其(1630~1693)는 字가 稼書이고 浙江 平湖 출신이다. 『三魚堂集』, 『困勉錄』, 『古文尙書』, 『靈壽縣志』, 『三魚堂日記』, 『三魚堂賸言』 등의 저술이 있다. 이 책은 12권으로 『學海類篇』에 실려 있는데 6권으로 된 것도 있다. 국민대에 6권의 목판본이 소장되어 있다. 明堂, 淸廟, 名物, 器數 등에 대한 諸家의 학설을 모으고 朱熹의 학설을 중심으로 정리했다. 『五洲衍文長箋散稿』에 3권이라 했는데 3권본은 확인되지 않는다.

讀禮通考

明末清初 徐乾學이 禮學에 관한 여러 학설을 정리한 책. 徐乾學(1631~1694)은 字가 原一이고 號가 健庵이며 江南 昆山 출신이다. 『明史』, 『大清會全』, 『一統志』 등 康熙帝의 命으로 만든 책 대부분을 감수했고, 『澹園讀禮通考』, 『鑑古輯覽』, 『古文淵鑑』, 『虞浦集』, 『詞館集』, 『碧山集』 등의 저술을 남겼다. 이 책은 『儀禮』, 『禮記』와 그 주석을 근간으로 삼고 『周禮』를 참고했으며, 正史, 諸子, 實錄, 會要, 典章, 別集, 類書, 筆記, 方志 가운데 喪禮와 관련된 것을 채록했다.

630여 종의 문헌을 참조하여 이 책을 편찬했다. 이 책은 먼저 綱目을 세워 喪期, 喪服, 喪儀節, 葬考, 喪具, 變禮, 喪制, 墓制로 나누고, 그 아래에 여러 세목을 나누었다. 또한 正史年表를 모방하여 表 3篇(喪期)을 만들어 역대 禮制의 異同을 기록했으며, 喪服과 儀節 및 喪具 부분에는 따로 圖錄을 달았다. 규장각에 康熙 35년(1696) 간기가 있는 목판본 120권 40책이 소장되어 있다. 『正祖實錄』, 『屛溪集』, 『湛軒書』, 『靑莊館全書』, 『海東繹史』, 『硏經齋全集』, 『五洲衍文長箋散稿』 등 많은 문헌에 인용되었으며, 조선 후기 申錫愚가 『讀禮錄』을 편찬할 때 이 책을 많이 참조했다.

讀史管見

淸 王轂이 편찬한 歷史批評書. 王轂은 字가 御輪이고 號가 東蓮이며 安徽 黟縣 출신이다. 嘉慶 연간(1796~1820)의 인물인데 생몰년은 자세하지 않으며 金石學에 뛰어났다. 道光 13년(1833) 간행된 『昭代叢書』에 이 책이 1권으로 실려 있다. 『五洲衍文長箋散稿』에 王轂이 편찬한 이 책을 소개했다. 통상적으로 『讀史管見』이라 하면 南宋의 胡寅이 편찬한 책을 지칭한다. 胡寅(1098~1156)은 崇安 출신으로 字는 明中이고 號는 致堂이라 했으며 諡號는 文忠이다. 二程의 학문을 충실하게 계승하여 朱熹에게 많은 영향을 준 것으로 평가되며, 문집 『斐然集』이 있다. 胡寅은 큰아버지이자 양아버지인 胡安國이 쓴 『春秋傳』의 정신을 계승하여 이 책을 편찬했다. 당시 戰國時代에서 五代까지의 史書로는 司馬光이 지은 『資治通鑑』이 있었는데, 사실의 기록은 충분하지만 평가가 부족하다고 판단하여 이 책을 편찬했다고 한다. 이 책은 총 16책으로 이루어져 있으며, 1책에는 序와 목록이 수록되어 있고, 2책부터 16책까지는 목록에 따라 내용이 정리되어 있는데 「周紀」, 「秦紀」, 「漢紀」 등 왕조에 따라 나누고 다시 각 왕조의 帝王別, 事案別로 나누어 역사를 기록하고 평론했다. 『櫟泉集』, 『順菴集』, 『自著』, 『弘齋全書』, 『靑莊館全書』 등에 이 책이 인용되어 있다. 규장각에 崇禎 乙亥 8년(1635) 張溥의 序와 寶祐 甲寅(1254) 劉震孫의 跋이 달린 중국 목판본 30권 16책이 소장되어 있다. 서울대 중앙도서관과 국립중앙도서관에도 淸代의 목판본이 소장되어 있다. 규장각에는 또 조선 후기의 申琓이 편찬한 동일한 서명의 책이 있지만 내용은 전혀 다르다.

讀史方輿紀要

明末淸初 顧祖禹가 편찬한 歷史地理書. 顧祖禹(1631~1692)는 字가 瑞五이고 號가 景範이며, 先祖의 本籍이 無錫 宛溪이므로 宛溪先生으로도 불렸다. 反淸復明의 이상을 이루고자 했으나 실패한 뒤 고향으로 돌아가 은둔하면서 독서와 역사지리 관련 저술에 몰두했다. 이 책은 康熙 31년(1692) 완성되었으며 모두 130권으로 歷代州域形勢, 直隸, 江南, 山東, 山西, 河南, 陝西, 四川, 湖廣, 江西, 浙江, 福建, 廣東, 廣西, 雲南, 貴州, 黃河, 淮河, 漢江, 長江, 北盤江, 運河, 沿海地區, 分野 등으로 구성되었다. 일반 지리서와 달리 全書의 형식으로 地理를 軍事 문제와 연결하여 用兵 등에 대해서도 주목했다. 규장각에 魏禧의 序가 달린 중국 판본, 光緖 5년(1879) 彭元瑞가 校定하여 간행한 중국 판본 등이 소장되어 있으며, 국립중앙도서관에는 道光 30년(1850) 黃冕의 跋이 실린 판본이 소장되어 있다. 필사본도 여러 곳에 전한다. 『靑莊館全書』, 『海東繹史』, 『硏經齋全集』, 『斗室存稿』 등에는 『方輿紀要』로 인용되어 있다.

讀書管見

元 王充耘이 『書經』을 풀이한 책. 王充耘은 字가 輿耕이고 江西 吉水 출신이다. 元統 연간(1333~1335) 출사했다. 이 책 외에 『書義矜式』이 전하는데 『五洲衍文長箋散稿』에서 소개했다. 노년에 고향으로 돌아가 『尙書』를 깊이 연구하여 『書義主意』와 『讀書管見』을 편찬했다. 『四書經疑貫通』도 그의 저술인데 서울대 중앙도서관에 소장되어 있다. 『書義主意』는 규장각 등에 소장된 『粤雅堂叢書』에 실려 있다. 『讀書管見』은 南宋 蔡沈의 『尙書集傳』을 대상으로 고증과 함께 자신의 설을 붙여서 2권으로 편찬했다. 『通志堂經解』에는 『王耕野先生讀書管見』으로 수록되었다. 『靑莊館全書』, 『硏經齋全集』, 『五洲衍文長箋散稿』에서 이 책을 소개했다. 『弘齋全書』와 『惕齋集』에서 『書經』에 대한 그의 설을 소개했는데 이 책에서 가져온 듯하다.

讀書紀數略

明末淸初 宮夢仁이 편찬한 類書. 宮夢仁(1623~1713)은 字가 定山이며 泰州 출신으로, 이 책 외에 『文苑英華選』 등의 저술을 남겼다. 이 책은 康熙 46년(1707)과 그 이듬해 宮夢仁이 쓴 序가 앞에 실려 있는 것을 보면 그 무렵 편찬한 것으로 보인다. 모두 54권으로 天, 地, 人, 物의 4大綱으로 구성되었고 다

시 天은 4항, 地는 10항, 人은 29항, 物은 11항으로 분류되어 있다. 이러한 체제는 南宋 王應麟의 『小學紺珠』, 明 張九韶의 『群書拾唾』를 모범으로 삼은 것이다. 또한 각 類의 앞에 다시 목록을 부기하여 검색에 편의를 도모했다. 서울대 중앙도서관에 1880년 宋擇元이 교열한 중국본 54권 12책이 소장되어 있다. 단국대에는 『讀書紀數略鈔』가 소장되어 있는데 권두에 "宮夢仁欽奉諭旨刊刻"이라 되어 있다. 『五洲衍文長箋散稿』, 『梣溪遺稿』 등에 이 책이 인용되어 있다.

讀書錄 → 薛文淸公讀書錄

讀書敏求記

明末淸初의 錢曾이 편찬한 圖書解題集. 錢曾(1629~1701)은 字가 遵王이고 號는 也是翁, 貫花道人, 述古主人 등을 사용했으며 江蘇省 常熟 출신이다. 장서가로 진귀한 책을 많이 모아서 述古堂 또는 也是園이라는 곳에 보관했다. 문집으로 『懷園集』, 『判春集』, 『奚囊集』, 『今吾集』 등이 있고, 『述古堂書目』, 『也是園書目』 등의 저술도 남겼다. 『述古堂書目』에는 서적 2,200여 종의 서명, 저자, 卷冊 등을 기록했고, 『也是園書目』에는 서적 3,800여 종의 서명과 저자를 기록했다. 특히 『讀書敏求記』는 宋代 書目의 전통을 계승하여 판본에 대한 감정까지 싣고 있으며 經史子集의 순서를 따랐다. 「別志」에 『高麗圖經』, 『東國史略』, 『朝鮮世紀』 등 우리나라와 관련된 서책에 대한 해제도 실려 있다. 장서각에 乾隆 60년(1795) 간행한 중국 목판본 4권 4책이 소장되어 있으며 서울대, 고려대 등에는 19세기 간행한 중국 목판본이 소장되어 있다. 1848년 간행된 『海山僊館叢書』에도 다른 書目과 함께 이 책이 실려 있다. 『燕臺再遊錄』, 『海東繹史』, 『研經齋全集』 등에 이 책이 인용되어 있다.

讀書分年日程 → 程氏家塾讀書分年日程

讀書十六觀

明 陳繼儒가 古人의 讀書와 관련한 일화를 모은 책. 陳繼儒(1558~1639)는 字가 仲醇이고 號가 眉公 혹은 麋公이며 華亭 출신이다. 『妮古錄』, 『梅花冊』, 『雲山卷』, 『陳眉公全集』, 『小窓幽記』, 『建文史待』, 『讀書鏡』, 『文奇豹斑』, 『福壽全

書』, 『增補萬寶全書』, 『白石樵虞稿』 등 많은 저술이 전한다. 이 책은 宋 呂誨, 范質, 蘇軾 등의 일화 16조로 되어 있으며, 독서와 관련한 인물의 名言을 인용하여 讀書의 방법과 命名의 의미 등에 대해 적었다. 陳繼儒의 『陳眉公全集』에 이 글이 실려 있는데 『陳眉公全集』은 규장각에 소장되어 있다. 규장각에 소장된 『說郛續』과 장서각에 소장된 『唐宋叢書』에도 이 책이 수록되어 있다. 국립중앙도서관에 일본에서 목판으로 간행한 책이 전한다. 『惺所覆瓿藁』, 『青莊館全書』, 『五洲衍文長箋散稿』 등에서 이 책을 인용했다.

讀書雜抄

南宋 魏了翁이 經典의 어휘에 관해 변증한 雜錄. 魏了翁(1178~1237)은 字가 華父이고 號가 鶴山이며 臨邛 출신이다. 經學에 뛰어나 여러 경전의 註疏를 모아 『九經要義』를 편찬했다. 『古今考』, 『鶴山筆錄』, 『周易集義』, 『鶴山集』 등도 그의 저술이다. 이 책은 원래 書名이 『鶴山渠陽讀書雜鈔』인데, 『左傳』, 『洪範』 등의 주석을 중심으로 변증한 것이 많다. 『鶴山渠陽經外雜抄』와 짝을 이루는데 규장각에 소장된 『唐宋叢書』에 『讀書雜鈔』, 『經史雜抄』가 각기 실려 있다. 『尙白齋鐫陳眉公訂正秘笈』에는 『讀書雜鈔』만 수록되어 있다. 『與猶堂全書』, 『五洲衍文長箋散稿』 등에 이 책이 인용되어 있다.

讀書劄記

明 徐問이 편찬한 筆記雜錄. 徐問은 字가 用中이고 號는 養齋이며 武進 출신인데 正德 연간(1506~1521) 활동했다. 『山堂萃稿』 등의 저술이 전한다. 이 책은 『讀書札記』라고도 한다. 性理學과 관련된 내용을 중심으로 자신의 의견을 서술한 것이다. 『山堂萃稿』에 부록으로 실려 있으며 『四庫全書』에는 『讀書札記』 8권으로 실려 있다. 明 嘉靖 14년(1535) 간행한 판본이 중국 國家圖書館에 소장되어 있다. 이 책은 『林下筆記』에 「養齋徐問」의 항목을 두어 徐問을 소개하면서 인용했다. 『五洲衍文長箋散稿』에도 인용되어 있다. 金宇顒, 金富倫, 洪汝河 등 조선의 문인들도 『讀書劄記』를 편찬했지만 모두 내용이 다르다. 서울대 중앙도서관에 같은 서명의 책이 소장되어 있지만 편찬자가 明의 喬可聘으로 다른 책이다.

讀書通

明 郝敬이 편찬한 字學書. 郝敬(1558~1629)은 字가 仲輿이고 號가 楚望이며 京山 출신이다. 經學에 통달했으며 書畵에도 능했다. 165권의 『九部經解』가 대표적인 저술이다. 이 책은 20권으로 되어 있으며 난해한 글자를 고증한 내용으로 문집 『山草堂集』에 실려 있다. 『江漢集』, 『燕巖集』, 『弘齋全書』, 『五洲衍文長箋散稿』 등 그의 학설을 다룬 문헌이 많아 그의 저술이 조선에 수용된 것은 분명하지만 국내에 그의 문집이 소장된 곳은 확인되지 않는다. 天啓 6년(1626), 崇禎 3년(1630) 등의 간본이 중국 國家圖書館에 소장되어 있다.

讀易考原

元 蕭漢中이 『周易』을 풀이한 책. 蕭漢中은 字가 景元이고 泰和 출신이다. 자세한 이력은 밝혀져 있지 않다. 이 책이 元 晉宗 泰定 연간(1324~1327) 편찬되었으므로 이 무렵의 인물로 추정된다. 이 책은 分卦, 合卦, 卦序 3편으로 구성되어 있으며 그림에 설명을 덧붙여 64괘의 次序를 밝혔다. 『四庫全書總目』에 따르면 이 책은 저술 당시에는 주목을 받지 못했는데 明初 朱升이 『周易旁注』를 저술할 때 이 책을 卷末에 붙여 현전하게 되었다고 한다. 조선시대 문헌에서 이 책을 명시하지 않았지만 17세기 무렵 수용된 흔적이 보인다. 李瀷은 『星湖僿說』에서 그의 「序卦說」을 자세히 소개하고 매우 뛰어난 저술로 평했다. 『星湖集』에 蕭漢中의 『卦序圖』를 보았다는 기사도 보이는데 이 책의 한 부분을 든 것으로 추정된다. 서울대 중앙도서관 등에 소장된 『豫章叢書』에 1권으로 실려 있다.

讀易備忘

金末元初 劉肅이 『周易』을 풀이한 학설을 모은 책. 劉肅(1188~1263)은 字가 才卿이고 威州 洺水 출신이며 邢州學派의 대표적인 학자다. 尙書省令史 등을 지냈는데 『元史』에 그의 傳이 실려 있고 이 책이 소개되어 있지만, 지금은 일실되어 전하지 않으므로 자세한 내용은 알 수 없다. 『經義考』와 『千頃堂書目』 등에는 明 黃潛翁이 편찬자로 되어 있는 『讀易備忘』을 소개했다. 淸 王滌心이 편찬한 『讀易備忘』도 따로 전한다. 『五洲衍文長箋散稿』에 劉肅의 책만 소개되어 있다.

讀易私言
金末元初 許衡이 『周易』을 풀이한 책. 許衡(1209~1281)은 字가 仲平이고 號가 魯齋이며 懷慶 河内 출신이다. 문집 『魯齋遺書』가 규장각 등에 전한다. 이 책은 『魯齋遺書』에 1권으로 실려 있으며 『說郛』에도 실려 있다. 『青莊館全書』, 『研經齋全集』, 『五洲衍文長箋散稿』에서 이 책을 소개했다. 규장각에 소장된 『魯齋遺書』는 嘉靖 乙酉(1525) 蕭鳴鳳의 序가 붙어 있다.

獨異志
唐 李亢이 편찬한 地怪小說集. 이 책은 『唐書』「藝文志」에는 편찬자가 李亢으로 되어 있는데 어떤 인물인지 알 수 없다. 『唐書』에 越郡 출신으로 慈州 別駕를 지낸 李亢이 보이지만 같은 인물인지 확인할 수 없다. 『崇文總目』에는 李元으로, 『四庫全書總目』에는 李冘로 되어 있지만 李亢의 오류인 듯하다. 이 책은 『新唐書』에는 10권으로 되어 있지만 원본은 일실되고 『稗海』에 3권으로 수습되었다. 고대로부터 唐에 이르기까지 다양한 神話와 傳說, 奇談을 모은 것이다. 女媧, 樂昌公主 등의 이야기가 여기서 처음 보인다. 서울대 중앙도서관과 규장각에 明 商濬이 교열한 『稗海』에 실려 있는데 李冗, 李元 등으로 표기되어 있다. 自序가 붙어 있는데 천지가 열린 이래로 세상의 독특하고 기이한 것들을 기록해 서명으로 삼는다고 했다. 『說郛』에는 1권으로 실려 있고 편찬자가 李元으로 되어 있다. 李德裕, 王元寶, 賀知章, 彭樂, 高開道, 杜伏威, 韓晉公, 于相悰, 鄒平公 등 8인의 신기한 이야기를 기록했다. 규장각에 소장된 『北夢瑣言』, 『東軒筆錄』, 장서각에 소장된 『唐宋叢書』 등에도 이 책이 수록되어 있다. 『芝峯類說』에는 편찬자가 李冗으로 되어 있다. 『五洲衍文長箋散稿』에는 편찬자를 밝히지 않았다.

讀春秋編
宋末元初 陳深이 『春秋』를 풀이한 책. 陳深(1259~1329)은 『青莊館全書』에 기록이 보이는데 字가 子微이고 平江 출신이다. 宋이 망한 후 저술에만 전념했는데 自號를 淸全이라 하고 『讀易編』, 『讀詩編』, 『讀春秋編』 등의 저술을 남겼다. 『諸子品節』도 그의 저술인데 『天坡集』에 소개되어 있다. 『讀春秋編』은 『青莊館全書』, 『研經齋全集』, 『五洲衍文長箋散稿』 등에 소개되어 있다. 『通志堂經解』에 12권으로 수록되어 있다.

燉煌實錄

北魏 劉昞이 편찬한 敦煌의 歷史書. 劉昞은 字가 延明이며 敦煌 출신으로 생몰년은 알려져 있지 않다. 『略記』, 『涼書』, 『方言』, 『靖恭堂銘』 등의 저술이 있다. 이 책은 원래 20권 혹은 10권이었다고 하지만 光緒 연간(1875~1908) 간행된 『三十國春秋輯本』에는 1권으로 수록되어 있다. 『靑莊館全書』와 『五洲衍文長箋散稿』에 淸 王世貞의 『宛委餘編』을 인용하여 이 책을 소개했다. 『孤雲集』의 주석에 이 책이 보이는데 그 주석은 승려 中觀 海眼(1567~?)이 작성한 것이다.

桐江詩話

南宋代 편찬자를 알 수 없는 詩話書. 『浙江通志』에는 姚建和의 저술이라 하고 字가 惟政이라 했는데 자세한 이력은 알 수 없다. 이 책은 일부만이 南宋 胡仔의 『苕溪漁隱叢話』 등에 인용되어 전한다. 『說郛』에는 富貴語, 牧童詩, 感事, 煎茶, 暢道姑 등 5조가 수록되어 있는데 편찬자는 闕名으로 표기되어 있다. 『五洲衍文長箋散稿』에는 편찬자를 無名氏라 하고 서명만 적었다.

東京夢華錄

南宋 孟元老가 北宋의 수도 汴京(開封)의 風物 등을 기술한 책. 『唐宋叢書』에는 편자가 孟老로 되어 있으나 孟元老의 誤記다. 孟元老는 본명이 孟鉞이고 號가 幽蘭居士라는 것 외에는 거의 알려져 있지 않다. 이 책은 『夢華錄』이라고도 한다. 宋이 南渡한 후 紹興 17년(1147) 무렵 孟元老가 汴京을 그리워하여 편찬한 것으로, 崇寧 연간(1102~1106)에서 宣和 연간(1119~1125)까지를 중심으로 하여 都城, 坊市, 節序, 風俗, 典禮, 儀衛 등을 10권으로 엮었다. 규장각에 소장된 『說郛』와 『叢書』에 일부가 수록되어 있고 『四庫全書』에 전편이 수록되었다. 卷頭에 序가 실려 있고, 권1에 東都外城, 舊京城, 河道, 大內, 內諸司, 外諸司 등이, 권2에 御街, 宣德樓前省府宮宇, 朱雀門外街巷, 州橋夜市, 東角樓街巷, 潘樓東街巷, 酒樓, 飮食果子 등이, 권3에 馬行街北諸醫鋪, 大內西右掖門外街巷, 大內前州橋東街巷, 相國寺內萬姓交易, 寺東門街巷, 上淸宮, 馬行街鋪席, 般載雜賣, 都市錢陌, 雇覓人力, 防火, 天曉諸人入市, 諸色雜賣 등이, 권4에 軍頭司, 皇太子納妃, 公主出降, 皇后出乘輿, 雜賃, 修整雜貨及齋僧請道, 筵會假賃, 會仙酒樓, 食店, 肉行, 餠店, 魚行 등이, 권5에 民俗, 京瓦伎藝, 娶婦, 育

子 등이, 권6에 正月, 元旦朝會, 立春, 元宵, 十四日車駕幸五岳觀, 十五日駕詣上淸宮, 十六日, 收燈都人出城探春 등이, 권7에 淸明節, 三月一日開金明池瓊林苑, 駕幸臨水殿觀爭標錫宴, 駕幸瓊林苑, 駕幸寶津樓宴殿, 駕登寶津樓諸軍呈百戲, 駕幸射殿射弓, 池苑內縱人關撲遊戲, 駕回儀衛 등이, 권8에 四月八日, 端午, 六月六日崔府君生日二十四日神保觀神生日, 是月巷陌雜賣, 七夕, 中元節, 立秋, 秋社, 中秋, 重陽 등이, 권9에 十月一日, 天寧節, 宰執親王宗室百官入內上壽, 立冬 등이, 권10에 冬至, 大禮預教車象, 車駕宿大慶殿, 駕行儀衛, 駕宿太廟奉神主出室, 駕詣靑城齋宮, 駕詣郊壇行禮, 郊畢駕回, 下赦, 駕還詣諸宮行謝, 十二月, 除夕 등이 실려 있으며, 마지막에 孟元老의 識가 있다.『世宗實錄』에 보이므로 이른 시기에 조선에 유입된 책으로 추정된다.『南溪集』,『息山集』,『洛下生集』,『海東繹史』,『斗室存稿』,『五洲衍文長箋散稿』에서도 이 책을 인용했다. 장서각에 咸豐 연간(1851~1861) 목판으로 간행된 明末清初 胡震亨 교정본이 전하는데 紹興 17년 幽蘭居士 東京 孟元老의 序가 실려 있다. 이 책은『夢筆錄』혹은『東京夢筆錄』이라고도 하는데,『五洲衍文長箋散稿』에는『夢筆錄』으로도 인용했다.

峒谿纖志

淸 陸次雲이 변방의 기이한 産物에 관해 기록한 책. 陸次雲은 字가 雲士이고 浙江 錢塘 출신이다. 생몰년은 자세하지 않은데 康熙 연간(1662~1722) 河南郟縣知縣, 知蘇江陰縣知縣 등의 관직을 지냈다. 저서로『八紘釋史』,『紀餘』,『八紘荒史』,『志餘』,『湖堧雜記』,『北墅緒言』,『尙論持平』,『析疑待正』,『事文標異』,『及澄江集』,『玉山詞』등이 있다. 이 책은 四川, 雲南, 貴州 등 변방 지역의 기이한 산물을 소개했는데 風鬼, 夜叉, 野婆, 木客, 黃丈鬼 등 怪物에 관한 이야기가 대부분이다.『靑莊館全書』,『五洲衍文長箋散稿』등에 이 책이 인용되어 있다. 규장각에 소장된『龍威秘書』,『說鈴』등에 실려 있다.

東谷易翼傳

南宋 鄭汝諧가『周易』을 풀이한 책. 鄭汝諧(1126~1205)는 字가 舜擧이고 東谷 處州 출신이다. 이 책 외에『論語意原』이 전한다. 이 책은 2권으로 이루어졌고 宋 程頤의『易傳』에 자신의 견해를 붙인 것이다. 전남대 등에 소장된『通志堂經解』에 2권으로 수록되어 있으며, 장서각에도 같은 판본이 소장되어 있

다. 『青莊館全書』, 『硏經齋全集』, 『五洲衍文長箋散稿』에서 이 책을 소개했는데 편찬자가 趙汝楷로 잘못 표기된 곳도 있다.

冬官補亡

明 錢馹가 周의 冬官에 관해 기술한 책. 錢馹는 이름이 士馨이라고도 하고, 字가 雅拙이고 號가 稺農이며 浙江 當湖 출신이다. 崇禎 16년(1643) 李自成이 北京을 함락되는 것을 보고 『甲申傳信錄』을 편찬했다. 『周禮說』, 『周禮答疑』, 『禮儀說』 『續越絶書』, 『賡茄集』 등도 그의 저술이다. 서명의 冬官은 중국 고대의 官名으로, 工程과 制作의 일을 맡았으며 후대 工部에 해당한다. 『周禮』의 일실된 「冬官」의 내용을 보완하는 저술이 唐宋 이래 지속되었는데 南宋 兪庭椿의 『周禮復古編』가 대표적인 것이다. 규장각에 소장되어 있는 淸 李文炤의 『周禮集傳』에 『周禮復古編』의 오류를 바로잡기 위해 錢馹가 『冬官補亡』 3권을 편찬했다고 되어 있다. 『經義考』에는 『冬官補亡』이 3권이고 自序가 붙어 있다고 했는데, 지금은 이 책의 존재가 확인되지 않는다. 『五洲衍文長箋散稿『에는 禮書의 하나로 『冬官補亡章』 3권을 소개했다.

東觀餘論

北宋 黃伯思가 편찬한 筆記雜錄. 黃伯思(1079~1118)는 字가 長睿 혹은 霄賓이고 號는 雲林子 혹은 元符進士이며 邵武 출신이다. 秦漢 이전의 彝器와 款識에 능통하여 古器를 고증하고 진위를 판별하여 『法帖刊誤』를 지었다. 이 책은 그 아들 黃訒이 2권과 부록 1권으로 편집했는데 古文, 奇字, 鐘鼎, 彝器, 款式, 書法 등에 대해 辨證한 것이다. 明 萬曆 연간(1573~1620) 간본이 중국 國家圖書館에 전하며 宋代의 간본도 전한다. 충남대에 明 萬曆 연간 王氏書苑 간본이, 서울대 중앙도서관에 民國 6년(1917) 간본이 소장되어 있다. 『夢經堂日史』, 『星湖僿說』, 『硏經齋全集』, 『五洲衍文長箋散稿』 등에 이 책이 인용되어 있다.

東觀漢記

後漢 光武帝에서 靈帝까지의 역사를 기록한 紀傳體 歷史書. 원래는 『漢記』라 했는데 東觀에 역사서를 편찬하는 館府를 두어 이 책을 완성하게 한 후로 이 서명을 쓰게 되었다. 이 책은 漢 明帝 劉莊이 班固, 陳宗, 尹敏, 孟異 등에게 命

하여 『世祖本紀』를 찬술하도록 한 데서 시작했다. 이때 班固 등은 功臣 平林, 新市, 公孫述 등의 事跡도 조사하여 列傳, 載記 28篇을 올렸다. 그 후 安帝 때 劉珍, 李尤, 劉騊駼 등이 命을 받들어 紀, 表와 名臣, 節士, 儒林, 外戚 등의 傳을 續撰했다. 또 伏無忌, 黃景 등이 諸王, 王子, 功臣의 傳과 恩澤侯表, 南單于와 西羌의 傳, 地理志 등을 편찬했다. 桓帝 때 다시 邊韶, 崔寔, 朱穆, 曹壽 등이 孝穆, 孝崇 두 황제의 傳과 順烈皇后傳을 편찬하고 外戚傳에 安思 등의 皇后와 儒林傳에 崔篆 등을 추가하여 실었다. 崔寔은 다시 延篤과 함께 百官表와 順帝 功臣 孫程, 郭鎮, 鄭衆, 蔡倫의 傳을 편찬했다. 이렇게 하여 총 114篇이 완성되었다. 靈帝 때 馬日, 蔡邕, 楊彪, 盧植, 韓說 등이 紀, 志, 傳을 보충하고 靈帝의 紀事도 보탰다. 班固의 『後漢書』가 이 책에 근거한 바가 많다. 서울대 중앙도서관과 국립중앙도서관에 18세기 후반에 간행한 중국 목판본 24권이 소장되어 있다. 『耳溪集』, 『海東繹史』, 『青莊館全書』, 『明皐全集』, 『五洲衍文長箋散稿』 등 많은 문헌에 이 책이 인용되어 있다. 특히 『研經齋全集』에는 淸 王士禎의 「兩漢紀跋」을 인용하여 高麗本의 존재를 언급했다.

童溪易傳

南宋 王宗傳이 『周易』을 풀이한 책. 王宗傳은 字가 景孟이고 寧德 출신이며, 淳熙 연간(1174~1189)에 활동했다. 淸 朱彝尊의 『經義考』에 의하면 卷頭에 林焞의 序가 붙어 있는데 林焞은 王宗傳과 절친한 同學이라 했다. 이 책은 30권으로 되어 있으며, 짧은 發題에 이어 經이 중심을 이루고 끝에 繫辭가 붙어 있는데, 내용은 王弼의 해석을 중심으로 한 것이다. 宋 開禧 연간(1205~1207) 간본에는 序가 보이지 않는다. 전남대에 소장된 『通志堂經解』에도 실려 있다. 『青莊館全書』, 『研經齋全集』, 『五洲衍文長箋散稿』에서 이 책을 소개했다.

桐君采藥錄

桐君이 편찬한 것으로 알려져 있는 중국 古代의 藥學書. 桐君은 黃帝의 신하라고 하지만 자세한 것은 알 수 없다. 이 책은 가장 이른 시기에 편찬된 醫學書로, 『桐君藥錄』, 『桐君錄』, 『桐君』, 『采藥錄』 등 다양한 명칭으로 불렸는데 지금은 일실되어 전하지 않는다. 南朝 梁 陶弘景의 『神農本草經集注』의 序에 처음 이 책이 보이는데 秦漢 이전의 저술로 추정된다. 宣宗 8년(1091) 宋의

館伴이 일실된 서적 129종의 목록을 주고 高麗에서 찾도록 했는데, 여기에 이 책이 포함되어 있다. 『靑莊館全書』와 『海東繹史』에서 이 기록이 인용되었는데 2권이라 했다. 明 李時珍의 『本草綱目』에서도 이 책을 많이 인용했다. 『五洲衍文長箋散稿』에는 桐君의 『湯液篇』이 보이는데 일실된 책이므로 재인용인 듯하다. 晉 李當之가 편찬한 동일한 서명의 『藥錄』이 알려져 있다. 李當之는 三國時代의 名醫 華佗의 제자로 알려져 있지만 자세한 이력은 알 수 없다. 李瑠之로 된 데도 있다. 이 책 외에 『藥方』, 『本草經』 등을 저술했다고 하지만 모두 일실되었다. 『說郛』에 수록된 李當之의 『藥錄』에는 檳榔, 菥蓂, 石流黃, 陽起石, 天門冬 등의 藥草 15조가 실려 있는데, 陶宗儀 등이 『太平御覽』 등에 인용된 글을 모은 것으로 추정된다.

洞極眞經

편찬자를 알 수 없는 道家書. 元 胡一桂의 『易本義启蒙翼傳』에 北魏의 關朗이 編次를 정했고, 『周易』과는 무관하지만 河圖를 논한 것이 있어 宋 朱熹가 참조했다고 되어 있다. 關朗은 北魏 孝文帝 때의 학자로, 字가 子明이고 河東 解州 출신이며, 關羽의 후손으로 알려져 있다. 이 책은 『通志』에는 1권으로 되어 있지만 원문은 일실되고 일부만 『玉函山房輯佚書』에 수록되어 전한다. 『經義考』에서 모두 5권인데 보지 못했다고 하면서 關郎의 序를 인용했다. 『五洲衍文長箋散稿』에는 편찬자와 서명만 소개되어 있다.

東都事略

南宋 王稱이 太祖부터 欽宗까지의 역사를 기록한 紀傳體史書. 王稱은 王偁으로 표기한 곳도 많은데, 字가 季平이고 眉州 출신이다. 생몰년은 자세하지 않지만 慶元 연간(1190~1200) 吏部郎中을 지낸 것으로 보아 이 무렵 활동한 듯하다. 저서로 이 책 외에 『西夏史略』이 있다. 東都는 北宋의 수도였던 開封을 말한다. 이 책은 表와 志가 없이 本紀 12권, 世家 5권, 列傳 105권, 附錄 8권 등 모두 130권으로 구성되어 있다. 附錄에는 遼, 金, 西夏, 西蕃, 交趾의 역사를 붙였다. 南宋 李心傳은 이 책에 대해 王偁이 『五朝全史』, 『四朝實錄』의 附傳에서 채록하여 野史를 덧붙인 것으로 내용이 소략하다고 비판했다. 그러나 『四庫全書總目』에서는 그 내용이 간략하면서도 요점을 잘 기록하고 있으며, 康保裔를 忠義傳에 포함시키지 않은 것이나 張方平, 王拱辰의 허물을 꺼리지 않고

수록하고 있는 것 등은 공정하다고 평가했다. 규장각에 乾隆 60년(1795) 序가 달린 목판본 130권이 소장되어 있다. 또 규장각에 소장된『宋遼金元別史』에도 130권이 모두 수록되어 있다. 李齊賢의『益齋亂藁』에 이 책이 인용된 것을 보면 고려시대에 유입된 것을 알 수 있다. 조선시대에는『潛谷遺稿』,『頭陀草』,『與猶堂全書』,『研經齋全集』,『五洲衍文長箋散稿』 등에도 이 책이 인용되어 있다. 洪奭周의『洪氏讀書錄』에서도 이 책을 비중 있게 인용했다.

東萊書說

南宋 呂祖謙이『書經』을 풀이한 책. 呂祖謙(1137~1181)은 字가 伯恭이고 金華 출신으로, 東萊先生으로 일컬어졌다.『東萊博議』,『春秋左氏傳說』 등을 저술했다. 이 책은『直齋書錄解題』와『文獻通考』 등에서 10권이라 했지만, 10권으로 된 판본은 보이지 않는다. 제자 時瀾이 35권으로 증보한『增修東萊書說』이 통용되는데 康熙 연간(1662~1722)의 通志堂本이 중국 國家圖書館 등에 소장되어 있다. 時瀾은 字가 書觀이고 號가 南堂拙叟이며 開封 출신이다. 문집『南堂雜著』가 있었지만 일실되었다. 吳道一의『西坡集』에 이 책 10권을 燕京에서 구입했다는 기록이 보이는데 어떤 판본인지는 확인되지 않는다.『五洲衍文長箋散稿』에는 이 책과 함께『增修東萊書說』도 소개했다.

東萊先生音註唐鑑

南宋 呂祖謙이 范祖禹의『唐鑑』에 주석을 단 책. 范祖禹(1041~1098)는 字가 淳甫 혹은 蘿得이고 成都 華陽 출신이다. 저서로 이 책 이외에『帝學』,『仁宗政典』,『范太史集』 등이 있다. 줄여서『唐鑑』이라고 하는데 처음에는 范祖禹가 12권으로 저술했으나 후에 呂祖謙이 주를 달아『東萊先生音註唐鑑』이라 했고, 모두 24권이다. 呂祖謙(1137~1181)은 字가 伯恭이고 號가 東萊이며 浙江金華 출신이다. 朱熹와 함께『近思錄』을 편찬했고,『東萊左氏博議』,『呂氏家塾讀持記』,『東萊博議』 등의 저술이 있다. 이 책은 唐 高祖 武德 元年(618)부터 昭宣帝 天祐 4년(907)까지 290년의 歷史를『資治通鑑』의 체제에 따라 서술한 것이다.『高麗史節要』에 따르면 1135년에 經筵에서 이 책을 사용했다.『朝鮮王朝實錄』에는 1423년에 世宗이 集賢殿에 命하여 이 책을 필사하여 올리게 했다 하고『國朝寶鑑』에는 1490년에『文苑英華』,『文章正宗』 등과 함께 민간에서 찾아 올리도록 했다는 기록이 있다. 또 1511년 이 책이 조선에서 처

음 간행되었고, 1562년에도 慶州府에서 간행되었다. 李瀷은 『星湖僿說』에서 「唐鑑議論」이라는 항목을 두어 이 책을 자세히 다루었다. 『益齋亂藁』, 『太祖實錄』, 『陽村集』 등 고려시대의 많은 문헌에서 이 책을 인용하고 있으며, 『海東雜錄』, 『五洲衍文長箋散稿』 등 조선 후기 문헌에도 두루 인용되어 있다. 조선 후기 經筵의 교재로도 사용했다. 대부분의 문헌에서 范祖禹의 『唐鑑』으로 인용했지만 이 책을 가리킨다. 규장각에 1771년 壬辰字로 간행한 24권 6책이 소장되어 있다. 국립중앙도서관에는 1668년 戊申字로 간행한 24권 4책이, 장서각에 辛亥(1791) 孟夏 嶺營新刊의 간기가 있는 목판본 24권 4책이 전한다. 弘治 10년(1497) 간행된 판본이 중국 國家圖書館에 소장되어 있다.

東萊集

南宋 呂祖謙의 文集. 이 책은 『東萊呂太史文集』이라고도 한다. 『四庫全書總目』에는 그의 동생 呂祖儉이 遺稿를 모아 간행하고 從子 呂喬年이 增補하여 편찬했다고 한다. 『文集』 15권, 家範 및 尺牘을 모은 『別集』 16권, 程文類를 모은 『外集』 5권, 「年譜」와 「遺事」 등을 따로 모은 「附錄」 3권, 「附錄拾遺」 1권 등 총 40권으로 이루어져 있다. 규장각에 雍正 元年(1723) 간행한 『呂東萊先生遺集』 20권이 소장되어 있는데 婺州에 重建된 麗澤書院을 관장하던 王崇炳이 遺書를 모아 원래의 文集 15권에 덧붙여 간행한 것이다. 규장각에 소장된 淸 胡鳳丹의 『金華叢書』에도 실려 있으며 장서각 등에 필사본이 전한다. 『愚伏集』, 『南溪集』 등 18세기 문헌에서부터 자주 이 책을 인용하고 있으며, 『海東繹史』, 『五洲衍文長箋散稿』 등에서도 이 책을 인용했다.

洞靈眞經 → 亢倉子

銅馬相法

後漢 馬援이 편찬한 말 감별에 관한 책. 馬援(B.C.14~A.D.49)은 字가 文淵이고 扶風 茂陵 출신이다. 後漢의 開國功臣이며 交趾를 정벌한 장군으로 老益壯 고사의 주인공이기도 하다. 前漢 때 이미 좋은 말을 銅馬로 주조하여 相馬에 관한 知識을 보급했는데, 馬援이 당시 名家들의 相馬法을 총괄하고 자신의 경험도 참작하여 이 책을 편찬하고 이에 근거하여 銅馬를 주조하는 한편 名馬法式이라는 이름을 붙여 보급했다. 이 책은 馬王堆 帛書에 발견된 『相馬經』의

내용을 모범으로 삼고 있는 것으로 추정되는데 원본은 일실되고 후대의 문헌에 단편적으로 인용되어 전한다. 『星湖僿說』에 이 책이 인용되어 있지만 재인용으로 보인다.

洞冥記

後漢 郭憲이 편찬한 筆記小說. 郭憲은 字가 子橫이고 汝南宋 출신으로, 光祿勳에 이르렀으며 그의 행적은 『後漢書』 「方術傳」에 실려 있다. 이 책은 『漢武洞冥記』, 『別國洞冥記』라고도 한다. 明 顧氏文房小說本 4권이 널리 알려져 있다. 『說郛』에는 『別國洞冥記』라는 이름으로 21조만 실려 있으며 『尙白齋鐫陳眉公訂正秘笈』, 『漢魏叢書』, 『龍威秘書』 등에도 일부가 실려 있다. 이 책은 李奎報의 문집에서부터 보이므로 매우 이른 시기에 우리나라에 들어온 것으로 보인다. 許筠, 李宜顯 등의 문집에도 이 서명이 보이고 『芝峯類說』과 『五洲衍文長箋散稿』에도 이 책이 인용되어 있다.

同文舉要

明 田藝衡이 편찬한 文字學에 관한 저술. 田藝衡은 字가 子藝이고 錢塘 출신으로 田汝成의 아들이다. 明末에 應天教授를 지냈다. 田藝蘅으로 표기된 데도 있다. 『玉笑零音』, 『大明同文集』, 『煮泉小品』, 『留青日札』, 『留留青』 등 많은 저술이 있다. 明 張自烈의 『正字通』에 이 책이 빈번하게 인용되어 있고 『六藝之一錄』에는 書名이 『大明同文集舉要章則』으로 되어 있고 自引이 실려 있지만 일실되어 전하지 않는다. 『五洲衍文長箋散稿』에는 『同文舉要』 혹은 『篆隷同文舉要』로 소개되어 있다.

同文備考

明 王應電이 편찬한 文字學에 관한 저술. 王應電은 王電으로도 알려져 있는데 字가 明齋 혹은 昭明이며 昆山 출신이다. 생몰년은 밝혀져 있지 않은데 嘉靖 연간(1522~1566) 泰和에 은거했다. 『周禮傳』, 『羅念菴集』, 『荊川文集』, 『六義圖解』 등의 저술이 있으며 그중 『六義圖解』는 『說郛』에 실려 있다. 이 책은 嘉靖 연간(1522~1566) 판본이 대만 中研院傅斯年圖書館과 일본 公文書館에, 萬曆 연간(1573~1620) 판본이 미국 국회도서관에 소장되어 있는데 모두 8권이다. 문자를 天文, 地理, 人容, 人道, 人體, 動物, 植物, 用物 등 8門으로 분류하

고 文字의 聲音을 변증했는데 字母를 28종, 韻類를 45종으로 나누었다. 부록에 『聲韻會通』 1권과 『韻要粗釋』 1권이 더 붙어 있다. 『五洲衍文長箋散稿』에서 여러 차례 이 책을 인용했다.

同文算指

明 李之藻가 利瑪竇와 함께 편찬한 數學書. 李之藻(1565~1630)는 字가 振之 혹은 我存이고 號가 涼庵居士 혹은 涼庵逸民이며 浙江 仁和 출신이다. 이 책 이외에 『名理探』, 『大統曆』, 『崇禎曆法』, 『渾蓋通憲圖說』, 『圜容較義』, 『天學初函』 등 많은 저술을 남겼다. 利瑪竇(Matteo Ricci, 1552~1610)는 이탈리아 출신의 예수회 선교사로, 號는 西泰 혹은 清泰, 西江 등을 사용했다. 徐光啓, 李之藻 등의 도움을 받아 數學, 天文學, 地理學 등 다양한 西學을 중국에 전파했다. 『天主實義』, 『辨學遺牘』, 『畸人十篇』, 『天主教要』 등의 저술이 있다. 이 책은 萬曆 41년(1613)에 펴낸 중국 최초의 서양 수학 편역서로 前篇 2권과 通編 8권으로 되어 있으며, 加減乘除, 通分法, 約分法 등을 기술했다. 崇禎 연간(1628~1644) 간본이 중국 國家圖書館에 소장되어 있고, 『四庫全書』에 8권과 別編 1권이 편입되어 있다. 李頤命의 『疎齋集』에 실려 있는 「與西洋人蘇霖戴進賢」에 처음 이 책이 소개되었으며 『五洲衍文長箋散稿』에서도 이 책을 인용했다. 부산대에 이 책의 필사본이 소장되어 있다.

東方朔占

漢 東方朔의 이름을 가탁한 占卜書. 東方朔(B.C.161?~B.C.93)은 字가 曼倩이고 平原 厭次縣 출신으로, 『漢書』에 그의 傳이 실려 있다. 『神異經』, 『十洲記』 등 여러 책이 그의 이름을 가탁하여 전해진다. 이 책은 風雲星月과 太歲 60年으로 豐凶을 점치는 방식을 적은 것으로, 『隋書』에 따르면 이 책 1권과 함께 『東方朔書』 2권, 『東方朔書鈔』 2권, 『東方朔占候水旱卜人善惡』 2권이 있었다고 하지만 모두 전하지 않고 후대의 문헌에 일부가 인용되어 전할 뿐이다. 『芝峯類說』, 『無名子集』, 『五洲衍文長箋散稿』 등에서도 이 책의 내용이 보이지만 재인용한 것이다.

東藩風俗記

편찬자를 알 수 없는 隋代 東夷 지역의 풍속을 기록한 책. 北宋 樂史의 『太平

寰宇記』에서 新羅를 설명하면서 이 책을 인용했지만 일실되었다.『海東繹史』에서는 宋末元初 馬端臨의『文獻通考』가 이 책을 인용하여 新羅의 金姓에 관해 기록한 것을 옮겼다. 唐 杜佑의『通典』, 鄭樵의『通志』에도 같은 내용이 보인다.『太平寰宇記』외에 중국의 다른 문헌에는 이 책이 언급된 바 없다.

彤史拾遺記

明末淸初 毛奇齡이 편찬한 明代 后妃의 傳記를 기록한 책. 毛奇齡(1623~1716)은 字가 大可이고 號가 西河이며 浙江 蕭山 출신으로,『明史』편찬에 참여했고,『四書改錯』,『古文尙書寃詞』등 많은 저술을 남겼다. 이 책의 원래 서명은『勝朝彤史拾遺記』인데『彤史拾遺』로도 줄여 부른다. 이 책은 毛奇齡이 부친에게서 물려받은『宮闈紀聞』1권에『明史』의 편찬에 참여하여 天順, 成化, 弘治, 正德 연간의 后妃傳을 찬술하면서 얻은 자료를 더하고 문장을 손질하여 편찬한 것이다. 2권에 后妃 65인의 傳이 실려 있다. 鄭金蓮, 王滿堂 등 기존 史書의 后妃傳에 들지 못했던 인물도 보인다. 彤史는 宮中 여성의 일을 기록하는 女官을 이르는 말이다. 규장각 등에 소장된 毛奇齡의 문집『西河合集』에 2책으로 실려 있다. 규장각 등에 소장된『香艷叢書』에도 수록되었다.『靑莊館全書』,『燕轅直指』,『五洲衍文長箋散稿』등에서 이 책을 인용했다.『海東繹史』에는『勝朝彤管拾遺記』로 소개되어 있다.

東西洋考

明 張燮이 편찬한 世界地理志. 張燮(1574~1640)은 字가 紹和 혹은 理陽이고 號는 汰沃, 石戶主人, 海濱逸史, 蜚遁老人 등을 사용했으며 龍溪縣 石碼 출신이다.『霏雲集』,『群玉集』,『閩中記』등의 저술이 있다. 이 책은 萬曆 46년(1618) 12권으로 간행되었는데 金陵 王起宗 校刊本이라 부른다. 국립중앙도서관에 비슷한 중국본이 전하는데, 蕭基, 周起元, 王起宗의 序와 凡例가 卷頭에 실려 있으며 권1~4 西洋列國考, 권5 東洋列國考, 권6 外紀考, 권7 稅餉考, 권8 舟師考, 권9 稅璫考, 권10~11 藝文考, 권12에 逸事考로 구성되어 있다. 이 책은 대만 故宮博物院圖書館, 일본 東洋文庫 등에도 소장되어 있다.『熱河日記』,『海東繹史』등에서 이 책을 인용했다.

同姓名錄

明 余寅이 역대의 성명이 동일한 인물에 관해 기술한 책. 余寅(1519~1595)은 字가 君房인데 만년에 僧杲로 바꾸었다. 鄞縣 출신으로 太常寺少卿을 지냈고 『農丈人詩集』, 『乙未私志』 등의 저술이 있다. 이 책은 '鉅靈四', '紀通二'와 같이 동일한 인명과 그 수를 함께 표제로 하고 이력을 간략하게 적었다. 明代의 간본이 미국 국회도서관에 소장되어 있고 13권으로 『四庫全書』에 편입되어 있다. 규장각과 존경각 등에 소장된 清 劉長華의 『歷代同姓名錄』은 이 책을 증보한 것이다. 『青莊館全書』, 『五洲衍文長箋散稿』에서 清 施閏章의 『學餘集』에서 인용한 기록을 옮겼다. 梁 世祖 蕭繹의 『古今同姓名錄』, 清 劉長華의 『歷代同姓名錄』 등은 별개의 책이다.

同姓名辨 → 續文獻通考

動聲儀

편찬자를 알 수 없는 『樂記』의 緯書. 七經에 대응하여 『易緯』, 『書緯』, 『詩緯』, 『禮緯』, 『樂緯』, 『春秋緯』, 『孝經緯』의 7종을 七緯라 하는데 이 책은 그중 하나다. 『樂記』의 緯書로는 이 책 외에 『稽耀嘉』, 『葉圖徵』 등이 있다. 규장각 등에 소장된 『玉函山房輯佚書』에 『樂緯動聲儀』로 실려 있는데 魏 宋均의 注가 붙어 있다. 『象村稿』, 『谿谷集』 등 17세기 문헌에서부터 緯書를 논할 때 자주 인용되었고 『五洲衍文長箋散稿』에도 서명이 보인다.

冬夜箋記

明末清初 王崇簡이 편찬한 筆記雜錄. 王崇簡(1602~1675)은 字가 敬哉이고 宛平 출신으로, 禮部尙書를 지냈다. 문집 『青箱堂集』이 전하는데 규장각에 順治 18년(1661) 跋이 달린 판본이 소장되어 있다. 이 책은 先儒의 格言과 名論, 古事 등 잡다한 내용으로 되어 있다. 1권으로 『說鈴』에도 수록되어 있다. 『熱河日記』, 『五洲衍文長箋散稿』 등에 이 서명이 보이며, 王崇簡에 관해서는 『青莊館全書』, 『研經齋全集』, 『與猶堂全書』 등에서도 확인된다.

東垣十書

金末元初 李杲 등이 醫書를 모은 叢書. 李杲(1180~1251)는 字가 明之이고 號

는 東垣老人이며 眞定 출신이다. 중국 醫學史에서 金元四大家의 한 사람으로 평가된다. 이 책은 『脈訣』, 『局方發揮』, 『脾胃論』, 『格致餘論』, 『蘭室秘藏』, 『內外傷辨惑論』, 『此事難知』, 『湯液本草』, 『醫經溯洄集』, 『內外精義』 등 宋元代의 醫書 10종을 모은 것으로, 그중 『脾胃論』, 『內外傷辨惑論』, 『蘭室秘藏』 등 3종은 李杲의 저술이다. 이 책은 조선에서 여러 차례 간행되었다. 成宗 19년(1488) 成健이 『東垣拾書』를 올려 內醫院에서 간행하게 했다는 기록이 『成宗實錄』에 보이지만, 이 판본은 현재 확인되지 않고 있다. 英祖 41년(1765) 惠民署에서 芸閣印書體字를 사용하여 16권 10책으로 간행한 판본이 국립중앙도서관 등에 소장되어 있다. 국립중앙도서관 등에 필사본이 전하므로 조선시대에 널리 유통된 醫書라 할 수 있다. 『海東繹史』, 『熱河日記』, 『山林經濟』, 『磻溪隨錄』, 『與猶堂全書』 등 많은 문헌에서 이 책을 인용했다.

東游記

明 吳元泰가 지은 小說. 吳元泰는 嘉靖(1522~1566) 말년의 인물로 號가 蘭江이라는 정도만 알려져 있다. 이 소설은 『上洞八仙傳』, 『八仙出處東游記』라고도 한다. 2권이며 56回의 回章體로 되어 있다. 鐵拐李, 漢鍾離, 呂洞賓, 張果老, 藍采和, 何仙姑, 韓湘子, 曹國舅 등 八仙이 등장하여 龍王과 전투를 벌이며 孫悟空이 등장하여 天兵과 天將을 물리치는 내용이다. 明 楊致和의 『西游記』, 明 余象斗의 『南游記』와 『北游記』를 합쳐 四遊記라 부른다. 존경각에 소장된 『繡像四遊全傳』에 四遊記가 모두 실려 있다. 『五洲衍文長箋散稿』에 서명이 보인다.

銅人經

北宋 王惟一이 仁宗의 命을 받들어 편찬한 醫書. 王惟一(987~1067)은 王惟德이라고도 하는데 翰林醫官을 지냈지만 이력은 자세하지 않다. 이 책은 원래 서명이 『新刊補註銅人腧穴鍼灸圖經』인데 줄여서 『銅人經』, 『銅人腧穴鍼灸圖經』, 『銅人圖』라고 부른다. 天聖 5년(1026) 仁宗의 命을 받아 銅으로 만든 인체 모형에 침구의 經穴을 그려 넣어 해설한 것이다. 원래는 3권이었는데 南宋 때 5권으로 개수되었다. 인체의 12經絡, 365穴을 圖解한 것으로, 序와 목차에 이어 권1에는 翰林醫官序, 黃帝內經, 肺經諸穴之圖, 大腸經諸穴之圖, 胃經諸穴之圖 등이, 권2에는 膀胱經諸穴圖, 腎經諸穴圖, 心包經諸穴圖 등이, 권3에는 黃帝問答論, 黃帝內經鍼灸避忌之法, 鍼灸避忌人神之輪圖, 太一日遊之序 등

이, 권4에는 肩髆背腧左右中諸部百一十一穴, 肩膊部左右凡二十六穴, 肩腧部中行凡一十三穴 등이, 권5에는 黃帝問十二經氣穴多少, 傍通十二經絡流注孔穴之圖並按四季五行所屬之刺俱有呼吸法 등이 실려 있다. 『太宗實錄』에(1415) 永樂帝에게 『銅人圖』를 받아왔고 이어 『鍼灸銅人圖』를 간행하여 頒賜했다는 기록이 보인다. 『太宗實錄』에 보이는 『銅人經圖』와 『世宗實錄』에 보이는 『補註銅人經』이 모두 이 책을 지칭하는데, 당시 가장 중요한 의학서의 하나로 취급되었음을 알 수 있다. 宣祖 11년(1578) 간행한 『新刊補註銅人腧穴鍼灸圖經』이 일본 宮內廳書陵部에 전한다. 규장각에는 順治 11년(1654) 6월 內醫院에서 重刊한 책이 남아 있는데 內醫院 都提調 金堉, 提調 沈之源, 提調 尹絳, 勘校官 內醫院奉事 金立成 등의 이름이 보인다. 간행 시기를 알 수 없는 몇 종이 더 있다. 『磻溪隨錄』, 『栢潭集』, 『南溪集』, 『而已广集』, 『五洲衍文長箋散稿』 등에 이 책이 인용되었다.

東齋記事

宋 許觀이 편찬한 筆記雜錄. 許觀은 생몰년, 字號, 이력 등이 자세하지 않다. 이 책은 규장각에 소장된 『說郛』, 『宋人百家小說』, 『龍威秘書』 등에 수록되어 있다. 聯句所始, 人事物, 蒜髮, 關羽印, 無置錐地, 呼臣呼卿, 稱萬歲, 崔豹, 斷屠, 有功漢書, 檄書露布所始, 竹之異品, 佛書, 刀耕火種, 鐘鳴漏盡, 孝宗聖德, 二赤松, 謚號, 五大夫, 禮部韻, 堯九男, 二洪崖先生, 阿堵, 後漢人亦有二名字, 酒名齊物論 등의 항목으로 구성되어 있다. 『星湖僿說』, 『碩齋稿』, 『五洲衍文長箋散稿』 등에 이 서명이 보인다. 北宋 范鎭이 서명이 동일한 『東齋記事』를 편찬했지만 다른 책이다. 范鎭(1007~1088)은 華陽 출신으로 字가 景仁이고, 문집 『范蜀公集』이 있다. 노년에 벼슬에서 물러나 東齋에 머물면서 이 책을 편찬한 것으로 알려져 있다. 이 책은 宋代의 典章制度, 野史와 逸話 등을 기록한 것으로, 특히 王安石의 變法을 비판한 내용이 많다. 조선시대 문헌에 등장하는 『東齋記事』는 許觀의 것을 이른다.

東征高麗記

隋 崔頤가 高句麗에 관해 기록한 旅行記. 崔頤는 字가 祖濬이고 博陵 安平 출신이다. 『北史』에 이력이 보인다. 大業 연간(605~618) 詔書를 받들어 고구려를 방문하고 이 책을 편찬했다. 『海東繹史』에서 『冊府元龜』를 인용하여 崔頤

가 起居舍人으로 大業 연간 詔書를 받들어 이 책을 지었다고 했는데 『冊府元龜』에는 서명이 『東征記』로 되어 있다. 같은 내용이 『北史』에도 보인다. 이 책은 일실되어 전하지 않는다.

東征記

明 徐希震이 편찬한 日記體 雜錄. 이 책은 1책으로 규장각에 소장되어 있는데 중국에서 간행한 목판본이며 卷末에 "時皇明萬曆甲辰歲黃鍾月穀旦壙埌畸人徐希震撰於沙華淸塵精舍"가 附記되어 있다. 萬曆 32년(1604) 11월 이 책을 편찬했으며 壙埌畸人이 徐希震의 號임을 알 수 있다. 이 책은 중국이나 일본에서 확인되지 않으며, 徐希震도 중국 문헌에서 확인되지 않는다. 이 책은 임진왜란 때 明 援軍 파견의 始末을 기록한 日記로, 1592년 임진왜란이 발발하여 援軍을 요청한 데서부터 1598년 철군 때까지의 일을 기록했다. 『李忠武公全書』에는 『徐希震東征記』로, 『承政院日記』에는 『萬曆東征記』로, 『弘齋全書』와 『海東繹史』에는 『東征記』로 인용되어 있다.

東晉疆域志

淸 洪亮吉이 편찬한 歷史地理書. 洪亮吉(1746~1809)은 字가 君直 혹은 稚存이고 號는 北江이다. 江蘇 陽湖 출신으로 經史와 音韻 訓詁에 뛰어났고 특히 地理에 정통했다. 『卷施閣詩文集』, 『更生齋詩文集』, 『北江詩話』, 『比雅』, 『六書轉注錄』, 『春秋左傳詁』 등 저술이 많다. 이 책은 東晉(316~420)의 歷史地理를 기술한 것으로 4권이다. 嘉慶 14년(1809) 간행된 『卷施閣集』에 이 책이 수록되었는데 『卷施閣集』은 장서각에 소장되어 있다. 光緖 연간(1875~1908) 간행된 『洪北江全集』에도 이 책이 수록되어 있다. 『洪北江全集』은 고려대와 서울대 중앙도서관에 소장되어 있다. 『貞蕤閣集』과 『五洲衍文長箋散稿』에서 "三國東晉十六國疆域三志"라 하여 이 책을 소개했는데 2권의 『補三國疆域志』, 4권의 『東晉疆域志』, 16권의 『十六國疆域志』를 아울러 이른 것이다. 이 대목은 淸 袁枚가 쓴 『卷施閣文乙集』의 序를 인용한 것이다.

洞天保生錄

편찬자와 편찬 시기를 알 수 없는 養生書. 이 책은 明 李時珍의 『本草綱目』에서 인용되었지만 일실되어 전하지 않는다. 『五洲衍文長箋散稿』에 端午 菖蒲

의 효능을 적으면서 이 책을 인용했는데 동일한 내용이 『本草綱目』에 보인다.

洞天福地記

五代十國시대 蜀 杜光庭이 이상향인 福地에 관해 적은 책. 杜光庭(850~933)은 字가 聖賓이고 만년에 自號를 東瀛子라 했으며 括蒼 출신이다. 벼슬에 나아가지 않고 天台山에 들어가 道士가 되었다. 『錄異記』, 『玉樞經』, 『廣成集』 등 많은 저술을 남겼지만 僞書가 많아 杜撰의 고사를 만들어낸 인물이다. 이 책은 『洞天福地嶽瀆名山記』, 『名山洞天福地記』 등으로도 불린다. 嶽瀆衆山, 中國五嶽, 十大洞天, 五鎭海瀆, 十六靖廬, 三十六洞天, 七十二福地, 靈化二十四 등으로 나누어 기술했다. 『說郛』, 『唐宋叢書』 등에 수록되어 있는데 그중 玉屋洞, 委羽洞, 西城洞, 西玄洞, 靑城洞, 赤城洞, 羅浮洞, 句曲洞, 林屋洞, 括蒼洞 등 10곳의 十大洞天과 三十六洞天, 七十二福地 등을 중심으로 초록했다. 『五洲衍文長箋散稿』에서 이 책을 인용했다.

洞天淸錄

南宋 趙希鵠이 古器와 書畵 등의 감별에 관해 적은 책. 趙希鵠(1170~1242)은 宋 宗室의 후손으로 袁州 宜春 출신인데, 字號와 이력은 자세하지 않다. 이 책은 『說郛』, 『唐宋叢書』, 『海山仙館叢書』 등에 실려 있다. 古琴辨 32조, 古硯辨 12조, 古鐘鼎彝器辨 20조, 怪石辨 11조, 硯屛辨 5조, 筆格辨 3조, 水滴辨 2조, 古翰墨眞迹辨 4조, 古今石刻辨 5조, 古今紙花印色辨 15조, 古畵辨 29조 등으로 구성되어 있다. 『靑莊館全書』, 『五洲衍文長箋散稿』 등에 이 서명이 보인다.

東坡詩話

元 陳秀民이 蘇軾의 詩를 대상으로 한 비평 자료를 모아 편찬한 책. 陳秀民은 字가 庶子이고 四明 출신이며, 元 惠宗 至正 연간(1341~1368) 浙江行中書省參知政事 翰林學士 등을 지냈다. 蘇軾의 散文에 대한 諸家의 평론을 모아 『東坡文談錄』을 편찬했다. 『東坡詩話』는 『學海類編』에는 3권으로 되어 있는데, 『說郛』에는 32조를 수록했다. 『耳溪集』, 『五洲衍文長箋散稿』, 『林下筆記』 등에 이 서명이 보인다. 『五洲衍文長箋散稿』에는 서명만 언급했고 『耳溪集』, 『林下筆記』에서 인용한 대목은 『說郛』에 수록된 『東坡詩話』에 보이지 않는다. 장서각에 소장된 『唐宋叢書』에도 이 책이 실려 있다. 고려대에 필사본 『東坡詩話』

가 소장되어 있다.

東坡志林

北宋 蘇軾이 편찬한 것으로 알려져 있는 筆記雜錄. 蘇軾(1037~1101)은 眉山 출신으로 字는 子瞻 혹은 仲和이고 號는 東坡居士다. 문집『東坡全集』외에『酒經』등의 잡록을 남겼다. 이 책은『東坡手澤』이라고도 하는데 후에 蘇軾의 문집에『志林』이라는 이름으로 포함되었고『四庫全書』에 12권으로 편입되어 있다. 이 책은 단국대 등에 필사본이 몇 종 전하며,『說郛』,『枕中秘』,『稗海』등에도 수록되어 있다. 국립중앙도서관에 일본 목활자로 간행된『東坡先生志林』,『蘇東坡志林』이 전하며 고려대 등 여러 곳에 필사본이 소장되어 있다.『芝峯類說』,『涪溪記聞』,『久堂集』등 여러 문헌에서 이 서명이 확인된다.

東坡集

北宋 蘇軾의 文集. 蘇軾의 문집은 현존하는 판본 가운데 가장 완전한 것은 淸 蔡士英이 간행한『東坡全集』이다.『東坡七集』이라고도 하는데『東坡集』40권,『東坡後集』20권,『東坡奏議』15권,『東坡外制集』3권(附樂語),『東坡內制集』10권,『東坡應詔集』10권,『東坡續集』12권(附校記) 등으로 구성되어 있으며, 규장각에 이 판본이 소장되어 있다. 고려대에는 明 王永積이 校閱하고 萬曆 丙午(1606) 焦竑의 序가 달린『東坡全集』이, 서울대 중앙도서관에는 康熙 44년(1705) 松鱗堂에서 간행한『宋蘇東坡先生全集錄』이 소장되어 있다. 그밖에 국내 여러 곳에 목판본과 필사본이 다양하게 전한다. 규장각에 소장된 蘇軾의 시집도 여러 종이 있는데, 南宋 劉辰翁이 批點하고 王十朋이 集註한『增刊校正王狀元集註分類東坡先生詩』와 南宋 呂祖謙이 分編하고 王十朋이 纂輯한 것을 淸 朱從延이 重校한『蘇東坡詩集註』등이 있다. 蘇軾의 문집은 고려시대부터 간행된 것으로 보이는데, 李奎報의「全州牧新雕東坡文集跋尾」에 따르면 尙州에 판본이 있었지만 몽골의 침입으로 소실되었고 이에 1236년 完山太守 禮部郎中 崔址가 중간했다고 한다.『世祖實錄』에는 1468년 安東府에서『東坡大全集』10件을 印送하게 했다는 기록이 있다. 蘇軾의 문집에 관한 기록은『東國李相國文集』,『牧隱藁』등 고려시대부터 지속적으로 보이며,『山林經濟』,『海東繹史』,『五洲衍文長箋散稿』등 조선 후기 문헌에서도 자주 인용되었다.『星湖僿說』에서 인용한「天篆記」는 이 문집에 실려 있다.

東還紀程

淸 許纘曾이 雲南 일대를 여행하고 쓴 雜錄. 許纘曾은 字가 孝修 혹은 孝達이고 號가 鶴沙이며 華亭 출신이다. 생몰년은 밝혀져 있지 않은데 康熙 연간(1662~1722) 雲南按察使를 지냈다. 문집 『寶綸堂集』이 전한다. 康熙 연간에 雲南을 지나면서 이 책과 함께 『滇行紀程』과 『續抄』를 지었다. 이 책은 雲南按察使에서 돌아오면서 보고 들은 山川, 古蹟, 物産, 土風 등을 기술한 책으로 1권의 『續抄』가 더 있다. 이 책은 규장각에 소장된 『說鈴』과 『龍威秘書』 등에 수록되어 있다. 『五洲衍文長箋散稿』에서 이 책을 인용했다.

杜家新書 → 文章體式

杜工部集

唐 杜甫의 詩文集. 杜甫(712~770)는 字가 子美이고 號가 少陵이며 河南 鞏縣 출신이다. 檢校工部員外郞을 역임하여 杜工部로 일컬어진다. 『杜工部集』이라 하면 杜甫의 문집을 통칭하기도 하지만, 특히 寶應 2년(1039) 王洙가 1,405수의 詩를 古體, 近體로 분류하고 編年에 따라 편차한 20권의 『杜工部集』과 嘉祐 4년(1059) 王琪 등이 이를 다시 보완하여 간행한 『杜工部集』을 가리킬 때가 많다. 권1~18은 詩이고 권19와 20은 文이다. 杜甫의 시집으로는 明 許自昌이 교열하고 1240년 蔡夢弼의 序가 붙은 『集千家註杜工部詩集』, 明 邵寶가 集註하여 1592년 간행한 『杜少陵先生詩分類集註』, 1618년 明 傅振商이 편집한 『杜詩分類』, 1667년 錢謙益이 箋註한 『錢牧齋先生箋註杜工部集』, 仇兆鰲가 註를 달아 1693년 간행한 『杜少陵集詳註』 등 많은 판본이 규장각 등에 소장되어 있다. 또 조선에서 간행한 판본으로 세종 때 丙子字로 간행하고 중종 때 목판으로 중간한 『纂註分類杜詩』, 1481년 乙亥字로 처음 간행하고 1632년 목판본으로 중간한 『分類杜工部詩諺解』, 李植이 批點한 『纂註杜詩澤風堂批解』 등 여러 종이 있다. 杜甫의 시는 신라시대 崔致遠부터 근대까지 수많은 문헌에서 언급되었으며 지속적으로 영향을 미쳤다. 『杜工部集』으로 『星湖僿說』, 『老稼齋燕行日記』, 『五洲衍文長箋散稿』에 소개되어 있다.

杜甫集

唐 杜甫의 文集. 『新唐書』에 이 책이 60권이라 했다. 李白의 『草堂集』 20권도

나란히 소개했는데 이 내용을 『芝峯類說』에서 인용했다. 비슷한 내용이 『星湖僿說』에도 보인다. 이 서명의 판본은 전하지 않는다. 그의 문집은 『杜工部集』이 가장 널리 알려져 있다.

杜恕體論

漢 杜恕가 편찬한 雜錄. 杜恕(198~252)는 字가 務伯이고 京兆 杜陵 출신으로, 幽州刺史 등을 지냈다. 저술로 이 책과 함께 『興性論』, 『篤論』 등이 있다. 이 책은 『杜氏恕體論』이라고도 하는데 8편으로 되어 있었다고 하지만 원문은 일실되고 『玉函山房輯佚書』에 일부가 편집되어 전한다. 『高麗史』에 따르면, 宣宗 8년(1091) 宋의 館伴이 일실된 서적 129종의 목록을 주고 고려에서 찾도록 했는데 여기에 이 책이 포함되어 있고, 『海東繹史』 등에서 이 기사를 인용했다. 『靑莊館全書』 역시 이를 재인용한 것이다.

杜詩箋注 → 錢箋杜詩

杜氏通典

唐 杜佑가 편찬한 類書. 杜佑(735~812)는 字가 君卿이며 京兆 萬年 출신으로, 中書門下平章事를 지냈다. 이 책은 『通典』이라고도 한다. 貞元 17년(801) 편찬되었는데 黃帝부터 唐 天寶 연간(742~756)에 이르기까지의 文物制度를 수록했으며 食貨 12권, 選擧 6권, 職官 22권, 禮 100권, 樂 7권, 兵 15권, 刑 8권, 州郡 14권, 邊防 16권 등 총 200권으로 구성되어 있다. 唐 劉秩의 『政典』을 바탕으로 편찬한 것으로, 이후 北宋의 『續通典』, 南宋 鄭樵의 『通志』, 元 馬端臨의 『文獻通考』 등에 영향을 주었다. 『高麗史』와 『太宗實錄』 등 매우 이른 시기의 문헌에서부터 이 책이 널리 활용되었음을 확인할 수 있으며, 明宗 15년(1560) 이 책을 頒賜했다는 기사가 『明宗實錄』에 보인다. 또 『仁祖實錄』에는 이 책과 『文獻通考』를 구입해 오게 한 기사도 보인다. 우리나라의 역대 類書에 이 책이 두루 인용되었으며, 문집류에서도 制度와 故事를 다룬 글에서 빈번하게 활용되었다. 고려대와 계명대에 1560년 乙亥字로 간행한 판본이 소장되어 있다. 규장각 등에 소장된 판본은 대부분 乾隆 12년(1747) 간행된 목판본이다.

杜陽雜編

唐 蘇鶚이 唐代의 기이한 이야기를 모은 雜錄. 蘇鶚은 字가 德祥이고 武功 출신인데, 昭宗 大順 연간(890~891)에 활동했다. 이 책 외에 『蘇氏演義』 등의 저술을 남겼다. 이 책은 『杜陽編』이라고도 하는데, 代宗에서 懿宗까지 14년 동안의 일화를 3권으로 엮은 것이다. 『四庫全書』에 3권으로 편입되어 있다. 규장각에 소장된 『說郛』, 『唐代叢書』, 『稗海』 등에도 이 책이 수록되어 있다. 『芝峯類說』, 『星湖僿說』, 『斗室存稿』, 『五洲衍文長箋散稿』 등에 이 서명이 확인된다.

杜律細

明末淸初 蕭雲從이 杜補 시의 律格을 분석한 책. 蕭雲從(1596~1673)은 原名이 蕭龍이고 字는 尺木, 號는 默思 혹은 無悶道人이며 만년에는 鍾山老人이라고 했다. 蕪湖 출신으로 姑熟畵派를 창시했고, 『秋山行旅圖卷』, 『太平山水圖』, 『閉門拒額圖』, 『西門慟哭圖』, 『秋山訪友圖』, 『江山覽勝圖卷』, 『歸寓一元圖卷』, 『谷幽深卷』, 『崔蕭詩意卷』, 『梅花堂遺稿』, 『易存』 등 많은 저술을 남겼다. 이 책은 杜甫의 律詩 가운데 拗句와 吳體를 설명했는데, 과도한 것이 많아 淸 王士禎이 『池北偶談』에서 비판했다. 『五洲衍文長箋散稿』에는 『奎章全韻』을 편찬할 때 인용한 도서로 이 책을 소개하고, 蕭雲從의 『韻通』에 부록으로 실려 있다고 했다. 『韻通』은 抄本이 중국 天津圖書館에 소장되어 있다.

斗威儀

편찬자를 알 수 없는 『禮記』의 緯書. 七經에 대응하여 『易緯』, 『書緯』, 『詩緯』, 『禮緯』, 『樂緯』, 『春秋緯』, 『孝經緯』의 7종을 七緯라 하는데 이 책은 그중 하나이며 『禮記』의 緯書로는 이 책 외에 『含文嘉』, 『稽命徵』 등이 있다. 『禮斗威儀』, 『禮緯斗威儀』라고도 한다. 규장각 등에 소장된 『玉函山房輯佚書』에 『禮緯斗威儀』로 실려 있는데 魏 宋均의 注가 붙어 있다. 『象村稿』, 『谿谷集』 등 17세기 문헌에서부터 緯書를 논할 때 자주 인용되었고 『星湖僿說』, 『五洲衍文長箋散稿』에도 서명이 보인다.

杜征南集

晉 杜預의 文集. 杜預(222~284)는 字가 元凱이고 京兆 杜陵 출신이며 杜恕의

아들이다. 征南大將軍에 追贈되어 杜征南으로 불린다. 『春秋』에 뛰어나 『春秋左氏經傳集解』와 함께 『春秋釋例』, 『春秋左傳正義』 등을 저술했다. 이 책은 『星湖僿說』에는 『征南本集』으로 되어 있지만 대부분의 문헌에는 『杜征南集』 혹은 『晉杜征南集』으로 되어 있다. 규장각에 소장된 『漢魏六朝百三名家』에 『杜征南集』으로 수록되어 있다. 같은 판본이 대만 故宮博物院圖書館에도 소장되어 있는데 『晉杜征南集』으로 되어 있다.

痘疹定論

明末淸初 朱純嘏가 편찬한 천연두에 관한 醫書. 朱純嘏(1634~1718)는 字가 玉堂이고 江西 新建縣 출신이다. 이 책은 4권으로 이루어져 있는데 권1~3에는 明 聶尙恒이 편찬한 『活幼心法』의 방법에 따라 천연두의 病理, 診斷, 症狀과 治療法을 기술하고, 종두법의 역사와 방법을 설명했으며, 권4에서는 홍역의 증상과 치료법을 다루었다. 『痘麻定論』으로 소개된 곳도 있다. 康熙 52년(1713) 처음 간행된 이래 여러 차례 중간되었다. 국립중앙도서관과 고려대 등에 18세기 후반의 간본이 소장되어 있으며, 장서각 등 여러 곳에 필사본도 전한다. 『五洲衍文長箋散稿』에 인용되었다.

登科記

北宋 樂史가 편찬한 宋代의 과거 급제자를 기록한 책. 樂史(930~1007)는 字가 子正이고 宜黃 霍源 출신이며, 『廣卓異記』, 『綠珠傳』, 『楊太眞外傳』, 『太平寰宇記』 등의 저술이 전한다. 『海東繹史』에는 이 책을 30권이라 했다. 北宋 王堯臣의 『崇文總目輯釋』에는 『聖朝登科記』 3권, 『重修登科記』 3권, 『江南登科記』 1권 등으로 나누어 소개했다. 또 北宋 鄭樵의 『通志』에는 『宋朝登科記』 3권, 『重修登科記』 30권, 『五代登科記』 1권으로 소개했다. 그중 『重修登科記』는 唐에서부터 五代까지의 기록이라 했는데 『海東繹史』에서 언급한 것과 권수가 같다. 『宋史』에도 樂史의 『登科記』 30권이 보인다. 『海東繹史』에는 高麗의 郭元이 『國朝登科記』를 베껴 가지고 돌아갔다는 『宋史』의 기록을 인용했지만 이 책과는 다른 듯하다. 또 『五洲衍文長箋散稿』에 따르면 洪亮吉의 『卷施閣文乙集』에서 登科에 관한 것은 宋 崔氏의 『登科記』를 모방한 것이라 했는데 역시 다른 책을 이르는 듯하다.

登壇必究

明 王鳴鶴이 편찬한 軍事에 관한 類書. 王鳴鶴은 字가 羽卿이며 山陽 출신으로, 萬曆 연간(1573~1620) 활동했다. 이 책은 明 萬曆 27년(1599) 편찬 간행되었다. 총 40권으로, 72類로 나누어 天文, 地理, 謀略, 選將, 訓練, 賞罰, 敵情, 海陸邊防, 大江守備, 攻守城池, 陣法布列, 艦船器械, 人馬醫護, 河海運輸 및 文臣武將의 兵事와 관련한 상소문 등을 실었으며, 560여 폭의 그림도 함께 수록했다. 萬曆 己亥(1599) 黃克纘의 序가 달린 중국 목판본이 규장각, 국립중앙도서관, 장서각 등에 소장되어 있다. 또 조선에서는 李蘊이 孝宗 6년(1655)에 이 책을 초록하여 『壇究捷錄』을 편찬했는데 규장각에 소장되어 있다. 『星湖僿說』, 『肅宗實錄』, 『英祖實錄』, 『保晩齋集』, 『弘齋全書』, 『與猶堂全書』, 『海東繹史』, 『五洲衍文長箋散稿』 등 여러 문헌에서 이 책을 인용했는데 조선시대 국방과 관련하여 중요한 서적으로 다루어졌다.

ㅁ

馬經

明代에 편찬된 말에 관한 獸醫學書. 편찬자가 馬師問으로 되어 있으나 본명으로 보기 어렵다. 이 책은 『馬經大全』이라고도 한다. 軒轅과 馬師皇의 문답, 良藥과 東溪 등의 학설을 실은 다음 臟腑氣血, 形證色脈, 施鍼投藥, 避忌佐使 등을 4권에 나누어 실었다. 조선에서 이 책을 다시 간행했다. 『仁祖實錄』에 따르면 1634년 訓鍊都監에서 『新刻參補針醫馬經大全』을 印出했는데 장서각에 이 판본 4권 4책이 소장되어 있다. 崔鳴吉의 「馬經跋」은 이 책에 붙인 跋인데 完豐府院君 李曙가 4권으로 된 이 책을 구해 간행했다고 한다. 조선에서는 이와 별도로 『馬經諺解』도 편찬했다. 『馬經諺解』도 인조 때 李曙(1580~1637)가 조선초에 간행된 『新編集成馬醫方』과 기왕의 『馬經大全』에서 주요 사항을 초록하고 그 아래에 언해를 달아 2권으로 구성하여 목활자로 간행한 책이다. 張維의 「馬經諺解序」가 그 경과를 적은 글인데 『馬經』에 대해서도 간략하게 소개했다. 『馬經諺解』는 1682년 頒賜했다는 기록이 『肅宗實錄』에 보이므로 그 전에 간행된 것으로 보인다. 『靑莊館全書』, 『弘齋全書』, 『五洲衍文長箋散稿』 등에 『馬經』이 인용되었다. 明 喩本元, 喩本亨이 편찬자로 된 『馬經』도 전하는데 이 책과 다른 것이다. 喩本元은 本名이 仁이고 字는 本元이며 號는 曲川이다. 喩本亨은 그의 아우로 본명은 杰이고 字는 本亨이며 號는 月川이다. 모두 廬州 六安 출신으로, 嘉靖 연간(1522~1566)의 수의학자로 알려져 있다. 『元亨療馬集』을 저술했는데 『元亨牛馬經』이라고도 한다. 이 책은 조선에 수용되지 못한 듯하다.

馬頭易卜書 → 孔子馬頭易卜書

馬日磾集

後漢 馬日磾의 文集. 馬日磾(?~194)는 字가 翁叔이고 扶風 茂陵 출신이다. 『東觀漢記』의 편찬에 참여했다. 宋 司馬光의 『資治通鑑』에는 馬融의 族孫이라고 했다. 丞相 董卓의 命을 받아서 袁紹와 公孫瓚을 화해시킨 인물로 알려져 있다. 이 책은 일실되고 字學과 관련한 내용 일부만 후대 문헌에 전한다. 『五洲衍文長箋散稿』에서 『廣金石韻府』에 인용된 金石 관련 書目으로 소개했다.

馬弔牌經

明 龍子猶가 도박의 일종인 馬弔牌에 관해 기록한 책. 龍子猶는 東吳 출신으로 되어 있는데 馮夢龍의 字가 子猶이므로 그의 저술로 보기도 한다. 馮夢龍(1574~1646)은 字가 猶龍 혹은 子猶이고 號는 墨憨齋主人, 顧曲散人 등을 사용했다. 蘇州 長洲 출신으로 『古今小說』, 『警世通言』, 『醒世恒言』 등의 저술이 있다. 이 책은 『說郛續』에 실려 있고 清 汪師韓의 『葉戲原起』에도 같은 내용이 전재되어 있다. 『說郛續』의 목록에는 서명이 『馬弔牌經』으로 되어 있지만 본문에는 『牌經十三篇』으로 되어 있다. 이 책은 골패놀이의 방식을 정리한 것으로 論品, 論弔, 論發, 論捉放, 論門, 論滅, 論留, 論隱, 論忍, 論還, 論意, 論損益, 論勝負 등 13편으로 나누어 상세히 기술했으며 자세한 주석도 병기했다. 중국 國家圖書館에 明代의 간본 『牌經十三篇』이 소장되어 있다. 『五洲衍文長箋散稿』에서 놀이 도구를 변증할 때 이 책을 인용했는데 서명이 『馬吊牌經』으로 되어 있다.

幕府燕閒錄

北宋 畢仲詢이 편찬한 筆記雜錄. 畢仲詢은 神宗 元豐 연간(1078~1085)의 인물로 字가 景儒라는 사실 외에 자세한 이력은 밝혀져 있지 않다. 이 책은 畢仲詢이 元豐 元年(1078) 蘭州判官으로 있을 때 당대의 怪奇한 일을 모아 10門으로 편찬한 것으로 알려져 있다. 『郡齋讀書志』, 『文獻通考』 등에는 10권이라 했지만, 원본은 일실되고 일부가 『宋人百家小說』에 실려 전하며, 규장각에 소

장된 『說郛』, 『叢書』에도 일부가 실려 있다. 『五洲衍文長箋散稿』에는 宋 陸游의 『老學庵筆記』의 내용을 소개하면서 이 책을 재인용했다. 『退溪先生文集攷證』에도 이 책이 보인다.

莫氏八林

明 莫是斗가 편찬한 筆記雜錄. 明 董其昌의 「八林引」에 "參軍莫星卿之纂八林也"라 했으므로 莫是斗의 字가 星卿이고 參軍을 지낸 듯하지만 자세한 정보는 알 수 없다. 이 책은 『八林』이라고도 하며 志怪類 小品을 모은 것으로 추정된다. 또 淸 宋長白의 『柳亭詩話』에 『莫氏語林』이 보이는데 이 책과 관련이 있는 듯하다. 『明史』에는 이 책이 16권으로 되어 있지만 지금 전하지 않고, 淸 趙吉士의 『寄園寄所寄』에 몇 조목이 인용되어 있다. 『青莊館全書』와 『五洲衍文長箋散稿』에서 이 책을 인용했지만 동일한 내용이 淸 方以智의 『物理小識』, 趙吉士의 『寄園寄所寄』 등에서 확인되므로 이를 재인용한 것으로 보인다.

晩年定論 → 朱子晩年定論

漫堂說詩

明末淸初 宋犖이 詩에 관해 논한 책. 宋犖(1634~1713)은 字가 牧中이고 號는 漫堂 또는 西陂이며 商丘 출신이다. 吏部尙書, 太子少師 등을 지냈다. 문집 『西陂類稿』 외에 『滄浪小志』, 『錦津山人詩集』, 『筠廊偶筆』 등의 저술이 있다. 특히 『西陂類稿』는 李宜顯이 중국에서 구입해 왔다는 기록이 있으며 규장각에 전한다. 규장각에 『漫堂說詩』가 소장되어 있는데 宋犖의 『漫堂說詩』와 淸 黃與堅의 『論學三說』, 淸 彭孫遹의 『詞統源流』가 함께 묶여 있다. 8면의 짧은 분량이지만 『詩經』 이래 淸代에 이르기까지의 詩史와 詩形 등을 개괄했으며, 각 시대의 대표적인 시인에 대한 간략한 평을 더했다. 宋犖의 다른 저서인 『滄浪小志』에서 뽑은 것으로 보인다. 『昭代叢書』에도 수록되어 있다. 『五洲衍文長箋散稿』에 인용되었다.

萬曆三大征攷

明 茅瑞徵이 萬曆 연간(1573~1620)의 세 차례 전쟁을 기록한 책. 茅瑞徵은 歸安 출신으로 字가 元儀이고 號는 伯符이며, 苕上漁夫, 澹泊居士, 淸遠居士

등도 사용했다. 萬曆 연간(1573~1620)의 문인으로, 이 책 외에 『皇明象胥錄』, 『東夷考略』, 『澹泊齋集』, 『五芝紀事』, 『明末啓禎遺事』, 『華夷譯語』 등의 저술이 있다. 이 책은 『明史』에는 5권으로 되어 있지만 지금 전하는 것은 모두 3권으로 되어 있다. 明 天啓 연간(1621~1627) 간본이 대만 中研院傅斯年圖書館 등에 소장되어 있다. 韃靼族의 酋長 孛來, 日本의 豐臣秀吉, 播州宣慰使 楊應龍 등과의 전쟁을 다루고 있다. 『海東繹史』에서 이 기사를 인용했는데 편찬자가 茅瑞徵로 잘못 표기되어 있다.

萬曆集

明 何喬遠의 文集. 何喬遠(1558~1631)은 字가 穉孝 혹은 稚孝이며 號는 匪莪 혹은 鏡山이며 晉江 출신이다. 임진왜란 때 禮部郎中을 지내 조선 문헌에 가끔 그의 이름이 등장한다. 이 책 외에 『名山藏』, 『閩書』, 『皇明文徵』, 『萬曆集』 등의 저술이 있다. 何喬遠의 문집으로는 『鏡山全集』이 전하는데 72권에 附錄 5권으로 되어 있으며, 중국 國家圖書館과 일본 內閣文庫 등에 明代의 간본이 소장되어 있다. 이 책은 『何氏萬曆集』이라고도 한다. 『明史』와 『千頃堂書目』 등에서는 後集, 三集을 합쳐 45권이라고 했지만 전하지 않는다. 『五洲衍文長箋散稿』에는 明末清初 黃宗羲의 『思舊錄』을 인용하여 이 책을 소개했다.

萬里尋兄記

明末清初 黃宗羲가 편찬한 筆記小說. 黃宗羲(1600~1695)는 字가 太沖이고 號는 梨洲이며 浙江 餘姚 黃竹浦 출신이다. 『明夷待訪錄』, 『明儒學案』, 『弘光實錄鈔』, 『行朝錄』, 『海外慟哭記』, 『西台慟哭記注』, 『歷代甲子考』, 『匡廬遊錄』, 『今水經』, 『南雷文約』 등 많은 저술이 있다. 『南雷文案』, 『吾悔集』, 『撰杖集』, 『吾山集』 등의 文集이 있었는데 만년에 『南雷文定』 11권으로 간행했으며 가장 긴요한 내용을 『南雷文約』으로 묶어 다시 간행했다. 이 책은 그의 六世祖 黃璽(字는 廷璽, 號는 小雷)가 장사하러 나갔다가 실종된 伯兄 黃伯震을 찾는 이야기로, 英宗이 형 景皇과 반목한 사실을 풍자한 것으로 알려져 있다. 문집 『南雷文定』에 이 글이 실려 있다. 규장각에는 清代의 간본 『黃梨洲先生南雷文約』이 소장되어 있다. 『五洲衍文長箋散稿』에서 이 글을 인용했다.

萬法全書
편찬자와 내용을 알 수 없는 책.『五洲衍文長箋散稿』에서『食經』을 인용해 法製鰕米方을 소개하고 이것이『萬法全書』의 醉鰕仙方과 유사하다고 했으므로 이 책은 鰕米, 醉鰕 등과 같은 음식을 조리하는 내용으로 되어 있는 듯하다. 法製鰕米와 관련한 내용은『居家必用事類全集』이나『遵生八牋』같은 類書에 보이지만 다른 문헌에서 이 서명의 책은 확인되지 않는다. 宋 錢緡이 편찬한『萬寶事山』혹은 清 烟水山人이 편찬한『萬寶全書』의 誤記일 가능성도 있다. 규장각에 소장된『新刊增補萬寶事山』은『萬寶事山』을 明代 增補한 것으로 보이는데 時課門과 星命門만 남아 있다. 運命과 占術에 관한 내용이 중심을 이루고 五言이나 七言의 詩로 되어 있다. 이화여대 도서관에는 제12책 琴學門 부분이 전한다.

萬寶全書
清 烟水山人이 편찬한 類書. 烟水山人은 名號나 이력 등이 거의 알려져 있지 않다. 이 책은 清 毛煥文이 增補하여 간행했는데 體育, 文藝, 遊戲, 養生法, 算法, 武術 등 다양한 내용을 담고 있는 백과사전이다.「庚子燕行雜識」에 따르면 李宜顯이 8권으로 된 이 책을 구입해 왔다.『芝峯類說』에 우리나라 의복에 대한 고증에서 이 책을 인용했으며,『順菴集』,『五洲衍文長箋散稿』등에서도 이 책을 인용했다.『海東繹史』에는 朱文煥이 편찬한 것으로 되어 있지만, 이 책을 증보한 毛煥文의 오류로 추정된다. 고려대와 계명대 등에 乾隆 4년(1739) 毛煥文의 序가 붙은 중국본『增補萬寶全書』20권 6책이 소장되어 있고, 국립중앙도서관에 24권 5책의 일본판『敬堂訂補萬寶全書』가 소장되어 있다. 고려대와 영남대 등에 필사본이 여러 종 전하는 것으로 보아 조선 후기 상당히 널리 유통된 것으로 추정된다. 고려대에『萬寶全書諺解』가 소장되어 있다.

萬姓統譜
明 凌迪知가 편찬한 古今의 姓氏人名辭典. 凌迪知(1529~1600)는 字가 穉哲이고 浙江 湖州 織里鎭 晟舍 출신이며, 凌濛初의 부친이다.『左國腴史』,『名公翰藻』,『太史華句』,『兩漢雋言』,『文選錦字』등 여러 저술을 남겼다.『四庫全書總目』에 따르면 이 책은 宋代와 元代에 성행한 系譜類의 諸家를 망라하여 집

대성한 것이라 한다. 古今의 姓氏를 4聲 106韻으로 나누고, 唐 林寶의 『元和姓纂』의 체례를 따라 역대 名人의 貫籍(地望)과 名字, 略傳을 각 성씨 항목 아래에 시대순으로 배열했다. 「姓氏門」(「氏攷」, 「氏源」, 「氏按」, 「氏目」, 「字辯」), 「譜系門」(「總論」, 「譜事」, 「譜籍」), 「族望門」(「總論」, 「世家」), 附錄 등 14권 50책으로 되어 있다. 明 萬曆 7년(1579) 간행된 판본이 규장각에 소장되어 있다. 이 책은 『肅宗實錄』, 『英祖實錄』, 『靜觀齋集』, 『厚齋集』, 『弘齋全書』, 『靑莊館全書』, 『五洲衍文長箋散稿』 등 조선 후기 문헌에 빈번하게 인용되었다.

漫笑錄

南宋 徐慥가 편찬한 筆記雜錄. 徐慥는 字號나 이력이 알려져 있지 않다. 이 책의 내용 중 13조가 『說郛』에 실려 있다. 그중 秘色磁器와 관련한 기사가 『星湖僿說』과 『五洲衍文長箋散稿』 등에 인용되어 있다. 『漫笑錄』은 順治 4년(1647) 兩浙督學 李際期 간본이 중국 國家圖書館에 소장되어 있다. 明 胡應麟이 엮은 『鴉村叢話』의 목록에 이 책이 보이지만 규장각에 전하는 『鴉村叢話』는 이 책이 빠진 결본이다.

萬字文

隋 潘徽가 편찬한 字書. 潘徽는 字가 伯彦이고 吳郡 출신인데 생몰년이 밝혀져 있지 않다. 저술로 『纂韻』이 전한다. 『隋書』의 「升菴集」에 秦王 俊이 이 책을 편찬하게 했다는 기록이 보이지만 일실되어 전하지 않는다. 明 楊愼의 『升菴集』에는 周興嗣의 『千字文』과 함께 이 책을 소개하고 편찬자를 滿徽라 했다. 『五洲衍文長箋散稿』에 이러한 기록을 소개했다.

萬震南州異物志

三國 吳의 萬震이 편찬한 중국 남방의 地理書. 萬震은 字號와 이력이 밝혀져 있지 않다. 이 책은 廣東 일대의 지리와 풍속을 적은 것으로, 『隋書』에 『南州異物志』 1권으로 소개되어 있지만 일실되어 전하지 않고, 『太平御覽』 등에 『萬震南州異物志』로 몇 條가 인용되어 있다. 『五洲衍文長箋散稿』에서 이 책을 인용한 대목은 明 楊愼의 『丹鉛總錄』에 보이는데 서명이 『萬震海物異名記』로 되어 있다. 『星湖全集』에는 『南州異物志』로, 『海東繹史』에는 『南州異物記』로 인용했고, 『五洲衍文長箋散稿』에는 『萬震南州志』와 『南州異物志』로 인용했다.

晩村續集

明末 呂留良의 文集. 呂留良(1628~1683)은 浙江 石門 출신으로 本名은 光綸 혹은 光輪이며 字는 莊生 혹은 用晦이고 號는 晩村, 東莊, 恥翁, 恥齋 등을 사용했다. 詩와 함께 藏書家로도 이름이 높았으며, 문집 외에 『四書語錄』, 『四書講義』, 『呂子評語』, 『精選八家古文』 등의 저술이 있는데 『四書講義』는 규장각에 소장되어 있다. 明이 망한 후 승려가 되었는데 글을 지어 滿淸을 풍자하다가 曾靜의 文字獄에 연루되어 毁墓戮尸의 형을 받았다. 그의 문집 『呂晩村先生文集』은 淸 雍正 3年(1725) 呂氏 天蓋樓 간본이 전하는데 8권이며 『續集』 4권이 더 있다. 규장각에 石板本 『呂晩村詩集』 4책이 소장되어 있는데 내용은 『晩村續集』과 같다. 「目錄」에서 『萬感集』, 『倀倀集』, 『夢覺集』, 『眞臘凝寒集』, 『零星稿』, 『東將詩』, 『欬氣集』 등 기존에 간행되었던 시집들을 바탕으로 하되, 眞僞가 의심스러운 작품을 刪削하고 『南前唱和詩』의 일부를 增補하여 총 460여 首를 모아놓았다고 했다. 李德懋의 『淸脾錄』에 『晩村集』을 항목으로 두고 자세히 기술했다. 吳瑗 등 조선 문인들이 이 책을 구하려고 상당한 노력을 했는데 1753년 兪漢蕭가 燕京에서 『晩村詩集』을 구해 왔고 조선에서 이를 필사한 책이 널리 퍼졌다고 한다. 兪漢雋의 『自著』에도 이와 관련한 자세한 기록이 보인다. 『五洲衍文長箋散稿』에 『晩村續集』으로 인용했다.

晩村八大家 → 八家古文精選

梅澗詩話

元 韋居安이 편찬한 詩話書. 韋居安은 號가 梅雕이고 吳興 출신이지만 자세한 생애는 알 수 없다. 宋代의 인물로 표기된 데도 있는 것으로 보아 宋末元初의 인물로 추정된다. 관직에 있을 때 선정을 베풀고 세금을 적게 거두어 백성의 신임을 얻었다고 한다. 이 책은 淸 毛扆의 『汲古閣珍藏秘本書目』에는 3권으로, 黃虞稷의 『千頃堂書目』에는 1권으로 실려 있으며, 『說郛』에는 靑獅子, 肉鬷, 好石, 贈送 등 4조만 보인다. 『五洲衍文長箋散稿』 외의 우리 문헌에는 이 서명이 잘 보이지 않는다.

梅花渡異林 → 異林

脈經

晉 王叔和가 脈에 관해 기술한 醫書. 王叔和(201~280)는 이름이 熙인데 字 叔和로 행세했다. 西晉의 高平 출신이다. 이 책은 보통 『王氏脈經』으로 일컬어지는데, 10권 2책이며 至元 3년(1332) 廣勤書堂의 刊記가 있는 판본이 중국 國家圖書館에 전한다. 조선 초기 『太宗實錄』에서부터 이 서명이 보이는 것으로 보아 이른 시기부터 우리나라에 들어온 듯하다. 국립중앙도서관에 萬曆 3년(1575) 간기가 있는 목판본이 소장되어 있다. 고려대 등에 1801년 조선에서 목활자본으로 간행한 10권 3책이 있다. 한양대와 국학진흥원 등에 필사본이 전한다. 『磻溪隨錄』, 『靑莊館全書』, 『與猶堂全書』, 『五洲衍文長箋散稿』 등에 이 책이 보인다. 『說郛』에도 『脈經』이 수록되어 있지만 이는 唐 甄權이 편찬한 다른 책이고 우리나라 문헌에는 거의 인용되지 않았다. 『海東繹史』에는 甄權이 편찬한 『藥性本草』가 보인다.

盟鷗集

明 李峻의 文集. 李峻은 字가 公起이고 號가 秋堂이며 鄞縣 출신인데 생몰년은 알 수 없다. 淸 朱彝尊의 『靜志居詩話』에 어려서부터 귀가 먹었는데 부친상을 당해 號哭하다 벙어리가 되었다는 고사와 시가 소개되어 있다. 明 陳衎의 「唐仲言李公起傳」에 그의 이력이 보인다. 『盟鷗集』, 『郢雪編』, 『永譽錄』, 『硏史』 등 많은 저술이 있었지만 모두 전하지 않는다. 淸 陳田의 『明詩紀事』에는 이름이 李埈으로 되어 있다. 『五洲衍文長箋散稿』에 이 책을 인용했지만 『因樹屋書影』, 『明詩綜』, 『靜志居詩話』 등에서 언급한 것을 재인용한 것이다.

孟氏譜

孟子의 계보를 정리한 책. 편찬자는 알 수 없고, 책 자체도 현전하지 않으며 明 陳士元의 『名疑』 등 후대의 문헌에 일부가 인용되어 있다. 孟子의 生卒年, 先代와 후손 등에 대해 기록했는데 明 陳鎬의 『闕里志』, 淸 周廣業의 『孟子四考』 등에서는 신빙성을 의심했지만, 元 程複心의 『孟子年譜』, 淸 陳寶泉의 『孟子時事考徵』과 狄子奇의 『孟子編年』 등에서는 참고할 만하다고 평가했다. 『厚齋集』, 『直巖集』, 『五洲衍文長箋散稿』에서 이 책을 인용했지만 직접 본 것인지는 확인할 수 없다.

孟子權衡遺說

元 李昶이 『孟子』를 풀이한 책. 解說書. 李昶(1203~1289)은 字가 士都이고 東平 須城 출신으로, 이 책 외에 『春秋左氏遺意』 등을 저술했지만 모두 일실되었다. 어릴 때부터 『論語』와 『孟子』를 읽고 先儒의 학설을 考訂하여 5권으로 이 책을 편찬했다는 기록이 『元史』에 보인다. 『經義考』에도 일실된 책이라 했다. 『五洲衍文長箋散稿』에서 서명만 소개했다.

孟子旁注

明 朱升이 편찬한 『孟子』의 註釋書. 朱升(1299~1370)은 字가 允升이고 安徽 休寧 출신으로, 明의 開國功臣이다. 『朱楓林集』, 『女戒』, 『五經旁訓』 등의 저술이 있다. 淸 黃虞稷의 『千頃堂書目』에 『四書旁注』를 언급하고 결본이라 했다. 『五洲衍文長箋散稿』에서 참고할 만한 『孟子』의 주석서로 소개한 바 있다.

孟子外書

『孟子』의 遺文을 모은 책. 『漢書』「藝文志」에 『맹자』 71편 외에 外書가 더 있다는 기록에 의거해 후대에 만들어진 것이다. 漢 趙岐의 『孟子題辭』에 性善辨, 文說, 孝經, 爲正으로 되어 있는데 후대 가탁한 것이라 했다. 性善, 辨文, 說孝經, 爲正으로 해석하기도 한다. 宋 熙時子가 편찬한 것을 乾隆 46년(1781) 간행한 『孟子外書四篇』이 중국 國家圖書館에 소장되어 있다. 熙時子는 가탁된 인물인 듯하다. 규장각에 咸豐 14년(1854) 간행한 『孟子外書補證』이 소장되어 있는데 淸 林春溥가 편찬한 것으로 그의 序와 跋이 붙어 있다. 1책이고 16장이다. 같은 시기 林春溥이 편찬한 『孔子世家補訂』에도 이 책이 실려 있는데 규장각에 소장되어 있다. 『五洲衍文長箋散稿』에 『孟子外篇』으로 인용되어 있지만 顧炎武의 『日知錄』에서 가져온 것이다.

孟子外篇 → 孟子外書

孟子弟子列傳

元 吳萊가 孟子 제자들의 傳記를 기록한 책. 吳萊(1297~1340)는 字가 立夫이고 號가 深裊山道人이며 浦陽 출신이다. 이 책 외에 『淵穎集』, 『尙書標說』, 『春秋世變圖』, 『春秋傳授譜』, 『古織方錄』, 『楚漢正聲』, 『樂府類編』 등 많은 저술을

남겼다. 이 책은 孟子 제자들의 전기를 2권으로 편찬한 것인데 지금은 전하지 않는다. 『五洲衍文長箋散稿』에서 이 책의 序를 인용해 19인의 孟子 제자를 立傳했다고 했다. 清 黃汝成이 顧炎武의 『日知錄』을 풀이한 『日知錄輯釋』에 같은 내용이 실려 있다. 清 朱彝尊이 『孟子弟子考』를 편찬했는데 별개의 책이다.

孟子集注

南宋 朱熹가 편찬한 『孟子』의 註釋書. 朱熹(1120~1200)는 福建 尤溪 출신으로 字는 元晦 혹은 仲晦이고 號는 晦庵, 晦翁, 雲谷老人, 遯翁 등을 사용했는데 그를 높여서 朱子라고 한다. 『四書章句集注』와 『四書或問』, 『詩集傳』, 『周易本義』, 『孝經刊誤』, 『儀禮經傳通解』, 『資治通鑑綱目』, 『八朝名臣言行錄』, 『楚辭集注』, 『韓文考異』 등 많은 저술을 남겼다. 이 책은 『四書章句集注』의 일부로, 朱熹가 48세 되던 淳熙 3년(1177) 완성했다. 지나친 訓詁를 반대하면서 理로서 經을 해석하고 經에서 義理를 밝히고자 하는 뜻을 반영한 것이다. 朝鮮에서는 『四書集注』가 빈번하게 간행되었으며 간행된 판본들은 규장각 등 여러 곳에 소장되어 있다. 규장각에 소장된 『易本義』의 권두에는 廣州府留守 洪啓禧가 지은 「新刊經書總目」이 수록되어 있는데, 『易本義』 12권 등과 함께 『論語集註』 10권, 『大學章句』 1권, 『大學或問』 1권, 『中庸章句』 1권, 『孟子集註』 7권 등 총 13종 68권을 간행했다고 적혀 있다. "崇禎三甲戌 奉敎新刊三經四書, 南漢永寶閣藏板"이라는 간기가 있는 것을 보면 1754년에 王命으로 이 책이 간행되었음을 알 수 있다. 이 책은 조선시대 문헌에 매우 빈번하게 인용되었다.

孟子或問 → 四書或問

孟縣志

明 張淑譽가 편찬한 孟縣의 地理書. 張淑譽는 字가 自誠이고 號가 爲亭 혹은 仇山이며 孟縣 東關 출신인데, 생몰년은 자세하지 않다. 孟縣은 지금의 河南省 孟州를 이른다. 『五洲衍文長箋散稿』에서 인용한 대목은 『日知錄』에 보인다. 明 孫能傳의 『內閣藏書目錄』에는 嘉靖 辛亥(1551) 邑人 張叔譽가 편찬했다는 기록이 보이지만 張淑譽가 옳다. 이 책은 전하지 않는다. 대만 故宮博物院圖書館에 清 康熙 34년(1696) 毛鵬이 편찬한 『孟縣志』 12권과 馮敏昌과 仇汝瑚 등이 乾隆 55년(1790) 편찬한 『孟縣志』 10권이 소장되어 있다. 清 馬廷俊이 편

찬한『盃縣志』12권도 대만 故宮博物院圖書館에 소장되어 있다.

免疑字韻

元 李士濂이 편찬한 韻書. 이 책은 4권인데 明 高儒의『百川書志』에는 李士謙으로 되어 있지만,『元史』,『千頃堂書目』 등에는 李士濂으로 되어 있다.『五洲衍文長箋散稿』에는 李士謙으로 되어 있다. 李士濂과 李士謙 모두 어떤 인물인지 알 수 없다. 이 책 자체도 전하지 않아 그 내용을 확인할 수 없다.

名劍記

明 李承勛이 편찬한 筆記雜錄. 李承勛은 字가 錫庸이고 括蒼 출신이며, 萬曆 연간(1573~1620) 倭寇를 격퇴하는 데 큰 공을 세웠고 戚繼光의『紀效新書』를 간행하는 데 관여했다. 이 책은『說郛續』에 실려 있는데 軒轅劍, 畫影劍, 夏禹劍, 照膽, 昆吾 등 역대의 검에 관해 자세히 기술했다. 萬曆 42년(1614) 括蒼李氏 간본이 중국 國家圖書館에 전한다. 李圭景은『五洲衍文長箋散稿』에서 이 책과 함께 南朝 梁 陶弘景의『刀劍錄』을 본뜬 책을 저술하고 싶다는 뜻을 밝혔다.

明季遺聞

明末清初 鄒漪가 편찬한 明末의 歷史書. 鄒漪는 字가 椊煙이고 號는 嘯軒이며 常熟 출신으로, 생몰년은 밝혀져 있지 않으며,『啓禎野乘』 등의 저술이 있다. 이 책은 南明 政權의 事跡과 明末 창궐한 流寇들의 활동을 연대순으로 기록한 것으로 4권이다. 自序와 凡例, 본문으로 구성되어 있는데, 권1에 1631년부터 1644년까지, 권2에 1644년 5월에서 9월까지, 권3에 1644년 10월부터 1645년 5월까지, 권4에 1645년 8월부터 1650년 12월까지의 역사가 실려 있다. 규장각에 順治 丁酉(1657) 鄒漪의 序가 달린 목판본 4권 2책이 소장되어 있으며 4권 2책의 필사본도 소장되어 있다.『白軒集』,『老峯集』,『明齋遺稿』 등 17세기 문헌에서부터 이 책이 인용되어 있으며『星湖僿說』,『燃藜室記述』 등에도 인용되어 있다.

明紀略 → 皇明紀略

明紀事本末 → 明史紀事本末

明紀編年

明 鐘惺이 편찬한 明의 編年體 歷史書. 鐘惺(1574~1624)은 竟陵 출신으로 字가 伯敬 혹은 景伯이고 號는 退谷 혹은 止公居士다. 『古詩歸』, 『唐詩歸』 등의 저술이 알려져 있으며 譚元春과 함께 竟陵派로 불렸다. 이 책은 8권인데 따로 전하지는 않는다. 鐘惺이 편집한 이 책이 熹宗에서 끝났으므로, 淸의 王汝南이 明末까지의 역사를 보완해 『續明紀編年』이라 했는데 통상적으로 『明紀編年』이라 부른다. 王汝南의 字號와 이력은 자세하지 않다. 序에 따르면 順治 17년(1660) 완성되었다고 한다. 이 책은 조선에서 다시 간행되었는데 규장각에 丁酉字로 인쇄한 12권 6책이 전한다. 권1에서 권8까지가 鐘惺이 편찬한 부분이고, 권9부터 권11까지가 王汝南이 보탠 부분이며, 권12의 附錄에 朱由榔(永曆帝)에 대한 「鄒氏遺文」이 실려 있다. 장서각 등 국내외 여러 곳에 다양한 판본이 전한다. 『英祖實錄』에 이 책을 進講했다는 기록이 보인다. 『陶谷集』, 『灘村遺稿』, 『五洲衍文長箋散稿』 등에서도 이 책을 인용했다.

明堂考 → 戴氏遺書

明堂內景圖

黃帝가 편찬했다고 하는 醫學書. 黃帝는 중국인의 시조로 本姓은 公孫인데 姬水에 거주하여 姓을 姬로 바꾸었으며 軒轅의 언덕에 자리하여 軒轅氏라 했다. 『黃帝內經』이 그의 저술로 전한다. 黃帝가 明堂에 앉아서 經絡血脈을 전수했다고 한다. 『五洲衍文長箋散稿』에 黃帝의 『明堂內景圖』로 인용했는데 『黃帝內經』에 수록되어 있는 內景圖에 관한 기록을 지칭하는 듯하다. 內景圖는 인체의 肺와 腸 등을 해부한 그림을 이르는 말이다. 宋 王堯臣의 『崇文總目』에 『黃庭內景圖』를 소개하고 1권이라 했지만 전하지 않는다. 唐 胡悟가 동일한 서명의 책을 편찬했는데 중국 國家圖書館에 전하는 『黃庭內景五臟六腑圖說』이 이 책으로 추정된다.

明堂制度論

北魏 李謐이 편찬한 明堂의 制度에 관한 저술. 李謐(484~515)은 字가 永和이

고 趙涿 출신으로, 『春秋叢林』을 편찬했지만 전하지 않는다. 『考工記』와 『大戴禮』 「盛德」 등에서 明堂의 제도와 관련된 자료를 모아 이 책을 편찬했다. 『玉海』, 『山堂肆考』에 일부가 인용되어 있으며 『玉函山房輯佚書』에 1권으로 편집되었다. 『五洲衍文長箋散稿』에는 서명이 『明堂制度』로 되어 있다.

明道雜志

宋 張耒가 편찬한 雜錄. 張耒(1054~1114)는 字가 文潛이고 號가 柯山이며 宛丘先生으로 일컬어졌다. 楚州 淮陰 출신으로, 起居舍人을 지냈다. 『詩說』 등의 저술을 남겼으며, 규장각에 그의 산문을 선발한 『宛丘先生文粹』가 전한다. 『說郛』에 이 책이 수록되어 있는데, 白居易, 韓愈, 歐陽修, 杜甫, 蘇舜元, 楊大年 등을 중심으로 한 다양한 내용을 담고 있다. 『說郛』에는 張耒가 편찬한 『續明道雜志』도 함께 수록되어 있는데 유사한 내용을 담고 있다. 『農巖集』에서부터 이 서명이 보인다. 『星湖僿說』, 『青莊館全書』, 『與猶堂全書』에는 『續明道雜志』에 실린 내용을 인용했다. 『五洲衍文長箋散稿』에서 『明道雜志』로 인용했지만 『續明道雜志』를 가리킨다.

名馬記

唐 李翰이 편찬한 말에 관한 雜錄. 李翰은 唐 至德 연간(756~758)에 활동한 문인으로, 越州 출신이며 李華의 아들이다. 그가 편찬한 『蒙求』가 널리 알려져 있다. 清 吳士玉의 『駢字類編』 등에 李翰의 『名馬記』를 인용하고 있지만 일실되어 전하지 않는다. 『說郛續』에 李翰의 『名馬記』를 수록하고 있는데 郭子章의 『名馬記』와 내용이 동일하므로, 편찬자가 잘못 전해진 것이라 하겠다. 郭子章(1543~1618)은 字가 相奎이고 號가 青螺 혹은 玭衣生이며 泰和 출신이다. 『蠙衣生劍記』, 『預章詩話』, 『郭青螺先生崇論』, 『明州阿育王山志』 등의 저술이 전한다. 郭子章의 『名馬記』는 『馬記』, 『蠙衣生馬記』라고도 한다. 上, 下, 續上, 續下 4권으로 되어 있는데 『說郛續』은 그중 龍馬, 飛黃, 八駿 등 47종의 말의 말에 관한 내용만 뽑아 1권으로 실었다. 明 萬曆 연간(1573~1620) 李承勛이 판각한 판본이 중국 國家圖書館에 소장되어 있다. 『五洲衍文長箋散稿』에는 李翰의 『名馬記』만 소개했다.

明文奇賞

明 陳仁錫이 편찬한 明代의 散文選集. 陳仁錫(1581~1636)은 字가 明卿이고 長洲 출신이다. 文集『無夢園集』외에『明史』「藝文志」,『古文奇賞』,『蘇文奇賞』,『史品』,『赤函』,『四書考』등 여러 저술이 있는데 대부분『四庫全書』에 수록되어 있다. 이 책은 규장각, 장서각 등에 天啓 3년(1623) 序가 달린 조선 목판본이 소장되어 있다. 宋濂, 楊維楨, 王禕, 劉基, 解縉, 方孝儒, 楊士奇, 丘濬, 李東陽, 徐禎卿, 王守仁, 王鏊, 何景明, 李夢陽, 文徵明, 唐寅, 敖英, 唐皐, 王愼中, 田汝成, 楊愼, 王維禎, 陸樹聲, 唐順之, 茅坤, 李攀龍, 王世貞, 汪道昆, 歸有光, 馮時可, 屠隆, 湯顯祖, 袁宏道, 袁宗道 등 명대 문인들의 작품이 선발되어 있다.『海東繹史』에『古文奇賞』과 함께 이 책을 소개했다. 李種徽의『修山集』에「明文奇賞後序」가 실려 있으며,「明文選奇敍」에 따르면 이 책을 초록하여『明文選奇』를 편찬했다고 한다. 趙寅永의『雲石遺稿』에도 이 책이 인용되어 있다. 李宜顯은「陶谷雜說」에서 이 책이 명나라 文章選集 중에 最大라 하고 金繼輝의「上宗伯書」가 실려 있다고 했다. 姜世晃도「書手寫明文奇賞」을 남겼는데 실제는 崔岦과 高敬命의 작품이라 했다. 淸 黃宗羲의『明文海』에도 金繼輝의「上宗伯書」가 실려 있다.

明文授讀

明末淸初 黃宗羲가 편찬한 明代의 散文選集. 黃宗羲(1610~1695)는 字가 太冲이고 號가 梨洲이며 餘姚 출신이다.『明史』를 편수했고,『易學象數論』,『深衣考』,『孟子師說』,『明儒學案』,『金石要例』,『二程學案』,『明文海』,『剡源文鈔』등 많은 저술을 남겼다. 아들 百家의 청으로『明文海』와『明史案』에 수록된 문장을 정선하여 이 책을 편찬했다고 한다. 이 책은 62권으로 되어 있는데 규장각, 이화여대, 존경각 등에 康熙 38년(1699) 徐秉義의 序가 달린 판본이 소장되어 있으며, 張錫琨이 교열하여 四明味芹堂에서 간행한 판본이다.『靑莊館全書』,『硏經齋全集』,『五洲衍文長箋散稿』등에 이 책이 소개되어 있다.

明文案

明末淸初 黃宗羲가 편찬한 明代의 散文選集. 이 책은 明의 政治, 經濟, 文化, 武備 등에 대한 文獻을 보존하여 典章制度의 전범을 후세에 전하기 위해 편찬한 것이다. 자신의 집안에서 소장하고 있던 明 文人의 文集 5~6천 종을 바탕

으로 하여 그 精華를 선발한 것으로, 그 序에서 明代의 문장이 國初, 嘉靖, 崇禎 때 가장 성했다고 했다. 康熙 7년(1668) 216권으로 완성했는데 清代 禁書로 지정되어 전하는 판본이 희귀하다. 대만 故宮博物院圖書館과 중국 國家圖書館에 소장되어 있다.『青莊館全書』,『五洲衍文長箋散稿』에서『明文案』과『明文海』를 소개하고 있다.

明文穎 → 皇淸文穎

明文英華

清 顧有孝가 편찬한 明代의 詩文選集. 顧有孝(1619~1689)는 字가 茂倫으로 吳江 출신이다.『雪灘釣叟集』과『唐詩英華』 등의 저술이 있다. 조선 후기 顧有孝에 대한 관심이 높아『青莊館全書』,『研經齋全集』 등에 자세히 소개되어 있다. 이 책은 규장각에 康熙 26년(1687) 序가 달린 10권 10책 목판본이 소장되어 있는데 清 周欽이 교정을 보았다. 宋濂, 劉基, 劉崧, 高啓, 趙汸, 王褘, 蘇伯衡, 張孟兼, 徐一夔, 張以寧, 唐肅, 王元采, 高棅, 王紳, 方孝孺, 朱夏, 林環, 楊士奇, 楊榮, 王直, 貝瓊, 胡翰, 胡儼, 胡廣, 吳訥, 梁潛, 薛瑄, 林誌, 李賢, 劉夏, 王達, 徐有貞, 張弼, 商輅, 陳敬宗, 羅倫, 王鏊, 李東陽, 韓雍, 邵寶, 謝鐸, 吳寬, 馬中錫, 楊循吉, 劉節, 陸容, 桑悅, 羅玘, 唐龍, 崔銑, 費宏, 劉玉, 費寀, 潘塤, 顧璘, 祝允明, 李夢陽, 何景明, 程敏政, 文徵明, 唐寅, 張邦奇, 許相卿, 徐禎卿, 王守仁, 魏校, 霍韜, 楊慎, 皇甫汸, 王廷相, 黃省曾, 何喬新, 豐坊, 徐階, 吳鼎, 董玘, 王愼中, 羅洪先, 鄒守益, 周恩兼, 鄭曉, 唐順之, 茅坤, 歸有光, 宗臣, 王世貞, 吳桂芳, 鄒守愚, 錢琦, 張居正, 劉鳳, 莫如忠, 田汝成, 申時行, 陸師道, 耿定向, 馮時可, 張椿, 王穉登, 支大綸, 焦竑, 董其昌, 陶望齡, 魏濬, 顧起元, 文震孟, 錢謙益, 顧大韶, 陳子龍, 夏允彝, 黃淳耀, 陳弘緒, 侯方域, 顧炎武, 朱鶴齡, 黃宗羲, 潘檉章, 葛芝 등 119인 301편의 詩文을 수록하고 있다.『陶谷集』,『五洲衍文長箋散稿』 등에 이 책이 인용되어 있다.

明文海

明末清初 黃宗羲가 편찬한 明代의 散文選集. 이 책은『明文案』과 함께 政治, 經濟, 文化, 武備 등에 대한 文獻을 보존하여 典章制度의 전범을 후세에 전하기 위해 편찬한 것이다. 康熙 7년(1668) 216권으로 편찬한『明文案』을 20여

년에 걸쳐 증보했고 2,000여 종의 문집을 바탕으로 하여 482권으로 엮었는데 賦, 奏疏, 碑, 稗文 등 다양한 산문을 28類로 나누었다. 『靑莊館全書』, 『硏經齋全集』, 『五洲衍文長箋散稿』에서 이 책을 소개했다. 대만 故宮博物院圖書館, 일본 국회도서관, 중국 浙江圖書館 등에 전질이 소장되어 있다. 『四庫全書』에도 실려 있다.

冥報記

唐 唐臨이 편찬한 志怪小說集. 신이한 이야기를 모은 책. 唐臨은 字가 本德이고 京兆 長安 출신으로, 隋 文帝 때 태어나 唐 高宗 말년에 죽었다. 이 책은 唐代 가장 이른 시기의 志怪小說로 알려져 있는데 원문은 일실되고 일본 江戶시기 三緣山에서 『太平廣記』 등에 실려 있는 것을 6권으로 편집한 판본이 전한다. 규장각 등에 소장되어 있는 『說郛』에는 『報應記』라는 이름으로 일부가 수록되어 있다. 『五洲衍文長箋散稿』에는 『冥報錄』 혹은 『冥錄』 등으로 소개했다.

冥報錄

明末淸初 陸圻가 勸善을 목적으로 冥途와 因果에 관해 기술한 책. 陸圻(1614~?)는 字가 麗京이고 號가 講山이며 錢塘 출신이다. 『從同集』, 『詩禮』, 『西陵新語』, 『威鳳堂集』, 『靈蘭堂墨守』, 『新婦譜』 등의 저술이 있다. 이 책은 自序에서 順治 辛丑(1661) 西湖에 물러나 있을 때 귀신의 역사를 기록하여 因果應報의 자료로 삼는다고 했다. 康熙 후반의 필사본이 중국 國家圖書館에 소장되어 있다. 규장각에 소장된 『說鈴』에도 2권으로 수록되어 있다. 『靑莊館全書』, 『硏經齋全集』, 『五洲衍文長箋散稿』 등에 이 서명이 보인다. 成海應이 『皇明遺民傳』을 편찬할 때 인용한 서목 중에 이 책이 들어 있다.

明本釋

北宋 劉荀이 편찬한 理學講學書. 劉荀은 東平 출신으로, 元祐忠賢으로 알려져 있는 劉摯의 손자인데 자세한 이력은 밝혀져 있지 않다. 이 책은 33條로 나누어 胡宏, 張九成, 朱熹, 程顥, 程頤의 語錄을 인용하여 講學의 요체에 대해 기록하고 자세한 주석을 달았다. 宋代에는 그다지 알려지지 않았으나 元과 明에 이르러 널리 읽힌 책이다. 규장각에 武英殿聚珍字로 간행한 3권 3책이 소장되어 있는데 乾隆 38년(1773)의 序가 달려 있다. 『四庫全書』에도 3권으로 실

려 있다. 『弘齋全書』에 正祖가 이 책에 대한 자세한 기록이 있는데 이 책이 目錄에만 전하다가 『四庫全書』를 편찬할 때 비로소 수집된 것이라 했다. 『五洲衍文長箋散稿』에서 「明本釋辨證說」을 두어 자세히 기록했다. 또 이 책이 『皇明文獻總目』과 『經籍志』에 보인다고 했는데 『四庫全書總目』에는 『明文淵閣書目』과 『國史經籍志』로 되어 있다.

明史

淸 張廷玉 등이 康熙帝의 命으로 편찬한 明의 歷史書. 張廷玉(1672~1755)은 字가 衡臣이고 號가 硯齋이며 安徽 桐城 출신이다. 保和殿大學士에 올랐고 『明史』, 『四朝國史』, 『大淸會典』 등을 편찬할 때 總裁官을 맡았다. 이 책은 洪武 元年(1368)부터 崇禎 17년(1644)까지의 역사를 기록한 正史로, 本紀 24권, 志 75권, 表 13권, 列傳 220권, 目錄 4권 등 총 336권으로 되어 있다. 320권에 朝鮮傳이 실려 있는데 明과의 교섭을 중심으로 기술했다. 乾隆 4년(1739) 332권으로 간행되었는데 규장각에 이 판본이 소장되어 있다. 『靜觀齋集』, 『南溪集』, 『息庵遺稿』 등에서 이 책을 읽은 기록이 확인된다. 『星湖僿說』, 『海東繹史』, 『五洲衍文長箋散稿』 등 많은 문헌에도 이 책이 소개되어 있다.

明史稿

淸 王鴻緖 등이 康熙帝의 命을 받아 편찬한 明의 歷史書. 王鴻緖(1645~1723)는 初名이 度心인데 進士가 된 이후 鴻緖로 개명했다. 字는 季友이고 號는 儼齋, 橫雲山人 등을 사용했으며, 華亭 張堰鎭 출신이다. 문집으로 『橫雲山人集』이 전한다. 이 책은 雍正 元年(1723)에 완성되었는데 모두 310권으로 本紀 19권, 志 77권, 表 9권, 列傳 205권으로 구성되어 있다. 康熙 18년(1679) 편찬을 시작하여 康熙 30년(1691) 416권의 초고를 완성했는데, 康熙 33년(1694) 王鴻緖가 總裁를 맡아 張玉書, 陳廷敬 등과 함께 編修와 修訂을 거듭한 후 康熙 61년(1722) 310권으로 완성하고, 雍正 元年(1723) 간행했다. 乾隆帝 때 간행된 『明史』가 이 책을 기초로 했다. 『靑莊館全書』, 『警修堂全藁』, 『五洲衍文長箋散稿』 등에서 이 책을 인용했다. 국립중앙도서관에 敬愼堂藏版 50책이 소장되어 있다.

明史紀事本末

清 谷應泰가 明代의 중요 사건을 紀事本末體로 기록한 歷史書. 谷應泰(1644~1722)는 字가 賡虞이고 號는 霖蒼이며 直隷 豐潤 출신으로, 문집『築益堂集』이 있다. 이 책은 順治 13년(1656) 浙江學政僉事로 부임했을 때 張岱, 陸圻, 徐倬 등의 도움을 받고 아들 谷際科, 谷際第 등의 교정을 거쳐 1658년 완성했다.『明紀事本末』,『皇明紀事本末』,『明史本末』이라고도 한다.『通鑑紀事本末』의 체제를 따랐으며 총 80권으로 되어 있다. 每卷이 一目이 되는데, 元 至正 12년(1352) 朱元璋이 기병한 일로부터 明 崇禎 17년(1644) 李自成의 農民軍이 北京에 입성하자 崇禎帝가 자살한 일까지 기록하고 있다. 卷末에는 作者의 史論이 부가되어 있다.『明史稿』,『明史』 이전에 저술되었다는 점에서 사료적 가치가 높다.『陶谷集』,『星湖僿說』,『戊午燕行錄』,『庚子燕行雜識』,『五洲衍文長箋散稿』 등에 이 책이 인용되었다. 규장각에 順治 15년(1658) 谷應泰의 序가 달린 목판본 80권 16책이 소장되어 있다. 국립중앙도서관에도 석판본 외에 필사본 80권 23책이 더 소장되어 있다.

明史本末 → 明史紀事本末

明史擬稿

明末淸初 尤侗이 明代 人物傳記를 모은 책. 尤侗(1618~1704)은 字가 同人이고 號는 艮齋 또는 西堂老人으로 江蘇 長洲 출신이다. 詩와 古文詞에 능했고『西堂雜俎』,『艮齋雜記』 등의 저서를 남겼다. 이 책은『明史』가 편찬되지 않았을 때 尤侗이 한가한 틈을 타서 개인적으로 사료를 모아 편찬한 것으로, 列傳(1~3권), 文苑(4권), 隱逸·孝行·忠節·獨行(5권), 循吏·藝術(6권)로 나누어 인물의 전기를 수록했다. 규장각에『西堂全集』에 수록되지 않은 글을 모은『西堂餘集』 26권이 소장되어 있는데 여기에 이 책이 6권으로 수록되어 있다.『海東繹史』에 인용되어 있다.

名山記

東晉의 王嘉가 편찬한 志怪小說集. 王嘉는 字가 子念이고 安陽 출신으로, 巖穴에 살면서 養生術을 익혔는데 前秦의 宣昭帝 苻堅의 부름을 받았으나 나아가지 않았고 후에 姚萇에게 죽임을 당했다. 이 책은 王嘉의『拾遺記』 권10과 같은 내용인데 『說郛』에 『拾遺名山記』로 8조가 실려 있다. 『星湖僿說』과 『五洲衍文長箋散稿』에서는 『名山記』라는 서명으로, 阿紫라는 여우로 변신한 여인에 대한 기록을 인용했다. 조선시대 문헌에서 『名山記』는 주로 明 何鏜이 지은 『古今遊名山記』를 가리키는데 明 王維楨의 「寒溪山記」가 실려 있어 조선시대 문헌에 자주 등장한다. 또 金壽增, 金昌協, 金昌緝 등의 집안에서 이 책을 많이 참고했는데, 특히 金昌緝은 이 책을 편집하여 『澄懷錄』과 『名山最勝』으로 엮었다.

名山洞天福地記 → 洞天福地記

名山藏

明 何喬遠이 편찬한 紀傳體 歷史書. 何喬遠(1558~1631)은 字가 穉孝이고 號는 匪莪 혹은 鏡山이며 晉江 출신이다. 이 책 외에 『閩書』, 『皇明文徵』, 『萬曆集』 등의 저술이 있다. 이 책은 私撰 史書로 明 太祖 洪武帝부터 穆宗 隆慶帝까지의 역사를 다루었다. 규장각에 崇禎 13년(1640) 錢謙益의 序가 달린 목판본 38책이 소장되어 있는데 典謨記, 坤則記, 開聖記, 繼體記, 分藩記, 勳封記, 天因記, 天敺記, 輿地記, 刑法記, 河漕記, 漕運記, 錢法記, 兵制記, 馬政記, 茶馬記, 鹽法記, 臣林記, 臣林外記, 儒林記, 俘賢記, 宦者記, 宦者雜記, 列女記, 臣林雜記, 高道記, 本士記, 本行記, 藝妙記, 貨殖記, 方技記, 方外記, 王享記 등 37記로 되어 있다. 『庚子燕行雜識』에 따르면 李宜顯이 중국에서 이 책 40권을 구입해 왔다고 한다. 『星湖僿說』, 『海東繹史』, 『與猶堂全書』, 『五洲衍文長箋散稿』 등에 인용되어 있다. 『阮堂集』에는 서명이 『名藏』으로 표기되어 있다.

明書

明末淸初 傅維鱗이 편찬한 明의 歷史書. 傅維鱗(1608~1668)은 본명이 維禎이고 字는 掌雷이며 號는 歉齋다. 直隸 靈壽 출신으로 『四思堂文集』이 전한다. 翰林弘文院 編修로 『明史』를 편찬할 때 明代의 遺書와 家乘, 文集, 碑誌 등과 實錄을 참조해 이 책을 편찬했다. 本紀 19권, 宮闈紀 2권, 表 16권, 志 48권, 記 5권, 世家 3권, 列傳 76권, 敘傳 2권 등 171권으로 되어 있다. 光緖 5년(1879) 定州 王氏 謙德堂 간본이 중국 國家圖書館 등에 소장되어 있다. 서울대 중앙도서관에 民國 9년(1919) 판본이 소장되어 있다. 『五洲衍文長箋散稿』에서 書

名만 소개하고 300권이라 했으나 권수를 잘못 표기한 것이다.

名世文宗

明 胡時化가 편찬한 散文選集. 胡時化는 原名이 權이고 號는 龍匯이며 餘姚 출신으로, 隆慶 연간(1567~1572)과 萬曆 연간(1573~1620)에 활동했다. 이 책은 北宋 眞德秀의 『文章正宗』과 『續文章正宗』을 바탕으로 하여 역대의 산문 500여 편을 選錄한 것으로 총 30권이다. 특히 司馬遷, 韓愈, 蘇軾의 글을 많이 선록했고 明代까지의 산문을 수록했다. 규장각에 조선에서 訓鍊都監字로 간행한 판본 3종이 소장되어 있는데 崇禎 元年(1628) 陳仁錫, 王錫爵, 郭子章 등이 쓴 序 3편과 胡時化의 「名世文宗敍」, 「凡例」, 「名世文宗談藪」 등이 별책에 따로 실려 있다. 경기대, 충남 모덕사 등에도 零本 일부가 소장되어 있다. 고려대에는 중국본 『新刊名世文宗』이 소장되어 있는데 萬曆 연간의 판본으로 추정된다. 『白軒集』, 『藥山漫稿』, 『直菴集』, 『豊墅集』, 『而已广集』, 『五洲衍文長箋散稿』 등에 『名世文宗』이 인용되어 있으므로 조선시대 상당히 널리 읽힌 책으로 추정된다. 『五洲衍文長箋散稿』에는 『四大家』, 『掇英』과 함께 이 책이 소개되어 있다. 국립중앙도서관에 소장된 『正續名世文宗』은 明 王世貞이 편집하고 陳繼儒가 註를 달아 萬曆 45년(1617) 무렵 간행한 다른 책이다.

名勝志 → 輿地名勝志

明詩別裁集

淸 沈德潛이 周準과 함께 편찬한 明代의 詩總集. 沈德潛(1673~1769)은 字가 確士이며 號는 歸愚로 江蘇 吳縣 출신이다. 저서로 『歸遇詩鈔』, 『說詩晬語』 등이 있으며, 『古詩源』, 『唐詩別裁』, 『明詩別裁』, 『淸詩別裁(國朝詩別裁)』 등을 편찬했다. 周準은 字가 鐵棻이고 號가 遷村이며 江蘇 長洲 출신으로, 淸 雍正 연간(1723~1735) 활동한 문인이다. 『遷村詩抄』, 『遷村文抄』, 『虛室吟稿』, 『瓢中』, 『鶴皐』, 『玉楮』, 『人海』, 『黃海』 등의 저서가 있다. 이 책은 『明詩別裁』로 줄여 부르기도 하는데 12권이며 340인의 작품 1,010수를 수록했다. 格調를 위주로 하고 溫柔敦厚의 詩敎를 주장하며 陳子龍 등의 『明詩選』과 錢謙益의 『列朝詩集』 및 朱彛尊의 『明詩宗』 등의 선집을 비판하고 前後七子의 詩論에 부합하는 작품을 취한 것으로 알려져 있다. 규장각에는 乾隆 4년(1739) 刊記

가 있는 12권 6책의 목판본이 소장되어 있다. 국립중앙도서관, 성균관대 등에도 비슷한 판본이 소장되어 있다. 『青莊館全書』, 『研經齋全集』, 『海東繹史』 등에 이 책이 인용되었다.

明詩選

明 李攀龍이 편찬한 明代의 詩選集. 李攀龍(1514~1570)은 字가 于鱗이고 號가 滄溟이며 歷城 출신이다. 문집 『滄溟集』 외에 『古今詩刪』 등 많은 저술이 있다. 李攀龍이 편찬한 이 책을 陳子龍이 增刪하여 총 13권으로 다시 편집했다. 陳子龍(1608~1647)은 字가 臥子이고 號가 軼符 혹은 大樽이며 華亭 출신이다. 『幾社稿』, 『陳李倡和集』, 『屬玉堂集』, 『平露堂集』, 『白雲草』, 『湘眞閣稿』, 『三子詩稿』, 『焚餘草』 등의 저술이 있으며, 淸 王昶日이 그의 저술을 모아서 『陳忠裕全集』으로 편집했다. 李攀龍과 陳子龍은 復古主義를 주장했는데 이 책에는 그들의 詩論이 반영되어 있는 것으로 평가된다. 崇禎 16년(1643) 간본이 중국 國家圖書館 등에 소장되어 있다. 동국대와 성균관대에 필사본이 있다. 『陶谷集』, 『星湖僿說』, 『熱河日記』, 『海東繹史』 등 여러 문헌에 이 책이 인용되었다.

明詩綜

明末淸初 朱彝尊이 편찬한 明代의 詩選集. 朱彝尊(1629~1709)은 秀水 출신으로 字가 錫鬯이고 號가 竹垞 또는 醧舫이며 만년에는 小長廬釣魚師라고도 했다. 『明史』의 편찬에 참여했고 考證學에 능통했으며 古文과 詩詞에도 뛰어났다. 저서로 『經義考』, 『日下舊聞』, 『曝書亭集』 등이 있으며, 『明詩綜』 외에 『詞綜』도 편찬했다. 규장각에 康熙 44년(1705) 朱彝尊의 序가 있는 목판본 100권 40책이 소장되어 있는데 六峰閣에서 간행된 것이다. 권1에는 明代 帝王의 詩가, 권2에서 권82까지는 일반 문인들의 詩가 시대 순으로 실려 있으며, 권83 이하에는 樂章, 宮掖, 宗潢, 閨門, 中涓, 外臣, 羽士, 釋子, 女冠, 土司, 屬國, 無名氏, 雜流, 妓女, 鬼神의 詩가 수록되어 있고, 권99와 권100에는 俗謠가 실려 있다. 그중에 徐敬德 등의 시도 실려 있어 조선 문인의 관심이 높았다. 李宜顯이 중국에서 구입해 왔다는 기사가 『庚子燕行雜識』에 실려 있는데 32권이라 했으므로 책 수를 지칭하는 듯하다. 『弘齋全書』, 『青莊館全書』, 『熱河日記』, 『五洲衍文長箋散稿』 등 조선 후기 문헌에 빈번하게 인용되었다.

明詩註 → 列朝詩集

名臣言行錄 → 宋名臣言行錄

明實錄 → 皇明實錄

冥影契
明 董穀이 편찬한 雜錄. 董穀은 字가 碩甫이며 安義와 漢陽 등의 知縣을 지냈다. 생몰연대는 밝혀져 있지 않지만 正德 연간(1506~1521) 활동했으며 벼슬에서 물러난 후 海鹽의 澉水에 은거하면서 自號를 碧里山樵 혹은 漢陽歸叟라 했다. 『澉浦續志』, 『碧里襍』, 『碧里雜存』 등의 저술을 남겼다. 이 책은 『說郛續』에 1권으로 수록되어 있다. 光音天人, 初天皇氏, 初地皇氏, 初人皇氏, 後天皇氏, 後地皇氏, 後人皇氏 등 신화적인 인물을 기록하고 있다. 『五洲衍文長箋散稿』에는 『說郛續』을 재인용하여 光音天人을 변증했다. 董穀의 『碧里雜存』도 『五洲衍文長箋散稿』에 인용되어 있다.

明儒學案
明末淸初 黃宗羲가 明代 儒學者의 傳記와 學說을 모아 편찬한 책. 黃宗羲(1600~1695)는 字가 太沖이고 號는 梨洲이며 浙江 餘姚 黃竹浦 출신이다. 『明夷待訪錄』, 『弘光實錄鈔』, 『行朝錄』, 『海外慟哭記』, 『西台慟哭記注』, 『歷代甲子考』, 『匡廬遊錄』, 『今水經』, 『南雷文約』, 『南雷文定』 등 많은 저술이 있다. 이 책은 明代 儒學者의 文集과 語錄 등에 근거하여 崇仁學案, 白沙學案, 河東學案, 三原學案, 姚江學案, 止修學案, 泰州學案, 甘泉學案, 諸儒學案, 東林學案, 蕺山學案 등으로 정리하고 浙中王門學案, 江右王門學案, 南中王門學案, 北方王門學案, 粵閩王門學案 등을 부록으로 붙여 19개 學案을 만들고, 각 學案에 포함되는 학자 총 202인의 이력, 저술, 사상, 학통 등을 간략하게 서술하고 평가했다. 규장각에 乾隆 4년(1739) 간행된 중국 목판본 62권 20책이 소장되어 있는데 元仁孫의 藏書印이 있다. 『靑莊館全書』, 『研經齋全集』, 『老洲集』, 『五洲衍文長箋散稿』 등에 인용되었다.

名疑

明 陳士元이 古今 姓名의 異同을 기록한 책. 陳士元(1516~1597)은 字가 心叔이고 號가 養吾 혹은 江漢潛夫, 環中愚叟 등이며 西鄉 陳嶺 출신이다. 嘉靖 23년(1544) 進士로 灤州知州를 지냈으나 嘉靖 29년(1550)에 사직하고 고향으로 돌아가 평생 학문과 저술에 몰두했다. 저서로 『嶽記』, 『缶鳴集』, 『金陵集』, 『灤州志』, 『海濱集』, 『易象鉤解』, 『五經異文』, 『論語類考』, 『孟子雜記』, 『荒史』 등이 있다. 이 책은 총 4권으로 三皇에서 元代에 이르기까지 史傳과 百家雜說을 취하여 古人姓名의 異體字와 同姓名字를 모았다. 논증에 오류가 적지 않고 神仙과 怪鬼인 吳剛, 姮娥, 豐隆, 屏翳, 神荼까지 언급하고 있어 비판을 받았다. 서울대 중앙도서관에 淸 張海鵬이 교정하여 嘉慶 17년(1812) 목판으로 간행한 4권 3책이 소장되어 있다. 『靑莊館全書』, 『五洲衍文長箋散稿』 등에 인용되었다.

名醫錄

唐 甘伯宗이 편찬한 名醫의 傳記集. 甘伯宗은 字號와 이력이 밝혀져 있지 않다. 『玉海』에 따르면 이 책은 伏羲에서부터 唐에 이르기까지 120인을 7권으로 엮었다고 하지만 지금은 전하지 않는다. 『名醫傳』, 『名醫大全』, 『歷代名醫錄』이라고도 한다. 『醫說』, 『歷代名醫蒙求』, 『本草綱目』, 『名醫類案』 등에 일부가 인용되어 전한다. 『五洲衍文長箋散稿』에서 이 책을 인용했으나 『物理小識』에서 가져온 것이다.

名醫別錄

南朝 梁 陶弘景이 편찬한 本草書. 陶弘景(456~536)은 字가 通明이고 號가 華陽隱居이며 丹陽 秣陵 출신이다. 『神農百草經』을 정리하여 『本草經集注』를 편찬했고 『眞誥』, 『眞靈位業圖』, 『陶氏效驗方』, 『補闕肘後百一方』, 『陶隱居本草』, 『藥總訣』, 『效驗施用藥方』, 『服食草木雜藥法』, 『斷谷秘方』, 『消除三尺要法』, 『服氣導引』, 『養性延命錄』, 『人間卻災患法』, 『集藥訣』 등 많은 저술을 남겼지만 대부분 일실되었다. 이 책은 『神農本草經』에 실린 藥物의 藥性과 효용을 보충하고 365종의 新藥物을 추가하여 설명을 붙였다고 하지만, 原書는 일실되었다. 다만 陶弘景의 다른 저술 『本草經集注』에 이 책에 추가된 365종의 藥物이 함께 실려 후세에 전해졌으며, 『證類本草』, 『本草綱目』 등에도 그 내용의

일부가 전한다. 『神農本草經』의 三品分類法을 좇아서 약물을 약효에 따라 上品, 中品, 下品으로 나누고 다시 각 品別로 植物, 礦物, 動物로 나누었으며, 각 약물별로 이름, 성질, 효능, 별칭, 용법, 용량, 형상, 채집, 취급법 등을 기록했다. 『南雅堂醫書全集』에 근대에 편집된 판본이 전한다. 『高麗史』에 따르면 宣宗 8년(1091) 宋의 館伴이 일실된 서적 129종의 목록을 주고 고려에서 찾도록 했는데, 여기에 이 책이 포함되어 있으며 3권이라 했다. 『海東繹史』, 『青莊館全書』에도 같은 기록이 보인다. 『海東繹史』에는 이 책과 함께 이 책의 주석서라 하면서 『名醫別錄註』를 소개했지만 이 역시 전하지 않으므로 재인용이라 하겠다.

明典故紀聞

明 余繼登이 明代의 典章制度에 관해 편찬한 雜錄. 余繼登(1544~1600)은 字가 世用이고 號가 雲衢이며 北直隸 交河縣 출신이다. 『大明會典』 편찬에 참여했으며 이 책 외에 문집 『淡然軒集』이 전한다. 이 책은 『明朝典故紀聞』, 『皇明典故紀聞』, 『典故紀聞』이라고도 한다. 明代의 政治, 經濟, 典章 등의 制度와 관련된 내용을 다룬 책으로, 총 18권이며 洪武, 永樂, 洪熙, 宣德, 正統, 景泰, 天順, 成化, 弘治, 正德, 嘉靖, 隆慶 등으로 나누어 기록했다. 『光海君日記』, 『月沙集』, 『青莊館全書』, 『海東繹史』 등에 이 책이 인용되었다. 萬曆 연간(1573~1620) 간행된 판본이 중국 國家圖書館과 미국 하버드대 등에 소장되어 있다.

明肇運紀

편찬자를 알 수 없는 明代의 歷史書. 『青莊館全書』에 이 책을 인용하여 『文獻大成』을 편찬하고 『永樂大全』으로 이름을 바꾸었다는 기록을 싣고 있는데 "撰人俟考"라 했다. 같은 내용을 『五洲衍文長箋散稿』에서 인용하면서 『明朝肇運紀』라 했다. 明 雷禮의 『皇明大政紀』 등에 같은 내용이 보이지만 중국 문헌에서 『明肇運紀』는 확인되지 않는다.

冥通記

南朝 梁 周子良과 陶弘景이 편찬한 筆記雜錄. 陶弘景(456~536)은 字가 通明이고 丹陽 秣陵 출신이다. 句容의 句曲山과 積金東澗에 은거하여 華陽隱居로

自號했는데 梁 武帝가 국가대사를 자주 그와 의논하여 山中宰相으로 일컬어졌다. 『神農百草經』을 정리하여 『本草經集注』를 편찬했고, 『三命抄略』, 『靈寶眞靈位業圖』, 『古今刀劍錄』 등 다양한 저술이 있다. 周子良은 字가 元龢이고 茅山 출신으로 12세에 陶弘景에게 道를 배웠으나 20세에 자살했다. 周子良이 자살하기 전에 쓴 일기를 사후에 陶弘景이 정리하고 주석을 단 것이 이 책이다. 이 책에는 乙未年(515) 5월 13일부터 丙申年(516) 7월 말일까지 周子良이 꿈속에서 神仙, 眞人과 환담하는 내용이 실려 있어 서명을 冥通이라 한 것이다. 규장각에 소장된 『唐宋叢書』에 3권으로 실려 있고 『道藏』, 『說郛』 등에도 수록되어 있다. 『星湖僿說』, 『五洲衍文長箋散稿』에서 이 책을 인용하고 있는데, 『五洲衍文長箋散稿』에서는 周子良이 편찬한 것으로 보았다.

明統論

北宋 章望之가 중국 왕조들의 정통성에 관하여 논한 책. 章望之(1045~?)는 字가 表民이고 建州 浦城 출신이다. 이 책 외에 『救性』, 『禮論』 등이 있었다고 하지만 모두 일실되었고 『說郛』에 『延漏錄』만이 전한다. 이 책 역시 전하지 않는다. 『宋史』에 그의 傳이 있는데 이에 따르면 章望之가 이 책에서 宋이 唐의 정통을 계승하고 있음을 밝혔다고 했다. 『五洲衍文長箋散稿』에서 이 책을 인용했지만 清 王士禛의 『池北偶談』을 재인용한 듯하다.

名香譜

南宋 葉廷珪가 편찬한 香에 관한 雜錄. 葉廷珪는 字가 嗣忠이고 號가 翠巖이며 崇安 출신이다. 徽宗 5년(1115) 출사하여 太常寺丞 등을 지냈다. 이 책 외에 『海錄碎事』를 저술했는데, 국립중앙도서관에 일본에서 간행한 판본이 소장되어 있다. 이 책은 香品의 종류와 효용, 관련 고사 등을 기록한 譜錄類의 저술이다. 『說郛』에 실려 있는데 47종의 香이 소개되어 있다. 『五洲衍文長箋散稿』에서는 줄여서 『香譜』라고 했다. 『海錄碎事』도 『五洲衍文長箋散稿』에 인용되어 있다.

牡丹亭還魂記

明 湯顯祖가 지은 戲曲. 湯顯祖(1550~1616)는 字가 海若이고 號가 若士이며 臨川 출신이다. 『牡丹亭記』 외에 『紫釵記』 등 여러 희곡과 소설을 제작했고

『茶經』, 『玉茗堂集』 등의 저술을 남겼다. 이 책은 『牡丹亭記』라고도 한다. 靑春男女가 연애하는 내용이라 성리학자들의 비판을 받았다. 『熱河日記』, 『靑莊館全書』, 『警修堂全藁』, 『洛下生集』, 『五洲衍文長箋散稿』 등에 이 책이 인용되어 있는 것으로 보아 18세기 무렵부터 조선에서 읽히기 시작한 듯하다. 성균관대 존경각에 淸代 玉茗堂에서 木板으로 간행한 8권 6책이 소장되어 있다. 서울대 중앙도서관에 소장된 1834년 간행한 『審音鑑古錄』에도 실려 있다.

毛詩古音考

明 陳第가 『詩經』의 古音을 고증한 책. 陳第(1541~1617)는 字가 季立이고 號는 一齋이며 福建 連江 출신이다. 薊鎭遊擊將軍까지 올랐으나 致仕한 후 귀향하여 古音 연구에 몰두했고 『毛詩古音考』, 『讀詩拙言』 등의 저서를 남겼다. 宋人의 叶韻說에 반대하고 『詩經』, 『楚辭』에 반영된 것이 古音으로, 唐宋의 今音으로 古音의 표준을 삼을 수는 없다고 주장했다. 제목의 『毛詩』는 西漢 시대 魯의 毛亨과 趙의 毛萇이 편집하고 注를 단 古文 『詩經』으로 현재 통용되는 『詩經』 판본을 가리킨다. 대표적인 『詩經』의 古韻 연구서인 淸 顧炎武의 『詩本音』과 江永의 『古韻標准』보다 앞서 나온 것으로, 『詩經』의 다양한 音韻과 『易經』 등 다른 先秦의 문헌에서 音韻 관련 자료를 보완하여 이 책을 집필했으며, 古音이 今音과 다르다는 전제 아래 통용되던 協音說을 부정했다. 『靑莊館全書』, 『五洲衍文長箋散稿』 등에 이 책이 인용되었다. 규장각에 明 焦竑이 訂正하고 淸 徐時作이 重訂하여 1880년 張裕釗가 校刊한 목판본 5권 4책이 소장되어 있다.

毛詩同異

北齊 李鉉이 『詩經』을 풀이한 책. 李鉉은 字가 寶鼎이고 渤海 南皮 출신이다. 書法에 뛰어났고 經學에도 일가를 이루어 『字辨』, 『周易義例』, 『三傳異同』, 『論語異同』, 『孝經異同』 등 많은 저술을 남겼지만 모두 전하지 않는다. 『五洲衍文長箋散稿』에서 이 서명으로 소개했는데 『北齊書』와 『北史』 등에는 李鉉의 저술로 『毛詩三禮義疏』가 보인다. 이 책과 관련이 있는 듯하지만 역시 전하지 않는다. 『隋書』에는 晉 孫毓이 『毛詩異同評』 10권을 저술한 것으로 되어 있지만 역시 일실되었는데 漢 毛亨의 『毛詩注疏』에 상당한 분량이 인용되어 있다. 孫毓은 字가 休良이고 北海 平昌 출신이며, 長沙太守를 지낸 인물이다. 『研經

齋全集』에 이 책이 소개되어 있다.

毛詩名物鈔

元 許謙이 『詩經』의 物名을 풀이한 책. 許謙(1269~1337)은 字가 益之이고 號가 白雲山人이며 浙江 東陽 출신이다. 이 책 외에 『白雲集』, 『觀史治忽幾微』 등의 저술이 있다. 이 책은 『詩集傳名物鈔』라고도 하는데 『通志堂經解』, 『四庫全書』에는 이 서명으로 8권이 수록되어 있다. 淸 胡鳳丹의 『金華叢書』에도 실려 있는데 규장각에 소장된 『金華叢書書目提要』에 이 책의 해제가 실려 있다. 『靑莊館全書』, 『五洲衍文長箋散稿』 등에서 이 책을 인용하고 있다.

毛詩名物解

北宋 蔡卞이 『詩經』의 動植物에 관해 저술한 책. 蔡卞은 字가 元度이고 興化仙遊 출신으로, 蔡京의 아우이며 王安石의 사위다. 熙寧 3년(1070) 출사하여 資政殿 大學士를 지냈으며 書法에 뛰어났다. 蔡京과 함께 『宣和書譜』와 『宣和畵譜』를 편찬했다. 이 책은 『通志堂經解』와 『四庫全書』에 20권으로 수록되어 있는데 釋天, 釋百穀, 釋草, 釋木, 釋鳥, 釋獸, 釋蟲, 釋魚, 釋馬, 雜釋, 雜解 등으로 구성되었다. 『靑莊館全書』, 『硏經齋全集』, 『五洲衍文長箋散稿』 등에서 이 책을 인용하고 있다.

毛詩補傳

淸 戴震이 『詩經』을 풀이한 책. 戴震(1724~1777)은 字가 愼修이고 號가 東原이며 安徽 休寧 출신으로, 『孟子字義疏證』, 『屈原賦注』 등의 저술이 있다. 규장각에 소장된 『戴氏遺書』가 대표적인 저술인데 여기에 그의 중요한 저술이 수록되어 있다. 戴震의 문집 『戴東原集』에 乾隆 癸酉(1753) 「毛詩補傳序」가 실려 있으므로 이 무렵 편찬된 것임을 알 수 있지만 책 자체는 전하지 않는다. 『五洲衍文長箋散稿』에도 書名만 간략하게 소개되어 있다. 『戴氏遺書』에 『詩經二南補注』, 『毛鄭詩考正』 등이 실려 있다.

毛詩本義

北宋 歐陽修가 『詩經』을 풀이한 책. 歐陽修(1007~1072)는 字가 永叔이고 號가 醉翁이며 諡號는 文忠이다. 吉州 출신으로 『新唐書』, 『新五代史』 등을 편찬

했고 문집 『歐陽公居士集』 외에 『洛陽牡丹記』, 『集古錄』, 『歸田錄』 등도 널리 알려져 있다. 이 책은 『詩本義』라고도 하는데 『通志堂經解』, 『四庫全書』 등에 16권으로 수록되어 있다. 114篇의 說, 19篇의 義解와 辨證詩義, 時世論, 本末論, 詩解說序, 詩譜補亡序 등으로 구성되어 있다. 『靑莊館全書』, 『硏經齋全集』, 『五洲衍文長箋散稿』 등에서 이 책을 다루었다.

毛詩義問

後漢 劉楨이 『詩經』을 풀이한 책. 劉楨(186~217)은 字가 公幹이고 東平 출신으로, 建安七子의 한 사람이다. 문집 『劉公幹集』이 전한다. 이 책은 원래 7권인데 일실되었다가 淸 馬國翰이 『玉函山房輯佚書』를 편찬하면서 일부를 모아 편찬했다. 『玉函山房輯佚書』는 光緖 10년(1884) 간본이 규장각에 소장되어 있다. 『五洲衍文長箋散稿』에 관련 기록이 보이지만 재인용인 듯하다.

毛詩義疏

北周 沈重이 『詩經』을 풀이한 책. 沈重(500~583)은 字가 子厚이고 武康 출신이며, 『周禮義』 등 많은 저술을 남겼다고 하지만 대부분 일실되고 『禮記沈氏義疏』, 『樂律義』, 『周官禮義疏』 등이 후대에 편집되어 전한다. 『隋書』에 沈重의 『毛詩義疏』 28권이라는 기록이 보이지만 이 책의 원문은 일실되어 전하지 않는다. 『太平御覽』 등에 일부가 인용되어 있고, 『漢魏叢書』에 1권으로 수록되었다. 『海東繹史』에 이 책이 인용되어 있지만 다른 책에서 가져온 듯하다. 『硏經齋全集』에는 隋의 劉焯이 편찬한 『毛詩義疏』를 소개했다. 劉焯은 字가 士元이고 信都 昌亭 출신이며, 太學博士를 지냈다. 『五經述義』 등 많은 저술을 남겼지만 모두 일실되고 『玉函山房輯佚書』에 『尙書劉氏義疏』만 편집되어 전한다. 또 『五洲衍文長箋散稿』에는 梁 顧越의 『毛詩義疏』가 소개되어 있다. 顧越(493~569)은 字가 思南이고 吳郡 鹽官 출신인데, 『毛詩義疏』를 위시하여 중요한 전적에 義疏를 달았지만 모두 전하지 않는다.

毛詩章句義疏

隋 魯世達이 『詩經』을 풀이한 책. 魯世達은 余杭 출신으로, 煬帝 때 國子助敎를 지냈다. 『隋書』 등에 이 책이 42권이라 했지만 지금은 전하지 않는다. 淸 朱彝尊의 『經義考』에도 일실되었다고 했다. 『五洲衍文長箋散稿』에는 편찬자

가 魯仲逵로 되어 있으나 잘못이다.

毛詩箋

後漢 鄭玄이 『詩經』에 주석을 단 책. 鄭玄(127~200)은 字가 康成이고 山東 北海 高密 출신으로, 訓詁學과 經學의 始祖로 평가되며, 經學의 今文과 古文 외에 天文, 曆數 등에 이르기까지 광범한 분야에 업적을 남겼다. 今文派와 古文派를 통합하여 『周易』, 『尙書』, 『毛詩』, 『周禮』 『儀禮』, 『禮記』, 『論語』, 『孝經』 등의 경전에 주석을 달았다. 이 책은 『詩經』 각 편의 배경과 역사를 밝혀 후대 『詩經』 연구의 단초를 열었다. 현재 『毛詩箋』의 판본이 따로 전하는 것은 아니고 후대 『詩經』을 풀이한 판본에 인용되어 전하며, 唐 孔穎達의 正義, 宋 朱熹의 集註와 함께 대표적인 『詩經』의 주석으로 평가된다. 규장각에 萬曆 17년(1589) 明의 黃鳳翔 등이 간행한 『毛詩注疏』가 소장되어 있는데 大毛公(毛亨)과 小毛公(毛萇)의 『毛傳』과 이 책, 그리고 孔穎達의 『毛詩正義』를 합한 것이다. 『金陵集』, 『硏經齋全集』, 『五洲衍文長箋散稿』 등에 『毛詩箋』을 언급하고 있지만 문헌 자체가 아닌 鄭玄의 주석을 뜻하는 것이다.

毛詩正義

唐 孔穎達 등이 唐 太宗의 命을 받아 편찬한 『詩經』의 註解書. 孔穎達(574~648)은 字가 仲達이고 冀州 衡水 출신으로, 國子博士, 司業, 祭酒 등의 벼슬을 지냈다. 이 책은 『孔疏』라고도 하며 총 40권으로, 貞觀 16년(642) 편찬되었다. 大毛公(毛亨)과 小毛公(毛萇)의 『毛傳』의 傳과 鄭玄의 『毛詩鄭箋』의 箋을 함께 注라 지칭하고, 『毛詩正義』의 正義는 그 하위 개념의 疏라고 지칭하는데 이 셋을 합쳐 『毛詩注疏』라 부른다. 규장각에 萬曆 17년(1589) 明의 黃鳳翔 등이 간행한 『毛詩注疏』가 소장되어 있다. 『四庫全書總目』에 따르면 『毛詩正義』는 隋 劉焯의 『毛詩義疏』, 隋 劉炫의 『毛詩述義』 등 여러 문헌을 망라하여 저술했고 이 책이 지어진 후에 異說들이 모두 사라졌다고 한다. 이 책은 『高麗史』에 1045년 秘書省에서 『新刊禮記正義』와 『毛詩正義』를 바쳤다는 기사가 보인다. 『成宗實錄』(1478년 8월 25일)에 姜希孟이 外典校署에 보관되어 있는 판목을 補刻하여 간행하기를 청한 것으로 보아, 이미 조선 초기부터 유통되었던 것으로 보인다. 『高麗史節要』 등 고려시대의 문헌에서 이 주석서가 널리 인용되었으며 조선시대 『星湖僿說』, 『海東繹史』, 『五洲衍文長箋散稿』 등

많은 문헌에 자주 인용되었다.

毛詩注 → 業詩

毛詩指說

唐 成伯嶼가 『詩經』을 풀이한 책. 成伯嶼는 字號와 출신, 이력이 확인되지 않는다. 『尙書斷章』, 『禮記外傳』 등의 저술이 있다. 이 책은 『通志堂經解』, 『四庫全書』, 『四部叢刊』 등에 1권으로 실려 있는데 興述, 解說, 傳受, 文體 등 4篇으로 구성되어 있다. 『靑莊館全書』와 『五洲衍文長箋散稿』에는 저자가 成伯瑜로 되어 있지만 잘못이다. 『研經齋全集』과 『石泉遺稿』에도 이 책이 소개되어 있다.

毛詩集解

宋代 편찬자를 알 수 없는 『詩經』을 풀이한 책. 이 책은 宋 李樗와 黃熏의 학설을 모은 것이다. 李樗는 字가 若林 혹은 迂仲이고 號는 迂齋다. 閩縣 출신이며 『毛詩詳解』 36권을 편찬했다. 黃熏은 黃櫄으로 표기된 데도 많은데 字는 實夫이고 龍溪 출신이다. 淳熙 연간(1174~1189) 출사했으며 『詩解』 20권을 편찬했다. 이 책은 『詩經』 小序의 풀이를 主로 하되 訓詁와 文義의 異同 등을 정밀하게 논변했다. 『四庫全書總目』에서는 建陽書肆에서 合刊한 것으로 추정했다. 성균관대 尊經閣에 소장된 『李迂仲黃實夫毛詩集解』가 이 책이다. 李泳이 訂正한 呂祖謙의 『釋音』이 함께 붙어 있다. 『四庫全書』에도 42권으로 실려 있다. 李泳은 字가 深卿이며 閩縣 출신이다. 『惕齋集』에서 이 책을 자세히 다루었는데 서명을 『李黃集解』라 했다. 『靑莊館全書』, 『五洲衍文長箋散稿』 등에서도 이 책을 인용하고 있다. 宋 段昌武가 같은 이름의 저술을 남겼다지만 조선에 영향을 끼치지는 못한 듯하다.

毛詩草木鳥獸蟲魚疏

三國 吳 陸璣가 『詩經』의 物名을 풀이한 책. 陸璣는 字가 元恪이고 吳郡 출신으로, 太子中庶子, 烏程令 등의 관직을 역임했다. 이 책은 2권으로, 『毛詩』에 언급된 동물과 식물의 명칭을 해설하고 고금의 異名을 고증한 것이다. "方秉蕑兮"처럼 『詩經』의 한 구절을 들어 물명을 풀이했다. 이 책은 줄여서 『陸璣疏』라고도 한다. 『四庫全書』에 2권으로 편입되어 있고 『說郛』와 『漢魏叢書』

등에도 2권이 수록되었다. 『青莊館全書』, 『弘齋全書』, 『研經齋全集』, 『與猶堂全書』, 『五洲衍文長箋散稿』 등 여러 문헌에서 이 책을 인용하고 있다. 『海東繹史』에는 『詩草木鳥獸蟲魚疏』로 인용했다.

毛詩解頤

元末明初 朱善이 『詩經』을 풀이한 책. 朱善(1314~1385)은 朱善繼라고도 하는데, 字는 備萬이고 號는 一齋이며 豐城 출신이다. 文淵閣大學士를 지냈으며 문집 『一齋集』을 남겼다. 이 책은 『詩解頤』라고도 하는데 4권으로 되어 있다. 『詩經』의 원문은 수록하지 않고 篇名을 表題로 하여 풀이했다. 南宋 朱熹의 『詩集傳』을 主로 하되 작품의 의미를 설명하는 데 치력했다. 『通志堂經解』, 『四庫全書』 등에 수록되어 있다. 『青莊館全書』와 『五洲衍文長箋散稿』에 이 책이 소개되어 있다.

茅亭客話

北宋 黃休復이 편찬한 筆記雜錄. 黃休復은 蜀 출신으로 字는 歸本 혹은 端本이며, 北宋 咸平 연간(998~1003) 이전에 활동했다. 『春秋』에 능통했고 『益州名畵錄』 등을 남겼다. 이 책은 『茆亭客話』라고도 하는데, 王孟에서부터 宋 眞宗까지 蜀의 逸史를 기록했다. 茅亭은 黃休復의 처소로, 한가한 날 賓客과 더불어 다양한 이야기를 나눈 것을 기록한 것이다. 10권으로 되어 있는데 宋代의 간본을 清 胡珽이 교감하여 간행한 판본이 일본 東京大에 소장되어 있다. 서울대 중앙도서관에 『琳琅秘室叢書』에 10권으로 수록되어 있다. 『說郛』에는 7조만 실려 있고 李畋의 序가 붙어 있다. 『五洲衍文長箋散稿』에 여러 차례 이 책이 인용되었다.

木經

北宋 喻皓가 집을 짓는 방법에 관해 기술한 책. 喻皓(?~989)는 浙江 杭州 출신인데 미천한 建築工匠이지만 歐陽修가 『歸田錄』에서 宋代의 木工은 이 한 사람뿐이라 극찬했다. 『五洲衍文長箋散稿』에는 李誡가 편찬한 『營造法式』의 標題에서 이 서명을 본 후 全篇을 구하지 못하여 안타까워하다 清 戴震의 『考工記補注』에서 볼 수 있었다는 기록이 있다. 『營造法式』은 宋의 李誡(1035~1110)가 哲宗의 命을 받아 편찬한 건축에 관한 책인데 원본은 일실되

고 후대에 다시 34권으로 편집되어 『四庫全書』에 수록되었다. 民國 8년(1919)의 석판본이 국립중앙도서관 등에 소장되어 있다. 『木經』은 『說郛』에 실려 있는데 取正, 定平, 擧折, 定功 등으로 구성되어 있다. 『五洲衍文長箋散稿』에는 편찬자를 沈括이라 했는데, 『說郛』에 실린 『木經』 마지막에 沈括의 跋이 붙어 있어 생긴 오류다. 고려 李奎報의 『東國李相國集』에 이 서명이 보이지만 그 후에는 이 책을 인용한 문헌이 거의 보이지 않다가 『五洲衍文長箋散稿』에서 인용했다.

木几冗談

明 彭汝讓이 편찬한 雜錄. 彭汝讓은 字가 欽之이고 號가 九麓이며 青浦 출신이다. 萬曆 연간(1573~1620)의 인물인데 明 何三畏의 『雲間志略』에 그의 傳이 실려 있다. 이 책은 箚記와 淸言을 묶은 1권의 雜錄이다. 마음을 맑게 하는 법, 成佛에 이르는 법, 名利를 다투는 세태에 대한 비판 등 다양한 내용으로 구성되어 있다. 규장각에 소장된 『說郛續』, 『尙白齋鐫陳眉公訂正秘笈』, 『亦政堂鐫陳眉公家藏廣秘笈』 등에 이 책이 실려 있다. 『五洲衍文長箋散稿』에서 이 책을 인용했다.

穆堂集

清 李紱의 文集. 李紱(1673~1750)은 字가 巨來이고 號가 穆堂이며 江西 臨川 출신이다. 『陸子學譜』, 『遊梅田洞記』, 『朱子晚年全論』 등 많은 저술이 전한다. 그의 문집 『穆堂初稿』는 50권으로 규장각 등에 소장되어 있는데 雍正 10년(1732)의 序가 붙어 있다. 『穆堂別稿』 50권은 미국 버클리대에 소장되어 있다. 道光 11년(1831) 간행된 『李穆堂詩文全集』은 중국 國家圖書館에 소장되어 있다. 『穆堂集』 혹은 『穆堂稿』로 『燕巖集』, 『青莊館全書』, 『弘齋全書』, 『五洲衍文長箋散稿』 등에 인용된 것으로 보아 18세기 후반 무렵 조선에서 李紱의 학문에 대한 관심이 높아졌음을 알 수 있다.

木棉譜

清 褚華가 편찬한 목면에 관한 저술. 褚華(1758~1804)는 字가 文洲이고 上海 출신이며, 이 책 외에 『水蜜桃譜』, 『滬城備考』 등의 저술을 남겼다. 이 책은 1권이며 清 吳省蘭이 편집한 叢書 『藝海珠塵』 등에 실려 있다. 서울대 중앙도서

관에 필사본이 전한다. 목면 재배의 이점을 자세히 기술했다. 『五洲衍文長箋散稿』에서 이 책을 인용했다.

牧齋詩集注

明末淸初 錢謙益의 詩集에 주석을 붙인 책. 錢謙益(1582~1664)은 字가 受之이고 號가 牧齋이며 만년에 蒙叟 혹은 東澗老人이라 했다. 常熟 출신으로 東林黨의 영수 중 한 사람이며, 문집 외에 『列朝詩集』 등의 저술이 있다. 『海東繹史』에 『牧齋詩集注』를 소개하면서 錢曾王이 주석을 단 책이라 했는데 錢曾의잘못이다. 『牧齋詩集注』는 규장각에 소장된 『牧齋有學集詩註』를 이른다. 이 책은 錢曾이 注를 단 판본으로 14권이다. 제작 시기에 따라 『秋槐詩集』, 『秋懷詩支集』, 『夏五詩集』, 『絳雲餘燼集』, 『秋槐別集』, 『高會堂詩集』, 『長干光集』, 『紅豆初集』, 『紅豆二集』, 『紅豆三集』, 『東澗詩集』으로 구성되어 있다. 錢曾(1629~1701)은 字가 遵王이고 號가 也是翁 혹은 貫花道人, 述古主人 등을 사용했으며 虞山 출신이다. 錢謙益, 毛晋 등과 江南의 장서가로 이름이 높았다. 『述古堂書目』, 『也是園書目』, 『讀書敏求記』를 편찬했으며, 문집 『今吾集』이 전한다.

牧齋有學集

明末淸初 錢謙益의 文集. 『有學集』은 錢謙益이 致仕하기 1년 전인 1645년부터 사망 1년 전인 1663년까지 지은 시문을 총 51권으로 편집하여 간행한 것이다. 康熙 3년(1664) 처음 간행되었으나 禁書로 지목되어 폐기되었다가 康熙 24년(1685) 金匱山房에서 다시 간행되었다. 康熙 甲辰(1664) 淸 鄒鎡의 序가 달린 중국본 『牧齋有學集』 51권이 규장각과 국립중앙도서관에 소장되어 있다. 『有學集』 등의 이름으로 규장각, 장서각, 계명대, 영남대, 숙명여대 등에도 필사본이 전하므로 상당히 널리 읽힌 책임을 알 수 있다. 『牧齋有學集』은 族孫인 錢曾이 詩에 箋註를 붙인 『牧齋有學集詩註』로도 간행되었다. 규장각에 淸代의 간본 14권 6책이 소장되어 있고 장서각과 국립중앙도서관 등에도 비슷한 판본이 소장되어 있다. 『農巖集』, 『夢囈集』, 『靑莊館全書』, 『硏經齋全集』, 『海東繹史』 등에서 『牧齋有學集』을 인용하고 있는데, 1685년 간행된 판본을 가리키는지 錢曾이 주를 단 『牧齋有學集詩註』를 가리키는지 확인하기 어렵다. 『靑莊館全書』에서는 『牧齋有學集詩註』를 명시하여 소개했다. 『明齋遺稿』, 『農

巖集』,『星湖僿說』,『晩靜堂集』,『江左集』,『東溪集』 등 여러 문헌에서『錢牧齋集』을 열람했다는 언급이 보이는데 따로『錢牧齋集』으로 편찬된 책은 보이지 않으므로『牧齋初學集』과『牧齋有學集』 등을 합쳐 이른 것으로 추정된다.

牧齋有學集註詩註 → 牧齋詩集注

牧齋初學集

淸 錢謙益의 文集. 錢謙益(1582~1664)의 문집은 明末까지의 글을 모은『牧齋初學集』, 淸 이후의 글을 모은『牧齋有學集』, 만년의 글을 모은『投筆集』으로 구성되어 있는데, 反淸復古의 정신이 담긴 詩文을 지었다 하여 乾隆 시기에 禁書가 되었다.『牧齋初學集』은 110권으로 구성되어 있는데 詩 20권, 文 80권이며, 그밖에『太祖實錄辨證』5권,『讀杜小箋』3권,『讀杜箋』2권 등이 더 실려 있다. 門人 瞿氏耜가 崇禎 16년(1643) 邃漢齋에서 간행했다. 규장각에는 崇禎 17년(1644) 曹學佺의 序가 달린 110권 20책이 소장되어 있다. 또 錢曾이 箋註를 단『牧齋初學集詩註』20권이 규장각 등에 소장되어 있는데 이 책은『初學集』 중의 시집에 주석을 붙인 것으로 장서각과 국립중앙도서관 등에도 비슷한 판본이 소장되어 있다.『淵泉集』,『海東繹史』 등에서『初學集』을 인용하고 있는데 정확하게 어느 판본인지는 알 수 없다.『海東繹史』에는 錢曾의『牧齋初學集詩註』도 따로 소개했다.

穆天子傳

작자를 알 수 없는 중국 고대의 歷史小說.『周穆王遊行記』,『周王傳』,『周王遊行記』라고도 한다. 처음에는 총 5편이었다가 東晉의 郭璞(276~324)이 注를 달면서「周穆王盛姬死事」1篇을 추가하여 6편이 되었다. 周穆王이 西遊했던 일화는『春秋左氏傳』,『竹書紀年』,『史記』 등에 실려 있다. 周穆王이 黃河의 水源을 찾아가는 여행길에 올랐다가, 黃河 水神의 안내로 天帝의 딸 西王母와 만나 詩歌를 贈答하고 다시 남쪽으로 가서 盛姬라는 미인을 만나 혼인을 맺고 살았으며 그 후 盛姬가 죽자 호화롭게 장사지낸다는 내용이다. 규장각 소장『說郛』,『漢魏叢書』,『叢書』,『龍威秘書』 등에 실려 있다.『木齋集』,『陶谷集』 등 많은 문집류와『星湖僿說』,『五洲衍文長箋散稿』 등 여러 類書에도 자주 인용되었다.

夢溪筆談

北宋 沈括이 편찬한 筆記雜錄. 沈括(1031~1095)은 字가 存中이며 錢塘 출신이다. 數學과 天文學에도 뛰어났으며, 노년에 潤州의 夢溪에 은거하면서 학문과 저술에 힘을 쏟았다. 『長興集』, 『本朝茶法』, 『忘懷錄』 등이 그의 대표적인 저술이다. 『夢溪筆談』은 26권이며 『補筆談』 2권, 『續筆談』 1권이 더 있다. 故事, 辨證, 樂律, 象數, 人事, 官政, 權智, 藝文, 書畵, 技藝, 器用, 神奇, 異事, 謬誤, 譏謔, 襍志, 藥議 등 17門에 609항목으로 되어 있다. 『補筆談』은 故事, 辨證, 樂律, 象數, 官政, 權智, 藝文, 器用, 異事, 雜誌, 藥議 등 11門으로 되어 있고, 『續筆談』은 11篇으로 되어 있다. 『野客叢書』, 『稗海』, 『唐宋叢書』 등에 수록되어 전한다. 장서각에 明 商濬이 교열을 보아 간행한 목판본이 소장되어 있으며, 서울대 중앙도서관 등에 중국에서 光緖 32년(1906) 간행한 목판본 『補筆談』이 소장되어 있다. 동국대에 1479년 姜希孟의 跋이 실린 조선시대 간본 일부가 전한다. 『筆苑雜記』, 『燕山君日記』 등 이른 시기 문헌에서부터 이 책이 인용되었고, 조선시대에도 『芝峯類說』, 『靑莊館全書』, 『金陵集』, 『與猶堂全書』 등 다양한 책에 이 서명이 보인다. 『補筆譚』도 『宋子大全』, 『醒齋遺稿』, 『斗室存稿』, 『海東繹史』, 『五洲衍文長箋散稿』 등 여러 문헌에 인용되었으며, 『續筆談』 역시 『宋子大全』에서 소개했다.

蒙古韻略

편찬자를 알 수 없는 파스파 문자의 韻書. 『五洲衍文長箋散稿』에는 『蒙古韻略』으로 소개되어 있는데 편찬자를 알 수 없다고 했다. 元 熊忠의 『古今韻會學要』에도 이 이름으로 인용되어 있는데 편찬자가 명기되어 있지 않다. 『四聲通解』, 『奎章全韻』 등을 편찬할 때 이 책을 참고한 것으로 되어 있으므로 조선에서 유통된 것으로 보이지만 국내외에서 이 책이 확인되지 않는다. 파스파 문자의 音韻書로는 元 朱宗文이 편찬한 『蒙古字韻』이 알려져 있다. 朱宗文은 字가 彦章이고 信安 출신이며 朱巴顔이라고도 한다. 至大 戊申(1308) 간본이 있었지만 일실되고 후대의 사본만 전한다. 2권으로 되어 있으며 69項에 걸쳐 漢字의 韻에 따라 9,149字를 배열했다. 『四庫全書總目』에도 이 책에 대한 설명이 보인다. 조선시대 문헌에서 이 책에 대한 기록은 보이지 않는다.

蒙求

唐 李瀚이 편찬한 類書. 李瀚은 李翰으로 표기된 예도 있다. 越州 贊皇 출신이며 李華의 아들이다. 생몰년은 알려져 있지 않은데 『新唐書』「藝文志」에 개략적인 생애가 적혀 있다. 陽翟에 거주하면서 여러 차례 翰林學士로 추천되었다. 『蒙求』가 李瀚에서 비롯되었으므로 『李氏蒙求』라는 명칭이 생겼고, 후대에 이 책을 모방하여 다양한 책이 『蒙求』라는 이름을 취했는데 『廣蒙求』, 『叙古蒙求』, 『春秋蒙求』, 『左氏蒙求』, 『十七史蒙求』, 『南北史蒙求』, 『三國蒙求』, 『唐蒙求』, 『宋蒙求』 등이 그 예다. 규장각에도 淸 李拔式의 『爾雅蒙求』, 淸 徐朝俊의 『高厚蒙求』, 淸 蔡友의 『文字蒙求』, 淸 王令의 『十七史蒙求合編』, 淸 王筠의 『文字蒙求』 등 淸代에 편찬된 책이 소장되어 있지만 모두 원래의 『蒙求』와는 관련이 없다. 조선에도 李尙爀의 『借根方蒙求』가 있는데 아동용 算學 서적이다. 李瀚의 『蒙求』는 古人의 事迹과 관련한 자료를 모아 四字의 韻語로 對를 맞추어 암송하기 편하게 한 책이다. 王戎簡要, 裴楷淸通, 孔明卧龍, 吕望非熊 등과 같은 四言의 항목 592구가 실려 있는데 앞 두 글자는 인물이고 뒤 두 글자는 중요한 내용을 요약한 것이다. 宋의 徐子光이 注를 달았으므로 『標題補注蒙求』 혹은 『蒙求補注』라고 한다. 『四庫全書』에 『蒙求集注』라는 이름으로 2권이 실려 있다. 徐子光은 생애가 자세하지 않다. 규장각에는 『標題補注蒙求』와 『李氏蒙求補注』 2종이 소장되어 있다. 『標題補注蒙求』는 明의 顧起綸이 補輯한 것으로, 上中下 3권 3책이다. 萬曆 元年(1573) 顧起綸이 쓴 序가 실려 있는데, 자신의 집안에서 소장하던 徐子光의 注가 달린 宋本을 교정하여 간행한 것이라 했다. 顧起綸(1517~1587)은 字가 更生이고 號가 元名 혹은 玄言이며 無錫 출신이다. 『句漏集』, 『赤城集』, 『國雅』 등의 저술이 있다. 『標題補注蒙求』는 卷上에 賞譽, 知遇, 名儒 등 89條, 卷中에 放達, 諫臣, 排詆 등 50條, 卷下에 素志, 守道, 淸介 등 68條가 실려 있고, 이어 引緝引注諸書에 인용한 서목 75종이 나열되어 있다. 권두에 편찬자가 李翰으로 되어 있고 徐子光 補注, 顧起綸 編輯, 吳中珩 校正으로 되어 있다. 이 책은 중국 南京圖書館에 소장된 萬曆 元年 간본과 비슷한 시기에 간행된 것으로 추정된다. 『李氏蒙求補注』는 淸 金三俊이 편집한 6권 4책의 목판본으로, 淸 道光 9년(1829) 간행한 것이다. 金三俊은 그 생애가 잘 알려져 있지 않은데 『十七史蒙求合編』 역시 그가 편집하여 간행한 것이다. 마지막에 「蒙求補注考證」이 실려 있는데 萬曆 초년 顧起綸이 宋本을 중간한 판본을 대상으로 오류를 고증한 것이다. 장서각에 소장된

『蒙求註解』는 조선 후기 학자 洪翼周가 19세기 전반 集註하여 필사한 책이다. 계명대 등에 소장된 『續蒙求分註』는 柳希春이 1575년 『蒙求』와 동일한 체제로 조선의 문헌을 보태 새로 만든 목판본 혹은 목활자본인데, 장서각 등에 후쇄본과 필사본도 따로 전한다. 일본에서는 이 책을 바탕으로 1635년 『標題徐狀元補注蒙求』를 간행했다. 李瀚의 『蒙求』는 16세기부터 본격적으로 우리 문헌에 나타나는데, 『退溪集』, 『聞韶漫錄』, 『重峰集』, 『芝峯集』, 『五洲衍文長箋散稿』 등에서 확인할 수 있다.

蒙引 → 四書蒙引

蒙齋筆談

南宋 鄭伯熊이 편찬한 筆記雜錄. 鄭伯熊(1124~1181)은 字가 景望이고 號가 敷文先生이며 溫州 永嘉城區 출신이다. 『鄭景望集』, 『鄭敷文書說』 등의 저술이 있다. 이 책은 2권이며 經史百家에 대한 다양한 학설, 宋代의 일화와 풍속, 불교와 도교 관련 신앙 등 다양한 내용으로 되어 있다. 상당한 분량이 宋 葉夢得의 『巖下放言』과 동일하여 표절로 보기도 한다. 『說郛』, 『稗海』, 『東軒筆錄』, 『北夢瑣言』 등에 이 책이 수록되어 있는데 편찬자가 모두 鄭景望으로 되어 있다. 규장각에 표제가 『蒙齋筆談』으로 되어 있는 책이 소장되어 있는데 木版本 1책으로 宋 張舜民의 『畵墁錄』과 합쳐져 있다. 『畵墁錄』 역시 『說郛』에 일부가 수록되어 있다. 『五洲衍文長箋散稿』, 田愚의 『艮齋集』 등에 『蒙齋筆談』이 인용되어 있다.

蒙筌 → 本草蒙筌

夢筆錄 → 東京夢華錄

武經總要

北宋 曾公亮과 丁度 등이 편찬한 兵書. 曾公亮(998~1078)은 字가 明仲이고 泉州 晉江 출신으로, 王安石을 추천하고 그의 變法을 지원한 인물로 알려져 있다. 丁度(990~1053)는 字가 公雅이고 祖籍은 恩州 淸河인데 河南 開封으로 옮겨와 살았으며 훈고학에 능했다. 저서로 『慶曆兵錄』, 『贍邊錄』, 『備邊要

覽』 등이 있다. 『武經總要』는 宋 仁宗의 命을 받아 1044년 40권으로 완성했다. 前集 20권은 制度에 대한 것 15권, 邊防에 대한 것 5권이며, 後集 20권은 역대의 전쟁을 분류해 소개하고 用兵의 得失을 비교한 것이 15권, 陰陽占候 등을 다룬 것이 5권이다. 明 嘉靖 36년(1557) 간본이 중국 國家圖書館에 소장되어 있다. 四庫全書에도 실려 있다. 규장각에는 淸代의 간본이 낙질로 소장되어 있다. 조선시대 이 책이 큰 영향을 끼쳐 宣祖 32년(1599) 訓鍊都監字로 간행한 2권 1책의 『武經總要行軍須知』가 전한다. 이 책은 『武經總要』 중에서 行軍과 관련한 부분만 초록한 것으로 明 正統 4년(1439)에 쓴 李進의 序가 있고, 끝에 宋 紹定 4년(1231)에 쓴 趙休國의 跋, 明 萬曆 27년(1599)에 쓴 鄭魏框의 跋이 실려 있다. 序에 따르면 永樂 初年에 前都閫 李元凱가 간행했지만 오래되어 다시 간행하게 되었다고 했다. 또 규장각에 7권 1책의 조선본 『武經節要』가 소장되어 있는데 『武經總要』의 요점을 초록한 것이다. 『明宗實錄』에 丁應斗가 중국에서 이 책을 구입해 와서 조선에서 간행하게 한 기사가 보인다. 또 『宣祖實錄』에는 조선에서 간행한 『武經要覽』 8책이 『武經總要』를 교정한 책이라는 기사도 보이는데 『武經要覽』은 경상대에 소장되어 있다. 『息庵遺稿』, 『靑莊館全書』, 『弘齋全書』, 『五洲衍文長箋散稿』 등에도 인용되어 있다.

武經七書

중국의 古代 7종의 兵法書를 묶은 책. 군사를 훈련시키고 전략을 세우는 등의 병법을 망라한 책으로, 宋 元豐 연간(1078~1085) 『孫子』, 『吳子』, 『司馬法』, 『李衛公問對』, 『尉繚子』, 『三略』, 『六韜』를 묶어 『武經七書』라 했다. 역대 이 책의 주석서가 지속적으로 나왔는데 宋 施子美의 『七書講義』가 가장 이른 것이고, 明 劉寅의 『七書直解』도 널리 알려져 있는데 규장각에 독립된 책으로 여러 종이 전한다. 또 淸 朱墉이 1700년 『武經七書』에 대한 여러 주석을 모아 편찬한 『武經七書彙解』가 규장각에 소장되어 있는데 光緖 2년(1876) 重刊本이다. 조선시대 武科에서 이 책이 필수적으로 채택되어 널리 읽혔다. 『燃藜室記述』에 따르면 世祖의 명으로 『武經七書註解』를 편찬했는데 世祖가 序를 쓰고 崔恒이 跋을 지었다고 한다. 『世祖實錄』, 『燕山君日記』에는 『武經七書』를 간행했다는 기록도 보인다. 『芝峯類說』, 『星湖僿說』, 『磻溪隨錄』, 『海東繹史』, 『五洲衍文長箋散稿』 등에서 이 책을 인용했지만 어떤 판본인지는 확인하기 어렵다.

無夢園集

明 陳仁錫의 詩文集. 陳仁錫(1581~1636)은 字가 明卿이고 號가 芝若 혹은 無夢園이며 長洲 출신이다. 經世學과 文學에 뛰어났고 『蘇文奇賞』, 『史品』, 『赤函』, 『四書考』 등 많은 저술을 남겼다. 이 책은 『陳太史無夢園集』이라고도 하는데 初集 35권, 遺集 8권, 小品 2권, 家乘文 1권 등으로 구성되어 있다. 崇禎 연간(1628~1644) 간본이 여러 곳에 소장되어 있는데 미국 국회도서관에 소장된 것이 가장 온전하다. 대만 臺灣大와 일본 內閣文庫, 東洋文庫 등에도 일부가 소장되어 있다. 『海東繹史』에 인용되어 있는데 개성 甘露寺가 이 책에 소개되어 있기 때문이다.

武備志

明 茅元儀가 편찬한 軍事에 관한 類書. 茅元儀(1594~1640)는 字가 止生이고 號가 石民이며 湖州 歸安 출신이다. 어려서부터 兵書를 좋아했고 崇禎 2년(1629) 戰功을 세워 副總兵이 되었지만 覺華島를 수비하다가 죄를 얻어 漳浦로 좌천되었다. 이후에 여러 차례 勤王兵을 모집할 것을 청했지만 받아들여지지 않자 화병으로 죽었다. 이 책 외에 『暇老齋筆記』, 『野航史話』, 『石民志』, 『賞心集』, 『江村集』 등의 저술이 있다. 이 책은 모두 240권이며 도판이 738폭 실려 있다. 反淸 사상이 포함되었다 하여 乾隆 연간(1736~1795) 금서로 지정되었다. 『英祖實錄』에 1738년 使行이 가져온 『武備志』 50권을 平安兵營에서 간행하게 한 기사가 보인다. 金昌業은 『燕行日記』에서 북경에서 이 책을 보았는데 70編이라 했다. 『靑莊館全書』, 『弘齋全書』, 『研經齋全集』, 『與猶堂全書』, 『五洲衍文長箋散稿』 등에 인용되었다. 『五洲衍文長箋散稿』에서 인용한 『景祐遁甲符應經(景祐符應經)』, 『奇門玄覽』은 모두 『武備志』에 실려 있다. 국립중앙도서관, 규장각, 장서각 등에 天啓 元年(1621) 李維楨의 序가 달린 목판본이 소장되어 있다.

蕪史

元 脫脫과 歐陽玄 등이 편찬한 『宋史』, 『遼史』, 『金史』 등을 낮추어 부르는 이름. 脫脫(1314~1355)은 일명 托克托이라고도 하는데 몽골 메르키드족 출신이며 字는 大用이다. 1341년 監修國史가 되어 宋遼金 三國의 역사 편찬을 총재했다. 歐陽玄(1283~1357)은 字가 原功이고 號가 圭齋이며 瀏陽 출신이다.

康熙帝를 避諱하여 歐陽元이라 불렸다. 『太平經國』, 『至正條格』, 『經考大典』, 『纂修通議』, 『元律』 등 많은 저술이 있으며, 『泰定帝實錄』, 『明宗實錄』, 『文宗實錄』, 『寧宗實錄』 등 四朝의 實錄을 편수하여 명성을 얻었고, 또 『宋史』, 『遼史』, 『金史』 편찬의 總裁官으로 활약했다. 『宋史』, 『遼史』, 『金史』는 正統과 閏統이 없다고 하여 明 柯維騏가 새로 『宋史新編』을 편찬했으며 宋을 정통으로 하고 遼와 金을 부록으로 했다. 규장각에 『遼史』와 『金史』 등 18세기 무렵 중국에서 간행된 목판본 몇 종이 소장되어 있다. 『青莊館全書』, 『泠齋集』, 『警修堂全藁』, 『五洲衍文長箋散稿』 등에 인용되었다.

無顔錄

明 程至善이 편찬한 筆記雜錄. 程至善은 字가 于止이고 休寧 출신인데, 생몰년은 밝혀져 있지 않다. 『四庫全書總目』에는 그의 저술로 『史砭』이 소개되어 있다. 이 책은 일실되어 전하지 않고 『因樹屋書影』 등에 일부가 인용되어 전하지만 대부분 편찬자를 밝히지 않았다. 清 梁紹壬의 『兩般秋雨庵隨筆』에 편찬자가 程至善으로 되어 있다. 『五洲衍文長箋散稿』에서도 편찬자를 밝히지 않고 이 책을 인용했는데 같은 내용이 清 趙學敏의 『本草綱目拾遺』에 보인다.

無寃錄

元 王與가 편찬한 法醫學書. 王與(1261~1346)는 字가 與之이고 號는 正庵이며 永嘉 출신으로, 法醫學에 능하여 이 책 외에 『欽恤集』 등을 편찬했다. 王與가 海鹽縣으로 있을 때인 至大 元年(1308) 2권으로 이 책을 완성했는데 上卷에는 尸帳式, 尸帳例, 尸帳仵作, 被告人畫字 등 17조가, 下卷에는 檢覆總說, 驗法, 勒死, 自縊死, 刃傷死 등 43조로 되어 있다. 朝鮮에서 이 책의 영향이 지대하여 世宗의 命으로 崔致雲, 李世衡, 卞孝文, 金滉 등이 註釋을 붙이고 音訓을 붙여 世宗 22년(1440) 原州에서 『新註無寃錄』으로 간행했다. 이후 具允明, 金就夏 등이 正祖 20년(1796) 『增修無寃錄』 2권으로 간행했으며 이듬해 徐有隣 등이 이를 언해해 『增修無寃錄諺解』로 간행했다. 孫肇瑞의 『格齋集』을 위시해 조선 초기부터 빈번하게 인용되어 있으며 『欽欽新書』, 『五洲衍文長箋散稿』 등에도 소개되어 있다.

武侯心書 → 諸葛武侯心書

墨客揮犀

北宋 彭乘이 편찬한 筆記雜錄. 彭乘(985~1049)은 筠州 高安 출신으로 字는 利建이다. 北宋에 華陽 출신으로 翰林學士를 지낸 彭乘이 있지만 다른 인물이다. 이 책은 원래 10권으로 되어 있고 續集 10권도 있는데 『四庫全書』에는 原集 10권만 실려 있다. 대만 故宮博物館圖書館에 『續墨客揮犀』 10권이 소장되어 있다. 당시의 逸話나 詩話, 文評 등이 주요한 내용이며 蘇軾과 黃庭堅을 추숭하고 있다. 『說郛』에 40여 조가 수록되어 있고, 『野客叢書』, 『雜事叢書』, 『稗海』, 『古今說海』 등에도 일부가 수록되었다. 『古今說海』에는 찬자 미상으로 되어 있다. 규장각에 咸豊 元年(1851)의 序가 달린 판본 10권이 소장되어 있다. 『芝峯類說』, 『無名子集』, 『靑莊館全書』, 『秋齋集』, 『海東繹史』, 『五洲衍文長箋散稿』 등 여러 문헌에 이 서명이 보인다.

墨經

北宋 晁季一이 먹과 관련한 내용을 기술한 책. 晁季一은 이름이 貫之이고 晁說之의 형이라고 하지만 자세한 이력은 알려진 바 없다. 戰國時代 墨家의 저술인 『墨經』과는 다른 책인데 구분하기 위해 『晁氏墨經』이라고도 한다. 『四庫全書總目』에 따르면 평생 다른 취미 없이 먹에만 관심이 많아서 아교를 다루는 법을 연구하여 좋은 먹을 만들었다고 한다. 규장각 소장 『說郛』와 장서각 소장 『唐宋叢書』에 이 책이 실려 있다. 『星湖僿說』에서 먹을 제조하는 방법을 설명하면서 이 책을 인용했다.

默記

南宋 王銍이 편찬한 筆記雜錄. 王銍은 字가 性之이고 號는 雪溪이며 汝陰 출신인데, 紹興 연간(1131~1162) 활동했다. 이 책 외에 『補侍兒小名錄』, 『四六話』, 『雪溪集』, 『國老談苑』 등의 저술이 전한다. 이 책은 3권으로 되어 있으며 王安石, 潘美, 滕元發, 滕章敏 등 北宋代 인물과 관련한 朝野의 遺聞과 軼事를 수록하고 있다. 『四庫全書總目』에서는 이 책이 근거는 있지만 괴이한 일을 많이 언급하여 實錄이 될 수 없다고 폄하했다. 규장각에 소장된 『說郛』, 『宋人百家小說』, 『御覽知不足齋叢書』 등에 이 책이 수록되어 있다. 『星湖全集』, 『海東繹史』, 『警修堂全藁』, 『五洲衍文長箋散稿』 등에 인용되었으며, 특히 『硏經齋全集』에는 이 책을 읽고 쓴 「題王銍默記後」가 실려 있다.

墨史

元 陸友가 편찬한 먹에 관한 책. 陸友는 字가 友仁이고 號는 硏北生 혹은 宅之이며 蘇州 출신이다. 상인의 아들이지만 독학으로 학문을 익혔으며 글씨와 시에도 뛰어났다. 이 책 외에 『硏北雜志』, 『吳中舊』, 『詞旨』, 『硯史』, 『印史』, 『菊軒稿』 등 많은 저술이 있다. 이 책은 三國의 魏韋誕에서 南宋 周伯起까지 190여 인의 匠人을 기술하고 西域, 契丹, 金 등지에서 나는 먹의 종류와 품질, 제법, 장인 등을 다루었으며, 雜記 25조에는 먹과 관련한 典故를 광범위하게 채록했다. 이 책은 上中下 3권으로 『知不足齋叢書』에 수록되어 있으며 『海東繹史』, 『惕齋集』, 『硏經齋全集』 등에 인용되었다.

墨藪

唐 韋續이 편찬한 書法書. 韋續은 생몰년은 물론 字號나 이력 등이 전혀 알려져 있지 않다. 이 책은 2권이며, 唐 이전의 각종 書法과 字體를 수록했는데, 五十六種書, 九品書人, 書品優劣, 續書品, 梁武帝評, 書論, 論篆, 用筆法幷口訣, 筆陣圖, 又筆陣圖, 張長史十二意法, 王逸少筆勢傳, 指意筆髓, 王逸少筆勢傳, 筆意, 晉衛恒等書勢, 勸學, 貞觀論, 書訣, 徐氏書記, 唐朝書法 등 21편으로 구성되어 있다. 『唐宋叢書』와 『十萬卷樓叢書』 등에 편입되어 있으며 『四庫全書』에도 수록되어 있다. 『說郛』에는 이 책의 일부인 『五十六種書法』이 수록되어 있다. 『五洲衍文長箋散稿』에서 『墨藪』와 함께 『五十六種書法』도 따로 인용했다.

墨莊漫錄

宋 張邦基가 편찬한 雜錄. 張邦基는 字가 子賢이고 高郵 출신으로, 北宋과 南宋 사이 활동한 문인인데 자세한 생애는 밝혀져 있지 않다. 이 책의 「自序」에 따르면 평소 藏書를 좋아하여 집 이름을 墨莊이라 하고 서명으로 삼았다고 한다. 이 책은 당시 떠돌던 신이한 이야기를 수록한 것이 대부분이지만, 杜甫, 韓愈, 蘇軾, 黃庭堅 등의 시, 『碧雲騢』, 『龍城錄』, 『雲仙散錄』, 『漢宮香方』, 『玫瑰油粘葉書』, 『旋風葉書』 등에 대한 고증은 후대의 주목을 받았다. 규장각에 소장된 『稗海』에 10권으로 실려 있다. 『四部叢刊』과 『四庫全書』에도 10권으로 편입되어 있다. 규장각 소장 『說郛』에는 극히 일부만 발췌하여 수록했다. 규장각에 소장된 『野客叢書』에도 수록되어 있다. 『芝峯類說』, 『夢經堂日史』, 『靑莊館全書』, 『斗室存稿』, 『洛下生集』, 『山林經濟』, 『五洲衍文長箋散稿』 등 역

대 많은 문헌에서 이 책을 인용하여 변증하고 있어 조선 후기 학술사에 상당한 영향을 끼친 것으로 평가할 수 있다.

文鑑 → 宋文鑑

聞見錄

南宋 羅點이 편찬한 筆記雜錄. 羅點(1151~1195)은 字가 春伯이고 撫州 崇仁 출신으로, 戶部員外郎 兼太子侍讀을 지냈다. 자세한 행적은 『宋史』「列傳」에 보인다. 이 책은 규장각 등에 소장된 『說郛』, 『叢書』 등에 6조만 수록되어 있는데 황당한 내용이 주를 이룬다. 『芝峯類說』, 『五洲衍文長箋散稿』 등에 이 책이 인용되어 있다.

聞見前錄

南宋 邵伯溫이 편찬한 筆記雜錄. 邵伯溫(1057~1134)은 字가 子文이고 洛陽 출신이다. 부친 邵雍을 계승하여 象數學을 발전시켰고 정치적으로는 王安石의 新法을 반대했다. 저서로 『易辨惑』, 『河南集』, 『皇極系述』, 『皇極經世序』, 『觀物內外篇解』 등이 전한다. 이 책은 원래는 『聞見錄』으로 불렸는데, 그의 아들 邵博이 부친의 사업을 이어받아 『聞見後錄』을 남겼으므로 후세에 邵伯溫의 『聞見錄』을 『聞見前錄』이라고 일컫게 되었다. 이 책은 『河南邵氏聞見錄』, 『邵氏聞見前錄』, 『邵氏聞見錄』이라고도 한다. 총 20권으로 구성되어 있으며 崇禎 庚午(1630) 虞山毛氏 汲古閣 간본이 중국 國家圖書館에 소장되어 있다. 『津逮秘書』, 『四庫全書』에도 수록되어 있다. 권1~16은 太祖 이후의 故事를 다루었는데, 특히 王安石의 新法과 관련한 내용이 자세하다. 권17은 雜事를 기록하고 있으며, 권18~20은 부친인 邵雍의 言行을 기록했다. 『高峯集』, 『白湖全書』, 『海東繹史』, 『夢經堂日史』, 『五洲衍文長箋散稿』 등에 이 책이 인용되었다.

聞見卮言

淸 顧琨美가 편찬한 筆記雜錄. 顧琨美는 字가 輝六이고 嘉善 출신인데, 이력이 자세하지 않다. 중국 문헌에서는 이 책의 편찬자가 밝혀져 있지 않지만 중국 國家圖書館에 소장된 판본에 顧琨美로 되어 있다. 淸 周星의 『九烟先生遺集』에 序가 실려 있는데 벗 琨美가 편찬하고 門人 陸續이 교감하여 간행했다고

되어 있다. 清 張潮의 『虞初新志』와 褚人穫의 『堅瓠集』에도 몇 條가 인용되어 있다. 『五洲衍文長箋散稿』에서 이 책을 인용했다.

聞見後錄

北宋 邵博이 편찬한 筆記雜錄. 邵博은 字가 公濟이고 洛陽 출신으로, 邵雍의 손자이며 邵伯溫의 次子다. 생몰년은 자세하지 않지만 徽宗 宣和 연간(1119~1125)에 활동했다. 이 책은 邵伯溫의 『聞見錄』을 이어서 지었기에 『聞見後錄』이라 하는데 『河南邵氏聞見後錄』이라고도 한다. 전체 30권으로 되어 있으며, 明 毛晉이 편찬한 『津逮秘書』에 실려 있는데 규장각에도 소장되어 있다. 『聞見前錄』이 朝廷의 정사와 관련된 일을 주로 기록하여 史傳을 보충하는 성격이 강했음에 비하여, 이 책은 經義, 史論, 詩話를 실었고 神怪와 諧謔에 대한 글도 실었다. 『閒靜堂集』, 『鹿門集』, 『研經齋全集』, 『海東繹史』, 『五洲衍文長箋散稿』 등에 이 책이 인용되어 있다.

文公易說

南宋 朱鑑이 『周易』에 관한 朱熹의 학설을 엮은 책. 朱鑑은 朱熹의 손자로, 字가 子明이고 婺安 출신이다. 이 책 외에 『詩傳遺說』을 편찬했다. 이 책은 『晦庵先生朱文公易說』 혹은 『朱文公易說』이라고도 하는데 23권으로 되어 있다. 朱熹는 『周易』과 관련하여 『易傳』, 『易本義』, 『易學啓蒙』, 『古易音訓』, 『蓍卦考誤』 등을 남겼는데 이 책은 여기에 『朱子語類』 등에 보이는 학설을 합친 것이다. 宋 淳佑 연간(1241~1252)부터 여러 차례 간행되었다. 淳祐 壬子(1252) 朱鑑의 跋이 붙어 있고 康熙 丙辰(1676) 간기가 있는 목판본이 규장각에 소장되어 있다. 전남대에 소장된 『通志堂經解』에도 수록되어 있다. 『靑莊館全書』, 『研經齋全集』, 『五洲衍文長箋散稿』 등에서 이 서명을 들었다.

文館詞林

唐 許敬宗이 高宗의 命을 받아서 편찬한 詩選集. 許敬宗(592~672)은 字가 延族이고 杭州 新城 출신이다. 『舊唐書』 「許敬宗李義府傳」에 상세한 이력이 전한다. 이 책은 先秦부터 唐代에 이르는 各體의 詩文을 수록하고 있다. 四言 등 각 詩體 아래 親屬贈答, 夫婦贈答, 雜贈答, 釋奠, 巡幸 등과 같이 주제를 분류하고 시를 수록했다. 高宗 顯慶 3년(658) 1,000권으로 완성되었지만 바로 秘

藏되었기 때문에 유포되지 못했는데 宋代에 대부분 일실되어 일부만 전하다 19세기 후반 『古逸叢書』와 『粤雅堂叢書』, 『适圜叢書』, 『叢書集成』 등이 편찬되면서 4권으로 정리되었다. 규장각에 소장된 『古逸叢書』와 『佚存叢書』, 『粤雅堂叢書』 등에도 실려 있으며, 『青莊館全書』, 『海東繹史』 등에 이 책이 인용되어 있다.

問奇類林

明 郭良翰이 편찬한 筆記雜錄. 郭良翰은 福建 莆田 출신으로 字가 道憲이고, 萬曆 연간(1573~1620) 太僕寺丞을 지냈다. 『忠義類編』 등 많은 저술이 있었지만 대부분 일실되고 『皇明謚記彙編』, 『南華經薈解』, 『歷朝忠義彙編』 등만 전한다. 『千頃堂書目』과 『明史』 등에 『問奇類林』 36권, 『續問奇類林』 30권, 『問奇一臠』 30권이라 했는데 萬曆 연간 간행된 『續問奇類林』만 대만 中研院傅斯年圖書館에 소장되어 있다. 『問奇類林』과 『續問奇類林』은 『淵鑑類函』에 상당한 분량이 인용되어 있는데 인물의 일화와 언행에 관한 내용이 많다. 許筠의 『閑情錄』에 『問奇類林』이 보이며, 『雲溪漫錄』, 『青莊館全書』 『五洲衍文長箋散稿』 등에도 이 책이 인용되어 있다.

文錄 → 順渠文錄

文類 → 元文類

文選

梁 昭明太子 蕭統이 편찬한 詩文選集. 蕭統(501~531)은 梁 武帝 蕭衍(469~549)의 맏아들로 字가 德施이다. 武帝 天監 元年(502)에 太子가 되었으나 帝位에 오르지 못하고 죽었으며 謚號는 昭明이다. 이 책은 『昭明文選』이라고도 부르는데, 文과 筆을 엄격히 구별해 先秦에서 梁에 이르는 各體 문장 가운데 筆에 해당하는 六經과 諸子는 제외하고 史書에서도 論贊만을 뽑아서 駢文 계열의 글 위주로 편찬했다. 唐의 李善(630?~689)이 註를 달아 60권으로 정리했고, 唐 開元 6년(718)에 다시 呂延濟, 劉良, 張詵, 呂向, 李周翰 등 5인이 註를 보완하여 간행했는데 이를 『五臣註文選』이라고 부른다. 또 北宋 元祐 연간(1086~1094)에 李善註와 五臣註를 합쳐서 간행했는데 이를 『六臣註文選』이

라 부르며, 가장 널리 통용된다. 李善의 註만 실린 판본은 일실되고 六臣註本에서 五臣註를 빼고 간행한 것이다. 조선 世宗 2년(1402)에 庚子字本으로 간행되었고, 光海君 때에 訓鍊都監字로 再刊되었다. 규장각에는 11종의 『文選』이 소장되어 있는데 초기의 六臣註本을 저본으로 하여 간행한 것이 대부분이다. 목판본 五臣註本 3권 2책도 따로 있다. 崔致遠의 『孤雲集』 이래로 역대의 다양한 문헌에 매우 빈번하게 이 책이 인용되어 있다. 姜沆이 주석을 단 『文選纂註』가 필사본으로 靈光 內山書院에 전한다. 李尙迪은 『文選』에서 100편을 뽑아 엮은 『蕭選品節』을 편찬했는데 지금은 그 序만 문집에 보인다. 『五洲衍文長箋散稿』에서는 「文選辨證說」을 따로 두어 자세히 고찰했다.

文選樓叢書

淸 阮元이 편찬한 叢書. 阮元(1763~1849)은 字가 伯元이고 號가 芸臺이며 儀征 출신으로, 諡號는 文達이다. 體仁閣 大學士를 지냈다. 서명에 나오는 文選樓는 阮元이 책을 소장한 서재 이름이다. 1841년 從弟 阮亨에게 판각하도록 한 것으로 보아 이 무렵 이 책의 편찬이 완료된 것으로 추정된다. 이 책은 『阮氏全書』라고도 한다. 『五洲衍文長箋散稿』에서 이 책을 소개하면서 100책이라 했지만, 淸 劉錦藻의 『淸續文獻通考』에는 32종 488권으로 되어 있다. 阮元의 『揅經室集』, 『儀禮石經校勘記』, 『詁經精舍文集』, 『曾子十篇』, 『揅經室詩錄』, 『淮海英靈集』, 『定香亭筆談』, 『小滄浪筆談』, 『廣陵詩事』, 『八甎吟館刻燭集』, 『疇人傳』, 『積古齋鐘鼎彝器款識』, 『漢延熹西嶽華山碑考』, 『石渠隨筆』 외에, 陵廷堪의 『禮經釋例』, 阮福의 『孝經義疏補』, 汪中의 『述學』, 山井鼎의 『七經孟子考文』, 焦循의 『雕菰集』, 焦廷의 『蜜梅花館詩文錄』, 錢大昕의 『恒言錄』, 孔廣森의 『儀鄭堂文』, 齊召南의 『歷代帝王年表』와 『帝王廟謚年諱譜』, 劉向의 『新刊古列女傳』과 『續列女傳』, 蔣友仁의 『地球圖說』, 阮福의 『小琅嬛叢記』, 羅士琳의 『周無專鼎銘攷』, 呂坤의 『呻吟語選』, 錢塘의 『慨亭述古錄』, 張肇煐의 『愚溪詩稾』 등 다양한 문헌이 포함되어 있다. 규장각에 소장된 『揅經室集』이 文選樓에서 간행된 것으로 표기되어 있으므로 이 책의 일부가 조선에 수입된 듯하다. 文選樓는 『泊翁詩鈔』, 『阮堂全集』 등에 보인다.

文選補遺

元 陳桂孫이 『文選』에 빠진 글을 補遺한 散文選集. 陳桂孫은 字가 同倩이고 號

가 古迂이며 茶陵 출신인데, 宋이 망한 이후 벼슬길에 나아가지 않고 東山書院을 지어 학문에 전념했다. 이 책의 앞에 廬陵 趙文의 序가 실려 있는데 작품을 선별한 기준이 대화 형식으로 정리되어 있다. 본문은 詔誥, 璽書, 奏疏, 銘, 贊, 誄, 碑 등 문체별로 작품을 수록했다. 乾隆 2년(1737) 간본이 일본 東京大에 소장되어 있는데 40권이다. 『四庫全書』에도 40권으로 수록되어 있다. 『靑莊館全書』에서 陳桂孫의 행적을 적으면서 이 책을 소개했지만 『五洲衍文長箋散稿』에서 李圭景은 이 책을 보지 못하여 안타깝다고 했다.

文粹 → 唐文粹

捫蝨新話

南宋 陳善이 편찬한 筆記雜錄. 陳善은 字가 子兼 혹은 敬甫이고 號가 秋塘이며 羅源 출신인데, 宋 高宗 紹興 연간(1131~1162) 활동했지만 자세한 생애는 밝혀져 있지 않다. 이 책은 上集 4권, 下集 4권으로 되어 있고 200여 條에 걸쳐 經史와 詩文에 대한 논의를 펼친 것으로, "文章以氣韻爲主", "詩之雅頌卽今之琴操", "文章造語有工拙" 등과 같은 표제를 두었다. 『四庫全書總目』에서는 佛道를 正道로 삼고 王安石을 宗主로 삼았다고 비판했다. 『津逮祕書』에서는 15권으로 실려 있다. 규장각에 소장된 『說郛』와 『唐宋叢書』 등에도 실려 있다. 『芝峯類說』, 『星湖僿說』, 『硏經齋全集』, 『西浦集』 등에 이 책이 인용되어 있다.

文始經 → 關尹子

文言解說上下經

漢 費直이 『周易』을 풀이한 책. 費直은 字가 長翁이고 東萊 출신이다. 易學에 뛰어났는데 그의 저술들이 일실되어 淸 馬國翰이 『玉函山房輯佚書』를 편찬하면서 『費氏易』, 『費氏易林』, 『周易分野』 등을 수습했다. 이 책 역시 일실되었으며 『星湖僿說』, 『與猶堂全書』, 『五洲衍文長箋散稿』 등에서 서명만 언급했다.

文穎 → 皇淸文穎

文苑楂橘

편찬자와 편찬 시기를 알 수 없는 小說集. 고려대에 肅宗 연간 校書館印書體字로 간행한 판본 2권이, 연세대, 원광대, 국립도서관, 계명대 등에 필사본이 소장되어 있다. 중국 國家圖書館에는 『刪補文苑楂橘』 2권이 소장되어 있는데 조선에서 필사된 책이다. 虯髥客, 崑崙奴, 趙飛燕 등 小說이 실려 있다. 규장각에 소장되어 있는 宋來熙의 『日錄』에 이 책이 인용되어 있다. 張混의 「平生志」에도 이 책이 보인다. 『五洲衍文長箋散稿』에서는 李圭景의 집에 이 책 2권이 있었는데 『太平廣記』를 초략한 것이라 했다. 조선에서 편집한 책일 가능성이 높다.

文苑英華

北宋 李昉이 宋 太宗의 命으로 편찬한 文章選集. 李昉(925~996)은 字가 明遠이며 深州 饒陽 출신이다. 『舊五代史』를 편찬하는 데 참여했으며, 『太平御覽』, 『太平廣記』, 『文苑英華』 등의 편찬 사업을 주관했는데 이 3종의 책은 『冊府元龜』와 함께 宋代 四大類書라 불린다. 宋 太宗 太平興國 7년(982) 扈蒙, 徐鉉, 宋白 등 17인의 학자들과 함께 편찬하기 시작하여 5년 후인 雍熙 4년(987) 완성했다. 南朝 梁末부터 晩唐五代까지의 문장을 수록했으며 총 1,000권 100책으로 되어 있다. 宣宗 7년(1084) 宋으로부터 이 책을 받았다는 기록이 『高麗史』에 보이며 같은 기록이 『宋史』에도 보인다. 또 1090년에도 이 책을 宋으로부터 받았다는 기사가 『高麗史』에 실려 있다. 『世宗實錄』에는 이 책을 민간에서 수집했고, 『中宗實錄』에는 중국에서 이 책을 銀 50냥에 구입했다는 기사가 보인다. 이 책은 宋 寧宗 嘉泰 4년(1204) 중간했지만 전하지 않는다. 규장각과 장서각 등에 萬曆 연간(1573~1620) 중간된 목판본 1,000권이 소장되어 있다. 고려대, 국립중앙도서관, 장서각, 미국 하버드대와 컬럼비아대 등에 中宗 14년(1519) 丙子字로 간행한 조선본이 소장되어 있는데 零本이기는 하지만 가장 이른 시기의 판본으로 추정된다. 국립중앙도서관 등에는 이 책의 필사본도 전한다. 또 서울대 중앙도서관과 한양대에 明 陳仁錫이 評選하여 天啓 4년(1624) 간행한 『奇賞齊廣文苑英華』가, 존경각에 淸 宮夢仁이 편집하여 康熙 43년(1704) 간행한 『文苑英華選』 등이 소장되어 있다. 이 책은 『春亭集』, 『眉巖集』 등 조선 전기 문헌과 『芝峯類說』, 『靑莊館全書』, 『五洲衍文長箋散稿』 등 조선 후기 문헌에 이르기까지 지속적으로 인용되어 있다. 『知不足齋叢書』

에 南宋 彭叔夏가 오류를 수정하여 편찬한 『文苑英華辨證』 10권이 실려 있다.

文子

春秋戰國 시대 老子의 제자 文子가 편찬한 百家書의 하나. 『漢書』「藝文志」와 北魏 李暹의 『文子注』에 따르면 文子는 老子의 제자로 姓은 辛氏이고 이름은 鈃이며 字는 計然이다. 子夏와 동시대의 인물로 老子를 중심으로 子夏, 墨子 등 諸家의 학설을 融會貫通한 것으로 평가된다. 이 책은 12篇 88章으로 이루어져 있는데, 道原, 精誠, 九守, 符言, 道德, 上德, 策明, 自然, 下德, 上仁, 上義, 上禮 등으로 구성되어 있다. 규장각에 소장된 明 深津이 편찬한 『百家類纂』과 『諸子品節』, 明 陳仁錫이 편찬한 『諸子奇賞』, 明 吳勉學이 간행한 『二十子全書』, 淸 侯應琛 등이 편찬한 『重刻諸子彙函』 등 여러 문헌에 이 책이 수록되었다. 『弘齋全書』에는 이 책이 본래 徐靈符의 저작인데 顔師古라고 僞稱했다고 했는데 淸 方中履의 『古今釋疑』에서 인용한 것이다. 『林下筆記』에는 이 책이 老子의 제자 文子가 지은 책이라고 했으며, 鄭元容의 『文英珍選』에서는 『老子』, 『莊子』 등과 함께 이 책에서 글을 뽑아 5책으로 엮은 것이라 했다. 『芝峯類說』, 『五洲衍文長箋散稿』 등에서도 이 책을 인용했다.

文字飮

明 屠本畯이 문인의 飮酒 문화에 관해 기록한 雜錄. 屠本畯은 字가 田叔, 鄞縣 출신이며, 萬曆 연간(1573~1620) 활동한 학자다. 『閩中海錯疏』, 『茗笈』, 『韋玄佩』, 『離騷草木疏補』, 『情采編』, 『山林經濟籍』, 『兼三圖』, 『甁史月表』, 『野菜箋』 등 주목할 만한 저술을 많이 남겼다. 서명의 文字飮은 韓愈의 「醉贈張祕書」 "長安衆富兒, 盤饌羅羶葷, 不解文字飮, 惟能醉紅裙."에서 나온 말이다. 이 책은 『說郛續』에 실려 있는데 함께 술을 마실 만한 사람과 장소, 시기, 술의 품종과 운치, 금기 등을 적은 飮人, 飮地, 飮候, 飮品, 飮趣, 飮助, 飮禁, 飮闌 등으로 되어 있다. 『五洲衍文長箋散稿』에서 술에 관해 변증하면서 이 책을 인용했다.

文字指歸

隋 曹憲이 편찬한 字書. 曹憲(541?~645)은 字號 등이 자세하지 않고 『桂苑珠叢』 등 여러 저술을 남겼다고 하지만 전하지 않는다. 이 책은 『舊唐書』에 4권

으로 되어 있지만 일실되었고, 후대 문헌에 인용된 것을 바탕으로 편집한 판본이 『玉函山房輯佚書』에 수록되어 있다. 『五洲衍文長箋散稿』에서 이 책을 인용했지만 같은 내용이 元 熊忠의 『古今韻會擧要』 등에 보인다.

文字集略

南朝 梁 阮孝緖가 편찬한 字書. 阮孝緖(479~536)는 字가 士宗이고 陳留 출신으로, 目錄學에 뛰어났으며 『七錄』이 그의 저술이다. 이 책은 『字略』이라고도 하는데 『隋書』에는 1권으로, 『舊唐書』에는 6권으로 되어 있다. 원문은 일실되어 전하지 않고 『六臣注文選』 등 후대 문헌에 일부가 인용되어 전한다. 『五洲衍文長箋散稿』에 『文字輯略』으로 소개했지만 『西溪叢語』 등에 동일한 내용이 보이므로 재인용한 것으로 추정된다.

文章九命

明 王世貞이 文人의 運命에 관해 기록한 雜錄. 王世貞(1526~1590)은 字가 元美이고 號가 鳳州 또는 弇州山人이며 江蘇省 太倉 출신이다. 젊을 때부터 文名이 높아 嘉靖 前七才子의 한 사람으로 손꼽혔고, 後七子의 盟主 李攀龍과 함께 李王이라 병칭되었다. 『弇州山人四部稿』와 『弇州山人續稿』, 『弇山堂別集』, 『嘉靖以來首輔傳』, 『史乘考誤』, 『畵苑』, 『觚不觚錄』, 『尺牘淸裁』, 『全唐詩說』, 『藝苑巵言』 등 많은 저술이 있다. 규장각에는 『弇州山人四部稿』, 『弇州詩稿』, 『藝苑巵言』, 『史纂』 등 여러 종의 저술이 소장되어 있다. 이 책은 先秦부터 唐宋에 이르기까지의 문인들을 貧困, 嫌忌, 玷缺, 偃蹇, 流竄, 刑辱, 夭折, 無終, 無後 등으로 나누어 서술한 것으로, 『說郛續』과 『昭代叢書』에 실려 있다. 『藝苑巵言』에는 제목을 따로 붙이지 않고 全文이 수록되어 있으며 앞에 시인의 운명과 관련한 짧은 序를 붙였다. 淸 王晫이 이를 보완하여 『更定文章九命』을 편찬했는데 張潮의 『昭代叢書』에 수록되어 있다. 『文章九命』은 『澤堂集』, 『汾厓遺稿』, 『石北集』, 『與猶堂全書』, 『五洲衍文長箋散稿』 등에서 문장론과 관련하여 『更定文章九命』과 함께 자주 이 책을 인용했다.

文章軌範

南宋 謝枋得이 편찬한 散文選集. 謝枋得(1226~1289)은 字가 君直이고 號가 疊山이며 弋陽 출신이다. 宋이 망하자 元에 대항하여 싸웠으며 후에 建陽 지

역을 유랑하다가 목숨을 끊었다. 문집 『疊山集』 5권이 있었지만 일실되었고 사후에 『迭山集』이 간행되었다. 이 책은 漢代부터 宋代까지 문장의 모범이 될 만한 문장 69편을 뽑았는데 총 7권으로 韓愈의 문장 31편, 柳宗元과 歐陽修의 문장 각 5편, 蘇洵의 문장 4편, 蘇軾의 문장 12편이 선록되어 있으며, 諸葛亮, 陶潛, 杜牧, 范仲淹, 王安石, 李覯, 李格非, 辛棄疾 등의 문장이 각 1편씩 실려 있다. 評語와 註解가 붙어 있어 『疊山先生批點文章軌範』으로 부른다. 규장각에 여러 종의 『文章軌範』이 소장되어 있는데 대부분 조선에서 간행된 것으로 추정된다. '承華章', '弘齋', '侍講院', '講書院' 등의 장서인이 찍혀 있다. 권말에 '丙戌八月日 永川開刊'이라는 간기가 있는 판본이 있는데 丙戌年이 언제인지는 분명하지 않지만 경상도 永川에서 간행된 적이 있음을 알 수 있다. 또 영조 때 壬辰字로 간행된 『詳說古文眞寶大全』에도 이 책이 부록으로 붙어 있다. 국립중앙도서관에는 16세기 무렵 간행된 목판본이 소장되어 있다. 또 『竹溪志』에 따르면 白鹿洞書院에도 이 책이 소장되어 있었다. 선조 때 조선에서 韓愈, 柳宗元, 歐陽修, 蘇軾 네 사람의 문장을 선별한 『文章宗範』을 편찬했다는 기록이 『宣祖實錄』에 보이는데 『文章正宗』과 『文章軌範』의 요지를 합쳤다는 뜻이다. 이 책은 『中宗實錄』, 『慕齋集』, 『武陵雜稿』 등 조선 전기 문헌에서부터 자주 인용되어 있으며, 이후 『澤堂集』, 『浦渚集』, 『眉巖集』 등 많은 문헌에서 확인된다. 『五洲衍文長箋散稿』에서는 이 책 바로 앞에 『文章宗範』과 『古文百選』, 『掇英』, 『明二大家文鈔』, 『八才子文抄』 등을 언급하고 있는데 모두 朝鮮에서 편찬한 책이다. 『古文百選』은 조선의 金錫胄가 편찬한 것으로 언해본이 따로 장서각에 전한다. 『明二大家文鈔』는 조선의 申最가 편찬한 『皇明茅鹿門王弇州二大家文抄』를 가리킨다. 또 『八才子文抄』는 『皇明正嘉八才子文抄』인데 규장각에 戊申字로 간행한 판본이 전한다.

文章辨體彙選

明末淸初 賀複徵이 문체를 분류하고 그 특징을 해설한 책. 賀複徵(1600~1631)은 字가 仲來 혹은 景來이고 丹陽 출신인데 萬卷의 책을 구비하고 卷人이라는 自號를 사용했다. 『自門詩草』, 『吳吟』, 『紀遊』, 『烟饕堂集』, 『明詩品彙』 등의 저술이 있었다고 하지만 전하지 않는다. 이 책은 明 吳訥이 편찬한 『文章辨體』가 문체 분류의 체계가 미흡하다고 여겨 三代에서부터 明末에 이르기까지의 다양한 문장을 132類의 문체로 분류하고 각 문체의 앞에 劉勰의 『文心雕

龍』과 吳訥의 『文章辨體』, 徐師曾의 『文章明辯』 등을 참고해 그 특징을 범례 형식으로 기술했다. 총 780권으로 되어 있는데 『四庫全書』에 수록되어 있다. 『五洲衍文長箋散稿』에 이 서명이 보인다.

文章體式

隋 杜正藏이 문장 작법을 논한 책. 杜正藏은 字가 爲善이고 鄴 출신으로, 杜正玄의 아우인데 隋 大業 연간(605~618) 활동했다. 『海東繹史』에서는 杜正藏이 지은 碑文, 誄, 銘, 頌, 詩, 賦가 100여 편이 되고, 그가 지은 『文章體式』을 후진들이 보배로 여겨 당시 사람들이 文軌라고 칭했으며, 高句麗와 百濟에서도 이를 익히면서 杜家新書라고 불렀다고 했다. 韓致奫은 『海東繹史』에서 『杜家新書』를 서명으로 제시했지만, 杜正藏의 새로운 글이라는 뜻으로 보아야 하고 서명은 『文章體式』이 옳다. 또 『淸一統志』에는 편찬자가 杜正元으로 되어 있다. 明 陳耀文의 『天中記』에서는 『文章體式』이 20권이라 했다. 『海東繹史』의 기록은 『冊府元龜』의 것을 인용한 것인데, 이 기록 자체는 唐 李延壽의 『北史』와 唐 魏徵의 『隋書』에 보인다. 이 책이 현재 전하는지는 알 수 없다.

文中子 → 中說

文昌雜錄

北宋 陳襄이 편찬한 雜錄. 宋 陳襄(1017~1080)은 字가 述古이고 號가 古靈이며 侯官 출신이다. 右司郎中 樞密直學士를 지냈으며 『神宗皇帝卽位使遼語錄』, 『州縣提綱』, 『古靈集』 등의 저술이 있다. 이 책은 『說郛』, 『續百川學海』 등에 1권으로 실려 있다. 『雅雨堂叢書』, 『四庫全書』 등에는 6권으로, 『古今說海』에는 1권으로 실려 있는데 편찬자가 龐元英으로 되어 있다. 龐元英은 字가 懋賢이고 單州 출신인데 정확한 생몰년은 밝혀져 있지 않다. 朝散大夫를 지냈으며 『談藪』 등의 저술이 있다. 이 책은 龐元英이 元豐 壬戌(1082) 主客郎中으로 있을 때 개편된 官制에 따른 典禮를 중심으로 잡다한 내용을 기록한 것이다. 중국 대부분의 서목에는 편찬자를 龐元英이라 했지만, 明 方以智의 『物理小識』, 明 陸楫의 『古今說海』, 淸 陳元龍의 『格致鏡原』 등에서 이 책을 인용하면서 편찬자를 宋 陳襄이라 했고 『五洲衍文長箋散稿』에서도 편찬자를 宋 陳襄이라 했다. 『星湖僿說』, 『東史綱目』, 『五洲衍文長箋散稿』 등 우리 문헌에는 대

부분 陳襄의 저술로 인용되어 있다. 『芝峯類說』, 『遯菴全書』, 『熱河日記』, 『靑莊館全書』, 『林下筆記』 등에서는 편찬자의 이름 없이 이 책을 인용했다. 이 책은 朴寅亮 등 우리나라와 관련한 기사가 있어 조선시대 문인들의 관심을 끈 문헌이다.

文忠集

南宋 周必大의 文集. 周必大(1126~1204)는 字가 子充이고 號가 平園老叟이며 江西 廬陵 출신이다. 左丞相을 지내고 益國公에 봉해졌으며 諡號는 文忠이다. 문집 『文忠集』 외에 『益公題跋』, 『二老堂雜志』, 『淳熙玉堂雜記』, 『玉蘂辨證』 등 많은 저술을 남겼는데 『四庫全書』에 편입되어 있는 『文忠集』에 대부분 실려 있다. 『文忠集』은 전체 200권으로 『省齋文藁』 40권, 『平園續稿』 40권, 『省齋別藁』 9권 등으로 구성되어 있다. 『海東繹史』에서는 『省齋集』에 실린 新羅 金地藏의 유적을 찾고 지은 시 「登九華山化城峯丁亥九月二十九日」을 인용했는데 같은 시가 『文忠集』의 『省齋文藁』에 보인다.

文海

宋 江鈿이 편찬한 宋代의 詩文總集. 江鈿은 字號나 이력이 알려져 있지 않다. 宋 晁公武의 『郡齋讀書志』에는 宋 江畋이 편찬한 120권의 책으로, 宋代의 詩文을 賦, 詩, 表, 啓 등 38門으로 나누어 수록한 것으로 되어 있다. 宋 孝宗 때 간행하려 한 기록이 있지만 일실되었다. 편찬자가 江畋으로 된 데도 있으나 잘못이다. 『新雕聖宋文海』가 원래의 제목인데 『聖宋文海』 혹은 『江鈿文海』라고도 한다. 『五洲衍文長箋散稿』에는 "東萊先生纂江鈿文海"로 되어 있는데 이는 王士禛의 「唐文粹選詩序」의 기록을 인용한 것이다. 南宋 呂祖謙이 孝宗의 命을 받들어 기왕의 『聖宋文海』를 교정하고 편찬한 사실이 있어 呂祖謙이 이 책을 편찬한 것처럼 오해되었다.

文獻志 → 新安文獻志

文獻通考

元의 馬端臨이 편찬한 類書. 馬端臨(1254~1323)은 字가 貴與이고 號가 竹洲다. 浙江 饒州路 樂平州 출신으로 南宋이 멸망하자 은거했다. 이 책은 馬端臨

이 成宗 大德 11년(1307) 348권으로 완성했는데 自序에 따르면 紀傳體 斷代史의 단점을 보완하고 典章制度를 중심으로 通史를 기술한 것이라고 했다. 三皇五帝부터 南宋 寧宗 연간(1195~1224)까지의 역대 典章制度를 田賦考, 錢幣考, 戶口考, 職役考, 征榷考, 市糴考, 土貢考, 國用考, 選擧考, 學校考, 職官考, 郊社考, 宗廟考, 王禮考, 樂考, 兵考, 刑考, 經籍考, 帝系考, 封建考, 象緯考, 物異考, 輿地考, 四裔考 등 24考로 나누어 기술했다. 『太宗實錄』 이래 역대 실록에 지속적으로 이 책이 소개되어 있는데, 주로 국가의 중요한 典章制度에 참고한 것으로 나타난다. 『庚子燕行雜識』에 李宜顯이 이 책 100권을 구입해 온 것으로 되어 있다. 『仁祖實錄』에는 1648년 『杜氏通典』, 『文獻通考』 등을 北京에서 구입해 오게 한 기사가 보인다. 규장각에는 乾隆 13년(1748)의 序가 달린 판본과 咸豐 9년(1859) 간행된 판본이 소장되어 있다. 그리고 嘉慶 10년(1805)의 序가 달린 『文獻通考正續合編』이 소장되어 있는데 『文獻通考』와 王圻의 『續文獻通考』를 합친 판본이다. 또 乾隆 39년(1774) 간행된 『文獻通考詳節』도 소장되어 있는데 淸 嚴虞惇(1650~1713)이 節錄하여 24卷으로 편집한 책이다.

物類相感志

北宋 蘇軾이 편찬한 것으로 알려진 筆記雜錄. 蘇軾(1037~1101)은 眉州 眉山 출신으로 字는 子瞻 혹은 仲和, 號는 東坡居士다. 문집 『東坡全集』 외에 『東坡志林』, 『酒經』 등의 잡록을 남겼다. 이 책은 身體, 衣服, 飮食, 器用, 藥品, 疾病, 文房, 果子, 蔬菜, 花竹, 禽魚, 襍著 등 12門으로 분류하여 480條를 다루었는데 대부분 병의 치료나 禁忌와 관련한 것이다. 『說郛』와 『尙白齋鐫陳眉公訂正秘笈』 등에는 1권으로 실려 있는데 편찬자가 모두 蘇軾으로 되어 있다. 『東坡先生物類相感志』로 되어 있는 18권의 책이 따로 있는데, 蘇軾을 편자로 보기도 하지만 대부분의 書目에는 北宋의 승려 贊寧이 편찬한 것으로 되어 있다. 贊寧은 宋初 名僧으로 圓明大師라고도 하며 『筍譜』, 『宋高僧傳』 등을 저술했다. 이 책은 天地人物의 四門으로 구성되어 있으며 18권이다. 『四庫全書總目』에서는 18권본이 1권본을 부연한 것이라고 추정했다. 『芝峯類說』과 『山林經濟』에서 이 책을 인용하고 편찬자를 張華라 했는데 잘못이다. 張華는 晉 方城人으로, 字는 茂先이며, 그가 엮은 『博物志』가 널리 알려져 있다. 『物類相感志』와 유사한 내용을 다룬 『感應類從志』의 편찬자가 張華라는 설이 있는데 여기서 비롯한 오류다. 『燕巖集』과 『與猶堂全書』 등에는 편찬자의 이름 없이 이

책의 일부가 인용되어 있는데 蘇軾의 이름으로 된 1권본에 동일한 내용의 기사가 보인다. 『五洲衍文長箋散稿』에는 贊寧의 것을 『物類志』라 하고 蘇軾의 것을 『物類相感志』라 표기했지만, 혼용한 예도 있다. 『五洲衍文長箋散稿』에서 여러 차례 『物理相感志』로 인용했는데 『物類相感志』를 이른다.

物理論

西晉 楊泉이 宇宙의 발생을 다룬 科學書. 楊泉은 梁國 출신으로 字가 德淵이며 楊子로 일컬어진다. 道家 계열의 인물로 揚雄의 『太玄經』을 본떠 같은 이름의 『太玄經』을 지었다. 이 책은 『楊泉物理論』이라고도 한다. 『意林』 등에 원래 16권이라 했지만 원문은 일실되고, 후에 일부를 모아 편집한 것이 『平津館叢書』에 1권으로 실려 있다. 『玉函山房輯佚書』나 『黃氏逸書』 등에도 1권으로 수록되어 있다. 『燕巖集』, 『五洲衍文長箋散稿』에서 이 책을 인용하여 梁, 稻 등 곡물을 고증했는데 『農桑通訣』 등 다른 문헌에서 재인용한 것으로 보인다.

物理相感志 → 物類相感志

物理書 → 物理小識

物理小識

明末淸初 方以智가 편찬한 科學書. 方以智(1611~1671)는 字가 密之이고 號가 鹿起 혹은 曼公이며 桐城 출신이다. 明末 四公子의 한 사람으로 明이 망한 후 출가하여 승려가 되어 이름을 大智라 하고, 字를 無可라 했다. 號는 弘智, 藥地和尙, 極丸老人 등 여러 가지를 사용했다. 音韻, 天文, 地理, 歷史, 生物, 醫藥, 文學, 物理 등 다방면의 학문에 정통했다. 『稽古堂門集』, 『物理小識』, 『浮山集』, 『藥地炮莊』, 『易测』, 『古今性說合觀』, 『一貫問答』, 『東西均』, 『通雅』 등 많은 저술이 있다. 이 책은 총 12권 6책으로 이루어졌는데 중국뿐만 아니라 서구에서 전래한 다양한 과학지식을 소개하고 논증했다. 天類, 風雷雨暘類, 地類, 占候類, 人身類, 醫藥類上, 飮食類, 衣服類, 金石類, 器用類, 草木類, 鳥獸類, 鬼神方術類, 異事類 등으로 구성되어 있다. 규장각에 목판본 12권 6책이 소장되어 있는데 卷頭에 康熙 甲辰(1664) 于藻의 序와 1643년의 自序, 아들 方中通의 「物理小識編錄緣起」 등이 실려 있다. 卷末에 浮山此藏軒物理小識目錄

이 실려 있고, 이어서 「物理小識叢論」이 나온다. 『靑莊館全書』, 『硏經齋全集』 등에서 이 책을 인용했고, 특히 『五洲衍文長箋散稿』에서 매우 많이 인용했다. 『五洲衍文長箋散稿』에서 편찬자를 方中履라 한 곳이 있는데 方中履는 方以智의 아들이므로 李圭景이 착각한 듯하다. 또 『物理書』 혹은 『物理志』를 거듭 인용하고 편자를 方密山, 密山愚 등으로 적었는데 方以智를 이른다. 같은 내용이 모두 『物理小識』에 보이므로 역시 이 책을 가리킨다.

物理志 → 物理小識

眉公秘笈

明 沈德先과 沈孚先 형제가 소장하고 있던 전적을 陳繼儒의 교정을 받아 편찬한 叢書. 沈德先과 沈孚先 형제는 浙江 海鹽縣 출신의 장서가지만 자세한 이력은 밝혀져 있지 않다. 沈德先은 字가 天生이고, 沈孚先은 字가 白生이다. 姚士麟의 敍가 실려 있는데 다른 叢書에 실리지 않은 문헌을 조사하여 兩宋에서 明末에 이르기까지 20종을 선택하여 판각한다고 했다. 姚士麟은 明末 海鹽縣 출신으로 字는 叔祥이고 『後梁春秋』를 남겼다. 이 책은 『陳眉公秘笈』, 『秘笈』이라고도 한다. 규장각에 『尙白齋鐫陳眉公訂正秘笈』이 소장되어 있는데 宋 王明淸의 『玉照新志』, 宋 周密의 『雲煙過眼錄』, 元 吾丘衍의 『學古編』, 明 王達의 『筆疇』, 梁 庾肩吾의 『書品』, 元 姚桐壽의 『樂郊私語』, 明 陸樹聲의 『淸暑筆談』, 明 黃姬水의 『貧士傳』, 遼 王鼎의 『焚椒錄』, 明 徐學謨의 『歸有圓麈譚』, 明 屠隆의 『娑羅館淸言』과 『娑羅館逸稿』, 『續淸言』, 『冥廖子遊』, 明 胡應麟의 『甲乙剩言』, 明 袁宏道의 『廣莊』과 『甁史』, 李鼎의 『偶譚』, 宋 王楙의 『叢書』, 明 屠隆의 『考槃餘事』 등 20종이 수록되어 있고 3책은 빠져 있다. 일본 蓬左文庫와 東洋文庫에 明의 沈德先과 沈孚先이 萬曆 34년(1606) 편집해 간행한 목판본 20책이 소장되어 있는데 동일한 판본으로 추정되지만 宋 王楙의 『野客叢書』는 실려 있지 않다. 서울대 중앙도서관에 동일한 계열의 목판본이 소장되어 있다. 규장각에는 이와 별도로 1606년 69책으로 간행된 목판본이 전하는데 3책이 缺卷이다. 규장각본에는 麟叔祥과 陳萬言의 序가 달려 있다. 王明淸의 『玉照新志』, 周密의 『雲煙過眼錄』, 吾衍의 『學古編』, 王達의 『筆疇』, 庾肩吾의 『書品』, 姚桐壽의 『樂郊私語』, 院樹聲의 『淸署筆談』, 黃姬水의 『貧士傳』, 王鼎의 『焚椒錄』, 徐學謨의 『歸有園麈談』, 袁宏道의 『廣莊』과 『甁史』, 王楙의 『野

客叢書』, 李綽의『尙書故實』, 鄭文寶의『南唐近事』, 朱熹의『文公政訓』, 眞德秀의『西山政訓』, 孔平仲의『談苑』, 吳氏의『林下偶談』, 馮翊의『桂苑叢談』, 呂望의『陰符經解』, 葛洪의『枕中書』, 陳師道의『後山談叢』, 宇文邕의『無上秘要』, 林逋의『省心錄』, 王世貞의『觚不觚錄』, 魏了翁의『讀書雜抄』, 趙台鼎의『脈望』, 劉元卿의『賢奕編』, 田藝衡의『煮泉小品』, 高拱의『伏戎紀事』, 王穉登의『丹靑志』, 莫是龍의『畵說』, 李德裕의『次柳氏舊聞』, 陸深의『谿山餘話』, 陸樹聲의『耄餘雜識』, 楊豫孫의『西堂日記』, 陸深의『知命錄』, 朱彧의『可談』, 陸深의『玉堂漫筆』과『蜀都雜抄』, 陸勳의『集異志』, 敖英의『愼言』, 陸深의『古奇器錄』, 虞荔의『鼎錄』, 鄭瑗의『井觀鎖言』과『蜩笑偶言』, 眞可의『長松茹退』, 陳繼儒의『虎薈』, 曉瑩의『羅湖野錄』, 袁宏道의『觴政』, 王穉登의『吳社編』, 陸深의『願豐堂漫書』와『金臺紀聞』, 陸樹聲의『長水日抄』와『寤言』, 蕭大亨의『夷俗記』, 李豫亨의『三事遡眞』, 陳繼儒의『鎖夏』와『辟寒部』, 羅隱의『兩同書』, 南卓의『羯鼓錄』, 宗懍의『荊楚歲時紀』, 紫望의『丙丁龜鑑』, 嚴羽의『滄浪詩話』, 張禮의『遊城南記』, 陸遊의『入蜀記』, 范成大의『吳船錄』, 袁褧의『楓窓小牘』, 魏了翁의『經外雜抄』, 蘇軾의『物類相感志』, 顔之推의『還冤志』, 魏了翁의『正朔考附古今考』, 朱弁의『風月堂詩話』, 陳騤의『文則』, 周密의『武林舊事』와『後集武林舊事』, 蘇轍의『老子解』, 張端義의『貴耳集』, 王洙의『王氏談錄』, 東方朔의『海內十洲記』, 長谷眞逸의『農田餘話』, 費著의『歲華紀麗』, 葛祿衡의『庚申外史』, 車若水의『腳氣集』, 譚峭의『化書』, 陸深의『傳疑錄』과『春風堂隨筆』, 祝允明의『讀書筆記』, 陸深의『燕間錄』, 陳幹陛의『意見』, 薛瑄의『從政錄』, 顧岕의『海槎餘錄』, 敖英의『東谷贅言』, 楊愼의『丹鉛續錄』, 龍遵의『食色紳言』, 王世懋의『閩部疏』와『學圃雜疏』, 張謙德의『缾花譜』, 陸樹聲의『汲古叢語』, 郭子章의『馬記』, 郭子章의『劍記』, 馮時可의『雨航雜錄上』, 費元祿의『鼂采館淸課』, 邢雲路의『戊申立春考證』, 張伯端의『金丹四百字解』, 利瑪竇의『友論』, 彭汝讓의『木幾冗談』, 兪琰의『席上腐談』, 陳繼儒의『見聞錄』과『珍珠般』,『筆記』,『書畵史』,『安得長者言』,『狂夫之言』,『香案牘』, 郭憲의『別國洞冥記』, 韓若雲의『韓仙傳』, 范成大의『攬轡錄』과『驂鸞錄』,『吳船錄』, 馮翊의『桂苑叢談』, 江休復의『江隣幾雜誌』, 陳繼儒의『枕譚』과『淸明曲』,『太平淸話』,『群碎錄』,『偃曝談餘』,『巖棲幽事』,『讀書鏡』 등 129종이 수록되어 있다. 규장각에『陳眉公訂正叢書』 10책이 소장되어 있는데『孔氏雜說』,『春渚紀聞』,『遊名山記』,『召對錄』,『藝圃擷餘』,『卓異記』,『茶寮記』,『許然明先生茶疏』,『洛陽名園

記』 등으로 되어 있고 일부에 '寶顔堂訂正'이라는 표기가 있어 이 책이 『寶顔堂訂正秘笈』으로도 불렸음을 알 수 있다. 규장각에는 『亦政堂鐫陳眉公家藏廣秘笈』이 따로 소장되어 있는데 이는 陳繼儒가 소장하고 있던 전적들을 모아서 편집한 별개의 叢書다. 장서각과 중앙도서관에 필사본 『眉公秘笈』이 소장된 것으로 보아 조선 후기 제법 널리 유통된 것으로 추정된다. 조선시대 문헌에 『陳眉公秘笈』이라는 이름으로 『頭陀草』, 『自著』, 『海東繹史』, 『五洲衍文長箋散稿』, 『艮齋集』, 『俛宇集』 등에서 인용했다.

未齋雜言

明 黎久之가 편찬한 雜錄. 黎久之는 黎近이라고도 하는데 字가 之大이고 號가 未齋이며 江西 臨川 출신이다. 宣德 연간(1426~1435)에 활동했으며 문학과 학문에 뛰어나 黎公弁, 黎公潁, 聶大年과 함께 三黎一聶으로 일컬어졌다. 이 책 외에 『黎子雜釋』, 『捧心集』 등의 저술이 있다. 序에 따르면 천하 사물의 이치 중에 의심스러운 것이 많아 이 책을 저술했다고 한다. 신이한 사건이나 동물에 관한 내용이 주를 이룬다. 明 嘉靖 연간(1522~1566) 간본이 중국 國家圖書館에 소장되어 있다. 『說郛續』에도 1권으로 실려 있다. 『五洲衍文長箋散稿』에서 黎久之의 말을 인용했는데 이 책을 이르는 것으로 보인다. 다만 해당 내용은 方以智의 『物理小識』의 내용을 재인용한 것이다.

閩大記

明 王應山이 편찬한 閩中 지역의 地理書. 王應山(1531~?)은 字가 懋宣이고 號가 靜軒이며 侯官 출신이다. 『千頃堂書目』과 『明史』 등에 그의 저술로 『閩大記』 55권, 『閩都記』 32권, 『閩大記略』 8권이 보인다. 『閩大記』는 萬曆 9년(1581) 편찬된 책으로 福建 일대의 지리와 산물, 풍속 등을 기록했는데 대만 故宮博物院圖書館에 39권만 전한다. 清 陳壽祺의 「閩都記序」에 따르면 王應山은 노년에도 강건하여 82세에 『湖山紀勝』을 짓고 『閩大記』를 산삭하고 윤문해 『閩都記』를 편찬했다고 한다. 『閩都記』는 중국 國家圖書館에 道光 11년(1831) 33권으로 간행된 판본이 소장되어 있는데 圖 1권이 붙어 있다. 『警修堂全藁』, 『林下筆記』, 『海東繹史』 등에서 『閩大記』를 인용했다.

閩書

明 何喬遠이 편찬한 閩中 지역의 地理書. 何喬遠(1558~1631)은 字가 穉孝이고 號는 匪莪 혹은 鏡山이며 晉江 출신이다. 임진왜란 때 禮部郎中으로 있어 조선 문헌에 가끔 그의 이름이 등장한다. 이 책 외에 『名山藏』, 『閩書』, 『皇明文徵』, 『萬曆集』 등의 저술이 있다. 이 책은 154권인데 崇禎 연간(1628~1644) 간본 일부가 중국 國家圖書館 등에 소장되어 있다. 明 黃仲昭의 『八閩通志』, 明 王應山의 『閩大記』 등을 계승하고 각종 邑誌를 참조하여 편찬한 것으로, 分野, 方域, 建置, 風俗, 版籍, 扞圉, 前帝, 君長, 文莅, 武軍, 英舊, 方技, 宦寺, 方外, 閨閣, 島夷, 靈祀, 祥異, 萑葦, 南產, 蓄德, 我私 등 20門으로 되어 있다. 『五洲衍文長箋散稿』에 이 책이 인용되어 있지만 재인용으로 보인다.

閩小記

明末淸初 周亮工이 편찬한 筆記雜錄. 周亮工(1612~1672)은 字가 元亮이고 號가 櫟園이며, 『賴古堂集』, 『讀畵錄』, 『印人傳』, 『賴古堂印譜』, 『廣金石韻府』 등 방대한 저술을 남겼다. 이 책은 閩 지역의 서화, 골동, 풍속, 산물 등을 적은 것으로, 康熙 연간(1662~1722) 간본이 중국 國家圖書館 등에 소장되어 있다. 규장각에 소장된 『說鈴』에도 실려 있다. 『燕巖集』, 『五洲衍文長箋散稿』 등에 인용되어 있다.

澠水燕談錄

北宋 王辟之가 편찬한 筆記雜錄. 王辟之(1031~?)는 字가 聖塗이고 臨淄 출신이다. 河東縣知縣, 知忠州 등의 벼슬을 지낸 후 고향으로 돌아가 澠水 河畔에서 은거했다. 이 책은 紹聖 2년(1095) 완성되었는데, 친구들과 교유하고 환담하는 중에 古今의 사적과 風土, 人情, 官場의 逸事를 논한 고사 360여 종을 모아 10권으로 묶은 것이다. 『澠水燕談』이라고도 한다. 帝德, 讜論, 名臣, 知人, 奇節, 忠孝, 才識, 高逸, 官制, 貢擧, 文儒, 先兆, 歌詠, 書畫, 事志, 雜錄, 談謔 등으로 이루어져 있다. 규장각에 소장된 『說郛』, 『稗海』, 『知不足齋叢書』, 『北夢瑣言』, 『宋人百家小說』, 『東軒筆錄』 등 여러 문헌에 이 책이 실려 있다. 이 책은 『芝峯類說』, 『宋子大全』, 『青莊館全書』, 『與猶堂全書』, 『燕巖集』, 『海東繹史』, 『嘉梧藁略』, 『五洲衍文長箋散稿』 등 여러 문헌에 인용되어 있는데 朴寅亮과 같은 고려시대 인물의 문학에 대한 기사가 실려 있기 때문이다.

閩中記

唐 林諝가 편찬한 閩中 지역의 地理書. 林諝는 字號와 이력이 알려져 있지 않다. 이 책은『直齋書錄解題』에 10권으로 宋 林世程이 重修하고 그 兄 林世榘의 序가 있다고 했는데,『國史經籍志』 등에는 林諝가 1권으로 편찬하고 林世程이 10권으로 重修한 것이라 했다. 원문은 일실되어 전하지 않는다.『太平寰宇記』,『輿地紀勝』,『樹藝稿』,『竹譜』,『八閩通志』,『明一統志』 등에 일부가 인용되어 전한다.『五洲衍文長箋散稿』에 이 책을 인용했지만 편찬자는 따로 밝히지 않았다.

ㅂ

博古圖 → 宣和博古圖

博古錄 → 宣和博古圖

博聞錄

宋末元初 陳元靚이 편찬한 筆記雜錄. 陳元靚은 建州 崇安 출신이지만 자세한 이력이 밝혀져 있지 않다. 이 책 외에 『事林廣記』, 『歲時廣記』, 『博聞錄』 등의 저술이 있다. 이 책은 『國史經籍志』에 10권으로 되어 있으나 일실되어 전하지 않는다. 『農政全書』, 『寶訓』 등에 일부가 인용되어 있는데 다양한 사물에 관한 내용을 주로 다루었다. 『五洲衍文長箋散稿』에 이 책을 소개하면서 편찬자는 따로 밝히지 않았는데 明 楊愼의 『丹鉛總錄』을 인용한 것이다.

博物要覽

明 谷泰가 편찬한 筆記雜錄. 谷泰는 字가 寧宇이고 蜀王府 長史를 지냈다. 天啓 연간(1621~1627)에 활동한 것으로 추정된다. 이 책은 碑刻, 書, 畵, 銅器, 窯器, 硯, 黃金, 銀, 珠, 寶石, 玉, 瑪瑙, 珊瑚, 琥珀, 蜜蠟, 玻璃, 水晶, 玳瑁, 犀角, 象牙, 香, 漆器, 奇石 등을 16권에 담았다. 중국 國家圖書館에 필사본 16권이 소장되어 있다. 『函海』에는 12권으로 실려 있는데 편자가 谷應泰로 되어 있고 내용도 鼎彝, 雜器, 銅器, 窯器, 金, 銀, 珍珠, 寶石, 玉, 瑪瑙, 珊瑚, 琥

珀, 蜜蠟, 玻璃, 琉璃, 水晶, 玳瑁, 犀角, 象牙, 木, 石, 錦 등 조금 다르게 되어 있다. 서울대 중앙도서관에 道光 5년(1825) 판본 12권이 소장되어 있다. 谷應泰(1644~1722)는 字가 賡虞이고 號는 霖蒼이며 直隸 豐潤 출신으로, 문집 『築益堂集』이 있다. 谷泰와는 활동 시기가 다르다. 『五洲衍文長箋散稿』에서 편찬자를 밝히지 않고 『博物要覽』으로만 인용했다.

博物志

西晉 張華가 편찬한 筆記雜錄. 張華(232~300)는 字가 茂先이고 范陽 方城 출신으로, 문집 『張茂先集』이 있다. 이 책은 神仙과 異人, 기이한 동식물에 대한 기록을 위주로 하여 다양한 민간의 전설을 수록했다. 규장각에 晉 周日用 등이 註를 단 목판본 10권 1책이 소장되어 있다. 내용은 地, 山, 水, 人民, 物產, 外國, 異人, 異俗, 異產, 異獸, 異鳥, 異蟲, 異魚, 異草木, 物性, 物理, 物類, 藥物, 藥論, 食忌, 藥術, 戲術, 服食, 方士, 人名攷, 文籍攷, 地理考, 興禮攷, 樂攷, 服飾攷, 器名攷, 物名攷, 異聞, 史補, 雜說 등으로 구성되어 있다. 弘治 乙丑(1505) 都穆의 跋에 따르면 張華가 古來의 奇物異事를 채집해서 만든 『博物志』 400권이 있었는데 晉 武帝가 너무 번다하다 하여 10권으로 刪削하게 했다고 한다. 宋 李石의 『續博物志』, 明의 董斯張이 편찬한 『廣博物志』 등도 규장각에 소장되어 있다. 『艮齋集』, 『畸庵集』 등 조선 중기 문헌부터 꾸준히 『博物志』를 인용했으며, 『芝峯類說』, 『山林經濟』, 『海東繹史』, 『五洲衍文長箋散稿』 등 조선 후기 문헌에서 자주 인용했다.

博塞經

邵綱이 편찬한 놀이에 관한 저술. 邵綱은 어떤 인물인지 밝혀져 있지 않다. 이 책이 『隋書』에 보이므로 隋 혹은 그 이전의 인물로 추정된다. 1권이라 했지만 전하지 않는다. 『五洲衍文長箋散稿』에서 서명만 소개했다.

博雅 → 廣雅

博湖掌錄 → 潛邱劄記

班固集

後漢 班固의 文集. 班固(32~92)는 字가 孟堅이고 扶風 安陵 출신으로, 『漢書』의 편찬자로 잘 알려져 있다. 『隋書』「經籍志」 등에 『班固集』 17권이 있다는 기록이 있지만 후대에 일실되었고, 明代에 편집된 『班蘭台集』에 그의 辭賦雜著가 일부 수록되어 전한다. 『高麗史』에 따르면, 宣宗 8년(1091) 宋의 館伴이 일실된 서적 129종의 목록을 주고 고려에서 찾도록 했는데 여기에 이 책이 포함되어 있었고, 『海東繹史』 등에서 이 기사를 인용했다. 『青莊館全書』 역시 이를 재인용한 것이다.

半塘小志

明 潘之恒이 편찬한 雜錄. 潘之恒(1556~1621)은 字가 景升이고 號가 鸞嘯生 혹은 冰華生이며 安微 歙縣 출신이다. 『盛明雜劇』, 『新安山水志』, 『亘史』, 『六博譜』, 『葉子譜』, 『續葉子譜』, 『廣菌譜』, 『曲中志』, 『金陵妓品』, 『曲艷品』, 『后艷品』, 『續艷品』 등 많은 저술을 남겼다. 이 책은 『說郛續』에 실려 있는데 蘇州의 西湖 인근에 있는 半塘의 건물과 조경 등을 기록한 것이다. 千佛閣, 大雄殿, 方殿演法堂, 大法集英殿, 雉兒塔, 竹苑, 翠幄, 松林 등에 대해 적었다. 『五洲衍文長箋散稿』에 이 책이 인용되어 있다.

潘子眞詩話

南宋 潘淳이 편찬한 詩話書. 潘淳은 字가 子眞이고 號는 谷口小隱으로 新建 출신이다. 宋 何溪汶의 『竹莊詩話』나 宋 胡仔의 『苕溪漁隱叢話』 등에서부터 이 책이 인용된 것으로 보아 그 이전에 나온 것은 분명하지만 후대의 문헌에 일부만 인용되어 전할 뿐이다. 『說郛』에 古樂府, 山谷, 絃管語, 試茶詩 등 4조만 수록되어 있다. 『五洲衍文長箋散稿』에는 편찬자를 無名氏라 했다.

發蒙記

晉 束晳이 편찬한 雜錄. 束晳(264~303)은 字가 廣微이고 陽平 元城 출신이다. 漢 疎廣의 후예인데 난리를 피해 은거하면서 姓을 바꾸었다. 『五經通論』, 『竹書紀年』, 『七書通記』, 『瑣語』 등 많은 저술이 있다. 明代에 그의 글을 모은 『束廣微集』이 편찬되었다. 이 책은 『隋書山』에 1권으로, 특이한 物産의 명칭과 의미를 풀이한 것이라 했다. 『說郛』 등 문헌에 일부가 실려 전한다. 『星湖僿說』

에서 饅頭를 설명할 때 인용했다.『五洲衍文長箋散稿』에도 이 책을 소개했다.

渤海國記

唐 張建章이 편찬한 渤海國에 관한 책. 張建章은 幽州從事를 지냈다는 사실만 알려져 있고 字號와 이력은 밝혀져 있지 않다. 이 책은『新唐書』등에 3권이라 했지만 전하지 않는다.『芝峯類說』,『泠齋集』에도 이 책을 간략히 소개했다.『海東繹史』에는『通志』와『宋史』에 3권으로 명기된 사실과 함께 葉夢得의『愛日齋叢鈔』에 실린 기사를 인용했다.『青莊館全書』와『五洲衍文長箋散稿』등에는 서명만 소개되어 있다. 저자가 張建封으로 잘못 표기된 곳도 있다.

渤海軍司圖

唐 王宗禹가 사신으로 渤海에 갔을 때의 見聞을 적은 책. 王宗禹는 어떤 인물인지 알려져 있지 않다.『舊唐書』에 文宗 太和 6년(832) 內養 王宗禹가 渤海에 사신으로 갔다가 돌아와서는 渤海의 左右神策軍, 左右三軍 120司를 그림으로 그려 올렸다는 기사가 보인다. 內養은 太監 벼슬을 이른다.『海東繹史』에는 이 기사를 인용하고『渤海軍司圖』를 서명으로 삼았다. 일실되어 전하지 않는다.

渤海行年記

唐 曾顔이 渤海를 여행하고 見聞을 적은 책. 曾顔은 어떤 인물인지 알 수 없다.『通志』등에 따르면 이 책과 함께『九國志』를 편찬한 것으로 되어 있다. 이 책은『通志』,『宋史』,『國史經籍志』등에 10권으로 되어 있지만 일실되어 전하지 않는다. 宋 李燾의『續資治通鑑長編』에 이 책의 일부가 인용되어 있다.『海東繹史』에는『通志』에서 인용했는데 편찬자가 僧顔으로 잘못 기재되어 있다.

方言

漢 揚雄이 고대의 言語와 物名 등을 기록한 책. 揚雄(B.C.58~A.D.18)은 字가 子雲이고 四川省 成都 출신이다.『太玄經』,『法言』등을 저술했다. 이 책은 揚雄이 편찬한 것으로 알려져 있지만 그 근거는 희박하다.『漢書』「揚雄傳」, 許愼의『說文』등에 이 책이 보이지 않으므로 후대인의 저술로 보는 견해도 있다. 이 책은 先秦과 兩漢의 言語를 기술한 책으로 13권으로 되어 있는데 일부

는 後代人이 증보한 것으로 추정된다. 東晉의 郭璞이 주를 달아 『方言注』 13권을 편찬했는데 이 책이 통용된다. 『漢魏叢書』 등에 수록되어 있다. 『東史綱目』, 『星湖僿說』, 『五洲衍文長箋散稿』에 이 책이 인용되어 있고 『研經齋全集』에는 『方言注』를 명기하여 인용했다. 규장각에는 『方言疏證』이 소장되어 있는데 淸의 戴震이 이 책을 교감하고 고증했다.

方輿紀要 → 讀史方輿紀要

方輿勝覽

南宋 祝穆이 편찬한 地理書. 祝穆(?~1255)은 字가 伯和 혹은 和甫이고 號가 樟隱老人이다. 建陽 출신인데 崇安에 거주했으며 朱熹의 제자다. 『事文類聚』가 그의 저술이다. 이 책은 70권이며 南宋 臨安 일대의 郡名, 風俗, 人物, 題詠 등을 수록했다. 嘉熙 3년(1239) 편찬되고, 咸淳 2년(1269) 간행되었는데 이 판본이 중국 國家圖書館에 소장되어 있다. 『四庫全書』에도 수록되어 있다. 이 책은 『保閑齋集』, 『佔畢齋集』 등 조선 초기 문헌에서부터 『海東雜錄』, 『瓶窩集』, 『弘齋全書』, 『五洲衍文長箋散稿』 등 여러 문헌에 인용되었다.

方輿勝略

明 程百二가 편찬한 地理書. 程百二(1573~1629)는 본명이 開敏이고 字는 幼輿이며 徽州 休寧 출신이다. 이 책은 18권으로 明 李維楨, 朱謀瑋, 南師仲, 焦竑 등의 序가 붙어 있다. 萬曆 연간(1573~1620) 간본이 중국 國家圖書館 등에 소장되어 있다. 「外夷」 2권이 따로 붙은 판본도 있다. 『青莊館全書』, 『秋齋集』에 '新安程百二氏所撰'이라 하면서 이 책을 소개했다. 『五洲衍文長箋散稿』에서 안경과 관련해 인용했는데 편찬자를 밝히지 않았다. 方以智의 『通雅』에 같은 내용이 보인다. 『千頃堂書目』에는 淸 江方度가 편찬한 같은 이름의 책 18권도 소개되어 있다.

龐蘊語錄

唐 龐蘊의 佛法을 모은 책. 龐蘊은 龐居士라고도 하는데 貞元 연간(785~805)과 元和 연간(806~820)의 승려다. 字는 道玄이고 滎陽 출신으로, 黃檗 希運禪師에게 불법을 익혔다. 이 책은 『龐居士語錄』이라고도 하는데 唐 于頔이 편집

했다. 松廣寺에 咸豐 元年(1851) 간행된 중국 목판본 3권이 소장되어 있는데 卷頭에 간행 경위를 적은 定慧槃譚의 「重刻龐居士語錄緣起」가 실려 있고 이어 無名子의 「龐居士語錄詩訟序」가 붙어 있다. 卷上은 語錄이고 卷中과 卷下는 詩訟이다. 국립중앙도서관에도 유사한 판본이 소장되어 있다. 『五洲衍文長箋散稿』에 이 책이 인용되어 있다.

方洲雜錄

明 張寧이 편찬한 雜錄. 張寧(1426~1496)은 字가 靖之이고 號가 方洲이며 海鹽 출신이다. 1460년 조선에 사신으로 갔다 와서 『奉使錄』을 남겼으며, 문집 『方洲集』도 전한다. 이 책은 『說郛續』에 실려 있는데 『方洲集』의 「雜言」 일부를 초록한 것으로 보인다. 西域에서 바친 기이한 말, 조선에 사신으로 가면서 본 신기한 샘물, 불을 막는 火浣布 등 7조가 실려 있다. 『林下筆記』에서 이 책을 인용해 眼鏡에 대해 기술했고, 『五洲衍文長箋散稿』에는 기이한 형상의 돌과 火浣布를 소개하면서 이 책을 인용했다. 『四庫全書總目』에는 서명이 『方洲雜言』으로 되어 있고, 『靑莊館全書』에는 『方洲雜志』로 되어 있으며, 『五洲衍文長箋散稿』에는 『方洲雜言』과 『方洲雜志』가 함께 나온다.

方洲集

明 張寧의 文集. 이 책은 『四庫全書』에 26권으로 실려 있는데 부록으로 『讀史錄』 6권이 실려 있다. 권1~2에 策, 議, 表, 疏 등의 산문, 권3에 賦와 古樂府, 권4~11에는 各體의 시를 수록했다. 권12~13은 『奉使錄』인데 朝鮮刻本이라 했으므로 『皇華集』에서 옮긴 것으로 보인다. 또 권14~26에 序, 書, 碑, 記, 說, 題, 跋, 論, 辨, 解, 祭文, 墓誌, 雜著 등 다양한 산문이 실려 있으며, 권27~32에는 『讀史錄』이 실려 있다. 이 책은 『海東繹史』, 『五洲衍文長箋散稿』 등에 인용되었다.

排悶錄

淸 孫洙가 편찬한 筆記雜錄. 孫洙(1711~?)는 字가 臨西 혹은 苓西이고 號는 蘅塘 혹은 退士다. 江蘇 無錫 출신으로 『注釋唐詩三百首』가 그의 저술이다. 이 책은 乾隆 35년(1770) 莆田書屋에서 간행한 판본이 전하는데 12권이다. 일본 京都大에 孫洙의 『異聞錄』 12권이 소장되어 있는데 이 책과 관련이 있는 듯

하다. 『五洲衍文長箋散稿』에 明 遺民傳과 관련하여 『排悶錄』을 소개했지만 편찬자를 밝히지 않았으므로, 孫洙의 책을 가리키는지는 확인할 수 없다. 清 姚之駰의 『元明事類鈔』와 于敏中의 『日下舊聞考』에도 편찬자를 밝히지 않고 이 책을 인용해 慈仁寺를 설명했다.

排韻增廣事類氏族大全

편찬자를 알 수 없는 元代 姓氏에 관한 책. 『排韻氏族大全』, 『氏族大全』이라고도 한다. 씨족을 10幹으로 나누어 수록하고 廣韻의 차례에 따라 성씨를 배열하여 4聲으로 구분했다. 말미의 2권은 覆姓이며 앞 글자의 韻에 따라 배열했다. 모두 193姓을 韻에 따라 분류했으며 각 姓마다 기원과 시조에 대하여 서술하고, 그 성씨의 유명한 인물을 열거했다. 姓의 말미에는 女德婚姻의 1門을 붙였다. 元代의 간본 일부가 중국 國家圖書館과 대만 故宮博物院圖書館에 소장되어 있는데 서명이 『新編排韻增廣事類氏族大全』으로 되어 있다. 明 張溥가 重訂하여 陳國旺이 崇禎 壬申(1632) 繼善堂에서 10권 11책으로 간행한 판본도 같은 곳에 소장되어 있는데 『排韻增廣事類氏族大全』이라 했다. 張溥(1602~1641)는 字가 乾度인데 나중에 天如로 바꾸었고 號는 西銘이며, 江蘇 太倉 출신으로 『五人墓碑記』 등의 저술이 있다. 『四庫全書』에는 『氏族大全』 22권으로 실려 있다. 장서각에 明代의 간본 『排韻增廣事類氏族大全』이 소장되어 있는데, 장서각 목록에는 明의 張天如가 편찬하고 張溥가 重訂한 것으로 되어 있으나 동일 인물이다. 이 책은 『月汀漫筆』, 『東史綱目』, 『海東繹史』, 『東史綱目』 등에 『氏族大全』으로 인용되었다. 규장각에 『氏族大全綱目』이 소장되어 있는데 이는 明 萬曆 2년(1574) 徐湯이 편찬한 별도의 책으로 28권 3책의 필사본이다.

百家譜

中國 南北朝 시대의 姓氏에 관한 책. 『五洲衍文長箋散稿』에 王僧孺, 賈弼, 王弘, 王儉 등의 『百家譜』를 언급하고 있는데 이들은 모두 南北朝 시대 인물이며 『通志』의 내용에서 재인용한 것이다. 『隋書』에 劉湛의 『百家集譜』 2권, 賈執의 『百家譜』 20권, 王僧孺의 『百家譜』 30권, 傅昭의 『百家譜』 15권 등이 보이고, 『新唐書』에 王儉의 『百家集譜』 10권 등도 보인다. 賈弼은 『十八州士族譜』를 편찬했고 손자 賈淵이 王儉과 함께 『百家譜』를 편찬했다. 미국 하버드

대에 『百家譜』가 소장되어 있는데, 이 책은 조선 인물에 관해 기록한 별개의 책이다.

百家山集 → 八代文鈔

百家姓

北宋 錢俶이 편찬한 姓氏에 관한 책. 錢俶(929~988)은 初名이 弘俶이고 字는 虎子인데 나중에 文德으로 바꾸었다. 五代十國 吳越의 마지막 임금이다. 北宋 初에 이 책이 완성되었는데 성씨 411개를 수록했으며 나중에 568개로 증보했다. 『百家姓』에 수록된 姓氏의 沿革을 淸의 王相이 정리하고, 徐建勳이 校刊한 『百家姓古略』이 규장각에 소장되어 있다. 이 책의 序에 따르면 『百家姓』은 원래 宋初 錢唐의 老儒 錢俶이 지었다는데 錢俶이 浙江 지역에 살았으므로 宋 太祖 趙匡胤의 趙氏를 책의 가장 처음에 두었고 그다음에 자신의 성씨인 錢氏, 錢俶의 처가인 宋氏, 南唐의 군주 李氏를 배열했으며, 그 이후는 大族들의 성씨를 성조와 운율에 맞게 배열했다고 한다. 이 책은 중국의 姓氏를 배열하면서 四言의 體例를 사용하여 구절마다 押韻하여 읽기 쉽고 기억하기 쉬운 이점이 있었으므로 『三字經』, 『千字文』과 더불어 아동을 위한 한자 학습서로도 사용되었다. 洪大容의 『湛軒書』에 따르면 당시 중국 아이들은 『百家姓』을 가장 먼저 읽고 다음에 『三字經』, 『千字文』, 『大學』 등의 순서로 공부를 한다고 했다. 『靑莊館全書』, 『戊午燕行錄』, 『燕轅直指』 등에도 이 책을 인용했는데 대부분 중국의 아동 교육과 관련된 내용이다. 『五洲衍文長箋散稿』에도 이 책이 인용되어 있다.

百家小集 → 八代文鈔

白孔六帖 → 唐宋白孔六帖

百官譜

南朝 宋 徐勉이 편찬한 姓氏에 관한 책. 徐勉(466~535)은 字가 修仁이고 東海郯 출신이다. 관직이 中書令에 이르렀으며 簡肅의 시호를 받았다. 『起居注』, 『左丞彈事』, 『選品』, 『太廟祝文』, 『會林』 등의 저술이 전한다. 이 책은 현재 전

하지 않고 『新唐書』에 20권으로 소개되었다. 『五洲衍文長箋散稿』에 편찬자와 서명만 소개했다.

白樂天集

唐 白居易의 詩文集. 『白氏文集』이라고도 한다. 白居易의 문집은 元稹이 長慶 4년(824) 『白氏長慶集』으로 편찬했는데 50권이고 2,191편이 수록되어 있다. 白居易가 會昌 5년(845)에 쓴 「白氏文集後序」에 따르면 元稹이 편찬한 『長慶集』 50권과, 이후 자신이 편찬한 後集 20권과 續後集 5권을 합쳐 모두 75권에 3,840편의 시문을 수록했다고 한다. 장서각에 明 馬元調가 校閱한 목판본 『白氏文集』 71권 16책이 소장되어 있다. 규장각에 이 판본 일부와 조선에서 간행된 목판본 『白氏文集』 일부가 소장되어 있다. 국립중앙도서관에 萬曆 연간(1573~1620) 일본에서 간행된 『白氏長慶集』과 康熙 41년(1702) 序가 달린 중국본 『白香山詩長慶集』, 단국대에 淸 汪立名이 주를 단 『白香山集』이 소장되어 있으며, 여러 서명의 필사본이 도처에 전한다. 우리나라 문헌에서는 『白樂天集』으로 『東國李相國集』, 『惺所覆瓿藁』, 『陽坡遺稿』 등에 인용되어 있고, 『白氏文集』으로 『初菴集』, 『靑莊館全書』, 『五洲衍文長箋散稿』 등에 인용되어 있다. 또 『白氏長慶集』 혹은 『長慶集』으로 『汾厓遺稿』, 『靑莊館全書』, 『而已广集』, 『經山集』 등에 인용되었다. 또 『白香山集』으로 『東國李相國集』, 『星湖僿說』, 『約軒集』, 『遯窩遺稿』, 『謙齋集』, 『明皐全集』 등에 인용되어 있다.

百兩篇

後漢 張霸가 편찬한 古文尙書의 하나. 張霸는 字가 伯饒이고 蜀郡 成都 출신으로, 和帝 永元 연간(89~104) 會稽太守를 지냈고 五經에 능통했다. 이 책은 『尙書百兩篇』, 『張霸尙書百兩篇』이라고도 한다. 漢 成帝 때 張霸가 『尙書』 102편을 위조하여 조정에 올렸다는 기록이 『漢書』에 보이는데 여기에서 『百兩篇』이라는 서명이 나왔다. 張霸가 今文의 『尙書』에서 수십 篇을 나누고 『左傳』, 『尙書』의 大序와 小序 등을 앞뒤에 붙여 만든 것으로 알려져 있다. 일찍 일실되었으나 淸末에 다시 편집되어 『黃氏逸書考』와 『子史鉤沈』 등에 실렸다. 『與猶堂全書』, 『硏經齋全集』 등에 『百兩篇』, 『尙書百兩篇』, 『張霸尙書百兩篇』 등의 서명으로 자세히 다루었고, 『五洲衍文長箋散稿』에서는 淸 顧炎武의 『日知錄』을 인용해 『百二尙書』로 소개했다.

白獺髓

南宋 張炳이 편찬한 筆記雜錄. 張炳(1227~?)은 字가 仲文인데 생애가 자세하지 않다. 서명의 白獺髓는 흰 수달의 골수라는 뜻으로 玉과 虎珀 가루와 섞어서 상처에 바르면 흉터를 없앨 수 있다고 하며, 매우 희귀한 것을 비유하기도 한다. 이 책은 1권으로 南宋 紹興 연간(1131~1162) 浙江 지역의 인물과 산물, 풍속 등을 소개했는데 신기한 이야기가 많다. 규장각에 소장된 『說郛』와 『宋人百家小說』 등에 수록되었고 편찬자를 張仲文이라 표기했다. 『五洲衍文長箋散稿』에서 이 책을 인용했다.

白氏六帖

唐 白居易가 어휘를 풀이한 책. 白居易(772~846)는 字가 樂天이고 號가 香山居士이며 河南省 新鄭縣 출신이다. 『白樂天集』, 『元白唱和集』, 『劉白唱和集』 등의 저술이 있다. 이 책은 여러 문학 작품에 나타난 어휘를 1,870항목으로 편찬한 것이다. 律, 令, 格, 式의 4條目으로 나누고 律은 擅興律, 賊盜律 등으로, 令은 樂令, 選擧令, 考課令, 封爵令, 喪葬令, 戶令, 授田令, 祠令, 雜令 등으로, 格은 倉部格, 金部格, 戶部格, 祠部格 등으로, 式은 兵部式, 祠部式, 吏部式, 考功式, 戶部式, 主客式, 水部式 등으로 다시 분류했다. 그중 律만 전하고 令, 格, 式은 일실되었다. 이 책은 『成宗實錄』, 『思齋集』, 『五洲衍文長箋散稿』 등에서 인용되었다. 『白氏六帖』의 일부인 宋代의 간본 『白氏六帖事類集』이 대만 臺北國立中央圖書館과 일본 靜嘉堂文庫 등에 전한다. 이 책과 宋 孔傳이 편찬한 『後六帖』을 합친 것이 『唐宋白孔六帖』이다.

百二尙書 → 百兩篇

伯子論文

明末淸初 魏際瑞가 歷代의 文章을 評論한 책. 魏際瑞(1620~1677)는 原名이 魏祥이고 字가 善伯이며 號는 伯子다. 江西 寧都 출신으로 『魏伯子集』과 『五雜俎』 등의 저술이 있다. 규장각 등에 소장된 『昭代叢書』에 이 책이 1권으로 실려 있다. 『五洲衍文長箋散稿』에 문장 수정에 대한 부분을 논하면서 이 책을 상당히 많이 인용했다. 李德懋는 『淸脾錄』에서 「魏伯子」라는 항목을 따로 두어 魏際瑞에 대해 자세히 설명했다. 규장각에 『魏氏全集』이 소장되어 있는데

魏際瑞 외에 魏禧, 魏禮 등의 시문을 함께 모은 것이며, 여기에 『魏伯子文集』도 수록되어 있다.

伯子集 → 魏伯子文集

百川學海

南宋 左圭가 편찬한 叢書. 左圭는 字號와 생애가 알려져 있지 않다. 書名은 揚雄의 『揚子法言』에 나오는 "온갖 하천이 바다를 배워 바다에 이른다[百川學海而至於海]"는 3절에서 따온 것이다. 이 책은 唐宋의 筆記雜錄을 모은 것으로 咸淳 9년(1273) 10集 100種 177권으로 완성되었다. 후에 明 吳永이 30集으로 증보했고, 馮可賓은 10集을 더 확충하여 『廣百川學海』라고 했다. 甲集에 李元綱의 『聖門事業圖』 등 8종이, 乙集에 顔師古의 『隋遺錄』 등 9종이, 丙集에 李元綱의 『厚德錄』 등 10종이, 丁集에 胡太初의 『晝簾緖論』 등 7종이, 戊集에 蘇軾의 『東坡先生志林集』 등 8종이, 己集에 王銍의 『王公四六話』 등 7종이, 庚集에 高似孫의 『選詩句圖』 등 11종이, 辛集에 劉次莊의 『法帖釋文』 등 11종이, 壬集에 편자 미상의 『端溪硏譜』 등 17종이, 癸集에 蔡襄의 『荔枝譜』 등 14종이 수록되어 있다. 『眉巖集』, 『直齋集』, 『眉巖集』, 『惺所覆瓿稿』, 『直齋集』, 『東槎日記』, 『五洲衍文長箋散稿』 등에 이 책이 인용되어 있다. 장서각에 淸代의 목판본 『百川學海』와 『廣百川學海』가 소장되어 있다.

白香山集 → 白樂天集

白虎通

後漢 班固가 五經에 관해 강론한 책. 班固(32~92)는 字가 孟堅이고 扶風 安陵 출신으로, 『漢書』의 편찬자로 잘 알려져 있다. 이 책은 建初 4년(79) 漢 章帝의 命으로 班固 등 여러 학자가 北宮 白虎殿에 모여 五經의 同異를 辨正하고 討論한 내용을 44편으로 정리한 것으로, 『白虎通義』, 『白虎通德論』이라고도 하며 4권으로 되어 있다. 『太宗實錄』에 따르면 忠州史庫에 이 책이 소장되어 있었다고 한다. 규장각에 소장된 『漢魏叢書』, 『百家類纂』, 『重刻諸子彙函』, 『百子全書』 등에 이 책이 수록되어 있으며, 국립중앙도서관과 장서각 등에 17세기 일본 목판본이 전한다. 『靑坡集』, 『芝峯類說』, 『磻溪隨錄』, 『五洲衍文長箋

散稿』 등 조선시대 문헌에 매우 빈번하게 인용되어 있다.

白華前稿

淸 吳省欽의 文集. 吳省欽(1729~1803)은 字가 沖之이고 號가 白華이며 江蘇 南彙 출신으로, 이 책 외에 『官韻考異』 등의 저술이 있다. 吳省欽의 문집은 『白華前稿』 60권, 『白華後稿』 40권, 『白華詩抄』 13권 등이 전한다. 그중 『白華前稿』는 淸 乾隆 48년(1783) 간행되었다. 『白華後稿』는 아들 吳敬樞가 편찬한 것으로 淸 嘉慶 15년(1810) 石經堂에서 간행되었다. 吳省欽은 李德懋와도 친분이 있었는데 『靑莊館全書』에는 『白華藁』를 淸 乾隆 42년(1777) 편찬해 올렸다고 했다. 『白華前稿』는 『五洲衍文長箋散稿』에서 중요한 참고문헌으로 자주 인용되었는데, 특히 吳省欽이 靑瓷를 다룬 「論瓷絶句」가 관심을 끌었다. 李學逵의 『洛下生集』에 그의 시를 인용한 것으로 보아 이 문집을 본 듯하다. 『白華前稿』는 대만 臺灣大와 미국 버클리대 등에 소장되어 있고, 『白華後稿』는 일본 靜嘉堂文庫 등에 소장되어 있다.

蕃錦集

明末淸初 朱彝尊의 詞集. 朱彝尊(1629~1709)은 秀水 출신으로 字가 錫鬯이고 號가 竹垞 또는 醧舫이며, 만년에는 小長廬釣魚師라고 했다. 『明史』 편찬에 참여했고 考證學에 능통했으며 古文과 詩詞에도 뛰어났다. 저서로 『經義考』, 『日下舊聞』, 『曝書亭集』, 『明詩綜』, 『詞綜』 등이 있다. 이 책은 康熙 17년(1678) 완성한 것으로 唐詩를 集句하여 詞로 만든 것이다. 朱彝尊의 『曝書亭集』 권30에 1권으로 실려 있는데 『曝書亭集』은 康熙 48년(1709) 간행된 판본이 규장각에 소장되어 있다. 규장각에 嘉慶 19년(1814) 간행된 『曝書亭集詞注』가 소장되어 있는데 여기에도 『蕃錦集』이 주석과 함께 실려 있다. 『五洲衍文長箋散稿』에 이 책이 소개되어 있다.

番禺雜記

唐 鄭熊이 편찬한 筆記雜錄. 鄭熊은 唐末의 인물인데 字號나 이력이 거의 알려져 있지 않다. 番禺는 廣東省 廣州市 지역을 가리키는 말로 이 책은 廣州 지역의 지형과 풍속을 기록한 것이다. 『宋史』에는 이 책이 3권이라 했지만 원본은 일실되고 『說郛』에 일부가 수록되어 있다. 『與猶堂全書』와 『五洲衍文長箋

散稿』 등에서 이 책을 인용했다.

翻切書

三國時代 孫炎이 편찬한 聲韻學書. 孫炎은 字가 叔然이고 樂安 출신이다. 漢 鄭玄에게 학문을 배워 東州大儒로 불렸다. 『周易春秋例』와 反切을 사용하여 글자의 音訓을 풀이한 『爾雅音義』 등의 저술이 있다. 이 책 역시 한자의 음운 표기 중에서 反切의 사용법과 용례를 밝힌 것으로, 원본은 일실되고 宋 賈昌朝의 『群經音辨』 등에 일부만 인용되어 전한다. 『五洲衍文長箋散稿』에 이 책이 소개되어 있다.

樊川集

唐 杜牧의 文集. 杜牧(803~852)은 字가 牧之이고 陝西 西安 출신이다. 만년에 長安 城南의 樊川에서 살았으므로 杜樊川으로 일컬어졌다. 杜牧의 문집으로는 明代에 宋板을 모방하여 간행된 『樊川文集』 20권, 明 朱一是 등이 편찬한 『杜樊川集』 17권, 淸 馮集梧가 주석을 달고 嘉慶 6년(1801)의 序를 붙인 『杜樊川詩注』 4권(『別集』 1권, 『外集』 1권, 『補遺』 1권) 등이 있다. 조선에서도 世宗 22년(1440) 錦山에서 목판본 『樊川文集夾註』 4권이 간행되었는데 국립중앙도서관, 단국대, 일본 蓬左文庫 등에 소장되어 있다. 국립중앙도서관에는 光海君 연간 訓鍊都監字로 간행한 활자본 2권 2책도 소장되어 있다. 杜牧의 문집 자체를 명시하여 인용한 곳은 『五山說林草藁』, 『五洲衍文長箋散稿』 등 많지 않지만, 林椿, 李奎報 등 고려시대의 문인들로부터 조선시대의 문인들까지 杜牧의 시를 두루 읽었다.

罰爵典故

北宋 李廌이 酒令과 관련한 故事를 모은 책. 李廌은 陽翟 출신인데 생몰년은 자세하지 않다. 蘇門六君子의 한 사람으로 일컬어진다. 『石林詩話』에 따르면 李廌이 어릴 때 蘇軾에게 문장을 보내 인정을 받았으나 元祐 초년에 蘇軾이 知貢擧를 맡았을 때 기대와 달리 과거에 낙방하자 크게 실망하여 고향으로 돌아갔고 끝내 과거에 급제하지 못한 채 죽었다고 한다. 이 책은 酒令과 관련한 故事를 기록한 것으로, 규장각에 소장된 『說郛』에 1권으로 실려 있는데 14조로 매우 소략하다. 『五洲衍文長箋散稿』에 이 책이 소개되었다.

范石湖集

南宋 范成大의 文集. 范成大(1126~1193)는 字가 致能이고 號가 石湖居士이며 蘇州 吳縣 출신이다. 南宋四大家의 한 사람으로, 『石湖詞』, 『吳船錄』 등의 저술이 있다. 서울대 중앙도서관에 康熙 27년(1688) 간행된 『石湖居士詩集』 34권이 소장되어 있고, 규장각에 소장된 『御覽知不足齋叢書』에 『石湖詞』 1권이 실려 있다. 『盎齋亂藁』에 范成大에 대한 기록이 있으므로 고려시대 그의 문집이 수용되었을 가능성이 높다. 『恕菴集』에 『石湖集』을 본 기록이 있으며, 『靑莊館全書』에 李書九로부터 『石湖集』을 빌려 보았다는 기록이 보이고 34권이라 했다. 『五洲衍文長箋散稿』에도 『范石湖集』으로 소개했다.

氾勝之書

漢 氾勝之가 지은 農書. 氾勝之는 漢 成帝 때의 문인으로 氾水 출신이다. 이 책은 고대 黃河 유역의 농업 생산에 대한 다양한 경험을 집성한 것이다. 播種시기, 種子 처리, 作物의 栽培와 收獲, 貯藏, 區種法 등을 기술하여 중국 농업 발전에 큰 영향을 미쳤다. 『漢書』에 『氾勝之書』 18篇에 대한 기록이 있지만 원본은 일실되었다. 北魏 賈思勰의 『齊民要術』에 일부가 인용되어 전하는 것을 淸代에 편집하여 간행했다. 근대 石聲漢의 『氾勝之書今釋』과 萬國鼎의 『氾勝之書輯釋』이 이 책을 풀이한 책이다. 『高麗史』에 宣宗 8년(1091) 宋에서 요구한 서책 목록에 이 책이 실려 있어 『靑莊館全書』, 『海東繹史』 등에서 이 내용을 소개했다. 朴趾源의 『課農小抄』에서 이 책을 자주 인용했지만 재인용한 것으로 추정된다.

梵雅

淸 馮登府가 지은 字書. 馮登府(1783~1841)는 馮登甫라고도 하는데, 字가 雲伯이고 號는 勺園 혹은 柳東이며 嘉興 출신이다. 經學에 조예가 깊고 篆刻과 金石에 능했으며 訓詁學에도 뛰어났다. 文章은 桐城派를 따랐으며 詩는 朱彝尊을 배운 것으로 평가된다. 『拜竹詩堪詩存』, 『小謫仙館摭言』, 『金屑錄』, 『石餘錄』, 『石經考異』, 『浙江磚錄』, 『福建鹽法志』, 『福建通志』, 『浙西後六家詞選』, 『梅里詞輯』 등 많은 저술이 전한다. 이 책은 1권으로 『爾雅』의 체제를 따라 釋詁, 釋訓, 釋天, 釋地, 釋佛, 釋人, 釋神鬼, 釋禽獸, 釋草木, 釋珍寶, 釋飮食, 釋衣服雜物 등으로 분류하여 사물과 명칭을 설명했다. 『五洲衍文長箋散稿』에 이

책을 인용했지만 淸 王士禛의 『池北偶談』을 재인용한 것이다.

凡將篇

漢 司馬相如가 편찬한 兒童用 漢字 교재. 司馬相如(B.C.179?~B.C.127)는 字가 長卿이고 蜀郡 출신으로, 漢의 대표적인 문장가다. 이 책은 『倉頡篇』, 『訓纂篇』, 『滂喜篇』, 『急就篇』 등과 함께 漢代의 대표적인 한자 교재였는데 모두 일실되고 『急就篇』만 전한다. 『高麗史』에 宣宗 8년(1091) 宋에서 요구한 서책 목록에 이 책이 1권이라 했고 『靑莊館全書』, 『海東繹史』 등에서 이 내용을 소개했다. 『自著』에 직접 인용하고 있지만 『正字通』 등의 재인용으로 추정된다. 『自著』, 『五洲衍文長箋散稿』 등에는 司馬相如가 편찬한 것이라 했다.

范村菊譜

南宋 范成大가 편찬한 菊花에 관한 저술. 范成大(1126~1193)는 字가 致能이고 號가 石湖居士이며 蘇州 吳縣 출신이다. 南宋四大家의 한 사람으로, 『石湖居士詩集』, 『石湖詞』, 『吳船錄』 등의 저술이 있다. 이 책은 자신이 살던 范村에 있던 국화 35종에 대해 기술한 책으로 1권이다. 『菊譜』, 『石湖菊譜』, 『范氏菊譜』라고도 한다. 宋 史正志의 『史氏菊譜』, 劉蒙의 『劉氏菊譜』와 함께 宋代의 대표적인 국화 관련 저술로 알려져 있다. 규장각에 소장된 『說郛』에는 이 3종이 모두 실려 있는데 구분하지 않고 모두 『菊譜』라 했다. 范成大의 『菊譜』에는 自序와 後序가 실려 있다. 규장각에 소장된 필사본 『存笥新抄』에도 이 책이 실려 있다. 『養花小錄』, 『山林經濟』, 『星湖僿說』 등에 이 책이 인용되어 있다. 『記言』에 인용된 『菊譜』는 『史氏菊譜』를 가리킨다.

法經

戰國時代 魏의 李悝가 편찬한 法典. 李悝(B.C.455~B.C.395)는 魏國 運城 출신이다. 法家의 대표적인 인물로 戰國時代 각국의 變法이 매우 많았는데, 李悝는 魏文侯의 지지 아래 變法을 추진하고 新政을 행하면서 그 조치의 하나로 『法經』을 제정했다. 『法經』은 『李悝法經』이라고도 한다. 중국 최초의 成文法典으로서, 盜, 賊, 網(囚), 捕, 雜, 具 등 6篇으로 이루어져 있다. 盜는 도둑으로부터 개인의 재산을 보호하는 조항이고, 賊은 叛逆과 殺傷을 방지하고 신변의 안전과 사회질서를 유지하는 조항이며, 網은 審判과 刑罰에 관한 조항이고,

捕는 범죄자를 체포하는 조항이며, 雜은 사기, 도박, 탐관, 음란 등을 처벌하는 조항이다. 『法經』의 체제와 내용은 후세 成文法典의 기초가 되었지만 원문이 일실되고 일부가 淸 黃奭이 편찬한 『黃氏逸書考』에 실려 있다. 이 책은 『成宗實錄』, 『木齋集』, 『與猶堂全書』, 『五洲衍文長箋散稿』 등에 인용되었다.

法書苑 → 古今法書苑

法言

漢 揚雄이 『論語』를 모방하여 편찬한 책. 揚雄(B.C.58~A.D.18)은 字가 子雲이고 四川省 成都 출신으로, 『太玄經』, 『方言』, 『法言』 등을 저술했다. 이 책은 『揚子法言』이라고도 하는데 『論語』를 모방하여 問答體 형식으로 儒家思想을 천명했다. 學行, 吾子, 修身, 問道, 問神, 問明, 寡見, 五百, 先知, 重黎, 淵騫, 君子, 孝至 등 13편으로 이루어져 있다. 성암고서박물관에 17세기 초반 甲寅字로 간행한 판본 2권이 소장되어 있고, 고려대에는 訓鍊都監字로 간행한 판본 2권이 소장되어 있다. 규장각에 晉 李軌와 唐 柳宗元, 宋 宋咸, 吳秘, 司馬光 등의 增註가 붙은 嘉慶 9년(1804) 간본이 소장되어 있다. 규장각, 장서각 등 여러 곳에 필사본도 전한다. 이 책은 『虛白堂集』 등 조선 초기 문헌에서부터 조선 후기 『五洲衍文長箋散稿』에 이르기까지 지속적으로 인용되었다.

法苑珠林

唐 승려 道世가 편찬한 佛敎 관련 類書. 道世는 俗姓이 韓氏이고 字는 玄惲이며 陝西省 西安府 출신으로, 慈恩寺, 西明寺 등의 住持를 지냈다. 이 책은 唐 總章 元年(668) 완성한 것으로 총 120권이다. 劫量篇, 三界篇, 日月篇, 六道篇, 千佛篇, 敬佛篇, 三世篇, 詐僞篇, 惰慢篇, 破邪篇, 富貴篇, 貧賤篇 등 총 99篇으로 분류하고, 각 篇은 다시 部로 나누었다. 『百喩經』, 『雜寶藏經』, 『六度集經』, 『涅槃經』 등의 여러 經藏, 『五分律』 등의 律藏, 『智度論』 등의 論藏, 『梁高僧傳』, 『唐高僧傳』 등의 傳記, 『幽冥錄』, 『冥祥記』 등의 私記 등에서 초록한 것이다. 동국대, 규장각 등에 高麗 高宗 31년(1244) 大藏都監刊本의 후쇄본이 소장되어 있다. 규장각에는 淸 宣宗 道光 7년(1827) 간행한 中國本도 소장되어 있다. 『說郛』와 『唐代叢書』 등에도 일부가 실려 있다. 『阮堂集』, 『五洲衍文長箋散稿』, 『孤雲集』, 『靑莊館全書』, 『硏經齋全集』 등에 이 책이 인용되었다.

碧里雜存

明 董穀이 편찬한 筆記雜錄. 董穀은 字가 碩甫이고 海寧 출신으로, 正德 연간(1506~1521)에 활동했으며 安義知縣, 漢陽知縣 등을 지냈다. 노년에 海鹽의 澉水鎭에서 살면서 自號를 碧里山樵 혹은 漢陽歸叟라 했다. 이 책 외에 『豢龍子』, 『冥影契』, 『澉浦續志』 등의 저술이 있다. 이 책은 1권이며 당시의 野史와 逸話, 器物, 制度 등에 대해 자유롭게 기록한 책이다. 규장각에 소장된 『說郛』에 실려 있다. 『五洲衍文長箋散稿』에서 여러 차례 이 책을 인용했다. 『說郛』에는 그의 다른 저술인 『豢龍子』, 『冥影契』 등도 실려 있다.

碧雲騢

北宋 梅堯臣의 이름으로 된 筆記雜錄. 宋 魏泰가 梅堯臣의 이름을 가탁한 것으로 알려져 있다. 梅堯臣(1002~1060)은 字가 聖兪이고 宣城 출신인데, 宣城의 古號를 따서 宛陵先生으로 불린다. 문집으로 『宛陵先生集』이 전한다. 魏泰는 字가 道輔이고 襄陽 출신이며, 徽宗 연간(1100~1126)에 활동했다. 『臨漢隱居集』과 『臨漢隱詩話』, 『東軒筆錄』 등의 저술이 있다. 다른 사람의 이름을 가탁하여 저술하는 것을 좋아하여 張師正의 이름을 가탁하여 지은 『志怪集』, 『括異志』, 『倦遊錄』 등이 전한다. 書名의 碧雲騢는 宋 太宗의 御馬로 입가에 푸른 구름무늬가 있어 이 이름이 붙었으며 하루에 천 리를 달렸고 太宗이 죽자 따라 죽었다고 한다. 이 책의 첫 번째 내용이 碧雲騢여서 이를 書名으로 삼았다. 范仲淹, 文彦博 등 宋代 인물의 일화를 주로 기록했다. 明 顧氏文房小說本에 10여 條가 실려 있으며, 규장각에 소장된 『宋人百家小說』에도 실려 있다. 『谿谷漫筆』에 항목을 따로 두어 이 책을 소개했다. 『牛溪集』, 『光海君日記』, 『象村集』, 『星湖僿說』 등에서도 僞書의 하나로 소개되었다.

辨疑 → 春秋集傳辨疑

辨終備 → 易緯辨終備

別國洞冥記 → 洞冥記

別敍孝經

편찬자와 편찬 시기를 알 수 없는 『孝經』의 緯書. 歐陽修의 『新五代史』에 1권이라고 했지만 현재 전하지 않는다. 『文獻通考』에는 孔子의 출생에 대한 기록과 함께 제자들이 孔子의 講學을 기록한 책이라고 했다. 高麗 光宗 10년(959) 後周에 이 책과 함께 『越王孝經新義』, 『皇靈孝經』, 『孝經雌雄圖』 등을 보낸 기록이 『高麗史』, 『文獻通考』, 『居易錄』 등에 보인다. 『星湖僿說』, 『東史綱目』, 『海東繹史』, 『五洲衍文長箋散稿』 등에서 언급한 내용도 동일하다.

瓶史

明 袁宏道가 편찬한 園藝書. 袁宏道(1568~1610)는 字가 中郞이고 號가 石公이며 湖廣 公安 출신이다. 國子助敎, 吏部郎中 등을 지냈지만 노년에는 은거하며 학문과 문학에 전념했다. 저술로 『袁中郎全集』, 『廣莊』, 『觴政』 등이 전한다. 書名은 瓶中花史를 줄인 것으로 화병에 꽃을 꽂아 키우는 방법과 관련 고사에 대해 기술했으며 2권으로 되어 있다. 규장각에 소장된 『袁中郎全集』 권15에 전문이 실려 있다. 『說郛續』 등에는 瓶花之宜, 瓶花之忌, 瓶花之法 등 上卷의 내용은 빼고 下卷의 花目, 品第, 器具, 擇水, 宜稱, 屛俗, 花祟, 洗沐, 使令, 好事, 清賞, 監戒, 花案 등 13條만 수록했다. 규장각의 『尙白齋鐫陳眉公訂正秘笈』과 장서각의 『唐宋叢書』 등에도 일부가 실려 있다. 許筠의 『閑情錄』 부록에 이 책의 일부가 수록되어 있다. 이 책은 『靑莊館全書』, 『燕巖集』, 『林下筆記』, 『五洲衍文長箋散稿』 등의 조선 후기 문헌에 자주 인용되었다.

駢雅

明 朱謀㙔가 편찬한 字書. 朱謀㙔는 字가 鬱儀 혹은 明父이고 濠州 鳳陽 출신이다. 寧獻王 朱權의 曾孫으로 萬曆 연간(1573~1620) 활동했고 鎭國中尉에 봉해졌다. 經學과 小學에 능하여 『易象通』, 『詩故』, 『古音考』 등 많은 저술을 남겼으며 詩文集 『枳園近稿』가 전한다. 이 책은 『爾雅』의 체제를 따라서 釋詁, 釋訓, 釋名稱, 釋宮, 釋服食, 釋器, 釋天, 釋地, 釋草, 釋木, 釋蟲魚, 釋鳥, 釋獸 등 13편으로 분류하여 經史子集과 稗官小說에 나오는 2음절 聯綿詞의 의미를 설명했다. 萬曆 20년(1592) 豫章朱氏가 간행한 판본이 대만 故宮博物院圖書館에 소장되어 있는데 7권이고 『音釋』 1권이 부록으로 붙어 있다. 『四庫全書』에도 7권으로 수록되어 있다. 서울대 중앙도서관과 영남대 등에 소장된 嘉慶 17

년(1812) 간기가 있는 『借月山房彙抄』에도 이 책이 실려 있다. 규장각에는 淸 魏戊林이 音을 달고 출처를 밝힌 『駢雅訓纂』이 소장되어 있다. 『靑莊館全書』, 『五洲衍文長箋散稿』 등에서 이 책을 인용했다.

病源 → 巢氏病源

病逸漫記

明 陸釴이 편찬한 筆記小說. 陸釴(1495~1534)은 字가 擧之이고 號가 少石子이며 浙江 鄞縣 출신이다. 經史百家에 두루 조예가 깊었고, 『少石子集』, 『山東通志』 등 많은 저술을 남겼다. 이 책은 『說郛續』에 실려 있는데 明 太祖, 仁宗, 英宗, 景帝 연간의 사건과 일화, 전고 등을 기록했다. 『四庫全書總目』에 따르면 사실인지 의심스러운 대목이 제법 있다고 한다. 장서각에 소장된 『唐宋叢書』에도 실려 있다. 萬曆 丁巳(1617) 간기가 있는 판본이 중국 國家圖書館에 소장되어 있다. 尹根壽의 『月汀漫筆』에는 『四十家小說』에 실려 있는 『病逸謾記』를 보았다는 기록이 보인다. 『星湖僿說』에서 언급한 陸釴의 漫錄이 이 책을 이른다.

丙子學易編

南宋 李心傳이 『周易』을 풀이한 책. 李心傳(1166~1243)은 字가 微之 혹은 伯微이며 號는 秀巖이다. 隆州 井研 출신으로, 『健炎以來繫年要錄』, 『春秋考』, 『禮辨』, 『讀史考』, 『十三朝會要』 등 많은 저술이 있다. 이 책은 서명에 적힌 대로 丙子(1216)에 완성된 것으로, 내용은 王弼과 張載, 程頤, 朱熹 등의 학설에 周敦頤, 邵雍 등과 자신의 부친 李舜任의 학설을 종합한 것이다. 장서각 등에 소장된 『通志堂經解』에 1권으로 수록되어 있다. 『四庫全書』에도 실려 있다. 『靑莊館全書』, 『研經齋全集』, 『五洲衍文長箋散稿』에서 이 책을 소개했다.

保乾圖 → 春秋保乾圖

補史記

前漢 褚少孫이 편찬한 歷史書. 褚少孫은 潁川 출신인데 沛縣에 거주했고 明代에 편집된 문집 『褚先生集』이 전한다. 『漢書』에 따르면 이 책은 司馬遷 사후

『史記』 중에서 일실된 10篇을 보완하고자 한 것이다. 『褚先生補史記』라고도 하는데 내용은 景帝紀, 武帝紀, 禮書, 樂書, 律書, 漢興以來將相年表, 日者列傳, 三王世家, 龜策列傳, 傅靳蒯成列傳 등으로 구성되어 있다. 독립된 책으로 전하지 않고 후대 편찬된 『史記』에 통합되었다. 『五洲衍文長箋散稿』에서 이 책의 日者列傳, 三王世家 등을 언급했다. 唐 司馬貞이 같은 이름의 역사서를 편찬했는데, 三皇本紀와 관련한 별개의 책이다. 宋 晁公武의 『郡齋讀書錄』에는 이 책이 130권으로 되어 있고 唐 司馬貞이 司馬遷의 『史記』를 보완한 것이며, 五帝보다 앞선 시기의 기록인 『補三皇紀』를 두고 索隱의 說과 贊을 붙였다고 했다.

補三國疆域志

淸 洪亮吉이 편찬한 歷史地理書. 洪亮吉(1746~1809)은 字가 君直 혹은 稚存이고 號는 北江이다. 江蘇 陽湖 출신으로 經史와 音韻 訓詁에 뛰어났고 특히 地理에 정통했다. 『卷施閣詩文集』, 『更生齋詩文集』, 『北江詩話』, 『比雅』, 『六書轉注錄』, 『春秋左傳詁』 등 저술이 많다. 이 책은 『三國疆域志』라고도 하는데 『三國志』를 바탕으로 하여 魏, 蜀, 吳 三國의 歷史地理를 기술한 것으로 2권으로 되어 있다. 嘉慶 14년(1809) 간행된 『卷施閣集』에 실려 있다. 『卷施閣集』은 장서각에 소장되어 있는데 乾隆 60년(1795) 간행된 판본으로 추정된다. 光緖 연간(1875~1908) 간행된 『洪北江全集』에도 이 책이 수록되어 있는데 고려대와 서울대 중앙도서관에 소장되어 있다. 『貞㽔閣集』과 『五洲衍文長箋散稿』에서 "三國東晉十六國畺域三志"라 하여 이 책을 소개했는데, 2권의 『補三國疆域志』, 4권의 『東晉疆域志』, 16권의 『十六國疆域志』를 아울러 이른 것이다. 또 이 대목은 淸 袁枚가 쓴 『卷施閣文乙集』의 序를 재인용한 것이다. 『三國疆域志疑』와 『補三國疆域志補注』는 淸 謝鍾英이 편찬한 별개의 책이다.

補侍兒小名錄

南宋 王銍이 편찬한 筆記雜錄. 王銍은 字가 性之이고 號가 汝陰老民이며 汝陰 출신이다. 建炎 연간(1127~1130)과 紹興 연간(1131~1162)의 인물이지만 자세한 이력은 밝혀져 있지 않다. 저서로 『雲溪集』, 『補侍兒小名錄』, 『默記』, 『國老談苑』 등이 있다. 이 책은 어릴 때의 이름인 小名에 관한 것으로, 宋 洪駒의 『侍兒小名錄』(洪駒가 아닌 洪適의 저술로 된 데도 있다)을 계승해 王銍이 이 책을 지었으며 溫豫가 다시 『侍兒小名錄補遺』를 지었다. 규장각에 소장된 『宋

人百家小說』에는 洪遂, 王銍, 溫豫가 각기 편찬한 『侍兒小名錄』이 모두 수록되어 있으며 明 陳汝元이 교정하여 간행한 『侍兒小名錄拾遺』가 소장되어 있는데 『侍兒小名錄拾遺』와 함께 『補侍兒小名錄』, 『續補侍兒小名錄』도 실려 있다. 王銍의 이 책은 규장각에 소장된 『說郛』 등에도 실려 있는데 서명이 『侍兒小名錄』이고 瓊枝, 蕭同叔子, 女嬇, 小玉, 半髻 등 19조로 되어 있다. 『五洲衍文長箋散稿』에는 王銍과 함께 宋 溫豫, 宋 洪适, 宋 張邦畿 등의 『侍兒小名錄』도 소개했다.

寶章待訪錄

北宋 米芾이 편찬한 法帖. 米芾(1051~1107)은 初名이 黻이고 字는 元章이며 號는 襄陽居士 혹은 海嶽山人 등을 사용했다. 潤州 출신으로 書法家, 畵家, 書畵理論家로 이름이 높다. 『向太后挽辭』, 『蜀素帖』, 『苕溪詩帖』, 『拜中嶽命帖』, 『虹縣詩卷』, 『草書九帖』, 『多景樓詩帖』 등의 法帖이 알려져 있다. 문집 『山林集』은 일실되었고, 書畵理論書인 『書史』, 『畵史』, 『寶章待訪錄』 등이 전한다. 이 책은 1권으로 되어 있으며 『待訪錄』이라고도 한다. 目睹와 的聞으로 나누어서 目睹에 晉 王羲之의 『雪晴帖』 이하 54條를 두고, 的聞에 唐의 僧 懷素의 自序 이하로 29條를 두었다. 이 책은 그의 저술 『書史』에 비하여 소략한데 明 張丑이 이 책을 모방하여 『張氏四表』를 편찬했다. 『星湖僿說』에 『待訪錄』으로, 『警修堂全稿』에 『寶章待訪錄』으로 인용되어 있다. 규장각에 소장된 『叢書』, 『說郛』에 이 책이 실려 있다. 규장각에 明 張丑이 편찬한 『淸河書畵舫』이 소장되어 있는데 그 부록에도 이 책이 실려 있다.

寶藏論 → 軒轅述寶藏論

步天歌

唐 王希明이 지은 天文 관련 詩歌 작품. 王希明은 開元 연간(713~741) 方技로 內供奉과 待詔翰林을 지낸 인물로 號는 青羅山布衣다. 그의 저술로 이 작품과 『太乙金鏡式經』이 알려져 있다. 『五洲衍文長箋散稿』에는 隋 王羲明의 『步天歌』가 丹元子의 작품으로 되어 있는데 丹元子가 이름을 숨긴 것이라 하고, 王羲明은 『太乙金鏡式』을 편찬한 王希明이라 했으며 또 王希明의 『丹元子步天歌』로도 소개했다. 丹元子는 王希明의 號로 본 듯하다. 『丹元子步天歌』는

宋 鄭樵의 『通志』에서 보이는데 三垣과 二十八宿을 七言詩로 노래한 작품이며, 宋代의 書目에 1권으로 되어 있다. 규장각 등에 목판본, 목활자본, 필사본 등 여러 종의 『步天歌』가 소장되어 있으며 星圖가 그려져 있는데 조선에서 간행한 판본도 있다. 대부분 작가 이름이 빠져 있거나 丹元子로 되어 있다. 康熙 58년(1719) 간행된 『天文步天歌』가 중국 國家圖書館에 소장되어 있는데 작가가 王希明으로 되어 있다. 『世宗實錄』에는 『天文步天歌』로 인용되어 있고 『象村稿』, 『星湖僿說』, 『磻溪隧錄』, 『左蘇山人集』, 『五洲衍文長箋散稿』 등에서 『步天歌』, 『丹元子步天歌』 등으로 인용했다.

補筆談 → 夢溪筆談

補後漢書年表

南宋 熊方이 『後漢書』의 年表를 보완한 年表. 熊方은 字가 廣居이고 江西 豐城 출신이며, 南宋 初의 인물이지만 자세한 이력이 밝혀져 있지 않다. 이 책은 同姓侯王表 2권, 異姓諸侯表 6권, 百官表 2권 등 총 10권으로 이루어져 있으며 체제는 『後漢書』를 따랐다. 『史記』나 『漢書』에는 각각 10表와 8表가 있는데, 『後漢書』는 記傳 중에 年表가 섞여 있으므로 熊方이 이를 보완하여 편찬한 것이다. 『四庫全書』에 10권으로 실려 있다. 『五洲衍文長箋散稿』에는 『後漢年表』, 『後漢書年表』라는 이름으로 소개했다.

卜記

宋 王宏이 편찬한 占術書. 『說郛』에 편찬자를 王宏이라 했지만 어떤 인물인지 알 수 없다. 蠡卜, 彪卜, 鷄卜, 鳥卜, 撙蒱卜, 十二棋卜, 竹卜, 牛蹄卜 등의 점술을 설명했다. 『海東繹史』에 東夷의 占卜과 관련하여 이 책을 인용했는데 편찬자가 王宏으로 되어 있다.

復性書

唐 李翶가 心性論에 관하여 쓴 세 편의 글. 李翶(772~841)는 字가 習之이고 隴西 출신인데 趙郡 출신이라는 설도 있다. 『五木經』이 그의 저술로 알려져 있으며 문집 『李文公集』이 전한다. 이 책은 上篇에서 性情과 聖人의 관계를 논하고, 中篇에서 修養의 方法과 路徑을 논했으며, 下篇에서는 修養을 장려했

다. 復性이란 "감정을 멀리하고 본성을 회복한다(去情復性)"는 의미로, 불교의 영향을 받은 용어다. 『晩靜堂集』, 『耐齋集』, 『明皐全集』, 『與猶堂全書』, 『林下筆記』, 『五洲衍文長箋散稿』 등 여러 문헌에 이 글이 인용되어 있다. 규장각에 明代의 간본 『李文公集』이 소장되어 있는데 권2에 이 글이 실려 있다. 明 鍾人傑의 『性理會通』에도 실려 있다.

福壽全書

明 陳繼儒가 편찬한 筆記雜錄. 陳繼儒(1558~1639)는 字가 仲醇이고 號가 眉公 혹은 麋公이며 華亭 출신이다. 『妮古錄』, 『梅花冊』, 『雲山卷』, 『陳眉公全集』, 『小窓幽記』, 『建文史待』, 『讀書鏡』, 『文奇豹斑』, 『萬寶全書』, 『白石樵虞稿』 등 많은 저술이 전한다. 이 책은 『四庫全書總目』에 편찬자를 陳繼儒라 하고 名賢의 格言과 遺事를 選錄했으며, 惜福에서 好還까지 20類로 나누어 勸善懲惡의 내용을 담았다고 했다. 중국의 目錄에 따라 不分卷, 20권, 6권, 4권 등으로 다르게 되어 있는데 현전하는 책도 不分卷, 20권, 18권, 6권 등으로 다양하다. 李宜顯의 『庚子燕行雜識』에는 10권으로 된 것을 구입한 것으로 되어 있다. 『山林經濟』, 『弘齋全書』, 『而已广集』, 『茶山詩文集』, 『淵泉集』, 『海東繹史』 등에 이 책이 인용되어 있다. 최근의 연구에서는 이 책이 明 鄭瑄(1602~1646?)의 『昨非庵日纂』에서 초록하여 崇禎 연간(1628~1644) 간행된 것으로 밝혀졌다. 규장각에 天啓 7년(1627) 간행된 목판본 『福壽全書』 4권 4책이 소장되어 있는데 宋 秦觀이 편찬한 것을 明의 焦竑이 편집하고 李勳, 梁問源, 梁問津 등이 增訂하여 翼聖堂에서 간행한 것이라 했지만 秦觀의 이름에 가탁한 것으로 추정된다. 卷頭에 闞應析의 「福壽全書廣集序」가 실려 있고 卷末에 「增補福壽全書書廣目錄」이 실려 있다. 李勳 등이 增訂한 『福壽全集』이 앞에 있고 이어서 闞應析이 편집하여 증보한 『福壽廣集』이 실려 있으며 내용은 「赤松子中誡經」, 「善惡報有三時」, 「積善有餘慶」, 「不信殺者有報」 등으로 구성되어 있다. 卷頭에 "陳眉公先生鑑定", "陶贊庭先生輯", "翼聖堂藏板" 등의 牌記가 보인다. 洪奭周가 『福壽全書』에서 抄出하여 목활자로 『福壽雙會』를 간행했는데 장서각과 전남대 등에 소장되어 있다. 규장각에 소장된 필사본 『續福壽全書』는 『福壽全書』의 영향으로 편찬된 것인데 朝鮮의 逸話를 수록했으며 편자는 丁宜愼이다.

復宿山房集

明 王家屏의 文集. 王家屏(1535~1603)은 字가 忠伯이고 山西 山陰 출신이며, 禮部尙書와 文淵閣大學士를 지냈다. 그의 문집은 이 책 외에 『王文端集』 14권이 있었지만 지금은 확인되지 않는다. 이 책 역시 일본 內閣文庫에 40권이 소장되어 있을 뿐 다른 곳에서는 보이지 않는다. 『四庫全書總目』에서도 보지 못한 책이라 했다. 『海東繹史』에는 朝鮮에 사신으로 온 許國에 대한 기사를 이 책에서 인용했지만, 그 출처는 확인하기 어렵다.

復齋漫錄 → 能改齋漫錄

復齋易說

南宋 趙彦肅이 『周易』을 풀이한 책. 趙彦肅은 字가 子欽이고 號가 復齋이며, 宋 太祖의 후손이지만 자세한 생몰년은 밝혀져 있지 않다. 『廣雜學辨』, 『士冠禮婚禮饋食圖』 등을 편찬하여 朱熹의 칭찬을 받았지만, 『周易』을 풀이한 이 책에 대해서는 비판을 받았다. 이 책은 『通志堂經解』에 6권으로 수록되어 있는데 전남대에 소장되어 있다. 이화여대에 소장된 필사본 『橫渠易說』에도 이 책이 함께 실려 있다. 『靑莊館全書』, 『五洲衍文長箋散稿』 등에 이 책이 소개되어 있다. 『五洲衍文長箋散稿』에는 宋 李楗의 『易說』도 언급했는데 淸 朱彝尊의 『經義考』에는 일실된 책이라 했다. 李楗은 昭信 출신으로 國子博士를 지냈지만 이력이 자세하지 않다.

本事詩

唐 孟棨가 편찬한 詩話雜錄. 孟棨는 字가 初中인데 僖宗 2년(875) 進士가 되었으나 자세한 이력은 밝혀져 있지 않다. 『新唐書』, 『津逮秘書』 등에는 孟啓로 되어 있다. 이 책은 唐代 詩人의 逸事를 기록한 것으로, 情感, 事感, 高逸, 怨憤, 徵異, 徵咎, 嘲戲 등 7類로 분류하여 41조를 수록했는데 일실된 詩人과 作品을 다수 수록하고 있어 가치가 높다. 南朝 宋 武帝, 徐德言 등 일부 六朝 시기의 작품도 있지만 대부분 唐代의 일화를 중심으로 구성되었다. 『龍威秘書』, 『說郛』, 『唐宋叢書』 등에 수록되어 있으며, 『古今逸史』, 『顧氏四十家小說』, 『津逮秘書』, 『歷代詩話續編』 등에는 다른 판본이 실려 있다. 서울대 중앙도서관에 청대 말기에 간행한 목판본이 소장되어 있다. 『五洲衍文長箋散稿』에서 이

책을 인용했으며 唐 聶奉先의 『續本事詩』도 함께 소개했다. 『青莊館全書』, 『研經齋全集』 등에 清 徐釚의 『本事詩』를 소개했는데 다른 책이다.

本草綱目

明 李時珍이 편찬한 本草書. 李時珍(1518~1593)은 字가 東璧이고 號가 瀕湖山人이며 蘄州 출신이다. 『奇經八脈考』, 『瀕湖脉學』 등의 저술이 더 있다. 이 책은 李時珍이 30년에 걸쳐 집필하고 세 차례 수정을 한 후 萬曆 24년(1596) 52권으로 간행했다. 水部, 火部, 土部, 金石部, 草部, 穀部, 菜部, 果部, 木部, 服器部, 蟲部, 鱗部, 介部, 獸部, 人部 등으로 분류한 후, 正名을 綱이라 하고 別名을 目이라 하여 총 1,892종의 약재를 망라했다. 또한 集解, 辨疑, 正誤의 조목을 따로 두어 약재의 産地와 形狀 등을 밝히고, 氣味, 主治, 處方을 기록했다. 계명대에 崇德 5년(1640) 간기가 있는 목판본이, 고려대에 順治 12년(1655) 重訂序가 달린 목판본이, 국립중앙도서관에 順治 14년(1657) 간기가 있는 목판본이 소장되어 있다. 이 책은 『順菴集』, 『宋子大全』, 『英祖實錄』, 『正祖實錄』, 『青莊館全書』, 『五洲衍文長箋散稿』 등 조선 후기 문헌에 자주 인용되었다. 조선의 문헌에 인용된 『本草』라는 서명은 이 책을 가리키기도 하지만 宋 唐愼微가 편찬한 『證類本草』를 가리킬 때도 있다.

本草經 → 神農本草

本草圖經

北宋 蘇頌 등이 仁宗의 命으로 편찬한 本草書. 蘇頌(1020~1101)은 字가 子容이고 福建 泉州 南安 출신이다. 集賢院 校理로 있으면서 掌禹錫, 林億 등과 『嘉祐補注本草』를 편찬했고 『急備千金方』, 『神農本草』를 교정하여 간행했다. 이 책은 이러한 경험을 바탕으로 萬曆 29년(1061) 편찬한 것으로 目錄 1권을 포함하여 21권으로 구성되어 있으며 약초의 그림을 함께 수록했다. 서명은 『圖經本草』, 『咽經』이라고도 한다. 규장각에 소장된 『經史證類大全本草』의 後序에 따르면 漢 元始 연간(1~5) 편찬된 『神農本草經』과 『內經』, 宋 開寶 연간(968~976) 편찬된 『詳定本草』와 『重定本草』, 嘉祐 연간(1056~1063) 편찬된 『補註圖經』 등을 이어 이 책이 나왔는데, 『詳定本草』와 『重定本草』, 『補註圖經』 등을 합하여 만든 것이라 한다. 원본은 일실되고 일부가 『本草綱目』에 실

려 있고 그림은 宋 唐愼微가 편찬한 『證類本草』에 실려 있다. 『養花小錄』, 『芝峯類說』, 『息山集』, 『海東繹史』, 『五洲衍文長箋散稿』 등에 이 책을 인용했지만 재인용한 것으로 추정된다.

本草蒙筌

明 陳嘉猷가 편찬한 本草書. 陳嘉猷(1486~1570)는 字가 廷采이고 號가 月朋이며 西鄕 石墅 출신이다. 醫學과 本草學에 능하여 이 책과 함께 『醫學指南』을 편찬했다. 이 책은 12권으로 되어 있으며 『本草發明蒙筌』, 『蒙筌』이라고도 한다. 742종의 약초에 대해 産地, 採集, 貯藏, 加工, 配合, 鑑別, 禁忌, 服用法 등을 적고 그림을 붙였다. 장서각에 嘉靖 44년(1565) 간기가 있는 중국 목판본이 소장되어 있다. 『芝峯類說』, 『海東繹史』, 『五洲衍文長箋散稿』 등 여러 문헌에서 이 책을 인용했다.

本草拾遺

唐 陳藏器가 편찬한 本草書. 陳藏器(687?~757)는 四明 출신인데 자세한 이력은 밝혀져 있지 않다. 『新唐書』에 따르면 『神農本草經』, 『名醫別錄』, 『唐本草』 등이 나왔지만 누락된 것이 많다고 여겨 開元 29년(741) 이 책을 편찬했으며 序錄 1권, 拾遺 6권, 解紛 3권 등 총 10권으로 되어 있다고 했다. 또 解毒, 破氣, 療溫, 理風, 主脾 등으로 분류하여 기술했으며 藥材는 그 성질에 따라 宣, 通, 補, 瀉, 輕, 重, 滑, 澁, 燥, 濕燥 등 10종으로 나누어 기술했다고 한다. 원문은 일실되었지만 宋 唐愼微의 『證類本草』에 상당 부분이 인용되어 있다. 『星湖僿說』, 『與猶堂全書』, 『楓石全集』, 『海東繹史』, 『嘉梧藁略』 등에 이 책이 인용되었지만 재인용으로 보인다.

本草衍義

北宋 寇宗奭이 편찬한 本草書. 寇宗奭은 字號와 이력이 알려져 있지 않다. 政和 연간(1111~1118) 通直郎으로 있으면서 10여 년간 本草學을 연구하여 이 책을 편찬했다고 한다. 서명은 『嘉佑本草』와 『本草圖經』의 미진한 부분을 보충한다는 뜻이며 『本草廣義』라고도 불린다. 이 책은 目錄 1권, 序例 3권, 藥品 17권 등 총 21권으로 구성되어 있다. 玉石, 草, 木, 禽獸, 蟲魚, 果菜, 米穀의 순으로 배열되어 있으며 藥材는 총 467條에 걸쳐 570여 종을 다루었다. 규장각

에 소장된 『十萬卷樓叢書』에 이 책이 수록되어 있다. 국립중앙도서관에 文政 6년(1823) 일본에서 간행된 판본이 소장되어 있다. 『海東繹史』, 『五洲衍文長箋散稿』 등에서 이 책이 인용되었다.

封貢記略

明 王士琦가 朝鮮에 왔을 때의 見聞을 기록한 책. 王士琦(1551~1618)는 字가 圭叔이고 號가 豐輿이며 浙江 臨海 출신이다. 『三雲籌組考』, 『東征紀略』 등의 저술이 있다. 萬曆 戊戌(1598) 禦倭西路監軍으로 조선에 왔으므로 이 책은 이 때의 일을 기록한 것으로 추정된다. 『明史』에 1권으로 되어 있지만 지금은 전하지 않는다. 『海東繹史』에서 『明史』를 인용하여 이 책을 소개했다.

奉使雞林志 → 雞林志

奉使稿 → 奉使朝鮮稿

奉使高麗故實

北宋 呂端이 高麗에 사신으로 갔을 때의 見聞을 기록한 雜錄. 呂端(935~1005)은 字가 易直이고 幽州 安次 출신이며, 兵部尙書, 太子太僕 등을 지냈다. 宋 劉延世의 『孫公談圃』에는 呂相端이 귀국길에 바다를 지날 때 파도가 갑자기 일었는데 금으로 쓴 『維摩經』을 물에 빠뜨리자 파도가 잠잠해졌다는 고사를 소개했다. 이어지는 글에서 崔公度가 禮部에 있을 적에 "고려에 사신으로 간 사람들의 故實을 찾았다[求奉使高麗故實]"는 기록이 있다. 『海東繹史』에서는 『孫公談圃』의 기사를 인용하면서 『奉使高麗故實』을 書名으로 보았고 呂相端을 人名으로 보았다. 呂相端은 呂端을 가리키는데 宋 太宗 端拱 연간(988~989) 고려에 사신으로 간 기록이 보인다.

奉使高麗記

唐代 편찬자를 알 수 없는 高句麗 見聞錄. 『舊唐書』와 『新唐書』, 『通志』 등에 1권으로 되어 있으며 편찬자는 밝혀져 있지 않다. 宋 徐兢이 편찬한 것으로 된 기록도 있지만 『舊唐書』 등에 보이므로 사실이 아니다. 『海東繹史』에는 『浙江書目』을 인용하여 徐兢이 편찬한 것이라는 說을 반박하고 『高麗圖經』 외에 따

로 이 책이 있는 것은 아니라고 했다.『說郛』에『使高麗錄』1권이 실려 있는데『高麗圖經』중 海道의 일기만 초록한 것이므로 혼선이 생긴 것이다. 淸 范邦甸의『天一閣書目』에 4권으로 된『奉使高麗記』가 보이지만 편찬자는 밝히지 않았다.『靑莊館全書』,『五洲衍文長箋散稿』등에도 서명만 간략히 언급되었다.

奉使高麗紀事詩

淸 張廷枚가 朝鮮에서의 見聞을 적은 詩集. 張廷枚는 康熙 연간(1662~1722)에 활동한 문인이지만 이력이 자세하지 않다. 淸 法式善의『八旗詩話』에는 字가 卜臣이고 漢軍 출신이며, 저술로『國朝姚江詩存』이 있다고 했다. 淸 杭世駿의『榕城詩話』에 그에 대한 기록이 보이는데 張廷枚는 조선 출신으로 대대로 正紅旗 漢軍佐領을 세습했으며 문집『春暉堂詩鈔』를 남겼다고 한다.『肅宗實錄』에는 1717년 12월 27일 황태후가 죽자 阿克敦과 함께 張廷枚가 사신으로 온 것으로 되어 있다.『奉使高麗紀事詩』는 이때의 시를 모은 詩集으로 추정되지만, 일실되어 구체적인 내용은 알 수 없다. 朝鮮 景物의 아름다움과 風土의 기이함, 宴饗과 迎送의 절차에 대한 내용이 있었다고 한다.『海東繹史』에『榕城詩話』의 기사를 인용하여 이 책을 언급했다.『星湖僿說』에는 이름이 張庭梅로 잘못 표기되어 있다.

奉使錄

明 張寧이 조선에 사신으로 갔을 때의 일을 기록한 책. 張寧은 字가 靖之이고 號는 方洲이며 浙江 海鹽 출신으로, 생몰년은 밝혀져 있지 않다.『方洲雜言』,『方洲集』등의 저술이 있다. 天順 4년(1460) 朝鮮에 사신으로 갔으며 이때 지은 詩文이 규장각에 소장된『皇華集』권4에 수록되어 있다. 그중에는 崔恒이 지은 序와 함께 酬唱에 참여한 遠接使 朴元亨 등의 詩도 실려 있다. 이 책은『方洲集』권13에『奉使錄』이라는 이름으로 실려 있고,『寶顔堂祕笈彙函』에는 2권으로 수록되어 있다.『海東繹史』에는 1책이라 했다.

奉使詩艸 → 小寒山集

奉使朝鮮稿

明 朱之蕃이 朝鮮에 사신으로 갔을 때의 일을 기록한 책. 朱之蕃(?~1624)은

字가 元升 또는 元介이고 號가 蘭隅이며 茌平 출신으로 南京 錦衣衛에 籍을 두었다. 『玉堂釐正字義韻律海篇心鏡』, 『新鐫焦太史彙選中原文獻』 등의 저술이 규장각에 소장되어 있다. 『晩唐十二名家詩集』, 『蘭嵎太史詠物詩』, 『玉堂釐正字義韻律海篇心鏡』, 『金陵圖詠』 등 많은 저술이 중국 國家圖書館 등에 소장되어 있다. 이 책은 朱之蕃이 萬曆 乙巳(1605) 皇太孫誕生詔使로 조선에 사신으로 갔다 이듬해 귀국하기까지 朝鮮의 館伴과 어울리면서 함께 지은 시를 엮은 것으로 서명이 『使朝鮮稿』, 『奉使稿』로 된 데도 있다. 卷末에 붙어 있는 『東方和音』은 朝鮮의 柳根 등이 함께 수창한 시를 수록한 것이다. 끝부분에는 乙未(1595)의 制策 1통 및 東閣에서 창화한 讀卷官 沈演의 시가 몇 편 실려 있다. 『明史』 등 중국 문헌에는 『使朝鮮稿』 4권으로 기록되어 있다. 『四庫全書總目』에 따르면 朱之蕃이 朝鮮에서 『奉使朝鮮稿』와 『東方和音』을 남겼다고 한다. 上海圖書館에 萬曆 연간(1573~1620) 간본 1권이 소장되어 있다. 『星湖集』, 『海東繹史』 등에 이 책이 인용되어 있다.

奉使行程錄

北宋 許亢宗이 金國에 사신으로 갔을 때의 일을 기록한 見聞錄. 許亢宗은 字가 乾譽이고 樂平 출신인데, 北宋 宣和 연간(1119~1125)의 인물이지만 자세한 생몰년은 밝혀져 있지 않다. 일부 문헌에는 許亢으로 된 곳도 있다. 이 책은 許亢宗이 宋 徽宗 宣和 6년(1124) 金帝登位使로 金에 갔을 때의 見聞을 1권으로 기록한 것이다. 宋 宇文懋昭의 『大金國志』에는 서명이 『許奉使行程錄』으로 되어 있다. 第1程 雄州에서부터 第39程 金帝의 수도 會寧府의 숙소에 이르기까지 여정에 따라 지리, 풍속, 인물, 고사 등을 기록했다. 서울대 중앙도서관에 嘉慶 3년(1798) 掃葉山房에서 간행한 목판본 『宋遼金元別史』에 수록된 『大金國志』가 소장되어 있는데 그중에 『宣和乙巳奉使金國行程錄』으로 수록되어 있다. 『海東繹史』, 『靑莊館全書』, 『熱河日記』 등에 『行程錄』이라는 서명으로 인용되었는데 편찬자가 許亢宗으로 명기되어 있다.

封神演義

저자 미상의 明代 소설. 明 許仲琳 혹은 明 陸西星이 지은 것이라고도 한다. 이 책은 『武王伐紂外史』라고도 하며 明 鍾惺의 評點本이 널리 알려져 있다. 鍾惺(1574~1624)은 字가 伯敬이고 號가 退谷이며 竟陵 출신으로, 관직이 福建

提學僉事에 이르렀다. 封神의 이야기는 漢代 이래 부분적으로 기록되어 왔는데, 元代에 商과 周의 전쟁을 중심으로 한 『武王伐紂平話』 3권이 이루어졌고, 16~17세기 무렵 『封神演義』로 확대되었다. 『封神演義』는 모두 100回로, 제30회까지는 주로 商 紂王의 虐政을 묘사했고 나머지 70회는 商과 周의 전쟁을 묘사했다. 이 책은 『西周演義』라고도 하는데, 趙泰億의 『謙齋集』에 실려 있는 「諺書西周演義跋」에 따르면 趙泰億의 모친이 『西周演義』를 필사했다는 기록이 보이므로 한글로 번역된 책으로 추정된다. 규장각에 淸代 목판본 『新刻鍾伯敬先生批評封神演義』가 소장되어 있는데 康熙 乙亥(1695)의 序가 붙어 있다. 고려대와 전남대에는 光緒 9년(1883) 掃葉山房刊 『封神演義』가 전한다. 장서각에 한글로 언해된 『셔주연의』 25책이 소장되어 있다. 『五洲衍文長箋散稿』에서 『封神演義』라는 이름으로 인용되었다.

封氏聞見記

唐 封演이 편찬한 筆記. 封演은 渤海 출신으로 大曆 연간(766~779)과 貞元 연간(785~805) 邢州刺史와 御史中丞 등을 지냈는데 字號는 밝혀져 있지 않다. 이 책은 10권으로 되어 있는데 권6까지는 역사 사실과 名物을 고증했고, 권7~8은 古跡을 기록하고 평론했으며, 권9~10은 唐代 士大夫 등의 遺事와 軼聞들을 수록했다. 明代의 필사본이 중국 國家圖書館에 소장되어 있다. 규장각에 소장된 『說郛』에는 1권으로 수록되어 있고, 장서각에 소장된 『雅爾堂叢書』에도 1권으로 실려 있다. 『五洲衍文長箋散稿』, 『林下筆記』 등에 이 책이 인용되었다. 『退溪文集考證』에는 『封氏見聞錄』으로 인용되었다.

鳳池集

淸 沈玉亮과 吳陳琰이 편찬한 應製詩集. 沈玉亮은 字가 瑤岑 혹은 亦村이고 號가 紉芳이며 浙江 武康 출신이다. 吳陳琰은 字가 寶崖이고 浙江 錢塘 출신이며, 『春秋三傳同異考』, 『曠園雜志』 등의 저서가 있다. 모두 康熙 연간(1662~1722)에 활동했다. 이 책은 康熙 乙酉(1705)에 간행된 것으로, 淸代의 應製詩를 수집하여 편찬한 것이며 말미에는 雜劇 1折이 붙어 있다. 중국 國家圖書館, 미국 국회도서관 등에 康熙 44년(1705) 간본이 소장되어 있다. 『五洲衍文長箋散稿』에서 이 책을 인용했다.

蓬窓續錄

明 馮時可가 편찬한 筆記雜錄. 馮時可(1541~?)는 字가 敏卿이고 號가 元成이며 華亭 출신인데, 天啓 연간(1621~1627) 사망했다. 『滇行紀略』, 『上池雜說』, 『左氏釋』, 『衆妙仙方』 등 많은 저술을 남겼다. 이 책은 『茶錄』, 『雨航雜錄』과 함께 『說郛續』에 실려 있다. 『澹生堂藏書目』에는 馮時可가 『蓬窓錄』 2권과 『蓬窓續錄』 1권을 편찬했다고 한 것으로 보아 『蓬窓錄』을 보완한 것이 이 책인 듯하다. 『說郛續』에는 10여 條가 수록되어 있는데 黎杖, 紫鳳, 弟子, 聚頭扇 등의 유래와 의미를 변증했다. 『熱河日記』에 聚頭扇, 自鳴鍾 등과 관련하여 이 책을 인용했고, 『海東繹史』, 『五洲衍文長箋散稿』에도 이 서명이 보인다.

蓬窓日錄

明 陳全之가 편찬한 雜錄. 陳全之(1512~1580)는 이름이 朝鎣인데 字인 全之를 이름처럼 사용했으며 號는 津南 혹은 夢宜居士다. 『遊雜集』, 『巴黔集』, 『食物本草』 등의 저술이 전한다. 이 책은 世務, 寰宇, 詩談, 事紀 등 4門으로 분류하여 馬政, 驛站, 漕運, 水利, 鹽政 등의 다양한 지방 업무를 8권으로 기록했다. 明 嘉靖 44년(1565) 序가 달린 간본이 중국 國家圖書館과 일본 東洋文庫 등에 소장되어 있다. 『海東繹史』에서 이 책을 인용해 高麗의 朝貢에 관한 기사를 실었다.

奉天靖難記

明 成祖 永樂帝가 靖難으로 즉위할 때까지의 始末을 기록한 책. 편찬자는 밝혀져 있지 않은데 淸 嵇曾筠의 『雍正浙江通志』에서는 『焦氏經籍志』의 기록을 근거로 편찬자를 明 劉辰이라 했지만 확인하기 어렵다. 이 책은 4권으로 구성되었고 永樂 初年에 편찬된 것으로 추정되는데 太祖의 長子인 懿文太子와 惠帝를 무고한 내용이 많아 淸 黃虞稷의 『千頃堂書目』에서는 사료로서 신빙성이 떨어진다고 했다. 중국 國家圖書館에 明代의 필사본이 소장되어 있다. 明 太祖의 后妃 碽妃가 조선 출신이라는 사실 때문에 『海東繹史』, 『五洲衍文長箋散稿』 등에서 이 책을 인용했지만 朱彝尊의 『曝書亭集』에 실린 내용을 옮긴 것이다.

罘罳考 → 演繁露

負暄雜錄

宋 顧文薦이 편찬한 筆記雜錄. 이 책과 함께 『船窓夜話』가 『說郛』에 실려 있지만, 顧文薦이 어떤 인물인지는 알 수 없다. 이 책은 『負暄錄』이라고도 한다. 규장각에 소장된 『說郛』에는 편찬자 이름이 빠져 있다. 蠻紙, 惡香, 山藷, 相墨 등 4條로 되어 있다. 『海東繹史』에서 고려 종이를 이르는 蠻紙를 소개하면서 이 책을 인용했다.

北溪先生性理字義 → 性理字義

北堂書鈔

唐 虞世南이 편찬한 類書. 虞世南(558~638)은 字가 伯施이고 浙江 姚江 출신으로, 弘文館 學士, 秘書監을 거쳐 銀靑光祿大夫에 올랐다. 書法에 능하여 『筆髓論』, 『書旨述』 등을 남겼다. 이 책 외에 『群書理要』, 『兔園集』, 『虞秘監集』 등의 저술이 있다. 이 책은 帝王, 后妃, 政術, 刑法, 封爵, 設官, 禮儀, 藝文, 樂, 武功, 衣冠, 儀飾, 服飾, 舟, 車, 酒食, 天, 歲時, 地 등 19部로 나누고 다시 801類로 세분하여 기술했는데 전체 160권이다. 歐陽詢 등의 『藝文類聚』, 白居易 등의 『白孔六帖』, 徐堅 등의 『初學記』와 더불어 唐代 4대 類書로 꼽힌다. 규장각에 160권 15책 목판본이 전하는데 明 陳禹謨가 校訂하고 補註를 단 판본이다. 陳禹謨는 字가 錫元, 號가 海虞이고 江蘇 常熟 출신이며, 『經籍異同』, 『經言枝指』, 『四書名物考』, 『左氏兵略』, 『說儲』, 『駢志』, 『廣滑稽』 등 많은 저술을 남겼다. 萬曆 28년(1600) 陳禹謨가 지은 序가 실려 있고 凡例와 卷目, 目錄이 권두에 붙어 있다. 고려대에도 유사한 판본이 있는데 160권 16책으로 되어 있다. 서울대 중앙도서관에 소장된 판본은 160권 20책으로 光緖 14년(1888) 南海孔氏三十有三萬卷堂에서 간행한 것이며, 淸의 孫星衍, 嚴可均, 王弘之 외 8인이 校正하고 增補한 것이다. 『星湖僿說』, 『靑莊館全書』, 『與猶堂全書』, 『五洲衍文長箋散稿』 등 여러 문헌에서 이 책을 인용했다. 李德懋는 『耳目口心書』에서 가장 유명한 類書로서 『藝文類聚』, 『北堂書鈔』, 『初學記』, 『白孔六帖』, 『杜氏通典』을 들었다.

北里志

唐 孫棨가 편찬한 雜錄. 孫棨는 字가 文威이고 無爲라 自號했는데 唐 昭宗 연

간(901~904) 侍御史, 翰林學士, 中書舍人 등을 역임했다. 이 책은 1권이며 中和 4년(884) 편찬된 것이다. 中和 이전 長安城 北平康里의 歌妓에 대해 기술하여 이러한 書名이 붙었다. 규장각에 소장된 『說郛』, 『唐代叢書』 등에 실려 있다. 『惺所覆瓿藁』, 『五洲衍文長箋散稿』 등에서 이 책을 인용했다.

北夢瑣錄 → 北夢瑣言

北夢瑣言

北宋 孫光憲이 편찬한 筆記雜錄. 孫光憲(901~968)은 字가 孟文이고 號는 葆光子이며 蜀州 富春 출신이다. 『荊台集』, 『橘齋集』, 『玩筆傭集』, 『鞏湖編』, 『玩蠶書』, 『續通曆』 등의 저술이 있었지만 일실되고, 『北夢瑣言』 20권만 전한다. 이 책은 『北夢瑣錄』, 『北夢瑣語』라고도 한다. 唐과 五代의 皇室, 宰輔, 酷吏, 藩鎭, 科擧, 門閥, 風俗, 道敎, 佛敎, 문인의 逸事 등 다양한 내용을 수록하고 있다. 明 商濬의 『稗海』에 실린 판본과 元 孫道明 所藏本을 揚州에서 판각한 판본이 전하는데, 후자가 宋代 陝西에서 간행한 판본과 비슷하여 善本으로 평가되고 있다. 규장각에 소장된 『稗海』, 『說郛』에도 수록되어 있다. 『芝峯類說』, 『星湖僿說』, 『無名子集』, 『靑莊館全書』, 『五洲衍文長箋散稿』 등 여러 문헌에서 이 책을 인용했다.

北史

唐 李延壽가 편찬한 北朝의 歷史書. 李延壽는 隴西 출신으로 相州에 거주했으며 字는 遐齡이다. 貞觀 연간(627~649) 崇賢館 學士를 지냈고 『晉書』, 『隋書』 등의 편찬에 참여했으며, 부친 李大師의 뜻을 이어 이 책과 함께 『南史』를 편찬했다. 『太宗政典』도 그의 저술이다. 이 책은 顯慶 4년(659) 완성되었다. 北朝 233년의 역사를 紀傳體通史로 기록한 책으로, 本紀 12권, 列傳 88권 등 총 100권으로 되어 있다. 94권에 高句麗, 百濟, 新羅가 수록되어 있다. 『中宗實錄』에는 이 책을 중국에서 구해 오도록 건의한 기사가 보인다. 『與猶堂全書』에서 물길을 다루면서 이 책을 자세히 다루었다. 『星湖僿說』, 『海東繹史』, 『五洲衍文長箋散稿』 등 많은 문헌에서도 인용했다. 규장각에는 萬曆 연간(1573~1620)과 崇禎 연간(1628~1644) 간본 몇 종이 소장되어 있다.

北山酒經

北宋 朱肱이 편찬한 술에 관한 雜錄. 朱肱(1050~1125)은 字가 翼中이고 號는 無求子이며 吳興 출신이다. 만년에 杭州 大隱坊에 물러나 살며 號를 大隱翁이라 했다. 이 책은 宋代의 간본이 전하는데 3권이다. 『四庫全書』에도 3권으로 실려 있다. 上卷은 술의 역사, 中卷은 總論과 頓遞祠祭麴, 香泉麴, 香桂麴, 杏仁麴 등 누룩 제조법, 下卷은 臥漿, 淘米, 煎漿, 湯米, 蒸醋麋, 用麴, 合酵, 酴米 등의 양조 과정과 함께 白羊酒, 菊花酒 등의 양조법을 소개했다. 『續北山酒經』을 편찬한 李保의 跋이 실린 판본도 있다. 또 이 책은 『酒經』이라는 서명으로 『說郛』에 수록되어 있는데 總論 이외에는 항목만 나열했다. 『說郛』에는 朱肱의 『酒經』과 함께 宋 蘇軾의 『酒經』, 宋 李保의 『續北山酒經』도 실려 있다. 『御覽知不足齋叢書』에는 大隱翁의 이름으로 『北山酒經』이 수록되어 있다. 『五洲衍文長箋散稿』에는 蘇軾과 朱肱의 『酒經』 외에 唐 王勣의 『北山酒經』과 李保의 『續北山酒經』도 소개했다. 蘇軾이 편찬한 책은 『蘇軾酒經』, 『東坡酒經』, 『坡酒經』이라고도 한다. 『芝峯類說』에는 王績이 『酒經』을 편찬했다고 했는데 明 彭大翼의 『山堂肆考』를 재인용한 것이다. 許筠의 『閑情錄』에는 袁宏道의 『觴政』을 인용하여 이 책과 李保績의 『酒經』을 소개했지만, 李保 『續北山酒經』의 잘못이다.

北轅錄

南宋 周輝가 편찬한 雜錄. 周輝(1127~1198)는 周煇라고도 적는데 字가 昭禮이며 淮海 출신이다. 博學宏詞로 이름을 날렸지만 金이 들어서자 杭州 淸波門에 만여 권의 장서를 갖추고 은거했다. 『淸波雜志』가 그의 대표적인 저술이다. 규장각 등에 소장된 『說郛』, 『古今說海』 등에 이 책이 1권으로 실려 있다. 淳熙 丙申(1176) 金에 사신으로 갔을 때 겪은 일과 金에서의 연회를 기록했다. 『海東繹史』의 인용서목에 이 책이 보이는데 『古今說海』에 실려 있다고 했다.

北征記

東晉 伏滔가 편찬한 雜錄. 伏滔(317?~396)는 字가 玄度이며 平昌 安丘 출신으로, 『正淮』와 문집 11권이 있었다고 하지만 전하지 않는다. 이 책 역시 현전하지 않고 『太平御覽』과 『後漢書』의 「郡國志」 註 등에 일부가 인용되어 전한다. 老子廟, 桓魋 石槨, 三王陵 등에 대한 정보가 실려 있다. 『海東繹史』에 箕子

墓에 대해 고증하면서 이 책을 인용했는데 宋 樂史의 『太平寰宇記』에 나오는 기록과 동일하다.

北海集

明 馮琦의 文集. 馮琦(1558~1604)는 字가 用韞이고 號가 琢庵이며 山東 臨朐 출신으로, 禮部尙書에 이르렀다. 『宗伯集』, 『經濟類編』, 『宋史紀事本末』 등의 저술이 있다. 규장각에 『馮用韞先生北海集』이 소장되어 있는데, 校訂을 본 林景暘이 萬曆 31년(1603)에 쓴 序와 林有麟의 跋이 수록되어 있다. 전체 46권으로, 권1~5는 詩, 권6~11은 序, 권12는 記, 권13~29는 雜文, 권30~40은 誥勅, 奏疏, 권41~42는 議, 論, 表, 권43~45는 訃, 권46은 저자의 墓誌銘, 行狀, 傳 등으로 되어 있다. 『海東繹史』에서 임진왜란과 관련한 사료를 이 책에서 인용했다.

北戶錄

唐 段公路가 편찬한 雜錄. 段公路는 생몰년이 밝혀져 있지 않은데 『新唐書』에 따르면 段文昌의 손자이고 段成式의 아들이며 咸通 연간(860~873) 활동했다. 宋 王堯臣의 『崇文書目輯釋』에는 서명이 『北戶雜錄』으로 되어 있고 3권이라 했다. 『學海類編』에는 저자의 이름이 段公璐로 되어 있고, 東牟 출신이라 했다. 이 책은 咸通 12년(871) 茂名에서 南海로 귀향할 때 五嶺의 風土와 民俗, 歌謠 등을 채록한 것이다. 『學海類編』, 『古今說海』 등에 실려 있으며 3권이다. 권1에는 通犀, 鸕鴣, 赤白吉了, 蚺蛇牙, 蛤蚧, 蛺蝶枝, 金龜子 등의 動物을, 권2에는 蚊母扇, 紅虾杯, 象早炙, 食目, 水韭, 斑皮竹笋器物과 植物을, 권3에는 無核荔枝, 山桔子, 胡桃, 白楊梅, 紅梅 등의 植物을 다루었다. 『退溪集』, 『芝峯類說』, 『五洲衍文長箋散稿』 등에 이 책이 인용되어 있다.

分甘餘話

淸 王士禛이 편찬한 筆記雜錄. 王士禛(1634~1711)은 字가 貽上이고 號가 阮亭이며 別號 漁洋山人을 따서 王漁洋으로도 불렸다. 원래 이름은 士禛이었으나 世宗의 諱를 피해 士正으로 바꿨다가, 다시 詔命을 받고 士禎으로 고쳤다. 山東 新城 출신으로 일생의 저술이 500여 種, 詩作은 4,000여 首에 달했으며, 주요 저작으로 『漁洋山人精華錄』, 『池北偶談』, 『香祖筆記』, 『居易錄』, 『帶經

堂集』 등이 있다. 이 책은 康熙 48년(1709) 편찬되었는데 선조들의 著述, 典章制度, 詩歌의 평론, 地名의 고증, 文人의 軼事, 字義의 辨析, 古書의 현황, 社會와 風俗, 地方의 物産, 질병과 그 치료 등 폭넓은 내용을 수록했다. 康熙 연간(1662~1722) 판본이 중국 國家圖書館, 미국 워싱턴대 등에 소장되어 있는데 4권으로 되어 있다. 규장각에 소장된 『說鈴』에도 실려 있다. 『靑莊館全書』, 『五洲衍文長箋散稿』 등에 이 책이 인용되었다.

分類補註李太白詩

元 楊齊賢이 李白의 詩集에 주석을 단 책. 李白(701~762)은 字가 太白이고 號가 靑蓮居士이며 謫仙으로 일컬어진다. 楊齊賢은 湖南 寧遠 출신으로 字는 子見이다. 慶元 5년(1199) 進士가 되었고 通直郎을 역임했다. 이 책은 25권인데 元 至大 3년(1310) 勤有堂 간본이 대만 故宮博物院圖書館에 소장되어 있다. 楊齊賢의 주석에 蕭士贇이 補註한 것을 간행한 책이다. 조선에서도 간행되었는데, 장서각에 世宗 16년(1434) 甲寅字로 간행한 판본이 소장되어 있으며, 고려대 등에도 유사한 판본이 소장되어 있다. 『海東繹史』에서 『李太白詩注』라고 한 것이 이 책을 이른다.

佛母大孔雀明王經

唐 不空이 漢譯한 佛經. 不空(Amoghavajra, 705~774)은 스리랑카 출신의 승려로 不空金剛, 不空三藏法師, 大唐智藏으로 불린다. 이 책은 『大孔雀經』이라고도 하며 총 3권이다. 佛母大孔雀明王은 佛母大金曜孔雀明王, 大金色孔雀王, 大孔雀明王, 大孔雀王, 孔雀明王, 佛母明王이라고도 하는데, 諸佛의 神異한 변화를 낳는 덕을 지니고 있으므로 佛母라고 불렸으며, 또 金色의 孔雀을 타고 다녀 大金曜孔雀明王이라는 이름이 붙었다. 釋迦牟尼가 祇園에 있을 때 莎底苾芻가 黑蛇에 물려 지극한 고통을 참지 못하자 阿難이 釋迦牟尼에게 구제해 줄 것을 요청했고 이에 釋迦牟尼가 大孔雀明王神咒를 읊어 그를 구했다고 한다. 『五洲衍文長箋散稿』에는 『大孔雀經』으로 소개되었다. 海印寺의 『高麗大藏經』에 『佛母大孔雀明王經』이 포함되어 있다.

佛說預修十王生七經

唐 藏川이 편찬한 佛經. 藏川은 唐의 승려인데 생애가 자세하지 않다. 이 책은

줄여서 『佛說十王經』, 『十王經』이라고 한다. 十王은 秦廣王, 初江王, 宋帝王, 五官王, 閻羅王, 變成王, 泰山王, 平等王, 都市王, 五道轉輪王을 가리키며 死者가 생전의 죄업으로 十王의 심판을 받는다고 한다. 이 불경은 중국에서 만들어진 僞經이라고 하여 大藏經에 수록되지 못했지만, 조선에서는 여러 차례 간행되었다. 海印寺에 高麗 高宗 33년(1246) 간행한 판본이 소장되어 있으며, 조선시대에도 16세기 이래 廣興寺, 普願寺, 松廣寺, 興栗寺, 花巖寺 등 여러 사찰에서 간행되었다. 규장각에는 萬曆 辛丑(1601) 光敎山 瑞峯寺에서 간행한 목판본 등 몇 종이 소장되어 있다. 이 책은 조선시대 사찰을 중심으로 널리 유포되었지만 일반 문인의 저술에는 『五洲衍文長箋散稿』 외에 잘 확인되지 않는다.

佛氏通載 → 佛祖通載

佛祖統紀

南宋 志磐이 불교의 역사를 기록한 책. 志磐은 天台宗의 승려로, 號는 大石이고 浙江 四明 福泉寺와 月波山 등에 기거했다. 『法界聖凡水陸勝會修齋儀軌』 등을 저술했다. 이 책은 『佛祖統記』로도 적는다. 寶祐 6년(1258) 편찬을 시작하여 咸淳 5년(1269) 완성된 이 책은 여러 차례 수정을 거쳤으며 必升, 慧舟, 善良, 宗淨, 法照 등이 校正을 보았다. 釋迦로부터 宋代까지 高僧의 사적을 紀傳體로 기술했는데, 本紀 8권, 世家 2권, 列傳 12권, 表 2권, 志 30권 등 총 54권이다. 장서각에 간행 연대를 알 수 없는 목판본이 소장되어 있는데, 咸淳 5년(1269)의 序와 咸淳 7년(1271)의 後記가 붙어 있지만 후쇄본이다. 北宋 司馬光의 『資治通鑑』 이후 佛敎史가 정리됨에 따라 『宗元錄』, 『釋門正統』 등이 편찬되었지만 부족한 점이 많았으므로 이 책을 편찬한 것으로 알려져 있다. 『海東繹史』에 이 책이 인용되어 있다. 『五洲衍文長箋散稿』에서 이 책을 인용했는데 明 王世貞의 『讀書後』와 『弇州山人四部續稿』 등에 실려 있는 「知玄法師傳後」에서 가져온 것이다. 국립중앙도서관에 일본 목판본이 소장되어 있다.

佛祖統載

元 念常이 편찬한 불교 歷史書. 念常(1282~1341)은 俗姓이 黃氏이고 號는 梅屋이며 華亭 출신이다. 禪宗의 楊岐派로 至治 3년(1323) 大都로 가서 20여 년

동안 그 일대의 불교 유적지를 살피고 사적을 조사하여 編年通史로 편찬한 것이 이 책이다. 『景德傳燈錄』과 『隆興佛教編年通論』에서 대부분의 내용을 가져온 것이라 한다. 『佛祖通載』, 『佛氏通載』, 『佛祖歷代通載』라고도 한다. 至正 元年(1341) 완성되었는데 卷頭에 虞集의 序를 붙였으며 22권이다. 권1은 七佛偈, 권2부터는 編年體로 七佛로부터 元統 元年(1333)까지 佛教 관련 고사를 수록했다. 조선에서도 이 책이 간행되었는데 국립중앙도서관에 成宗 14년(1483) 간행된 목판본과 宣祖 9년(1576) 雙峰寺에서 간행된 목판본이 소장되어 있다. 『大正新修大藏經』에는 이 책이 4권으로 실려 있다. 『青莊館全書』, 『與猶堂全書』, 『冠巖全書』 등에 이 책이 언급되어 있다. 『五洲衍文長箋散稿』에 이 책을 두 번 소개했는데 한 곳에는 저자가 元 華亭智常으로, 한 곳에는 元 華亭智로 표기되어 있는데 華亭智常의 오류다. 智常은 念常과 같은 인물인 듯하다. 明 沈長卿의 『沈氏日旦』에는 편자가 智常으로 되어 있고, 華亭 출신이라 했다. 明 王世貞의 『讀書後』와 『弇州山人四部續稿』 등에 「書佛祖統載後」가 실려 있는데 여기에도 편자가 華亭의 智常이라 했다. 또 七佛에서 二十七祖와 中國의 六祖를 다루었고 『通鑑』의 편년체를 따랐다. 老子의 출생에 관한 기록도 있다. 達摩가 觀音의 후신이라는 내용도 보인다.

秘笈 → 眉公秘笈

飛龍篇

後漢 崔瑗이 편찬한 筆帖. 崔瑗은 字가 子玉이며 安平 출신으로 생몰년은 알려져 있지 않다. 유명한 서예가로 특히 草書에 뛰어나 草聖으로 일컬어졌다. 원래 『飛龍篇』은 曹植의 작품인데, 崔瑗이 模寫한 것으로 추정된다. 『隋書』 「經籍志」에 『飛龍篇』이라는 서명으로 소개되어 있으며, 『新唐書』 「藝文志」에는 『飛龍篇篆草勢合』 3권으로 기재되어 있지만 일실되었다. 『高麗史』에 따르면 宣宗 8년(1091) 宋의 館伴이 일실된 서적 129종의 목록을 주고 고려에서 찾도록 했는데, 여기에 이 책이 포함되어 있다. 『海東繹史』, 『青莊館全書』, 『弘齋全書』 등에서 모두 이 기사를 인용했다.

秘辛 → 雜事秘辛

埤雅

北宋 陸佃이 편찬한 字書. 陸佃(1042~1102)은 字가 農師이고 號가 陶山이며 越州 山陰 출신이다. 禮學 및 名物의 訓詁에 밝았고 王子韶와 함께 『說文』을 교정했다. 저서로 『禮象』, 『春秋後傳』, 『詩講義』 등이 있었으나 모두 일실되고 이 책과 『爾雅新義』 20권이 전한다. 『埤雅』는 20권으로, 사물의 명칭에 대해 설명한 책으로 동물, 식물, 천문과 기상에 관한 297개의 어휘를 해설했다. 釋魚 2권, 釋獸 3권, 釋鳥 4권, 釋蟲 2권, 釋馬 1권, 釋木 2권, 釋草 4권, 釋天 2권으로 구성되어 있다. 규장각에 宣和 5년(1123)의 序가 실린 20권 3책의 목판본 『新刊埤雅』와 明初에 간행된 20권 6책의 『埤雅』 두 종이 소장되어 있다. 이 책은 『勿巖集』, 『芝山集』, 『星湖僿說』, 『常變通攷』, 『熱河日記』, 『五洲衍文長箋散稿』 등 조선 후기 문헌에 빈번하게 인용되었다.

秘傳花鏡

明末淸初 陳淏子가 편찬한 園藝書. 陳淏子는 字가 扶搖이고 自號는 西湖花隱翁인데 일생 동안 화훼를 연구했다. 이 책은 康熙 27년(1688) 7권으로 완성되었는데 줄여서 『花鏡』이라고도 한다. 권1은 花曆新栽로 기후의 예측과 月令에 맞는 농사일을 적었고, 권2는 課花十八法으로 種植, 分栽, 移植, 播種, 扡插, 嫁接, 收種, 澆灌, 治蟲, 插甁, 盆景, 修剪, 培壅, 室內陳設 등을 적었으며, 권3~6은 花木類, 花果類, 藤蔓類, 花草類로 나누어 352종을 소개하고 花木의 명칭, 형태, 습성, 產地, 用途와 栽培 등을 상세히 기술했다. 끝부분에는 조류, 어류, 곤충류 등 觀賞動物을 키우는 법에 대한 설명이 붙어 있다. 국립중앙도서관에는 일본에서 간행한 목판본이 소장되어 있고, 국민대에는 중국 掃葉山房에서 간행한 淸末의 목판본이 소장되어 있다. 고려대에는 필사본이 소장되어 있다. 『與猶堂全書』, 『洛下生集』, 『海東繹史』, 『五洲衍文長箋散稿』에서 物名을 고증할 때 이 책을 인용했다.

批點古文 → 文章軌範

埤蒼

三國時代 魏 張揖이 편찬한 字書. 張揖은 字가 稚穰이며 淸河 혹은 河間 출신이다. 太和 연간(227~232)에 博士를 역임했지만 자세한 이력은 알려져 있지

않다. 이 책 외에 『廣雅』, 『古今字詁』 등의 저술이 있다. 埤蒼이라는 서명은 蒼頡보다 못하다는 의미의 겸사다. 이 책은 八分書의 音義를 풀이하는 내용으로, 『隋書』 「經籍志」에는 3권으로 되어 있지만 일실되고 일부가 『漢書』, 『史記』, 『文選』 등에 인용되어 전한다. 『高麗史』에 따르면 宣宗 8년(1091) 宋의 館伴이 일실된 서적 129종의 목록을 주고 고려에서 찾도록 했는데, 여기에 이 책이 포함되어 있다. 『海東繹史』, 『青莊館全書』, 『弘齋全書』 등도 모두 이를 인용한 것이다. 규장각에 소장된 『玉函山房輯佚書』에 이 책이 실려 있다.

比紅兒詩話

宋 馮曾이 편찬한 詩話書. 馮曾은 字가 聖與라는 것 외에는 알려진 바가 거의 없다. 서명의 比紅兒詩는 唐 羅虯가 자신의 실수로 죽게 된 歌妓 杜紅兒를 위로하기 위해 지은 시로, 재덕을 갖춘 미녀들의 고사를 채록하여 紅兒와 비견하는 내용의 絶句 100首를 지었다고 한다. 편찬자가 羅虯로 된 데가 많다. 羅虯는 僖宗 때의 인물로, 台州 출신이며 詩에 뛰어났다. 『比紅兒詩話』는 대부분 일실되고 『說郛』에 10조가 수록되어 전한다. 『五洲衍文長箋散稿』에 서명만 소개되어 있다. 『比紅兒詩』라고도 한다. 『昭代叢書』에 清 沈可培가 편집한 『比紅兒詩注』 1권이 실려 있다.

賓客嘉話錄 → 劉賓客嘉話錄

ㅅ

史鑑大事錄

清 梅巨儒가 『春秋左傳』을 풀이한 책. 梅巨儒는 字가 謏聞이고 宣城 출신인데 이력이 자세하지 않다. 『大淸一統志』에 『史鑑大事錄』과 『左傳發明義』를 저술한 것으로 되어 있지만, 모두 전하지 않는다. 淸 何紹基의 『修安徽通志』에서 『左傳發明』이 『資治通鑑目錄』과 『皇極經世』 등을 모방하여 편찬한 것이라 했다. 『五洲衍文長箋散稿』에서 역사서와 관련한 저술로 梅巨儒의 이 책을 소개했다.

射經

唐 王琚가 활쏘기에 관해 기술한 책. 王琚는 懷州 출신으로 玄宗 때의 인물이다. 太平公主의 亂에 참여하여 戶部尙書가 되고 趙國公에 봉해졌다. 이 책은 1권이며 總訣, 步射總法, 步射病色, 前後手法, 馬射總法, 持弓審固, 擧弝按弦, 抹羽取箭, 當心入筈, 鋪膊牽弦, 欽身開弓, 極力遣箭, 捲懸入弰, 弓有六善 등으로 구성되어 있다. 『敎射經』이라고도 한다. 『說郛』에 수록되어 있다. 明 顧煜의 『射書』, 明 沈堯中의 『沈氏學弢』에도 간략하게 실려 있다. 『五洲衍文長箋散稿』에 이 책이 인용되어 있다. 『五洲衍文長箋散稿』에서는 이 책과 함께 明 李呈芬이 편찬한 『射經』도 소개했다.

射經
明 李呈芬이 편찬한 활쏘기에 관한 저술. 李呈芬은 字가 明晦이고 南直 隸 靈璧 출신으로 萬曆 연간(1573~1620) 활동한 武人인데 이력은 자세하지 않다. 『知己知彼制勝三編』이 그의 저술이라 한다. 이 책은 『說郛續』에 실려 있는데, 利器, 辨的, 明彀, 正志, 身法, 手法, 足法, 眼法, 審固, 指機, 馬射, 神奇, 考工 등 13부로 나누어 활쏘기의 방법과 정신 등에 대해 자세히 기술했다. 『五洲衍文長箋散稿』에 이 책이 서명만 소개되어 있다. 『五洲衍文長箋散稿』에서는 이 책과 함께 唐 王琚가 편찬한 『射經』도 소개했다.

使高麗事纂
宋代 편찬자를 알 수 없는 高麗에 관한 저술. 『宋史』에는 2권이라는 기록만 보인다. 다른 문헌에는 이 책에 대한 기록이 확인되지 않는다. 『海東繹史』에서 『宋史』의 기록만 간단히 인용했다.

四庫韻對
五代十國 末期 後蜀의 陳鄂이 편찬한 아동용 학습서. 『五洲衍文長箋散稿』의 「蒙求四庫韻對辨證說」에 따르면 後蜀의 황제 孟昶(919~965)이 아들 孟玄珏(?~992)의 학업을 돕기 위해 陳鄂이 저술한 것으로 40권이며, 唐 李翰이 지은 『蒙求』와 高測이 지은 『韻對』를 모방하여 지은 것이라 한다. 이 기록은 『宋史』를 인용한 것이다. 『宋史』의 다른 곳에는 이 책이 99권이고 『十經韻對』 20권도 그의 저술이라 했다. 『崇文總目』, 『國史經籍志』 등에는 98권으로 되어 있다. 현재 전하지 않는다. 陳鄂의 字號와 이력은 알 수 없다.

四庫全書
淸 乾隆帝의 命에 의해 편찬된 叢書. 원래 서명은 『欽定四庫全書』다. 乾隆 6년(1741) 편찬을 시작하여 乾隆 46년(1781) 완성했다. 전체 3,503종, 79,337권에 달한다. 四庫라는 명칭은 唐 황실에서 소장 도서를 4개 書庫로 나누어 수장한 데서 유래했다. 四部의 책표지는 經部 녹색, 史部 적색, 子部 청색, 集部 회색으로 구분되어 있다. 經部의 10類는 易類, 書類, 詩類, 禮類, 春秋類, 樂類, 孝經類, 四書類, 總經解類, 小學類이고, 史部 15類는 正史類, 編年類, 詔令奏議類, 別史類, 雜史類, 傳記類, 史鈔類, 載記類, 故事類, 時令類, 地理類, 職官類,

政書類, 目錄類, 史評類다. 子部 14類는 儒家類, 兵家類, 法家類, 農家類, 醫家類, 天文算法類, 術數類, 藝術類, 譜錄類, 雜家類, 類書類, 小說類, 釋家類, 道家類이고, 集部 5類는 楚詞類, 別集類, 總集類, 詩文評類, 詞曲類다. 徐敬德의 『花潭集』이 여기에 포함되어 있다. 『夢經堂日史』, 『燕臺再遊錄』, 『燕轅直指』, 『燕行記』 등의 燕行錄에 관련 기록이 자주 보인다. 正祖가 이 책에 관심이 높아 1777년부터 이 책을 구입하려 한 기록이 『正祖實錄』에 여러 차례 보이는데 결국 구입에 실패하고 대신 『古今圖書集成』을 구입했다. 또 1792년 『四庫全書』의 聚珍板式을 모방하여 목활자 生生字를 만들었다는 기록이 보인다. 『耳溪集』, 『弘齋全書』, 『燕巖集』, 『靑莊館全書』, 『明皐全集』, 『五洲衍文長箋散稿』 등 18세기 이후의 문헌에 이 책이 언급되었다. 특히 李德懋의 『盎葉記』에서는 따로 항목을 두어 이 책에 대해 자세히 기록했고 『五洲衍文長箋散稿』에도 「四庫全書辨證說」이 실려 있다. 중국 國家圖書館 등에 소장되어 있다.

四庫全書簡明目錄

淸 永瑢 등이 乾隆帝의 命으로 편찬한 『四庫全書』의 目錄書. 永瑢(1743~1790)은 乾隆帝의 6子로 質莊親王에 봉해졌고 號는 九思主人이다. 四庫全書館 總裁를 맡았다. 이 책은 『四庫全書』 가운데 3,470종을 선별하여 핵심 내용을 해제한 것으로, 乾隆 47년(1782) 20권으로 간행되었다. 원래 서명은 『欽定四庫全書簡明目錄』이다. 李圭景은 『五洲衍文長箋散稿』에서 이 책이 당시 조선에 많이 들어왔다고 했다. 『硏經齋全集』, 『碩齋稿』, 『弘齋全書』 등에도 관련 기록이 보인다. 특히 尹行恁은 「書四庫全書簡明目錄後」를 지어 오류를 고증했다. 규장각, 장서각, 국립중앙도서관 등에 소장되어 있다.

四庫全書總目

淸 紀昀 등이 乾隆帝의 命을 받아 편찬한 『四庫全書』의 目錄書. 紀昀(1724~1805)은 字가 曉嵐 또는 春帆이고 號는 石雲 또는 觀弈道人이며 諡號는 文達이다. 河北 獻縣 출신으로 禮部尙書, 協辦大學士 등을 지냈다. 『唐韻考』, 『杜律疏』, 『玉台新詠考異』, 『閱微草堂筆記』 등의 저술이 있다. 이 책은 원래 서명이 『欽定四庫全書總目』이고 『四庫全書總目提要』 혹은 『四庫總目』이라고도 한다. 『四庫全書』에 수록된 문헌의 目錄集으로 핵심 내용에 대한 해제가 붙어 있다. 중국 최대의 圖書目錄으로 모두 200권이다. 乾隆 38년(1773) 편찬

이 시작되어 乾隆 46년(1781) 初稿가 완성되었으며 그 뒤 보완을 거쳐 乾隆 54년(1789) 武英殿에서 간행되었다. 『四庫全書』의 總目을 經史子集의 4부로 나눈 다음, 이를 다시 著錄과 存目으로 분류했는데 著錄은 4,301종, 79,309권이고 存目은 6,793종 93,551권이다. 經史子集 아래 소분류를 하고 다시 그 아래 子目으로 나누었는데 대분류와 소분류 앞부분마다 紀昀의 小序가 붙어 있고 子目의 뒷부분에는 按語가 붙어 있다. 『硏經齋全集』, 『楓石全集』, 『淵泉集』, 『弘齋全書』, 『海東繹史』 등에 관련 기록이 보인다. 국립중앙도서관, 규장각, 장서각 등에 이 책이 소장되어 있다.

四庫全書薈要

清 于敏中이 乾隆帝의 命으로 편찬한 叢書. 于敏中(1714~1780)은 字가 叔子 또는 重棠이고 號가 耐圃이며 江蘇 金壇 출신이다. 翰林院修撰, 文華殿大學士, 文淵閣領閣事, 戶部右侍郎 등을 역임했다. 『四庫全書』를 편찬할 때 總裁를 맡았다. 『浙程備覽』, 『素餘堂集』, 『國朝宮史』 등의 저술 외에 『欽定天祿琳琅書目』, 『欽定四庫全書簡明目錄』, 『欽定滿洲源流考』 등의 편찬 사업에 참여했다. 이 책은 63세의 乾隆帝가 『四庫全書』의 편찬이 지체되자 중요한 문헌이라도 생전에 보고자 편찬하게 한 것이다. 『欽定四庫全書薈要』가 원래의 서명이다. 乾隆 43년(1778) 완성된 이 책은 총 463종 20,828권 11,178책으로 구성되어 있다. 經部는 173종 3,576권이고, 史部는 70종 6,535권이며, 子部는 139종 2,866권이고, 集部는 139종 7,851권이다. 이 책은 皇帝의 御覽을 목적으로 제작되었기 때문에 서적 선발이 신중하고 내용 편차가 충실하며 교감 또한 정밀하다. 『硏經齋全集』, 『五洲衍文長箋散稿』, 『燕轅直指』 등에 관련 기록이 보인다. 乾隆 연간(1736~1795) 판본이 대만 故宮博物院圖書館에 소장되어 있다.

師曠禽經

春秋時代 晉의 師曠이 새에 관한 자료를 모아 편찬한 책. 師曠은 字가 子野이며 山西 洪洞 출신이다. 師는 성이 아니라 지위가 높은 音樂家의 이름 앞에 붙이는 용어다. 맹인이었지만 오히려 그 때문에 뛰어난 음악가가 될 수 있었다. 이 책은 줄여서 『禽經』이라고도 하는데 1권이다. '鳳雄凰雌' 등의 제목 아래 주석을 병기되어 있다. 규장각에 소장되어 있는 『唐宋叢書』와 『說郛』, 『增訂漢魏叢書』 등에 이 책이 실려 있는데 편찬자를 晉 張華라 했지만 張華는 이 책

에 주석을 단 인물이다. 張華(232~300)는 字가 茂先이고 范陽 方城 출신으로 『博物志』, 『張茂先集』 등의 저술이 있다. 이 책은 北宋 陸佃의 『埤雅』에서부터 보이고 張華의 註는 南宋 左圭의 『百川學海』에서부터 보인다. 『四庫全書』에 편입되어 있는데 『四庫全書總目』에 따르면 師曠이 편찬했고 張華가 주석을 달았다는 설은 근거가 없다고 한다. 成海應은 「燕中雜錄」에서 『禽經』이 분류가 체계적이지 못하고 牽强附會가 많다고 비판한 바 있다. 『耳溪集』, 『弘齋全書』, 『青莊館全書』, 『與猶堂全書』, 『岱淵遺藁』, 『警修堂全藁』, 『五洲衍文長箋散稿』 등에서도 이 책을 인용했다.

思舊錄

明末淸初 黃宗羲가 편찬한 筆記雜錄. 黃宗羲(1600~1695)는 字가 太沖이고 號가 梨洲이며 浙江 餘姚 黃竹浦 출신이다. 『明夷待訪錄』, 『明儒學案』, 『弘光實錄鈔』, 『行朝錄』, 『海外慟哭記』, 『西台慟哭記注』, 『歷代甲子考』, 『匡廬遊錄』, 『今水經』, 『南雷文約』 등 많은 저술이 있으며, 文集으로 『南雷文定』이 전한다. 이 책은 黃宗羲가 見聞한 다양한 내용을 담고 있으며 그의 벗들에 관한 기록도 있다. 『昭代叢書』에 1권으로 수록되어 있는데 淸 全祖望의 序가 달려 있다. 서울대 중앙도서관에 소장된 『張元著先生事略』에도 실려 있다. 『五洲衍文長箋散稿』에서 이 책을 인용했다. 淸 靳治荊이 같은 이름의 책을 남겼다.

史記索隱

唐 司馬貞이 편찬한 『史記』의 註釋書. 司馬貞은 字가 子正이고 河內 출신이다. 開元 연간(713~741) 활동했으며 朝散大夫, 弘文館學士 등을 지냈다. 南朝宋 徐廣의 『史記音義』, 宋 裴駰의 『史記集解』, 齊 鄒誕生의 『史記集注』, 唐 劉伯莊의 『史記音義』와 『史記地名』 등의 주석을 참조하고, 諸家의 설을 더하여 이 책을 편찬했다. 『索隱』으로 줄여 부르기도 한다. 이 책은 30권이며 『四庫全書』에 수록되어 있다. 嘉靖 甲午(1534) 秦藩 간본 『史記』가 대만 中硏院傅斯年圖書館에 소장되어 있는데 宋 裴駰의 集解, 唐 張守節의 正義와 함께 司馬貞의 索隱이 실려 있다. 규장각에도 같은 계열의 판본이 소장되어 있다. 『星湖僿說』, 『厚齋集』, 『頤齋遺藁』, 『青莊館全書』, 『研經齋全集』, 『與猶堂全書』, 『海東繹史』 등에 이 책이 소개되어 있다.

史記要語

明 張洪이 편찬한 『史記』의 註釋書. 張洪은 字가 宗海이고 號가 止庵이며 常熟 출신이다. 永樂 연간(1403~1424) 활동했으며, 『永樂大典』 편수에 참여했다. 저서로 『四書解義』, 『周易會通』, 『尙書補傳』, 『詩經正義』, 『春秋說約』, 『禮記總類』, 『歷代詩選』 등이 전한다. 明 過庭訓의 『本朝分省人物考』, 明 焦竑의 『國朝獻徵錄』 등에 張洪이 편찬한 것으로 되어 있지만, 현재 전하지 않아 자세한 내용은 알 수 없다. 『五洲衍文長箋散稿』에는 서명만 소개되어 있다.

史記謬誤

淸 洪亮吉이 『史記』의 오류를 고증한 책. 洪亮吉(1746~1809)은 字가 君直 혹은 稚存이고 號는 北江이다. 江蘇 陽湖 출신으로 經史와 音韻, 訓詁에 뛰어났고 특히 地理에 정통했다. 『卷施閣詩文集』, 『更生齋詩文集』, 『北江詩話』, 『比雅』, 『六書轉注錄』, 『春秋左傳詁』 등 저술이 많다. 淸 袁枚가 쓴 『卷施閣文乙集』의 序에 洪亮吉이 이 책을 편찬한 것으로 되어 있으나 현재 전하지 않는다. 『貞㽔閣集』과 『五洲衍文長箋散稿』에서 이 책을 인용했지만 洪亮吉의 墓表를 재인용한 것으로 추정된다. 洪亮吉의 墓表 등에 "史記以下四史謬誤"라 했으므로 『史記謬誤』 외에 『漢書謬誤』, 『後漢書謬誤』, 『三國志謬誤』 등도 편찬한 것으로 추정된다.

史記音義

晉 徐廣이 편찬한 『史記』의 註釋書. 徐廣(352~425)은 字가 野民이고 東莞 姑幕 출신으로 徐邈의 동생이다. 經史와 百家, 數術 등에 능했고 『晉記』, 『答禮問』, 『彈碁經』을 편찬하고 문집을 남겼다고 하지만 지금은 전하지 않는다. 이 책 역시 『隋書』에 12권이라 했지만 일실되고 일부가 후대의 문헌에 인용되어 전한다. 『芝峯類說』, 『星湖僿說』, 『五洲衍文長箋散稿』 등 조선시대 문헌에서 『史記』와 관련하여 徐廣의 견해를 소개한 것이 다른 문헌에서 이 책의 내용을 재인용한 것이다. 『五洲衍文長箋散稿』에서 『音釋』, 『漢書音注』 등으로 소개했다. 『阮堂全集』에 『史記音義』로 인용되어 있다.

史記牴牾論

北宋 趙瞻이 『史記』의 오류를 批正한 著述. 趙瞻(1019~1090)은 字가 大觀이

고 鳳翔 盩厔에 거주했다. 『春秋論』, 『唐春秋』 등의 저술이 있었지만 모두 전하지 않는다. 『宋史』에는 이 책이 5권으로 되어 있지만 일실되었다. 『五洲衍文長箋散稿』에 서명만 소개되었다.

史記正義

唐 張守節이 편찬한 『史記』의 註釋書. 張守節의 생애는 알려져 있지 않지만 開元 24년(736)에 쓴 序에 따르면 諸王侍讀宣議郎 守右淸道率府長史를 지냈다. 국립중앙도서관에 그의 글씨를 모사한 『石室精髓』가 전한다. 이 책은 『史記』의 특정 구절에 대한 訓釋과 音解, 地理에 대한 정보 등을 고증했다. 自序에는 30권이라 했는데 宋 晁公武의 『郡齋讀書志』 등에는 20권으로 되어 있지만 원래의 책은 宋代에 일실되었다. 崇禎 13년(1640) 序가 달린 규장각 목판본 『史記』처럼 다른 사람의 주석과 함께 일부가 인용되어 있다. 조선 초기 成俔의 『虛白堂集』에서부터 『史記』를 읽을 때 張守節의 주석을 참조했지만 독립된 『史記正義』가 있었는지는 확인하기 어렵다. 萬曆 5년(1577) 간행된 明代의 간본 『史記評林』에도 『史記正義』가 포함되어 있다. 『藥泉集』, 『貞蕤閣集』, 『弘齋全書』, 『研經齋全集』, 『與猶堂全書』, 『海東繹史』 등에서 이 책을 언급했다.

史記纂

明 凌稚隆이 『史記』의 중요 부분을 초록한 책. 凌稚隆은 字가 以棟이고 號가 磊泉이며 浙江 烏程 출신이다. 嘉靖 연간(1522~1566) 활동한 것으로 보인다. 『史記評林』, 『漢書評林』, 『五車韻瑞』 등 많은 책을 편찬했다. 이 책은 『史記』의 순서에 따라 本紀, 列傳 중에서 일부를 뽑았는데 전체를 수록한 것은 細注로 '全'이라고 표기했다. 萬曆 7년(1579) 간행된 판본이 중국 國家圖書館에 소장되어 있는데 24권이며 王世貞의 序가 있다. 12권으로 된 판본도 같은 곳에 소장되어 있다. 장서각에 宗文堂에서 萬曆 43년(1615) 간행한 明代의 판본 일부가 소장되어 있으며 필사본도 따로 전한다. 조선에서는 宣祖 13년(1580) 庚辰字로 『增定史記纂』이 10권으로 간행되었는데 규장각과 국립중앙도서관 등에 후쇄본이 소장되어 있다. 끝에는 漢 司馬遷의 「報任少卿書」가 붙어 있다. 영남대, 장서각, 고려대, 성암고서박물관 등에도 유사한 판본이 전한다. 李恒福의 「史纂後跋」에 明 王世貞의 『史記纂』 17권에서 일부를 뽑아 『史纂』을 편찬했다는 기록이 보이는데 이 책을 가리키는 듯하다. 王世貞의 序가 달린 판본

을 보고 그가 편찬한 것으로 착각한 듯하다. 『谿谷集』에 실린 李睟光의 行狀에 『史記纂』을 교정하여 올렸다는 기록이나, 『五洲衍文長箋散稿』에서 10권이라 한 것이 이 책을 가리키는 듯하다. 趙龜命의 『東谿集』에서 보았다고 한 『史記纂』이 이 판본인지는 확인할 수 없다. 규장각에 訓鍊都監字로 간행한 『史纂』도 몇 종 소장되어 있는데 『增定史記纂』과 관련이 있는 듯하다. 丁若鏞의 『俟庵年譜』에는 正祖 22년(1789) 『史記纂註』를 올렸다고 했는데 이 서명의 책은 확인되지 않는다.

史記評林

明 凌稚隆이 편찬한 『史記』의 註釋書. 이 책은 『史記集解』, 『史記索隱』, 『史記正義』 등 기존의 『史記』 註釋書에다 明 諸儒의 說을 더해 1576년 편찬한 것이다. 규장각에 조선에서 판각한 목판본 130권이 소장되어 있다. 首卷에 史記評林序, 史記索隱序, 後序, 補史記序, 史記正義序, 列國分野, 論例, 史記謚法, 正義謚法, 歷代帝王世系圖, 歷代國都地理圖, 史記姓氏, 讀史總評, 史記目錄 등이 실려 있다. 本紀 12권, 年表 10권, 書 8권, 世家 30권, 列傳 70권 등으로 구성되어 있다. 『宣祖實錄』에 1600년 이 책 30본을 구입해 왔다는 기록이 보이고, 1663년 倭人의 청에 의해 이 책을 주었다는 기사가 보이는데 이는 조선에서 간행한 판본으로 추정된다. 『正祖實錄』에 따르면 1777년 進講에서 이 책을 사용했다. 『宋子大全』, 『保晩齋集』, 『燃藜室記述』, 『與猶堂全書』 등 조선 후기 문헌에 자주 언급된 책이다. 『五洲衍文長箋散稿』에는 33권이라 했는데 어떤 판본인지는 알 수 없다.

四大家文選

明 陳仁錫이 편찬한 散文選集. 陳仁錫(1581~1636)은 字가 明卿이고 長洲 출신이며, 『古文奇賞』, 『蘇文奇賞』, 『諸子奇賞』 등 여러 종의 散文選集을 남겼다. 『五洲衍文長箋散稿』에서 "陳仁錫古文奇賞四大家"라 했는데 '四大家'가 이 책을 가리키는 듯하다. 『四大家文選』은 일본 東洋文化研究所에 明代의 간본이 소장되어 있다. 唐 韓愈의 『韓昌黎集選』 4권, 唐 柳宗元의 『柳柳州集選』 4권, 宋 歐陽脩의 『歐陽文忠公集選』 5권, 宋 蘇洵의 『蘇文公集選』 2권, 蘇軾의 『蘇文忠公集選』 9권에 陳仁錫이 評을 붙였다. 陳仁錫보다 앞서 明 歸有光이 韓愈, 柳宗元, 歐陽修, 蘇軾, 蘇洵, 蘇轍의 산문을 선발한 『唐宋四大家』를 편찬

한 바 있다. 규장각에 明 倪元璐가 評閱한 판본이 소장되어 있는데 유일본이다. 『韓昌黎文集』 4책, 『柳柳州文集』 2책, 『歐陽文忠公文集』 2책, 『蘇文忠公文集』 7책, 『蘇文公文集』 2책, 『蘇文定公文選』 2책으로 구성되어 있다. 歸有光(1507~1571)은 字가 熙甫이고 號가 震川이며 江蘇 崑山 출신이다. 南京 太僕寺丞으로 천거되어 『世宗實錄』 편찬에 참여했으며 『評點百二十子』, 『三吳水利錄』 등의 저술이 있다. 倪元璐(1594~1644)는 字가 汝玉 혹은 玉汝이고 號는 鴻寶이며 浙江 紹興府 上虞 출신이다. 詩文과 書法에 뛰어났으며 문집 『倪文貞集』이 전한다. 캐나다 토론토대에 소장되어 있는 『顧太史評閱唐宋四大家文選』도 이 책과 관련이 있다. 明 顧錫疇의 평을 단 것으로 42권이며 崇禎 4년(1631) 간행되었다. 顧錫疇은 萬曆 27년(1619) 출사한 문인으로, 字가 九疇이고 號는 瑞屏이며 江蘇 崑山 출신이다. 『綱鑑正史約』, 『秦漢鴻文』, 『尙書講意』, 『天文易學』 등의 저술이 있다. 조선에서도 『四大家文抄』가 편찬되었는데, 韓愈, 柳宗元, 歐陽修, 蘇軾의 산문을 뽑은 것이다. 肅宗 연간(1674~1720) 芸閣印書體字로 간행되었고 8책이며 규장각에 소장되어 있다. 明代의 산문을 선발한 책도 규장각에 소장되어 있다. 淸 陳維崧이 편찬한 『四大家文選』은 歸有光, 王猷定, 侯方域, 程康莊 4인의 산문을 선발한 것으로, 4책이며 康熙 6년(1667) 序가 달려 있다. 陳維崧(1625~1682)은 字가 其年이고 號가 迦陵이며 江蘇 宜興 출신이다. 문집 『湖海樓全集』이 전한다.

使東日錄

明 董越이 朝鮮에 사신으로 왔을 때의 紀行詩文을 모은 책. 董越(1430~1502)은 江西省 贛州府 寧都縣 출신으로 字가 尙矩이고 諡號는 文僖이며, 太常少卿 兼南京工部尙書를 지냈다. 『圭峰文集』, 『董文僖公集』 등의 저술이 있다. 董越은 右春坊右庶子 兼翰林院侍講으로 재직하던 1488년 弘治帝의 등극을 알리는 사절단의 正使로 임명되어 副使인 刑科給事中 王敞과 함께 조선에 왔는데 이때의 견문을 『朝鮮賦』와 이 책에 담았다. 『四庫全書總目』에서 이 책이 조선에 사신으로 갔을 때의 紀行詩를 모은 것으로 1권이라 했다. 正德 연간(1506~1521) 간행한 판본이 중국 國家圖書館에 소장되어 있다. 李德懋의 『靑莊館全書』에 董越과 이 책에 관한 항목을 두어 자세히 기술했다. 『海東繹史』에 관련 기록이 보이지만 淸 魏禮의 『季子集』에 실려 있는 「寧都先賢傳」의 기록을 인용한 것이다. 董越이 朝鮮에서 지은 시는 『皇華集』에도 실려 있다.

四禮疑

明 呂坤이 四禮를 해석한 책. 呂坤(1536~1618)은 字가 叔簡이며 號가 新吾 혹은 心吾, 抱獨居士, 了醒居士 등이다. 河南 寧陵 출신으로 刑部侍郎 등을 역임하고 만년에 歸鄕하여 20여 년간 저술에 몰두했다. 이 책 외에 『呂新吾文集』, 『去僞齋集』, 『實政錄』, 『呻吟語』 등의 저술이 있는데 모두 규장각에 소장되어 있다. 『四禮疑』는 5권으로 禮 1권, 冠婚喪祭 각 1권으로 되어 있다. 중국 國家圖書館에 萬曆 42년(1614) 간행된 목판본이 소장되어 있다. 『四庫全書總目』에 자세한 설명이 보인다. 丁若鏞의 『與猶堂全書』에 실려 있는 「風水諸說」에서 「呂坤四禮疑」라는 항목을 두어 이 책을 자세히 소개했다. 『五洲衍文長箋散稿』에서도 이 책을 인용했다.

史論

元 王約이 편찬한 歷史書. 王約(1252~1333)은 字가 彦博이고 號가 豫齋다. 翰林直學士, 知制誥同修國史, 集賢大學士 등의 벼슬을 지냈다. 忠烈王 29년(1303) 고려에 사신으로 왔으므로 『高麗史節要』 등에 그에 대한 기록이 보인다. 『高麗志』 4권을 저술했으며, 문집 『潛丘稿』 30권도 있었다고 하지만, 이 책과 함께 모두 전하지 않는다. 明 王圻의 『續文獻通考』에는 이 책이 30권으로 되어 있다. 『海東繹史』에서 이 책을 소개했지만 明 凌迪知의 『萬姓統譜』에서 가져온 것이다. 『五洲衍文長箋散稿』에서도 서명만 소개했다.

四六談塵

南宋 謝伋이 편찬한 四六文 관련 저술. 謝伋(1099~1165)은 字가 景思이고 河南 上蔡 출신이며, 문학과 의약에 뛰어났다. 이 책 외에 『藥療叢稿』를 남겼다. 이 책은 四六騈儷文 짓는 법을 소개한 책으로, 『四六談塵』으로 표기된 데도 있지만 淸談의 뜻을 가진 談麈가 옳다. 『四庫全書』에 1권으로 실려 있다. 『海東繹史』에서 이 책을 소개했다.

四六餘話

宋 相國道가 편찬한 四六文에 관한 詩話書. 규장각에 소장되어 있는 『說郛』에는 『四六餘語』로 수록되어 있는데 편찬자가 相國道로 되어 있지만 어떤 사람인지 알 수 없다. 짧은 序가 붙어 있고 祭青牛文, 玉牒, 語對, 天生對偶, 作賦用

事, 儷文 등 6조로 되어 있다. 『五洲衍文長箋散稿』에는 相國道의 『四六餘話』로 소개되어 있다. 淸 王之績의 『鐵立文起』에 王懋公의 말을 인용해 相國道가 『四六餘語』를 편찬했다고 되어 있다. 北宋 王銍의 『四六餘話』가 전하는데 서명이 『四六話』로 된 것도 있다. 또 宋 楊淵 혹은 楊囦道가 편찬한 것으로 되어 있는 『雲莊四六餘話』도 전한다.

事林廣記

宋末元初 陳元靚이 편찬한 類書. 陳元靚은 建州 崇安 출신이지만 字號와 이력이 밝혀져 있지 않다. 이 책 외에 『歲時廣記』, 『博聞錄』 등의 저술이 있다. 이 책은 元 至順 연간(1330~1333) 建安 椿莊書院 간본이 가장 이른 것이며, 일본에서는 元 泰定 2년(1325) 판본을 元祿 12년(1699) 번각한 것이 알려져 있다. 규장각과 장서각 등에 『新編纂圖增類群書類要事林廣記』가 소장되어 있는데 이것이 원래의 서명이다. 2권 1책이며 元代 판본의 복각본이다. 이 책은 天文, 地理, 政刑, 社會, 文學, 遊藝 등을 망라했고 插圖가 많은 점이 특징이다. 『太宗實錄』에 따르면 태종 1년(1401) 이 책을 중국에서 가져온 것으로 되어 있고, 『世宗實錄』, 『成宗實錄』 등에도 이 책에 대한 기사가 보이는 것으로 보아 이른 시기부터 조선에 유통되었음을 알 수 있다. 『筆苑雜記』, 『四佳集』, 『虛白堂集』 등 조선 초기 문헌에서부터 꾸준히 인용되어 있다. 『山林經濟』, 『五洲衍文長箋散稿』 등에서도 이 책을 인용했다. 『成宗實錄』에 1485년 일본에 이 책을 주었다는 기사가 보이므로 당시 조선에서 따로 간행되었을 가능성이 높다.

司馬法漢圖

편찬자와 편찬 시기를 알 수 없는 저술. 『高麗史』에 따르면 宣宗 8년(1091) 宋의 館伴이 일실된 서적 129종의 목록을 주고 고려에서 찾도록 했는데, 여기에는 1권이라 했다. 『海東繹史』와 『青莊館全書』도 이 기록을 인용한 것인데 書名만 보이므로 내용을 전혀 알 수 없다. 중국의 문헌에서도 확인되지 않는다. 『司馬法』은 戰國初 司馬穰苴가 편찬한 兵法書인데 이와 관련이 있는지도 알 수 없다.

司馬溫公詩話

北宋 司馬光이 편찬한 詩話書. 司馬光(1019~1086)은 字가 君實이고 號는 迂

叟이며 諡號는 文正이다. 陝州 夏縣 涑水 출신인데 原籍을 따라 涑水先生이라고도 한다. 주요 저작으로 『資治通鑑』 외에 『涑水紀文』, 『司馬文正公集』 등이 있다. 이 책은 『溫公續詩話』라고도 한다. 卷次는 나뉘어 있지 않고 모두 31조로 구성되어 있다. 역대 문인들의 시와 관련한 記事를 위주로 내용을 구성했는데, 그 가운데 佳作에 대한 품평과 妙句에 대한 비평도 아우르고 있다. 『芝峯類說』, 『五洲衍文長箋散稿』 등에 관련 기록이 보인다. 이 책은 규장각 등에 소장된 『說郛』에 수록되어 있다. 서울대 중앙도서관에 소장된 『歷代詩話』에도 수록되어 있으며, 표제가 『六一居士詩話』로 된 책에도 실려 있다.

事文類聚

南宋 祝穆이 편찬한 類書. 祝穆(?~1255)은 字가 伯和 혹은 和甫이고 號가 樟隱老人이며 建陽 출신인데, 崇安에 거주했고 朱熹의 제자다. 『方輿勝覽』과 함께 이 책이 그의 대표적인 저술이다. 이 책은 前集 60권, 後集 50권, 續集 28권, 別集 32권 등 170권으로 되어 있으며, 『藝文類聚』의 體例를 따라 群書要語, 古今事實, 古今文集 등의 순서로 되어 있다. 元 富大用이 이를 이어 新集 36권, 外集 15권을, 祝淵이 遺集 15권을 편찬했는데 『新編古今事文類聚』라 한다. 규장각에 成宗 24년(1493) 간행한 간본 등 몇 종이 소장되어 있다. 또 『古今事實類聚』는 이 책에서 百官 부분을 초록한 책이다. 『成宗實錄』에 중국에서 수입한 기록과 조선에서 간행한 기사가 보인다. 『眉巖集』, 『和隱集』 등에 이 책에 대한 자세한 기록이 보이며, 『星湖僿說』, 『五洲衍文長箋散稿』 등에서도 인용했다.

事物紀原

宋 高承이 편찬한 사물의 기원에 관한 저술. 高承은 開封 출신이라는 점 외에는 거의 알려진 바가 없다. 『四庫全書總目』에서 편찬자를 알 수 없다고 했지만 南宋 趙希弁의 『讀書街附志』에 편찬자가 高承으로 되어 있다. 明 正統 12년(1447) 明 閻敬이 校正하여 『惜陰軒叢書』에 넣어 10권으로 간행했는데 明의 李果가 이 책을 다시 산정하여 1,841항목 중에서 1,765항목을 수록했다. 바둑과 같은 놀이부터 물고기, 벌레 등에 이르기까지 그 유래를 자세히 다루었는데, 天地生植, 正朔曆數 등으로 분류하고 그 안에 다시 元氣, 天地, 四方과 같은 소항목을 두어 기술했다. 성암고서박물관에 閻敬이 校正하고 李果가 批

를 단『事物紀原集類』殘卷이 소장되어 있으며, 국립중앙도서관에도 같은 책의 후쇄본이 소장되어 있다.『世宗實錄』에 이 책이 보이므로, 이른 시기 조선에 들어온 것으로 보인다.『宋子大全』,『順菴集』,『靑莊館全書』,『硏經齋全集』,『常變通考』,『五洲衍文長箋散稿』등 여러 문헌에 이 책을 인용한 기록이 보인다. 淸 納蘭永壽가 이 책을 증보하여『事物紀原補』10권을 편찬했다.

思辨錄輯要

明末淸初 陸世儀가 편찬한 性理學에 관한 책. 陸世儀(1611~1672)는 字가 道威이고 號가 剛齋 또는 桴亭이며 江蘇 太倉 출신이다. 明이 망한 후 桴亭書院에 은거하여 독서와 저술, 강학으로 여생을 보냈다. 이 책 외에『學酬』,『複社紀略』,『春秋考』,『詩鑑』,『書鑑』등 많은 저술이 있다. 이 책은『思辨錄』,『陸桴亭思辨錄』,『陸桴亭思辨錄輯要』라고도 한다. 총 35권으로 陸世儀가 師友와 나눈 문답을 기록한 것이다. 小學, 大學, 立志, 居敬, 格致, 修齊, 治平, 天道, 人道, 諸儒, 異學, 經子, 史籍 등 14類로 구성되어 있다. 국립중앙도서관에 光緖 3년(1877) 江蘇書局에서 간행한 목판본이 소장되어 있으며 규장각에는 필사본 일부가 소장되어 있다.『近齋集』,『硏經齋全集』,『五洲衍文長箋散稿』등에 이 책이 소개되어 있다. 조선시대『思辨錄』이라 하면 朴世堂의 저술을 가리키는 것이 대부분이다.

蛇譜

淸 陳鼎이 편찬한 뱀에 관한 저술. 陳鼎(1650~?)은 字가 定九이고 號가 留溪이며 江蘇 江陰 출신이다. 詩文에 뛰어났고 歷史에도 정통했으며『留溪草堂詩稿』,『東林列傳』,『竹譜』등의 저술이 있다. 이 책은『竹譜』와 함께 규장각 등에 소장되어 있는『昭代叢書』에 실려 있다. 圓蛇, 方蛇, 富貴蛇 등 기이한 뱀 60여 종을 소개했다.『靑莊館全書』와『五洲衍文長箋散稿』에 이 책이 인용되어 있다.

四分律

佛敎의 戒律을 정리한 佛經. 이 책은 小乘佛敎의 20部 중 曇無德部의 律部로서 比丘 250戒와 比丘尼 348戒를 규정한 것이다. 5세기 초반 佛陀耶舍와 竺佛念이 長安에서 함께 번역해 初分 20권, 二分 15권, 三分 13권, 四分 11권 도

합 60권으로 만들었다. 그 후 唐代에 이르기까지 道覆의 『四分律疏』, 慧光의 『四分律疏』, 法礪의 『四分律疏』, 道宣의 『四分律刪繁補闕行事鈔』(『四分律行事鈔』라고도 한다), 『四分律刪補隨機羯磨疏』, 『四分律含注戒本疏』 등의 주석서가 나왔다. 海印寺의 『高麗大藏經』에 『四分律』이 들어 있다. 규장각에 澄淵이 『四分律刪繁補闕行事鈔』에 주석을 보충한 『四分律刪繁補闕行事抄詳集記』 14권 14책이 소장되어 있는데 天順 7년(1463) 慶尙道 尙州에서 간행한 판본이다. 또 英祖 45년(1769) 鳳停寺에서 간행한 『四分戒本如釋』이 松廣寺에 소장되어 있다. 『四分律比丘二百五十戒本』, 『四分律七聚大目抄』 등도 국내 여러 곳에 소장되어 있다. 『阮堂集』, 『五洲衍文長箋散稿』 등에서 이 책을 인용한 바 있다.

四書考

明 劉節이 四書와 관련하여 저술한 책. 劉節은 字가 介夫이고 號가 梅國이며 大與 출신이다. 『春秋列傳』이 그의 대표적인 저술이다. 이 책은 淸 周亮工의 『因樹屋書影』에 소개되어 있지만 전하지 않아 내용을 알 수 없다. 四書에 등장하는 인물의 전기를 작성한 것으로 추정된다. 『五洲衍文長箋散稿』에는 서명만 들었다.

四書大全

明 胡廣 등이 永樂帝의 命으로 편찬한 四書 叢集. 胡廣(1370~1418)은 字가 伯始이고 南郡 華容 출신이다. 1415년 翰林院學士로 있을 때 『五經大全』, 『性理大全』과 함께 이 책을 편찬했다. 이 책은 朱熹의 『大學章句大全』과 『大學或問』, 『中庸章句大全』과 『中庸或問』, 『論語集注大全』, 『孟子集注大全』에 諸家의 小註를 더한 것으로 모두 36권이다. 『世宗實錄』에 따르면 1429년 이 책 50건을 간행했다는 기록이 보인다. 『春官通考』에 1653년 일본에서 이 책을 요청했다는 기록도 보인다. 조선 중기 이래 많은 문헌에서 이 책을 언급하고 있다. 『大學章句大全』, 『大學或問』, 『中庸章句大全』, 『中庸或問』, 『論語集注大全』, 『孟子集注大全』 등이 독립적으로 유통되었으며, 규장각 등에 이 판본의 후쇄본이 여러 종 소장되어 있다. 규장각에는 淸 汪彬이 增訂한 목판본이 소장되어 있는데 康熙 42년(1703)의 序가 달려 있으므로 이즈음 간행된 판본으로 추정된다. 1433년 朴安臣이 중국에서 『四書五經大全』을 하사받았다는 기록이

있는데 『四書大全』과 『五經大全』을 합쳐 부른 것이다. 『牛溪集』, 『靑莊館全書』, 『五洲衍文長箋散稿』에서 이른 『四書五經大全』 혹은 『五經四書大全』도 같다.

四書蒙引

明 蔡淸이 朱熹의 『四書集註』를 풀이한 책. 蔡淸(1453~1508)은 字가 介夫이고 號는 虛齋이며 福建 晉江 출신이다. 林玭에게 『周易』을 배워 易學의 大旨를 깊이 깨우쳤다. 程朱學에 연원을 두었지만 후에 道家에 빠져 號를 虛齋先生이라 했다. 이 책 외에 『易經蒙引』, 『語要』, 『省身法』, 『虛齋集』 등의 저술이 있다. 蔡淸은 『四書集註』를 풀이한 책을 저술했지만 나중에 분실되어 다시 편찬했는데 처음 원고를 『四書蒙引初稿』라 했다. 『虛齋集』에 그 序가 실려 있다. 嘉靖 연간(1522~1566) 莊煦가 두 원고를 교정하여 간행한 것이 이 책이다. 규장각에 嘉靖 丁亥(1527) 林希元의 序와 弘治 甲子(1504) 蔡淸의 序가 붙은 淸代의 간본 15권이 소장되어 있다. 조선시대 문헌에서 『蒙引』으로만 표기한 예가 많은데 대부분 『四書蒙引』을 가리킨다. 『南溪集』, 『瓶窩集』, 『旅菴遺稿』, 『弘齋全書』, 『正祖實錄』, 『五洲衍文長箋散稿』 등 많은 책에서 이 책을 인용했고, 특히 李萬敷의 「大學論」에 蔡淸과 『四書蒙引』에 대해 자세히 기술했다.

四書發明

元末宋初 陳櫟이 四書를 풀이한 책. 陳櫟(1252~1334)은 字가 壽翁이고 號가 東皐老人이며 休寧 출신인데 宋이 망한 뒤 隱居하면서 南宋 朱熹를 宗主로 삼아 저술에 전념했다. 문집 『定宇集』 외에 『歷朝通略』, 『勤有堂隨錄』, 『尙書集傳纂疏』 등의 저술이 있다. 『定宇集』에 胡元, 曹涇 등이 『四書發明』에 붙인 序가 실려 있는데 이에 따르면 1326년 무렵 이 책이 완성되었다. 이 책은 38권으로, 朱熹의 학설을 바탕으로 諸家의 학설을 집성한 것이다. 원문은 일실되었는데 元 倪士毅의 『四書輯釋』에 이 책과 元 胡炳文의 『四書通』이 합쳐져 있다. 『順菴集』, 『弘齋全書』, 『明皐全集』, 『靑莊館全書』, 『研經齋全集』, 『五洲衍文長箋散稿』 등 여러 문헌에서 이 책을 소개한 바 있다.

四書辨疑

元代 편찬자를 알 수 없는 『四書』를 풀이한 책. 『靑莊館全書』, 『研經齋全集』, 『五洲衍文長箋散稿』에서는 이 책을 소개하고 편찬자가 元代의 인물이지만

이름을 알 수 없다고 했다. 『經義考』에서도 元代의 간본이 있는데 편찬자를 알 수 없다고 했다. 元 陳天祥이 편찬자로 된 판본도 있다. 陳天祥(1230~?)은 字가 吉甫이고 號가 緱山이며 趙州 寧晉 출신이다. 『五洲衍文長箋散稿』에서는 이 책과 별도로 元 胡炳文의 『四書辨疑』도 함께 소개했다. 胡炳文(1250~1333)은 字가 仲虎이고 考水 출신이며 雲峯胡氏로 불리는데 雲峰은 그의 號다. 『雲峰集』, 『書集解』, 『春秋集解』, 『四書通解』, 『禮書纂述』, 『爾雅韻語』, 『大學指掌圖』 등 많은 저술을 남겼다. 清 趙宏恩의 『江南通志』에 胡炳文의 『四書辨疑』가 보이지만 일실되어 전하지 않는다.

四書釋地

清 閻若璩가 四書의 地名을 고증한 책. 閻若璩(1638~1704)는 字가 百詩이고 號가 潛丘이며 山西 太原 출신인데 淮安 山陰에 거주했다. 清代의 經學을 대표하는 인물로 많은 저술을 남겼는데 그중 『毛朱詩說』, 『潛邱箚記』 등이 규장각에 소장되어 있다. 이 책은 1권이며 地名에 대한 고증 57條로 되어 있다. 미진한 부분을 『四書釋地續』 1권으로 편찬했는데 지명을 중심으로 80條를 수록했다. 다시 163條를 수록한 『四書釋地又續』 2권을 편찬했는데 地理와 人名, 物類, 訓詁, 典制 등을 고증했다. 또 126條를 수록한 『四書釋地三續』 2권을 편찬했는데 經義의 해석을 중심으로 했다. 규장각에 『四書釋地補』가 소장되어 있는데 清 樊廷枚가 이 책을 보완한 것이고 乾隆 8년(1743) 閻氏의 眷西堂에서 간행한 『四書釋地』를 함께 붙였다. 인하대에 『四書釋地』, 『四書釋地又續』, 『四書釋地三續』 등이 소장되어 있는데 咸豐 11년(1861) 學海堂에서 간행한 판본이다. 『五洲衍文長箋散稿』, 『艮齋集』에서 『四書釋地』로, 『艮齋集』에서는 『四書釋地續』으로, 『碩齋稿』에서는 『四書釋地又續』으로, 『圭齋遺藁』에서는 『四書釋地三續』으로 소개했다.

四書攝提

明 郝敬이 四書를 풀이한 책. 郝敬(1558~1629)은 字가 仲輿이고 號는 楚望이며 京山 출신이다. 經學 연구에 잠심하여 이 책과 함께 『論語詳解』, 『孟子說解』, 『中庸正說』 등의 저술을 남겼다. 이 책은 10권으로 되어 있으며 앞에 自序가 붙어 있다. 四書에 실려 있는 聖人의 말씀을 존숭하는 뜻에서 이 책을 편찬한 것이라 했다. 明 田必成과 彭大翮 등이 교감하여 崇禎 연간(1628~1644)

간행한 판본이 일본 東京大에 소장되어 있다. 『五洲衍文長箋散稿』에 이 책을 인용했는데 『明儒學案』에서 재인용한 것이다.

四書義疏

清 李塨이 四書를 풀이한 책. 李塨(1659~1733)은 字가 剛主이고 號가 恕谷이며 直隸 蠡縣 출신으로, 『周易傳注』, 『春秋傳注』, 『小學稽業』, 『恕谷後集』 등 많은 저술을 남겼다. 清 穆彰阿의 『大清一統志』에 그의 저술로 『易說』, 『樂解』, 『四書義疏』 등이 확인되지만, 이 서명의 책은 모두 전하지 않는다. 『五洲衍文長箋散稿』에서 李塨의 『四書義疏』로 소개했다. 그의 문집 『恕谷後集』의 「詩經傳注題辭」에 『四書傳注』가 보인다. 『四書傳注』는 『論語傳注』 2권, 『大學傳注』 1권, 『中庸傳注』 1권, 『傳注問』 1권으로 되어 있는데 중국 國家圖書館에 소장되어 있다. 『淸臺集』에 『大學傳注』가, 『寒水齋集』과 『鳳巖集』에 『中庸傳注』가 보이는데 같은 책인지는 알 수 없다.

四書人物考

明 薛應旂가 四書에 나오는 인물을 고증한 책. 薛應旂(1500~1573)는 字가 仲常이고 號가 方山이며 武進 출신이다. 『高亭淵源錄』, 『甲子會記』, 『四書人物考』, 『憲章錄』, 『方山文錄』, 『薛方山紀述』, 『薛子庸語』 등 방대한 저술을 남겼다. 吳寬, 茅坤, 王守仁 등과 장서가로 명성이 높다. 이 책은 여러 문헌을 인용해 四書에 실린 인물을 고증한 것이다. 記 3권, 傳 37권 등 총 40권으로 구성되어 있는데 宋 王當의 『春秋臣傳』의 체제를 따라 말미에 論贊을 붙였다. 李宜顯의 『庚子燕行雜識』에 따르면 1720년 李宜顯이 구입한 서책 목록 중에 이 책이 보이는데 15권이라 했다. 『青莊館全書』, 『與猶堂全書』, 『五洲衍文長箋散稿』 등에 관련 기록이 보인다. 明 嘉靖 37년(1588) 간행된 판본이 중국 國家圖書館과 대만 故宮博物院圖書館 등에 소장되어 있다.

四書賸言

明末清初 毛奇齡이 四書를 해석한 책. 毛奇齡(1623~1716)은 字가 大可이고 號가 西河이며 浙江 蕭山 출신이다. 經學, 歷史, 地理 등에 관한 많은 저술을 남겼는데, 『四書改錯』과 『古文尚書寃詞』 등이 대표적이다. 이 책은 본래 毛奇齡이 四書를 강학한 내용을 모은 것이다. 문인 盛唐과 王錫이 前2卷으

로, 그 아들 毛遠宗이 後2卷으로, 문인 張大來가 補遺 2권으로 나누어 편찬했다. 『靑莊館全書』, 『五洲衍文長箋散稿』 등에서 이 책을 인용했다. 康熙 연간(1662~1722) 李塨 등이 간행한 판본 4권이 중국 國家圖書館에 소장되어 있다. 『四庫全書』에는 前 2卷과 後 2券, 『四書賸言補』 2권으로 실려 있다. 서울대 중앙도서관에 嘉慶 元年(1796) 간행된 『毛西河先生經集』이 소장되어 있는데 여기에도 『四書賸言』과 『四書賸言補』가 실려 있다.

四書章句集注

南宋 朱熹가 편찬한 四書의 註釋書. 朱熹(1130~1200)는 字가 元晦 혹은 仲晦이고 號는 晦庵, 晦翁, 雲谷山人 등을 사용했다. 福建 尤溪 출신으로 『資治通鑑綱目』, 『太極圖說解』, 『通書解』, 『古今家祭禮』, 『近思錄』 등 방대한 저술을 남겼다. 필생의 정력을 쏟아 40년 동안 이 책을 집필하고 보완한 것으로 알려져 있다. 『四書集注』라고 줄여 부른다. 名物이나 文字의 주석에서부터 義理를 규명하고 儒家의 道統을 밝혔다. 『大學章句』 1권, 『論語集注』 10권, 『孟子集注』 7권, 『中庸章句』 1권으로 구성되어 있다. 『四庫全書』에 편입되어 있다. 규장각에 英祖 30년(1754) 목판으로 간행한 『論語集註』 20권 4책이 전한다. 규장각에 소장된 『易本義』의 권두에는 廣州府留守 洪啓禧가 지은 「新刊經書總目」이 수록되어 있는데, 『易本義』 12권 등과 함께 『論語集註』 10권, 『大學章句』 1권, 『大學或問』 1권, 『中庸章句』 1권, 『孟子集註』 7권 등 총 13종 68권을 간행했다고 한다. "崇禎三甲戌 奉教新刊三經四書, 南漢永寶閣藏板"이라는 刊記가 있어, 1754년에 英祖의 命으로 이 책들이 간행되었음을 알 수 있다. 『東國輿地勝覽』에 『四書集註』의 간행을 건의했다는 기록이 보인다. 『穌齋集』, 『退溪集』에서부터 『星湖僿說』, 『五洲衍文長箋散稿』 등 수많은 문헌에 이 책이 인용되어 있다. 元代 科擧의 明經과 經疑에서 『四書集注』를 대상으로 했으므로 고려시대부터 수용되었을 것으로 추정된다.

四書章圖

元 程復心이 四書를 풀이한 책. 程復心(1257~1340)은 字가 子見이고 號가 林隱이며 婺源 출신이다. 젊어서부터 理學에 뜻을 두고 南宋 朱熹를 사숙하고 朱熹의 從孫 朱洪範에게 수학했다. 胡炳文과 學友로서 理學에 잠심해 명성이 높았다. 이 책 외에 『四書纂釋』도 편찬했다. 이 책은 22권으로, 四書에 관

한 朱熹의 학설에 주로 하고 輔廣과 黃榦의 설을 절충하여 章을 나누어 圖說을 붙였다. 2권의 『四書章圖總要』도 편찬했는데 이 책과 구분하기 위해 『四書章圖纂釋』라고 한다. 『端宗實錄』에 따르면 金伴이 『四書章圖』를 본 것으로 되어 있으므로 이른 시기 조선에 들어왔음을 알 수 있다. 『宣祖實錄』에는 이 책의 印出을 청한 기사가 보인다. 『退溪集』, 『高峰集』, 『沙溪全書』, 『宋子大全』, 『芝峯類說』, 『五洲衍文長箋散稿』 등 수많은 문헌에서 이 책을 인용한 바 있다. 『星湖僿說』에 李瀷이 학문을 논할 때 이 책을 자주 인용했다는 기록이 보이는데 서명이 『四書圖章』으로 표기되어 있다.

四書傳注 → 四書義疏

四書輯釋

元 倪士毅가 四書의 주석을 집대성한 책. 倪士毅는 字가 仲宏이고 號가 道川이며 休寧 출신으로, 元 文宗 연간(1328~1332) 활동했다. 『作義要訣』, 『經義模範』 등의 저술이 전한다. 이 책은 元 胡炳文의 『四書通』과 宋末元初 陳櫟의 『四書發明』을 합쳐서 만든 것인데, 중국 國家圖書館에 明代의 간본 43권이 소장되어 있다. 『四書輯釋大成』으로도 불린다. 『四庫全書總目』에 따르면, 至正 辛巳(1314) 建陽에서 간행된 『四書輯釋』에다, 2년 후 元 程復心의 『四書章圖』와 王元善의 『通考』 등을 합쳐 『重訂輯釋章圖通義大成』을 만들었다고 한다. 汪克寬의 序에는 이 책이 至正 丙戌(1346) 완성되었다고 했다. 『弘齋全書』의 「群書標記」에서 필사본 38권의 『重訂四書輯釋』을 자세히 소개했는데 『大學』 1권, 『大學或問』 1권, 『論語』 20권, 『孟子』 14권, 『中庸』 1권, 『中庸或問』 1권으로 구성되어 있다고 했다. 또 正祖가 世孫으로 있던 1772년, 世宗 때 활자본으로 간행된 『四書輯釋通義大成』과 일본에서 간행된 『四書輯釋通義大成』을 참작해 다시 편집해 간행하고자 했지만 완성하지 못했다고 한다. 성암고서박물관의 『孟子集註重訂輯釋章圖通義大成』과 규장각의 『中庸或問重訂輯釋章圖通義大成』이 세종 때 간행된 판본과 관련이 있는 듯하다. 중국 國家圖書館, 일본 蓬左文庫와 內閣文庫에 『重訂四書輯釋章圖通義大成』, 『四書章圖重訂集釋通義大成』, 『重訂四書輯釋通義大成』 등의 서명으로 소장되어 있다. 또 규장각과 고려대의 『四書章圖大成』, 성균관대의 『論語章句重訂輯釋章圖通義大成』, 국립중앙도서관의 『通義四書章圖大成』 등도 이러한 계열의 책이다. 『靑莊館

全書』, 『弘齋全書』, 『楓石全集』, 『順菴集』, 『研經齋全集』, 『五洲衍文長箋散稿』에서는 『四書大全』의 경위를 설명하면서 『四書輯釋』을 소개했다.

四書通

元 胡炳文이 四書의 주석을 집성한 책. 胡炳文(1250~1333)은 字가 仲虎이고 考水 출신이다. 經學史에서 雲峰胡氏로 일컬어지는데 雲峰은 그의 號다. 『雲峰集』, 『書集解』, 『春秋集解』, 『大學指掌圖』, 『四書辨疑』, 『禮書纂述』, 『爾雅韻語』, 『大學指掌圖』 등 많은 저술을 남겼다. 이 책은 『通志堂經解』에 26권으로 실려 있는데 전남대 등에 소장되어 있다. 『四庫全書』에는 28권으로 실려 있다. 『中庸通』, 『大學通』, 『論語通』, 『孟子通』으로 구성되어 있으며 朱熹의 학설을 主로 하되 諸家의 학설을 집성했다. 『圃隱集』에 鄭夢周가 이 책을 연구했다는 기록이 보인다. 『月汀集』, 『宋子大全』, 『正祖實錄』, 『靑莊館全書』, 『研經齋全集』, 『五洲衍文長箋散稿』 등 여러 문헌에서 이 책을 소개했다. 『高峯集』에는 『四書通解』로, 『芝山集』에는 『四書通至』로 소개되어 있다.

四書或問

南宋 朱熹가 四書를 풀이한 책. 朱熹(1120~1200)는 福建 尤溪 출신으로 字가 元晦 혹은 仲晦, 號가 晦庵, 晦翁, 雲谷老人, 遯翁 등인데, 높여서 朱子라고 한다. 『四書章句集注』와 『詩集傳』, 『周易本議』, 『孝經刊誤』, 『儀禮經傳通解』, 『資治通鑑綱目』, 『八朝名臣言行錄』, 『楚辭集注』, 『韓文考異』 등 많은 저술을 남겼다. 이 책은 『四書章句集注』를 편찬한 후 諸家의 說을 다시 정리하여 問答 형식으로 정리한 것인데, 『大學』 2권, 『中庸』 3권, 『論語』 20권, 『孟子』 40권으로 되어 있다. 규장각 등에 中國本 외에도 조선에서 간행된 『大學或問』, 『中庸或問』, 『論語或問』, 『孟子或問』 등이 소장되어 있다. 『太宗實錄』 등 역대 實錄에 거듭 이 책이 소개되어 있고, 『佔畢齋集』 등 이른 시기 문헌에도 이 책이 소개되었다. 이 책은 元의 倪士毅가 편자로 된 것도 있는데 『四書輯釋』에 실려 있는 판본을 이른다.

四聲類譜

梁 沈約이 편찬한 韻書. 沈約(441~513)은 字가 休文이고 吳興 武康 출신이다. 『晉書』, 『宋書』, 『邇言』, 『宋文章志』 등 여러 저술이 있었지만 『宋書』 외에는

모두 전하지 않는다. 明 張溥在의 『漢魏六朝百三名家集』에 그의 저술을 『沈隱隐集』으로 정리하여 편입한 바 있다. 『四聲類譜』는 『四聲譜』라고도 하는데 『隋書』에는 『四聲』으로 되어 있다. 이 책은 唐代에 일실되었다가 清 康熙 연간(1661~1722)에 楊錫震이 古本을 간행한 바 있다. 261권인데 平聲, 上聲, 去聲, 入聲으로 나누고 韻에 따라 편차하여 半切, 釋義, 例證 등을 기록했다. 李圭景은 『五洲衍文長箋散稿』에서 이 책이 南齊 周顒의 『四聲切韻』을 모방한 것이며 晉 謝安이 徐廣 형제를 시켜서 江東의 方言을 정리한 『音釋』을 수용한 것이라 했다. 『星湖僿說』, 『弘齋全書』 등에도 이 책을 소개한 바 있다.

四聲本草

五代 蕭炳이 『本草』를 풀이한 책. 蕭炳은 吉水 출신인데 蘭陵에 거주하면서 號를 蘭陵이라 했다. 咸淳 10년(1274) 進士가 되었다. 이 책은 5권이며 『本草』의 약명을 四聲으로 구분하여 기술했다. 일실되어 전하지 않지만 『證類本草』에 상당 부분이 인용되어 전한다. 『醫林撮要』, 『海東繹史』 등에서 이 책을 인용했다. 『青莊館全書』에서는 서명을 밝히지 않고 蕭炳의 이 책 내용을 인용했지만 다른 문헌에서 가져온 것이다.

四聲韻林

隋 張諒이 편찬한 韻書. 張諒은 전혀 알려진 바가 없고 이 책 역시 『隋書』에 書目만 보이는데 28권이라 했다. 『五洲衍文長箋散稿』에도 書名만 소개했다. 현재 전하지 않는다.

四聲切韻

南齊 周顒이 편찬한 韻書. 周顒은 字가 彦倫이고 永明 연간(483~493) 활동했지만 자세한 이력은 밝혀져 있지 않다. 隸書에 능했고 『老子』와 『周易』에 정통했으며 이 책 외에 『三宗論』 등의 저술이 있었다고 하지만 모두 전하지 않는다. 『弘齋全書』에서는 隋 陸法言이 梁 沈約의 『四聲類譜』를 증보하여 『四聲切韻』을 만들면서 『四聲類譜』가 일실되었고 唐 孫愐이 『四聲切韻』을 增補하여 『唐韻』을 만들면서 『四聲切韻』이 단절되었다고 했다. 清의 江永이 切韻을 이용하여 漢字의 發音을 表로 정리한 『四聲切韻表』를 편찬했다. 『弘齋全書』, 『與猶堂全書』, 『五洲衍文長箋散稿』 등에 『四聲切韻』이 보인다.

四聲指歸

隋 劉善經이 편찬한 韻書. 劉善經은 河間 출신으로 大業 연간(605~618)의 인물인데 생애가 자세하지 않다. 이 책 외에 『酬德傳』, 『諸劉譜』 등의 저술이 있다고 하지만 전하지 않는다. 이 책은 『北史』 등에 書名만 보이는데 1권이라 했다. 『五洲衍文長箋散稿』에도 서명만 제시되어 있다.

史乘攷誤

明 王世貞이 역사를 고증한 책. 王世貞(1526~1590)은 字가 元美이고 號가 鳳州 또는 弇州山人이며 江蘇省 太倉 출신이다. 『弇州山人四部稿』와 『弇州山人續稿』, 『弇山堂別集』, 『嘉靖以來首輔傳』, 『畵苑』, 『觚不觚錄』, 『尺牘淸裁』, 『全唐詩說』, 『藝苑巵言』 등 많은 저술이 있다. 이 책은 『二史考』 8권과 『家乘考』 2권으로 되어 있는데 二史는 國史와 野史를 이른다. 『弇山堂別集』에도 수록되어 있고 별본으로도 유통되었다. 중국 國家圖書館에 明代의 간본 10권이 소장되어 있다. 『海東繹史』에는 11권이라 했는데 10권의 잘못이다. 『荀全集』에 조선 國王의 世系와 관련하여 이 책을 소개했다.

四時纂要

唐末 韓鄂이 月令에 따른 행사를 기록한 農書. 韓鄂은 唐末 五代 무렵의 학자로 唐 玄宗 때의 재상 韓休의 형이지만 생애는 자세하지 않다. 이 책은 唐末에서 五代 초기에 편찬된 것으로 추정되는데 모두 5권으로, 春 2권, 夏, 秋, 冬 각 1권이다. 4季 12月令에 따라 구성했으며 모두 699조로 구성되어 있다. 농작물의 재배와 가공, 농기구의 제작, 약초 재배와 수집 등 다양한 내용을 담고 있다. 『世宗實錄』 이래 이른 시기부터 중요한 農書로 소개되었다. 宣祖 23년(1590) 慶尙左兵營에서 간행한 판본이 일본 京都大 등에 소장되어 있다. 최근 15세기 초 庚子字로 간행한 판본 일부가 발견되었다. 『農家集成』, 『增補山林經濟』 등을 편찬할 때 이 책을 참조했다. 『燕巖集』, 『五洲衍文長箋散稿』 등에도 이 책을 인용했다.

謝氏詩源

편찬자를 알 수 없는 宋代의 詩話書. 규장각 등에 소장되어 있는 『說郛』에 15則이 실려 있는데 모두 詩語의 出處와 本義를 밝힌 것이다. 明 陳繼儒의 『古今

詩話』에도 실려 있다. 『五洲衍文長箋散稿』에 서명만 소개되어 있다.

謝靈運集

晉 謝靈運의 文集. 謝靈運(385~433)은 陳郡 陽夏 太康縣에서 태어났으나 會稽로 이주했다. 謝玄의 손자로 初名이 客이어서 謝客으로 불렸으며 康樂公의 봉작을 받아 謝康樂이라고도 불렸다. 『隋書』, 『晉書』 등에 그의 문집에 관한 기록이 있지만 北宋 이후 산실되고 明 李夢陽 등이 『文選』, 『樂府詩集』 등에서 일부 작품을 모아 『謝康樂集』을 간행했다. 明末淸初 張溥의 『漢魏六朝百三家集』에도 『謝康樂集』 2권으로 실려 있다. 장서각에 『謝康樂集』 필사본 1책이 전한다. 『高麗史』에 따르면 宣宗 8년(1091) 宋의 館伴이 일실된 서적 129종의 목록을 주고 고려에서 찾도록 했는데, 여기에 『謝靈運集』이 포함되어 있고 『海東繹史』 등에서도 이 기사를 인용했다. 『靑莊館全書』,『弘齋全書』 등도 모두 이를 인용한 것이다. 모두 20권으로 소개하고 있다.

使琉球記 → 中山傳信錄

使琉球記

淸 張學禮가 편찬한 琉球 使行錄. 張學禮는 字가 立庵이고 廣西道監察御史를 지냈지만 자세한 이력은 알려져 있지 않다. 이 책은 康熙 元年(1662) 張學禮가 兵科副理事官으로서 琉球國王의 책봉을 위해 사신으로 갔을 때 쓴 것이다. 琉球國에서 冊封 使臣을 요청하게 된 경위와 여정의 험난함, 琉球의 풍토와 언어 등을 기록했다. 『四庫全書總目』에 자세한 설명이 보인다. 규장각과 장서각 등에 소장된 『說鈴』 제5책에 『使琉球紀略』이라는 서명으로 실려 있다. 『五洲衍文長箋散稿』에는 이 책과 함께 淸 徐葆光의 『使琉球記』도 함께 소개하고 있는데 徐葆光의 『中山傳信錄』과 관련이 있는 듯하다. 규장각과 국립중앙도서관 등에 淸 李鼎元이 편찬한 『使琉球記』가 소장되어 있지만 이 책과는 별개의 것이다.

四彝圖說

淸代 편찬자를 알 수 없는 外國에 관한 類書. 서명으로 보아 세계 각국의 지리와 풍속 등을 기록한 책으로 추정되지만 지금 전하지 않아 확인이 어렵다. 淸

王昶의 『金石萃編』과 淸 魏源의 『海國圖志』에 서명만 보인다. 『五洲衍文長箋散稿』에서 『欽定職方會覽』과 함께 서양의 명칭 표기와 관련하여 이 책을 인용했지만 역시 淸 魏源의 『海國圖志』의 기록을 옮긴 것이다.

四朝聞見錄

南宋 葉紹翁이 편찬한 筆記雜錄. 葉紹翁은 字가 嗣宗이고 號는 靖逸이며 處州 龍泉 출신이다. 생몰년은 밝혀져 있지 않은데 宋 光宗 연간(1190~1194)과 寧宗 연간(1194~1224) 벼슬을 했다. 詩集 『靖逸小集』이 『南宋群賢小集』에 실려 전한다. 이 책은 甲, 乙, 丙, 丁, 戊 5권으로 편성되어 있고, 207조의 항목에 宋 高宗, 孝宗, 光宗, 寧宗朝의 일화를 수록했다. 『明皐全集』, 『老洲集』, 『五洲衍文長箋散稿』 등에 관련 기록이 보인다. 규장각 등에 乾隆 41년(1776) 목판으로 간행한 중국본 5권 4책이 전한다. 淸 鮑廷博이 편찬한 『御覽知不足齋叢書』에도 5권으로 실려 있다. 규장각에 소장된 『說郛』에는 일부가 수록되어 있다.

使朝鮮錄

明 龔用卿이 朝鮮 使行을 기록한 책. 龔用卿은 字가 鳴治이고 號가 雲岡이며 懷安 출신으로, 弘治 연간(1488~1505) 翰林侍讀을 지냈으며 문집 『雲岡公文集』이 전한다. 이 책은 龔用卿이 嘉靖 15년(1536) 조선으로 왔을 때 자신의 見聞과 조선 문인과의 唱酬詩를 수록한 것이다. 明 焦竑의 『國史經籍志』에는 4권으로, 明 朱睦㮮의 『萬卷堂書目』에는 2권으로, 『明史』에는 3권으로 되어 있어 권수가 다르다. 또 淸 丁丙의 『善本書室藏書志』에는 嘉靖 연간(1522~1566)의 간본으로 1권이라 했다. 嘉靖 연간 판본을 영인한 책이 일본 東京大 등에 소장되어 있다. 이에 비해 『稗官雜記』에는 2권으로, 『海東繹史』와 『五洲衍文長箋散稿』에는 3권으로 소개되어 있다. 계명대에 중종 32년(1537) 丙子字로 간행한 판본 1책이 소장되어 있고 일본 靜嘉堂文庫에도 유사한 계열의 판본이 소장되어 있는데 2책이다. 卷頭에 嘉靖 丁酉(1537) 龔用卿의 序가 붙어 있다. 『中宗實錄』, 『宣祖實錄』 등에 거듭 인용된 것으로 보아 이 판본이 널리 유통된 듯하다. 『歷代要覽』, 『林下筆記』, 『靑莊館全書』 등에도 이 책이 소개되어 있다.

四朝詩選

淸 聖祖 康熙帝가 張豫章 등에게 命하여 편찬한 宋, 金, 元, 明 4朝의 漢詩 總集. 『御選宋金元明四朝詩』라고도 한다. 張豫章은 字가 寄庭, 號가 寄亭이며 江南 靑浦 출신이다. 이 책은 1709년 편찬된 것으로 모두 292권인데, 『御選宋詩』는 87권에 882인의 작품을, 『御選金詩』는 25권에 321인의 작품을, 『御選元詩』는 81권에 1,197인의 작품을, 『御選明詩』는 128권에 3,400인의 작품을 선발했다. 매 왕조의 앞부분에 작가의 姓名, 官爵, 貫鄕 등의 인적 사항을 먼저 서술하고 詩는 帝製, 四言, 樂府歌行, 古體, 律詩, 絶句, 六言, 雜言의 순서로 편제했다. 이 책에는 고려 말부터 조선 중기까지의 한시가 많이 선발되어 있다. 특히 『御選明詩』에는 '屬國'이라는 편제하에 偰遜, 鄭夢周 등 麗末鮮初의 시인에서부터 17세기 초반까지의 시인 97인의 시를 수록했다. 李達의 시도 9수 선발되어 있는데 無名氏의 작품이라 했다. 『海東繹史』에는 이 책을 인용해 趙希逸과 許筠의 시를 소개했다. 국민대 도서관에 필사본이 소장되어 있다. 서울대 중앙도서관과 국립중앙도서관에 康熙 52년(1713) 간행한 『御選唐詩』가 소장되어 있는데 다른 책이다.

詞綜

明末淸初 朱彝尊과 汪森이 편찬한 詞總集. 朱彝尊(1629~1709)은 秀水 출신으로 字가 錫鬯이고 號가 竹垞 또는 醧舫이며 만년에는 小長蘆釣魚師라고 했다. 『明史』 편찬에 참여했고 考證學에 능통했으며 古文과 詩詞에도 뛰어났다. 저서로 『經義考』, 『日下舊聞』, 『曝書亭集』, 『明詩綜』, 『詞綜』 등이 있다. 汪森(1653~1726)은 字가 晉賢이고 號는 碧巢이며, 浙江 桐鄕縣 출신이다. 黃宗羲, 朱彝尊, 潘耒 등과 교유했고, 朱彝尊이 소장했던 책들을 빌려 『粵西詩載』, 『粵西文載』, 『粵西叢載』 등을 편찬했다. 저술로 『小方壺存稿』, 『桐扣詞』 등이 있다. 이 책은 朱彝尊이 編選한 26권에 汪森이 10권을 증보하여 모두 36권으로 되어 있다. 唐, 五代, 宋, 金, 元의 작가 650여 인의 詞 2,250수를 선발했는데, 역대 詞 작가의 詞集뿐만 아니라 傳記, 小說, 地誌 등을 망라했다. 역대 詞 작가의 姓氏, 著作 등에 대한 정보가 자세하며 宋代와 元代의 評語도 수록했다. 康熙 17년(1678) 간본이 미국 버클리대에 소장되어 있다. 『四庫全書』에는 30권으로 실려 있다. 서울대 중앙도서관에 綠蔭堂에서 光緖 28년(1902) 간행한 판본이 소장되어 있고, 고려대에 碧梧書屋에서 嘉慶 8년(1830) 간행한 판본

이 일부 소장되어 있다. 『五洲衍文長箋散稿』에서 이 책을 소개했다.

詞旨

元 陸輔之가 詞를 선발하고 평론한 책. 明 胡元儀의 序에 의하면 陸輔之는 본명이 韶이고 字가 德恭인데 후에 이름을 友仁, 字를 輔之로 고쳤으며 다시 이름을 行直, 字를 子敬으로 고쳤다고 한다. 吳郡 출신으로 大德 연간(1297~1307)에서 至順 연간(1330~1337)에 활동했다. 이 책은 詞가 前代에 비해 속화되고 형식화되는 것을 비판하고 모범이 될 만한 詞와 詞論을 수집해 정리한 것이다. 說詞 7則, 屬對 38則, 樂笑翁奇對 23則, 警句 92則, 樂笑翁警句 13則, 詞眼 26則, 單字集虛 33字 등으로 구성되어 있다. 『五洲衍文長箋散稿』에 이 책을 소개한 바 있다. 규장각 등에 소장되어 있는 『說郛』에 이 책이 실려 있다. 『廣百川學海』에도 수록되어 있다.

四體書勢

晉 衛恒이 편찬한 書法에 관한 책. 衛恒(?~291)은 字가 巨山이고 河東 安邑 출신인데 草書와 隸書에 뛰어났다. 祖父 衛覬, 父 衛瓘, 妹 衛鑠이 모두 書法家로 이름이 높다. 이 책은 書法에 관한 이론을 정리한 책인데 篆書, 隸書, 草書 등 서체의 유래와 특징에 대해 자세히 기술했다. 규장각 등에 소장되어 있는 『說郛』와 『玉函山房輯佚書』에 이 책이 실려 있다. 『五洲衍文長箋散稿』에서 이 책을 소개한 바 있다.

史通

唐 劉知幾가 편찬한 歷史書. 劉知幾(661~721)는 字가 子玄이고 彭城 출신이다. 史官의 制度가 문란하고 귀족들이 역사 편수 과정에 개입하자 708년 史官 벼슬을 버리고 이 책을 편찬했다. 이 책은 內篇 39편, 外篇 13편으로 구성되었는데 內篇의 體統, 紕繆, 弛張 3편이 일실되고 49편이 남아 있다. 內篇은 주로 歷史書의 體制와 體例, 史料의 採集 등에 대해 기술했고, 外篇에는 史官의 제도와 史籍의 원류 등을 논했다. 外篇은 史官建置, 古今正史 등과 같은 표제를 달았다. 서울대 중앙도서관에는 明 李維楨이 評을 달고 郭延年이 評釋을 한 『史通』 목판본 20권이 소장되어 있다. 淸 浦起龍의 『史通通釋』이 국립중앙도서관에 소장되어 있는데 이 책에 주석을 단 것이다. 규장각에 소장된 『史通

削繁』은 淸 紀昀이 이 책의 핵심을 정리한 것이다. 국립중앙도서관에는 淸 黃叔琳이 이 책에 註를 달아 乾隆 32년(1767) 간행한『史通訓故補』가 소장되어 있다.『星湖全書』,『林下筆記』,『五洲衍文長箋散稿』 등에서『史通』을 인용했다.

史漢方駕

明 許相卿이 편찬한 漢代의 歷史書. 許相卿(1479~1557)은 字가 台仲 혹은 伯台이고 海寧 袁花 출신이다.『革朝志』,『良方輯要』,『校正海昌續志』,『雲村文集』 등의 저술이 있다. 漢 司馬遷의『史記』와 班固의『漢書』를 종합한 역사서다.『四庫全書總目』에 이 책이 소개되어 있다. 35권으로 되어 있는데,『漢書』와『史記』에서 동일한 내용은 행 가운데 곧바로 쓰고,『史記』에만 있는 것은 우측에,『漢書』에는 있는 것은 좌측에 나열했다.『五洲衍文長箋散稿』에 이 책을 소개한 바 있다. 北京師範大學圖書館에 萬曆 13년(1585)의 徐禾刻本이 소장되어 있다.

山居小箋

明末淸初 孫承澤이 편찬한 筆記雜錄. 孫承澤(1592~1676)은 字가 耳北 혹은 耳伯이고 號는 北海, 退谷, 退道 등을 사용했으며 益都 출신이다. 書畵의 鑑識에 능했고 직접 필사한 서적 200여 권을 자신의 서재 萬卷樓에 비치했다. 저서로『庚子消夏記』,『己亥存稿』,『五經翼』,『春明夢餘錄』,『四朝人物略』,『尙書集解』 등이 전한다.『五洲衍文長箋散稿』에서『山書廣記』,『春明夢餘錄』,『人物志』,『元明典故編年考』,『典制紀略』,『硏山齋集考』 등과 함께 이 책을 소개했는데『山居小箋』은 확인되지 않는다. 중국 國家圖書館에『山居隨筆』 1권이 소장되어 있는데 이 책과 관련이 있어 보인다.

山谷集

北宋 黃庭堅의 詩文集. 黃庭堅(1045~1105)은 字가 魯直이고 號가 山谷道人 혹은 涪翁이며 分寧 출신이다. 秦觀, 張耒, 晁補之와 함께 蘇門四學士로 불렸으며, 蘇軾과 함께 蘇黃으로 병칭된다. 宋 葉夢得의『避暑錄話』에 따르면 黃庭堅은 천여 수의 시가 있었는데 中年에 그중 3분의 2를 태워버리고 남은 것을 모아『焦尾集』이라 했고, 그 후 스스로 전할 만하다고 여긴 것을 가려 다시『敝帚集』이라 이름했다고 한다. 지금 전하는 黃庭堅의 문집은 建炎 2년(1128)

조카 洪炎이 편집한 內集 30권, 孝宗 연간(1162~1189) 李彤이 편집한 外集 14권, 淳熙 9년(1182) 손자가 편집한 別集 20권과 詞 1권 및 簡尺 2권, 그리고 年譜 3권으로 되어 있다. 宋代의 간본 중에 『豫章黃先生文集』이 전하는데 곧 內集에 해당한다. 후에 宋 任淵이 註를 단 『山谷內集詩註』가 있는데 후쇄본 20권 9책이 규장각에 소장되어 있다. 政和 辛卯(1111) 任淵의 序와 紹興 乙亥(1155) 許尹의 序가 실려 있으며 目錄과 年譜도 함께 실려 있다. 이 책에는 史容이 註를 단 『山谷別集註』 上下 2권 1책이 합쳐져 있는데, 곧 『山谷別集詩註』다. 宋 史容이 註를 단 『山谷外集詩註』와 함께 三家註라 하는데 『山谷外集詩註』는 별책으로 규장각에 소장되어 있다. 17권 9책으로 嘉靖 元年(1522) 錢文字의 序가 붙어 있다. 『補閑集』에 高麗의 李仁老가 黃庭堅의 문집을 읽었다는 기록이 보이고, 李奎報의 『東國李相國集』에도 그 문집을 읽었다고 밝히고 있어 고려 중기에 이미 『山谷集』이 수용되었음을 알 수 있다. 安平大君이 『山谷精髓』를 편찬했으며 成宗 때에는 『黃山谷詩集』을 한글로 번역하게 한 기록이 『成宗實錄』에 보인다. 『中宗實錄』에 『黃山谷集』 판본이 咸陽郡에 있었다는 기록도 보인다. 『四佳集』, 『農巖集』, 『陶谷集』, 『星湖僿說』, 『海東繹史』 등에 『山谷集』, 『山谷詩集』, 『黃山谷集』, 『黃山谷詩集』 등 다양한 서명으로 소개되었다. 『濡谿集』에는 任淵이 주를 단 『黃山谷集』을 소개하고 있으므로 『山谷內集詩註』를 본 듯하다. 국립중앙도서관, 고려대, 장서각, 존경각 등에 다양한 판본이 소장되어 있다.

山公啓事

晉 山濤가 당시 인물에 관해 품평한 책. 山濤(205~283)는 字가 巨源이고 河內懷縣 출신이다. 吏部尙書를 지냈고 竹林七賢의 한 사람이다. 이 책은 吏部尙書로 인재를 추천할 때 해당 인물에 品評을 붙여 推薦한 글을 모은 것이다. 『隋書』에 3권이라 했으나 『說郛』에 孫楙, 張建, 陳邵, 羊祜, 劉儼, 郗詵 등 일부 기사만 수록되어 있다. 『通典』, 『世說新語』 등 후대 문헌에도 일부가 인용되어 전한다. 『高麗史』에 따르면 宣宗 8년(1091) 宋의 館伴이 일실된 서적 129종의 목록을 주고 고려에서 찾도록 했는데, 여기에 이 책이 포함되어 있고 『海東繹史』 등에서 이 기사를 인용했다. 『青莊館全書』, 『弘齋全書』 등에서도 이를 인용했는데 모두 3권이라 했다.

山堂考索

南宋 章如愚가 편찬한 類書. 章如愚는 字가 俊卿으로 婺州 金華 출신이다. 宋寧宗 慶元 연간(1195~1201)에 出仕하여 國子博士 등을 지냈다. 이 책은 『群書考索』 혹은 『山堂先生群書考索』이라고도 하는데 元 延祐 7년(1320) 간본이 대만 故宮博物院圖書館에 소장되어 있다. 『四庫全書』에도 실려 있다. 前集 66권, 後集 65권, 續集 56권, 別集 25권이다. 『前集』은 六經, 諸子, 百家, 諸經, 諸史, 聖翰, 書目, 文章, 禮樂, 律呂, 曆數, 天文, 地理 등 13門, 『後集』은 官制, 學制, 貢擧, 兵制, 食貨, 財用, 刑法 등 7門, 『續集』은 經籍, 諸史, 文章, 翰墨, 律曆, 五行, 禮樂, 封建, 官制, 兵制, 財用, 諸路, 君道, 臣道, 聖賢 등 15門, 『別集』은 圖書, 經籍, 諸史, 文章, 律曆, 人臣, 經藝, 財用, 兵制, 四裔, 邊防 등 11門으로 편차되어 있다. 장서각에 『群書考索』 212권 66책 완질이 전하는데 正德 戊辰(1508) 鄭京의 序가 붙어 있으며 正德 16년(1521) 간행된 것이다. 『太宗實錄』과 『歷代要覽』에 따르면 1403년 明 황제가 이 책과 함께 『元史』, 『十八史略』, 『諸臣奏議』, 『大學衍義』, 『春秋會通』, 『眞西山讀書記』, 『朱子成書』를 하사한 것으로 되어 있다. 이후 실록에 이 책에 대한 언급이 지속적으로 보인다. 『潛谷遺稿』, 『靑莊館全書』, 『歷代要覽』, 『燃藜室記述』, 『海東繹史』, 『五洲衍文長箋散稿』 등 많은 문헌에서 이 책을 소개했다.

山堂肆考

明 彭大翼이 편찬한 類書. 彭大翼(1552~1643)은 字가 雲擧 또는 一鶴이고 號는 林居이며 呂四 출신이다. 廣西梧州通判 등을 지냈으며 通邑六先生으로 일컬어졌다. 이 책 외에 『一鶴齋稿』, 『明時席珍』 등의 저술이 있다. 이 책은 官撰類書인 『永樂大典』이 편찬된 후, 私家에서도 이를 따라 類書를 편찬하던 시대적 분위기 속에서 탄생했다. 天文, 時令, 地理, 君道, 帝屬, 臣職, 仕進, 科第, 學校, 政事, 親屬, 人品, 形貌, 性行, 文學, 字學, 諡法, 人事, 誕音, 民業, 釋教, 道教, 神祇, 仙教, 鬼怪, 典禮, 音樂, 技藝, 宮室, 器用, 珍寶, 幣帛, 衣服, 飮食, 音樂, 百穀, 蔬菜, 花品, 草卉, 果品, 樹木, 羽蟲, 毛蟲, 鱗蟲, 甲蟲, 昆蟲, 補遺 등으로 구성되어 있다. 萬曆 23년(1595) 완성하여 간행한 판본과 孫壻 張幼學이 萬曆 47년(1619) 增定하여 간행한 판본이 있는데 후자가 중국 南通市圖書館과 靜海樓特藏書庫에 전한다. 『四庫全書』에도 수록되어 있는데 228권에 補遺 12권이다. 국립중앙도서관, 장서각, 존경각 등에 萬曆 47년(1619) 간행한 목

판본이 소장되어 있다. 국립중앙도서관에 239권 50책의 필사본이 소장되어 있으며 장서각에도 필사본이 있어 이 책이 널리 유통되었음을 짐작하게 한다. 규장각에는 石渠閣에서 간행한 목판본 48권 60책이 소장되어 있는데 萬曆 乙未(1595) 凌儒의 序와 萬曆 己未(1619) 張幼學의 跋이 붙어 있다. 『潛谷遺稿』, 『谿谷集』, 『雷淵集』, 『靑莊館全書』, 『五洲衍文長箋散稿』, 『人政』 등 여러 책에서 이 책을 인용했다. 金堉이 『類苑叢寶』를 편찬할 때 크게 참조했다. 『海東繹史』에서 『異名記』를 인용하여 海東靑을 소개했는데 『山堂肆考』에서 재인용한 것이다. 『異名記』는 南唐 陳致雍의 『晉安海物異名記』가 알려져 있지만 전하지 않으므로 『山堂肆考』에서 인용한 책이고 陳致雍의 것인지는 알 수 없다.

山東考古錄

淸 顧炎武가 편찬한 地理書. 顧炎武(1613~1682)는 江蘇 昆山 출신으로 原名은 絳이었으나, 明이 망한 후 炎武로 改名했으며 字는 寧人, 號는 亭林이다. 『日知錄』, 『天下郡國利病書』, 『肇域志』, 『韻補正』, 『亭林詩文集』 등의 저술이 있다. 이 책은 1권이며 47條로 되어 있다. 山東 지역의 輿地, 古迹, 金石 등에 대해 고증했다. 국립중앙도서관 등에 소장되어 있는데 光緖 8년(1882) 葉圭綬의 續을 덧붙여 간행한 판본이다. 규장각에 소장되어 있는 『說鈴』, 『亭林先生補遺十種』, 『龍威秘書』, 『藝苑捃華』 등에도 실려 있다. 『五洲衍文長箋散稿』에 이 책을 인용한 바 있다.

山林經濟

明 屠隆이 편찬한 筆記雜錄. 屠隆(1543~1605)은 字가 長卿 혹은 緯眞이고 號는 赤水이며 浙江 鄞縣 출신이다. 詩文과 戲曲에 뛰어났으며 博學으로도 이름이 높았다. 『漢魏叢書』를 편찬했고 『冥寥子記遊』, 『遊具雜編』, 『由拳集』, 『白榆集』, 『婆羅館淸言』, 『棲眞館集』, 『考槃餘事』 등 많은 저술을 남겼다. 『明史』에는 24권의 『山林經濟』를 소개하면서 편찬자를 屠本畯이라 했다. 屠本畯은 字가 田叔이고 鄞縣 출신이며 萬曆 연간(1573~1620) 활동했다. 『閩中海錯疏』, 『茗笈』, 『韋玄佩』, 『離騷草木疏補』, 『情采編』, 『山林經濟籍』, 『兼三圖』, 『文字飮』, 『瓶史月表』, 『野菜箋』 등 주목할 만한 저술을 많이 남겼다. 일본 東京大와 중국 國家圖書館에 萬曆 연간 惇德堂 간본 『山林經濟籍』이 소장되어 있는데 24권으로 되어 있으며 편찬자는 屠本畯으로 되어 있다. 屠隆의 序가 붙은 明

末의 간본 『山林經濟』도 미국 국회도서관 등에 소장되어 있는데 16책이다. 모두 나무를 심고 짐승을 기르는 방법 등 전원생활과 관련한 잡다한 지식을 담고 있다. 『五洲衍文長箋散稿』에서는 편찬자를 屠隆이라 하고 4책이라 했다. 柳重臨의 『增補山林經濟』는 이 책을 본뜬 것이다. 『山林經濟策』도 따로 전하는데 淸 陸次雲이 편찬한 별개의 책이다.

山房隨筆

宋末元初 蔣子正이 편찬한 筆記雜錄. 蔣子正은 행적이 불분명한데 元初까지 활동한 宋의 遺民으로 보인다. 이 책은 1권이며 宋末에서 元初까지의 잡다한 野史와 詩話 등을 기술했다. 규장각 등에 소장된 『說郛』에 실려 있다. 『百川學海』, 『古今說海』, 『稗海』, 『四庫全書』 등에도 실려 있다. 『海東繹史』와 『五洲衍文長箋散稿』에서 이 책을 인용했다.

山法全書

淸 葉泰가 風水地理에 관한 내용을 엮은 책. 葉泰는 字가 九升이고 婺源 출신인데 자세한 이력은 밝혀져 있지 않다. 이 책은 葉泰가 편찬한 『地理大成』의 第一集인데 二集은 『平陽全書』, 三集은 『六經註』, 四集은 『羅經撥霧』, 五集은 『理氣三訣』이다. 嘉慶 18년(1813)의 重刊本이 중국 中研院近史所圖書館에 소장되어 있다. 같은 판본 일부가 한양대에 소장되어 있는데 嘉慶 癸酉(1813) 張曾祚의 序가 달려 있다. 『山法全書』는 『山法十三書』, 『山法十九卷』이라고도 하는데 龍法, 結作法, 穴法, 葬法, 砂法, 水法, 理氣, 造墳 등 19部로 나눈 뒤, 唐 楊筠松과 宋 吳景鸞의 說을 중심으로 前代의 風水說을 모으고 자신의 의견을 붙였다. 『五洲衍文長箋散稿』에서는 楊筠松의 『山法全書』로 인용했는데, 『山法全書』의 권1과 권2에 楊筠松의 『撼龍經』과 『疑龍經』이 실려 있다. 楊筠松(834~900)은 본명이 益이고 字가 叔茂, 號는 筠松인데, 竇州 출신이다. 벼슬에서 물러난 후 궁중의 풍수학을 민간에 전했고 남을 돕는 일을 좋아해 楊救貧으로 일컬어졌다. 『撼龍經』, 『疑龍經』, 『葬法倒杖』, 『天玉經』, 『靑囊序』, 『靑囊奧語』 등의 저술이 있으며 漢 靑烏子의 『地理全書靑烏先生葬經(靑烏經)』에 주석을 달았다. 『世宗實錄』과 『世祖實錄』, 『筆苑雜記』, 『星湖僿說』, 『選擇紀要』, 『象村稿』, 『弘齋全書』, 『歡齋集』 등 여러 문헌에서 楊筠松의 說을 언급한 것으로 보아 조선 초기 이래 그의 風水說이 널리 유통된 듯하다.

山書

明末清初 孫承澤이 편찬한 筆記雜錄. 孫承澤(1592~1676)은 字가 耳北 혹은 耳伯이고 號는 北海, 退谷, 退道 등을 사용했으며 益都 출신이다. 저서로 『庚子消夏記』, 『己亥存稿』, 『五經翼』, 『春明夢餘錄』, 『四朝人物略』, 『尙書集解』 등이 전한다. 이 책은 18권으로 필사본이 대만 中研院傅斯年圖書館에 소장되어 있다. 明 大臣들의 奏議와 詔諭 등을 수록했다. 清 姚覲元의 『清代禁毁書目四種』에 全燬書目에 이 책이 보인다. 『五洲衍文長箋散稿』에는 明의 역사를 다룬 저술로 '山書廣記'라 했는데 이 책과 『天府廣記』를 가리킨다.

算學啓蒙

元 朱世傑이 편찬한 數學書. 朱世傑은 字가 漢卿이며 號가 松庭인데 北京 부근의 燕山에 기거했지만 자세한 이력은 밝혀져 있지 않다. 『算學啓蒙』과 『四元玉鑑』 등의 저술이 있다. 이 책은 『新編算學啓蒙』으로 된 것이 많다. 上中下 3권으로 이루어져 있는데 18條로 이루어진 總括이 있어 수학의 기본적인 내용을 설명하고 있으며 본문에는 20門에 259개의 문항을 두고 풀이를 적었다. 上卷에는 縱横因法門, 身外加法門, 留頭乘法門, 身外減法門, 九歸除法門, 異乘同除門, 庫務解說門, 折變互差門 등 8門 113 문항이, 中卷에는 田畝形段門, 倉團積粟門, 離擄互換門, 求差分和門, 差分均配門, 商功修築門, 貴賤反率門 등 7門 71문항이, 下卷에는 之分齊同門, 堆積還源門, 盈不足術門, 方程正負門, 開方釋鎖門 등 5門 75문항이 실려 있다. 이 책이 조선에 전래된 시기는 분명치 않으나 世宗 15년(1433) 慶州府에서 판각된 이래 여러 차례 조선에서 간행되었는데 乙亥字로 간행한 판본 일부가 성암박물관에 소장되어 있으며 日本 筑波大學圖書館에도 유사한 판본이 소장되어 있다. 顯宗 1년(1660) 전라감사 金始振이 大興縣에서 간행한 판본은 서울대 중앙도서관, 계명대, 존경각 등에 소장되어 있다. 국립중앙도서관과 장서각 등에도 목판본, 필사본, 목활자본 등 여러 판본이 소장되어 있다. 또 顯宗 3년(1662) 任濬이 註解를 달아 『新編算學啓蒙註解』를 간행한 바 있다. 중국에서는 이 책이 일실되었는데 清의 羅士琳이 조선에서 간행한 판본을 구하여 道光 19년(1839) 阮元의 序를 붙여 揚州에서 간행했다. 『經國大典』에 『楊輝算法』, 『詳明算法』 등과 함께 算科의 기본 교재로 채택되어 널리 유통되었다. 『星湖僿說』, 『磻溪隨錄』, 『五洲衍文長箋散稿』 등에도 이 책이 인용되어 있다. 崔錫鼎의 『九數略』, 洪正夏의 『九一集』, 黃

胤錫의 『理藪新編』, 洪大容의 『籌解需用』, 南秉吉의 『算學啓蒙』 등은 이 책을 바탕으로 한 저술로 알려져 있다.

算學統宗

明 程大位가 편찬한 數學書. 程大位(1533~1606)는 字가 汝思이고 號는 賓渠이며 安徽 休寧縣 率口 출신 商人으로 珠算을 발명한 인물로 알려져 있다. 이 책은 원래 書名이 『直指算學統宗』이며 17권으로 되어 있으며 萬曆 20년(1592) 처음 간행되었다. 1~2권은 기본적인 算法을 설명한 것인데 珠算을 이용한 加減乘除의 口訣이 들어 있다. 나머지는 問題와 解法을 제시했는데 粟米, 盈朒, 方田 등의 表題를 두어 595개의 문항을 실었다. 崔錫鼎의 『明谷集』, 黃胤錫의 『頤齋遺稿』, 李圭景의 『五洲衍文長箋散稿』 등에 이 책에 관한 언급이 보인다. 특히 崔錫鼎은 이 책을 소장하고 있었는데 벗에게 한 부를 필사해 주면서 跋을 쓴 바 있다. 단국대 퇴계기념도서관에 1827년 文秀堂에서 간행한 중국 목판본 12권이 소장되어 있다.

山海經

夏 伯益이 편찬한 것으로 알려져 있는 地理書. 伯益은 伯翳, 柏益, 大費라고도 하며 顓頊의 손자로 알려져 있다. 이 책은 伯益의 저술로 알려져 있지만 戰國時代에 나온 것으로 보는 것이 일반적이다. 원래 13권이었지만 漢 劉歆이 『大荒南經』에서 『海內經』까지 5권을 추가하여 18권이 되었다. 地理, 山脈, 河川, 物産 등에 대해 기록했는데 신화적인 내용이 많다. 東晉의 郭璞이 注를 단 『山海經注』가 통용되는데 규장각에 소장된 『唐宋叢書』, 『二十二子全書』, 『經訓堂叢書』, 『百子全書』 등에 실려 있다. 『太宗實錄』에 이 책을 忠州史庫에서 가져오게 한 기록이 보이고, 『成宗實錄』에도 민간에서 이 책을 구한다는 기록이 보인다. 李奎報 등 이른 시기부터 이 책에 대한 언급이 보인다. 『海東繹史』에서도 이 책을 인용하여 古朝鮮 등의 地理를 논했다.

山海經釋義

明 王崇慶이 『山海經』을 풀이한 책. 王崇慶(1484~1565)은 字가 德徵이고 號가 端溪이며 開州 출신이다. 『古風所著』, 『五經心義』, 『元城語錄解』, 『端溪文集』, 『周易議卦』, 『南戶部志』, 『開州志』 등의 저술이 있다. 이 책은 18권에 圖 2권으

로 구성되어 있으며, 晉 郭璞의 『山海經注』를 全載하고 자신의 설을 붙였다. 『四庫全書總目』에서는 깊이가 부족하고 圖의 수준이 낮다고 혹평했다. 장서각에 明 董漢儒가 교정을 보아 康熙 28년(1689) 간행한 목판본이 소장되어 있다. 『海東繹史』에서 雄常이라는 나무를 소개하면서 이 책을 인용했다.

山海經箋疏

清 郝懿行이 『山海經』을 고증한 책. 郝懿行은 字가 恂九이고 號가 蘭皐山人이며 山東 棲霞 출신이다. 嘉慶 연간(1796~1820) 활동한 문인으로, 이 책 외에 『春秋說略』, 『春秋比』, 『荀子補注』, 『晉宋書故』, 『宋瑣語』, 『補宋書刊法志』, 『補宋書食貨志』, 『列仙傳校正本』, 『列仙傳讚夢書』, 『列女傳補注』 등 많은 저술을 남겼다. 그의 저술은 『郝氏叢書』에 수록되었는데 장서각에 소장되어 있다. 이 책 『山海經』의 원문을 교정하고 考證을 가한 것으로, 총 18권으로 되어 있다. 서울대 중앙도서관에도 이 책이 소장되어 있다. 嘉慶 甲子(1804) 郝懿行의 敍와 嘉慶 14년(1809) 阮元의 序가 붙어 있으므로 이즈음 간행된 것임을 알 수 있다. 『海東繹史』에는 郝懿行의 『箋疏』로 여러 차례 인용했는데, 주로 三韓 관련 기사다.

山海經注

東晉 郭璞이 『山海經』을 풀이한 책. 郭璞(276~324)은 字가 景純이고 河東 聞喜 출신이며, 『山海經』과 함께 『周易』, 『穆天子傳』, 『方言』, 『楚辭』 등에 주석을 붙였다. 이 책은 『山海經傳』이라고도 하는데 嘉靖 15년(1536) 간본이 중국 國家圖書館에 소장되어 있다. 원래 22篇이었다고 하지만 지금은 「藏山經」 5편, 「海外經」 4편, 「海內經」 5편, 「荒經」 4편 등 18편만 전한다. 「藏山經」은 山川地理와 動植物, 鑛物 등에 대해 적었고, 「海外經」에는 海外 各國의 기이한 풍물을 소개했으며, 「海內經」에는 中國의 신이한 사물에 대해 적었다. 또 荒經에는 黃帝와 女媧, 大禹 등 신화적인 인물에 대해 기술했다. 『東國李相國集』, 『牧隱集』 등 고려시대 문헌에서부터 조선시대 『芝峯類說』, 『海東繹史』, 『五洲衍文長箋散稿』 등에 이르기까지 두루 인용되어 있다. 특히 李奎報는 「山海經疑詰」을 지어 이 책을 비판했고, 조선시대에도 趙龜命 등이 이 책에 대하여 논했다. 또 조선시대 陶潛의 「讀山海經」이 유행하여 申欽, 金壽恒, 李玄錫 등이 차운시를 지었다. 『五洲衍文長箋散稿』에는 郭璞의 『山海經讚』을 소개하면

서 원문에 讚을 붙인 것으로 2권이라 했지만, 독립된 책이 전하지 않으며 『宋史』 등에 실린 내용을 인용한 것이다. 郭璞의 讚은 『山海經注』 혹은 『山海經傳』에 함께 실려 있다. 『海東繹史』에는 『山海經讚』 2권으로 소개했다.

珊瑚鉤詩話

北宋 張表臣이 편찬한 詩話書. 張表臣은 字가 正民이고 單父 출신이다. 紹興 연간(1131~1161) 司農丞 등의 벼슬을 지냈다. 이 책은 杜甫의 시 "文采珊瑚鉤"에서 서명을 붙인 것으로 3권 72則으로 구성되어 있다. 역대 시인들의 詩句에 대한 비평이 주를 이루고 用事의 誤謬, 詩語의 기원 등을 고증적으로 밝혔으며, 자신의 시문에 대해서도 소개했다. 『五洲衍文長箋散稿』에 이 책을 소개한 바 있다. 규장각에 소장되어 있는 『說郛』와 서울대중앙도서관에 소장되어 있는 『歷代詩話』 등에 실려 있다.

三家文抄

清 宋犖과 許汝霖이 편찬한 清初의 三大家인 侯方域, 魏禧, 汪琬의 散文選集. 宋犖(1634~1713)은 字가 牧中이고 號는 漫堂 또는 西陂이며 商丘 출신이다. 吏部尚書, 太子少師 등을 지냈다. 문집 『西陂類稿』 외에 『滄浪小志』, 『錦津山人詩集』, 『漫堂說詩』 등의 저술이 있다. 許汝霖(?~1720)은 浙江 海寧 출신으로 字는 時庵이고 號는 且然이며, 『易經說』, 『鈍翁文抄』, 『德星堂文集』 등의 저술이 있다. 이 책은 『國朝三家文鈔』라고도 하는데 규장각에 康熙 33년(1694) 序가 달린 목판본 9권 9책이 소장되어 있다. 이 책에 선발된 侯方域(1618~1655)은 字가 朝宗이고 歸德 출신이며 復社의 領袖였다. 그의 문집 『壯悔堂文集』과 『四憶堂詩集』이 규장각에 소장되어 있다. 魏禧(1624~1681)는 字가 冰叔 혹은 叔子이고 號가 裕齋이며, 『魏叔子文集』이 전한다. 三父子의 시문을 모은 『魏氏三子文集』도 따로 전한다. 汪琬(1624~1691)은 字가 苕文이고 號는 曉峰 혹은 鈍菴, 鈍翁이며 長洲 출신이다. 문집 『鈍翁類稿』와 『堯峰詩文鈔』가 전하는데 규장각에 『堯峰文鈔』가 소장되어 있다. 『五洲衍文長箋散稿』에서 이 책에 이어 '纂文纂要'를 함께 소개했는데 어떤 책인지 알 수 없다.

三經新義

宋 王安石 등이 『詩經』, 『書經』, 『周官』 등 三經을 풀이한 책. 王安石(1021~

1086)은 字가 介甫이고 號가 半山이며, 江西 臨川 출신이다. 荊國公에 봉해졌기 때문에 王荊公이라고도 하며, 諡號를 따라 王文公이라고도 한다. 많은 저술이 있었지만 『字說』, 『鍾山目錄』 등은 일실되고, 『臨川集』, 『臨川集拾遺』, 『周官新義』, 『老子注』 등이 남아 있다. 이 책은 神宗의 명을 받아 王安石, 呂惠卿, 王雱 등이 『詩經』, 『書經』, 『周官』 등에 대한 기존의 傳注 중심의 經典 해석을 비판하고 義理 중심으로 經文을 해석한 것이다. 熙寧 8년(1075) 『周官新義』 16권, 『詩經新義』 20권, 『書經新義』 13권으로 완성하고 이를 합해 『三經新義』라 했다. 이 책은 완성된 후 전국적으로 반포되어 모든 學人들의 필독서가 되었지만, 『詩經新義』와 『書經新義』는 전하지 않는다. 『三經新義』는 『省齋集』, 『海東繹史』에서 소개한 바 있지만 『朱子語類』를 재인용한 것이다. 규장각에 소장되어 있는 『粵雅堂叢書』에 『周官新義』가 실려 있다. 고려대 도서관 소장 『經苑』과 서울대 중앙도서관 소장 『墨海金壺』에도 『周官新義』가 편입되어 있다.

三教珠英

唐의 學士 47인이 則天武后의 命으로 편찬한 詩歌選集. 則天武后(624~705)는 高宗의 皇后로 高宗과 中宗, 睿宗 때 攝政하다가 武周皇帝로 즉위했다. 이 책은 右補闕 張說, 定王府倉曹 劉知幾, 給事中 徐彦伯 등이 참여해 聖曆 2년(699) 완성한 것으로, 1,300권(목록 13권)에 달했다고 한다. 開成 初年(836) 『海内珠英』으로 이름을 바꾸었는데 宋代에 이미 3권만 남았고 지금은 모두 일실되었다. 『高麗史』에 따르면 宣宗 8년(1091) 宋의 館伴이 일실된 서적 129종의 목록을 주고 고려에서 찾도록 했는데, 여기에는 이 책이 1,000권으로 되어 있다. 『海東繹史』, 『青莊館全書』, 『弘齋全書』 등에서도 이 기록을 인용했다. 『五洲衍文長箋散稿』에서 儒教, 道教, 佛教를 논한 책으로 1,000권이고 南朝 宋 顔延年이 편찬했다고 했지만 잘못이다.

三國雜事

北宋 唐庚이 편찬한 三國의 歷史書. 唐庚(1070~1120)은 字가 子西이고 眉州 丹棱 출신이며, 문집 『唐先生集』이 전한다. 이 책은 魏, 吳, 蜀 三國의 史實에 대해 논설을 붙인 것으로 淸代에 편찬된 『函海』에 上下 2권으로 실려 있다. 모두 36條의 중요한 기사를 옮기고 이에 대한 자신의 견해를 붙였다. 自序 1편이

붙어 있는데 이 序는 後人이 문집 『唐先生集』에서 옮긴 것이다. 『弘齋全書』, 『五洲衍文長箋散稿』 등에 관련 기록이 보인다.

三國典略

唐 丘悅이 南北朝時代의 역사를 기록한 編年體 史書. 丘悅은 河南 陸渾 출신의 학자지만 생애는 자세하지 않다. 唐 玄宗 연간(712~756) 활동했으며 相王府掾, 王府直學士, 歧王傅 등을 지냈다. 이 책은 關中, 鄴都, 江南을 三國의 구역으로 삼아 南北朝 중기와 말기의 역사적 사실을 30권 분량으로 서술한 것이다. 西魏, 東魏, 北齊, 北周, 梁, 陳 등 여러 王朝에서 행했던 外交와 戰爭, 政治, 經濟, 文化 등의 事實이 수록되어 있었다고 하지만 후에 일실되었다. 『說郛』에 19條만 실려 있는데 작자가 晉 魚豢으로 잘못 표기되었으며 2條는 다른 책에서 옮기는 등의 오류가 있다. 魚豢는 三國時期 曹魏의 郎中을 지낸 학자로 『魏略』을 편찬한 바 있다. 『星湖僿說』, 『順菴集』 등에서 『三國典略』을 인용했지만 직접 본 것은 아니다.

三國志

晉 陳壽가 편찬한 魏, 蜀, 吳 三國의 歷史書. 陳壽(233~297)는 巴西 安漢 출신으로 字는 承祚이다. 『諸葛亮集』, 『益部耆舊傳』, 『古國志』 등도 그의 저술이다. 이 책은 『魏志』 30권, 『蜀志』 15권, 『吳志』 20권 등 65권이다. 『三國志』로 『太宗實錄』, 『四佳集』 등에 소개되고, 『魏志』, 『蜀志』, 『吳志』 등으로도 『希樂堂稿』, 『星湖僿說』, 『海東繹史』, 『五洲衍文長箋散稿』 등에 소개되어 있다. 규장각에 康熙 39년(1700) 간기가 있는 목판본이 소장되어 있다.

三國志補注

淸 杭世駿이 晉 陳壽의 『三國志』에 註釋을 단 책. 杭世駿(1696~1773)은 字가 大宗이고 號가 堇浦이며 智光居士, 秦亭老民, 春水老人 등의 별호도 사용했다. 『史記考證』, 『經史質疑』, 『文選課虛』, 『榕城詩話』, 『道古堂集』, 『榕桂堂集』 등의 저술이 있는데 문집 『道古堂集』은 규장각에 소장되어 있다. 이 책은 裴松之의 『三國志』 註釋에 대한 補遺篇의 성격을 지닌다. 南朝 宋 裴松之의 주석이 考證이 정밀한 것으로 인정받아 이견이 없었지만 杭世駿이 보다 완벽을 기하고자 이 책을 편찬한 것으로 알려져 있다. 『貞蕤閣集』, 『五洲衍文長箋散

稿』 등에서 이 책을 인용했다. 규장각에 몇 종의 『三國志』가 소장되어 있는데 대부분 裴松之가 註釋을 단 판본이다.

三國志演義

元末明初 羅貫中이 편찬한 장편소설. 羅貫中은 이름이 本이지만 字인 貫中으로 널리 알려져 있고 號는 湖海散人이며 太原府 祁縣 출신이다. 章回小說의 鼻祖로 평가되며 『越太祖龍虎風雲會』, 『忠正孝子連環諫』, 『三平章死哭蜚虎子』 등의 戲曲과 『隋唐兩朝志傳』, 『殘唐五代史演義』, 『三遂平妖傳』, 『粉粧樓』, 『隋唐志傳』 등의 소설을 남겼다. 이 책은 원래 서명이 『三國志通俗演義』인데 『三國演義』로 줄여 부른다. 이 책은 晉 陳壽의 『三國志』를 바탕으로 하되 민간에서 전승되어온 설화와 이전의 戲曲 등을 참조하여 章回小說 형식으로 창작한 것이다. 중국에서는 明 嘉靖 연간(1522~1566)의 『三國志通俗演義』가 가장 이른 것이다. 萬曆 연간(1573~1620)의 『新刻按鑑全像批評评三國志傳』과 『李卓吾先生批評三國志』, 그리고 淸 康熙 연간(1662~1722) 毛綸과 毛宗綱 父子의 『三國演義』 등이 잘 알려져 있다. 이 소설은 高麗末에 수용되었고 조선에서 16세기 중반 丙子字로 간행한 판본과 1687년 제주에서 간행된 목판본이 전한다. 규장각 등에 후기의 판본이 여러 종 소장되어 있다. 『艮齋集』, 『疎齋集』, 『老稼齋集』, 『青城集』, 『星湖僿說』 등에 이 책이 소개되었다.

三年服制攷

明末淸初 毛奇齡이 三年의 服制를 논한 저술. 毛奇齡(1623~1716)은 字가 大可이고 號가 西河이며 浙江 蕭山 출신이다. 考證學을 선호하여 經學, 歷史, 地理 등에 관한 많은 저술을 남겼는데, 특히 南宋 朱熹를 비판한 『四書改錯』, 淸 閻若璩의 『古文尙書疏證』을 반박한 『古文尙書寃詞』 등이 대표적이다. 이 책은 『昭代叢書』에 1권으로 수록되어 있다. 『五洲衍文長箋散稿』에 서명만 소개했다.

三略

商末周初 太公望이 지었다는 兵法書. 太公望은 이름이 姜尙이고 字가 子牙이며 呂尙으로 불리며 飛熊이라는 號도 사용했다. 商 말년의 인물로 周 文王을 도와 周를 건국하여 太公望으로 일컬어졌다. 이 책은 秦末 黃石公이 張良에게 전해주었다 하여 『黃石公三略』이라고도 부른다. 北宋 때 『武經七書』에 편입되

어 유통되었다. 上略, 中略, 下略으로 이루어져 있는데 上略은 정치의 도리와 군대 운영의 원리를, 中略은 통치자가 지녀야 할 덕목의 사례를, 下略은 국가 안위를 위한 도덕과 규범을 담고 있다. 『太祖實錄』 이래 역대 實錄에 두루 보이며, 문집이나 類書 등에도 자주 인용되었다. 明 劉寅의 『三略直解』는 이를 풀이한 책이다. 이를 한글로 번역한 3책의 『新刊增補三略諺解』도 간행되었는데 국립중앙도서관에 소장되어 있다. 景宗 2년(1722) 靑海 文會幹 陶字契에서 간행한 『三略直解』, 純祖 5년(1805) 京城廣通坊에서 간행한 『新刊增補三略直解』 등도 전한다.

三禮圖

北宋 聶崇義가 고대의 三禮圖를 편집한 책. 聶崇義(925~997)는 河南 洛陽 출신으로, 國子禮記博士를 지냈다. 이 책은 『儀禮』, 『周禮』, 『禮記』를 그림으로 설명한 것인데 漢 鄭玄, 晉 阮諶, 唐 張鎰 등의 三禮圖를 교감하고 고증하여 建隆 3년(962) 완성했다. 服圖, 宮室圖, 投壺圖, 射侯圖, 弓矢圖, 旌旗圖, 玉瑞圖, 祭玉圖, 匏爵圖, 鼎俎圖, 尊彝圖, 喪服圖, 襲斂圖, 喪器圖 등 20권으로 구성되어 있다. 宋 淳熙 2년(1175) 간본이 전하며, 『通志堂經解』에도 실려 있다. 국가의 儀典과 관련한 制度와 器物에 대해 자세하므로, 조선 초기부터 국가의 儀典에 이 책을 자주 참조했다. 『世宗實錄』에 이 책이 인용되어 있으며 조선 후기 『研經齋全集』, 『與猶堂全書』, 『靑莊館全書』, 『海東繹史』, 『艮齋集』 등에 관련 기록이 자주 보인다. 『海東繹史』에 淸 朱彝尊의 『經義考』를 인용해 고려 文宗 12년(1058) 試禮部員外郞 三禮圖의 版木을 올렸다는 기사를 실었다. 『五洲衍文長箋散稿』에는 편자의 이름이 宋 馬崇義로 잘못 표기되어 있다.

三禮敍錄

元 吳澄이 『禮記』, 『周禮』, 『儀禮』 등 三禮를 풀이한 책. 吳澄(1249~1333)은 字가 幼淸 혹은 伯淸이고 號가 草廬이며 許衡, 劉因과 함께 元을 대표하는 학자다. 『吳文正集』, 『五經纂言』, 『儀禮逸經傳』 등의 저술이 전한다. 이 책은 元 蘇天爵의 『元文類』에 실려 있다. 규장각에 소장된 明 張采의 『周禮註疏』에도 실려 있다. 『經義考』에는 17권인데 보지 못한 책이라 했다. 『五洲衍文長箋散稿』에서 書名만 소개했다. 吳澄은 이 책과 함께 『三禮考註』도 편찬한 바 있는데 『龍洲遺稿』에 이 책이 보인다.

三禮說

元 蕭𣂏가 『禮記』, 『周禮』, 『儀禮』 등 三禮를 풀이한 책. 蕭𣂏는 字가 惟斗이고 奉元 출신인데, 『高麗史』와 『益齋亂藁』 등에도 보인다. 『九州志』, 『勤齋集』 등의 저술이 전한다. 『元史』에 立傳되어 있다. 이 책은 『世善堂藏書目錄』에는 4권으로, 『千頃堂書目』에서는 2권으로 되어 있지만 지금은 전하지 않는다. 『經義考』에서는 『三禮記』 4권으로 소개하고 逸書라 했다. 이 책은 『五洲衍文長箋散稿』에서 書名만 소개했다.

三禮義宗

梁 崔靈恩이 『儀禮』, 『周禮』, 『禮記』 등 三禮를 풀이한 책. 崔靈恩은 清河 武城 출신으로 經學에 정통했으며 『毛詩注』, 『周禮集注』, 『左氏經傳義』, 『左氏條例』, 『公羊穀梁文句義』 등 많은 저술을 남겼지만, 모두 일실되었다. 이 책은 三禮에 대한 여러 학자의 학설을 모아 편찬한 것으로 『梁書』에는 47권으로, 『文獻通考』에는 30권으로 소개되어 있다. 唐 杜佑의 『通典』이 이 책을 바탕으로 편찬된 것으로 알려져 있다. 『靑莊館全書』, 『海東繹史』, 『林下筆記』 등에 이 책을 인용했지만 『晉書』 등을 재인용한 것이다.

三禮節 → 全唐詩話

三柳軒雜識

宋末元初 程棨가 편찬한 筆記雜錄. 程棨는 字號나 행적이 전혀 알려져 있지 않다. 『研經齋全集』에는 그의 「耕作圖」가 소개되어 있다. 이 책은 『說郛』에 1권으로 수록되어 있다. 貴稻, 祠山事要, 假, 天數, 水石鍾秀, 古玉, 蘭亭序, 蠱呪, 漁隱, 花客, 指南鐵, 謔對, 陳文忠, 蠲紙, 識名, 評花品, 論人品 등의 항목으로 되어 있다. 『廣群芳譜』에도 이 책을 여러 차례 인용했다. 『海東繹史』와 『五洲衍文長箋散稿』에서 이 책을 소개했다. 『斗室存稿』에 『三柳軒雜記』로 인용되었다.

三命抄略

梁 陶弘景이 편찬한 占命에 관한 책. 陶弘景(456~536)은 字가 通明이고 號가 華陽隱居이며 丹陽 秣陵 출신이다. 『神農百草經』을 정리하여 『本草經集注』를 편찬했고 이 책 외에 『靈寶眞靈位業圖』, 『古今刀劍錄』 등 다양한 저술을 남겼

다. 이 책은 2권으로 되어 있었다고 하지만 전해지지 않는데 후대의 문헌에 일부가 인용되어 전한다. 三命은 天元, 地元, 人元을 가리키는 말이므로 이 책은 陰陽五行 등 운명을 다룬 것으로 추정된다. 『五洲衍文長箋散稿』에 術數家의 저술로 書名만 제시했다.

三百篇聲譜

明 張蔚然이 편찬한 字書. 張蔚然은 字가 維誠 혹은 惟成이며 浙江 杭州 출신으로, 『蓬居問疑』, 『岳遊譜』 등의 저술을 남겼지만 생애가 자세하지 않다. 이 책은 1권이며, 萬曆 41년(1613) 간행된 판본이 중국 國家圖書館과 미국 국회도서관 등에 소장되어 있다. 규장각 등에 소장된 『說郛續』에는 10조가 수록되어 있는데 『詩經』을 가창하는 방식을 적은 樂譜로 「鹿鳴」, 「皇皇者華」 등을 대상으로 글자마다 설명을 붙였다. 『五洲衍文長箋散稿』에 韻書의 하나로 이 책을 들었다. 그의 다른 저술 『西園詩麈』도 소개되어 있다.

三藩紀事

淸 楊陸榮이 편찬한 史書. 楊陸榮은 字가 采南이고 號가 潭西이며 江蘇省 青浦 출신이다. 康熙 연간(1661~1722)의 학자인데 자세한 이력은 밝혀져 있지 않지만 歷史學에 공을 쏟아 『五代史志疑』, 『遼史金史綱要』, 『殷頑錄』, 『夢囈集』 등의 저술을 남겼다. 이 책은 紀事本末體로 明 멸망 이후 明 부흥운동을 했던 南明의 福王 朱由崧, 唐王 朱聿鍵, 桂王 朱由榔 등의 興亡을 기록했다. 『三藩紀事本末』이라고도 한다. 康熙 56년(1717) 완성된 이 책은 22권으로 되어 있으며, 卷頭에는 楊陸榮의 自序와 凡例가 있다. 규장각, 장서각, 국립중앙도서관 등에 이 판본이 소장되어 있다. 권1에는 南明 福王, 唐王, 桂王 정권의 始末이, 권2에는 淸軍의 浙江省, 福建省, 廣東省 등의 통일 과정이, 권3에는 瞿式耜, 何騰蛟 등에 대한 기사가, 권4에는 永歷帝의 緬甸과 鄭成功의 淸軍에 대한 기사가 수록되어 있다. 三藩僭號, 鄭成功之亂 등과 같은 標題를 붙였는데 南明을 낮추고 淸을 높이려 했고 南明의 연호 대신 淸의 연호를 사용했다. 『五洲衍文長箋散稿』, 『屐園遺稿』 등에 관련 기록이 보인다.

三輔決錄

後漢 趙岐가 편찬한 筆記雜錄. 趙岐는 字가 邠卿이고 長陵 출신으로 桓帝 전

후의 학자다. 初名은 嘉이고 字는 台卿인데 나중에 개명했다. 벼슬은 太常을 역임했고, 『三輔決錄』 외에 『孟子章句』를 저술했다. 이 책은 淸 張澍가 편찬한 『二酉堂叢書(張氏叢書)』에 2권으로 실려 있다. 『十種古逸書』 등에도 수록되어 있다. 『說郛』에는 求拜, 胡婢, 覆被, 不炊, 飮馬, 從貸, 逃名, 自隨, 瘦貴, 瘠土所出, 謝射, 白鹿甚馴, 左伯, 自稱不堪, 寺正 등 15개의 표제 아래 名宦의 고사를 서술했다. 『成宗實錄』에 이 서명이 보이며, 崔演의 『艮齋集』, 尹拯의 『明齋遺稿』, 兪漢雋의 『自著』, 李德懋의 『靑莊館全書』, 韓致奫의 『海東繹史』, 李圭景의 『五洲衍文長箋散稿』 등에도 관련 기록이 보인다.

三輔黃圖

편찬자가 알려져 있지 않은 地理書. 宋 晁公武의 『群齋讀書志』에서는 梁과 陳 사이의 인물이 3권으로 편찬한 것이라 했고, 宋 程大昌의 『雍錄』에는 唐 肅宗 이후에 편찬된 것이라 했다. 『水經注』에서 이 책을 인용했고 『隨書』「經籍志」에도 보이므로 南北朝 말에 편찬된 것으로 보는 것이 일반적이다. 이 책은 秦代와 漢代 長安의 地理와 宮殿, 陵墓, 學校, 郊畤 등을 周代의 遺跡과 연결하여 설명한 것이다. 三輔는 長安 동쪽인 京兆尹, 長陵 북쪽인 左馮翊, 渭城 서쪽인 右扶風을 가리키는 용어인데 후대에는 수도 인근을 지칭하게 되었다. 乾隆 49년(1784) 淸 畢沅과 遜星衍이 교주하여 6권으로 간행한 판본이 국립중앙도서관, 규장각 등에 소장되어 있다. 규장각과 장서각 등에 소장된 『說郛』, 『經訓堂叢書』, 『漢魏叢書』, 『平津館叢書』 등에도 실려 있다. 『陶谷集』, 『星湖全集』, 『靑莊館全書』, 『展園遺稿』, 『弘齋全書』 등에 관련 기록이 보인다.

三續古文奇賞 → 古文奇賞

三十國春秋

梁 蕭方等이 편찬한 晉의 紀傳體 歷史書. 蕭方等(528~549)은 梁 元帝의 長子로 字는 實相이다. 이 책과 『精住子』를 편찬했다고 하지만 모두 전하지 않는다. 이 책은 30권으로 되어 있으며, 晉을 중심으로 하여 曹魏, 漢, 前越, 成漢, 前凉, 後越, 前燕, 前秦, 後燕, 後秦, 西秦, 後凉, 南凉, 南燕, 西凉, 北凉, 夏, 北燕, 前仇池, 後仇池, 宕昌, 鄧至, 冉魏, 西蜀, 桓楚, 翟魏, 代, 西燕, 北魏 등 29國의 역사를 함께 다루었다. 『舊唐書』에는 蕭方等의 『三十國春秋』 30권과 함께

武敏之의 『三十國春秋』 100권을 소개했다. 武敏之는 唐의 문인으로 이 책 외에 『金剛經』을 저술한 것으로 되어 있지만 다른 이력은 확인되지 않는다. 『海東繹史』에서는 『舊唐書』를 인용하여 玄宗 開元 26년(738) 渤海王 大欽茂가 唐 玄宗에게 사신을 보내 『三國志』, 『晉書』 등과 함께 『三十六國春秋』를 구했다는 기사를 실었지만, 『舊唐書』에는 『三十國春秋』만 보이고 『三十六國春秋』는 보이지 않는다. 다만 宋 王溥의 『唐要』에 開元 26년(738) 渤海에서 사신을 보내 『唐禮』, 『三國志』, 『晉書』, 『三十六國春秋』를 청한 기사를 싣고 있다. 『與猶堂全書』에서 이 기사를 인용하고 있다. 安鼎福의 『橡軒隨筆』에는 蕭方과 武敏之가 『三十國春秋』를 편찬하자 李延壽 부자가 『南史』와 『北史』를 편찬할 때 참조했다는 기록이 실려 있는데 宋 洪邁의 『容齋隨筆』 등에서 인용한 것으로 보인다. 『太平御覽』에는 『三十六國春秋』로 여러 차례 인용했는데 편찬자가 蕭方等으로 되어 있다. 이 책은 원문이 일실되고 淸 湯球가 1권으로 편집한 판본이 전하는데 『武敏之三十國春秋』, 『蕭方等三十國春秋』 등의 서명으로 중국 國家圖書館 등에 소장되어 있다.

三十六國春秋 → 三十國春秋

三魚堂集

淸 陸隴其의 文集. 陸隴其(1630~1692)는 字가 稼書이고 浙江 平湖 출신이다. 이 책 외에 『困勉錄』, 『古文尙書』, 『靈壽縣志』 등의 저술이 있다. 金昌翕 등 17세기 문인의 글에 陸隴其가 보이므로 비교적 이른 시기부터 조선에 영향을 끼친 인물이라 할 수 있다. 이 책은 그의 사후 門人 侯銓이 편찬한 것이다. 淸 康熙 40년(1701) 간행된 판본이 규장각과 서울대 중앙도서관에 소장되어 있는데 席永恂 등이 교정하여 掃葉上房에서 판각한 것이다. 권1~12는 文集으로 雜著, 書, 尺牘, 序, 記, 墓表, 墓誌銘, 壙記, 傳, 祝文, 祭文 등이 실려 있고, 附錄에 崇祀名臣錄이 붙어 있다. 권13~19는 『外集』인데 奏疏, 議, 條陳, 表, 策, 申請, 公移, 詩 등이 실려 있고, 권19에 附錄으로 行狀이 실려 있다. 『靑莊館全書』, 『明皐全集』 등에서 이 책을 소개했다. 金永爵의 「與成絅齋書」에 따르면 金永爵이 소싯적에 詩文을 벗 삼고 佛家에 현혹되어 방황하다가 『三魚堂集』, 『四書困勉錄』, 『松陽講義』, 『一隅集』, 『問學錄』 등을 읽고 길을 바로 찾았다고 한다. 『熱河日記』, 『硏經齋全集』 등에는 그의 『三魚堂日記』가 인용되어 있다.

『三魚堂日記』는 10권으로 同治 연간(1862~1874) 편찬된 『陸子全書』에 실려 있다.

三餘贅筆

明 都卬이 편찬한 筆記雜錄. 都卬은 字가 維明이고 號가 豫菴이며 吳縣 출신인데 자세한 이력은 확인되지 않는다. 이 책은 見聞을 자유롭게 적은 것으로 『四庫全書總目』에 이 책에 관한 설명이 보인다. 의학, 속담, 풍속 등 잡다한 내용으로 되어 있다. 『青莊館全書』, 『五洲衍文長箋散稿』 등에 이 책을 인용한 바 있다. 규장각에 소장되어 있는 『說郛』에 이 책이 실려 있으며 『三家隨錄』에도 수록되어 있다. 장서각에 소장되어 있는 『唐宋叢書』, 『續知不足齋叢書』에도 실려 있다.

三易備遺

南宋 朱元昇이 夏의 『連山易』, 商의 『歸藏易』, 周의 『周易』을 풀이한 책. 朱元昇은 桂陽 平陽 출신으로 字가 日華이고 號가 水詹이며, 咸淳 연간(1265~1274) 활동했다. 이 책은 康熙 19년(1680) 通志堂에서 10권으로 간행되었는데 『通志堂經解』에 실려 있다. 邵雍의 학설을 바탕으로 하여 咸淳 6년(1270) 초고를 완성했고 그의 아들 朱仁立이 원고를 완성하여 咸淳 8년(1272) 조정에 올렸다고 한다. 『青莊館全書』, 『研經齋全集』, 『五洲衍文長箋散稿』 등에서 이 책을 언급했다.

三元經

唐 李淳風이 편찬한 道家書. 李淳風(602~670)은 岐州 雍縣 출신으로, 天文, 曆算, 陰陽의 학문에 뛰어났다. 唐 太宗의 命을 받아 算博士 梁述, 助教 王眞儒 등과 함께 『五曹』, 『孫子』 등에 注解을 달았다. 『崇文總目輯釋』에는 이 책이 1권이고 편찬자가 李淳風이라 했지만 편찬자가 밝혀져 있지 않은 기록이 많으며 3권으로 된 곳도 많다. 『五洲衍文長箋散稿』에서 여러 차례 인용했는데 『靈曜經』과 나란히 晉 郭璞의 저술처럼 표기했다. 동일한 내용이 宋 楊維德의 『遁甲符應經』에 보인다. 지금은 전하지 않는다.

三元參贊延壽書 → 延壽書

三才圖會

明 王圻와 그의 아들 王思義가 편찬한 類書. 王圻(1530~1615)는 字가 元翰이고 號가 洪洲로 松江 출신이다. 文獻學者이자 收藏家로 이름이 높았으며 이 책 외에 『東吳水利考』, 『謚法通考』, 『重修兩浙鹺志』, 『稗史彙編』, 『洪洲類藁』, 『續文獻通考』 등 많은 저술을 남겼는데 그중 『稗史彙編』, 『續文獻通考』는 규장각에 소장되어 있다. 王思義는 字가 允明이고 松江 출신으로 생몰년은 밝혀져 있지 않다. 부친의 학문을 계승하여 『宋史纂要』, 『香雪林集』, 『故事選要』 등 저술을 남겼다. 이 책에서 王圻가 편찬한 내용은 天文, 地理, 人物까지이고 나머지는 모두 王思義가 편찬했으므로, 실질적인 편찬자는 王思義라 할 만하다. 모두 108권인데 天文 4권, 地理 16권, 人物 14권, 時令 4권, 宮室 4권, 器用 12권, 身體 7권, 衣服 3권, 人事 10권, 儀制 8권, 珍寶 2권, 文史 4권, 鳥獸 6권, 草木 12권 등 14門으로 구성되어 있다. 역대의 서적에서 圖象을 모으고 설명을 붙였다. 규장각에 萬曆 연간(1573~1620) 간행한 목판본 107책이 소장되어 있는데 '集玉齋' 장서인이 찍혀 있다. 萬曆 己酉(1609)에 쓴 周孔教와 顧秉謙, 陳繼儒의 序, 孔鶴의 引 등이 차례로 실려 있다. 周孔教는 字가 明行이고, 臨川 출신으로 序를 지을 때 都察院右僉都御史로 있었으며 『周中丞疏稿』, 『救荒事宜』 등의 저술을 남겼다. 顧秉謙은 字가 益庵이고 號가 玉峰이며 昆山 출신으로 明末에 재상을 지냈다. 孔鶴은 蘄州 출신으로 王圻의 孫壻이다. 孔鶴의 引에 따르면 萬曆 丁未(1607) 봄에 이 책의 편찬이 완료되었다고 한다. 이어 「凡例」, 「總目」이 실려 있고 그 끝에 「天文圖序」가 실려 있다. 권1 天文의 卷頭題 아래에는 "雲間元翰父王圻纂集", "曾孫爾賓重較"로 되어 있고, 人物의 卷頭題 아래에는 "雲間允明父王思義續集"이라 되어 있다. 장서각에 萬曆 37년(1609) 序가 달린 목판본이 소장되어 있으며, 국내 여러 도서관에도 낙질이 전하며 계명대 등에 필사본이 일부 전한다. 『芝峯類說』에서 이 책을 중요한 참고문헌으로 사용하고 있어 이 책이 간행되자 바로 조선에 수입된 것으로 보인다. 『肅宗實錄』, 『歸溪遺稿』, 『陶谷集』, 『星湖全集』, 『息山集』, 『燕巖集』, 『青莊館全書』, 『研經齋全集』, 『五洲衍文長箋散稿』 등에서도 이 책을 언급하고 있다. 鄭東愈의 『晝永編』, 李德懋 등의 『武藝圖譜通志』에서도 이 책을 중요한 인용서목에 넣고 있다. 張混의 「平生志」에서 소장하고 싶은 책 가운데 하나로 이 책을 들었다. 李宜顯의 『庚子燕行雜識』에서 이 책 80권을 구입했다고 했는데 80책을 가리키는 듯하다. 『海東繹史』와 『林下筆記』에서 『三才圖會續集』을

인용했는데 『三才圖會續集』은 王思義가 1권으로 더 편찬한 것이다. 일본 東京大에 소장되어 있다. 일본에서 이 책의 영향으로 寺島良安가 『和漢三才圖會』 150권을 편찬했는데 『靑莊館全書』, 『泠齋集』, 『研經齋全集』, 『與猶堂全書』, 『林下筆記』 등에서 인용한 바 있다.

三才藻異

淸 屠粹忠이 편찬한 類書. 屠粹忠(?~1706)은 字가 純甫이고 號가 芝巖이며 定海 출신으로, 兵部尙書를 지냈다. 이 책은 康熙 己巳(1689) 편찬되었고 비슷한 시기 간행된 판본 33권이 미국 시카고대와 하버드대에 소장되어 있다. 題詠에 필요한 典故를 유형에 따라 나누었다. 『海東繹史』에 이 책에 실려 있는 屠粹忠의 「朝鮮狼尾筆贊」이 인용되어 있다.

三傳異同

北齊 李鉉이 『左傳』과 『穀梁傳』, 『公羊傳』의 同異를 고찰한 책. 李鉉은 字가 寶鼎이고 渤海 南皮 출신이다. 『三禮義疏』, 『周易義例』 등의 저술을 남겼다. 이 책은 『春秋三傳異同』이라고도 한다. 『玉海』에 12권이라 했지만 일실되어 전하지 않는다. 『洛下生集』에 馬融의 『三傳異同說』, 李鉉의 『春秋二傳異同』 11권, 李氏의 『三傳異同例』 13권, 馮伉의 『三傳異同』 3권 등을 소개했는데 『唐書』 등의 기록을 옮긴 것이다. 『五洲衍文長箋散稿』에서는 編者와 書名만 들었다.

三蒼

魏 張揖이 편찬한 아동용 글자 학습서. 張揖은 字가 稚讓이고 淸河 출신이며 『埤倉』, 『廣雅』, 『古今字詁』 등의 저술이 있었다고 하지만 전하지 않는다. 이 책은 『蒼頡篇』을 上卷으로, 前漢 揚雄의 『訓纂』을 中卷으로, 後漢 賈魴의 『訓纂』을 下卷으로 편차한 것을 합친 것이다. 후에 晉 郭璞이 이 책에 주석을 달았다. 『貞蕤閣集』, 『靑莊館全書』, 『五洲衍文長箋散稿』 등에 관련 기록이 보인다. 규장각에 소장되어 있는 『玉函山房輯佚書』에 이 책이 편입되어 있다.

喪禮吾說篇

明末淸初 毛奇齡이 喪禮에 관해 辨證한 책. 毛奇齡(1623~1716)은 字가 大可이고 號가 西河이며 浙江 蕭山 출신이다. 經學, 歷史, 地理 등에 관한 많은 저술

을 남겼는데 『四書改錯』, 『古文尙書寃詞』 등이 널리 알려져 있다. 이 책은 10권으로, 子夏의 「喪服傳」, 『周禮』, 『儀禮』 등이 戰國時代의 僞作임을 고증하고 三年喪의 기간이 36개월임을 논증했다. 丁若鏞이 이 책에 대해 쓴 「題毛奇齡喪禮吾說篇」이 『與猶堂全書』에 실려 있다. 『靑莊館全書』, 『五洲衍文長箋散稿』 등에서도 이 책을 소개했다. 嘉慶 元年(1796) 간행된 『西河合集』에 이 책이 수록되어 있는데 규장각과 서울대 중앙도서관에 소장되어 있다.

尙白齋鐫陳眉公訂正秘笈 → 眉公秘笈

喪服釋疑

晉 劉智가 편찬한 喪服 제도에 관한 저술. 劉智는 字가 子房이며 尙書太常을 지냈다. 『隋書』에는 孔智가 편찬한 같은 이름의 저술 20권을 소개했는데 같은 책일 가능성도 있다. 『五洲衍文長箋散稿』에는 편찬자가 劉寔으로 되어 있으나 잘못이다. 劉寔(220~310)은 字가 子眞이고 平原郡 高唐縣 출신으로 『左氏牒例』, 『春秋條例』, 『春秋公羊達義』 등의 저술이 있었다고 하지만 일실되었다. 그의 「崇讓論」이 『星湖僿說』과 『弘齋全書』에 인용되어 있다. 『晉書』에는 劉寔의 아우 劉智가 이 책을 편찬한 것으로 되어 있다. 이 책은 1권으로 『漢魏叢書』와 『玉函山房輯佚書』 등에 실려 있는데 편찬자가 劉智로 되어 있다.

喪服章句

北魏 李公緖가 喪禮를 풀이한 책. 李公緖는 字가 穆叔이고 趙郡 平棘 출신인데, 出仕하지 않고 학문에 전념했으며 특히 陰陽圖緯에 뛰어났다. 『典言』, 『質疑』, 『古今略記』, 『玄子』, 『趙語』 등의 저술을 남겼지만 모두 전하지 않는다. 이 책은 『北齊書』와 『玉海』에 1권으로 되어 있다. 『五洲衍文長箋散稿』에서는 서명만 소개했다.

湘山野錄

北宋의 승려 文瑩이 편찬한 野史雜錄. 文瑩은 字가 道溫 혹은 如晦이며 錢塘 출신이다. 宋 仁宗 연간(1010~1063) 활동하며 蘇舜欽, 歐陽修 등과 교유했다. 『渚宮集』이 있었지만 일실되고, 이 책과 함께 『玉壺淸話』, 『湘山屬錄』 등이 전한다. 이 책은 『玉壺野史』라고도 한다. 玉壺는 文瑩의 隱居地다. 自序에 따르면 元豐 戊午(1078)에 완성되었다. 宋初부터 熙寧 연간(1068~1077)까지 다양한 문집에 실린 자료를 바탕으로 당시 君臣의 言行, 禮樂의 憲章, 詩文과 逸史 등 160條를 기술했는데 10권이다. 규장각 등에 소장된 『御覽知不足齋叢書』, 『說郛』, 『宋人百家小說』, 『守山閣叢書』 등에 이 책이 실려 있다. 『四庫全書』에 『玉壺野史』로 10권이 모두 실려 있다. 『海東繹史』, 『五洲衍文長箋散稿』 등에 『玉壺淸話』로 인용되어 있다. 『五洲衍文長箋散稿』에서는 唐庚의 『三國雜事』에서 인용하여 이 책이 緯書라 했다. 전남대에 乾隆 庚子(1780) 寶繪堂에서 간행한 『玉壺淸話』가 소장되어 있는데 편찬자가 王鳴盛으로 되어 있지만 그 근거를 알 수 없다. 王鳴盛은 淸의 문인으로 『尙書後案』의 저자다.

尙書講義

明 顧煜이 『尙書』를 풀이한 책. 顧煜은 字가 銘伯이고 無錫 출신이며, 『射書』 등의 저술이 있다. 『五洲衍文長箋散稿』에는 顧煜의 『尙書講義』로 소개했지만 顧煜의 저술 중에 이 書名은 확인되지 않는다. 『五洲衍文長箋散稿』의 근거를 확인할 수 없다. 宋 史浩, 宋 曾肇, 宋 張綱, 宋 許奕, 宋 宋蘊, 明 蔡璋, 淸 葉方藹 등이 같은 이름의 저술을 남겼다. 正祖 역시 같은 이름의 저술 8권을 남겼다.

尙書古文疏證

淸 閻若璩가 『古文尙書』를 고증한 책. 閻若璩(1638~1704)는 字가 百詩이고 號가 潛丘이며 山西 太原 출신인데, 淮安 山陰에 거주했다. 淸代의 經學을 대표하는 인물로 많은 저술을 남겼는데 그중 『四書釋地補』, 『毛朱詩說』, 『潛邱劄記』 등이 규장각에 소장되어 있다. 이 책은 『尙書疏證』, 『古文尙書疏證』이라고도 한다. 규장각에 嘉慶 元年(1796) 간행된 목판본이 소장되어 있는데 康熙 甲申(1704) 閻詠의 序가 붙어 있으므로 이즈음 편찬이 완료되었음을 알 수 있다. 20세부터 30년간 『古文尙書』에 잠심하여 이 책을 8권으로 편찬했다. 丁若鏞의 『尙書』 연구에 큰 영향을 끼쳤기에 『與猶堂全書』에 매우 많이 인용되어 있다. 『研經齋全集』, 『肅齋集』, 『舫山集』 등에는 『古文尙書疏證』으로, 『五洲衍文長箋散稿』에는 『尙書疏證』으로 소개되어 있다.

尙書廣錄

明末淸初 陳弘緖가 『尙書』를 풀이한 학설을 모은 책. 陳弘緖(1596~1665)는

明 文德翼의 『求是堂文集』에 실려 있는 「陳石莊先生傳」에 생애가 자세하다. 字가 士業이고 江西 新建 출신의 문인이며, 이 책과 함께 『石莊集』, 『恒山存藁』, 『寒崖集』 등의 저술이 있다. 이 책은 『經義考』에서 未見書로 되어 있는데 일실되어 전하지 않는 듯하다. 李德懋의 『磊磊落落書』에서 清 方以智를 소개하면서 이 책을 함께 소개했지만 清 施閏章의 『愚山集』에 실려 있는 그의 墓志에서 인용한 것이다. 『研經齋全集』, 『五洲衍文長箋散稿』 등에도 이 책이 소개되어 있다.

尚書廣聽錄

清 毛奇齡이 『尚書』의 내용을 고증한 책. 毛奇齡(1623~1716)은 字가 大可이고 號가 西河로 浙江省 출신이다. 經學, 歷史, 地理 등에 관한 많은 저술을 남겼는데 『四書改錯』, 『古文尚書寃詞』 등이 널리 알려져 있다. 毛奇齡은 왜곡되고 착종되어 있는 『尚書』의 사실을 바로 잡고자 했는데, 이 책은 그 결과물이라 할 수 있다. 『漢書』에 보이는 "書以廣聽"을 따서 書名으로 삼았다. 앞에 總論을 붙였고 본문은 145條로 되어 있다. 『弘齋全書』, 『五洲衍文長箋散稿』 등에 관련 기록이 보인다. 규장각과 서울대중앙도서관 등에 소장되어 있는 『西河合集』에 5권 1책으로 이 책이 실려 있다.

尚書句解

元 朱祖義가 『尚書』를 풀이한 책. 朱祖義는 廬陵 출신으로, 字가 子由지만 이력이 자세하지 않다. 『尚書句解』와 함께 『周易句解』가 전한다. 이 책은 전남대 등에 소장된 『通志堂經解』에 13권으로 실려 있다. 宋 蔡沈의 『尚書集傳』을 宗主로 하여 어린아이들이 쉽게 이해할 수 있게 풀이한 책이다. 『研經齋全集』, 『五洲衍文長箋散稿』 등에 이 책이 소개되어 있다.

尚書糾繆

唐 王元感이 『尚書』의 오류를 고증한 저술. 王元感은 濮州 鄄城 출신으로, 經學에 뛰어나 四門博士를 지냈다. 이 책과 『春秋振滯』, 『禮記繩愆』 등의 저술이 있었다고 하지만 모두 전하지 않는다. 이 책은 『舊唐書』 등에 10권으로 되어 있지만 일실되었다. 『五洲衍文長箋散稿』에서 이 책과 함께 『禮記繩愆』, 『春秋振滯』 등의 서명만 소개했다.

尙書大傳

漢 伏勝이 구술한 『尙書』의 解說書. 伏勝은 伏生이라고도 하는데 濟南 출신이지만 자세한 이력은 알 수 없다. 이 책은 伏勝이 文帝 때 張生과 歐陽生에게 구술한 내용을 바탕으로 편찬한 것인데 宋 鄭玄의 註釋이 부기되어 있다. 당시 今文을 기록하던 隷書體로 정리되어 『今文尙書』라고도 한다. 『隋書』「經籍志」에는 3권으로 되어 있고, 『書錄解題』에는 4권과 補遺 1권으로 되어 있지만, 原書는 宋代에 일실되었다. 후대 편집한 판본이 전하는데 『四部叢刊』에 실려 있다. 규장각과 서울대 중앙도서관에는 淸 鄭元이 주석을 달아 嘉慶 17년(1812) 山淵堂에서 간행한 목판본 4권 2책이 소장되어 있는데 補遺도 함께 실려 있다. 조선에서도 『尙書』 이해의 필독서로 이 책이 널리 읽혔는데 鄭玄의 註釋을 이를 때가 많다. 『龜峰集』, 『記言』, 『南溪集』 등 조선 중기 문헌에서부터 『常變通考』, 『海東繹史』, 『五洲衍文長箋散稿』 등 조선 후기 문헌에 이르기까지 자주 인용되었다.

尙書百兩編 → 百兩編

尙書詳解

南宋 胡士行이 『尙書』를 풀이한 책. 胡士行은 廬陵 출신인데 臨江敎授를 지낸 이력 정도만 알려져 있다. 이 책은 『初學尙書詳解』, 『胡氏尙書詳解』라고도 한다. 『通志堂經解』에 13권으로 수록되어 있다. 漢 孔安國의 풀이를 주로 하여 異同을 서술하되 미심쩍은 바는 다른 諸家의 說을 함께 붙였다. 『靑莊館全書』, 『硏經齋全集』, 『五洲衍文長箋散稿』에서 이 책을 소개했다. 이 책은 같은 이름의 저술이 여러 종 있다. 특히 宋 陳樫의 것은 胡士行의 것과 구분하기 위해 『陳氏尙書詳解』라 하는데 50권이다. 宋 夏僎의 것은 26권으로 되어 있다.

尙書說

南宋 黃度가 『尙書』를 풀이한 책. 黃度(1138~1213)는 字가 文叔이고 號가 遂初이며 紹興 新昌 출신이다. 禮部尙書를 지냈는데 直諫으로 이름이 높았다. 『詩說』, 『周禮說』 등 많은 저술을 남겼으나 이 책만 전한다. 이 책은 『書說』이라고도 하는데 『通志堂經解』에 7권으로 실려 있다. 明 呂光洵과 唐順之가 교감한 것으로 呂光洵의 序가 붙어 있다. 漢 孔安國의 풀이를 주로 하되 諸家의

說도 참작했다. 『靑莊館全書』, 『硏經齋全集』, 『五洲衍文長箋散稿』 등에서 이 책을 소개했다.

尙書疏證 → 尙書古文疏證

尙書傳

晉 梅賾이 편찬한 『尙書』의 僞書. 梅賾은 字가 仲眞이고 汝南 출신으로, 豫章內史로 있을 때 『古文尙書』와 『尙書孔氏傳』을 바쳤는데, 僞書로 평가된다. 이 책은 『古文尙書』에 漢 孔安國의 주석이 붙었기에 『尙書孔氏傳』, 『孔傳尙書』라고도 하는데 통상적인 『古文尙書』를 이른다. 南宋 朱熹, 元 吳澄, 明 梅鷟, 淸 閻若璩와 惠棟 등에 의하여 僞書로 판정되었다. 『與猶堂全書』, 『阮堂集』, 『五洲衍文長箋散稿』 등에 관련 기록이 보인다. 『海東繹史』에는 孔安國이 편찬한 것이라 하고 여러 차례 인용했다.

尙書傳纂疏 → 尙書集傳纂疏

尙書全解

南宋 林之奇가 『尙書』를 풀이한 책. 林之奇(1112~1176)는 字가 少穎이고 號가 拙齋이며 福州 侯官 출신이다. 『春秋周禮論』, 『孟子講義』, 『論語注』, 『揚子解義』, 『道山紀聞』, 『拙齋集』 등 많은 저술이 있다. 이 책은 40권으로 『四庫全書』와 『通志堂經解』에 실려 있다. 『三山拙齋林先生尙書全解』라고도 한다. 『宣祖實錄』(1572년 12월 19일)에 『尙書』를 進講하면서 朱熹가 蘇軾, 王安石, 林之奇, 呂祖謙의 說을 취했다는 기사가 보인다. 『眉巖日記』에도 비슷한 내용이 보이는데 林之奇의 설은 번다한 단점이 있다는 평을 실었다. 『弘齋全書』, 『惕齋集』 등에서 『尙書』와 관련하여 그의 설을 자주 인용했다. 『靑莊館全書』와 『硏經齋全集』, 『五洲衍文長箋散稿』에서 이 책을 소개했다. 28권으로 되어 있는 北宋 胡瑗의 『尙書全解』와는 다른 책이다.

尙書正義

唐 孔穎達 등이 편찬한 『尙書』 註解書. 孔穎達(574~648)은 字가 仲達이고 冀州 衡水 출신으로, 國子博士, 司業, 祭酒 등의 벼슬을 역임했다. 顔師古와 함

께 『隋書』, 『大唐儀禮』 등을 편찬했으며 『五經正義』가 대표적인 저술로 알려져 있다. 『尙書正義』는 『五經正義』의 일부인데 『尙書疏』, 『尙書注疏』라고도 한다. 이 책은 당시 유행하던 五經의 여러 판본을 정리하여 표준이 되는 定本을 제시하기 위해 편찬되었다. 貞觀 12년(638) 孔穎達이 중심이 되어 편찬을 시작하여 長孫無忌 등의 교정을 거쳐 永徽 4년(653) 완성했다. 晉 梅賾의 『古文尙書』를 저본으로 하고, 漢 孔安國의 注를 표준으로 했으며, 劉焯, 劉炫, 蔡大寶, 巢猗, 費甝, 顧彪 등의 義疏를 참조했다. 모두 20권으로 되어 있다. 규장각에는 明 李長春이 萬曆 15년(1587) 간행한 판본 20권 6책이 소장되어 있는데 『十三經注疏』의 하나로 간행된 판본이다. 국립중앙도서관 등 여러 곳에 비슷한 판본이 소장되어 있다. 이 책은 『高麗史』에 1045년 秘書省에서 『新刊禮記正義』와 『毛詩正義』를 바쳤다는 기사가 보이므로, 이 무렵에 『五經正義』가 각기 따로 유통되었음을 확인할 수 있다. 『成宗實錄』에 1478년 8월 25일 姜希孟이 外典校署에 보관되어 있는 판목을 보각하여 간행하기를 청한 것으로 보아, 이미 조선 초기부터 유통되었던 것으로 보인다. 『靑莊館全書』, 『海東繹史』 등에도 관련 기록이 보인다.

尙書直解

南宋 朱弁이 『尙書』의 내용을 쉽게 풀이한 책. 朱弁(1085~1144)은 字가 少章이고 號가 觀如居士이며 婺源 출신이다. 朱熹의 叔祖이며 詩人으로도 명성이 높았다. 규장각에 소장된 『尙白齋鐫陳眉公訂正秘笈』에 『風月堂詩話』가, 『說郛』와 『宋代百家小說』에 『曲洧舊聞』이 실려 있다. 朱熹의 『晦庵集』에 이 책이 10권이라 했지만 전하지 않는다. 『五洲衍文長箋散稿』에 서명만 언급했다. 明 張居正이 같은 이름의 저술을 남겼다.

尙書集傳纂疏

元 陳櫟이 편찬한 『尙書』의 註解書. 陳櫟(1252~1334)은 字가 壽翁이고 號가 東阜老人이며 休寧 출신인데, 宋이 멸망한 뒤 隱居하면서 朱熹를 宗主로 삼아 저술에 전념했다. 문집 『定宇集』 외에 『歷朝通略』, 『勤有堂隨錄』, 『尙書集傳纂疏』 등의 저술이 있다. 이 책은 6권으로 『尙書傳纂疏』, 『書集傳纂疏』라고도 한다. 宋 蔡沈의 『書集傳』을 바탕으로 하여 諸家의 疏를 모은 것인데, 『四庫全書總目』에 이 책의 해제가 실려 있다. 『通志堂經解』에 실려 있는 『書集傳纂疏』

가 같은 책이다. 『四庫全書』에도 수록되어 있다. 明 胡廣 등이 편찬한 『書傳大全』에 이 주석이 수용되어 있다. 成海應의 「題陳櫟尙書集傳纂疏後」에 陳櫟과 이 책에 대해 자세히 적었다. 『五洲衍文長箋散稿』에 『尙書』를 풀이한 책에서 陳櫟의 저술이라 한 것이 바로 이 책을 가리킨다. 『研經齋全集』에는 『書集傳纂疏』로 인용되어 있다.

尙書集解

明末淸初 孫承澤이 『尙書』를 풀이한 책. 孫承澤(1592~1676)은 字가 耳北 혹은 耳伯이고 號는 北海, 退谷, 退道 등을 사용했으며 益都 출신이다. 書畵의 鑑識에 능했고 직접 필사한 서적 200여 권을 萬卷樓에 두었다. 저서로 『庚子消夏記』, 『己亥存稿』, 『五經翼』, 『春明夢餘錄』, 『四朝人物略』 등이 전한다. 이 책은 『淸史稿』에 20권이라 했고 『經義考』에 自序를 인용하여 이 책의 성격을 설명했다. 南宋 朱熹가 제자 蔡沈을 통해 『尙書』를 풀이하려 했으나 완성하지 못한 뜻을 계승한 것이라 했다. 또 元 金履祥이 洪範에 대해 연구하면서 箕子의 나라에서 자료를 보완하지 못한 것을 아쉬워한다고 했다. 康熙 11년(1672) 간본 20권이 중국 國家圖書館에 소장되어 있다. 『五洲衍文長箋散稿』에서 서명만 소개했다. 『海東繹史』에 孫承澤의 저술로 『尙書集傳』 20권을 들고 그 序를 인용했는데 같은 책이다.

尙書纂傳

元 王天與가 『尙書』의 註釋을 집성한 책. 王天與는 字가 立大이고 梅浦 출신이며, 大德 연간(1297~1307) 활동했다. 王天與(1475~1519)와는 다른 사람이다. 이 책은 明 朱睦㮮의 『授經圖』에는 10권으로, 淸 陳喬樅의 『今文尙書經說考』에는 24권으로 되어 있지만, 『通志堂經解』에는 46권으로 실려 있다. 漢 孔安國에서부터 宋 朱熹, 眞德秀에 이르기까지 諸家의 학설을 모았다. 『靑莊館全書』, 『研經齋全集』 등에서 이 책을 다루었다. 『五洲衍文長箋散稿』에서는 『書纂傳』으로 소개했다.

尙書通攷

元 黃鎭成이 『尙書』를 풀이한 책. 黃鎭成(1287~1362)은 字가 元鎭이고 福建 邵武 출신이며, 문집 『秋聲集』이 전한다. 이 책은 『尙書』에 보이는 名物, 典故,

制度 등을 고증하고 해설한 것으로 10권이다. 『通志堂經解』와 『四庫全書』에 수록되어 있다. 世宗 때 李純之가 편찬한 『諸家曆象集』에서 이 책을 중요한 인용서로 다루었다. 『與猶堂全書』에서 『尙書』에 대한 그의 설을 인용했는데 서명은 밝히지 않았다. 『五洲衍文長箋散稿』에서는 編者와 書名만 소개했다.

尙書表注

元 金履祥이 『尙書』를 풀이한 책. 金履祥(1232~1303)은 字가 吉父이고 號가 仁山이며 蘭溪 출신이다. 이 책 외에 『大學章句疏義』, 『通鑑前編』, 『論語集注考證』 등의 저술이 있다. 이 책은 『尙書』의 各篇에 자신의 의견을 붙인 것이다. 대만 故宮博物院圖書館에 康熙 19년(1680) 通志堂 간본 2권이 소장되어 있는데 乾隆 50년(1785) 修補本으로 되어 있다. 『四庫全書』에도 수록되어 있다. 규장각에 소장된 『古本尙書』는 版心題로 보아 이 책과 같은데 光緖 10년(1884)의 간본이다. 『金華叢書書目提要』, 『率祖堂叢書』 등에도 실려 있다. 吳道一의 『丙寅燕行日乘』에서 이 책 12권을 보았다고 했다. 『靑莊館全書』, 『硏經齋全集』, 『五洲衍文長箋散稿』에서는 2권으로 소개했다. 『海東繹史』에서 淸 孫承澤이 지은 『尙書集解』의 序를 인용하면서 이 책을 언급했다. 『艮齋集』에도 이 책이 인용되어 있다.

尙書後案

淸 王鳴盛이 『尙書』를 풀이한 책. 王鳴盛(1722~1798)은 字가 鳳喈 혹은 禮堂이고 號는 西莊 혹은 西江이며 江蘇 嘉定 출신이다. 內閣學士와 光祿寺卿을 지냈고 考證學에 뛰어났으며 王昶, 錢大昕, 吳泰來, 曹仁虎, 趙文哲, 黃文蓮 등과 江南七子로 일컬어진다. 문집 『耕養齋詩文集』, 『西沚居士集』이 있고 이 책과 함께 『十七史商榷』, 『周禮軍賦說』 등의 저술이 있다. 이 책은 乾隆 10년(1745) 편찬을 시작하여 乾隆 44년(1779) 30권으로 완성했다. 漢 馬融과 鄭玄의 주석을 바탕으로 하여 辨證했다. 藏書閣에 乾隆 45년(1780) 간기가 있는 목판본 30권이 소장되어 있고 고려대에 같은 판본이 소장되어 있다. 『四庫全書』와 『皇淸經解』에도 수록되어 있다. 『五洲衍文長箋散稿』에는 『王氏後案』으로 인용했는데 이 책을 이른다. 『林下筆記』에 度量衡의 단위를 설명하면서 王鳴盛의 글을 인용했지만 출처는 알 수 없다.

尙書訓旨

漢 衛宏이 『古文尙書』를 풀이한 책. 衛宏은 後漢 光武帝 연간(25~57)의 학자로, 字가 敬仲이고 東海 출신이다. 毛詩序를 쓴 인물로 알려져 있다. 이 책은 杜林更으로부터 받은 『古文尙書』를 풀이한 것이다. 『漢書』 등에 서명만 보이고 원문은 일실되었다. 『五洲衍文長箋散稿』에는 編者의 이름이 魏宏으로 잘못 표기되어 있다.

緗素雜記

北宋 黃朝英이 편찬한 雜錄. 黃朝英은 字가 士俊이고 建安 출신으로, 哲宗 연간(1085~1100)에서 徽宗 연간(1100~1125)의 인물이다. 원래의 서명은 『靖康緗素雜記』인데 10권으로 구성되어 있다. 緗素는 書籍의 別稱이다. 『四庫全書總目』에 따르면 이 책은 원래 200조목 내외의 기사가 수록되어 있었지만 明代에 刪削이 이루어져 90여 조목만 남아 있게 되었다고 한다. 考證을 위주로 한 책으로 『新經義』, 『字說』 등 다양한 전적을 인용했다. 北宋 王安石의 학통과 유관한 것으로 알려져 있다. 『四庫全書』에 편입되어 있다. 『說郛』에는 黃閣, 蚩尾, 夕郎, 軒渠, 婪尾, 乾没, 貌侵, 阿堵, 格五, 刋詔, 轄伯, 慮囚, 鄭重, 伎養, 醞藉 등 일부 항목만 실려 있다. 『芝峯類說』, 『星湖僿說』, 『秋齋集』 등에서 이 책을 인용했다.

商子

秦 商鞅과 그 後學이 편찬한 諸子百家書. 商鞅(B.C.390~B.C.338)은 戰國時代 法家思想을 대표하는 인물로 變法을 통해 秦 帝國의 기반을 세운 것으로 평가된다. 이 책은 『商君書』, 『商君』이라고도 한다. 『漢書』에는 『商君』이 29篇이라 했으며 『隋書』 등에는 5卷 26篇이라 했는데 제목만 남은 刑約과 제목도 없어진 다른 1편을 제하면 현재 更法, 墾令, 農戰, 去强, 說民, 算地, 開塞, 壹言, 錯法, 戰法, 立本, 兵守, 靳令, 修權, 徠民, 賞刑, 畫策, 境內, 弱民, 外內, 君臣, 禁使, 愼法, 定分 등 24편이 전한다. 商鞅 死後의 사실까지 기록되어 있어 後代 法家의 저술로 보는 것이 일반적이다. 商鞅에 대한 기록은 신라와 고려 때부터 보이지만 書名을 들어 인용한 것은 『惺所覆瓿稿』, 『芝峯類說』 등 조선 중기 문헌에서부터 보이기 시작하며 조선 후기 『陶谷集』, 『燕巖集』, 『星湖僿說』, 『淵泉集』 등에도 관련 기록이 보인다. 이 책은 清 嚴萬里가 편집한 판본이 널

리 유통되는데 국립중앙도서관에 光緖 2년(1876) 간행한 목판본이 소장되어 있다. 규장각에 소장된『諸子品節』,『重刻諸子彙函』,『諸子奇賞』,『二十子全書』,『百子全書』등 諸子百家를 모은 叢書에 실려 있다. 규장각과 서울대 중앙도서관 등에 소장된『漢魏叢書』에도 편입되어 있다.

象占視斯 → 靈樞經

傷寒論

漢 張仲景이 편찬한 醫學書. 張仲景은 後漢末의 醫學者로 이름은 機이고 仲景은 그의 字다. 醫聖으로 불리기도 하며 長沙太守를 지내 張長沙라고도 한다. 원래 張仲景이 편찬한 책은『傷寒雜病論』이었는데 후인들이 外感熱病에 관한 내용만을 모아『傷寒論』이라 했다. 漢代까지 의학의 성과와 임상 경험을 집대성한 것으로 12卷 22篇 397法으로 구성되어 있으며 112개의 藥方이 있다.『磻溪隧錄』,『與猶堂全書』,『阮堂集』,『海東繹史』등에 관련 기록이 보인다. 宋 成無己가 註解한 淸代의 板本이 장서각과 고려대 등에 소장되어 있고, 국립중앙도서관에는 寬政 9년(1797) 淺野徽가 교정한 일본 목판본『校正傷寒論』이 소장되어 있다. 국립중앙도서관 등 여러 곳에 필사본도 다수 전한다. 규장각에는 淸의 章楠이 주석을 가한『傷寒論本旨』가 소장되어 있다.

塞北事實 → 虜庭事實

書經旁注

明 朱升이『書經』의 주석을 모은 책. 朱升(1299~1370)은 字가 允升이고 安徽休寧 출신으로, 明의 開國功臣이다.『朱楓林集』,『女戒』등의 저술이 있다. 五經의 주석을 모은『五經旁訓』19권과 함께『春秋旁訓』,『禮記旁訓』,『詩經旁訓』,『書經旁訓』,『易經旁訓』등이 대만 故宮博物院圖書館에 소장되어 있는데 萬曆 14년(1586) 간본이다. 그중『書經旁訓』은 2권이며『尙書旁訓』혹은『尙書旁註』라고도 한다.『硏經齋全集』에『尙書旁注』로『五洲衍文長箋散稿』에『書經旁注』로 소개되어 있다.『與猶堂全書』에『易注』라 한 것은『易經旁訓』을 이른다.

西京雜記

漢 劉歆이 편찬한 筆記雜錄. 劉歆(B.C.50~B.C.23)은 나중에 이름을 劉秀로 바꾸었고 字는 子駿이며 長安에 거주했다. 『山海經』, 『三統歷譜』 등의 저술이 있다. 6권 뒤에 葛洪의 跋이 실려 있어 晉 葛洪을 편찬자로 보기도 한다. 『舊唐書』와 『新唐書』에는 편찬자가 葛洪으로 되어 있다. 葛洪(284~364)은 字가 稚川이고 號가 抱朴子이며 東晉 丹陽 句容 출신으로, 『抱朴子』, 『神仙傳』 등의 저술이 있다. 梁 吳均을 편찬자라 보기도 한다. 이 책은 6권이며 漢 武帝 전후의 雜事를 기술했다. 서울대 중앙도서관과 국립중앙도서관 등에 편자가 葛洪으로 된 목판본 6권이 소장되어 있는데 明 程榮이 교열한 판본이다. 편찬자가 劉歆으로 된 목판본도 서울대 중앙도서관과 규장각에 소장되어 있다. 규장각에 소장된 『稗海』, 『說郛』, 『叢書』, 『龍威秘書』, 『藝苑捃華』 등에도 수록되어 있다. 편찬자가 『陶谷集』과 『與猶堂全書』에는 劉歆으로, 『芝峯類說』, 『有懷堂集』, 『弘齋全書』에는 葛洪으로 되어 있다. 『星湖僿說』, 『海東繹史』, 『五洲衍文長箋散稿』에도 이 책이 보인다.

書經彙纂

淸 雍正帝의 命을 받아 王頊齡 등이 편찬한 『尙書』의 註釋書. 王頊齡(1642~1725)은 字가 顓士 또는 容士이고 號는 瑁湖이며 만년에는 松喬老人이라 했다. 江蘇 華亭 출신으로 이 책 외에 문집 『世恩堂集』을 남겼다. 이 책은 정식 書名이 『欽定書經傳說彙纂』이다. 漢代부터 明代까지의 『尙書』의 주석을 집성한 것이다. 王圖炳이 대신 쓴 雍正帝의 序에 따르면 康熙帝가 『尙書』에 대한 解義를 짓고 여러 儒臣에게 諸家의 學說을 종합할 것을 命하여 『書經傳說彙纂』 24권이 완성하고 雍正 8년(1730)에 간행했다고 한다. 규장각에 이 판본 21권 24책이 소장되어 있다. 『英祖實錄』에는 『康熙字典』, 『性理精義』 등과 함께 『詩經傳說彙纂』을 雍正帝에게서 받아왔다는 기록이 있으므로, 『詩經傳說彙纂』이 먼저 간행되고 이어 이 책이 간행되었음을 알 수 있다. 『書經彙纂』은 『五洲衍文長箋散稿』에 관련 기록이 보인다.

西溪叢語

南宋 姚寬이 편찬한 雜錄. 姚寬(1105~1162)은 字가 令威이고 嵊縣 출신인데, 宣和 연간(1119~1125) 諸暨에 거주했다. 『西溪集』, 『史記注』, 『戰國策補注』

등의 저술이 있다. 이 책은『周易』,『論語』,『文選』,『說文』등에 보이는 특정한 구절을 고증했다. 杜甫, 劉攽, 黃庭堅, 歐陽修, 王安石, 陶潛, 劉禹錫 등 많은 문인과『玉臺新詠』,『詩品』등의 전적에 대해서 자세히 다루었다. 특히 30종의 꽃에 대한 별칭을 수록하여 널리 알려졌다.『四庫全書』에 3권 모두 편입되어 있고『說郛』에는 일부만 수록되어 있다.『唐宋叢書』,『稗海』등에도 수록되어 있다.『靑莊館全書』,『五洲衍文長箋散稿』등에 인용되어 있다.

書古文訓

南宋 薛季宣이 古文尙書의 地名과 官制 등을 정리해 주석을 단 책. 薛季宣(1134~1173)은 字가 士龍이고 號가 艮齋이며 永嘉 출신이다. 토지와 세금, 지리 등 실용적인 학문에 힘을 쏟아 永嘉事功學派의 선구가 되었다.『浪語集』등의 저술이 있다. 규장각에 소장된『永嘉叢書』에 그의『浪語集』과『續浪語集』이 실려 있다.『弘齋全書』에서 그의 地經 공부를 높게 평가했고『研經齋全集』에서는 그의 토지제도에 대한 글을 인용했다. 이 책은 16권이며『通志堂經解』에 수록되어 있다. 成都의 刻石에서 나온 蝌蚪文字로 쓰인 古文尙書에 근거해 주석과 풀이를 달았다.『與猶堂全書』에서 薛季宣書라 한 것이 이 책을 이른다.『研經齋全集』과『阮堂全集』에서도 이 책을 소개했다.『靑莊館全書』와『五洲衍文長箋散稿』에는 書名이『古文訓』으로 표기되어 있다.『林下筆記』에서 그의「春秋旨要序」를 인용했는데 薛季宣의 문집『浪語集』에 실려 있다.

西堂餘集

淸 尤侗의 文集. 尤侗(1618~1704)은 字가 同人이고 號는 艮齋 또는 西堂老人으로 江蘇 長洲 출신이다. 詩와 古文詞에 능하여 문집 외에『西堂雜俎』,『艮齋雜記』등의 저서가 있다. 尤侗의 문집『西堂全集』에 수록되지 않은 글을 모은 것이『西堂餘集』인데 규장각에 20책이 소장되어 있다. 康熙 甲戌(1694) 錢肅潤의 序가 붙어 있다.『後性理吟』2권,『續論語詩』1권,『艮齋卷稿』26권,『艮齋雜說』6권,『艮齋續說』4권,『看鑑偶評』4권,『看鑑補評』1권,『明史擬稿』6권,『外國傳』8권,『宮閨小名錄』5권,『年譜圖詩』1권,『小影圖贊』1권,『悔菴年譜』2권 등으로 구성되어 있다.『後性理吟』은 宋 朱熹의『性理吟』을 모방하여 지은 것인데『性理吟』도 함께 수록했다.『續論語詩』는 康熙 31년(1692)『論語』를 集句한 것으로『西堂全集』에 실려 있는『論語詩』를 이은 것이다.『艮齋

卷稿』는 詩集 11권, 文集 15권으로 구성되어 있는데 康熙 23년(1684)부터 康熙 37년(1698)까지의 작품이다. 『看鑑偶評』과 『看鑑補評』은 宋代까지의 史論을 개관한 것이며, 『明史擬稿』는 『明史』 편찬에서 누락한 부분을 정리한 것으로 列傳, 文苑, 隱逸, 孝行, 忠節, 獨行, 循吏, 藝術 등으로 나누어 인물의 전기를 수록했다. 『外國傳』은 23개국의 지리와 풍속, 治亂 등을 정리한 것이다. 『宮閨小名錄』은 漢代에서 明代까지 后妃에서부터 仙鬼에 이르기까지 여성들의 姓名과 事迹을 기록한 것이다. 『年譜圖詩』는 尤侗의 生平 중 중요한 사건을 16장의 그림으로 그리고 詩를 붙인 것이며, 『小影圖贊』은 자신의 眞影에 붙인 다른 사람들의 贊을 모아놓은 것이다. 『悔菴年譜』는 尤侗 자신의 年譜로 康熙 42년(1703)까지 기록하고 있다. 『錦帶詩文抄』, 『海東繹史』 등에 『西堂餘集』 관련 기록이 보인다.

西堂雜組

淸 尤侗이 편찬한 詩文集. 이 책은 규장각 등에 소장된 『西堂全集』에 실려 있는데 崇禎 17년(1644) 간행된 목판본이다. 서울대 중앙도서관에도 일부가 소장되어 있다. 『海東繹史』에는 1집 8권, 2집 8권, 3집 8권 등 24권으로 되어 있다. 賦, 騷, 冊文, 序, 論, 記, 書, 碑文, 雜言, 誄 등의 산문이 시기에 따라 集으로 나누어 편집되어 있다. 『海東繹史』에서 이 책을 인용하여 許蘭雪軒의 「廣寒殿白玉樓上樑文」을 소개했다. 『五洲衍文長箋散稿』에도 이 책이 소개되어 있다.

西堂全集

淸 尤侗의 文集. 이 책은 총 67권으로 저자가 평생에 걸쳐 지은 詩文이 모두 수록되어 있다. 이 책은 간행 이후 禁書로 지목되었지만 규장각, 장서각, 국립중앙도서관 등에도 소장되어 있는데 『太史尤悔菴西堂全集』으로 되어 있으며 康熙 25년(1686) 목판으로 간행한 판본이다. 『西堂雜組』, 『西堂詩集』, 『西堂剩稿』, 『西堂秋夢錄』, 『西堂小草』, 『論語詩』, 『右北平集』, 『看雲草堂集』, 『述祖詩』, 『於京集』, 『哀弦集』, 『擬明史樂府』, 『外國竹枝詞』, 『百末詞』, 『性理吟』, 『後性理吟』, 『湘草』 등으로 구성되어 있다. 『陶谷集』, 『研經齋全集』, 『五洲衍文長箋散稿』 등에서 이 책을 인용했는데 『西堂集』이라고도 했다. 『海東繹史』에서 尤侗의 『悔菴集』으로 여러 차례 인용했는데 이 책을 가리킨다.

書錄解題 → 直齋書錄解題

書文音義便考

明 李登이 편찬한 韻書. 李登은 隆慶 연간(1567~1572)의 학자로 字가 士龍이고 南京 출신이며 書法이 뛰어나『六書指南』을 편찬한 바 있다. 이 책은 원래 서명이『書文音義便考私編』인데 모두 5권으로 구성되어 있으며, 1587년에 완성되었다. 明 姚汝循, 焦竑, 王兆雲의 序와 李登의 自序가 앞에 실려 있다. 陰平, 陽平, 上, 去, 入 5개의 聲調를 체제로 하여 音과 訓을 설명했다.『難字直音』1권이 부록으로 붙어 있다.『四庫全書總目』에 자세한 설명이 보인다.『五洲衍文長箋散稿』에 관련 기록이 보인다. 일본 東京大 등에 萬曆 연간(1573~1620)의 간본이 소장되어 있다.

徐文長遺事

明末淸初 顧景星이 徐渭의 일화를 기록한 책. 筆記雜錄. 顧景星(1621~1687)은 字가 赤方이고 號는 黃公이며 湖北 蘄州 출신이다. 문집『白茅堂集』이 전하는데 여기에 이 글이 실려 있다.『白茅堂集』은 국민대에 乾隆 己酉(1789) 간기가 있는 목판본이 소장되어 있다. 淸 黃承增의『廣虞初新志』에도 실려 있다. 徐渭는 字가 文長인데, 書畵와 詩文에 뛰어났으며『路史分釋』,『筆元要旨』,『徐文長集』등의 저술이 있다. 이 글은 2條로 되어 있는데 徐渭가 큰소리를 친 일화와 繼室을 죽인 사건을 기술한 것이다.『五洲衍文長箋散稿』에서 稗官小說의 하나로 들었다.

鼠璞

南宋 戴埴이 편찬한 筆記雜錄. 戴埴은 字가 仲培이고 桃源 출신인데, 嘉熙 연간(1237~1240)에 활동한 인물이지만 자세한 생애는 알려져 있지 않다. 이 책은『戴氏鼠璞』이라고도 한다.『文獻通考』에는 小說家로 분류되어 있지만 經傳에 대한 변증과 物名에 대한 考證과 訓詁가 중심이다. 書名의 鼠璞은 쓰임새가 별로 없는 사물을 비유하는 말이다. 媵妾, 篙師, 泮宮, 探花郎, 彭籛經, 扶桑, 俗字, 次對, 琉璃, 鬻爵, 傲骨, 麟趾, 防海 등과 같이 특수한 용어의 유래를 밝힌 것이 많다.『四庫全書』에는 2권으로 실려 있지만『說郛』와『唐宋叢書』에는 일부만 수록되어 있다. 서울대 중앙도서관의『學津討原』에도 실려 있다.『星

湖僿說』에서 이 책을 인용하여 媵妾의 문제를 다루었다.

西方要紀

벨기에 출신의 선교사 南懷仁(Ferdinand Verbiest)이 西洋을 소개한 책. 南懷仁(1623~1688)은 字가 敦伯이고 順治 16년(1659) 중국에 와서 通政使를 역임했다. 아담 샬과 함께 북경에서 布敎에 힘썼으며 數理에 밝아 欽天監의 관리를 지냈다. 이 책 외에 『康熙永年曆法』, 『坤輿圖說』 등의 저술이 있다. 이 책은 원래 서명이 『御覽西方要紀』이며 康熙 8년(1669) 완성되었다. 서양의 역사와 지리, 문화, 종교, 산업, 중국과 서방의 교류 등 다양한 내용을 담았다. 『五洲衍文長箋散稿』에서 여러 차례 이 책을 인용했다. 규장각 등에 소장된 『昭代叢書』에 수록되어 있다.

書辨學 → 詩書周禮辨學

書史

北宋 米芾이 편찬한 書法理論書. 米芾(1051~1107)은 初名이 黻이고 字는 元章이며 號는 襄陽居士 혹은 海嶽山人 등을 사용했으며 潤州 출신이다. 書畵에 뛰어났고 「向太后挽辭」, 「蜀素帖」, 「苕溪詩帖」, 「拜中嶽命帖」, 「虹縣詩卷」, 「草書九帖」, 「多景樓詩帖」 등의 法帖이 알려져 있다. 문집 『山林集』은 일실되었고, 書畵理論書인 『書史』, 『畵史』, 『寶章待訪錄』 등이 전한다. 이 책은 『海嶽書史』라고도 한다. 書法 이론과 鑑賞法, 法帖의 粧䌙 등을 다루었다. 규장각에 소장된 『說郛』에 실려 있다. 『百川學海』에도 수록되어 있다. 『五洲衍文長箋散稿』에서 이 책을 인용했다.

西使記

元 劉郁이 旭烈兀의 서아시아 정벌을 기록한 雜錄. 劉郁은 字가 文季이고 號는 歸愚이며 劉祁의 아우로, 渾源縣 출신인데 생몰년은 자세하지 않다. 이 책은 『常德西使記』라고도 하며 1권으로 되어 있다. 1262년부터 14개월에 걸쳐 元 憲宗의 아우 旭烈兀이 和林에서 출발하여 天山을 경유하여 사마르칸트까지 가서 서아시아 일대를 정복했다. 이 원정에 참여한 劉郁이 이때의 見聞을 기록한 것이 이 책이다. 旭烈兀의 원정과 西域의 民俗, 風物 등을 기록했다. 元

王惲의 『秋間大全集』과 『玉堂嘉話』에 실려 있는 것이 가장 이른 판본이며, 『古今說海』와 『說郛』에도 이 책이 실려 있다. 王國維가 교정을 보아 출간한 『古行記四種校錄』에도 실려 있는 판본이 널리 알려져 있다. 『五洲衍文長箋散稿』에 여러 차례 이 책을 인용한 바 있다.

西廂記

元 王實甫가 지은 戲曲. 王實甫(1260~1336)는 字가 德信이고 河北 定興縣 출신이다. 이 작품은 唐 元稹의 傳奇 『會眞記』(『鶯鶯傳』이라고도 한다)를 說唱 형식으로 재구성한 金 董解元의 『西廂記諸宮調』를 바탕으로 王實甫가 戲曲의 형식으로 각색한 것이다. 明末 金聖歎이 이를 다시 편집하고 비평을 달아 『第六才子書西廂記』로 간행했다. 내용은 崔鶯鶯과 張生과의 사랑 이야기다. 이 책은 매우 다양한 형태로 국내에 소장되어 있다. 규장각에 金聖歎이 注를 단 『箋註繪像第六才子西廂釋解』 목판본과 필사본이 소장되어 있다. 존경각에 『滿漢西廂記』, 전남대에 『繪圖西廂記』도 전한다. 일본 天理大學에 朴趾源이 편찬한 『孔雀館集』 필사본이 소장되어 있는데 그 안에 『西廂記』가 들어 있다. 규장각에 한글로 번역된 『서상기』도 전한다. 燕山君 12년(1506) 중국에서 이 책을 구입해 오게 한 기사가 『燕山君日記』에 보인다. 『葵窓遺稿』, 『燕巖集』, 『弘齋全書』, 『金陵集』, 『與猶堂全書』 등에 관련 기록이 보인다. 『五洲衍文長箋散稿』에서도 여러 차례 인용했다.

書敍指南

宋 任廣이 편찬한 類書. 任廣은 神宗 연간(1067~1085)의 인물로 書法에 뛰어났지만 자세한 이력은 밝혀져 있지 않다. 이 책은 원래 서명이 『書籍指南』이다. 宋 晁公武의 『郡齋讀書志』에 편찬자의 이름이 任浚으로 되어 있고 20권이며 古今의 文章을 뽑아 分門하여 編次하고 200여 類를 수록했다고 되어 있다. 『文獻通考』에도 비슷한 내용이 실려 있다. 嘉靖 6년(1527) 沈松이 李瀚의 소장본을 구하여 天子命令, 繼承紹襲, 后妃嬪御 등 183類를 20권으로 묶고 明 呂柟의 序를 붙여 간행했다. 四庫全書』에 20권으로 수록되어 있다. 서울대 중앙도서관에 소장된 『墨海金壺』에도 수록되어 있다. 『五洲衍文長箋散稿』에 관련 기록이 보인다.

書說 → 五十六種書

西厓集 → 懷麓堂集

西域圖記

唐 裴矩가 편찬한 西域 지역의 地理書. 裴矩(?~627)는 字가 弘大로 河南 聞喜 출신이다. 北齊에서 唐에 이르기까지 세 왕조에서 일곱 황제를 섬기며 득세한 인물이다. 隋 煬帝가 西域을 탐내는 것을 안 裴矩가 西域 44國의 山川, 姓氏, 風土, 服章, 物産 등을 기록하여 3권으로 엮은 것이 이 책인데 원문은 일실되고 『隋書』의 「裴矩傳」에 序만 전한다. 『白湖全書』, 『弘齋全書』, 『五洲衍文長箋散稿』 등에 이 책을 소개했지만 다른 문헌에서 인용한 듯하다.

西域圖誌

淸 傅恒 등이 乾隆帝의 命을 받아 편찬한 중국 서쪽 변경의 地理書. 傅恒(1720?~1770)은 字가 春和이고 滿洲族으로 高宗 孝賢純皇后의 아우다. 이 책 외에 『欽定旗務則例』, 『御批歷代通鑑輯』, 『皇淸職貢圖』 등을 편찬했다. 이 책의 원래 서명은 『欽定皇輿西域圖志』이며 모두 48권이다. 吐魯番, 焉耆, 開都河 등과 天山 북쪽 지역을 대상으로 했다. 乾隆 27년(1762) 완성한 후 乾隆 47년(1782) 증보하여 간행했다. 圖考列表, 晷度, 疆域山水, 官制, 兵防, 屯政, 貢賦, 錢法, 學校, 封爵, 風俗, 音樂, 服物, 土産, 藩屬, 雜錄 등 19門으로 구성했다. 武英殿 간본이 대만 故宮博物院圖書館에 소장되어 있다. 『四庫全書』에 48권으로 수록되어 있다. 『五洲衍文長箋散稿』에서 이 책을 소개했다. 『白湖全書』와 『弘齋全書』 등에 소개되어 있는 『西域圖紀』는 隋 裴矩가 편찬한 별개의 책이다.

西域同文志

淸 傅恒 등이 乾隆帝의 命을 받아 편찬한 西域의 地理書. 傅恒(1722~1770)은 字가 春和이고 滿洲族으로 高宗 孝賢純皇后의 아우다. 『欽定旗務則例』,『西域图志』, 『御批歷代通鑑輯』 등을 편찬한 바 있다. 이 책은 원래 서명이 『欽定西域同文志』이며 24권으로 되어 있다. 乾隆 28년(1763) 武英殿에서 간행했다. 앞에 乾隆帝의 序와 傅恒 등의 書表가 있다. 滿文, 漢文, 蒙古文, 藏文, 維吾爾文, 托忒蒙古文 등 6종의 文字를 병기했다. 新疆, 靑海, 西藏 지역을 대상으로

하여 天, 地, 山, 水, 人 5類로 나누고 기술했다. 『四庫全書』에 실려 있다. 『五洲衍文長箋散稿』에 이 책을 소개한 바 있다.

西園聞見錄

明 張萱이 편찬한 明의 歷史書. 張萱(1558~1641)은 字가 孟奇이고 號가 西園이며 廣東 博羅 출신이다. 萬曆 26년(1593) 擧人으로 역사 편수에 참여했으며 『疑耀』가 대표적인 저술이다. 萬曆 34년(1606) 관직을 버리고 낙향하여 20여 년에 걸쳐 이 책을 편찬했는데 모두 107권이다. 洪武 연간(1368~1398)부터 萬曆 연간(1573~1620)까지의 중요한 사건을 기록했는데 内編에는 인물의 德行을 다루고, 外編에는 内閣, 宰相, 六部, 臺諫 등 직함 중심으로 政事를 기술했으며, 雜編에 方伎, 鬼神, 災祥 등을 넣었다. 崇禎 연간(1628~1644) 간행되었지만 전하지 않는데 1940년 미국 하버드대에서 陳氏 居敬堂 明抄本과 順德 李氏 光緖傳抄本을 교감하여 간행했다. 『五洲衍文長箋散稿』에 이 책을 인용했지만 직접 보았는지는 확인하기 어렵다.

西園詩麈

明 張蔚然이 편찬한 詩話書. 張蔚然은 字가 維誠 혹은 惟成이며 浙江 杭州 출신으로, 『三百篇聲譜』, 『蓬居問疑』, 『岳遊譜』 등의 저술을 남겼지만 생애가 자세히 알려져 있지 않다. 이 책은 규장각에 소장된 『說郛續』에 실려 있다. 函六籍, 唐宋偏, 騷體 등 10조로 되어 있으며 唐詩와 宋詩, 『楚辭』, 『文選』 등을 설명했다. 『五洲衍文長箋散稿』에 시화서의 하나로 이 책을 들었다.

書緯

『書經』의 緯書. 西漢末에 孔子를 가탁하여 經義에 길흉화복의 의론을 붙인 豫言書로, 『易緯』, 『書緯』, 『詩緯』, 『禮緯』, 『樂緯』, 『春秋緯』, 『孝經緯』 등 七緯의 하나다. 『象村集』, 『谿谷集』, 『硏經齋全集』, 『與猶堂全書』 등에 관련 기록이 보이는데 漢代의 註釋本을 가리킨다. 규장각에 소장되어 있는 『玉函山房輯佚書』에는 唐 鄭元의 注를 단 『尙書中侯』와 『尙書緯璇璣鈐』, 『尙書緯考靈曜』, 『尙書偉刑德放』, 『尙書緯帝命驗』, 『尙書偉運期授』 등이 실려 있다. 『七緯』는 淸 趙在翰이 38권으로 편집하여 嘉慶 14년(1809) 간행한 바 있다.

西遊記

明 吳承恩이 지은 장편소설. 吳承恩(1500~1582)은 字가 汝忠이고 號가 射陽山人이며 淮安府 山陰縣 출신이다. 이 책은 『西遊釋厄傳』이라고도 하는데 中國古典 4대 명저의 하나로 평가된다. 孫悟空이 猪八戒, 沙悟淨과 함께 玄奘을 보호하여 西天에서 불경을 가져오는 모험담을 그린 내용이다. 南宋의 『大唐三藏取經詩話』, 金의 『唐三藏』과 『蟠桃會』, 元 雜劇인 吳昌齡의 『唐三藏西天取經』, 작자를 알 수 없는 『二郎神鎖齊大聖』 등을 바탕으로 하여 吳承恩이 소설로 완성한 것으로 알려져 있다. 『新刻出像官板大字西遊記』, 『新鐫全像西遊傳』, 『唐僧西遊記』, 『李卓吾先生批評西遊記』, 『西遊證道書』, 『西遊眞詮』 등 다양한 판본이 전한다. 宋元 시기의 『西遊記平話』가 고려에 소개되었음이 『朴通事』에서 확인된다. 『惺所覆瓿藁』, 『燕巖集』, 『與猶堂全書』, 『松南雜識』, 『青莊館全書』, 『五洲衍文長箋散稿』 등에 관련 기록이 보인다. 규장각에 淸 陳士斌이 편찬한 『西遊眞詮』이 소장되어 있다. 그밖에 다양한 판본과 필사본이 국립중앙도서관과 고려대 등에 소장되어 있다. 규장각에 난해한 白話語句를 풀이한 『西遊記語錄』도 소장되어 있다.

西儒耳目資

프랑스 출신의 선교사 金尼閣이 편찬한 字典. 金尼閣(Nicolas Trigault, 1577~1628)은 萬曆 38년(1610) 중국으로 와 南京 일대에서 포교하다가 杭州에서 죽었다. 字는 四表다. 『推歷年瞻禮法』, 『宗徒禱文』, 『意拾喩言』 등을 편찬했고, 마테오 리치의 『基督敎遠征中華帝國史』를 편집해 간행했다. 이 책은 天啓 5년(1625) 편찬된 사전으로, 최초로 漢字의 音을 로마자로 표기한 것으로 알려져 있다. 總論에 해당하는 譯引首譜, 음을 표기한 列音韻譜, 字畫 索引 列邊正譜 등 3편으로 구성되어 있다. 『五洲衍文長箋散稿』에서 이 책을 소개했다. 중국 國家圖書館 등에 雍正 연간(1723~1735) 판본이 소장되어 있다.

西遊眞詮

淸 陳士斌이 『西遊記』에 批點을 찍고 評을 붙인 책. 陳士斌은 字는 允生이고 號는 悟一子이며 浙江 山陰 출신이다. 康熙 연간(1662~1722)의 인물이지만 이력은 자세하지 않다. 淸 尤侗의 序에 따르면 康熙 35년(1696) 무렵 이 책이 완성되었다. 明代의 百回本 『西遊記』를 刪改한 책으로 批點과 評이 달려 있다.

『五洲衍文長箋散稿』에서 이 책을 소개했다. 乾隆 47년(1782) 序가 달린 목판본이 고려대, 전남대 등에 소장되어 있고, 규장각, 한양대, 성균관대 존경각 등에도 淸代의 목판본이 소장되어 있다.

書儀

北宋 司馬光이 편찬한 禮學書. 司馬光(1019~1086)은 字가 君實이고 號가 迂叟이며 諡號는 文正이다. 陜州 夏縣 涑水 출신인데 原籍을 따라 涑水先生이라고도 한다. 주요 저작으로 『資治通鑑』 외에 『涑水紀文』, 『司馬文正公集』 등이 있다. 이 책은 『司馬氏書儀』라고도 한다. 古代의 儀禮를 재구한 것으로, 表奏, 公文, 私書, 家書 등의 書式 1권, 冠儀 1권, 婚儀 2권, 喪儀 6권 등 모두 10권으로 되어 있다. 중국에는 雍正 2년(1724) 목판본이 대만 故宮博物院圖書館에 전한다. 『四庫全書』에서 실려 있다. 이 책은 조선에서 英祖 43년(1767) 木版本으로 간행했는데 장서각, 계명대 등에 이 판본이 소장되어 있으며 洪啓禧의 跋이 실려 있다. 『世宗實錄』, 『明宗實錄』, 『退溪集』, 『宋子大全』, 『星湖僿說』, 『五洲衍文長箋散稿』 등 여러 문헌에 관련 기록이 보인다. 五代 鄭餘慶과 裴茝, 宋의 杜有晉 등도 같은 이름의 책을 편찬했다. 또 五代의 劉嶽이 편찬한 『新書儀』도 있지만 조선의 문헌에는 거의 司馬光의 책을 인용했다. 『星湖僿說』에 劉嶽의 학설을 소개했는데 『新書儀』의 내용을 인용한 듯하다. 劉嶽은 字가 昭輔이고 洛陽 출신이다. 後唐에서 翰林學士, 吏部侍郎, 太常卿 등의 벼슬을 지냈다. 이 책은 太常卿으로 있을 때 明宗의 命을 받아 편찬한 것이다.

書疑

南宋 王柏이 『書經』을 풀이한 책. 王柏(1197~1274)은 婺州 金華 출신으로 字가 會之 혹은 伯會이고 號는 長嘯와 魯齋 등을 사용했다. 王栢으로도 표기한다. 『詩疑』, 『讀易記』 등의 저술이 있다. 스승 何基가 세상을 떠났을 때 王柏이 心喪을 한 전례가 조선시대 학자들의 관심을 끌었다. 이 책은 『通志堂經解』에 9권으로 실려 있다. 淸 胡鳳丹의 『金華叢書』에도 실려 있는데 규장각에 소장된 『金華叢書書目提要』에서 이 책을 소개했다. 『靑莊館全書』, 『惕齋集』, 『弘齋全書』, 『研經齋全集』, 『五洲衍文長箋散稿』에 이 책에 대한 자세한 기록이 보인다.

書義矜式

元 王充耘이 科擧 수험용으로 편찬한 책. 王充耘은 字가 耕野이고 江西 吉水 출신이다. 만년에 『尙書』를 깊이 연구했고, 저서로 『讀書管見』 등이 있다. 이 책은 과거의 經義에 모범이 될 만한 문장들을 모은 것으로 6권이다. 『書經』에서 각 편의 문구를 뽑아 제목으로 삼았다. 宋 熙寧 4년(1071) 처음으로 經義로 시험을 보였고, 元 仁宗 때 다시 科擧를 시행하면서 經義로 시험을 보였는데 이때 體式이 변화하여 이 책을 편찬한 것이다. 중국 國家圖書館에 元代의 간본이 전한다. 『四庫全書』에도 실려 있다. 『五洲衍文長箋散稿』에서 이 책을 소개했다.

書傳 → 書傳輯錄纂註

書傳發明義 → 左傳發明義

書傳補正輯注

明 朱升이 『書經』을 풀이한 책. 朱升(1299~1370)은 字가 允升이고 安徽 休寧 출신으로 明의 開國功臣이다. 『朱楓林集』, 『女戒』 등의 저술이 있다. 五經의 주석을 모은 『五經旁訓』과 함께 『春秋旁訓』, 『禮記旁訓』, 『詩經旁訓』, 『書經旁訓』, 『易經旁訓』 등이 대만 故宮博物院圖書館에 소장되어 있는데 萬曆 14년(1586) 간본이다. 『五經旁訓』은 『五經旁註』로 된 판본도 많다. 이 책은 『明史』와 『千頃堂書目』에는 1권으로 되어 있지만 전하지 않는다. 朱彝尊의 『經義考』에도 일실된 책이라 했다. 『五洲衍文長箋散稿』에 編者와 書名만 언급되었다.

書傳補注

明 陳濟가 『書經』을 풀이한 책. 陳濟(1364~1424)는 字가 伯載이고, 武進 출신인데, 布衣로 『永樂大全』의 都總裁를 맡았다. 『青莊館全書』에 『永樂大全』을 다루면서 소개된 바 있다. 『元史擧要』, 『通鑑綱目集覽正誤』, 『思齋集』, 『書傳補』 등의 저술이 있었지만 전하지 않는다. 이 책은 『明史』에 1권으로 되어 있으나 일실되었다. 『書傳補』로 된 데도 있다. 서명으로 보아 宋 蔡沈의 『書經集傳』과 관련이 있는 듯하다. 『五洲衍文長箋散稿』에 서명만 소개되어 있다.

書傳正誤

明 郭孔太가 歷史書에 기재된 사실의 오류를 고증한 책. 郭孔太는 泰和 출신인데 그 생애와 貫鄕은 알려져 있지 않다. 『說郛續』에 1책으로 되어 있는데 秀才, 紫微花 등에 대한 고증과 諺語와 謠語, 讖語, 諧語, 譏語, 讔語 등의 차이에 대한 논의가 주목할 만하다. 『五洲衍文長箋散稿』에서 『書經』과 관련한 책으로 소개했지만 내용은 『書經』과 큰 관계가 없다.

書傳輯錄纂註

元 董鼎이 『書經』을 풀이한 책. 董鼎은 字가 季亨이고 號가 深山이며 江西 鄱陽 출신이다. 『孝經大義』, 『尙書輯錄纂注』 등의 저술이 있다. 이 책은 『通志堂經解』에 6권으로 실려 있다. 『書傳尙書輯錄纂注』라고도 한다. 宋 蔡沈의 『尙書集傳』을 바탕으로 풀이한 것이므로 『朱子訂定蔡氏集傳』 혹은 『書蔡氏傳輯錄纂注』라는 이름으로 된 데도 있다. 『硏經齋全集』에서 『書傳纂註』 혹은 『書蔡氏傳輯錄纂注』, 『蔡沈書集傳』으로, 『五洲衍文長箋散稿』에서 『書傳』으로 소개했다.

書傳纂註 → 書傳輯錄纂註

書傳會選

元末明初 劉如孫 등이 편찬한 『書經』의 註釋書. 劉如孫(1313~?)은 字가 三吾이고 號가 坦坦翁이며 湖南 茶陵 출신이다. 元에서 廣西儒學副提擧를 지냈고 明에서 翰林學士를 지냈다. 문집 『坦齋文集』 2권이 있다. 明 太祖가 1315년, 『尙書』를 풀이한 蔡沈의 『書集傳』이 象緯에 부합되지 않는 점이 있어 劉如孫 등을 시켜 이 책을 편찬하게 했다. 편찬에 참여한 학자는 劉如孫 외에 胡季安, 門克新, 王俊華 등 30여 인이다. 先儒들의 學說을 두루 참고하여 『書集傳』 가운데 합당한 것은 남겨두고 합당하지 않은 66條의 항목을 바로잡았다. 注解를 새롭게 하고 字音, 字意, 字體 등을 상세하게 변증했으며 傳 가운데 인용된 인명과 서명 등에 출처를 명기하고 典故를 考定했다. 모두 6권이다. 明의 官板本과 味經堂 刊本이 전하며, 『四庫全書』에도 실려 있다. 『宋子大全』에 이 책을 빌려 보기를 원하는 기록이 보인다. 『白湖全書』, 『南溪集』, 『弘齋全書』, 『順菴集』, 『五洲衍文長箋散稿』 등에 관련 기록이 보인다.

西亭集

遼 耶律資忠이 高麗에 사신으로 와 지은 저술. 耶律資忠은 거란인으로 字가 沃衍이며 聖宗 연간(983~1031)의 학자인데 자세한 이력은 밝혀져 있지 않다. 1015년 只剌里와 함께 高麗에 사신으로 갔는데, 高麗에서 억류되어 있다가 1020년 귀국했다. 『高麗史』에는 耶律行平으로 되어 있다. 이 책은 高麗에 억류되어 있을 때 元의 임금과 친척을 그리워하면서 지은 글을 모은 것이다. 『海東繹史』에 관련 기록이 보이는데 『遼史』를 인용한 것이다. 이 책은 『八千卷樓書目』에 1권이라 하고 清 楊萬基가 간행한 판본이 있다고 하지만 현전 여부는 알 수 없다.

筮宗

南宋 趙汝楳가 『周易』을 풀이한 책. 趙汝楳는 宋 太宗의 8世孫으로 明州 鄞縣 출신이며 易學에 밝아 이 책 외에 『易雅』, 『筮宗』, 『易序叢書』 등을 편찬했다. 이 책은 규장각 등에 소장되어 있는 『通志堂經解』에 『易雅』와 합쳐 1권으로 실려 있다. 『周易』 繫辭傳의 大衍之數를 통해 蓍草占을 치는 방법으로서 설명한 책이다. 釋本, 述筮, 先傳考 등 3편으로 되어 있다. 『青莊館全書』, 『研經齋全集』, 『五洲衍文長箋散稿』 등에서 이 책을 소개했다.

書集傳

南宋 蔡沈이 편찬한 『書經』의 註釋書. 蔡沈(1167~1230)은 字가 仲默이고 號가 九峰이며, 建州 建陽 출신이다. 朱熹에게서 학문을 배웠으며 벼슬길에 뜻을 두지 않고 학문에 전념했다. 黨禁 사건으로 부친 蔡元定을 따라 道州로 가서 九峰에 은거하며 『書經』을 연구했다. 이 책 외에 『洪範皇極』, 『書集傳』, 『蔡九峰筮法』, 『九峰公集』 등의 저술이 있다. 이 책은 『書經集傳』 혹은 『書經集注』, 『書傳』이라고도 한다. 元 仁宗 2년(1313)부터 이 책이 가장 정통적인 주석서로 군림했지만 明 洪武帝 때 『書傳大全』이 편찬되면서 권위를 잃었다. 朱熹의 命에 의하여 편찬한 책으로 10권이다. 書集傳序, 書序說 등이 앞에 붙어 있고, 이어 『書經』의 편제를 따라 주석을 모았다. 『太宗實錄』, 『陽村集』 등 조선 초기 문헌에서부터 이 책이 확인되며, 『白湖全書』, 『沙溪全書』, 『宋子大全』, 『星湖僿說』, 『燕岩集』 등 많은 문헌에 관련 기록이 보인다. 규장각, 계명대, 국학진흥원 등에 목판본이 전하며, 필사본도 몇 곳에 소장되어 있다.

書集傳纂疏 → 尙書集傳纂疏

書集傳或問

南宋 陳大猷가 편찬한 『書經』의 註釋書. 陳大猷(1198~1250)는 字가 忠泰이고 號가 東齋이며 三澤 출신이다. 金溪學派를 대표하는 학자로 宋 朱熹의 經典 解釋法을 따라 『書經』을 연구하고 諸家의 학설을 모아 이 책을 편찬했다. 清 納蘭成德이 교정을 본 판본이 『通志堂經解』에 2권으로 실려 있는데 納蘭成德의 序는 康熙 15년(1676)의 것이다. 『四庫全書』에도 2권으로 실려 있다. 『青莊館全書』, 『研經齋全集』, 『與猶堂全書』, 『五洲衍文長箋散稿』 등에 이 책이 인용되어 있다.

書纂言

元 吳澄이 『書經』을 풀이한 책. 吳澄(1255~1330)은 字가 幼淸 혹은 伯淸이고 號가 草廬이며 撫州 崇仁 출신이다. 『草廬吳文正公全集』, 『禮記纂言』, 『易纂言外翼』, 『春秋纂言』, 『孝經定本』, 『道德眞經注』 등 많은 저술을 남겼다. 이 책은 전남대 등에 소장된 『通志堂經解』에 4권으로 실려 있다. 『青莊館全書』, 『研經齋全集』, 『肅齋集』, 『與猶堂全書』, 『五洲衍文長箋散稿』 등 여러 문헌에서 이 책을 인용했다. 『弘齋全書』, 『惕齋集』, 『研經齋全集』에서 『纂言』이라 한 것도 이 책을 이른다. 權斗寅의 『荷塘集』에서 諸經纂言이라 한 것이 이 책과 『禮記纂言』, 『易纂言』, 『春秋纂言』 등을 함께 이른 것이다. 『研經齋全集』에서는 『禮記纂言』도 인용했다.

書纂傳 → 尙書纂傳

書蔡氏傳輯錄纂注 → 書傳輯錄纂註

書蔡傳旁通

元 陳師凱가 宋 蔡沈의 『尙書集傳』을 풀이한 책. 陳師凱는 字가 道勇이고 南康 출신인데, 廬山에서 은거했다. 이 책은 『尙書蔡傳旁通』, 『書蔡氏傳旁通』, 『書傳陳師凱旁通』, 『書傳旁通』이라고도 하며 모두 6권이다. 元 至正 乙酉(1345) 建安余氏 勤有堂 간본이 중국 國家圖書館에 소장되어 있다. 전남대 등에 소장된

『通志堂經解』에도 6권으로 실려 있다. 元 董鼎의 『書傳輯錄纂註』를 바탕으로 하여 諸家의 설을 더했다. 『靑莊館全書』, 『研經齋全集』, 『五洲衍文長箋散稿』 등 여러 문헌에서 이 책을 인용했다.

西淸古鑑

淸 梁詩正 등이 편찬한 靑銅器 관련 圖錄. 梁詩正(1697~1763)은 字가 養仲이고 號는 薌林이며 浙江 錢塘 출신이다. 東閣大學士, 吏部尙書 등을 지냈고 文穎館의 副總裁를 겸했으며, 문집 『矢音集』이 있다. 이 책은 乾隆帝의 命을 받아 편찬한 것으로 정식 書名은 『欽定西淸古鑑』이다. 淸朝 宮中에 收藏하고 있던 古代의 靑銅器에 대해 기록한 圖錄이다. 西淸은 南書房의 다른 이름인데 南書房에서 이 책이 편찬되었기 때문에 『西淸古鑑』이라는 이름이 붙었다. 乾隆 14년(1749) 편찬을 시작해 乾隆 16년 완성되었다. 총 40권으로 商周에서 唐代에 이르는 銅器 1,529건을 수록했다. 권1~7은 鼎, 권8~11 尊, 권12 罍, 권15~17 卣, 권18 瓶, 권19~22 壺, 권23 爵, 斝, 觚, 권24~25 觚, 권26 觶, 角, 斗, 勺, 卮, 권27~28 敦, 권29 簠, 簋, 豆, 鋪, 鍪, 권30 甗, 鐙, 권31 鬲, 鍑, 盉, 冰鑑, 권32 匜, 盤, 鋗, 권34 量, 區, 鍾, 斗, 瓿, 缶, 권35 奩, 鐎斗, 奩, 罐, 臼, 권36 鐘, 鐸, 鈴, 권37 錞, 戚, 鐃, 鼓, 권38 刀, 劍, 弩機, 符, 钁, 杠頭, 儀器飾, 杖頭, 鐓, 鑪, 권39~40은 鑑이다. 서울대 중앙도서관, 규장각, 장서각, 국립중앙도서관 등에 光緖 14년(1888) 간본이 소장되어 있다. 『燕巖集』, 『五洲衍文長箋散稿』, 『林下筆記』, 『研經齋全集』 등에 이 책에 대한 기록이 보인다.

西淸詩話

南宋 蔡絛가 편찬한 詩話書. 蔡絛는 字가 約之이고 號가 無爲子 또는 百衲居士이며 興化 仙遊 출신이다. 蔡京의 次子로 宣和 6년(1124) 벼슬을 하다가 靖康元年(1126) 폄적되었다. 『國史後補』, 『北征紀實』, 『鐵圍山叢談』, 『蔡百衲詩評』 등을 저술했다. 『直齋書錄解題』에 따르면 이 책은 3권인데 편찬자가 無爲子로 되어 있는데 蔡絛가 그 客을 시켜 편찬한 것이라고도 한다. 唐宋 諸家의 詩에 관한 일화와 비평이 주 내용이다. 원본은 일실되고 『說郛』에 1권으로 紅梅, 紅麯酒 등 11조만 수록되어 있다. 『古今詩話』에도 실려 있다. 이 책은 고려시대부터 조선 후기에 이르기까지 주요한 시 비평서로 유행한 듯하다. 『東國李相國後集』, 『無名子集詩稿』, 『五洲衍文長箋散稿』 등에서 이 책을 확인할 수 있

다. 이 책은 『金玉詩話』라고도 하는데 『說郛』에 1권으로 실려 있다. 『五洲衍文長箋散稿』에 『西淸詩話』와 별도로 『金玉詩話』를 들고 있는데 편찬자를 無名氏라 했다. 『林下筆記』에도 이 書名으로 인용되어 있다.

西淸硯譜

淸 于敏中 등이 편찬한 벼루에 관한 책. 于敏中(1714~1780)은 字가 叔子 또는 重棠이고 號가 耐圃이며 江蘇 金壇 출신이다. 翰林院修撰, 文華殿大學士, 文淵閣領閣事, 戶部右侍郎 등을 역임했고 『四庫全書』를 편찬할 때 總裁를 맡았다. 『浙程備覽』, 『素餘堂集』, 『國朝宮史』 등의 저술 외에 『欽定天祿琳琅書目』, 『欽定四庫全書簡明目錄』, 『欽定滿洲源流考』 등의 편찬에도 참여했다. 이 책은 모두 25권이며 乾隆帝의 命으로 편찬했기에 정식 서명은 『欽定西淸硯譜』다. 乾隆 戊戌(1778)의 「御製序」가 실려 있다. 于敏中과 梁國治 등이 편찬하고, 陳考泳 등이 교정을 보았으며, 應兆 등이 그림을 그렸다. 6권까지 漢에서 明에 이르기까지 瓦硯이나 陶硯을 다루었고, 이어 15권까지 晉 王廞의 璧水硯부터 淸 朱彝尊의 井田硯까지의 石硯을 다루었는데 200방의 벼루를 대상으로 464장의 그림을 실었다. 3권은 附錄으로 41방의 벼루를 대상으로 108장의 그림을 실었다. 淸 內府寫繪本이 대만 中研院傅斯年圖書館에 소장되어 있으며 『四庫全書』에도 실려 있다. 장서각에 필사본이 전한다. 『五洲衍文長箋散稿』에 관련 기록이 보인다.

西陂類稿

淸 宋犖의 詩文集. 宋犖(1634~1713)은 字가 牧中이고 號는 漫堂 또는 西陂이며 商丘 출신이다. 吏部尙書, 太子少師 등을 지냈다. 문집 『西陂類稿』 외에 『滄浪小志』, 『錦津山人詩集』, 『漫堂說詩』 등의 저술이 있다. 이 책은 李宜顯이 중국에서 구입해 왔으며, 규장각에는 그의 저술 『漫堂說詩』도 소장되어 있다. 이 책은 康熙 50년(1711) 중국에서 목판으로 간행한 50권 12책인데 李宜顯의 所藏印이 찍혀 있다. 『古竹圃稿』, 『嘉禾堂稿』, 『柳湖草』, 『將母樓稿』 등 총 25종의 시집과 序, 記, 跋, 奏疏, 公移 등의 문장을 모은 것으로, 만년에 벼슬을 그만두고 西陂에 은거하면서 손수 編訂한 것이다. 『海東繹史』에서 이 책을 인용했다.

徐霞客遊記

明 徐宏祖의 旅行記. 徐宏祖(1586~1641)는 字가 振之이고 號가 霞客이며 江蘇省 江陰 출신이다. 여행을 좋아하여 중국 각지를 유람했고, 崇禎 9년(1636) 萬里遐征의 계획을 세우고 湖廣, 廣西, 貴州, 雲南省 등 중국 서남 지역의 오지를 여행했다. 이 책은 萬曆 41년(1613)부터 崇禎 13년(1640)까지 徐宏祖가 여행한 지역의 견문을 정리한 것으로 天台山, 雁蕩山, 五臺山, 恒山, 華山이 있는 浙江, 江西, 湖廣, 廣西, 貴州, 雲南 지역 등의 遊記를 모았다. 벗 李夢陽과 王忠紉이 徐宏祖의 부탁을 받아 그 원고를 정리하여 간행했지만 일실되었는데 康熙 23년(1684) 徐宏祖의 아들인 徐寄가 抄本을 모아 다시 간행했다. 그 후 楊名時와 陳泓 등이 이 책을 다시 간행했는데 徐宏祖의 후손인 徐鎭得이 康熙 48년(1709) 교정하여 간행했다. 규장각에는 이 책에 清 葉廷甲이 「補編」을 덧붙여 간행한 판본이 소장되어 있는데, 嘉慶 13년(1808) 趙翼의 題辭와 葉廷甲의 序가 붙어 있으므로 이 무렵 간행된 것으로 보인다. 『冠巖全書』, 『五洲衍文長箋散稿』에서 이 책을 인용했다.

西夏國志

明末淸初 洪亮吉이 편찬한 西夏의 歷史書. 洪亮吉(1746~1809)은 字가 君直 혹은 稚存이고 號는 北江이다. 江蘇 陽湖 출신으로 經史와 音韻 訓詁에 뛰어났고 특히 地理에 정통했다. 『卷施閣詩文集』, 『更生齋詩文集』, 『北江詩話』, 『比雅』, 『六書轉注錄』, 『春秋左傳詁』 등 저술이 많다. 朴齊家의 『貞蕤閣集』에 洪亮吉의 傳이 실려 있으며 懷人詩에도 그를 포함했다. 清 袁枚가 쓴 『卷施閣文乙集』의 序에 洪亮吉이 이 책 16권을 편찬한 것으로 되어 있지만 현전 여부는 알 수 없다. 書名으로 보아 西夏(1038~1227)의 역사를 기술한 것으로 추정된다. 『西夏國記』로 된 데도 있다. 『五洲衍文長箋散稿』에서 「洪亮吉字學辨證說」을 두어 이 책을 소개했는데 袁枚의 글을 재인용한 것이다.

西河詩話

清 毛奇齡이 편찬한 詩話書. 毛奇齡(1623~1716)은 字가 大可이고 號가 西河이며 浙江省 출신이다. 經學, 歷史, 地理 등에 관한 많은 저술을 남겼는데 『四書改錯』, 『古文尙書寃詞』 등이 널리 알려져 있다. 이 책은 1권으로 되어 있으며 唐에서부터 毛奇齡 當代까지 다양한 인물과 풍속, 사건을 다루었다. 平壤

妓 雲慧에 대한 기록도 실려 있다. 『燕岩集』, 『研經齋全集』, 『五洲衍文長箋散稿』 등에 관련 기록이 보인다. 규장각에 소장되어 있는 『西河合集』에 101책과 102책에 실려 있다. 서울대 중앙도서관 등에 소장되어 있는 『昭代叢書』에 이 책이 수록되어 있다.

西河集

清 毛奇齡의 詩文集. 규장각에 康熙 25년(1686) 陸疑瑞堂에서 간행한 『毛西河先生全集』 75책이 소장되어 있다. 간행 시기가 밝혀져 있지 않은 『西河合集』 116책도 소장되어 있는데 같은 판본으로 추정된다. 經集은 仲氏易, 推易始末, 太極圖說遺議, 易小帖, 易韻, 古文尙書寃詞, 尙書廣聽錄, 國風省篇, 毛詩寫官記, 詩札, 詩傳詩說駁義, 白鷺洲主客說詩, 續詩傳鳥名, 昏禮辨正, 廟制折衷, 大小宗通繹, 配位議, 大禮議, 辨定祭禮通俗譜, 喪禮吾說篇, 曾子問講錄, 春秋毛氏傳, 春秋屬辭比事記, 春秋條貫篇, 四書索解, 論語稽求篇, 大學證文, 大學知本圖說, 中庸說, 四書賸言, 四書賸言補, 聖門釋非錄, 逸講箋, 聖諭樂本解說, 竟山樂錄, 皇言定聲錄, 李氏學樂錄, 孝經問, 周禮問, 大學問, 明堂問, 學校問, 郊社禘祫問, 經問, 經問補 등으로 구성되어 있다. 文集은 다양한 문체의 산문이 수록되어 있으며 制科雜錄, 後觀石錄, 越語肯綮錄, 祠主復位錄, 湖湘水利志, 蕭山縣志刊誤, 杭志三詰三辨, 天問補註, 館課擬文, 折客辨學文, 答三辨文, 釋二辨文, 辨聖學非道學文, 辨忠臣不徒死文, 古禮今律無繼嗣文, 古今無慶生日文, 禁室女守志殉死文, 彤史拾遺記, 武宗外記, 後鑑錄, 蠻司合誌, 韻學要指, 詩話, 詞話 등의 雜錄이 실려 있으며, 詞, 絶句, 排律, 古詩, 律詩, 雜體 등 형식별로 시를 수록했다. 국립중앙도서관에도 『西河合集』이 소장되어 있다. 『燕巖集』, 『青莊館全書』, 『明皐全集』, 『石泉遺稿』, 『與猶堂全書』, 『五洲衍文長箋散稿』 등에 관련 기록이 보인다.

書學正韻

元 楊桓이 편찬한 音韻書. 楊桓(1234~1299)은 字가 武子이고 號는 辛泉이며 兗州 출신이다. 文字學에 밝아 이 책 외에 『六書統』을 편찬했다. 字母의 韻에 따라 4聲으로 분류하여 篆書와 隸書로 기록하고 統指, 統形, 統聲, 統意, 統注 등의 注를 달았다. 明 焦竑의 『國史經籍志』 등 대부분의 문헌에는 36권으로 元 楊桓이 편찬한 것으로 되어 있지만 楊恒으로 된 문헌도 있다. 南京圖書館

에 元代의 간본이 소장되어 있다. 『五洲衍文長箋散稿』에 韻學을 다루면서 이 책을 소개하고 저자를 薛尙功이라 했지만 잘못이다. 薛尙功은 字가 用敏이고 錢塘 출신이며 紹興 연간(1131~1162)의 학자로 金石學과 文字學에 뛰어났는데 『歷代鐘鼎彝器款識法帖』을 남겼다 하지만 전하지 않는다.

西湖游覽志

明 田汝成이 편찬한 西湖 일대의 人文地理書. 田汝成(1503~1557)은 字가 叔禾이고 浙江 錢塘 출신이다. 『田叔禾集』, 『遼記』, 『炎徼紀聞』, 『龍憑記略』 등의 저술을 남겼다. 이 책은 24권으로 萬曆 12년(1584) 간행되었으며, 西湖를 중심으로 南山과 北山 일대의 명승지를 7門으로 나누어 기술했다. 『西湖志』라고도 하는데 고려대 등에 이 書名의 필사본이 소장되어 있다. 申欽의 『象村稿』에 「書西湖游覽志後」가 보이므로 17세기 초반 조선에 들어온 것으로 보인다. 許筠의 『惺所覆瓿藁』에 실려 있는 「與鄭寒岡」에도 이 책이 보인다. 『五洲衍文長箋散稿』에서 이 책을 인용하여 『水滸傳』을 다루었는데 淸 周亮工의 『因樹屋書影』에서 가져온 것이다. 계명대에 萬曆 47년(1619) 간기가 있는 목판본 24권이 소장되어 있고, 비슷한 판본이 국립중앙도서관과 단국대에도 소장되어 있다. 보통 『西湖志』라 하면 淸 程元章이 雍正 13년(1735) 12권으로 편찬한 것을 이르며, 고려대 등에 소장되어 있다. 李宜顯의 『庚子燕行雜識』에 중국에서 구입한 도서 중 『西湖志』 12권이 있는데 역시 程元章의 것으로 보인다.

西湖游覽志餘

明 田汝成이 『西湖遊覽志』를 저술하는 과정에서 수집한 遺聞과 軼事를 13門으로 나누어 기술한 책. 『西湖志餘』라고도 하며 南宋 시대의 逸文을 13門으로 나누어 기술했는데 총 26권이다. 『海東繹史』에서 이 책을 소개했다. 『五洲衍文長箋散稿』에는 『西湖志餘』로 인용되어 있다. 국립중앙도서관, 성균관대 존경각, 경기대, 국민대, 경상대 등에 필사본이 소장되어 있다. 이화여대에 『西湖遊覽志』 필사본 26권이 소장되어 있는데 권수로 보아 『西湖遊覽志餘』로 추정된다.

書畫史

明 陳繼儒가 편찬한 筆記雜錄. 陳繼儒(1558~1639)는 華亭 출신으로 字가 仲

醇이고 號가 眉公 혹은 麋公이며 寶顔堂 등의 堂號를 사용했다. 文學과 書畵에 뛰어나 董其昌과 함께 文人畵를 창도했고 南北宗論을 주장했다. 『妮古錄』, 『梅花冊』, 『雲山卷』, 『陳眉公全集』, 『小窓幽記』 등 많은 저술을 남겼다. 이 책은 규장각 등에 소장된 『陳眉公秘笈』에 수록되어 있다. 장서각에 소장된 『唐宋叢書』 등에도 이 책이 실려 있다. 『說郛續』에도 실려 있는데 62조로 구성되어 있다. 서화가들의 逸聞遺事를 수필처럼 기록한 것이다. 『海東繹史』와 『五洲衍文長箋散稿』 등에 관련 기록이 보인다.

石鼓文音訓

元 潘迪이 石鼓文을 풀이한 책. 潘迪은 字가 牖民 혹은 允功이고 元城 출신으로, 『憲臺通紀』, 『易述解』, 『春秋述解』, 『六經發明』 등을 저술했지만 이 책만 전한다. 石鼓文은 북 모양의 돌에 새겨진 글로, 陝西省 陳倉山에서 발견되었는데 東周 초기 秦의 刻石文字라고 하며, 大篆으로 기록되어 있다. 秦 襄公 시기 사냥 나간 일을 적은 것이어서 獵碣이라고도 한다. 이 책은 潘迪이 이 비문을 풀이한 것인데 이를 비석에 새긴 것이 石鼓音訓碑다. 『千頃堂書目』에는 1권으로 되어 있다. 至元 己卯(1339) 탁본이 미국 프린스턴대에 전한다. 北京의 玉河館 인근에 이 비석이 남아 있어 조선 후기 燕行錄에 자주 보인다. 許篈의 『朝天記』를 위시하여, 『熱河日記』, 『入燕記』, 『燕行記』, 『薊山紀程』, 『夢經堂日史』, 『心田稿』, 『燕轅直指』 등의 燕行錄에 이와 관련한 기록이 보인다. 成海應의 「題石皷文後」, 徐有榘의 「石鼓文序」, 洪敬謨의 「周石鼓文舊本」, 李器之의 「石鼓帖序」 등도 이에 대해 다루었다. 『五洲衍文長箋散稿』에서 대표적인 字學書의 하나로 소개했다.

石林燕語

南宋 葉夢得이 편찬한 雜錄. 葉夢得(1077~1148)은 字가 少蘊이고 號가 石林居士이며 吳縣 출신이다. 戶部尙書, 尙書左丞, 江東安撫大使, 福州太守 등을 지냈는데 만년에 湖州 玲瓏山의 石林에서 은거하며 독서와 저술에 몰두했다. 저서로 이 책 외에 『洵雜書』, 『石林避暑錄』, 『巖下放言』, 『健康集』, 『石林詩話』 등이 있다. 徽宗 때 詔令文書를 담당하면서 국가의 典故를 잘 알아 이를 바탕으로 이 책을 편찬했다. 『直齋玉書錄解題』에는 宣和 5년(1123) 완성되었다고 했지만 그 이후의 기록도 있어 南宋 이후에 완성된 것으로 보인다. 이 책

은 부분적인 오류가 있어 南宋 汪應辰이 『石林燕語辨』을 편찬하고 宇文紹奕이 이 책을 교감하여 『石林燕語考異』를 편찬했다. 『四庫全書』에는 『石林燕語』와 『石林燕語考異』를 합친 판본이 수록되어 있는데 전체 10권으로 되어 있다. 『說郛』에는 그중 聖笅, 禁中, 母后加謚, 皇考, 天子之居, 淳化帖, 鹵簿, 進退 등 특수한 용어에 대한 해설을 중심으로 일부만 수록했다. 『野客叢書』, 『津逮秘書』, 『稗海』, 『宋人百家小說』 등에도 수록되어 있다. 『芝峯類說』, 『農巖集』, 『陶谷集』, 『閒靜堂集』, 『靑莊館全書』, 『碩齋稿』, 『磻溪隨錄』, 『五洲衍文長箋散稿』 등 조선 후기 많은 문헌에서 이 책을 인용하고 있어 조선시대 학술에 상당한 영향을 미친 책이라 할 수 있다. 「刪正石林燕語序」에 따르면 尹行恁이 『石林燕語』를 산정해 8권으로 엮었다고 한다. 許傳이 편찬한 『哲命篇』도 이 책을 중요한 참고문헌으로 삼았다.

石林避暑錄 → 避暑錄話

石林春秋傳

南宋 葉夢得이 『春秋』를 풀이한 책. 宋 寧宗 開禧 연간(1205~1207) 『春秋考』가 간행되었는데 여기에 『春秋讞』과 함께 이 책이 실려 있으며 30권이다. 『通志堂經解』에는 20권으로 실려 있다. 自序에 따르면 『春秋』의 三傳이 事와 義에 각기 한계가 있어 이 책을 편찬했다고 한다. 『靑莊館全書』, 『研經齋全集』, 『五洲衍文長箋散稿』 등에서 이 책을 소개했다.

釋名

漢 劉熙가 편찬한 字書. 劉熙는 字가 成國이고 北海 출신이며 桓帝와 靈帝 때의 인물로 추정된다. 이 책은 『逸雅』라고도 한다. 釋天, 釋地, 釋山, 釋水, 釋丘, 釋道, 釋州國, 釋形體, 釋姿容, 釋長幼, 釋親屬, 釋言語, 釋飮食, 釋采帛, 釋首飾, 釋衣服, 釋宮室, 釋牀帳, 釋書契, 釋典藝, 釋用器, 釋樂器, 釋兵, 釋車, 釋船, 釋疾病, 釋喪制 등 27類, 1,502條로 되어 있다. 宋代의 간본을 수록한 『四部叢刊』에 8권으로, 규장각에 소장된 『漢魏叢書』에 4권으로 실려 있다. 『陶谷集』, 『常變通考』, 『星湖僿說』, 『與猶堂全書』, 『海東繹史』, 『五洲衍文長箋散稿』 등 많은 문헌에 이 책이 보인다. 『與猶堂全書』에 『逸雅』로 인용했다. 규장각에 乾隆 55년(1790) 간기가 있는 『釋名疏證』 8권이 소장되어 있는데 淸 畢沅이 이 책의

오류를 고증한 것이다.

石墨鐫華

明 趙崡이 역대 비석의 跋을 정리한 저술. 趙崡(1564~1618)은 字가 子函 혹은 屛國이고 號는 中南敦物山人이며 陝西 盩厔 출신이다. 평소 石刻 수집에 취미가 있어 古碑를 다수 소장했는데 이를 바탕으로 이 책을 엮었다. 이 책은 250여 종의 古碑石에서 비석 跋尾의 내용을 새겨 간행한 것이다. 자신이 직접 그 비석을 본 사실과 출토 지점 등도 함께 기록했다. 萬曆 46년(1618) 序가 있는 판본이 고려대에 소장되어 있는데 8권 8책의 목판본이다. 규장각 등에 소장된 『御覽知不足齋叢書』, 洪敬謨의 『冠巖山房新編鶴眉叢書』에도 수록되어 있다. 『靑莊館全書』, 『惕齋集』, 『硏經齋全集』, 『五洲衍文長箋散稿』 등에 관련 기록이 보인다.

釋文 → 經典釋文

釋門正統

南宋 승려 宗鑑이 편찬한 佛敎歷史書. 宗鑑(?~1206)은 臨濟宗의 승려로, 懷安 출신이며 俗姓은 徐氏다. 이 책은 『卍續藏經』에 8권으로 실려 있다. 天台宗의 宗統을 紀傳體로 서술했는데 本紀, 世家, 志, 列傳, 載記 등으로 되어 있다. 卷首에 嘉熙 元年(1237)의 自序와 後序가 실려 있다. 『佛祖統紀』가 卷首에 실려 있다. 『海東繹史』에서 이 책을 인용했다.

釋氏稽古略

元 승려 覺岸이 釋迦牟尼의 事跡을 編年體로 기술한 책. 覺岸(1286~?)은 俗姓이 吳이고 字가 寶洲이며 號가 寶洲인데 烏程의 寶相寺에 거주했다. 이 책은 至正 연간(1341~1368)에 편찬된 것으로 4권이며 『稽古略』이라고도 한다. 釋迦牟尼와 그 제자의 德業과 出處, 塔廟, 중국에서 불교가 유입된 역사 등을 자세히 적었다. 장서각, 동아대 등에 光緖 12년(1886) 간행된 판본이 소장되어 있다. 『五洲衍文長箋散稿』에 인용되어 있다. 明 大聞幻輪이 편찬한 『釋氏稽古略續集』 3권도 전하는데 『續稽古略』이라고도 한다.

釋氏要覽

北宋의 道誠이 편찬한 승려의 지침서. 道誠은 咸平 연간(998~1003)에서 景德 연간(1004~1007)의 승려로 汴京에서 講經에 몰두했고 고향 錢塘으로 돌아가 龍華寺와 月輪山寺 등에서 머물면서『大藏經』중에서 출가한 사람이 알아야 할 사항을 뽑아 이 책을 엮었다. 이 책은 일종의 類書로 전체가 3권이며 27篇, 697目으로 되어 있다. 27편은 姓氏, 稱謂, 居處, 出家, 師資, 剃髮, 法衣, 戒法, 中食, 禮數, 道具, 制聽, 畏愼, 勤懈, 三寶, 恩孝, 界趣, 習學, 說聽, 躁靜, 諍忍, 入衆, 擇友, 住持, 雜記, 瞻病, 送終 등으로 되어 있다. 10권으로 된 宋代의 판본이 있었다고 하지만 전하지 않고 明 宣德 연간(1426~1435)과 嘉靖 연간(1522~1566)에 판각한 판본이 日本 內閣文庫와 臺灣 中央圖書館 등에 전한다. 국립중앙도서관에 萬曆 癸未年(1583) 性月의 序와 嘉靖 己丑(1529) 宗休의 跋이 붙은 목판본이 소장되어 있으며, 장서각에 寬永 癸酉(1633) "吉旦豊雪齋中野道伴刊"이라는 간기가 붙은 일본 간본이 소장되어 있다.『五洲衍文長箋散稿』에 이 책에 대한 기록이 보인다.

石藥爾雅

唐 梅彪가 편찬한 藥名辭典. 梅彪는 西蜀 江源 출신인데 이력이 자세하지 않다. 煉丹術을 익히다가 煉丹書에 보이는 藥物名에 異稱이 많아『爾雅』를 모방하여 憲宗 8년(806) 이 책을 편찬했다고 한다. 2권으로『藥石爾雅』라고도 한다.『覆別下齋叢書』,『正統道藏』등에 실려 있다. 각종 金石藥物, 丹藥, 丹法, 丹書의 명칭을 열거하고 그 異稱을 주석으로 부기했다. 총 6편으로 구성되어 있으며, 釋諸藥隱名에 金石藥名 60여 종, 動植物藥名 100여 종, 載諸有法可營造丹名에 丹藥名 70여 종을 수록했으며, 釋諸丹中有別名異號에 20여 종의 丹藥名, 敘堵經傳歌訣名目에 100여 종의 丹書名, 顯諸經紀中所造藥物名目에 100여 종의 煉丹方法, 論渚大仙丹有名無法者에 20여 종의 丹藥名을 싣고 그 제조법 등을 소개했다.『五洲衍文長箋散稿』에는『藥石爾雅』으로 소개되었다.

釋地餘論 → 潛邱箚記

石湖菊譜 → 范氏菊譜

宣室志

唐 張讀이 편찬한 筆記雜錄. 張讀은 字가 聖用 혹은 聖明이고 深州 陸澤 출신인데, 자세한 생애는 밝혀져 있지 않지만 大中 연간(847~860)에 弘文館學士, 尙書左丞 등의 벼슬을 지냈다. 高祖 張鷟, 祖父 張薦, 外祖 牛僧孺 등이 모두 小說類의 편찬자로 알려져 있다. 서명의 宣室은 漢 文帝가 宣室에서 賈誼를 불러 귀신에 대한 일을 물은 고사에서 나온 것이다. 이 책은 10권과 補遺 1권으로 神仙, 鬼怪, 狐精 및 吉凶의 故事와 관련한 잡다한 내용 155條로 되어 있다. 이 중 일부는 후대 소설이나 희곡의 소재가 된 것으로 알려져 있다.『稗海』에 실린 것이 가장 善本으로 알려져 있으며『四庫全書』에도 수록되어 있다. 규장각에 소장된『唐宋叢書』에도 수록되어 있다. 규장각에 明代에 간행된 목판본이 전하는데 뒤에『河東先生龍城錄』이 함께 묶여 있다.『芝峯類說』,『靑莊館全書』,『五洲衍文長箋散稿』 등에 이 책이 인용되어 있다.

先秦古器記

北宋 劉敞이 편찬한 古代의 器物에 관한 책. 劉敞(1019~1068)은 字가 原父이고 新喩 출신이다. 集賢院 學士를 지냈으며 문집『公是集』이 있다. 이 책은 劉敞이 永興軍路安撫使로 있으면서 長安의 古墓에서 출토된 古物을 수집하여 경위를 서술하고 석각이나 그림을 모사하여 1권으로 완성한 것이다.『先秦古器圖』라고도 한다. 원본은 일실되고『六藝之一錄』 등에 일부가 인용되어 전한다.『五洲衍文長箋散稿』에서 이 책을 소개했는데 明 唐順之의『稗編』에 실려 있는 宋 蔡絛의『古器說』을 인용한 것이다.

宣和博古圖

北宋 王黼 등이 徽宗의 命을 받아 편찬한 金石學 관련 저술. 王黼(1079~1126)는 開封 祥符 출신으로 初名은 甫이고 字는 將明이다. 左司諫, 御史中丞, 小宰, 太傅 등의 벼슬을 지냈다. 이 책은 30권으로, 宋 황실이 宣和殿에 소장하고 있던 商代부터 唐代까지의 遺物 839건을 20부류로 나누어 그림으로 그리고 설명을 붙인 것이다. 실물에 근거하여『三禮圖』의 잘못을 교정했지만 내용에 오류가 있고 銘文의 고증이 부실하다는 평가를 받았다. 후대 博古圖라는 이름의 고대 유물 그림이 여기서 비롯했다. 元代의 大重修本, 明 嘉靖 7년(1538) 蔣暘翻至大重修本, 萬曆 24년(1596) 鄭朴考正中箱本, 萬曆 28

년(1600) 吳萬化寶古堂刻本, 淸 乾隆 17년(1752) 黃晟의 亦政堂重修寶古堂本 등이 전한다. 규장각에는 亦政堂重修寶古堂本이 소장되어 있다. 『熱河日記』, 『林下筆記』, 『與猶堂全書』, 『靑莊館全書』, 『警修堂全藁』, 『五洲衍文長箋散稿』 등에 관련 기록이 보인다.

宣和奉使高麗圖經

北宋 徐兢이 편찬한 高麗의 見聞을 기록한 책. 徐兢(1091~1153)은 字가 明叔이고 號가 自信居士이며 和州 歷陽 출신인데 吳縣에 거주했다. 宣和 5년(1123) 國信使 提轄官으로 고려에 가서 이 책을 지었다. 총 40권이며 『高麗圖經』이라 줄여서 부른다. 28門으로 분류하고 그 아래 300여 항으로 나눈 다음 그림과 설명을 붙였는데 그림은 전하지 않는다. 建國, 歲次, 城邑, 門闕, 宮殿, 官服, 人物, 儀物, 仗衛, 兵器, 旗幟, 車馬, 官府, 祠宇, 道敎釋氏, 民庶, 婦人, 禮, 雜俗, 節仗, 受詔, 燕禮, 館舍, 工匠, 器皿, 舟楫, 海道, 同文 등의 편제로 되어 있다. 규장각 등에 소장된 淸 鮑廷博의 『知不足齋叢書』에 편입되어 전한다. 국립중앙도서관과 장서각 등에 乾降 癸丑年(1743) 鮑廷博의 序가 붙은 목판본이 소장되어 있는데 동일한 판본이다. 규장각, 국립중앙도서관 등에 필사본도 전한다. 고려 말 李齊賢의 『益齋亂藁』에 처음 그 서명이 보이지만, 조선의 지식인들에게 읽힌 것은 18세기 이후의 일이다. 『山林經濟』, 『 燕臺再遊錄』, 『密巖遺稿』 등 많은 책에서 이 책을 인용했다.

宣和奉使高麗勅令格式

宋代 편찬자를 알 수 없는 高麗와의 외교 절차를 기술한 책. 『宋史』에 『接送高麗勅令格式』과 함께 나란히 이 책을 소개했는데 宣和 연간(1119~1125) 편찬된 것으로 1部이며 卷으로 나누어져 있지 않다고 했다. 이 두 책은 서명으로 보아 高麗로 사신을 보내거나 高麗에서 온 사신을 영접하고 전송할 때 쓰는 勅令의 書式을 기록한 것으로 보인다. 『海東繹史』에는 서명을 『宣和奉使高麗勅令格式』, 『宣和接送高麗勅令格式』으로 적었다. 일실되고 전하지 않는다.

宣和北苑貢茶錄

南宋 熊蕃이 편찬한 茶에 관한 책. 熊蕃은 福建 建陽 출신이고 字가 茂叔이며 宋이 南渡할 즈음에 활동한 문인이지만 정확한 생몰년은 알 수 없다. 博學

多才했지만 속세를 떠나 은거하여 獨善先生으로 일컬어졌다.『北苑別錄』,『制茶十詠文稿』 등의 저술이 있다. 평생 차를 좋아하여 이 책을 편찬했다. 이 책은 규장각에 소장된『宋人百家小說』에 실려 있다. 嚴羽의『茶經』, 裴汶의『茶述』, 毛文錫의『茶譜』 등 차와 관련된 다양한 문헌에 품평을 가한 것이다. 北苑貢茶는 宋代 建安縣 吉苑里의 차를 주로 공급하여 생긴 말이다. 서울대 중앙도서관에 順治 4년(1647) 宛委山堂에서 간행한 목판본 3권이 소장되어 있다.『五洲衍文長箋散稿』에서 이 책을 인용했다. 李圭景이 裴汶의『茶述』, 毛文錫의『茶譜』 등 현전하지 않는 차에 대한 책을 인용한 것도 모두 이 책을 통해서다.

宣和書譜

北宋 徽宗의 命을 받아 御府 소장의 글씨를 정리한 책. 이 책은 宣和 2년(1120) 편찬된 것으로 모두 20권이며, 歷代帝王書 1권, 正書 4권, 行書 6권, 草書 8권, 八分書 1권 등으로 되어 있다. 197인 1,344건을 다루었는데 書體別로 敍論에 이어 각 서체의 연원과 변화를 서술하고 書法家의 小傳과 비평 등을 붙였으며 마지막에 御府에서 소장하고 있던 작품 목록을 실었다. 규장각에 소장된 毛晉의『津逮祕書』에 실려 있다. 嘉靖 庚子(1540) 간본이 대만 故宮博物院圖書館에 소장되어 있다.『林下筆記』,『警修堂全稿』,『嘉梧稿略』,『海東繹史』,『五洲衍文長箋散稿』 등에 이 책이 인용되어 있다.『秋齋集』,『警修堂全藁』에서 이른『宣和譜』는 이 책을 가리키는 듯하다.

宣和牙牌譜

明 瞿祐가 편찬한 骨牌에 관한 雜錄. 瞿祐(1341~1427)는 字가 宗吉이고 號가 存齋이며 錢塘 출신이다. 瞿佑로도 표기된다.『存齋詩集』,『樂府遺音』,『歸田詩話』,『餘淸詞』,『春秋貫珠』,『閱史管見』 등 많은 저술이 있으며 특히『剪燈新話』가 널리 알려져 있다. 이 책은『宣和牌譜』로『說郛續』에 실려 있다. 骨牌는 宋 徽宗 때 처음 만들어졌으므로 宣和牌 혹은 雅牌라 부른다.『宣和牙牌譜』,『宣和譜』라고도 한다. 天牌, 地牌, 人牌, 和牌, 牙牌 등을 그림으로 그려 설명했다.『林下筆記』,『五洲衍文長箋散稿』 등에서 이 책을 인용했으며 특히『林下筆記』에는「宣和牌」라는 항목을 두어 宣和牌를 설명했다. 규장각에 소장된『叢書』에도 같은 글이 실려 있다.

宣和遺事
편찬자를 알 수 없는 宋代의 野史雜錄. 元代에 증보되었다. 歷代 帝王의 荒淫으로 인한 亡國의 사실을 다루었으며, 宋 徽宗 연간(1110~1126)에서 高宗 연간(1127~1162)까지를 다루었다. 일부의 기사가 후대 『水滸傳』의 바탕이 된 것으로 알려져 있다. 『大宋宣和遺事』라고도 한다. 徐居正의 『四佳集』과 李洪男의 『汲古遺稿』에 이 책을 읽고 쓴 시가 실려 있다. 『五洲衍文長箋散稿』에도 이 책을 소개한 바 있다. 국립중앙도서관에 간행 시기를 알 수 없는 목판본 2책이 소장되어 있고, 규장각에 소장되어 있는 『黃氏叢書』에도 이 책이 실려 있다.

宣和接送高麗勅令格式 → 宣和奉使高麗勅令格式

說略
明 顧起元이 편찬한 類書. 顧起元(1565~1628)은 字가 太初이고 號가 遁園居士이며 江寧 출신이다. 『蟄庵日錄』, 『客座贅語』, 『金陵古金石考』 등의 저술이 알려져 있다. 이 책은 天啓 연간(1621~1627) 간본이 미국 국회도서관에 소장되어 있으며, 『四庫全書』에도 30권으로 수록되어 있다. 象緯, 方輿, 時序, 人紀, 官儀, 史別, 禮叢, 律支, 典述, 字學, 書畵, 李法, 冥契, 居室, 服飾, 工考, 諧志, 食憲, 眞格, 卉牋, 蟲注 등으로 編制되어 있다. 顧起元은 許筠의 『惺所覆瓿藁』에서 그 이름이 확인될 정도로 조선에 알려진 인물이지만 이 책 자체에 대한 언급은 보이지 않는다. 『五洲衍文長箋散稿』의 「人物生死以歲月爲限辨證說」에서 인용한 동물의 수명에 관한 기록이 이 책에서만 보인다는 점에서 李圭景이 이 책을 참고했을 가능성이 높다.

說鈴
淸 吳震方이 편찬한 叢書. 吳震方은 字가 青壇이고 浙江 石門 출신이며 監察御使 등을 역임했지만 정확한 生沒年은 밝혀져 있지 않다. 『讀書正音』, 『晩樹樓詩稿』, 『嶺南雜記』, 『朱子論定文鈔』 등의 저술이 있다. 서명 說鈴은 漢 揚雄의 『法言』에서 유래한 말로 大雅가 아닌 자잘한 이야기라는 의미다. 이 책은 前集, 後集, 續集으로 구성하여 淸初의 筆記, 雜錄 등 62種의 전적을 수록했다. 康熙 41년(1702)에 前集과 後集이 간행되고 康熙 51년(1712) 續集이 간행되

었다. 前集에는 王崇簡의 『冬夜箋記』, 王士禎의 『隴蜀餘聞』과 『分甘餘話』, 李仙根의 『安南雜記』, 范承謨의 『畫壁詩』, 宋犖의 『筠廊偶筆』과 『筠廊二筆』, 高士奇의 『金鰲退食筆記』와 『扈從西巡錄』, 『塞北小抄』, 『松亭行紀』, 『天祿識餘』, 方象瑛의 『封長白山記』, 張學禮의 『使琉球紀畧』, 周亮工의 『閩小紀』, 許纘曾의 『滇行紀程』과 『東還紀程』, 閔敍의 『奧述』, 陳鼎의 『滇黔紀游』, 顧炎武의 『京東考古錄』과 『山東考古錄』, 『救文格論』, 『雜錄』, 李玉㻋의 『守汴日志』, 南懷仁의 『坤輿外紀』, 林謙光의 『臺灣紀略』, 李麒光의 『臺灣雜記』, 潘鼎珪의 『安南紀遊』, 陸次雲의 『峒谿纖志』, 孔貞瑄의 『泰山紀勝』, 吳闡思의 『匡廬紀遊』, 屈大均의 『登華紀』, 周淸原의 『游鴈蕩山記』 등이 수록되어 있고, 後集에는 黃鵬楊의 『讀史吟評』, 吳綺의 『楊州鼓吹詞序』, 鈕琇의 『觚賸』, 陸次雲의 『湖壖』, 看行侍의 『談往』, 余懷의 『板橋雜記』, 陳尙古의 『簪雲樓雜記』, 虞兆漋의 『天香樓偶得』, 王逋肱의 『蚓菴瑣語』, 徐岳의 『見聞錄』, 陸圻의 『冥報錄』, 戒顯의 『現果隨錄』, 楊式傳의 『果報聞見錄』, 徐慶濱의 『信徵錄』, 吳陳琰의 『曠園雜志』, 勞大與의 『甌江逸志』, 呂種玉의 『言鯖』, 吳震方의 『嶺南雜記』, 東軒主人의 『述異記』 등이 수록되어 있으며, 續集에는 王崇簡의 『談助』, 范承謨의 『畫壁詩』, 熊賜履의 『邇語』, 魏象樞의 『庸言』, 宋犖의 『筠廊二筆』, 王士禎의 『池北偶談』, 吳震方의 『續書質疑』 등 7종이 수록되어 있다. 규장각에는 康熙 44년(1705) 간본 16책이 전하는데 속집은 없다. 『五洲衍文長箋散稿』에서 이 책을 인용한 바 있다. 『熱河日記』, 『靑莊館全書』 등에서 거론하고 있는 『說鈴』은 明의 寧獻王 汪琬이 편찬한 다른 책이다.

雪樓集

元 程鉅夫의 文集. 程鉅夫(1249~1318)는 初名이 文海인데 字 鉅夫를 이름으로 사용했으며 號는 雪樓 혹은 遠齋다. 建昌 출신으로 元이 들어선 후 翰林學士承旨를 지냈고, 成宗과 武宗의 實錄 편수에 참여했다. 이 책은 元 至元 6년(1340) 廬陵孫氏 益友書堂 간본이 중국 國家圖書館에 소장되어 있으며, 『四庫全書』에도 30권으로 수록되어 있다. 朴趾源의 『熱河日記』에 程鉅夫가 지은 「慶壽寺大藏經碑略」을 소개하면서 그의 문집을 평가했다. 徐浩修의 『燕行記』에서 程鉅夫의 記를 언급했는데 이 책에 실린 것으로 추정된다. 『五洲衍文長箋散稿』에서 이 책을 인용했지만 淸 朱彝尊의 『日下舊聞』의 내용을 옮긴 것이다.

說文五義

北宋 吳淑이 『說文解字』를 풀이한 책. 吳淑(947~1002)은 字가 正儀이고 潤州 丹陽 출신이다. 博學多才하여 『太平御覽』, 『太平廣記』, 『文苑英華』 등의 편찬에 참여했고 이 책 외에 『類事賦』, 『秘閣閑談』, 『江淮易人錄』, 『異僧記』, 『煉師傳』 등 많은 저술을 남겼지만 대부분 전하지 않는다. 『宋史』에 따르면 이 책은 『說文解字』 가운데 字義를 취하여 편찬한 것으로 3권에 1,803條를 수록한 것으로 되어 있지만 지금은 전하지 않는다. 『五洲衍文長箋散稿』에서 이 책을 소개했지만 직접 보지는 못한 듯하다.

說文字原

元 周伯琦가 『說文解字』를 풀이한 책. 周伯琦(1298~1369)는 字가 全溫이고 號가 玉雪坡眞逸이며 饒州 출신이다. 벼슬은 兵部侍郎을 지냈으며 篆書와 隸書, 文字學에 조예가 깊어 이 책 외에 『六書正譌』를 편찬했는데 『四庫全書總目』에 설명이 보인다. 이 책은 19項으로 되어 있으며 一, 人, 目, 手, 足, 勹, 艸, 禾, 宀, 刀, 工, 山, 土, 羽, 牛, 蟲, 貝, 子 등의 글자에 대해 설명했다. 전남대에 十竹齋에서 간행한 淸代의 목판본 2책이 소장되어 있다. 『五洲衍文長箋散稿』에 이 책이 소개되어 있는데 唐 李騰이 편찬한 같은 이름의 『說文解字』도 소개한 바 있다. 李騰은 篆書와 隸書를 잘 썼으며 叔父 李陽氷의 글을 모아 이 책을 편찬한 것으로 되어 있지만 현전하지 않는다.

說文長箋

明 趙宧光이 『說文解字』를 풀이한 책. 趙宧光(1559~1625)은 字가 凡夫이고 號가 廣平이며 吳縣 출신이다. 文字學에 조예가 깊어 이 책 외에 『六書長箋』을 편찬했다. 『寒山帚談』도 그의 저술이다. 이 책은 100권의 방대한 분량으로, 卷首上에 凡例 1권, 『說文解字』의 原序, 宋初의 官牒, 자신이 지은 通誤釋文과 徐鍇의 部敘 등을 실었다. 이어 卷首下에 子母原, 說文表를 실었다. 규장각에 崇禎 4년(1631) 序가 달린 목판본 100권 35책이 소장되어 있다. 『弘齋全書』, 『靑莊館全書』, 『燕臺再遊錄』, 『與猶堂全書』, 『五洲衍文長箋散稿』 등 조선 후기 문헌에 자주 보인다.

薛文清公讀書錄

明 薛瑄이 편찬한 筆記雜錄. 薛瑄(1389~1464)은 字가 德溫이고 號는 敬軒이며 山西 河津縣 출신이다. 程朱의 책을 읽고 나서 자신의 詩賦를 모두 태워버리고 性理學에 몰두했다고 한다. 문집『敬軒薛先生文集』외에『理學粹言』,『薛文清公從政名言』등의 저술이 있다. 이 책은『讀書錄』으로 줄여 부른다. 序에 따르면 宋 張橫渠가 心中이 열렸을 때 바로 기록해야 하며 사색하지 않으면 도로 막힌다고 한 말을 보고, 독서를 하면서 心中이 열릴 때마다 바로 기록하여 이 책을 엮었다고 한다.『讀書續錄』과 합쳐 23권으로 되어 있다. 이 책은 조선에서 여러 차례 간행되었다. 中宗 15년(1520) 鄭維新, 許讚, 洪柱世 등 3인의 序를 얹어 간행했는데 규장각에 소장된『讀書錄』은 이를 정사한 고본으로 11권 5책이다. 또 宣祖 7년(1574) 川谷書院에서 간행한『讀書錄要語』는 單卷으로 중요한 부분만을 뽑은 것이다. 宣祖 40년(1607) 安東에서 간행한 판본, 仁祖 20년(1642) 金世濂의 跋이 실린 판본도 있다. 국립중앙도서관에도『薛文清公讀書錄要語』가 소장되어 있다. 또 孝宗 7년(1656) 湖西에서 續錄과 함께 간행한 16권 5책이 장서각에 소장되어 있다.『企齋集』,『退溪集』,『弘齋全書』,『五洲衍文長箋散稿』등에 인용되었다.

說文偏旁考

清 吳照가『說文解字』를 풀이한 책. 吳照(1755~1811)는 字가 照南이고 號가 白菴이며 江西南城 출신이다. 이 책은 2권이며『說文解字』원문을 싣고 古籀과 隸書를 적은 다음 그 源流를 기술했다.『研經齋全集』에 吳照와 이 책에 대해 자세히 적었다. 吳照가 소장한「石湖漁隱圖」에 朴齊家로 하여금 큰 글씨로 제명을 적게 했는데 翁方綱이 이를 보고 놀라 박제가에게 편지를 보냈다고 한다.『五洲衍文長箋散稿』에도 이 책을 인용한 바 있다. 서울대 중앙도서관에 乾隆 51년(1786) 序가 달린 목판본 2권 2책이 소장되어 있다.

說文解字

後漢 許愼이 편찬한 字書. 許愼(58?~147?)은 字가 叔重이고 汝南 召陵 출신이다. 文字學의 鼻祖로 추앙된다. 이 책은 당시 통용된 한자 9,353자를 540部로 분류한 후 小篆의 字體를 싣고 字義와 字形을 풀이했다. 部首와 字의 배열은 字形 및 字義와의 연관에 따라 순서를 정했으며, 字形의 설명에는 六書의

원칙이 적용되었다. 宋初 徐鉉과 徐鍇 형제가 각기 교정한 大徐本과 小徐本이 전하는데 통상적으로 『說文解字』라 하면 大徐本을 가리키며 少徐本은 『說文繫傳』이라 부른다. 규장각에 萬曆 26년(1598) 간행한 12권 12책 목판본이 소장되어 있다. 장서각, 국립중앙도서관 등에도 여러 판본이 소장되어 있다. 『靑莊館全書』, 『弘齋全書』, 『研經齋全集』, 『與猶堂全書』, 『五洲衍文長箋散稿』 등 많은 문헌에서 이 책을 인용했다. 『五洲衍文長箋散稿』에서 唐 李陽氷의 『六書刊定』을 소개했는데, 『崇文總目輯釋』과 『玉海』 등에 李陽氷이 刊定한 『說文』 20권을 잘못 인용한 것이다. 李陽氷은 開元 연간(713~741)에 태어난 문인으로, 字가 少溫이고 譙郡 출신이며, 書法에 뛰어났다. 李陽氷의 『說文』은 전하지 않는다.

說文解字繫傳

南唐 徐鍇가 『說文解字』를 풀이한 책. 徐鍇(920~974)는 字가 楚金이고 揚州 廣陵 출신이다. 형 徐鉉과 함께 『說文解字』를 각각 교정한 것이 大徐本, 小徐本으로 불리는데, 이 책은 小徐本이다. 규장각에 萬曆 26년(1598) 간행한 12권 12책 목판본이 소장되어 있는데 서명이 『說文解字』로 되어 있다. 『沙溪全書』, 『與猶堂全書』, 『五洲衍文長箋散稿』 등에 관련 기록이 보인다.

說文解字補義

元末明初 包希魯가 『說文解字』를 풀이한 책. 包希魯는 字가 魯伯이고 進賢 출신이다. 『點四書凡例』, 『易九卦衍義』, 『詩小序辨』 등의 저술이 있다. 서명이 『說文解字備義』로 된 데도 있다. 이 책에는 至正 乙未(1355) 自序가 실려 있다. 『五音韻譜』의 體例를 따라 四聲으로 編次하여 12권으로 엮었다. 중국 國家圖書館과 일본 靜嘉堂文庫 등에 明代의 간본이 소장되어 있다. 『五洲衍文長箋散稿』에서 『說文補義』로 소개했다.

說文解字五音韻譜

南宋 李燾가 『說文解字』를 풀이한 책. 李燾(1115~1184)는 字는 仁甫 혹은 子貞이고 號는 巽巖이며 眉州 丹稜 출신이다. 『續皇朝公卿百官表』, 『四系錄』, 『歷代宰相年表』, 『江左方鎭年表』, 『天禧以來御史年表』, 『易學』, 『春秋學』, 『六朝通鑑博議』 등을 편찬했다. 이 책은 12권이며 『五音韻譜』 혹은 『說文韻譜』라

고도 부른다. 徐鍇의 『說文韻譜』의 音訓이 지나치게 간략한 단점이 있어 새로 편찬한 책이다. 徐鍇의 『說文解字繫傳』을 참고하여 540部로 편찬했다. 宋 淳熙 연간(1174~1189) 판본이 중국 國家圖書館에 소장되어 있으며 明代에 복간한 판본도 같은 곳에 소장되어 있다. 규장각에 『重刊許氏說文解字五音韻譜』 12권 10책이 소장되어 있는데 天啓 7년(1627) 간행된 판본으로 추정된다. 국립중앙도서관, 장서각 등에도 유사한 木版本이 소장되어 있다. 『弘齋全書』, 『明皐全集』, 『燕臺再遊錄』, 『五洲衍文長箋散稿』 등에 이 책에 대한 기록이 보인다.

說郛

明 陶宗儀가 漢魏부터 宋元까지 다양한 문헌을 모아서 편찬한 叢書. 陶宗儀(1329~1412?)는 字가 九成이고 號가 南村이며 浙江 黃巖 출신이다. 이 책과 함께 『輟耕錄』이 그의 대표적인 저술로 알려져 있다. 『說郛』라는 명칭은 揚雄의 『法言』 "五經은 衆說의 外城이다[五經之爲衆說郛]"에서 가져온 것이다. 宋 曾慥의 『類說』의 體例를 따라 600여 종의 筆記小說 및 經史, 諸子, 詩話, 文論 등을 분류하여 수록했다. 『說郛』는 원래 100권으로 편집한 원고만 전해지다 30권이 없어지자 明 郁文博이 弘治 9년(1496) 보충하여 100권으로 만들었다. 그 후 順治 4년(1647) 陶珽이 120卷本을 다시 만들었다. 규장각에는 宛委山堂藏板 120卷本 등 몇 종이 전한다. 『說郛』는 『頭陀草』, 『陶菴集』 등 17세기 무렵부터 우리 문헌에 본격적으로 등장한다. 우리나라 역대 문헌에서 『說郛續』은 『說郛』와 그다지 구별하지 않고 인용했으며, 대부분은 『說郛』에 수록된 개별 서적 이름으로 인용했으므로, 실제 이 책의 인용빈도는 매우 높다.

說郛續

明 陶珽이 『說郛』의 續編으로 편찬한 叢書. 陶珽은 字가 紫闐이고 號는 不退 혹은 稚圭이며 天台居士라 自號했다. 姚安 출신으로, 萬曆 연간(1573~1620)에 進士가 되었지만 자세한 생몰연대는 밝혀져 있지 않다. 이 책은 元代까지의 저술을 수록한 陶宗儀의 『說郛』를 이어 明代의 雜書 527종을 모아서 편찬했는데 46권으로 되어 있다. 『說郛』에 빠져 있는 宋元의 저술도 일부 수록했는데 蘇軾의 『廣成子解』, 車淸臣의 『腳氣集』, 張鎡의 『賞心樂事』, 方回의 『虛谷詩話』, 龍輔의 『女紅餘志』, 高德基의 『平江紀事』 등이 그러한 예다. 『說郛』와

마찬가지로 전문을 옮기지 않고 중요한 부분을 발췌했다. 서명이 『續說郛』로 된 데도 있다. 『說郛續』을 명시하여 인용한 문헌으로는 『海東繹史』, 『五洲衍文長箋散稿』 등이 있지만 우리나라 역대 문헌에서 『說郛續』을 『說郛』와 구별하지 않고 인용하거나 『說郛續』에 수록된 개별 서적 이름으로 인용했으므로, 실제 이 책의 인용빈도는 매우 높다. 『海東繹史』에는 편찬자를 姚安이라 했는데 陶珽의 고향이 姚安이므로 잘못 기술한 것이다. 『說郛續』은 明代의 간본과 淸代의 간본이 있다. 규장각에 3종의 明代 간본과 1종의 淸代 간본이 소장되어 있다.

雪庵長語

元 승려 溥光의 書帖. 溥光은 普光이라고도 하는데, 俗姓이 李氏이고 字가 玄悟이며 號는 雪庵이다. 大同 출신으로 書法이 뛰어나 宮殿의 편액이 그의 손에서 나온 것이 많다. 文集 『雪庵集』 외에 『雪庵字要』, 『元釋溥光草書石頭和尚草庵歌卷』 등이 전한다. 『雪庵集』은 『四庫全書』에 실려 있는데 1권이다. 『雪庵長語』는 전하지 않는데 書帖으로 추정된다. 『星湖僿說』에서 『雪庵長語』와 『天山子書法』이 있다고 했는데 『大明一統志』에는 『雪庵長語』와 『大字書法』으로 되어 있다. 『天山子書法』은 확인되지 않는다.

說苑

前漢 劉向이 편찬한 類書. 劉向(B.C.77~B.C.6)은 漢의 宗室로 字가 子政이고 본명은 更生이다. 成帝의 命으로 아들 劉歆과 함께 궁중의 도서를 整理하고 校訂하여 解題를 붙인 『別錄』을 편찬했으며 『新序』, 『列女傳』, 『五經通義』, 『洪範五行傳論』 등 많은 저술을 남겼다. 이 책은 先秦時代부터 漢代에 이르기까지의 故事와 見聞을 君道, 臣術, 建本, 立節, 貴德, 復恩, 政理, 尊賢, 正諫, 敬愼, 善說, 奉使, 權謀, 至公, 指武, 說叢, 雜言, 辯物, 修文, 反質 등으로 나누어 678 항목을 수록했다. 『崇文總目』에 의하면 이 책은 北宋代에 5권만 남아 있었고 후에 宋 曾鞏이 일실된 것을 찾아 20권으로 편집했다고 한다. 『高麗史』에 따르면, 宣宗 8년(1091) 宋의 館伴이 일실된 서적 129종의 목록을 주고 고려에서 찾도록 했는데, 여기에 이 책 20권이 포함되어 있다. 太宗 12년(1412) 실록 기사에 따르면 忠州 書庫에 이 책이 보관되어 있다는 기록이 보인다. 『成宗實錄』, 『太虛亭集』 등 조선 전기 문헌에서부터 『芝峯類說』, 『海東繹史』, 『五

洲衍文長箋散稿』 등 조선 후기의 많은 문헌에서 관련 기록을 확인할 수 있다. 규장각에 萬曆 丙子(1576) 간기가 있는 목판본 20권 4책이 소장되어 있다. 明 程榮이 교정을 보고 일본의 關嘉가 纂註를 붙여 일본에서 간행한 목판본도 국립중앙도서관 등에 소장되어 있다. 『百子全書』, 『百家類纂』, 『漢魏叢書』, 『諸子品節』 등 많은 叢書에도 실려 있다.

說儲

明 陳禹謨가 편찬한 筆記雜錄. 陳禹謨(1548~1618)는 字가 錫元이고 號가 海虞이며 江蘇 常熟 혹은 湖北 彝陵 출신이다. 『經籍異同』, 『經言枝指』, 『四書名物考』, 『左氏兵略』, 『說儲』, 『駢志』, 『廣滑稽』 등 많은 저술을 남겼다. 이 책은 初集 8권, 二集 8권으로 구성되어 있는데, 불교가 중국에 전해진 과정의 일화를 다루었다. 淸代에는 禁書로 지정되어 널리 유포되지 못했다. 中國 南京圖書館에 萬曆 37년(1609) 徐騰芳이 간행한 판본이 전한다. 『靑莊館全書』, 『五洲衍文長箋散稿』에 관련 기록이 보인다.

陝西通志

淸 劉於義 등이 雍正帝의 命으로 편찬한 陝西省의 地理書. 劉於義(1675~1748)는 字가 喩旃이고 號가 蔚鳳이며 江蘇 武進 출신이다. 『陝西通志』 간행 당시 吏部尙書 署理陝西總督으로 있었다. 이 책은 雍正 13년(1735) 100권 11책의 목판본으로 간행되었다. 康熙帝 때 賈漢復(1605~1677)이 陝西省의 地方志를 편찬했지만 너무 소략하여 이 책을 다시 편찬한 것이다. 星野, 建置, 疆域, 山川, 城池, 公署, 關梁, 貢賦, 學校, 祠祀, 選擧, 兵防, 驛傳, 屯運, 水利, 鹽法, 茶馬, 物産, 風俗, 祥異, 人物, 陵墓, 古蹟, 藝文, 拾遺 등 32類로 분류하여 陝西省의 역사와 지리, 문화 등을 두루 다루었다. 규장각에 雍正 13년(1735) 간행한 목판본이 소장되어 있는데 권7이 빠져 있다. 같은 판본의 전질이 중국 國家圖書館에 소장되어 있다. 『五洲衍文長箋散稿』에서 이 책을 인용했다.

星經 → 甘石星經

盛京通志

淸 呂耀曾과 魏樞 등이 乾隆帝의 命을 받고 편찬한 盛京의 地理書. 呂耀曾

(1679~1743)은 字가 宗華이고 號가 朴巖으로 河南省 新安縣 출신이다. 魏樞는 字가 又弼이고 號가 愼齋로, 直隸 承德縣 출신이며 『東易問』, 『春秋管見』 등을 편찬했다. 이 책은 乾隆 元年(1736) 간행되었으며 정식 서명은 『欽定盛京通志』다. 『盛京志』라고도 한다. 典謨志, 京城志, 苑囿志, 建置沿革志, 星野志, 疆域志, 山川志, 城池志, 關隘志, 驛站志, 公署志, 職官志, 學校志, 選擧志, 戶口志, 田賦志, 風俗志, 祠祀志, 物産志, 古蹟志, 帝王志, 名宦志, 人物志, 孝義志, 列女志, 隱逸志, 流寓志, 方伎志, 仙釋志, 藝文志, 雜志 등으로 편제되어 있다. 권두에 京城圖, 大正殿圖, 宮闕圖, 輿地全圖, 奉天將軍所屬形勢圖, 奉天府形勢圖, 錦州府形勢圖, 寧古塔將軍所屬形勢圖, 黑龍江將軍所屬形勢圖, 長白山圖, 醫巫閭山圖, 北鎭廟圖, 千山圖, 萬壽亭圖 등의 지도가 실려 있다. 수도인 瀋陽 일대의 역사와 지리, 문화 등 일반적인 地方志의 정보를 수록하면서 淸의 發祥地인 奉天府와 錦州府의 의미를 부각하기 위하여 다른 地方志에는 없는 典謨志를 별도로 두었으며 遠祖들의 사적을 정리하고 順治, 康熙, 雍正 연간의 典謨를 집록했다. 『四庫全書』에 48권으로 실려 있다. 규장각에 乾隆 元年(1736) 간기가 있는 목판본 48권 20책이 소장되어 있다. 국립중앙도서관, 장서각, 경희대 등에도 이 책이 소장되어 있다. 徐浩修의 『燕行紀』에는 1790년 『大淸會典』과 함께 이 책을 구입했다고 되어 있다. 『星湖僿說』, 『陶谷集』, 『順菴集』, 『東史綱目』, 『硏經齋全書』, 『夢經堂日史』, 『與猶堂全書』, 『海東繹史』, 『五洲衍文長箋散稿』 등 여러 문헌에서 이 책을 인용했다.

性理大全書

明 胡廣 등이 永樂帝의 命으로 편찬한 性理學 全集. 胡廣(1370~1418)은 字가 伯始이고 南郡 華容 출신이다. 이 책은 胡廣 등 42인의 학자들이 宋代부터 元代까지의 性理說을 類輯한 것으로 모두 70권이다. 『性理大全』으로 줄여 부른다. 世宗 8년(1426) 金時遇 등이 永樂帝로부터 『性理大全』 등 200책을 받아왔고 그 이듬해 慶尙道 觀察使가 이를 간행하여 올렸다는 기사가 實錄에 보인다. 규장각에 이 책 일부가 소장되어 있는데 木活字本이다. 仁祖 22년(1644)에도 濟州에서도 이 책이 간행되었다. 규장각에 바로 이 판본이 소장되어 있다. 周敦頤의 『太極圖說』과 『通書』, 張載의 『西銘』과 『正蒙』, 邵雍의 『皇極經世書』, 朱熹의 『易學啓蒙』과 『朱子家禮』, 蔡元定의 『律呂新書』, 蔡沈의 『洪範皇極內篇』 등 중요한 저술은 전체를 수록하고, 이어 理氣, 鬼神, 性理, 道統, 聖賢,

諸儒, 學, 諸子, 歷代, 君道, 治道, 詩, 文 등 13條目으로 나누어 諸儒의 學說을 수록했다. 이 책은 成宗 때 經筵의 교재로 채택되었거니와 조선시대 가장 중요한 서적으로 인정되었다. 金正國이 편찬한 『性理大全書節要』는 초학자들이 이 책을 이해할 수 있게 재편집한 책이다. 卞季良의 「四書五經性理大全跋」과 金安國의 「書新刊性理大全後」 등은 조선시대 이 책의 간행과 관련한 글이다. 『別洞集』, 『慕齋集』, 『退溪集』 등 많은 문헌에서 이 책을 다룬 바 있다. 姜希孟, 金時習 등은 이 책을 구한 기쁨을 시로 지은 바 있다.

性理字義

南宋 陳淳이 편찬한 性理學 入門書. 陳淳(1159~1223)은 字가 安卿이고 號가 北溪로 朱熹의 문인이다. 『論孟學庸義』, 『女學』, 『北溪大全集』 등의 저술이 있다. 이 책은 초학자를 위해 性理學의 주요개념을 25조항으로 나누어 정리한 것이다. 『北溪字義』, 『陳氏字義』, 『經書字義』, 『四書字義』 등으로도 불린다. 上下 2권으로 구성되어 있으며, 上卷에는 命, 性, 心, 情, 才, 志, 意, 仁義禮智信, 忠信, 忠恕 등으로, 下卷에는 誠, 敬, 恭敬, 道, 理, 德, 太極, 皇極, 中和, 中庸, 禮樂, 經權, 鬼神 등으로 편차되어 있다. 金世濂이 일본에 사신으로 갔다가 이 책을 구해 왔고 仁祖 22년(1644) 咸慶道 관찰사로 있을 때 이 책을 간행하여 배포했다는 기록이 實錄에 보인다. 이 간본에 李植이 跋을 썼는데 이 책이 이때 처음 조선에 소개된 것처럼 말했지만 이보다 앞선 明宗 8년(1553)에 조선에서 간행된 목판본이 계명대와 존경각에 소장되어 있다. 국립중앙도서관에 寬永 9년(1632) 일본에서 간행한 『北溪先生性理字義』, 萬治 2년(1659) 일본 승려 道春이 諺解한 『性理字義諺解』 등 다양한 판본이 소장되어 있다. 『四庫全書』에는 『北溪字義』로 2권이 실려 있는데 끝에 「嚴陵講義」가 붙어 있다. 「嚴陵講義」는 清 顧秀虎가 이 책을 간행할 때 道學體統, 師友淵源, 用工節月, 漢書次第 등을 보태 엮은 것이다. 이 책은 『眉巖集』 등 16세기부터 인용되었으며 조선 후기에도 『星湖僿說』, 『宋子大全』, 『五洲衍文長箋散稿』 등 많은 문헌에서 인용되었다. 특히 李植의 『澤堂集』에 실려 있는 「陳北溪字義後序」와 金世濂의 『東溟集』에 실려 있는 「書陳北溪性理字義後」는 일본에서 이 책을 가져와 조선에서 인쇄한 과정을 자세히 적은 글이다.

性理會通

明 鍾人傑이 性理學 관련 저술을 집성한 책. 鍾人傑은 字가 瑞先이고 錢塘 출신인데 明 崇禎 연간(1628~1644)의 인물이지만 자세한 생몰년은 미상이다. 『唐宋叢書』를 편찬한 인물로 널리 알려져 있다. 이 책은 『性理大全會通』이라고도 하는데 崇禎 7년(1634)에 편찬되었다. 永樂 13년(1415) 胡廣 등이 편찬해 宋元 諸儒의 성리학 이론을 집대성한 『性理大全』에다 明代 儒者의 학설을 보충한 것이다. 『大極圖』, 『通書』, 『西銘』, 『正蒙』, 『皇極經世書』, 『易學啓蒙』, 『家禮』, 『律呂新書』, 『洪範皇極內篇』 등의 성리학 관련 저술을 수록하고 理氣, 鬼神, 性理, 道統, 諸儒, 學, 諸子, 歷代, 君道, 治道, 詩文 등의 항목으로 구성했으며 전체가 70권이다. 『續編』 42권은 누락된 宋元代와 明代의 문헌을 보충한 것이다. 『四庫全書』에 전체가 편입되어 있다. 이 책은 『星湖全集』, 『順菴集』, 『與猶堂全書』 등에 인용된 바 있다. 서울대 중앙도서관, 장서각, 고려대 등에 聚錦堂藏板本이 소장되어 있다.

盛明百家詩

明 兪憲이 편찬한 明代의 詩選集. 兪憲은 字가 汝成이고 無錫 출신이다. 嘉靖 연간(1522~1566)에 進士가 되어 湖廣按察使 등의 벼슬을 지냈지만 자세한 이력은 밝혀져 있지 않다. 이 책은 300권으로, 여러 문집에서 시를 선발하고 수록하되 작가별로 小序를 두어 간단한 이력을 적었다. 明代 復古派의 이론을 따른 것으로 알려져 있다. 규장각에 隆慶 辛未年(1571) 兪憲의 序가 붙은 목판본 68책 일부가 소장되어 있다. 自序에 따르면 嘉靖 癸亥年(1523)부터 시작하여 자료를 모으기 시작했고 丙寅年(1566)부터 4년 동안 160여 家의 詩, 賦, 詞 17,600여 수를 선발했다고 한다. 『青莊館全書』, 『五洲衍文長箋散稿』 등에서 이 책을 소개한 바 있다.

盛事美談

宋代 편찬자를 알 수 없는 筆記雜錄. 규장각 등에 소장된 『說郛』에 1권으로 실려 있다. 蕭穎士, 田遊巖, 晁迥 등의 일화 10여 조가 실려 있다. 『海東繹史』에 唐 蕭穎士가 新羅 使臣을 칭찬한 일을 기록했다.

聖宋名賢五百家播芳大全文粹

南宋 魏齊賢과 葉棻가 편찬한 宋代의 散文選集. 魏齊賢은 字가 仲賢이고 鉅鹿 출신이며, 葉棻는 字가 子實이고 南陽 출신이지만 생애가 자세하지 않다. 紹熙 庚戌(1190)에 쓴 許開의 序가 있으므로 이즈음 간행된 것으로 추정된다. 이 序에 따르면 魏齊賢과 葉棻가 소장하고 있던 방대한 藏書에서 宋代의 文章을 두루 모아 淳熙 연간(1174~1189) 완성했다고 한다. 書名은 五百家이지만 실제 수록한 작가는 520인이며 『文選』의 체례를 따라 작가는 字만 적었다. 문장은 전체의 6~7할이 騈儷文이다. 원래는 200권이었지만 지금은 110권만 남아 있다. 『四庫全書』에는 『五百家播芳大全文粹』라는 서명으로 110권이 수록되어 있다. 조선에서도 이 책이 여러 차례 간행되었다. 世宗 5년(1423) 鑄字로 印出되었다는 印出記가 있다. 『世宗實錄』에도 이 책의 頒賜에 대한 기록이 보인다. 이 책은 庚子字로 간행되었는데 국립중앙도서관, 고려대, 장서각과 충남대 등에 殘卷이 소장되어 있다. 『文宗實錄』에 이 책을 중국에서 구입해 올 것을 명한 기록이 보인다. 국립중앙도서관과 고려대 등에는 16세기 무렵 乙亥字로 간행한 판본이 소장되어 있다. 이 책의 수요가 높았던 것은 조선 초기 과거에서 표본으로 삼는 글로 인식되었기 때문이다. 『世宗實錄』에서는 줄여서 『宋播芳』이라 했고 『靑莊館全書』에서는 『播芳大全』이라 했다. 『五洲衍文長箋散稿』에서는 『播芳文粹』라고 했다. 이 책의 속편으로 『聖元名賢播芳續集』이 편찬되었는데 乙亥字로 간행한 3권 1책이 고려대에 소장되어 있다. 嘉靖 23년(1544)의 내사기가 있어 이 무렵 조선에서 간행되었음을 알 수 있다. 같은 판본이 일본 宮內廳 書陵部에 소장되어 있는데 편찬자가 밝혀져 있지 않고 許衡에서부터 楊弘道까지 123家의 산문을 실었다. 洪武 6년(1373) 柳珣의 跋이 있어 이 무렵 간행되었음을 확인할 수 있다. 이 두 책을 합쳐서 『宋元播芳文粹』라는 이름으로 조선에서 다시 목판본으로 간행한 듯하다. 일본 國立公文書館에 이 책이 소장되어 있는데 권1의 上下가 『聖宋名賢百家播芳大全文粹』이고 續集 권1~6이 『聖元名賢播芳續集』이다. 『宋元播芳文粹』는 『世宗實錄』, 『三灘集』, 『錦南集』, 『中宗實錄』 등에 보인다.

聖宋文海 → 文海

姓氏急就篇

南宋 王應麟이 漢 史游의 『急就篇』을 풀이한 책. 王應麟(1223~1296)은 字가 伯厚이고 號가 厚齋이며 慶元府 鄞縣 출신이다. 『玉堂類稿』, 『鄭氏周易注』, 『漢制考』, 『困學紀聞』, 『論語孟子考異』, 『通鑑地理通釋』, 『六經天文編』, 『四明文獻集』, 『小學紺珠』, 『玉海』 등 방대한 저술을 남겼다. 이 책은 규장각 등에 소장된 『玉海』에 수록되어 있다. 漢 史游의 『急就篇』에서 다룬 132개 姓氏를 풀이한 것이다. 서울대 중앙도서관에 嘉慶 15년(1810) 序가 달린 목판본 1책이 전하는데, 王應麟이 音釋을 달고 淸 陳本禮가 箋訂하고 淸 陳逢衡이 校讀한 것으로, 서명이 『姓氏急就篇』으로 되어 있다. 『靑莊館全書』에서는 이 서명으로, 『海東繹史』에서는 『急就篇姓氏註』로 소개했다.

聲韻考

淸 戴震이 편찬한 聲韻書. 戴震(1724~1777)은 字가 愼修이고 號가 東原이며 安徽省 休寧 출신이다. 『孟子字義疏證』, 『屈原賦注』, 『大戴禮記』, 『水經注』, 『算經十書』, 『詩經二南補注』, 『毛鄭詩考正』, 『考工記圖』, 『方言疏證』, 『原善』, 『原象』, 『孟子字義疏證』, 『爾雅文字考』, 『聲類表』, 『勾股割圜記』, 『屈原賦注』, 『曆考』, 『東原文集』 등 20여 종의 저술을 남겼다. 이 책은 4권으로, 反切이 魏의 孫炎에서 비롯했고, 六書의 하나인 假借는 글자를 새로 만들지 않고 聲과 事를 빌린 것이라 주장했다. 戴震이 편찬한 叢書 『貸園叢書初集』이 규장각에 소장되어 있는데 여기에 이 책이 실려 있고 규장각에 소장된 『戴氏遺書』에도 이 책이 실려 있다. 『泠齋集』, 『五洲衍文長箋散稿』 등에서 이 책을 소개했다.

姓苑

南朝 宋 何承天이 편찬한 姓氏에 관한 책. 何承天(370~447)은 東海 출신으로, 諸子百家에 능했고 天文曆法에도 뛰어나 元嘉曆을 만들었다. 何衡陽으로 일컬어지며 御史中丞을 지냈다. 이 책은 『舊唐書』에 10권이라 했지만 일실되어 전하지 않지만 唐 林寶의 『元和姓纂』에 상당 부분이 인용되어 있다. 『高麗史』에 따르면, 宣宗 8년(1091) 宋의 館伴이 일실된 서적 129종의 목록을 주고 고려에서 찾도록 했는데, 여기에 이 책이 포함되어 있으나 권수는 밝히지 않았다. 『靑莊館全書』, 『海東繹史』 등에도 같은 기록이 보인다. 『密菴集』, 『大山集』 등에 『氏族志』와 함께 이 책을 소개했지만 직접 본 것은 아닌 듯하다. 『芝峯類

說』, 『五洲衍文長箋散稿』에서도 이 책을 인용했지만 다른 문헌에서 가져온 것이다.

聲音文字通

明 趙謙이 편찬한 聲韻書. 趙謙(1351~1395)은 初名이 古則이고 字가 撝謙이며 餘杭 출신이다. 六經을 널리 읽고 六書를 정밀하게 연구하여 『洪武正韻』 편수에 참여했다. 이 책 외에 『六書本義』, 『造化經倫圖』, 『歷代譜贊』 등의 저술을 남겼다. 이 책은 邵雍의 『皇極經世聲音唱和圖』를 참고하여 112개의 聲과 152개의 音으로 정리하고 聲音의 결합 방식을 설명했다. 원래의 서명은 『皇極聲音文字通』이다. 『明史』에는 100권이라 했지만 『四庫全書總目』에는 32권이라 했다. 『五洲衍文長箋散稿』에서는 이 책을 소개하고 100권이라 했다. 대만 中山大學圖書館에 일부가 소장되어 있다. 淸 方中履의 『古今釋疑』와 倪濤의 『六藝之一錄』에는 이 책의 편찬자가 柴廣進이라 했는데, 柴廣進은 趙謙의 제자지만 字號나 이력은 밝혀져 있지 않다. 『五洲衍文長箋散稿』에서는 趙謙의 책과 별도로 柴廣進의 『聲音文字通』을 소개했는데 淸 方中履의 『古今釋疑』에서 인용한 것이다.

誠齋新錄

明 朱有燉의 文集. 朱有燉(1379~1439)은 安徽 鳳陽 출신으로 朱元璋의 손자이며 周憲王에 봉해졌다. 誠齋 혹은 錦窠老人, 全陽道人, 老狂生, 全陽子 등 여러 號를 사용했다. 『誠齋集』, 『誠齋牡丹百詠』, 『誠齋樂府』, 『誠齋雜劇』 등 많은 저술과 작품을 남겼다. 이 책은 『千頃堂書目』 등에 3권으로 되어 있지만 독립된 책으로는 전하지 않는다. 문집 『誠齋集』의 일부로 실려 있는데 「汴城八景詩」, 「掃晴娘子歌」, 「竹枝歌」 등의 시와 「醫術不必學說」 등의 산문이 실려 있다. 『海東繹史』에서 이 책을 인용하여 고려의 인물과 풍속을 담은 朱有燉의 「元宮詞」를 소개했다. 『靑莊館全書』에서는 서명을 밝히지 않고 이 시를 인용했다. 李德懋와 韓致奫이 인용한 朱有燉의 「元宮詞」는 『誠齋集』의 『誠齋新錄』에는 보이지 않고 錢謙益의 『列朝詩集』에 실려 있는데 전체 100수다.

省齋集 → 文忠集

聖祖仁皇帝御製 → 康熙御製集

成祖后內訓 → 內訓

星宗 → 張果星宗

聖證論

三國 魏의 王肅이 편찬한 雜錄. 王肅(195~256)은 字가 子雍이고 東海 郯城 출신이다. 『馬王易義』, 『周易注』, 『尙書王氏注』, 『毛詩王氏注』, 『毛詩問難』, 『禮記王氏注』, 『論語王氏義說』, 『國語章句』, 『王子正論』 등 많은 저술이 있다. 이 책은 郊祀와 宗廟 등 國家의 典制 등에 저술한 것으로 자신이 붙인 『孔子家語』의 주석을 바탕으로 漢 鄭玄의 六天說과 感生帝說 등을 집중적으로 비판했다. 이 책은 『隋書』에는 12권으로, 『新唐書』에는 11권으로 기록되어 있지만 일실되고 淸代 馬國翰의 『玉函山房輯佚書』에 1권만 수록되어 전한다. 『玉函山房輯佚書』는 규장각, 국립중앙도서관 등에 소장되어 있다. 또 淸 皮錫瑞은 『聖證論補評』 2권을 편찬한 바 있다. 『聖證論補評』은 서울대 중앙도서관 등에 소장되어 있다. 『研經齋全集』, 『與猶堂全書』, 『五洲衍文長箋散稿』 등에 이 책과 관련한 기록이 보인다.

姓纂 → 和姓姓纂

姓解

北宋 邵思가 편찬한 姓氏에 관한 책. 邵思는 雁門 출신의 학자지만 字號와 이력이 자세하지 않다. 이 책은 景祐 연간(1034~1038)에 편찬되었다 하여 『景祐姓解』라 한다. 이 책은 170門으로 분류하여 2,568종의 姓을 다루었다. 自序에 의하면 文獻에 보이는 歷代 功臣과 名士를 대상으로 삼았다고 한다. 중국에서 일실되었다가 淸代 일본에 전하는 逸書를 모은 『古逸叢書』에 3권으로 수록되어 있는데, 『古逸叢書』는 규장각과 고려대 등에 소장되어 있다. 『五洲衍文長箋散稿』에서 이 책을 소개했지만 宋 鄭樵의 『通志』와 明 陸深의 『儼山外集』 등에서 인용한 것이다.

聖惠方
北宋 王懷隱 등이 太宗의 命으로 편찬한 醫書. 王懷隱은 河南 商丘 출신의 道士다. 宋 太宗이 帝位에 오르기 전 病을 치료한 인연으로 還俗하여 翰林醫官使에 올랐다. 興國 3년(978) 王佑, 鄭奇, 醫官 陳昭遇 등과 함께 이 책을 편찬했다. 이 책은 민간의 의술을 광범위하게 수집하고 北宋 이전의 각종 方書를 모은 것으로, 1,670門으로 나누어 16,834條를 두었다. 淳化 3년(992) 100권으로 간행되었다. 『太平聖惠方』이라고도 한다. 『高麗史節要』에 顯宗 13년(1022) 宋에서 이 책을 보내주었다는 기록이 보이는데 『東史綱目』, 『海東繹史』 등에도 이와 같은 내용이 있다. 조선 초기 큰 영향을 끼친 책이어서 『世宗實錄』, 『端宗實錄』 등에서 관련 기록을 찾을 수 있다. 『弘齋全書』, 『靑莊館全書』, 『醫林撮要』, 『五洲衍文長箋散稿』 등에서도 이 책을 소개했다. 조선에서 편찬된 『分門瘟疫易解方』, 『鄕藥集成方』, 『壽民妙詮』 등이 이 책을 크게 참조했다. 대만 故宮博物院圖書館에 宋本을 傳寫한 책이 소장되어 있다.

聖皇篇
後漢 蔡邕이 편찬한 文字에 관한 저술. 蔡邕(133~192)은 字가 伯喈이고 陳留 圉縣 출신이다. 左中郞將을 역임해 蔡中郞이라고도 불렀다. 熹平 4년(175) 『六經』의 文字를 正定할 것을 上奏하고 자신이 經文을 써서 돌에 새긴 熹平石經을 太學門 밖에 세운 사실이 유명하다. 시문집으로 『蔡中郞集』이 있다. 이 책은 『黃初篇』, 『吳章篇』 등과 함께 文字學에 대한 저술이지만 일실되었다. 『高麗史』에 따르면, 宣宗 8년(1091) 宋의 館伴이 일실된 서적 129종의 목록을 주고 고려에서 찾도록 했는데, 여기에 이 책이 포함되어 있다. 『靑莊館全書』, 『海東繹史』 등에도 이 기사를 다시 소개했다.

世善堂藏書目錄
明 陳第가 收藏한 圖書의 目錄集. 陳第(1541~1617)는 字가 季立이고 號는 一齋, 麻山農, 子野子 등을 사용했으며 福建 連江 출신이다. 音韻學에 조예가 깊었고 많은 책을 소장했다. 『毛詩古音考』, 『讀詩拙言』, 『屈宋古音義』 등의 저술을 남겼다. 이 책은 『世善堂目錄』이라고도 한다. 규장각 등에 소장된 『知不足齋叢書』에 2권으로 실려 있다. 萬曆 44년(1616) 완성되었는데 經, 四書, 子, 史, 集, 各家 등 6類로 분류되어 있다. 世善堂은 連江에 있던 陳第의 서재

로, 倦游廬라는 현판을 붙였으며 藏書樓에는 2,000종 32,000여 권이 소장되어 있었다고 한다. 淸 乾隆 연간(1736~1795) 世善堂과 함께 서책은 모두 소실되고 이 書目만 남았다. 『海東繹史』에서 이 책을 인용하여 翁立德의 『新羅國志』가 이 책에 수록되어 있다 하고 翁立德은 翁夢得의 오류라 했다. 翁夢得(1208~1297)은 南宋의 학자로 字가 景說이고 號가 蒙山이며 壽昌 航頭 출신이다. 明 王圻의 『讀文献通考』에 翁夢得의 『新羅國記』가 보인다.

世說新語

南朝 宋 劉義慶이 편찬한 筆記雜錄. 劉義慶(403~444)은 字가 季伯이고 彭城 출신으로 臨川王에 襲封되었다. 이 책 외에 『幽明錄』, 『大業雜記』 등을 저술했다. 漢代 劉向의 『世說』이 일실되자 劉義慶이 『新書』를 지었다고 하여 『世說新書』라고 했는데 후대 다시 『世說新語』로 바뀌었다. 원래 8권이었는데 梁의 劉峻이 註解를 달아 10권으로 만들었다. 지금은 그중 3권만 전한다. 德行, 言語, 政事, 文學, 方正, 雅量, 識鑑, 賞譽, 品藻, 規箴, 捷悟, 夙惠, 豪爽 등 36門으로 나누고 1,000여 條를 수록했다. 대부분 南朝 宋 名士의 逸話이며 人物評, 淸談玄言 등이 많다. 『景宗實錄』, 『月汀集』, 『同春堂集』, 『頭陀草』, 『順菴集』, 『海東繹史』, 『五洲衍文長箋散稿』 등에 관련 기록이 보인다. 규장각에 明 凌濛初가 교정한 판본 등 몇 종이 소장되어 있다. 국립중앙도서관, 장서각 등에 萬曆 연간(1573~1620) 간행된 판본이 소장되어 있는데 嘉靖 乙未(1535) 袁褧의 序와 萬曆 庚辰(1580) 王世懋의 序가 붙어 있다. 또 明 何良俊이 『世說新語補』를 편찬했는데 『何氏語林』이라고도 한다. 이 책은 漢과 魏, 晉의 名士에 대한 일화 중 『世說新語』에 누락된 것과 六朝부터 元까지 名士의 名言을 보탠 것이다. 조선에서는 이를 다시 顯宗實錄字로 간행했는데 20권 7책이다. 국립중앙도서관, 장서각, 존경각 등에 이 책이 소장되어 있다. 규장각에는 明 李贄가 批點한 판본, 明 張文柱가 校正한 판본 등 여러 종이 소장되어 있다. 李贄가 批點한 것을 『李卓吾批點世說新語補』라고 하는데 국립중앙도서관에 소장되어 있다. 許筠의 「世說刪補注解序」에 『世說新語』에 대한 자세한 기록이 보이는데, 이에 따르면 明의 王世貞이 『世說新語』에서 난삽한 것을 2~3할 산삭하고 스스로 얻은 자료를 宗으로 삼아 편찬한 책이 『世說刪補注解』인데 許筠은 明 朱之蕃에게 이 책을 선물받았다고 했다. 『何氏語林』은 『本庵集』, 『省齋集』 등에 인용되었다. 許筠의 『閑情錄』에는 『世說新語補』로 여러 차례 인용되

었다. 규장각에 『世說新語姓彙韻分』이 소장되어 있는데 『世說新語補』의 내용을 인물별로 기사를 모아 재편집한 조선본이다.

世說註 → 世說新語

世子

周 世碩이 편찬했다고 하는 諸子百家의 하나. 『漢書』「藝文志」에 따르면, 世碩은 陳 출신으로 宓子賤, 漆雕開, 公孫尼子 등 孔子 70弟子의 한 명이다. 人性에 善惡이 있으며 善性을 기르면 善이 성장하고 惡性을 기르면 惡이 성장한다고 주장했다. 이러한 학설은 孟子와 荀子의 학설을 절충한 것이므로, 이 책은 『荀子』 이후에 편찬된 것으로 보기도 한다. 『隋書』「經籍志」 이후에는 이 書名이 보이지 않으므로 일찍 일실된 듯하다. 『五洲衍文長箋散稿』에는 明末淸初 周亮工의 『因樹屋書影』에 인용되어 있는 『世子』에 실려 있는 「養性書」를 인용한 바 있다.

素女經

戰國時代 편찬자를 알 수 없는 房中術書. 唐代 이전 이 책과 함께 『玄女經』, 『玉房秘訣』, 『玉房指要』, 『洞玄子』 등이 있었지만 일실되고 일본에 일부가 전한다. 일본의 丹波康賴가 982년 『醫心方』 30권을 편찬했는데 그중 28권에 이 책이 실렸으며, 20세기 초 편찬된 『雙梅景闇叢書』에 다시 이를 수록했다. 규장각과 고려대 등에 『雙梅景闇叢書』가 소장되어 있다. 『隋書』에 『素女秘道經』을 설명하면서 『玄女經』 1권 외에 『素女方』 1권이 더 있다고 했다. 『五洲衍文長箋散稿』에서는 서명만 소개했다.

嘯堂集古錄

北宋 王俅가 편찬한 金石學書. 王俅는 字가 子弁인데 字號와 이력은 밝혀져 있지 않다. 嘯堂은 그의 號로 추정되는데 嘯臺로 된 데도 있다. 이 책은 2권으로, 『宣和博古圖』에 앞서 편찬되었다. 淳熙 3년(1176) 機佰虞의 序가 붙어 있으므로 이 무렵 편찬된 듯하다. 商, 周, 秦, 漢 이래의 靑銅器와 印, 鏡 등 345권의 器物을 다루었다. 일본 東京大 등에 宋代의 간본이 소장되어 있다. 서울대 중앙도서관에 醉經堂에서 嘉慶 16년(1811) 간행한 판본이 소장되어 있다.

『金陵集』에는 편찬자가 王球로, 『五洲衍文長箋散稿』에는 편찬자가 王俅로 되어 있다.

小戴禮

前漢 戴聖이 『禮記』를 풀이한 책. 戴聖은 字가 次君으로 梁國 출신이다. 叔父 戴德과 함께 劉向의 『禮記』를 풀이한 책을 저술했는데 戴德이 편찬한 85편을 『大戴禮』라 하고, 戴聖이 편찬한 49편을 『小戴禮』라 한다. 後漢의 鄭玄이 『小戴禮』에 주석을 달아 간행했는데 이 책을 통상적으로 『禮記』라 부른다. 「曲禮」, 「檀弓」, 「王制」, 「月令」, 「禮運」, 「學記」, 「樂記」, 「中庸」, 「大學」, 「內則」, 「坊記」, 「儒行」, 「王制」, 「玉藻」, 「冠義」, 「昏義」, 「雜記」 등 총 49편으로 이루어져 있다. 『沙溪全書』, 『宋子大全』, 『研經齋全集』, 『與猶堂全書』, 『五洲衍文長箋散稿』 등에서 관련 기록을 확인할 수 있는데, 주로 『禮記』의 형성을 다루었거나 이 책의 일부가 독립되어 발전한 『大學』이나 『中庸』과 관련한 내용이 대부분이다.

昭代叢書

淸 張潮가 淸代의 저술을 모은 叢書. 張潮(1659~?)는 字가 山來 혹은 心齋이며 歙縣 출신이다. 이 책 외에도 『心齋聊複集』, 『幽夢影』, 『花影詞』, 『聯莊』, 『飮中八仙令』, 『玩月約』, 『書本草』, 『花鳥春秋』, 『補花底拾遺』, 『鹿蔥花館詩鈔』, 『心齋雜俎』, 『奚囊寸錦』, 『尺牘偶存』, 『檀幾叢書』 등 많은 저술을 남겼다. 이 책은 翰林院孔目으로 재임할 때 淸初 各家들의 저술을 모아 편찬한 것이다. 張潮는 甲集과 乙集, 丙集을 각 50권으로 하되 1권에 1종의 서적을 넣었다. 淸 康熙 연간(1662~1722)의 詒淸堂藏版本이 규장각에 전한다. 각 集마다 50種의 저술이 수록되어 있는데, 문집에서 발췌한 것도 있고 全書 중에서 일부만 잘라서 취하기도 했으며 마음대로 고친 것도 있다고 한다. 淸 楊復吉과 沈懋悳 등이 丁集, 戊集, 己集, 庚集, 辛集, 壬集, 癸集까지 증보하여 간행했는데 여기에도 淸代의 저술을 각기 50종씩 수록했다. 규장각, 국립중앙도서관, 장서각 등에 康熙 연간 판본이 소장되어 있는데 대부분 甲集과 乙集이다. 서울대 중앙도서관에는 世楷堂에서 道光 연간(1821~1850) 간행한 판본이 있는데 癸集까지 모두 소장되어 있다. 『燕巖集』, 『雲養集』, 『五洲衍文長箋散稿』 등에서 이 책을 인용했다.

素履子

唐 張弧가 편찬한 儒家의 德目에 관해 기술한 책. 張弧는 貫鄕이나 履歷이 밝혀져 있지 않다. 宋 晁說之의 『學易堂記』에는 子夏의 『易傳』이 그의 저술이라 했다. 이 책은 履道, 履德, 履忠, 履孝 등 모두 14편으로 구성되어 있다. 『宋志』 등에 이 책을 언급하고 있을 뿐 그 이전의 기록에는 잘 보이지 않으므로 宋代에 알려진 책으로 추정된다. 『宋志』에는 1권이라 했지만 『子書百家』 등에는 3권으로 실려 있다. 규장각 등에 소장되어 있는 『百子全書』에도 이 책이 실려 있다. 『研經齋全集』, 『五洲衍文長箋散稿』에 관련 기록이 보인다.

少微通鑑節要 → 通鑑節要

小名錄

唐 陸龜蒙이 편찬한 筆記雜錄. 陸龜蒙(?~881)은 字가 魯望이고 吳江 출신으로, 『唐書』 「隱逸傳」에 자세한 행적이 보인다. 이 책 외에 『耒耜經』이 그의 저술이다. 이 책은 중국 秦代부터 南北朝時代까지 역사적 인물의 小名을 기록한 것이다. 『四庫全書』에 上下 2권으로 실려 있고 규장각에는 필사본이 전한다. 『說郛』에는 娥姁, 戊兒, 太孫, 太子, 童烏, 匡鼎 등 130여 條가 실려 있다. 규장각에 소장되어 있는 『稗海』, 『唐宋叢書』 등에도 일부가 실려 있다. 『五洲衍文長箋散稿』에 이 책을 소개한 바 있다.

蘇米齋蘭亭考

淸 翁方綱이 王羲之의 『蘭亭序』 拓本을 考證한 책. 翁方綱(1733~1818)은 字가 正三 또는 忠敍이고 號는 覃溪, 蘇齋, 蘇米齋 등을 사용했으며 直隸 大興 출신이다. 書法, 文學, 金石 등에 두루 조예가 깊었으며 시에도 능하여 肌理說을 주창했다. 저서로 『復初齋文集』, 『復初齋詩集』, 『兩漢金石記』, 『粵東金石略』, 『漢石經殘字考』, 『焦山鼎銘考』, 『廟堂碑唐本存字』, 『石洲詩話』 등이 있다. 王羲之의 『蘭亭序』 刻本이 宋代 이후 많이 나타났는데 宋 桑世昌의 『蘭亭考』가 이를 고증한 책이며, 이를 이어 翁方綱의 이 책이 편찬되었다. 모두 8권인데 神龍本考, 摘五字考, 蘇耆本考, 領從山考, 訂潁考, 趙跋考, 潘刻考, 合集字考 등으로 구성되어 있다. 淸 乾隆 연간(1736~1795) 간본이 일본 東洋文庫 등에 전하며, 장서각에는 嘉慶 8년(1803)의 序가 달린 판본이 소장되어 있다. 규장

각에 소장된 『粤雅堂叢書』에도 이 책이 실려 있다. 『警修堂全稿』, 『海東繹史』, 『林下筆記』 등에 관련 기록이 보인다.

素書

秦 魏轍이 편찬한 道敎書. 魏轍은 秦始皇의 부친 莊襄公의 重臣이었으나 秦始皇이 충언을 듣지 않자 물러나 邳州의 黃山 北麓의 黃華洞에 은거했으므로 黃石公이라고 불린다. 『內記敵法』, 『三略』, 『三奇法』, 『五壘圖』, 『陰謀行軍秘法』, 『黃石公記』, 『略注』, 『秘經』, 『兵書』, 『地鏡八宅法』 등이 그의 저술로 알려져 있다. 張良이 邳橋 위에서 黃石公을 우연히 만나 『素書』를 얻어 漢高祖를 보필했다는 고사가 전한다. 이 책은 「原始正道」, 「求人之志」, 「本道」, 「宗道」, 「遵義」, 「安禮」 등 6篇으로 이루어져 있다. 『黃石公素書』라고도 한다. 『星湖僿說』, 『五洲衍文長箋散稿』, 『林下筆記』 등에 관련 기록이 보인다. 규장각에 소장된 『說郛』, 『漢魏叢書』 등에 수록되어 있다.

少室山房筆叢

明 胡應麟이 자신이 저술한 서적의 일부를 모은 叢書. 胡應麟(1551~1602)은 字가 元瑞 혹은 明瑞이고 號는 少室山人, 石羊生 등을 사용했으며 蘭溪 출신이다. 明末五子로 일컬어지며 『少室山房類稿』, 『續稿筆叢』, 『詩藪』 등을 남겼다. 이 책은 『筆叢錄』, 『筆叢』이라고도 한다. 正集 32권, 續集 16권으로 되어 있는데 藏書의 存亡과 集散을 다룬 『經籍會通』 4권, 역사서를 논한 『史書佔畢』 6권, 子部의 책을 논한 『九流緖論』 3권, 僞書를 고증한 『四部正訛』 3권, 『竹書紀年』과 『逸周書』, 『穆天子傳』 등을 논한 『三墳補逸』 2권, 小說家의 言術을 채록한 『二酉綴遺』 3권, 古來의 博聞强記를 적은 『華陽博議』 2권, 俗說의 오류를 질정한 『蔣岳委談』 2권, 道家書를 논한 『玉壺遐覽』 4권, 内典을 논한 『雙樹幻抄』 3권, 明 楊愼의 학설을 반박한 『丹鉛新錄』 8권과 『藝林學山』 8권 등으로 구성되어 있다. 책마다 胡應麟의 引이 붙어 있는데 그 시기는 萬曆 12년(1584), 萬曆 14년(1586), 萬曆 17년(1589), 萬曆 20년(1592) 등 다르며, 續集은 모두 萬曆 18년(1590)에 제작한 引이 붙어 있다. 『四庫全書』에 正集이 편입되어 있다. 규장각에 明末 江湛然이 편집한 목판본 7책이 소장되어 있다. 江湛然은 字가 淸臣이고 歙縣 출신인데 자세한 생애는 밝혀져 있지 않다. 『少室山房集』도 그가 편집하여 간행했다. 규장각본에는 마지막에 『甲乙剩言』이 더

붙어 있다. 『星湖僿說』, 『靑莊館全書』, 『五洲衍文長箋散稿』 등에 이 책이 인용되어 있다. 徐慶淳의 『夢經堂日史』에서는 『經籍會通』만 따로 인용했는데 성균관대에 필사본이 전한다.

邵氏聞見錄 → 聞見前錄

巢氏病源

隋 巢元方 등이 煬帝의 命을 받아 편찬한 의학서. 巢元方은 大業 연간(605~616)에 太醫博士, 太醫令 등을 역임했다. 이 책은 大業 6년(610) 편찬되었는데 病因, 病機, 病變, 腹部外科 관련 手術法 등을 기술했다. 모두 50권인데 67門으로 나누고 1,720항목의 論이 서술되어 있다. 『諸病源候論』, 『諸病源候總論』이라고도 한다. 『高麗史』에 따르면 文宗 12년(1058) 忠州牧에서 판각한 『黃帝八十一難經』, 『傷寒論』, 『本草括要』, 『小兒藥證病源一十八論』, 『五臟論』 등 99板을 올렸다는 기록이 보이고, 肅宗 6년(1101) 5월 任懿白이 宋에서 돌아올 때 황제에게서 하사받은 1,000권의 서책 가운데 이 책과 함께 『聖惠方』 등이 들어 있었다고 한다. 『太宗實錄』에 1412년 8월, 忠州史庫에서 바친 책 가운데 이 책이 있다는 기록도 보인다. 이로 보아 高麗 때 간행된 책이 조선 초기까지 있었음을 알 수 있다. 『醫方類聚』, 『東醫寶鑑』에서 이 책을 중요한 자료로 인용한 바 있다. 『海東繹史』에도 관련 기록이 보인다. 『五洲衍文長箋散稿』에는 『病源』이라는 서명으로 인용한 바 있다. 서울대 중앙도서관에 淸代에 重刊된 목판본 『重刊巢氏諸病源候總論』 50권 8책이 소장되어 있다.

蘇氏演義

唐 蘇鶚이 기이한 이야기를 모아 편찬한 雜錄. 蘇鶚은 字가 德祥이고 武功 출신으로, 昭宗 大順 연간(890~891)에 활동했다. 『杜陽雜編』의 저자로 알려져 있다. 이 책은 宋 陳振孫의 『直齋書錄解題』에 10권으로 되어 있고 다양한 문헌을 통하여 名物을 고증한 것이라 했다. 원문은 일실되었다가 淸代 『四庫全書』를 편찬할 때 『永樂大全』, 『類說』 등에 인용된 120條를 엮어 2권으로 편집했다. 晉 崔豹의 『古今注』와 겹치는 내용이 많다. 淸 吳省蘭의 『藝海珠塵』에도 2권으로 수록되어 있는데 서울대 중앙도서관 등에 聽彝堂 목판본이 소장되어 있다. 『星湖僿說』에서 이 책을 인용했다.

逍遙詠

北宋 太宗 趙炅의 詩集. 趙炅(939~997)은 본명이 匡義인데 형 宋 太祖 趙匡胤을 避諱하여 光義로 고쳤다가 다시 炅으로 개명했다. 『高麗大藏經』에 이 책이 실려 있는데 書名이 『御製逍遙詠』으로 되어 있다. 전체 11권인데 200수가 실려 있다. 그 시는 대부분 道家의 의리를 밝히는 내용인데, 太宗이 작품마다 주석을 붙였다. 『高麗史』에 淳化 2년(991) 韓彦恭이 宋에 사신으로 갔을 때 황제가 지은 『祕藏詮』, 『逍遙詠』, 『蓮花心輪』 등을 『大藏經』과 함께 받아왔다는 기록이 보인다. 『海東繹史』와 『林下筆記』에도 동일한 내용이 보인다.

邵子全書

宋 邵雍의 文集. 邵雍(1011~1077)은 字가 堯夫이고 號가 安樂先生이며 諡號가 康節이어서 흔히 邵康節이라 불린다. 그의 문집은 『擊壤集』이 가장 널리 알려져 있는데 『伊川擊壤集』이라고도 부른다. 『邵子全書』는 萬曆 34년(1606) 徐必達이 校正하여 간행했는데 24권이며 目錄 1권이 더 있다. 『擊壤集』과 『皇極經世書』가 실려 있다. 규장각에 6권 14책 목판본이 소장되어 있는데 明 朱國禎의 序가 붙어 있다. 24권 16책 筆寫本이 국립중앙도서관에 소장되어 있다. 『象村集』, 『芝村集』, 『湛軒書』, 『夢囈集』 등에 관련 기록이 보인다.

小酒令

明 田藝衡이 술자리에서의 규칙을 모은 책. 田藝衡은 字가 子藝이고 錢塘 출신으로 田汝成의 아들이다. 田藝蘅으로 표기된 데도 있다. 『玉笑零音』 외에 『大明同文集』, 『煮泉小品』, 『留靑日札』, 『留留靑』 등 많은 저술이 있다. 규장각에 소장되어 있는 『說郛』, 『叢書』 등에 이 책이 실려 있다. 『五洲衍文長箋散稿』에는 이 책과 함께 宋 趙景의 『小酒令』을 함께 들고 있는데, 趙景는 『宋史』에 『先拜命曆』을 편찬한 인물로 되어 있지만 貫鄕이나 履歷은 밝혀져 있지 않다. 元 脫脫의 『宋史』, 明 顧起元의 『說略』 등에 이 책이 1권이라 했는데 지금은 전하지 않는다.

小窓淸紀

明 吳從先이 편찬한 筆記雜錄. 吳從先은 字가 寧野이고 號가 小窓이며 南直隸常州府 출신인데, 嘉靖 연간(1522~1566)에 태어나 崇禎 연간(1628~1644)

에 사망했다. 이 책 외에 『小窓自紀』, 『小窓艶紀』, 『小窓別紀』 등의 저술이 있다. 이 책은 明 張榜이 선발하고 陳繼儒가 교정하고 兪恩燁, 沈明龍, 何偉然이 校勘하여 萬曆 연간(1573~1620) 4권으로 간행했다. 『小窓淸記』로 표기된 데도 있다. 이 책은 明 王宇, 吳逵 등의 序가 실려 있으며, 판본에 따라 明 焦竑, 湯賓尹, 施鳳來, 沈明龍, 吳逵, 兪恩燁 등의 序와 吳從先의 自序가 실린 것도 있다. 권1은 雜著로 淸言을 수록했으며, 권2는 禪, 竹, 交友 등에 대한 小品을 실었다. 권3과 권4는 자신의 詩文을 수록했는데 10편의 賦와 2편의 歌, 1편의 行, 33편의 詩를 비롯해 表, 頌, 讚, 箴, 銘, 文, 論이 수록되어 있다. 권4에는 序, 傳, 紀記, 啓, 書 등이 실려 있다. 『松泉筆談』, 『山林經濟』, 『五洲衍文長箋散稿』 등에 관련 기록이 보인다. 『藥泉集』에서 『小牕淸引』이라는 이름으로 인용하고 王宇의 序를 인용했다. 許筠의 『閑情錄』, 申欽의 『野言』 등이 이 책을 참조하여 엮은 것으로 알려져 있다. 서울대 중앙도서관과 국민대 등에 필사본이 소장되어 있다. 吳從先의 다른 저술 『小窓自紀』와 『小窓別紀』 등도 규장각, 계명대 등에 소장되어 있다.

小品方

南北朝時代 陳延之가 편찬한 方書. 陳延之는 宋과 齊에서 활동한 醫學者로 자세한 이력은 밝혀져 있지 않다. 이 책은 『隋書』 등에 12권으로 되어 있다. 傷寒, 天行溫疫 등의 內服方과 灸, 熨, 割, 烙, 塗, 浴, 摩, 熏 등의 外治法 등이 자세히 기술되어 있었지만 일실되고, 일부가 『外台秘要』, 『備急千金要方』, 『醫心方』 등에 인용되어 전한다. 『經方小品』이라고도 한다. 일본에 『小品方』 殘卷이 전하여 이를 바탕으로 1983년 『小品方輯校』가 편찬되었다. 『高麗史』에 따르면, 宣宗 8년(1091) 宋의 館伴이 일실된 서적 129종의 목록을 주고 고려에서 찾도록 했는데, 여기에 이 책이 포함되어 있다. 『靑莊館全書』, 『海東繹史』 등에서도 이 기사를 다시 소개했다.

銷夏錄 → 銷夏部

銷夏部

明 陳繼儒가 편찬한 筆記雜錄. 陳繼儒(1558~1639)는 華亭 출신으로 字가 仲醇이고 號가 眉公 혹은 麋公이며 寶顔堂 등의 堂號를 사용했다. 文學과 書畵

에 뛰어나 董其昌과 함께 文人畵를 창도하고 南北宗論을 주장했다.『妮古錄』,『梅花冊』,『雲山卷』,『陳眉公全集』,『小窓幽記』등 많은 저술을 남겼다. 이 책은 萬曆 연간(1573~1620) 繡水 沈氏 尙白齋 간본 4권이 중국 國家圖書館에 소장되어 있다. 서울대 중앙도서관에는 萬曆 34년(1606) 自序가 붙은 판본 4권이 소장되어 있다.『銷夏』라고도 한다. 淸賞과 관련한 일화를 모은 책이다.『海東繹史』에는 서명이『銷夏錄』으로 표기되어 있다.

小學紺珠

南宋 王應麟이 初學者를 위하여 편찬한 類書. 王應麟(1223~1296)은 字가 伯厚이고 號가 厚齋이며 慶元府 鄞縣 출신이다. 太常寺主簿, 知徽州 등을 역임했는데 丞相 留夢炎과의 不和로 사직하고 고향에 돌아와 오로지 저술에 힘썼다. 朱熹의 학문에 근원을 두면서도 博學과 考證에 뛰어났다.『玉堂類稿』,『鄭氏周易注』,『漢制考』,『困學紀聞』,『論語孟子考異』,『通鑑地理通釋』,『六經天文編』,『四明文獻集』,『小學紺珠』등 방대한 저술을 남겼다. 이 책은 天道類, 律曆類, 地理類, 人倫類, 性理類, 人事類, 藝文類, 歷代論, 聖賢類, 名臣類, 氏族類, 職官類, 治道類, 制度類, 器用類, 儆戒類, 動植類 등으로 구성되어 있다.『靑莊館全書』,『與猶堂全書』,『碩齋稿』,『梣溪遺稿』,『五洲衍文長箋散稿』등 18~19세기 문헌에 이 책이 자주 인용되어 있다. 10권 9책 목판본이 규장각에 소장되어 있는데 明 毛晉이 校訂을 한 明代의 간본으로 大德 庚子年(1300) 方回의 序가 붙어 있다. 유사한 판본이 장서각 등에도 소장되어 있다. 성균관대 존경각에는 10권 8책의 목판본이 소장되어 있는데 淸代의 간본으로 추정된다.

小學五書

宋 張時擧가 편찬한 아동 敎育書. 張時擧는 漳州教授를 지낸 것은 확인되지만 생몰년이나 이력이 자세히 밝혀져 있지 않다.『五洲衍文長箋散稿』에『小學』을 풀이한 책으로 이 책을 소개한 바 있지만 전하지 않는다. 淸 慶桂의『國朝宮史續編』에 鑒藏影宋鈔書十五部의 하나로 이 책을 들고 卷次를 나누지 않았다고 했다. 張時擧의 저술 중에『弟子職五書』1권이 있는데 管仲의『弟子職』, 班昭의『女誡』, 呂大鈞의『呂氏鄕約鄕儀』, 司馬光의『居家雜儀』등 5편을 모은 것이므로『小學』과는 관련이 적어 보인다.

小學旁注

明 朱升이 『小學』을 풀이한 책. 朱升(1299~1370)은 字가 允升이고 安徽 休寧 출신으로, 明의 開國功臣이다. 『朱楓林集』, 『女戒』, 『五經旁訓』 등의 저술이 있다. 이 책은 『明一統志』, 『續文獻通考』 등에 編者와 書名만 소개했는데 지금 전하지 않는다. 『五洲衍文長箋散稿』에서도 編者와 書名만 언급했다.

小學書集解

明 吳訥이 편찬한 『小學』의 註釋書. 吳訥(1372~1457)은 字가 敏德이고 號가 思庵이며 常熟 출신이다. 監察御史, 南京右僉都御史, 左副都御史 등의 관직을 지냈으며 이 책 외에 『晦庵文抄』, 『百家詞』, 『思庵集』 등의 저술이 있다. 이 책은 10권으로 明 陳祚가 교감하여 明 成化 7년(1471) 간행한 판본이 일본 內閣文庫에 소장되어 있다. 성암고서박물관에 明宗 9년(1554) 乙亥字로 간행한 판본 일부가 소장되어 있어 조선에서도 간행되었음을 알 수 있다. 『退溪集』, 『謙齋集』, 『沙溪全書』, 『與猶堂全書』, 『五洲衍文長箋散稿』 등에서 이 책을 소개했다. 통상 『小學集解』라 하면 清 張伯行(1651~1725)이 편찬한 책을 가리킨다.

小學篇

東晉 王羲之가 편찬한 字書. 王羲之(321?~379)는 字가 逸少이고 號가 澹齋이며 琅琊 臨沂 출신이다. 名筆로 이름이 높아 書聖이라 불린다. 『北史』, 『舊唐書』 등에는 편찬자가 王羲之로 되어 있지만, 『隋書』에는 晉의 下邳內史 王義로 되어 있다. 王義가 어떤 인물인지는 알 수 없다. 이 책은 아동이 字形과 字體를 익힐 수 있도록 편찬한 1권의 책으로, 『北史』에 彝兄順이라는 사람이 9세에 이 책 數千言을 晝夜로 암송하여 15일 만에 완전히 깨우쳤다는 기록이 보인다. 원문은 일실되었고 清代 『玉函山房輯佚書』에 일부가 수록되었다. 『青莊館全書』와 『海東繹史』에는 편찬자가 王羲之로 되어 있고 『五洲衍文長箋散稿』에는 王義로 되어 있다. 『與猶堂全書』에서는 晉 王內史가 편찬했는데 곧 王羲之의 字書라 했다.

小寒山集

明末清初 陳函煇의 文集. 陳函煇(?~1646)는 본명이 煇이고 號가 小寒山子 혹

은 客椒이며 浙江 臨海 출신이다. 明이 망한 후 反淸 운동에 가담했다. 徐霞客과 친하여 그의 墓誌銘을 지었고 『皇明職方地圖』 편찬에 간여했다. 문집 『選寒光集』 8권이 전하는데 崇禎 연간(1628~1644) 판본이 중국 國家圖書館에 소장되어 있다. 『小寒山集』 역시 그의 문집인데 『小寒山子集』이라고도 한다. 禁書로 지정되었지만 중국 國家圖書館 등에 崇禎 연간의 판본이 소장되어 있다. 14권으로 되어 있으며 『客椒自刪』, 『客椒再刪』 등 여러 시집으로 구성되어 있다. 『海東繹史』에서는 이 책을 인용해 明 鄧少卿의 「奉使詩艸序」 전문을 소개했는데, 鄧少卿이 조선에 사신으로 와서 국왕을 책봉했다고 하지만 누구인지는 확인하기 어렵다. 『小寒山子集』에 「奉使詩艸序」가 보이지 않는다. 『奉使詩艸』 역시 지금 전하지 않으며 다른 문헌에서도 확인되지 않는다.

嘯虹筆記

淸代 편찬자를 알 수 없는 筆記雜錄. 張潮(1650~1709)의 『虞初新志』의 권19에 실려 있으므로, 그 이전에 편찬된 것으로 추정된다. 淸 趙吉士의 『寄園寄所寄』 등에도 일부가 인용되어 전한다. 詩話를 위시하여 逸話와 怪談 등이 주를 이룬다. 『五洲衍文長箋散稿』에 여러 차례 이 책을 인용한 바 있다.

蘇黃門龍川別志 → 龍川別志

紹興古器評

南宋 張掄이 古代의 器物을 品評한 책. 張掄은 字가 才甫이고 號가 蓮社居士이며 開封 출신으로, 宋 紹興 연간(1131~1162)의 인물이지만 자세한 이력은 밝혀져 있지 않다. 이 책은 『紹興內府古器評』이라고도 하는데 漢代 이전의 古器物을 소개하고 品評을 실었다. 上下 2권에 각각 97건과 94건의 器物이 소개되어 있다. 규장각 등에 소장된 『津逮秘書』에 수록되어 있다. 『五洲衍文長箋散稿』에서 이 책을 인용했다.

續綱目 → 綱目考異

續綱目 → 續資治通鑑綱目

續綱目 → 通鑑輯覽

續古樂章

明 陸闓가 편찬한 樂章에 관한 책. 陸闓는 字가 伯陽이고 號가 友菊이며 興化 출신이다. 洪武 연간(1368~1398)의 문인으로 詩書畵에 두루 능했고 이 책 외에 문집 『友蘭集』과 『五經集解』 등의 저술이 있었지만 모두 전하지 않는다. 『明一統志』와 『明史』 등에 書名만 보일 뿐 내용은 알 수 없다. 『五洲衍文長箋散稿』에서 禮經 관련 저술로 이 책을 소개했는데 古代의 樂章을 정리한 것으로 추정된다. 『五洲衍文長箋散稿』에 金石 考證에 필요한 서목으로 『古樂府』를 들었는데 어떤 책인지 알 수 없다.

續金瓶梅

淸代 작가를 알 수 없는 小說. 『繡像續金甁梅』라고도 하는데 淸 紫陽道人이라는 인물이 쓴 것으로 되어 있고 전체가 12권이며 廣仁品, 廣慧品, 正法品 등 64回로 되어 있다. 『金甁梅』의 주요 인물을 등장시켜 前世의 因果應報를 실현한다는 내용으로 宋金 교체기를 배경으로 했다. 紫陽道人은 丁耀亢으로 추정된다. 丁耀亢(1599~1669)은 字가 西生이고 號가 野鶴, 혹은 紫陽道人, 木鷄道人이라 했으며 山東 諸城 출신이다. 戱曲 『西湖扇』, 『化人游』, 『赤松游』 등과 詩集 『丁野鶴詩抄』 등이 있다. 규장각에 목판본 12권 12책이 소장되어 있는데 洞天隱의 序가 있고 務本堂에서 간행한 판본이다. 『五洲衍文長箋散稿』에 관련 기록이 보이는데, 李圭景은 淸 金聖嘆이 지은 소설로 보았다.

續明紀編年 → 明紀編年

續明道雜志

北宋 張耒가 편찬한 雜錄. 張耒(1054~1114)는 字가 文潛이고 號가 柯山이며 楚州 淮陰 출신이다. 『詩說』 등의 저술을 남겼다. 규장각에 그의 산문을 선발한 『宛丘先生文粹』가 전한다. 이 책은 자신의 『明道雜志』를 보완하여 편찬한 것이다. 『明道雜志』와 함께 詩話와 기괴한 이야기를 수록하고 있다. 『說郛』에 두 책이 함께 수록되어 있는데 주로 詩와 관련된 야사를 다루고 있다. 『五洲衍文長箋散稿』에서 『明道雜志』를 인용했다고 했지만 『續明道雜志』를 가리킨다.

續文章正宗

南宋 眞德秀가 편찬한 散文選集. 眞德秀(1178~1235)는 字가 實夫 혹은 景元, 希元 등이며 號는 西山이다. 浦城 출신으로 戶部尙書를 지냈다. 『大學衍義』, 『唐書考疑』, 『讀書記』, 『西山甲乙稿』, 『西山文集』, 『心經附註』, 『三禮考』 등 많은 저술이 있다. 『文章正宗』 原集과 續集을 편찬했는데, 이 책은 續集에 해당한다. 『文章正宗』의 원래 이름은 『西山先生眞文忠公文章正宗』이다. 『左傳』, 『國語』에서 唐宋에 이르기까지 문장의 모범이 될 만한 글을 모았다. 그중 續集은 20권인데 모두 北宋의 글을 수록했다. 世宗 10년(1428) 鑄字所로 하여금 『文章正宗』, 『楚辭』 등을 인출했다는 기록이 보인다. 규장각에 庚子字로 간행한 판본이 소장되어 있는데 世宗 연간의 판본이지만, 續集은 수록되어 있지 않다. 규장각에는 洪啓禧 등이 1761년 芸閣에서 간행한 戊申字本도 소장되어 있다. 同治 3년(1864) 간행한 중국 목판본도 소장되어 있는데 21책부터 30책까지가 續集이다. 국립중앙도서관에 『續眞文忠公文章正宗』이 소장되어 있는데 成宗 16년(1485) 甲辰字로 간행한 판본이다. 『文宗實錄』에 이 책을 중국에서 구입해 오도록 한 기사가 보인다. 『明齋遺稿』, 『五洲衍文長箋散稿』 등에 관련 기록이 보인다.

續文獻通考

明 王圻가 典章制度의 연혁을 기술한 책. 王圻(1530~1615)는 字가 元翰이고 號가 洪洲이며 松江 출신이다. 文獻學者이자 收藏家로 이름이 높았다. 이 책 외에 『東吳水利考』, 『謚法通考』, 『重修兩浙鹺志』, 『稗史彙編』, 『洪洲類藁』, 『三才圖會』 등 많은 저술을 남겼다. 이 책은 元 馬端臨의 『文獻通考』를 이어 南宋 寶慶 연간(1225~1227)에서 明 萬曆 연간(1573~1620)까지 典章制度의 沿革을 정리한 것이다. 『文獻通考』의 田賦考, 錢幣考, 戶口考, 職役考, 征榷考, 市糴考, 土貢考, 國用考, 選擧考, 學校考, 職官考, 郊社考, 宗廟考, 王禮考, 樂考, 兵考, 刑考, 經籍考, 帝系考, 封建考, 象緯考, 物異考, 輿地考, 四裔考 등 24考에 節義考, 謚法考, 六書考, 道統考, 氏族考, 方外考 등 6考를 더하여 30考로 구성했다. 조선 후기 典章制度에 대한 전례는 『文獻通考』와 함께 이 책을 주로 참조했으므로 『光海君日記』, 『仁祖實錄』, 『芝峯集』 등 17세기부터 지속적으로 인용되었다. 「庚子燕行雜識」에 李宜顯이 중국에서 이 책을 구입해 온 것으로 되어 있다. 규장각에는 萬歷 31년(1603) 간행된 『續文獻通考』가 소장되어 있다.

이 책이 나온 후 乾隆帝의 命으로 乾隆 12년(1747) 『欽定皇朝文獻通考』가 다시 편찬되었다. 『純祖實錄』에는 1822년 『皇朝文獻通考』를 구입해 온 사실을 적고 있다. 규장각 등에 乾隆 12년 간행된 『皇朝文獻通考』가 소장되어 있다. 『皇朝文獻通考』는 『與猶堂全書』, 『梅山集』, 『雲石遺稿』에서 인용했다. 『五洲衍文長箋散稿』에 王圻의 「同姓名辨」이 보이는데 宋 羅泌의 『路史』를 인용한 것이지만 같은 글이 『續文献通考』에도 인용되어 있다.

續博物志

北宋 李石이 편찬한 筆記雜錄. 李石은 자세한 생애가 알려져 있지 않아 晉의 문인으로 된 데도 있으나 宋初의 인물로 보는 것이 일반적이다. 隴西 출신으로 都官員外郎을 역임했으며 號는 方舟先生이다. 『方舟易學』, 『詩如例』, 『詩補遺』, 『左氏君子例』, 『方舟集』 등의 저술이 있다. 이 책은 西晉 張華의 『博物志』를 보완한 것으로 『埤雅』, 『子華子』, 『遯齋閑覽』, 『集仙傳』 등 다양한 전적을 인용하여 신이한 이야기들을 수록했다. 『四庫全書』에 10권으로 실려 있다. 규장각에 소장된 『漢魏叢書』, 『龍威秘書』, 『稗海』, 『叢書』, 『孔聖全書』에 수록되어 있으며, 서울대 중앙도서관에는 『稗海』에 수록된 清 汪士漢 교감본 『續博物志』가 소장되어 있다. 장서각에 소장된 『卄一種秘書』에도 이 책이 실려 있다. 『芝峯類說』, 『農巖集』, 『星湖僿說』, 『靑莊館全書』, 『五洲衍文長箋散稿』 등 조선 후기 문헌에서 이 책을 자주 인용했다.

續本事詩

唐 聶奉先이 편찬한 詩話雜錄. 聶奉先은 字號와 이력이 전혀 밝혀져 있지 않다. 『五洲衍文長箋散稿』에서 이 책의 撰者와 書名만 소개했다. 宋 陳振孫의 『直齋書錄解題』에는 聶奉先이 孟棨의 것을 증보한 것인데 실제로는 詩話라 했고, 元 馬端臨의 『文獻通考』에는 이를 인용하면서 서명을 『續廣本事詩』라 하고 5권이라 했다. 『說郛』에는 1권으로 실려 있다. 중국 國家圖書館에 『本事詩』 1권과 『續本事詩』 1권이 합쳐진 明末의 간본이 소장되어 있다. 宋 晁公武의 『郡齋讀書志』에는 이 책이 2권이고 편찬자가 吳 處常子인데 누구인지 알 수 없으며 自序에 孟棨의 『本事詩』를 보고 唐人의 詩를 7類로 나누어 기술했다고 되어 있다.

續北山酒經

南宋 李保가 편찬한 술에 관한 雜錄. 李保는 字號나 이력이 밝혀져 있지 않다. 『說郛』에 宋 朱肱의 『酒經』, 宋 蘇軾의 『酒經』 등과 함께 이 책이 실려 있다. 序에 이어 醞酒法 등 44항목이 나열되어 있다. 朱肱의 『酒經』을 계승한 것으로 알려져 있다. 許筠의 『閑情錄』에는 明 袁宏道의 『觴政』을 인용하여 宋 朱翼中의 『酒經』과 李保績의 『北山酒經』을 소개했지만, 李保의 『續北山酒經』을 잘못 옮긴 것이다. 『五洲衍文長箋散稿』에서는 『酒經』이 2종으로 蘇軾이 편찬한 것과 朱肱이 편찬한 것이 있고, 또 唐 王勣이 편찬한 『北山酒經』 외에 李保가 편찬한 『續北山酒經』이 있다고 했다.

續事始

宋 馮鑑이 편찬한 筆記雜錄. 馮鑑은 蜀 출신이라는 것 외에는 알려져 있지 않다. 『說郛』에 수록되어 있는 『劉馮事始』도 그의 저술이다. 이 책은 『說郛』에 5권으로 수록되어 있다. 편찬자를 알 수 없는 『事始』를 이어서 지은 것으로, 經書와 史書에서 잡다한 내용을 발췌하여 사물의 始原을 밝힌 책이다. 『宋史』 등에는 이 책과 함께 劉睿가 편찬한 『續事始』 3권도 보인다. 『百部叢書集成』, 『學海類編』 등에도 수록되어 있다. 『芝峯類說』, 『研經齋全集』, 『常變通攷』 등 여러 문헌에서 이 서명이 보인다.

續巳編

明 郎瑛이 편찬한 筆記雜錄. 郎瑛은 字가 仁寶이고 仁和 출신이다. 『七修類藁』 등의 저술을 남겼지만 자세한 생애는 밝혀져 있지 않다. 이 책은 一乳三男, 隕石, 猫王, 黑廝, 辟瘧鏡, 椶纜 등 기이한 내용을 담고 있다. 규장각 등에 소장되어 있는 『說郛續』에 실려 있다. 『續庚巳編』이라고도 하는데 明의 陸粲(1494~1551)의 『庚巳編』이 있으므로 이 책을 계승한 것으로 보이지만, 대부분의 書目에는 『續巳編』으로 되어 있다. 『五洲衍文長箋散稿』에도 『續巳編』으로 되어 있다.

續書

隋 王通이 『書經』을 풀이한 책. 王通(584~617)은 河東 龍門 출신으로 字가 仲淹이고 諡號를 따라 文中子로 통칭된다. 孔子를 모방하여 『續六經』을 지었는

데 이 책도 그중 하나지만 일실되어 전하지 않는다. 『續六經』은 『元經』, 『續書』, 『續詩』, 『禮經』, 『樂論』, 『贊易』 등인데 『元經』만 전한다. 『春沼子集』, 『五洲衍文長箋散稿』에 『續書』로 소개되어 있다.

俗書刊誤

明 焦竑이 편찬한 文字에 관한 책. 焦竑(1541~1620)은 字가 弱侯이고 號는 澹園이며 江寧 출신이다. 『國朝獻徵錄』, 『禹貢解』, 『遜國忠節錄』, 『焦弱侯問答』, 『焦氏筆乘』, 『焦氏類林』, 『玉堂叢話』, 『熙朝名臣實錄』, 『國史經籍志』, 『中原文獻』 등 많은 저술을 남겼다. 이 책은 明代 사용되던 正字와 俗字를 변증하여 文字 사용의 規範을 세우고자 하는 목적에서 저술되었다. 明 萬曆 38년(1610)의 序를 볼 때 이즈음 편찬된 듯하다. 『四庫全書』에 12권으로 수록되어 있다. 권1~4는 四聲에 따라 잘못 표기된 俗字를 변증한 것이고, 권5는 글자의 의미를 고증한 것이며, 권6은 駢字에 관해 변증한 것이다. 권7은 글자의 유래, 권8~9는 音同字異字, 권10은 字同音異字를 고증한 것이다. 권11은 俗用하는 雜字를 변증했고, 권12에서는 字形이 유사한 글자를 고증했다. 『靑莊館全書』, 『五洲衍文長箋散稿』 등에서 이 책을 인용했다.

續仙傳 → 續神仙傳

續說郛 → 說郛續

續宋編年資治通鑑

南宋 劉時擧가 편찬한 歷史書. 劉時擧는 字號나 貫鄕이 알려져 있지 않다. 理宗 연간(1224~1264) 활동했다. 이 책은 15권이며, 宋 高宗 建炎 元年(1127)부터 寧宗 嘉定 17년(1224)까지의 역사를 기술했다. 『續宋資治通鑑』이라고도 한다. 『四庫全書』에 수록되어 있다. 『治平要覽』에 인용되어 있으며, 『海東繹史』에는 『續宋資治通鑑』, 『續宋編年資治通鑑』으로 소개되어 있다.

續詩

隋 王通이 『詩經』을 풀이한 책. 王通(584~617)은 河東 龍門 출신으로 字가 仲淹이고 諡號를 따라 文中子로 통칭된다. 孔子를 모방하여 『續六經』을 지었으

며 이 책도 그중 하나지만 일실되어 전하지 않는다. 『續六經』은 『元經』, 『續書』, 『續詩』, 『禮經』, 『樂論』, 『贊易』 등인데 『元經』만 전한다. 『惺所覆瓿藁』, 『春沼子集』, 『五洲衍文長箋散稿』에 『續詩』로 소개되었다.

續神仙傳

南唐 沈汾이 편찬한 神仙에 관한 雜錄. 沈汾은 楊吳 출신으로 駙馬가 되었지만 이력이나 字號가 자세하지 않다. 沈玢으로도 표기되었다. 이 책은 『唐沈汾續神仙傳』, 『續仙傳』이라고도 한다. 漢 劉向의 『列仙傳』과 晉 葛洪의 『神仙傳』을 이은 것으로, 3권인데 上卷에 玄眞子, 謝自然, 戚逍遥 등 飛昇 16인, 中卷에 孫思邈, 錢朗 등 隱化 12인, 下卷에 司馬承禎, 曹德休 등 隱化 8인을 수록했다. 『四庫全書』에 3권으로 실려 있다. 중국 國家圖書館에는 『續神仙傳』이 소장되어 있는데 1권이며 萬曆 연간(1573~1620) 金陵 荊山書林 간본이다. 『五洲衍文長箋散稿』에서 이 책을 소개했다. 『海東繹史』에는 편찬자가 沈份으로, 서명이 『續仙傳』으로 되어 있다.

續艶品

明 潘之恒이 편찬한 雜錄. 潘之恒(1556-1621)은 字가 景升이고 號가 鸞嘯生 혹은 冰華生이며, 安微 歙縣 출신이다. 『盛明雜劇』, 『新安山水志』, 『亘史』, 『六博譜』, 『葉子譜』, 『續葉子譜』, 『廣菌譜』, 『金陵妓品』, 『曲艶品』, 『后艶品』, 『續艶品』, 『半塘小志』 등 많은 저술을 남겼다. 『五洲衍文長箋散稿』에서 周亮工의 『因樹屋書影』을 인용해 이 책을 소개했다. 이 책은 『說郛續』에 실려 있는데, 앞에 序가 있고 和美度, 竇無方 2인의 기생에 대한 설명과 함께 七言絶句를 한 수씩 붙였다.

續葉子譜

明 潘之恒이 편찬한 馬吊牌에 관한 雜錄. 潘之恒(1556~1621)은 字가 景升이고 號가 鸞嘯生 혹은 冰華生이며 安徽 歙縣 출신이다. 『盛明雜劇』, 『新安山水志』, 『亘史』, 『六博譜』, 『葉子譜』, 『廣菌譜』, 『曲中志』, 『金陵妓品』, 『曲艶品』, 『后艶品』, 『續艶品』, 『半塘小志』 등 많은 저술을 남겼다. 이 책은 『葉子譜』와 함께 『說郛續』에 실려 있고 규장각에 소장된 『叢書』에도 실려 있다. 潘之恒의 『亘史』를 인용하여 앞에 序로 얹었다. 看虎品, 扯五章品, 鬪天九品으로 나누어

3종의 놀이를 설명했는데 그중 看虎品이 가장 상세하다. 鬪天은 鬪虎라고도 하는데 葉子 놀이의 기원을 이루는 崑山牌를 변형하여 아홉 가지 방법을 제시한 것이다. 淸 汪師韓의 『葉戲原起』에도 이 책이 실려 있는데 鬪天九品 이하에서 그림을 통하여 자세히 소개한 부분은 보이지 않는다. 『五洲衍文長箋散稿』에서 놀이 도구를 변증할 때 이 책을 인용했다.

續五禮通攷 → 五禮通考

續音

明 豐慶이 편찬한 『詩經』의 註釋書. 豐慶은 字號와 이력이 자세하지 않다. 『海東繹史』에서 淸 朱彝尊의 『經義考』를 인용하여 宋 豐稷이 『正音』을 짓고, 아들 豐慶이 『續音』을 지었으며, 손자 豐熙가 『集說』을 짓고, 玄孫 豐道生이 『考補』를 지었다고 했다. 또 正統 6년(1441)에 조공하러 온 조선 사신 嫣文卿, 일본 사신 徐睿와 더불어 『尙書』의 古本에 대해 담론하고 이를 바탕으로 『尙書』의 오류를 바로잡아 이 책을 편찬했다고 한다. 淸 黃宗羲의 『南雷文定前後三四集』에 실려 있는 「豐南禺別傳」에도 비슷한 내용이 보인다. 『四庫全書存目叢書』에 실려 있는 『古書世學』에 豐稷의 『正音』, 豐慶의 『續音』, 豐熙의 『集說』, 豐坊의 『考補』가 모두 실려 있다.

續儀禮經傳通解 → 儀禮經傳通解

續夷堅志

金 元好問이 편찬한 筆記小說. 元好問(1190~1257)은 字가 裕之이고 號가 遺山이며 鮮卑 拓跋氏의 후예로 太原 秀容 출신이다. 『元遺山先生全集』, 『遺山樂府』, 『中州集』, 『壬辰雜編』 등의 저술이 있다. 이 책은 宋 洪邁의 『夷堅志』를 이어 金 泰和 연간(1201~1208)과 貞祐 연간(1213~1216)의 신기하고 괴이한 일을 기록했다. 4권으로 되어 있으며 鐵 속에 사는 벌레, 바위 속에 사는 蛇蝎, 劉機의 秘記, 盲人 賈氏의 佛像, 詩讖 등 200여 條로 되어 있다. 嘉慶 13년(1808) 杭郡 余氏 大梁書院 간본이 중국 國家圖書館에 소장되어 있다. 규장각에 소장된, 光緒 8년(1904) 『元遺山先生全集』에도 수록되어 있다. 『屐園遺稿』, 『五洲衍文長箋散稿』 등에서 이 책을 소개했다.

續爾雅
唐 劉伯莊이 『爾雅』를 모방하여 편찬한 책. 劉伯莊은 彭城 출신으로 貞觀 연간(627~649) 弘文館學士, 國子博士, 崇賢館學士 등을 역임한 문인이다. 이 책 외에 『史記音義』, 『漢書音義』, 『文館詞林』, 『文思博要』 등 많은 저술이 있었다고 하지만 모두 전하지 않는다. 『唐書』「藝文志」에 書名만 보인다. 李圭景의 『五洲衍文長箋散稿』에서도 서명만 소개했다.

續資治通鑑綱目
明 商輅 등이 憲宗의 命을 받아 편찬한 歷史書. 商輅(1414~1486)는 字가 弘齋이고 號가 素庵이며 浙江 淳安 출신이다. 『商文毅疏稿略』, 『商文毅公集』 등의 저술이 있다. 이 책은 成化 12년(1476) 27권으로 완성되었으며, 『續綱目』이라고도 한다. 宋 朱熹가 편찬한 『資治通鑑綱目』을 이어 宋 太祖 元年(960)에서 元 順帝 至正 27년(1367)까지 408년의 역사를 다루었다. 조선에서 壬辰字로 간행한 판본이 규장각에 소장되어 있고, 성암고서박물관에는 肅宗 말년(1705~1720) 韓構字로 간행한 판본이 소장되어 있다. 『資治通鑑綱目前編』에도 이 책이 수록되어 있다. 『燕山君日記』와 『中宗實錄』 등에 이 책이 經筵의 교재로 사용된 기록이 보인다. 『燕山君日記』에는 尹孝孫이 이 책을 구입해 온 일이 기록되어 있으며, 이 책의 간행과 관련한 기록도 보인다. 『眉巖集』, 『常變通考』, 『與猶堂全書』 등 여러 문헌에 이 책이 소개되어 있다. 『五洲衍文長箋散稿』에서는 淸 高宗의 『續綱目』을 소개했는데 『通鑑輯覽』을 가리킨다. 조선의 金宇顒이 1595년 같은 이름의 저술을 남겼는데 이 책과 동일한 역사를 다루고 있지만 사실에 대한 평가는 다르다.

續資治通鑑長編
南宋 李燾가 편찬한 北宋의 編年體 史書. 李燾(1115~1184)는 眉州 丹稜 출신으로 字가 仁甫 혹은 子貞이고 號는 巽巖이다. 『續皇朝公卿百官表』, 『四系錄』, 『歷代宰相年表』, 『江左方鎭年表』, 『天禧以來御史年表』, 『易學』, 『春秋學』, 『六朝通鑑博議』 등을 편찬했다. 역사에 밝아 實錄院檢討官을 역임하고 말년에는 國史 編修에도 관여했다. 평소 群書를 널리 열람하여 역대 故實과 慣例를 깊이 연구했고, 40여 년에 걸쳐 北宋 9朝의 사적을 정리하여 이 책을 편찬했다. 이 책은 『續資治通鑑長篇』이라고도 한다. 『資治通鑑』을 이은 것이지만 『續資

治通鑑』이라 칭하지 않고, 宋 司馬光이 『資治通鑑』을 저술했을 때 먼저 長編을 만든 예를 따라 『續資治通鑑長編』이라 했다. 乾道 4년(1168)의 跋이 있지만 淳熙 10년(1183) 완성되었다. 全書 980권, 요약본 『擧要』 68권, 訂正 목록 『修換事目』 10권, 『續資治通鑑長編總目』 5권 등 1,063권으로 구성되었다. 일부가 일실되고 『永樂大典』에 수록된 것은 520권이다. 嘉慶 24년(1819) 張月霄가 『永樂大典』의 傳抄本을 간행했고, 光緒 7년(1881) 譚鐘麟, 延楊瑩, 黃以周 등이 이를 바탕으로 하고 宋代의 간본을 참조하여 다시 간행했는데, 규장각에 이 판본이 소장되어 있다. 徐居正의 『四佳集』에 이 책이 소개되어 있으므로 조선 초기에 이 책이 수용되었음을 알 수 있다. 『西坡集』, 『頭陀草』, 『燕巖集』, 『東史綱目』, 『順菴集』, 『正祖實錄』, 『青莊館全書』, 『五洲衍文長箋散稿』 등에서 이 책을 인용했다.

續齊諧記

南朝 梁 吳均이 편찬한 筆記小說. 吳均(469~520)은 字가 叔庠이고 吳興 故鄣 출신이다. 詩文으로 一家를 이루어 吳均體로 불렸다. 이 책은 南朝 宋 東陽無疑가 편찬한 『齊諧記』 7권의 續編이다. 규장각 등에 소장된 『增訂漢魏叢書』, 『顧氏文房小說』 등에 수록되어 있는데 1권으로 17條가 실려 있다. 田眞 兄弟의 화목을 다룬 고사, 重陽節 높은 곳에 오른 桓景의 고사, 七夕 織女의 고사, 端午 屈原의 제사를 지내는 고사 등을 다루었다. 『山林經濟』에서 『齊諧記』를 인용하고 있는데 『說郛』에 수록된 『續齊諧記』에 동일한 내용이 보인다. 『五洲衍文長箋散稿』에는 『齊諧記』와 『續齊諧記』가 모두 인용되어 있다. 吳均의 저술 『齊春秋』 역시 『說郛』에 수록되어 있다.

續纂 → 雜纂續

續天文略

清 戴震이 편찬한 天文學書. 戴震(1724~1777)은 字가 愼修이고 號가 東原이며 安徽省 休寧 출신이다. 『孟子字義疏證』, 『屈原賦注』 등의 저술이 있다. 규장각에 소장되어 있는 『戴氏遺書』에 이 책이 실려 있다. 星見伏昏旦中, 列宿十二, 星象, 黃道宿度, 七衡六間, 晷景短長, 北極高下, 日月五步規法, 儀象, 漏刻 등 十目으로 구성했다. 앞에 戴震의 序가 있다. 『五洲衍文長箋散稿』에서 이 책

을 소개한 바 있다.

續通考 → 續文獻通考

續通鑑

金 楊雲翼이 편찬한 『資治通鑑』의 속편. 楊雲翼(1170~1228)은 字가 之美이고 平定 樂平 출신으로, 翰林學士를 지냈다. 이 책과 함께 『龜鏡萬年錄』 등을 저술했지만 모두 일실되었다. 『靑莊館全書』에는 楊雲翼이 趙秉文과 함께 『龜鏡萬年錄』을 지었다는 기록이 보인다. 이 책은 『續資治通鑑』으로 된 데도 있다. 『元史』에 이 책이 보이지만 일실되어 전하지 않는다. 『五洲衍文長箋散稿』에서 書名만 들었다. 그의 『周禮辨』도 소개했다.

續通典

北宋 宋白이 편찬한 唐의 典章制度를 기술한 歷史書. 宋白(933~1009)은 字가 太素 혹은 素臣이고 大名 출신이며, 『宋文安公宮詞』가 전한다. 李昉과 함께 『文獻英華』를 편찬했다. 唐 杜佑의 『通典』이 天寶 연간(742~756)까지의 역사를 기록했기에, 宋白이 이를 이어 咸平 4년(1001) 무렵, 唐 至德 연간(756~758)부터 五代 後周 世宗 연간(954~959)까지 약 200년의 역사를 정리하여 『續通典』 200권을 완성했다. 『宋史』와 『書錄解題』 등에 이러한 내용이 보이지만 지금은 일실되어 전하지 않는다. 『弘齋全書』, 『硏經齋全集』에서 이 책을 인용했는데 明 彭大翼의 『山堂肆考』에 동일한 내용이 보인다. 『東史鋼目』에서도 여러 차례 이 책을 인용했지만 明 嚴衍의 『資治通鑑補』에서 가져온 듯하다. 『海東繹史』에서는 淸 宋白이 乾隆 32년(1767) 편찬한 책이라 했으나, 이는 『欽定續通典』을 잘못 이해한 것이다. 『欽定續通典』은 淸 嵇璜 등이 칙명으로 乾隆 32년(1767) 편찬을 시작하여 乾隆 48년(1783) 완성한 것으로, 乾隆帝가 『通典』, 『通志』, 『文獻通考』 등 이른바 3通을 계승하여 『欽定續通典』, 『欽定續通志』, 『欽定續文獻通考』, 『欽定皇朝通典』, 『欽定皇朝通志』, 『欽定皇朝文獻通考』 등 이른바 6通의 하나로 편찬한 것이다. 규장각에 150권으로 간행된 판본이 소장되어 있다. 食貨, 選擧, 職官, 禮, 樂, 兵, 刑, 州郡, 邊防 등으로 구성되어 있다. 『硏經齋全集』에서 이 책을 소개했다.

續表忠記

清 趙吉士가 편찬한 忠臣 烈士의 傳記集. 趙吉士(1628~1706)는 字가 天羽이고 號가 恒夫이며 安徽 休寧 출신이다. 『寄園寄所寄』, 『萬青閣全集』, 『林臥遙集』 등의 저술이 있다. 이 책은 明末 天啓 연간(1621~1627)에서 崇禎 연간(1628~1644)까지 忠臣과 志士의 생애를 정리한 것이다. 규장각에 康熙 37년(1698) 序가 달린 목판본 8권 4책이 소장되어 있다. 顧憲成, 朱燮元, 熊廷弼, 魏學洢, 高攀龍 등 180여 인이 立傳되어 있다. 『五洲衍文長箋散稿』에 관련 기록이 보인다. 元 吳立夫가 『桑海餘錄』을, 明 傅士升이 『表忠記』를 편찬했는데 이를 계승한 것이다. 李自成의 亂을 배경으로 한 清 曹寅의 희곡 『表忠記』는 이와 무관하다. 金景善의 『燕轅直指』에도 같은 서명의 책이 언급되어 있는데 저자를 給諫 李清이라 했으므로 다른 책인 듯하다. 李清은 明의 문인으로, 崇禎 연간 給事中을 지냈고 『三垣筆記』를 남겼다. 『燕轅直指』에 인용한 부분은 『三垣筆記』에 실려 있다.

續漢書

晉 司馬彪가 편찬한 歷史書. 司馬彪(?~306)는 字가 紹統이고 河內 溫縣 출신이다. 晉의 王族인 高陽王 司馬睦의 長子로 騎都尉, 秘書郎 등을 지냈다. 이 책 외에 『莊子注』, 『兵記』 등의 저술이 있었지만 모두 전하지 않는다. 이 책은 漢의 歷史書가 번잡하여 司馬彪가 여러 서적을 참조하고 傳聞을 보태어 紀, 志, 傳 80권으로 엮은 것이다. 范曄이 『後漢書』를 편찬할 때 크게 참조했다고 한다. 지금은 일실되고 志만 전한다. 성암고서박물관에 乙亥字로 간행한 판본 5卷이 소장되어 있으므로 조선에서 따로 간행이 이루어진 듯하다. 국립중앙도서관에 『司馬彪續漢書』가 5권 소장되어 있다. 규장각에는 光緖 13년(1887) 重刊한 范曄의 『後漢書』가 소장되어 있는데 부록에 이 책의 志가 1책으로 실려 있다. 『研經齋全集』, 『與猶堂全書』, 『星湖僿說』 등에 이 책을 소개한 바 있다.

續函海

清 李調元이 편찬한 叢書. 李調元(1734~1803)은 字가 美堂이고 號가 雨村이며 童山俊翁이라고도 했으며 綿州 출신이다. 문집 『童山詩集』 외에 『雨村曲話』, 『雨村劇話』, 『全五代詩』, 『粵風』, 『函海』, 『續函海』 등 많은 저술을 남겼다. 조선후기 北學派 문인들과도 교유가 있었다. 이 책은 李調元이 편찬한 『函海』

의 續編이다. 『五洲衍文長箋散稿』에 따르면 1780년 이전에 이 책이 간행되었고 1801년 한 번 더 간행되었는데 『環溪詩話』, 『金德運圖說』, 『韶舞九成樂補』, 『唾餘新拾』 등과 함께 李德懋의 『淸脾錄』도 들어 있었다고 하며 李書九가 序를 지었다고 한다. 金正喜가 이 책을 소장했는데 다른 사람이 빌려가서 유실되었다고도 한다. 日本 公文書館에 13冊이 소장되어 있는데 趙蕤의 『長短經』, 楊萬里의 『楊誠齋詩選』, 吳沆의 『環溪詩話』, 章宗의 『金德運圖說』, 余戴의 『韶舞九成樂補』, 李德懋의 『淸脾錄』, 李調元의 『唾餘新拾』과 『新搜神記』, 『榜樣錄』 등이 실려 있다.

續蟹譜

淸 褚人獲이 편찬한 게에 관한 저술. 褚人獲(1625~1682)은 字가 稼軒 혹은 學稼이고 號가 石農이며 江蘇 長洲 출신이다. 이 책 외에 『堅瓠集』, 『讀史隨筆』, 『退佳瑣錄』, 『宋賢群輔錄』 등 많은 저술이 있다. 이 책은 宋 傅肱의 『蟹譜』를 계승한 것으로 1권이며 『昭代叢書』에 실려 있다. 게에 관한 저술로는 唐 陸龜蒙의 『蟹志』, 宋 傅肱의 『蟹譜』, 明의 汪介의 『蟹春秋』 등이 알려져 있다. 『五洲衍文長箋散稿』에 이들 책을 함께 소개한 바 있다.

續弘簡錄

淸 邵遠平이 편찬한 元代의 歷史書. 邵遠平은 初名이 吳遠이고 字는 戒三 혹은 呂璜이며 號는 戒三이다. 浙江 仁和 출신으로, 邵經邦의 4세손이며 康熙 연간(1662~1722) 활동했다. 『一統志』의 편찬에 참여했으며 저서로 『史學辨誤』, 『戒三文存』, 『河工見聞錄』 등이 전한다. 이 책은 42권이며 『元史類編』, 혹은 『弘簡續錄』이라고도 한다. 明 邵經邦이 편찬한 『弘簡錄』의 체례를 따라 康熙 27년(1688) 무렵 완성했다. 기존의 元代 역사 기술에서 중복되거나 잘못된 부분을 수정한 것으로, 世紀, 天王, 宰輔, 功臣, 侍從, 臺諫, 直諫, 庶官, 皇后, 公主, 系屬, 儒學, 文翰, 旌德, 烈女, 雜行, 附載 등의 체례로 구성되어 있다. 서울대 중앙도서관에 康熙 15년(1706) 朱彝尊의 序가 달린 목판본 42권이 소장되어 있다. 규장각에 소장된 『弘簡錄』에 이 책 42권이 합쳐져 있다. 이 책은 鄭麟趾의 『高麗史』를 자주 인용하여 조선 문인들의 관심이 높았다. 『海東繹史』에 이 책이 인용되어 있다. 『熱河日記』에서 이른 『弘簡錄』이 이 책을 가리킨다.

續紅樓夢

清 秦子忱이 『紅樓夢』의 속편으로 지은 소설. 秦子忱은 字가 子忱이고 號가 雪塢이며 隴西 출신이지만, 山東 兗州都司를 지낸 이력 외에는 밝혀져 있지 않다. 『續紅樓夢』은 『紅樓夢』 원작 제97회에 林黛玉이 죽는 부분부터 이어서 쓴 작품이다. 原作의 인물이 등장하지만 저승에서의 사건을 주로 다루어 『鬼紅樓』라고도 부른다. 모두 30회로 구성되어 있다. 이 소설은 嘉慶 3년(1798)에 완성되어 이듬해 抱甕軒本이 나왔고, 光緒 8년(1882)에 經訓堂本이, 光緒 14년(1888)에 善友堂本이 간행되었다. 19세기 후반 한글로 飜譯된 된 필사본 24권 24책이 장서각에 소장되어 있다. 규장각에는 抱甕軒本이 소장되어 있다. 『五洲衍文長箋散稿』에 이 소설에 대한 기록이 보인다.

續後漢書

元 郝經이 편찬한 後漢의 歷史書. 郝經(1223~1275)은 初名이 儒이고 字가 伯常이며 澤州 陵川에 세거하다 許州 臨潁으로 이주했다. 문집 『陵川集』 외에 『春秋外傳』, 『周易外傳』 등 많은 저술을 남겼다. 淸 郁松年의 『宜稼堂叢書』에 실린 목판본이 규장각과 장서각에 소장되어 있는데 『續後漢書』 9책으로 실려 있다. 『百部叢書集成』에도 수록되었다. 『續文獻通考』에는 90권이라 하고 郝經의 自序를 인용했는데 年表 1권, 帝紀 2권, 列傳 79권, 錄 8권이라 했다. 『五洲衍文長箋散稿』에 소개되어 있다.

孫公談圃

北宋 劉延世가 편찬한 筆記雜錄. 劉延世는 字가 玉孟이고 號는 述之이며 臨江 新喩 출신이다. 元祐 연간(1086~1094) 太學에서 수학했으나 뜻을 얻지 못해 抱甕堂을 짓고 강학에 전념했다. 이 책은 臨汀縣令으로 있던 부친을 통해 만난 孫升에게서 들은 바를 기록한 것이다. 孫升(1038~1099)은 字가 君孚이고 高郵 출신으로, 元祐 연간 三院을 지냈고 나중에 臨汀으로 유배되어 그곳에서 죽었다. 序에 의하면 孫升의 말 중에서 後世에 法이 될 만하거나 孫升의 大節을 보일 만한 것을 모아 이 책을 편찬했다고 한다. 文彦博, 呂端 등 北宋의 人物을 중심으로 하여 政事와 軍事 등을 기록했고, 당시 詩壇의 雜事와 逸聞 등도 함께 수록했다. 『百川學海』에 3권으로 수록되어 있다. 규장각 등에 소장된 『說郛』, 『稗海』, 『東軒筆錄』 등에도 실려 있다. 『靑莊館全書』, 『海東繹史』 등에

관련 기록이 보인다.

孫子兵法

春秋時代 吳의 孫武가 편찬한 兵書. 孫武는 字가 長卿이고, 齊의 東安 출신이며 기원전 6세기 무렵의 학자다. 이 책은 『孫子』로 줄여 부르기도 한다. 한때 孫臏이 저자로 추정되었지만 前漢의 墓에서 『孫子』와 『孫臏兵法』이 따로 발굴되어 孫武가 편찬한 것으로 인정되었다. 『史記』에는 『孫子』 13篇이라 했지만 그 편목을 알 수 없고 『漢書』에는 『吳孫子兵法』 82편이라 했다. 三國時代 曹操가 精髓만 추려 13편으로 만들었다고도 한다. 13편은 計, 作戰, 謀攻, 軍形, 兵勢, 虛實, 軍爭, 九變, 行軍, 地形, 九地, 火攻, 用間 등이다. 『武經七書』의 하나로 조선 초기부터 널리 유통되었다. 『宣祖實錄』, 『星湖僿說』, 『與猶堂全書』 등 많은 문헌에 관련 기록이 보인다. 규장각에는 明 劉寅이 直解한 것을 平安 監營에서 간행한 『孫武子直解』가 소장되어 있고, 장서각에는 清 孫星衍과 吳人驥가 교감한 『孫子十家註』가 소장되어 있다. 明 劉寅이 다른 武經과 함께 『七書直解』로 간행했는데 일본 宮內府에 소장된 판본 중 『孫子直解』는 木活字인 乙亥字體訓鍊都監字로 인쇄된 것이다.

孫子算經

孫子가 편찬한 算術書. 孫子는 어떤 인물인지 확인할 수 없다. 이 책은 약 4~5세기 南北朝時代 무렵 편찬된 것으로 추정된다. 3권으로 이루어져 있는데 上卷에는 度量衡의 단위와 계산법이, 中卷에는 면적, 체적 등을 포함한 分數의 응용법이, 下卷에는 실생활과 관련한 수학 문제 26題가 실려 있다. 규장각 등에 소장된 『御覽知不足齋叢書』에 수록되어 있다. 국립중앙도서관에는 乾隆 42년(1777) 간본이 소장되어 있는데 唐 李淳風의 주석이 달려 있다. 서울대 중앙도서관에 소장된 『算經十書』도 비슷한 판본이다. 『楓石全集』, 『五洲衍文長箋散稿』 등에 관련 기록이 보인다.

孫樵集

唐 孫樵의 文集. 孫樵는 字가 可之 또는 隱之이고 關東 출신이며 韓愈에게서 학문을 배웠다. 咸通 연간(860~874)에 주로 활동한 학자다. 孫樵의 문집은 『新唐書』에서 『經緯集』 3권이 있다고 했지만 전하지 않는다. 明 正德 12년

(1517) 王鏊가 편찬한 10권의 蜀刻本『孫可之文集』이 가장 이른 시기의 판본이다. 明 天啓 4년(1624) 問青堂 간본 역시 10권이며 書名이『唐孫樵集』으로 되어 있다. 그밖에 明 毛晉의 汲古閣本, 清 嘉慶 3년(1793)의 經草堂刻本 등이 알려져 있다. 규장각에는 汲古閣本이 소장되어 있다. 自序에 따르면 자신의 글 200여 편 중 자손에게 불려줄 만한 35편의 글을 선발해 10권으로 엮었다고 한다. 賦, 書, 銘, 碑, 籍, 誌 등 다양한 산문 27편이 실려 있다. 서울대 중앙도서관에는 康熙 44년(1705) 松鱗堂에서 간행한 판본이 소장되어 있다. 규장각에 소장되어 있는『三唐人集』에도 실려 있다.『成宗實錄』,『虛白堂集』등에 孫樵의 文에 대한 기록이 보이므로 이른 시기 그의 글이 유통되었음을 알 수 있지만『孫樵集』에 대한 기록은 잘 보이지 않는다.『五洲衍文長箋散稿』에서 이 책을 인용했지만 다른 문헌에서 재인용한 듯하다.

宋鑑 → 資治通鑑節要續編

松江志

明代 편찬자를 알 수 없는 松江 지역의 地理書.『海東繹史』에서 이 책을 인용하여 明 徐觀의 글씨를 소개했는데 清 倪濤의『六藝之一綠』에서 재인용한 듯하다.『五洲衍文長箋散稿』에서도 이 책을 인용했는데 같은 내용이 清 孫岳頒의『佩文齋書畵譜』에 보인다.『六藝之一綠』과『佩文齋書畵譜』에도 편찬자가 밝혀져 있지 않다. 明 顧清과 方岳貢, 清 宋如林 등도『松江府志』를 남겼다.

宋略

南朝 梁 裴子野가 편찬한 南朝 宋의 歷史書. 裴子野(466~528)는 字가 幾原이며,『三國志注』를 편찬한 裴松之의 曾孫이고,『史記集解』를 편찬한 裴駰의 손자다. 이 책은 沈約의『宋書』를 산삭하여 20권으로 만든 것이다. 이 책은 현재 전하지 않고 일부가 후대의 문헌에 인용되어 있다.『仁祖實錄』에서 이 서명의 책을 武人에게 읽히도록 했지만 같은 책인지는 알 수 없다.『五洲衍文長箋散稿』에 이 책을 소개한 바 있다.

松漠紀聞

南宋 洪皓가 편찬한 筆記雜錄. 洪皓(1088~1155)는 饒州 樂平 출신으로, 문집

『鄱陽集』이 전한다. 禮部尙書로 있다가 金에 사신으로 갔는데 그곳에서 구류되어 15년을 지냈다. 松漠은 內蒙古 지역을 이른다. 이 책은 그때의 경험을 쓴 것으로 2권이며 補遺 1권이 더 있다. 『四庫全書』에 편입되어 있으며 규장각에 소장된 『顧氏文房小說』, 『宋人百家小說』에도 실려 있다. 『與猶堂全書』, 『研經齋全集』, 『碩齋稿』, 『臺山集』, 『海東繹史』, 『五洲衍文長箋散稿』 등에 소개되어 있다.

宋名臣言行錄

南宋 朱熹가 宋代의 名臣과 儒者의 言行을 모아 편찬한 책. 朱熹(1130~1200)는 字가 元晦 혹은 仲晦이고 號는 晦庵, 晦翁, 雲谷山人 등을 사용했으며 福建 尤溪 출신이다. 『資治通鑑綱目』, 『太極圖說解』, 『通書解』, 『古今家祭禮』, 『近思錄』 등 많은 저술을 남겼다. 원래 이 책은 『五朝名臣言行錄』과 『三朝名臣言行錄』 등을 합한 것이다. 10권의 『五朝名臣言行錄』은 太祖, 太宗, 眞宗, 仁宗, 英宗 때의 名臣 60인을 대상으로 한 것인데 이 책의 前集으로 편차되었다. 14권의 『三朝名臣言行錄』은 神宗, 哲宗, 徽宗 때의 名臣 44인을 대상으로 했으며 후에 後集으로 편차되었다. 그 후 南宋 李幼武가 續集, 別集, 外集 51권을 편찬하여 덧붙였다. 李幼武는 字가 士英이고 廬陵 출신인데 자세한 이력은 밝혀져 있지 않다. 서명이 『名臣言行錄』으로 된 데도 있다. 조선에서 따로 여러 차례 간행되어 庚子字本, 乙亥字本, 甲辰字本, 戊申字本, 芸刻印書體字木 등의 活字本과 여러 종의 木板本이 남아 있다. 『世宗實錄』에 따르면 經筵의 교재로 사용되었다. 『三灘集』, 『退溪集』 등 조선 전기 문헌에서부터 이 책이 인용되어 있으며 『與猶堂全書』, 『五洲衍文長箋散稿』 등에도 인용되어 있다.

宋文鑑

宋 呂祖謙이 편찬한 宋代의 文學 總集. 呂祖謙(1137~1181)은 字가 伯恭이고 金華 출신으로, 東萊先生으로 일컬어졌다. 『古周易』, 『春秋左氏傳說』 등을 저술했다. 이 책은 原名이 『皇朝文鑑』인데 줄여서 『文鑑』이라고도 한다. 宋代의 詩文을 모은 것으로 孝宗의 命을 받아 편찬했다. 800종의 文集을 바탕으로 하여 150권으로 엮었는데 賦, 詩 등 61類로 나누어 1,400여 篇을 수록했으며 수록된 작가는 200여 인이다. 규장각에 明代의 목판본 일부가 소장되어 있다. 『牧隱藁』에 이 책이 보이므로 고려시대 수용되었음을 알 수 있다. 『弘齋全書』,

『淵泉集』 등에도 이 책이 보인다. 『英祖實錄』에 이 책을 進講했다는 기록이 보인다. 『五洲衍文長箋散稿』에서는 역대 문장 選集을 논하면서 이 책을 소개했다.

宋文海 → 文海

宋史

元 脫脫 등이 惠宗의 命으로 편찬한 宋의 歷史書. 脫脫(1314~1355)은 托克托이라고도 하며 字는 大用이고 몽골 메르키드족 출신이다. 天順 원년(1328) 다루가치가 된 이후 御史大夫, 光祿大夫, 知樞密院使 등의 관직을 지냈고, 至正 원년(1341) 中書右丞相, 監修國史가 되어 宋遼金 三國의 역사 편찬을 총재했다. 이 책은 至正 3년(1343) 史局을 열고 宋과 遼, 金의 正史를 편찬하기 시작해 至正 5년(1345) 완성되었다. 本紀 47권, 志 162권, 表 32권, 列傳 255권 등 총 496권으로 되어 있다. 外國列傳에 高句麗, 渤海 등의 역사가 수록되어 있고 高麗列傳에는 高麗 건국에서부터 睿宗 연간까지의 역사가 기록되어 있다. 규장각에 乾隆 4년(1739) 간행된 판본이 소장되어 있다. 성암고서박물관에 成宗 5년(1474) 乙亥字로 간행한 판본 일부가 소장되어 있다. 『世宗實錄』에 중국에서 이 책을 구해 온 기록이 보이며, 『牧隱藁』 등 이른 시기의 문헌에서부터 꾸준히 이 책에 대한 기사가 보인다.

宋史記

明 王維儉이 편찬한 宋의 歷史書. 王維儉은 字가 損仲인데 자세한 생애는 알려져 있지 않다. 李德懋의 『青莊館全書』에 "汴梁의 司空 王損仲이 『宋史』를 刪正하여 『宋史記』 250권을 만들었다"고 했는데 清 王士禛의 『帶經堂集』에 실려 있는 「跋宋史記凡例」를 인용한 것이다. 『弘齋全書』, 『五洲衍文長箋散稿』 등에도 이 책을 소개했지만 재인용한 것으로 보인다.

宋史紀事本末 → 宋元紀事本末

宋史新編

明 柯維騏가 宋의 歷史書. 柯維騏(1497~1547)는 字가 奇純이고 莆田 출신이

며, 이 책 외에 『史記考要』, 『續莆陽文獻志』 등의 저술이 있다. 이 책은 宋, 遼, 金의 역사를 기록한 것이다. 本紀 40권, 志 40권, 表 4권, 列傳 142권으로 구성되어 있다. 『弘齋全書』, 『靑莊館全書』, 『五洲衍文長箋散稿』 등에 관련 기록이 보인다. 서울대 중앙도서관에 嘉靖 34년(1555) 序가 달린 목판본 전질이 소장되어 있다.

宋三朝國史志 → 宋三朝志

宋三朝志

宋代 편찬자를 알 수 없는 歷史書. 『海東繹史』에서 『宋三朝食貨志』를 인용하여 高麗의 교역을, 『宋三朝藝文志』를 인용하여 『古文孝經』을 다루었는데 『文獻通考』에 서명이 모두 이렇게 되어 있다. 『五洲衍文長箋散稿』에도 『宋三朝藝文志』로 인용했는데 『文獻通考』에 같은 내용이 보인다. 『宋三朝食貨志』와 『宋三朝藝文志』는 『宋三朝志』를 이르는데 이 책은 일실되어 전하지 않는다. 淸 秦緗業의 『續資治通鑑長編拾補』에는 616권 혹은 625권으로 되어 있다. 또 『五洲衍文長箋散稿』에서는 『宋三朝國史志』를 인용했는데 『宋三朝食貨志』가 『宋三朝國史食貨志』와 함께 보이므로, 『宋三朝國史志』와 『宋三朝志』는 같은 책이다. 『宋史』에 呂夷簡의 『宋三朝國史』 155권이 보인다. 권수가 차이가 나므로 『宋三朝國史』와 『宋三朝國史志』가 따로 편차되었던 듯하다. 呂夷簡(978~1044)은 字가 坦夫이고 淮南 출신인데 문집은 일실되었다.

宋書

南朝 沈約이 편찬한 宋의 歷史書. 沈約(441~513)은 字가 休文으로 吳興 武康 출신이다. 『晉書』, 『邇言』, 『宋文章志』 등 여러 저술이 있다. 이 책은 齊 武帝 때 沈約이 命을 받들어서 편찬한 劉宋 8代 60년의 正史로, 帝紀 10권, 志 30권, 列傳 60권 등 총 100권으로 되어 있다. 97권 蠻夷列傳에 고구려, 백제와 교섭을 다루었다. 규장각에 乾隆 4년(1739) 목판본 100권과 다른 판본 몇 종이 소장되어 있다. 『陶谷集』, 『星湖僿說』, 『與猶堂全書』, 『海東繹史』, 『五洲衍文長箋散稿』 등 여러 문헌에 이 책이 보인다.

松雪齋集

元 趙孟頫의 文集. 趙孟頫(1254~1322)는 字가 子昂이고 號가 松雪道人 또는 水精宮道人이며 湖州 吳興 출신이다. 書畵와 音律, 文學에 두루 능했다. 생전에 자신의 文集을 정리하여 元 大德 2년(1298) 戴表元에게 序를 부탁했지만, 현재 전하는 최초의 판본은 元 至元 5년(1339) 沈璜이, 趙孟頫의 아들 趙仲穆과 함께 다시 10권으로 엮은 책을 底本으로 하고, 沈璜 자신이 外集 1권을 덧붙여 『松雪齋文集』으로 간행한 것이다. 모두 10권으로 되어 있으며 內集, 外集, 續集으로 편차되어 있다. 그 후에도 趙孟頫의 文集은 여러 차례 편찬되었다. 明 萬曆 연간(1573~1620) 江元禧가 『松雪齋集』 2권을 간행했고, 清 康熙 52년(1713)에 曹培廉이 『松雪齋文集』을 重刊하면서 『續集』 1권을 추가하여 『趙文敏公松雪齋全集』으로 간행했다. 국립중앙도서관에 康熙 연간(1662~1722) 목판본이 소장되어 있고, 규장각에는 清 曹培廉이 光緒 8년(1882)에 飜刻한 洞庭楊氏校藏本 『趙文敏公松雪齋全集』이 소장되어 있다. 忠宣王이 瀋陽에 있을 때 고려의 문인들이 趙孟頫와 교유했으므로 이른 시기 그의 문집이 수용되었을 것으로 추정된다. 『海東繹史』, 『與猶堂全書』, 『海翁藁』 등에 이 문집에 대한 기록이 보인다.

宋詩紀事

清 厲鶚이 편찬한 宋詩選集. 厲鶚(1692~1752)은 字가 太鴻 또는 雄飛이고 號는 樊榭 혹은 南湖花隱 등을 사용했으며 錢塘 출신이다. 이 책 외에 『樊榭山房集』이 전한다. 이 책은 모두 100권으로 宋代 3,812인의 시를 선발하고 작자의 小傳을 수록했으며 名家의 시와 대비하여 품평했다. 서울대 중앙도서관에 乾隆 11년(1746) 간기가 있는 100권 32책이 소장되어 있다. 『靑莊館全書』에 高麗 文宗, 韓皦, 朴寅亮, 魏繼廷, 朴景綽, 李資諒 등의 시가 이 책에 소개되어 있다고 했다. 『海東繹史』에도 비슷한 내용이 보인다.

宋詩鈔初集

清 吳之振이 呂留良, 吳自牧 등과 편찬한 詩選集. 吳之振(1640~1717)은 字가 孟擧이고 號가 橙齋이며 浙江 石門 출신이다. 內閣中書舍人을 지낸 뒤에는 벼슬을 그만두고 黃葉村莊에 머물면서 呂留良, 吳自牧 등의 벗들과 詩酒를 즐겼다. 이 책 외에 문집 『黃葉村莊詩集』과 『八家詩鈔』 등의 저술이 있다. 이 책

은 康熙 2년(1663)에 편찬을 시작하여 康熙 10년(1671) 완성했다. 宋의 시인 100명의 문집을 선발하여 초록했는데 문집마다 앞머리에 해당 시인의 小傳을 붙이고 시인에 대한 품평과 고증한 사실을 기록했다. 선발된 시는 1,200여 수다. 李宜顯이 1720년 중국에 사신으로 갔을 때 구입한 도서 목록에서 『宋詩抄』 32권이 보인다. 金昌協의 『農巖集』에 弘文館에서 이 책을 대출하여 열람했다는 기록이 보인다. 『海東繹史』, 『五洲衍文長箋散稿』 등에도 이 책에 대한 기록이 보인다. 대부분의 기록에는 『宋詩鈔』로 되어 있다. 규장각에는 永樂 25년(1671) 吳之振의 序가 달린 목판본 20책이 소장되어 있고 한양대에는 같은 해 鑑古堂 간기가 있는 목판본 40책이 소장되어 있다. 그밖에 전북대와 고려대, 부산대 등에도 이 책이 소장되어 있다.

宋兩朝志

宋代 편찬자를 알 수 없는 歷史書. 『與猶堂全書』에서 『玉海』에 인용된 『宋兩朝志』를 소개했고, 『研經齋全集』에서는 『宋兩朝輿服志』를 인용했는데, 모두 『文獻通考』에 보인다. 또 『海東繹史』와 『五洲衍文長箋散稿』에서 『宋兩朝天文志』로 인용했는데, 모두 『文獻通考』에서 가져온 것이다. 『宋兩朝志』는 「天文志」, 「輿服志」 등이 확인된다. 『宋史』에는 王珪의 『宋兩朝國史』 120권이 보이는데 전하지 않는다. 『宋兩朝國史志』와 다른 별개의 책으로 추정된다. 王珪(1019~1085)는 字가 禹玉이고 舒州에 거주했으며 『華陽集』이 전한다. 『華陽集』에 兩朝正史를 편찬했다고 한 것이 이 책을 이르는 듯하다.

宋元紀事本末

明 陳邦瞻이 편찬한 宋代와 元代의 歷史書. 陳邦瞻(?~1623)은 字가 德遠이고 號가 匡左이며 高安 출신이다. 南京吏部郎中 재임 중에 이 책과 『元史紀事本末』을 편찬했다. 이 책은 『宋史』에서 중요한 사건을 뽑아 전체 109권으로 정리한 것이다. 馮琦가 이 책을 저술하던 중 완성하지 못하고 죽자 劉曰梧가 馮琦의 遺稿를 陳邦瞻에게 맡겨 완성했다. 馮琦(1558~1602)는 字가 用韞이고 號가 琢庵이며 益都 출신으로, 禮部尙書를 지냈다. 이 책은 宋의 建國에서 南宋의 멸망까지 다루었는데 至元 19년(1282) 文天祥이 棄市를 당한 일을 마지막에 기술했다. 『元史紀事本末』은 元代 太祖부터 順帝까지의 역사를 수록했는데 모두 27권이다. 『宋史紀事本末』과 『元史紀事本末』은 본래 각각의 저술

인데 두 책이 합본되어 유통되기도 했다. 『宋元史紀事本末』로 된 데도 있다. 규장각과 존경각에는 두 책이 합본된 판본 136권 16책이 소장되어 있는데 明 張溥가 論正한 板本이다. 국립중앙도서관에 소장된 『宋史紀事本末』은 萬曆 연간(1573~1620) 간행된 판본인데 뒤에 『元史紀事本末』이 붙어 있다. 규장각에는 張溥가 論正한 板本 외에도 明 徐申이 論正한 『宋史紀事本末』 10권 10책과 『元史紀事本末』 4권 4책도 소장되어 있다. 『宋史紀事本末』은 『宣祖修正實錄』에 소개되어 있다. 『陶谷集』, 『五洲衍文長箋散稿』 등에서는 『宋元史紀事本末』로 소개했다.

宋元史質

宋 王洙가 편찬한 宋代의 歷史書. 王洙(997~1057)는 字가 原叔이고 應天 宋城 출신이며 博覽强記하여 方技, 術數, 陰陽, 五行, 音韻, 訓詁, 書法 등에 두루 능했다. 이 책 외에 『金匱要略』, 『皇祐方域國志』 등의 저술이 전한다. 이 책은 『宋史』를 바탕으로 중수한 紀傳體 史書로 모두 100권이다. 『史質』이라고도 한다. 宋의 정통을 明이 계승한 것으로 보고, 遼와 金은 낮추어 外國으로 간주하여 列傳에 편입했으며, 元의 年號는 모두 삭제했다. 『弘齋全書』에서 『宋史筌』을 편찬하면서 이 책이 부실하다고 비판한 바 있다. 『靑莊館全書』, 『五洲衍文長箋散稿』 등에 관련 기록이 보이지만 淸 朱彝尊의 『靜志居詩話』를 인용한 것이다. 일본 東京大에 明 嘉靖 연간(1522~1566)의 판본이 소장되어 있다.

宋元通鑑

明 薛應旂가 편찬한 宋과 元의 歷史書. 薛應旂(1500~1573)는 字가 仲常이고 號가 方山이며 武進 출신이다. 『高亭淵源錄』, 『甲子會記』, 『四書人物考』, 『憲章錄』, 『方山文錄』, 『薛方山紀述』, 『薛子庸語』 등의 저술을 남겼다. 장서가로 명성이 높아 吳寬, 茅坤, 王守仁 등과 병칭되었다. 이 책은 『宋元資治通鑑』이라고도 한다. 嘉靖 45년(1566)에 편찬되었다. 宋 太祖로부터 元 順帝까지 480년간의 역사를 다룬 編年體 史書로, 宋 司馬光의 『資治通鑑』 體例를 따랐다. 전체 157권 가운데 권1~128은 宋을, 권129~157은 元을 다루었다. 卷頭에 陳仁錫과 薛應旂의 序가 실려 있고 이어 義例와 目錄이 실려 있다. 규장각에 天啓 6년(1626)의 序가 달린 목판본 157권이 소장되어 있는데 陳仁錫이 교열한 판본이다. 고려대에 소장된 司馬光의 『資治通鑑』에는 『宋元通鑑』 157권이 함

께 실려 있다. 『青莊館全書』에서 『宋元通鑑』을 자세히 고찰했고 『弘齋全書』에서도 이 책을 여러 차례 언급했다. 柳希春의 『眉巖集』에서는 劉用章이 편찬한 『新增宋元通鑑』을 인용하고 있는데 明 劉剡이 편찬한 『增修附註資治通鑑節要續編』을 가리키며 『宋元資治通鑑節要』라고도 한다. 『新刊資治通鑑續編宋元增補斷論』이 규장각에 소장되어 있다. 明 吉澄이 교정을 보아 간행한 『新刊憲臺攷正宋元通鑑全編』 21권도 규장각에 소장되어 있다.

宋諸臣奏議

南宋 趙汝愚가 宋代 奏議類를 모은 책. 趙汝愚(1140~1196)는 字가 子直이고 饒州 餘幹 출신이다. 文集 『忠定集』이 있다. 이 책은 원래 『皇朝名臣奏議』 혹은 『國朝諸臣奏議』라 했는데 후에 이 이름으로 불렸으며 『類宋朝諸臣奏議』, 『宋朝諸臣奏議』라고도 한다. 이 책은 甲, 乙, 丙, 丁 4集 150권에 北宋 文人 247인의 奏議類 1,630편을 수록했다. 君道, 帝系, 天道, 百官, 儒學, 禮樂, 賞刑, 財賦, 兵, 方域, 邊防, 總議門 등 12門으로 나누고 그 아래 120개의 小門으로 구성했다. 이 책은 淳熙 13년(1186) 趙汝愚가 成都에서 인쇄한 蜀本, 淳祐 10년(1250) 趙汝愚의 손자 趙必愿과 史季溫이 福州에서 인쇄한 閩本이 있다. 이 두 판본을 저본으로 하여 元代 이래 여러 차례 간행되었다. 규장각에 소장된 『國朝諸臣奏議』는 宋元代의 판본으로 추정된다. 규장각에는 『宋諸臣奏議』가 따로 소장되어 있는데 弘治 연간(1488~1505) 華燧가 會通館에서 다시 150권으로 간행한 판본이다. 『陽村集』, 『訥齋集』, 『太宗實錄』, 『中宗實錄』 등 이른 시기의 문헌에서부터 이 책이 확인되며, 조선 후기 『潛谷遺稿』, 『青莊館全書』, 『海東繹史』 등에서도 이 책을 인용했다.

宋朝名臣錄 → 宋名臣言行錄

松牕寤言

明 崔銑이 편찬한 筆記雜錄. 崔銑(1478~1541)은 字가 子鍾 또는 仲鳧이고 號는 後渠이며 河南 安陽 출신이다. 『洹詞』, 『讀易餘言』, 『崔氏小爾雅』, 『彰德府志』, 『文苑春秋敍錄』, 『晦菴文鈔』, 『洹詞別本』, 『文苑春秋』, 『士翼』 등의 저술이 있다. 『洹詞』 권9에 이 책이 실려 있다. 學問과 修養의 방법, 역대 인물의 言行 등에 대한 내용을 81章에 나누어 기술했다. 규장각 등에 소장되어 있는 『說

郛續』에도 일부가 실려 있다. 『星湖僿說』에 이 책을 인용해 "表箋이 아침으로 되자 임금의 뜻이 교만하게 되었고, 制誥가 화려해지자 신하의 행동이 가볍게 되었다"는 말을 명언이라 하면서 인용한 바 있다. 『洹詞』는 『四庫全書』에 수록되어 있다.

宋學士全集

明 宋濂의 文集. 宋濂(1310~1381)은 字가 景濂이고 號가 潛溪이며 玄眞子, 玄眞道士, 玄眞遁叟 등의 別號도 사용했다. 浦江 출신으로 高啓, 劉基와 함께 明初 三代家로 일컬어진다. 『孝經新說』, 『周禮集說』, 『龍門子』, 『篇海類編』, 『浦陽人物記』 등의 저술이 있다. 그의 문집은 『潛溪集』 40권, 『蘿山集』 5권이 있었는데 至正 16년(1356) 간행된 『潛溪集』 일부가 중국 國家圖書館에 전한다. 또 洪武 8년(1375) 劉基가 편집한 『宋學士文粹』 10권도 전한다. 正德 9년(1514) 『宋學士文集』 75권이 간행되었는데 역시 중국 國家圖書館에 소장되어 있다. 또 嘉靖 30년(1551) 간행된 『新刊宋學士全集』도 소장되어 있다. 이 책은 韓叔陽이 『朝京稿』, 『潛溪集』, 『翰苑集』, 『鑾坡集』, 『芝園集』, 『龍門子凝道記』, 『浦陽人物記』 등을 체제에 따라 분류하여 33권으로 묶고 부록 1권을 붙였다. 규장각에 順治 9년(1652)의 序가 달린 『新刊宋學士全集』 33권이 소장되어 있는데 張似邁의 序와 方亨咸의 跋이 붙어 있다. 嘉靖 연간(1522~1566)의 판본도 소장되어 있다. 『海東繹史』에서는 『宋學士全集』으로 소개되어 있다. 그중 『五洲衍文長箋散稿』에서는 서명을 밝히지 않고 宋濂의 여러 글을 소개하고 있다. 그중 「鑽燧說」은 문집에는 보이지 않고 『明文衡』 등에 실려 있다. 또 宋濂의 『金華集』으로 인용했는데 같은 내용이 宋濂의 「磨兜堅箴」에 보이지만 문집이 아닌 『明文衡』 등에 실려 있다. 宋濂의 저술 중에 『金華集』은 확인되지 않는다. 『退溪集』에 인용된 『金華集』은 南宋 王柏의 文集이다.

宋會要

宋의 史官이 詔書나 奏章 등을 정리한 歷史書. 宋代 會要所를 설치하여 편찬한 책으로, 北宋 시기에는 范質, 趙普, 薛居正, 王旦, 向敏中, 王洙, 韓琦, 曾肇, 蔡攸, 章惇 등이 편찬에 참여했고, 南宋 시기에는 謝深甫, 李心傳, 趙雄 등이 편찬에 참여했다. 10次에 걸쳐 2,200여 권으로 편찬했는데 宋代의 典章制度를 빠짐없이 수록했다고 하지만 일실되고 일부만 『永樂大典』에 전한다. 清 徐

松根이 이를 바탕으로 『宋會要輯稿』 366권을 편집했다. 帝系, 后妃, 樂, 禮, 輿服, 儀制, 瑞異, 運曆, 崇儒, 職官, 選擧, 食貨, 刑法, 兵, 方域, 蕃夷, 道釋 등 17門으로 분류했다. 서울대 중앙도서관에 轉寫한 책이 소장되어 있다. 『續修四庫全書』에 이 책이 수록되었다. 『三峯集』에 언급한 '唐宋會要'는 『唐會要』와 『宋會要』를 합쳐 이른 것이다. 『希樂堂稿』, 『與猶堂全書』 등에 『宋會要』로 인용되어 있다. 『五洲衍文長箋散稿』에서 『宋朝會要』로 소개한 기사는 淸 규장각에 소장된 淸 邵長蘅의 문집 『邵子湘全書』에 실려 있는 「復孔聖像議」를 재인용한 것이다.

水經注

北魏 酈道元이 편찬한 地理書. 酈道元(?~527)은 字가 善長이고 范陽郡 涿縣 출신이다. 『本志』, 『七聘』 등의 저술이 있었다고 하지만 전하지 않는다. 『水經』은 중국 고대의 河流 水道를 기록한 地理書로 이를 보완한 것이 이 책이다. 514년부터 524년까지 약 10여 년에 걸쳐 편찬되었는데 『水經』의 20배 분량이다. 모두 1,252條의 河流를 기술하고 각 河流가 지나가는 山陵, 郡縣, 城市, 關津, 物産, 名勝, 祠廟, 冢墓의 地理와 沿革, 事件, 人物, 故事, 方言, 歌謠, 神話, 傳說 등을 상세하게 서술했다. 漢魏의 碑刻을 수록하여 자료적 가치가 높다. 규장각에 乾隆 18년(1753) 跋이 붙은 목판본 40권 12책이 소장되어 있다. 淸 趙一淸의 『水經注釋』과 『水經注箋刊誤』는 이 책에 주석을 붙인 것인데 규장각에 소장되어 있다. 규장각에 소장된 『水經注西南諸水考』는 淸 陳澧이 이 책에서 西南의 하천만을 대상으로 보완한 것이다. 『自著』, 『燕巖集』, 『靑莊館全書』, 『惕齋集』, 『五洲衍文長箋散稿』 등에 『水經注』 관련 기록이 보인다.

綏寇記略

明末淸初 吳偉業이 편찬한 明末의 歷史書. 吳偉業(1609~1672)은 字가 駿公이고 號가 梅村인데 別署鹿樵生, 灌隱主人, 大雲道人 등도 사용했다. 江蘇 太倉 출신으로 錢謙益, 龔鼎孶 등과 이름을 나란히 했고 詩에 뛰어나 婁東詩派를 개창했으며, 七言歌行에 능하여 梅村體로 일컬어졌다. 『梅村家藏稿』, 『梅村詩餘』 등의 문집 외에 소설 『秣陵春』과 雜劇 『通天臺』, 『臨春閣』을 남겼으며, 『吳詩集覽』 등을 편찬했다. 『梅村集』, 『吳詩集覽』 등이 규장각과 장서각에 소장되어 있는데 이에 대한 기록이 『江漢集』, 『靑莊館全書』, 『硏經齋全集』 등에

보이므로 조선 후기 상당한 영향을 미친 것으로 보인다. 이 책은 원래 서명이 『鹿樵紀聞』이다. 崇禎 元年(1628)부터 明 멸망 시기까지의 역사를 紀事本末體로 기록한 것으로 順治 9년(1652) 완성되었다. 澠池渡, 車箱困, 眞寧恨, 朱陽潰, 黑水擒 등과 같이 3字로 標題를 달고 時序에 따라 배열하여 기사를 적고 끝에 論斷이나 附記를 달아 是非와 得失을 평했다. 12권에 續篇 5권으로 구성되어 있으며 『四庫全書』에 수록되어 있다. 『燕巖集』, 『靑莊館全書』, 『燕轅直指』, 『五洲衍文長箋散稿』 등에 이 책이 인용되어 있다. 국립중앙도서관에 康熙 13년(1674) 序가 달린 판본이 소장되어 있으며 이화여대 등에도 유사한 판본이 있다.

隋唐嘉話

唐 劉竦이 편찬한 筆記雜錄. 劉竦은 字가 鼎卿이고 彭城 출신인데, 생몰년은 밝혀져 있지 않다. 이 책은 3권이며 『國朝傳記』, 『國史異纂』이라고도 한다. 南北朝에서 唐 開元 연간(713~741)까지의 逸話와 野史를 기록했다. 『星湖僿說』, 『海東繹史』에서 이 책을 인용했다. 규장각에 소장된 『說郛』, 『唐宋叢書』 등에 이 책이 실려 있다.

隋唐演義

明末淸初 褚人獲이 지은 小說. 褚人獲(1625~1682)은 字가 稼軒 혹은 學稼이고 號가 石農이며 江蘇 長洲 출신이다. 이 책 외에 『續蟹譜』, 『堅瓠集』, 『讀史隨筆』, 『退佳瑣錄』, 『宋賢群輔錄』 등 많은 저술이 있다. 隋 말기 農民 봉기를 배경으로 한 장편 역사소설로는 明 羅貫中의 『隋唐志傳』이 있는데 明 林瀚이 이를 개작한 것이 『隋唐兩朝志傳』이고 褚人獲이 여기에 『大唐秦王詞』, 『隋煬帝艶史』 등을 참조하여 지은 것이 이 책이다. 淸 趙登의 그림을 넣어 康熙 34년(1695) 四雪草堂에서 『四雪草堂重訂通俗隋唐演義』라는 이름으로 간행되었다. 乾隆 연간(1736~1795) 다시 간행했으며 『繪圖繡像重訂隋唐演義』라고도 한다. 20권이며 모두 100회로 구성되어 있다. 장서각에 『四雪草堂重編通俗隋唐演義』가 소장되어 있는데 嘉慶 乙丑(1805) 간기가 붙어 있고, 正德 戊辰(1508) 林瀚의 原序와 康熙 乙亥(1695) 褚人獲의 序가 실려 있다. 규장각에는 『通俗隋唐演義』도 소장되어 있는데 1923년 간행된 판본이다. 『五洲衍文長箋散稿』에서 『隋唐演義』로 소개했다.

水道提綱

清 齊召南이 편찬한 地理書. 齊召南(1703~1768)은 字가 次風이고 號가 瓊臺 혹은 息園이며 浙江 天臺 출신이다. 博學多識하여 『大淸一統志』, 『大淸會典』, 『明鑑綱目三編』, 『續文獻通考』 등의 편찬에 중추적인 역할을 맡았다. 저서로 『尙書考證』, 『禮記考證』, 『春秋三傳考證』, 『史記功臣侯表』, 『史漢功臣侯第考』, 『漢書考證』, 『後漢書郡國志』, 『後漢公卿表』, 『隋書律曆天文考』, 『舊唐書律曆天文考』, 『明鑑前紀』, 『歷代帝王表』, 『寶綸堂文鈔』, 『寶綸堂集』 등이 있다. 이 책은 모두 28권이며, 중국을 중심으로 蒙古, 西藏, 滿洲, 朝鮮, 西域 등의 水系를 다루었다. 각권에는 小序를 두어 해당 水系의 大勢와 編次를 서술했다. 乾隆 26년(1761)의 序가 붙어 있으므로 이 무렵 편찬된 것으로 보인다. 이 판본이 규장각에 소장되어 있다. 고려대 등에는 光緖 4년(1878) 간행한 판본이 소장되어 있다. 『漢京識略』, 『弘齋全書』, 『與猶堂全書』, 『海東繹史』, 『東國輿志備考』 등에서 이 책을 인용했다.

隋東蕃風俗記

隋代 편찬자를 알 수 없는 변경의 風俗을 다룬 책. 『隋唐』에 『諸蕃風俗記』 2권이 이 책과 관련이 있는 듯하지만, 일실되어 전하지 않고 『通典』, 『通志』, 『文獻通考』 등에 일부가 인용되어 있다. 新羅의 金姓에 대한 기록이 보인다. 『海東繹史』에서도 이를 인용했다.

數理精蘊

淸 梅穀成 등이 편찬한 數學書. 梅穀成(1681~1763)은 字가 玉汝이고 號가 循齋 혹은 柳下居士이며 宣城 출신으로 梅文鼎의 손자다. 『赤水遺珍』, 『操縵卮言』 등의 저술이 있다. 梅文鼎이 편찬하기 시작한 『曆算叢書』를 완성했다. 이 책은 康熙 61년(1722) 편찬된 3부작 『律曆淵源』의 하나다. 『律曆淵源』은 康熙帝의 命으로 편찬한 曆法, 音律, 數學 등 세 분야의 叢書로, 『律呂正義』, 『曆象考成』, 『數理精蘊』으로 구성되어 있으며 전체 100권이다. 그중 『數理精蘊』은 上篇 5권, 下篇 40권, 三角函數와 對數表 8권 등 모두 53권으로 되어 있다. 上篇이 數理本源, 河圖, 洛書, 周髀經解, 幾何原本, 算法原本으로 구성되었고, 下編이 首部, 線部, 面部, 體部, 末部, 八線表, 對數闡微表, 對數表, 八線對數表 등으로 구성되어 있다. 규장각에 康熙 연간(1662~1722) 간행된 판본이 소장되

어 있으며 8권 8책의 『御製數理精蘊表』도 따로 소장되어 있다. 장서각과 존경각 등에도 이 책이 소장되어 있다. 黃胤錫의 『頤齋遺稿』에 실려 있는 「題數理精蘊寫本」에 이 책에 대한 설명이 상세하다. 李裕元의 『林下筆記』에 따르면, 1725년 譯官 安國麟, 卞重和를 天主堂에 보내 이 책을 비롯한 여러 數理書를 구해 왔다고 한다. 『湛軒書』, 『弘齋全書』, 『五洲衍文長箋散稿』 등에도 관련 기록이 보인다. 『律歷淵源』은 1790년 중국에서 구입해 온 기사가 『日省錄』에 보이고, 『頤齋遺稿』, 『湛軒書』에도 이 책에 관한 기록이 확인된다.

修文御覽

北齊 祖珽 등이 後主의 命으로 편찬한 類書. 祖珽은 字가 孝征이고 范陽 출신이다. 文林館 學士로 있을 때 이 책을 편찬했는데 『隋書』에는 365권이라 했지만 일실되었다. 淸末 敦煌石窟에서 唐代 필사본이 일부가 발견되었다. 『修文殿御覽』이라고도 한다. 『星湖僿說』과 『五洲衍文長箋散稿』 등에서 인용했지만 楊愼의 『升菴集』에서 재인용한 것으로 보인다.

水法 → 泰西水法

守山閣叢書

淸 錢熙祚가 편찬한 叢書. 錢熙祚(?~1844)는 字가 錫之이고 號는 雪枝이며 金山 출신이다. 藏書家로 이름이 높았다. 守山閣을 짓고 顧觀光 등의 명사를 초빙해 다양한 책을 校勘하고 필사했다. 『守山閣叢書』 외에도 『珠叢別祿』, 『指海』 등을 간행했다. 淸 張海鵬의 『墨海金壺』에 수록된 서적이 정밀하지 못하다고 판단하여 張文虎, 顧觀光 등과 56種의 서적을 增補하여 이 叢書를 만들었다. 經史子集 4部로 분류되어 있으며 100책이다. 經部에 趙善譽의 『易說』, 陳士元의 『易象鉤解』, 胡渭의 『易圖明辨』, 傅寅의 『禹貢說斷』, 范家相의 『三家詩拾遺』, 江永의 『周禮疑義擧要』, 『儀禮釋例』, 『禮記訓義擇言』, 李如圭의 『儀禮釋宮』, 『律呂新論』, 『古韻標準』, 高拱의 『春秋正音』, 惠棟의 『左傳補注』, 孫穀의 『古微書』, 余允文의 『尊孟辨』, 趙悳의 『四書箋義纂要』, 王引之의 『經傳釋詞』, 紀容舒의 『唐韻考』 등이, 史部에 范成大의 『吳郡志』, 『三國志辨誤』, 『宋季三朝政要』, 『宋季三朝政要』, 郭允蹈의 『蜀鑑』, 薛虞畿의 『春秋別典』, 『咸淳遺事』, 『大金弔代錄』, 劉敏中의 『平宋錄』, 편자 미상의 『至元征緬錄』, 『招捕總錄』, 『京

口耆舊傳』, 『昭忠錄』, 路振의 『九國志』, 『越史略』, 姚虞의 『嶺海輿圖』, 單鍔의 『吳中水利書』, 魏峴의 『四明它山水利備覽』, 沙克什의 『河防通議』, 權舜俞의 『廬山記』, 『廬山記略』, 王瓘의 『北道刊誤志』, 納新의 『河朔訪古記』, 玄奘의 『大唐西域記』, 艾儒略의 『職方外紀』, 董說의 『七國考』, 鍾淵映의 『歷代建元考』, 俞森의 『荒政叢書』, 陳傳良의 『歷代兵制』, 翟耆年의 『籀史』 등이, 子部에 呂祖謙의 『少儀外傳』, 謝應芳의 『辨惑編』, 李筌의 『太白陰經』, 戚繼光의 『練兵實紀』, 鄭克의 『折獄歸鑑』, 王叔和의 『脈經』, 蘇頌의 『新儀象法要』, 熊三拔의 『簡平儀說』, 李之藻의 『渾蓋通憲圖說』, 『圜容較義』, 王錫闡의 『曉庵新法』, 江永의 『數學』과 『推步法解』, 徐子平의 『珞琭子賦注』, 曇瑩의 『珞琭子三命消息賦注』, 穆尼閣의 『天步眞原』, 편자 미상의 『太淸神鑑』, 南卓의 『羯鼓錄』, 段安節의 『樂部雜錄』, 張擬의 『棋經』, 鄧玉函의 『奇器圖說』, 王徵의 『新製諸器圖說』, 粥熊의 『鬻子』, 尹文의 『尹文子』, 愼到의 『愼子』, 公孫龍의 『公孫龍子』, 劉邵의 『人物志』, 李上交의 『近事會元』, 黃朝英의 『靖康緗素雜記』, 吳曾의 『能改齊漫錄』, 高似孫의 『緯略』, 邢凱의 『坦齊通編』, 陳叔昉의 『潁川語小』, 葉寘의 『愛日齊叢抄』, 黃溍의 『日損齊筆記』, 何琇의 『樵香小記』, 李翀의 『日聞錄』, 壬惲의 『玉堂嘉話』, 鄧名世의 『古今姓氏書辯證』, 鄭處誨의 『明皇雜錄』, 『大唐傳載』, 張洎의 『賈氏談錄』, 范鎭의 『東齊記事』, 孔平仲의 『續世說』, 文瑩의 『玉壺野史』, 王讜의 『唐語林』, 朱彧의 『萍洲可談』, 曾慥의 『高齋漫錄』, 張知甫의 『張氏可書』, 『東南紀聞』, 陳長方의 『步里客談』, 陸容의 『菽園雜記』, 班固의 『漢武內傳』, 慧苑의 『華嚴經音義』, 辛鈃의 『文子』, 陳顯微의 『文始眞經言外經旨』, 朱熹의 『參同契考異』 등이, 集部에 章樵의 『古文苑』, 吳聿의 『觀林詩話』, 王正德의 『餘師錄』, 張炎의 『詞源』 등이 실려 있다. 규장각과 존경각 등에 완질이 소장되어 있는데 道光 23년(1843)의 序가 붙어 있다. 『五洲衍文長箋散稿』에 관련 기록이 보인다.

隋書

唐 魏徵 등이 太宗의 命을 받들어 편찬한 隋의 歷史書. 魏徵(580~643)은 字가 玄成이고 巨鹿 출신이며, 諫官으로 이름이 높았고 鄭國公에 봉해졌다. 이 책 외에 『類禮』가 있다. 이 책은 隋 3代 38년의 역사를 기록한 正史로, 帝紀 5권, 列傳 50권, 志 30권 등 총 85권인데, 志는 長孫無忌가 편찬했다. 권81에 高句麗, 百濟, 新羅, 靺鞨 등의 역사를 기록했다. 『燕山君日記』에 이 책을 인쇄하라

는 기록이 보인다. 尹淮의 「進讎校高麗史序」에서 『高麗史』 편찬과 관련하여 이 책을 언급했다. 『陶谷集』, 『星湖僿說』, 『與猶堂全書』, 『海東繹史』, 『五洲衍文長箋散稿』 등 많은 문헌에서 이 책을 인용했다. 규장각에 萬曆 22년(1594), 康熙 39년(1700), 乾隆 4년(1739) 등의 간기가 있는 목판본이 소장되어 있다.

漱石閒談

明 王兆雲이 편찬한 筆記雜錄. 王兆雲은 字가 元楨이고 麻城 출신인데, 萬曆 연간(1573~1620)의 문인이지만 생애는 자세하지 않다. 『詞林人物考』, 『湖海搜奇』, 『揮麈新談』, 『白醉璅言』, 『說圃識餘』, 『烏農佳話』 등의 저술이 있다. 규장각 등에 소장된 『說郛續』에 1권으로 수록되어 있다. 稀差, 魚鳥, 時蠱, 中和節, 遊月宮 등 5조만 실려 있다. 『四庫全書總目』에 『王氏雜記』 14권이 보이는데 王兆雲이 편찬한 것으로, 『湖海搜奇』 2권, 『揮麈新談』 2권, 『白醉璅言』 2권, 『說圃識餘』 2권, 『漱石閒談』 2권, 『烏衣佳話』 4권으로 구성되어 있다고 했다. 明 祁承爜의 『澹生堂藏書目』에는 『驚座新書』에 『湖海搜奇』, 『揮麈新談』, 『白醉璅言』, 『說圃識餘』 등이 수록되어 있는데 총 10권이라 했다. 『驚座新書』는 전하지 않는다. 중국 國家圖書館에 『驚座摭遺』 2권이 소장되어 있다. 『五洲衍文長箋散稿』에 『漱石閒談』이 인용되어 있다. 『與猶堂全書』에 『說圃識餘』에 대한 기록이 보인다.

隨手雜錄 → 淸虛雜著

授時通考

淸 鄂爾泰 등이 乾隆帝의 命을 받아 편찬한 農書. 鄂爾泰(1677~1745)는 滿洲 鑲藍旗人으로 字는 毅庵이다. 이 책은 乾隆 2년(1737) 鄂爾泰, 張廷玉, 永瑢 등이 편찬한 것으로, 『欽定授時通考』가 정식 이름이다. 乾隆 7년(1742) 완성하여 武英殿刻本으로 간행했다. 427종의 서적에서 농업 관련 기사를 뽑아 싣고 512폭의 그림을 넣었다. 天時, 土宜, 穀種, 功作, 勸課, 蓄聚, 農餘, 蠶桑 등 8門으로 구성되어 있으며 모두 78권이다. 규장각에는 嘉慶 13년(1808) 간행한 목판본 18권 24책이 소장되어 있다. 道光 연간(1821~1850) 판본도 규장각과 장서각에 소장되어 있다. 『五洲衍文長箋散稿』에서 여러 차례 이 책을 인용했다.

搜神記

晉 干寶가 편찬한 志怪小說集. 干寶(283~336)는 字가 令升이고 海鹽 출신이며, 『晉紀』와 함께 이 책이 대표적인 저술이다. 이 책은 본래 30권이었으나 일실되었고 『北堂書抄』, 『藝文類聚』, 『太平御覽』, 『法苑珠林』 등에 인용된 것을 수습하여 20권으로 편집한 판본이 전하는데 454편이 수록되어 있다. 敦煌石窟에서 1권이 발견되었는데 五代의 口語로 기록되어 있다. 규장각에 소장된 『漢魏叢書』, 『說郛』, 서울대 중앙도서관에 소장된 『稗海全書』 등에 이 책 일부가 수록되어 있다. 陶潛의 『搜神後記』, 曇永의 『搜神論』, 句道興의 『搜神記』, 宋代의 『搜神總記』, 元代의 『新編連相搜神廣記』, 明 羅懋登의 『搜神記』, 焦璐의 『搜神錄』 등이 이 책의 영향으로 편찬된 것이다. 규장각에는 清 唐富春이 편찬한 『新刻出像增補搜神記』도 소장되어 있다. 『希樂堂稿』, 『退溪集』 등에 『搜神記』를 읽은 흔적이 보인다. 『燕轅直指』, 『星湖僿說』, 『青莊館全書』 등에서도 이 책을 자주 인용했다.

搜神後記

晉 陶潛이 편찬한 것으로 알려진 志怪說話集. 『唐宋叢書』에는 陶潛(365~427)이 편찬자로 되어 있는데 陶潛 사후인 437년과 439년의 기사가 있으므로 후대에 假託한 것으로 보는 것이 일반적이지만, 후대에 일부가 增補되었을 가능성도 있다. 서명이 『續搜神記』로 된 데도 있다. 晉 干寶의 『搜神記』를 이었다는 뜻이다. 10권으로 되어 있으며 117條의 기사가 실려 있다. 神仙洞窟, 袁栢根碩, 韶舞, 梅花泉, 武昌山毛人, 吳猛, 謝允, 麻衣道士, 鏡耗, 郭璞自占, 杜不愆, 術士戴洋, 夏侯綜, 范啓母墓, 李子豫, 斛茗瘕, 腹瑕病, 蕨蛇, 周眕奴, 胡道人, 沙門曇猷, 歷陽神祠, 高荀 등의 제목을 달았다. 『四庫全書』에 10권으로 편입되어 있다. 『說郛』에는 陶潛이 편찬한 것으로 하여 2권이 편입되어 있다. 규장각에 소장된 『漢魏叢書』, 『龍威秘書』, 『叢書』에도 수록되어 있다. 『青莊館全書』, 『五洲衍文長箋散稿』 등에서 이 책을 인용했다.

殊域周咨錄

明 嚴從簡이 편찬한 중국 주변 국가에 관한 地理書. 嚴從簡은 字가 仲可이고 號가 紹峰이며 浙江 嘉興 출신이다. 嘉靖 38년(1559) 進士가 되었고 隆慶 元年(1567) 婺源縣丞이 되었다. 이 책 외에 『安南來威輯略』, 『詩教』, 『使職文獻

通編』 등의 저술을 남겼다. 이 책은 萬曆 2년(1574) 완성한 것으로, 중국 주변 국가를 東夷, 南蠻, 西戎, 北狄 넷으로 나누고 각국의 山川, 民族, 風俗, 物產 등을 전체 24권에 서술했다. 朝鮮, 日本, 琉球, 安南, 占城, 眞臘, 暹羅, 滿剌加, 爪哇, 三佛齊, 渤泥, 瑣里古里, 蘇門答臘, 錫蘭, 蘇祿, 麻剌, 忽魯謨斯, 佛郎機, 雲南百夷, 吐蕃, 佛菻, 榜葛剌, 默德那, 天方國, 哈密, 土魯番, 赤斤蒙古, 安定阿端, 曲先, 罕東, 火州, 撒馬兒罕, 亦力把裏于闐, 哈烈, 韃靼, 兀良哈, 女眞 등으로 편차되어 있다. 朝鮮은 東夷에 포함하여 다루었으며 箕子부터 朝鮮 中宗 연간까지의 역사와 지리를 소개하고 嚴從簡의 按을 붙였다. 중국 國家圖書館에 萬曆 연간(1573~1620) 간본이 소장되어 있다. 대만 故宮博物院圖書館에서 1930년 活字本으로 간행한 것이 서울대 중앙도서관 등에 소장되어 있다. 『續修四庫全書』에도 수록되었다. 『燃藜室記述』, 『海東繹史』 등에 관련 기록이 보인다.

水雲錄

南宋 葉夢得이 편찬한 筆記雜錄. 葉夢得(1077~1148)은 字가 少蘊이고 號가 石林居士이며 吳縣 출신이다. 만년에 湖州 玲瓏山의 石林에서 은거하며 독서와 저술에 몰두했다. 저서로 『石林燕語』, 『玉澗雜書』, 『石林避暑錄』, 『巖下放言』, 『健康集』, 『石林詩話』, 『春秋考』, 『春秋傳』, 『春秋獻』 등이 있다. 이 책은 일실되어 전하지 않고, 元 胡古愚의 『樹藝篇』, 明 李時珍의 『本草綱目』, 明 周文華의 『汝南圃史』 등에 상당 부분이 인용되어 전한다. 『五洲衍文長箋散稿』에서 이 책을 인용했는데 같은 내용이 『物理小識』와 『本草綱目』 등에 보이므로 재인용한 듯하다. 明 楊溥가 같은 서명의 저술을 남겼다.

隨隱漫錄

南宋 陳世崇이 편찬한 雜錄. 陳世崇(1245~1309)은 字가 伯仁이고 號가 隨隱이며 臨川 출신인데, 撫州 崇仁에 거주했다. 『帶格』, 『上壽拜舞記』, 『從駕記』 등의 저술이 陳隨隱이라는 이름으로, 『玉食批』가 司膳內人의 저술로 『說郛』에 실려 있지만 모두 이 책에 나오는 내용을 따로 편집한 것이다. 이 책은 12권으로 宋末의 잡다한 내용을 기술했지만 지금은 5권만 전한다. 규장각 등에 소장된 『稗海』에 실려 있는데 서명이 『隨隱錄』으로 되어 있다. 『四庫全書』에는 『隨隱漫錄』으로 5권이 실려 있다. 『五洲衍文長箋散稿』에서 여러 차례 이 책을 인용했다.

袖中錦

南宋 太平老人이 편찬한 筆記雜錄. 『四庫全書總目』에는 書籍商이 이 이름으로 가탁하여 편찬한 것이라 했다. 『格致叢書』, 『學海類編』 등에 1권으로 실려 있다. 天下第一이라는 항목 아래 監書, 內酒, 端硯, 洛陽花, 建州茶, 蜀錦, 定磁, 浙漆, 吳紙, 晉銅, 西馬, 東絹, 契丹鞍, 夏國劍, 高麗秘色, 興化軍子魚, 福州荔眼, 溫州挂, 臨江黃雀, 江陰河豚, 金山咸豉, 簡寂觀苦筍, 華門把鮓, 京兵, 福建出秀才, 大江以南士大夫, 江西湖外長老, 京師婦人 등을 소개했다. 『星湖僿說』과 『海東繹史』, 『五洲衍文長箋散稿』에서 이 책을 인용하여 高麗의 秘色磁器를 설명했다.

遂初堂書目

南宋 尤袤가 편찬한 書目. 尤袤(1127~1194)는 字가 延之이고 號가 遂初居士이며 無錫 출신이다. 문집 『梁溪遺稿』를 남겼다. 九龍山 아래에 書室 遂初堂을 짓고 수많은 책을 소장했는데 이 책은 遂初堂의 藏書 目錄이며 1권이다. 經史子集 4部로 나누고 다시 44類로 나누어 기술했다. 규장각 등에 소장된 『說郛』에 이 책이 실려 있다. 『海東繹史』에서 이 책을 인용해 高麗本 『孟子』를 소개했다. 『明臯全集』, 『研經齋全集』 등에도 이 책이 보인다.

水村易鏡

南宋 林光世가 『周易』을 풀이한 책. 林光世는 字가 逢聖이고 莆田 출신이며, 『周易』에 능하여 淳祐 11년(1251) 조정으로 들어가 벼슬을 했다. 이 책은 전남대 도서관 등에 소장된 『通志堂經解』에 1권으로 실려 있다. 序에 따르면 淳祐 6년(1246) 편찬이 완료되었다. 名山大川을 64卦에 分配하여 地理에 응용했다. 『靑莊館全書』, 『研經齋全集』, 『五洲衍文長箋散稿』 등에서 이 책을 언급했다.

水滸傳

元 施耐庵이 지은 小說. 施耐庵(1296~1371)은 本名이 施彦端이고 泰州 海陵縣 혹은 蘇州 吳縣 출신이다. 이 소설은 『水滸志』라고도 한다. 宋江 등 108인의 遊俠이 梁山泊을 근거지로 조정의 부패와 관료의 비행에 저항하는 내용이다. 嘉靖 연간(1522~1566) 高儒의 『百川書誌』에 施耐庵이 짓고 羅貫中이 편차한 『忠義水滸傳』 100권을 언급하고 있는데 가장 이른 시기의 판본으로 추

정된다. 天啓 연간(1621~1627)과 崇禎 연간(1628~1644) 楊定見의 120回本『忠義水滸之傳』, 明末淸初에 金聖嘆이 편차한 50회본『第五才子書水滸志』(『評論出像水滸傳』이라고도 한다) 등이 널리 유통되었다. 규장각에는 이 소설의 어휘를 풀이한『水滸誌語錄』,『水滸誌語錄解』등이 소장되어 있으므로 이 책이 조선 후기에 널리 읽혔음을 알 수 있다. 규장각에 金聖嘆의 評을 붙인『評論出像水滸傳』20권 20책이 소장되어 있는데 順治 14년(1657) 간행된 판본이다. 장서각, 국립중앙도서관 등에도 여러 종의 판본이 소장되어 있다.『惺所覆瓿藁』,『澤堂集』,『蘇齋集』,『頭陀草』,『燕巖集』,『丹陵遺稿』,『靑莊館全書』,『而已广集』등 여러 문헌에 이 소설이 언급되었다.『星湖僿說』에서는 따로 항목을 두어 자세히 소개했다.『仁祖實錄』(1637년 11월 24일)에는 淸 사신이『西遊記』와 함께 이 책을 요청했는데 구할 수 없다고 답한 기록이 보인다.

塾講規約

淸 施璜이 講學의 規約에 관해 기술한 글. 施璜(?~1706)은 字가 虹玉이고 休寧 출신이며,『誠齋文集』,『小學近思錄』,『發明』등의 저술이 있다. 이 책은 尙道德, 定宗派, 持敬, 繹註, 力行, 習六藝, 育英才, 務謙虛, 防間斷 등 9條로 되어 있다. 규장각 등에 소장되어 있는『昭代叢書』에 수록되어 있다.『靑莊館全書』에 실려 있는「塾講規約圖跋」에 따르면 李德懋가 이 책을 읽고 塾講規約圖를 만들었다고 한다.『五洲衍文長箋散稿』에도 이 책이 인용되어 있다.『勉菴集』에서도 이 책을 언급한 바 있다.

順渠文錄

明 王道의 文集. 王道(1487~1547)는 字가 純甫이고 號가 順渠이며 山東 武城 출신이다. 正德 연간(1506~1521) 進士가 되어 侍郎을 지냈다.『林下筆記』에 그 생애가 요약되어 있다. 그의 문집『順渠先生文錄』이 일본 內閣文庫에 소장되어 있는데 12권이다.『國史經籍志』에 보이는『順渠集』12권이 이 책과 같은 듯하다.『五洲衍文長箋散稿』에서 인용한 내용은『明儒學案』에 실려 있는「文定王順渠先生道」에 보인다.

荀爽周易 → 周易傳

荀子

戰國時代 荀況과 그 문인들이 지은 諸子百家書. 荀況(B.C.313?~B.C.238)은 戰國時代 趙 출신으로 孫卿, 荀卿으로도 불린다. 이 책은 『孫卿子』, 『荀卿子』라고도 한다. 『漢書』에는 『孫卿子』 33篇이라고 되어 있고 『隋書』, 『舊唐書』 등에는 『孫卿子』 12권으로, 『唐書』에는 『荀卿子』 12권으로, 『宋史』에는 『荀子』 20권으로 되어 있는데 현재는 32편이 전한다. 唐 楊倞이 韓 劉向의 편목에 의거하여 정리한 것이 통용된다. 문인의 글로 추정되는 大略, 宥坐, 子道, 法行, 哀公, 堯問 등 6편을 마지막에 붙였다. 『四部叢刊』과 『四部備要』 등에 수록되어 있다. 이 책이 이른 시기부터 우리나라에 전해졌지만 어떠한 판본인지는 확인되지 않는다. 『三峰集』, 『容齋集』, 『惺所覆瓿稿』, 『星湖僿說』, 『與猶堂全書』 등에 관련 기록이 보인다. 규장각에 明代의 간본 20권 3책이 소장되어 있다. 淸 郝懿行이 注를 단 『荀子補注』, 淸 王先謙이 集解한 『荀子集解』 등도 규장각에 소장되어 있다. 국립중앙도서관, 고려대 등에도 여러 종의 판본과 주석서가 소장되어 있다.

順宗實錄

唐 韓愈가 편찬한 唐 順宗의 實錄. 韓愈(768~842)는 字가 退之이고 河陽 출신이며 韓昌黎로 불린다. 文集 『昌黎集』이 전한다. 이 책은 5권이며 永貞 元年(805) 정월 즉위한 날부터 8월 붕어할 때까지의 역사를 기술했다. 규장각에 소장된 『朱文公校昌黎先生文集』, 『韓文』, 『唐韓昌黎集』 등에 5권으로 실려 있으며, 『史記短長說』에도 이 책이 합철되어 있다. 『仁祖實錄』, 『芝峯類說』, 『遲川集』, 『宋子大全』, 『南溪集』, 『海東繹史』 등 많은 문헌에 이 책이 보인다.

述異記

梁 任昉이 편찬한 志怪小說集. 任昉(460~508)은 字가 彦升이고 樂安 博昌 출신이다. 『雜傳』, 『地理書抄』, 『地記』 등의 저술이 있었지만 『述異記』, 『文章緣起』 외에는 전하지 않는다. 明代에 문집 『任彦升集』이 편집되어 간행되었다. 이 책은 『述異志』라고도 한다. 2권에 300여 條의 기사가 실려 있는데 기괴한 야담이나 불교 설화 등이 중심을 이룬다. 南宋 臨安府에서 飜刻한 『隨庵叢書』에 실린 판본이 善本으로 알려져 있다. 규장각 등에 소장된 『說郛』, 『說鈴』, 『漢魏叢書』 등에도 실려 있다. 계명대 등에 필사본이 소장되어 있다. 『燕巖

集』,『青莊館全書』,『警修堂全藁』,『舫山集』,『海東繹史』 등에 관련 기록이 보인다.『記言』과『五洲衍文長箋散藁』에는『述異志』로 인용되어 있다.

崇寧雞林志 → 雞林志

崇文總目

北宋 王堯臣 등이 仁宗의 命으로 편찬한 書目. 王堯臣(1003~1058)은 字가 伯庸이고 應天府 虞城 출신이다. 仁宗 13년(1034) 翰林學士 張觀, 李淑, 宋祁 등이 館閣과 秘閣에 소장된 서적을 교감하여 書目을 정리했고, 翰林學士 王堯臣, 聶冠卿, 郭稹, 呂公綽, 王洙, 歐陽修 등의 교정을 거친 후 唐代에 편찬된『開元群書四部錄』을 원용하여 慶曆 元年(1041) 66권으로 완성했다. 書名은 仁宗이 내린 것이다. 經史子集의 四部에 45類로 분류하여 北宋 前期의 圖書 3,445종을 수록했다. 5권의『崇文總目輯釋』도 따로 편찬되었다. 이 책은 南宋 때부터 희귀해졌는데 明 范欽의 天一閣에 소장되어 있던 판본을 淸 康熙 연간(1662~1722) 朱彝尊이 抄錄했고 이것이『四庫全書』에 12권으로 편입되었다.『汗筠齋叢書』,『粤雅堂叢書』,『後知不足齋叢書』,『叢書集成』 등에도 수록되었다.『靜觀齋集』,『江漢集』,『青莊館全書』,『明皐全集』,『研經齋全集』,『與猶堂全書』,『海東繹史』,『五洲衍文長箋散稿』 등에 이 책이 언급되었다.

嵩陽石刻集記

淸 葉封이 宋, 金, 元, 明의 金石文을 모은 책. 葉封(1623~1687)은 字가 井叔이고 號가 慕廬 또는 退翁이며 先世에는 浙江 嘉善에 거주하다가 후에 湖北 黃陂로 옮겨 살았다. 문집『慕廬集』이 전한다. 이 책은 康熙 12년(1673) 登封知縣으로 있을 때 편찬한 것으로 그 북쪽에 嵩山이 있어 이 이름이 붙었다. 漢代의 嵩山太室神闕銘, 開母廟石闕銘, 少室神道石闕銘, 唐代의 則天封祀壇碑, 夏日游石淙詩 등 중요한 자료를 담고 있다.『四庫全書』에 2권으로 수록되어 있다.『五洲衍文長箋散稿』에 관련 기록이 보인다.

拾遺記

東晉 王嘉가 편찬한 志怪小說集. 王嘉(?~390)는 字가 子年이고 隴西 安陽 출신이며『晉書』에 立傳되어 있다. 이 책은『王子年拾遺記』,『拾遺錄』이라고도

한다. 원래 19권 220편이었지만 일실되고 梁 蕭綺가 다시 10권으로 편집했다. 9권까지는 伏羲, 神農氏에서 晉까지의 遺事를 기록했고 마지막 1권은 崑崙山, 九仙山 등에 대해 기록했다. 규장각에 소장된『漢魏叢書』,『百子全書』,『稗海』 등에 이 책이 실려 있다.『芝峯類說』,『海東繹史』,『五洲衍文長箋散稿』 등에서 이 책을 소개했다.

拾遺名山記 → 名山記

習學記言

南宋 葉適이 편찬한 筆記雜錄. 葉適(1150~1223)은 字가 正則이고 號가 水心居士이며 永嘉 출신이다. 寶文閣學士를 지냈으며『葉適集』,『水心文集』 등의 저술이 있다. 이 책은 歷代의 저술을 평한 것으로 經 14권, 諸子 7권, 史 25권, 宋文鑑 4권 등 50권으로 되어 있다.『習學記言序目』이라고도 한다.『四庫全書』에 실려 있다. 宋代의 간본을 저본으로 하고 光緖 11년(1885) 序가 있는 石印本 50권이 서울대 중앙도서관에 소장되어 있다.『五洲衍文長箋散稿』에서 이 책을 언급했다.

升菴集

明 楊愼의 文集. 楊愼(1488~1559)은 字가 用修이고 號가 升庵이며 新都 출신이다.『升菴集』 외에『丹鉛總錄』,『升庵詩話』 등 280여 종의 저술을 남겼다. 이 책은『升庵集』 또는『升庵全集』이라고도 한다. 張士佩, 宋可泉 등이 楊愼의 조카 楊有仁에게서 文集을 구하여 萬曆 10년(1582) 간행했는데 고려대에 동일한 계열로 추정되는 판본이 소장되어 있다. 이 판본을 萬曆 29년(1601) 陳邦瞻, 王藩臣 등이 교정하고 楊愼의 遺書인 文章 2편과 詩 31편을 덧붙여 다시 간행했는데 규장각에 이 계열의 목판본『升庵先生文集』 81권 18책이 소장되어 있다. 卷頭에 宋可泉, 陳文燭, 王藩臣 등의 序와 目錄이 실려 있고, 賦, 封事, 序, 記, 論, 辯, 說, 書, 墓碑銘, 祭文, 跋, 贊, 詞, 傳 등을 싣고, 이어 古樂府와 各體의 詩를 실었으며 易, 書, 詩, 春秋, 禮, 樂, 四書, 諸子, 史, 文, 詩, 字學, 語, 雜類, 仙佛, 天文, 地理, 花木, 鳥獸 등의 雜錄을 수록했다. 마지막에 文章과 詩 등의 補遺를 싣고 跋을 붙였다. 그 후 乾隆 60년(1795) 養拙山房에서 목판본으로『升菴全集』 81권 26책이 간행되었는데 이 역시 규장각에 소장되어 있

다. 앞뒤에 明 湯日昭의 序와 王象乾의 跋이 붙어 있으며, 古樂府 등 各體의 詩에 이어 碑文, 墓誌銘, 記, 序, 題辭, 詮, 說, 書牘, 書, 跋, 贊, 箴, 祭文 등을 실었다. 규장각에 道光 24년(1844) 간행한 『楊升菴外集』도 소장되어 있다. 李廷龜의 「寄朴子龍」에 이 책을 주고받은 사실이 기록되어 있다. 『芝峯類說』, 『月沙集』, 『象村稿』 등에 楊愼의 문집에 대한 기록이 보인다. 『星湖全書』, 『燕巖集』, 『青城集』, 『青莊館全書』, 『五洲衍文長箋散稿』 등에도 이 책을 인용했다.

乘異記

北宋 張君房이 편찬한 雜錄. 張君房은 岳州 安陸 출신이며 宋 咸平 연간(998~1003) 활동했지만 이력이 자세하지 않다. 藏書家로도 이름이 높고 이 책 외에 『雲笈七籤』, 『麗情集』을 남겼다. 이 책은 『直齋書錄解題』 등에는 3권으로 되어 있지만 원문은 일실되었다. 규장각에 소장된 『說郛』에는 安第三等眼, 論雎雄龍, 沈彬石墓, 化鶴丹 등 4조만 실려 있다. 『類說』에는 天水碧, 道士唱感庭秋詞 등 11조가 실려 있다. 규장각에 소장된 『叢書』, 『龍威秘書』 등에도 일부가 수록되어 있다. 신이한 이야기가 대부분이다. 『五洲衍文長箋散稿』에서 이 책을 인용했다.

勝朝彤管拾遺記 → 彤史拾遺記

詩經群義

清 陳弘緒가 『詩經』을 풀이한 책. 陳弘緒(1597~1665)는 字가 士業이고 號가 石莊인데 明 文德翼의 『求是堂文集』에 傳이 실려 있다. 이 글에 따르면 이 책 외에 『石莊集』, 『周易備考』 등 많은 저술이 있었지만 모두 전하지 않는다. 『五洲衍文長箋散稿』에 『詩傳群義』로 서명만 소개했는데 『詩經群義』의 잘못이다. 이 책은 清 朱彝尊의 『經義考』에서 보지 못한 책이라 했으므로 일실된 듯하다.

詩經比義述 → 詩比義述

詩經疑問

南宋 朱倬이 『詩經』을 풀이한 책. 朱倬(1086~1163)은 字가 漢章 혹은 孟章이고 號가 盱黎이며 閩縣 출신이다. 이 책은 『通志堂經解』와 『四庫全書』 등에 7권

으로 실려 있다. 대만 故宮博物院圖書館에 元 至正 7년(1367)의 간본이 따로 전한다. 『靑莊館全書』, 『硏經齋全集』, 『五洲衍文長箋散稿』에 이 책이 소개되어 있지만 淸 法式善의 『陶廬雜錄』에서 가져온 듯하다. 明 姚舜牧이 편찬한 같은 이름의 저술이 『四庫全書』에 수록되어 있다.

詩經人物攷

明 林世陞이 『詩經』의 인물에 관해 기술한 책. 林世陞은 閩縣 출신으로 尙書를 지낸 林爊의 아들이지만 字號와 이력이 밝혀져 있지 않다. 淸 黃虞稷의 『千頃堂書目』에는 『毛詩人物志』 34권이 소개되어 있는데 元 王應麟의 『書傳圖要』를 바탕으로 한 것이라 했다. 이 책과 동일한 듯하지만 모두 전하지 않는다. 『五洲衍文長箋散稿』에는 林天崇의 『詩經人物攷』로 소개되어 있는데, 天崇은 그의 字로 추정된다. 淸 周亮工의 『因樹屋書影』에서는 서명을 『詩經書經人物考』라 했다.

詩經傳說彙纂

淸 王鴻緖 등이 『詩經』의 주석을 모은 책. 王鴻緖(1645~1723)는 初名이 度心인데 進士가 된 이후 鴻緖로 개명했다. 字는 季友이고 號는 儼齋, 橫雲山人 등을 사용했으며, 華亭 張堰鎭 출신이다. 『明史』 편찬의 總裁가 되어 張玉書 등과 함께 『明史』의 主編을 맡았으며 『佩文韻府』 편찬도 담당했다. 문집으로 『橫雲山人集』이 전한다. 이 책은 雍正帝의 命을 받아 편찬한 것으로 『欽定詩經傳說彙纂』이라 한다. 규장각에 雍正 5년(1727) 간행된 판본 32권이 소장되어 있다. 經文을 大字로 적고 中字로 朱熹의 集傳을 기록했으며 小字로 集說 등을 적었다. 『五洲衍文長箋散稿』에 소개되어 있다.

詩經朱傳翼

明末淸初 孫承澤이 『詩經』을 풀이한 책. 孫承澤(1593~1676)은 字가 耳北 혹은 耳伯이며 號는 北海, 退谷, 退翁 등을 사용했다. 山東 益都 출신으로 兵科給事中을 지냈다. 『春明夢餘錄』, 『元朝典故編年考』, 『典制紀略』, 『四朝人物略』 등 많은 저술을 남겼다. 이 책은 康熙 初年(1672~1676) 간행된 판본이 중국 復旦大 등에 소장되어 있는데 30권이다. 朱熹의 『詩集傳』을 주로 하되 小序도 적극 수용했다. 『五洲衍文長箋散稿』에 『詩經朱翼』으로 소개되어 있다.

詩規

明 張陛가 편찬한 詩學書. 張陛는 字가 登子이고 號가 小隱이며 山陰 출신인데, 崇禎 연간(1628~1644)의 문인이지만 자세한 이력은 밝혀져 있지 않다. 『救荒事宜』, 『引勝小約』 등의 저술이 있다. 이 책은 詩學書로 추정되지만 전하지 않아 내용을 알기 어렵다. 『五洲衍文長箋散稿』에서 淸 魏憲의 『詩持』를 인용하여 張陛가 두 눈이 멀었는데 『詩規』 2권과 『纂文』 4권을 저술했다고 했다.

詩紀 → 呂氏讀詩紀

詩旁注

明 朱升이 『詩經』의 주석을 모은 책. 朱升(1299~1370)은 字가 允升이고 安徽 休寧 출신으로, 明의 開國功臣이다. 『朱楓林集』, 『女戒』, 『五經旁訓』 등의 저술이 있다. 『明史』, 『千頃堂書目』, 『經義考』 등에 이 책이 8권으로 소개되어 있다. 『經義考』에는 이 책과 별도로 『毛詩旁注』를 소개하고, 보지 못한 책이라 했다. 『五洲衍文長箋散稿』에 『詩旁注』로 소개되어 있다. 8권의 『詩旁注』는 지금 확인되지 않고 4권의 『詩經旁注』가 대만 故宮博物院圖書館에 소장되어 있다. 같은 곳에 萬曆 14년(1586)의 간본 『五經旁訓』 19권이 소장되어 있는데 『春秋旁訓』, 『禮記旁訓』, 『詩經旁訓』, 『書經旁訓』, 『易經旁訓』 등으로 구성되어 있다. 그중 『詩經旁訓』은 4권이다. 『詩經旁注』와 『詩經旁訓』은 동일한 책으로 보이지만 『詩旁注』와의 관련성은 확인할 수 없다.

謚法纂

明 孫能傳이 明代 謚法의 규정과 사례를 정리한 책. 孫能傳은 寧波 출신으로 字가 一之인데, 萬曆 33년(1605)에 出仕하여 工部員外郎을 지냈지만 자세한 이력은 밝혀져 있지 않다. 張萱과 함께 『內閣藏書目錄』을 편찬했고 『益智編』도 그의 저술이다. 이 책은 明代의 謚法의 規定과 事例를 帝后, 皇妃, 東宮, 公主, 親王, 郡王, 王妃, 文武大臣으로 구분하여 정리한 것으로, 功令, 謚法, 尊謚, 臣謚 등의 편제로 되어 있다. 萬曆 45년(1617) 10권으로 간행된 판본이 규장각 등에 소장되어 있다. 『靑莊館全書』, 『五洲衍文長箋散稿』 등에 관련 기록이 보인다.

詩辨學 → 詩書周禮辨學

詩譜

漢 鄭玄이 『詩經』을 풀이한 책. 鄭玄(127~200)은 字가 康成이고 山東 北海 高密 출신으로, 訓詁學과 經學의 始祖로 평가되며, 經學의 今文과 古文 외에 天文, 曆數 등에 이르기까지 광범한 분야에 업적을 남겼다. 今文派와 古文派를 통합하여 『周易』, 『尙書』, 『毛詩』, 『周禮』, 『儀禮』, 『禮記』, 『論語』, 『孝經』 등의 경전에 주석을 달았는데 이 책과 함께 『周禮』, 『儀禮』, 『禮記』의 註解 등만 전한다. 이 책은 『鄭氏詩譜』, 『毛詩譜』라고 한다. 唐 孔穎達의 『毛詩正義』에 이 책을 수록하고 있다. 『四庫全書』에는 漢 毛亨의 『毛詩註疏』와 함께 이 책 1권이 붙어 있는데 鄭玄의 「詩譜序」가 실려 있다. 宋 歐陽修가 이 책을 보완하여 『鄭氏詩譜補亡』을 편찬했는데, 中國이나 朝鮮의 문헌에서 『詩譜』 혹은 『鄭氏詩譜』라 한 것은 대부분 『鄭氏詩譜補亡』을 가리킨다. 淸 納蘭性德이 교정하고 通志堂에서 간행한 『詩本義』가 전남대에 소장되어 있는데 여기에 『毛詩指說』 등과 함께 실려 있다. 『江漢集』, 『惕齋集』, 『靑莊館全書』, 『與猶堂全書』, 『研經齋全書』, 『弘齋全書』, 『海東繹史』, 『五洲衍文長箋散稿』 등에 이 책에 대한 기록이 보인다. 『說郛』에 실려 있는 『詩譜』는 元 陳繹曾이 편찬한 다른 책인데 『弘齋全書』에서 서명을 밝히지 않고 그 내용을 인용했다. 淸 胡元儀가 편찬한 『毛詩譜』도 전한다. 朝鮮의 南紀濟가 같은 서명의 책을 편찬했는데 내용은 다르다.

詩譜補亡 → 鄭氏詩譜補亡

詩本音 → 音學五書

詩比義述

淸 王千仞이 『詩經』을 풀이한 책. 王千仞(1709~1797)은 淸 朱珪의 『知足齋集』에 실려 있는 墓誌銘에 자세한데, 이에 따르면 字가 啓丹이고 號는 涵齋이며 無錫 출신이라 한다. 이 책은 乾隆 57년(1792) 간기가 있는 목판본 『詩經比義述』 8권이 중국 國家圖書館에 소장되어 있다. 戴震의 문집 『戴東原集』에 乾隆 28년(1763) 戴震의 詩比義述序가 실려 있다. 『五洲衍文長箋散稿』에는 書

名만 소개되어 있다.

詩書心法

明 王達이 『詩經』과 『書經』을 풀이한 책. 王達은 字가 達善이고 號가 耐軒居士이며 無錫 출신이다. 永樂 연간(1403~1424)의 학자로 侍讀學士를 지냈다. 『洪武實錄』 편찬에 참여했으며 書法에 뛰어났다. 『筆疇』, 『椒宮舊事』 등의 저술이 있다. 이 책은 『明一統志』와 『明史』 등에 기재된 王達의 저술 목록 중에 서명만 확인될 뿐 전하지 않는다. 『五洲衍文長箋散稿』에서 그의 저술로 이 책과 함께 『禮經選注』도 소개했지만 역시 전하지 않는다.

詩書周禮辨學

南宋 王居正이 『詩經』, 『書經』, 『周禮』 등을 풀이한 책. 王居正(1087~1151)은 字가 剛中이고 揚州 출신이며, 『三經義辨』, 『辨學外集』 등의 저술이 있다. 北宋의 畵家 王居正과는 다른 인물이다. 『宋史』에 따르면 이 책은 王居正이 北宋 王安石 父子의 학설을 비판하기 위하여 42편으로 엮은 7권의 책이다. 또 『宋史』에서는 楊時가 편찬한 미완의 『三經義辨』을 王居正에게 주어 완성하게 했는데 이에 王居正이 『書辨學』 13권, 『詩辨學』 20권, 『周禮辨學』 5권, 『辨學外集』 1권을 편찬했다고 되어 있다. 두 책이 같은 것인지는 확인하기 어렵다. 『星湖僿說』에서는 紹興 연간(1131~1162) 知溫州 王居正이 『詩書周禮辨學』 39권을 올려 王安石의 학설을 바로잡았다고 한 것으로 보아 같은 책으로 본 듯하다. 지금 전하지 않는다. 『五洲衍文長箋散稿』에서는 『書辨學』과 『詩辨學』, 『周禮辨學』을 각기 소개했다.

詩說

漢 申培가 『詩經』을 풀이한 책. 申培(B.C.219?~B.C.135)는 申公 혹은 申培公이라고도 하는데 魯 曲阜 출신으로 今文 『詩經』을 연구하여 魯詩學을 창시했다. 『漢書』에 『魯故』, 『魯說』 등의 저술이 있었다고 하지만 일실되었다. 이 책은 『申培詩說』, 『魯詩說』이라고도 한다. 『漢魏叢書』, 『說郛』 등에 1권으로 실려 있다. 『明齋遺稿』, 『陶谷集』, 『星湖全集』, 『青莊館全書』, 『明皐全集』, 『弘齋全書』, 『與猶堂全書』, 『研經齋全集』, 『五洲衍文長箋散稿』 등 여러 문헌에서 이 책을 언급했다. 특히 徐瀅修, 成海應 등이 이 책을 자세히 설명했다. 『五洲衍

文長箋散稿』에서 『魯詩解』를 인용했는데 이 책을 이르는 듯하다. 『說略』, 『丹鉛總錄』 등에 동일한 내용이 보이므로 재인용인 듯하다.

詩說
北宋 張耒가 『詩經』을 풀이한 책. 張耒(1054~1114)는 字가 文潛이고 號가 柯山이며 楚州 淮陰 출신이다. 起居舍人을 지냈다. 이 책과 함께 『明道雜志』를 남겼으며, 규장각에 그의 산문을 선발한 『宛丘先生文粹』가 전한다. 이 책은 『通志堂經解』에 1권으로 12條가 실려 있다. 『惕齋集』에서 이 책을 자세히 다루었다. 12조로 되어 있는데 漢 鄭玄의 說을 부연한 것이라 했고, 宋 李樗와 黃櫄의 『毛詩集解』에 6조가 보인다고 했다. 『靑莊館全書』, 『硏經齋全集』, 『五洲衍文長箋散稿』에도 이 책을 소개했다.

侍兒小名錄 → 補侍兒小名錄

詩緯
『詩經』의 緯書. 西漢末에 孔子를 가탁하여 經義에 길흉화복의 의론을 붙인 豫言書로 七經에 대응해 『易緯』, 『書緯』, 『詩緯』, 『禮緯』, 『樂緯』, 『春秋緯』, 『孝經緯』의 7종을 七緯라 하는데 그중 하나다. 『詩緯』는 『詩經』을 陰陽, 律曆 등으로 附會하여 天人感應의 說로 설명한 것이다. 明 楊喬嶽이 편찬한 明代의 간본이 일본 公文書館 등에 소장되어 있다. 『七緯』는 淸 趙在翰이 38권으로 편집해 嘉慶 14년(1809) 간행한 바 있다.

詩疑
南宋 王柏이 『詩經』을 풀이한 책. 王柏(1197~1274)은 婺州 金華 출신으로 字가 會之 혹은 伯會이고 號는 長嘯와 魯齋 등을 사용했다. 王栢으로도 표기한다. 『書疑』, 『讀易記』 등의 저술이 있다. 스승 何基가 세상을 떠났을 때 心喪을 한 전례가 조선시대 학자들의 관심을 끌었다. 이 책은 『通志堂經解』에 2권으로 실려 있다. 淸 胡鳳丹의 『金華叢書』에도 실려 있는데 규장각에 소장된 『金華叢書書目提要』에 이 책에 대한 설명이 보인다. 『惕齋集』에서 『詩疑』가 國風을 32篇으로 산삭하고 「何彼穠矣」를 「王風」에 넣었다는 등 다양한 내용을 자세히 설명하고, 王伯이 朱熹의 학설을 연원으로 삼되 章次와 經文을 바꾸었

지만 논의가 공정하다고 했다. 『研經齋全集』에도 이 책에 대한 자세한 설명이 보인다. 『五洲衍文長箋散稿』에서도 이 책을 소개했다.

詩義問 → 毛詩義問

尸子

戰國時代 晉 尸佼가 편찬한 諸子百家書. 尸佼(B.C.390?~B.C.330?)는 魯國 출신으로 商鞅의 門客이었는데 商鞅이 피살된 후 도망하여 이 책을 저술했다고 한다. 『隋書』에는 20권이라고 되어 있는데, 후에 9편이 없어져 魏 黃初 연간(220~226)에 9편을 續補했지만 이후 다시 일실되어 宋末에는 1권만 남았다. 淸 孫星衍이 補輯한 『平津館叢書』에 수록된 판본과, 汪繼培가 補輯한 『湖海樓叢書』에 수록된 판본, 任兆麟 등이 補輯한 『心齋十種』에 수록된 판본 등이 알려져 있다. 勸學, 貴言, 四義, 明堂, 分, 發蒙, 恕, 治天下, 仁意, 廣澤, 綽子, 處道, 神明 등으로 되어 있는데 儒家, 墨家, 道家, 法家 등 잡다한 사상을 포함하고 있다. 규장각에 소장된 『平津館叢書』, 『湖海樓叢書』, 『心齋十種』 등에 수록되어 있다. 『百子全書』, 『玉函山房輯佚書』 등에도 실려 있다. 『希樂堂稿』, 『研經齋全集』, 『與猶堂全書』, 『星湖僿說』 등에 관련 기록이 보인다.

詩傳

北宋 王巖叟가 『詩經』을 풀이한 책. 王巖叟(1043~1093)는 字가 彦霖이고 大名 淸平 출신으로, 『韓忠獻別錄』 등의 저술이 있다. 『宋史』에 그의 저술로 『易詩春秋傳』을 들고 있는데 『易傳』, 『詩傳』, 『春秋傳』을 풀이한 것을 합친 책을 이르는 듯하다. 『五洲衍文長箋散稿』에는 그의 저술로 이 책과 함께 『易傳』을 들고 있지만 모두 전하지 않는다.

詩傳群義 → 詩經群義

詩傳旁通

元 梁益이 宋 朱熹의 『詩集傳』을 풀이한 책. 梁益은 字가 友直이고 江陰 출신인데 朱熹의 학문을 계승했다. 이 책 외에 『詩緖餘』, 『史傳姓氏纂』 등의 저술이 있다. 이 책은 朱熹의 『詩集傳』에 나오는 物名을 訓詁한 것이다. 『四庫全

書』에 15권으로 실려 있다. 『金陵集』, 『研經齋全集』, 『五洲衍文長箋散稿』 등에서 이 책을 소개했다.

詩傳附錄纂疏

元 胡一桂가 朱熹의 『詩經』 풀이를 集成한 책. 胡一桂(1247~?)는 徽州 婺源 출신으로 字가 庭芳이고 號는 雙湖이다. 부친 胡方平의 학문을 이어받아 易學에 정통하여 『周易啓蒙翼傳』, 『周易本義附錄纂注』 등을 편찬했다. 『十七史纂古今通要』도 그의 저술이다. 이 책은 『朱子詩傳附錄纂疏』, 『詩傳附錄纂疏』, 『詩集傳纂疏』라고도 한다. 朱熹가 『詩經』을 풀이한 『詩集傳』에 文集과 語錄 등에 보이는 관련 논의를 모은 것이다. 중국 復旦大에 明 正統 辛酉(1441) 何英의 序가 달린 목판본 『詩集傳纂疏』 20권이 소장되어 있다. 『金陵集』, 『研經齋全集』, 『五洲衍文長箋散稿』 등에서 이 책을 소개했다. 『五洲衍文長箋散稿』에서 여러 차례 胡一桂의 저술을 소개했는데 이 책을 다룰 때에만 宋代의 인물로 적었다.

詩傳遺說

南宋 朱鑑이 『詩經』을 풀이한 책. 朱鑑은 字가 子明이고 婺源 출신이며 朱熹의 손자다. 明 朱鑑과는 다른 인물이다. 이 책은 『通志堂經解』와 『四庫全書』 등에 6권으로 실려 있다. 『惕齋集』에서 이 책을 자세히 다루었는데 宋 朱熹의 『詩集傳』을 바탕으로 하고 文集과 語類를 참작하여 편찬한 것이라 했다. 『靑莊館全書』, 『研經齋全集』, 『五洲衍文長箋散稿』에서도 이 책을 소개했다.

詩傳通證

明 陳濟가 朱熹의 『詩集傳』을 풀이한 책. 陳濟(1364~1424)는 字가 伯載이고 武進 출신인데, 布衣로 『永樂大全』의 都總裁를 맡았다. 『靑莊館全書』에서 『永樂大全』을 다루면서 소개했다. 『元史擧要』, 『思齋集』 등의 저술이 있었지만 전하지 않으며 이 책 역시 일실되었다. 淸 朱彝尊의 『經義考』에 일실된 책이라 했다. 『五洲衍文長箋散稿』에도 書名만 소개되었다.

詩鳥獸草木蟲魚疏 → 毛詩草木鳥獸蟲魚疏

詩持

淸 魏憲이 편찬한 詩選集. 魏憲은 字가 惟度이고 福淸 출신이며, 문집 『枕江堂集』 외에 『百名家詩』, 『淸百家詩』 등의 저술이 있다. 李宜顯의 「陶峽叢說」에서 淸詩를 선발한 『百名家詩』를 편찬했다는 기록과, 李夏坤의 「送徐平甫赴燕序」에 그가 편찬한 『淸百家詩』를 읽었다는 기록이 보인다. 이 두 책은 康熙 연간(1662~1722) 枕江堂에서 판각한 판본이 전한다. 『詩持』는 康熙 辛亥(1671) 枕江堂 판본이 미국 국회도서관과 하버드대 등에 전한다. 一集, 二集, 三集으로 나누어져 있으며 卷頭에 康熙 辛亥(1671)에 쓴 魏憲의 「詩持一集自序」가 실려 있고 이어 凡例가 있다. 3,000여 수의 시를 선발했는데 일반 문인의 시와 별도로 寒士의 逸篇을 많이 수집했다. 『詩持全集』이라고도 한다. 『靑莊館全書』에서 吳時德이라는 인물을 소개하면서 『詩持二集』을 인용했고 『五洲衍文長箋散稿』에서 張陛라는 인물을 소개하면서 『詩持全集』을 인용했다.

詩地理考

南宋 王應麟이 『詩經』의 地理를 풀이한 책. 王應麟(1223~1296)은 字가 伯厚이고 號가 深寧居士 혹은 厚齋이며 慶元府 鄞縣 출신이다. 『玉海』, 『玉堂類稿』, 『詩考』 등 방대한 저술을 남겼다. 이 책은 漢 鄭玄의 『詩譜』를 바탕으로 하되 『爾雅』, 『說文』, 『水經注』 등 다양한 문헌을 참조해 편찬했으며 6권이다. 『四庫全書』, 『玉海』, 『津逮秘書』 등에 수록되어 있다. 詩考序, 詩考, 韓詩, 魯詩, 齊詩, 逸詩 등으로 구성되어 있다. 『海東繹史』에 이 책이 인용되어 있다.

詩集傳

南宋 朱熹가 『詩經』을 풀이한 책. 朱熹(1130~1200)는 字가 元晦 혹은 仲晦이고 號는 晦庵, 晦翁, 雲谷山人 등을 사용했으며 福建 尤溪 출신이다. 『資治通鑑綱目』, 『太極圖說解』, 『通書解』, 『古今家祭禮』, 『近思錄』, 『楚辭集注』 등 많은 저술을 남겼다. 이 책은 20권으로 되어 있으며 『詩傳』이라고도 한다. 毛詩序로부터 南宋 鄭樵에 이르기까지 諸家의 說을 참조하되 朱熹 자신의 견해를 덧붙여 『詩經』의 本旨를 풀이했다. 중국 國家圖書館과 杭州 丁氏八千卷樓藏書에 宋代의 판본 8권이 소장되어 있다. 元代의 판본도 중국 國家圖書館 등에 소장되어 있다. 明代와 淸代에도 20권으로 여러 차례 간행되었다. 성암고서박물관에 소장된 『詩傳』은 成化 연간(1465~1487) 飜刻本으로 추정되는데 元 劉

瑾의 註釋이 달려 있다. 조선시대에는 明 永樂 연간(1403~1424) 胡廣 등이 편찬한 『詩傳大全』에 실린 것을 주로 참고한 듯하다. 『退溪集』 등 조선 전기 문헌에서부터 이 책을 언급하고 있으며 『星湖僿說』, 『宋子大全』, 『弘齋全書』, 『與猶堂全書』, 『五洲衍文長箋散稿』 등 많은 문헌에서 관련 기록이 보인다. 특히 成海應의 『研經齋全集』에 「詩集傳板本識誤」가 실려 있다. 성해응은 당시 유통되던 奎璧本이 淸 國子監에서 간행한 監本을 따른 것인데 오류가 많다고 지적했으며 당시 北漢山에서 간행한 판본은 매우 조악하다고 했다.

詩集傳名物鈔 → 毛詩名物鈔

詩草木鳥獸蟲魚疏 → 毛詩草木鳥獸蟲魚疏

詩總聞

南宋 王質이 『詩經』을 풀이한 책. 王質(1127~1188)은 字가 景文이고 號가 雪山이며 先代에 鄆州에 세거하다가 興國으로 이주했다. 이 책 외에 『雪山集』, 『紹陶錄』 등의 저술이 있다. 이 책은 20권으로 되어 있는데, 聞音, 聞訓, 聞章, 聞句, 聞字, 聞物, 聞用, 聞跡, 聞事, 聞人 등 10門으로 편차하고, 門마다 總聞을 두어 그 大義를 서술했다. 淸 乾隆 연간(1736~1795) 武英殿 聚珍版으로 간행한 판본이 서울대 중앙도서관, 고려대 등에 소장되어 있다. 『叢書集成』, 『四庫全書』 등에도 수록되어 있다. 『五洲衍文長箋散稿』에 관련 기록이 보인다.

詩學

明 卓爾康이 『詩經』을 풀이한 책. 卓爾康(1570~1644)은 仁和 출신으로 字가 去病인데 明이 망하자 울분에 죽었다. 『春秋辯義』, 『易學全書』 등의 저술이 전한다. 이 책은 『千頃堂書目』과 『明史』에서 『詩學全書』 40권이라 했지만 지금 전하지 않는다. 『五洲衍文長箋散稿』에는 편찬자가 卓爾로 되어 있으나 卓爾康의 잘못이다. 『江漢集』에서 『全書』 50권이라 한 것은 『易學全書』를 이른다.

詩解

明末淸初 徐世溥가 『詩經』을 풀이한 책. 徐世溥(1608~1657)는 字가 巨源이고 江西 南昌 新建 출신이며, 古文辭와 詩, 書에 뛰어났다. 이 책 외에 『韻蕞』, 『榆

墩集』, 『江變紀略』, 『西山遊記』, 『夏小正解』, 『禹貢圖說』 등의 저술이 있다. 『五洲衍文長箋散稿』에서 『詩經』을 풀이한 책으로 이 책을 소개했는데 다른 문헌에서는 확인되지 않는다. 『清通志』에 그의 저술로 『詩』 2권이 있다고 했는데 이 책과 관련이 있는 듯하다. 대만 故宮博物院圖書館에 『詩解』 14권이 있는데 편찬자가 밝혀져 있지 않다. 宋 黃椿도 같은 이름의 저술을 남겼다.

詩解頤 → 毛詩解頤

時憲七政曆 → 新法曆書

食經

北魏 崔浩가 편찬한 음식 관련 雜錄. 崔浩(?~450)는 初名이 桃簡이고 字는 伯淵이며 清河 東武城 출신이다. 이 책은 漢 謝諷의 『食經』과 구분하기 위하여 『崔氏食經』이라고도 한다. 『隨書』 「經籍志」에는 『崔氏食經』 4권이라 했고, 『舊唐書』에는 『食經』 9권이라 했으며, 『魏書』의 「崔浩傳」에는 그의 모친 盧氏가 구술한 것으로 9篇이라고 했다. 이 책은 일실되고 『齊民要術』, 『北堂書鈔』, 『太平御覽』, 『農書』 등에 편찬자를 밝히지 않은 채 40條가 인용되어 있다. 藏梅法, 藏乾栗法, 藏柿法, 作白醪酒法, 七月七日作法酒方, 作麥醬法, 作大豆千歲苦酒法, 作豉法, 作芥醬法, 作蒲法, 作芋子酸法, 作跳丸炙法, 作犬法, 作餅酵法, 作百飯法, 作煸法 등이 확인된다. 『五洲衍文長箋散稿』에서 여러 차례 『食經』을 인용했는데 대부분 唐 虞世南의 『北堂書鈔』에 인용된 『食經』과 같은 내용인 것으로 보아 崔浩의 『食經』을 가리킨 것임을 알 수 있다. 『五洲衍文長箋散稿』에는 몇 종의 다른 『食經』을 소개했다. 먼저 漢 謝諷의 『食經』은 『說郛』에 실려 있는데 53종의 음식 이름만 나열되어 있다. 謝諷은 字號나 생애가 잘 알려져 있지 않다. 南宋의 劉義慶이 편찬한 『大業雜記』에 따르면 尙食直長을 지냈는데 사계절 각기 다른 술을 제조하여 마셨다고 한다. 또 唐 段文昌이 자신의 주방을 鍊珍堂이라 하고 『食經』 50권을 엮었다고 했는데 이는 『說郛』에 실려 있는 宋 陶穀의 『清異錄』에서 재인용한 것이다. 『五洲衍文長箋散稿』에서는 『神農食經』도 여러 차례 인용했는데 모두 다른 문헌에서 재인용한 것이다. 明 李時珍이 편찬한 『本草綱目』의 인용서목에 『神農食經』이 보이지만 자세한 내용은 알 수 없다. 그 밖에 『五洲衍文長箋散稿』에는 편찬자를 밝히지 않고 『食

經』을 여러 차례 인용했는데 모두 재인용으로 보인다. 許筠의 『屠門大嚼』에서 『何氏食經』을 인용했는데 晉 何曾의 『平安公食單』을 가리키는 듯하다. 許薰의 『舫山集』에 後蜀主 孟昶의 『食經』 100권을 소개한 바 있다.

食物本草

元 李杲가 편찬한 植物學書. 李杲(1180~1251)는 字가 明之이고, 眞定 출신인데 晩年에 東垣老人이라는 自號를 사용했다. 『脾胃論』, 『内外傷辨惑論』, 『蘭室秘藏』, 『活法機要』, 『醫學發明』 등의 저술이 있다. 이 책은 明代에 몇 종의 다른 판본으로 간행되었다. 明 李時珍이 교정하여 간행한 책은 22권으로 天啓元年(1621)의 序가 붙어 있으므로 이 무렵 간행된 듯하다. 1,679종의 食物을 水, 穀, 菜, 果, 鱗, 介, 蛇蟲, 禽, 獸, 味, 草, 木, 火, 金, 玉石, 土 등 16部로 나누어 기술했다. 明 吳瑞이 편집하고 明 錢允治가 校注해 7권으로 간행한 판본도 전하는데 萬曆 48년(1620)의 序가 달려 있다. 明 盧和가 편찬한 『食物本草』도 전하는데 『本草綱目』의 引用書目에 따르면 正德 연간(1506~1521) 九江知府 江陵 汪穎이 편찬한 책으로, 원래는 盧和가 『本草』에서 식용 식물을 따로 뽑아 엮은 것을 汪穎이 水, 穀, 菜, 果, 禽, 獸, 魚, 味 등 8類로 나누어 2권으로 편집했다고 한다. 盧和는 字가 兼夫라는 것 외에는 알려져 있지 않다. 『稗官雜記』에 嘉靖 丙午年(1546) 魚叔權이 중국에서 이 책을 가져왔다는 기록이 보인다. 버클리대에 盧和의 『食物本草』가 소장되어 있는데 宣祖 40년(1607) 内醫院에서 목활자로 간행한 판본이다. 고려대에 소장되어 있는 萬曆 24년(1596) 간행한 『壽養叢書』에 胡文煥이 교감한 『新刻食物本草』 2권이 실려 있는데 盧和가 편찬한 책으로 보인다. 『青莊館全書』와 『五洲衍文長箋散稿』에는 편찬자를 밝히지 않고 『食物本草』를 인용했는데 李時珍이 교정하여 간행한 판본으로 추정된다.

食物本草會纂

淸 沈李龍이 편찬한 本草學書. 沈李龍는 字가 雲將이고 浙江 출신인데 자세한 이력은 밝혀져 있지 않다. 이 책은 康熙 30년(1691)에 간행되었으며 본문 12권과 圖 1권으로 되어 있다. 水, 火, 穀, 菜, 果, 麟, 介, 禽, 獸 등 10部에 약 220종의 식물을 다루었다. 日本國會圖書館 등에 소장되어 있다. 『五洲衍文長箋散稿』에 이 책을 소개했지만 재인용인 듯하다.

息園存藁

明 顧璘의 文集. 顧璘(1476~1545)은 字가 華玉이고 號가 東橋居士이며, 詩文이 빼어나 陳沂, 王夷와 더불어 金陵三俊으로 일컬어졌다. 『唐音』에 批點을 찍은 인물로 朝鮮에 알려져 있다. 문집으로 이 책 외에 『憑几集』, 『顧華玉集』, 『顧司寇集』, 『浮湘藁』 등이 있다. 이 책은 文 9권, 詩 14권, 『緩慟集』 1권, 『國寶新編』 1권, 『山中集』 4권, 『近言』 1권, 『憑几集』 5권, 『續集』 2권 등으로 구성되어 있다. 嘉靖 연간(1522~1566) 간본이 대만 故宮博物院圖書館, 중국 國家圖書館 등에 소장되어 있다. 『四庫全書』에 『顧璘詩文全集』으로 39권이 수록되어 있다. 『惺所覆瓿藁』, 『江漢集』, 『青莊館全書』 등에서 顧璘을 언급하고 있어 조선에 문집이 들어왔을 가능성이 높다. 『五洲衍文長箋散稿』에서 書法과 관련하여 이 책을 인용했다. 金昌協의 『文趣』에도 그의 글 「遊息園記」가 선발되어 있다.

食品 → 甜食品

申鑑

後漢 荀悅이 편찬한 筆記雜錄. 荀悅은 字가 仲豫이고 潁川 潁陰 출신이다. 獻帝 연간(189~220)의 인물로 『漢紀』 30편을 저술했다. 이 책은 5권이며 政體, 時事, 俗嫌, 雜言(上, 下) 등으로 이루어져 있다. 明 黃省曾의 주석을 달아 嘉靖 4년(1525) 黃氏文始堂에서 처음 간행했다. 규장각에 소장되어 있는 『漢魏叢書』, 『百子全書』, 『百家雜纂』, 『說郛』 등에도 실려 있다. 『陶谷集』, 『北軒集』, 『星湖僿說』, 『青莊館全書』, 『海東繹史』, 『五洲衍文長箋散稿』 등에 관련 기록이 보인다.

新國語

前漢 劉向이 『國語』를 풀이한 책. 劉向(B.C.77?~B.C.6)은 原名이 更生이고 字는 子政이며 沛縣 출신이다. 『別錄』, 『春秋穀梁傳』, 『新序』, 『說苑』, 『列女傳』 등 많은 저술을 남겼다. 『漢書』 등에 이 책을 소개하고 54篇이라 했지만 일실되어 전하지 않는다. 『星湖僿說』에서 서명만 소개했다.

神農本草

撰者 未詳의 本草書. 『神農本草經』, 『本草經』, 『本經』이라고도 한다. 黃帝 때 神農氏가 편찬한 것이라 하지만, 假託으로 보는 것이 정설이다. 秦漢 혹은 戰國時代에 편찬된 것으로 추정되는데 원본은 일찍 일실되었다. 『隋書』에는 4권이며 雷公이 集注했다고 되어 있다. 三國時代 魏 吳普가 『神農本草』 6권을 엮었다고 하지만 이 역시 전하지 않는다. 현재 전하는 것은 淸 孫星衍 등이 재편집한 것이다. 모두 3권으로 약물 365종에 대한 藥理가 서술되어 있다. 嘉慶 7년(1802) 問經堂에서 간행한 3권의 목판본이 서울대 중앙도서관에 소장되어 있는데 魏 吳普가 述하고 孫星衍과 孫馮翼이 편집한 것으로 되어 있다. 『私淑齋集』, 『谿谷集』, 『弘齋全書』, 『五洲衍文長箋散稿』 등에 관련 기록이 보인다.

新唐書

北宋 歐陽修 등이 仁宗의 命을 받들어 편찬한 唐의 正史. 歐陽修(1007~1072)는 字가 永叔이고 號가 醉翁이며 吉州 출신이다. 『新唐書』, 『新五代史』 등을 편찬했고 『集古錄』, 『六一居士集』, 『表奏書啓四六集』, 『歐陽文忠公全集』, 『洛陽牡丹記』, 『歸田錄』 등 많은 저술을 남겼다. 이 책은 歐陽修가 宋祁, 范鎭, 呂夏卿 등과 함께 편찬한 것으로, 嘉祐 5년(1060) 완성했다. 本紀 10권, 志 50권, 表 15권, 列傳 150권 등 총 225권으로 되어 있다. 규장각에 소장된 『十七史商榷』에 실려 있는데 乾隆 52년(1787)의 간기가 있다. 『舊唐書』를 합친 『新舊唐書合鈔』도 소장되어 있다. 『太宗實錄』에 이 책을 忠州史庫에서 가져오게 한 기록이 보인다. 『雙梅堂篋藏集』을 위시하여 『星湖僿說』, 『海東繹史』 등 많은 문헌에서 이 책을 다루었다.

新唐書糾繆

北宋 吳縝이 『新唐書』의 오류를 고증한 책. 吳縝은 字가 廷珍이고 四川 成都 출신인데 자세한 이력을 밝혀져 있지 않다. 이 책 외에 『五代史纂謬』도 편찬한 바 있다. 이 책은 『新唐書』를 대상으로 400여 條에 달하는 오류를 고증하고 바로 잡았다. 모두 20권으로 『四部叢刊』에 수록되어 전한다. 『御覽知不足齋叢書』에 4책으로 실려 있고 『說郛』에도 일부가 실려 있다. 『五洲衍文長箋散稿』에 관련 기록이 보인다.

神蹈太乙經 → 太乙經

新羅國記

唐 令狐澄이 편찬한 新羅에 관한 책. 令狐澄은 大中 연간(847~860)의 문인으로 甘肅 敦煌 출신이며 中書舍人을 지냈다. 그의 저술로 『大中遺事』가 전한다. 『新羅國記』는 일실되어 전하지 않는데 宋 朱勝非의 『紺珠集』에서 이 책을 인용하여 新羅의 第一骨과 第二骨을 설명했다. 『紺珠集』의 『大中遺事』의 주석에서 '新羅國記附柳玭續十四事附'라 했는데 이 책이 唐 柳玭의 『續十四事』와 함께 『大中遺事』의 부록이었음을 알 수 있다. 『三國史記』에 『新羅國記』를 인용하여 望德寺의 탑에 관한 기사를 실었는데 동일한 내용이 『紺珠集』에 인용된 『大中遺事』나 『說郛』에 실린 『大中遺事』에는 보이지 않는다. 『三國史記』와 『海東高僧傳』을 위시하여 『星湖僿說』, 『與猶堂全書』, 『研經齋全集』, 『五洲衍文長箋散稿』에서는 모두 편찬자를 令狐澄으로 하여 인용했는데, 내용은 『說郛』에 실린 것과 같다. 『五洲衍文長箋散稿』의 다른 곳에서는 편찬자를 唐 顧愔이라 했다. 『新唐書』에는 편찬자가 唐 顧愔이고 1권이며, 大曆 연간(766~779) 歸崇敬이 新羅에 사신으로 갈 때 顧愔이 從事官으로 갔다고 했다. 顧愔의 이력은 거의 밝혀져 있지 않다. 『靑莊館全書』에는 五鬣松을 설명하면서 이 책을 인용하고 편찬자를 확정할 수 없다고 했는데 같은 내용이 宋 吳聿의 『觀林詩話』에 보이고 편찬자가 顧愔으로 되어 있다. 『海東繹史』에서는 『三國史記』에 편찬자가 令狐澄으로 되어 있지만 중국 기록에는 확인되지 않는다고 하고 편찬자를 顧愔이라 한 『新唐書』를 소개했다. 또 『海東繹史』에서는 『續文獻通考』를 인용하여 南宋 翁夢得이 편찬한 같은 서명의 책을 소개하고, 明 陳第의 『世善堂書目』에 보이는 翁立德의 『新羅國志』가 같은 책인데 잘못 기술된 것이라 했다. 翁夢得은 字가 景說이고 壽昌 출신이며, 咸淳 연간(1265~1274)의 학자로, 『春秋指南』, 『盤珠纂論』 등의 저술이 있었다. 翁立德은 어떤 인물인지 알 수 없다.

新羅國志 → 新羅國記

新論 → 桓譚新論

新法曆書

明 徐光啓 등이 편찬한 曆法書. 徐光啓(1562~1633)는 字가 子先이고 號는 玄扈이며 松江 출신이다. 『農政全書』, 『測量異同』, 『句股義』, 『崇禎曆書』, 『宜耕令』, 『北耕錄』, 『農遺雜疏』 등을 편찬했고, 『幾何原本』을 번역했다. 이 책은 明 崇禎 17년(1644) 편찬되었으며, 『西洋新法曆書』, 『崇禎曆書』, 『新法算書』라고도 한다. 李天經, 李之藻, 羅雅谷(Giacomo Rho), 湯若望(Adam Schall) 등이 편찬에 참여했다. 권1~8 緣起, 권9~10 大測, 권11~12 測天約說, 권13~14 測食略, 권15 學算小辨, 권16~20 渾天儀說, 권21 比例規解, 권22 籌算, 권23 遠鏡說, 권24 日躔曆指, 권25~26 日躔表, 권27 黃赤正球, 黃赤道距度表, 권28~31 月離曆指, 권32~34 月離表, 권35 太陰二之均數總數加減表, 권36~44 五緯曆指, 권45~55 五緯表, 권56~58 恒星曆指, 권59~61 恒星表, 권62~63 恒星出沒表, 권64~70 交食曆指, 권71 古今交食考, 권72~80 交食表, 권81~82 八線表, 권83~86 幾何要法, 권87~96 測量全義, 권97 新法曆引, 권98 曆法西傳, 권99~100에 新法表異 등이 수록되어 있다. 규장각에 淸代의 목판본이 소장되어 있고 서명이 『崇禎曆書』로 된 판본도 전한다. 또 목판본 혹은 필사본으로 된 『日躔表』, 『月離表』, 『交食表』 등이 독립된 책으로 소장되어 있다. 장서각에는 仁祖 연간 木活字로 간행된 조선본 『新法曆書』도 전한다. 『頤齋遺藁』, 『與猶堂全書』, 『推步續解』, 『五洲衍文長箋散稿』에서 이 책을 인용했다. 『頤齋遺藁』 등에는 『崇禎曆書』로 인용되어 있다. 『五洲衍文長箋散稿』에서는 이와 관련한 저술로 『五緯表』 10권, 『五緯曆指』 9권, 『七政細草』 1권, 『大統七政曆』 1권, 『時憲七政曆』 1권, 『七政外編』 2권과 『內編』 3권, 『七政萬年書』 등을 소개했는데 모두 이 책에 실려 있다.

新序

前漢 劉向이 역사의 귀감이 될 만한 故事를 모은 책. 劉向(B.C.77~B.C.6)은 漢의 宗室로 字가 子政이고 본명은 更生이다. 成帝의 命으로 아들 劉歆과 함께 궁중의 도서를 整理하고 校訂하여 解題를 붙인 『別錄』을 편찬했다. 『說苑』, 『列女傳』, 『五經通義』, 『洪範五行傳論』 등 많은 저술을 남겼다. 이 책은 夏代부터 漢代까지의 역사 사실과 일화 등을 채집하여 편찬한 것이다. 본래 30권이었지만 대부분 일실되었는데 宋 曾鞏(1019~1083)이 남은 내용을 모아 10권으로 편집했다. 雜事, 刺奢, 節士, 義勇, 善謀 등 166條가 실려 있다. 嘉靖 丁未

(1547) 간기가 있는 판본이 중국 國家圖書館 등에 소장되어 있다. 규장각에는 光緖 元年(1875) 간행한 목판본 10권 2책이 소장되어 있다. 국립중앙도서관 등에 일본 목판본과 필사본 등이 전한다. 규장각에 소장된 『百子全書』, 『百家類纂』, 『漢魏叢書』, 『諸子品節』 등 많은 叢書에도 실려 있다. 『希樂堂稿』, 『芝峯類說』, 『星湖僿說』, 『頤齋遺稿』, 『自著』, 『靑莊館全書』 등 많은 문헌에서 이 책을 인용했다.

神仙感遇傳

唐 杜光庭이 지은 小說集. 杜光庭(850~933)은 字가 賓聖이고 號가 東瀛子이며 浙江 출신이다. 道敎를 공부하여 道士가 되었고, 前蜀을 세운 王建에게 중용되어 戶部侍郎을 지냈다. 『玉函經』, 『道德眞經廣聖義』, 『道門科範大全集』, 『廣成集』, 『洞天福地岳瀆名山記』 등의 저술이 있다. 원본은 일실되고 5권만 『道藏』에 실려 전한다. 明 皮紙藍絲鈔本이 중국 香港大學 馮平山圖書館에 소장되어 있다. 宋 陳葆光의 『三洞群仙錄』, 宋 李昉의 『太平廣記』 등에도 일부가 전한다. 주로 신선과 관련한 신이한 이야기를 다루고 있다. 『五洲衍文長箋散稿』에서 李圭景이 이 소설을 읽었음을 밝혔다.

新修本草 → 唐本草

神僧傳

明 成祖 朱棣가 편찬한 역대 기이한 僧侶의 傳記集. 朱棣(1360~1424)는 明의 3대 황제로 연호는 永樂을 사용했다. 이 책은 佛敎史에서 奇行이 있는 인물을 뽑아 기록한 것으로 後漢 明帝 때의 摩騰法蘭으로부터 元 世祖 때의 國師 帕克巴에 이르기까지 208인의 승려에 대해 기록했으며, 9권으로 되어 있다. 新羅僧 金師와 無相, 地藏, 無漏, 百濟僧 眞表 등도 자세히 기록되어 있다. 『大正新修大藏經』과 『古今逸史』 등에 이 책이 실려 있다. 『太宗實錄』에 중국 사신이 『神僧傳』을 바쳤다고 되어 있지만 편찬자가 밝혀져 있지 않다. 『惺所覆瓿稿』와 『林下筆記』 역시 편찬자를 밝히지 않았다. 『五洲衍文長箋散稿』에서 이 책을 인용했는데 동일한 내용이 王世貞의 『弇州山人四部續稿』에 보이는데 편자는 밝히지 않았다. 『海東繹史』에서는 편찬자를 明 成祖 朱棣로 보았다. 국립중앙도서관에는 일본에서 간행된 목판본이 소장되어 있는데 永樂 15

년(1417) 成祖의 序가 붙었다. 『說郛』에 晉 法顯이 편찬한 동일한 서명의 책이 실려 있는데 다른 책이다.

新安文獻志

明 程敏政이 편찬한 新安의 文獻에 관한 類書. 程敏政(1445~1500)은 字가 克勤인데 休寧 篁墩 출신이므로 程篁墩이라 불렸다. 『宋遺民錄』, 『篁墩文集』, 『明文衡』, 『宋紀受終考』, 『道一編』, 『心經附註』 등의 저술이 전한다. 이 책은 明 弘治 10년(1497) 原刊本이 중국 國家圖書館에 소장되어 있는데 100권이고 『先賢事略』 2권이 부록으로 실려 있다. 『四庫全書』에도 100권으로 실려 있다. 『五洲衍文長箋散稿』에서 陳櫟의 '文獻志中星考'라 했는데 「中星考」는 元 陳櫟의 文集 『定宇集』에 실려 있는 한 편의 글이다. 『新安文獻志』에 이 글이 실려 있으므로, 李圭景이 이 책을 본 것이라 하겠다.

新語

漢 陸賈가 政治의 방도를 기술한 책. 陸賈(B.C.240?~B.C.170)는 劉邦을 도와 漢을 건국한 인물로, 이 책 외에 『楚漢春秋』 등의 저술이 있다. 이 책은 劉邦의 命에 의하여 편찬한 것으로 歷史의 귀감이 될 만한 사건을 기술했다. 道基, 術事, 輔政, 無爲, 辨惑, 愼微, 資執, 至德, 懷慮, 本行, 明誡, 思務의 12편으로 구성되어 있다. 德에 의한 王道政治를 중시하고 정치의 要道가 修身에 있다고 주장했다. 규장각에 소장된 『漢魏叢書』, 『百家類纂』, 『百子全書』, 『諸子品節』 등에 편입되어 있으며, 서울대 중앙도서관에는 일본에서 간행된 판본이 소장되어 있다. 『國朝寶鑑』, 『成宗實錄』, 『星湖僿說』 등 역대 많은 문헌에서 이 책을 인용했다.

新五代史 → 五代史

宸垣識略

淸 吳長元이 北京의 역사와 지리를 서술한 책. 吳長元은 字가 太初이고 浙江 仁和 출신인데 乾隆 연간(1735~1795) 전후에 활동한 것으로 보이지만 자세한 생애는 알려져 있지 않다. 吳蘭庭과 명성을 나란히 하여 二吳로 일컬어졌다. 이 책은 16권인데, 朱彝尊이 편찬한 『日下舊聞』과 乾隆帝의 命으로 英廉

등이 편찬한 『日下舊聞考』에서 중요한 내용을 추려서 편찬했다. 天文, 形勝, 水利, 建置, 大內, 皇城, 內城, 外城, 苑囿, 郊坰, 識餘 등으로 편차되어 있다. 성균관대 존경각과 국민대, 원광대 등에 乾隆 53년(1788) 간기가 있는 목판본이 소장되어 있다. 『薊山紀程』, 『燕轅直指』 등 燕行錄 외에 『心庵遺稿』, 『海東繹史』 등에 관련 기록이 보인다.

神醫普救方

北宋 賈黃中이 편찬한 醫書. 賈黃中(941~996)은 字가 娲民이고 南皮 출신이며, 翰林學士, 中書舍人, 史館修撰 등을 지냈다. 等身書 고사를 남길 정도로 독서를 좋아했다. 『賈氏談錄』이 그의 저술로 되어 있으나 확실하지 않다. 이 책은 『海東繹史』, 『靑莊館全書』 등에는 서명이 『神醫補救方』으로 되어 있지만 잘못이다. 『宋史』, 『崇文總目輯釋』에는 서명이 『神醫普救方』으로 되어 있다. 이 책은 모두 1,000권이나 되는 방대한 의학서로 太平興國 6년(981) 편찬을 시작해 雍熙 3년(986) 완성되었으며 宋 太宗이 직접 序를 썼다. 지금은 일실되고 전하지 않는다. 『高麗史』에 肅宗 6년(1101) 任懿, 白可臣 등이 宋에서 귀국할 때 이 책을 가져왔다는 기록이 보인다. 『高麗史節要』 외에 『東史綱目』에도 같은 기사가 보인다. 『弘齋全書』, 『五洲衍文長箋散稿』 등에는 서명이 『神醫普救』로 되어 있다.

神異經

漢 東方朔이 편찬한 것으로 알려져 있는 志怪小說集. 東方朔(B.C.161?~B.C.93)은 字가 曼倩이고 平原 厭次縣 출신으로, 『漢書』에 그의 傳이 실려 있다. 이 책과 함께 『十洲記』 등 여러 책이 그의 이름으로 假託되어 있다. 『隋書』에는 東方朔이 편찬하고 張華가 注를 단 책이라 했지만 근거가 없다. 1권으로 되어 있으며 東荒經, 東南荒經, 南荒經, 西南荒經, 西荒經, 西北荒經, 北荒經, 東北荒經, 中荒經 등 9章에 47條가 수록되어 있다. 『山海經』의 체제를 모방한 것이지만 문체는 상이한 것으로 알려져 있다. 奇怪하고 虛誕한 이야기가 주를 이룬다. 규장각 등에 소장된 『漢魏叢書』, 『格致叢書』, 『龍威秘書』, 『說郛』 등에 수록되어 있다. 『退溪集』, 『陶谷集』, 『弘齋全書』, 『與猶堂全書』, 『星湖僿說』, 『五洲衍文長箋散稿』 등에 관련 기록이 보인다.

新齊諧

淸 袁枚가 편찬한 筆記小說集. 袁枚(1716~1798)는 字가 子才이고 號가 簡齋 혹은 隨園老人, 倉山居士 등을 사용했으며 浙江 錢塘 출신이다.『小倉山房集』,『隨園詩話』,『隨園三十六種』,『隨園女第子詩選』,『隨園隨筆』,『小倉山房外集』,『袁文箋正』등 많은 저술이 있다. 이 책의 이름은『莊子』의 "齊諧者志怪者也"에서 딴 것이다.『子不語』라고도 하는데『論語』의 "子不語怪力亂神"에서 따온 것이다. 南宋 無疑의『齊諧』가 있어 이를 계승한 것이다. 元集 24권, 續集 10권으로 구성되었으며 약 1,000條의 기사가 실려 있다. 正集은 乾隆 53년(1788) 이전에 완성되었고 嘉慶 연간(1796~1820)에 續集을 합쳐 간행된 것으로 알려져 있다. 志怪, 諷刺, 諧謔을 주된 내용으로 하고 있다.『隨園三十種』에 실린 것이 가장 이른 시기의 판본이며, 乾隆 53년의 隨園刻本, 嘉慶 20년(1815)의 美德堂刻本 등이 알려져 있다. 규장각에는 2종의 淸代의 간본이 소장되어 있는데 표제가『子不語』로 되어 있는 판본은 隨園刻本 계열의 판본을 蓮溪書屋에서 다시 판각한 것이다. 申緯의『脚氣集』에 실려 있는 七言絶句 40수는 이 책의 기사 40개를 뽑아 주석에 싣고 그 내용을 시로 지은 것이다.『五洲衍文長箋散稿』와『嘉梧藁略』에서도 이 책을 인용했다.

信徵錄

淸 徐慶이 편찬한 雜錄. 徐慶은 字가 賓溪이고 스스로 烏山 출신이라 했지만 烏山이 어디인지는 알 수 없다. 이력도 거의 알려져 있지 않다. 이 책은 因果應報를 주제로 하는 괴이한 내용으로 되어 있다. 규장각 등에 소장된 淸 吳震方의『說鈴』에 1권으로 수록되어 있는데 편찬자가 徐慶濱으로 잘못 기재되어 있다.『四庫全書總目』에 이 책이 소개되어 있다.『五洲衍文長箋散稿』에서 이 책을 인용했다.

新編勸化風俗南北雅曲五倫全備記 → 五倫全備記

新編評註通玄先生張果星宗大全 → 張果星宗

新豐酒法

南宋 林洪이 新豐酒 담그는 법을 기술한 책. 林洪은 字가 龍發이고 號가 可山

이며 泉南 출신인데, 宋 理宗 연간(1224~1264) 활동했지만 정확한 생몰년은 밝혀져 있지 않다. 林逋의 후손으로 詩名이 높았으며 특히 詞에 뛰어났고「宮詞百首」가 널리 알려졌다.『山家淸事』와『文房圖贊』등의 저술이『說郛』에 수록되어 있다. 이 책 역시 규장각 등에 소장된『說郛』에 실려 있다. 新豊酒 제작 방식이 간략하게 기재되어 있다. 明 沈沈의『酒概』에도 전문이 인용되어 있다.『山林經濟』에 그의 種竹法이 소개되어 있고,『星湖僿說』에도 寒具라는 음식을 설명하면서 그의 글을 인용했지만 新豊酒와는 무관한 내용이다. 新豊酒는 西安의 臨潼을 가리키는 神豐에서 생산한 술로 漢代부터 名酒로 알려져 있다. 조선 초기부터 우리 문헌에 新豐酒가 보이지만 그 제작과 관련한 글은 보이지 않는다.『五洲衍文長箋散稿』에서는 서명만 들었다.

心經

南宋 眞德秀가 편찬한 心性에 관한 저술. 眞德秀(1178~1235)는 字가 實夫 혹은 景元, 希元 등이며 號는 西山이다. 浦城 출신으로, 벼슬은 戶部尙書에 이르렀다.『大學衍義』,『唐書考疑』,『讀書記』,『文章正宗』,『西山甲乙稿』,『西山文集』,『心經附註』,『三禮考』등 많은 저술이 있다. 이 책은 心性에 대한 先儒의 학설을 모으고 諸家의 議論을 주석한 것으로, 四言으로 된 西山心經贊을 붙였다. 후대 유학자들에게 많은 영향을 미쳐 弘治 5년(1492) 明 程敏政이 註釋을 달고 그의 제자 汪祚의 跋을 붙여『心經附註』4권 2책으로 간행한 것이 널리 알려져 있다. 理宗 端平 元年(1234) 顔若愚가 眞德秀의 西山心經贊에 붙인 小識가 실려 있고 元初 程復心이 지은 心學圖도 수록되어 있다. 조선에서는 李滉이『心經附註』의 오류를 잡고 자신의「心經後論」을 첨부한『心經附註釋疑』를 편찬했는데 明宗 21년(1566) 간행한 활자본이 전한다. 肅宗, 英祖, 正祖 연간에 목판으로 간행한 판본도 규장각, 장서각 등에 여러 종 전한다.『退溪集』,『桐溪集』,『宋子大全』,『與猶堂全書』,『星湖僿說』등 많은 문헌에 관련 기록이 보인다.

沈括筆談 → 夢溪筆談

心略

明 施永圖가 편찬한 兵書. 施永圖는 字가 明臺 혹은 山公이고 秀水 출신이며,

萬曆 연간(1573~1620)의 학자다. 醫學에 뛰어나 『山公醫旨』, 『本草醫旨食物類』, 『醫方本草』 등을 저술했다. 兵法에도 밝아 『武備三大秘書』를 남겼다. 중국 國家圖書館과 미국 하버드대 등에 康熙 연간(1662~1722)의 판본이 소장되어 있다. 『武備天文』, 『武備地利』, 『武備火攻』, 『武備水攻』 등으로 구성되어 있다. 『五洲衍文長箋散稿』에서 『五嶽眞形圖』 중 하나가 여기에 실려 있다고 했고 水攻, 火攻 등에 대해서도 이 책을 인용해 설명하고 있으므로 李圭景이 직접 보았을 가능성이 있다.

心法 → 丹溪心法

心病說

淸 甘京이 마음을 다스리는 법에 관해 기술한 책. 甘京은 字가 健齋이며 南豐 출신으로, 康熙 5년(1666) 飢民 정책을 제안해 명성을 얻었다. 程山六君子의 한 사람으로 일컬어졌으며 『通鑑類事抄』, 『軸園稿』, 『不焚草』, 『夙興語』 등의 저술이 있다. 『熱河日記』에는 그의 저술 『四禮撮要』가 소개되어 있다. 『靑莊館全書』의 「磊磊落落書」에 그의 傳이 실려 있다. 이 책은 규장각 등에 소장된 淸 張潮의 『昭代叢書』에 수록되어 있다. 『五洲衍文長箋散稿』에서 이 책을 여러 차례 인용했다.

心史

南宋 鄭思肖가 宋의 滅亡을 개탄한 글을 모은 文集. 鄭思肖(1241~1318)는 字가 所南 혹은 憶翁이고 連江 출신인데, 宋이 망한 후 吳下에 떠돌았다. 本名은 밝혀져 있지 않은데 宋의 國姓인 趙의 일부인 '肖'를 이름에 넣어 사용했다고 한다. 이 책 외에 『鄭所南先生文集』, 『所南翁一百二十圖詩集』 등의 저술이 있다. 이 책은 모두 7권으로, 『咸淳集』 1권, 『大義集』 1권, 『中興集』 2권, 『久久書』 1권 등으로 구성되어 있으며 雜文 1권, 略敍 1권이 더 붙어 있다. 250首의 詩와 雜文 4篇, 自序 5篇 등으로 구성되어 있다. 국립중앙도서관에 『井中心史』가 소장되어 있는데 崇禎 己卯(1639) 張韶의 跋과 張國維의 序가 붙어 있다. 규장각에 소장된 『明季北略』에도 이 책의 일부가 실려 있다. 『靑城雜記』에는 "세상이 바뀐 뒤에 발견될 수 있기를 바라면서 北禪寺 우물 속에 감추어 두었다고 했는데 오랜 세월이 지난 뒤에 과연 책이 발견되었다. 판심이 조금도 상

하지 않았다"라고 했다. 이 때문에 이 책은 『鐵函心史』 혹은 『井中心史』라고도 한다. 鄭思肖는 조선에서 南宋의 遺民으로 널리 알려져 『明皐全集』, 『靑莊館全書』, 『研經齋全集』, 『五洲衍文長箋散稿』 등에 자세한 이력과 함께 이 책이 소개되어 있다.

深師方

편찬 시기와 편자를 알 수 없는 醫書. 僧深이 의술에 뛰어나 醫方 30여 권을 편찬했는데 당시 사람들이 『深師方』이라 불렀다는 기록이 『太平御覽』에 보인다. 僧深은 僧侶로 보이며 深은 法名으로 추정된다. 이 책의 원본은 일실되고 『證類本草』, 『本草綱目』 등에 일부가 인용되어 전한다. 『高麗史』에 따르면 宣宗 8년(1091) 宋의 館伴이 일실된 서적 129종의 목록을 주고 고려에서 찾도록 했는데, 여기에 이 책이 포함되어 있다. 『靑莊館全書』, 『海東繹史』 등에서도 이 기사를 다시 소개했지만 편자는 모두 밝히지 않았다.

潯陽記

晉 張僧鑑이 편찬한 雜錄. 張僧鑑은 字號나 이력이 알려져 있지 않다. 이 책 외에 『豫章記』, 『廬山記』 등이 있었지만 전하지 않는다. 이 책은 신이한 자연현상과 관련한 이야기를 모은 잡록으로 원문은 일실되고 『藝文類聚』, 『初學記』, 『北堂書鈔』 등에 일부가 실려 있다. 『說郛』에도 7조만 실려 있다. 『五洲衍文長箋散稿』에서 이 책을 인용했지만 같은 내용이 『說郛』에는 보이지 않는다. 明 方以智의 『物理小識』에 같은 내용이 수록되어 있으므로, 여기서 재인용한 것으로 보인다.

深衣攷誤

淸 江永이 深衣의 제도를 논한 책. 江永(1681~1762)은 字가 愼修 혹은 愼齋이고 徽州 婺源 출신이다. 『四聲切韻』, 『周禮疑義擧要』, 『儀禮釋例』, 『禮記訓義擇言』 등의 저술이 있다. 이 책은 『皇淸經解』에 1권으로 실려 있다. 『五洲衍文長箋散稿』에는 『深衣攷』로 소개했다. 深衣의 제도를 논한 저술로 明 黃宗羲의 『深衣攷』와 淸 戴震의 『記深衣』 등이 유명하며, 조선의 李最之, 成海應, 鄭允容 등도 深衣에 관한 저술을 남겼다고 하지만 전하지 않는다. 규장각에 편자를 알 수 없는 『深衣餘論』이 소장되어 있다.

十國春秋

明末淸初 吳任臣이 편찬한 五代十國의 歷史書. 吳任臣(1628~1689)은 본명이 志伊인데 字 任臣으로 행세하면서 字를 志伊, 爾器 등으로 바꾸었으며 號는 托園이다. 先代에 福建 莆田에 살았는데 부친을 따라 仁和로 이주했다. 歷史, 天文, 音樂 등에 능통했고 藏書家로도 이름이 높았다.『十國春秋』외에『周禮大義』,『字彙補』,『春秋正朔考辨』,『托園詩文集』,『山海經廣注』등 많은 저술이 있다. 歐陽修가『五代史』에서 十國의 역사를 상세히 기록하지 않은 것을 불만으로 여겨 正史를 바탕으로 하되 稗史와 小說을 수집해 이 책을 편찬했다. 康熙 8년(1669) 완성되었는데, 吳 14권, 南唐 20권, 前蜀 13권, 後蜀 10권, 南漢 9권, 楚 10권, 吳越 13권, 閩 10권, 荊南 4권, 北漢 5권, 十國紀元世系表 1권, 地理志 2권, 藩鎭表 1권, 百官表 1권 등 총 114권으로 구성되어 있다. 미국 프린스턴대에 康熙 16년(1677) 간본이 소장되어 있다. 규장각에는 光緖 12년(1886) 간행된 목판본이 소장되어 있다.『五洲衍文長箋散稿』에서 이 책을 여러 차례 인용했지만『虞初新志』에서 가져온 듯하다.

十六國疆域志

淸 洪亮吉이 편찬한 歷史地理書. 洪亮吉(1746~1809)은 字가 君直 혹은 稚存이고 號는 北江이다. 江蘇 陽湖 출신으로 經史와 音韻 訓詁에 뛰어났고 특히 地理에 정통했다.『卷施閣詩文集』,『更生齋詩文集』,『北江詩話』,『比雅』,『六書轉注錄』,『春秋左傳詁』등 저술이 많다. 이 책은 16권이며 5호 16국이 지배한 華北, 蜀地, 遼東, 漠北, 江淮, 西域 등지의 歷史地理를 수록하고 있다. 嘉慶 14년(1809) 간행된『卷施閣集』이 장서각에 소장되어 있는데 여기에 실려 있다. 光緖 연간(1875~1908) 간행된『洪北江全集』에도 이 책이 수록되어 있는데 고려대와 서울대 중앙도서관 등에 소장되어 있다.『貞蕤閣集』과『五洲衍文長箋散稿』에서 "三國東晉十六國畺域三志"라 하여 이 책을 소개했지만 袁枚가 쓴『卷施閣文乙集』의 序에서 재인용한 것이다.

十六國春秋

北魏 崔鴻이 편찬한 5호 16국의 歷史書. 崔鴻(478~525)은 字가 彦鸞이고 淸河 출신이다. 이 책은 304년부터 439년까지 5호 16국의 역사를 수록했다. 16국은 西晉이 멸망한 뒤 중원 지역에 출현한 匈奴族 劉淵, 羯族 石勒, 氐族 苻堅

등이 건립한 국가인데, 각국의 역사서가 있지만 체제가 일치하지 않고 착오가 많아, 崔鴻이 7년 동안 자료 조사와 집필에 공을 들여 正始 4년(507) 『十六國春秋』 95권과 序例 1권, 年表 1권을 편찬했다. 그 아들 崔子元이 孝昌 4년(528) 조정에 바쳐 간행했다. 원본은 北宋 이전에 일실되고 20여 권밖에 남지 않았는데 明 屠喬孫과 項琳 등이 『太平御覽』, 『資治通鑑』 등에 인용되어 있는 자료를 모아 16권으로 편집했다. 고려대 등에 소장된 『漢魏叢書』에 16권으로 실려 있다. 淸 湯球가 더 많은 자료를 모아 『十六國春秋輯補』 100권으로 편찬했다. 李種徽는 「題十六國春秋後」에서 이 책을 자세히 소개했다. 『星湖僿說』, 『順菴集』, 『靑莊館全書』, 『硏經齋全集』, 『與猶堂全書』, 『修山集』, 『弘齋全書』, 『海東繹史』, 『五洲衍文長箋散稿』 등에서도 이 책을 언급했다. 『高麗史』에 따르면 宣宗 8년(1091) 宋의 館伴이 일실된 서적 129종의 목록을 주고 고려에서 찾도록 했는데, 여기에 이 책이 포함되어 있으며 102권이라 했다. 『靑莊館全書』와 『海東繹史』에서도 같은 기사를 싣고 있는데 모두 편자를 따로 적지 않고 晉 干寶의 『晉記』와 나란히 적었다.

十六湯品

唐 蘇廙가 편찬한 茶에 관한 雜錄. 蘇廙는 晩唐에서 宋初 무렵까지 활동한 문인인데 字號와 이력이 알려져 있지 않다. 『仙芽傳』이라는 저술이 있었는데 그 안에 『十六湯品』이 들어 있었던 것으로 보인다. 이 책은 차를 끓이는 16가지 방식에 대해 기술했는데 得一湯, 嬰湯, 百壽湯(一名白髮湯), 中湯, 斷脉湯, 大壯湯, 富貴湯, 秀碧湯, 纏口湯, 減价湯, 法律湯, 一面湯, 宵人湯, 賊湯, 大魔湯 등으로 구성되어 있다. 이 책은 『說郛』와 『唐代叢書』 등에 실려 있다. 『五洲衍文長箋散稿』에서 이 책을 소개했다.

十三州志

北魏 闞駰이 편찬한 地理書. 闞駰은 字가 玄陰이고 敦煌 출신인데, 『魏書』 「闞駰傳」이 있지만 생몰년은 밝혀져 있지 않다. 이 책은 『十三州記』라고도 하는데 『隋書』 10권으로 되어 있다. 隸州, 豫州, 冀州, 兗州, 徐州, 靑州, 荊州, 揚州, 益州, 涼州, 幷州, 幽州, 交州 등 중국의 13州를 대강으로 삼아 沿革과 地理 등을 기술했지만 北宋 이후 일실되고 일부가 『說郛』에 실려 있다. 서울대 중앙도서관에 소장된 『二酉堂叢書』에도 일부가 실려 있다. 『高麗史』에 따르면 宣

宗 8년(1091) 宋의 館伴이 일실된 서적 129종의 목록을 주고 고려에서 찾도록 했는데, 여기에 이 책이 포함되어 있으며 14권이라 했다. 『青莊館全書』, 『海東繹史』 등에 같은 기록이 실려 있다. 『研經齋全集』, 『與猶堂全書』, 『舫山集』, 『海東繹史』 등에서 이 책의 내용을 인용했는데 모두 『水經注』에서 가져온 것이다. 淸 張澍와 王謨가 자료를 모아 편집한 판본이 중국 國家圖書館 등에 소장되어 있다.

十書 → 東垣十書

十王經 → 佛說預修十王生七經

十一經問對

元 何異孫이 편찬한 經學書. 何異孫은 貫鄕과 이력이 자세하지 않다. 이 책은 5권으로 되어 있는데 宋 朱熹의 『四書或問』의 체례를 모방하여 問答 형식으로 經義를 풀이했다. 11經은 『論語』, 『孝經』, 『孟子』, 『大學』, 『中庸』, 『詩經』, 『書經』, 『周禮』, 『儀禮』, 『春秋』, 『禮記』 등이다. 『大學』, 『中庸』, 『論語』, 『孟子』는 대체로 『四書章句集注』를 원용했으며, 『詩經』은 漢 鄭玄의 『詩譜』에서, 『書經』은 宋 蔡沈의 『書經集傳』에서, 『三禮』와 『春秋』는 기존의 注疏를 주로 채택했다. 『通志堂經解』와 『群經奧論』 등에 이 책이 실려 있다. 『青莊館全書』, 『海東繹史』, 『林下筆記』, 『五洲衍文長箋散稿』 등에 이 책이 인용되어 있다.

十洲記

漢 東方朔이 편찬한 것으로 알려진 小說雜記. 東方朔(B.C.161?~B.C.93)은 字가 曼倩이고 平原 厭次縣 출신으로, 『漢書』에 그의 傳이 실려 있다. 원래 서명은 『海內十洲記』이며 『十洲三島記』라고도 한다. 『神異經』과 함께 東方朔이 엮은 것으로 되어 있지만, 六朝時代에 東方朔의 이름을 가탁하여 만든 것으로 보는 것이 통설이다. 十洲는 신선이 사는 곳으로 祖洲, 瀛洲, 懸洲, 炎洲, 長洲, 元洲, 流洲, 生洲, 鳳麟洲, 聚窟洲 등인데 후에 滄海島, 方丈洲, 扶桑, 蓬邱, 崑崙 등이 보태졌다. 『說郛』 외에 明 何鏜이 편찬한 『漢魏叢書』, 淸 汪士漢이 편찬한 『秘書二十一種』 등 여러 叢書에 두루 실려 있다. 『牧隱藁』 등 고려 이래 많은 문헌에 이 서명이 보인다. 崔奇男이 이 책을 읽고 지은 「觀十洲記」가 『龜谷

詩稿』에 실려 있다. 『芝峯類說』, 『五洲衍文長箋散稿』 등의 類書에도 여러 차례 인용되어 있다.

十竹齋畵譜

明末淸初 胡正言이 편찬한 書畵書. 胡正言(1580~1671)은 字가 曰從이고 號가 十竹齋 혹은 默庵老人이며 徽州 休寧 출신이다. 書畵家와 出版家로 이름이 높았으며, 이 책 외에 『十竹齋箋譜』 등이 있다. 이 책은 8권으로 되어 있으며 書畵譜, 墨華譜, 果譜, 翎毛譜, 蘭譜, 竹譜, 梅譜, 石譜 등 8類로 구분하고 각각 40여 폭의 도판을 넣었는데 총 180폭의 그림과 140건의 글씨가 실려 있다. 도판은 색채마다 판목을 달리 만들어 찍는 餖版法을 사용했다. 康熙 54년(1715)과 嘉慶 22년(1817) 판본이 중국 國家圖書館 등에 소장되어 있다. 규장각에는 光緖 5년(1879) 간행한 石印本이 소장되어 있다. 『星湖僿說』에 李瀷이 이 책을 직접 본 것으로 되어 있다. 『洛下生集』, 『警修堂全藁』, 『五洲衍文長箋散稿』 등에도 이 책이 인용되어 있다.

十體書斷

唐 張懷瓘이 편찬한 書法書. 張懷瓘은 開元 연간(713~741) 활동한 문인으로, 海陵 출신인데 字號는 알려져 있지 않다. 이 책 외에 『書估』, 『書義』, 『玉堂禁經』, 『用筆十法』, 『書訣』, 『畵斷』 등 書畵 관련 저술이 많았지만 지금은 모두 전하지 않는다. 이 책은 『書斷』이라고도 한다. 古文, 大篆, 籒文, 小篆, 八分, 隸書, 章草, 行書, 飛白, 草書 등 書體 10종의 원류와 발전 과정을 설명하고, 書家를 神品, 妙品, 能品으로 나누어 神品 25인, 妙品 98인, 能品 107인의 간략한 전기를 수록했다. 開元 12년(724) 편찬을 시작해 開元 15년(727) 완성된 것으로 알려져 있다. 唐 張彦遠이 『法書要錄』을 편찬하면서 전문을 수록했다. 『說郛』에 실려 있으며, 규장각 등에 소장된 『書苑菁華』에도 실려 있다. 『星湖僿說』, 『林下筆記』, 『五洲衍文長箋散稿』 등에서 이 책을 인용했다.

十七史纂古今通要

元 胡一桂가 편찬한 歷史書. 胡一桂(1247~?)는 徽州 婺源 출신으로 字가 庭芳이고 號는 雙湖다. 부친 胡方平의 학문을 이어받아 易學에 정통했고 『啓蒙翼傳』, 『周易本義附錄纂疏』 등의 저술을 남겼다. 이 책은 『十七史纂』이라고도 한

다. 三皇五帝에서 五代까지의 史實을 요약하고 史論을 단 것이다. 규장각에는 朝鮮 太宗 연간에 癸未字로 인쇄한 판본이 소장되어 있는데, 元 胡昌祖가 校正音注한 것이다. 元 大德 6년(1302) 간본이 대만 故宮博物院圖書館에 소장되어 있다. 『四庫全書』에도 17권으로 수록되어 있다. 三皇五帝, 西周, 東周, 春秋列國, 秦, 西漢, 後漢, 蜀漢, 西晉, 東晉, 宋, 齊, 梁, 陳, 元魏, 東魏, 西魏, 北齊, 後周, 隋, 唐, 後梁, 後唐, 後晉, 後漢, 後周 등으로 구성되어 있다. 『世宗實錄』에 『古今通要』로, 『五洲衍文長箋散稿』에 『十七史纂』으로 이 책을 소개했다.

十八家晉史

唐 房玄齡, 褚遂良, 許敬宗 등이 『晉書』를 편찬하기 이전, 王隱, 虞預, 朱鳳, 謝靈運, 臧榮緖, 蕭子雲, 鄭忠, 沈約, 庾銑, 蕭子顯, 張緬, 陸機, 干寶, 曹嘉, 鄧粲, 劉謙之, 何承天, 崔鴻 등이 晉의 역사를 편찬했는데 이를 통칭해 『十八家晉史』라 한다. 臧榮緖의 『晉書』, 王隱의 『晉書』, 陸機의 『晉紀』 등이 일부 전한다. 『五洲衍文長箋散稿』에서 『晉書』의 편찬 과정을 설명하면서 『十八家晉史』를 소개했다. 『芝峯類說』에서는 北宋 王韶가 편찬한 『晉史』를 소개했다. 조선시대 문헌에서 『晉史』는 『晉書』를 이를 때가 많다.

十八史略

元 曾先之가 편찬한 編年體 歷史書. 曾先之는 字가 從野이고 廬陵 출신이다. 정확한 생몰년은 밝혀져 있지 않은데 咸淳 연간(1265~1274) 進士가 되어 潭州醴陵尉, 湖南提刑, 僉廳權檢法官 등의 관직을 지냈는데 宋이 망한 후 은거했다. 이 책은 司馬遷의 『史記』에서 歐陽修의 『五代史記』 등에 이르기까지 18종의 역사서에서 風敎와 관련한 내용을 시대에 따라 2권으로 정리한 책이다. 至治 연간(1321~1323) 2권으로 간행된 판본 『增修宋际古今通要十八史略』이 일본 南葵文庫에 소장되어 있고, 至正 2년(1342) 『歷代十八史略』 10권이 대만 故宮博物院圖書館에 소장되어 있다. 이 책은 조선에서 太宗 때부터 經筵의 교재로 사용되어 『太宗實錄』, 『三灘集』 등 이른 시기의 문헌에 서명이 확인된다. 『太宗實錄』, 『潛谷遺稿』, 『靑莊館全書』 등에 따르면 太宗 3년(1403) 永樂帝가 『元史』, 『山堂考索』, 『諸臣奏議』, 『大學衍義』, 『眞西山讀書記』, 『朱子成書』 등과 함께 이 책을 보냈다. 元 大德 元年(1297) 처음 간행된 이래 조선과 일본에서도 여러 차례 간행되었다. 조선에서는 文宗 2년(1452) 금속활자로, 明

宗 13년(1588) 목판으로 간행되었으며 이후에도 몇 차례 간행되었다. 『撫松軒集』에는 文宗 때의 간행에 대한 기사가 실려 있다. 『五山說林』, 『海東繹史』, 『日省錄』, 『扶桑錄』, 『五洲衍文長箋散稿』 등 여러 문헌에 자주 인용되었다. 明의 余進이 『十八史略』에 『元史』를 보태 『十九史略通考』를 편찬했는데 이 책도 조선에서 여러 차례 간행되었다.

雙槐歲鈔

明 黃瑜가 편찬한 筆記雜錄. 黃瑜는 字가 廷美이고 號가 雙槐이며 香山 출신이다. 생몰년은 알려져 있지 않은데 景泰 7년(1456) 擧人이 되었다. 이 책은 10권 220편으로 되어 있는데 黃瑜가 40여 년간의 見聞을 기록해 70세에 완성한 것이다. 洪武 연간(1368~1398)부터 成化 연간(1465~1487)까지의 典章制度를 기록한 것으로 科擧, 政爭, 軼事, 天文, 律曆, 學校, 軍事 등 다양한 내용을 담고 있다. 『說郛』, 『唐宋叢書』, 『嶺南遺書』 등에 이 책이 수록되어 있다. 『與猶堂全書』, 『五洲衍文長箋散稿』에서 이 책을 인용했다. 『海東繹史』에는 『雙槐雜抄』로 소개되어 있다.

氏族大全 → 排韻增廣事類氏族大全

氏族志

唐 高士廉 등이 편찬한 姓氏에 관한 책. 高士廉(575~647)은 渤海 蓨縣 출신으로 원래 이름이 儉이고 字가 士廉인데 字로 행세했다. 이 책은 『貞觀氏族志』라고도 한다. 唐 太宗의 命으로 韋挺, 岑文本, 令狐德棻 등과 함께 편찬한 것으로, 隋唐 교체기에 山東의 士族이 몰락하고 崔, 盧, 李, 鄭, 王 등의 大族이 세력을 얻자 太宗이 이를 견제하기 위해 편찬한 것이라 한다. 모두 100권이며 293姓 1,650家를 9등으로 나누었다. 貞觀 12년(638) 완성되었다고 하지만 현재는 전하지 않는다. 唐 高宗 때 則天武后가 자신의 집안을 높이기 위해 孔志, 楊仁卿 등을 시켜 『姓氏錄』으로 改修했다. 『高麗史』에 따르면 宣宗 8년(1091) 宋의 館伴이 일실된 서적 129종의 목록을 주고 고려에서 찾도록 했는데, 여기에 『高士廉氏族志』가 포함되어 있으며 113권이라 했다. 『青莊館全書』, 『海東繹史』 등에도 같은 기록이 보인다. 『密菴集』, 『大山集』 등에 『姓苑』과 함께 이 책을 들었으니 이 책을 가리키는 것이 분명하지만 직접 본 것은 아니다. 또

『澹人集』, 『蘆沙集』, 『松沙集』, 『林下筆記』, 『順菴集』, 『修山集』, 『弘齋全書』 등에서도 이 서명을 들었다. 『五洲衍文長箋散稿』에서 『通志』 등을 인용해 이 책을 소개하면서 100권이라 했다.

ㅇ

雅琴名錄

南朝 宋 謝莊이 편찬한 琴에 관한 책. 謝莊(421~466)은 字가 希逸인데 이름으로 삼아 謝希逸로 불린다. 陳郡 陽夏 출신이다. 光祿大夫를 지냈기에 謝光祿이라고도 부른다. 문집 『謝光祿集』과 『琴論』이 전한다. 『琴論』은 琴의 名人과 古曲을 소개했다. 『雅琴名錄』은 이와 별개의 저술로 규장각 등에 소장된 『說郛』에 실려 전하는데 大琴, 中琴, 小琴 등 50종의 琴 이름만 나열되어 있다. 『五洲衍文長箋散稿』에서 이 책을 언급했다.

雅述

明 王廷相이 편찬한 筆記雜錄. 王廷相(1474~1544)은 字가 子衡이고 號가 浚川이며 河南 儀封 출신이다. 李夢陽, 何景明, 康海, 王九思, 徐禎卿, 邊貢과 함께 前七子로 일컬어졌다. 이 책은 嘉靖 17년(1538) 4월 완성되어 같은 해 10월 謝鎰에 의해 간행되었다. 上下 2편으로 구성되어 있다. 氣一元論에 바탕하여 程朱學의 理氣二元論을 비판했으며, 天人感應說 및 讖緯說에 대해서도 비판을 개진했다. 이 책은 규장각 등에 소장된 王廷相의 문집 『王氏家藏集』에 실려 있다. 『王氏家藏集』은 嘉靖 40년(1561) 간행되었는데 규장각에 소장된 판본은 卷首에 淸 胡介祉의 跋, 楊時薦과 梁羽明의 序, 向金章의 序 등이 실려 있는 康熙 34년(1695) 무렵의 판본으로 보인다. 이 책의 제14책이 『雅述』인데 嘉靖 17년(1538) 謝鎰의 序와 嘉靖 18년(1539) 崔銑의 序가 수록되어 있

다. 李裕元의 『林下筆記』에 ‘浚川王廷相’이라는 항목을 두어 王廷相과 이 책에 대해서 자세히 적었다. 『五洲衍文長箋散稿』에도 이 책이 인용되어 있다.

樂曲譜 → 唐樂曲譜

樂記

北宋 楊傑이 편찬한 樂書. 楊傑은 字가 次公이고 自號가 無爲子이며 無爲軍 출신인데 哲宗 연간(1085~1100) 때 禮部員外郎을 지냈다. 『無爲集』, 『樂記』 등의 저술이 있다. 高麗 宣宗의 아우 煦가 1086년 宋으로 가서 그를 만난 기사가 『高麗史』에 보인다. 『星湖僿說』, 『海東繹史』, 『靑莊館全書』 등에는 義天이 그와 교유한 일을 적었다. 義天의 『大覺國師集』에 그에게 준 시가 보인다. 『星湖僿說』에 律呂에 대한 그의 학설을 소개했는데 같은 내용이 『文獻通考』에 보인다. 『治平要覽』에는 『宋史』의 기사를 인용하여 樂論을 소개했다. 『宋史』에 이 책이 36권이라 했는데 일실되어 전하지 않는다. 『五洲衍文長箋散稿』에는 5권으로 소개했다.

握奇經

편찬자를 알 수 없는 古代의 兵書. 『風后握奇經』, 『風后握奇圖』, 『幄機經』, 『握奇圖』라고도 한다. 黃帝의 大臣 風后가 필사한 것을 周 姜太公이 引申하고, 漢 公孫弘이 註解를 했다고도 한다. 宋 朱熹는 唐 李筌의 저작이라고 했다. 淸 紀昀 등의 고증을 통해 唐 이후에 찬술되어 위탁된 것임이 밝혀졌다. 1권으로, 本文, 屬圖, 總述로 구성되어 있는데 주로 陣法에 관한 내용이다. 伏羲 八卦의 원리를 軍陣에 응용하여 만든 최초의 八陣圖로 평가된다. 八卦의 離, 艮, 兌, 乾, 巽, 震, 坤, 坎에 中을 더하여 九宮을 만들고, 八陣을 正과 奇로 나누어 餘奇를 握奇라고 했다. 편자 미상의 『握奇經續圖』와 晉 馬隆이 편찬한 『八陣圖總述』이 붙어 있는 판본도 있다. 『說郛』, 『續百川學海』, 『小十三經』, 『津逮秘書』, 『唐宋叢書』, 『四庫全書』 등의 총서에 편입되어 있다. 서울대 중앙도서관에 宛委山堂本이 전한다. 『睿宗實錄』에 이 책이 언급된 것으로 보아, 조선 초기부터 일부 武人들이 학습했던 것으로 추정된다. 「兵家節要跋」에 따르면 金得臣이 이 책을 위주로 여러 병서를 요약하여 『兵家節要』를 편찬했다고 한다. 安命老의 『演機新編』에 실려 있는 「握奇經註解」는 『握奇經』의 원문을 고증하고 주석을 단 것이며, 「九軍變爲握奇圓陣圖」, 「唐獨孤及風后握奇陣圖」 등도 이 책과 관련된 내용을 다룬 것이다. 『武經節要』에서도 이 책을 크게 참고한 것으로 보인다. 朱熹가 이 책의 문장을 극찬하여 조선 문인들에게 상당한 영향을 미쳤다. 正祖는 '握奇'라는 이 책의 제목으로 策問을 짓게 했는데 徐瀅修의 「握奇經對」가 이때 지은 작품이다. 『星湖僿說』, 『青莊館全書』, 『五洲衍文長箋散稿』 등에도 이 책이 인용되어 있다.

樂律全書

明 朱載堉이 편찬한 音樂書. 朱載堉(1536~1611)은 字가 伯勤이고 號가 端清 혹은 句曲山人이며 젊은 시절에는 自號를 狂生 혹은 山陽酒狂仙客이라 했다. 懷慶府 河內縣 출신이며 明 太祖 朱元璋의 九世孫이다. 鄭世子라고도 불렸다. 부친 鄭恭王 朱厚烷의 영향을 받아 音律에 뛰어났으며 『樂律全書』가 그의 대표적인 저술이다. 이 책은 樂舞와 律曆에 대한 것으로, 전체 48권으로 되어 있는데 『律學新說』 4권, 『樂學新說』 1권, 『算學新說』 1권, 『律呂精義』 20권, 『操縵古樂譜』 1권, 『旋宮合樂譜』 1권, 『鄉飲詩樂譜』 6권, 『六代小舞譜』 1권, 『小舞鄉樂譜』 1권, 『二佾綴兆圖』 1권, 『靈星小舞譜』 2권, 『聖壽萬年歷』 2권, 『萬年曆備考』 4권, 『律曆融通』 5권 등으로 구성되어 있어 類書의 성격을 띤다. 萬曆 34년(1606) 처음 간행되었고 『四庫全書』에 수록되어 있다. 『五洲衍文長箋散稿』에는 『樂律新說』을 인용했는데 『律學新說』 혹은 『樂學新說』을 두고 이른 듯하다. 『五洲衍文長箋散稿』에서 端清의 『樂書』라 했는데 이 책을 이른다. 『樂律全書』에 포함되어 있는 책은 독립적으로도 유통되었다. 『弘齋全書』와 『研經齋全集』에는 『律學新說』을 인용했다. 『燕巖集』, 『弘齋全書』, 『保晚齋集』, 『楓石全集』 등에서는 『律呂精義』의 내용에 대해 자세히 따졌다. 『律呂精義』는 康熙帝의 命으로 편찬한 책이 따로 있는데 『律曆淵源』의 1부에 해당한다.

樂府古題要解

唐 吳兢이 편찬한 古樂府選集. 吳兢(670~749)은 汴州 浚儀 출신인데 字號는 알려져 있지 않다. 역사에 밝아 『唐書』, 『唐春秋』, 『貞觀政要』 등의 史書를 편찬했다. 이 책은 『樂府解題』라고도 한다. 上下 2권으로, 傳記 및 文集에서 漢魏 이후의 古樂府를 채록하고 제목의 뜻을 풀이했다. 마지막에 建除體와 字謎 등 雜體詩도 수록했다. 明 毛晉이 汲古閣에서 간행한 『學津討原』에 수록된 판본

이 선본으로 알려져 있다. 『說郛』에 『樂府解題』로 일부가 실려 있으며 『談藝珠叢書』, 『津逮祕書』 등에도 실려 있다. 宋 郭茂倩이 『樂府詩集』에서 이 책을 자주 인용했다. 『自著』와 『五洲衍文長箋散稿』 등에는 『樂府解題』라는 서명으로 인용했다. 『說郛』에는 唐 劉餗이 편찬한 『樂府解題』가 따로 실려 있다.

樂府詩集

北宋 郭茂倩이 편찬한 樂府歌辭集. 郭茂倩(1041~1099)은 字가 德粲이고 鄆州 須城 출신이다. 郭源明의 아들인데, 자세한 이력은 알려져 있지 않다. 이 책은 총 100권에 5,000여 수의 작품을 수록했다. 至元 6년(1275) 李孝光의 序가 붙어 있으므로 이 무렵 간행된 것으로 추정된다. 郊廟歌辭, 燕射歌辭, 鼓吹曲辭, 橫吹曲辭, 相和歌辭, 淸商曲辭, 舞曲歌辭, 琴曲歌辭, 雜曲歌辭, 近代曲辭, 雜歌謠辭, 新樂府辭 등 12종으로 분류했다. 明代의 汲古閣本 및 淸代의 翻刻本 등이 있다. 서울대 중앙도서관 및 규장각에 嘉靖 30년(1551) 간행된 明板本 100권 20책이 전한다. 『自著』, 『研經齋全集』, 『五洲衍文長箋散稿』 등에는 『樂府』라는 이름으로 인용되어 있다.

樂府雜錄

唐 段安節이 편찬한 樂府에 관한 雜錄. 段安節은 齊州 臨淄 출신으로 唐初의 名將 段志玄의 후예인데 생몰년은 자세하지 않지만 穆宗 長慶 연간(821~824) 활동한 것으로 보인다. 樂律에 능했다는 사실 정도만 알려져 있다. 이 책은 1권으로, 唐 乾寧 元年(894) 이전에 완성된 것으로 추정된다. 開元 연간(713~741) 이후의 音樂과 歌舞, 俳優, 樂器 등을 고증했다. 원문은 일실되고, 『詩林廣記』, 『太平御覽』, 『樂府詩集』 등에 일부가 인용되어 있다. 『說郛』, 『唐代叢書』, 『守山閣叢書』 등에도 일부가 수록되어 있다. 『芝峯類說』, 『海東繹史』, 『五洲衍文長箋散稿』 등에서 이 책을 인용했다.

樂府指迷

南宋 張炎이 편찬한 樂府에 관한 雜錄. 張炎(1248~?)은 字가 叔夏이고 號가 玉田 또는 樂笑翁이며 臨安 출신이다. 詞에 뛰어나 蔣捷, 王沂孫, 周密 등과 함께 宋末四大家로 일컬어졌으며 『山中白雲詞』가 전한다. 이 책은 詞源, 制曲, 句法, 字面, 虛字, 淸空, 意趣, 用事, 詠物, 節序, 賦情, 離情, 令曲, 雜論 등 14편

으로 구성되어 있다. 陳繼儒의 『續秘笈』에 수록되어 있다. 『說郛續』에도 실려 있는데 편찬자의 이름을 張玉田이라 했다. 玉田은 張炎의 號다. 宋 楊萬理의 「作詞五要」가 부록으로 실려 있다. 『五洲衍文長箋散稿』에서 樂府를 辨證할 때 이 책을 인용했다.

樂府解題 → 樂府古題要解

樂書

北齊 信都芳이 편찬한 音樂書. 信都芳은 字가 玉琳이고 河間 출신으로 算術과 天文에 정통했으며 渾天儀, 地動儀, 刻漏 등의 儀機를 그린 『器準圖』를 편찬했다. 『弘齋全書』에는 그의 輪扇과 儀機에 대한 설을 인용했다. 이 책은 원문은 일실되고 『玉函山房輯佚書』에 1권으로 편집되어 전한다. 『高麗史』에 따르면 宣宗 8년(1091) 宋의 館伴이 일실된 서적 129종의 목록을 주고 고려에서 찾도록 했는데, 여기에는 9권으로 되어 있다. 『靑莊館全書』, 『海東繹史』에도 같은 내용이 실려 있다. 『五洲衍文長箋散稿』에서는 서명만 들었다.

樂書

北宋 陳暘이 편찬한 音樂書. 陳暘(1064~1128)은 字가 晉之이고 閩淸 출신이며 禮部侍郎을 지냈다. 『東都事略』, 『淳熙三山志』 등의 저술이 있다. 이 책은 『陳暘樂書』라고도 하는데 神宗 때 편찬을 시작하여 40년 걸려 徽宗 때 완성했지만 慶元 元年(1200) 陳侯가 처음 간행했다. 200권이며 訓義와 樂圖論으로 나누어 1,300여 條에 걸쳐 樂論, 八音, 百戲, 五禮 등 음악과 관련한 다양한 내용을 담고 있다. 宋刻本과 元刻本 등이 중국 國家圖書館에 소장되어 있다. 규장각에는 光緖 2년(1876) 간행된 木板本 200권 18책이 소장되어 있다. 『海東繹史』 등 조선 후기 문헌에서 이 책을 인용했다. 서명을 『樂書』라고는 하지 않았지만 『世宗實錄』을 위시한 조선 초기 문헌에 음악과 관련하여 陳暘에 관한 기록이 자주 보이므로 이른 시기 수입된 것으로 추정된다.

樂書 → 樂律全書

樂解 → 李氏學樂錄

安驥集

唐 李石이 편찬한 것으로 알려진 獸醫書. 李石(?~845)은 字가 中玉이고 隴西 출신이다. 이 책은 李石이 行軍司馬로 있을 때 말의 질병을 치료하는 방법을 수집해 편찬한 것이다. 『司牧安驥集』이라고도 한다. 총 3권으로, 그림과 함께 처방을 기록했다. 相良馬圖, 相良馬論, 相良馬寶金篇 등으로 구성되어 있다. 元代에 增補하여 8권이 나왔으며 그 후에도 여러 차례 간행되었다. 日本에서 1000년에 『司牧安驥集方』이, 1604년에 『假名安驥集』이 간행되었다. 萬曆 연간(1573~1620) 간본이 일본 東京大에 소장되어 있다. 『成宗實錄』(1494년 4월 2일)에 李昌臣, 李琚, 權五福에게 이 책을 번역하도록 한 기록이 보인다. 『五洲衍文長箋散稿』에 이 서명이 보인다.

安南紀遊

清 潘鼎珪가 편찬한 安南 漂流記. 潘鼎珪는 字가 子登이고 晉江 출신인데 康熙 연간(1662~1722)의 학자로 이력은 자세하지 않다. 이 책은 1권이며 康熙 27년(1688) 편찬되었다. 潘鼎珪가 廣東에서 배를 타고 가다 풍랑을 만나 安南에 표류했는데 그곳의 산천과 풍토의 대략을 기록한 것이 이 책이다. 규장각 등에 소장된 『說鈴』, 『龍威秘書』 등에 수록되어 있다. 『五洲衍文長箋散稿』에 安南에 대한 문헌으로 이 책과 함께 清 李仙根의 『安南雜記』, 朝鮮 李睟光의 『安南使臣問答錄』, 『趙完壁傳』, 李圭景의 『南交繹攷』 등을 들었다.

安南雜記

清 李仙根이 安南에 관해 기록한 책. 李仙根은 字가 南津이고 遂寧 출신이며 戶部侍郎을 지냈다. 康熙 7년(1668) 內秘書院侍讀으로 兵部職方司主事 楊兆傑과 함께 安南으로 사신 갔다 돌아와서 그곳의 실정을 기록한 것이 이 책이다. 『四庫全書總目』에 李仙根이 편찬한 『安南使事記』가 실려 있는데 같은 책으로 추정된다. 『說鈴』, 『昭代叢書』 등에 수록되어 있다. 『五洲衍文長箋散稿』에서 이 책을 소개했다.

安南志略

元 黎崱이 편찬한 安南의 地理書. 黎崱은 字가 景高이고 號가 東山이며 安南國 출신인데 정확한 생몰년은 밝혀져 있지 않다. 東晉의 交州刺史 阮敷의 후손

으로 愛州에 세거했는데 어려서 黎琫의 양자가 되어 그의 성을 따랐다. 9세에 童科에 급제하여 靜海軍節度使 陳鍵의 막하로 들어갔다. 元 世祖가 安南을 정벌할 때 陳鍵과 함께 항복했고, 陳鍵이 죽임을 당한 후 이 책을 편찬했다. 이 책은 『四庫全書』에 20권으로 수록되어 있다. 서울대 중앙도서관에 光緖 10년(1884) 樂善堂에서 간행된 목판본 19권 4책이 소장되어 있다. 규장각에도 같은 판본이 소장되어 있다. 地理圖, 郡邑, 山, 水, 古跡, 大元詔制, 前朝書命, 大元奉使, 征討運餉, 前朝征伐, 表, 章, 書, 丁氏世家, 黎氏世家, 李氏世家, 陳氏世家, 學校, 官制, 章服, 刑政, 兵制, 歷代遣使, 人物, 物產, 雜記, 歷朝明賢雜詠, 安南名人詩, 圖志歌 등 다양한 항목이 실려 있다. 元 元明善, 許有壬, 歐陽玄의 序가 붙어 있다. 『五洲衍文長箋散稿』에 이 책을 자세히 소개하고 淸 朱彝尊의 跋도 인용했는데 이 跋은 朱彝尊의 『曝書亭集』에도 실려 있다.

顏山雜記

明末淸初 孫廷銓이 편찬한 地理書. 孫廷銓(1613~1674)은 字가 伯度 혹은 枚先이며 號는 沚亭이며 益都 출신으로, 秘書院大學士를 지냈다. 『南征紀略』, 『琉璃志』, 『沚亭删定文集』 등의 저술이 있다. 이 책은 4권으로, 孫廷銓이 세거한 益都 顏神鎭에 대한 사실을 기록했다. 康熙 3년(1664) 완성했다. 山谷, 水泉, 城市, 官署, 鄕校, 逸民, 孝義, 風土, 歲時, 長城, 考靈, 泉廟, 災祥, 物變, 物產, 物異, 遺文 등으로 구성되어 있다. 康熙 4년(1665) 판본이 미국 국회도서관에 소장되어 있다. 『夢經堂日史』, 『五洲衍文長箋散稿』에 이 책이 인용되어 있다.

顏氏家訓

北齊 顏之推가 편찬한 雜錄. 顏之推(531~595)는 字가 介이고 琅邪 臨沂 출신인데 江陵에서 생장했다. 北齊에 벼슬하여 黃門侍郞에 이르렀고 北周와 隋에서도 벼슬했다. 이 책은 隋 멸망(589) 이후 편찬된 것으로 보인다. 7권이며 序致, 敎子, 兄弟, 後娶, 治家, 風操, 慕賢, 勉學, 文章, 名實, 涉務, 省事, 止足, 誡兵, 養心, 歸心, 書證, 音辭, 雜藝, 終制 등 20편으로 구성되어 있다. 규장각 등에 소장된 『漢魏叢書』, 『說郛』, 『御覽知不足齋叢書』, 『百子全書』 등에 수록되어 있다. 조선시대 童蒙의 교재로 사용되어 널리 읽혔으므로 조선 초기 문헌에서부터 빈번하게 소개되었다. 『中宗實錄』에 金安國이 이 책의 간행을 건의

한 기사가 보인다. 金安國의 『慕齋集』에 실려 있는 「赴京使臣收買書冊印頒議」에 이 책이 보인다. 『星湖僿說』, 『常變通攷』, 『五洲衍文長箋散稿』 등 조선 후기 문헌에도 자주 보인다.

安雅堂集

元 陳旅의 文集. 陳旅(1288~1343)는 字가 衆仲이고 號가 荔溪이며 莆田 출신으로 國子監丞을 지냈다. 이 책은 陳旅의 아들 籥이 편찬한 것으로 총 13권이며 元 張翥와 林泉生의 序가 붙어 있다. 『四庫全書』에 모두 수록되어 있다. 권3까지는 賦와 詩이고, 나머지는 각체의 산문이 실려 있다. 陳旅의 문집으로 이 책 외에 『陳荔溪詩集』 3권, 『陳衆仲文集』 13권이 있다. 『靑莊館全書』, 『海東繹史』, 『五洲衍文長箋散稿』 등에 『安雅堂集』으로 소개되어 있다. 陳旅가 李穀을 위해 지은 「送李中父使征東行省序」가 『安雅堂集』과 李穀의 『稼亭集』에 실려 있다. 丁若鏞이 陳旅의 시를 인용하고 있는 것으로 보아 『安雅堂集』을 본 듯하다.

顔延年集

南朝 宋 顔延之의 文集. 顔延之(384~456)는 字가 延年이고 琅邪 臨沂 출신이다. 문장에 뛰어나 謝靈運과 함께 顔謝로 병칭되었으며 陶潛과도 교분이 깊었다. 벼슬은 光祿大夫에 이르렀다. 그의 문집은 『隋書』에 25권으로, 『新唐書』에 30권으로 되어 있지만 일실되었다. 明 張溥가 遺文을 모아 『顔光祿集』을 편찬했는데, 『漢魏六朝百三家集』에 수록되어 있다. 서울대 중앙도서관에 萬曆 15년(1587) 明 汪士賢이 교감하여 休陽 程氏가 간행한 목판본 『顔延之集』이 소장되어 있는데 『漢魏六朝百三家集』에 수록된 판본이다. 『高麗史』에 따르면 宣宗 8년(1091) 宋의 館伴이 일실된 서적 129종의 목록을 주고 高麗에서 찾도록 했는데, 여기에 이 책이 포함되어 있으며 41권이라 했다. 『海東繹史』, 『靑莊館全書』, 『弘齋全書』 등에도 이 기사를 수록했다.

晏子春秋

春秋時代 齊 晏嬰의 言行을 기록한 책. 晏嬰(B.C.548~B.C.490)은 字가 平仲이고, 齊의 正卿으로서 50여 년간 靈公, 莊公, 景公을 섬겨 名臣으로 일컬어졌다. 이 책은 『晏子』라고도 한다. 內篇 6권, 外篇 2권 등 총 8권 215장으로 구

성되어 있다. 內篇은 諫上, 諫下, 問上, 問下, 雜上, 雜下 등으로, 外篇은 重而異者, 不合經術者 등으로 되어 있다. 규장각에 光緖 元年(1875) 崇文書局에서 간행한 목판본 8권 2책이 소장되어 있고 필사본 4권 2책도 소장되어 있다. 『百子全書』에도 실려 있다. 金春澤의 『諸子通選』과 鄭元容의 『文英珍選』에 이 책의 일부가 수록되어 있다. 晏嬰은 『東國李相國集』 등 고려시대 문헌에서부터 보이고 『太宗實錄』 등 조선시대 문헌에도 지속적으로 이 책을 인용한 기록이 보인다. 許筠의 『惺所覆瓿稿』와 洪奭周의 『學海』 등에 이 책을 읽고 쓴 글이 실려 있다. 宋浚吉이 經筵에서 이 책을 언급한 기록이 있다. 李宜顯은 『陶峽叢說』에서 의론이 절실하고 문자가 전아하다고 고평했다. 『星湖全集』, 『靑莊館全書』, 『五洲衍文長箋散稿』 등에도 인용되어 있다.

巖棲幽事

明 陳繼儒가 편찬한 筆記雜錄. 陳繼儒(1558~1639)는 華亭 출신으로 字가 仲醇이고 號가 眉公 혹은 麋公이며 寶顏堂 등의 堂號를 사용했다. 文學과 書畵에 뛰어나 董其昌과 함께 文人畵를 창도했고 南北宗論을 주장했다. 『妮古錄』, 『梅花冊』, 『雲山卷』, 『陳眉公全集』, 『小窓幽記』 등 많은 저술을 남겼다. 이 책은 1권으로, 산림에 은거하는 한적한 삶에 대해 적은 것으로 園藝, 香, 茶 등을 중심으로 한 淸言小品이 많이 수록되어 있다. 『說郛續』에 실려 있는데 일부를 초록한 것이다. 『尙白齋秘笈』, 『寶顏堂秘笈』 등에도 이 책이 수록되어 있다. 許筠의 『閑情錄』과 『五洲衍文長箋散稿』에서 이 책을 여러 차례 인용했다.

鵪鶉譜

淸 程石鄰이 메추라기에 관해 기록한 筆記雜錄. 程石鄰은 字號나 이력 등이 전혀 알려져 있지 않다. 이 책은 『昭代叢書』에 1권으로 수록되어 있는데 편자가 程石鄰으로 되어 있다. 淸 丁仁의 『八千卷樓書目』에도 편자가 程石鄰으로 되어 있지만 『淸史稿』에는 陳石麟으로 되어 있다. 陳石麟은 淸 潘衍桐의 『兩浙輶軒續錄』에 寶摩 海鹽 출신으로 乾隆 연간(1736~1795) 벼슬을 했고 『小信天巢詩鈔』를 남겼다. 淸 毛奇齡의 『西河集』에 그와 어울린 기록이 보인다. 이 책은 1권이며 相法, 養法, 洗法, 養飼各法, 把法, 籠法, 雜法, 養鬬宜忌 등으로 구성되어 있다. 『五洲衍文長箋散稿』에서 이 책을 인용했는데 저자가 程石麟으로 표기되어 있다.

鴨江日記

金 閻子秀가 鴨綠江 일대를 유람한 기록. 閻子秀는 어떤 인물인지 전혀 밝혀져 있지 않고 책 자체도 전하지 않는다. 金 王寂의 『拙軒集』, 元好問의 『中州集』 등 중국 문헌에는 『鴨江行記』로 되어 있다. 『靑莊館全書』, 『熱河日記』, 『海東繹史』 등에는 모두 『鴨江行記』로 인용되어 있는데 대부분 元好問의 『中州集』에서 가져온 것으로 보인다. 중국 문헌에도 이 책을 인용하여 高麗에서 中原使節을 天車라 한다는 기사만 확인된다.

愛日齋叢鈔

南宋 葉寘가 편찬한 雜錄. 葉寘는 字가 子眞이고 號가 坦齋이며 池州 青陽 출신이다. 咸淳 연간(1265~1274)의 인물이지만 자세한 이력은 밝혀져 있지 않다. 『說郛』에는 편찬자가 葉寘라 했지만 『四庫全書簡明目錄』, 『欽定續通志』 등에는 편찬자를 알 수 없다고 했다. 『千頃堂書目』에는 葉寘의 저술로 『愛日齋叢鈔』 10권과 『坦齋筆衡』 1권이 있다고 했다. 이 책은 일실되었는데 5권 153條가 『永樂大典』에 채집되었고 『四庫全書』에 수록되었다. 대부분 物名과 典故에 대한 고증이다. 『說郛』에도 일부가 실려 있다. 『海東繹史』에는 편찬자를 葉夢得이라 하고 인용했다.

野客叢書

南宋 王楙가 편찬한 雜錄. 王楙(1151~1213)는 字가 勉夫이며 長洲 출신이다. 모친을 봉양하기 위해 관직에 나아가지 않고 독서와 저술에만 몰두해 讀書君으로 일컬어졌다. 이 책은 총 30권으로, 典籍을 고증하고 野史를 채록했는데 분석과 교정이 정확하다는 평가를 받았다. 부록으로 『野老記聞』 1권이 붙어 있는데 부친 孫穀祥이 지은 것으로 알려져 있다. 『四庫全書總目』에서는 考證이 해박하고 정확하여 『夢溪筆談』, 『緗素雜記』, 『容齋隨筆』에 비해 손색이 없다고 고평했다. 嘉靖 41년(1562) 50권으로 간행된 목판본이 中國 國家圖書館에 소장되어 있다. 『稗海』, 『四庫全書』에 30권, 『說郛』에 15권, 『陳眉公訂正秘笈』에는 12권으로 수록되어 있다. 규장각과 국립중앙도서관에 『陳眉公訂正秘笈』에 수록된 판본이 소장되어 있다. 규장각에 소장되어 있는 『稗海』, 『唐宋叢書』에도 실려 있다. 규장각에는 『野客叢書』 외에 『游宦紀聞』, 『夢溪筆談』, 『補筆談』, 『學齋佔畢纂』, 『儲華谷祛疑說纂』, 『墨莊漫錄』, 『侍兒小名錄拾遺』, 『雲麓

漫抄』, 『石林燕語』, 『避署錄話』, 『清波雜志』, 『墨客揮犀』, 『異聞總錄』, 『西溪叢語』, 『螢雪叢說』 등이 함께 편집된 판본도 있다. 이 판본에 실린 『野客叢書』는 目錄에 이어 『野老記聞』과 「宋王先生壙銘」이 실려 있으며 이어 漢再受命之兆, 班史略於節義, 歐公譏荊公落英事, 文帝露臺, 蘭亭不入選, 高帝棄二子, 古者男女相見無嫌 등과 같은 표제어를 두어 다양한 내용을 실었다. 『五洲衍文長箋散稿』에 이 책이 인용되어 있는데 편찬자가 孫穀祥으로 되어 있다. 『農巖集』, 『靑莊館全書』, 『與猶堂全書』, 『五洲衍文長箋散稿』 등 조선 후기 문헌에 이 책이 자주 인용되었다.

野老記聞

南宋 孫穀祥이 편찬한 筆記雜錄. 孫穀祥은 字號나 이력이 전혀 알려져 있지 않다. 이 책은 1권이며, 宋 王楙가 편찬한 『野客叢書』의 부록으로 붙어 있는데 王楙의 부친이 지은 것으로 되어 있다. 이 책은 『說郛』에도 동일한 내용이 실려 있는데 편찬자가 宋 孫穀祥으로 되어 있다. 『五洲衍文長箋散稿』에서는 『說郛』를 따라 편찬자를 宋 孫穀祥으로 적었다. 『說郛』, 『唐宋叢書』, 『野客叢書』 등에도 수록되어 있다.

野語 → 齊東野語

野獲編

明 沈德符가 편찬한 野史雜錄. 沈德符(1578~1642)는 字가 景倩 또는 景伯, 虎臣이며 秀水 출신이다. 저서로 『飛亮語略』, 『敝帚軒剩語』, 『顧曲雜言』, 『秦璽始末』 등이 있다. 이 책은 『萬曆野獲編』이라고도 한다. 宋 歐陽修의 『集古錄』을 모방하여 편찬했다. 全書 30권, 續編 12권, 補遺 4권으로 구성되어 있다. 明初에서 萬曆 末年까지 明代의 역사와 풍속에 관한 기사가 실려 있으며, 특히 典章制度 및 典故遺聞에 관한 기록이 자세하다. 국립중앙도서관에 康熙 30년(1691) 간본이, 서울대 중앙도서관에 道光 7년(1827) 간본이 소장되어 있다. 『研經齋全集』, 『五洲衍文長箋散稿』 등에서 이 책을 언급했다.

略古

北宋 崔希裕가 편찬한 文字學에 관한 저술. 崔希裕는 어떤 인물인지 알 수 없

다. 明 張自烈의 『正字通』에 崔希裕의 이 책을 빈번하게 인용했지만 일실되어 전하지 않는다. 宋 夏竦의 『古文四聲韻』에는 崔希裕의 『纂古』가 인용되어 있는데 유관한 책으로 보인다. 『五洲衍文長箋散稿』에 趙琬璋의 『略古』도 함께 소개했지만 『古字略』의 잘못이다. 『古字略』은 『國史經籍志』에 1권으로 되어 있지만 전하지 않는다. 趙琬璋은 北宋 때의 인물인데 字號와 이력이 알려져 있지 않다.

藥錄 → 桐君采藥錄

藥譜 → 南海藥譜

藥石爾雅 → 石藥爾雅

藥性本草

唐 甄權이 편찬한 醫書. 甄權(541?~643)은 許州 扶溝 출신인데 字號는 밝혀져 있지 않다. 특히 針灸術과 藥材에 밝아 많은 인명을 구제했으므로 唐 太宗이 친히 찾아가 藥性과 養生에 대해 묻고 朝散大夫의 작위를 내렸다. 이 책과 함께 『明堂人形圖』, 『針經鈔』, 『針方』 등의 저술이 있었다고 하지만 대부분 일실되고 『脈經』만 『說郛』 등에 실려 전한다. 이 책은 『藥性論』이라고도 한다. 『本草綱目』에는 草部, 穀部, 服器部, 金石部 4종으로 되어 있다고 했다. 明 薛己의 『本草約言』에 2권으로 실려 있다. 『海東繹史』에는 4권이며 약재의 성질과 미각에 대해 상세하게 기술한 책이라 했지만 직접 보았는지는 알 수 없다.

兩戒山河考 → 天下山河兩戒考

暘谷漫錄

宋 洪巽이 편찬한 雜錄. 洪巽은 洪巽으로 된 문헌도 있다. 字號나 이력이 밝혀져 있지 않다. 이 책은 厨娘, 檢字謎, 檀弓 등 6조만 『說郛』에 수록되어 있으며, 淸代에 편찬된 『宋人百家小說』에도 실려 있다. 『五洲衍文長箋散稿』에서 이 책을 인용했는데 같은 내용이 明 陳耀文의 『天中記』 등에서 확인된다.

梁四公記
唐 張說이 편찬한 傳奇小說. 張說(667~730)은 字가 道濟 혹은 說之이고 洛陽 출신이며, 燕國公에 봉해졌다. 文集 『張燕公集』이 전하며, 『鏡龍記』, 『綠衣使者傳』, 『傳書燕』, 『虬髯客傳』 등의 소설도 전한다. 이 소설은 南朝 梁 天監 연간(502~519) 傑公 등 네 사람이 武帝를 알현하고 소개한 기이한 일화를 담았다. 원문은 일실되고 『說郛』에 일부가 실려 있다. 乳海, 火鼠, 女國, 扶桑之蠶, 水晶城 등 신이한 이야기가 실려 있다. 『太平廣記』에도 3條가 실려 있다. 『林下筆記』, 『海東繹史』, 『五洲衍文長箋散稿』 등에 이 서명이 보인다.

兩山墨談
明 陳霆이 편찬한 筆記雜錄. 陳霆(1477?~1550)은 字가 聲伯이고 號가 水南이며 德淸 출신이다. 『唐餘紀傳』, 『山堂瑣語』, 『水南稿』, 『渚山堂詩話』 등 많은 저술을 남겼다. 이 책은 18권으로 구성되어 있는데 따로 編次는 나누어져 있지 않다. 太丁, 詩序, 戰艦 등 잡다한 내용을 고증했다. 『眉巖集』, 『松溪漫錄』, 『松窩雜說』, 『紫海筆談』, 『熱河日記』, 『青莊館全書』, 『五洲衍文長箋散稿』 등 여러 문헌에 이 서명이 보이므로 16세기부터 이 책이 유통되었음을 알 수 있다. 이 책은 조선에서도 간행되었다. 국립중앙도서관과 고려대 등에 嘉靖 己亥(1539) 李檗의 序가 달린 판본이 전하는데 宣祖 8년(1575) 慶州에서 『晦齋集』과 함께 이 책을 開刊했다는 간기가 달려 있다.

梁書
唐 姚思廉이 太宗의 命을 받들어 편찬한 梁의 歷史書. 姚思廉(557~637)은 本名이 姚簡이고 字는 思廉이며 雍州 萬年 출신이다. 陳의 史官으로 있던 姚察이 梁과 陳의 歷史를 찬수하라는 命을 받았으나 완성하지 못했는데 그 아들 姚思廉이 이를 이어 편찬을 시도했지만 戰亂으로 중단되었고, 貞觀 3년(629) 다시 太宗의 명을 받아 魏徵과 함께 이 책의 편찬을 시작해 貞觀 10년(636) 완성했다. 『陳書』도 동시에 편찬했다. 梁 6대 56년의 역사를 기록한 正史로, 本紀 6권, 列傳 50권 등 총 56권으로 되어 있다. 『中宗實錄』에 이 책을 민간에서 구한 기록이 보인다. 『陶谷集』, 『順菴集』, 『青莊館全書』, 『海東繹史』, 『五洲衍文長箋散稿』 등에서 이 책을 소개했다. 규장각에 萬曆 3년(1575), 崇禎 6년(1633), 乾隆 4년(1739) 등의 간기가 있는 목판본 여러 종이 소장되어 있다.

楊升庵集 → 升菴集

襄陽耆舊傳

東晉 習鑿齒가 편찬한 襄陽 지역의 人物傳記集. 習鑿齒(317?~383)는 字가 彦威이고 襄陽 출신이며, 『漢晉春秋』, 『逸人高士傳』 등의 저술이 있다. 이 책은 『襄陽耆舊記』, 『襄陽記』라고도 한다. 5권으로 되어 있는데, 권1과 권2에 宋玉, 王逸, 龐德公 등 襄陽 지역의 인물을 적은 다음, 권3에 鹿門山, 硯山, 巫山 등의 山川, 권4에 北津, 活國城 등의 유적지, 권5에 羊祜, 杜預, 山簡 등의 관리를 기록했다. 조선 초기 『容齋集』, 『希樂堂稿』 등을 비롯하여 조선 후기 『青莊館全書』, 『海東繹史』 등에서 이 책을 인용했다. 『說郛』와 『心齋十種』 등에 이 책이 수록되어 있다. 규장각에 소장된 金麗昱의 『襄陽耆舊錄』은 경상도 예천 출신 인물의 전기를 모은 것으로 이 책과 관련이 없다.

養魚經

春秋時代 范蠡가 지은 것으로 알려진 養魚法에 관한 책. 范蠡(B.C.536~B.C.448)는 字가 少伯이고 楚의 宛 출신이며 商聖, 陶朱公 등으로 일컬어진다. 이 책은 『陶朱公養魚經』, 『陶朱公養魚法』, 『陶朱公養魚方』이라고도 한다. 『隋書』 등에는 梁代까지 이 책이 남아 있었지만 그 후 일실되었다고 한다. 清 馬國翰이 『齊民要術』에 인용된 것을 정리하여 1권 400여 자로 편집한 판본이 『玉函山房輯佚書』에 실려 있다. 陶朱公과의 문답 형식으로 養魚法을 설명했다. 『說郛』에도 일부가 수록되어 있다. 洪萬選의 『山林經濟』, 許筠의 『閑情錄』에 인용되어 있으며, 南公轍의 「觀魚圖橫軸絹本」에도 보인다. 『五洲衍文長箋散稿』에서도 여러 차례 인용했다. 明 黃省曾이 편찬한 『種魚經』, 혹은 『魚經』 등이 있지만 다른 책이다.

揚雄集

漢 揚雄의 文集. 揚雄(B.C.53~A.D.18)은 字가 子雲이고 蜀郡 成都 출신이다. 『易經』을 모방하여 『太玄』을 짓고 『論語』를 모방하여 『法言』을 지었다. 言語學에 대한 『方言』도 그의 저술이다. 이 책은 『揚子雲集』, 『揚侍郎集』이라고도 한다. 『漢書』, 『隋書』 등에 『揚雄集』 5권이 있다고 했지만 일실되고, 宋 譚愈가 遺文을 모아 다시 5권으로 편찬했으며, 明 鄭樸이 遺文과 『太玄』, 『法言』, 『方

言』을 합쳐 6권으로 편찬했다.『四庫全書』에『揚子雲集』6권이 수록되어 있다.『漢魏六朝百三家集』에는 明 張溥가 편집한『揚侍郎集』이 수록되어 있다.『高麗史』에 따르면 宣宗 8년(1091) 宋의 館伴이 일실된 서적 129종의 목록을 주고 高麗에서 찾도록 했는데, 여기에 이 책이 포함되어 있으며 5권이라 했다.『海東繹史』,『靑莊館全書』 등에도 이 기사를 수록했다.『海東繹史』에서 揚雄의「幽州牧箴」을 인용했는데『揚子雲集』에 실려 있다.

梁雜儀注

唐 段成式이 편찬한 雜錄. 段成式(803~863)은 字가 柯古이고 齊州 臨淄 출신이며, 太常少卿을 지냈다.『酉陽雜組』가 그의 대표적인 저술이다.『婚雜儀註』와『廬陵官下記』,『京洛寺塔記』,『鬻栗格』,『肉攫部』,『諾皐記』도『說郛』에 실려 전한다. 규장각에 소장된『唐宋叢書』,『龍威秘書』에도 그의 저술이 많이 실려 있다. 이 책은『說郛』에 1편의 짧은 글로 실려 있다. 梁의 대궐에서 조회하는 의식을 설명했다.『海東繹史』에서 이 책을 인용하여 高句麗와 百濟의 사신을 다루었다.

梁典

北周 劉璠이 편찬한 梁의 歷史書. 劉璠(510~568)은 字가 寶義이고 沛國 출신인데 廣陵으로 이주했다. 젊어서부터 讀書를 좋아하고 文筆에 뛰어났다. 이 책은『隋書』,『新唐書』 등에 30권으로 되어 있지만 일실되었다.『高麗史』에 따르면 宣宗 8년(1091) 宋의 館伴이 일실된 서적 129종의 목록을 주고 高麗에서 찾도록 했는데, 여기에 이 책이 포함되어 있으며 30권이라 했다.『海東繹史』,『靑莊館全書』 등에도 이 기사를 수록했다.『靑莊館全書』와『五洲衍文長箋散稿』에서 동물의 말을 아는 沈僧照의 고사를 인용했는데 다른 문헌의 것을 옮긴 듯하다.『新唐書』에 謝昊의『梁典』39권, 何之元의『梁典』30권 등이 보이지만 모두 전하지 않는다.

兩浙兵制

明 侯繼高가 편찬한 兵書. 侯繼高(1533~1602)는 字가 龍泉이고 原籍은 南直隷 盱眙인데 金山衛에 거주했다. 浙江과 廣東의 總兵官을 지냈다. 이 책 외에『造脩福船略說』,『補陀山志』,『日本風土記』 등의 저술이 있다. 이 책은『全浙兵

制』라고도 한다. 권1은 浙江의 海圖와 함께 沿革 및 兵制, 각 府의 地圖 및 兵制, 烽堠 등에 대해 기술했고, 권2는 여러 종류의 戰船, 火器, 軍器 제조법에 대한 圖說을 수록했으며, 권3은 倭賊의 始末을 기록했고, 권4는 日本의 風土記 및 壬辰倭亂 관련 기록을 수록했다. 이 책은『四庫全書總目』,『續通志』,『續文獻通考』등에는 편찬자가 侯繼國으로 되어 있는데 號가 龍泉이며 金山衛 출신으로 指揮使의 직위를 세습했다는 등의 기록을 볼 때 侯繼高와 같은 인물인 듯하다. 중국 天津圖書館에『全浙兵制』5권이 소장되어 있는데 편찬자가 侯繼高로 되어 있다. 서울대 중앙도서관에 1733년 필사한『日本風土記』가 소장되어 있는데 부록으로『全浙兵制』가 붙어 있다.『海東繹史』에 侯繼國의『兩浙兵制』4권을 소개하고 浙江巡撫가 채집한 판본이라 했다.

兩朝平攘錄

明 諸葛元聲이 편찬한 雜史. 諸葛元聲은 會稽 출신이라는 점 외에는 字號나 이력이 자세하지 않다. 여러 書目에『滇史』14권을 편찬한 것으로 되어 있으며『大淸一統志』에는 어떤 사람인지 알 수 없다면서『味水集』,『五經闡蘊』,『詩雅』,『詞林』등의 저술이 있다고 했다. 이 책은 5권으로 자신이 직접 목도한 사건을 수록했다. 권1은 1571년 북방의 順義王 俺答이 朝會하고 白蓮敎主 趙全의 餘黨을 잡아 바친 사건, 권2는 1573년 四川의 都掌蠻을 평정한 사건, 권3은 1592년 巡撫를 살해하고 반란을 일으킨 寧夏의 哱拜를 진압한 사건, 권4는 1592년 李如松과 陳璘이 조선을 침략한 왜적을 평정한 사건, 권5는 1597년 반란을 일으킨 楊應龍을 토벌한 사건을 다루었다. 萬曆 연간(1573~1620) 판본이 대만 故宮博物院圖書館, 일본 蓬左文庫 등에 소장되어 있다. 국립중앙도서관 등에 소장된『異稱日本傳』에도 인용되어 있다.『與猶堂全書』,『海東繹史』등에서 이 책을 인용했다. 萬曆 34년(1606) 商維濬의 序가 달린『三朝平攘錄』이 대만 中硏院傅斯年圖書館에 소장되어 있는데 6권이다.

楊忠愍集

明 楊繼盛의 文集. 楊繼盛(1516~1555)은 字가 仲芳이고 號가 椒山이며 忠愍은 그의 諡號다. 直隸 容城 출신으로 嚴嵩을 탄핵하다 죽은 고사가 알려져 있다. 이 책은 권1에 奏疏, 권2에 序와 引, 跋, 說, 記, 書, 祭文, 권3에 詩, 권4에 附錄과 碑記 등이 실려 있다. 단국대에 康熙 12년(1673) 간기가 있는 목판본

4권 2책이 소장되어 있다. 楊繼盛의 문집으로는 『皇明經世文編』에 실려 있는 『楊椒山集』도 있다. 전북대에 康熙 48년(1709) 張伯行이 榕城의 正誼堂에서 간행한 『楊椒山先生文集』 4권 2책, 서울대 중앙도서관에 嘉慶 17년(1812) 간행한 『椒山遺屬』 12책이 소장되어 있다. 『星湖僿說』, 『青莊館全書』 등에 『椒山集』으로 인용했다.

楊太眞外傳

北宋 樂史가 편찬한 傳奇小說. 樂史(930~1007)는 字가 子正이고 宜黃 霍源 출신이며, 『廣卓異記』, 『綠珠傳』, 『楊太眞外傳』, 『太平寰宇記』 등의 저술이 전한다. 이 책은 上下 2편으로 구성되어 있는데 『明皇雜錄』, 『開元天寶遺事』, 『開天傳信記』, 『安祿山事跡』, 『酉陽雜俎』 등과 白居易의 「長恨歌」, 陳鴻의 「長恨歌傳」 등을 바탕으로 楊貴妃와 玄宗의 사랑을 다룬 작품이다. 外傳이라 한 것은 사실에 부합하지 않다는 것을 의미한다. 明 嘉靖 연간(1522~1566)의 顧氏文房小說本이 대만 故宮博物院圖書館 등에 소장되어 있다. 영남대에 소장된 『陽山顧氏文房』, 규장각에 소장된 『說郛』와 『龍威秘書』, 경희대에 소장된 『藝苑群華』 등에도 실려 있다. 『海東繹史』에 이 책이 인용되어 있다.

陽宅大成

清 魏青江이 집터를 잡는 법을 설명한 책. 魏青江은 魏清江으로 표기된 데도 있는데 字號나 이력 등이 알려져 있지 않다. 『清史稿』에 魏青江이 『陽宅大成』 15권을 편찬한 것으로 되어 있다. 국립중앙도서관과 고려대에 乾隆 辛酉(1741) 序가 실린 중국 목판본 16책이 소장되어 있다. 여기에는 『宅譜指要』 4권, 『宅譜邇言』 2권, 『選時造命』 4권, 『宅譜修方催生』 2권, 『宅譜修方却病』 2권 등이 실려 있다. 이로 보아 『陽宅大成』은 『宅譜』로도 불렸음을 짐작할 수 있다. 조선시대에는 이 중 『宅譜邇言』에 관심이 높아 『山林經濟』, 『與猶堂全書』 등에서 인용했으며, 특히 『五洲衍文長箋散稿』에서는 「宅譜邇言辨證說」을 따로 두어 『宅譜邇言』의 내용을 변증했다.

兩漢刊誤補遺

南宋 吳仁傑이 편찬한 『漢書』와 『後漢書』의 오류를 고증한 책. 吳仁傑은 字가 斗南 혹은 南英이고 號는 蠹隱 혹은 蠹豪이며 昆山 출신이다. 朱熹의 門人으

로 淳熙 5년(1178) 進士에 올랐다. 『古代周易』, 『洪範辨圖漢通鑑』, 『離騷草木疏』 등의 저술이 있다. 이 책은 劉敞 등의 『兩漢書刊誤』를 증보한 것으로 『漢書』 부분 8권, 『後漢書』 부분 2권으로 총 10권이다. 『四庫全書』에 수록되어 있다. 규장각 등에 소장된 『知不足齋叢書』에도 실려 있다. 『與猶堂全書』와 『五洲衍文長箋散稿』에서 이 책을 인용했다.

語林 → 唐語林

御批歷代通鑑輯覽 → 通鑑輯覽

御批通鑑輯覽 → 通鑑輯覽

御選四朝詩選 → 四朝詩選

漁洋詩話

清 王士禎이 편찬한 詩話集. 王士禎(1634~1711)은 字가 貽上이고 號가 阮亭인데 別號인 漁洋山人을 따서 王漁洋으로 불렸다. 원래 이름은 士禛이었으나 世宗의 諱를 피해 士正으로 바꿨다가, 다시 詔命을 받고 士禎으로 고쳤다. 山東 新城 출신으로 『漁洋山人精華錄』, 『池北偶談』, 『五代詩話』, 『香祖筆記』, 『居易錄』, 『帶經堂集』 등의 저술이 있다. 이 책은 王士禎이 康熙 44년(1705) 낙향한 이후 편찬을 시작하여 60조를 완성하고, 康熙 47년(1708) 160조를 보태 완성했다. 『王漁洋遺書』, 『四庫全書』 등에 실려 있다. 自序에 이어 上中下 3권으로 구성되어 있는데 역대의 詩를 두루 품평하되 특히 明末清初의 작품을 자세히 다루었다. 서울대 중앙도서관에 乾隆 13년(1748) 목판본 3권 1책, 고려대에 雍正 3년(1725) 목판본 3권 3책, 규장각에 필사본 3권 3책이 소장되어 있다. 『青莊館全書』, 徐浩修의 『燕行記』, 『研經齋全集』, 『五洲衍文長箋散稿』 등에 이 책이 인용되어 있다.

漁洋集 → 帶經堂集

馭倭錄 → 皇明馭倭錄

漁隱叢話 → 苕溪漁隱叢話

御定月令輯要 → 月令輯要

御定子史精華 → 子史精華

御訂全金詩增補中州集 → 全金詩

御製逍遙詠 → 逍遙詠

御製數理精蘊 → 數理精蘊

御製詩集 → 乾隆御製集

御製全韻詩 → 乾隆御製全韻詩

御製左傳經世鈔 → 左傳經世

御注孝經

唐 玄宗이 『孝經』에 주석을 단 책. 唐 玄宗(685~762)은 이름이 隆基로 明皇이라고도 부른다. 이 책은 年號를 따서 『開元孝經』이라고도 한다. 晉 元帝의 『孝經傳』, 晉 孝武帝의 『總明館孝經講義』, 梁 武帝의 『孝經義疏』 등 역대 帝王이 『孝經』을 주해한 전례를 따랐다. 玄宗이 開元 10년(722) 『孝經』에 注를 붙이고 國子監에 하사하여 元行沖으로 하여금 자신의 註에 疏를 붙이도록 했다. 이 책은 대만 故宮博物院圖書館에 宋代의 판본 1권이 전한다. 규장각에 소장된 『玉函山房輯佚書』에도 수록되어 있다. 『東史綱目』에 따르면 天寶 2년(743) 唐에서 이 책을 신라 景德王에게 보냈다고 한 『明皐全集』, 『五洲衍文長箋散稿』에도 이 책이 소개되어 있다. 淸 世祖의 『御注孝經』과는 다른 책이다.

御纂周易述義 → 周易述義

御纂朱子全書 → 朱子全書

御纂春秋直解 → 春秋直解

言鯖

淸 呂種玉이 편찬한 筆記雜錄. 呂種玉은 字가 藍衍이며 長洲 출신인데 이력이 자세하지 않다. 이 책은 『四庫全書叢目』에 간략하게 소개되어 있는데 2권이며 字義를 訂正하고 사실을 고증한 것이라 했다. 言鯖은 『西京雜記』에 나오는 말로 재미 있는 說話를 비유한다. 이 책은 『說鈴』에 2권으로 수록되어 있다. 미국 하버드대에 소장된 필사본 『絹臼瑣錄』에도 수록되어 있는데 朝鮮에서 필사된 책이다. 『靑莊館全書』와 『五洲衍文長箋散稿』에 이 책이 여러 차례 인용되어 있다.

偃曝餘談

明 陳繼儒가 편찬한 筆記雜錄. 陳繼儒(1558~1639)는 華亭 출신으로, 字가 仲醇이고 號는 眉公, 麋公, 寶顔堂 등을 사용했다. 文學과 書畵에 뛰어나 董其昌과 함께 文人畵를 창도했고 南北宗論을 주장했다. 『妮古錄』, 『梅花冊』, 『雲山卷』, 『陳眉公全集』, 『小窓幽記』 등 많은 저술을 남겼다. 이 책의 서명은 『偃曝談餘』로 보는 것이 옳지만 『海東繹史』, 『五洲衍文長箋散稿』 등 조선의 문헌에는 『偃曝餘談』으로 표기되어 있다. 규장각에 소장된 『尙白齋鐫陳眉公訂正秘笈』에는 2책의 『偃曝談餘』가 실려 있다. 陳繼儒가 평소 客과 나눈 이야기 중에 긴요한 것을 채록하여 편찬한 책이다. 跋에 겨울철 따스한 햇살을 받으면서 책을 읽는다는 뜻으로 書名을 취한 것이라 했다.

弇山堂別集

明 王世貞이 편찬한 雜錄. 王世貞(1526~1590)은 字가 元美이고 號가 鳳州 또는 弇州山人이며 江蘇省 太倉 출신이다. 젊을 때부터 文名이 높아 嘉靖七才子의 한 사람으로 손꼽혔고, 後七子의 盟主 李攀龍과 함께 李王이라 불렸다. 『弇州山人四部稿』와 『弇州山人續稿』, 『嘉靖以來首輔傳』, 『畵苑』, 『觚不觚錄』, 『尺牘淸裁』, 『全唐詩說』, 『藝苑巵言』 등 많은 저술이 있다. 규장각에 『弇州山人四部稿』, 『弇州詩稿』, 『藝苑巵言』, 『史纂』 등 여러 종의 저술이 소장되어 있다.

이 책은 총 100권 20책이며 自序와 陳玉叔의 序가 붙어 있는데『弇山堂正集』과 구분하기 위하여 이 이름을 붙였다고 한다. 詩文을 正集으로 삼고 典章文物에 대한 것을 別集으로 삼았다. 明의 典故에 관해 기술한 책으로 盛事述 5권, 異典述 10권, 奇事述 4권, 史乘攷誤 11권, 表 34권, 考 36권으로 구성되어 있다. 계명대, 단국대 등에 萬曆 18년(1590) 간행된 목판본 일부가 소장되어 있고, 서울대 중앙도서관에는 廣雅書局에서 판각한 전질이 소장되어 있다.『四庫全書』에도 수록되어 있다. 규장각 소장『說郛』,『昭代叢書』등에도 실려 있다.『光海君日記』,『月汀集』,『象村集』,『惺所覆瓿稿』,『海東繹史』,『苟全集』,『靑莊館全書』등에 이 책이 인용되어 있다.『光海君日記』에 따르면 1615년 許筠이 중국에 사신으로 갔을 때『弇山別集』을 본 것으로 되어 있다.『海東繹史』에는『明史』를 인용하여 萬曆 43년(1615) 11월 조선에서『吾學篇』과 함께 이 책을 구입할 수 있게 해달라고 요청했고 閔馨男이 구입해 온 것으로 되어 있다. 宗系辨誣와 관련하여 17세기 논란이 된 책이다. 淸 王晫이 이 책을 보완하여『更定文章九命』을 편찬했는데 張潮의『昭代叢書』에 수록되어 있다.

儼山外集

明 陸深의 저술을 모은 책. 陸深(1477~1544)은 字가 子淵이고 號는 儼山이며 松江 출신인데, 藏書家로 이름을 날렸다.『儼山集』외에『南遷日記』등 많은 저술이 있다. 그 아들 陸楫(1515~1552)이 陸深의 저술을 모아 이 책을 편찬했는데『傳疑錄』,『河汾燕閑錄』,『春風堂隨筆』,『知命錄』,『金臺紀聞』,『願豐堂漫書』,『溪山餘話』,『玉堂漫筆』,『停驂錄』,『續停驂錄』,『豫章漫抄』,『中和堂隨筆』,『史通會要』,『春雨堂雜抄』,『同異抄』,『蜀都雜抄』,『古奇器錄』,『書輯』등 17종으로 되어 있다. 중국 國家圖書館에 嘉靖 24년(1545) 간본이 소장되어 있다. 동아대에 일부가 소장되어 있으며『陸文裕公外集』으로 된 것도 있다.『海東繹史』에서 이 책을 인용했다. 여기에 수록되어 있는 17종은 독립된 책으로도 유통되고 조선시대 문헌에도 개별적으로 인용되었다.

弇州別集 → 弇山堂別集

弇州續稿

明 王世貞의 文集.『弇州山人四部稿』의 續稿로,『弇州山人續稿』,『弇州山人四

部續稿』라고도 한다. 正稿와 續稿는 합쳐 『前後四部稿』로 부른다. 이 책은 207권 80책으로 되어 있으며 明 王錫爵과 劉鳳의 序가 실려 있다. 『弇州山人四部稿』가 賦部, 詩部, 文部, 說部로 구성된 것에 비하여 이 책은 說部를 제외한 三部로 구성되어 있다. 王世貞이 致仕한 이후 晩年의 저작을 정리한 것으로 崇禎 연간(1628~1644) 간행되었으며 규장각에 이 판본이 소장되어 있다. 『四庫全書』에도 수록되어 있다. 『象村稿』, 『餘窩集』, 『海東繹史』에 인용되어 있다.

弇州集

明 王世貞의 文集. 이 책은 『弇州山人續稿』에 실려 있으며 총 30권이다. 『五洲衍文長箋散稿』에서 이 책을 인용했지만 王世貞의 문집 전체를 통칭하는 듯하다. 萬曆 5년(1577) 汪道昆의 序가 달린 목판본 『弇州山人四部稿』 174권, 王石鬱의 序가 달린 崇禎 연간(1628~1644) 간본 『弇州山人續稿』 181권 등이 규장각에 소장되어 있다. 조선에서 필사된 13책의 『弇州詩稿』도 규장각에 전한다. 1653년 申最가 편찬한 『皇明茅鹿門王弇州二大家文抄』, 韓構字로 간행한 『皇明大家王弇州文鈔』 등이 전하는데 王世貞의 문장에 대한 높은 관심을 확인할 수 있다. 『光海君日記』에 따르면 광해군이 王世貞에 관해 물었을 때 許筠이 그의 저술로 『弇山集』을 들었다. 李宜顯이 1720년 중국에 사신으로 가서 구입한 書目 중에도 『弇山集』이 보인다. 『晩翠集』, 『月沙集』, 『月汀集』, 『霽湖集』, 『芝峯類說』 등 17세기 문헌에서부터 이 책이 소개되고 있으며 『星湖僿說』, 『海東繹史』, 『五洲衍文長箋散稿』 등에서도 자주 인용되었다.

業詩

業遵이 『詩經』을 풀이한 책. 『隋書』에 業遵이 毛詩에 주석을 단 것이라 했지만 일실되어 전하지 않는다. 『釋文敍錄』에는 燕 출신으로 字가 長儒라 했지만 어떤 인물인지는 알 수 없다. 『高麗史』에 따르면 宣宗 8년(1091) 宋의 館伴이 일실된 서적 129종의 목록을 주고 고려에서 찾도록 했는데, 이 書目에 『業遵毛詩』 20권이 보인다. 『靑莊館全書』에도 이 기록을 인용했다. 『五洲衍文長箋散稿』에서도 『業遵毛詩』 20권으로 소개했다. 문헌에 따라 業遵이 아니라 葉遵이라 한 데도 많다. 『舊唐書』에 『葉詩』 20권, 『通志』에 葉遵의 『毛詩』 20권, 『國史經籍志』에 葉遵의 『毛詩注』 20권, 『授經圖』에 『毛詩傳注』 20권이라 했다. 『舊唐書』에 이 책 외에 『禮記注』 12권을 저술한 것으로 되어 있다. 『海東繹史』

에는 같은 기사를 소개하면서 葉遵의 『毛詩』 20권이라 했다.

鄴中記

晉 陸翽가 三國時代 魏의 수도 鄴 지역의 풍속에 관해 기술한 책. 陸翽는 西晉 말 東晉 초기의 인물로 國子助教를 지낸 이력 정도만 알려져 있다. 『四庫全書總目提要』에서는 『隋書』 「經籍志」를 인용하여 晉의 國子助教 陸翽가 편찬한 것이라 했지만, 일부 문헌에는 찬자 미상으로 되어 있다. 원본은 일실되고 후대 일부를 편집한 판본이 『說郛』, 『漢魏叢書』, 『四庫全書』 등에 실려 있다. 『石虎鄴中記』라고도 한다. 銅爵臺, 金鳳臺, 冰井臺 등의 公室과 服飾, 器物 등을 다루었다. 『芝山集』, 『息山集』, 『星湖僿說』, 『五洲衍文長箋散稿』 등 다양한 문헌에서 이 책을 인용했다.

女誡

漢 班昭가 편찬한 女性教育書. 班昭(45?~117?)는 曹世叔의 妻이자 班固의 누이다. 曹大家라고도 한다. 『女誡』는 『女孝經』으로도 불린다. 『女四書』에 포함되어 조선에서 여러 차례 간행되었으며 규장각에는 이를 언해한 『女四書諺解』가 전한다. 『說郛』에도 수록되어 있는데 卑弱, 夫婦, 敬愼, 婦行, 專心, 曲從, 和叔妹 등 7장으로 구성되어 있다. 成宗 때 이 책에 구결을 달았고 中宗 때 한글로 번역하여 간행했다. 『成宗實錄』, 『訥齋集』 등 조선 초기 문헌에서부터 이 책에 대한 언급이 보이며, 『芝峯類說』, 『五洲衍文長箋散稿』 등에서도 빈번하게 이 책을 인용했다.

女教書

元 許熙載가 편찬한 女性教育書. 許熙載는 字가 獻臣이며 湯陰 출신인데 字가 敬臣이고 安陽 출신으로 된 데도 있다. 이력은 자세하지 않다. 이 책은 『女教』라고도 하는데 『國史經籍志』에 4권으로, 『千頃堂書目』에는 6권으로 되어 있다. 『四庫全書總目』에 『永樂大全』에 4권으로 수습되었는데 內訓, 婚禮, 婦道, 母儀, 孝行, 貞節 등 6편으로 되어 있다고 했지만 전하지 않는다. 『五洲衍文長箋散稿』에 서명만 소개되어 있다.

汝南先賢傳

魏 周斐가 汝南의 名賢과 관련된 고사를 엮은 책. 周斐는 字號나 이력이 알려져 있지 않다. 이 책은 『隋書』에 5권으로 되었다고 하나 원본은 일실되고 『說郛』 등에 일부만 실려 있다. 汝南은 豫州의 가운데 위치하여 天中이라고도 한다. 鄭敬, 周燮, 薛苞, 周燕, 介子推, 葛玄, 黃憲, 袁安, 范滂, 葛元, 袁閎 등 漢代 인물과 관련한 고사가 수록되어 있다. 『星湖集』, 『敝數集』, 『錦帶詩文鈔』, 『五洲衍文長箋散稿』 등 여러 문헌에 이 서명이 보인다. 특히 李用休는 洪昌輔의 挽詩에서 "襄陽耆舊傳, 汝南先賢傳. 我欲合兩傳, 以作洪公傳."이라 하여 그의 일생을 『襄陽耆舊傳』과 이 책을 합친 것으로 비유했다.

女論語

唐 宋若昭가 편찬한 女性敎育書. 宋若昭(761~828)는 宋棻의 딸로 德宗 때 宮中으로 들어가 內學士로 일컬어졌으며, 穆宗 때 尙宮이 되고 梁國夫人에 봉해졌다. 이 책은 立身, 學作, 學禮, 早起, 事父母, 事舅姑, 事夫, 訓男女, 營家, 待客, 和柔, 守節 등으로 구성되어 있다. 『說郛』에 실려 있으며, 규장각 등에 소장된 『女四書』에도 실려 있다. 『屛溪集』, 『艮齋集』, 『五洲衍文長箋散稿』 등에 이 책이 보인다.

餘冬序錄

明 何孟春이 편찬한 筆記雜錄. 何孟春(1474~1536)은 字가 子元이고 號가 燕泉이며 郴州 출신이다. 吏部侍郎을 지냈고 茶陵詩派의 일원으로 詩에 뛰어났다. 저서로 『燕泉集』, 『餘冬詩話』, 『何文簡疏義』, 『家語注』 등이 있다. 이 책은 漢 王充이 편찬한 『論衡』의 체제를 딴 것으로, 古今의 人物과 事件, 故事와 風俗 등을 다루었다. 중국 國家圖書館에 嘉靖 戊子(1528) 간기가 있는 목판본 65권이 소장되어 있다. 서울대 중앙도서관에는 光緖 6년(1880) 守約齋에서 간행된 목판본 65권이 소장되어 있다. 『星湖僿說』, 『五洲衍文長箋散稿』에 이 책이 인용되어 있다. 『靑莊館全書』에는 『餘冬緖錄』으로 인용되었다. 何孟春과 동문수학한 明 楊愼이 이 책을 2권으로 요약하여 『餘冬序錄摘要』를 편찬했는데 『楊太史別集』에 수록되어 있다. 규장각에 소장되어 있는 『楊太史別集』에는 『餘冬序錄摘要』가 빠져 있다.

呂覽 → 呂氏春秋

女四書

明末靑初 王相이 漢 班昭의 『女誡』, 唐 宋若莘과 宋若昭의 『女論語』, 明 仁孝皇后의 『內訓』, 明 劉氏의 『女範捷錄』을 합친 책. 王相은 字가 晉升이고 臨川 출신이며 문집 『尺牘嚶鳴集』이 있었다고 하지만 전하지 않는다. 母 劉氏가 편찬한 『女範捷錄』과 함께 『女誡』, 『女論語』, 『內訓』을 합치고 주석을 붙여 天啓 4년(1624) 『閨閣女四書集註』로 간행했다. 『狀元閣女四書集註』, 『女四書箋註』, 『女四書集註』로 된 판본도 있다. 『女誡』, 『女論語』, 『內訓』은 따로 소개했다. 『女範捷錄』을 편찬한 劉氏는 江寧 출신으로 60년 수절하여 旌閭를 받았고, 이 책 외에 『古今女鑑』를 편찬했다. 『女範捷錄』은 1권이며 統論, 后德, 母儀, 孝行, 貞烈, 忠義, 慈愛, 秉禮, 智驪勤儉, 才德 등 11篇으로 구성되어 있다. 일본 東京大에 『王節婦女範捷錄』이 소장되어 있지만, 『女四書』로 묶여 유통되었다. 『女四書』는 조선에 큰 영향을 끼친 책인데, 1734년 英祖가 이 책을 諺解하게 하였고, 1736년에도 직접 序를 내리고 李德壽에게 번역하여 간행하도록 命한 기록이 『英祖實錄』에 보인다. 규장각에 1736년 李德壽가 한글로 언해하여 戊申字로 간행한 『女四書諺解』가 소장되어 있으며, 1907년 田愚가 한글로 번역하여 간행한 판본도 소장되어 있다. 『黎湖集』, 『屛溪集』, 『樊巖集』 등 조선 후기 많은 문헌에 이 책과 관련한 기록이 보인다. 『五洲衍文長箋散稿』에서도 이 책을 소개했다.

女史篇

漢 蔡邕이 편찬한 女性敎育書. 蔡邕(133~192)은 字가 伯喈이고 陳留 圉縣 출신이며 左中郎將을 역임하여 蔡中郎이라고도 불렸다. 『蔡中郎集』 외에 『琴操』, 『獨斷』 등 여러 저술이 전한다. 이 책은 『隋書』 등에 보이지만 일실되어 전하지 않는다. 『五洲衍文長箋散稿』에서 『隋書』의 내용을 옮겨 이 책을 소개했다.

驪山集

明 趙統의 文集. 趙統은 字가 伯一이고 臨潼 출신이다. 嘉靖 연간(1522~1566) 활동했고 문집 『驪山集』 외에 『杜律意駐』, 『老子斷註』 등이 전한다. 이

책은 총 14권으로 되어 있으며 賦와 詩 9권, 文 1권, 雜著 2권, 詩話 2권이다. 萬曆 31년(1603) 楊光訓이 판각한 판본이 중국 國家圖書館 등에 전한다. 『五洲衍文長箋散稿』에서 이 책을 인용했지만 淸 王士禎의 『香祖筆記』에서 재인용한 것이다.

呂氏讀詩紀

南宋 呂祖謙이 『詩經』을 풀이한 책. 呂祖謙(1137~1181)은 字가 伯恭이고 金華 출신으로, 東萊先生으로 일컬어졌으며 『古周易』, 『春秋左氏傳說』 등을 저술했다. 이 책은 『呂氏讀詩記』, 『呂氏家塾讀詩記』라고도 한다. 呂祖謙은 처음에는 宋 朱熹와 해석을 같이 했지만 차츰 관점이 달라져 宋 鄭樵의 학설을 수용하여 이 책을 편찬했다. 萬曆 41년(1613) 간본 32권이 중국 國家圖書館에 소장되어 있다. 金安國의 『慕齋集』에 실려 있는 「赴京使臣收買書冊印頒議」에 이 책의 내용을 소개하고 조선에서 간행할 것을 청한 기록이 보인다. 『研經齋全集』, 『石泉遺稿』, 『嘉梧藁略』 등에서도 이 책을 인용했다. 『五洲衍文長箋散稿』에는 『詩紀』로 소개했다.

呂氏春秋

戰國時代 秦 呂不韋가 편찬한 歷史書. 呂不韋(B.C.292~B.C.235)는 魏 濮陽 출신의 商人으로 후에 秦의 丞相이 되었다. 이 책은 『呂覽』이라고도 하는데, 門客 3,000명을 초빙하여 편찬한 것이다. 孟春紀, 季春紀, 孟夏紀, 季夏紀, 孟秋紀, 季秋紀, 孟冬紀, 季冬紀, 有始覽, 孝行覽, 愼大覽, 先識覽, 審分覽, 審應覽, 離俗覽, 恃君覽, 開春論, 愼行論, 貴直論, 不苟論, 似直論, 士容論 등으로 분류하여 160篇의 기사를 실었다. 고려대에 萬曆 7년(1759) 간행된 판본이 소장되어 있고, 서울대 중앙도서관과 장서각에도 비슷한 판본이 소장되어 있으며, 乾隆 53년(1788) 간행된 판본도 전한다. 『經訓堂叢書』, 『群書治要』 등에도 실려 있다. 『希樂堂稿』 등 조선 초기 문헌에서부터 이 책이 보인다. 『惺所覆瓿藁』에는 許筠이 이 책을 읽고 비평한 글이 실려 있는데 呂不韋 자신의 설이 아니라 당시 辨士들의 말을 채록한 것이라 했다. 『東史綱目』, 『記言』, 『五洲衍文長箋散稿』 등 많은 책에서 이 책이 인용되었다.

麗情集

北宋 張君房이 편찬한 雜錄. 張君房은 字가 알려져 있지 않고 岳州 安陸 출신이며 宋 咸平 연간(998~1003) 활동했다. 藏書家로도 이름이 높고 이 책 외에 『雲笈七籤』, 『乘異記』 등을 남겼다. 『五洲衍文長箋散稿』에서 淸 周亮工의 『因樹屋書影』을 인용하여 이 책을 소개했다. 元 馬端臨의 『文獻通考』에는 宋 晁公武의 『郡齋讀書志』를 인용하여 古今의 愛情事를 다루었고 20권이라 했다. 원문은 일실되고 일부가 『說郛』에 1권으로 실려 있다. 『燕山君日記』에 이 책과 함께 『香臺集』, 『遊藝錄』 등을 燕京에서 구입해 오라는 기사가 보이는데, 이 책은 姜渾이 소개한 것이라 했다. 明 楊愼의 『麗情集』이 『涵海』에 실려 있지만 별개의 책인 듯하다.

輿地廣記

北宋 歐陽忞이 편찬한 地理書. 歐陽忞은 吉州 廬陵 출신이며 歐陽修의 族孫으로 字號와 생몰년은 밝혀져 있지 않지만 政和 연간(1111~1118) 활동했다. 이 책은 38권이며, 堯舜에서 宋代까지 郡縣의 연혁을 정리했다. 4권까지는 역대의 疆域을 서술했으며, 5권부터는 宋代의 郡縣을 차례로 기술했다. 당시 宋의 권역에서 벗어난 燕雲 16州는 各道의 말미에 부기했다. 淸 朱彝尊은 이 책을 『太平寰宇記』보다 높게 평가했다. 『四庫全書』에 38권으로 수록되어 있다. 규장각에 光緖 6년(1880) 金陵書局에서 간행한 목판본이 소장되어 있는데 淸 黃丕烈의 序가 붙어 있다. 黃丕烈의 『黃氏叢書』에도 이 책을 수록했다. 黃胤錫의 『頤齋遺藁』에 실려 있는 「擬增修東國輿地勝覽例引」에 이 책을 자세히 소개했다. 『重訂南漢志』, 『五洲衍文長箋散稿』에도 인용되었다.

輿地紀勝

南宋 王象之가 편찬한 地理書. 王象之(1163~1230)는 婺州 金華 출신으로 字는 儀父 혹은 肖父이고 중년 이후 은거하여 저술에 힘썼다. 이 책은 嘉定 14년(1221) 편찬을 시작하여 寶慶 3년(1227) 완성했다. 臨安府에서 劍門까지 166곳의 府, 州, 軍, 監을 대상으로 하고 沿革, 風俗, 形勝, 景物, 古跡, 官吏, 人物, 仙釋, 碑記, 詩, 四六 등 12門으로 구성했다. 처음에는 200권으로 완성되었지만 일부가 일실되었다. 淸代에 이를 보충한 『輿地碑記』, 『輿地紀勝校勘記』, 『輿地紀勝補缺』 등이 편찬되었다. 장서각에 道光 29년(1849) 간행된 목판본

이 소장되어 있다. 장서각에는 淸의 岑延이 편찬한 『輿地記勝校勘記』와 岑建功이 편찬한 『輿地紀勝補闕』도 소장되어 있다. 『研經齋全集』, 『五洲衍文長箋散稿』 등에 이 책을 언급했다.

輿地名勝志

明 曹學佺이 편찬한 明의 地理書. 曹學佺(1574~1646)은 字가 能始이고 號가 雁澤 혹은 石倉居士, 西峰居士라고 하며 侯官縣 洪塘鄉 출신이다. 『石倉全集』이 있었지만 일실되고 그중 일부가 『石倉十二代詩選』으로 편찬되어 『四庫全書』에 편입되었다. 『周易可說』, 『蜀中風土記』, 『方物記』, 『宋詩選』, 『閩中詩話』 등이 따로 전한다. 이 책은 208권으로 되어 있는데 『大明一統名勝志』, 『一統名勝志』, 『名勝志』라고도 한다. 崇禎 3년(1630) 간행된 판본이 중국 國家圖書館 등에 소장되어 있다. 『研經齋全集』, 『薊山紀程』, 『燕轅直指』, 『心田稿』 등에 인용되어 있다. 이 책은 『直隸名勝志』, 『燕都名勝志』, 『廣東名勝志』, 『廣西名勝志』, 『四川名勝志』, 『山西名勝志』, 『貴州名勝志』 등 일부만 간행한 판본으로도 유통되었다. 『五洲衍文長箋散稿』에 『名勝志』로 인용했다.

輿地備考

淸 徐乾學이 편찬한 地理書. 徐乾學(1631~1694)은 字가 原一이고 號가 建庵이며 江蘇 昆山 출신이다. 刑部尙書를 역임했고 『明史』, 『淸會典』, 『大淸一統志』의 편찬에 참여했다. 저서로 문집 『憺園文集』 외에 『讀禮通考』, 『通志堂經解』 등이 있다. 地理學에 뛰어나 『輿地備考』, 『輿地志餘』, 『輿地記要』 등도 남겼다. 淸 馮桂芬의 『蘇州府志』에 1권으로 소개되어 있지만 지금은 전하지 않는 듯하다. 『星湖僿說』에는 이 책을 『大淸一統志』에서 발췌하여 만든 것이라 했다.

女則 → 女憲

女憲

漢 班昭가 편찬한 女性敎育書. 班昭(45?~117?)는 曹世叔의 妻이자 班固의 누이다. 曹大家라고도 한다. 『五洲衍文長箋散稿』에는 『女誡』, 『女則』, 『女憲』 등이 소개되어 있는데 『女則』, 『女憲』은 전하지 않는다. 『明宗實錄』에 이 세 책

을 大內로 들이라는 기사가 보인다. 『雪峯遺稿』, 『靑莊館全書』에도 이 책을 소개했다.

女俠傳

明 鄒之麟이 의협심을 가진 역대 여성 인물의 傳記를 모은 책. 鄒之麟은 字가 臣虎이고 號는 衣白 혹은 逸老, 昧庵 등을 사용했으며 江蘇 武進 출신이다. 생몰년은 밝혀져 있지 않은데 萬曆 38년(1610) 進士가 되어 都憲 등의 벼슬을 지냈다. 明의 저명한 畵家로 특히 山水畵를 잘 그렸다. 『國風字畵辨疑』, 『詩經物考』, 『詩經翼註』, 『詩經慧燈』 등의 저술이 있다. 이 책은 1권으로 明代의 간본이 중국 國家圖書館 등에 소장되어 있다. 『說郛續』에도 실려 있는데 豪俠, 義俠, 節俠, 任俠, 遊俠, 劍俠 등으로 나누고 序를 단 다음 해당 인물의 행적을 기술했다. 秦王의 符節을 훔친 如姬, 聶政의 누이 聶榮은 義俠, 項羽의 애첩 虞姬와 石崇의 애첩 綠珠는 節俠, 王昭君과 木蘭은 任俠으로 분류했다. 劍俠에는 紅線, 賈人妻, 三鬟女子, 車中女子 등의 이름만 적고 『劍俠傳』에 보인다고 했다. 『劍俠傳』은 편찬자를 알 수 없는 唐代의 雜錄이다. 『海東繹史』에서 『女俠傳』을 인용했다.

女紅餘志

元 龍輔가 편찬한 雜錄. 龍輔는 武康 출신인 常陽의 아내로, 詩에 능하여 『龍輔詩選』을 남겼지만 지금은 전하지 않는다. 元代의 인물로 기록된 곳이 많지만 『四庫全書總目』에는 어느 시대 사람인지 알 수 없다고 했다. 淸 王士禎의 『香祖筆記』에는 『全宋詩』에 실린 龍輔의 시를 들어 宋代의 인물이라 했고, 淸 王昶의 『明詞綜』에는 龍輔가 湖廣 출신의 明代 인물이라 했다. 明의 錢希言은 『戲瑕』에서 이 책을 好事家의 僞作으로 보았다. 『四庫全書總目提要』에 따르면 이 책은 2권으로 上卷은 艶情을 다룬 어휘나 시구를 주로 실었고, 下卷은 龍輔가 제작한 詩가 실려 있다고 한다. 규장각에 소장된 毛晉의 『詩詞雜俎』에 이 책이 2권으로 수록되어 있다. 『說郛續』에는 권1 부분만 실려 있는데 序와 함께 圓魄, 瓊漿, 綠綺窓 등 60여 條로 되어 있다. 『海東繹史』에 이 책을 인용하여 秦韓의 異姝에 대해 적었다.

餘話 → 剪燈餘話

艅艎日疏

元 凌準이 편찬한 雜錄. 凌準은 字號와 이력 등이 알려져 있지 않다. 이 책은 『說郛』에 1권으로 실려 있는데 置閏, 預借元宵, 書後謹空, 鼓鑄橫財, 陸氏一庄荒, 盧杞遇仙, 麟脯 등 8條로 되어 있다. 『五洲衍文長箋散稿』에서 인용한 置閏은 『艅艎日疏』에 보이지만, 蚨蜻 등에 대한 기사는 보이지 않는다. 『說郛』에 수록되어 있는 元 伊世珍의 『瑯嬛記』에 같은 기록이 보이므로, 착각한 듯하다. 같은 기사가 좀 더 길게 李德懋의 『靑莊館全書』에 인용되어 있는데, 이 역시 『瑯嬛記』에 보인다. 『瑯嬛記』도 『靑莊館全書』와 『五洲衍文長箋散稿』에 인용되어 있다.

女孝經 → 女誡

易擧正 → 周易擧正

易乾鑿度

편찬자를 알 수 없는 『周易』의 緯書. 『周易乾鑿度』, 『易緯乾鑿度』, 『乾鑿度』라고도 한다. '乾鑿度'는 하늘에 이르는 길을 뚫는다는 뜻이다. 孔子의 말을 자주 인용했지만 대부분 假託으로 추정된다. 漢 鄭玄이 주석을 단 것으로 알려져 있다. 『四庫全書』에 2권으로 실려 있다. 『易緯八種』에도 실려 있는데 乾隆 38년(1773) 序가 달린 목판본이 전남대에 소장되어 있다. 『說郛』에 10조가 실려 있는데 매우 간략하다. 장서각에 소장된 『雅爾堂叢書』 등에도 실려 있다. 『芝峯類說』 등 조선 중기 문헌에서 緯書와 관련하여 자주 인용되었으며 특히 太乙行과 九宮法 등과 관련한 것이 대부분이다.

易經衷論

淸 張英이 『周易』을 풀이한 책. 張英(1636~1708)은 字가 敦複이고 號가 樂圃이며 安徽 桐城 출신이다. 文華殿大學士를 지냈으며, 문집 『篤素堂集』 외에 『南巡扈從記略』, 『書經衷論』, 『四庫著錄』 등 많은 저술을 남겼다. 이 책은 64괘의 의미를 분석한 것으로 朱熹의 해석을 바탕으로 한 것이다. 『四庫全書』에 2권으로 실려 있다. 康熙 甲申(1704) 간본이 대만 臺灣大學圖書館에, 전남대에 光緖 23년(1897) 간행된 목판본이 소장되어 있다. 『五洲衍文長箋散稿』에

서 이 책을 소개했다.

易管見

南宋 衛謙이 『周易』을 풀이한 책. 衛謙은 字가 有山 혹은 山甫이고 號는 山齋이며 華亭 출신의 학자다. 이 책은 『讀易管見』이라고도 한다. 『元史』 등에 30권으로 되어 있지만 일실되어 전하지 않는다. 宋 吳霞擧도 『易管見』 60권을 저술했지만 이 역시 일실되었다. 『五洲衍文長箋散稿』에서 衛謙의 『易管見』으로 소개만 했다.

歷代甲子考

淸 黃宗羲가 魯 隱公 이전의 甲子를 고증한 책. 黃宗羲(1610~1695)는 字가 太冲이고 號가 梨洲이며 餘姚 출신이다. 『明史』를 편수했고, 『易學象數論』, 『深衣考』, 『孟子師說』, 『明儒學案』, 『金石要例』, 『二程學案』, 『明文海』, 『剡源文鈔』 등 많은 저술을 남겼다. 이 책은 1권으로 되어 있으며 『檀几叢書』에 수록되어 있다. 『五洲衍文長箋散稿』에서 「歷代甲子辨證說」을 두어 이 책을 자세히 논변했다.

歷代改元考

明末淸初 顧天錫이 歷代 帝王의 年號를 고증한 책. 顧天錫(1589~1663)은 字가 重光이고 蘄州 출신이다. 『靑莊館全書』와 『硏經齋全集』에서 그의 이력과 함께 『二十一史評論』, 『五經說』 등을 소개했다. 그의 저술은 淸 施閏章의 「顧貞譽先生墓志銘」에 이 책과 함께 소개되어 있지만 모두 전하지 않는다. 『五洲衍文長箋散稿』에서 서명만 소개했다.

歷代建元考

淸 鍾淵映이 歷代 建元의 역사에 관해 고증한 책. 鍾淵映(1640?~1680?)은 字가 廣漢이고 嘉興 출신인데 정확한 생몰년은 밝혀져 있지 않다. 史學에 조예가 깊었으며 朱彛尊, 王士禎 등과 교유했다. 이 책은 書目, 總論, 類考, 前編, 本編, 外編 등 10권으로 되어 있는데, 類考는 音韻別로 분류하고 前編, 本編, 外編은 王朝別로 建元과 年號를 고증했다. 鍾淵映의 自序가 붙어 있다. 外編에는 柔然, 朝鮮(檀君, 箕子, 衛滿), 新羅, 高句麗, 百濟, 高麗, 朝鮮, 渤海, 日本,

大理, 交趾, 安南 등에 대한 내용을 수록했다. 규장각에 근세의 필사본 2책이 소장되어 있다. 규장각에 소장된 『守山閣叢書』에도 실려 있는데 道光 14년(1844) 간행된 판본이다. 『海東繹史』와 『五洲衍文長箋散稿』 등에 이 서명이 보인다.

歷代紀要

北宋 劉熙古가 古今의 事跡을 정리한 책. 劉熙古(903~976)는 寧陵 출신으로 字는 叉淳이다. 開寶 연간(968~976) 參知政事를 지냈다. 이 책은 『崇文總目』에 50권으로 되어 있지만 지금은 전하지 않는다. 『與猶堂全書』에서 屯田과 관련하여 이 책을 인용했지만 비슷한 내용이 다른 문헌에서 확인되지 않는다. 『五洲衍文長箋散稿』에는 서명만 소개했다.

歷代名畫記

唐 張彦遠이 역대 繪畫에 관해 저술한 책. 張彦遠(815~907)은 字가 愛賓이고 蒲州 猗氏 출신이다. 이 책 외에 『書法要錄』, 『法書要錄』, 『彩箋詩集』 등을 남겨 후대 書法과 繪畫史에 지대한 영향을 끼쳤다. 이 책은 大中 元年(847) 편찬되었으며 총 10권이다. 역대 회화의 변천과 理論, 鑑賞法과 소장법 등을 기술하고 권4에서 권10까지는 古代로부터 唐代 會昌 元年(841)까지의 화가 370여 인의 傳記를 수록했다. 前人의 평론에 자신의 견해도 덧붙였다. 줄여서 『名畫記』라고도 한다. 『四庫全書』에 편입되어 있다. 규장각에 소장된 明末 毛晉의 『津逮秘書』에 수록되어 있고, 『說郛』에 『名畫記』라는 이름으로 수록되어 있다. 『警修堂全藁』, 『海東繹史』 등에 이 책이 인용되어 있다.

歷代史論

明 張溥가 春秋時代부터 明代까지 중요한 역사 事件을 論評한 책. 張溥(1602~1641)는 字가 乾度인데 나중에 天如로 바꾸었으며 號는 西銘이며 江蘇 太倉 출신이다. 發憤讀書하여 七錄七焚의 故事를 남겼으며 同鄉의 張采와 婁東二張으로 일컬어졌다. 『七錄齋文集』, 『五人墓記』, 『元史紀事本末』, 『元文類刪』, 『唐文粹刪』, 『宋史紀事本末論正』, 『歷代名臣奏議』, 『漢魏六朝一百三家集』 등 많은 저술을 남겼다. 규장각에 『批點歷代史論』 10책이 소장되어 있는데 康熙 16년(1677) 간행된 것이다. 이 책은 春秋時代부터 五代까지 중요한

역사적 사건들에 대한 평론을 서술한 것인데, 清 孫琮이 나중에 張溥가 편찬한『宋史論』,『元史論』에다 明 高士奇의『左傳史論』과 谷應泰의『明史論』을 함께 붙였다. 孫琮은 이 가운데 五代까지를 다룬 張溥의『歷代史論』에 評을 가했다. 孫琮은 明末淸初의 학자로, 字는 執升이고 號는 寒巢이며 浙江 출신이다. 山曉閣에 은거하며 많은 서적을 편집했다.『五洲衍文長箋散稿』에 이 책을 10권이라 했는데 孫琮의 評을 붙인 책을 이르는 듯하다. 조선의 宋徵殷이 동일한 서명의 책을 편찬했는데 41권 10책으로 되어 있다.

歷代史纂左編

明 唐順之가 君臣의 事跡을 모아 편찬한 歷史書. 唐順之(1507~1560)는 字가 應德 혹은 義修이고 號는 荊川이며 武進 출신이다. 博學하여 天文, 地理, 數學, 曆法, 兵法, 樂律 등에 두루 능했고, 文章에 뛰어나 王愼中, 茅坤, 歸有光 등과 唐宋派를 대표한다.『荊川先生文集』,『文編』,『右編』,『兩漢解疑』,『武編』,『南北奉使集』,『荊川稗編』등 방대한 저술을 남겼다. 이 책은 142권으로 되어 있는데, 君, 相, 名臣, 謀臣, 后, 公主, 戚, 儲, 宗, 宦, 幸, 奸, 簒, 亂, 莽, 鎭, 夷, 儒, 隱逸, 獨行, 烈婦, 方技, 釋, 道 등 24門으로 나뉘어 있다. 卷頭에 序와 凡例, 目次가 붙어 있다. 규장각에 嘉靖 40년(1561) 胡松의 序가 달린 판본이 소장되어 있다. 장서각, 존경각 등에도 비슷한 판본이 소장되어 있다.『星湖僿說』에는 書名이『唐氏左編』,『左編』으로,『海東繹史』에는『荊川左編』으로 인용되어 있다.『遊齋集』에도 이 서명이 보인다.『星湖僿說』에『左稗』라 한 것이 이 책을 이른다.

歷代小誌

北宋 張崇文이 편찬한 雜錄. 北宋 姚寬의『西溪叢語』에 이 책이 소개되어 있으므로 張崇文은 宣和 연간(1119~1125) 이전 학자로 추정되지만 字號나 이력이 알려진 바 없다. 南宋 鄭樵의『通志』에 張崇文이『孝經疏』1권을 지은 것으로 되어 있다. 이 책은 일실되어 전하지 않고『西溪叢語』등에서 간략히 언급되어 있어 나머지 내용은 알 수 없다.『五洲衍文長箋散稿』에서도 文翁과 관련하여 언급했지만 재인용으로 추정된다.

歷代捷錄 → 歷朝捷錄大成

歷代通鑑輯覽 → 通鑑輯覽

歷代通鑑纂要 → 通鑑纂要

易圖說

南宋 吳仁傑이 『周易』을 풀이한 책. 吳仁傑은 字가 斗南 혹은 南英이고 號는 蠹隱 혹은 蠹豪이며 朱熹의 門人이다. 淳熙 5년(1178) 進士가 되어 國子學錄 등을 지냈으며 『古代周易』, 『洪範辨圖』, 『漢通鑑』 등의 저술이 있다. 이 책은 『通志堂經解』에 3권으로 실려 있는데 文王一卦變六十四卦圖, 六十四卦六爻皆變占對卦圖 등의 圖說로 구성되어 있다. 『退溪集』, 『靑莊館全書』, 『硏經齋全集』, 『五洲衍文長箋散稿』 등에서 이 책을 언급했다.

易圖通變

元 雷思齊가 『周易』을 풀이한 책. 雷思齊(1231~1303)는 字가 齊賢이고 空山先生으로 일컬어지며 臨川 출신이다. 이 책은 『通志堂經解』에 5권으로 실려 있다. 『老子』와 『周易』을 연결시킨 것으로, 河圖傳, 河圖辨徵, 河圖遺論 등으로 구성되어 있다. 『正統道藏』과 『四庫全書』에도 수록되어 있다. 『靑莊館全書』, 『硏經齋全集』, 『五洲衍文長箋散稿』 등에서 이 책을 언급했다.

逆旅集

北宋 秦觀의 文集. 秦觀(1049~1100)은 字가 少遊 혹은 太虛이고 號는 淮海居士이며 揚州 高郵 출신이다. 黃庭堅, 張耒, 晁補之 등과 함께 蘇門四學士로 일컬어진다. 『淮海集』 외에 『三家品格』, 『蠶書』, 『法帖通解』 등 많은 저술이 전한다. 『淮海集』 권39에 「逆旅集序」가 실려 있는데 이에 따르면 평소 들은 바를 기록한 것이라 했지만 현전하지 않아 자세한 내용은 알 수 없다. 『星湖僿說』에 이 책을 인용했지만 역시 「逆旅集序」를 든 것일 뿐이다. 규장각에 萬曆 46년(1618) 序가 달린 『淮海集』 40권이 소장되어 있는데 『後集』, 『淮海長短句』도 포함되어 있다.

易例

淸 惠棟이 『周易』을 풀이한 책. 惠棟(1697~1758)은 字가 定宇이고 號가 松崖

이며 江蘇 吳縣 출신이다. 漢代의 易學으로 회귀하여 荀爽, 虞翻, 鄭玄, 宋咸, 干寶 등 漢儒들의 학설을 참조하여 새롭게 해석한 것으로 알려져 있다. 이 책과 함께 『易漢學』, 『周易述』, 『周易古義』, 『周易本義辯證』, 『易大誼』, 『易大義』 등 7종의 『周易』 해설서를 냈다. 『九經古義』, 『左傳補註』, 『後漢書補註』, 『太上感應篇』 등도 그의 저술인데 모두 규장각에 소장되어 있다. 이 책은 2권으로 되어 있는데 『貸園叢書』, 『皇淸經解續編』 등에 수록되어 있다. 太極生次, 太易, 易, 伏羲作易大義 등 90類로 구성했다. 규장각에는 『易例大全』이 소장되어 있는데 榕園書屋의 序에 따르면 2권으로 된 이 책을 바탕으로 하되 象數學에 대한 내용을 덧붙인 것이라 했다. 이 책은 나중에 『周易述』로 합쳐졌는데 국립중앙도서관에는 乾隆 戊寅(1758) 盧見曾의 序가 달린 판본 23권이 소장되어 있다. 『星湖全集』, 『星湖僿說』, 『順菴集』, 『與猶堂全書』 등에 『易例』가 보인다. 『周易述』은 『阮堂全集』에 인용되어 있다.

易老通言

南宋 程大昌이 『周易』을 풀이한 책. 程大昌(1123~1195)은 字가 泰之이고 徽州 休寧 출신이며, 『考古編』, 『演繁露』, 『禹貢論』 등의 저술이 전한다. 이 책은 南宋 陳振孫의 『直齋書錄解題』와 『宋史』 등에 15권이고 『周易』으로 六經을 삼은 것이라 했지만 전문은 일실되어 전하지 않고 『無求備齋老子集成』에 일부가 실려 있다. 『五洲衍文長箋散稿』에서 서명만 소개했다.

易論

北宋 王昭素가 『周易』을 풀이한 책. 王昭素는 酸棗 출신으로 九經과 老莊, 養生術에 두루 능통하여 宋 太祖의 신임을 얻은 학자다. 이 책은 일실되어 전하지 않는데 南宋 晁公武의 『郡齋讀書志』 등에 33편으로 되어 있다고 했다. 『五洲衍文長箋散稿』에서 서명만 간단히 소개했다.

易林 → 焦氏易林

易孟通言

南宋 陳宏이 『周易』을 풀이한 책. 淸 朱彝尊의 『經義考』에 따르면, 陳宏은 宋末의 문인으로 莆田 출신인데 華亭으로 옮겼다. 淸 趙宏恩의 『江南通志』에는

字가 君宏이고 『易象發揮』, 『易孟通言』, 『童子問』 등의 저술이 있다고 했다. 이 책은 일실되어 전하지 않는다. 『五洲衍文長箋散稿』에 『易象發揮』와 『易孟通言』의 서명만 소개했다.

易本音 → 音學五書

易本義附錄纂注 → 周易本義附錄纂注

易裨傳 → 周易裨傳

易飛候

漢 京房이 氣候를 점치는 방법을 기술한 책. 京房(B.C.77~B.C.37)은 本姓이 李이고 字가 君明이며 東郡 頓丘 출신이다. 『周易』에 밝아서 『京氏易傳』을 지었다. 이 책은 현재 전하지 않고 『唐開元占經』, 『觀象玩占』, 『北堂書抄』, 『太平御覽』 등 후대의 문헌에 일부가 인용되어 전한다. 『說郛』에는 10條가 실려 있다. 『五洲衍文長箋散稿』에 이 책을 인용했지만 같은 내용이 『說郛』에는 보이지 않는다. 李圭景이 『隋書』의 기록을 재인용한 것으로 추정된다. 『星湖僿說』에 『京房飛候』로 소개했다.

繹史

清 馬驌이 편찬한 歷史書. 馬驌(1621~1673)은 字가 宛斯 또는 驄御이며 山東省 鄒平 출신이다. 博學好古하여 史學에 뛰어났으며 특히 古史에 해박하여 馬三代라는 별칭을 얻었다. 이 책 외에 『十三代緯書』를 集成했지만 일실되고 이 책과 『左傳事緯』가 전한다. 이 책은 160권으로 규장각에 소장되어 있다. 康熙 9년(1670) 李淸의 序가 달려 있다. 太古 10권, 三代 20권, 春秋 70권, 戰國 50권 및 外錄 10권 등 5부로 나뉘어 있다. 말미에 世系圖表가 있다. 紀事本末體에 編年體를 가미했는데 唐 이전의 典籍을 망라하여 治亂興亡과 典章制度, 諸子百家의 學問 등에 대한 정보가 풍부하다. 『靑莊館全書』, 『明皐全集』, 『弘齋全書』, 『惕齋集』, 『研經齋全集』, 『石泉遺稿』, 『與猶堂全書』, 『碩齋稿』, 『警修堂全藁』, 『五洲衍文長箋散稿』에서 여러 차례 인용된 것으로 보아 조선에서 널리 유통되었음을 알 수 있다. 韓致奫의 『海東繹史』가 이 책을 전범으로 한 것이다.

易三傳

南宋 陳天麟이 『周易』을 풀이한 책. 陳天麟은 字가 季陵이고 宣城 출신이며 紹興 연간(1131~1162)의 학자로 이 책과 함께 『左氏西漢南北史』, 『左氏綴節』 등을 편찬했지만 모두 일실되어 전하지 않는다. 元 汪澤民의 『宛陵群英集』, 淸 朱彝尊의 『經義考』 등에도 서명만 보인다. 『五洲衍文長箋散稿』에서 편자를 宋 郭天麟이라 했지만 잘못이다.

曆象考成

淸 允祿 등이 雍正帝의 命을 받아 편찬한 曆法書. 允祿(1695~1767)은 康熙帝의 16子로 莊親王에 봉해졌으며 號는 愛月主人이다. 胤祿으로도 표기한다. 이 책은 雍正 2년(1724) 允祿이 何國宗, 梅瑴成 등의 여러 학자와 함께 참여하여 편찬했다. 『御製曆象考成』이라고도 한다. 上編 16권은 「揆天察紀」로 曆法의 理論을 다루었고, 下編 10권은 「明時正度」로 曆法의 計算法을 제시했으며, 부록으로 算表 16권을 붙였다. 乾隆 연간(1736~1795) 後編 10권을 더했다. 3부로 된 『律曆淵源』 중 1부가 이 책이며, 2부는 律呂學을 다룬 『律呂正義』, 3부는 數學을 다룬 『數理精蘊』이다. 규장각에 雍正 元年(1723) 御製序와 雍正 2년 允祿의 序가 달린 목판본이 소장되어 있는데 上編 16권, 下編 10권이다. 필사본도 따로 소장되어 있다. 乾隆 7년(1742) 序가 달린 『御製曆象考成後編』도 전한다. 『英祖實錄』에 1745년 譯官이 이 책 後編을 구입해 왔다는 기록이 보이며 이후 實錄에 지속적인 언급이 보인다. 『氣測體義』, 『頤齋遺藁』, 『湛軒書』, 『五洲衍文長箋散稿』 등에서도 여러 차례 이 책을 언급했다.

易象圖說

元 張理가 『周易』의 원리를 圖說로 풀이한 책. 張理는 淸江 출신으로 字가 仲純이다. 延祐 연간(1314~1320) 활동한 학자로, 武夷山에 들어가 『周易』을 배웠으며 특히 象數易學에 밝아 宋 陳摶, 宋 邵雍을 이어 圖書易學을 전한 것으로 평가된다. 이 책 외에 『大易象數鉤深圖』, 『周易圖』 등의 저술이 있다. 이 책은 『通志堂經解』와 『正統道藏』에 6권으로 실려 있다. 內篇과 外篇 각 3권이다. 『端宗實錄』에 金泮이 이 책의 補說을 만들어 올렸다는 기사가 보이므로 조선 초기에 수용된 책임을 알 수 있다. 『靑莊館全書』, 『研經齋全集』, 『五洲衍文長箋散稿』 등에서 이 책을 언급했는데 3권이라 했다. 淸 吳脉鬯이 같은 서명의

책을 편찬했지만 다른 책이다.

易象發揮 → 易孟通言

易象寶鑑

南宋 王鎡가 『周易』을 풀이한 책. 王鎡는 字가 介翁이고 池州 출신인데 元이 臨安을 함락하자 湖山에 은거하여 尹綠坡, 虞君集, 葉招山 등과 結社했으며, 『月洞吟別虞君集』, 『紫薇集』, 『春秋門例通解』, 『戚里元龜』 등의 저술을 남겼다고 하지만 모두 전하지 않는다. 清 朱彝尊의 『經義考』에도 이 책이 일실되었다고 했다. 『五洲衍文長箋散稿』에 이 책을 소개했지만 『經義考』에서 재인용한 것으로 보인다.

易象彙解

明 陳士元이 『周易』을 풀이한 책. 陳士元(1516~1597)은 字가 心叔이고 號가 養吾 혹은 江漢潛夫, 環中愚叟 등이며 西鄉 陳嶺 출신이다. 저서로 이 책 외에 『獄記』, 『缶鳴集』, 『金陵集』, 『名疑』, 『海濱集』, 『五經異文』, 『論語類考』, 『孟子雜記』, 『荒史』 등이 있다. 『五洲衍文長箋散稿』에는 清代의 인물이라 했으나 잘못이다. 또 이 책이 20권이라 했지만 2권의 잘못이다. 萬曆 연간(1573~1620) 간본 2권이 대만 中研院傅斯年圖書館에 소장되어 있다.

易璇璣

南宋 吳沆이 『周易』을 풀이한 책. 吳沆(1116~1172)은 字가 德遠이고 號가 無莫居士이며 撫州 崇仁 출신인데 環溪에 은거했다. 그의 詩論을 후손이 엮은 『環溪詩話』가 『五洲衍文長箋散稿』에 소개되어 있다. 이 책은 3권으로 『通志堂經解』에 실려 있다. 紹興 16년(1146) 완성된 책으로, 法天, 通六子, 貴中, 初上定位, 六九定名, 天地變卦, 論變有四, 有象, 求象, 明位, 明君道, 明君子, 論養, 論刑, 論伐, 辨聖, 辨内外, 辨吉凶, 通卦, 通象, 通爻, 通辭, 通證, 釋卦, 釋系, 存互體, 廣演 등 27편으로 되어 있다. 『青莊館全書』, 『研經齋全集』, 『五洲衍文長箋散稿』 등에서 이 책을 언급했다.

易說

元 王結이 『周易』을 풀이한 책. 王結은 字가 儀伯이고 易州 定興 출신으로, 元統 연간(1333~1335) 中書左丞으로 있으면서 實錄 편찬에 참여했으며 노년에 『周易』 연구에 잠심했다. 문집 『文忠集』이 전한다. 『經義考』에 이 책이 일실되어 전하지 않는다고 했고 『五洲衍文長箋散稿』에도 書名만 들었다. 南宋 朱鑑의 『文公易說』, 趙彦肅의 『復齋易說』 등과 구분하여 『王氏易說』이라고도 한다.

易說 → 文公易說

易說 → 復齋易說

易說 → 周易傳注

易說 → 橫渠易說

易小傳

南宋 沈該가 『周易』을 풀이한 책. 沈該는 字가 守約이며 湖州 吳興 출신으로, 紹興 연간(1131~1162) 同平章事 등을 지냈고 『周易』에 뛰어났다. 이 책은 전남대 등에 소장된 『通志堂經解』에 6권으로 실려 있다. 이 책은 宋 程頤나 邵雍의 학설을 취하지 않고 『左傳』의 筮例로 논증한 것으로 알려져 있다. 『靑莊館全書』, 『研經齋全集』, 『五洲衍文長箋散稿』에서 이 책을 소개했다.

易數鉤隱圖

北宋 劉牧이 『周易』을 풀이한 책. 劉牧(1011~1064)은 字가 先子이고 號가 長民이며 杭州 臨安 출신이다. 『卦德通論』, 『周易先儒遺九事』 등의 저술을 남길 정도로 『周易』에 뛰어났다. 이 책은 『郡齋讀書志』에는 15권으로 되어 있으나 『通志堂經解』에는 3권으로 실려 있고 『遺論九事』 1권이 부록으로 붙어 있다. 太皞受龍馬負圖, 六十四卦推蕩訣, 大衍之數五十, 八卦變六十四卦, 辨陰陽卦, 復見天地之心, 卦終未濟, 蓍數揲法, 陰陽律呂圖 등으로 구성되어 있다. 『正統道藏』에도 실려 있다. 규장각에 소장된 嘉慶 원년(1796) 序가 달린 淸 胡渭의 『易圖明辨』에 같은 내용이 실려 있는데 通志堂에서 간행한 판본이 전남대 등

에 소장되어 있다. 李德懋의 「經解目」, 成海應의 「通志堂經解書目」 등에 書名만 언급되어 있다. 『五洲衍文長箋散稿』에도 이 서명이 보인다.

易述解

金 潘迪이 『周易』을 풀이한 책. 潘迪은 字가 牖民 혹은 允功이고 元城 출신으로, 『憲臺通紀』, 『庸學述解』, 『春秋述解』, 『六經發明』 등을 저술했지만 『石鼓文音訓』만 전한다. 그가 세운 石鼓音訓碑가 玉河館 인근에 있어 조선 후기 燕行使의 글에 그의 이름이 자주 보인다. 이 책은 『周易述解』라고도 하는데 일실되어 전하지 않는다. 『五洲衍文長箋散稿』에서 서명만 소개했다.

易雅

南宋 趙汝楳가 『周易』을 풀이한 책. 趙汝楳는 宋 太宗의 8世孫으로 明州 鄞縣 출신이며, 理宗 때 戶部侍郎을 지냈다. 易學에 밝아 이 책 외에 『筮宗』, 『易序叢書』 등을 편찬했다. 이 책은 규장각 등에 소장된 『通志堂經解』에 『筮宗』과 합쳐 1권으로 실려 있다. 易學의 용어와 원리를 해설한 것이며 書名은 『周易』의 『爾雅』라는 뜻이다. 通釋, 書釋, 學釋, 情釋, 位釋, 象釋, 辭釋, 變釋, 占釋, 卦變釋, 爻變釋, 得失釋, 八卦釋, 六爻釋, 陰陽釋, 太極名義釋, 象數體用圖釋, 圖書釋 등 18편으로 구성되어 있다. 卷頭에 自序가 붙어 있다. 『靑莊館全書』, 『研經齋全集』, 『五洲衍文長箋散稿』 등에서 이 책을 소개했다.

易繇陰陽卦

戰國時代 楚의 馯臂子弓이 편찬했다는 易學書. 馯臂子弓은 孔子의 제자지만 이력이 자세하지 않다. 이 책은 『晉書』 「束晳傳」에 따르면 2편으로 되어 있는데 그 체제는 『周易』과 유사하다고 한다. 『歸藏易』으로 불리기도 하지만 『玉函山房輯佚書』에 수록된 『歸藏易』의 片鱗과 비교하면 관계가 없어 보인다. 『星湖僿說』과 『五洲衍文長箋散稿』에서 이 책을 소개했는데 『晉書』와 『少室山房筆叢』의 기사를 옮긴 듯하다.

易原

南宋 程大昌이 『周易』을 풀이한 책. 程大昌(1123~1195)은 字가 泰之이고 徽州 休寧 출신이며, 『詩論』, 『考古編』, 『演繁露』 등의 저술이 전한다. 문집 『程文

簡集』이 있었다고 하지만 일실되었다. 이 책은 『四庫全書』에 9권으로 실려 있다. 전남대에도 같은 판본인 武英殿聚珍版叢書本이 소장되어 있다. 河圖洛書論, 論十八篇, 論數四十篇, 論一凡七篇, 太極生兩儀七篇, 論說卦二十六篇 등으로 구성되어 있다. 『五洲衍文長箋散稿』에서 서명만 소개했다.

易緯乾元序制記

편찬자를 알 수 없는 『周易』의 緯書. 이 책은 漢 鄭玄이 주석을 단 것으로 알려져 있으며 『乾元敍制』라고도 한다. 『四庫全書』에 1권으로 짧은 내용이 수록되어 있다. 전남대에 소장된 중국 목판본 『易緯八種』에도 수록되어 있다. 『谿谷集』, 『無名子集』 등에 인용되어 있다. 『五洲衍文長箋散稿』에서 緯書의 하나로 서명만 소개했다.

易緯稽覽圖

편찬자를 알 수 없는 『周易』의 緯書. 이 책은 漢 鄭玄이 주석을 단 것으로 알려져 있으며 『易緯稽覽圖』라고도 한다. 『四庫全書』에 2권으로 실려 있다. 전남대에 소장된 중국 목판본 『易緯八種』에도 수록되어 있다. 『說郛』에는 撰者 미상으로 10조가 실려 있는데 매우 간략하다. 『芝峯集』, 『象村集』, 『谿谷集』, 『星湖全集』 등 17세기 문인의 글에서부터 緯書를 논할 때 자주 인용되었다. 『研經齋全集』, 『五洲衍文長箋散稿』에도 이 서명이 보인다.

易緯坤靈圖

편찬자를 알 수 없는 『周易』의 緯書. 이 책은 漢의 鄭玄이 주석을 단 것으로 알려져 있으며 『坤靈圖』라고도 한다. 『坤輿圖說』로 된 데도 있다. 서명의 坤靈은 땅의 영묘함을 뜻한다. 『易緯八種』 중에서 가장 짧은 문장으로, 불과 220여 字에 지나지 않지만 『後漢書』, 『黃氏逸書考』, 『玉海』, 『永樂大典』 등에 두루 인용될 정도로 그 영향력이 컸다. 『象村集』, 『五洲衍文長箋散稿』 등에 인용되어 있다. 전남대에 소장된 『易緯八種』에 『易緯坤靈圖』라는 서명으로 수록되어 있다.

易緯辨終備

편찬자를 알 수 없는 『周易』의 緯書. 이 책은 後漢의 鄭玄이 주석을 단 것으로 알려져 있다. 『四庫全書』에 1권으로 실려 있지만 그 내용은 매우 짧다. 전남대에 소장된 『易緯八種』에도 수록되어 있다. 『象村稿』, 『谿谷集』 등에서 緯書를 논하면서 이 책을 언급했고, 『研經齋全集』, 『五洲衍文長箋散稿』에서도 이 책을 소개했다.

易緯是類謀

편찬자를 알 수 없는 『周易』의 緯書. 이 책은 漢의 鄭玄이 주석을 단 것으로 알려져 있는데 『筮類謀』라고도 한다. 『經籍考』에는 1권으로 되어 있다. 『易緯八種』에 수록되어 있는데 전남대에 소장되어 있다. 清 吳省蘭이 편집한 『藝海珠塵』에도 수록되어 있다. 『象村稿』, 『谿谷集』 등에서 緯書를 논하면서 이 책을 언급했고, 『研經齋全集』, 『五洲衍文長箋散稿』에서도 이 책을 소개했다.

易緯通卦驗

편찬자를 알 수 없는 『周易』의 緯書. 『四庫全書』에 2권으로 실려 있다. 『芝峯集』, 『象村稿』, 『谿谷集』, 『星湖全書』, 『與猶堂全書』, 『研經齋全集』 등 여러 문헌에서 緯書를 논할 때 자주 인용했다. 『說郛』에는 8조가 실려 있는데 매우 간략하다. 『通卦驗』이라고도 하는데, 『五洲衍文長箋散稿』 등에 이 이름으로 인용되어 있다. 전남대에 소장된 『易緯八種』에 수록되어 있다.

易傳

北宋 王巖叟가 『周易』을 풀이한 책. 王巖叟(1043~1093)는 字가 彥霖이고 大名 清平 출신으로, 『韓忠獻別錄』 등의 저술이 있다. 『宋史』에 그의 저술로 『易詩春秋傳』을 들고 있는데 『易傳』, 『詩傳』, 『春秋傳』을 풀이한 것을 합친 책을 이르는 듯하다. 『五洲衍文長箋散稿』에는 그의 저술로 이 책과 함께 『詩傳』을 들고 있다. 『易傳』이 서명인 책으로는 漢 韓嬰에서 北宋 王洙, 北宋 王逢 등의 저술이 있는데 『五洲衍文長箋散稿』에 소개되어 있지만 모두 전하지 않는다. 韓嬰은 漢 文帝 때 博士를 지낸 학자로 『韓詩外傳』이 잘 알려져 있다. 『五洲衍文長箋散稿』에는 王洙가 편찬한 『易傳』이 10권이라 했는데 『周易言象外傳』이라고도 한다. 王洙(997~1057)는 字가 原叔 혹은 源叔, 尙汶이며, 應天府 宋城 출신으로 杜甫의 詩에 주석을 단 것으로 유명하다. 王逢의 『易傳』은 10권인데 南宋 晁公武의 『郡齋讀書志』에는 王弼의 해석을 따른 것이라 했다.

易傳 → 周易程氏傳

亦政堂鐫陳眉公家藏廣秘笈

明 陳繼儒가 수장하고 있던 전적을 모아서 편집한 叢書. 陳繼儒(1558~1639)는 華亭 출신으로 字가 仲醇이고 號는 眉公, 麋公, 寶顔堂 등을 사용했다. 文學과 書畫에 뛰어나 董其昌과 함께 文人畫를 창도했고 南北宗論을 주장했다. 『妮古錄』, 『梅花冊』, 『雲山卷』, 『陳眉公全集』, 『小窓幽記』 등 많은 저술을 남겼다. 이 책은 萬曆 乙卯(1615) 李日華와 李沈德의 序가 실려 있다. 唐 羅隱의 『兩同書』, 唐 南卓의 『羯鼓錄』, 梁 宗懍의 『荊楚歲時紀』, 宋 柴望의 『丙丁龜鑑』, 宋 嚴羽의 『滄浪詩話』, 宋 張禮의 『遊城南記』, 宋 陸遊의 『入蜀記』, 宋 范成大의 『出蜀記』, 宋 袁褧의 『楓窓小牘』, 宋 魏了翁의 『經外雜鈔』와 『正朔考』, 『古今考』, 宋 蘇軾의 『物類相感志』, 北齊 顏之推의 『還究志』, 宋 朱弁의 『風月堂詩話』, 宋 陳騤의 『文則』, 宋 周密의 『前武林舊事』와 『後武林舊事』, 宋 蘇轍의 『老子解』, 宋 張端義의 『貴耳錄』, 宋 王洙의 『王氏談錄』, 漢 東方朔의 『海內十洲記』, 明 長谷眞逸의 『農田餘話』, 元 費著의 『歲華紀麗譜』, 元 權衡의 『庚辛外史』, 宋 車若水의 『腳氣集』, 南唐 譚峭의 『化書』, 明 陸深의 『傳疑錄』과 『春風堂隨筆』, 『燕閒錄』, 明 祝允明의 『讀書筆記』, 明 陳於陛의 『意見』, 明 薛瑄의 『從政錄』, 明 顧岕의 『海槎餘錄』, 明 敖英의 『東谷贅言』, 明 皆春居士의 『飲食紳言』, 明 楊愼의 『丹鉛續錄』, 明 王世懋의 『閩部疏』와 『學圃雜疏』, 明 張謙德(醜張)의 『缾花譜』, 明 陸樹聲의 『汲古叢話』, 明 郭子章의 『馬記』와 『劍記』, 明 馮時可의 『雨航雜錄』, 明 陳繼儒의 『邵康節外記』, 明 費元祿의 『鼂采淸課』, 明 邢雲路의 『戊申立春考證』, 明 張伯端의 『金丹四百字解』, 明 利瑪竇의 『友論』, 明 彭汝讓의 『木幾冗談』, 宋 兪琰의 『席上腐談』 등 50종이 수록되어 있다. 일본 蓬左文庫에 103권 32책 목판본 『亦政堂鐫陳眉公家藏廣祕笈』이 소장되어 있다. 규장각에도 1질이 소장되어 있는데 목판본으로 전체 28책 중 22~28책까지 7책이 빠져 있다. 『尙白齋鐫陳眉公訂正秘笈』은 明 沈德先과 沈孚先 형제가 소장하고 있던 전적을 陳繼儒의 교정을 받아 편찬한 별개의 叢書다. 또 『寶顔堂祕笈』도 규장각 등 여러 곳에 소장되어 있는데 『尙白齋鐫陳眉公訂正秘笈』과 함께 간행된 叢書다. 조선시대 문헌에 『陳眉公秘笈』이라는 이름으로 자주 보인다. 『頭陀草』, 『自著』, 『五洲衍文長箋散稿』, 『艮齋集』, 『俛宇集』 등에서 『陳眉公秘笈』을 자주 인용했는데 어떤 판본을 가리키는지는 확인하기 어렵다.

歷朝捷錄大成

明 顧充이 편찬한 歷史書. 顧充(1535~1615)은 字가 仲達 혹은 回瀾이고 浙江 上虞 출신이다. 『皇明一統紀要』, 『字義總略』, 『通鑑纂要抄狐白』, 『字類辨疑』 등의 저술이 있다. 이 책은 『歷代捷錄』이라고도 한다. 규장각에 필사본 8권 6책이 소장되어 있는데, 凡例에 따르면 顧充이 周 威烈王부터 宋代까지를 기록한 『捷錄』에다 明 周昌年이 그 前編으로 盤古와 三皇五帝부터 威烈王까지의 역사를 보완한 것을 더하고 明 屠隆이 편찬한 元紀와 周昌年이 편찬한 明紀를 첨부하여 편찬했다고 한다. 英祖 3년(1727) 간행되었다는 간기가 달린 『歷代捷錄』이 국립중앙도서관 등에 전한다. 일본 東京大에 소장된 판본은 조선 肅宗 연간의 것으로 추정된다. 清 姚覲元의 『清代禁毁書目四種』에는 『歷朝捷錄大成』과 『捷錄大全』, 『捷錄全本直解』를 나란히 들고 모두 顧充이 편찬하고 周昌年이 訂正한 것이라 했다. 중국 國家圖書館에 『歷代捷錄全編大成』이 소장되어 있다. 『五洲衍文長箋散稿』, 『性齋集』, 『雨皐集』 등에서 들고 있는 『歷代捷錄』은 조선에서 간행한 판본을 가리키는 것으로 보인다.

歷朝通略 → 通略

易集說

金 張特立이 『周易』을 풀이한 책. 張特立은 東明 출신으로 字가 文擧이고 號는 難治인데 世祖로부터 中庸先生이라는 號를 받았다. 『大明一統志』 등에 이 書名이 보이지만 지금은 전하지 않는다. 『五洲衍文長箋散稿』에서도 書名만 소개했다. 元 兪琰도 같은 서명의 책을 편찬했는데 『大易集說』, 『兪氏易集說』, 『周易集說』이라 부른다. 『五洲衍文長箋散稿』에서 두 종 모두 소개했다. 元 許衡의 『大易集說』도 따로 있어 『靑莊館全書』에 소개되었다.

易集說 → 大易集說

易纂言

元 吳澄이 『周易』을 풀이한 책. 吳澄(1255~1330)은 字가 幼淸 혹은 伯淸이고 號가 草廬이며 撫州 崇仁 출신이다. 『草廬吳文正公全集』, 『禮記纂言』, 『書纂言』, 『春秋纂言』, 『孝經定本』, 『道德眞經注』 등 많은 저술을 남겼다. 이 책은

규장각에 소장되어 있는데 明 談自省과 黃應登 등이 교정하여 12권 4책의 목판으로 간행한 것이며, 萬曆 42년(1614) 焦竑의 序가 붙어 있다. 經, 象, 繫辭 등으로 구성하여 宋 呂祖謙의 『古周易』의 체제를 따랐다. 通志堂에서 간행한 판본도 전남대 등에 소장되어 있다. 吳澄은 이 책을 보완하여 『易纂言外翼』을 지었는데 8권이며 『四庫全書』에 실려 있다. 『耳溪集』, 『靑莊館全書』, 『硏經齋全集』, 『與猶堂全書』, 『五洲衍文長箋散稿』 등 여러 문헌에서 『易纂言』을 인용했다. 특히 成海應은 「通志堂經解書目」에서 이 책을 자세히 논증했다. 『易纂言外翼』을 따로 소개한 문헌은 보이지 않는다. 權斗寅의 『荷塘集』에서 諸經纂言이라 한 것이 이 책과 『禮記纂言』, 『書纂言』, 『春秋纂言』 등을 함께 이른 것이다.

易叢說

金 趙秉文이 『周易』을 풀이한 책. 趙秉文(1159~1232)은 字가 周臣이고 號가 閑閑居士이며 磁州 滏陽 출신이다. 『滏水集』, 『大學說』, 『道德眞經集解』 등 여러 저술을 남겼다. 『五洲衍文長箋散稿』에는 宋代의 인물로 소개했다. 이 책은 『金史』, 『續文獻通考』 등에 10권으로 소개되어 있는데 『經義考』에 일실된 책이라 했다. 『五洲衍文長箋散稿』에서도 서명만 소개했다. 宋 朱震의 『周易叢說』이 따로 전하는데 『漢上易傳』에 포함되어 있지만 별개의 책이다.

易通論

漢 洼丹이 『周易』을 풀이한 책. 洼丹(B.C.26~A.D.43)은 字가 子玉이고 南陽 育陽 출신이며, 『孟氏易』을 대대로 연구했다. 『五洲衍文長箋散稿』에서 이 책을 7篇이라 했는데 『後漢書』의 기록을 인용한 것이다. 『經義考』에 일실된 책이라 했다.

易學

南宋 王湜이 『周易』을 풀이한 책. 王湜은 紹興 연간(1131~1162)의 학자로 同州 출신이다. 劉昉과 『幼幼新書』를 편찬했는데 『與猶堂全書』에는 『幼幼新書』가 소개되어 있다. 『易學』은 『四庫全書』와 『通志堂經解』에 1권으로 실려 있는데 太極, 兩儀, 四象, 八卦, 河圖, 揲蓍, 易專考圖 등으로 구성되어 있다. 『靑莊館全書』, 『硏經齋全集』, 『五洲衍文長箋散稿』 등에서 이 책을 소개했다. 특히 成海應은 「通志堂經解書目」에서 이 책을 자세히 논증했다.

易學啓蒙

南宋 朱熹가 『周易』을 풀이한 책. 朱熹(1130~1200)는 字가 元晦 혹은 仲晦이고 號는 晦庵, 晦翁, 雲谷山人 등을 사용했으며 福建 尤溪 출신이다. 『資治通鑑綱目』, 『太極圖說解』, 『通書解』, 『古今家祭禮』, 『近思錄』, 『楚辭集注』 등 많은 저술을 남겼다. 이 책은 淳熙 13년(1186) 완성한 것으로 알려져 있으며 총 4권으로 되어 있다. 먼저 河圖와 洛書를 설명한 本圖書가 실려 있고, 이어 太極, 兩儀, 四象, 八卦를 설명한 原卦劃, 그리고 筮法을 설명한 明蓍策과 각 卦를 설명한 考變占이 수록되어 있다. 이 책은 조선에서 매우 널리 읽혔으며 많은 주석서가 편찬되었다. 世祖 11년(1465) 崔恒 등에게 편찬토록 한 『易學啓蒙要解』를 비롯하여 明宗 12년(1557) 李滉이 편찬한 『啓蒙傳疑』, 英祖 48년(1772) 徐命膺이 편찬한 『易學啓蒙集箋』 등이 있다. 규장각에 乙亥字로 간행한 『易學啓蒙』 판본 일부가 남아 있다. 이밖에 『易學啓蒙段釋』, 『易學啓蒙覆繹』 등도 규장각에 소장되어 있다.

易學啓蒙小傳

南宋 稅與權이 朱熹의 『易學啓蒙』을 풀이한 책. 稅與權은 字가 巽甫이고 恭州 巴縣 출신으로, 寶慶 연간(1225~1227)의 인물이다. 魏了翁의 문하에서 理學을 연구하여 儒宗으로 일컬어졌다. 『周易』에 조예가 깊어 『校正周易古經』을 편찬했지만 일실되었다. 이 책은 1권만 남아 있는데 전남대 등에 소장된 『通志堂經解』에 실려 있다. 天地自然本數, 大衍本數五位究於九圖, 大衍變數 등으로 구성되어 있다. 『靑莊館全書』, 『硏經齋全集』, 『五洲衍文長箋散稿』 등에서 이 책을 소개했다. 특히 成海應은 「通志堂經解書目」에서 이 책을 자세히 논증했다. 『阮堂全集』에는 周易古經을 편찬했다고 했는데 이 책과 관련이 있는 듯하다.

易學啓蒙意見

明 韓邦奇가 朱熹의 『易學啓蒙』을 풀이한 책. 韓邦奇(1479~1555)는 字가 汝節이고 號가 苑洛이며 朝邑 출신이다. 南京兵部尙書를 역임했고 문집 『苑洛集』을 남겼다. 이 책 외에 『易占經緯』, 『性理諸家解』, 『性理律呂直解』, 『洪範皇極內篇圖解』, 『樂律擧要』, 『周易口訣義』 등 많은 저술이 전하는데 특히 『性理諸家解』는 규장각에만 소장되어 있다. 이 책은 『啓蒙意見』, 『周學疏原』이라고

도 한다. 총 4권으로, 朱熹의 『易學啓蒙』을 圖解하고 자신의 의견을 덧붙였다. 권1 本圖書와 原卦畫, 권2 明蓍策, 권3과 권4 考占變으로 구성되어 있다. 李滉의 『啓蒙傳疑』에 인용되어 있으므로 이른 시기부터 조선에서 읽혔음을 알 수 있다. 『宋子大全』, 『星湖僿說』 등에도 이 책을 언급했다. 장서각 등에 李滉이 편차한 것으로 되어 있는 『性理諸家解抄』가 소장되어 있는데 이 책과 함께 韓邦奇의 『洪範圖解』, 『祝泌觀物篇解』 등이 실려 있다.

易學啓蒙通釋

宋末元初 胡方平이 朱熹의 『易學啓蒙』을 풀이한 책. 胡方平은 徽州 婺源 출신이며 字가 師魯이고 號는 玉齋다. 朱熹의 易學을 계승한 인물로 알려져 있다. 이 책은 『啓蒙通釋』이라고도 하는데, 전남대 등에 소장된 『通志堂經解』에 2권으로 실려 있다. 河圖와 洛書의 本圖書, 原卦畫, 明蓍策, 考變占 등으로 구성되어 있다. 『靑莊館全書』, 『研經齋全集』, 『五洲衍文長箋散稿』 등에서 이 책을 소개했다. 특히 成海應은 「通志堂經解書目」에서 이 책을 자세히 논증했다.

易解

南宋 吳淵이 『周易』을 풀이한 책. 吳淵(1190~1257)은 字가 道父이고 號가 退庵이며 宣州 寧國 출신이다. 『退庵集』과 『退庵詞』 등의 저술을 남겼다. 이 책은 淸 朱彝尊의 『經義考』에 일실되어 전하지 않는다고 했다. 『五洲衍文長箋散稿』에는 南宋 王炎의 『易解』, 南宋 金安節의 『周易解』, 南宋 張臣의 『易解』 등도 소개했는데 모두 전하지 않는다. 王炎은 字가 晦叔인데 『雙溪文集』, 『吾汶藁』 등의 저술이 전한다. 元 馬端臨의 『文獻通考』에는 王炎의 『易筆記』 9권으로 소개했다. 金安節(1094~1170)은 字가 彦亨이며 休寧 출신이며, 淸 朱彝尊의 『經義考』에 그의 저술로 『周易解』를 소개했다. 明 王圻의 『續文獻通考』에는 張臣의 『易解』 10권을 소개하고, 張臣이 武進 출신이며 嘉祐 연간(1056~1063) 進士가 되었다고 했다. 『五洲衍文長箋散稿』에서 10권이라 했는데 『續文獻通考』에는 卷數가 표시되어 있지 않다. 10권의 『易解』는 北宋 張弼이 편찬했는데 『續文獻通考』에 따로 이 책도 소개했다. 張弼은 莆田 출신으로 字가 舜元이고 號는 葆光이다. 王安石과 皇甫泌도 각기 14권의 『易解』를 편찬했다.

淵鑑類函

清 張英, 王士禛, 王惔 등이 편찬한 類書. 張英(1636~1708)은 字가 敦覆이고 號가 樂圃이며 安徽 桐城 출신이다. 벼슬은 文華殿大學士에 이르렀고 문집 『篤素堂集』 외에 『南巡扈從記略』, 『易經衷論』, 『書經衷論』, 『四庫著錄』 등 많은 저술을 남겼다. 王士禛(1634~1711)은 字가 貽上이고 號가 阮亭 혹은 漁洋이다. 원래 이름은 士禛이었으나 世宗의 諱를 피해 士正으로 바꿨다가 다시 詔命을 받고 士禎으로 고쳤다. 山東 新城 출신으로 『漁洋山人精華錄』, 『池北偶談』, 『香祖筆記』, 『居易錄』, 『帶經堂集』 등의 저술이 있다. 王惔은 당시의 大臣이었지만 貫鄕과 이력은 자세하지 않다. 이 책은 康熙 40년(1701) 완성되었는데 총 450권이다. 天, 歲時, 地, 帝王, 后妃, 儲宮, 帝戚, 設官, 封爵, 政術, 禮儀, 樂, 文學, 武功, 邊塞, 人, 釋教, 道, 靈異, 方術, 巧藝, 京邑, 州郡, 居處, 産業, 火, 珍寶, 布帛, 儀飾, 服飾, 器物, 舟, 食物, 五穀, 藥, 菜蔬, 果, 花, 草, 木, 鳥, 獸, 鱗介, 蟲 등 43部로 구성되어 있다. 『唐類函』의 체제를 본떠 各部를 2,500여 類로 분류하고, 各類는 釋名, 總論, 沿革, 緣起, 典故, 對偶, 摘句, 詩文 등으로 구성했다. 『唐類函』에 실려 있던 것은 '原'으로 표시하고 증보한 부분은 '增'으로 표시했다. 『正祖實錄』에 따르면 正祖 때 편찬된 『受教輯錄』이 이 책의 체제를 따랐다고 한다. 『青莊館全書』, 『弘齋全書』, 『而已广集』, 『洛下生集』, 『海東繹史』 등에 이 書名이 보인다. 『與猶堂全書』에 따르면 丁若鏞이 康津에서 훼손된 1책을 보았다고 한다. 또 『蓮坡詩鈔』에는 大酉齋에서 이 책을 필사했다는 기록이 보인다. 규장각, 고려대 등에 목판본이 소장되어 있다.

揅經室集

清 阮元의 文集. 阮元(1763~1849)은 字가 伯元이고 號가 芸臺이며 儀徵 출신으로, 體仁閣 大學士를 지냈다. 『經籍纂詁』, 『詁經精舍文鈔』, 『十三經注疏』, 『皇清經解』 등 巨帙의 經學 관련 저술을 남겼다. 이 문집과 『續集』, 『再續集』 외에 『石渠隨筆』, 『山左金石志』, 『兩浙金石志』 등 많은 저서가 있다. 『揅經室集』 41권과 『續集』 및 『再續集』 17권은 道光 3년(1823) 編定한 것으로 그 아들 阮常生이 간행했다. 『揅經室集』은 1~4集으로 되어 있는데 經史子集의 4部 분류를 따른 것이다. 또 『外集』은 『四庫全書』에 수록되지 않은 책에 대한 提要를 묶은 것이다. 이 책은 『淵泉集』, 『五洲衍文長箋散稿』 등에 인용되었다. 金正喜는 이 책을 직접 언급하지는 않았지만 여러 글에서 열독한 흔적이 보인

다. 규장각과 고려대, 국립중앙도서관 등에 道光 3년(1823) 간행된 목판본이 소장되어 있다.

演孔圖 → 春秋孔演圖

連弩圖說 → 諸器圖說

燕都妓品

明 氷華梅史가 편찬한 燕京의 妓女에 관한 저술. 『五洲衍文長箋散稿』에서 清 周亮工의 『因樹屋書影』을 인용하여 水華梅史의 이 책을 소개했지만 氷華梅史의 잘못이다. 明 潘之恒의 『亘史』에 따르면 萬曆 丁酉年(1597) 氷華梅史가 燕都의 妓女 40인을 대상으로 하여 郝筠 등 19인은 東院에, 屈二 등 11인은 西院에, 陳桂 등 5인은 本司에, 田瑤生 등 12인은 前門에 배열했다고 한다. 氷華梅史는 明代의 인물임은 알 수 있지만 성명이나 관향은 알 수 없다. 順治 4년(1647) 간행된 판본 1권이 중국 國家圖書館에 소장되어 있다. 『說郛續』에도 실려 있는데 기녀에 대한 간략한 정보와 함께 관련된 시를 인용했다. 『說郛續』에는 판본에 따라 氷華梅史, 水華梅史로 표기된 데도 있고 明 曹大章으로 된 데도 있다. 曹大章(1521~1575)은 字가 一呈이고 號가 含齋이며 江蘇 金壇 출신이다. 『曹太史文集』, 『蓮臺仙會品』 등이 전한다.

連文釋義

清 王言이 편찬한 字書. 王言은 字가 愼旃이고 仁和 출신인데 이력은 자세하지 않다. 이 책은 漢字語의 訓과 釋을 天地, 山水, 城市, 宮室, 形體, 人道, 人事, 器用, 草木, 禽獸 등 10門으로 나누어 고증한 책이다. 『昭代叢書』에 1권으로 수록되어 있다. 『與猶堂全書』와 『五洲衍文長箋散稿』 등에 이 서명이 보인다.

聯芳譜

清 鄒一桂가 엮은 花草를 주제로 한 詩集. 鄒一桂(1686~1772)는 字가 原褒이고 號가 小山 혹은 二知老人이며 江蘇 無錫 출신이다. 『小山畵報』, 『大雅續稿』, 『洋菊譜』, 『本朝應制琳琅集』 등의 저술이 있다. 이 책은 『百花卷』이라고도 하는데 100종의 花草에 絶句 한 수씩을 지어 康熙帝에게 바친 것이다.

1931년 영인본 『鄒一桂聯芳譜花卉冊』이 통용된다. 『五洲衍文長箋散稿』에서 이 책을 자세히 소개했는데, 이에 따르면 明 王象晉이 편찬한 『群芳譜』의 뜻을 취한 것으로, 乾隆帝가 이 책을 자신의 『御製集』에 수록했다고 한다. 또 李圭景의 조부 李德懋가 『雜抄』에서 이에 대해 자세히 적었다고 했는데 李德懋의 『雜抄』는 현재 전하지 않는다.

演繁露

南宋 程大昌이 漢 董仲舒의 『春秋繁露』를 보완한 책. 程大昌(1123~1195)은 字가 泰之이고 徽州 休寧 출신이다. 『詩論』, 『考古編』 등의 저술이 전한다. 문집 『程文簡集』은 일실되었다. 이 책은 『程氏演繁錄』이라고도 한다. 紹興 연간(1131~1162) 『春秋繁露』가 처음 나오자 程大昌은 이를 僞書로 비판하고 이 책을 엮었다. 모두 16권이며, 格物致知를 宗旨로 삼아 三代에서 宋代에 이르기까지의 역사적 사실을 488항으로 수록했는데 物名과 典故에 대한 고증이 상세하다. 『續演繁露』 혹은 『演蘩露續集』 6권이 따로 전하는데 制度, 文類, 詩事, 談助 등으로 분류했다. 『四庫全書』에 原集과 續集이 모두 편입되어 있고, 『說郛』에는 邸閣, 霤, 筮遠日 등과 같이 표제를 달아 일부를 수록했다. 『星湖僿說』, 『海東繹史』, 『青莊館全書』, 『閒靜堂集』, 『研經齋全集』, 『與猶堂全書』, 『性齋集』 등 여러 문헌에 두루 인용되어 있다. 규장각에 소장된 『唐宋叢書』에도 수록되어 있다. 『五洲衍文長箋散稿』에 程泰之의 「香說」을 소개했는데 독립적인 저술이 아니라 『演繁露』에 수록되어 있는 「香」이라는 한 편의 글이다. 宋 陳敬의 『陳氏香譜』와 祝穆의 『事文類聚』 등에도 같은 글이 실려 있다. 또 「罘罳考」와 「尊彝之辨」도 인용했는데 같은 내용이 明 唐順之의 『稗編』에도 보인다.

研北雜志

元 陸友가 편찬한 筆記雜錄. 陸友는 字가 友仁으로 보통 陸友仁으로 불린다. 號가 研北生 혹은 宅之이고 吳 출신이다. 이 책 외에 『墨史』, 『吳中舊』, 『詞旨』, 『硯史』, 『印史』, 『菊軒稿』 등 많은 저술이 있다. 상인의 아들로 태어나 독학으로 학문을 익혔고 글씨와 시에도 뛰어났다. 이 책은 서울대 중앙도서관에 順治 4년(1647) 宛委山堂 간본이 있다. 卷頭에 自序가 있는데, 이에 따르면 京師에서 돌아와 吳下에 살면서 아들을 시켜 말하고 싶었던 바를 기록해두게 한 책이라 했다. 총 2권이며 『四庫全書』에도 수록되어 있다. 奇聞과 佚事를 주로

다루었는데 書畵나 字義에 대한 내용도 있다. 규장각에 소장된『說郛』와『唐宋叢書』에도 이 책의 일부가 실려 있다.『研經齋全集』,『與猶堂全書』,『碩齋稿』,『五洲衍文長箋散稿』등 여러 문헌에 이 책이 인용되어 있다.

硯史

北宋 米芾이 편찬한 벼루에 관한 雜錄. 米芾(1051~1107)은 初名이 黻이고 字는 元章이며 號는 襄陽居士 혹은 海嶽山人 등을 사용했다. 潤州 출신으로, 書畵에 뛰어났다.『向太后挽辭』,『蜀素帖』,『苕溪詩帖』,『拜中嶽命帖』,『虹縣詩卷』,『草書九帖』,『多景樓詩帖』등의 法帖이 알려져 있다. 문집『山林集』은 일실되었고, 書畵 理論書인『書史』,『畵史』,『寶章待訪錄』등이 전한다. 이 책은 1권으로, 用品, 性品, 樣品 등으로 구성되어 있다. 晉硯, 唐硯으로부터 宋代에 이르기까지 玉硯, 高麗硯, 蔡州의 白硯 등 26종의 벼루에 대해 기록했다.『百川學海』,『說郛』등에 실려 있다.『海東繹史』,『五洲衍文長箋散稿』등에 이 책이 소개되어 있다.『硯史』는 元 陸友, 明 徐渭와 沈仕, 李峻 등이 편찬한 것도 있다.『五洲衍文長箋散稿』에는 米芾과 李峻의 것을 소개했다.『雲養集』에는 清 吳蘭修의『硯史』를 소개했다.

硯史

明 李峻이 편찬한 벼루에 관한 雜錄. 이 책은『五洲衍文長箋散稿』에 소개되어 있는데 清 朱彝尊의『明詩綜』과 周亮工의『因樹屋書影』등에서 재인용한 듯하다. 이에 따르면 李峻은 字가 公起이고 勤縣 출신이며 李尙默의 아들이다. 어릴 때 사고로 귀가 먹었지만 國家의 典故, 前賢의 言行에 밝았으며, 動植物, 器物 등에도 박학했다고 한다.『盟鷗集』,『郢雪編』,『永譽錄』등의 저술이 있었다고 한다. 清 黃宗羲의『明文海』에도 그에 대한 기록이 보인다. 지금은 전하지 않는 逸書로 보인다.

燕史

明 郭造卿이 편찬한 地理書. 郭造卿(1532~1593)은 字가 建初이고 號가 海嶽이며 福清 출신이다.『永平志』,『盧龍塞略』,『玉融古史』등의 저술이 있다. 문집『海嶽山房存稿』는 규장각에 소장되어 있다. 이 책은『明史』에 120권으로 되어 있지만 北京首都圖書館에『古燕史』로 34권이 전한다.『燕政紀』2권,『燕

統紀』 3권, 『燕雄紀』 10권, 『燕鎭紀』 10권, 『燕敵紀』 2권, 『燕督紀』 6권, 『燕道紀』 3권, 『燕系紀』 3권, 『燕喬紀』 2권, 『燕朔紀』 2권 등으로 되어 있다. 대만 中研院傅斯年圖書館에 『燕敵記』, 『燕道記』 등이 소장되어 있다. 漢代에서 唐代까지 燕 지방, 곧 北京 일대의 역사를 다루었다. 隆慶 元年(1567) 戚繼光이 薊門 防禦의 임무를 맡았을 때 郭造卿으로 하여금 이 책을 편찬하도록 했다. 明 葉向高의 「海嶽山房存稿叙」에는 이 책이 수백 권이라 했다. 후대 원문이 일실되어 淸 顧炎武와 朱彛尊은 이 책을 열람하지 못한 것을 유감으로 여겼다. 『海東繹史』에는 120권이라 하고 三韓에 대한 기록을 인용했는데 朱彛尊의 『日下舊聞考』에서 가져온 듯하다. 『五洲衍文長箋散稿』 등에서 여러 차례 이 책을 인용했지만 역시 같은 데서 보인다. 後魏의 高閭가 편찬한 『燕史』는 별개의 책이다.

研山齋集考

明末淸初 孫承澤의 筆記雜錄. 孫承澤(1592~1676)은 字가 耳北 혹은 耳伯이고 號는 北海, 退谷, 退道 등을 사용했으며 益都 출신이다. 書畵의 鑑識에 능했고 직접 필사한 서적 200여 권을 萬卷樓에 두었다. 저서로 『庚子消夏記』, 『己亥存稿』, 『五經翼』, 『春明夢餘錄』, 『四朝人物略』, 『尙書集解』 등이 전한다. 研山齋는 孫承澤의 서재로 많은 전적이 소장되어 있었는데 成海應의 『研經齋全集』에 所藏本에 대한 설명이 보인다. 『五洲衍文長箋散稿』에서 『山書廣記』, 『春明夢餘錄』, 『人物志』, 『元明典故編年考』, 『典制紀略』, 『寰宇志』, 『山居小箋』 등 明代의 정치와 제도, 풍속 등을 정리한 문헌과 나란히 이 책을 소개했다. 서명으로 보아 研山齋에 소장한 書畵 등에 대한 기록으로 추정되지만 중국의 문헌에서도 이 책이 확인되지 않는다. 다만 『四庫全書總目』에 孫承澤의 『研山齋墨蹟集覽』 1권, 『研山齋法書集覽』 3권, 『研山齋圖繪集覽』 3권이 보이는데 이 책을 가리킬 가능성이 높지만 이 역시 전하지 않는다. 『四庫全書總目』에서 찬자 미상의 『研山齋雜記』 4권을 소개했다.

延壽書

元 李鵬飛가 편찬한 養生書. 李鵬飛는 至元 연간(1264~1294)의 인물로 自號를 九華澄心老人이라 했으며 孝子로 알려져 있다. 이 책은 원래 이름이 『三元參贊延壽書』이고 『三元延壽書』라고도 한다. 李鵬飛가 杭州에서 道人의 가르

침을 받고 인간의 수명에 天元, 地元, 人元이 있으며 180세까지 살 수 있다는 것을 깨닫고 이 책을 지었다고 한다. 총 5권으로 권1은 天元, 권2는 地元, 권3은 人元, 권4와 권5는 神仙에 관한 내용이다. 주로 攝生을 위해 욕심을 절제하고 음식을 조심하며 導引하는 방법 등을 기술했다. 因果報應 등 神仙術과 관련된 내용도 많다. 至元 28년(1291)의 自序가 붙어 있다. 조선 초기에 수용되어 『春亭集』 등에 보이며, 柳成龍이 이 책을 읽고 「書延壽書後」를 지었다. 이밖에 『眉巖日記』, 『芝峯類說』, 『五洲衍文長箋散稿』 등에서도 이 책을 인용했다. 성암고서박물관에 世宗 20년(1438) 조선 간본이 소장되어 있는데 같은 판본이 대만 故宮博物院圖書館에 소장되어 있다. 고려대에 소장된 『壽養叢書』에는 4권으로 실려 있는데 萬曆 24년(1596) 간본으로, 明 胡文煥이 교감했다. 같은 판본이 국립중앙도서관에도 소장되어 있다.

衍義 → 禮論

衍義補 → 大學衍義補

燕翼錄 → 燕翼詒謨錄

燕翼詒謀錄

南宋 王栐이 宋의 문물과 제도에 관해 기술한 책. 王栐은 字가 叔永이고 號가 求志老叟이며 晉陽 출신으로, 山陰에 우거했는데 자세한 생애는 밝혀져 있지 않다. 이 책은 弘治 14년(1501) 錫山華氏가 간행한 『百川學海』에 5권으로 실려 있다. 서울대 중앙도서관에는 順治 4년(1647) 宛委山堂 간본 5권이 소장되어 있다. 『燕翼貽謀錄』, 『貽謀錄』이라고도 한다. 王栐이 北宋 멸망 후 지켜나가야 할 宋의 제도에 대해 기록한 것으로, 建隆에서부터 嘉祐까지를 대상으로 하여 進士特奏, 御試不稱門生, 吏銓試書判 등 126條로 구성했다. 官員의 服飾 등 여러 가지 제도에 대해 자세하게 기술했다. 『唐宋叢書』에는 서명이 『貽謀錄』으로, 『說郛』에는 『燕翼貽謀錄』으로 수록되어 있다. 『星湖僿說』, 『與猶堂全書』, 『海東繹史』 등에 이 책이 인용되어 있는데 『貽謀錄』 또는 『燕翼貽謀錄』으로 되어 있다.

燕閒錄 → 河汾燕閒錄

列國志

明 馮夢龍이 지은 小說. 馮夢龍(1574~1646)은 字가 猶龍 혹은 子猶이고 號는 龍子猶, 墨憨齋主人, 顧曲散人 등을 사용했다. 蘇州 長洲 출신으로, 『古今小說』, 『警世通言』, 『醒世恒言』 등의 저술이 있다. 이 책은 西周 末年에서 秦의 통일 이전 500여 년 동안의 春秋戰國時代를 배경으로 한 歷史演義小說이다. 『戰國策』, 『左傳』, 『國語』, 『史記』 등 4종의 역사서를 바탕으로 歷史故事와 人物傳記를 시간 순에 따라 배열했다. 列國을 배경으로 한 소설은 元代에 형성되기 시작하여 明 嘉靖 연간(1522~1566)과 隆慶 연간(1567~1572) 余邵魚가 『列國志傳』을 지었고 明末 馮夢龍이 이를 개작하여 『新列國志』 108回를 완성했으며, 淸 乾隆 연간(1736~1795) 蔡元放이 『東周列國志』 23권, 108회로 개작했다. 규장각에 淸代의 『東周列國志』와 『繡像東周列國志』가 소장되어 있는데 淸 蔡昇가 評點을 단 판본이다. 국립중앙도서관 등 여러 곳에 다양한 판본이 소장되어 있다. 국립중앙도서관에 한글로 번역된 『츈츄열국지』가 소장되어 있다. 『玉吾齋集』, 『豹菴稿』에 이 소설을 읽었다는 기록이 보인다. 『英祖實錄』에는 李亮濟를 공초하는 과정에 이 소설을 언급했다. 『五洲衍文長箋散稿』에서는 『列國誌』라는 이름으로 이 소설을 소개했다.

列女傳

漢 劉向이 모범이 될 만한 여성의 행적을 모아 엮은 책. 劉向(B.C.77~B.C.6)은 漢의 宗室로 字가 子政이고 본명은 更生이다. 成帝의 命으로 아들 劉歆과 함께 궁중의 도서를 整理하고 校訂하여 解題를 붙인 『別錄』을 편찬했다. 『新序』, 『說苑』, 『五經通義』, 『洪範五行傳論』 등 많은 저술을 남겼다. 이 책은 8권으로 되어 있는데 後人의 『列女傳』과 구분하기 위하여 『古列女傳』이라 부른다. 母儀, 賢明, 仁智, 貞愼, 節義, 辨通, 嬖孼 등 7門으로 되어 있다. 上古에서 西漢에 이르기까지 100인 내외의 여성을 대상으로 했다. 권8의 『續列女傳』은 班昭 혹은 項原 등이 편찬한 것이라 하지만 정확하지 않다. 萬曆 연간(1573~1620) 汪道昆이 확대하여 16권으로 간행했는데 挿圖가 있다. 淸 乾隆 연간(1736~1795) 鮑廷博이 다시 『列女傳』을 간행했다. 『古列女傳』은 淸 顧廣圻이 嘉慶 元年(1790) 宋板本에 의거해 考證 1권을 부록으로 붙여 9권으로 重

刊했다. 太宗 4년(1404) 李彬 등이 明에서 돌아올 때 『古今列女傳』 110部를 받아왔다는 기록이 『太宗實錄』에 보인다. 萬曆 丙午(1606) 黃嘉育의 序가 달린 판본 8권 4책이 규장각에 소장되어 있다. 장서각에는 明 胡文煥이 편찬한 판본을 일본에서 寶曆 12년(1762)에 다시 간행한 책이 소장되어 있다. 또 규장각에는 清 王照圓이 注釋을 단 『列女傳補注』가 소장되어 있다. 『說郛』에 실려 있는 『列女傳』은 晉 皇甫謐이 편찬한 책이다. 『希樂堂稿』를 위시하여 『稗官雜記』, 『淸江先生鯸鯖瑣語』, 『芝峯類說』 등 이른 시기의 잡록에서부터 자주 『列女傳』이 보인다. 『常變通攷』, 『歷代要覽』, 『五洲衍文長箋散稿』 등 많은 문헌에 이 책이 인용되어 있다. 『五洲衍文長箋散稿』에서는 劉向의 다른 저술 『災異五行志』를 언급했는데 明 唐順之의 『荊川稗編』에 실려 있는 宋 儲泳의 「論劉向災異五行志」를 인용한 것이다.

涅盤經

印度의 曇無讖이 번역한 大乘佛教의 經典. 曇無讖(385~433)은 中天竺 출신으로 원래는 小乘佛教를 배웠지만 후에 白頭禪師에게서 『涅盤經』을 받아서 읽고부터 大乘佛教를 익혔다. 이 책 외에 『方等大集經』, 『悲華經』, 『方等大雲經』, 『金光明經』, 『優婆塞戒經』, 『佛本行經』, 『菩薩地持經』 등 많은 佛經을 漢文으로 번역했다. 北凉 玄始 10년(421) 무렵 河西王 沮渠蒙孫이 敦煌 지방을 점령한 후 曇無讖에게 『涅盤經』을 번역할 것을 청했다고 한다. 이 책은 『大本涅盤經』, 『大涅盤經』이라고도 한다. 40권 13品으로 구성되어 있다. 晉宋代의 불교에 지대한 영향을 미쳤으며 여러 차례 漢譯되었다. 後漢 支婁迦讖의 『梵般泥洹經』(失傳) 2권, 曺魏 安法賢의 『大般涅盤經』 2권, 吳 支謙의 『大般泥洹經』 2권 등이 있다. 注疏本으로는 印度 世親의 『涅盤論』 1권, 陳 眞諦의 『涅盤經本有今無偈論』 1권, 梁 寶亮의 『大般涅盤經集解』 71권, 隋 慧遠의 『涅盤經義記』 10권, 唐 吉藏의 『涅盤經遊意』 1권, 唐 灌頂의 『涅盤經疏』 33권 등이 있다. 新羅 元曉의 「涅槃經宗要序」가 『東文選』에 실려 있다. 고려의 승려 無畏가 이 불경에 대해 쓴 글이 『東文選』에 실려 있다. 『四佳集』, 『成宗實錄』, 『星湖僿說』, 『梧峯集』, 『洛下生集』 등 여러 문헌에도 이 책이 보인다. 1242년 大藏都監에서 40권의 목판본으로 간행하여 그 판목이 전하며 後刷本이 동국대 등에 소장되어 있다.

列士傳

漢 劉向이 편찬한 傳記集. 劉向(B.C.77~B.C.6)은 漢의 宗室로 字가 子政이고 본명은 更生이다. 成帝의 命으로 아들 劉歆과 함께 궁중의 도서를 整理하고 校訂하여 解題를 붙인 『別錄』을 편찬했다. 『列仙傳』, 『說苑』, 『列女傳』, 『洪範五行傳論』 등 많은 저술을 남겼다. 이 책은 『隋書』, 『新唐書』에 2권으로 되어 있다고 했지만 일실되어 전하지 않고 『太平御覽』 등에 일부가 인용되어 전한다. 『青莊館全書』와 『五洲衍文長箋散稿』에서 이 책을 인용하여 孤竹君의 고사를 설명했는데 같은 내용이 清 馬驌의 『繹史』 등에서 확인된다. 清 顧壽楨의 『周列士傳』이 따로 전한다.

列仙傳

漢 劉向이 편찬한 것으로 알려진 仙人의 傳記集. 이 책은 劉向이 지은 것으로 알려져 있지만 『漢書』에 『說苑』, 『新序』, 『列女傳』 등만 보이고 이 책이 보이지 않으므로 그의 이름이 가탁된 듯하다. 神農 때의 雨師 赤松子부터 前漢 成帝 때의 仙人 玄俗까지 71인의 신선에 대한 행적이 실려 있다. 먼저 傳記를 기술하고 뒤에 四言의 贊語를 달았으며 篇末에 總贊을 두었다. 후에 『道藏』에 편입되어 仙家書로 알려졌지만 내용으로 볼 때 志怪小說이나 雜史雜傳에 가깝다. 규장각에 掃葉山房에서 간행한 清版本 일부가 소장되어 있으며, 光緒 8년(1882) 清 王照圓이 注를 단 『列女傳補注』도 소장되어 있다. 장서각에 소장된 『秘書二十一種』, 『赤氏叢書』 등의 叢書에도 이 책이 실려 있다. 『希樂堂稿』, 『東洲集』, 『芝峯集』, 『芝峯類說』, 『英祖實錄』, 『五洲衍文長箋散稿』 등 많은 문헌에 인용되었다. 『惺所覆瓿藁』에서 소개한 『列仙傳』은 明 王世貞이 편찬한 『有象列仙全傳』을 가리키는데 별개의 책이다.

列異傳

魏 曹丕가 지었다고 하는 志怪小說. 曹丕(187~226)는 魏 高祖 文皇帝로 字는 子桓이다. 『魏文帝集』, 『典論』 등의 저술이 있다. 이 책은 神鬼 따위의 奇怪한 내용을 기록한 것으로, 『隋書』에는 3권으로 되어 있다고 했지만 원본은 일실되었다. 『新唐書』와 『舊唐書』에는 저자가 晉 張華로 되어 있다. 張華(232~300)는 字가 茂先이고 范陽 方城 출신으로, 『博物志』, 『張茂先集』 등의 저술이 있다. 『五洲衍文長箋散稿』에 이 책을 인용했지만 宋 陸游의 『老學庵續

筆記』에서 가져온 듯하다.

列子

戰國時代 列御寇가 지은 諸子百家書. 列御寇(B.C.450~B.C.375?)는 本名이 列御寇인데 列子로 일컬어진다. 鄭國 莆田 출신으로, 『莊子』, 『呂氏春秋』 등에 그에 관한 기록이 보인다. 『後漢書』에는 『列子』가 8권이라 했는데 현전하는 것은 魏晉時代의 僞作으로 天瑞, 仲尼, 湯問, 楊朱, 說符, 黃帝, 周穆王, 力命 등 8편으로 구성되어 있다. 神話, 傳說, 寓言 등의 내용을 담고 있다. 『冲虛經』이라고도 한다. 규장각에 嘉慶 9년(1804) 간기가 있는 『列子箋釋』 8권 2책이 소장되어 있는데 卷頭題가 『列子冲虛眞經』으로 되어 있다. 또 『列子鬳齋口義』 2권 2책도 소장되어 있는데 宋 林希逸이 註를 단 것을 조선에서 간행한 판본이다. 계명대에도 庚子字 覆刻本 2권 2책이 전한다. 장서각에 嘉靖 12년(1533) 간행된 『冲虛至德眞經』 8권 4책이 소장되어 있다. 이 책은 『孤雲集』 등 신라시대부터 꾸준히 읽혔다. 許筠의 「讀」에 天瑞와 黃帝 2篇이 『道德經』이나 『南華經』과 表裏를 이루는 뛰어난 글이고 나머지는 漢代 혹은 魏晉 때 덧붙인 것이라 했다. 金聖鐸의 「看列子」 역시 이 책에 대한 비평이다. 『芝峯類說』, 『五洲衍文長箋散稿』 등에서도 이 책을 여러 차례 인용했다.

列朝詩集

明末淸初 錢謙益이 지은 詩選集. 錢謙益(1582~1664)은 字가 受之이고 號가 牧齋이며 만년에 蒙叟 혹은 東澗老人이라 했다. 常熟 출신으로 東林黨의 영수 중 한 사람이다. 『初學集』, 『有學集』, 『投筆集』 등의 문집이 전한다. 『列朝詩集』은 총 81권인데 原書名은 『國朝詩集』이다. 『歷朝詩集』이라고도 부른다. 이 책은 乾, 甲, 乙, 丙, 丁, 閏 6集으로 이루어져 있다. 乾集은 明代 諸帝의 시 聖制와 諸王의 시 睿制를 싣고 있으며, 甲集부터 丁集까지는 일반 문인의 시를 선발해 수록했다. 閏集은 高僧, 道士, 名僧, 異人, 金陵法侶, 香奩, 宗室, 內侍, 靑衣, 滇南, 朝鮮, 日本의 시를 실었다. 규장각과 존경각 등에 이 책이 소장되어 있다. 국립중앙도서관에 順治 연간(1644~1661) 간본 73책이 소장되어 있는데 南九萬의 所藏印이 찍혀 있다. 규장각에도 淸代의 간본이 소장되어 있다. 李宜顯의 「庚子燕行雜識」에 이 책을 구입해 온 것으로 되어 있다. 『荷谷集』, 『壺谷集』 등 조선 후기 문집에서 자주 이 책을 소개했으며, 『海東繹史』,

『五洲衍文長箋散稿』 등에도 이 책을 여러 차례 인용했다. 李德懋의 『青莊館全書』와 洪奭周의 『洪氏讀書錄』에도 이 책을 자세히 다루었고 李書九의 『薑山筆豸』에서 이 책의 오류를 자세히 따졌다.

念一史 → 二十一史

念一史文選 → 二十一史文選

鹽鐵論

漢 桓寬이 鹽鐵에 관해 논한 책. 桓寬은 字가 次公이고 汝南 출신이다. 昭帝 元年(B.C.81) 소금과 철의 전매, 均輸法과 平準法의 존속 여부를 둘러싸고 벌어진 궁중의 토론을 바탕으로 이 책을 편찬했다. 御史大夫 桑弘羊과 전국 각지에서 모인 문인들이 이 토론에 참여했다. 12권 60편으로 구성되어 있다. 明代 猗蘭堂本과 金蟠 輯本이 알려져 있고, 清代의 張敦仁 輯本이 전한다. 규장각과 고려대 등에 소장된 『漢魏叢書』, 규장각에 소장된 『百子全書』, 『百家類纂』에도 실려 있다. 金昌協이 「讀鹽鐵論」을 남겼으며, 金春澤의 「諸子通選序」를 비롯하여 여러 문헌에서 자주 이 책을 다루었다. 『星湖僿說』, 『經世遺表』, 『五洲衍文長箋散稿』 등에서도 여러 차례 이 책을 인용했다.

葉詩 → 業詩

葉子譜

明 潘之恒이 도박의 일종인 馬吊牌에 관해 기술한 책. 潘之恒(1556~1621)은 字가 景升이고 號가 鸞嘯生 혹은 冰華生이며 安徽 歙縣 출신이다. 이 책 외에 『盛明雜劇』, 『新安山水志』, 『亘史』, 『六博譜』, 『續葉子譜』, 『廣菌譜』, 『曲中志』, 『金陵妓品』, 『曲艷品』, 『后艷品』, 『續艷品』, 『半塘小志』 등 많은 저술을 남겼다. 이 책은 『說郛續』에 1권으로 수록되어 있으며 규장각에 소장된 『叢書』에도 같은 글이 실려 있다. 앞에 짧은 序가 실려 있고, 名數品, 分文品, 圖象品, 刻畫品, 投一翻品, 馬掉品 등으로 나누어 놀이의 방법을 설명했다. 끝에 跋이 실려 있다. 潘之恒은 『續葉子譜』도 편찬했는데 『說郛續』에 함께 실려 있다. 『五洲衍文長箋散稿』에서 이 두 책을 모두 소개했다. 明 馮夢龍의 『牌經十三篇』도 馬

吊牌를 다룬 책이다.

寧古塔志

明末清初 方拱乾이 寧古塔 일대에 관한 기록을 모은 책. 方拱乾(1596~1667)은 初名이 策若이고 字가 肅之이며 號는 蘇菴이다. 桐城 출신인데 寧古塔으로 유배 와서 이 책을 지었다. 이 책은 『昭代叢書』에 1권으로 실려 있다. 『說鈴』과 『小方壺齋叢鈔』에는 『絶域紀略』으로 실려 있다. 天時, 土地, 宮室, 樹畜, 風俗, 飮食 등으로 목차를 구성하여 清의 발상지인 寧古塔 일대의 地理와 風俗 등을 자세히 적었다. 成海應은 『硏經齋全集』에서 이 책을 인용했고 「題方拱乾寧古塔志後」라는 글도 남겼다. 『五洲衍文長箋散稿』에는 따로 항목으로 두어 이 책에 대해 변증했다. 규장각에는 寧古塔과 관련하여 清 吳振臣의 『寧古塔記略』이 소장되어 있으며, 1871년 清의 요구에 따라 寧古塔에 거주하는 조선 유랑민의 쇄환을 목적으로 寧古塔 일대를 다녀온 여정을 기록한 편저자 미상의 필사본 『寧古塔北征誌』도 전한다.

瀛奎律髓

元 方回가 편찬한 詩選集. 方回(1227~1306)는 字가 萬里이고 號가 虛谷이며 徽州 歙縣 출신이다. 문집 『桐江集』과 『桐江續集』이 전한다. 이 책은 49권으로 唐宋의 五七言律詩를 선발했는데 唐代의 詩人 180여 인, 宋代의 詩人 190여 인의 작품이 실려 있다. 주제에 따라 49類로 분류되어 있으며 評語가 부기된 작품이 많다. 成化 3년(1467) 徽州 紫陽書院에서 간행한 판본이 중국 國家圖書館에 소장되어 있다. 조선 초기부터 律詩의 敎本으로서 널리 읽혔고 조선에서 여러 차례 간행되었다. 成化 11년(1475) 尹孝孫의 序가 달린 판본이 국립중앙도서관에 소장되어 있다. 그 후에도 여러 차례 이 책이 간행되었는데 丙子字, 訓鍊都監字 등 여러 형태의 간본이 규장각, 국립중앙도서관 등에 전한다. 清 紀昀이 批點한 『瀛奎律髓刊誤』도 규장각에 소장되어 있는데 乾隆 53년(1788)의 간본이다. 『四佳集』, 『虛白堂集』 등 조선 초기 이래 많은 문헌에서 이 책을 언급했다. 李宜顯의 「庚子燕行雜識」에는 이 책을 중국에서 구입해 온 것으로 되어 있다.

靈棋經

漢 東方朔이 지었다고 하는 卜筮에 관한 책. 東方朔(B.C.161?~B.C.93)은 字가 曼倩이고 平原 厭次縣 출신으로 『漢書』에 그의 傳이 실려 있다. 『神異經』, 『十洲記』 등 여러 책이 그의 이름으로 가탁되어 있다. 이 책은 2권이며 125卦에 繇辭를 붙였다. 黃石公이 張良에게 전수한 것을 東方朔이 정리했다고 한다. 한 면에 上中下 각 4棋를 그려 12棋를 만들고 棋子를 던져 卦를 정한 후 繇辭를 해석하여 吉凶을 판단한다. 繇辭는 象과 詩로 구성되어 있다. 正德 10년(1515) 顔幼明의 註와 劉伯溫의 解를 붙인 목판본이 국립중앙도서관에 소장되어 있으며 嘉靖 37년(1558) 간본도 장서각에 소장되어 있다. 『林下筆記』와 『五洲衍文長箋散稿』에 별도의 항목을 두어 자세히 살폈다.

嶺南異物志

唐 孟琯이 편찬한 雜錄. 孟琯(789~?)은 郴州 출신인데 字號와 몰년은 밝혀져 있지 않다. 이 책은 『異物志』, 『南州異物志』라고도 한다. 『新唐書』와 『宋史』 등에 書名이 보이지만 일실되었다. 『太平御覽』, 『太平廣記』, 『事文類聚』, 『本草綱目』, 『藝苑巵言』 등에 일부가 인용되어 있다. 중국 남방의 物産에 대한 내용을 담고 있는데 小說에 가깝다. 『星湖僿說』, 『與猶堂全書』, 『研經齋全集』, 『五洲衍文長箋散稿』 등에서 『異物志』 혹은 『嶺南異物志』로 인용했지만 다른 문헌에서 가져온 것이며 편찬자를 밝히지 않았다. 『嶺南遺書』에 이 서명이 보이지만 漢 楊孚의 저술이고 『說郛』에 실려 있는 『臨海異物志』 역시 三國 吳 沈瑩의 다른 저술이다.

嶺南雜記

淸 吳震方이 편찬한 筆記雜錄. 吳震方은 康熙 연간(1662~1722)의 학자로, 字는 青壇이고 浙江 石門 출신이다. 저서로 『晩樹樓詩稿』, 『讀書正音』 등이 있다. 이 책은 吳震方이 廣東 지역을 여행했을 때의 견문을 기록한 것으로 2권이다. 上卷에는 山川, 風土, 時事를 기록했고, 下卷에는 物産에 대해 적었다. 『說鈴』, 『龍威秘書』, 『昭代叢書』 등에 수록되어 있다. 『靑莊館全書』, 『與猶堂全書』, 『海東繹史』, 『五洲衍文長箋散稿』 등에서 이 책을 인용했다. 『五洲衍文長箋散稿』에서 『嶺外雜記』를 인용했는데 淸 吳震方의 『嶺南雜記』에서 이 책을 인용한 대목과 동일하므로 『嶺南雜記』의 잘못인 듯하다.

靈臺儀象志 → 儀象志

寧都三魏文集

淸 魏際瑞, 魏禧, 魏禮 삼형제의 詩文을 모은 文集. 魏際瑞(1620~1677)는 初名이 祥이고 字가 善伯이며 號는 伯子다. 『魏伯子文集』, 『雜俎』, 『四此堂稿』 등의 저술이 전한다. 魏禧(1624~1681)는 字가 冰叔 혹은 叔子이고 號가 裕齋다. 『魏叔子文集』, 『左傳經世』, 『兵謀』, 『兵法』, 『兵跡』 등의 저술이 있다. 魏禮(1628~1693)는 字가 和公이고 문집 『魏季子詩文集』이 전한다. 이들은 모두 江西 寧都 출신이다. 부친 魏兆鳳이 明이 망한 후 翠微峰의 易堂에 은거했는데, 이들 삼형제가 彭士望, 林時益, 李騰蛟, 邱維屛, 彭任, 曾燦 등과 함께 강학하며 古文과 實學을 제창하여 易堂九子로 일컬어졌고 이들 삼형제는 특히 寧都三魏라 불렸다. 이 책은 『魏氏三子文集』, 『魏氏全集』, 『寧都三魏全集』, 『三魏全集』이라고도 한다. 이 책은 康熙 연간(1662~1722) 林時益이 편집했다. 林時益(1618~1678)은 원래 姓이 朱氏이고 이름이 議霶이며 字는 确齋이고 江西 南昌 출신이다. 易堂九子의 한 사람으로 『冠石詩集』, 『确齋文集』 등의 저술이 있다. 淸初 文奎堂 간본 83권이 대만 故宮博物院圖書館에 소장되어 있다. 이들의 문집은 淸代에 금서로 지목되었기에 道光 25년(1845) 간행된 판본이 유통되는데 일본 東京大 등에 소장되어 있다. 규장각에 소장된 『魏氏全集』과 내용이 같다. 魏際瑞의 『魏伯子文集』 10권, 魏世傑의 『魏興士文集』 6권, 魏禧의 『魏叔子文集外篇』 22권과 『魏叔子詩集』 8권, 『魏叔子日錄』 3권, 魏禮의 『魏季子文集』 16권, 魏世傚의 『魏昭士文集』 10권, 魏世儼의 『魏敬士文集』 8권으로 구성되어 있다. 魏世傑, 魏世效, 魏世儼은 小三魏로 일컬어지는데 모두 魏際瑞의 아들이다. 魏世傑(1645~1677)은 字가 興士이고, 魏世效(1655~1725)는 字가 昭士이며, 魏世儼(1662~1717)은 字가 敬士다. 이들의 문집은 『魏興士集』, 『魏昭士集』, 『魏敬士集』이라고도 한다. 『海東繹史』에 『寧都三魏文集』과 여기에 함께 실린 『魏叔子集』, 『魏興士集』, 『魏昭士集』, 『魏敬士集』을 소개했다. 『五洲衍文長箋散稿』에 魏禮의 「寧都先賢傳」을 소개하고 있는데 독립적인 저술이 아니라 魏禮의 『魏季子詩文集』에 실린 것을 인용한 것이다. 「寧都先賢傳」은 董越, 李騰蛟, 曾嗣宗, 彭錕, 李應開 등 江西 寧都 출신의 문인에 관한 기록이다.

永樂大典

明 解縉 등이 永樂帝의 命을 받아 편찬한 叢書. 解縉(1369~1415)은 字가 大紳이고 江西 吉水 출신이며, 『解學士集』, 『天潢玉牒』 등의 저술이 있다. 이 책은 永樂 元年(1403) 편찬을 시작하여 이듬해 마쳤고 『文獻集成』이라 했는데, 미비하다 하여 다시 편찬을 시작하여 永樂 6년(1408) 완성했다. 先秦으로부터 明初에 이르기까지 8천여 종의 문헌을 대상으로 韻字에 따라 분류하여 정리했다. 전체 22,937권, 11,095책의 방대한 분량이지만 대부분 일실되고 현재 400책이 중국 國家圖書館을 위시하여 대만, 일본, 영국, 미국 등 여러 도서관에 분산되어 전한다. 규장각에도 1책이 소장되어 있다. 『世宗實錄』, 『明宗實錄』, 『宣祖實錄』 등에 이 책의 편찬에 대한 기록이 보인다. 『正祖實錄』에 따르면 李珥가 成均館에서 공부할 때 永樂大典本으로 된 『資治通鑑綱目』에 句讀를 찍은 일이 있다고 한다. 『熱河日記』, 『鹿門集』, 『林下筆記』, 『五洲衍文長箋散稿』 등에서 이 책을 언급했다. 『青莊館全書』에 永樂大典 항목을 두어 따로 살폈다.

靈寶經

편찬자와 편찬 시기를 알 수 없는 道敎의 經典. 『上淸經』, 『三皇文』과 함께 三洞經書로, 『靈寶五符經』, 『五符經』이라고도 한다. 『正統道藏』의 洞玄部에 실려 있는데 3권이다. 神農과 黃帝 이후의 역사와 전설과 함께 다양한 養生術을 서술했다. 『經國大典』에 道流의 取才에 이 책으로 시험을 치렀다는 기록이 보인다. 『舫山集』, 『五洲衍文長箋散稿』에서도 이 책을 인용했다. 『五洲衍文長箋散稿』에서 『靈寶本元經』으로도 소개했는데 같은 책인 듯하다. 韓無畏의 『海東傳道錄』에 따르면 唐 文宗 開成 연간(836~840) 신라의 崔承祐와 金可紀가 唐에 유학하여 進士가 된 후 함께 終南山에 놀러갔다가 廣法寺에서 申元之, 승려 慈惠와 사귀었는데 이때 鍾離에게 『青華秘文』, 『靈寶畢法』, 『八頭嶽訣』, 『金誥』, 『內觀玉文寶籙』, 『天遁鍊魔法』 등을 전수받았다고 한 기록을 『五洲衍文長箋散稿』에서 인용했는데 『金誥』가 이 책과 관련이 있는 듯하다. 嘉靖 16년(1537) 간행된 『靈寶畢法』의 序에 終南山 石壁에서 『靈寶經』 30권을 발견했는데 앞부분이 『金誥書』라 했다.

靈寶眞靈位業圖

梁 陶弘景이 편찬한 道家의 秘訣書. 陶弘景(456~536)은 字가 通明이고 號가 華陽隱居이며 丹陽 秣陵 출신이다. 『本草經集注』, 『眞誥』, 『陶氏效驗方』, 『補闕肘後百一方』, 『陶隱居本草』, 『藥總訣』, 『效驗施用藥方』, 『服食草木雜藥法』, 『斷谷秘方』, 『消除三尺要法』, 『服氣導引』, 『養性延命錄』, 『人間卻災患法』, 『集藥訣』 등 많은 저술을 남겼지만 대부분 일실되었다. 茅山에 隱居할 때 이 책을 지었다고 한다. 神仙을 七等級으로 나누고 등급에 따라 신선을 배치했다. 제1등급은 主神으로 元始天尊을 가운데 두고 五靈七明混生高上道君, 東明高上虛皇道君, 西華高上虛皇道君, 北玄高上虛皇道君, 南朱高上虛皇道君 등을 좌변에, 紫虛高上元皇道君, 洞虛三元太明上皇道君, 太素高虛上极紫皇道君, 虛明紫蘭中元高上亭皇道君을 우변에 배치하는 식이다. 원서명은 『洞玄靈寶眞靈位業圖』인데 줄여서 『眞靈位業圖』라고도 한다. 『說郛』에 실려 있다. 『五洲衍文長箋散稿』에서 이 책을 별도의 항목으로 두어 변증했다.

靈寶畢法

漢 鍾離權이 편찬한 道家書. 鍾離權은 後漢에서 魏晉 시기의 인물로 全眞敎의 祖師이며 道敎의 神仙으로 추앙된다. 咸陽 출신이며 이름은 權이고 字는 雲房 혹은 寂道이며 號는 正陽子 혹은 和谷子다. 「還丹歌」, 「破迷正道歌」 등이 알려져 있다. 이 책은 『秘傳正陽眞人靈寶畢法』 혹은 『鍾離授呂公靈寶畢法』이라고도 한다. 『正統道藏』에 3권으로 실려 있는데 匹配陰陽, 聚散水火, 交媾龍虎, 燒煉丹藥 등 10편으로 되어 있다. 韓無畏의 『海東傳道錄』에 따르면 唐 文宗 開成 연간(836~840) 신라의 崔承祐와 金可紀가 唐에 유학하여 進士가 된 후 함께 終南山에 놀러갔다가 廣法寺에서 申元之, 승려 慈惠와 사귀었는데 이때 鍾離에게 『靑華秘文』, 『靈寶畢法』, 『八頭嶽訣』, 『金誥』, 『內觀玉文寶籙』, 『天遁鍊魔法』 등을 전수받았다고 한다. 『五洲衍文長箋散稿』에서 이 기록을 인용했다. 『八頭五嶽訣』, 『金誥』, 『天遁鍊魔法』 등은 어떤 책인지 알 수 없다.

瀛涯勝覽

明 馬歡이 편찬한 地理書. 馬歡은 字가 宗道 혹은 汝欽이고 稽山 출신의 回族으로, 아라비아어에 능통했다. 永樂 3년(1405)부터 宣德 6년(1431)까지 일곱 차례 통역관으로서 鄭和를 수행하여 남아시아와 서아시아를 두루 여행했다.

이 책은 20개국의 風土, 地理, 物產 등을 기록한 것으로 永樂 14년(1416)에 저술을 시작하여 景泰 2년(1451) 완성했다. 占城國, 爪哇國, 舊港國, 暹羅國, 滿剌加國, 亞魯國, 蘇門答剌國, 那孤兒國, 黎代國, 南浡裏國, 錫蘭國, 葛蘭國, 柯枝國, 古裏國, 溜山國, 祖法兒國, 阿丹國, 榜葛剌國, 忽魯謨斯國, 天方國 등 20장으로 구성되어 있다. 해당 국가의 疆域, 道里, 風俗, 物產, 沿革 등을 기록했다. 正德 2년(1507) 간행된 『藝海彙函』에 2권이 실려 있는데 중국 南京圖書館에 소장되어 있다. 嘉靖 21년(1542) 간행된 『國朝典故』에도 실려 있으며 중국 國家圖書館에 소장되어 있다. 규장각 등에 소장된 『說郛續』과 『叢書』 등에도 수록되어 있는데 편자가 馬觀으로 잘못 표기되어 있다. 장서각에 소장된 『唐宋叢書』에도 실려 있다. 『寶顏堂祕笈』, 『廣百川學海』 등에도 수록되어 있다. 『五洲衍文長箋散稿』에는 『嬴涯勝覽』으로 표기되어 있다.

靈曜經

晉 郭璞이 편찬한 道家書. 郭璞(276~324)은 字가 景純이고 河東 聞喜 출신으로, 文學과 訓詁學, 道學, 術數 등에 능통했다. 『周易』, 『山海經』, 『穆天子傳』, 『方言』과 『楚辭』 등에 주석을 붙인 것이 전한다. 『五洲衍文長箋散稿』에서 이 책과 함께 『三元經』을 소개하면서 郭璞의 저술이라 하고 明 胡翰의 『泰壹全書』에 수록되어 있다고 했다. 『泰壹全書』는 전하지 않는다. 元 曉山老人의 『太乙統宗寶鑑』에서 郭璞의 저술로 이 책을 인용했지만 다른 문헌에서는 이 책을 확인할 수 없다.

營造法式

北宋 李誡가 편찬한 建築書. 李誡(1035~1110)는 字가 明仲이고 鄭州 管城縣 출신이다. 將作監의 관직을 역임하면서 龍德宮, 棣華宅, 朱雀門, 景龍門, 九成殿, 開封府廨, 太廟 등의 건축에 참여했다. 『續山海經』, 『琵琶錄』, 『續同姓名錄』, 『馬經』, 『六博』, 『古篆說文』 등의 저술이 있다. 이 책은 將作監으로 있을 때 哲宗의 命으로 편찬한 것이다. 浙工의 匠人 喻皓가 지은 『木經』을 바탕으로 했다. 元祐 6년(1091) 1차로 이 책의 편찬이 완료되어 『元祐法式』이라 했는데 너무 간략하여 紹聖 4년(1097) 증보했고 崇寧 2년(1103) 간행되었다. 『李明仲營造法式』이라고도 한다. 전체 34권이며, 釋名, 制度, 功限, 料例, 圖樣 등으로 구성되어 있고, 卷頭에 看樣과 目錄 각 1권이 있다. 권1과 권

2는 總釋과 總例로 건축 용어에 대한 설명이며, 권3부터 권15까지는 壕寨, 石作, 大木作, 小木作, 雕作, 旋作, 鋸作, 竹作, 瓦作, 泥作, 彩畵作, 磚作, 窯作 등 각종 건축방법에 대한 설명이다. 권16부터 권28까지는 건축에 소요되는 人力, 物資, 時間 등의 표준을 규정한 것이다. 권29부터 권34에는 각종 圖面이 실려 있다. 崇寧 2년(1103)과 紹興 15년(1145)의 간본은 일실되고 紹定 연간(1228~1233)의 간본은 3권만 남아 있다. 『永樂大全』, 『稗篇』, 『說郛』 등에 일부가 수록되어 있다. 明代의 天一閣 抄本이 『四庫全書』에 34권으로 수록되어 있다. 『五洲衍文長箋散稿』에 이 책을 인용했는데 明 唐順之의 『稗編』에 실린 내용에서 轉載한 것이다.

靈樞經

黃帝가 지었다고 하는 古代의 醫書. 黃帝는 중국인의 시조로, 本姓은 公孫인데 姬水에 살아서 姓을 姬로 바꾸었으며 軒轅의 언덕에 자리하여 軒轅氏라 했다. 『黃帝內經』이 그의 저술로 알려져 있다. 이 책은 『靈樞』, 『針經』, 『九針』이라고도 한다. 黃帝의 이름을 假託한 것으로 戰國時代 이루어진 것으로 추정된다. 『素問』과 함께 『黃帝內經』이라고도 한다. 대부분 일실되고 唐 王冰이 주석을 단 『靈樞經』 24권 趙府居敬堂本이 유통된다. 明 馬蒔의 『靈樞注證發微』가 이를 풀이한 책이다. 통상적으로 『靈樞經』이라 하면 『黃帝內經』 중 9권의 『靈樞經』에 淸 張志聰이 주석을 단 판본을 가리킨다. 『黃帝內經靈樞』라고도 한다. 9권이며 81편으로 되어 있다. 張志聰(1616~1674)은 字가 隱庵이고 浙江 杭州 출신이다. 名醫 張卿子를 사사하여 醫院이 되었고 저서로 『素問集注』, 『靈樞集注』, 『傷寒論宗印』, 『金匱要略注』, 『侶山堂類辨』, 『本草崇原』 등이 있다. 『芝峯類說』, 『山林經濟』, 『星湖僿說』, 『五洲衍文長箋散稿』 등 여러 문헌에서 『靈樞經』을 인용했다. 규장각에 康熙 11년(1672) 序가 있는 목판본 9권 12책이 소장되어 있다. 『五洲衍文長箋散稿』에 諸葛亮의 저술로 『傳課增刪』 4권과 『金櫃玉門經』을 소개했으나, 그 근거를 알 수 없다. 宋 曾公亮의 『武經總要』에 『玉門經』이 보이지만 『金櫃玉門經』과의 관계는 확인할 수 없다. 또 巾陸의 『靈樞祕要』와 淸 葉邃의 『象占視斯』도 나란히 소개했는데 이 역시 근거를 알 수 없다. 巾陸과 葉邃나 이들의 저술도 중국 문헌에서 확인되지 않는다.

靈樞祕要 → 靈樞經

永泰譜

唐 柳芳이 편찬한 唐 皇室의 系譜를 정리한 책. 柳芳은 蒲州 河東 출신으로 唐 玄宗 때 출사했고 『國史』, 『唐歷』 등 중요한 역사서를 편찬했다. 이 책은 『永泰新譜』라고도 한다. 唐 高祖 연간(618~626)부터 代宗 연간(762~766)까지의 皇室 宗枝와 承系를 기술한 것으로, 永泰는 代宗의 年號다. 『唐會要』 등에 20권으로 되어 있지만 일실되어 전하지 않는다. 『五洲衍文長箋散稿』에 隋唐의 여러 皇室 족보를 들면서 이 책을 소개하고 있지만 다른 문헌에서 인용한 것이다.

寧波府志

明 周希哲 등이 편찬한 浙江省 寧波府의 地理志. 周希哲(1517~?)은 字가 叔愚이고 威遠 출신이다. 嘉靖 39년(1560) 寧波府 郡守가 되었을 때 고을 사람 張時徹의 도움을 받아 이 책을 편찬했다. 42권으로 이루어져 있는데 크게 表와 志, 書, 傳으로 되어 있다. 表에서는 沿革, 秩官, 選擧 등을, 疆域志에서 分野, 形勝, 風俗, 山川 등을, 經制志에서 官制, 學校, 公署, 兵衛, 城隍, 郵舍, 都鄙, 秩祀 등을, 物土志에서 戶口, 物產, 貢賦, 徭役, 第宅, 冢墓, 寺觀, 古迹, 遺事, 藝文 등을 기술했다. 書는 海防, 河渠, 兵政, 田賦로 나누어 기술하고, 傳은 名宦과 列傳 등을 적었다. 중국 國家圖書館에 嘉靖 39년(1517) 간행된 판본이 소장되어 있다. 『五洲衍文長箋散稿』에 이 책을 인용했다. 淸 曹秉仁이 萬經의 도움을 받아 편찬한 『寧波府志』 36권이 따로 전한다.

嶺表異錄

唐 劉恂이 편찬한 筆記雜錄. 劉恂은 河北 雄縣 출신으로, 昭宗 연간(901~904) 때 出仕하여 廣州司馬가 되었지만 나라가 어지러워 南海에 은거할 때 이 책을 지었다고 한다. 蜀 劉禪의 六子와는 同名異人이다. 이 책은 『嶺表錄』, 『嶺表記』, 『嶺表錄異』라고도 하는데 南海의 地理, 物產, 風俗 등에 대하여 기록했다. 원본은 일실되었는데 『永樂大全』을 편찬할 때 3권으로 편집되었으며 『四庫全書』에 上中下 3권으로 수록되었다. 『說郛』와 『唐代叢書』 등에도 일부가 수록되어 있다. 『星湖僿說』, 『海東繹史』, 『五洲衍文長箋散稿』, 『雲養集』 등에 이 책이 인용되어 있다.

靈憲
後漢 張衡이 편찬한 天文書. 張衡(78~139)은 字가 平子이고 河南 南陽 출신으로 문학에 뛰어나 「二京賦」, 「歸田賦」 등이 알려져 있다. 天文과 曆學에 뛰어나 太史令을 지냈고, 渾天儀, 候風地動儀 등을 만들었다. 이 책은 원래 서명이 『靈憲算罔論』인데 天地의 생성, 宇宙의 변화, 天地의 구조, 日月星辰의 本質과 運動 등 다양한 天文 관련 내용을 다루었다. 규장각 등에 소장된 『說郛』에 『靈憲注』로 1권이 실려 있다. 『疎菴集』, 『星湖僿說』, 『靑莊館全書』, 『五洲衍文長箋散稿』 등에 이 책이 인용되어 있다.

寧獻王通鑑博論 → 通鑑博論

寧和記聞
南宋 江萬里가 편찬한 筆記雜錄. 江萬里(1198~1275)는 字가 子遠이고 號가 古心이며 江西 都昌 출신이다. 吏部尙書와 太子賓客 등을 역임했다. 權臣 賈似道의 미움을 받아 芝山에 물러나 止水亭을 짓고 은거했는데, 元의 군대가 들어오자 아들 등과 함께 강에 몸을 던져 죽은 고사가 유명하다. 그의 다른 저술 『宣政雜錄』이 『說郛』에 실려 전한다. 이 책은 『海東繹史』에서 宋 江萬里가 편찬한 책이라 했지만, 다른 문헌에서는 확인되지 않는다. 宋이 高麗에서 보내준 大晟樂, 「秋成欣樂圖」, 『樂曲譜』, 『指訣圖』 등과 관련하여 인용했는데 일부 내용이 『高麗史』와 金富軾의 「謝宣示太平睿覽圖表」에도 보인다. 寧和는 崇寧 연간(1102~1106)에서 宣和 연간(1119~1125)까지를 이르는 듯하다.

瀛環志略
淸 徐繼畬가 편찬한 世界地理書. 徐繼畬(1795~1873)는 字가 健男이고 號가 松龕이며 山西 五台縣 출신이다. 『古詩源評注』, 『退密齋詩』 등의 저술이 있다. 阿片戰爭 이후 서양인의 저술과 지도를 널리 수집하여 道光 29년(1849) 이 책을 완성했다. 중국의 밖을 큰 瀛海가 둘러싸고 있다는 전국시대 鄒衍의 말에서 書名을 취했다. 이 책은 10권으로, 각권의 卷頭에 지도가 있고 인용한 書目을 부기했다. 세계 각국의 地理와 함께 政治, 經濟, 風俗, 現況 등을 기술했다. 『海國圖志』와 함께 일본에 큰 영향을 미친 책으로 알려져 있다. 이 책 이후 何秋濤의 『瀛環志略辨正』, 薛福成의 『續瀛環志略初編』, 작자 미상의 『瀛環

志略續集』 등 補遺가 이루어졌다. 1875년 『承政院日記』에 이 책이 언급된 것을 보면 이 무렵 조선에 수입된 것으로 보인다. 『澹人集』, 『圭齋遺藁』, 『五洲衍文長箋散稿』 등에도 이 책이 소개되어 있다. 道光 30년(1850)과 同治 12년(1873) 간기가 있는 몇 종의 판본이 고려대와 장서각, 국립중앙도서관 등에 소장되어 있다. 규장각에 소장된 淸 何秋濤가 편찬한 『朔方備乘』에 이 책을 辨正한 내용이 실려 있다.

靈蹶秘抄

편찬자와 편찬 시기를 알 수 없는 筆記雜錄. 이 책은 『靈蹶』이라고도 한다. 일실되어 전하지 않고 『物理小識』에 몇 조목이 인용되어 전한다. 『五洲衍文長箋散稿』에 致夢符와 制鬼法을 소개하면서 이 책을 들었는데 『物理小識』에 같은 내용이 인용되어 있어 이 책에서 가져온 것으로 보인다.

禮經考次

明 劉宗周가 『禮經』의 編次를 고증한 책. 劉宗周(1578~1645)는 字가 起東이고 號가 念臺이며 紹興 山陰 출신으로, 蕺山先生으로 일컬어진다. 『劉蕺山集』, 『劉子全書』, 『周易古文鈔』, 『論語學案』, 『聖學宗要』 등의 저술이 있다. 『明史』 등에 따르면 이 책이 正集 14권, 分集 4권으로 구성되어 있다고 했는데, 지금은 전하지 않는 듯하다. 劉宗周의 문집 『劉蕺山集』에 「禮經考次序」가 실려 있다. 劉宗周는 조선 후기 문인들의 관심을 많이 받았지만 이 책 자체는 『靑莊館全書』와 『五洲衍文長箋散稿』 정도에만 보이는데 이 역시 序 혹은 이를 다시 인용한 다른 문헌에서 가져온 것으로 보인다.

禮經選注

明 王達이 『禮記』의 일부에 주석을 단 책. 王達은 字가 達善이고 號가 耐軒居士이며 無錫 출신이다. 永樂 연간(1403~1424)의 학자로 侍讀學士를 지냈다. 『洪武實錄』 편찬에 참여했으며 書法에 뛰어났다. 『筆疇』, 『詩書心法』, 『椒宮舊事』 등의 저술이 있지만 이 책은 다른 문헌에서 확인되지 않는다. 『明一統志』와 『明史』 등에 실린 王達의 저술 중에 『易經選注』가 보이는데 역시 일실된 듯하다. 『五洲衍文長箋散稿』에서 그의 저술로 이 책과 함께 『詩書心法』도 소개했지만 역시 전하지 않는다.

禮經會元

南宋 葉時가 『周禮』 등에 관해 풀이한 책. 葉時는 字가 秀發이고 錢塘 출신이며, 淳熙 연간(1174~1189) 進士가 되어 吏部尙書를 지냈다. 文集 『竹野詩集』이 있다. 이 책은 『周禮』에 대해 풀이했는데 100篇으로 되어 있다. 序의 성격을 지닌 論禮經에서 漢儒의 오류를 논박했다. 朝義, 宮衛, 王畿, 祭樂, 明堂, 分星 등 6편은 圖를 붙였다. 宋 鄭伯謙의 『太平經國之書』와 동일한 부분이 많다. 至正 26년(1366) 海陵潘氏 간본이 중국 國家圖書館에 소장되어 있으며, 『通志堂經解』와 『四庫全書』에도 4권으로 편입되어 있다. 『靑莊館全書』, 『研經齋全集』, 『五洲衍文長箋散稿』에 이 책을 소개했다.

禮稽命曜 → 稽命徵

禮記講疏

梁 皇侃이 『禮記』를 풀이한 책. 皇侃(488~545)은 皇偘이라고도 하는데 吳郡 출신이지만 字는 알려져 있지 않다. 『禮記』, 『孝經』, 『論語』에 정통했고, 이 책 외에 『禮記義疏』, 『孝經義疏』, 『論語義疏』, 『禮記義疏』 등의 저술이 있다. 이 책은 『南史』에 50권으로, 『隋書』에 99권과 48권, 『唐書』에 100권으로 되어 있으나, 원문은 일실되었다. 『禮記義疏』, 『孝經義疏』와 함께 『玉函山房輯佚書』에 1권으로 편집되어 전한다. 『五洲衍文長箋散稿』에는 書名과 함께 50권이라 소개했다.

禮器圖式 → 皇朝禮器圖式

禮記旁注

元末明初 朱升이 『禮記』의 주석을 모은 책. 朱升(1299~1370)은 字가 允升이고 安徽 休寧 출신으로, 明의 開國功臣이다. 『朱楓林集』, 『女戒』 등의 저술이 있다. 五經의 주석을 모은 『五經旁訓』 19권과 함께 『春秋旁訓』, 『禮記旁訓』, 『詩經旁訓』, 『書經旁訓』, 『易經旁訓』 등이 대만 故宮博物院圖書館에 소장되어 있는데 萬曆 14년(1586)의 간본이다. 그중 『禮記旁訓』은 4권인데 이 책과 같은 것이다. 『五洲衍文長箋散稿』에서 이 책을 소개했고 따로 『儀禮旁注』와 『周官旁注』를 들었지만 다른 문헌에서는 확인되지 않는다.

禮記繩愆

唐 王元感이 편찬한 『禮記』 관련 저술. 王元感은 濮州 鄄城 출신으로, 長安 3년(703) 출사하여 四門博士를 지냈다. 『尙書糾繆』, 『春秋振滯』, 『禮記繩愆』 등의 저술이 있었다고 하지만 모두 전하지 않는다. 이 책은 『新唐書』와 『舊唐書』에 30권으로 되어 있다. 모든 문헌에 書目만 나오므로 구체적인 내용은 알 수 없다. 『五洲衍文長箋散稿』에서 『尙書糾繆』, 『春秋振滯』와 함께 서명만 들었다.

禮記外傳

唐 成伯嶼가 『禮記』를 보완한 책. 成伯嶼는 字號와 출신, 이력이 확인되지 않는다. 『尙書斷章』, 『毛詩指說』 등의 저술이 있다. 이 책은 『郡齋讀書志』에는 4권으로, 『宋史』에는 10권으로 되어 있으나 원문은 일실되고 『太平御覽』, 『玉海』 등에 인용된 것을 바탕으로 淸代에 輯逸本이 만들어졌는데 『玉函山房輯佚』 등에 1권으로 실려 있다. 『五洲衍文長箋散稿』에는 편자가 成伯瑜로 되어 있지만 잘못이다. 『艮齋集』에는 편자를 밝히지 않고 이 책을 인용했다.

禮記偶箋

淸 萬斯大가 『禮記』를 풀이한 책. 萬斯大(1633~1683)는 字가 充宗 혹은 褐夫이고 號는 跛翁이며 浙江 鄞縣 출신이다. 아우 萬斯同과 함께 黃宗羲의 제자이며, 『春秋』와 『禮記』에 능통했다. 이 책은 3권으로 그의 다른 저술 『學禮質疑』, 『儀禮商』, 『周官辨非』, 『學春秋隨筆』 등과 함께 『經學五書』로 묶여 있다. 『經學五書』는 서울대 중앙도서관에 嘉慶 元年(1796) 阮元의 序가 달린 판본이 소장되어 있다. 乾隆 戊寅(1758) 盧見曾의 序도 붙어 있다. 장서각에 道光 9년(1883)의 간본도 전한다. 『靑莊館全書』와 『硏經齋全集』에 그의 생애와 함께 이 책을 소개했다. 『五洲衍文長箋散稿』에도 소개되어 있다.

禮記隱義

梁 何胤이 편찬한 『禮記』의 註釋書. 何胤(446~531)은 字가 子季이고 廬江 灊縣 출신이며, 『毛詩隱義』와 이 책을 저술했다. 이 책은 『南史』, 『梁書』 등에 20권으로 되어 있지만 일실되고 『玉函山房輯佚書』에 일부가 1권으로 수습되었다. 『海東繹史』에서 편찬자를 何裔라 하고 이 책을 인용했지만 漢 鄭玄의 『禮記註疏』 등에서 가져온 듯하다. 『與猶堂全書』에서 『隱義』로 인용한 것이 이

책이지만 재인용이다.

禮記義

梁 戚袞이 편찬한 『禮記』 관련 저술. 戚袞(519~581)은 字가 公文이고 鹽官 袁花 출신이다. 이 책은 『晉書』에 40권이라 했지만 일실되었다. 淸代 편집된 『周禮戚氏音』 1권이 전한다. 『五洲衍文長箋散稿』에도 書名만 들었다. 『隋書』에 沈重의 『禮記義疏』, 『南史』에 沈文阿의 『禮記義』가 보이지만 별개의 책이다.

禮記正義

漢 鄭玄이 註를 달고 唐 孔穎達이 疏를 단 『禮記』의 註釋書. 鄭玄(127~200)은 後漢의 經學家로, 字가 康成이며 北海 高密 출신이다. 『周易』, 『論語』, 『尙書』를 비롯하여 여러 경전에 註를 달았다. 孔穎達(574~648)은 字가 仲遠이고 冀州 衡水 출신으로, 顔師古와 함께 『隋書』, 『大唐儀禮』 등을 편찬했다. 永徽 2년(651) 唐 太宗의 命을 받아 『禮記正義』를 포함한 『五經正義』 180권을 편찬했다. 鄭玄의 注를 근본으로 하고, 당시에 전해진 後周 熊安生과 梁 皇侃의 疏 중에서 장점을 취했다. 紹熙 3년(1192) 兩浙東路茶鹽司公使庫에서 간행한 宋元遞本이 가장 오래된 판본으로 알려져 있는데 70권으로 되어 있다. 鄭玄의 經注本과 孔穎達의 正義本이 北宋까지 각각 분리되어 전해졌지만 南宋代에 이를 합친 『禮記註疏』가 나왔다. 高麗 靖宗 11년(1045) 秘書省에서 새로 간행한 『禮記正義』와 『毛詩正義』를 바쳤다는 기록이 보이므로 고려시대 독자적으로 간행되었음을 알 수 있지만 조선시대에는 『禮記註疏』에 실린 것을 주로 이용했다. 『禮記註疏』는 규장각에 萬曆 16년(1588) 간본과 崇禎 12년(1639) 汲古閣 간본 등 여러 종이 전한다. 『成宗實錄』에 1478년 8월 25일 姜希孟이 外典校署에 보관되어 있는 『五經正義』 중 『禮記正義』 판목을 보각하여 간행하기를 청한 것으로 보아, 조선 초기까지 『禮記正義』가 별도로 유통되었던 것으로 보인다. 『高麗史節要』, 『沙溪全書』, 『靑莊館全書』, 『五洲衍文長箋散稿』 등 수많은 문헌에 『禮記正義』와 『禮記註疏』가 소개되었다.

禮記正義 → 夏小正解

禮記陳氏集說補正

清 納蘭成德이 元 陳澔의『禮記集說』을 보완한 책. 納蘭成德(1655~1685)은 叶赫那拉氏로 청 황실의 외척이다. 字가 容若이고 號가 楞伽山人이며 滿洲 正黃旗 출신이다. 총서『通志堂經解』를 편찬했다. 이 책은 乾隆 50년(1785) 內府 간본 38권이 중국 國家圖書館에 소장되어 있으며,『通志堂經解』에도 38권으로 실려 있다.『靑莊館全書』,『硏經齋全集』,『五洲衍文長箋散稿』에서 이 책을 소개했다.

禮記集說

南宋 衛湜이『禮記』의 註釋을 정리한 책. 衛湜은 字가 正叔이고 號가 櫟齋이며 昆山 출신이다. 嘉定 연간(1208~1224)『禮記』의 여러 傳注를 모아 160권으로 편찬한 것이 이 책이다. 自序에 따르면 20여 년 준비한 후 완성하여 寶慶 2년(1226) 獻上했다고 한다. 鄭玄의 주석 이하 144家의 주석을 채록했는데 鄭玄과 孔穎達 이외의 주석이 실려 있다. 淸代에 편찬된『禮記義疏』에 많은 영향을 미쳤다. 康熙 丁巳(1677)의 序가 달린 通志堂 간본 160권 40책이 전남대에 소장되어 있다.『靑莊館全書』,『硏經齋全集』,『五洲衍文長箋散稿』에서 이 책을 소개했다.

禮記集說

元 陳澔가『禮記』의 註釋을 정리한 책. 陳澔(1260~1341)는 字가 可大이고 號가 雲莊 혹은 北山이며 都昌 출신이다. 부친 陳大猷의 뜻을 이어 諸家의 설을 모으고 자신의 견해를 붙여 元 至治 2년(1322) 이 책을 편찬했다. 永樂 13년(1415)『五經大全』이 편찬될 때 이 책이 鄭玄의 注와 孔穎達의 疏를 대신하여 채택되었다. 원래는 30권이었다고 하지만 元代 이후의 판본은 대부분 10권으로 되어 있다. 宋 衛湜의『禮記集說』에 비해 간략하다. 宋 衛湜의 책과 구분하기 위하여『雲莊禮記集說』혹은『陳氏集說』이라 부른다. 天曆 연간(1328~1329) 建安 鄭明德이 간행한 판본과 嘉靖 9년(1530) 武昌府學 간본이 중국 國家圖書館에, 正統 12년(1447) 司禮監 간본이 대만 故宮博物院圖書館에 소장되어 있다. 규장각에 正統 12년 간행한 목판본이 소장되어 있다. 1387년 李崇仁이「重刊禮記集說箋」을 올렸으므로 고려시대 이 책이 간행되었음을 확인할 수 있다. 朴翊의 문집에 실려 있는「重刊禮記集說箋略」도 이 책의 간

행을 입증하고 있다. 『太宗實錄』과 『世宗實錄』에 이 책을 언급하고 있는 것으로 보아 이른 시기부터 널리 유통되었음을 알 수 있다. 權近이 『禮記淺見錄』을 편찬할 때 참고했다고 하는 『陳氏輯說』이 이 책으로 추정된다. 『退溪集』, 『南溪集』, 『順菴集』, 『海東繹史』에서도 이 책을 언급했다. 明 胡廣의 『禮記集說大全』은 다른 저술이다.

禮記集義

元 陳櫟이 『禮記』를 풀이한 학설을 모은 책. 陳櫟(1252~1334)은 字가 壽翁이고 號가 東阜老人이며 休寧 출신인데 宋이 멸망한 뒤 隱居하면서 朱熹를 宗主로 삼아 저술에 전념했다. 문집 『定宇集』 외에 『歷朝通略』, 『勤有堂隨錄』 등의 저술이 있다. 이 책은 『經義考』에 未見書로 들었는데 서명을 『禮記集義詳解』라 하고 自序를 들어 至大 3년(1310) 朱熹 및 諸家의 학설을 모은 것이라 했다. 『元史』에도 10권으로 되어 있는데 지금은 전하지 않는다. 『儉齋集』, 『可庵遺稿』, 『五洲衍文長箋散稿』 등에서 이 책을 소개했지만 직접 본 것은 아닌 듯하다. 淸 李祖望이 같은 書名의 책을 편찬했다.

禮記纂註

明 湯道衡이 『禮記』의 주석을 정리한 책. 湯道衡은 萬曆 연간(1573~1620)의 학자로, 字가 平子이고 丹陽 출신이다. 이 책 외에 『禮記新義』 등의 저술이 있다. 陳澔의 『禮記集說』과 徐師曾의 『禮記集注』 등에서 장점을 취하여 이 책을 편찬했다. 『禮記新義』와는 별개의 책이지만, 明 李維禎과 胡士容이 『禮記新義』의 序에서 『禮記纂注新義』라고 하여 두 책을 合稱하면서 동일한 책으로 오해되었다. 미국 하버드대와 시카고대에 明代의 간본이 전한다. 『靑莊館全書』와 『五洲衍文長箋散稿』 등에서 淸 徐緘의 「讀書說」을 인용하여 이 책을 소개했는데 淸 尤侗의 『艮齋雜說』에서 가져온 것이다.

禮記纂編

淸 李光地가 편찬한 『禮記』 관련 저술. 李光地(1642~1718)는 字가 晉卿이고 號가 厚庵 혹은 榕村이며 泉州 安溪 湖頭 출신이다. 문집 『榕村全集』이 있고, 康熙帝의 命을 받아 『御纂朱子全書』, 『欽定篆文六經四書』, 『御纂性理精義』 등을 편찬했다. 이 책은 『淸史稿』에 6권이라 했고 『榕村集』에 「禮記纂編序」가

실려 있지만 전하지 않는 듯하다. 自序에 따르면 역대 『禮記』와 관련한 글 80여 편을 모아 內篇에 冠禮, 婚禮, 喪禮, 祭禮의 순서에 따라 배열하고 이어 鄕飮酒, 投壺, 射義 등 다양한 일상생활의 禮와 관련한 내용을 실었으며, 禮運, 禮器, 學記, 樂記 등은 外篇에 귀속시켰다고 한다. 『五洲衍文長箋散稿』에 이 책을 인용했지만 李光地의 「禮記纂編序」에서 가져온 것이다.

禮記通志

明末清初 芮城이 『禮記』를 풀이한 책. 芮城은 字가 巖尹이고 溧陽 출신이며, 이 책 외에 『匏瓜錄』, 『周易大象傳解』, 『大學講義』, 『中庸講義』 등이 전한다. 『靑莊館全書』에 『大淸一統志』를 인용하여 芮城의 이력과 함께 이 책을 소개했고 『硏經齋全集』에도 비슷한 내용이 보이지만, 이 책은 일실되어 전하지 않는다. 『大淸一統志』 외에는 이 書名이 확인되지 않는다. 『昭代叢書』에 芮城이 편찬한 1권의 『禮記篇目』이 수록되어 있는데 이 책과 관련이 있는 듯하다.

禮論

梁 范岫가 편찬한 禮書. 范岫(440~514)는 字가 懋賓이고 濟陽 考城 출신이며, 宋, 齊, 梁에 두루 出仕했다. 『南史』에 그의 저술로 『禮論』, 『雜儀』, 『字訓』을 들고 있는데, 『五洲衍文長箋散稿』에서는 '論禮雜儀'로 잘못 표기했다. 淸 姚振宗은 『隋書經籍志考證』에서 『唐書』에 보이는 『雜儀注』 150권을 范岫의 『雜儀』와 같은 책으로 보았다. 또 『字訓』은 『字書音訓』으로도 되어 있는데 『唐書』의 『字書』가 관련이 있을 듯하다고 했다. 『禮論』에 대한 기록은 『南史』 이외에 확인되지 않는다.

禮論

唐 李敬玄이 편찬한 禮書. 李敬玄(615~682)은 亳州 譙縣 출신으로 中書令을 지내고 趙國公에 봉해졌다. 『禮論』, 『正論』 등의 저술이 있었다고 하지만 모두 전하지 않는다. 黑齒常之가 百濟 멸망 이후 그를 따라 吐蕃을 정벌했다. 『新唐書』에는 『禮論』이 60권이라 했다. 『五洲衍文長箋散稿』에서 서명만 소개했다. 『禮論』은 『荀子』의 篇名이기도 하고, 梁 范岫도 같은 이름의 저술을 남겼다고 하지만 전하지 않는다. 『五洲衍文長箋散稿』에는 敬玄의 『衍義』를 인용했는데 李敬玄인지 확인할 수 없고 『衍義』가 어떤 책인지도 알 수 없다.

藝文類聚

唐 歐陽詢 등이 高祖의 命을 받들어 편찬한 類書. 歐陽詢(557~641)은 字가 信本이고 潭州 臨湘 출신이다. 隋에 벼슬하여 太常博士를 지내다가 唐이 건국되자 太子率更令, 弘文閣學士 등을 역임했는데 歐陽率更으로 일컬어졌다. 書法에 뛰어나 虞世南, 褚遂良, 薛稷 등과 함께 初唐四大家로 칭도되었다. 이 책은 歐陽詢이 主編으로 裴矩, 陳叔達 등과 武德 7년(624) 완성했다. 이 책에는 蘇味道, 李嶠, 宋之問, 沈佺期 등 唐 초기 문인의 詩가 수록되어 있으나 이들은 歐陽詢보다 후세의 인물이므로 후대에 덧붙여진 것이라 하겠다. 전체 100권이며 46部로 구성되어 있고, 部에는 727子目이 수록되어 있다. 事實을 앞에 두고 詩文을 뒤에 배치했는데 類書 중에서 體例가 가장 뛰어난 것으로 평가된다. 宋代 이후 여러 차례 간행되었는데, 明末 馮舒가 嘉靖 6년(1527) 간본을 교정한 판본이 중국 國家圖書館에 소장되어 있다. 장서각에 소장된 100권 16책 목판본은 萬曆 15년(1587)의 序가 수록되어 있다. 고려대에 中宗 10년(1510) 甲辰字로 간행한 朝鮮 간본 일부가 전한다. 규장각에는 明 王元貞이 교정을 보아 간행한 목판본이 소장되어 있는데 光緖 5년(1880) 弘達堂에서 간행된 것이다. 車天輅의 『五山說林草藁』에서 처음 이 책을 인용한 사례가 보이며, 李睟光의 『芝峯類說』 등 17세기 문헌에서부터 이 책을 참조한 듯하다. 『潛谷遺稿』, 『自著』, 『硏經齋全集』, 『林下筆記』, 『五洲衍文長箋散稿』 등에서도 이 책을 인용했다. 金堉이 『類苑叢寶』를 편찬할 때 자주 참조한 책이다. 李德懋는 『耳目口心書』에서 가장 유명한 類書로 이 책과 함께 『北堂書鈔』, 『初學記』, 『白孔六帖』, 『杜氏通典』을 들었다.

倪文僖集

明 倪謙의 文集. 倪謙(1415~1479)은 字가 克讓이고 上元 출신이다. 景泰 元年(1450) 景帝의 登極을 알리러 朝鮮에 사신으로 왔으며 『朝鮮紀事』를 남겼다. 『皇華集』에 이때의 詩가 수록되어 있다. 『四庫全書總目』에는 明 李東陽의 序를 인용하여 『玉堂稿』, 『上谷稿』, 『歸田稿』, 『南宮稿』, 『遼海編』 등의 저술이 있다고 했는데 그중 『倪文僖集』과 『朝鮮紀事』, 『遼海編』 등이 전한다. 이 책은 辭賦, 琴操, 古今體詩, 詩餘 11권, 頌, 贊, 表, 箋, 箴, 銘 1권, 文 20권 등 총 32권으로 구성되어 있다. 弘治 6년(1493) 간본이 대만 故宮博物院圖書館에 소장되어 있다. 『四庫全書』에도 32권으로 실려 있다. 『倪文僖公集』이라고도 한

다.『海東繹史』에 이 책이 소개되어 있다.

禮部補遺

편찬자와 편찬 시기를 알 수 없는 韻書. 원문은 일실되고 元 熊忠의『古今韻會擧要』에 몇 條가 인용되어 있다.『禮韻補遺』라고도 나온다.『五洲衍文長箋散稿』에『禮部補遺』서명만 소개했다.『禮部續降』과『禮部申明』도 나란히 소개되어 있는데 모두 전하지 않는다.『古今韻會擧要』에『禮韻續降』으로 인용되어 있다.『禮部申明』혹은『禮韻申明』은 문헌에서 확인되지 않는다.

禮部韻括遺

北宋 楊朴이 편찬한 韻書. 楊朴은 資州 출신인데 字號와 이력은 밝혀져 있지 않다.『玉海』등에 紹興 14년(1144) 知榮州 楊朴이 이 책을 진헌했다는 기록이 보이지만 일실되어 전하지 않는다.『五洲衍文長箋散稿』에는『禮部韻拾遺』로 소개되어 있다.

禮部韻略

北宋 丁度 등이 仁宗의 命을 받아 편찬한 韻書. 丁度(990~1053)는 字가 公稚이고 開封 출신인데, 文字學에 뛰어났다. 이 책 외에『邇英聖覽』,『編年總錄』,『備邊要覽』등의 저술을 남겼다.『廣韻』을 개수하여『集韻』10권을 편찬했는데 53,524字를 수록했다. 이와 함께 禮部에서 관장하던 과거시험 응시자의 편의를 위해 景祐 4년(1037) 李淑과 함께『韻略』을 편찬했고『禮部韻略』으로 이름을 바꾸었다. 모두 206韻으로 되어 있으며, 9,590字를 수록했다. 그 후 寶慶 3년(1227) 王文郁이 同用韻을 합쳐 106韻의『平水韻略』을 편찬했고, 淳祐 12년(1252) 劉淵이 107韻目의『壬子新刊禮部韻略』을 편찬했는데 이후 이 계열의 韻書가『洪武正韻』이 편찬될 때까지 가장 널리 통용되었다. 北宋 때『附釋文互注禮部韻略』이, 南宋 때『增修互注禮部韻略』등의 주석서가 나왔다.『世祖實錄』에 1456년 司諫院에서 籍沒한 亂臣의 집에 소장된 서적을 요청할 때『禮部韻略』이 보이므로 이 무렵 널리 이용된 것으로 추정된다. 崔錫鼎의『明谷集』에 실려 있는「禮部韻略後序」에서 1675년 弘文館에 소장되어 있던 중국 간본을 수정하여 校書館 鑄字로 다시 간행했다고 했는데 곧 戊申字本이다.『五洲衍文長箋散稿』에는 宋 丘雍(961~1017)과 陳彭年(961~1017)이 大中祥

符 元年(1008) 함께 편찬한 『大宋重修廣韻』을 소개하고, 따로 丘雍의 『禮部韻略』을 소개했는데, 같은 책이다. 康熙 43년(1705)의 간본 5권이 중국 天津圖書館에 소장되어 있다. 『直齋書目解題』와 『宋史』 등에 5권으로 되어 있지만 전하지 않는다. 『弘齋全書』에는 劉淵의 『增修禮部韻略』을 소개했는데 『壬子新刊禮部韻略』을 가리킨다. 이 책은 107韻으로 되어 있는데 지금은 전하지 않는다. 조선에서는 주로 『排字禮部韻略』이 통용되었다. 규장각 등에 16세기 초에 간행된 乙亥字本과 16세기 후반 간행된 목판본, 1615년 간행된 목판본, 1658년 平壤 간본, 1678년 간행된 戊申字本 등 여러 종이 소장되어 있다.

禮書纂述

元 胡炳文이 『禮記』를 풀이한 책. 胡炳文(1250~1333)은 考水 출신으로 字가 仲虎이고 號가 雲峰인데 雲峯胡氏로 일컬어진다. 이 책 외에 『雲峰集』, 『書集解』, 『春秋集解』, 『四書通解』, 『爾雅韻語』, 『大學指掌圖』 등 많은 저술을 남겼다. 이 책은 『山堂肆考』 등에 서명이 보이지만 지금은 일실되어 전하지 않는다. 『五洲衍文長箋散稿』에도 서명만 보인다.

隸釋

南宋 洪适이 편찬한 金石學書. 洪适(1117~1184)은 初名이 造이고 字가 景伯이며 號는 盤洲老人이다. 饒州 鄱陽 출신으로 尙書左僕射를 지냈다. 이 책은 乾道 3년(1167) 완성되었는데 正編 27권, 續編 21권으로 구성되어 있으며, 漢, 魏, 西晉의 碑文 등 258종이, 부록에 器銘 및 磚瓦 20여 종이 수록되어 있다. 먼저 隸書로 석각된 문자를 楷書로 쓰고 異體字는 원형대로 표기했으며 考證을 덧붙였다. 萬曆 16년(1588) 간본이 중국 國家圖書館에 소장되어 있다. 규장각에는 同治 10년(1871) 간행된 목판본이 있다. 『惕齋集』, 『金陵集』, 『林下筆記』, 『青莊館全書』, 『與猶堂全書』, 『五洲衍文長箋散稿』 등에 이 책이 보인다.

禮樂全書

清 張安茂가 禮樂의 제도에 관해 저술한 책. 張安茂는 字가 蓼匪이고 松江 출신으로, 順治 丁亥(1647) 進士가 되었고 浙江提學僉事를 지냈다. 이 책은 『頖宮禮樂全書』라고도 하는데 16권으로 順治 13년(1656) 序가 달린 판본이 미국 國會圖書館에 소장되어 있다. 學校, 褒崇, 廟制, 釋奠, 從祀, 祀禮, 釋詁, 祀樂,

樂律, 樂譜, 樂舞, 釋菜, 啓聖祠, 名宦, 鄕賢祠 등 14門으로 나누어 기술했으며, 明 李之藻의 『頖宮禮樂疏』와 明 王煥如의 『文廟禮樂書』 등을 바탕으로 한 것이다. 『英祖實錄』(1743년 윤4월 14일)에 이 책을 掌樂院에 내렸다는 기록이 보인다. 『五洲衍文長箋散稿』에서 이 책을 인용했다.

禮韻續降 → 禮部補遺

禮韻申明 → 禮部補遺

藝苑雌黃

南宋 嚴有翼이 편찬한 雜錄. 嚴有翼은 紹興 연간(1131~1162)의 인물로 추정되는데 建安 출신으로, 任泉 등의 教官을 역임했다. 이 책은 『直齋書錄解題』에 20권이고 400條를 수록했다고 했지만 일실되어 전하지 않는다. 『苕溪漁隱叢話』, 『韻語陽秋』, 『詩人玉屑』, 『詩林廣記』 등에 일부가 인용되어 전한다. 『說郛』에는 8조만 수록되어 있다. 風俗과 飮食, 書畵, 詩話 등의 내용을 담고 있다. 魚叔權의 『稗官雜記』 이래 꾸준히 우리나라 문헌에 등장하지만, 재인용으로 추정된다. 『星湖僿說』, 『與猶堂全書』, 『五洲衍文長箋散稿』 등 많은 문헌에 이 책이 인용되어 있다.

藝苑卮言

明 王世貞이 편찬한 詩話書. 王世貞(1526~1590)은 字가 元美이고 號가 鳳州 또는 弇州山人이며 江蘇省 太倉 출신이다. 『弇州山人四部稿』와 『弇州山人續稿』, 『弇山堂別集』, 『嘉靖以來首輔傳』, 『史乘考誤』, 『畵苑』, 『觚不觚錄』, 『尺牘清裁』, 『全唐詩說』 등 많은 저술이 있다. 이 책은 嘉靖 37년(1558) 6권으로 완성되었고, 嘉靖 44년(1565) 12권으로 증보되었다. 8권은 詩文에 대한 評論이며, 4권은 詞曲과 書畵에 대한 평론이다. 미국 國會圖書館에 소장된 萬曆 연간(1573~1620) 간본 『弇州山人四部稿』에 12권이 수록되어 있다. 중국 國家圖書館에는 16권의 『新刻增補藝苑卮言』이 소장되어 있다. 이 책은 朝鮮에서 肅宗 연간(1674~1720) 顯宗實錄字로 간행된 판본이 규장각에 소장되어 있는데 詩文을 評論한 8권만으로 구성되어 있다. 南龍翼의 『壺谷漫筆』에서 『王弇州詩評抄』라 한 것이 이 책을 가리킨다. 『月汀集』, 『象村集』, 『芝峯類說』, 『水村集』

등에도 인용되어 있어 조선 중기부터 문인들에게 널리 읽혔음을 알 수 있다. 『星湖僿說』, 『海東繹史』, 『五洲衍文長箋散稿』에도 이 책을 인용했다.

禮殿圖

成都의 周公 禮殿에 그려진 古代의 인물 벽화. 그림은 전하지 않고 관련 기록이 여러 문헌에 전한다. 王應麟의 『玉海』에 『漢禮殿圖』를 설명하면서 漢 獻帝 때 세운 文翁의 石室에 西晉 太康 연간(280~289) 益州刺史 張收가 盤古, 三皇五帝, 三代의 君臣, 仲尼의 七十弟子를 그렸다고 했고, 『益州文翁學堂圖』 1권과 『蜀文翁學堂像記』 2권을 함께 소개했다. 『史記』「仲尼弟子列傳」에서 '文翁孔廟圖'를 인용해 孔子의 제자가 72인이라고 한 것과 관련하여 申棖이 포함되는지를 두고 논란이 있었는데 『與猶堂全書』에도 『玉海』를 인용해 이 문제를 다루었다. 『五洲衍文長箋散稿』에서 『蜀文翁禮殿圖』로 소개하면서 清 張崇文의 『歷代小誌』를 인용했는데 이 책은 전하지 않는다.

禮質疑

北魏 李公緒가 『禮記』를 풀이한 책. 李公緒는 字가 穆叔이고 趙郡 平棘 출신이다. 出仕하지 않고 학문에 전념했는데 陰陽圖緯에 뛰어났다. 『典言』, 『喪服章句』, 『古今略記』, 『玄子』, 『趙語』 등의 저술을 남겼지만 모두 전하지 않는다. 이 책은 『北齊書』와 『玉海』에 5권으로 되어 있지만 역시 일실되었다. 『五洲衍文長箋散稿』에 서명만 소개했다.

禮含文嘉

편찬자를 알 수 없는 『禮記』의 讖緯書. 『禮緯含文嘉』, 『含文嘉』라고도 한다. 題詞에는 紹興 辛巳(1161) 東南 第三正將 觀察使 張師禹가 지은 것으로, 모두 60편으로 되어 있다. 『崇文總錄』에는 3권으로 되어 있다. 원문은 일실되고 『說郛』, 『玉函山房輯佚書』, 『黃氏逸書考』 등에 일부가 전한다. 雲氣星煇의 象과 占詞를 붙였으며, 天鏡, 地鏡, 人鏡 등으로 나누어 天文과 占術을 설명했다. 『谿谷集』, 『象村集』, 『與猶堂全書』, 『五洲衍文長箋散稿』 등에서 緯書의 하나로 소개되어 있다.

藝海珠塵

清 吳省蘭이 편찬한 叢書. 吳省蘭(1738~1810)은 字가 泉之이고 號가 稷堂이며 江蘇 출신이다. 藏書家로 이름이 높으며 『河源紀略承修稿』, 『楚南小記』, 『十國宮詞』, 『楚洞志略』 등의 저술이 있다. 이 책은 8集으로 163종의 문헌을 수록했는데 나중에 吳省蘭의 사위 錢熙輔가 二集 42종을 추가했다. 經學, 小學, 輿地, 掌故, 筆記, 小說, 天文, 曆法, 詩文 등의 저작이 실려 있다. 수록 書目은 다음과 같다. 宋 蔡淵의 『易象意言』, 宋 程大昌의 『詩論』, 清 許之獬의 『春秋或辯』, 清 吳陳琰의 『春秋三傳異同考』, 清 程廷祚의 『春秋識小錄』, 清 周春의 『中文孝經』과 『孝經外傳』, 清 王復의 『箴膏肓』과 『起廢疾』, 『發墨守』, 清 鳳應韶의 『讀書瑣記』, 清 曹仁虎의 『轉注古義』, 清 吳省欽의 『官韻考異』, 清 杭世駿의 『續方言』, 清 程際盛의 『續方言補正』, 清 曹仁虎의 『七十二候考』, 明 陳士元의 『江漢叢談』, 清 葉抱崧의 『說叩』, 宋 鄭樵의 『夾漈遺稿』, 清 俞長城의 『可儀堂文集』, 清 趙執信의 『聲調譜』와 『談龍錄』, 清 沈淑의 『春秋經玩』, 清 陸榮秬의 『五經贊』, 清 章學誠의 『婦學』, 明 陽瑪諾의 『天問略』, 清 陳倫炯의 『海國聞見錄』, 趙士禎의 『備邊屯田車銃議』와 『車銃圖』, 『倭情屯田議』, 清 黃叔璥의 『番社采風圖考』, 清 余慶遠의 『維西見聞紀』, 清 李心衡의 『金川瑣記』, 찬자 미상의 『朝鮮志』와 『至游子』, 明 陳士元의 『夢占逸旨』, 宋 吳炯의 『五總志』, 宋 孔平仲의 『孔氏談苑』, 清 吳騏의 『讀書偶見』, 清 沈大成의 『學福齋雜著』, 宋 岳飛의 『岳忠武王集』, 元 丁鶴年의 『丁孝子詩集』, 元 許有壬의 『圭塘欸乃集』, 清 曹仁虎의 『刻燭集』, 宋 鄭伯熊의 『鄭敷文書說』, 清 毛奇齡의 『舜典補亡』, 唐 韓愈의 『論語筆解』, 宋 張九成의 『論語絶句』, 宋 熙時子의 『孟子外書四篇』, 漢 鄭玄의 『駁五經異義』와 『駁五經異義補遺』, 清 程際盛의 『駢字分箋』, 清 毛奇齡의 『武宗外紀』와 『勝朝彤史拾遺記』, 宋 張唐英의 『蜀檮杌』, 宋 陳克의 『東南防守利便』, 清 陸錫熊의 『炳爛偶鈔』, 清 杜詔의 『讀史論略』, 明 楊慎의 『異魚圖贊』, 찬자 미상의 『龜經』, 清 梅文鼎의 『古算器考』와 『曆學疑問補』, 明 姜南의 『半村野人閒談』과 『抱璞簡記』, 清 馮柷의 『一樱居詩稿』, 宋 劉敞의 『春秋傳說例』, 清 諸錦의 『饗禮補亡』, 清 丁傳의 『魯齋述得』, 宋 孫甫의 『唐史論斷』, 明 楊慎의 『滇載記』, 清 張鵬翮의 『奉使俄羅斯行程錄』, 清 尤侗의 『外國竹枝詞』, 清 福慶의 『異域竹枝詞』, 清 周春의 『海潮說』, 明 許譽卿의 『垣疏稿』, 明 屠本畯의 『閩中海錯疏』, 唐 林愼思의 『伸蒙子』, 宋 蘇軾의 『廣成子解』, 清 梅文鼎의 『二儀銘補註』와 『曆學答問』, 唐 蘇鶚의 『蘇氏演義』, 明 姜南의 『投甕隨筆』과 『風

月堂雜識』,『學圃餘力』, 淸 王澐의『王義士輞川詩鈔』, 淸 毛奇齡의『北郊配位尊西嚮議』와『昏禮辨正』,『大小宗通繹』,『四書索解』, 淸 陳景雲의『紀元要略』, 明 楊愼의『山海經補註』, 淸 兪思謙의『海潮輯說』, 明 黃淳耀의『吾師錄』, 淸 張英의『聰訓齋語』와『恒産瑣言』, 淸 徐朝俊의『中星表』, 淸 褚華의『木棉譜』, 宋 吳枋의『宜齋野乘』, 宋 龔鼎臣의『東原錄』, 宋 唐庚의『文錄』, 明 談修의『呵凍漫筆』, 明 姜南의『墨畬錢鎛』과『瓠里子筆談』,『洗硯新錄』,『蓉塘記聞』, 明 夏完淳의『夏內史集』, 漢 鄭玄의『易緯乾坤鑿度』와『易緯是類謀』, 宋 趙善湘의『洪範統一』, 淸 葉鳳毛의『說學齋經說』, 淸 毛奇齡의『辨定嘉靖大禮議』, 淸 焦袁熹의『儒林譜』, 淸 王澐의『雲間第宅志』, 明 徐禎稷의『恥言』, 淸 陳藎의『修慝餘編』, 淸 焦袁熹의『太元解』와『潛虛解』, 唐 張弧의『素履子』, 漢 公孫弘의『握奇經解』와『八陣總述』,『黃帝授三子玄女經』, 宋 趙叔向의『肯綮錄』, 淸 董潮의『東皐雜鈔』, 淸 阮葵生의『茶餘客話』, 明 楊愼의『古今風謠』와『古今諺』, 淸 翟翬의『聲調譜拾遺』, 淸 張庚의『古詩十九首解』, 漢 鄭玄의『易稽覽圖』, 宋 張耒의『詩說』, 宋 王柏의『詩疑』, 元 吳化龍의『左氏蒙求註』, 唐 顔師古의『匡謬正俗』, 淸 趙翼의『皇朝武功紀盛』, 晉 郭璞의『山海經圖讚』과『明洪武四年進士登科錄』, 淸 杜登春의『社事始末』, 明 楊樞의『淞故述』, 淸 周金然의『南華經傳釋』, 明 利瑪竇의『經天該』, 淸 蔣平階의『地理古鏡歌』, 淸 戴鴻의『翻卦挨星圖訣考著』, 宋 蘇軾의『蘇沈良方』, 明 鄧苑의『一草亭目科全書』, 唐 馮贄의『雲仙散錄』, 宋 呂頤浩의『燕魏雜記』, 明 姜南의『叩舷憑軾錄』, 明 徐孚遠의『交行摘稿』, 朝鮮 朴齊家의『貞蕤稿略文詩』, 淸 吳騫의『拜經樓詩話』, 宋 陳搏의『正易心法』, 淸 毛奇齡의『學校問』과『郊社禘祫問』, 淸 焦袁熹의『小國春秋』, 明 呂得勝의『小兒語』, 明 呂坤의『續小兒語』, 淸 陳芳生의『捕蝗考』, 淸 張泓의『滇南新語』, 淸 陳金浩의『松江衢歌』, 淸 楊光輔의『淞南樂府』, 明 湯若望의『遠鏡說』, 淸 張泓의『滇南憶舊錄』, 淸 鄒炳泰의『紀聽松菴竹鑪始末』, 唐 李嶠의『雜詠百二十首』, 淸 恒仁의『月山詩集』과『月山詩話』, 明 王光承의『鎌山草堂詩合鈔』, 淸 徐振의『四繪軒詩鈔』, 淸 周春의『杜詩雙聲疊韻譜括略』. 吳省蘭은 1801년 朴齊家가 燕京에 갔을 때 사귄 학자 중 한 사람으로 朴齊家의 문집『貞蕤稿略詩』가 이 책에 수록되었다. 서울대 중앙도서관 등에 聽彝堂本 목판본이 소장되어 있다. 국민대에 일부를 필사한 책이 소장되어 있다.『阮堂全集』,『恩誦堂集』,『林下筆記』,『五洲衍文長箋散稿』 등에서 이 책을 소개했다. 崔漢綺가 편찬한『心器圖說』에도 이 책 일부가 수록되어 있는데 淸 徐朝俊이

교열한 판본이다.

五車韻瑞

明 凌稚隆이 편찬한 類書. 凌稚隆은 字가 以棟이고 號가 磊泉이며 浙江 烏程 출신으로, 嘉靖 연간(1522~1566) 활동했다. 『萬姓類苑』, 『史記評林』, 『漢書評林』, 『史記纂』 등을 편찬하여 간행했다. 이 책은 『韻府群玉』을 바탕으로 하되 體例를 약간 변형해 韻字 아래 小篆을 배치한 다음, 관련 기록을 수록했다. 經, 史, 子, 集, 雜 등으로 분류했는데 雜은 주로 道教와 佛教의 경전에서 인용한 것이다. 賦, 頌, 歌, 詩 등을 종류에 따라 나누어 標題로 삼아 다양한 자료를 수록했다. 규장각에 萬曆 19년(1591) 謝肇淛의 序가 실려 있는 목판본 두 종이 소장되어 있는데 160권 20책이다. 弘文館 등의 장서인이 날인되어 있다. 고려대에 유사한 계열의 판본 160권 40책이 소장되어 있는데 卷首에 萬曆 辛卯(1591) 五嶽山人 沔陽 陳文燭이 지은 「洪武正韻序」가 붙어 있다. 權萬의 『江左集』에 실려 있는 「譯解聲韻考正序」에 따르면 權萬이 『譯解聲韻考正』을 편찬할 때 가장 중요하게 참고한 책이라 했다. 張混은 『平生志』에서 소장하고 싶은 책 목록에 이 책을 들었다. 『青莊館全書』, 『弘齋全書』, 『五洲衍文長箋散稿』 등에도 이 책이 인용되어 있다.

五經鉤沈

東晉 楊方이 편찬한 醫書. 楊方은 字가 公回이고 會稽 출신이며 이 책과 『吳越春秋削繁』 등의 저술이 있었다고 하지만 모두 일실되었다. 이 책은 『舊唐書』에는 10권, 『崇文總目』에는 5권으로 되어 있다. 『海東繹史』에서 東夷族이 소뼈로 점을 치는 풍속을 설명하면서 이 책을 인용했지만 다른 데서 가져온 듯하다.

五經大全

明 胡廣 등이 永樂帝의 命으로 편찬한 五經 叢集. 胡廣(1370~1418)은 字가 伯始이고 南郡 華容 출신이다. 永樂 13년(1415) 翰林院學士로 있을 때 『四書大全』, 『性理大全』과 함께 이 책을 편찬했다. 이 책은 宋 朱熹의 『周易大全』, 『書傳大全』, 『詩傳大全』, 『禮記集說大全』, 『春秋集傳大全』에 대한 諸家의 小註를 集成한 것으로 永樂 15년(1417) 간행되었다. 『五經大全』으로 묶여 있지만 『周易傳義大全』, 『書傳大全』, 『詩傳大全』, 『禮記集說大全』, 『春秋集傳大全』 등의

서명으로 독립되어 유통되었다. 규장각 등 여러 도서관에 다양한 판본이 소장되어 있다. 『世宗實錄』에 永樂 17년(1419) 敬寧君 李裶가 『性理大全』과 함께 『四書五經大全』을 받아왔다고 했는데 『五經大全』을 합쳐 부른 것으로 보인다. 『牛溪集』, 『靑莊館全書』, 『五洲衍文長箋散稿』에서 이른 『四書五經大全』 혹은 『五經四書大全』도 같다.

五經說

宋末元初 熊朋來가 五經을 풀이한 책. 熊朋來(1246~?)는 字가 與可이고 豫章 출신이다. 宋이 망한 후 은거하여 강학에 힘썼으며, 저서로 『小學標注』, 『瑟譜』, 『天慵文集』 등이 있다. 이 책은 6권으로 『周易』, 『詩經』, 『尙書』, 『春秋』, 『禮記』 등 五經을 풀이한 것으로, 『儀禮』, 『周禮』, 『大戴禮記』, 『小戴禮記』 등도 다루었으며 권7에 따로 雜說을 두어 篆, 韻釋, 二社 등에 대해서도 기술했다. 『通志堂經解』에 『熊先生經說』로, 『四庫全書』에 『熊氏經說』로 실려 있다. 淸 惠棟이 『九經古義』를 지어 이 책의 문제점을 지적했다. 대만 故宮博物院圖書館에 소장된 판본은 『社雩蘽說』 1권이 함께 붙어 있다. 『臺山集』, 『五洲衍文長箋散稿』에 이 책이 소개되어 있다. 『五洲衍文長箋散稿』에서 그의 「月令中星論」, 「揲蓍論」, 「論六書」, 「周禮疏釋」 등을 소개했는데 이 책에서 인용한 것이다. 『與猶堂全書』에 보이는 「熊朋來葬論」도 이 책에 실린 「古者卜日未嘗擇日」을 논한 것이다. 『靑莊館全書』와 『硏經齋全集』에는 淸 顧天錫의 『五經說』이 소개되어 있는데 淸 施閏章의 『學餘堂集』에 있는 내용을 옮긴 것으로 이 책과 관련이 없다. 또 『硏經齋全集』에 「岳氏五經說」이 실려 있는데 宋 岳珂가 편찬한 五經의 간본에 대한 기록으로 이 책과는 무관하다.

五經翼

明末淸初 孫承澤이 五經을 풀이한 책. 孫承澤(1592~1676)은 字가 耳北 혹은 耳伯이고 號는 北海, 退谷, 退道 등을 사용했으며 益都 출신이다. 書畵의 鑑識에 능했고 직접 필사한 서적 200여 권을 萬卷樓에 두었다. 『庚子消夏記』, 『己亥存稿』, 『春明夢餘錄』, 『四朝人物略』, 『尙書集解』 등의 저술이 전한다. 이 책은 康熙 2년(1663) 北平 孫氏家塾 간본 20권이 대만 中硏院傅斯年圖書館에 소장되어 있다. 『四庫提要』에 따르면 앞선 학자의 五經에 대한 序跋과 論說을 부류에 따라 모은 것으로 『易經』 4권, 『書經』 2권, 『詩經』 4권, 『春秋』 6권, 『禮

記』 2권으로 구성하고 여기에 孫承澤 자신의 『周禮擧要』 2권을 합쳤다. 『五洲衍文長箋散稿』에서 『經翼』으로 소개한 책이 이것을 가리킨다.

五經字樣 → 九經字樣

五經正義

唐 孔穎達 등이 편찬한 五經의 註釋書. 孔穎達(574~648)은 唐代의 經學家로, 字가 仲遠이고 冀州 衡水 출신이다. 顔師古와 함께 『隋書』, 『大唐儀禮』 등을 편찬했다. 永徽 2년(651) 唐 太宗의 命을 받아 『五經正義』 180권을 편찬했고, 馬嘉運의 校訂과 長孫無忌, 志寧 등의 刪削을 거쳐 永徽 4년(653) 간행했다. 처음에는 『五經義贊』이라 했다. 판본에 따라 권수에 차이가 있으나, 『四庫全書總目』에 따르면 『毛詩正義』 40권, 『周易正義』 10권, 『尙書正義』 20권, 『禮記正義』 63권, 『春秋左傳正義』 60권 등 총 193권이다. 『毛詩正義』는 鄭玄의 주석, 『周易正義』는 王弼의 주석, 『尙書正義』는 孔安國의 주석, 『禮記正義』는 鄭玄의 주석, 『春秋左傳正義』는 杜預의 集解를 위주로 했다. 이 책은 따로 전하는 판본이 없고 『十三經注疏』에 수용되어 있다. 『高麗史』에 1045년 秘書省에서 『新刊禮記正義』와 『毛詩正義』를 바쳤다는 기사가 보이므로, 이 무렵 『五經正義』가 분리되어 유통되었음을 확인할 수 있다. 『成宗實錄』에 1478년 8월 25일 姜希孟이 外典校署에 보관되어 있는 판목을 보각하여 간행하기를 청한 것으로 보아, 『五經大全』은 조선 초기부터 유통된 것으로 보인다. 『退溪集』 이래 『星湖僿說』, 『五洲衍文長箋散稿』 등 많은 문헌에서 이 책을 언급했다.

五經宗

北齊 信都芳이 편찬한 算術에 관한 저술. 信都芳은 字가 玉琳이고 河間 출신으로 算術과 天文에 정통했는데 渾天儀, 地動儀, 刻漏 등의 儀機를 그린 『器準圖』를 편찬했다. 『弘齋全書』에는 그의 輪扇과 儀機에 대한 설을 인용했다. 『北史』에 五經에서 算術과 관련한 내용을 뽑아 이 책을 편찬한 것으로 되어 있지만 일실되어 전하지 않는다. 『五洲衍文長箋散稿』에 이 서명이 보인다.

五經要義 → 五經通義

五經通義
漢 劉向이 五經을 풀이한 책. 劉向(B.C.77~B.C.6)은 漢의 宗室로 字가 子政이고 본명은 更生이다. 成帝의 命으로 아들 劉歆과 함께 궁중의 도서를 整理하고 校訂하여 解題를 붙인 『別錄』을 편찬했다. 『新序』, 『說苑』, 『洪範五行傳論』 등 많은 저술을 남겼다. 이 책은 『隋書』에는 8권, 『唐書』에는 9권으로 되어 있지만 일실되고 일부를 1권으로 수습한 것이 『三墳書』, 『玉函山房輯佚書』 등에 실려 있다. 『明齋遺稿』, 『南溪集』, 『星湖僿說』, 『弘齋全書』 등에 이 책을 소개하고 있지만 직접 본 것은 아닌 듯하다. 『磻溪隨錄』, 『星湖僿說』, 『與猶堂全書』, 『林下筆記』 등에는 『五經要義』라는 이름으로 언급되어 있다. 『五經要義』는 南朝 宋의 雷次宗이 편찬한 다른 책을 이르기도 한다. 雷次宗(386~448)은 字가 仲倫이고 豫章 南昌 출신인데, 젊어서 廬山에 들어가 慧遠大師를 사사하여 三禮와 毛詩를 배웠다. 淸 宋翔鳳 역시 같은 서명의 책을 편찬했다. 우리 문헌에서 이른 『五經要義』는 모두 劉向의 『五經通義』를 이른다.

五國故事
편찬자를 알 수 없는 五代의 歷史書. 吳의 楊行密, 南唐의 李昪, 蜀의 王建, 孟知祥, 南漢의 劉巖, 閩의 王審知의 사적을 다루었다는 점에서 北宋 무렵의 저술로 추정된다. 上下 2권으로 되어 있다. 宋 鄭樵는 『通志略』에서 이 책을 霸史類로 분류했으나 실제로는 내용이 번다하여 小說에 가깝다. 규장각 등에 소장된 『說郛』에 1권으로, 『四庫全書』에는 2권으로 수록되어 있다. 『五洲衍文長箋散稿』에 이 책을 직접 본 것처럼 인용되어 있지만 동일한 내용이 『虞初新志』 등에 보이므로 재인용일 가능성이 높다.

敖器之詩話
南宋 敖陶孫이 편찬한 詩話書. 敖陶孫(1154~1227)은 字가 器之이고 號가 臞庵 혹은 臞翁이며 長樂 출신이다. 詩名이 높았으며 『臞翁詩集』을 남겼다 하나 전하지 않는다. 이 책은 1권 5조의 짧은 분량이 『說郛』에 수록되어 있다. 『五洲衍文長箋散稿』에서 歷代詩話의 하나로 書名만 소개했다. 『林下筆記』에 敖陶孫의 시를 언급했다.

五代史

北宋 歐陽修가 편찬한 五代의 歷史書. 歐陽修(1007~1072)는 字가 永叔이고 號가 醉翁이며 諡號는 文忠이다. 吉州 출신으로, 北宋代 舊法黨의 영수이자 唐宋八大家의 일원으로 특히 宋代 古文의 위치를 확고히 했다. 『新唐書』, 『新五代史』 등을 편찬했고, 문집 『歐陽公居士集』 외에 『洛陽牡丹記』, 『集古錄』, 『歸田錄』 등의 저술이 있다. 이 책은 『新五代史』라고도 하고 『新五代史記』로도 불린다. 宋 太祖 때 薛居正이 『五代史』를 편찬했는데 구분하기 위하여 薛居正의 것을 『舊五代史』라 한다. 이 책은 本紀 12권, 列傳 45권, 考 3권, 世家 및 世家年譜 11권, 四夷附錄 4권으로 구성되어 있다. 列傳은 家人傳, 臣傳, 死節傳, 死事傳, 一行傳, 唐六臣傳, 義兒傳, 伶官傳, 宦者傳, 雜傳 등으로 구분하여 기술했다. 기존 史書의 志를 考로 대체했고 春秋筆法의 포폄을 가했다. 『燕山君日記』에 1499년 이 책의 간행을 청한 기록이 보이고, 『中宗實錄』에도 1515년 이 책의 간행과 관련한 기록이 보이지만 현재 전하는 조선 간본은 확인되지 않는다. 규장각에는 萬曆 28년(1600), 崇禎 2년(1629), 乾隆 4년(1739)에 간행된 중국 목판본이 소장되어 있다. 『河西全集』, 『谿谷集』, 『陶谷集』, 『磻溪隨錄』, 『星湖僿說』, 『海東繹史』, 『五洲衍文長箋散稿』 등에 이 책을 읽거나 인용한 기록이 보인다.

五代史補

北宋 陶嶽이 편찬한 五代의 歷史書. 陶嶽(?~1022)은 字가 介立 혹은 舜咨이고 永州 祁陽 출신이며, 이 책 외에 『零陵總記』, 『荊湖近事』, 『陶康州文集』, 『陶陵州集』, 『貨泉錄』 등의 저술이 있다. 이 책은 五代十國의 遺事를 모아 大中祥符 5년(1012) 편찬한 역사서로, 後梁 21事, 後唐 20事, 後晉 20事, 後漢 20事, 後周 23事 등 총 104事 5권으로 구성되어 있다. 서울대 중앙도서관에 목판본 5권이 소장되어 있는데 明末의 汲古閣 간본으로 추정된다. 『四庫全書』, 『豫章叢書』 등에도 실려 있다. 『五洲衍文長箋散稿』에서 이 책을 인용했는데 같은 내용이 淸 萬斯同의 『石經考』에 보인다.

五代史志

唐 于志寧, 李淳風 등이 편찬한 歷史書. 于志寧(588~665)은 字가 仲謐이고 高陵 출신이며, 李淳風(602~670)은 岐州 출신으로, 韋安仁, 令狐德棻, 李延

壽 등 당대의 학자들과 함께 이 책을 편찬했다. 唐 貞觀 연간(627~649)에 『梁書』, 『陳書』, 『北齊書』, 『周書』, 『隋書』 등 五朝의 史書가 편찬되었지만 典章制度를 기록한 志가 없어 唐 太宗이 이 책을 편찬하게 했는데 顯慶 元年(656) 완성되었다. 禮儀志 7권, 音樂志 3권, 律曆志 3권, 天文志 3권, 五行志 2권, 食貨志 1권, 刑法志 1권, 百官志 3권, 地理志 3권, 經籍志 4권 등 10志 30권으로 구성되어 있다. 원래 별도의 문헌이었으나 뒤에 55권의 『隋書』와 통합되었다. 『隋書』는 규장각에 간기가 萬曆 22년(1594), 萬曆 23년(1595), 萬曆 26년(1598)으로 되어 있는 3종의 판본이 소장되어 있으며, 崇禎 8년(1635)과 乾隆 4년(1739)의 간기가 있는 판본도 소장되어 있다. 모두 30권의 志가 붙어 있다. 『五洲衍文長箋散稿』에서 이 책을 간략히 언급했다.

烏臺詩案

宋 朋九萬이 편찬한 雜錄. 朋九萬은 蜀 출신이지만 이력은 밝혀져 있지 않다. 烏臺는 御史臺의 별칭인데, 烏臺詩案은 宋 神宗 元豐 2년(1079) 御史中丞 李定, 舒亶, 何正臣 등이 蘇軾의 「湖州謝上表」를 들어 蘇軾이 變法을 비방했다며 일으킨 獄事를 가리킨다. 『星湖僿說』에는 『烏臺詩案』으로 인용했다. 『說郛』에는 『烏臺詩案』으로 1권이 수록되어 있고, 『函海』에는 『東坡烏臺詩案』으로 1권이 수록되어 있다. 『五洲衍文長箋散稿』에는 朋九萬의 『烏臺詩話』로 소개했다. 『烏臺詩話』는 宋 陳振孫의 『直齋書錄解題』에는 13권이며 蘇軾의 烏臺詩案과 관련한 章疏와 귀양 이후의 表章, 啓, 詩詞 등을 묶은 것이라 했는데 지금은 전하지 않는다.

烏臺詩話 → 烏臺詩案

五代通錄

北宋 范質이 편찬한 五代의 歷史書. 范質(911~964)은 字가 文素이고 宗城 출신이며, 後周와 北宋에서 재상을 지냈고 저서로 『范魯公集』 등이 있다. 이 책은 『建隆五代通錄』이라고도 한다. 後梁에서 後周에 이르는 五代의 實錄을 산삭하여 편찬한 책인데 宋 晁公武의 『郡齋讀書錄』과 宋 陳振孫의 『直齋書錄解題』 등에는 65권이라 했지만 지금은 일실되어 전하지 않는다. 『舊五代史』의 저본이 된 것으로 알려져 있다. 『五洲衍文長箋散稿』에서 서명만 간략히 소개

했다.

五代會史

南宋 耿秉이 편찬한 五代의 歷史書. 耿秉은 江陰 출신으로 字는 直之다. 紹興 30년(1160) 進士가 되어 煥章閣 待制를 지냈다. 이 책 외에 『春秋傳』을 저술했지만 모두 전하지 않는다. 이 책은 『明一統志』, 『續文獻通考』 등에는 20권이라 했지만 일실되어 전하지 않는다. 『五洲衍文長箋散稿』에도 書名만 들었다.

五代會要

北宋 王溥가 편찬한 五代의 歷史書. 王溥(922~982)는 字가 齊物이고 幷州 祁縣 출신인데 『周世宗實錄』, 『唐會要』 등의 저술이 있다. 이 책은 後梁, 後唐, 後晉, 後漢, 後周 등 五代의 역사를 다룬 것으로, 279目으로 구성된 編年體 史書다. 建隆 2년(961) 30권으로 완성되었다. 慶曆 6년(1046) 文彦博이 처음 간행한 이래 乾道 7년(1171) 南宋 施元이 복간했는데 중국 國家圖書館에 이 판본이 소장되어 있다. 『四庫全書』에도 30권으로 실려 있다. 국립중앙도서관과 서울대 중앙도서관에 光緖 21년(1895) 간본이 소장되어 있다. 『海東繹史』, 『與猶堂全書』 등에 이 책이 인용되어 있다.

鰲頭通書大全

明 熊宗立이 편찬한 擇日에 관한 類書. 熊宗立(1409~1482)은 이름을 均이라고도 하며 字는 道軒이고 號는 勿聽子다. 建陽 출신으로, 醫學과 篆刻에 뛰어났다. 『八十一難經』이 널리 알려져 있으며 『傷寒運氣全書』, 『增補本草歌括』, 『山居便宜方』 등 많은 저술을 남겼다. 이 책은 類書의 형식으로 되어 있으며 총 10권이다. 『新鐫歷法總覽合節鰲頭通書大全』, 『增補斗首河洛理氣鰲頭通書大全』 등으로도 불리는데 보통은 『鰲頭通書』로 약칭한다. 국립중앙도서관에 乾隆 51년(1786) 序가 달린 판본이 소장되어 있으며, 계명대 등 여러 곳에 필사본이 전한다. 『英祖實錄』 1732년 2월 10일 기사에 觀象監 관원 李世澄이 이 책과 함께 『六壬指南』, 『易林補遺』, 『淵海子平』, 『六壬金口訣』, 『火星細草』, 『格海子平』, 『地理四彈子』, 『七曜推步稿』, 『忌辰錄』 등을 淸에서 구입해 왔다는 기록이 보인다. 『五洲衍文長箋散稿』에서 이 책을 여러 차례 인용했다.

五禮通考

清 秦蕙田이 편찬한 禮學書. 秦蕙田(1702~1764)은 字가 樹峰이고 號가 味經이며 江蘇 金匱 출신이다. 『周易象日箋』, 『味經窩類稿』 등의 저술이 있다. 清 徐乾學의 『讀禮通考』가 喪葬에 관해서만 자세하고 『周官』「大宗伯」에 열거된 五禮에 대해서는 소략한 점을 보완하기 위하여 이 책을 편찬했다. 乾隆 18년(1753) 秦蕙田의 自敍가 붙어 있어 이 무렵 편찬되어 간행된 듯하다. 이때의 판본이 서울대 중앙도서관, 성균관대, 고려대, 계명대 등에 소장되어 있다. 총 262권으로, 『周禮』를 따라 吉禮, 凶禮, 軍禮, 賓禮, 嘉禮 등의 5禮로 나누고, 圜丘祀天, 大雩, 明堂, 五帝, 日月, 星辰, 方丘祭地, 社稷, 卽位改元, 朝禮, 婚禮, 饗燕禮, 射禮, 鄕飮酒禮, 學禮, 巡狩, 天子受諸侯朝, 覲禮, 會同, 會盟, 士相見禮, 軍制, 出師, 車戰, 田獵, 馬政, 荒禮, 喪禮 등 75類를 두었다. 樂律, 天文, 推步, 句股, 割圜, 古今州國, 都邑, 山川, 地名 등의 조목도 여러 곳에 나누어 실었다. 『正祖實錄』에 따르면 正祖는 『讀禮通考』가 이 책보다 낫다고 평가했다. 『青莊館全書』, 『與猶堂全書』, 『五洲衍文長箋散稿』 등에도 이 책에 대한 자세한 언급이 보인다. 『五洲衍文長箋散稿』에는 宋 朱熹의 『續五禮通考』를 소개했으나 이런 서명은 확인되지 않는다.

五倫全備記

明 丘濬이 지은 戲曲作品. 丘濬(1418~1495)은 字가 仲深이고 瓊山 출신인데 瓊山을 號로 삼았으며 瓊台도 號로 사용했다. 저서로 『丘文莊集』, 『瓊臺詩文會稿』, 『大學衍義補』, 『家禮儀節』, 『本草格式』 등이 전한다. 이 책의 정식 서명은 『新編勸化風俗南北雅曲五倫全備記』이며, 『五倫記』, 『綱常記』, 『五倫全備』, 『五倫全備綱常記』, 『五倫全備忠孝記』 등 다양한 서명으로 전한다. 范氏의 아들 五倫備와 五倫全이 도덕적인 삶으로 忠君愛國을 실천하여 부귀영화를 누린다는 내용이다. 『五倫全備記』는 光海君 때 『老乞大』, 『朴通事』와 함께 司譯院 교재로 사용되었다. 『仁祖實錄』에도 譯學書로 소개되어 있다. 『磻溪隨錄』, 『湛軒書』, 『青莊館全書』, 『五洲衍文長箋散稿』 등 여러 문헌에서 이 책을 소개했다. 明 高儒의 『百川書志』에 赤玉峯道人 丘濬의 저술로 3권이라 했다. 지금 중국이나 일본에는 이 책이 전하지 않는다. 조선시대 널리 읽혀 다양한 판본이 전한다. 규장각에 소장된 『新編勸化風俗南北雅曲五倫全備記』는 編者가 赤玉峯道人으로 되어 있는데 조선에서 英祖 17년(1741) 간행된 판본이며 2권만

전한다. 조선에서는 『五倫全備記』를 축약한 책이 나왔는데 安東 義城金氏 川上宗家에 소장된 『五倫全傳』이 그러한 예다. 이 책의 序와 跋에 따르면, 中宗 26년(1531) 洛山居士가 『五倫全備記』를 한글로 번안했고, 明宗 5년(1550) 柳彦遇가 한글본을 忠州에서 간행했다고 한다. 『五倫全傳』은 이를 孫廷俊이 漢文으로 번역하고 顯宗 6년(1665) 韓希卨이 목판으로 간행한 판본이라 한다. 현재 전하는 『五倫全傳』은 이를 필사한 것이다. 또 규장각에 『五倫全備諺解』가 소장되어 있는데 高時彦이 肅宗 22년(1696) 諺解를 시작하여 肅宗 46년(1720) 완성한 것으로, 8권 5책이며 高時彦의 序와 引用書目이 붙어 있다. 이 판본을 1741년 다시 간행한 판본도 전한다.

五木經

唐 李翺가 樗蒲 놀이의 방법을 기록한 책. 李翺(772~841)는 字가 習之이고 隴西 출신이며, 문집 『李文公集』이 전한다. 이 책은 1권으로 되어 있는데 원래는 그림이 있었다고 하지만 지금 전하는 판본에는 보이지 않는다. 宋 程大昌은 『演繁露』에서 이 책을 통해 五木의 형체와 치수를 대략이나마 살펴볼 수 있다고 했지만, 明 顧大韶는 「五木經辨」에서 『後漢書』와 『列子』 등의 注를 인용하여 이 책이 고대의 五木과 일치하지 않는다는 사실을 고증했다. 규장각에 소장된 『說郛』, 『唐代叢書』, 『叢書』 등에 수록되어 있다. 『五洲衍文長箋散稿』에 간략히 소개되어 있다.

五百家昌黎集注

南宋 魏仲擧가 唐 韓愈의 詩文集에 대한 諸家의 주석을 집대성한 책. 魏仲擧는 建安 출신의 문인인데 慶元 6년(1200) 이 책을 家塾에서 간행했다는 기록이 보이므로 이 무렵의 인물로 추정된다. 이 책 외에 『五百家注音辨柳先生文集』과 『韓柳年譜』를 편찬했다. 韓愈(768~842)는 字가 退之이고 河陽 출신이며 韓昌黎로 불린다. 이 책의 정식 명칭은 『五百家註音辨昌黎先生文集』이다. 卷頭에 評論, 訓詁, 音釋, 諸儒名氏 등이 실려 있다. 唐 燕山 劉氏부터 潁人 王氏까지 모두 148家의 주석을 모으고, 集注 50家, 補注 50家, 廣注 50家, 釋事 20家, 補音 20家, 協音 10家, 正誤 20家, 考異 10家를 덧붙여 모두 368家의 주석을 실었다. 正集 40권, 外集 10권, 別集 1권으로 구성되었다. 각 작품의 題下에 창작 배경을 고증하고, 본문에 諸家의 주석을 부기했다. 韓愈의 문집 중 宋

廖瑩中의 世綵堂本 『昌黎先生集』과 함께 가장 널리 유통된 판본이다. 『昌黎先生集』은 明代에 東雅堂에서 翻刻하여 『東雅堂昌黎集注』로도 불린다. 『五百家註音辨昌黎先生文集』은 慶元 6년(1195) 간본이 중국 南京圖書館에 소장되어 있다. 乾隆 49년(1784) 重刊本이 藏書閣에 소장되어 있으며 같은 판본 일부가 奎章閣에도 소장되어 있다. 朝鮮에서는 宋 朱熹의 『朱文公校昌黎先生文集』이 통용되었다. 『世宗實錄』에 世宗이 韓愈와 柳宗元의 文에 대한 注釋을 撰集하게 하고 南秀文에게 命하여 쓰게 한 跋이 실려 있는데, 이에 따르면 朱熹의 교정본은 글자가 바르지만 註가 간략하고, 五百家의 注本은 註가 상세하지만 글자가 잘못되었으므로 이에 正統 戊午(1438) 崔萬理 등이 朱熹의 교정본을 중심으로 하되 『五百家注』 등에서 필요한 注를 취하여 鑄字所에서 간행했다고 한다. 여기서 이른 『五百家注』가 『五百家昌黎集注』를 이른다. 『芝峯類說』 등에서 『昌黎集注』로 인용한 것도 같다. 『五洲衍文長箋散稿』에는 『昌黎集訓注』로 되어 있는데 淸 朱彝尊의 「跋五百家昌黎集注」에서 인용한 것이다. 『西厓集』, 『與猶堂全書』 등에서 이른 『昌黎集注』는 『東雅堂昌黎集注』를 이른다. 또 『五洲衍文長箋散稿』에서 인용한 『昌黎集』은 『朱文公校昌黎先生文集』을 가리킨다.

娛書堂詩話

南宋 趙與虤이 편찬한 詩話書. 趙與虤은 字가 威伯이고 宋 太祖의 후손으로 理宗 연간(1224~1264)에 활동했지만 자세한 이력은 밝혀져 있지 않다. 이 책은 1권으로 『趙威伯詩餘話』, 『趙威伯詩話』라고도 한다. 宋 陸遊, 楊萬里, 樓鑰 등의 晩年作에 이르기까지 거론한 것으로 보아 寧宗 이후에 편찬된 것으로 추정된다. 당대 인물의 佳句와 逸話를 소개했다. 『說郛』에 일부가 수록되어 있다. 『四庫全書總目』에 이 책에 대한 소개가 실려 있다. 『五洲衍文長箋散稿』에 詩話書의 하나로 소개되었다.

吾說篇 → 喪禮吾說篇

吳蕈譜

淸 吳林이 편찬한 버섯에 관한 책. 吳林은 號가 息園이고 長洲 출신이지만 이력은 밝혀져 있지 않다. 이 책은 『吳蕈譜』로 된 데도 있다. 『昭代叢書』에 1권으로 실려 있는데, 吳 지역에서 나는 버섯을 다루었다. 上品에 雷驚蕈, 梅樹蕈,

茱花蕈 등 9종을, 中品에 紫面蕈, 奶汁蕈, 靑面子蕈 등 8종을, 下品에 瘋婆子蕈, 粉團蕈, 橘皮蕈 등 8종을 소개했다. 道光 13년(1833) 간본이 중국 國家圖書館 등에 소장되어 있다. 『五洲衍文長箋散稿』에 인용되어 있다.

五十六種書

唐 韋續이 편찬한 書法書. 韋續은 생몰년은 물론 字號나 이력 등이 전혀 알려져 있지 않다. 그의 저술인 『墨藪』에 이 책이 실려 있다. 『五十六種書法』이라고도 하는데 1권이다. 첫머리에 小序가 있다. 字形의 변천을 서술하고 五易, 八體, 十二時書, 三十三體를 합하고 중복되는 것을 제외하여 龍書에서 花書에 이르기까지 56종의 서체를 망라했다. 『說郛』에 『五十六書法』으로 수록되어 있으며, 淸 孫岳頒의 『佩文齋書畵譜』에 『五十六種書』로 실려 있는데 『四庫全書』에 『佩文齋書畵譜』가 편입되어 있다. 이 책이 수록되어 있는 『墨藪』는 『唐宋叢書』, 『十萬卷樓叢書』 등에 실려 있다. 『星湖僿說』, 『五洲衍文長箋散稿』에서 『五十六種書』를 소개했다. 『海東繹史』에 그의 저술로 『書說』을 소개했는데 이 책을 가리키는 듯하다.

吳氏印譜

元 吳叡가 편찬한 印譜. 吳叡(1298~1355)는 字가 孟思이고 號가 雲濤散人이며 杭州 출신이다. 이 책은 『說郛』에 실려 있는데 편찬자가 吳孟思로 되어 있다. 淸 倪濤의 『六藝之一錄』에 揭汯이 至正 25년(1356)에 쓴 「吳氏印譜序」가 실려 있는데 편찬자를 吳孟思라 하고 漢에서 晉에 이르기까지의 중요한 인장의 榻本을 찍고 연혁을 기록했다고 한다. 卷首에 8종의 鈕制와 6종의 鈕式이 있고, 이어서 印篆式, 私印式, 漢官儀 등 92방의 印章이 수록되어 있다. 印章 하단에는 釋文, 印材, 鈕式을 부기하고, 유래를 고증하거나 소장자를 밝힌 부분도 있다. 『吳氏古印譜』라고도 한다. 편찬자가 王厚之로 된 판본도 있고 '吳叡撰 王厚之考'로 된 판본도 있다. 王厚之(1131~1204)는 字가 順伯이고 號가 復齋이며 江西 臨川 출신이다. 金石學과 文字學에도 뛰어났다. 『復齋金石錄』, 『復齋印譜』, 『鍾鼎款識』, 『考異』, 『考古印章』 등 많은 저술이 있다. 『海東繹史』에 이 책을 인용했지만 편찬자는 언급하지 않았다.

吳越王傳

편찬자를 알 수 없는 吳와 越의 歷史書. 『海東繹史』에 宋에서 고려의 승려 諦觀의 『天台四教儀』를 구한 기사를 이 책에서 인용했는데, 『佛祖統紀』에 같은 내용이 보이므로 여기서 인용한 것으로 보인다. 이 책은 일실되었고, 『佛祖統紀』 외에 이 책에 대한 기록은 보이지 않는다.

吳越春秋

前漢 趙曄이 편찬한 吳越의 歷史書. 趙曄은 字가 長君이고 會稽 山陰 출신인데 생몰년은 알려져 있지 않다. 『詩世』, 『歷神淵』 등의 저술이 있었다고 하지만 이 책만 전한다. 이 책은 春秋時代 吳와 越 두 나라의 역사를 기록한 것인데 『隋書』와 『唐書』에는 12권으로, 『宋史』에는 10권으로 되어 있다. 宋 徐天祜가 音注를 단 판본이 『四部叢刊』에 10권으로 수록되어 있다. 『古今逸史』에도 10권으로 실려 있다. 前5篇은 內傳이며 吳太伯傳, 吳王壽夢傳, 王僚使公子光傳, 闔閭內傳, 夫差內傳 등으로 구성되어 있고, 後5篇은 外傳인데 越王無餘外傳, 勾踐入臣外傳, 勾踐歸國外傳, 勾踐陰謀外傳, 勾踐伐吳外傳 등이 실려 있다. 明 錢敬臣이 교감한 판본이 일본 東京大에 소장되어 있는데 6권이다. 규장각 등에 소장된 『漢魏叢書』와 장서각 등에 소장된 『秘書二十一種』에도 이 책이 수록되어 있다. 규장각에 康熙 58년(1719) 筆寫記가 적힌 筆寫本이 전한다. 1463년 世祖가 申叔舟 등에게 命하여 范曄의 『後漢書』를 주로 삼되 『左傳』, 『國語』, 『戰國策』, 『說苑』 등을 참고해서 오류를 바로잡고 注解를 붙여 이 책을 간행하라고 한 기록이 『太虛亭文集』에 실린 「吳越春秋序」 등에 실려 있다. 『世祖實錄』에 이 책을 校讎하라는 기록이 보이며 『燕山君日記』에는 千秋使에게 弘文館이 유실한 『吳越春秋』, 『南史』, 『北史』, 『三國志』 등을 구입해 오게 한 기록이 보인다. 『眉巖集』, 『星湖僿說』, 『五洲衍文長箋散稿』 등 많은 문헌에서 이 책이 언급되었다.

五緯曆指 → 新法曆書

五緯表 → 新法曆書

五音韻譜 → 說文解字五音韻譜

五音類聚四聲篇海

金 韓孝彦이 편찬한 韻書. 韓孝彦은 字가 允中이고 眞定 松水 출신이며 생몰년은 밝혀져 있지 않은데 明昌 연간(1190~1196)과 承安 연간(1196~1200)에 활동했다. 이 책은 『四聲篇海』라고도 한다. 『玉篇』의 542部를 36字母에 의거하여 순서를 정하고 『類篇』과 『龍龕手鏡』, 『玉篇』 등을 참고하여 雜部 37개를 증보하여 모두 579部로 만들어 15권으로 완성했다. 이 책은 같은 字母의 部에는 각각 四聲을 구분하여 先後를 나누고 또 字劃數에 따라 先後를 나누어 검색하기 편하게 했다. 그 후 崇慶 元年(1212) 韓孝彦의 아들 韓道昭가 部首를 바꾸고 합쳐서 444部로 만들고 160韻으로 나누어 『五音集韻』 15권을 편찬했다. 韓道昭는 字가 伯暉다. 明 王圻의 『續文獻通考』에 「至元庚寅重刊改幷五音集韻序」가 실려 있으므로 至元 庚寅(1290)에 『五音集韻』이 중간되었음을 알 수 있다. 이 책은 그 후에도 여러 차례 중간되었는데 『成化庚寅重刊改併五音集韻』이 미국 시카고대와 일본 東京大 등에, 『正德乙亥重刊改併五音集韻』이 대만 中研院傅斯年圖書館과 서울대 중앙도서관 등에 소장되어 있다. 또 成化 丁亥(1467)에 승려 文儒 등이 『四聲篇海』와 『五音集韻』을 교정한 후 합쳐서 『五音類聚四聲篇海』로 간행했다. 15권이며 韓道昪의 序가 달려 있다. 『成化丁亥重刊改併五音類聚四聲篇』이 중국 天津圖書館 등에, 『正德乙亥重刊改併五音類聚四聲篇』과 『萬曆己丑重刊改併五音類聚四聲篇海』가 일본 東洋文庫에 소장된 것으로 보아 明代에 여러 차례 간행되었음을 알 수 있다. 이 책에는 異體字나 僻字 등이 풍부하게 수록되어 있다. 『明谷集』에 「五音篇韻後序」가 실려 있는데 『五音篇韻』이 韓孝彦 父子가 편찬한 것이라 했으므로 『五音類聚四聲篇海』를 이르는 것이 분명하다. 또 王與祕의 『篇海』와 荊璞의 『集韻』을 바탕으로 이 책을 엮었다고 했고, 成化 연간(1465~1487) 僧 戒璇이 판각했고, 弘治 연간(1488~1505) 僧 眞空이 歌訣로 바꾸어 『貫珠集』으로 엮었다고 했다. 「與鄭士仰書」에도 『五音集韻』에 대한 기록이 보인다. 『五洲衍文長箋散稿』에서 韓孝彦의 '篇海五音', 韓道昭의 '改竝篇海'를 언급했는데 篇海五音은 『四聲篇海』를, 改竝篇海는 『五音集韻』을 이르는 것으로 보인다. 『五音集韻』은 『靑莊館全書』와 『五洲衍文長箋散稿』에 보인다.

五音集韻 → 五音類聚四聲篇海

吳子

戰國時代 吳起가 편찬한 兵書. 吳起(B.C.440~B.C.381)는 衛國 출신인데 魯와 魏, 楚에서 벼슬을 했다. 孫武와 함께 孫吳로 일컬어진다. 『漢書』에 이 책이 48篇으로 되어 있지만 일실되고 圖國, 料敵, 治兵, 論將, 變化, 勵士 등 6편만이 전한다. 武經七書의 하나로 『吳子兵法』이라고 한다. 『孫子』와 합쳐 『孫吳兵法』이라 부른다. 明 劉寅이 洪武 31년(1398) 다른 武經과 함께 『七書直解』로 편찬했는데 『武經七書』라고도 한다. 일본 對馬歷史民俗資料館에 成宗 17년(1486) 木活字로 간행한 조선 간본이 소장되어 있다. 일본 宮內府에 소장된 『七書直解』 중 『吳子直解』는 乙亥字로 간행된 조선 간본이며 宣祖 10년(1577) 補寫된 기록이 보인다. 규장각 등에 소장된 『吳子直解』는 18세기 무렵 木活字로 간행된 조선 간본이다. 이른 시기부터 이 책이 널리 읽혔고 『芝峯類說』, 『星湖僿說』 등의 類書에도 자주 인용되어 있다.

吾子閑居錄 → 閑居錄

五雜組

明 謝肇淛가 편찬한 筆記雜錄. 謝肇淛(1567~1624)는 字가 在杭이고 長樂 출신으로, 『麈餘』, 『文海披沙』 등의 저술이 전한다. 이 책은 天部 2권, 地部 2권, 人部 4권, 物部 4권, 事部 4권으로 총 5부 16권이다. 天部에서는 天文, 氣候, 節氣, 四時 등을 다루었으며, 地部에서는 地理, 疆界, 山川, 河流, 名勝 및 해외까지 다루었다. 人部는 形體, 心性 및 醫藥, 術數, 書畵 등 각종 技藝를 망라했다. 物部는 동식물, 飮食과 服飾, 文具와 樂器 등을 다루었고, 事部는 貧富, 收藏, 文字, 職官, 行政, 姓氏 등을 다루었다. 淸 乾隆 연간(1736~1795) 文字獄에 연루되어 禁書가 되었다. 萬曆 연간(1573~1620) 간본이 대만 故宮博物院圖書館에 소장되어 있다. 乾隆 30년(1765) 德聚堂에서 중간되었는데 서울대 중앙도서관에 이 계열의 판본이 소장되어 있다. 『星湖僿說』, 『無名子集』, 『海東繹史』, 『靑莊館全書』, 『五洲衍文長箋散稿』 등에 이 책이 인용되어 있다.

五曹算經

北周 甄鸞이 편찬한 算術書. 甄鸞(535~566)은 字가 叔遵이고 無極 출신이며 이 책과 함께 『五經算術』, 『七曜算術』 등을 편찬했다. 이 책은 5권으로 되어

있으며, 田地의 면적을 측량하는 田曹, 군대의 給養을 계산하는 兵曹, 곡식을 다루는 集曹, 운송과 저장을 담당하는 倉曹, 직물과 화폐를 다루는 金曹 등 지방 행정에 필요한 67가지 문제를 다루고 있다. 규장각 등에 소장된 『御覽知不足齋叢書』에 5권으로 수록되어 있는데 唐 李淳風이 주석을 단 판본이다. 『四庫全書』에도 수록되어 있다. 唐代 國子監의 算學館에서 교재로 사용된 算術書를 모아 편찬한 『算經十書』에 『五經算術』, 『七曜算術』 등과 함께 이 책이 들어 있다. 『算經十書』는 乾隆 연간(1736~1795) 간본이 중국 國家圖書館에 소장되어 있다. 『五洲衍文長箋散稿』에서 이 책에 쓴 清 朱彝尊의 「五曹算經跋」을 소개했는데 『四庫全書總目』에서 인용한 것이다.

吳中故語

明 楊循吉이 편찬한 雜錄. 楊循吉(1456~1544)은 字가 君卿 혹은 君謙이며 吳縣 출신이다. 支硎山 아래 은거하면서 讀書와 저술에 힘을 쏟았으며, 『蘇州府纂修識略』, 『吳中往哲記』, 『吳中故實記』, 『七人聯句詩記』, 『吳邑志』, 『金山襍志』, 『廬陽客記』, 『奚囊手鏡』, 『都下贈僧詩』 등 많은 저술을 남겼다. 이 책은 陳體方, 韓永熙 등 明代 인물의 일화에서부터 佛經을 잘 암송하는 僧侶, 妓生의 點考 등의 일화, 吳中 의원의 계파, 酒令 등 다양한 내용을 담고 있다. 嘉靖 연간(1522~1566) 간본 1권이 중국 國家圖書館에 소장되어 있다. 규장각에 소장된 『說郛續』과 『鴉村叢話』, 장서각에 소장된 『唐宋叢書』 등에도 실려 있다. 『青莊館全書』, 『研經齋全集』, 『五洲衍文長箋散稿』 등에도 이 책이 인용되어 있다.

吳地記

唐 陸廣微가 편찬한 吳 지역의 地理書. 陸廣微의 字號와 이력은 알려져 있지 않다. 唐 僖宗 3년(876) 이 책을 편찬했으며 1권으로 되어 있다. 吳 지역의 地理와 歷史, 風物 등을 기록했는데, 역사는 周 敬王 6년(B.C.514)에서부터 唐 乾符 3년(876)까지의 일을 기록했다. 뒤에 後集 1권이 더 실려 있는데 후대인이 덧붙인 것으로 추정되지만 그 이름은 밝혀져 있지 않다. 대만 故宮博物院 圖書館에 소장된 『古今逸史』에 附錄과 함께 2권으로 실려 있다. 규장각에 소장된 『說郛』와 『唐宋叢書』 등에도 실려 있다. 『宋史』와 대부분의 書目에 陸廣微가 편찬자로 되어 있지만 『四庫全書總目』에서는 내용 중에 宋代의 詞가 실려 있고 역사적 사실과 맞지 않은 것이 있어 僞作으로 보았다. 『青莊館全書』

와 『與猶堂全書』 등에서 서명이 보인다. 『五洲衍文長箋散稿』에는 『吳地志』로 도 표기되었다.

吳下田家志

元 陸泳이 편찬한 農書. 陸泳은 元末의 인물로, 字가 伯翔이고 松江 출신인데 陸咏으로 된 데도 있다. 大蒸에 은거하면서 農事에 힘을 쏟았다. 이 책에는 농사와 관련한 내용과 함께 氣候 예측, 數 계산법, 吳 지역의 方言 등도 함께 수록했다. 『星湖僿說』에서 이 책을 한 조목으로 다루었는데 明 王世貞의 『宛威編』에 실려 있다고 하면서 내용 일부를 인용했다. 『五洲衍文長箋散稿』에서 李圭景은 「吳下田家志辨證說」과 「田家五行辨證說」을 두어 이 책을 자세히 다루었고 젊은 시절 직접 이 책을 필사했는데 시름을 달래주는 책이라 했다. 『說郛』에 수록되어 있다. 明 祁承㸁의 『澹生堂藏書目』에는 『吳下田家五行志』로 되어 있고 1권이라 했다. 元 長谷眞逸의 『農田餘話』에서 陸泳의 『田家五行』을 소개했는데 農家의 俗談을 적고 農事의 豐凶을 점친 것이라 했으므로 『田家五行』과 같은 책으로 보인다. 『元史』에도 『田家五行』을 소개하고 1권이라 했지만 이 이름의 책은 전하지 않는다. 지금 전하는 『田家五行』은 明 婁元禮의 저술이다. 『五洲衍文長箋散稿』에는 婁元禮의 책을 따로 다루었다.

吾學編

明 鄭曉가 편찬한 歷史書. 鄭曉(1499~1566)는 字가 窒甫이고 號가 淡泉이며 浙江 海鹽 출신이다. 兵部尙書를 지냈으며 이 책과 함께 『鄭端簡文集』, 『禹貢圖說』, 『今言類編』, 『古言類編』 등의 저술이 있다. 이 책은 明 洪武 연간(1368~1398)부터 正德 연간(1506~1521)까지의 역사적 사실을 紀傳體로 기록했다. 記, 表, 述, 考로 분류하여 『皇明大政記』 10권, 『皇明遜國記』 1권, 『皇明同姓諸王表』 2권, 『皇明同姓諸王傳』 3권(附 『皇明異性三王孔氏世家』), 『皇明異性諸侯表』 1권, 『皇明異性諸侯傳』 2권, 『皇明直文淵閣諸臣表』 1권, 『皇明兩京典銓表』 1권, 『皇明名臣記』 30권, 『皇明遜國臣記』 8권, 『皇明天文述』 1권, 『皇明地理述』 2권, 『皇明三禮述』 2권, 『皇明百官述』 2권, 『皇明四夷考』 2권, 『皇明北虜考』 1권 등으로 구성되어 있다. 전체 14篇 69권인데 각 篇이 독립되어 유통되기도 한다. 규장각과 국립중앙도서관 등에 萬曆 己亥(1599)의 序跋이 달린 목판본 69권이 소장되어 있다. 明 李當泰의 序와 鄭心材의 跋이 붙어 있다.

서울대 중앙도서관에 明 鄭履準의 注가 달린 목판본 30권 10책이 소장되어 있다. 이 책의 일부인 『皇明四夷考』에 조선 관련 기사가 있어 1615년 이 책을 구입해 왔다는 기록이 『光海君日記』에 보인다. 『惺所覆瓿藁』, 『月汀集』, 『芝峯集』 등 조선 중기 문헌에서부터 『迂書』, 『東史綱目』, 『海東繹史』 등 조선 후기 문헌에 이르기까지 많은 문헌에서 『吾學編』이 인용되었다. 『星湖僿說』에 『四夷考』가 인용되어 있다. 『光海君日記』에 『皇明大政記』를 인용하고 明 雷禮의 저술로 소개했는데 『吾學編』에 실린 것과 내용은 거의 같지만, 독립적으로 전하는 25권의 『皇明大政記』는 雷禮의 저술로 된 데가 많다. 『吾學編』에는 雷禮가 隆慶 元年(1567)에 지은 序가 붙어 있다. 雷禮(1505~1581)는 字가 必進이고 號가 古和이며 建安 璜溪 출신이다. 『內閣行實』, 『督學存稿』, 『國朝列卿記』 등의 저술이 있다. 『迂書』, 『息庵遺稿』, 『心庵遺稿』 등에는 『大政記』로 인용되어 있는데 편찬자를 밝히지 않았다.

五行問

明末清初 吳肅公이 五行에 관해 기술한 책. 吳肅公은 字가 雨若이고 號가 街南이며 宣城 출신이다. 『詩問』, 『讀禮問』, 『姑山事錄』, 『廣祀典議』, 『明語林』, 『街南集』 등 많은 저술을 남겼다. 문집 『街南續集』에 「答友人論五行書」가 실려 있는데 이 책이 醫術과 卜術, 堪輿 등 다양한 내용을 담았다고 했다. 이 책은 『昭代叢書』에 1권으로 실려 있는데 五行의 원리와 함께 五行 관련 현상을 두루 실었다. 『五洲衍文長箋散稿』에서 이 책을 여러 차례 인용했다.

五侯鯖

明 彭儼이 편찬한 類書. 彭儼은 江西 출신이고 字가 若思인데 이력은 알려져 있지 않다. 五侯鯖은 漢 成帝의 外舅 5형제인 王譚, 王商, 王立, 王根, 王逢이 魚肉을 섞어서 끓인 珍味의 요리를 가리키는 말이다. 『明史』, 『四庫全書總目』 등에 『五侯鯖』은 彭儼이 편찬한 12권의 저술로, 14門으로 나누어 잡다한 내용을 담았다고 되어 있다. 조선에서 이 책을 여러 차례 인용했지만 편찬자가 명기된 곳은 없다. 『夢經堂日史』, 『熱河日記』 등에도 『五侯鯖』을 인용했는데, 『五洲衍文長箋散稿』와 함께 薛瓊의 銀花에 대한 내용이다. 이 기사는 『說郛』에 실려 있는 『謝氏詩源』에서 확인된다. 또 『五洲衍文長箋散稿』에는 李白의 采石江 고사를 인용했는데, 같은 내용이 『古今事文類聚』와 『山堂肆考』 등에서

확인된다. 조선에서 『五侯鯖』을 직접 보지 않았을 가능성이 높다. 미국 國會圖書館에 『五侯鯖』 12권이 소장되어 있는데 萬曆 31년(1603) 郭正域의 序가 붙어 있다. 明 湯海若이 편집한 『精刻海若湯先生校訂音釋五侯鯖字海』는 『五侯鯖字海』라 줄여 부르는데 이 책과 다른 字書다. 20권 10책인데 편찬자가 알려져 있지 않고 湯顯祖가 교정하여 간행했다. 湯顯祖(1550~1616)는 字가 海若이고 號가 若士이며 臨川 출신이다. 陳繼儒의 序에 따르면 『洪武正韻』을 참작하여 만든 字書라 한다. 『林下筆記』에는 조선의 康冑信이 『五侯鯖』이라는 이름의 책을 저술했다고 했는데 같은 이름의 책이 규장각과 국립중앙도서관에 전한다. 규장각 소장본 書名이 『歷代會靈』으로도 되어 있는데 '康冑信補集'이라 했으므로 彭儼의 『五侯鯖』을 보완한 책으로 추정된다. 帝王, 后妃, 妖姬, 妓, 妾, 相國, 將帥, 眞臣, 節義, 聖賢, 異端, 文章, 隱逸, 休退, 僭僞, 簒逆, 列國, 奸凶, 閹宦, 嬖幸, 賢宦, 外戚, 良吏, 酷吏, 辯士, 節俠, 名筆, 富客, 公族, 雜術 등으로 구성되어 있다. 전체 4책이지만 休退 이하 1책은 缺卷이다. 전남대에도 같은 책 4책이 소장되어 있는데 編者가 朝鮮의 權以生으로 되어 있다. 국립중앙도서관에도 4책이 소장되어 있다. 權以生은 『史要聚選』의 편자지만 이력은 알려져 있지 않다. 『史要聚選』도 유사한 성격의 책이다. 鄭宗魯의 「易安堂趙公墓碣銘」에 따르면 朝鮮의 趙天經(1695~1776)이 古今 人物의 忠邪와 得失에 대해 기술한 80권의 『五侯鯖』을 편찬했다고 하는데 趙天經의 문집 『易安堂文集』이 전하지만 그가 편찬한 『五侯鯖』은 전하지 않는다.

玉溪生集

唐 李商隱의 文集. 李商隱(813~858)은 懷州 河內 출신이고 字가 義山이며 號는 玉溪生이다. 李商隱의 文集은 『新唐書』에 『玉溪生詩』 3권이라 했고 宋 陳振孫의 『直齋書錄解題』에 『玉溪生集』 3권이 있다고 했다. 이 계열의 문집으로 乾隆 45년(1780) 德聚堂 간본 『玉溪生詩箋注』 3권이 미국 예일대에 소장되어 있다. 『靑莊館全書』와 『海東繹史』에서 『玉溪生集』 3권이라 했는데 어떤 판본인지 분명하지 않다. 『海東繹史』에서 『玉溪集注』를 소개하고 朱鶴齡이 편찬한 것이라 했다. 朱鶴齡(1606~1683)은 字가 長孺이고 號는 愚庵이며 江南 吳江 출신이다. 錢謙益, 朱彝尊, 毛奇齡 등과 교유했으며 『尙書埤傳』, 『禹貢長箋』, 『詩經通義』, 『讀左日鈔』 등의 저술을 남겼다. 順治 16년(1659) 3권으로 『李商隱詩集』을 간행했는데 미국 예일대에 소장되어 있다. 이와 함께 李商隱의 시

집에 註를 달아 『李義山詩集箋注』 1권을 편찬했는데 清 程夢星이 增補하여 乾隆 9년(1744) 간행된 판본이 서울대 중앙도서관에 소장되어 있다. 또 8권의 『玉溪生詩意』가 미국 國會圖書館에 소장되어 있는데 朱鶴齡의 註와 屈復의 解를 붙인 판본으로 乾隆 4년(1739) 간행된 것이다. 『李義山詩集』으로 된 판본 중에는 3권의 汲古閣 간본과 『唐詩百名家全集』에 실린 간본이 알려져 있으며 6권의 蔣氏 간본, 7권의 『唐三家集』 간본 등도 전한다. 『秋潭集』에 『李商隱詩集』으로, 『眉山集』에 『玉溪集』으로 인용되어 있다. 朴泰淳의 「玉溪生集纂解序」에 따르면 이 문집에 주석을 단 『玉溪生集纂解』를 편찬했다고 하는데 이 판본은 이화여대와 장서각에 소장되어 있으며 10권이다. 규장각에 10권 2책으로 된 『李商隱詩集』이 소장되어 있는데 조선에서 간행된 목판본이다. 肅宗 18년(1692)의 序가 달려 있다. 『仁祖實錄』에 李商隱의 『浣花流水』가 全羅監營에 보관되어 있다는 기록이 보이지만 어떤 책인지 알 수 없다.

玉溪集注 → 玉溪生集

玉堂叢語

明 焦竑이 편찬한 筆記雜錄. 焦竑(1541~1620)은 字가 弱侯이고 號는 澹園이며 江寧 출신이다. 『國朝獻徵錄』, 『禹貢解』, 『遜國忠節錄』, 『焦弱侯問答』, 『焦氏筆乘』, 『焦氏類林』, 『玉堂叢話』, 『熙朝名臣實錄』, 『國史經籍志』, 『中原文獻』 등 많은 저술을 남겼다. 이 책은 8권으로 『世說新語』를 모방하여 明初 이래 翰林諸臣의 언행을 조목별로 기록했다. 모두 54類로 구성되어 있으며, 관련 인물의 傳狀, 碑銘, 年譜, 文集, 기타 筆記에서 인용했다. 중국에서 玉堂은 宋 이래 翰林院을 지칭한다. 明 方拱乾 등이 교감한 목판본이 중국 國家圖書館에 소장되어 있는데 明 萬曆 46년(1618)의 序가 달려 있고 曼山館에서 간행했다. 『五洲衍文長箋散稿』에서 이 책을 인용했지만 같은 내용이 清 趙吉士의 『寄園寄所寄』에 보이므로 여기서 가져온 듯하다.

玉臺新詠

南朝 梁의 徐陵이 편찬한 詩選集. 徐陵(507~583)은 字가 孝穆이고 東海 郯城 출신으로 이 책과 함께 문집 『徐孝穆集』이 있다. 이 책은 五言詩 8권, 歌行 1권, 五言四句詩 1권 등 모두 10권이며 漢代부터 梁代까지의 詩 769편이 실려 있

다. 自序에 따르면 豔歌를 選錄하는 것을 목적으로 삼았다고 한 대로 男女의 閨情을 다룬 작품을 주로 선발했다. 여기에 수록된 시와 같은 양식을 永明體 혹은 玉臺體라 하는데 聲律과 對偶가 近體詩에 가깝다. 明 無錫孫氏의 活字本이 전하며 明末에 宋板의 復刻한 판본도 전한다. 규장각과 서울대 중앙도서관에 光緖 12년(1886) 간행된 목판본 10권 4책이 소장되어 있는데 앞에 自序와 뒤에 康熙 丁亥年(1707) 孟璟의 跋이 붙어 있다.『芝峯類說』,『芝山集』 등에도 이 책이 소개되어 있다.『五洲衍文長箋散稿』에는『玉臺集』으로 인용되어 있다.『燕山君日記』에 燕山君이 玉臺體를 즐겼다는 기록이 보인다.

玉臺集

南朝 梁 徐陵이 梁 簡文帝의 命으로 편찬한 詩歌選集. 徐陵(507~583)은 字가 孝穆이고 東海 郯城 출신으로 이 책과 함께『徐孝穆集』이 전한다.『四庫全書總目』에는『玉臺集』이 梁 簡文帝의 命으로 편찬한 것인데『玉臺新詠』은 이를 축소한 것이라 했다.『五洲衍文長箋散稿』에는 徐陵의『玉臺集』으로 언급되어 있는데 宋 嚴羽의『滄浪詩話』에서『玉臺集』을 언급한 부분에서 가져온 것이다.『玉臺集』은 전하지 않지만『玉臺新詠』과 유사했을 것으로 추정된다.『玉臺新詠』은 東周에서 南朝 梁代까지의 詩歌를 모은 것으로, 五言詩 8권, 歌行 1권, 五言四句詩 1권 등 모두 10권이며, 漢代부터 梁代까지의 詩 769편이 실려 있다. 明 無錫 孫氏의 活字本이 일본 東京大 등에 소장되어 있다. 서울대 중앙도서관에 崇禎 6년(1633) 趙均의 跋이 붙은 판본 10권이 소장되어 있다. 自序에 따르면 豔歌를 選錄하는 것을 목적으로 삼았다고 했는데, 男女의 情을 다룬 작품을 주로 선발했다. 여기에 수록된 詩와 유사한 양식을 永明體 혹은 玉臺體라 하는데 聲律과 對偶가 近體詩에 가깝다.『燕山君日記』에 燕山君이 玉臺體를 즐겼다는 기록이 보이므로 이른 시기 朝鮮에 유입되었을 가능성이 높다.『芝峯類說』에도 이 책이 소개되어 있다.

玉曆通政經

唐 李淳風이 편찬한 天文을 이용한 占術書. 李淳風(602~670)은 岐州 출신으로 于志寧과 함께『五代史志』를 편찬했다. 이 책은 宋 陳振孫의『直齋書錄解題』와『宋史』 등에는 3권이라 했다. 대만 故宮博物院圖書館에는 明 藍格의 鈔本 15권과 拾遺 1권이 소장되어 있다. 3권으로 된 책도 중국 國家圖書館에 소

장되어 있다. 『說郛』에도 일부가 수록되어 있다. 南宋代의 僞作이라는 설도 있다. 『中宗實錄』에 따르면 1539년 金安國이 慶尙道의 民家에서 이 책을 찾아 진상한 후 內藏의 善本을 내어 印出하여 觀象監에 備置할 것을 청했는데 中宗은 관상감에 두지 말고 궁중에 비장할 것을 하교한 기사가 있으므로 조선 초기에는 이 책이 존재했음을 알 수 있다. 『五洲衍文長箋散稿』에도 이 책을 인용했다. 肅宗 연간 韓構字로 간행한 『觀象玩占』 47권이 전하는데 天文氣象으로 人事의 吉凶을 實徵하는 占書이므로 李淳風의 이름을 假託한 것으로 추정된다. 또 李淳風의 저술 중에 10권의 『乙巳占』이 전하는데 이 역시 天文을 이용한 占術書다.

玉笑零音

明末淸初 田藝衡이 편찬한 筆記雜錄. 田藝衡은 字가 子藝이고 錢塘 출신으로 田汝成의 아들이다. 田藝蘅으로 표기된 데도 있다. 이 책 외에 『大明同文集』, 『煮泉小品』, 『留靑日札』, 『留留靑』 등 많은 저술이 있다. 이 책은 그의 저술인 『留靑日札』 권7에 같은 이름으로 실려 있지만 1권의 別本으로 유통되기도 했다. 128條에 걸쳐 신이한 일화와 함께 한적한 삶을 추구하는 淸言小品이 수록되어 있다. 규장각에 소장된 『說郛續』에 실려 있으며 『陳眉公普祕笈』, 『廣百川學海』 등에도 실려 있다. 『五洲衍文長箋散稿』에는 『玉笑零言』으로 된 곳도 있다.

玉食批

南宋의 司膳內人이 편찬한 궁중의 음식에 관한 책. 南宋 臨川 출신의 陳世崇이 편찬한 『隨隱漫錄』에 인용되어 있는 내용을 독립시켜 『說郛』에 옮긴 것이다. 太子에게 올린 酒醋, 白腰子, 三鮮筍, 炒鵪子, 烙潤鳩子, 爊石首魚 등 다양한 음식을 소개한 짧은 글이다. 『五洲衍文長箋散稿』에 서명만 간략히 소개되어 있다.

玉照新志

南宋 王明淸이 편찬한 雜錄. 王明淸(1127~1202)은 字가 仲言이고 汝陰 출신이며 후에 嘉興에 우거했다. 『揮麈錄』, 『投轄錄』, 『摭靑雜記』, 『熙豐日曆』 등의 저술이 있는데 대부분 『說郛』에 실려 전한다. 이 책은 6권으로, 『四庫全書』에 편입되어 있으며 앞에 간략한 序가 실려 있다. 朝野의 野史와 逸話 등을 기

록한 책으로, 宋 王堯臣, 李長民, 姚平仲, 曾布馮 등의 詩文을 소개하고 前代의 逸文을 수록하여 사료적 가치가 높다. 『說郛續』에는 4권이 수록되어 있고 『尙白齋鐫陳眉公訂正秘笈』, 『叢書』, 『唐宋叢書』 등에도 실려 있다. 『星湖僿說』, 『楓皐集』, 『五洲衍文長箋散稿』 등에 이 서명이 보인다.

玉樞經

편찬자를 알 수 없는 宋代의 道教 經典. 이 책은 道教에서 받드는 神仙인 九天應元雷聲普化天尊의 說法을 적은 經文이다. 九天應元雷聲普化天尊은 南極生長大帝의 化身이며 雷部의 가장 높은 天神이다. 『九天應元雷聲普化天尊玉樞寶經』 혹은 『雷霆玉樞寶經』이라고도 한다. 至道와 氣數의 2節로 되어 있는데 이 經文을 외우고 普化天尊을 부르면 액운을 없애고 長生할 수 있다고 한다. 明 宣德 연간(1426~1435) 간본이 대만 故宮博物院圖書館에 소장되어 있다. 朝鮮에서 이 책이 여러 차례 간행되었는데 국립중앙도서관에 光海君 12년(1612) 序가 달린 판본이 있고, 규장각에 英祖 12년(1736) 普賢寺에서 간행한 판본이 소장되어 있는데 표지에는 서명이 『畫玉樞經』으로 되어 있다. 卷頭에 44神將과 仙景의 圖板, 그리고 神呪이 수록되어 있다. 이어서 經文과 함께 海瓊白眞人註, 祖天師張眞君義, 五雷使者張天君釋, 純陽孚佑帝君讚이 실려 있다. 『經國大典』에 따르면 道家의 禮典을 행할 때 이 책과 함께 『靈寶經』, 『科義』, 『延生經』, 『太一經』, 『眞武經』, 『龍王經』 중에서 세 經을 읽는다고 한 것으로 보아 조선 초기 왕실에서 소장했음을 짐작할 수 있다. 『惺所覆瓿藁』, 『東溪集』, 『星湖僿說』, 『五洲衍文長箋散稿』 등 여러 문헌에 이 책이 자주 보인다.

玉篇

南朝 梁 顧野王이 편찬한 字書. 顧野王(519~581)은 原名이 顧體倫이고 字는 希馮이며 吳郡 吳縣 출신이다. 이 책은 大同 9년(543) 편찬된 것으로, 『爾雅』, 『說文解字』와 병칭되는 대표적인 字書다. 542종의 部首에 따라 16,917字를 수록하고 글자마다 反切, 『說文解字』의 풀이, 例文 등을 실었다. 唐 上元 元年(760) 孫强이 글자를 보태고, 宋 大中祥符 6년(1013) 陳彭年 등이 30권으로 重修했는데 이를 『大廣益會玉篇』이라 한다. 22,561字가 실려 있다. 陳彭年(961~1017)은 字가 永年이고 建昌軍 南城 출신이다. 『唐記』, 『江南別錄』 등의 저술이 있고, 丘雍 등과 함께 『廣韻』을 편수했다. 『太宗實錄』에 따르면 1412

년 忠州史庫에서 『大廣益會玉篇』을 바쳤다는 기록이 보인다. 고려대에 소장된 판본이 이때 조선에서 판각한 것의 後刷本으로 추정된다. 또 中宗 32년(1537) 金海에서 『大廣益會玉篇』을 간행했는데 이 판본의 후쇄본이 국립중앙도서관, 규장각 등에 소장되어 있다. 卷首에 顧野王의 「大廣益會玉篇序」와 陳彭年의 「弁序」가 있고, 이어 總目이 있다. 『玉篇』은 『牧隱稿』 이래 꾸준히 우리 문헌에 보인다. 字典의 역사와 관련하여 『弘齋全書』, 『研經齋全集』, 『與猶堂全書』, 『五洲衍文長箋散稿』 등에 이 책을 소상하게 소개했다. 『大廣益會玉篇』은 『默齋日記』, 『隱峯全書』, 『西潭集』 등에서 언급했다.

玉海

南宋 王應麟이 편찬한 類書. 王應麟(1223~1296)은 字가 伯厚이고 號가 厚齋이며 慶元府 鄞縣 출신이다. 『玉堂類稿』, 『鄭氏周易注』, 『漢制考』, 『困學紀聞』, 『論語孟子考異』, 『通鑑地理通釋』, 『六經天文編』, 『四明文獻集』, 『小學紺珠』 등 방대한 저술을 남겼다. 이 책은 天文, 律憲, 地理, 帝學, 聖制, 藝文, 詔令, 禮儀, 車服, 器用, 郊祀, 音樂, 學校, 選擧, 官制, 兵制, 朝貢, 宮室, 食貨, 兵捷, 祥瑞 등 21門 240여 類로 구성되어 있다. 宋代의 『實錄』과 『國史日歷』 등 일실된 자료에서 인용한 것이 많아 사료적 가치가 높다. 元 王厚孫이 교감한 것을 明 萬曆 연간(1573~1620)과 嘉靖 연간(1522~1566)에 간행했고 淸 李振裕의 교감을 보태 康熙 27년(1688) 다시 간행했다. 乾隆 3년(1738)에도 중간했다. 규장각에 元版本의 후쇄본 일부가 소장되어 있으며, 康熙 26년(1687)
의 序, 乾隆 3년(1738) 熊本의 序, 至元 6년(1340) 薛元德의 跋 등이 붙어 있는 목판본 200권 120책이 소장되어 있는데 乾隆 3년 간행한 판본으로 추정된다. 98책 후반부에 『辭學指南』, 『詩攷』, 『詩地理攷』, 『漢藝文志攷』, 『通鑑地理通釋』, 『王會』, 『漢制攷』, 『踐阼篇』, 『急就』, 『小學紺珠』, 『姓氏急就篇』, 『六經天文編』, 『周易鄭康成注』, 『通鑑答問』 등 王應麟의 다른 저술들이 실려 있는데 『急就』, 『踐阼篇』 등 몇 종을 제외하고 대부분 『四庫全書』에 따로 편입되어 있다. 국립중앙도서관에 中宗 연간(1506~1544) 丙子字로 간행한 판본 일부와 南京 國子監에서 萬曆 己丑(1589) 간행한 200권 100책 목판본이 소장되어 있는데 『辭學指南』, 『詩攷』, 『漢書藝文志攷』, 『通鑑地理通釋』, 『漢制』, 『急就篇』 등이 부록에 실려 있다. 至正 11년(1351) 李桓의 序, 至正 辛卯年(1351) 王介의 序, 萬曆 己丑年(1589) 趙用賢의 引 등이 실려 있다. 版心에 '萬曆癸未年補

刊', '嘉靖癸戌年刊', '萬曆十六年', '萬曆丁亥年', '正德二年', '嘉靖乙卯年' 등의 간기가 있으므로, 嘉靖 연간(1522~1566)부터 萬曆 연간(1573~1620)까지의 여러 판본이 혼입되어 있음을 알 수 있다. 성균관대 존경각에는 清 乾隆 56년(1791) 간행한 255권 100책이 소장되어 있고, 장서각에는 嘉慶 11년(1806) 간행한 263권 120책이 소장되어 있다. 田祿生의 『壄隱逸稿』 등 고려시대 문헌에서부터 이 책이 인용되고 있으며, 『高麗史節要』에 따르면 1364년 明州의 方國珍이 사신을 통하여 이 책을 바쳤다고 한다. 『太宗實錄』 등 역대 실록에도 여러 차례 이 책이 인용되어 있다. 『眉巖日記』에는 尹弘中이 靈光에서 올려보낸 책 중에 『玉海』 57책이 들어 있다. 『熱河日記』, 『青莊館全書』, 『海東繹史』, 『研經齋全集』, 『林下筆記』, 『五洲衍文長箋散稿』 등에서도 이 책을 인용했다. 丁若鏞은 『與猶堂全書』에서 『漢魏叢書』와 함께 이 책의 博學을 높게 평가했다. 『東錄』, 『新補彙語』, 『萬家叢玉』, 『文字類輯』, 『經史集說』, 『新補彙語』, 『國朝彙言』, 『藝苑新編』, 『波斯肆』, 『波斯寶』 등 조선시대에 편찬된 대부분의 類書가 이 책을 바탕으로 한다.

玉壺淸話

北宋 승려 文瑩이 편찬한 野史雜錄. 文瑩은 字가 道溫 혹은 如晦이며 錢塘 출신이다. 宋 仁宗 연간(1022~1063) 활동하며 蘇舜欽, 歐陽修 등과 교유했다. 『渚宮集』이 있었지만 일실되고, 이 책과 함께 『湘山野錄』, 『湘山續錄』 등이 전한다. 이 책은 『玉壺野史』라고도 한다. 玉壺는 文瑩의 隱居地다. 自序에 따르면 元豐 戊午(1078) 완성되었다. 宋初부터 熙寧 연간(1068~1077)까지 다양한 문집에 실린 자료를 바탕으로 당시 君臣의 言行, 禮樂의 憲章, 詩文과 逸史 등 160條를 기술했는데 10권이다. 규장각 등에 소장된 『御覽知不足齋叢書』, 『說郛』, 『宋人百家小說』, 『守山閣叢書』 등에 이 책이 실려 있다. 『四庫全書』에 『玉壺野史』로 10권이 모두 실려 있다. 『海東繹史』, 『五洲衍文長箋散稿』 등에 『玉壺淸話』로 인용되어 있다. 『五洲衍文長箋散稿』에서는 宋 唐庚의 『三國雜事』에서 인용하여 이 책을 緯書라 했다. 전남대에 乾隆 庚子(1780) 寶繪堂에서 간행한 『玉壺淸話』가 소장되어 있는데 편찬자가 王鳴盛으로 되어 있지만 그 근거를 알 수 없다. 王鳴盛은 淸의 문인으로 『尙書後案』의 저자다.

韞光樓雜志

淸 胡兆鳳이 편찬한 雜錄. 胡兆鳳은 字가 翻羽이고 康熙 연간(1662~1722) 燕과 趙 일대에서 활동했으며 篆刻에 뛰어나『廣印人傳補遺』를 저술했다. 이 책은 일실되어 전하지 않으며,『續文獻通考』 등에 몇 條만 인용되어 전한다.『海東繹史』에 元 世祖의 宮人 李氏에 대한 기사를 이 책에서 인용했는데 淸 王初桐의『奩史』에서 이 책을 인용하여 같은 내용을 다루었다.

翁季錄

南宋 蔡元定이 朱熹와의 問答을 기록한 책. 蔡元定(1135~1198)은 字가 季通이고 建陽 출신이며 西山先生으로 불린다.『西山公集』 외에『發微論』,『穴情賦』,『律呂新書』 등의 저술이 전한다. 이 책에서 翁은 朱熹를, 季는 蔡元定을 이른다. 南宋 眞德秀의『西山文集』 등에 이 책의 존재를 언급했지만 淸 黃宗羲의『宋元學案』에는 전하지 않는다고 했다.『宋子大全』,『寓軒集』,『儉齋集』,『鳴皐全集』,『弘齋全書』,『梅山集』,『寒洲集』 등 여러 문헌에서 이 책을 소개했다.『宋子大全』에는 李珥의『太極問答』이 이 책을 모방한 것이라 했다. 또『弘齋全書』에는 "蔡杭이 그의 조부 蔡季通이 문답한『翁季錄』과 吏部 楊方의『寒泉語』를 包顯道의 기록과 함께 인쇄한 것이『朱子語後錄』이다"라는 기록이 보인다.『五洲衍文長箋散稿』에서는 淸 李光地의『榕村全書』를 인용하여 이 책을 소개했다.

甕牖閑評

南宋 袁文이 편찬한 筆記雜錄. 袁文(1119~1190)은 字가 質夫이며 四明 鄞縣 출신으로 특히 音韻學에 조예가 깊었다. 이 책은 원래 8권이었으나 일실되고『永樂大典』을 편찬할 때 逸文을 바탕으로 다시 편집했다.『淸芬堂叢書』,『勵志齋叢書』 등에도 실려 있는데 이 판본을 수록한 것이다. 서적과 음식, 器物 등에 대한 考證을 주로 했다. 1권은 經, 2권은 史, 3권은 天文, 地理, 人事, 4권은 小學, 5권은 詩, 詞, 書, 畵, 6권은 飮食, 衣服, 器用, 宮室, 7권은 釋, 道, 技術, 物産을 다루었다.『海東繹史』에서 이 책을 인용하여 고려의 풍속을 설명했다.

臥遊錄

南宋 呂祖謙이 편찬한 雜錄. 呂祖謙(1137~1181)은 婺州 출신으로 字가 伯恭

이고 東萊先生으로 일컬어진다. 朱熹, 張栻 등과 함께 東南三賢으로 불렸다. 『皇朝文鑑』, 『東萊集』, 『古周易』, 『春秋集解』, 『東萊博議』 등 많은 저술이 있다. 이 책은 『說郛』에 1권 45條로 실려 있는데 劉義慶의 『世說新語』, 蘇軾의 雜著 및 『陶潛集』 등에서 초록한 것이다. 明 王深源의 序와 顧元慶의 跋이 있다. 嘉靖 연간(1522~1566)과 萬曆 연간(1573~1620)의 간본이 중국 國家圖書館에 소장되어 있다. 許筠은 朱之蕃에게서 이 책과 함께 『棲逸傳』, 『玉壺氷』 등 3종을 받아 이를 바탕으로 『閑情錄』을 편찬했다. 金壽增, 南鶴鳴 등이 같은 이름의 책을 편찬했고, 규장각, 장서각, 개인 등이 소장한 같은 이름의 책이 있지만 내용은 전혀 다르다. 『海東繹史』에서는 呂祖謙의 책을 인용했고 『五洲衍文長箋散稿』에는 조선에서 편찬한 것을 인용했다.

宛委餘編

明 王世貞이 편찬한 筆記雜錄. 王世貞(1526~1590)은 字가 元美이고 號가 鳳洲 또는 弇州山人이며 江蘇省 太倉 출신이다. 『弇州山人四部稿』와 『弇州山人續稿』, 『弇山堂別集』, 『嘉靖以來首輔傳』, 『史乘考誤』, 『畵苑』, 『觚不觚錄』, 『尺牘淸裁』, 『全唐詩說』 등 많은 저술이 있다. 이 책의 序에 따르면 王世貞이 『藝苑卮言』을 편찬한 후 여러 책을 동원하여 雜事를 고증해 엮은 책이라 한다. 全文이 규장각 등에 소장된 『弇州山人四部稿』에 실려 있지만 1권의 별본으로 유통되기도 한다. 『說郛續』에도 일부가 수록되어 있다. 『芝峯類說』, 『星湖僿說』, 『熱河日記』, 『無名子集』, 『靑莊館全書』, 『海東繹史』, 『金陵集』, 『與猶堂全書』 등 많은 문헌에 인용되어 있어 조선에 큰 영향을 끼친 책이라 할 수 있다. 許筠, 尹根壽, 趙儆, 黃床 등의 문집에 『弇州山人四部稿』를 읽었다는 기록이 보인다.

王梆叢談 → 野客叢書

汪伯玉集 → 太函集

王氏蘭譜

南宋 王貴學이 蘭에 관해 기술한 책. 王貴學은 字가 進叔이고 臨江 출신이지만 이력이 자세하지 않다. 이 책은 淳祐 7년(1247) 편찬되었는데 『蘭譜』로도 부른다. 『說郛』에 실려 있는데 43종의 蘭花를 소개했다. 品第之等, 灌漑之候,

分析之法, 沙泥之宜, 愛養之地, 蘭品之產 등 6조로 되어 있다. 陳夢良, 吳蘭, 何蘭, 大張靑, 小張靑, 蒲統領, 陳八斜, 淳監糧, 許景初, 石門紅, 蕭仲和, 何首座, 林仲禮, 粉粧成, 茅素, 金陵邊, 龜山, 濟老, 惠知客, 施蘭, 李通判, 鄭白善, 大鄭少擧, 小鄭少擧, 仙霞, 馬大同, 黃八兄, 朱蘭, 周染, 夕陽紅, 雲嶠, 林郡馬, 靑蒲, 獨頭蘭, 觀堂主, 名弟, 魚龍蘭, 翁通判, 老建, 碧蘭, 廣碧, 高陽蘭, 四明蘭 등의 품종이 보인다. 『靑莊館全書』, 『五洲衍文長箋散稿』 등에 이 서명이 보인다. 서울대 중앙도서관에 『金漳蘭譜』가 소장되어 있는데 順治 4년(1647) 간본으로, 宋 趙時庚의 『金漳蘭譜』와 함께 王貴學의 『蘭譜』, 宋 范成大의 『菊譜』, 宋 劉蒙의 『菊譜』, 宋 陳思의 『海棠譜』 등이 수록되어 있다. 趙時庚의 『金漳蘭譜』 역시 『說郛』에 수록되어 있다.

王氏談錄

北宋 王欽臣이 편찬한 筆記雜錄. 『說郛』에는 王洙가 편찬한 것으로 되어 있으나, 先公 또는 公이라 일컬은 부분이 많으므로 그의 아들 王欽臣의 저작으로 보는 것이 옳다. 王洙(997~1057)는 字가 原叔이고 應天 宋城 출신이며 博覽强記하여 方技, 術數, 陰陽, 五行, 音韻, 訓詁, 書法 등에 두루 능했다. 『金匱要略』, 『皇祐方域國志』, 『宋元史質』 등의 저술이 전한다. 王欽臣(1034?~1101?)은 字가 仲至이며 藏書家로 이름이 높았다. 元祐 연간(1086~1094) 高麗에 사신으로 다녀왔다. 이 책은 王欽臣이 부친 王洙의 언행을 기록한 것으로 총 99條다. 규장각에 소장된 『尙白齋鐫陳眉公訂正秘笈』, 『唐宋叢書』 등에도 실려 있다. 『星湖僿說』에 이 책이 인용되어 있다.

王氏法書苑

明 王世貞이 역대 書法 관련 자료를 모아 편찬한 叢書. 王世貞(1526~1590)은 字가 元美이고 號가 鳳州 또는 弇州山人이며 江蘇省 太倉 출신이다. 『弇州山人四部稿』와 『弇州山人續稿』, 『弇山堂別集』, 『嘉靖以來首輔傳』, 『史乘考誤』, 『畵苑』, 『觚不觚錄』, 『尺牘淸裁』, 『全唐詩說』 등 많은 저술이 있다. 이 책은 원 서명이 『古今法書苑』인데 宋 周越이 편찬한 책도 이 이름으로 되어 있어 구분하기 위해 『王氏法書苑』으로 통용되었다. 明代의 간본 76권이 대만 中研院傅斯年圖書館에 소장되어 있다. 『弇州四部稿』에 「古今法書苑序」가 실려 있는데 이에 따르면 書源, 書體, 書法, 書品, 書評, 書估, 文, 詩, 書傳, 書蹟 등으로 편

제했다. 『五洲衍文長箋散稿』에는 『佩文齋書畫譜』에서 『王氏法書苑』의 내용을 소개한 것을 인용했다. 周越의 『法書苑』은 『說郛』에는 1권으로 실려 있다. 『星湖僿說』과 『夢囈集』에는 『法書苑』으로 인용했는데 편자를 밝히지 않았다.

王氏書苑

明 王世貞이 歷代 書論을 모아 엮은 叢書. 唐 張彦遠의 『法書要錄』 10권, 宋 米芾의 『米海嶽書史』 1권, 元 蘇霖의 『書法勾玄』 4권, 宋 黃伯思의 『東觀餘論法帖刊誤』 2권과 『附錄』 1권을 모아 10권으로 엮었다. 또 이를 보완하여 『書苑補益』을 엮었는데 唐 孫過庭의 『書譜』 1권, 宋 姜夔의 『續書譜』 1권, 宋 米芾의 『寶章待訪錄』 1권, 宋 歐陽修의 『試筆』 1권, 宋 高宗의 『高宗皇帝御製翰墨志』 1권, 宋 曹士冕의 『法帖譜系』 2권, 元 吾丘衍의 『學古編』 1권, 元 劉惟志의 『字學新書摘鈔』 1권, 宋 董逌의 『廣川書跋』 10권 등을 모아 12권으로 엮었다. 장서각에 이 책과 함께 『王氏畵苑』을 합치고 明 朱衣와 姚汝循이 校正하여 萬曆 19년(1591) 간행한 목판본 『王氏書畵苑』 24권이 소장되어 있다. 『王氏書苑』은 『五洲衍文長箋散稿』에 인용되어 있다.

王氏畵苑

明 王世貞이 歷代 畵論을 모아 엮은 叢書. 南齊 謝赫의 『古畵品錄』 1권, 唐 李嗣貞의 『續畵品錄』 1권, 唐 釋彦悰의 『後畵錄』 1권, 陳 姚最의 『續畵品』 1권, 唐 裴孝源의 『貞公私畵史』 1권, 宋 沈括의 『沈存中圖畵歌』 1권, 五代 荊浩의 『筆法記』(一名畵山水錄) 1권, 唐 王維의 『山水論』 1권, 唐 張彦遠의 『歷代名畵記』 10권, 宋 劉道醇의 『聖朝名畵評』 3권, 唐 朱景玄의 『唐朝名畵錄』 1권, 宋 劉道醇의 『五代名畵』 1권, 宋 鄧椿의 『畵繼』 10권, 黃休復의 『益州名畵錄』 3권, 宋 米芾의 『米海嶽畵史』 1권 등을 10권으로 엮고, 『畵苑補益』으로 보완하여 梁元帝의 『梁元帝山水松石格』 1권, 唐 王維의 『畵學秘訣』 1권, 五代 荊浩의 『豫章先生論畵山水賦』 1권, 唐 李成의 『山水訣』 1권, 宋 郭熙의 『林泉高致』 1권, 宋 郭若虛의 『畵論』 1권과 『紀藝』 1권, 宋 徽宗의 『宣和論畵雜評』 1권, 宋 韓拙의 『山水純全集』 1권, 宋 李澄叟의 『畵山水歌』 1권, 편자 미상의 『畵山水歌』 1권, 宋 李薦의 『畵品』 1권, 宋 釋仲仁의 『華光梅譜』 1권, 元 李衎의 『竹譜詳錄』 1권, 宋 張退公의 『墨竹記』 1권, 宋 董逌의 『廣川畵跋』 6권 등을 묶어 4권으로 편찬했다. 장서각에 이 책과 함께 『王氏書苑』을 합치고 明 朱衣와 姚汝循이 校正

하여 萬曆 19년(1591) 간행한 목판본『王氏書畵苑』이 소장되어 있다.『王氏畵苑』은『五洲衍文長箋散稿』에 인용되어 있다.

王氏後案 → 尙書後案

王安國詩集

北宋 王安國의 詩集. 王安國(1028~1074)은 字가 平甫이고 臨川 출신이다. 王安石의 아우로, 詩에 뛰어나 王安禮, 王雱과 함께 臨川三王으로 일컬어졌다. 宋 曾鞏의「王平甫文集序」에는 저술이 100권이라 했고,『宋史』에는『王安國集』60권,『序言』8권이 있다고 했지만 모두 일실되고『兩宋名賢小集』에『王校理集』1권만 실려 전한다.『海東繹史』에는『墨客揮犀』를 인용하여 高麗에서 宋에 사신을 보내 王安國의 시를 구하자 元絳이『王安國詩集』을 엮어 주었다는 기사를 적고 있다.『五洲衍文長箋散稿』에서는 그의 시에 대해 언급했다.

王漁洋集 → 帶經堂集

王佐秘珠

唐 樂産이 편찬한 道家書. 樂産은 어떤 인물인지 알 수 없다. 이 책은 일실되어 전하지 않는데『舊唐書』와『宋史』등에는『王佐秘珠』5권으로,『新唐書』와『通志』등에는『王佐秘書』5권으로 되어 있다.『五洲衍文長箋散稿』에는『王佐秘訣』이 明 胡翰의『泰壹全書』에 수록되어 있다고 했다.

王太岳集

淸 王太岳의 文集. 王太岳(1721~1785)은 字가 基平이고 號가 芥子이며 直隸 定興 출신이다. 學問에 뛰어나『四庫全書考證』을 저술했다. 이 문집 외에『高平行紀』,『張烈女傳』,『涇渠志』등의 저술이 있다.『淸史稿』등에『芥子先生集』,『淸虛山房集』등의 문집이 있다고 했는데『淸虛山房集』은 11권으로 일본 東京大와 京都大 등에 소장되어 있고『王太岳集』은 확인되지 않는다.『淸虛山房集』을 가리킬 가능성도 있다.『五洲衍文長箋散稿』에서 직접 보았다 하고 몇 차례 인용했다.

倭患考原

明 黃俁卿이 편찬한 雜錄. 黃俁卿은 閩 지역 출신인데 嘉靖 연간(1522~1566)에서 隆慶 연간(1567~1572) 활동한 것으로 보이지만 字號나 이력은 밝혀져 있지 않다. 이 책은 2권으로 되어 있으며 福建 지역에 출몰한 倭寇의 역사를 다룬 것으로, 上卷은 洪武 初年 사신을 보내 倭와 교통한 사실부터 萬曆 초기 林鳳의 亂까지 다루었고, 下卷에서 朝鮮에 宋應昌, 楊鎬 등이 援兵으로 참여한 일을 적었으며 끝에 倭俗考를 붙였다. 일본 東京大에 鈔本 2권이 소장되어 있는데 『恤援朝鮮倭患考』가 부록에 붙어 있다. 『海東繹史』에 『四庫全書總目』을 인용하여 이 책을 소개했는데 兩淮鹽政이 채집하여 올린 판본이라 했다.

外國竹枝詞

明末清初 尤侗이 外國을 대상으로 하여 창작한 竹枝詞. 尤侗(1618~1704)은 字가 同人이고 號는 艮齋 또는 西堂老人으로, 江蘇 長洲 출신이다. 詩와 古文詞에 능하여 『西堂雜組』, 『艮齋雜記』 등의 저서가 있다. 『外國竹枝詞』는 규장각 등에 소장된 尤侗의 문집 『西堂全集』에 실려 있는데 康熙 25년(1686)의 간기가 있다. 이 작품은 『明史』를 편찬할 때 경계할 내용을 간추려 明 李東陽의 『詠史樂府』의 예를 따라 지은 것으로, 朝鮮, 日本, 琉球, 安南, 緬甸, 占城, 眞臘, 暹羅, 百花, 文郎馬神, 天竺, 佛郎機, 呂宋, 和蘭, 美洛居, 歐羅巴 등 동서양 각국의 문물을 소재로 한 시 100수와 상세한 주석이 부기되어 있다. 이밖에 土謠 10수, 日本雜詠 16수가 실려 있다. 康熙 24년(1685) 간기가 있는 목판본이 고려대에 소장되어 있는데 5책이며 尤侗의 다른 저작과 합쳐져 있다. 『昭代叢書』에도 편입되어 있다. 규장각과 국립중앙도서관에 필사본이 소장되어 있다. 朝鮮에 대한 언급이 실려 있어 『熱河日記』, 『耳目口心書』, 『林下筆記』, 『五洲衍文長箋散稿』 등에 인용되어 있다.

外臺秘要

唐 王燾가 편찬한 醫書. 王燾(670~755)는 陝西 郿縣 출신으로 醫學에 조예가 깊었다. 이 책은 『外臺秘要方』이라고도 하는데 唐代까지의 醫書를 집성하여 天寶 11년(752) 완성했으며 40권이다. 傷寒, 天行, 溫病, 瘧疾, 霍亂, 心痛, 痰飮, 咳嗽, 五官科疾病, 癭瘤, 癰疽, 痢, 痔, 中惡, 金瘡, 惡疾, 采藥, 丸散, 面部, 婦兒疾病, 乳石, 明堂灸法 등 총 1,104門으로 되어 있으며, 수록된 치료법

은 6,000여 條에 달한다. 『四庫全書』에 40권으로 수록되어 있다. 崇禎 13년(1640)의 목판본이 중국 國家圖書館 등에 소장되어 있다. 숙명여대 등에 同治 13년(1874) 간기가 있는 목판본 『唐王燾先生外臺秘要方』이 소장되어 있다. 『醫林撮要』, 『五洲衍文長箋散稿』, 『冠巖全書』 등에 인용되어 있다.

遼東事宜

明 魏時亮이 遼東과 朝鮮에서의 見聞을 기록한 글. 魏時亮(?~1585)은 字가 工甫 혹은 敬吾이고 南昌 출신이며, 『大儒學粹』, 『歷代名臣奏議集略』 등의 저술이 있다. 『宣祖實錄』과 『仁祖實錄』 등에 따르면 1567년 許國과 함께 穆宗의 登極詔書 반포를 위해 朝鮮에 왔는데 인품이 뛰어나 조정에서 그의 비석을 세우고자 하는 논의가 있었다. 『明史』에 따르면 隆慶 元年(1567) 左給事中으로 朝鮮에 사신으로 갔다 돌아가서 '遼東事宜'를 올렸다고 한다. 『海東繹史』에서 이 기사를 들어 '遼東事宜'를 서명으로 보았지만 이 이름의 책은 확인되지 않는다.

遼東志

明 畢恭과 王祥 등이 편찬한 遼東 지역의 地理書. 畢恭(?~1452)은 字가 以謙이고 前屯衛 출신이다. 『遼城吟稿』가 있었다고 하나 지금은 전하지 않는다. 王祥은 汝南 출신으로 字號나 이력은 거의 알려진 바가 없다. 正統 연간(1436~1449) 畢恭이 遼東都指揮僉事를 지냈고, 王祥은 左府都督僉事를 지냈다. 이 책은 9권이며 嘉靖 16년(1537) 李輔가 重修한 간본 9권이 중국 國家圖書館에 소장되어 있다. 正統 8년(1443) 畢恭의 序와 景泰 元年(1450) 王祥의 序가 붙어 있으므로 이 무렵 완성된 것으로 보인다. 嘉靖 16년(1537) 左僉都御史 任洛이 重修하여 간행한 판본이다. 地理志, 建置志, 兵食志, 曲禮志, 官師志, 人物志, 藝文志, 雜志, 外志 등으로 구성되어 있다. 『世祖實錄』에 『遼東志』가 보이지만 이 책인지는 확인이 어렵다. 『中宗實錄』에는 鄭順朋이 『遼東志』 6권을 進獻했다고 했는데 역시 이 책을 가리키는지는 알 수 없다. 『私淑齋集』, 『寒圃集』, 『研經齋全集』, 『與猶堂全書』, 『碩齋稿』, 『東史綱目』, 『海東繹史』에서도 『遼東志』를 언급했지만 모두 편찬자를 밝히지 않았다.

遼史

元 脫脫 등이 元 順帝의 命으로 편찬한 遼의 歷史書. 脫脫(1314~1355)은 托克托이라고도 하며 字는 大用이고 몽골 메르키드족 출신이다. 至正 원년(1341)에 中書右丞相, 監修國史가 되어 遼金元 三國의 역사 편찬을 총괄했다. 이 책은 遼代 219년의 역사를 기록한 正史로, 本紀 30권, 志 37권, 表 8권, 列傳 45권, 國語解 1권 등 총 116권으로 되어 있다. 二國外紀에 高麗傳이 수록되어 있다. 장서각에 萬曆 4년(1576) 간기가 있는 목판본 116권이 소장되어 있다. 『成宗實錄』과 『中宗實錄』, 『光海君日記』 등에 明에서 이 책을 가져온 기록이 보인다. 『青莊館全書』, 『海東繹史』, 『五洲衍文長箋散稿』 등에 이 책이 인용되었다.

遼史考證

편찬자를 알 수 없는 『遼史』를 고증한 책. 중국 國家圖書館에 『遼金元史考證』이 소장되어 있는데 그중에 이 책이 실려 있다. 淸 李有棠의 『遼史紀事本末』에 이 책을 빈번하게 인용했고 그 저자를 陳浩라 했다. 陳浩는 字가 紫瀾이고 昌平 출신이며 雍正 연간(1723~1735) 활동한 문인으로, 『生香書屋文集』이 전하지만 이 책의 편찬자와 동일 인물인지는 알 수 없다. 『海東繹史』에도 서명만 소개하고 인용했을 뿐 편찬자는 밝히지 않았다.

堯山堂外記

明 蔣一葵가 편찬한 雜錄. 蔣一葵는 字가 仲舒이고 號가 石原 혹은 堯山堂이며 江蘇 武進 출신이다. 萬曆 22년(1594) 擧人이 되어 출사했다. 이 책 외에 『堯山堂偶雋』, 『唐詩選』, 『長安客話』 등의 저술이 있다. 이 책은 100권인데 三代부터 明代까지 문인들의 字號와 略傳을 싣고 詩話를 중심으로 일화를 수록했다. 권100은 附錄에 해당하며 倭國, 安南, 占城과 관련한 기사를 수록했다. 규장각에 이 책이 소장되어 있는데 萬曆 34년(1606) 序가 달려 있다. 규장각에는 필사본도 소장되어 있는데 『堯山堂外記』 외에 『堯山堂偶雋』도 함께 실려 있다. 『堯山堂偶雋』은 7권으로 六朝와 唐, 五代, 宋, 元의 詩話가 기재되어 있다. 『堯山堂外記』는 朝鮮 관련 詩話가 많아 주목을 받았다. 『芝峯類說』, 『無名子集』, 『青莊館全書』, 『海東繹史』, 『五洲衍文長箋散稿』 등에 이 책이 인용되어 있다. 다만 洪萬宗의 『詩話叢林』에 수록되어 있는 李奎報의 『白雲小說』에 이 책이 인용되어 있지만 『白雲小說』은 洪萬宗이 李奎報의 문집에 있는 詩話

관련 기사를 바탕으로 덧보탠 책으로 보아야 한다.

姚氏殘語

北宋 姚寬이 편찬한 筆記雜錄. 姚寬은 字가 令威이고 嵊縣 출신이다. 徽宗 연간(1100~1126)의 인물로, 權尙書戶部員外郞과 樞密院編修官을 지냈다. 『西溪集』, 『西溪叢話』, 『史記注』, 『戰國策補注』 등의 저술이 있다. 이 책은 규장각 등에 소장된 『說郛』에 1권으로 실려 있으며, 宋代의 人物과 故事, 風俗, 文學, 花卉 등 잡다한 내용 30條가 보인다. 『五洲衍文長箋散稿』에서 이 책을 인용했다.

聊齋志異

淸 蒲松齡이 지은 小說集. 蒲松齡(1640~1715)은 字가 留仙 혹은 劍臣이며 號는 柳泉居士, 聊齋先生, 異史氏 등을 사용했다. 이 책 외에 『晴雲山房詩文集』, 『農桑經』, 『日用俗字』, 『省身語錄』, 『藥崇書』, 『傷寒藥性賦』, 『草木傳』, 『異史』 등 많은 저술을 남겼다. 聊齋는 蒲松齡의 서재 이름이다. 이 책은 8권으로 되어 있으며 491篇의 소설을 수록했다. 신선, 여우, 유령, 귀신, 도깨비 등 異物에 관한 이야기이며, 이들과 인간과의 戀愛談도 많다. 考城隍, 耳中人, 尸變 등의 標題가 달려 있다. 『聊齋』, 『鬼狐傳』이라고도 한다. 康熙 己未(1679)의 自序로 보아 이 무렵 편찬된 듯하다. 手稿本 일부가 중국 遼寧圖書館에 소장되어 있다. 淸 但明倫과 王士正이 評을 단 『聊齋志異新評』, 여기에 呂湛恩이 注釋을 단 『詳注聊齋志異新評』과 『聊齋志異評註』 등이 19세기 중후반 간행되었는데 모두 규장각에 소장되어 있다. 『五洲衍文長箋散稿』에 이 책이 인용되어 있다.

遼邸記聞

明 錢希言이 편찬한 雜錄. 錢希言은 字가 簡棲이고 吳縣 출신인데 萬曆 연간(1573~1620) 활동한 문인이다. 『劍筴』, 『戲瑕』, 『獪園志異』 등의 저술이 있다. 그중 『戲瑕』는 규장각에 소장된 『叢書』에 실려 있고, 『獪園志異』는 규장각에 소장된 『知不足齋叢書』에 실려 있다. 『遼邸記聞』은 『說郛續』에 湘城, 世宗의 遼邸, 遼王의 풍류 등 6조가 실려 있다. 明末의 간본이 중국 國家圖書館에 소장되어 있다. 『星湖僿說』에 靉靆, 곧 안경에 대해 논증하면서 이 책을 들고 張寧의 저술이라 했는데 같은 내용이 明 張寧의 文集 『方洲集』 「雜言」에 실려

있으므로 李瀷이 착각한 듯하다. 張寧은 字가 靖之이고 號가 方洲이며, 世祖 5년(1459) 조선에 勅諭使로 왔다.

遼志 → 契丹國志

遼海編

明 倪謙이 朝鮮 使行에 관한 기록을 모은 雜錄. 倪謙(1415~1479)은 字가 克讓이고 上元 출신이다. 『英宗實錄』을 편수한 학자로 1450년 景帝의 登極을 알리러 朝鮮에 사신으로 왔으며 『朝鮮紀事』를 남겼는데 『皇華集』에 이때의 시가 수록되어 있다. 『四庫全書總目』에는 明 李東陽의 序를 인용하여 『玉堂稿』, 『上谷稿』, 『歸田稿』, 『南宮稿』, 『遼海編』 등의 저술이 있다고 했는데 그중 문집 『倪文僖集』과 『朝鮮紀事』, 『遼海編』 등이 전한다. 이 책은 그의 아들 倪岳(1444~1501)이 편찬했는데, 倪岳은 字가 舜咨이며 『淸溪漫稿』를 남겼다. 倪謙은 1449년 12월 北京을 출발하여 이듬해 1월 漢陽에 도착했으며 1개월 남짓 한양에 머무르며 朝鮮의 館伴들과 詩文을 주고받았는데 이때의 여정에 대한 기록은 『朝鮮紀事』로 따로 엮었다. 世宗은 倪謙과 朝臣이 唱和한 詩文을 모으고 鄭麟趾와 成三問의 序를 붙여 倪謙에게 주었는데, 倪岳이 이를 정리한 것이 바로 이 책이다. 총 4권으로, 詔使 및 館伴의 명단과 함께 詩 283수, 辭賦 4수, 記 2수, 銘 1수, 序跋 5수가 실려 있다. 권1은 倪謙이 沿道에서 見聞한 일, 권2는 朝鮮 館伴 鄭麟趾, 申叔舟, 成三問 등과 주고받은 唱和詩, 권3은 『朝鮮紀事』, 권4는 朝鮮과 明 문인의 贈別詩로 구성되어 있다. 중국 國家圖書館에 成化 5년(1469) 간본이 소장되어 있다. 일본 東京大에 『奉使朝鮮倡和集』이 소장되어 있는데 史, 地理, 游記, 紀程, 路程, 總記, 域外遊記 등으로 구성되어 있어 이 책과 관련이 있어 보인다. 『敬齋集』, 『保閑齋集』, 『筆苑雜記』 등 조선 초기의 문헌 외에 『燃藜室記述』, 『海東繹史』 등에도 인용되어 있다. 『海東繹史』에서 明 陳第의 『世善堂藏書目錄』에 이 책이 倪岳의 것으로 잘못 기재되어 있다고 했다.

蓼花洲閒錄

南宋 高文虎가 편찬한 筆記雜錄. 高文虎는 字가 炳如이고 四明 출신으로 紹興 연간(1131~1162) 出仕하여 翰林院學士를 지냈다. 이 책 외에 『禁僞學詔』가

있다. 이 책은 규장각 등에 소장된 『宋人百家小說』, 『叢書』 등에 1권으로 실려 있다. 『古今說海』, 『說郛』 등에도 수록되어 있다. 宋代 문인의 逸話와 詩話, 당대의 風俗과 世態, 病症에 대한 處方 등 잡다한 내용으로 되어 있다. 『海東繹史』, 『青莊館全書』, 『五洲衍文長箋散稿』 등에 이 책이 인용되어 있다.

龍龕手鏡

遼 승려 行均이 편찬한 字書. 行均은 蔚州 金河寺의 승려로, 俗姓은 于이고 字는 廣濟다. 會同 연간(938~947)과 統和 연간(983~1012) 활동했다. 이 책은 원래 서명이 『龍龕手鏡』인데 宋 太祖 趙匡胤의 부친 趙敬의 이름을 避諱하여 『龍龕手鑑』으로 고쳤다. 統和 15년(997) 遼僧 智光의 序로 보아 이즈음 편찬된 책이라 하겠다. 『龍龕』으로 줄여 부르기도 한다. 3권으로 되어 있으며, 승려들의 讀經과 念佛의 편의를 위해 당시 통용되던 佛經에 쓰이던 異體字와 俗字, 俗音을 널리 수집하여 수록했다. 26,430자를 242개의 부수로 나누어 平·上·去·入聲으로 분류하고, 주석을 붙였다. 高麗 때부터 수입되었던 것으로 보인다. 고려대에 12세기 무렵 羅州에서 간행된 목판본 1책이 소장되어 있다. 成宗 3년(1472) 간행한 판본도 전하는데 그 跋에 仁粹王妃의 發願을 위해 50부를 간행했다는 기록이 보인다. 규장각에는 明宗 18년(1563) 黃海道 瑞興郡의 高德山 歸眞寺에서 간행된 8권 8책의 목판본이 소장되어 있는데 普雨, 天則 등이 간행에 참여했다. 규장각에는 16세기경 간행된 것으로 보이는 4권 3책의 중국 목판본도 소장되어 있다. 『明宗實錄』에는 世子의 이름을 지을 때 이 책을 참조한 기록이 보인다. 『宋子大全』에 실린 「與金重叔」에 따르면 宋時烈도 이 책을 구해 보았으나 缺板이 많아 金萬重에게 玉堂과 侍講院에 소장된 책을 베껴 보내달라고 요청한 일이 있다. 『琴易堂集』, 『芝峯類說』, 『頤齋遺藁』, 『五洲衍文長箋散稿』 등에서도 이 책을 인용했다.

龍宮取木記 → 兼濟堂文集

湧幢小品

明 朱國禎의 筆記雜錄. 朱國禎(1558~1632)은 字가 文寧이고 號는 平涵, 叫庵, 守愚子 등을 사용했다. 浙江 烏程 출신이며 『明史概』, 『皇明紀傳』, 『大政記』 등의 저술이 있다. 李民宬, 洪翼漢 등이 燕行에서 만난 인물로, 『朝天錄』과 『朝

天航海錄』에 그 이름이 여러 차례 보인다. 이 책은 모두 32권으로 萬曆 37년(1609) 편찬에 착수하여 天啓 元年(1621) 완성했다. 처음에는 宋 洪邁의 『容齋隨筆』을 염두에 두고 『希洪小品』이라 했다가 뒤에 湧幢이라는 정자를 짓고 이 이름을 붙였다. 太白神, 五色雲, 洪武昌 등과 같은 소제목이 달려 있다. 明의 典章制度를 위시하여 政治, 經濟, 徭役, 軍事, 人物, 風俗 등 다양한 내용을 담았다. 明 天啓 2년(1622) 간본이 대만 臺灣大, 미국 버클리대 등에 소장되어 있다. 『靑莊館全書』, 『金陵集』 등에도 朱國禎의 글이 보이는데, 이 책에서 인용한 것이다. 『海東繹史』와 『五洲衍文長箋散稿』 등에도 이 책을 인용했다.

蓉塘詩話

明 姜南이 편찬한 詩話書. 姜南은 字가 叔明이고 號가 蓉塘이며 浙江 仁和 출신으로, 正德 연간(1506~1521) 활동했다. 『半村野人閒談』, 『抱璞簡記』, 『投甕隨筆』, 『風月堂雜識』, 『洗硯新錄』, 『瓠里子筆談』 등 많은 저술이 전한다. 이 책은 단순한 詩話 외에 다양한 인물의 고사를 다루었다. 嘉靖 22년(1543) 張國鎭이 22권으로 간행한 판본이 전한다. 『說郛續』에도 그 일부가 수록되어 있다. 用刑, 答應文字, 借親 등 소제목이 달려 있다. 明 陸深의 『儼山集』에 「蓉塘詩話引」이 실려 있는데 經世의 뜻을 담은 것이 많다고 했다. 『五洲衍文長箋散稿』에 이 책이 소개되어 있다.

容臺集

明 董其昌의 文集. 董其昌(1555~1636)은 字가 玄宰이고 號가 思白 혹은 香光居士이며 華亭 출신이다. 書畫와 鑑賞에 뛰어나 그의 書帖이 국내에도 여러 종 전한다. 저서로 『畫禪室隨筆』, 『畫旨』 등이 있다. 이 책은 崇禎 3년(1630) 文集 9권, 詩集 4권, 別集 4권 등 총 17권으로 간행되었는데 앞에 陳繼儒의 序가 붙어 있다. 崇禎 8년(1635) 別集이 1권씩 추가되어 19권으로 중간되었으며, 이때 黃道周, 葉有聲, 沈鼎科의 序가 추가되었다. 규장각에 이 판본이 소장되어 있다. 陳繼儒의 序에 이어 『明史』에 수록된 「董宗伯本傳」이 실려 있다. 이 책에 수록된 「神廟留中彙要」가 문제되어 淸代 禁書로 지목되었다. 『靑莊館全書』, 『研經齋全集』, 『海東繹史』, 『碩齋稿』 등에 이 책이 인용되어 있다.

龍馬言

明 王宣이 편찬한 筆記雜錄. 王宣(1565~1654)은 字가 化卿이고 號가 虛舟이며 金谿 출신인데, 桐城에 우거했다. 清 曾燠의 『江西詩徵』에 간략한 이력이 보인다. 王宣이 이 책의 저자인 것은 清 蔡上翔의 『王荊公年譜考略』 등에 확인되지만 책 자체는 일실된 듯하다. 『物理小識』 등에 일부가 인용되어 있는데, 『五洲衍文長箋散稿』에서 이 기록을 옮겨 실었다.

龍城錄

唐 柳宗元이 편찬한 筆記雜錄. 柳宗元(773~819)은 河東 출신으로 字가 子厚이고 柳州刺史를 역임하여 柳州를 號로 사용하기도 했다. 이 책은 『河東先生龍城錄』이라고도 한다. 『稗海』 등에 수록되어 있는데 2권 43條로 되어 있다. 규장각에 소장된 『稗海』, 『宣室志』, 『說郛』, 『唐代叢書』, 『孔聖全書』 등에도 실려 있다. 唐의 帝王과 官吏, 文人, 市井人物 등에 대한 逸話를 담고 있다. 吳嶠精明天文, 魏徵嗜醋芹 등의 소제목을 달았다. 龍城은 柳州를 가리키므로 柳宗元의 저술이라 일컫지만 後代의 僞作으로 보기도 한다. 李德懋는 『清脾錄』에서 이 책이 柳宗元의 僞作이라는 설을 비판했다. 『心庵遺稿』, 『澹人集』, 『嘉梧藁略』, 『五洲衍文長箋散稿』 등에서 이 책을 인용했다.

榕城詩話

清 杭世駿이 편찬한 詩話書. 杭世駿(1696~1773)은 字가 大宗이고 號가 堇浦이며 智光居士, 秦亭老民, 春水老人 등의 別號도 사용했다. 『史記考證』, 『經史質疑』, 『文選課虛』, 『三國志補注』, 『道古堂集』, 『榕桂堂集』 등의 저술이 있으며, 문집 『道古堂集』이 규장각에 소장되어 있다. 『榕城詩話』는 雍正 10년(1732) 福建 同考官으로 재직할 때 편찬한 것으로 서명의 榕城은 福建의 이칭이다. 3권으로 되어 있는데 대부분 清代 人物의 시에 대한 담론이며 明代 인물도 간혹 다루었다. 山川의 奇談과 耆舊의 遺事도 함께 기술했다. 규장각에 소장된 『御覽知不足齋叢書』에 이 책이 수록되어 있다. 『靑莊館全書』, 『海東繹史』, 『研經齋全集』 등에 이 책이 인용되어 있다.

龍魚河圖

漢代 편찬자를 알 수 없는 緯書. 原書는 일실되고 『漢學堂叢書』와 『古微書』,

『說郛』 등에 1권으로 수록되어 있다. 玄女가 黃帝를 도와 蚩尤와 昆侖天柱, 玄洲, 祖洲 등을 복속시킨 일이 기록되어 있다. 『五洲衍文長箋散稿』에서 이 책을 인용했다.

龍王經

편찬자를 알 수 없는 道敎 經典의 하나. 宋元代에 나온 것으로 추정되며, 龍王에게 비를 내려주거나 그치게 하도록 비는 내용이다. 여기에 등장하는 龍王은 淸靜龍王, 降雨龍王, 大雨龍王 등 68位가 있다. 善男善女가 이 경전을 念誦하거나 그 소리를 들으면 天神의 護衛를 받을 수 있다고 한다. 본래 서명은 『太上元始天尊說大雨龍王經』이다. 『正統道藏』에 수록되어 있다. 『慵齋叢話』에 따르면 당시 楮子島에서 龍祭를 베풀고 道士로 하여금 이 경전을 외우게 했다고 한다. 『文宗實錄』, 『端宗實錄』 등 조선 초기 문헌에 기우제와 관련하여 가끔 이 책을 언급했다. 『五洲衍文長箋散稿』에도 조선 초기의 역사를 논할 때 이 책을 인용했다.

容齋隨筆

南宋 洪邁가 편찬한 詩話書. 洪邁(1123~1202)는 字가 景盧이고 號가 容齋이며 饒州 鄱陽 출신이다. 『野處類稿』, 『夷堅志』, 『萬首唐人絶句』 등 많은 저술을 남겼다. 이 책은 洪邁가 40여 년간 독서하며 터득한 것을 初集, 續集, 三集, 四集, 五集으로 나누어 74권 1,220條로 편찬한 것이다. 宋代의 典章制度를 중심으로 歷代의 學術 등을 자세히 담았다. 『四庫全書總目』에서는 南宋 筆記小說의 으뜸이라고 평가했다. 弘治 11년(1498) 간본이 대만 故宮博物院圖書館 등에 소장되어 있다. 서울대 중앙도서관에 康熙 39년(1700) 간행된 목판본 32권 4책이 소장되어 있고, 규장각에 乾隆 59년(1794) 掃葉山房에서 간행한 판본 16책이 소장되어 있다. 고려대에도 목판본 64권 8책이 소장되어 있다. 許筠의 『閑情錄』에 이 책이 보이며, 『星湖僿說』, 『順菴集』, 『青莊館全書』, 『硏經齋全集』, 『與猶堂全書』 등 조선 후기 문헌에 자주 인용되었다. 『五洲衍文長箋散稿』의 고증에 이 책을 많이 활용했고 '洪文敏公五筆'이라 한 것 역시 이 책을 가리키는 듯하다.

龍川別志

北宋 蘇轍이 편찬한 雜錄. 蘇轍(1039~1112)은 字가 子由이고 號는 潁濱, 欒城 등을 사용했다. 문집 『欒城集』 외에 『詩集傳』, 『春秋集解』, 『古史』, 『道德經解』 등의 저술이 있다. 이 책은 『蘇黃門龍川別志』라고도 한다. 元符 2년(1099) 循州의 龍川에 머물고 있을 때 『龍川略志』와 함께 이 책을 편찬했다. 역대의 典章과 制度, 人物을 기록한 것으로, 원래는 8권이었는데 宋 晁公武의 『郡齋讀書錄』에서는 4권이라 했다. 『稗海』에 2권으로 수록되어 있고 『說郛』에도 일부가 실려 있다. 규장각에 『蘇黃門龍川別志』가 소장되어 있는데 清代의 목판본 2책으로 宋 王闢之의 『澠水燕談錄』이 함께 붙어 있다. 朴泰茂의 『西溪集』에 이 책이 인용되어 있다. 『五洲衍文長箋散稿』에서도 이 책을 인용했다.

龍川集

南宋 陳亮의 文集. 陳亮(1143~1194)은 字가 同甫이고 初名은 汝能이며 婺州 永康 출신이다. 詞에 능하여 문집 외에 『龍川詞』가 따로 전한다. 『蘇門六君子文粹』도 그가 편찬한 책이다. 陳亮의 문집은 『陳亮集』, 『陳龍川先生集』, 『陳同甫集』이라고도 하는데 30권으로 되어 있다. 嘉靖 연간(1522~1566) 판본이 대만 故宮博物院圖書館 등에 소장되어 있다. 『四庫全書』에도 수록되어 있다. 국립중앙도서관에는 崇禎 癸酉(1633) 鄒質士의 小引이 붙은 판본이 소장되어 있다. 규장각에는 清 應寶時의 重刊本 『龍川文集』이 소장되어 있다. 여기에는 書, 疏, 策, 論, 表, 書, 啓, 詩, 詞, 記, 序, 祭文 등 다양한 문체의 글이 실려 있으며 卷頭에 葉適의 序가 실려 있다. 규장각에 소장된 『金華叢書』에도 30권으로 실려 있다. 朱子學과 관련하여 논란이 있어 陳亮의 이름은 조선 초기부터 보이지만, 『龍川集』은 『星湖僿說』에서부터 보인다. 『臺山集』, 『東里集』 등 조선 후기 문헌에서도 확인된다. 『農巖集』에는 『陳同甫集』으로 인용되어 있다.

榕村語錄

清 李光地의 語錄을 모은 책. 李光地(1642~1718)는 字가 晉卿이고 號가 厚庵 혹은 榕村이며 泉州 安溪 湖頭 출신이다. 康熙帝의 命을 받아 『御纂朱子全書』, 『欽定篆文六經四書』, 『御纂性理精義』, 『五經彙纂』 등을 편찬했다. 문집 『榕村全集』 외에 『榕村經說』, 『榕村語錄』 등의 저술이 있는데 대부분 규장각에 소장되어 있다. 이 책은 문인 徐用錫과 손자 李清植이 30권으로 정리하여 편찬했

다. 經書總論, 論四書, 論易, 論書, 論詩, 論三禮, 論春秋, 論孝經, 論六子諸儒, 論諸子道統, 論史, 論歷代, 論學, 論性命理氣, 論治道, 論詩文 등으로 구성되어 있으며 부록에 韻學이 실려 있다. 규장각에 乾隆 癸亥(1743) 張敍의 序가 있는 목판본 30권 15책이 소장되어 있다. 『榕村全書』에도 포함되어 있다. 『靑莊館全書』, 『海東繹史』, 『五洲衍文長箋散稿』 등 여러 문헌에 이 책이 인용되어 있다.

榕村全書

淸 李光地의 文集. 李光地의 文集은 康熙 58년(1719) 『安溪李文貞公解義三種』으로 간행되었는데 『離騷經』 1권, 『九歌』 1권, 『參同契』 1권, 『陰符經』 1권이 수록되었다. 그 후 乾隆 元年(1736) 李光地의 손자 李淸植이 40권으로 다시 편찬하여 『榕村全集』으로 간행했다. 『觀瀾錄』, 『經書筆記』, 『讀書筆記』, 『春秋大義』, 『春秋隨筆』, 『尙書句讀』, 『周官筆記』, 『初夏錄』, 『尊朱要旨』, 『要旨續記』, 『象數拾遺』, 『景行摘篇附記』 등의 학술적인 저술과 함께 序, 記, 論, 說, 雜著, 書後, 講義, 頌, 表, 疏, 箚子, 書, 傳, 祭文, 詩 등이 수록되어 있다. 규장각에 소장된 『榕村全集』이 이 판본이다. 乾隆 元年(1736) 李紱의 序가 붙어 있다. 嘉慶 6년(1801) 『榕村全集』 40권 외에 38종의 저술을 덧붙여 『李文貞公全集』으로 간행했고, 道光 9년(1829) 李維迪이 다시 편집하여 『榕村全書』라는 이름으로 간행했다. 『周易通論』 4권, 『周易觀象』 12권, 『書經詩所』 8권, 『古樂經傳』 5권, 『朱子禮贊』 5권, 『榕村語錄』 30권, 『別集』 5권, 『講授』 3권, 『遺稿』 2권 등을 덧붙였다. 『靑莊館全書』와 『五洲衍文長箋散稿』에서는 『榕村集』 혹은 『榕村全書』로도 여러 차례 인용했다. 書名을 밝히지 않고 李光地의 글을 인용한 것 역시 모두 이 책을 이용한 것이다. 『五洲衍文長箋散稿』에서는 『榕村集』 혹은 『榕村全書』로도 인용했다. 『秋齋集』, 『研經齋全集』, 『臺山集』, 『華西集』 등에서는 『榕村集』으로 인용했다.

庸學述解 → 中庸述解

庸學或問 → 四書或問

龍虎經

편찬자와 편찬 시기를 알 수 없는 道敎의 經典. 丹藥과 관련한 養生術을 다루었다.『東溟集』,『性齋集』,『淸風子集』 등에 이 책이 언급되었다. 韓無畏의 『海東傳道錄』에 따르면 唐 文宗 開成 연간(836~840) 신라의 崔承祐와 金可紀가 唐에 유학하여 進士가 된 후 함께 終南山에 놀러갔다가 廣法寺에서 申元之, 승려 慈惠와 사귀었는데 이때 『伯陽參同契』,『黃庭經』,『龍虎經』,『淸淨心印經』 등을 전수받았다고 한다.『五洲衍文長箋散稿』에서 이 기록을 인용했다.『惺所覆瓿藁』에도 이 책이 소개되어 있다. 규장각에 이 책이 소장되어 있는데 3권으로 되어 있으며, 神室者丹之樞紐章, 出陽入陰章, 制由王者章, 剛柔有表裏章, 水火各一方章, 神室設位章, 有無相制章, 訣不輒造章, 金火者鉛也章, 於是玄潤光澤章, 玄女演其序章, 故演作丹意章, 坤初變成震章, 十六轉相減章, 乾坤括終始章, 調火六十日章, 神室光施行章, 陽氣發坤章, 華盖上臨章, 火鍊中宮土章, 土鎭中宮章, 水土獨相配章, 金德尙白章, 銀爲鉛毋章, 殼爲金精章, 圓中高起章, 磁石吸鐵章, 火記不虛作章 등으로 구성되어 있다.

龍興慈記

明 王文祿이 편찬한 雜錄. 王文祿은 字가 世廉이며 海鹽 출신이다. 王文綠으로 된 데도 있다. 嘉靖 연간(1522~1566) 활동한 인물이지만 생몰 연대는 확인되지 않는다.『廉矩』,『竹下寤言』,『文脉』,『求志編』,『補衍』,『海沂子』,『機警』,『文昌旅語』 등의 저술이 있다. 그중 『求志編』,『機警』,『海沂子』,『機警』,『文昌旅語』 등이 『說郛續』에 수록되어 있다. 이 책 역시 『說郛續』에 1권으로 실려 있는데 그 序에 따르면 王文祿의 모친이 친정아버지 陸源에게 明 초기의 遺事에 대해 들은 이야기를 적은 것이라 했다. 序가 嘉靖 30년(1551) 제작된 것으로 보아 이즈음 편찬된 듯하다. 熙祖, 聖祖, 劉基 등에 대한 일화를 기록했다. 嘉靖 33년(1554) 처음 간행되었고, 萬曆 연간(1573~1620) 增補된 판본이 중국 國家圖書館에 소장되어 있다.『五洲衍文長箋散稿』에서 이 책을 인용했다.

寓簡

南宋 沈作喆이 편찬한 筆記雜錄. 沈作喆은 字가 明遠이고 號가 寓山이며 湖州 출신으로,『易小傳』을 편찬한 沈該의 조카다. 이 책 외에 『寓山集』 30권이 있었지만 전하지 않는다. 이 책은 원래 10권인데 『御覽知不足齋叢書』와 『說郛』 등에 일부가 실려 있다. 自序에 따르면 沈作喆이 관직에서 물러난 이후 淳熙元年(1174) 이 책을 완성했다. 莊子가 세상을 피해 황당한 이야기에 마음을

두었듯이 자신도 산중에 살면서 기억나는 일을 簡牘에 기록한다고 하고, 또 잡다한 이야기로서 농담이나 속된 말도 없지 않으나, 그 속에는 至言과 妙道가 있다고 했다. 宋 王安石과 程頤를 비판하는 내용이 보이며, 『周易』에 대한 글이 많다. 『與猶堂全書』와 『海東繹史』, 『與猶堂全書』 등에서 이 책을 인용했다.

禹貢考

明末淸初 孫承澤이 『尙書』「禹貢」을 풀이한 책. 孫承澤(1592~1676)은 字가 耳北 혹은 耳伯이고 號는 北海, 退谷, 退道 등을 사용했으며 益都 출신이다. 書畵의 鑑識에 능했고 직접 필사한 서적 200여 권을 萬卷樓에 두었다. 저서로 『庚子消夏記』, 『己亥存稿』, 『五經翼』, 『春明夢餘錄』, 『四朝人物略』, 『尙書集解』 등이 있다. 『五洲衍文長箋散稿』에 『尙書集解』와 함께 이 책을 소개했지만 전하지 않는 듯하다. 淸 陸隴其의 『三魚堂賸言』에서 이 책을 인용했을 뿐 다른 문헌에서는 확인이 어렵다. 『三魚堂賸言』은 『臺山集』, 『艮齋集』에서 인용했는데 특히 『臺山集』에서 이 책과 함께 陸隴其를 자세히 다루었다. 『經義考』에는 南宋 余嘉의 저술로 『禹貢考』를 소개했다. 余嘉는 淳熙 연간(1174~1189)의 학자로 字가 若蒙이고 號가 談軒이며 漳洲 龍溪 출신이다. 이 책 외에 『古鑑錄』, 『皇朝職官志』 등의 저술이 있었지만 모두 전하지 않는다. 朱熹를 斬하라 청한 일로 조선시대 문헌에 그 이름이 자주 보인다.

禹貢圖說

明末淸初 徐世溥가 『尙書』「禹貢」을 그림으로 풀이한 책. 徐世溥(1608~1657)는 字가 巨源이고 江西 南昌 新建 출신이며, 古文辭와 詩, 書에 뛰어났다. 이 책 외에 『韻蕞』, 『榆墩集』, 『江變紀略』, 『西山遊記』, 『夏小正解』, 『詩』 등의 저술이 있다. 『大淸一統志』에 徐世溥가 이 책을 편찬한 것으로 되어 있지만, 다른 문헌에서는 확인되지 않는다. 『五洲衍文長箋散稿』에서 徐世溥의 『禹貢圖說』로만 소개했다. 『禹貢圖說』은 대부분 明 鄭曉가 편찬한 책을 지칭한다. 조선의 黃景源은 이 책을 교정하고 「禹貢圖說序」를 지었다. 여기에 「禹貢」의 圖說에 대한 宋 蔡沈의 『書集傳』, 明 張能恭의 『禹貢訂傳』, 明 艾南英의 『禹貢圖註』, 夏允彝의 『禹貢古今合注』 등을 소개했다. 鄭曉(1499~1566)는 字가 窒甫이고 號가 淡泉이며 海鹽 출신이다. 이 책과 함께 『鄭端簡文集』, 『吾學編』, 『今言類編』, 『古言類編』 등의 저술이 있는데 조선시대 문헌에서 그의 『禹貢圖說』

이 가끔 보인다.

禹貢論

南宋 程大昌이 『尙書』 「禹貢」을 풀이한 책. 程大昌(1123~1195)은 字가 泰之이고 徽州 休寧 출신이다. 『詩論』, 『考古編』, 『演繁露』 등의 저술이 전한다. 이 책은 『程尙書經進禹貢論』이라고도 한다. 『與猶堂全書』에는 6권으로, 『靑莊館全書』와 『硏經齋全集』, 『五洲衍文長箋散稿』에는 4권으로 소개되어 있다. 『通志堂經解』에 실려 있는 판본은 본문 2권에 後論 1권, 山川地理圖 2권으로 되어 있다. 미국 버클리대에 소장된 明 天一閣 鈔本이 소장되어 있다.

禹貢集解

南宋 傅寅이 『尙書』 「禹貢」의 주석을 모은 책. 傅寅(1148~1215)은 字가 同叔이고 義烏 雙林鄕 출신으로 그곳의 杏溪에 거주하면서 杏溪를 號로 삼았다. 唐仲友에게 수학하고 天文, 地理, 井田, 學校, 郊廟, 律曆, 軍制 등을 연구하여 『禹貢說斷』을 편찬했는데 『永樂大全』에 수습된 10권이 『四庫全書』에 수록되었다. 『與猶堂全書』에 이 책이 소개되어 있다. 『禹貢集解』는 이 책과 유사한 내용을 담고 있으며 『杏溪傅氏禹貢集解』로 『通志堂經解』에 실려 있고 2권이다. 『硏經齋全集』과 『五洲衍文長箋散稿』에 이 책이 소개되어 있다. 『靑莊館全書』에는 그의 저술 『尙書詳解』도 소개했다.

禹貢錐指

淸 胡渭가 『尙書』 「禹貢」에 관한 학설을 집성한 책. 胡渭(1633~1714)는 초명이 渭生으로, 字가 朏明이고 號가 東樵이며 浙江 德淸 출신이다. 朱彝尊, 毛奇齡 등 당대의 석학들과 교유했으며 『大淸一統志』 편찬에 참여했다. 『易圖明辨』이 그의 대표적인 저술이다. 이 책은 『尙書』 「禹貢」의 주석에 오류가 많아 이를 바로잡기 위하여 편찬한 것으로, 「禹貢」의 文字, 名物, 制度, 地理를 고증했다. 규장각에는 康熙 40년(1701) 간행한 목판본이 소장되어 있으며, 규장각에 소장된 『皇淸經解』에도 20권 모두 수록되어 있다. 『靑莊館全書』, 『硏經齋全集』, 『與猶堂全書』, 『海東繹史』 등에 이 책이 인용되어 있다.

寓林淸言

明 黃汝亨이 편찬한 雜錄. 黃汝亨(1558~1626)은 字가 貞父이고 號가 寓林이며 仁和 출신이다. 글씨에 능했고 小品文의 작가로도 이름이 높다. 문집 『寓林集』 외에 『天目遊記』, 『畫舫約』 등이 전한다. 이 책은 『說郛續』에 10條가 실려 있는데 처세의 방편과 관련한 淸言小品을 중심으로 역대 인물의 일화를 곁들였다. 『五洲衍文長箋散稿』에 이 책이 인용되어 있다.

虞翻注周易

三國 吳의 虞翻이 『周易』을 풀이한 책. 虞翻은 字가 仲翔이고 會稽 餘姚 출신인데 『三國志』에 그의 傳이 수록되어 있다. 『隋書』 등에 이 책이 『周易』에 15권의 주석을 단 것이라 했는데, 일실되어 전하지 않는다. 『高麗史』에 따르면 宣宗 8년(1091) 宋의 館伴이 일실된 서적 129종의 목록을 주고 고려에서 찾도록 했는데, 이 목록에는 9권으로 되어 있다. 『靑莊館全書』에도 같은 내용이 수록되어 있다. 『五洲衍文長箋散稿』에도 이 기록을 옮긴 듯하다.

尤射

三國 魏 繆襲이 편찬한 활쏘기에 관한 책. 繆襲(186~245)은 字가 熙伯이며 東海 蘭陵 출신이다. 曹操, 曹丕, 曹叡, 曹芳 4대를 섬겼으며 仲長統과 친분이 깊었다. 『原有集』, 『列女傳贊』 등의 저술이 있었지만 일실되었다. 이 책은 『說郛』, 『漢魏叢書』 등에 실려 있다. 稽觀, 報聘, 遇射, 尤戒, 贈玉, 學訓, 東役, 腆致, 糊言, 志服, 赤帝, 紫幃, 承澤, 卜會, 實至, 華蟲, 追搦, 雨會, 命史, 復射의 항목 아래 간략한 설명을 붙였는데 闕字가 많고 내용도 매우 난삽하다. 『弘齋全書』 「日得錄」에 따르면 正祖가 20편으로 되어 있는 이 책이 錯簡이 있기는 하지만 읽을 만하다고 했다. 『五洲衍文長箋散稿』에서도 이 책을 인용했다.

迂齋古文標注

南宋 樓昉이 편찬한 古文選集. 樓昉은 字가 暘叔이고 號가 迂齋이며 慶元府 鄞縣 출신이다. 생몰년은 알려져 있지 않은데 紹熙 연간(1190~1194) 出仕했다. 『崇古文訣』, 『兩漢詔令』, 『東漢詔令』, 『過庭錄』 등의 저술이 있다. 『五洲衍文長箋散稿』에서 明 曹安의 『讕言長語』를 인용하여 "迂齋疊山, 又各批點古文"이라 했으나 무슨 책을 가리키는지 확인하기 어렵다. 樓昉이 편찬한 古文選集으로

는 『迂齋古文標注』가 있었는데 전하지 않는다. 宋 陳振孫의 『直齋書錄解題』에 5권이며 『史記』와 『漢書』에서부터 宋代의 산문을 선발한 것이라 했다. 樓昉의 古文選集으로는 『崇古文訣』도 전한다. 先秦, 兩漢, 唐, 宋, 五代로 구분하여 200여 편의 古文을 선발한 책이다. 35권으로 되어 있으며 『四庫全書』에 편입되어 있다. 다만 이 책은 批點이 보이지 않는다. 『讕言長語』에서 이른 疊山은 宋 謝枋得으로 『文章軌範』이 그가 편찬한 散文選集이다.

虞傳 → 尙書大傳

虞初新志

淸 張潮가 편찬한 傳奇小說集. 張潮(1659~?)는 字가 山來 혹은 心齋이며 歙縣 출신이다. 이 책 외에 『心齋聊複集』, 『幽夢影』, 『花影詞』, 『聯莊』, 『飮中八仙令』, 『玩月約』, 『書本草』, 『花鳥春秋』, 『補花底拾遺』, 『鹿蔥花館詩鈔』, 『心齋雜俎』, 『奚囊寸錦』, 『尺牘偶存』, 『檀幾叢書』, 『昭代叢書』 등 많은 저술을 남겼다. 이 책은 乾隆 8년(1743) 張潮의 序가 실려 있어 이즈음 편찬된 것으로 보인다. 魏禧, 吳偉業, 侯方域, 李漁, 方苞, 毛奇齡 등 저명한 문인들의 소설 148편이 실려 있다. 『熱河日記』에 따르면 朴趾源이 燕行에서 이 책을 구입했으며, 『泠齋集』에도 柳得恭이 燕行 가는 이에게 이 책을 구입해 오도록 부탁한 기록이 보인다. 『與猶堂全書』, 『硏經齋全集』, 『海東繹史』, 『五洲衍文長箋散稿』 등 많은 문헌에 이 책이 인용되어 있다. 규장각에는 1851년 小嫏嬛山館에서 간행한 목판본 12권 6책이 소장되어 있다. 고려대에는 詒淸堂의 重刊袖珍本 20권 10책과 함께 康熙 연간(1662~1722) 목판본 2권 1책 낙질본이 소장되어 있다. 국립중앙도서관에도 康熙 연간의 판본이 전한다. 규장각에 1803년 寄鷗閒舫에서 간행된 『廣虞初新志』가 소장되어 있는데 淸 黃承增이 엮은 별도의 傳奇小說集이다. 朝鮮의 金祖淳은 金鑢와 함께 이 책을 모방하여 『虞初續志』를 편찬했다.

右編

明 唐順之가 편찬한 奏議集. 唐順之(1507~1560)는 字가 應德 혹은 義修이고 號는 荊川이며 武進 출신이다. 博學하여 天文, 地理, 數學, 曆法, 兵法, 樂律 등에 두루 능했고, 文章에 뛰어나 王愼中, 茅坤, 歸有光 등과 唐宋派를 대표한다.

『荊川先生文集』, 『文編』, 『史纂左編』, 『兩漢解疑』, 『武編』, 『南北奉使集』, 『荊川稗編』 등 방대한 저술을 남겼다. 이 책은 『荊川右編』이라고도 한다. 歷代 名臣의 國政을 논한 奏議類를 선발하여 엮은 것으로, 21門 90目으로 되어 있다. 唐順之는 이 책을 완성하지 못하고 세상을 떠났는데, 萬曆 연간(1573~1620)에 焦竑, 劉曰寧, 朱國楨 등이 다시 정리하여 간행했다. 일본 靜嘉堂文庫에 이때의 판본이 소장되어 있다. 明 姚文蔚이 편찬한 속편 『右編補』 10권도 전한다. 『右編』은 『南溪集』, 『遊齋集』, 『修山集』, 『星湖僿說』 등에 소개되어 있지만 『修山集』의 「唐荊川稗編後序」에서는 일실되어 전하지 않는다고 했다.

虞浦集 → 憺園集

雨航雜錄

明 馮時可가 편찬한 雜錄. 馮時可는 字가 敏卿이고 號가 元成이며 華亭 출신인데 天啓 연간(1621~1627) 사망했다. 『滇行日記』, 『茶錄』, 『蓬窓續錄』, 『上池雜說』, 『左氏釋』, 『衆妙仙方』 등 많은 저술을 남겼다. 이 책은 『尙白齋鐫陳眉公訂正秘笈』에 2권으로 실려 있다. 『四庫全書』에도 편입되어 있다. 上卷에는 學問과 文學을 論했고, 下卷에는 物産을 주로 기록했다. 『說郛續』에는 일부가 1권으로 실려 있다. 李德懋의 『靑莊館全書』에 이 책에 실린 물고기 이름에 대해 적은 「雨航雜錄魚名」이 실려 있다. 『五洲衍文長箋散稿』에도 이 책이 인용되어 있다.

尤悔菴集 → 西堂全集

郁離子

明 劉基가 편찬한 寓言集. 劉基(1311~1375)는 字가 伯溫이며 青田 출신이라 號를 靑田이라 했다. 誠意伯에 봉해져 이 이름으로도 불렸다. 군사와 정치, 문학, 역사 등에 두루 능했으며, 이 책 외에 『國初禮賢錄』, 『多能鄙事』, 『黃金策』 등 많은 저술을 남겼다. 규장각에 雍正 8년(1730) 序가 달린 『太師誠意伯劉文成公集』이 소장되어 있다. 이 책은 『說郛續』과 『性理會通』 등에는 『郁離子微』로 되어 있지만 『郁離子』로 불린다. 郁離는 文明이라는 의미로 天下 後世가 이 책의 내용을 통하여 文明을 이룩할 것이라는 뜻을 담았다. 郁離子는 劉基

자신을 의탁한 말이다. 劉基가 47~50세 무렵 이 책을 편찬한 것으로 알려져 있다. 千里馬, 魯般, 玄豹, 靈丘丈人, 瞽瞶, 枸櫞, 蜈蚣, 天地之盜, 省敵, 虞孚, 天道, 牧豭, 公孫無人, 蛇蝎, 神仙, 麋虎, 羹藿, 九難 등 18편 95條로 되어 있다. 문집인 『誠意伯集』에도 수록되어 있으며 『說郛續』 외에 장서각에 소장된 明 胡廣의 『性理會通』, 규장각에 소장된 明 深津의 『百家類纂』, 국민대에 소장된 明 歸有光의 『諸子彙函』 등에도 실려 있다. 『夢囈集』, 『艮翁集』, 『正祖實錄』, 『五洲衍文長箋散稿』 등에서 이 책을 인용했다.

雲溪友議

唐 范攄가 편찬한 筆記雜錄. 范攄는 吳縣 출신이며 號는 五雲溪人이다. 乾符 연간(874~879) 활동한 문인으로 평생을 布衣로 지냈다. 이 책은 『新唐書』와 『郡齋讀書志』에는 3권, 『直齋書錄解題』에는 12권이라 했다. 明代 3권의 간본이 『四部叢刊』에 수록되었다. 총 65條이며, 名儒對, 南陽錄, 苧蘿遇 등의 표제를 붙였다. 『稗海』에 12권이 수록되어 있지만 내용에 큰 차이는 없다. 唐 開元 연간(713~741) 이후의 野史를 기록한 것으로 詩話가 상당수다. 鬼神, 異蹟에 관한 기록도 적지 않다. 규장각에 소장된 『唐代叢書』, 『龍威秘書』, 『藝苑捃華』 등에도 실려 있다. 『海東繹史』의 인용서목에 이 책이 보이는데 3권이라 했다.

雲谷雜記

南宋 張淏가 편찬한 筆記雜錄. 張淏는 字가 清源이고 開封 출신이며 嘉定 연간(1208~1224)에 활동했고 『會稽續志』, 『艮嶽記』 등의 저술이 있다. 이 책은 기존의 문헌에서 의심스러운 부분을 분석하고 바로잡은 것이다. 宋代의 板本은 일실되었는데 『永樂大典』을 편찬할 때 다시 편집했으며 이것이 『四庫全書』에 수록되었다. 4권 110조로 구성되어 있다. 宋 張淏의 識語, 楊楫과 章穎, 葉適 등의 後序, 張淏의 跋이 붙어 있다. 규장각에 乾隆 39년(1774) 序가 달린 武英殿聚珍字本 4권 2책이 소장되어 있다. 규장각에 소장된 『叢書』, 『唐宋百家小說』에도 실려 있다. 『說郛』에도 일부가 수록되어 있다. 『芝峯類說』, 『林下筆記』, 『海東繹史』 등에 인용되어 있다.

雲笈七籤

北宋 張君房이 편찬한 道教書. 張君房은 岳州 安陸 출신이며 字는 알려져 있

지 않다. 藏書家로도 이름이 높다. 이 책 외에 『乘異記』를 남겼다. 張君房은 天禧 3년(1019) 『大宋天宮寶藏』을 편찬했는데 天聖 7년(1029) 무렵 그 요점을 선발하여 仁宗에게 바친 것이 이 책이다. 道教에서 책을 담는 상자를 雲笈이라 하며 道書를 三洞四輔의 7部로 나누므로 이 이름을 붙였다. 道德部, 元混洞開辟劫運部, 道教經法傳授部 등 122권으로 되어 있다. 일실된 『大宋天宮寶藏』과 비교하여 『小道藏』이라 불렸다. 『正統道藏』, 『四庫全書』, 『道藏輯要』 등에 실려 있다. 『青莊館全書』, 『與猶堂全書』, 『斗室存稿』, 『瓛齋集』, 『五洲衍文長箋散稿』 등에서 이 책을 인용했다.

雲麓漫鈔

南宋 趙彦衛가 편찬한 雜錄. 趙彦衛는 字가 景安이고 浚儀 출신으로 寧宗 연간(1195~1224) 활동했지만 자세한 생애는 밝혀져 있지 않다. 이 책은 卷頭에 開禧 2년(1206)의 序가 있는데 이에 따르면 宋 葉夢得의 『避暑錄話』에 비견할 만하다 자부했으며, 처음에 『擁鑪閒記』라 하여 漢東學宮에서 인쇄했다고 한다. 당시의 雜事를 기록하고 名物訓詁를 고증한 것이 대부분이다. 『四庫全書』에 15권으로 편입되어 있다. 『說郛』, 『野客叢書』, 『稗海』 등에는 그중 일부를 수록했다. 『農巖集』, 『青莊館全書』, 『五洲衍文長箋散稿』 등에 이 서명이 보인다.

雲林遺事

明 顧元慶이 元 倪瓚의 事蹟을 기록한 책. 顧元慶(1487~1565)은 字가 大有이고 號가 大石山人이며 長洲 출신인데 篆刻과 茶, 書畵에 능했다. 『瘞鶴銘考』, 『夷白齋詩話』, 『顧氏文房小說』, 『茶譜』 등의 저술을 남겼다. 이 책은 倪瓚의 事蹟을 기록한 것으로, 高逸, 詩畵, 潔癖, 游寓, 飮食 5등 門으로 나누어 기술했다. 倪瓚(1301~1374)은 元의 文人畵家로 詩와 그림에 뛰어났다. 『倪雲林詩集』, 『淸閟閣集』 등의 저술이 있다. 이 책은 『說郛續』에 실려 있으며 서울대 도서관에 소장된 1812년 『借月山房彙鈔』에도 실려 있다. 『警修堂全藁』, 『嘉梧藁略』, 『五洲衍文長箋散稿』 등에 이 책이 인용되어 있다.

運甓漫稿

明 李禎의 文集. 李禎(1376~1452)은 廬陵 출신으로 字가 昌祺인데 이름처럼

불렸다. 維卿이라는 字도 사용했다. 翰林院의 庶吉士로 『永樂大典』의 편찬에 참여했으며, 이 책 외에 『容膝軒草』, 『僑庵詩餘』, 『剪燈餘話』 등의 저술이 있다. 이 책은 7권으로, 李禎이 지은 各體의 詩와 詞를 수록했다. 明 正統 연간(1436~1449) 간본이 중국 國家圖書館 등에 소장되어 있고 『四庫全書』에도 수록되어 있다. 『五洲衍文長箋散稿』에서 이 책과 함께 『剪燈餘話』를 소개했다.

韻補

南宋 吳棫이 편찬한 韻書. 吳棫(1100~1154)은 字가 才老이고 舒州 출신이며, 『書裨傳』, 『詩補音』, 『論語指掌考異續解』, 『楚辭釋音』 등의 저술이 있었지만 대부분 일실되었다. 이 책은 5권으로, 50여 종의 서적을 인용하여 古代의 音韻을 고정한 것으로 宋明 이래 古音學의 단초를 연 것으로 평가된다. 韻目에 따라 분류하고 半切과 用例 등을 들었다. 明代 宋本을 번각한 판본이 있고 嘉靖 元年(1522) 重刊한 판본이 대만 故宮博物院圖書館 등에 전하며 『四庫全書』에도 5권으로 수록되어 있다. 서울대 중앙도서관에 道光 28년(1848) 간행된 목판본이 소장되어 있다. 『御定奎章全韻』을 편찬할 때 활용되었다. 『靑莊館全書』, 『弘齋全書』, 『硏經齋全集』, 『與猶堂全書』, 『洛下生集』, 『五洲衍文長箋散稿』 등에 이 책이 소개되어 있다.

韻府群玉

元 陰幼遇가 편찬한 韻書 형식의 類書. 陰幼遇(1267~?)는 字가 時夫 혹은 時遇이고 奉新縣 출신이다. 부친 陰應夢(1224~1314)의 지도 아래 30년에 걸쳐 이 책을 편찬했으며 그의 형 陰幼達이 주석을 달았다. 20권이며, 韻字를 기준으로 4聲에 106韻으로 분류하고 韻字에 대한 설명과 해당 韻目에 속하는 한자를 나열했다. 각 한자 아래에는 細註로 音義 및 用例를 부기했다. 이 책은 世宗 18년(1436) 간행했다는 기록이 南秀文의 『敬齋遺稿』에 실린 跋에서 확인되며 이 판본이 현전한다. 규장각 등에 이 계열의 판본이 소장되어 있다. 이 책은 조선에서 여러 차례 간행되었는데 中宗代에도 시를 짓는 데 긴요하다 하여 李希輔가 刪定하여 간행했다. 光海君 연간에 訓鍊都監字로도 간행되었다. 肅宗 43년(1717) 목활자로 『增續會通韻府群玉』이 간행되었다. 元代의 간본이 일본 靜嘉堂文庫에 소장되어 있으며, 이를 복각한 판본이 국립중앙도서관에 일부 소장되어 있다. 조선 초기부터 이 책에 대한 언급이 매우 자주 보

이며, 조선 중기 『芝峯類說』을 위시하여 조선 후기 『五洲衍文長箋散稿』 등 수많은 책에서 이 책을 인용했다. 權文海의 『大東韻府群玉』이 이 책의 체제를 따라 편찬한 책이다.

韻石齋筆談

明末清初 薑紹書가 편찬한 筆記雜錄. 薑紹書는 字가 二酉이고 號가 晏如居士이며 江蘇 丹陽 출신으로 崇禎 연간(1628~1644) 활동했다. 藏書家로 이름이 높았고 『瑤琨譜』, 『二筆』, 『無聲詩史』 등의 저술이 있다. 이 책은 2권이며, 宋 周密의 『雲煙過眼錄』을 본떠 지은 것으로, 직접 감상한 古董書畵에 대한 기록이 주된 내용이다. 『雲煙過眼錄』이 收藏家를 중심으로 분류된 것에 비하여 이 책은 所藏品을 중심으로 분류되어 있으며 古董書畵의 外様과 流轉 경위가 자세히 기록되어 있다. 여기에 조선 사람이 책을 좋아한다는 기록도 보인다. 규장각에 소장된 『知不足齋叢書』에 수록되어 있다. 『斗室存稿』, 『研經齋全集』, 『警修堂全藁』, 『海東繹史』, 『林下筆記』 등 조선 후기 문헌에 자주 인용되어 있다.

雲仙雜記

唐 馮贄가 편찬한 雜錄. 馮贄는 金城 출신이라는 것 외에 잘 알려져 있지 않다. 昭宗 天祐 연간(904~907) 활동한 인물이다. 9대에 걸쳐 20만 권의 서적을 소장하여 이를 바탕으로 이 책을 엮었다고 하지만 『直齋書錄解題』 등에는 편자 미상으로 되어 있고 『四庫全書總目』에서는 北宋 王銍의 僞撰으로 보았다. 序에 따르면 天祐 원년(904) 이 책을 편찬한 것으로 되어 있다. 이 책은 『雲仙雜志』, 『雲仙散錄』이라고도 한다. 10권으로 되어 있으며 五代의 逸話를 365條로 수록했는데 幽人筆, 飛雲履, 孫登琴 등과 같은 표제를 달아 기술했다. 『纂異記』, 『金鑾密記』, 『南康記』 등 100여 종의 서적을 인용했는데 현재 전하지 않는 책이 많다. 『四庫全書』에 10권으로 편입되어 있고, 『說郛』에는 4권으로 수록되어 있다. 『唐宋叢書』, 『龍威秘書』에도 실려 있다. 『與猶堂全書』, 『斗室存稿』, 『海東繹史』 등에 이 책이 인용되어 있다.

韻語陽秋

南宋 葛立方이 편찬한 詩話書. 葛立方(?~1164)은 字가 常之이고 號가 懶眞子인데 紹興에서 은거하며 저술에 몰두했다. 『西疇筆耕』, 『萬輿別志歸愚集』 등

의 저술이 있었지만 지금 전하지 않는다. 부친 葛勝仲과 함께 詞의 작가로도 이름이 높았다. 이 책은 『韻語陽秋古今詩話』, 『葛常之詩話』, 『葛立方詩話』라고도 한다. 漢魏 이래 宋代 시인들의 작품에 대한 논평이 주를 이룬다. 『歷代詩話』, 『說郛』 등에 편입되어 있다. 규장각에는 正德 2년(1507) 江陰의 葛諶에 의해 간행된 重刻本 20권 2책이 소장되어 있고, 서울대 중앙도서관에는 光諸 25년(1899) 思惠齋에서 간행한 목판본 20권 1책이 있다. 郭說의 『西浦集』에 『葛常之詩話』라는 이름으로 인용했다. 『五洲衍文長箋散稿』에는 詩話書를 나열하면서 『韻語陽秋』를 언급했다.

雲煙過眼錄

南宋 周密이 편찬한 筆記雜錄. 周密(1232~1298)은 字가 公謹이고 號는 草窓, 四水潛夫, 弁陽老人, 華不注山人 등을 사용했다. 豐儲倉檢察, 義烏令 등의 벼슬을 지냈지만 宋이 망한 후 弁山에 은거했다. 『齊東野語』, 『志雅堂雜抄』, 『武林舊事』, 『癸辛雜識』 등의 저술이 있다. 이 책은 4권이며 續錄 1권이 더 있다. 古董書畵를 품평한 내용으로, 元貞 2년(1296) 무렵 완성된 것으로 추정된다. 私家의 所藏品이 주를 이루지만 南宋 皇室의 수장품도 다루었다. 趙與懃, 王芝, 郭佑之, 趙孟頫, 莊肅 등의 작품에 대해 作者, 作品名, 印記, 題跋, 流傳 經緯, 品評 등을 함께 기록했다. 규장각 등에 소장된 『唐宋叢書』, 『尙白齋鐫陳眉公訂正秘笈』 등에 수록되어 있다. 『海東繹史』에 인용서목으로 이 책을 들었는데 4권이라 했다.

韻玉 → 韻府群玉

運掌經

明 黎遂球가 편찬한 골패놀이에 관한 雜錄. 黎遂球(1602~1646)는 字가 美周이고 番禺 출신이다. 博學하고 文章과 書畵에 능했으며 『蓮鬚閣集』, 『花底拾遺』, 『周易爻物當名』 등의 저술이 있다. 이 책은 『說郛續』에 수록되어 있는데 序에 따르면 『桐階副墨』이라고도 부르며, 배 안에서 골패놀이를 하기 위해 만든 것이라 했다. 골패를 만드는 방식, 놀이를 하는 방식, 놀이를 하는 마음가짐 등을 두루 적었다. 규장각과 서울대 중앙도서관에 道光 연간(1821~1850) 간행된 『粵十三家集』에 문집 『蓮鬚閣集』이 실려 있는데 여기에 '桐堦副墨'이

라는 이름으로 수록되어 있다. 清 汪師韓의 『葉戲原起』에도 같은 내용이 실려 있다. 『五洲衍文長箋散稿』에 놀이 도구를 변증할 때 이 책을 인용했다. 李德懋의 『磊磊落落書』에 그의 행적을 소개하면서 『蓮鬚閣集』을 언급했다. 成海應도 그의 시집을 읽고 「題黎遂球詩後」를 남겼다.

雲莊禮記集說 → 禮記集說

韻通

明末淸初 蕭雲從이 편찬한 音韻書. 蕭雲從(1596~1673)은 原名이 蕭龍이며 字는 尺木이고 號는 默思 혹은 無悶道人이며 만년에는 鍾山老人이라고 했다. 蕪湖 출신이다. 그림에 능하여 姑熟畵派의 창시자로 알려져 있으며, 「秋山行旅圖卷」, 「太平山水圖」, 「閉門拒額圖」, 「西門慟器圖」, 「秋山訪友圖」, 「江山覽勝圖卷」, 「歸寓一元圖卷」, 「谷幽深卷」, 「崔蕭詩意卷」 등의 그림과 『梅花堂遺稿』, 『易存』 등의 저술을 남겼다. 成海應의 「皇明遺民傳」에서 蕭雲從을 다루었다. 『五洲衍文長箋散稿』에는 『奎章全韻』을 편찬할 때 인용한 도서로 蕭雲從의 다른 저술 『杜律細』와 함께 이 책을 소개했다. 抄本이 중국 天津圖書館에 소장되어 있다.

韻學要指

淸 毛奇齡이 편찬한 音韻書. 毛奇齡(1623~1716)은 字가 大可이고 號가 西河이며 浙江 蕭山 출신이다. 考證學을 선호하여 經學, 歷史, 地理 등에 관한 많은 저술을 남겼는데, 특히 宋 朱熹의 학설을 비판한 『四書改錯』, 淸 閻若璩의 『古文尙書疏證』을 반박한 『古文尙書寃詞』 등이 대표적이다. 이 책은 자신이 편찬한 『古今通韻』 12권의 요점을 정리해 편찬한 것이다. 『古今通韻』 各部에 수록된 글자를 없애되 條例와 考證을 남겨두었다. 앞에 淸 李天馥의 序가 달려 있다. 규장각 등에 소장된 『西河合集』에 실려 있다. 서울대 중앙도서관에 嘉慶 원년(1796) 東書院에서 간행한 목판본이 소장되어 있다. 『五洲衍文長箋散稿』에 이 책이 여러 차례 인용되어 있다.

韻學集成

明 章黼가 편찬한 音韻書. 章黼는 字가 道常이고 號는 練川이며 嘉定 출신으

로 聲韻學에 밝아 이 책 외에 『題韻直音篇』을 남겼다. 이력이 자세하지 않은데 宣德 연간(1426~1435)에서 天順 연간(1457~1464)에 활동했다. 이 책은 13권이며, 『洪武正韻』을 따라 部를 나누고 총 43,000여 자를 수록했다. 隸字의 先後는 元 熊忠의 『韻會擧要』를 따라 字母의 순서에 따라 五音을 분배했다. 宣德 7년(1432)부터 天順 4년(1460)까지 29년에 걸쳐 편찬되었다. 淸 黃宗羲의 『明文海』에 明 桑悅이 이 책에 쓴 序가 실려 있다. 萬曆 6년(1578) 간본이 대만 中硏院傅斯年圖書館에 소장되어 있다. 동국대에 康熙 4년(1665) 간행된 목판본 『重訂併音連聲韻學集成』 13권 13책이 소장되어 있는데 康熙 乙巳(1665) 王泰際의 序가 붙어 있다. 『靑莊館全書』, 『五洲衍文長箋散稿』 등에 이 책이 인용되어 있다.

韻會擧要 → 古今韻會擧要

韻會小補 → 古今韻會擧要小補

尉繚子

戰國時代 衛의 尉繚子가 편찬한 兵書. 尉繚子는 이 책의 편찬자라는 사실 외에는 거의 밝혀진 것이 없으며 편찬자를 두고 魏 惠王 때의 隱士 혹은 秦始皇 때 大梁 출신의 尉繚라는 설도 있다. 1972년 山東의 臨沂 銀雀山에서 이 책의 殘簡이 발굴되어 이 책이 戰國時代 완성되고 前漢 시기에 유행했음이 확인되었다. 『漢書』에는 31편으로 되어 있으나 현전하는 것은 24편이다. 天官, 兵談, 制談, 戰威, 攻權, 守權, 十二陵, 武議, 將理, 原官, 治本, 戰權, 重刑令, 伍制令, 分塞令, 束伍令, 經卒令, 勤卒, 將令, 踵軍令, 兵敎, 兵令 등으로 구성되어 있다. 『太平御覽』, 『諸子奇賞』, 『百子全書』 등에 수록되어 있다. 明 劉寅이 이 책을 풀이한 『尉繚子直解』가 규장각에 소장되어 있다. 武經七書의 하나로 우리나라에서도 일찍부터 읽혔으며 여러 차례 간행되었다. 『武經七書諺解』에도 실려 있다. 『世宗實錄』 이래 『星湖僿說』, 『五洲衍文長箋散稿』 등 수많은 책에서 이 책을 인용했다.

元經

隋 王通이 편찬한 儒家書. 王通(584~617)은 河東 龍門 출신으로 字가 仲淹이

고 諡號를 따라 文中子로 통칭된다. 『元經』, 『續書』, 『續詩』, 『禮經』, 『樂論』, 『贊易』 등 『續六經』을 편찬했지만 이 책 외에는 일실되어 전하지 않는다. 10세 때 부친 王隆으로부터 이 책을 편찬하라는 당부를 받았는데 王隆은 孔子가 『春秋』를 편찬한 뜻에 따른 역사서를 편찬하고자 했다고 한다. 이 책은 晉 太熙 元年(290)부터 隋 開皇 9년(590)까지의 역사를 다루었고 그의 제자 薛收가 開皇 10년(591)부터 唐 武德 元年(618)까지의 역사를 기술했기에 薛收가 완성한 것으로 보기도 한다. 薛收(591~624)는 字가 伯褒이고 蒲州 汾陽 출신이다. 宋 阮逸이 注를 달았는데 이 때문에 宋 晁公武의 『郡齋讀書志』에서는 阮逸의 僞作으로 보았다. 『薛收元經傳』, 『元經薛氏傳』 혹은 『元經傳』이라고도 한다. 江蘇巡撫采進本 10권이 『四庫全書』에 수록되었다. 국립중앙도서관 등에 『元經薛氏傳』이 소장되어 있다. 규장각에 소장된 『漢魏叢書』에도 일부가 수록되어 있다. 『星湖僿說』, 『海東繹史』, 『五洲衍文長箋散稿』 등에서 이 책을 인용했다.

遠鏡說

독일 출신의 선교사 湯若望이 편찬한 망원경에 관한 저술. 湯若望(Johann Adam Schall von Bell, 1592~1666)은 독일 天主敎 耶蘇會 소속의 修士로 중국에서 字를 道未라 했다. 47년간 중국에 살다 北京의 마테오리치 무덤 옆에 묻혔다. 중국 科學史와 思想史에 크게 기여했고 이 책 외에 『主敎緣起』, 『主制群徵』 등의 저술을 남겼다. 이 책은 규장각 등에 소장된 『新法曆書』의 권23에 실려 있다. 『星湖僿說』에는 鄭斗源이 燕京에 갔을 때 陸若漢에게 이 책과 함께 『天問略』, 『職方外紀』, 『西洋貢獻神威大鏡疏』 등을 받아 왔다는 기록이 보이는데 仁祖 9년(1631)의 일이다. 『西洋貢獻神威大鏡疏』는 1권으로 되어 있는데 다른 문헌에서 확인되지 않는다. 『國朝寶鑑』에도 같은 기사가 보인다. 『遠鏡說』은 『五洲衍文長箋散稿』에서도 여러 차례 인용했다. 규장각에 소장된 崔漢綺의 『心器圖說』의 부록에 이 책이 붙어 있다.

袁達禽蟲述 → 禽蟲述

苑洛志樂

明 韓邦奇가 편찬한 音樂書. 韓邦奇(1479~1555)는 字가 汝節이고 號가 苑洛

이며 朝邑 출신이다. 文集『苑洛集』외에『易占經緯』,『性理諸家解』,『性理律呂直解』,『洪範皇極內篇圖解』,『樂律擧要』,『周易口訣義』등 많은 저술이 전한다. 李瀷이 그의 학술을 따랐다고 하는 기록이『星湖集』에 보인다. 이 책은 20권이며『四庫全書』에 수록되어 있다. 미국 버클리대에 嘉靖 28년(1549) 간본이 소장되어 있다.『志樂』이라고도 하는데『星湖僿說』,『頤齋遺藁』,『五洲衍文長箋散稿』등에 이 이름으로 소개되어 있다.

爰歷篇

秦 趙高가 편찬한 字書. 趙高(?~B.C.207)는 宦官 출신으로 재상을 지냈으며 書法에 뛰어났다. 이 책은『爰歷』이라고도 한다. 秦始皇이 천하를 통일한 뒤 문자를 통일하는 과정에서 이 책과 함께 李斯의『倉頡篇』, 胡毋敬의『博學篇』등이 편찬되었는데, 모두 小篆體를 식별하기 위한 것이었다.『漢書』등에 따르면 6章으로 구성되어 있었다 하지만 원문은 일실되었다. 漢代에 이 책과 함께『倉頡篇』과『博學篇』등이 합편되어『倉頡篇』으로 통칭되었다.『星湖僿說』에서 따로 항목을 두어 다루었고,『弘齋全書』,『靑莊館全書』,『泠齋集』,『貞蕤閣集』,『惕齋集』,『與猶堂全書』,『五洲衍文長箋散稿』등에도 이 서명이 보인다.

園林草木疏 → 園庭草木疏

元文類

元 蘇天爵이 편찬한 元代의 詩文選集. 蘇天爵(1294~1352)은 字가 伯修이고 眞定 출신이며『元朝名臣事略』,『滋溪文稿』등의 저술이 있다. 이 책은『國朝文類』라고도 한다. 元統 2년(1334) 70권으로 완성했는데 元初부터 仁宗代까지 약 80여 년간의 詩文 800여 편을 선발하고, 문체에 따라 43類로 구분하여 수록했다. 賦, 騷, 樂章, 五言古詩, 樂府歌言, 七言詩, 雜言, 雜體, 五言律詩, 七言律詩, 五言絶句, 七言絶句, 詔赦, 冊文, 制, 奏議, 表, 箋, 箴, 銘, 頌, 贊, 碑文, 記, 序, 書, 說, 題跋, 雜著, 策問, 啓, 上梁文, 祝文, 祭文, 哀辭, 謚議, 行狀, 墓誌, 墓誌銘, 墓碣, 墓表, 神道碑, 傳 등으로 구성되어 있다. 문집이 전하지 않는 王鶚, 李謙, 閻複, 元明善 등의 작품이 실려 있어 자료적 가치가 크다. 宋 姚鉉의『唐文粹』, 宋 呂祖謙의『宋文鑑』을 잇는 選集으로 평가된다. 李宜顯의「壬子燕行雜識」에 이 책을 중국에서 구입했다는 기록이 보인다. 장서각에 嘉靖 16년

(1537) 序가 달린 목판본 70권 20책이 소장되어 있다. 『靑莊館全書』, 『海東繹史』, 『五洲衍文長箋散稿』 등에서 이 책을 인용했다.

元白唱和詩

唐 元稹과 白居易의 酬唱詩를 모은 책. 元稹(779~831)은 洛陽 출신의 詩人인데 字는 微之 혹은 威明이다. 傳奇 『會眞記』가 그의 작품으로 알려져 있다. 白居易(772~846)는 字가 樂天이고 號가 香山居士이며 河南 新鄭 출신이다. 『白樂天集』, 『劉白唱和集』, 『白氏六帖』 등의 저술이 있다. 이 두 사람은 나란히 급제하여 평생 詩友로 지냈으며 元白으로 일컬어지고 元和體를 창도했다. 이 책은 『元白唱和集』이라고도 하는데 두 사람이 貶謫되었을 때 주고받은 것이며, 제목에서 韻을 뽑거나 韻을 맞추어 唱和하는 새로운 전통을 만들었다. 후대의 酬唱詩에 큰 영향을 미쳤다. 『高麗史』에 따르면, 宣宗 8년(1091) 宋의 館伴이 일실된 서적 129종의 목록을 주고 고려에서 찾도록 했는데, 여기에 이 책이 포함되어 있는 것으로 보아 宋代 이미 일실된 것으로 보인다. 『靑莊館全書』, 『海東繹史』 등에도 이 기사를 다시 소개했다.

元史

明 宋濂 등이 太祖의 命을 받아 편찬한 元의 歷史書. 宋濂(1310~1381)은 字가 景濂이고 號가 潛溪이며 玄眞子, 玄眞道士, 玄眞遁叟 등의 別號도 사용했다. 浦江 출신으로 高啓, 劉基와 함께 明初 三代家로 일컬어진다. 『孝經新說』, 『周禮集說』, 『龍門子』, 『潛溪集』, 『蘿山集』, 『浦陽人物記』, 『翰苑集』, 『芝園集』 등의 저술이 있다. 이 책은 元 太祖부터 順帝까지의 역사를 紀傳體로 기술한 正史다. 洪武 2년(1369) 李善長을 監修로, 宋濂과 王褘를 총재로 하여, 趙塤 등 16인이 편찬에 참여하여 331일 만에 완성했으며 이듬해 간행되었다. 嘉靖 연간(1522~1566)과 萬曆 연간(1573~1620), 乾隆 연간(1736~1795) 등 여러 차례 중간되었다. 규장각에 淸代의 간본이 소장되어 있다. 『太宗實錄』에 1403년 이 책을 明에서 가져온 것으로 되어 있다. 『訥齋集』 등 조선 초기 문집에서부터 『星湖僿說』, 『陶谷集』, 『與猶堂全書』, 『五洲衍文長箋散稿』에 이르기까지 다양한 문헌에 인용되어 있다.

元史擧要

明 陳濟가 편찬한 元代의 歷史書. 陳濟(1364~1424)는 字가 伯載이고 武進 출신인데, 布衣로 『永樂大全』의 都總裁를 맡았다. 『青莊館全書』에 『永樂大全』을 다루면서 소개했다. 『通鑑綱目集覽正誤』, 『思齋集』, 『書傳補』 등의 저술이 있었지만 전하지 않는다. 이 책은 『明一統志』 등에 書名이 보이지만 역시 일실되었다. 『五洲衍文長箋散稿』에 서명만 소개되어 있다.

元史紀事本末 → 宋元紀事本末

元史類編 → 續弘簡錄

遠西奇器圖說錄最

독일 출신의 선교사 鄧玉函이 편찬한 科學技術書. 鄧玉函(Jean Terrenz, 1576~1630)은 字가 涵璞이며 天文學, 醫學, 力學, 機械學 등에 능했다. 이 책은 『奇器』, 『奇器圖說』 등으로 줄여 부른다. 서양의 器機를 그림으로 그리고 설명을 붙인 책으로, 3권 2책으로 되어 있다. 본문은 鄧玉函이 기술했고, 부록인 『諸器圖說』은 王徵이 편찬했다. 王徵(1571~1644)은 字가 良甫이고 號는 葵心, 一道人, 一子, 支離叟 등을 사용했다. 鄧玉函에게 서양 器機에 대해 자문한 내용을 바탕으로 편찬한 것이 이 책이다. 이 책은 王徵이 天啓 7년(1627)에 쓴 序가 실려 있고, 이어 凡例가 붙어 있다. 제1권은 力學의 기본 원리를 설명한 부분으로 총 61조로 구성되어 있으며, 제2권은 여러 가지 기구의 동작 원리를 설명한 부분으로 총 92조로 되어 있고 상단에 기구의 그림을 붙였다. 제3권에는 起重圖說, 引重圖說, 轉重圖說, 取水圖說, 轉磨圖說, 解木圖說, 解石圖說, 轉碓圖說, 書架圖說, 水日晷圖說, 代耕圖說, 水銃圖說 등 각종 圖說이 수록되어 있다. 끝부분에는 교정을 맡은 錢熙祚의 跋이 실려 있다. 『諸器圖說』에는 天啓 6년(1626) 王徵의 序와 10개의 圖說, 圖說에 대한 王徵의 銘贊으로 구성되어 있다. 국립중앙도서관과 장서각에 嘉慶 21년(1816) 중국에서 간행된 판본이 소장되어 있다. 규장각에 필사본 3권 2책이 소장되어 있는데 天啓 7년 王徵의 序가 있는 판본을 필사한 듯하다. 규장각에 소장된 『守山閣叢書』에도 이 책이 실려 있다. 『與猶堂全書』, 『嘉梧藁略』, 『五洲衍文長箋散稿』 등에 이 서명이 보인다.

苑西集

清 高士奇의 文集. 高士奇(1645~1704)는 字가 澹人이고 號는 江村이며 錢唐 출신이다. 『春秋地名考略』, 『左傳紀事本末』, 『春秋講義』, 『毛詩講義』, 『天祿識餘』, 『江邨消夏錄』 등 많은 저술을 남겼다. 高士奇의 문집은 일본 京都大에 대부분 소장되어 있는데 『淸吟堂集』 9권, 『神功聖德詩』 1권, 『恭奏漠北蕩平凱歌』 1권, 『經進文藁』 6권, 『隨輦集』 10권, 『隨輦續集』 1권, 『扈從東巡日錄』 2권, 『附錄』 1권, 『扈從西巡日錄』 1권, 『苑西集』 12권, 『城北集』 8권, 『歸田集』 14권, 『獨旦集』 8권, 『竹窓詞』 1권, 『蔬香詞』 1권 등으로 구성되어 있다. 『靑莊館全書』에는 『高士奇集』을 소개했는데 이들 전체를 이른다. 『海東繹史』에는 『苑西集』을 따로 소개했다.

原始秘書

明 朱權(1378~1448)이 편찬한 類書. 朱權(1378~1448)은 明 太祖의 아들로, 獻이라는 諡號를 받아 寧獻王이라고도 불렸으며 自號는 大明居士, 涵虛子 등을 사용했다. 『琴阮啓夢』, 『神奇秘譜』, 『太和正音譜』, 『天皇至道太淸玉冊』, 『漢唐祕史』 등 많은 저술을 남겼다. 이 책은 宋 高承이 편찬한 『事物紀原』처럼 다양한 사물의 기원을 설명한 것으로 醜婦가 嫫母에서, 妒婦가 尹吉甫의 妻에서, 淫婦는 柳宗元의 河間婦에서 비롯했다고 한 것처럼 허황한 내용이 많다. 明 張廷儆이 교정을 보아 萬曆 23년(1595) 繡谷周氏 萬卷樓에서 12책으로 간행한 판본이 일본 東洋文庫에 소장되어 있다. 『燕巖集』, 『順菴集』, 『海東繹史』, 『五洲衍文長箋散稿』 등에서 이 책을 인용했지만 편찬자를 밝히지 않았다. 『順菴集』에는 '鴻書原始秘書'라는 이름으로 인용했는데 明 劉仲達이 편찬한 類書 『劉氏鴻書』에서 가져온 것이고, 『燕巖集』과 『海東繹史』에서는 『原始秘書』에서 인용한다고 했지만 『劉氏鴻書』에서 가져온 듯하다. 『海東繹史』의 인용서목에는 書名만 제시되어 있다. 『五洲衍文長箋散稿』 역시 淸 趙吉士의 『寄園寄所寄』에서 인용한 것을 가져왔다.

元詩選

淸 顧嗣立이 편찬한 元代의 詩選集. 顧嗣立(1669~1722)은 字가 俠君이고 號가 閭丘이며 江蘇 長洲 출신이다. 『宋金元明四代詩選』, 『皇輿全覽』, 『昌黎詩增注證訛』, 『溫飛卿詩集箋註』, 『蘇東坡詩集註』, 『元百家詩集』 등의 저술이 있

다. 이 책은 『四庫全書』에 110권으로 수록되어 있다. 康熙 32년(1693) 宋犖의 序로 보아 이즈음 편집된 듯하다. 初集, 二集, 三集으로 되어 있으며 수록 작가가 2,600인에 이르는데 작가의 小傳을 달았다. 일본 東京大에는 分卷되지 않은 판본이 소장되어 있는데 初集은 康熙 33년(1694), 二集은 康熙 41년(1702), 三集은 康熙 59년(1720), 癸集은 嘉慶 3년(1798) 간행된 것이다. 장서각에 『元詩選癸集』이 소장되어 있는데 嘉慶 3년(1798)의 판본으로 16권이다. 규장각에는 光緖 14년(1888) 序가 달린 판본 16책이 소장되어 있다. 甲集, 乙集, 丙集, 丁集, 戊集, 己集, 庚集, 辛集, 壬集, 癸集으로 구성되어 있다. 또 乾隆 연간(1736~1795) 顧奎光이 7卷으로 다시 편집한 판본이 중국 甘肅省 圖書館에 소장되어 있다. 李宜顯의 「壬子燕行雜識」에 이 책 36권을 중국에서 구입했다는 기록이 보이지만, 36권의 실체는 알 수 없다. 『海東繹史』, 『淵泉集』에도 관련 기록이 보인다. 明 崇禎 4년(1631) 曹學佺이 편찬한 『元詩選』 50권도 따로 전한다.

援神契

『孝經』 緯書의 하나. 漢 宋均이 편찬한 것으로 알려져 있다. 宋均은 字가 叔庠이고 南陽 安衆 출신이며 建武 연간(25~56) 활동했다. 이 책은 『孝經緯援神契』라고도 한다. 宋均이 『孝經』에 주석을 붙인 것이라고 알려져 있지만 편찬자를 알 수 없다고 한 데도 많다. 公孫述이 반란을 일으킬 때 이 책을 비롯한 圖讖書의 문구를 자의적으로 해석하여 선전했다고 한다. 원래는 7권이었으나 일실되고 일부가 『說郛』에 수록되었으며 『玉函山房輯佚書』에는 2권으로 수록되었다. 『守山閣叢書』에도 실려 있다. 『象村稿』, 『谿谷集』, 『陶谷集』, 『五洲衍文長箋散稿』 등에 이 책이 인용되었다.

元氏掖庭記

元末明初 陶宗儀가 편찬한 筆記雜錄. 陶宗儀(1329~1412?)는 字가 九成이고 號가 南村이며 浙江 黃巖 출신이다. 『輟耕錄』, 『說郛』 등이 그의 대표적인 저술로 알려져 있다. 이 책은 『元掖庭記』, 『元氏掖庭侈政』 등의 서명으로 된 데도 있다. 元代 宮庭의 典章과 制度, 風俗 등을 기술한 책이다. 景陽宮, 淸林閣, 九引堂, 刺繡亭, 五雲車 등과 관련한 고사 등 다양한 내용으로 되어 있다. 『說郛』에 1권으로 실려 있다. 『研經齋全集』, 『海東繹史』, 『林下筆記』 등에 인용되

어 있다.

元一統志

元 箚馬剌丁 등이 편찬한 地理書. 箚馬剌丁은 扎馬剌丁, 扎馬魯丁 등으로도 표기하는데, 回回族 출신이다. 天文과 曆法에 뛰어나 元 世祖의 총애를 받았고 大都에 머물면서 天文儀器를 제작하고 曆書와 地理書 등을 편찬했다. 이 책은 『大元大一統志』라고도 한다. 至元 23년(1286) 元 世祖의 命으로 편찬을 시작하여 箚馬剌丁, 虞應龍, 孛蘭肹, 岳鉉 등이 참여했다. 大德 7년(1303) 1,300권 600책으로 완성하고 至正 6년(1347) 간행했다. 각 郡縣의 建置沿革, 山川, 土産, 風俗, 人物 등을 상세히 기록했으며 채색지도를 붙였다. 明淸代에 편찬된 一統志의 전범이 된 책이다. 原書는 일실되고 『玄覽堂叢書續集』 및 『遼海叢書』 등에 일부가 실려 있다. 『五洲衍文長箋散稿』에 서명만 소개되어 있다. 『星湖僿說』에 『一統志』로 인용한 것은 『明一統志』로 추정된다.

園庭草木疏

唐 王方慶이 편찬한 農書. 王方慶(?~702)은 雍州 咸陽 출신으로, 本名이 綝인데 字 方慶을 이름처럼 사용했다. 『王氏八體書範』, 『王氏工書狀』, 『南宮故事』, 『魏鄭公諫錄』 등의 저술이 있는데 『南宮故事』는 일실되었다. 이 책은 『新唐書』에는 21권이라 했지만 五代 시기에 일실되고 『說郛』에 『園林草木疏』라는 이름으로 일부가 수록되어 있는데 明代에 『酉陽雜俎』 등에서 초록하여 만든 것이다. 여기에 수록된 화훼는 金燈, 蜀葵, 蔓胡桃, 鬼皂莢, 蒟蒻, 金錢花, 椒枝, 野狐絲 등 몇 종에 불과하다. 『玉函山房輯佚書』에도 일부가 수록되어 있다. 『高麗史』에 따르면 宣宗 8년(1091) 宋의 館伴이 일실된 서적 129종의 목록을 주고 고려에서 찾도록 했는데, 여기에 이 책이 포함되어 있다. 『靑莊館全書』, 『海東繹史』 등에도 같은 기사가 실려 있는데 『高麗史』와 마찬가지로 書名이 모두 『園亭草木疏』로 표기되어 있다.

元朝典故編年考

明末淸初 孫承澤이 편찬한 歷史書. 孫承澤(1593~1676)은 字가 耳北 혹은 耳伯이고 號는 北海, 退谷, 退翁 등을 사용했으며 山東 益都 출신이다. 『春明夢餘錄』, 『畿輔人物志』, 『典制紀略』, 『四朝人物略』 등의 저술이 있다. 이 책은 10권

으로, 元代의 正史와 文集을 바탕으로 역사적 사실을 정리하여 8권으로 만들고 『元朝秘史』를 9권에, 「遼金遺事小序」를 10권에 붙였다. 『四庫全書』에 편입되어 있다. 『五洲衍文長箋散稿』에 서명만 소개했다.

袁中郎集

明 袁宏道의 文集. 袁宏道(1568~1610)는 字가 中郎이고 號가 石公이며 湖廣公安 출신이다. 이 책 외에 『廣莊』, 『觴政』, 『甁史』 등이 전한다. 그의 만년에 『袁中郎集五種』이 간행되었고 여기에 누락된 자료를 더하여 『袁中郎十集』이 간행되었다. 그후 萬曆 45년(1617) 何偉然이 『梨雲館類定袁中郎全集』 24권을 간행했고, 崇禎 2년(1629) 陸之選이 『袁中郎集五種』과 『袁中郎十集』, 『梨雲館類定袁中郎全集』과 遺稿本을 덧붙여 『新刻鍾伯敬增定袁中郎全集』 40권을 간행했는데 규장각에 이 판본이 소장되어 있다. 『息庵遺稿』, 『水村集』, 『鶴皐集』 등에 『袁中郎集』을 열독한 사실이 확인된다. 『五洲衍文長箋散稿』에는 그의 문집을 거론하지는 않았지만 「文漪堂記」, 「由天池踰含幡嶺至三峽澗記」, 「開先寺至黃巖寺觀瀑記」 등을 언급하고 있어 이 문집을 보았을 것으로 추정된다. 규장각에 필사본 『袁中郎尺牘』이 소장되어 있다.

元包

唐 衛元嵩이 『太玄經』을 모방하여 편찬한 책. 衛元嵩은 益州 野安寺의 승려로, 讖緯說을 지어 예언을 일삼다가 환속한 후 北周 武帝의 총애를 입었다. 이 책은 『衛氏元包』, 『元包經』이라고도 한다. 唐 蘇源明이 傳을 붙이고 李江이 注를 달아 『元包經傳』이라고도 한다. 10권으로 된 데도 있지만 『四庫全書』에는 5권으로 수록되어 있다. 대만 故宮博物院圖書館에 四明 范欽의 天一閣에서 宋代의 간본을 복각한 판본 5권이 소장되어 있다. 太陰, 太陽, 少陰, 少陽, 仲陰, 仲陽, 孟陰, 孟陽으로 나누고 八卦에 따라 편차했는데 坤卦부터 넣었다는 점이 독특하다. 이어 運著, 說源을 붙였다. 『說郛』에도 일부가 수록되어 있다. 『與猶堂全書』, 『五洲衍文長箋散稿』에서 이 책을 인용했다.

元豐九域志

北宋 王存 등이 편찬한 地理書. 王存(1023~1101)은 字가 正中이고 丹陽 출신이다. 主編을 맡아 曾鞏, 李德芻 등과 함께 이 책을 편찬했다. 이 책은 宋 神宗

의 命에 따라 元豐 3년(1080) 총 10권으로 간행되었고,『九域志』로 줄여 부르기도 한다. 당시의 행정구획에 따라 4京, 23路, 省廢州軍, 化外州, 羈縻州의 순서로 서술되었다. 23路에 따라 소속 府, 州, 軍, 監 등의 名稱, 沿革, 道里, 主客戶數, 土貢 등을 기재했다. 규장각에 光緒 8년(1882) 金陵書局에서 간행된 판본이 소장되어 있는데 善本으로 알려져 있다. 서울대 중앙도서관에 乾隆 39년(1774) 武英殿 판본이 소장되어 있다.『宋子大全』,『弘齋全書』,『五洲衍文長箋散稿』 등에 인용되어 있다.

元豐類稿 → 南豐集

元和郡縣志

唐 李吉甫가 편찬한 地理書. 李吉甫(758~814)는 字가 弘憲이고 河北 趙郡 출신으로,『元和國計簿』,『百司擧要』 등의 저술이 있다. 이 책은 元和 8년(813)에 완성되어『元和郡縣志』라고도 한다. 전국의 府, 州를 단위로 戶口, 沿革, 境界, 貢賦 등을 서술하고, 각 縣의 設置, 山川, 河流, 城邑, 名勝古蹟 등을 나누어 설명했다. 전체 40권으로, 전국을 關內, 河南, 河東, 河北, 山南, 淮南, 江南, 劍南, 嶺南, 隴右 등 10道로 나누는 貞觀 연간(627~649)의 행정 구획을 따르고 있다. 이 책은 魏晉 이래 地理叢書 중에 가장 완비된 것으로 평가된다.『四庫全書』에 수록되어 있다. 嘉慶 元年(1796)의 序가 달린 판본이 서울대 중앙도서관에 소장되어 있다.『熱河日記』,『弘齋全書』,『五洲衍文長箋散稿』 등에 이 책이 언급되어 있다.

原化記

唐 皇甫氏가 편찬한 雜錄. 皇甫氏는 자세하게 밝혀진 바가 없지만 내용으로 보아 洞庭子라는 號를 사용했고 荊楚 지역 출신인 듯하다. 이 책은 唐 開成 연간(836~840) 혹은 會昌 연간(841~846)에 편찬된 것으로 추정된다. 原文은 일실되고『太平廣記』에 李蕃, 薛尊師, 光祿屠者 등 60여 條가 수록되어 있다. 규장각에 소장된『說郛』와『叢書』 등에도 江東客馬, 螺婦, 以珠易餠 등 일부의 내용이 실려 있다.『類說』이나『紺珠集』에는 서로 다른 내용이 일부 수록되어 있다.『退溪先生文集攷證』과『五洲衍文長箋散稿』 등에 이 책이 보인다.

元和姓纂

唐 林寶가 편찬한 譜學書. 林寶는 濟南 출신으로 德宗부터 穆宗까지 四朝를 섬겼고 譜學으로 이름이 났다. 憲宗 때의 재상 李吉甫의 命으로 편찬에 착수하여 元和 7년(812) 10권으로 이 책을 완성했다. 唐代의 族姓, 世系, 人物을 상세히 기록했다. 皇族 李氏를 첫머리에 두고 四聲韻部에 따라 姓氏를 배열했다. 原書는 일실되었는데 『永樂大典』을 편찬할 때 逸文을 모아 18권으로 편집했고 『四庫全書』에 수록되었다. 국립중앙도서관에 嘉慶 7년(1802) 간행된 목판본, 서울대 중앙도서관에 光緒 6년(1880) 金陵書局에서 간행한 목판본이 소장되어 있다. 『五洲衍文長箋散稿』에 이 책이 소개되어 있다.

月令廣義

明 馮應京이 편찬하고 戴任이 보완한 農書. 馮應京(1555~1606)은 字가 可大이고 號가 慕罔이며 安徽 泗州 출신이다. 『六家詩名物疏』, 『皇明經世實用編』 등의 저술을 남겼는데 조선에서 유통된 바 있다. 戴任은 字가 肩吾이고 新安 출신이며, 馮應京의 문인인데 이력이 자세하지 않다. 『治本書』 등의 저술이 있다고 하지만 전하지 않는다. 馮應京은 『士民月令』 1권을 지어 十二月令으로 나누어 기술했는데 戴任이 敍由 1편을 싣고 閏月을 추가하여 五紀篇을 덧붙였으며 圖版과 歲總을 추가하여 25권으로 간행했다. 萬曆 30년(1602)의 序가 붙은 明代의 간본이 일본 公文書館 등에 소장되어 있으며 乾隆 武英殿 刻本도 따로 전한다. 『東槎日記』, 『青莊館全書』, 『與猶堂全書』, 『林下筆記』, 『五洲衍文長箋散稿』 등에서 이 책을 인용했지만 다른 문헌에서 가져왔을 가능성이 높다.

月令問答

漢 蔡邕이 月令을 풀이한 책. 蔡邕(133~192)은 字가 伯喈이고 陳留 圉縣 출신이며, 左中郎將을 역임하여 蔡中郎이라고도 불렸다. 『蔡中郎集』 외에 『琴操』, 『獨斷』 등 여러 저술이 전한다. 이 책은 問答體의 12조항으로 되어 있다. 『月令答問』으로 된 데도 많다. 明代에 간행된 『蔡仲郎集』이 규장각에 소장되어 있는데 여기에 『月令問答』이 수록되어 있다. 『說郛』에도 실려 있다. 『五洲衍文長箋散稿』에서 이 책을 인용했다.

月令章句

漢 蔡邕이 편찬한 雜錄. 『隋書』에 12권이라 했고 『宋史』에 1권으로 기록되어 있지만 일실되었다. 『高麗史』에 따르면 宣宗 8년(1091) 宋의 館伴이 일실된 서적 129종을 보내달라고 했는데 그중 하나가 이 책이다. 『海東繹史』와 『靑莊館全書』에도 같은 기록이 보인다. 『玉函山房輯佚書』에 2권으로 수록된 것은 후대의 문헌에 인용된 것을 엮은 것이다. 天文, 律呂, 曆法, 農法, 動食物 등 다양한 내용을 담고 있다. 『息山集』, 『星湖僿說』, 『弘齋全書』, 『研經齋全書』, 『與猶堂全書』, 『五洲衍文長箋散稿』 등에서 이 책을 인용했지만 재인용으로 보인다.

月令輯要

淸 李光地가 편찬한 農書. 李光地(1642~1718)는 字가 晉卿이고 號가 厚庵 혹은 榕村이며 泉州 安溪 湖頭 출신이다. 문집 『榕村全集』이 있고, 康熙帝의 命으로 『御纂朱子全書』, 『欽定篆文六經四書』, 『御纂性理精義』 등을 편찬했다. 이 책은 康熙帝의 命을 받아 편찬한 것으로 원래의 서명은 『御定月令輯要』다. 明 馮應京과 戴任이 편찬한 『月令廣義』 25권을 토대로 편찬했다. 門目은 『月令廣義』를 따르되 불필요한 내용은 삭제하여 圖說 1권, 歲令 2권, 每月令 1권, 春夏秋冬合 및 土王令 5권, 十二月令 및 閏月令 13권, 晝夜令 2권, 時刻令 2권으로 만들었으며, 이를 다시 天道, 政典, 民用, 物候, 占驗, 雜紀로 나누었다. 月令마다 日次를 보태고 十二月令과 閏月令은 節序와 日次를 보탰다. 서적을 인용할 때는 출처를 밝혔다. 『月令廣義』에 실린 것은 '原'으로 표기하고 증보한 것은 '增'으로 표기했다. 규장각과 장서각에 康熙 55년(1716) 간기가 달린 목판본이 소장되어 있다. 『靑莊館全書』, 『五洲衍文長箋散稿』 등에 이 책이 인용되어 있다.

月令通攷

明 盧翰이 편찬한 雜錄. 盧翰은 字가 子羽이고 號가 中庵이며 潁州 출신으로 嘉靖 연간(1522~1566) 출사했다. 典籍, 名物, 象數, 歷史, 儒道 등에 두루 능통했고 『易經中說』, 『籤易』, 『春秋解』, 『中庸圖』, 『四書中說』, 『寶嗣全編』, 『掌中宇宙稿』 등의 저술이 있었는데 그중 『籤易』이 전한다. 이 책은 16권으로, 1년을 12달로 나누고 각 달에 해당하는 故事와 風俗을 기록했다. 天道, 治法, 地利, 民用, 攝生, 涓吉, 占候, 跡往, 考言, 擴聞 등으로 구성되어 있다. 萬曆 17년

(1589)의 序가 달린 판본이 대만 故宮博物院圖書館, 일본 公文書館 등에 소장되어 있다. 『五洲衍文長箋散稿』에서 禮經의 하나로 이 책을 들고 편찬자를 알 수 없다고 했는데 이 책을 가리키는지는 확인하기 어렵다.

粵西偶記

淸 陸祚蕃이 편찬한 廣西 지역의 地理書. 陸祚蕃은 字가 武園이고 浙江 平湖 출신인데 康熙 12년(1673) 출사했다. 이 책은 陸祚蕃이 督學廣西로 있을 때 廣西 지역의 山川, 氣候, 物産, 風土 등을 기술한 것으로 1권이다. 규장각에 소장된 『龍威秘書』에 실려 있다. 『說鈴』, 『小方壺齋輿地叢鈔』 등에도 수록되어 있다. 『靑莊館全書』, 『五洲衍文長箋散稿』 등에서 이 책을 인용했다.

越語肯綮錄

淸 毛奇齡이 편찬한 語學書. 毛奇齡(1623~1716)은 字가 大可이고 號가 西河이며 浙江 蕭山 출신이다. 考證學을 선호하여 經學, 歷史, 地理 등에 관한 많은 저술을 남겼는데, 특히 宋 朱熹를 비판한 『四書改錯』, 淸 閻若璩의 『古文尙書疏證』을 반박한 『古文尙書冤詞』 등이 대표적이다. 이 책은 1권으로 서명은 宋 趙叔向이 편찬한 『肯綮錄』에서 따온 것이지만 제도에 대한 것은 없고 오로지 越 지역의 方言에 대해서만 기록했다. 古音, 古訓으로 증명하는 방식을 취하고 있다. 규장각 등에 소장된 『西河合集』에 실려 있다. 『五洲衍文長箋散稿』에서 이 책을 인용했다.

越王孝經新義

唐 任希古가 『孝經』을 풀이한 책. 任希古는 字가 敬臣이고 棣州 출신으로, 貞觀 연간(627~649)의 학자다. 이 책은 『舊唐書』와 『新唐書』에 10권이라고 했지만 일실되어 전하지 않는다. 『高麗史』에는 8권으로 되어 있다. 『孝經新義』로 된 데도 있다. 『文獻通考』에는 越王의 질문에 대해 疏文의 是非를 풀이한 책이라 했다. 高麗 光宗 10년(959) 고려에서 後周로 사신을 보내며 『別敍孝經』, 『越王孝經新義』, 『皇靈孝經』, 『孝經雌雄圖』 등을 보냈다는 기록이 『舊五代史』, 『新五代史』, 『文獻通考』, 『居易錄』 등에 보인다. 『星湖僿說』, 『東史綱目』, 『海東繹史』, 『五洲衍文長箋散稿』 등에서 같은 내용을 다루고 있다.

越絶書
편찬자를 알 수 없는 吳越 지역의 地理書.『隋書』「經籍志」에는 편찬자가 子貢으로 되어 있지만 會稽 출신의 후대 인물이 편찬한 듯하다.『四庫全書總目提要』에서는 漢의 袁康과 吳平으로 보았는데 두 사람의 생애는 알 수 없다. 이 책은 春秋末年에서 戰國初期까지 吳越의 爭覇를 다룬 것으로 15권이다. 吳越 지역의 政治, 經濟, 軍事, 天文, 地理, 曆法, 言語 등 다양한 내용을 담고 있으며, 地方志의 鼻祖로 평가된다.『越絶』,『越錄』,『越記』라고도 하는데, 絶은 古越語에서 記錄이라는 뜻이다. 계명대에 嘉靖 壬子(1552) 張佳胤의 序가 달린 목판본 15권 2책이 소장되어 있다. 규장각 등에 소장된『漢魏叢書』에도 15권으로 수록되어 있다.『芝峯類說』,『順菴集』,『林下筆記』,『五洲衍文長箋散稿』 등에 인용되어 있는데 편찬자는 밝히지 않았다.

月泉吟社
宋末元初 吳渭가 月泉吟社에서 지은 詩와 詩評을 모은 책. 吳渭는 字가 淸翁이고 號가 潛齋이며 浦江 출신이다. 宋末에 義烏令을 지냈으나 元이 들어선 후 吳溪에 은거하면서 吳思齋를 짓고 詩社 月泉吟社를 결성했는데 謝翶, 吳思濟, 方鳳 등이 참여했다. 이 책은 至元 23년(1286) 10월 6일부터 이듬해 1월 15일까지 280인이 제작한 2,735수의 春日田園雜興詩에 評을 가한 것인데 그 중 60인의 시 74수가 남아 있다. 규장각에 소장된 明 毛晉의『詩詞雜俎』에 실려 있다.『說郛』에는 社規, 誓詩壇文, 詩評 등 총론에 이어 1등 羅公福, 2등 司馬澄翁, 3등 高宇의「春日田園褋興」3수와 評을 나란히 실었다.『青莊館全書』와『研經齋全集』에 이에 대한 자세한 기록이 있다.『五洲衍文長箋散稿』에서는 서명만 적었다.

魏敬士集 → 寧都三魏文集

魏季子詩文集 → 寧都三魏文集

圍棋義例
北宋 徐鉉이 장기를 두는 방법에 관해 적은 책. 徐鉉(916~991)은 字가 鼎臣이고 廣陵 출신이며 五代에서부터 宋初까지 활동했다.『稽神錄』,『說文解字

篆韻譜』,『騎省集』 등의 저술이 전한다. 이 책은『說郛』에 실려 있는데 入, 行, 飛, 尖, 粘, 幹, 綽, 約 등의 용어를 풀이했다.『五洲衍文長箋散稿』에 書名만 소개되어 있다.

魏略

魏 魚豢이 편찬한 私撰史書. 魚豢은 三國時代 魏의 京兆 출신이다.『新唐書』에는 이 책이 50권이라 했다.『隋書』「經籍志」에서 이른 50권의『典略』과 같은 책으로 보기도 한다. 原文은 일실되고 明帝까지의 역사 일부만 전한다.『後漢書』,『三國志』,『太平御覽』 등에 많이 인용되어 있어 清末의 王仁俊과 張鵬一이 逸文을 편집하여『魏略輯本』25권으로 엮었다.『玉函山房輯佚書』에 수록되어 있다.『成宗實錄』에 1490년 민간에서 이 책과 함께『東萊歷代史詳絶』,『陸賈新語』,『楚漢春秋』,『唐臣奏議』,『陳后山集』,『韋蘇州集』,『司馬溫公集』,『司馬先生家範』,『太平御覽』,『山海經』,『唐鑑』,『管子』,『文苑英華』,『文章正印』 등을 찾아 올리게 했다는 기사가 보인다.『月汀集』,『星湖僿說』,『燕巖集』,『研經齋全集』,『與猶堂全書』,『退溪文集攷證』,『海東繹史』,『五洲衍文長箋散稿』 등에서 이 책을 인용하고 있지만 다른 문헌에서 가져온 것이다.

魏伯子文集

清 魏際瑞의 文集. 魏際瑞(1620~1677)는 初名이 祥이고 字가 善伯이며 號는 伯子다. 이 책 외에『雜俎』,『四此堂稿』 등의 저술이 전한다. 아우 魏禧와 魏禮, 벗 彭士望, 邱維屏 등 뛰어난 학자와 함께 易堂에서 숙식하며 강학하여 易堂九子로 일컬어진다. 康熙 연간(1662~1722) 林時益이 그들의 문집을 합하여『寧都三魏全集』을 편찬했다. 규장각에 魏際瑞와 그 아우 魏禧, 魏禮와 아들 魏世傑, 조카 魏世傚, 魏世儼 등 魏氏 一家의 詩文集을 모은『魏氏全集』이 전하는데 그 첫 번째 부분 4책 10권이『魏伯子文集』이다. 규장각과 고려대에 소장된『寧都三魏全集』 역시 삼형제의 문집을 모은 것인데『魏伯子文集』 9권이 실려 있다. 국립중앙도서관에 소장된 易堂藏板『魏氏三子集』에는 6책까지가『魏伯子文集』이며 같은 곳에 10권 5책 목판본『魏伯子文集』이 소장되어 있다. 李德懋는『清脾錄』에서「魏伯子」라는 항목을 두어 魏際瑞에 대해 자세히 다루었다.『魏伯子文集』은『青莊館全書』,『研經齋全集』,『海東繹史』,『五洲衍文長箋散稿』 등에 인용되어 있는데『魏伯子集』으로 표기된 데도 많다.

魏尙書 → 漢尙書

衛生寶鑑

元 羅天益이 편찬한 醫書. 羅天益(1220~1290)은 字가 謙甫이고 眞定 嵩城 출신이다. 金元四大家의 한 사람인 李杲에게 의술을 배워 太醫가 되었다. 이 책은 李杲의 저술을 정리하는 한편 여러 醫書와 자신의 臨床 경험을 종합하여 편찬한 것으로 至元 18년(1281) 간행되었다. 補遺 1권을 포함하여 총 25권으로 되어 있다. 장서각에 24권 3책 목판본이 소장되어 있는데 永樂 15년(1417) 蔣用文의 序와 胡廣의 後序가 붙어 있다. 권1~20까지는 名方類集이고 권21~24는 藥象類로 되어 있다. 明 嘉靖 明德堂 刻本도 전한다. 『東醫寶鑑』의 序에서 이 책을 소개했으며 『燕巖集』과 『海東繹史』에도 이 책을 인용했다.

魏昭士集 → 寧都三魏文集

魏叔子日錄

清 魏禧가 편찬한 日記. 魏禧(1624~1681)는 字가 冰叔 혹은 叔子이고 號가 裕齋이며 江西 寧都縣 출신이다. 明이 망한 후에 寧都 翠微峰에 은거하며 勺庭에 거주했으므로 勺庭先生이라 불렸다. 康熙 연간(1662~1722) 博學鴻詞科에 천거되었으나 응하지 않았다. 문집 『魏叔子集』 외에 『左傳經世』, 『兵謀』, 『兵法』, 『兵跡』 등의 저술이 있다. 이 책은 『內蒙古線裝古籍聯合目錄』에 보이는데 清初의 간본으로 3권이다. 중국 甘肅省圖書館에 소장된 『魏叔子文集外篇』에 『日錄』 3권이 함께 실려 있다. 미국 하버드대 등에 소장된 『日錄裏言』, 『日錄論文』, 『日錄雜說』처럼 주제별로 나누어져 있는 판본도 있다. 『五洲衍文長箋散稿』 등에서 『日錄』으로 소개했다.

魏叔子集

清 魏禧의 文集. 康熙 연간(1662~1722)에 林時益이 魏禧 형제의 문집을 합하여 『寧都三魏全集』을 편찬했는데 여기에 포함되어 있다. 규장각과 고려대에 소장되어 있다. 규장각에 소장된 『魏氏全集』, 국립중앙도서관에 소장된 『魏氏三子集』 등에도 이 문집이 수록되어 있다. 『魏叔子集』은 文集 22권, 詩集 8권, 日錄 3권으로 구성되어 있다. 규장각에 소장된 『國朝三家文抄』에 『魏叔子文

鈔』 12권이 실려 있고, 연세대에 소장된 필사본 『十八文抄』에도 『皇明魏叔子文』 2책이 수록되어 있다. 李天輔는 「魏叔子文抄序」에서 스스로 魏禧의 글을 선발하여 『魏叔子文抄』를 엮었다고 했다. 魏禧의 문집에 대한 언급은 『靑莊館全書』, 『洛下生集』, 『海東繹史』, 『五洲衍文長箋散稿』 등에 보인다. 18세기 이래 우리 문인들에게 큰 영향을 끼쳐 魏禧의 글에 대한 논의가 빈번하다.

魏氏春秋

東晉 孫盛이 편찬한 歷史書. 孫盛(302?~374)은 字가 安國이고 太原 中都 출신이다. 博學多聞하고 辯論에 뛰어났으며 이 책 외에 『晉陽秋』 32권, 文集 10권이 있었다고 하지만 모두 전하지 않는다. 이 책은 三國時代 魏의 역사를 기술한 것으로, 『隋書』, 『高麗史』 등에서 20권이라 했는데 원문은 일실되고 『弘明集』, 『廣弘明集』, 『全晉文』, 『三國志』, 『世說新語』 등 후대의 문헌에 일부가 인용되어 전한다. 『高麗史』에 따르면 宣宗 8년(1091) 宋의 館伴이 일실된 서적 129종의 목록을 주고 고려에서 찾도록 했는데, 여기에 이 책이 포함되어 있다. 『靑莊館全書』, 『海東繹史』 등에도 같은 기사를 싣고 있다. 『五洲衍文長箋散稿』에 이 책 일부를 인용하고 있지만 晉 陳壽의 『三國志』에서 가져온 것으로 보인다.

魏典

北魏 元澹이 편찬한 歷史書. 元澹(653~729)은 字가 行沖인데 이름처럼 사용했다. 河南 출신으로 太子賓客, 弘文館學士를 역임했으며 『御注孝經』, 『群書四錄』 등의 저술을 남겼다. 北魏 皇族의 후예로 北魏에 編年史가 없다는 점을 인식하고 이 책을 편찬했다. 『舊唐書』에 30권이라 하고 사건이 자세하면서도 문장이 간략하다고 高評했지만, 원문이 일실되어 전하지 않는다. 『高麗史』에 따르면 宣宗 8년(1091) 宋의 館伴이 일실된 서적 129종의 목록을 주고 고려에서 찾도록 했는데, 여기에 이 책이 포함되어 있으며 60권이라 했다. 『靑莊館全書』, 『海東繹史』 등에도 같은 기사를 싣고 있다. 『星湖僿說』에서 元澹과 함께 이 책의 일부를 인용했지만 재인용으로 추정된다. 『靑莊館全書』에는 30권이라 한 데도 있고 60권이라 한 데도 있다. 『順菴集』, 『五洲衍文長箋散稿』 등에서도 이 책을 소개했다.

葦航紀談

北宋 蔣津이 편찬한 筆記雜錄. 清 陸心源의 『元祐黨人傳』에 蔣津의 傳이 실려 있는데 毘陵 출신이며, 熙寧 3년(1070) 進士가 되었다고 했다. 같은 서명의 책이 淸 黃虞稷의 『千頃堂書目』에는 편찬자가 趙葵로 되어 있다. 趙葵(1186~1266)는 字가 南仲이고 號는 信庵 혹은 庸齋이며 衡山 출신이다. 『杜甫詩意圖』가 그의 저술이다. 이 책은 『說郛』, 『宋人百家小說』 등에 실려 있는데, 편찬자가 蔣津으로 되어 있다. 西湖의 三賢堂, 月黃昏 등 10여 조목을 다루고 있다. 『五洲衍文長箋散稿』에서 이 책을 인용했지만 편찬자를 밝히지 않았다.

委巷叢談

明 田汝成이 편찬한 筆記雜錄. 田汝成(1503~1557)은 字가 叔禾이고 浙江 錢塘 출신으로, 『田叔禾集』, 『遼記』, 『炎徼紀聞』, 『龍憑記略』 등의 저술이 있다. 이 책은 田汝成의 『西湖遊覽志餘』에 5권으로 실려 있다. 西湖 지역의 풍속과 인물에 관련된 잡다한 내용으로 되어 있다. 『西湖遊覽志餘』는 단국대 도서관에 목판본 46권 27책이 소장되어 있으며, 국내 여러 도서관에 그 일부를 필사한 책이 여러 종 전한다. 『委巷叢談』은 『說郛續』에 일부를 초록했는데, 林逋 등 인물에 대한 고사, 杭州의 풍속과 문학, 언어 등 다양한 내용이 수록되어 있다. 규장각에 소장된 明 胡應麟의 『鴉村叢話』에도 수록되어 있다. 『艮翁集』, 『熱河日記』, 『五洲衍文長箋散稿』 등에 이 책이 인용되어 있다. 『惺所覆瓿稿』, 『象村集』, 『海東繹史』 등에 『西湖遊覽志餘』가 소개되어 있다.

魏興士集 → 寧都三魏文集

類經

明 張介賓이 지은 醫書. 張介賓(1563~1640)은 字가 會卿이고 號가 景岳 혹은 通一子이며, 浙江 會稽에서 거주했다. 규장각에 그의 文集 『景岳全書』가 소장되어 있다. 金英에게 의술을 배우고 『素文』과 『靈樞』를 연구한 후 30년에 걸쳐 이 책을 완성했다. 이 책은 전체 32권으로 되어 있으며 『黃帝內經』의 체제에 근거하여 攝生, 陰陽, 藏象, 脈色, 經絡, 標本, 氣味, 論治, 疾病, 針刺, 運氣, 會通 등 12類로 편성했다. 서울대 중앙도서관, 부산대, 경희대 등에 天啓 4년

(1624) 葉秉의 序가 달린 판본이 소장되어 있다. 여기에는 『類經』 32권, 『類經圖翼』 11권, 『類經附翼』 4권이 실려 있다. 『五洲衍文長箋散稿』에서 이 책과 함께 『類經附翼』도 인용했다. 『類經圖翼』은 圖說로 『類經』을 풀이한 책으로 運氣, 鍼灸 두 부분으로 되어 있다. 『類經附翼』은 『類經』을 보완한 것으로 『周易』으로 醫學을 풀이한 醫易, 古音으로 의학을 풀이한 律原, 자신의 독창적인 이론을 개진한 求正錄, 鍼灸를 노래로 지은 鍼灸賦 등으로 구성되어 있다. 규장각에는 零本 22책이 소장되어 있다.

留溪外傳

淸 陳鼎이 편찬한 明 遺民의 傳記. 陳鼎(1650~?)은 字가 定九이고 號가 留溪이며 江蘇 江陰 출신이다. 詩文에 뛰어났고 歷史에도 정통했으며 『留溪草堂詩稿』, 『東林列傳』 등의 저술이 있다. 이 책은 明의 遺民 110인에 대한 傳記로, 忠義, 孝友, 理學, 隱逸, 廉能, 義俠, 遊藝, 苦節, 節烈, 貞孝, 閫德, 神仙, 緇流 등 13부로 나누어져 있다. 전체 18권이며 『四庫全書』에 수록되어 있다. 규장각에 필사본 『磊磊落落書』 7권 3책이 소장되어 있는데 같은 책이다. 李德懋가 明 毅宗이 순국하고 여러 충신이 節死한 1644년 이후 明의 遺民에 관한 전기를 수집하여 『磊磊落落書』 7권을 지었는데, 『青莊館全書』에 수록되어 있다. 내용이 유사하여 규장각 필사본의 명칭이 이렇게 된 듯하다. 중국 문헌에서는 『磊磊落落書』라는 명칭이 보이지 않는다. 磊磊落落은 뜻이 고상하고 원대하여 작은 일에 구애받지 않는다는 뜻이다. 『燕巖集』에서 이른 『磊磊落落書』가 陳鼎의 것을 가리키지만 『阮堂集』과 『五洲衍文長箋散稿』에서 이른 『磊磊落落書』는 李德懋의 저술을 가리킨다. 『燕巖集』, 『青莊館全書』, 『研經齋全集』, 『與猶堂全書』, 『五洲衍文長箋散稿』 등에는 『留溪外傳』으로 여러 차례 인용되었다.

琉球國志略

淸 周煌이 편찬한 琉球國에 관한 저술. 周煌(1714~1785)은 字가 景桓이고 號가 緒楚 혹은 海珊, 海山 등을 사용했으며, 四川 涪州 출신이다. 『四庫全書』의 편찬에 관여했으며, 『海山詩稿』 등의 저술이 있다. 乾隆 21년(1756) 琉球國의 尙穆을 中山王에 책봉하러 갔다 왔는데 그 경험을 바탕으로 관련 문헌을 두루 조사하여 16권으로 이 책을 엮었다. 總目, 凡例에 이어 관련 文書를 수록했으며, 권1 星野, 권2 國統, 권3 封貢, 권4 輿地, 권5 山川, 권6 府署, 권7 祠廟,

권8 勝迹, 권9 爵秩, 권10 賦役, 권11 典禮, 권12 兵刑, 권13 人物, 권14 物產, 권15 藝文, 권16 志餘 등으로 되어 있다. 국립중앙도서관에 乾隆 22년(1757) 武英殿 刻本이 소장되어 있다. 『日省錄』(1796년 6월 19일)에 李書九가 이 책을 소장하고 있다는 기록이 보인다. 『五洲衍文長箋散稿』에 4권이라 했으나 잘못이다. 李圭景은 여러 차례 이 책을 인용했으며, 琉球國과 관련하여 『志略』이라고만 한 것도 이 책을 이른다.

琉球世纘圖

清 王士禎이 편찬한 琉球國에 관한 저술. 王士禎(1634~1711)은 字가 貽上이고 號가 阮亭 혹은 漁洋이다. 원래 이름은 士禛이었으나 世宗의 諱를 피해 士正으로 바꿨다가 다시 詔命을 받고 士禎으로 고쳤다. 山東 新城 출신으로 『漁洋山人精華錄』, 『池北偶談』, 『香祖筆記』, 『居易錄』, 『帶經堂集』 등의 저술이 있다. 『琉球世纘圖』는 『五洲衍文長箋散稿』에서 독립된 저술로 소개했지만 『池北偶談』에 한 편의 짧은 글로 실려 있다. 자신의 문인인 汪楫이 琉球에 갔을 때 『琉球世纘圖』 1권을 구입하여 『中山沿革志』를 편찬한 사실을 기록했다. 汪楫(1626~1689)은 字가 舟次이고 號가 悔齋이며 休寧 출신이다. 『青莊館全書』에 汪楫의 『琉球世纘圖』를 인용했는데 汪楫의 『中山沿革志』를 이른다. 『中山沿革志』는 2권으로, 康熙 27년(1688) 간본이 미국 國會圖書館에 소장되어 있다. 汪楫은 『使琉球雜錄』도 편찬했는데 康熙 23년(1684)의 序가 달린 판본 5권이 미국 컬럼비아대에 소장되어 있다.

儒棋格

北魏 游肇가 편찬한 놀이에 관한 책. 游肇(452~520)는 字가 伯始이고 廣平 任縣 출신이다. 이 책은 『說郛』에 1권으로 실려 있다. 格은 바둑 등의 놀이에 붙이는 이름이다. 두 개의 주사위에 智一, 禮二, 仁三, 義四, 信五, 善六, 敬七, 德八, 忠九, 順十 등의 이름을 붙이고 40개의 길 중에 36개의 길을 사용하여 말을 진행시킨다는 간단한 규칙을 설명했다. 退讓을 예절로 하고 전투를 앞세우지 않기 때문에 儒字를 붙인 것이라 한다. 『五洲衍文長箋散稿』에서 이 책을 소개했다.

類禮

唐 魏徵이 『禮記』를 풀이한 책. 魏徵(580~643)은 字가 玄成이고 巨鹿 출신이며, 諫官으로 이름이 높았고 鄭國公에 봉해졌다. 「十漸不克終疏」, 「諫太宗十思疏」 등의 글이 『魏鄭公諫錄』과 『貞觀政要』에 실려 전한다. 『舊唐書』에 따르면 『禮記』의 편차를 조정하고 내용을 類別로 묶은 다음 先儒들의 학설을 엮어 20권으로 이 책을 편찬했는데, 太宗이 이를 보고 기뻐하여 秘府에 보관했다고 한다. 이 책은 현재 전하지 않는다. 『明谷集』, 『研經齋全集』, 『五洲衍文長箋散稿』 등에 이 책이 소개되어 있다.

幽明錄

南朝 宋 劉義慶이 편찬한 小說集. 劉義慶(403~444)은 字가 季伯이고 彭城 출신으로 臨川王에 襲封되었다. 이 책 외에 『世說新語』, 『大業雜記』 등을 저술했다. 이 책은 『幽冥錄』, 『幽冥記』라고도 한다. 30권으로 되어 있었지만 일실되고 『類說』에 天賜簡策, 頭風, 鄭玄老奴, 恥與魑魅爭光, 人言鬼可憎, 郭長生 등 6條가 실려 있고, 『說郛』에는 狸知雨, 化女, 金臺, 赤幟, 丹野, 庾宏奴, 袁安, 陳仲擧, 賈弼, 王奉先, 魚報 등 11조가 실려 있다. 魯迅이 『古小說鉤沈』에서 265조를 수습했다. 『研經齋全集』, 『五洲衍文長箋散稿』 등에 『幽冥錄』, 『幽明錄』 두 서명 모두 보인다.

劉夢得集

唐 劉禹錫의 文集. 劉禹錫(772~842)은 字가 夢得이고 洛陽 출신인데 스스로 漢代 中山王 劉勝의 後人이라고 하여 劉中山이라고 했다. 太子賓客을 역임하여 劉賓客으로도 불렸다. 劉禹錫의 문집은 30권에 外集 10권으로 되어 있는데 『劉中山集』 혹은 『劉夢得集』, 『劉賓客集』이라고도 하며 그 내용은 크게 다르지 않다. 『劉賓客文集』은 宋 紹興 8년(1138) 간행되었는데 淳熙 13년(1186) 陸游가 重刊했다. 『劉夢得文集』은 明末 毛晉 등이 교감하여 간행한 판본으로 중국 國家圖書館에 소장되어 있다. 『四部叢刊』에 수록된 『劉夢得集』이 널리 알려져 있다. 劉禹錫의 글은 고려시대 金富軾, 李奎報 등이 인용하여 문집 역시 이른 시기 들어왔을 것으로 보이지만 국내에 전하는 판본은 희귀하다. 존경각에 필사본 『劉賓客文集』이 소장되어 있다. 『星湖僿說』, 『五洲衍文長箋散稿』에서 그의 詩文을 인용했지만 文集이 아닌 다른 選集에서 가져온 듯하다.

儒門事親

金 張從正이 편찬한 醫書. 張從正(1156~1228)은 字가 子和이고 號가 戴人이며 睢州 考城縣 출신이다. 부친에게서 의술을 배워 太醫에 이르렀으며, 金代 四大名醫의 한 사람으로 일컬어진다. 이 책은 15권으로 되어 있는데 앞의 3권은 張從正이 편찬한 것이며, 나머지는 張從正의 口述을 제자 麻知幾, 常仲明이 기록하여 正大 5년(1228) 완성한 것이다. 治百病法, 十形三療, 雜記九門, 撮要圖, 百法心要, 三法六門, 三消論, 扁鵲華佗察聲色定生死訣要, 世傳神效方 등으로 구성되어 있다. 모든 병의 원인을 六邪로 규정하고 三法으로 치료했기에 六門三法으로도 일컬어진다. 선비가 어버이를 섬기려면 마땅히 의술을 알아야 한다는 뜻에서 書名에 事親이라는 말을 붙였다. 고려대에 嘉靖 辛丑(1541) 邵輔의 序가 달린 판본 15권이 소장되어 있다. 국립중앙도서관에 필사본 4권이 소장되어 있다. 『靑莊館全書』, 『五洲衍文長箋散稿』 등에서 이 책을 인용했다.

類譜 → 四聲類譜

劉賓客嘉話錄

唐 韋絢이 劉禹錫의 일화를 모은 책. 韋絢은 江陵 출신으로 字가 文明이며 憲宗 때 재상을 지낸 韋執誼의 아들이다. 劉禹錫(772~842)은 字가 夢得이고 洛陽 출신인데 劉中山, 劉賓客으로도 불렸다. 이 책은 『直齋書錄解題』에 『劉公佳話』로 소개되어 있는데 1권이라 했다. 『嘉話錄』, 『劉禹錫嘉話錄』, 『劉賓客佳話』라고도 한다. 규장각에 소장된 『唐代叢書』와 『顧氏文房小說』 등에 『賓客佳話錄』으로 실려 있다. 『林下筆記』에 『劉禹錫嘉話錄』으로 인용되어 있다. 『五洲衍文長箋散稿』에는 『劉賓佳話』로 잘못 표기되어 있다.

劉賓客集 → 劉夢得集

遺山集

金 元好問의 詩文集. 元好問(1190~1257)은 字가 裕之이고 號가 遺山이며 鮮卑 拓跋氏의 후예로 太原 秀容 출신이다. 이 책 외에 『遺山樂府』, 『中州集』, 『壬辰雜編』 등의 저술이 있다. 元好問의 문집은 元 張德輝가 정리한 것을 景定 3년(1262) 嚴忠傑이 간행한 40권의 『元遺山集』이 있는데 詩 14권, 文 26

권으로 구성되어 있다. 咸淳 6년(1270) 曹益甫가 누락된 詩를 보충하여 『遺山詩集』 20권을 간행했고, 弘治 11년(1498) 李瀚이 明 儲巏이 모은 元好問 관련 시문을 모아 附錄을 덧붙여 41권으로 『元好問集』을 간행했다. 그 후 康熙 49년(1710) 『元遺山集』의 飜刻本이 간행되었다. 道光 30년(1850) 張穆이 弘治 연간(1488~1505)의 『元遺山集』을 底本으로 하고 『續夷堅志』 4권, 『新樂府』 4권, 그밖에 年譜와 補載 1권을 덧붙인 『元遺山先生全集』을 간행했다. 규장각에는 이 판본이 소장되어 있는데 書名이 『元遺山先生文集』으로 되어 있다. 규장각에는 이와 별도로 道光 2년(1822) 清 施國祁가 주석을 단 『元遺山詩集箋注』, 光緒 6년(1880)의 跋이 붙은 『遺山詩集』 20권도 소장되어 있다. 權近의 『陽村集』에 『元遺山集』을 보았다는 기록이 보이므로 元代의 간본이 당시에 수용되었음을 알 수 있다. 『頭陀草』, 『靑莊館全書』, 『海東繹史』 등에서 『遺山集』으로 소개했다.

遺書目錄 → 浙江採集遺書總錄

類書纂要

清 周魯가 편찬한 類書. 周魯는 字가 南林이고 無錫 출신으로, 清初의 인물이지만 이력이 밝혀져 있지 않다. 이 책은 33권으로 되어 있는데, 天文類, 地理類, 歲時類, 地輿類, 統系類, 三敎類, 年齒類, 人倫類, 人道類, 雜藝類, 百工類, 姓譜類, 列女類, 人事類, 文史類, 珍寶類, 布帛類, 衣服類, 身體類, 飮食類, 花草類, 樹木類, 果蔬類, 器用類, 樂音類, 祭器類, 宮室類, 飛禽類, 走獸類, 鱗介類 등으로 나누고 다양한 類書를 모았다. 출전을 밝히지 않고 오류가 많다는 비판을 받았다. 清 康熙 3년(1664)의 序가 달린 간본 33권이 중국 遼寧省圖書館에 소장되어 있다. 『海東繹史』와 『五洲衍文長箋散稿』 등에 이 책이 여러 차례 인용되어 있지만 다른 문헌에서 가져왔을 가능성이 높다.

劉氏菊譜

北宋 劉蒙이 菊花에 관해 편찬한 책. 劉蒙은 字가 子明이고 彭城 출신으로 徽宗 연간(1100~1126)의 인물로 추정되지만 이력이 자세하지 않다. 이 책은 譜敍, 說疑, 定品에 이어 국화의 품종을 35종으로 나누어 설명했는데 『說郛』에 1권으로 실려 있다. 序에 따르면 崇寧 甲申(1104)에 劉元孫을 방문하여 국화에

대해 논하고 그 내용을 정리하여 이 책을 편찬했다고 한다. 수록된 품종은 龍腦, 新羅, 玉毬, 玉鈴, 金萬鈴, 大金鈴, 銀臺, 棣棠, 蜂鈴, 鵝毛, 毬子, 夏金鈴, 秋金鈴, 金錢, 鄧州黃, 薔薇, 黃二色, 甘菊, 酴醾, 玉盆, 鄧州白, 白菊, 銀盆, 順聖淺紫, 夏萬鈴, 秋萬鈴, 繡毬, 荔枝, 垂絲粉紅, 楊妃, 合蟬, 紅二色, 桃花 등이며, 汴梁, 西京, 陳州, 鄧州, 雍州, 相州, 滑州, 鄜州, 陽翟 등에서 나는 품종을 다루었다. 開花 時期, 特性, 品評 등이 자세하다. 宋代 대표적인『菊譜』3종이 있는데 史正志의『史氏菊譜』, 劉蒙의『劉氏菊譜』, 范成大의『范氏菊譜』로 구분해 부르며 모두『說郛』에 실려 있다.『養花小錄』,『舫山集』,『海東繹史』등에 이 책이 인용되어 있다.

劉氏鴻書

明 劉仲達이 편찬한 類書. 劉仲達은 字가 九逵이고 宣城 출신인데 이력은 밝혀져 있지 않다. 이 책은 전체 108권인데, 天文部, 地理部, 歲時部, 世系部, 三教部, 五倫部, 人事部, 人品部, 官職部, 文史部, 身體部, 宮室部, 飮食部, 衣帛部, 珍寶部, 器用部, 音樂部, 方術部, 花木部, 鳥獸部, 鱗介部, 昆蟲部, 錄異部, 紀䲨部 등 24類로 나누고 다시 260여 子目으로 세분하여 관련한 사실과 문장을 배치하고 주석에서 출처를 명기했다. 明 湯賓尹이 删定하여 萬曆 39년(1611) 간행한 판본이 중국 國家圖書館에 소장되어 있다. 湯賓尹은 字가 嘉賓이고 劉仲達과 같은 宣城 출신으로, 萬曆 23년(1595) 급제하여 翰林院 編修를 지냈다.『再廣歷子品粹』,『易經翼註』,『睡庵集』등의 저술을 남겼다. 이 판본에는 明 李維楨, 焦竑, 顧起元, 湯賓尹의 序와 黃景星의 引이 붙어 있다. 국회도서관에도 비슷한 판본이 소장되어 있는데 萬曆 辛亥(1611) 祁承爜이 白雲吏隱에서 쓴 跋이 더 붙어 있다. 고려대에도 비슷한 판본이 소장되어 있다. 규장각과 국립중앙도서관에도 일부가 소장되어 있으며 국립중앙도서관에는『鴻書抄』로 된 필사본이 전한다. 규장각에 소장된 필사본 총서『枕中秘』에도 이 책이 4책으로 수록되어 있다. 光海君이 許筠에게 무슨 책인지 모르지만 반드시 중국에 가서 이 책을 구해 오되 불가능하면『林居漫錄』을 구입해 오도록 지시한 기사가『光海君日記』에 보인다. 許筠의『閒情錄』에도 인용된 것으로 보아 許筠이 중국에서 이 책을 구입해 온 것으로 추정된다.『英祖實錄』에서도 이 책을 인용했다.『星湖僿說』,『順菴集』,『本庵集』,『而已广集』,『青城雜記』,『海東繹史』,『與猶堂全書』,『林下筆記』,『五洲衍文長箋散稿』등 많은 문헌에서 이

책을 인용하고 있으므로 17세기 이래 제법 많이 읽힌 것으로 추정된다.

酉陽山人編蓬集 → 編蓬集

酉陽雜組

唐 段成式이 편찬한 類書. 段成式(803~863)은 字가 柯古이고 齊州 臨淄 출신이며 太常少卿을 지냈다. 이 책은 『津逮秘書』, 『學津討源』, 『四庫全書』, 『稗海』 등에 正集 20권과 續集 10권으로 실려 있다. 규장각에 『稗海』에 실린 판본이 소장되어 있는데 續集은 보이지 않는다. 忠志, 玉格, 貝編, 境異, 詭習, 藝絶, 酒食, 黥, 事感, 物異, 廣知, 語資, 冥跡, 諾皐記, 廣動植類, 肉攫部 등으로 구성되어 있다. 續集은 志諾皐, 貶娛, 寺塔記, 金剛經鳩異, 支動, 支植 등으로 되어 있다. 이들 중 『諾皐記』, 『肉攫部』 등은 『說郛』에 따로 실려 전하기도 한다. 『成宗實錄』에 李克墩이 이 책을 간행한 사실과 그 내용의 荒誕함을 비판하는 기사가 보인다. 『佔畢齋集』을 위시하여 『希樂堂稿』 등 조선 전기의 문헌에서부터 이 책이 보이며 『星湖僿說』, 『海東繹史』, 『五洲衍文長箋散稿』에도 빈번하게 인용되었다.

游業

明 區懷瑞가 편찬한 책. 區懷瑞는 字가 啓圖이고 高明 출신으로 天啓 연간(1621~1627) 출사했다. 『碧山草堂稿』, 『玉陽稿』, 『琅玕巢稿』 등의 저술이 전한다. 『明文海』에 수록되어 있는 「區啓圖二嶽遊稿序黎遂球」에 이 책이 4권이라 했지만 전하지 않는다. 淸 于敏中의 『日下舊聞考』에 이 책을 여러 차례 인용했다. 『海東繹史』에서 鄭同이 북경에 세운 洪光寺와 관련하여 이 책을 인용했는데 같은 내용이 『日下舊聞考』에 보인다.

劉禹錫嘉話錄 → 劉賓客嘉話錄

維園鉛摘

明 謝廷讚이 편찬한 雜錄. 謝廷讚(1557~?)은 字가 曰可이고 金溪 출신이다. 詩와 筆記에 뛰어난 작가이며 『玉馬軒』, 『朱印草』, 『綠屋游』, 『霞繼亭集』 등의 저술이 있다. 이 책은 『說郛續』에 실려 있는데 驅雁, 納納, 廣運, 孟子逸句, 工

夫 등 10여 조로 되어 있다. 규장각에 소장된『叢書』에도 이 책이 실려 있다.『五洲衍文長箋散稿』에 이 책이 인용되어 있다.

類要

宋 晏殊가 편찬한 類書. 晏殊(991~1055)은 字가 同叔이고 臨川 출신이며 集賢殿學士와 平章事 등을 지냈다. 이 책을 포함해 많은 저술을 남겼다고 하지만 모두 일실되었다. 이 책은『北堂書鈔』나『白氏六帖』등과 유사한 체제였을 것으로 추정된다.『宋史』에는 100권이라 했는데 浙江 范氏의 天一閣에 잔본 43권이 전한다.『五洲衍文長箋散稿』에 편찬자를 밝히지 않고 雙六을 설명하면서 이 책을 들었는데 다른 문헌에서 재인용한 것으로 보인다. 같은 내용이 宋 潘自牧의『記纂淵海』등에 보이고 그 출처로 이 책을 들었지만 晏殊의 것을 가리키는지는 확실하지 않다.『類要』라는 명칭을 단 책으로는 宋 趙升의『朝野類要』가 있지만 雙六에 대한 기록은 보이지 않는다.

柳柳州集 → 唐柳先生集

劉子

北齊 劉晝가 편찬한 諸子書. 劉晝(514~565)는 字가 孔昭이고 渤海 阜城 출신이며,『六和賦』,『高才不遇傳』,『金箱璧言』등의 저술이 있다. 劉子로 통칭된다. 이 책은『劉子新論』,『新論』이라고도 한다. 또『文心雕龍』을 지은 劉勰과 동일인이라는 설도 있다.『星湖僿說』에는 이 책을 劉勰의 저작으로 소개했다. 이 책은 15권으로 55편의 글이 수록되어 있다. 儒家와 法家의 兼用을 주장했으며 名實並修, 言理兼得 등을 제창했다.『宣祖實錄』,『栗谷全書』,『星湖僿說』,『與猶堂全書』등에 관련 기록이 보인다. 규장각에 소장된『漢魏叢書』,『百家類纂』,『百子全書』,『諸子彙函』등에 편입되어 있다. 桓譚의『新論』은 이와 구분하여『桓譚新論』이라 한다.

劉子學言

明 劉宗周가 편찬한 雜錄. 劉宗周(1578~1642)는 字가 起東이고 號가 念台이며 浙江 山陰 출신으로, 念台先生, 蕺山先生이라고도 불렸다.『劉蕺山集』,『劉子全書』,『周易古文鈔』,『論語學案』,『聖學宗要』,『人譜類記』등의 저술이 전한

다. 이 책은 『學言』 혹은 『子劉子學言』이라고도 한다. 『四庫全書』에 3권으로 수록되어 있다. 劉宗周가 講學한 語錄을 문인 姜希轍이 간행한 것이다. 清 阮元의 「文選樓藏書記」에 따르면 『大學』의 愼獨에 대한 宗旨를 풀이한 책으로 그 門人인 黃宗羲와 姜希轍이 교정을 보아 간행했다고 한다. 규장각에 『劉子全書』가 소장되어 있는데 여기에도 수록되어 있다. 조선 후기 劉宗周에 대한 관심이 높아 『梧川集』, 『江漢集』, 『順菴集』 등에서 그의 이름을 언급하고 있지만 이 책을 보지는 못한 듯하다. 『五洲衍文長箋散稿』에서 姜氏가 판각한 『劉子學言』을 인용했지만 清 毛奇齡의 『大學證文』에서 재인용한 것이다.

類典 → 因樹屋書影

逌旃瑣語

明 蘇祐가 편찬한 雜錄. 蘇祐(1493~1573)는 字가 允吉 혹은 舜澤이고 濮州 출신이며, 嘉靖 연간(1522~1566) 출사하여 兵部尚書를 지냈다. 『穀原文草』, 『穀原集』 등의 저술이 있다. 이 책은 『四庫全書總目』에 서명이 『逌旃璅語』로 되어 있다. 『說郛續』에는 다른 저술 『雲中事記』와 함께 이 책이 수록되어 있는데 大同婦人, 臺諫, 燒荒, 奴婢臧獲, 東西 등 당시의 풍속이나 제도 등에 대한 40여 조가 실려 있다. 『五洲衍文長箋散稿』에 이 책이 인용되어 있다.

柳州集 → 唐柳先生集

劉中山集 → 劉夢得集

留靑二集

清 陳枚의 文集. 陳枚는 字가 載東이고 號는 殿掄 혹은 枝窩頭陀, 憑山閣이며 婁縣 출신이다. 康熙 연간(1662~1722)과 雍正 연간(1723~1735)에 주로 활동했으며 孫祜 등과 함께 「清明上河圖」를 그린 화가로도 이름이 높다. 그의 문집은 『憑山閣留青采珍全集』 24권이 규장각에 소장되어 있는데 康熙 甲子(1684)의 序가 있다. 詩文 외에 『家禮儀節』, 『職方紀要』, 『詩韻釋疑』, 『詩學辨體』, 『古學辨體』, 『詞韻便裁』 등 독립적인 저술도 포함되어 있다. 규장각에는 『憑山閣增輯留青新集』도 소장되어 있는데 康熙 47년(1708) 張國泰의 序가 붙

어 있다. 아들 陳德裕가 『憑山閣留靑采珍全集』을 증보한 것으로 30권이다. 『與猶堂全書』에 『留靑集』으로 인용했는데 어떤 판본인지는 알 수 없다. 『靑莊館全書』와 『五洲衍文長箋散稿』에는 『留靑二集』으로 인용했는데 이 책이 따로 유통되었던 듯 하지만 이 서명의 책은 확인되지 않는다.

留靑日札

明 田藝衡이 편찬한 雜錄. 田藝衡은 字가 子藝이고 錢塘 출신으로 田汝成의 아들인데 생몰년은 밝혀져 있지 않다. 田藝蘅으로 표기된 데도 있다. 이 책 외에 『玉笑零音』, 『大明同文集』, 『煮泉小品』, 『留留靑』 등 많은 저술이 있다. 이 책은 39권으로 되어 있는데 明 萬曆 연간(1573~1620)의 간본이 중국 國家圖書館, 대만 故宮博物院圖書館 등에 소장되어 있다. 笑人著書, 文窮詩窮, 絲竹管絃 등의 표제를 두어 明代의 風俗, 文學, 掌故, 曆法 등 다양한 내용을 다루었다. 『詩談初編』, 『詩談二編』, 『玉笑零音』, 『大明大統曆解』, 『陽關三疊圖譜』, 『混古始天易』 등과 같은 독립적인 저술도 실려 있다. 『詩談初編』과 『詩談二編』 각 1권, 『玉笑零音』 1권, 『大明大統曆解』 3권, 『混古始天易』 1권 등은 별도로 간행되었는데 明代의 간본이 중국 國家圖書館에 소장되어 있다. 또 『詩談初編』과 『詩談二編』은 따로 묶여 『香宇詩談』이라는 이름으로 『說郛續』에 수록되었다. 장서각에 『香宇外集』이 소장되어 있는데 版心題가 '留靑日札'로 되어 있다. 『留靑日札摘抄』는 이 책을 4권으로 가려 뽑아 편집한 것인데 萬曆 丁巳年(1617)의 간본이 중국 國家圖書館에 소장되어 있다. 『惺所覆瓿藁』, 『靑莊館全書』, 『五洲衍文長箋散稿』 등에서 『留靑日札』을 인용했다. 『玉笑零音』과 『香宇詩談』, 『香宇外集』은 『五洲衍文長箋散稿』에, 『始天易』은 『息山集』과 『凝窩集』에 인용되어 있다.

類聚音韻

明 熊晦가 편찬한 韻書. 이 책은 『萬卷堂書目』, 『千頃堂書目』, 『明史』 등에 30권이며 편찬자가 熊晦라 했지만 일실되어 전하지 않는다. 熊晦는 字號나 이력 등이 알려져 있지 않다. 『五洲衍文長箋散稿』에서 淸 呂種玉의 『言鯖』에서 이 책의 내용을 인용했다.

類篇
北宋 司馬光 등이 편찬한 字書. 이 책은 司馬光이 편찬한 것으로 알려져 있지만, 이보다 앞서 王洙 등이 寶元 2년(1039) 무렵부터 『集韻』을 보완하기 위하여 이 책의 편찬을 시작했고, 司馬光은 정리 단계에서 참여했다. 司馬光(1019~1086)은 『資治通鑑』의 편찬자로 알려져 있다. 王洙(997~1057)는 字가 原叔이고 應天 宋城 출신이며, 『金匱要略』, 『皇祐方域國志』, 『宋元史質』 등의 저술이 전한다. 이 책은 총 15권으로 每卷 上, 中, 下로 나누어져 있어 45권으로 보기도 한다. 『說文解字』와 『玉篇』의 체제를 따라 부수를 544部로 나누고 총 53,165자를 수록했다는 점에서 韻을 기준으로 글자를 배열한 『集韻』과 다르다. 『四庫全書』에는 45권으로 수록되어 있다. 『東國李相國集』에서 이 책을 인용했으므로 고려시대에 수입되었음을 알 수 있다. 조선 후기 字學과 관련하여 『靑莊館全書』, 『五洲衍文長箋散稿』 등에 여러 차례 인용되었다. 『五洲衍文長箋散稿』에는 丁度의 『類篇』이라 했는데 『集韻』의 잘못이다.

柳河東集 → 唐柳先生集

有學集 → 牧齋有學集

類函 → 唐類函

遊宦記聞
宋 張世南이 편찬한 雜錄. 張世南은 字가 光叔이고 鄱陽 출신인데 이름이 士南으로 된 데도 있다. 南宋 교체기에 활동했다. 이 책은 永福縣 등에서 벼슬을 하면서 보고 들은 일을 기록한 것인데 時事에 대한 것은 배제했다. 모두 10권으로 되어 있는데 『四庫全書』에 편입되어 있다. 卷頭의 自序에 따르면 젊어서 환로에 올라 천하를 周遊하여 見聞을 넓혔는데, 紹定 元年(1228) 벼슬에서 물러나 지난 일을 회고하며 이 책을 편찬했다고 한다. 『說郛』, 『御覽知不足齋叢書』, 『稗海』, 『宋人百家小說』 등 다양한 叢書에 일부가 실려 있다. 『熱河日記』, 『硏經齋全集』, 『靑莊館全書』, 『舫山集』, 『海東繹史』, 『林下筆記』, 『五洲衍文長箋散稿』 등 18세기 문헌에 빈번하게 나타난다. 『五洲衍文長箋散稿』에는 서명이 『宦游錄聞』으로도 표기되어 있다.

劉後村集 → 後村集

六街花事

清 馮勗이 편찬한 花卉에 관한 雜錄. 馮勗(1650~1725)은 字가 方寅이고 號가 勉曾 혹은 葑東逸史이며 長洲 출신이다. 康熙 18년(1679) 출사했다. 이 책은 淸 譚瑩의 『樂志堂詩集』에 편찬자가 馮勗으로 되어 있지만 다른 문헌에서는 편찬자가 밝혀져 있지 않다. 원본은 일실되고 淸 于敏中의 『日下舊聞考』 등에 몇 조목이 인용되어 있다. 『燕巖集』에 朝鮮의 牧丹을 소개하면서 이 책을 인용했고 『海東繹史』에도 같은 책에서 비슷한 내용을 인용했지만 편찬자를 밝히지 않았다. 『日下舊聞考』에서 인용한 것이다.

六經奧論

南宋 鄭樵가 六經을 풀이한 책. 鄭樵(1104~1162)는 字가 漁仲이고 興化軍 莆田 출신으로 夾漈先生으로 일컬어진다. 많은 저술을 남겼으나 『夾漈遺稿』, 『通志』, 『爾雅註』 등 일부만 전한다. 이 책은 『四庫全書』에 6권으로 수록되어 있다. 『易經』, 『書經』, 『詩經』, 『春秋經』, 『禮經』, 『周禮』 등이 각 1권씩 실려 있다. 淸 朱彝尊의 『曝書亭集』에 이 책의 跋이 실려 있다. 成化 연간(1465~1487) 盱江 危邦輔의 藏本이 있는데 明 黎溫의 序에 편찬자를 鄭樵라 했다. 그 후 이 책의 편찬자를 鄭樵로 보고 있지만 『四庫全書總目』에서는 여러 점을 들어 僞作으로 보았다. 『青莊館全書』, 『研經齋全集』, 『五洲衍文長箋散稿』 등에 이 책을 소개했는데 모두 편찬자를 鄭樵로 보았다. 『五洲衍文長箋散稿』에 『六經正朔圖』가 인용되어 있는데 이 책의 권4에 수록되어 있다. 夏殷周의 定朔에 대한 기록을 모은 저술이다.

六經正朔圖 → 六經奧論

六韜

周 姜子牙가 편찬한 兵書. 姜子牙(B.C.1156~B.C.1017)는 이름이 尙이고 字가 子牙인데 字로 행세했다. 周 文王이 呂氏 姓을 내렸고, 이름이 望이라 하여 呂望으로 불렸다. 號는 飛熊이고 齊의 始祖가 되어 太公望 혹은 姜太公으로도 일컬어진다. 이 책은 『太公六韜』, 『太公兵法』이라고도 한다. 『隋書』 「經籍

志』에 편찬자를 姜望이라 했지만 戰國末期 그의 이름에 가탁한 것으로 보는 것이 일반적이다. 文韜, 武韜, 龍韜, 虎韜, 豹韜, 犬韜 등 6권으로 되어 있고 전체 60편이다. 武王과 太公이 문답하는 형식으로 되어 있다. 崔致遠의 글에서부터 이 책이 보이므로 매우 이른 시기 우리나라에 들어온 것으로 보인다. 武經七書의 하나로 일찍부터 읽혔으며 여러 차례 간행되었다. 규장각에 清 朱墉이 찬집한 『武經七書彙解』의 일부로 이 책이 실려 있다. 明 劉寅의 주해가 있는 『六韜直解』가 널리 읽혔는데 규장각에 6권 3책의 목판본이 소장되어 있다. 『星湖僿說』, 『五洲衍文長箋散稿』 등 많은 문헌에서 언급되었다.

陸放翁集

南宋 陸遊의 文集. 陸遊(1125~1210)는 字가 務觀이고 號가 放翁이며 越州 山陰 출신이다. 陸游의 문집은 『劍南詩稿』 85권, 『渭南文集』 50권 등이 대표적이다. 『劍南詩稿』는 蜀 지방에 있을 때 지은 詩와 詞를 수록한 것으로 9,000여 수가 수록되어 있다. 『渭南文集』은 渭南縣伯을 지냈기 때문에 붙인 이름이며 스스로 편차한 것을 아들 陸遹이 嘉定 13년(1220) 간행했다. 明代 이를 活字本으로 간행한 판본이 『四部叢刊』에 수록되었다. 『劍南詩稿』와 『渭南文集』에 『放翁逸稿』 2권, 『南唐書』 18권, 『家世舊聞』 1권, 『齋居紀事』 1권 등을 합쳐 明代 汲古閣에서 간행했는데 이를 『陸放翁全集』 혹은 『陸放翁集』이라 한다. 규장각에 이 판본이 소장되어 있다. 조선시대에는 明 楊大鶴이 편찬한 『劍南詩鈔』가 많이 읽혔다. 고려대에 汲古閣 간행 『渭南文集』이 소장되어 있는데 『陸放翁集』의 일부다. 李宜顯의 「庚子燕行雜識」에는 『陸放翁集』 60권을 구입해 온 것으로 되어 있다. 『三灘集』 등 조선 초기 문헌에서 『陸放翁集』에 대한 기록이 보이는데 이때의 『陸放翁集』은 통상적인 陸游의 문집이라는 뜻으로 사용된 듯하다. 『明皐全集』, 『五洲衍文長箋散稿』에도 이 이름으로 인용되어 있다. 申靖夏가 지은 「渭南文鈔序」로 보건대 독자적인 散文選集도 편찬된 듯하다.

六書刊定 → 說文解字

六書故

南宋 戴侗이 지은 字書. 戴侗(1200~1285)은 字가 仲達이고 永嘉 출신이다. 이 책 외에 『周易家說』을 편찬했으나 일실되었다. 이 책은 33권인데 『六書通

釋』 1권이 덧붙여 있다. 卷頭에 自序와 目錄이 붙어 있다. 『說文解字』에서 제시된 540部를 따르지 않고 479目으로 새롭게 나누고 이를 다시 數, 天, 地, 人, 動物, 植物, 工事, 雜, 疑 등 9類로 배열했다. 目 아래에는 偏旁이 같은 字를 뒤에 붙였다. 清 李鼎元이 교열을 보아 乾隆 49년(1784) 간행한 판본이 일본 國會圖書館 등에 소장되어 있다. 『四庫全書』에도 수록되어 있다. 『星湖僿說』, 『青莊館全書』, 『研經齋全集』, 『五洲衍文長箋散稿』 등에 이 책이 인용되었다.

六書本義

明 趙撝謙이 편찬한 字書. 趙撝謙(1351~1395)은 餘姚 출신으로 본명이 古則인데 나중에 이 이름으로 바꾸었다. 字學에 뛰어나 洪武 연간(1368~1398) 韻書의 개편 작업에 참여했고, 이 책 외에 『學範』, 『易學提綱』 등을 편찬했다. 문집은 전하지 않고 일부의 글이 『明文海』에 실려 전한다. 이 책은 앞에 六書綱領이 붙어 있는데 六書總論, 象形論, 指事論, 會意論, 諧聲論, 假借論, 轉注論 등을 두어 설명을 붙인 다음 六書今義圖考로 다시 풀이했다. 이어 『說文解字』와 달리 360部로 나누고 六書를 중심으로 하여 글자에 대한 설명을 붙였다. 『四庫全書』에 12권으로 실려 있다. 『五洲衍文長箋散稿』에서 여러 차례 인용되었다.

六書索隱

明 楊愼이 편찬한 字書. 楊愼(1488~1559)은 字가 用修이고 號가 升庵이며 新都 출신이다. 『升菴集』, 『丹鉛總錄』, 『升庵詩話』 등 280여 종의 저술을 남겼다. 이 책은 10권으로 되어 있으며 앞에 自序가 붙어 있다. 이에 따르면 평소 六書를 좋아하여 『說文解字』의 학설을 절충하고 고증하여 40년 동안 작업했다고 한다. 康熙 연간(1662~1722) 혹은 乾隆 연간(1736~1795) 手稿本이 중국 國家圖書館에 소장되어 있다. 『五洲衍文長箋散稿』에 이 書名이 보이지만 조선에 유입되었는지는 확인하기 어렵다.

六書遡原直音

明 吳元滿이 편찬한 字書. 吳元滿은 字가 敬甫이고 歙縣 출신이며, 萬曆 연간(1573~1620) 활동했지만 평생 布衣로 지냈다. 『六書總要』, 『六書正義』, 『萬籟中聲』 등의 저술이 전한다. 이 책은 『四庫全書總目』에는 2권이며 江蘇 周厚堉

家藏本이 있다고 했으나 일실되어 전하지 않는다. 字體의 辨別을 주로 했으며 12門으로 나누었다고 한다. 『六書總要』, 『六書正義』 등과 서명은 비슷하지만 다른 책으로 되어 있다. 『五洲衍文長箋散稿』에 『六書泝原』으로 소개했다. 元 楊桓의 『六書泝原』이 따로 있는데 12권이다.

六書類釋

元 倪鏜이 편찬한 字書. 倪鏜(1262~1346)은 字가 仲瑤 혹은 仲寶이고 號는 錦江이며 安仁 출신이다. 이 책과 함께 『廣成筆記』 등을 저술했다고 하지만 모두 전하지 않는다. 『千頃堂書目』에는 30권이라 했다. 『五洲衍文長箋散稿』에는 書名만 소개했다.

六書音均表

清 段玉裁가 편찬한 字書. 段玉裁(1735~1815)는 字가 若膺이고 號가 茂堂이며 江蘇 金壇 출신이다. 戴震에게 배우고 文字學訓과 韻學을 연구하여 『說文解字注』를 지었다. 이 책은 5권으로 段玉裁의 저술을 모은 『段氏叢書』와 清 阮元의 『皇淸經解』에 수록되어 있다. 清 王念孫의 「段若膺說文解字讀叙」에 따르면 段玉裁가 古音의 條理를 정밀하게 관찰하고 세밀하게 다듬어 17部로 이 책을 만들었고 이를 바탕으로 『說文解字注』를 편찬했다고 한다. 乾隆 41년(1776) 富順官廨刻本이 중국 香港大學 馮平山圖書館에 소장되어 있다. 건국대와 인하대 등에 咸豐 11년(1861) 간본이 소장되어 있다. 『五洲衍文長箋散稿』에 『六書音韻』이라고 한 것이 이 책을 가리킨다. 『鹿門集』, 『楓石全集』 등에도 『六書音韻』으로 소개되어 있다.

六書精蘊

明 魏校가 편찬한 字書. 魏校(1483~1543)는 字가 子才이고 號가 莊渠이며 昆山 출신이다. 문집 『魏莊渠先生集』 외에 여러 저술이 전한다. 장서각에 이 책이 소장되어 있는데 嘉靖 庚子(1540) 魏希明의 跋이 붙어 있어 이즈음 완성되어 간행된 것임을 알 수 있다. 같은 판본이 중국 國家圖書館에도 소장되어 있다. 6권 6책으로 되어 있는데 象數, 天文, 地理, 人倫, 人體, 宮室, 飮食, 衣服, 器用, 艸木, 鳥獸, 蟲魚 등으로 되어 있고 끝에 音釋이 붙어 있다. 『靑莊館全書』, 『硏經齋全集』, 『五洲衍文長箋散稿』 등에 인용되었다.

六書正譌

元 周伯琦가 편찬한 字書. 周伯琦(1298~1369)는 字가 全溫이고 號가 玉雪坡眞逸이며 饒州 출신이다. 篆書와 隸書, 文字學에 조예가 깊어 이 책 외에 『說文字原』을 편찬했다. 이 책은 『六書正僞』로 표기하기도 한다. 至正 15년(1355) 간본이 중국 國家圖書館에 소장되어 있다. 존경각에는 明 崇禎 7년(1634) 序가 달린 목판본 6권 6책이 소장되어 있는데 明 胡正言이 訂正한 판본이다. 『本庵集』, 『金陵集』, 『靑莊館全書』, 『與猶堂全書』, 『五洲衍文長箋散稿』 등에 이 책이 인용되어 있다.

六書總要

明 吳元滿이 편찬한 字書. 吳元滿은 字가 敬甫이고 歙縣 출신인데 萬曆 연간(1573~1620)의 학자다. 『萬籟中聲』, 『諧聲指南』 등의 저술이 전한다. 六書를 좋아하여 三代부터 秦漢까지의 鼎彝碑銘을 연구하여 이 책을 편찬했다고 한다. 5권으로 되어 있으며 天文, 地理, 人倫, 身體, 飮食, 衣服, 宮室, 器用, 鳥獸, 蟲魚, 草木 등 12部로 분류했는데 南宋 戴侗과 楊桓의 체계를 계승한 것이다. 部首를 나눌 때에는 象形을 위주로 했다. 萬曆 12년(1584) 간본이 중국 國家圖書館에 소장되어 있다. 『五洲衍文長箋散稿』에는 『六書總要』로 소개되어 있다. 萬曆 연간 간본 중에 『六書正義』가 보이는데 별개의 책이다.

六書統

元 楊桓이 편찬한 字書. 楊桓(1234~1299)은 字가 武子이고 兗州 출신이다. 『大元一統志』 편찬에 참여했지만 이후 은거하여 이 책과 함께 『書學正韻』, 『六書溯源』, 『六書統溯源』 등의 저술을 남겼다. 이 책은 六書로 모든 글자를 통합해서 설명한다는 뜻에서 『六書統』이라 했다. 南宋 戴侗의 『六書故』를 수용하여 象形, 會意, 轉注, 形聲의 예를 설명했고 指事와 假借의 예는 자신의 독자적인 견해를 따른 것이라 한다. 古文, 大篆을 먼저 나열하고 그다음으로 鍾鼎文, 그다음으로 小篆을 나열했다. 元 至大 元年(1308) 간본 20권이 중국 國家圖書館에 소장되어 있다. 『金陵集』, 『石泉遺稿』, 『五洲衍文長箋散稿』 등에 이 책이 인용되었다.

陸宣公奏議

唐 陸贄의 奏議類 散文을 모은 책. 陸贄(754~805)는 蘇州 嘉興 출신으로 字가 敬輿인데 諡號 宣을 받아 陸宣公으로 불렸다. 이 책은 원래 서명이 『陸宣公翰苑集』인데 『翰苑集』, 『唐陸宣公集』이라고도 한다. 制誥와 奏議가 각기 따로 간행되어 유통되다가 宋代에 합쳐졌다. 至正 14년(1354) 翠巖精舍 간본, 弘治 7년(1494) 간본, 正德 3년(1508) 간본 등이 있는데, 萬曆 9년(1581) 鄭氏 光裕堂 간본 등이 가장 널리 알려져 있다. 이 판본은 22권으로 되어 있는데, 권1에서 권10까지 制誥 83편이, 권11부터 권16까지 奏草 32편이, 권17부터 권22까지 奏議 12편이 수록되어 있다. 정치, 경제, 군사, 외교 등 다양한 문제를 다루었다. 그중 制誥를 뺀 12권을 뽑아 엮은 것이 『唐陸宣公奏議』 혹은 『陸宣公奏議』다. 이 책은 조선 초기부터 國政의 중요한 참고 도서로 활용되고 經筵의 교재로도 사용되었다. 成宗 6년(1475) 慶尙道觀察使 金永濡가 이 책을 간행했다는 기록이 실록에 보인다. 英祖 7년(1731)과 正祖 21년(1797)에도 이 책의 간행과 관련한 기록이 보이며, 이때 간행한 戊申字本과 壬辰字本이 모두 규장각에 소장되어 있다. 12권 4책인데 制誥를 뺀 나머지 부분을 간행한 것이다. 正祖는 이와 별도로 『陸奏約選』도 편찬하여 慶尙監營에서 간행했는데 규장각에 丁酉字本 2권 1책이 소장되어 있다. 규장각에 중국본 『陸宣公集』도 소장되어 있는데 雍正 元年(1723) 간행한 판본으로 22권이다. 그밖에 규장각과 국내 도서관에 여러 판본이 소장되어 있다. 조선 후기에도 『芝峯類說』, 『星湖僿說』, 『五洲衍文長箋散稿』 등 많은 문헌에서 이 책을 인용했다. 『陸宣公集』 혹은 『陸宣公翰苑集』으로 인용한 곳도 있다.

六硏齋二筆

明 李日華가 편찬한 筆記雜錄. 李日華(1565~1635)는 字가 君實 혹은 九疑이고 號는 竹懶, 痴居士, 六硏齋 등을 사용했으며 嘉興 출신이다. 『恬致堂詩話』, 『時物典彙』, 『味水軒日記』 등의 저술이 전한다. 이 책은 『六硏齋筆記』의 續編이다. 이 책 역시 같은 방식으로 되어 있으며 4권이다. 『四庫全書』에 『六硏齋二筆』과 『六硏齋三筆』이 수록되어 있다. 題詠, 跋文, 제작 연대와 작자 등을 기록하여 고증의 자료로 삼았으며 문체는 小品에 가깝다. 『靑莊館全書』, 『硏經齋全集』, 『海東繹史』에 인용되어 있다.

六研齋筆記

明 李日華가 편찬한 筆記雜錄. 총 12권으로, 내용은 대부분 감상한 書畵에 대한 기록이며, 題跋과 같은 형식을 취하고 있다. 국립중앙도서관에 天啓 丙寅(1626) 劉日曦의 序가 달린 목판본 6책이 소장되어 있다. 『六研齋二筆』과 『六研齋三筆』이 이 책의 속편인데 모두 『四庫全書』에 수록되어 있다. 『五洲衍文長箋散稿』에 存想太陽法과 관련하여 인용 서목 표시 없이 이 책을 인용했다.

六一詩話

北宋 歐陽修가 편찬한 詩話書. 歐陽修(1007~1072)는 字가 永叔이고 號가 醉翁이며 江西省 吉州 출신이다. 『新唐書』, 『新五代史』 등을 편찬했고 『歐陽公居士集』, 『洛陽牡丹記』, 『集古錄』, 『歸田錄』 등의 저술이 있다. 이 책은 원래 『詩話』로만 되어 있었으나 후대 『六一詩話』 혹은 『六一居士詩話』, 『歐公詩話』로 불렸다. 汝陰에 은거할 때 편찬한 것으로 알려져 있으며 후대 詩話의 모범이 되었다. 梅聖兪, 鄭谷, 孟郊, 蘇軾 등 唐宋의 이름난 문인의 작품을 다루었다. 『四庫全書』에 1권으로 실려 있으며, 규장각에 소장된 『說郛』, 『津逮秘書』 등에도 수록되어 있다. 『研經齋全集』, 『五洲衍文長箋散稿』에 이 서명이 보인다.

陸績注周易

漢 陸績이 『周易』을 풀이한 책. 陸績(187~219)은 吳郡 출신으로 字는 公紀이며, 『渾天圖』를 제작하고 『周易』과 『太玄經』에 주석을 달았다. 『隋書』 등에 15권의 주석을 달았다고 되어 있는데, 『高麗史』에 따르면 宣宗 8년(1091) 宋의 館伴이 일실된 서적 129종의 목록을 주고 고려에서 찾도록 했는데, 여기에는 14권으로 되어 있다. 『靑莊館全書』에도 같은 내용이 수록되어 있다. 『五洲衍文長箋散稿』에도 이 책이 14권이라 했는데 이 기록을 옮긴 듯하다. 원문은 일실되고 淸代의 편집본이 전한다. 『漢魏二十一家易注』에 『陸績易述』으로, 『古經解彙函』에 『陸氏周易述』으로, 『鹽邑志林』에 『易解』로 수록되어 있다.

六朝事跡編類

南宋 張敦頤가 편찬한 筆記雜錄. 張敦頤는 字가 養正이고 婺源 출신이며 紹興 연간(1131~1162) 出仕했다. 紹興 30년(1160) 江東路安撫使 韓仲通의 幕下에 있을 때 史書에 누락된 기록을 보충하기 위하여 80여 종의 전적과 다양한 金

石文을 참조하여 이 책을 편찬했다. 『六朝事跡』이라고도 한다. 원문은 일실되고 일부가 明代 『古今逸史』에 2권으로 수습되었다. 『四庫全書』에도 2권으로 실려 있다. 『說郛』, 『五朝小說』 등에는 1권으로 실려 있다. 淸 光緒 13년(1887) 여러 문헌에서 모아 寶章閣에서 14권으로 간행했는데 규장각 등에 이 책이 소장되어 있다. 總敍, 形勢, 城闕, 樓臺, 江河, 山岡, 宅舍, 讖記, 靈異, 神仙, 寺院, 廟宇, 墳陵, 碑刻 14門으로 구성되어 있다. 書名과 달리 六朝時代뿐만 아니라 吳越에서부터 唐宋에 이르는 시기의 다양한 사실을 다루었다. 『硏經齋全書』, 『海東繹史』 등에 이 책이 인용되어 있다. 崔致遠의 일화를 다룬 「雙女墳記」가 실려 있어 관심을 끌었다. 『海東繹史』에는 『六朝事跡』으로 인용했는데 편찬자가 周敦頤로 잘못 표기되어 있다.

肉攫部

唐 段成式이 편찬한 雜錄. 段成式(803~863)은 字가 柯古이고 齊州 臨淄 출신이며 太常少卿을 지냈다. 『酉陽雜組』가 대표적인 그의 저술이다. 『肉攫部』는 『酉陽雜組』에 들어 있는 篇名인데, 『說郛』에 따로 실려 전한다. 肉攫은 고기를 잡아먹는다는 뜻인데 매를 잡는 법 등이 기록되어 있다. 『五洲衍文長箋散稿』 등에서 이 책을 인용했다.

潤州圖經

唐 孫處玄이 편찬한 潤州의 地理書. 孫處玄은 江寧 출신으로 長安 연간(701~705) 左拾遺를 역임했다. 이 책은 『舊唐書』에 20권으로 되어 있고, 『新唐書』에는 서명이 『潤州圖注』로 되어 있는데 原文은 일실되고 『集古錄』, 『太平寰宇記』, 『輿地紀勝』, 『建康志』 등에 일부가 인용되어 전한다. 寺廟, 橋梁, 景物 등의 門類로 구분되어 있었던 것으로 추정된다. 『星湖僿說』에 王羲之 筆法과 관련하여 이 책을 언급했지만 재인용으로 보인다.

律呂新書

南宋 蔡元定이 지은 樂書. 蔡元定(1135~1198)은 字가 季通이고 建陽 출신이며 西山先生으로 불린다. 문집 『西山公集』이 있다. 이 책은 2卷으로 되어 있는데 上卷은 律呂本原으로 黃鍾, 黃鍾之實, 黃鍾生十一律, 十二律之實, 變律, 律生五聲圖, 變聲, 八四聲圖, 六十調圖, 候氣, 審度, 嘉量, 謹權衡 등 13篇으로 되

어 있고, 下卷은 律呂證辨인데 造律, 律長短圍徑之數, 黃鍾之實, 三分損益上下相生, 和聲, 五聲大小之次, 變宮變徵, 六十調, 候氣, 度量權衡 등 10篇으로 되어 있다. 규장각 등에 소장된 『性理大全書』에 수록되어 있다. 성암고서박물관에 『律呂新書解』가 소장되어 있는데 이 책을 풀이한 책으로, 明宗 연간 丙子字로 조선에서 간행한 판본이다. 연세대에 소장된 柳僐의 『方便子遺稿』에 이 책을 풀이한 『律呂新書摘解』가 실려 있다. 朴致遠의 『雪溪隨錄』에도 『律呂新書』를 자세히 설명한 기록이 보인다. 이 책은 世宗 때부터 經筵에서 사용되었으므로 이른 시기부터 자주 인용되었다. 『國朝寶鑑』, 『湛軒書』, 『星湖僿說』, 『五洲衍文長箋散稿』 등 조선 후기 문헌에도 매우 빈번하게 인용되어 있다.

律呂新書直解

明 韓邦奇가 『律呂新書』를 풀이한 책. 韓邦奇(1479~1556)는 字가 汝節이고 號가 苑洛이며 陝西 大荔縣 출신이다. 音律에 정통하여 『樂律擧要』 등을 저술했고 그밖에 『啓蒙意見』 등 여러 저서가 있다. 이 책은 『明史』에 1권이라 했고, 『千頃堂書目』에는 弘治 乙丑(1505)의 序가 붙어 있다고 했다. 『與猶堂全書』와 『五洲衍文長箋散稿』에 따르면 明 世宗이 古樂을 부흥시키려고 이 책을 편찬한 것이라 한다. 韓邦奇의 저술 중 『性理諸家解』가 있으며 여기에 『律呂直解』 1권이 실려 있는데 같은 책으로 보인다. 존경각에 『性理律呂直解』와 숭실대에 『律呂直解』가 전한다. 『性理諸家解』는 『明宗實錄』에 印出에 대한 기록이 보인다. 『退溪集』, 『農巖集』 등 여러 문헌에서도 이 책을 언급했다. 『與猶堂全書』, 『五洲衍文長箋散稿』 등에 『律呂新書直解』로 인용되어 있다. 『五洲衍文長箋散稿』에 소개되어 있는 『律呂通義』는 朝鮮의 徐浩修가 편찬한 책이다.

律呂元聲 → 大樂律呂元聲

律呂精義 → 樂律全書

律曆淵源

淸 康熙帝의 命으로 편찬한 曆學書. 康熙 51년(1712) 梅玨成, 陳厚耀, 何國宗 등이 편찬에 참여했다. 音律을 다룬 『律呂正義』 5권, 曆學을 다룬 『曆象考成』 42권, 數學을 다룬 『數理精蘊』 53권 등 3부로 구성되어 있으며 전체 100권이

다. 그중 『數理精蘊』은 上篇 5권, 下篇 40권, 三角函數와 對數表 8권 등 모두 53권으로 구성되어 있으며, 『曆象考成』은 上編 16권과 下編 10권에 『揆天察紀』와 『明時正度』 등으로 되어 있고 부록에 算表 16권이 붙어 있다. 여기에 실린 『律呂精義』는 5권으로 明 朱載堉이 편찬한 동일한 서명의 책과는 다른 책이다. 『正祖實錄』에 따르면 正祖 13년(1789) 朴致倫이 冬至使行을 따라갔다가 『律曆淵源』과 『儀象考成』, 『籌法全書』, 『律呂正儀』 등을 구입해 왔다는 기사가 보인다. 『湛軒書』, 『頤齋遺藁』, 『五洲衍文長箋散稿』, 『高宗實錄』 등에 이 책과 관련한 기록이 보인다. 규장각에 필사본 『曆象考成』, 『欽若曆書』, 『御製數理精薀』 등이 소장되어 있는데 모두 이 책의 일부를 필사한 것이다.

律學新說 → 樂律全書

隆平集

北宋 曾鞏이 편찬한 歷史書. 曾鞏(1019~1083)은 字가 子固인데 南豐 출신이므로 南豐先生으로 일컬어진다. 문집으로 『元豐類稿』, 『宋曾文定公全集』, 『南豐先生近體詩抄』, 『元豐題跋』 등이 전한다. 이 책은 총 20권으로, 宋 太祖에서 英宗까지 五朝의 일을 기록했고 聖緒, 符應, 都城, 官名, 館舍 등 26目으로 분류했으며 284편의 傳이 수록되어 있다. 曾鞏이 지은 자신의 行狀과 韓愈가 지은 神道碑에서 曾鞏의 저술을 상세히 다루고 있지만 이 책이 언급되지 않아 그의 저술인지 의심되기도 한다. 康熙 연간(1662~1722) 간본이 중국 國家圖書館과 일본 靜嘉堂文庫에 소장되어 있다. 『四庫全書』에도 수록되어 있다. 『五洲衍文長箋散稿』에 이 책이 인용되어 있다.

隱秀軒集

明 鍾惺의 文集. 鍾惺(1574~1624)은 字가 伯敬 혹은 景伯이고 號는 退谷이며 湖廣 竟陵 출신이다. 同鄉 譚元春과 함께 鍾譚으로 병칭되었고 竟陵派로 일컬어졌다. 『古詩歸』, 『唐詩歸』 등을 편찬했다. 『隱秀軒集』은 벗 林古度가 萬曆 42년(1614) 처음 간행했지만 지금은 전하지 않는다. 天啓 연간(1621~1627) 沈春澤이 33권으로 다시 간행한 판본과 崇禎 연간(1628~1644) 陸雲龍이 편찬하여 16권으로 간행한 판본이 중국 國家圖書館에 전한다. 규장각에 소장된 『鍾伯敬先生全集』이 이 판본으로 추정되는데 崇禎 9년(1636)의 序가 붙은 목

판본으로 卷頭題가 『隱秀軒集』으로 되어 있다. 존경각에 소장된 『翠娛閣評選鍾伯敬先生合集』도 같은 판본인 듯하다. 趙聖期, 李宜顯, 李夏坤 등의 문집에서부터 鍾惺에 관한 기록이 보이는데 鍾惺의 문집에 대한 기록은 『五洲衍文長箋散稿』에서만 확인된다.

陰符經

편찬자와 편찬 시기를 알 수 없는 道家書. 『黃帝陰符經』, 『軒轅黃帝陰符經』, 『黃帝天機經』이라고도 한다. 唐의 道士 李筌이 洛陽 嵩山의 石壁에서 발견했다고 하는데, 氣功, 食療, 房中術 등 道教의 養生術을 다루었다. 黃帝가 편찬한 것으로 되어 있는 문헌이 많지만 後人의 가탁으로 보고 있으며, 戰國時代 蘇秦, 北魏의 寇謙之, 唐의 李荃 등을 편찬자로 보기도 한다. 『道藏』의 54冊에서 58冊에 이를 풀이한 책 20여 종이 실려 있는데 唐의 李筌과 張果, 宋의 朱熹와 胥元一, 元의 王道淵이나 兪琰 등의 注가 달린 것이 알려져 있다. 漢 張良이 注를 단 것으로 되어 있는 판본이 규장각 등에 소장된 『廣漢魏叢書』에 실려 있다. 장서각에 소장된 『道言內外秘訣全書』와 『奇賞齋古文彙編』에도 수록되어 있다. 국립중앙도서관 등 여러 곳에 正文만 기록한 필사본이 소장되어 있다. 이 책은 조선 초기부터 꾸준히 문헌에 나타난다. 특히 『久菴遺稿』, 『愚伏集』에 이 책을 읽고 쓴 글이 실려 있다. 李義肅도 「陰符經註辨」을 남긴 바 있다. 『芝峯類說』과 『青城雜記』에 朱熹의 注, 『五洲衍文長箋散稿』에 李筌의 注에 대한 언급이 보인다. 張維가 이 책을 풀이한 『陰符經解』를 편찬했지만 序만 문집에 전한다.

飮膳正要

元 忽思慧가 편찬한 飮食에 관한 책. 忽思慧는 回回族 출신으로 和斯輝로도 표기한다. 延祐 연간(1314~1320) 飮膳太醫로 있을 때 이 책을 편찬했다. 권1은 禁忌(養生避忌, 妊娠食忌, 乳母食忌, 飮酒避忌)와 珍味, 권2는 湯煎, 病, 中毒, 권3은 米穀品, 獸品, 禽品, 魚品, 果菜品 등을 다루었다. 元 虞集의 序가 붙어 있다. 明 景泰 7년(1456) 간본이 대만 中研院傅斯年圖書館에 소장되어 있다. 『四部叢刊』에도 수록되어 있다. 『及菴詩集』에 『飮膳經』을 언급하고 있어 고려 말에 전해진 듯하다. 『五洲衍文長箋散稿』에 이 책이 인용되어 있지만 『本草綱目』 등에서 재인용한 듯하다.

音韻日月燈

明 呂維祺가 편찬한 韻書. 呂維祺(1587~1641)는 字가 介儒이고 號가 豫石이며 河南 新安 출신이다. 南明의 兵部尙書가 되어 淸에 굴하지 않다가 죽임을 당했다. 『明德堂文集』, 『孝經本義』, 『孝經翼』 등의 저술이 있다. 이 책은 『日月燈』 혹은 『正韻通』이라고도 한다. 전체 70권으로 韻母 5권, 同文鐸 30권, 韻鑰 35권으로 구성되어 있다. 南朝 梁 沈約과 宋 司馬光의 聲韻學을 바로잡은 책으로, 『洪武正韻』 및 『洪武通韻』을 따라 106韻, 36母를 經緯로 삼았다. 開口와 合口를 위에 표시하고, 獨音과 衆音을 옆에 주석으로 부기했다. 규장각에 崇禎 甲戌(1634) 鄭鄤의 序가 달린 목판본 20권이 소장되어 있다. 『靑莊館全書』, 『五洲衍文長箋散稿』 등에서 이 책을 인용했다.

音韻闡微

淸 李光地 등이 편찬한 韻書. 李光地(1642~1718)는 字가 晉卿이고 號가 厚庵 혹은 榕村이며 泉州 安溪 湖頭 출신이다. 문집 『榕村全集』이 있고, 康熙帝의 命을 받아 『御纂朱子全書』, 『欽定篆文六經四書』, 『御纂性理精義』 등을 편찬했다. 이 책은 康熙帝의 命으로 편찬하여 『欽定音韻闡微』라고도 한다. 雍正 6년(1728) 武英殿聚珍字로 간행되었다. 대만 故宮博物院圖書館 등에 이 책이 소장되어 있다. 『四庫全書』에도 수록되어 있다. 총 18권이며 平水韻 106韻에 따라 1만 6천여 자를 수록했다. 每字의 釋音과 釋義를 수록했으며 기존의 反切法과 새로운 半切法을 병기했다. 『韻譜』 1권이 더 붙어 있다. 英祖 5년(1729) 李橈가 淸에 사신으로 가서 이 책을 받아왔다는 기록이 『靑莊館全書』, 『燃藜室記述』, 『林下筆記』 등에 보인다.

音學五書

明末淸初 顧炎武가 편찬한 音韻書. 顧炎武(1613~1682)는 江蘇 昆山 출신으로 原名은 絳이었으나, 明이 멸망한 후 炎武로 改名했다. 字는 寧人이고 號는 亭林이다. 淸代 考證學의 창시자로 알려져 있으며 『日知錄』, 『天下郡國利病書』, 『肇域志』, 『韻補正』, 『亭林詩文集』 등의 저술이 있다. 이 책은 崇德 8년(1643) 古音學說을 집대성하여 완성했는데 『音論』 3권, 『詩本音』 10권, 『易音』 3권, 『唐韻正』 20권, 『古音表』 2권으로 구성되어 있다. 『音論』은 15편으로 古人韻緩不煩改字, 古詩無葉音, 古人四聲一貫, 先儒兩聲各義之說不盡然 등 古音

學의 주요 문제를 다루었다. 『詩本音』은 『詩經』의 押韻을 위주로 『詩經』의 古韻을 고증했다. 『易音』은 『周易』을 통해 古音을 재구한 것인데 上卷에 彖辭, 爻辭, 中卷에 彖傳, 象傳, 下卷에 系辭, 文言, 說卦, 雜卦가 실려 있다. 『唐韻正』은 上下 2권으로, 기존 『廣韻』의 206韻을 벗어나 古韻을 새롭게 10部로 나누어 이를 표로 나타낸 것이다. 『古音表』는 古音 연구를 결산한 것으로, 唐韻의 차례를 바꾸고 古音을 10部로 나누었다. 『音學五書』는 규장각과 장서각에 天聰 7년(1633) 曹學佺의 序가 달린 목판본이 12권 소장되어 있으며, 국립중앙도서관에도 유사한 판본이 소장되어 있다. 『靑莊館全書』, 『五洲衍文長箋散稿』 등에 이 책이 인용되어 있다. 『五洲衍文長箋散稿』에는 『音論』, 『唐韻正』, 『古音表』 등이 별도로 인용되어 있다. 『靑莊館全書』와 『與猶堂全書』 등에는 『唐韻正』이 따로 인용되어 있다. 『五洲衍文長箋散稿』에서 『唐韻古音』으로 인용한 것은 『唐韻正』을 이른다.

凝齋筆語

明 王鴻儒가 편찬한 筆記雜錄. 王鴻儒(1459~1519)는 字가 懋學이고 號가 凝齋이며 河南 南陽 출신이다. 문집 『凝齋集』이 있다. 이 책은 『說郛續』에 수록되어 있는데 『周易』, 『詩經』, 『左傳』, 『周禮』 등 經典에 실린 기사에 대한 간략한 의견을 붙인 글이 대부분이다. 장서각에 소장된 淸 胡廣의 『性理會通』에도 이 책이 수록되어 있다. 『林下筆記』에 王鴻儒와 함께 이 책의 몇 구절을 인용했다. 『五洲衍文長箋散稿』에도 이 책이 인용되어 있다.

猗覺寮雜記

南宋 朱翌이 편찬한 筆記雜錄. 朱翌(1097~1167)은 字가 新仲이고 號가 灊山居士 혹은 省事老人이며 舒州 출신이다. 문집 『灊江集』과 『灊山集』을 남겼다. 이 책은 6권 435조로 되어 있는데 3권씩 上下로 편제되어 있다. 상권에는 詩話, 하권에는 文論이 기술되어 있다. 詩話는 詩文의 工拙에 대한 評이 없고 考證과 典據를 밝히는 것으로만 되어 있다. 文論은 문장이나 時事를 자유롭게 진술한 것이다. 제일 앞에 宋 洪邁의 序와 「與洪相求序書」가 실려 있다. 규장각에 乾隆 연간(1736~1795) 武英殿聚珍字로 간행한 목판본 2책이 전한다. 규장각 등에 소장된 『御覽知不足齋叢書』, 『說郛』에도 실려 있다. 『與猶堂全書』, 『海東繹史』, 『五洲衍文長箋散稿』 등에 이 서명이 보인다.

儀禮經傳通解

南宋 朱熹가 儀禮를 풀이한 책. 朱熹(1120~1200)는 福建 尤溪 출신으로 字가 元晦 혹은 仲晦이고 號는 晦庵, 晦翁, 雲谷老人, 遯翁 등을 사용했는데, 朱子로 일컬어진다. 『四書章句集注』와 『四書或問』, 『詩集傳』, 『周易本議』, 『孝經刊誤』, 『儀禮經傳通解』, 『資治通鑑綱目』, 『八朝名臣言行錄』, 『楚辭集注』, 『韓文考異』 등 많은 저술을 남겼다. 이 책은 朱熹가 『儀禮』에 대한 諸家의 說을 모으고 해석을 덧붙인 것으로 원래의 書名은 『儀禮集傳集注』인데 만년에 수정을 가한 후 이 이름으로 바꾸었다. 37권이며 家禮, 鄕禮, 學禮, 邦國禮, 王朝禮 등으로 구성되어 있다. 家禮는 士冠禮, 冠義, 士昏禮, 昏義, 內則, 內治, 五宗, 親屬 등으로, 鄕禮는 士相見禮, 士相見義, 投壺, 鄕飮酒禮, 鄕飮酒義, 鄕射禮, 鄕射義 등으로, 學禮는 學制, 學義, 弟子職, 少儀, 曲禮, 臣禮, 鍾律, 鍾律義, 詩樂, 禮樂, 書數, 學記, 大學, 中庸, 保傅, 踐阼, 五學 등으로, 邦國禮는 燕禮, 燕義, 大射禮, 大射義, 聘禮, 聘義, 公卿大夫禮, 公卿大夫義, 諸侯相朝禮, 諸侯相朝義 등으로, 王朝禮는 覲禮, 朝事義, 曆數, 卜筮, 夏小正, 月令, 樂制, 樂記, 王制(分土, 制國, 王禮, 王事, 設官, 建侯, 名器, 師田, 刑辟) 등으로 되어 있다. 續集은 黃榦이 편찬한 喪禮篇 15권과 楊復이 편찬한 祭禮篇 14권으로 구성되어 있는데 『儀禮經傳通解續』 혹은 『續儀禮經傳通解』라고 부른다. 喪禮는 喪服, 士喪禮, 士虞禮, 喪大記, 卒哭祔練祥禫記, 補服, 喪服變除, 喪服制度, 喪服義, 喪通禮, 喪變禮, 弔禮, 喪禮義, 喪服圖式으로 구성되어 있으며 黃榦이 1219년부터 1220년 사이 편찬했다. 祭禮는 特牲饋食, 少牢饋食, 有司徹, 諸侯遷廟, 諸侯釁廟, 祭法, 天神, 地示, 百神, 宗廟, 因事之祭, 祭統, 祭物, 祭義 등으로 구성되어 있으며 楊復이 1221년 무렵 편찬했다. 黃榦(1152~1221)은 字가 直卿이고 號가 勉齋이며 閩縣 출신으로, 朱熹의 제자이며 사위다. 『黃勉齋文集』, 『五經講義』, 『四書紀聞』, 『誨鑑衙』 등의 저술이 있다. 楊復은 字가 茂才이고 號가 信齋이며 福州 출신인데 생몰년은 확인되지 않는다. 역시 朱熹의 제자로 黃榦과 더불어 程朱 理學을 현양한 인물이다. 저서로 『家禮儀禮圖』, 『家禮雜說附註』 등이 있다. 『文宗實錄』에 文宗 1년(1451) 文宗이 『儀禮經傳通解』를 중국에서 구입해 오라고 命을 내린 기사가 보이고, 『世宗實錄』에는 여러 차례 『儀禮經傳通解續集』을 참조한 기사가 보인다. 『眉巖日記』에는 宣祖 4년(1571) 『儀禮經傳通解』를 간행하고 이듬해 『儀禮經傳通解續集』을 간행했다는 기록이 보인다. 仁祖 10년(1632) 鄭經世가 소장한 책을 바탕으로 다시 간행했다는 기록도 『仁祖實

錄』에 보인다. 孝宗 5년(1654)에는 일본에서 조선에 요구한 서책 목록에 『儀禮經傳通解』가 보인다. 韓元震의 『儀禮經傳通解補』는 이 책의 미비점을 보완한 것인데 英祖 18년(1742) 편찬되고 純祖 5년(1805) 간행되었다. 규장각에 소장되어 있다. 李端相의 「朱子儀禮經傳通解學禮臣禮復讎篇」, 「經傳通解」, 「經傳通解續」이 『儀禮經傳通解』와 『儀禮經傳通解續』에 대한 논문이라 할 수 있다. 『儀禮經傳通解』는 정조 때 經筵의 교재로 사용되었다. 『星湖僿說』, 『五洲衍文長箋散稿』에도 이 책을 인용했다. 『儀禮經傳通解續』 역시 『五洲衍文長箋散稿』 등 많은 문헌에서 확인된다. 『星湖僿說』, 『厚齋集』, 『省齋集』 등에는 『儀禮續通解』로 인용되어 있다. 규장각에 寶話堂에서 간행한 37권 續29권, 합 24책의 중국 목판본 『儀禮經傳通解』와 29권 32책의 목판본 『儀禮經傳通解續集』 등 여러 종이 소장되어 있다. 조선에서 元 元統 3년(1335) 간본을 다시 간행한 판본도 규장각에 소장되어 있으며 국립중앙도서관에 初鑄甲寅字로 간행한 29권 32책도 소장되어 있다. 『五洲衍文長箋散稿』에 淸 孫承澤의 『儀禮經合傳解』를 소개했는데 『儀禮經傳通解』와 관련 있어 보이지만 다른 문헌에서 확인할 수 없다.

儀禮圖

南宋 楊複이 『儀禮』를 그림으로 풀이한 책. 楊復은 字가 茂才이고 號가 信齋이며 福州 출신이다. 朱熹의 제자로 禮學에 밝아 이 책 외에 『家禮雜說附註』, 『祭禮』 등의 저술을 남겼다. 이 책은 17권이며 『儀禮』에 실린 儀節을 그림으로 그렸다. 士冠禮, 士昏禮, 士相見禮, 鄕飮酒禮, 鄕射禮, 燕禮, 大射禮, 聘禮, 公食大夫禮, 覲禮, 喪服, 士喪禮, 旣夕禮, 士虞禮, 特牲饋食禮, 少牢饋食禮, 有司徹 등 17門으로 나누고 250개의 그림을 붙였다. 紹定 元年(1228) 楊復의 「儀禮圖序」가 있어 이즈음 편찬된 듯하지만 淳祐 연간(1241~1252) 편찬된 것으로 보기도 한다. 규장각에 간행 시기를 알 수 없는 조선 목판본 17권 11책이 소장되어 있고, 『儀禮圖解』라는 이름의 조선 목판본 17권 4책도 소장되어 있다. 권두에 嘉靖 15년(1536) 呂柟의 「新刊儀禮圖解序」와 「晦庵朱文公乞修三禮奏箚」가 붙어 있어 明 간본을 조선에서 다시 간행한 것임을 알 수 있다. 규장각에 소장된 『新刊儀禮圖解』 역시 明 간본을 조선에서 다시 간행한 판본이다. 『沙溪全書』, 『寒水齋集』, 『瓶窩集』, 『五洲衍文長箋散稿』 등 많은 문헌에 이 책이 인용되어 있다. 이 책은 부록으로 『儀禮旁通圖』 1권이 붙어 있는데 『儀

禮圖』의 儀節에 旁通하는 禮를 도식으로 만든 것이다. 宮廟門, 冕弁門, 牲鼎禮器門 등 3門으로 나누고, 內司服圖, 牲體圖, 鼎數圖, 禮器圖 등 35종을 그림으로 그렸다. 규장각에는 『儀禮圖』와 『儀禮圖解』, 『新刊儀禮圖解』 등도 소장되어 있다. 『沙溪全書』, 『星湖僿說』 등 여러 책에서 『儀禮旁通圖』를 별도로 언급했다.

儀禮旁注 → 禮記旁注

儀禮商

淸 萬斯大가 『禮記』를 풀이한 책. 萬斯大(1633~1683)는 字가 充宗 혹은 褐夫이고 號는 跛翁이며 浙江 鄞縣 출신이다. 아우 萬斯同과 함께 黃宗羲의 제자이며, 『春秋』와 『禮記』에 능통했다. 이 책은 2권으로 그의 다른 저술 『禮記偶箋』, 『學禮質疑』, 『周官辨非』, 『學春秋隨筆』 등과 함께 『經學五書』로 묶여 있다. 『經學五書』는 서울대 중앙도서관에 嘉慶 元年(1796) 阮元의 序가 달린 판본이 소장되어 있다. 乾隆 戊寅(1758) 盧見曾의 序도 붙어 있다. 장서각에 道光 9년(1883) 간본도 전한다. 『靑莊館全書』와 『硏經齋全集』에 그의 생애와 함께 『儀禮商』을 소개했다. 『五洲衍文長箋散稿』에도 소개되어 있다.

儀禮續通解 → 儀禮經傳通解

儀禮逸經

明 劉有年이 『儀禮』에서 일실된 부분을 보완한 책. 劉有年은 字가 大有이고 沅州 출신이며, 元末 廬陵으로 이주했으며 洪武 연간(1368~1398) 出仕했고 永樂 연간(1403~1424) 通州에 유배 가 있을 때 이 책을 편찬하여 올렸다고 하지만, 지금은 전하지 않는다. 『星湖僿說』에 이 책을 소개했지만 明 楊愼이 『升庵集』에서 『一統志』를 인용한 데서 다시 가져온 것이다. 『順菴集』에도 소개되어 있다. 永樂 연간 沅州 출신 劉有年이 『儀禮』의 빠진 경문 18편을 올렸다는 기록이 『明一統志』에 보인다.

儀禮逸經傳

元 吳澄이 『儀禮』에서 일실된 부분을 보완한 책. 吳澄(1255~1330)은 字가 幼

清 혹은 伯淸이고 號가 草廬이며 撫州 崇仁 출신이다. 國子祭酒, 翰林學士를 역임한 학자로 許衡과 함께 南吳北許로 일컬어졌다. 『草廬吳文正公全集』, 『易纂言』, 『禮記纂言』, 『易纂言外翼』, 『書纂言』, 『春秋纂言』, 『孝經定本』, 『道德眞經注』 등 많은 저술을 남겼다. 이 책은 『儀禮逸經』 혹은 『逸經』이라고도 한다. 『儀禮』의 遺文을 보충한 것이다. 經文은 朱熹의 『儀禮經傳通解』를 전범으로 삼아 『禮記』에서 投壺禮와 奔喪禮를, 『大戴禮記』와 『小戴禮記』에서 公冠禮와 諸侯遷廟禮, 諸侯釁廟禮 등을, 鄭玄의 三禮注에서 中霤禮, 禘於太廟禮, 王居明堂禮 등을 수습했다. 傳文 10편은 『大戴禮記』와 『小戴禮記』에서 冠儀, 昏儀, 士相見儀, 鄕飮酒儀, 鄕射儀, 燕儀, 大射儀, 聘儀, 公食大夫儀, 朝事儀 등을 수습했다. 『通志堂經解』에 1권으로 실려 있는데 2권으로 된 판본도 있다. 『星湖僿說』, 『靑莊館全書』, 『硏經齋全集』, 『五洲衍文長箋散稿』 등에 이 책이 인용되어 있다.

儀禮集說

元 敖繼公이 『儀禮』를 풀이한 책. 敖繼公은 字가 君善이고 福建 長樂 출신인데 湖州에 거주했으며 大德 연간(1297~1307) 활동했다. 이 책은 自序에서 漢 鄭玄의 주석에서 오류가 있는 부분은 없애고 先儒의 학설을 보태 만든 것이라 했다. 書名이 『儀禮』로만 된 데도 있다. 大德 연간 간본이 臺灣 故宮博物院 圖書館에 소장되어 있다. 『通志堂經解』, 『四庫全書』 등에 17권으로 실려 있다. 『弘齋全書』에서 여러 차례 이 책을 인용했고, 『華泉集』, 『靑莊館全書』, 『硏經齋全集』, 『五洲衍文長箋散稿』에 이 책을 소개했다. 『與猶堂全書』에서 書名을 밝히지 않고 敖繼公의 글을 인용했는데 이 책에서 가져온 것이다.

疑孟

北宋 司馬光이 『孟子』가 孟軻의 語錄이 아님을 논변한 책. 司馬光(1019~1086)은 字가 君實이고 號가 迂叟이며 諡號는 文正이다. 陝州 夏縣 涑水 출신인데 原籍을 따라 涑水先生이라고도 한다. 『資治通鑑』, 『涑水紀聞』, 『司馬文正公集』 등 많은 저술이 있다. 이 책은 『司馬文正公集』과 『說郛』에 수록되어 있다. 11편으로 되어 있는데 『孟子』에서 7편이 孟子의 말이 아니라 했기에, 『慕齋集』, 『退溪集』 등에서 비판의 대상이 되었다. 특히 兪棨의 『市南集』에는 司馬光의 설을 비판하기 위하여 「疑孟辨」을 지었다. 『星湖僿說』, 『肅宗實錄』, 『五洲衍文長箋散稿』 등에도 이 책을 인용했다.

義門鄭氏家儀 → 鄭氏家儀

醫方集略

明 郭鑑이 편찬한 醫書. 郭鑑은 字가 丹泉이고 江蘇 출신이다. 嘉靖 24년(1545)의 自序에 따르면 병으로 고생한 일을 계기로 의술을 익혔고 공무의 여가에 옛 처방 및 당대의 醫案 및 秘方을 수집하여 이 책을 편찬했다고 한다. 『東醫寶鑑』, 『濟衆新編』에 이 책이 인용되어 있다. 『熱河日記』와 『海東繹史』에 인용된 내용은 『東醫寶鑑』의 序를 재인용한 것이다. 明 朱睦㮮의 『萬卷堂書目』에는 이 책이 10권이라 했는데 일본 宮內廳書陵部에 朝鮮에서 甲辰字로 간행한 7권 7책이 소장되어 있다.

義山雜纂

唐 李商隱이 편찬한 雜錄. 李商隱(813~858)은 字가 義山인데 李義山으로 불린다. 號는 玉溪生 혹은 樊南生, 樊南子이며 河南 滎陽 출신이다. 晩唐의 시인으로 이름이 높다. 『樊南甲集』, 『樊南乙集』 등의 문집은 일실되고 明代에 편집된 『李義山詩集』이 전한다. 이 책은 1권 혹은 2권으로 되어 있지만 원문은 전하지 않고 『說郛』와 『唐宋叢書』, 『古今說海』 등에 일부가 실려 있다. 주로 人生의 警句에 해당할 만한 것을 간략히 적은 것으로, 『說郛』에는 必不來, 不相稱, 殺風景 등 40여 條로 되어 있다. 『芝峯類說』, 『五洲衍文長箋散稿』 등에 이 책이 인용되어 있다.

儀象考成

독일 출신의 선교사 戴進賢이 편찬한 天文書. 戴進賢(Ignatius Kögler, 1680~1746)은 康熙 56년(1717) 淸에 입국해 欽天監 監正을 지냈고, 字는 嘉賓이라 했다. 이 책은 원서명이 『欽定儀象考成』이다. 欽天監에 근무할 때 南懷仁 『靈臺儀象志』의 星表 부분을 增修한 것으로, 26인의 관리와 함께 乾隆 9년(1744) 편찬을 시작하여 8년 뒤에 완성했다. 300개 星座와 3,083개 별의 黃道坐標와 赤道坐標 등을 기록했다. 乾隆 21년(1756)의 序가 있으므로 이 무렵 간행된 것으로 보인다. 이 판본이 규장각에 소장되어 있는데 30권 12책이다. 卷首에 「御製璣衡撫辰儀說」에 이어 「恒星總紀」, 「恒星黃道經緯度表」, 「恒星赤道經緯度表」, 「月五星相距恒星黃赤經緯度表」, 「天漢經緯度表」 등이 실려 있다. 道

光 24년(1844) 周餘慶이 중심이 되어 32권의『儀象考成續編』을 편찬했다.『正祖實錄』에 따르면 正祖 13년(1789) 朴致倫이 冬至使行을 따라갔다가『律曆淵源』과『儀象考成』,『籌法全書』,『律呂正儀』 등을 구입해 왔다는 기사가 보인다.『時憲紀要』,『五洲衍文長箋散稿』에도 이 책이 인용되어 있다.

儀象志

벨기에 출신의 선교사 南懷仁이 편찬한 天文書. 南懷仁(Ferdinand Verbiest, 1623~1688)은 字가 敦伯으로, 順治 15년(1658) 淸에 입국했고 康熙帝의 命으로 北京에서 湯若望(Johann Adam Schall von Bell, 1592~1666)과 함께 천문학 관련 서적을 편찬했으며 欽天監 監正을 지냈다.『坤輿外紀』,『西方要記』 등 많은 저술을 남겼다. 이 책의 原書名은『靈臺儀象志』로 康熙 13년(1674) 완성되었다. 규장각에 소장된 목활자본 7권 7책이 이때 간행된 것으로 보인다. 欽天監과 觀象臺의 天文器機와 사용법을 설명한 책이다. 南懷仁이 제작한 黃道經緯儀, 天體儀, 赤道經緯儀, 地平經儀, 象限儀, 紀限儀 등의 제작법과 사용법, 星表 및 관측과 계산을 위한 黃道星表用, 赤道星表 등을 다루었다. 1,876개 恒星의 黃道坐標 및 赤道坐標 등이 수록되어 있다. 肅宗 40년(1714) 중국에서 이 책을 구입하여 觀象監에서 다시 간행했다는 기록이 보인다.『昆侖集』,『西堂私載』,『貞蕤閣集』,『弘齋全書』,『與猶堂全書』,『時憲紀要』,『氣測體義』,『五洲衍文長箋散稿』 등에서 이 책을 소개했다.

倚聲集

淸 鄒祗謨와 王士禎이 편찬한 明末淸初의 詞集. 鄒祗謨(1627~1670)는 字가 訏士이고 號가 程村이며 江蘇 武進 출신이다. 문학에 뛰어나 陳維崧, 董以寧, 黃永 등과 毗陵四子로 일컬어졌다.『遠志齋詞衷』,『麗農詞』 등이 전한다. 王士禎(1634~1711)은 字가 子眞, 貽上이고 號가 阮亭 혹은 漁洋이다. 원래 이름은 士禛이었으나 世宗의 諱를 피해 士正으로 바꿨다가 다시 詔命을 받고 士禎으로 고쳤다. 山東 新城 출신으로『漁洋山人精華錄』,『池北偶談』,『香祖筆記』,『居易錄』,『帶經堂集』 등의 저술이 있다. 이 책은『倚聲初集』이라고도 한다. 王士禎이 揚州推官으로 부임하여 詞壇을 열었는데 함께 참여한 鄒祗謨와 이 책을 편찬했다. 전체 20권으로 되어 있다. 明末淸初의 詞를 小令, 中調, 長調로 배열했는데 小令에 1,116수, 中調에 364수, 長調에 434수 등 총 460여 인의

작품 1,914수가 실려 있다. 중국 國家圖書館에 『倚聲初集』이 소장되어 있다. 『五洲衍文長箋散稿』에서 王士禎의 『帶經堂集』에 실린 序를 인용했다. 『帶經堂集』은 장서각과 국립중앙도서관 등에 소장되어 있다.

醫學入門

明 李梴이 편찬한 醫書. 李梴은 字가 建齋 혹은 楗齋이며 江西 南豊 출신이다. 萬曆 연간(1573~1620) 儒醫로 이름을 떨쳤다. 이 책은 『編註醫學入門』으로 된 데도 있다. 萬曆 3년(1575) 간행되었으며 8권이다. 권1은 經絡, 髒腑, 診法, 針灸, 권2~3은 本草, 六氣爲病, 疾病用藥, 食治, 권4~8은 內外婦兒諸科證治和急救方이다. 正文은 歌賦로 되어 있으며 주석에 상세한 설명을 부기했다. 여러 醫家의 설에 자신의 의견을 덧붙였다. 말미에 의학을 학습하는 이들을 위한 習醫規格이 있다. 규장각, 장서각 등 여러 곳에 중국 목판본이 전하는데 萬曆 乙亥(1635)와 庚辰(1640)의 序가 붙어 있다. 『純祖實錄』에 따르면 醫學科의 講冊 과목으로 이 책이 채택되었다. 『西厓集』, 『宣祖實錄』, 『芝峯類說』, 『磻溪隨錄』, 『五洲衍文長箋散稿』 등 많은 문헌에서 이 책을 언급했다.

易簡錄 → 羲經易簡錄

妮古錄

明 陳繼儒가 편찬한 雜錄. 陳繼儒(1558~1639)는 華亭 출신으로 字가 仲醇이고 號가 眉公 혹은 麋公이며 寶顔堂 등의 堂號도 사용했다. 文學과 書畵에 뛰어나 董其昌과 함께 文人畵를 창도했고 南北宗論을 주장했다. 이 책 외에 『梅花冊』, 『雲山卷』, 『陳眉公全集』, 『小窓幽記』 등 많은 저술을 남겼다. 이 책은 4권으로 되어 있다. 書畵, 金石, 陶瓷 등에 대한 品評과 함께 遺聞佚事를 수록했다. 『四庫全書總目』에는 이 책이 宋 趙希鵠의 『洞天淸錄』과 宋 周密의 『雲煙過眼錄』을 본떠 지은 것으로 논의가 천박하다고 혹평했다. 『寶顔堂祕笈祕集』, 『尙白齋鐫陳眉公訂正秘笈』 등에 수록되어 있다. 『靑莊館全書』, 『海東繹史』, 『五洲衍文長箋散稿』에 인용되어 있다.

夷堅志

南宋 洪邁가 편찬한 志怪小說集. 洪邁(1123~1202)는 字가 景盧이고 號가 容

齋이며 饒州 鄱陽 출신이다. 『野處類稿』, 『容齋隨筆』, 『萬首唐人絶句』 등 많은 저술을 남겼다. 이 책은 원래 420권으로 初志, 支志, 三志, 四志로 구성되어 있고 志마다 甲乙丙丁 순으로 편차되어 있었는데 지금은 206권만 전한다. 대부분 神仙과 鬼神이 등장하는 괴이하고 허탄한 이야기다. 書名의 夷堅은 『列子』에 등장하는 인물로, 신이한 행적을 서술하는 역할을 했다. 柳希春의 『眉巖集』에 따르면 1572년 이 책 3권을 중국에서 구입했다 한다. 『柳下集』, 『弘齋全書』, 『靑莊館全書』, 『與猶堂全書』, 『五洲衍文長箋散稿』 등 많은 문헌에서 이 책을 언급했다. 규장각에 乾隆 戊戌(1778) 간기가 있는 판본이 소장되어 있는데 甲集부터 癸集까지 20책으로 되어 있다. 규장각에 소장되어 있는 『十萬卷樓叢書』, 『島居隨錄』 등에도 실려 있고 『說郛』에도 일부가 수록되어 있다.

耳談

明末淸初 王同軌가 편찬한 筆記小說. 王同軌는 泰昌 연간(1620~1621) 전후 활동한 문인으로 字는 行父이고 黃岡 출신이며 『王行父集』, 『蘭馨集』 등의 저술이 있다. 이 책은 萬曆 연간(1573~1620) 편찬되었으며 15권 546편으로 구성되어 있다. 鬼神怪談, 奇聞逸事 등이 주를 이루는데 작자의 불우와 당대 사회현실에 대한 깊은 寓意가 있는 것으로 알려져 있다. 明代의 대표적인 文言小說 중 하나로, 『聊齋志異』 등 후대의 筆記小說에 큰 영향을 주었다. 王同軌가 이 책을 增補하여 『耳談類增』으로 편찬했는데 萬曆 癸卯(1603) 간본 54권이 중국 國家圖書館에 소장되어 있다. 같은 곳에 『新刻耳談』 5권도 소장되어 있다. 『星湖僿說』에는 『王氏耳談』으로 인용했으며 서명을 밝히지 않고도 여러 곳에서 이 책을 인용했다. 『海東繹史』에서 이 책을 소개했고 王同軌의 『賞心粹語』도 함께 언급했다. 『五洲衍文長箋散稿』에도 『耳談』이 여러 차례 인용되어 있다.

伊洛淵源錄

南宋 朱熹가 道學者들의 언행을 기록한 책. 朱熹(1120~1200)는 福建 尤溪 출신으로, 字가 元晦 혹은 仲晦, 號가 晦庵, 晦翁, 雲谷老人, 遯翁 등을 사용했는데, 높여서 朱子라고 한다. 『四書章句集注』와 『四書或問』, 『詩集傳』, 『周易本義』, 『孝經刊誤』, 『儀禮經傳通解』, 『資治通鑑綱目』, 『八朝名臣言行錄』, 『楚辭集注』, 『韓文考異』 등 많은 저술을 남겼다. 이 책은 14권으로 乾道 9년(1173) 완

성되었다. 周敦頤, 張載, 程頤, 程顥, 楊時, 謝良佐, 范祖禹, 呂希哲, 胡安國 등 총 47인의 전기가 수록되어 있으며 특히 二程 문인의 姓名과 字號가 상세하다. 이를 이어 明 楊廉이『伊洛淵源錄新增』을, 明 謝鐸이『伊洛淵源續錄』을, 淸 張伯行이『伊洛淵源續錄』을 편찬했다. 국립중앙도서관에 弘治 丙辰(1496) 黃仲昭의 序가 달린『伊洛淵源錄』6권 5책이 소장되어 있다. 규장각에는『伊洛淵源錄新增』20권이 소장되어 있는데 朝鮮의 李楨이 1562년 간행한 목판본이다.『中宗實錄』에 이 책의 간행과 관련한 기사가 보인다.『一蠹集』,『退溪集』,『宣祖實錄』,『星湖僿說』등 많은 문헌에『伊洛淵源錄』이 소개되어 있다.

二老堂詩話

南宋 周必大가 편찬한 詩話書. 周必大(1126~1204)는 字가 子充이고 號가 平園老叟이며 江西 廬陵 출신이다. 左丞相을 지내고 益國公에 봉해졌으며 諡號는 文忠이다. 문집『文忠集』외에『益公題跋』,『二老堂雜志』,『淳熙玉堂雜記』,『玉蘂辨證』등 많은 저술을 남겼다. 그의 저술은『四庫全書』에 편입되어 있는『文忠集』에 대부분 실려 있으며 이 시화도 여기에 실려 있다.『四庫全書』에 수록된『二老堂詩話』에는 64조가 실려 있지만『說郛』에 陶淵明, 劉禹錫, 蘇軾, 十拗詩 등 4조만 수록되어 있다.『說郛』에는 편찬자가 厥名氏로 되어 있고,『五洲衍文長箋散稿』역시 無名氏로 되어 있다. 서울대 중앙도서관 등에 소장되어 있는『歷代詩話』에도 실려 있는데 편찬자가 周必大로 되어 있다.

異林

明 徐禎卿이 편찬한 雜錄. 徐禎卿(1479~1511)은 字가 昌穀 혹은 昌國이고 吳縣 출신으로, 唐寅, 祝允明, 文徵明 등과 함께 吳中四才子로 불렸다.『剪勝野聞』,『談藝錄』,『異林』등 많은 저술이 있으며, 서울대 중앙도서관에 그의 문집『迪功集選』이 전한다. 규장각에 소장된『唐宋叢書』에는 宋 李兼이 편찬한 것으로 되어 있는데 일본 東京大 등에 소장된 다른『唐宋叢書』에는 편찬자가 徐禎卿으로 되어 있다.『五洲衍文長箋散稿』에 이 책을 인용했는데 편찬자를 徐禎卿이라 했다. 李兼은 어떤 인물인지 알려져 있지 않다.『說郛續』에도 수록되어 있는데 편찬자를 徐禎卿이라 했다.『弘齋全書』에는『梅花渡異林』이 인용되어 있는데 明 支允堅이 편찬한『異林』을 가리킨다.

夷門廣牘

明 周履靖이 편찬한 叢書. 周履靖(1549~1640)은 嘉興 출신으로 字가 逸之이고 號는 梅墟, 螺冠子, 梅顚 등을 사용했다. 『茹草編』, 『續易牙遺意』 등의 저술이 있다. 書名의 夷門은 은거한다는 뜻이다. 이 책은 86種의 서적을 藝苑, 博雅, 食品, 娛志, 雜古, 禽獸, 草木, 招隱, 閑適, 觴詠으로 분류해 편입했으며 전체 126권이다. 藝苑에 『文章緣起』, 『釋名』, 『詩品』, 『文錄』, 『談藝錄』, 『騷壇秘語』, 『詩源撮要』, 『籟紀』, 『嘯旨』, 『廣易千文』 등이, 博雅에 『異域志』, 『溪蠻叢笑』, 『格古要論』, 『群物奇制』, 『墨經』 등이, 尊生에 『胎息經』, 『天隱子』, 『赤鳳髓』, 『煉形內旨』, 『玉函秘典』, 『金笥玄玄』, 『逍遙子導引訣』, 『唐宋衛生歌』, 『益齡單』, 『怪屙單』 등이, 書法에 『法書通釋』, 『幹祿字書』, 『學古編』 등이, 畵藪에 『畵評會海』, 『天形道貌』, 『淇園肖影』, 『羅浮幻質』, 『九畹遺容』, 『春谷嚶翔』, 『繪林題識』 등이, 食品에 『山家清供』, 『茹草編』, 『水品全秩』, 『茶品要錄』, 『茶寮記』, 『湯品』, 『易牙遺意』, 『酒經』, 『士大夫食時五觀』 등이, 娛志에 『綠綺新聲』, 『玉局鉤玄』, 『投壺儀節』, 『馬戲圖譜』, 『五木經』, 『詩牌譜』, 『丸經』, 『朋陣篇』 등이, 雜占에 『黃帝授三子玄女經』, 『黃帝宅經』, 『葬經』, 『探春歷記』, 『握奇經』, 『祿嗣奇談』, 『靈笈寶章』, 『相法十六篇』, 『四字經』, 『土牛經』, 『天文占驗』; 『占驗錄』, 『黃石公望空四字數』, 『質龜論』 등이, 禽獸에 『禽經』, 『獸經』, 『相鶴經』, 『魚經』, 『蠶書』, 『促織經』 등이, 草木에 『種樹書』, 『蘭譜奧法』, 『梅品』, 『菊譜』, 『耒耜經』, 『理生玉鏡稻品』, 『芋經』 등이, 招隱에 『逸民傳』, 『香案牘』, 『列仙傳』, 『神仙傳』, 『續神仙傳』, 『梅墟先生別錄』, 『梅塢貽瓊』 등이, 閑適에 『五柳賡歌』, 『中峰禪師梅花百詠』, 『千片雪』, 『鴛湖唱和稿』, 『山家語』, 『泛泖吟』, 『毛公壇倡和詩』, 『香奩詩草』, 『鶴月瑤笙』 등이, 觴詠에 『青蓮觴詠』, 『香山酒頌』, 『唐宋元明酒詞』, 『狂夫酒語』 등이 수록되어 있다. 이 중 『赤鳳髓』, 『煉形內旨』, 『玉函秘典』, 『唐宋衛生歌』, 『益齡單』, 『畵評會海』, 『天形道貌』, 『淇園肖影』, 『羅浮幻質』, 『九畹遺容』, 『春谷嚶翔』, 『茹草編』, 『天文占驗』, 『占驗錄』, 『菊譜』, 『群仙降乩語』, 『閑雲稿』, 『野人清嘯』, 『燎松吟』, 『尋芳詠』, 『鴛湖唱和稿』, 『山家語』, 『泛泖吟』, 『毛公壇倡和詩』, 『鶴月瑤笙』, 『唐宋元明酒詞』, 『狂夫酒語』 등은 周履靖의 저술이다. 萬曆 25년(1597) 간본이 일본 公文書館 등에 소장되어 있다. 許筠이 『閑情錄』에서 『夷門廣牘』을 인용했다. 『五洲衍文長箋散稿』에 荼茶를 논할 때 이 책을 인용했는데 동일한 내용이 明 陸廷燦의 『續茶經』에 보인다. 『惺所覆瓿藁』에는 이 책에 실려 있는 『病榻遺言』에 金澍, 徐居正 등에 대한 기사가

있다고 했지만 『夷門廣牘』에 이 책이 보이지 않는다. 『病榻遺言』은 明 高拱의 저술로 2권인데 萬曆 丁巳(1617)의 간본이 중국 國家圖書館에 소장되어 있다. 高拱의 문집 『高文襄公集』에도 이 책이 2권으로 실려 있는데 여기에도 金澍 등의 기사가 보이지 않는다. 『苔泉集』에서도 金澍의 고사가 『病榻遺言』에 실려 있다고 했다.

異聞錄

편찬자를 알 수 없는 唐代의 筆記雜錄. 宋 曾慥의 『類說』에 이 책이 1권으로 실려 있는데 經幢中燈, 妾換馬, 白衣叟吟, 寰瀛圖, 觀魚紫石潭 등 5條로 되어 있다. 『說郛』에도 실려 있는데 편찬자가 밝혀져 있지 않다. 宋 李昉의 『太平廣記』, 宋 祝穆의 『事文類聚』, 元 陰時夫의 『韻府群玉』 등에 다양한 내용이 인용되어 있으므로 원래는 상당히 방대한 규모였을 것으로 추정된다. 『芝峯類說』에는 이 책을 인용해 四海에 대해 설명했는데 동일한 내용이 宋 洪邁의 『容齋隨筆』에 보이지만 『類說』에 수록된 『異聞錄』에서는 확인되지 않는다. 『與猶堂全書』에도 이 책을 인용해 말을 할 줄 아는 새에 대해 기술했는데 清 翟灝의 『通俗編』에서 『異聞錄』을 인용해 소개한 내용과 동일하지만 『類說』에 수록된 『異聞錄』에는 보이지 않는다. 『五洲衍文長箋散稿』에서도 이 책을 인용하여 陰陽의 문제를 다루었는데 明 謝肇淛의 『五雜組』에서 『異聞錄』을 인용하여 다룬 내용과 동일하다. 『五洲衍文長箋散稿』에는 明 王世貞의 『朝野異聞錄』도 인용했는데 이 책은 일실되어 전하지 않는다. 같은 내용이 王士禎의 『居易錄』에 보이므로 여기서 가져온 듯하다. 규장각 등에 소장되어 있는 『稗海』에 宋 永亨의 『搜采異聞錄』 5권이 수록되어 있으나 별개의 책이다.

異聞錄 → 排悶錄

異物志 → 嶺南異物志

夷事略 → 格致鏡原

夷俗記

明 蕭大亨이 편찬한 韃靼(Tatar)의 風俗志. 蕭大亨(1532~1612)은 字가 夏卿

이고 號가 嶽峰이며 泰安 출신이다. 兵部尙書를 지냈고 이 책 외에 『今古文鈔』, 『文章正宗』, 『嶽峰蕭公奏議』 등의 저술이 있다. 이 책은 『大司寇蕭岳峯公夷俗記』라고도 한다. 匹配, 生育, 分家, 治奸, 治盜, 聽訟, 葬埋, 崇佛, 待賓, 尊師, 耕獵, 食用, 帽衣, 敬上, 禁忌, 牧養, 習尙, 敎戰, 戰陣, 貢市 등 20類로 구성되어 있다. 『說郛續』에는 2권으로 실려 있고, 『尙白齋鐫陳眉公訂正秘笈』에는 1권으로 실려 있다. 『五洲衍文長箋散稿』에 이 책이 인용되어 있다.

二十一史

明代 『史記』에서부터 『元史』에 이르기까지 21종의 正史를 모은 책. 『史記』, 『漢書』, 『後漢書』, 『三國志』, 『晉書』, 『宋書』, 『南齊書』, 『梁書』, 『陳書』, 『魏書』, 『北齊書』, 『周書』, 『隋書』, 『南史』, 『北史』, 『新唐書』, 『新五代史』, 『宋史』, 『遼史』, 『金史』, 『元史』 등이 여기에 포함된다. '二十一史'의 규정은 『續文獻通考』에서 이루어진 것이다. 『與猶堂全書』 등에서 이른 '二十一史'는 이에 따른 중국 역대의 正史를 범칭할 때가 많다. 萬曆 연간(1573~1620) 國子監에서 간행한 판본이 중국 國家圖書館에 전한다. 『五洲衍文長箋散稿』에서 이 간본을 자세히 소개했다. 규장각에 萬曆 乙卯(1615) 序가 달린 明 馬維銘의 『二十一史纂』, 康熙 35년(1696) 序가 달린 淸 鄭元慶의 『二十一史約編』, 淸 沈炳震의 『二十一史四譜』 등이 소장되어 있다.

二十一史文選

明末 周鍾 등이 편찬한 散文選集. 周鍾은 字가 介生이고 南直 金壇 출신으로, 崇禎 연간(1628~1644) 庶吉士가 되었지만 이력은 자세하지 않다. 이 책은 『念一史文選』이라고도 한다. 書名으로 보아 二十一史에서 좋은 글을 뽑아 엮은 것으로 추정된다. 崇楨 15년(1642) 간본 100권이 중국 湖南圖書館 등에 소장되어 있다. 고려대에 이 책 2권 2책이 소장되어 있는데 결본이다. 여기에 편찬자가 周鍾介로 잘못 표기되어 있다. 『五洲衍文長箋散稿』에서 文選集을 들면서 '有古文淵鑑子史英華念一史文選明文案明文海'라 했는데 『古文淵鑑』, 『子史英華』, 『念一史文選』, 『明文案』, 『明文海』로 보아야 할 것이다. 규장각에 崇禎 11년(1638) 간기가 있는 『二十一史文鈔』가 있는데 明 戴羲가 편찬한 것이다.

二十一史徵

清 徐汾이 二十一史를 고증한 책. 徐汾은 字가 武令이고 錢塘 출신이며, 『廣群輔錄』, 『留留靑』 등의 저술이 전하지만 이력은 자세하지 않다. 이 책은 『史記』와 『漢書』 등에서부터 『金史』와 『元史』에 이르기까지 21종의 중국 正史에 실린 기사에 대한 고증을 주로 했다. 康熙 34년(1695) 新安張氏 霞學堂 간본이 일본 東京大에 소장되어 있다. 『檀几叢書』에도 1권으로 실려 있다. 李學逵의 「二十一史評序」에 이 책을 소개했다. 『五洲衍文長箋散稿』에서도 이 책을 인용했다.

二十一史評論

明末淸初 顧天錫이 二十一史를 논평한 저술. 顧天錫(1589~1663)은 字가 重光이고 蘄州 출신이다. 『靑莊館全書』와 『硏經齋全集』에서 그의 이력과 함께 『二十一史評論』, 『歷代改元考』, 『五經說』 등을 소개했다. 이 책은 淸 施閏章의 「顧貞譽先生墓志銘」에 보이지만 일실되어 전하지 않는 듯하다. 『五洲衍文長箋散稿』에도 書名만 소개했다. 서명으로 보아 『史記』에서 『元史』에 이르기까지의 역사에 대한 논평을 붙인 책으로 보이지만 전하지 않아 자세한 내용은 알 수 없다.

李氏學樂錄

淸 李塨이 편찬한 樂學書. 李塨(1659~1733)은 字가 剛主이고 號가 恕谷이며 直隸 蠡縣 출신으로, 毛奇齡의 제자다. 『中庸傳注』, 『周易傳注』, 『春秋傳注』, 『小學稽業』, 『論學』, 『大學辨業』, 『恕谷集』 등 많은 저술을 남겼다. 특히 音律에 밝아 「宮調圖」, 「七調全圖」, 「十二律旋相爲宮隔八相生合圖」 등 많은 圖說을 지었다. 이 책은 2권으로 되어 있으며 『四庫全書』에 수록되어 있다. 『五洲衍文長箋散稿』에서 李塨의 『樂解』를 소개했지만 이 책을 이르는 듯하다. 淸 穆彰阿의 『大淸一統志』에 그의 저술로 『易說』, 『樂解』, 『四書義疏』 등을 들고 있을 뿐 다른 문헌에서 『樂解』의 존재는 확인되지 않는다.

爾雅圖贊

晉 郭璞이 『爾雅』를 圖解한 책. 郭璞(276~324)은 字가 景純이고 河東 聞喜 출신으로, 文學과 訓詁學, 道學, 術數 등에 능했다. 『周易』, 『山海經』, 『穆天子傳』,

『方言』과 『楚辭』 등에 주석을 붙인 것이 전한다. 이 책은 『隋書』 「經籍志」에 2권이고, 釋器, 釋天, 釋地, 釋山, 釋水, 釋草, 釋木, 釋蟲, 釋魚, 釋鳥, 釋獸, 釋畜 등으로 구성되어 있다고 하지만 원문은 일실되어 전하지 않는다. 『藝文類聚』, 『初學記』, 『太平御覽』 등에 인용된 48편이 남아 있다. 『高麗史』에 따르면 宣宗 8년(1091) 宋의 館伴이 일실된 서적 129종의 목록을 주고 고려에서 찾도록 했는데, 여기에 이 책이 포함되어 있다. 『靑莊館全書』, 『海東繹史』 등에도 같은 기사를 싣고 있다. 『五洲衍文長箋散稿』에도 이 서명이 보인다.

爾雅韻語

元 胡炳文이 『爾雅』를 풀이한 책. 胡炳文(1250~1333)은 字가 仲虎이고 考水 출신이며, 雲峯胡氏로 일컬어지는데 雲峰은 그의 號다. 『雲峰集』, 『書集解』, 『春秋集解』, 『四書通解』, 『禮書纂述』, 『大學指掌圖』 등 많은 저술을 남겼다. 이 책은 『元史』 등에 서명이 보이지만 일실되어 전하지 않는다. 『五洲衍文長箋散稿』에 서명만 기록했다.

爾雅翼

南宋 羅願이 『爾雅』를 풀이한 책. 羅願(1136~1184)은 字가 端良이고 號가 存齋이며 徽州 歙縣 출신이다. 이 책 외에 『新安志』, 『鄂州小集』 등의 저술이 있다. 이 책의 명칭은 『爾雅』의 物名을 풀이하여 『爾雅』의 補益으로 삼는다는 뜻이다. 이 책은 孝宗 元年(1174) 완성되었고 度宗 6년(1270) 王應麟이 32권으로 간행했다. 草, 木, 鳥, 獸, 蟲, 魚 등으로 나누고 다양한 서적을 통하여 자세하게 고증했다. 明 嘉靖 연간(1522~1566)에서 隆慶 연간(1567~1572) 新安畢氏의 校刊本이 중국 國家圖書館에 소장되어 있다. 장서각에 天啓 丙寅(1626)의 跋이 달린 목판본 32권이 소장되어 있으며, 明代의 목판본 『全雅』에도 이 책이 수록되어 있다. 이 책은 『退溪集』, 『龜峯集』 등 이른 시기 문헌에서부터 보이며, 조선 후기에도 『星湖僿說』, 『弘齋全書』, 『熱河日記』, 『靑莊館全書』, 『硏經齋全集』, 『與猶堂全書』, 『斗室存稿』, 『林下筆記』, 『五洲衍文長箋散稿』 등 많은 문헌에서 이 책을 인용했다.

爾雅鄭註

南宋 鄭樵가 『爾雅』를 풀이한 책. 鄭樵(1104~1162)는 字가 漁仲이고 興化軍

莆田 출신으로 夾漈先生으로 일컬어진다. 많은 저술을 남겼으나 『夾漈遺稿』, 『通志』 등 일부만 전한다. 이 책은 『爾雅註』라고도 한다. 元代의 판본이 전하며 『四庫全書』에도 수록되어 있다. 3권이며 釋詁, 釋言, 釋訓, 釋親, 釋宮, 釋器, 釋樂, 釋天, 釋地, 釋丘, 釋山, 釋水, 釋草, 釋木, 釋蟲, 釋魚, 釋鳥, 釋獸, 釋畜 등 21類로 되어 있다. 『五洲衍文長箋散稿』에 이 책이 인용되어 있다. 『海東繹史』에서 鄭樵 혹은 鄭氏의 『爾雅註』라 한 것이 이 책을 이른다.

爾雅註

晉 郭璞이 편찬한 『爾雅』를 풀이한 책. 郭璞(276~324)은 字가 景純이고 河東 聞喜 출신으로, 文學과 訓詁學, 道學, 術數 등에 능하여 『周易』, 『山海經』, 『穆天子傳』, 『方言』, 『楚辭』 등에 주석을 붙였다. 이 책은 經典에 근거하여 『爾雅』를 풀이한 것으로, 典據가 풍부하면서도 해석에 신중하여 訓詁學의 모범으로 평가된다. 독립된 책은 전하지 않고 唐 陸元朗이 音義를 달고 宋 邢昺이 疏를 단 『爾雅註疏』가 알려져 있는데 11권으로 되어 있다. 元代의 간본이 중국 國家圖書館에 소장되어 있고, 조선의 활자본도 일본 公文書館에 소장되어 있다. 淸代 『十三經注疏』에도 수록되어 있다. 『世宗實錄』, 『星湖僿說』, 『弘齋全書』, 『海東繹史』 등 여러 문헌에 이 책이 언급되어 있다.

而庵詩話

明末淸初 徐增이 편찬한 詩話書. 徐增(1612~?)은 字가 子益 혹은 無減이고 號는 而庵 혹은 梅鶴詩人 등을 사용했다. 長洲 출신이며 詩文과 書畵에 능했고 『說唐詩』를 편찬했다. 『說唐詩』는 300여 수의 唐詩에 論評과 註釋을 가한 책으로 『而庵說唐詩』라고도 하는데 장서각에 康熙 원년(1662)의 序가 달린 목판본 22권 8책이 전한다. 李宜顯의 「庚子燕行雜識」에 따르면 肅宗 46년(1720) 중국에서 구입한 서책 목록 중에 『說唐詩』가 보인다. 이 책은 說古詩十九首, 說今詩, 元氣集, 說古文, 嗣出 등으로 구성되어 있는데 이 중 일부를 초록한 것이 『而庵詩話』로 추정된다. 『昭代叢書』에 수록되어 있다. 서울대 중앙도서관에 19세기 초 일본에서 간행한 『中倫堂較本而庵詩話』가 소장되어 있는데 17장으로 되어 있다. 『五洲衍文長箋散稿』에서 歷代 詩話를 소개할 때 이 책을 들었다.

異魚圖贊

明 楊愼이 편찬한 雜錄. 楊愼(1488~1559)은 字가 用修이고 號가 升庵이며 新都 출신이다. 『升菴集』, 『丹鉛總錄』, 『升庵詩話』 등 280여 종의 저술을 남겼다. 이 책은 각종 魚類 그림에 贊을 붙인 것이다. 嘉靖 甲辰(1544)에 쓴 自序에 따르면, 『畵史』에 수록된 南朝異魚圖에 오류가 많아 三國 吳 萬震의 『南州異物志』, 南宋 沈懷遠의 『南越志』를 참조하고 晉 郭璞과 前凉 張駿의 贊體를 본떠 이 책을 편찬했다고 한다. 87종의 漁類에 대한 贊 86수가 수록되어 있다. 부록으로 『海錯』 1권이 있으며, 여기에 海物 35종에 대한 贊 30수가 수록되어 있다. 『四庫全書』에 4권으로 수록되어 있다. 楊愼의 다른 저술 『玉名詁』, 淸 吳省蘭의 『藝海珠塵』에도 수록되어 있다. 『海東繹史』에 이 책을 인용했다. 淸 胡世安이 이 책의 속편으로 『異魚圖贊補』를 편찬했다.

異苑

南朝 宋 劉敬叔이 편찬한 筆記雜錄. 劉敬叔은 明帝 연간(465~471)의 인물로 彭城 출신이다. 敬叔은 그의 字로 추정된다. 明 胡震亨이 이 책을 叢書 『秘冊匯函』에 넣어 간행하려 할 때 「劉敬叔傳」을 지어 그 생애를 간략하게 살폈다. 『異苑』 외에 『梁清傳』도 편찬했는데 『說郛續』에 실려 있다. 『異苑』은 『津逮秘書』, 『學津討原』, 『說庫』, 『古今說部叢書』 등에도 수록되어 있다. 『四庫全書』에는 小說家類로 10권이 편입되어 있고, 『唐宋叢書』, 『五朝小說』, 『說郛續』 등에는 1권만 실려 있다. 규장각에 소장되어 있는 『叢書』에도 보인다. 이 책은 『希樂堂稿』, 『仁宗實錄』 등 조선 전기 문헌에서부터 확인되므로 이른 시기부터 조선에 널리 유통되었다고 볼 수 있다. 조선 후기에도 『宋子大全』, 『自著』, 『斗室存稿』, 『海東繹史』, 『五洲衍文長箋散稿』 등 여러 문헌에 인용되어 있다.

李衛公問對

唐 李靖이 편찬한 兵書. 李靖(571~649)은 字가 藥師이고 雍州 三原 출신이다. 武를 兼全하여 戰功을 많이 세웠으며 衛國公에 봉해져 李衛公이라고도 부른다. 이 책은 『唐太宗李衛公問對』, 『李靖問對』, 『唐李問對』, 『問對』라고도 한다. 李靖이 太宗과 문답하는 형식으로 되어 있으며, 奇正, 虛實, 主客의 개념을 사용하여 軍事와 兵法에 관해 논했다. 上中下 3권이며 98條로 구성되어 있다. 武經七書의 하나로 자리매김했지만 僞書라는 견해도 있다. 조선에서 顯宗實錄

字로 간행된 판본이 규장각에 소장되어 있다. 『太祖實錄』 등에서 武經七書가 언급되므로 이른 시기부터 이 책이 수용된 것을 알 수 있다. 『星湖僿說』 등 조선 후기 문헌에서 이 책을 자주 인용했다.

二酉委譚

明 王世懋가 편찬한 筆記雜錄. 王世懋(1536~1588)는 字가 敬美이고 別號가 麟州이며 少美라고도 불렸다. 江蘇 太倉 출신으로, 王世貞의 동생이다. 『藝圃擷餘』, 『王奉常集』 등이 전한다. 이 책은 원래 서명이 『二酉委譚摘錄』으로 되어 있다. 그 내용은 대부분 민간의 神怪한 이야기를 채록한 것이다. 『說郛續』에는 甘州 張大參 등 13조가 실려 있다. 『說郛續』 외에 『唐宋叢書』 등에도 수록되어 있다. 『五洲衍文長箋散稿』에서 이 책을 인용했다.

二程外書 → 程氏遺書

二程遺書 → 程氏遺書

怡亭雜記

清 方亨咸이 편찬한 雜錄. 方亨咸은 字가 吉偶이고 號는 邵村 혹은 龍瞑, 心童道士 등을 사용했다. 安徽 桐城 출신으로 順治 4년(1647) 출사하여 御史를 지냈다. 文學과 書畵에 능했으며 『苗俗紀聞』, 『武風子傳』 등을 저술했다. 『五洲衍文長箋散稿』에서 糖樹와 酒樹에 대해 변증하면서 이 책을 인용했지만 해당 대목은 清 王士禛의 『池北偶談』에서 재인용한 것으로 추정된다. 일실된 듯하다.

二程全書

北宋 程顥와 程頤 형제의 文集. 程顥(1032~1085)는 字가 伯淳이고 號가 明道이다. 程頤(1033~1107)는 字가 正叔이고 號가 伊川이다. 北宋을 대표하는 學者로 二程 혹은 程子로 통칭되었다. 이 책은 宋 朱熹가 편찬한 것으로 『二程遺書』, 『二程外書』, 『明道文集』, 『伊川文集』, 『伊川易傳』, 『程氏經說』, 『二程粹言』 등으로 구성되어 있다. 北宋 楊時가 편찬한 『二程粹言』이 別本으로도 간행되었다. 遺書와 外書는 대부분 二程의 제자들이 기록한 語錄을 朱熹가 편차한 것이다. 『二程封事』, 『二程語錄』, 『二程遺書』 등 유사한 내용이 독립적으

로 간행되거나 필사되어 유통되었다. 『二程全書』는 萬曆 34년(1606) 嘉興徐氏 간본이 알려져 있는데 68권으로 되어 있다. 규장각에 이 계열의 판본이 소장되어 있으며, 조선에서 訓鍊都監字로 따로 간행한 판본도 전한다. 宋時烈이 이 책을 다시 편집하여 『程書分類』를 편찬했다. 『中宗實錄』을 볼 때 中宗 10년(1515) 무렵에는 『二程全書』가 유통되고 있었던 것으로 보인다. 이해 중종의 命으로 간행되었으며 영조 때에는 이 책이 經筵의 교재로까지 사용되었다. 『武陵雜稿』, 『退溪集』 등 16세기 문헌에서부터 지속적으로 이 책을 언급하고 있다.

李太白詩注 → 分類補註李太白詩

李太白集

唐 李白의 文集. 李白(701~762)은 字가 太白이고 號가 靑蓮居士이며 李謫仙으로도 불린다. 『新唐書』에는 隴西 成紀 출신으로 되어 있다. 唐 李陽冰이 李白의 詩文을 『草堂集』 10권으로 편차하고, 宋 樂史가 詩歌 10권을 추가하여 『李翰林集』 20권으로 편차했으며, 宋 宋敏求가 이를 바탕으로 李白의 시문을 모으고 曾鞏이 편차하여 『李太白集』을 편찬했는데 총 30권이다. 권1은 序, 碑, 記, 권2~24는 詩, 이하는 雜著다. 『海東繹史』에 이 책을 인용하고 30권에 부록 2권이라 했으므로 이 판본을 가리키는 듯하다. 『靑坡劇談』에 安平大君이 趙須에게 이 책을 주었다는 기록이 보이지만 어떤 판본인지는 알 수 없다. 『中宗實錄』에는 金安國이 중국에서 구입할 圖書를 말할 때 『李翰林集』을 간행하여 반포했다고 했는데 世宗 29년(1447) 간행한 『唐翰林李太白文集』을 가리킨다. 세종 때 이와 별도로 『分類補註李太白詩』가 간행되었다.

理學類編

元末明初 張九韶가 편찬한 性理書. 張九韶(1314~1396)는 臨江 출신으로 字가 美和이고 號가 吾樂이다. 『明史』에 따르면 詞賦에 능하여 聶鉉, 貝瓊과 더불어 成均三助로 칭해졌다. 이 책은 天地, 天文, 地理, 鬼神, 人物, 性命, 異端 등 8권으로 되어 있다. 宋 周敦頤, 張載, 邵雍, 二程, 朱熹의 말을 주로 삼고, 荀子 이하 53家의 說로 보충했으며 每篇의 끝에 자신의 견해를 실었다. 규장각에 목판본 8권 2책이 소장되어 있는데 卷頭에 至正 26년(1366)에 쓴 「編輯大

意』가 실려 있어 이 무렵 편찬된 것으로 보인다. 또 洪武 17년(1384) 張九韶의 孫子 張拱이 쓴 小誌가 실려 있어 이 무렵 간행된 듯하다. 규장각 소장본은 成化 7년(1471) 楊昶의 後序가 붙어 있으므로 이때의 간본을 후대 다시 간행한 것으로 추정된다. 일본 宮內廳書陵部에는 明宗 2년(1547) 조선에서 간행된 판본이 소장되어 있다. 『宋子大全』, 『淵泉集』, 『五洲衍文長箋散稿』 등에 이 책이 인용되어 있다.

益部耆舊傳

西晉 陳壽가 편찬한 傳記集. 陳壽(233~297)는 字가 承祚이고 蜀漢의 巴西郡 安漢 출신이다. 『三國志』를 위시하여 『諸葛亮故事集』, 『官司論』, 『釋諱』, 『廣國論』, 『魏名臣奏事』, 『漢名臣奏事』, 『益州耆舊雜傳記』, 『晉駁事』, 『晉彈事』, 『古國志』 등 많은 저술을 남겼지만 『三國志』를 제외하고 모두 일실되었으며 이 책 역시 전하지 않는다. 『隋書』에는 14권에 속편 2권이 더 있다고 했다. 『晉書』에는 서명을 『益都耆舊傳』이라 하고 10권이라 했다. 서명의 益部, 益都는 蜀을 가리키는 말이고, 耆舊는 나이 많고 德이 있는 사람들을 지칭하는 용어이므로 蜀 지역 元老의 전기로 추정된다. 『高麗史』에 따르면 宣宗 8년(1091) 宋의 館伴이 일실된 서적 129종의 목록을 주고 고려에서 찾도록 했는데, 여기에 이 책이 포함되어 있으며 서명이 『益都耆舊傳』으로 되어 있다. 『青莊館全書』, 『海東繹史』 등에도 같은 기사를 싣고 있다. 『星湖全集』에 이 책을 인용했지만 唐 虞世南의 『北堂書抄』에서 재인용한 듯하다.

翼傳 → 周易啓蒙翼傳

益州記

晉 劉欣期가 益州에 관해 기록한 책. 劉欣期는 어떤 인물인지 알려져 있지 않으며 그의 저술로 『交州記』가 『說郛』 등에 실려 전한다. 交州는 중국 남방 越 지역이므로 益州와는 관련이 없다. 이 책은 현전하지 않는데 『焦氏類林』 등 후대의 문헌에 일부가 실려 있다. 益州는 蜀漢이라고도 하는 지금의 四川省 지역을 이르므로 이 지역의 풍속과 산물을 기록한 地理志로 추정된다. 『五洲衍文長箋散稿』에는 明 楊愼의 『丹鉛總錄』에서 재인용하여 이 책의 내용을 싣고 있다. 『說郛』에 『益州記』가 있는데 편찬자가 宋 任豫로 되어 있지만 『五洲

衍文長箋散稿』에서 인용한 대목이 보이지 않으므로 내용이 다른 책으로 추정된다. 『自著』에 편찬자 이름을 적지 않고 『益州記』를 인용했는데 이 역시 다른 문헌에서 가져온 것으로 추정된다.

益州名畫錄

北宋 黃休復이 편찬한 筆記雜錄. 黃休復은 蜀 출신으로 字는 歸本 혹은 端本이며, 咸平 연간(998~1003) 이전에 활동했다. 『春秋』에 능통했고 『茅亭客話』 등을 남겼다. 이 책은 3권으로 『函海』에 실려 있는데 『函海』는 고려대에 乾隆 47년(1782) 간본 160책이 소장되어 있다. 규장각 등에 소장되어 있는 『說郛』, 『唐宋叢書』 등에도 수록되어 있다. 逸格, 神格, 妙格, 能格으로 나누고 妙格과 能格은 다시 上品, 中品, 下品으로 나누어, 孫位, 趙公祐, 范瓊 등 唐 乾元 연간(758~760)에서 宋 乾德 연간(963~968)까지 蜀의 화가 58인의 전기를 기술했다. 畵家의 籍貫, 官職, 師承 관계를 적고, 작품의 제목 및 소재 등을 기록했다. 이 시기 寺院의 벽화를 직접 탐사하고 그 제목과 내용, 연대, 배열, 구도, 예술상의 특징 등을 자세히 적었다. 『成都名畫記』라고도 한다. 『梧墅集』, 『海東繹史』 등에 인용되어 있다.

鄰幾雜志

北宋 江休復이 편찬한 筆記雜錄. 江休復(1005~1060)은 開封 陳留 출신으로 字가 鄰幾다. 『唐宜鑑』, 『春秋世論』 등의 저술이 있었지만 전하지 않는다. 이 책은 『江隣幾雜志』, 『嘉祐雜志』라고도 불린다. 『唐宋叢書』에는 字를 적어 江鄰幾를 편찬자라 했다. 이 책은 『稗海』와 『寶顔堂秘笈』 등에도 실려 있는데 서명이 『江鄰幾雜誌』로 되어 있다. 『文獻通考』나 『宋史』 등에는 3권이라 했는데 『稗海』와 『唐宋叢書』에는 권이 나누어져 있지 않으며 『四庫全書』에는 1권으로 실려 있다. 宋 黃庭堅의 「茶磨銘」, 大曆十才子 등 문학과 관련한 내용이 매우 풍부하다. 『說郛』에는 10條만 수록되어 있다. 江休復이 嘉祐 5년(1060) 사망하기 1년 전의 기사까지 수록되어 있다. 규장각에 목판본 『江鄰幾雜誌』 1책이 전하는데 明 商濬이 교감한 판본이다. 『農巖集』, 『燕巖集』, 『靑莊館全書』, 『海東繹史』 등에 이 책이 인용되어 있다.

人物志 → 畿輔人物志

人相篇

明 唐順之가 편찬한 觀相에 관한 책. 唐順之(1507~1560)는 字가 應德 혹은 義修이고 號는 荊川이며 武進 출신이다. 博學하여 天文, 地理, 數學, 曆法, 兵法, 樂律 등에 두루 능했고, 文章에 뛰어나 王愼中, 茅坤, 歸有光 등과 唐宋派를 대표한다. 『荊川先生文集』, 『文編』, 『右編』, 『史纂左編』, 『兩漢解疑』, 『武編』, 『南北奉使集』, 『荊川稗編』 등 방대한 저술을 남겼다. 이 책은 唐順之의 『荊川稗編』에 실려 있고 독립된 책은 확인되지 않는다. 論形, 論神, 論聲, 論氣, 相骨, 相肉, 論形有餘, 論神有餘, 論神不足, 論形不足, 袁柳庄雜論三篇, 總論, 氣色論 등으로 구성되어 있다. 『五洲衍文長箋散稿』에서 여러 차례 인용했다.

因樹屋書影

明末淸初 周亮工이 편찬한 雜錄. 周亮工(1612~1672)은 字가 元亮이고 號가 櫟園이며, 『賴古堂集』, 『讀畵錄』, 『印人傳』, 『賴古堂印譜』, 『廣金石韻府』 등 방대한 저술을 남겼다. 문집 『賴古堂集』은 康熙 14년(1675) 간기가 있는 목판본 24권 6책이 규장각에 전한다. 이 책은 書畵, 印章, 詩話, 尺牘 등 다양한 부분으로 되어 있는데 掌故의 유래와 의미를 자세히 수록하여 조선 문인의 관심을 끌었다. 『荷棲集』, 『熱河日記』, 『海東繹史』, 『靑莊館全書』, 『硏經齋全集』, 『洛下生集』, 『弘齋全書』 등에서 이 책을 참조했다. 특히 李圭景이 이 책을 구하여 『五洲衍文長箋散稿』에서 자주 인용했다. 『五洲衍文長箋散稿』에서 『書影』이라고 한 것도 이 책을 가리킨다. 『五洲衍文長箋散稿』에서 『類典』을 인용하여 墨菊을 소개했는데 같은 내용이 이 책에 보인다. 『類典』은 어떤 책인지 알 수 없다. 미국 버클리대에 소장된 鄭東愈의 『閑古董』은 陶宗儀의 『輟耕錄』, 王士禎의 『池北偶談』과 함께 이 책에서 掌故를 중심으로 발췌한 책이다. 서울대 중앙도서관에 康熙 6년(1667) 姜承烈 등의 序가 달린 목판본 10권 6책이 소장되어 있다.

蚓庵瑣語

明末淸初 李王逋가 편찬한 筆記雜錄. 李王逋는 字가 肱枕이고 浙江 嘉興 출신이다. 『四庫全書總目』 등에는 편찬자를 李王逋라 했지만 王逋로 표기된 데도 있다. 『說鈴』에 수록되어 있는데 판본에 따라 편찬자가 李王逋, 王逋로 되어 있다. 이 책은 明 萬曆 연간(1573~1620)에서 淸 康熙 9년(1670)까지 잡다한

내용을 60條로 나누어 기술했으며 1권이다. 明末의 遺臣 屠象美 등이 주도한 嘉興作亂의 始末이나 白頭賊의 상황을 상세히 다루었지만 사료로서의 가치는 의심스럽다. 『靑莊館全書』, 『海東繹史』, 『嘉梧藁略』, 『五洲衍文長箋散稿』 등에 이 책이 여러 차례 인용되어 있는데 편찬자의 이름은 王逋, 李王逋 모두 보인다.

訒菴偶筆

明末淸初 汪昂이 편찬한 筆記雜錄. 汪昂(1615~1694)은 初名이 恒이며 字가 訒庵이고 安徽 休寧 西門 출신이다. 明末의 秀才 출신인데 淸朝가 들어서자 출사하지 않고 方書와 醫學 연구에 힘썼다. 저술로 『素問靈樞類纂約注』, 『本草備要』, 『醫方集解』, 『湯頭歌訣』 등이 있다. 이 책은 현재 전하지 않고 『虞初新志』에 4條가 인용되어 있다. 벼락을 맞고도 살아난 여인, 대나무 속에 들어 있는 觀音像 등 기이한 내용으로 되어 있다. 『五洲衍文長箋散稿』에 이 책을 인용했는데 『虞初新志』에서 가져온 것으로 보인다.

逸經 → 儀禮逸經

日錄 → 魏叔子日錄

一鳴集

唐 司空圖의 文集. 司空圖(837~908)는 字가 表聖이고 號는 耐辱居士, 知非子 등을 사용했으며 河內 출신이다. 『二十四詩品』이 알려져 있다. 그의 문집은 『新唐書』에 『一鳴集』으로, 『四庫全書』에 『司空表聖文集』으로 되어 있다. 『司空表聖文集』은 10권으로 되어 있는데 雜著와 碑文 등 散文을 모은 것이다. 詩集 『司空表聖詩集』이 3권으로 따로 정리되었다. 『司空表聖詩集』 卷頭에 『一鳴集』은 30권이며 시집이 10권이지만 지금은 5권이 있다고 했다. 『司空表聖詩集』은 海鹽 涉園張氏 소장본이 전하는데 『四部叢刊』에 수록되었다. 『司空表聖文集』은 『司空表聖一鳴集』이라고도 하는데 일본 靜嘉堂文庫에 10권이 소장되어 있고 『四庫全書』에도 10권이 수록되어 있다. 嘉慶 辛酉(1801) 간본 『一鳴集』이 대만 中硏院傅斯年圖書館에 소장되어 있는데 10권이다. 『靑莊館全書』에는 司空圖가 休休亭을 짓고 유유자적한 고사를 소개하고 그의 문집 『一鳴集』을 30권이라 했는데 재인용으로 추정된다. 『五洲衍文長箋散稿』에는 『一鳴集』

에 수록되어 있는 「爲東都敬愛寺募雕刻律疏」 印本을 소개했는데 淸 王士禎의 『居易錄』에서 재인용한 것으로 추정된다.

日本寄語

明 薛俊이 日本에 관해 기록한 雜錄. 薛俊은 定海 출신으로 嘉靖 연간(1522~1566)에 활동한 문인이지만 자세한 이력은 알려져 있지 않다. 『四庫全書總目』에 따르면 嘉靖 2년(1523) 일본 사신 宗設이 寧波에 도착했을 때, 비슷한 시기 도착한 宋素卿 등이 난동을 부리면서 백성들을 괴롭혔는데 薛俊이 『日本考略』을 편찬하여 방어하는 방법에 대해 적으면서 아울러 일본의 국토와 풍속까지 기술했으며 新羅와 百濟에 대한 사실도 다루었다고 한다. 『說郛續』에 실려 있는 『日本寄語』는 현전하는 『日本考略』과 동일한 내용을 담고 있지만 표제어와 설명의 순서가 반대로 되어 있다. 『日本考略』은 天文, 地理, 方向 등 일반적인 類書의 체제를 따르되, 일본 음을 한자로 적고 그 아래 뜻을 적었지만, 『日本寄語』는 漢語를 먼저 적고 그 아래 일본어를 적었다. '寄語'는 중국 동남 지역에서 譯의 뜻으로 쓰는 말이다. 『四庫全書總目』의 기술과 달리 신라와 백제에 대한 기록은 없고 국토와 풍속 역시 보이지 않는다. 『五洲衍文長箋散稿』에서 이 책에 수록된 어휘를 상당히 많이 소개했다.

日用本草

元 吳瑞가 편찬한 醫書. 吳瑞는 天曆 연간(1328~1329)의 인물로, 字는 瑞卿이고 新安 海寧에서 醫學을 지냈지만 이력이 자세하지 않다. 이 책은 『家傳日用本草』라고도 한다. 天曆 2년(1329) 편찬되었으며, 일상생활에서 음식으로 병을 치료하는 방법을 서술한 것이다. 수록된 약재는 약 540종이며 그 맛과 효능을 상세히 기술했다. 8권이며 卷頭에 自序가 있다. 권1 諸水類, 권2 五穀類, 권3 五畜類, 권4 諸禽類, 권5 蟲魚類, 권6 五果類, 권7 五菜類, 권8은 五味類다. 明 蔣時機가 교정을 보아 石渠閣에서 간행한 판본이 일본 東洋文庫 등에 소장되어 있다. 康熙 연간(1662~1722) 간본 『食物本草會纂』이 미국 國會圖書館에 소장되어 있는데 12권 외에 圖 1권이 더 붙어 있다. 여기에 이 책이 실려 있다. 『海東繹史』에서 『日用本草』를 인용하여 신라의 海松子에 대해 소개했다.

日月燈 → 音韻日月燈

逸齋詩補傳

南宋 范處義가 『詩經』을 풀이한 책. 范處義는 字가 由中이고 號가 逸齋이며 金華 蘭溪 출신이다. 紹興 24년(1154) 출사했고 『解頤新語』, 『詩學』 등의 저술을 남겼다. 이 책은 30권이며 『通志堂經解』와 『四庫全書』 등에는 『詩補傳』으로 수록되어 있다. 清 成僎의 『詩說考略』과 清 黃中松의 『詩疑辨證』 등에 『范逸齋補傳』으로 여러 차례 인용되어 있는데 『范逸齋補傳』은 『逸齋詩補傳』과 같은 책이다. 『范逸齋詩補傳』으로 된 데도 있다. 清 全祖望의 「跋范逸齋詩補傳」에 이 책에 대한 자세한 설명이 보인다. 『青莊館全書』, 『研經齋全集』, 『五洲衍文長箋散稿』에도 이 책을 소개했다. 『五洲衍文長箋散稿』에는 서명이 『逸齊詩補傳』으로 잘못 옮겨져 있으며 편찬자를 알 수 없다고 했다. 『弘齋全書』, 『金陵集』, 『研經齋全集』 등에서 書名은 들지 않고 范處義의 설을 인용했는데 이 책을 이른다. 『燕轅直指』에 『詩補傳』으로 인용했다.

逸周書

戰國時代 편찬자를 알 수 없는 經書. 『周書』 혹은 『汲塚周書』라고도 한다. 孔子가 『尙書』를 산정한 후 남은 「周書」의 逸篇이라는 뜻이다. 周의 文王, 武王, 周公, 成王, 康王, 穆王, 厲王, 景王의 역사를 기록한 책으로 10권 70편인데 이 중 11편은 편명만 전하고 正文이 없다. 현존하는 판본은 모두 晉 孔晁가 42편에 注를 단 것으로, 『漢魏叢書』에 수록된 것이 알려져 있다. 이 책의 주석서로 南宋 王應麟의 『周書王會補注』, 清 朱右曾의 『周書集訓校釋』, 丁宗洛의 『逸周書管箋』, 潘振의 『周書解義』, 陳逢衡의 『周書補注』, 唐大沛의 『逸周書分編句釋』, 王念孫의 『讀逸周書雜志』, 兪樾의 『周書平議』, 孫詒讓의 『周書補』, 劉師培의 『周書補正』, 陳漢章의 『周書後案』 등이 있다. 『白湖集』 등 17세기 문헌에서부터 『洪氏讀書錄』, 『研經齋全集』, 『五洲衍文長箋散稿』 등 많은 문헌에서 이 책을 언급했다.

日知錄

明末清初 顧炎武가 편찬한 筆記雜錄. 顧炎武(1613~1682)는 江蘇 昆山 출신으로 原名은 絳이었으나, 明이 멸망한 후 炎武로 改名했으며 字는 寧人이고

號는 亭林이다. 『日知錄』 외에 『天下郡國利病書』, 『肇域志』, 『韻補正』, 『亭林詩文集』 등 많은 저술이 있다. 이 책은 32권으로 편차된 것이 가장 널리 알려져 있는데 7권까지는 經義, 8~12권은 政事, 13권은 世風, 14~15권은 禮制, 16~17권은 科學, 18~21권은 藝文, 22~24권은 名義, 25권은 古事眞妄, 26권은 史法, 27권은 注書, 28권은 雜事, 29권은 兵과 外國事, 30권은 天象術數, 31권은 地理, 32권은 考證으로 되어 있으며 총 1,019조목으로 되어 있다. 康熙 9년(1670) 淮安에서 처음 간행되었다. 이후 康熙 34년(1695) 遂初堂本이 간행되었으며 그밖에도 經義齋 刻本, 『皇淸經解』에 수록된 판본 등이 있다. 역대 많은 주석서가 나왔는데 淸 黃汝成이 道光 14년(1834) 閻若璩를 비롯한 90여 인의 학설을 모아 편찬한 『日知錄集釋』이 알려져 있으며 규장각에도 이 판본이 소장되어 있다. 규장각에 소장되어 있는 『續日知錄』은 조선 후기 인물이 편찬한 다른 책이다. 『日知錄』은 『星湖僿說』에 처음 등장하며, 그 후 『燕巖集』, 『靑莊館全書』, 『順菴集』, 『五洲衍文長箋散稿』 등 많은 문헌에서 인용되었다.

一統名勝志 → 輿地名勝志

一統志 → 大淸一統志

日下舊聞

淸 朱彝尊이 편찬한 北京의 地理書. 朱彝尊(1629~1709)은 秀水 출신으로 字가 錫鬯이고 號가 竹垞 또는 醧舫이며 만년에는 小長蘆釣魚師라고 했다. 『明史』 편찬에 참여했고 考證學에 능통했으며 古文과 詩詞에도 뛰어났다. 저서로 『經義考』, 『曝書亭集』 등이 있으며, 『明詩綜』, 『詞綜』 등을 편찬했다. 이 책의 書名에서 日下는 首都를 뜻한다. 이 책은 康熙 25년(1686)부터 편찬을 시작했는데 北京에 관련된 사료 1,600여 종을 수집하여 星土, 世紀, 形勝, 宮室, 城市, 郊坰, 京畿, 僑治, 邊障, 戶版, 風俗, 物產, 雜綴 등 13門 42권으로 완성했다. 徐乾學의 도움을 받아 康熙 27년(1688) 간행했다. 이후 대규모 토목공사로 북경의 환경이 변화하자, 乾隆帝가 竇光鼐, 朱筠 등에게 이 책을 增補하게 하고, 康熙, 雍正, 乾隆의 詩文을 수록하여 『欽定日下舊聞考』 160권을 편찬했다. 李頤命의 『疎齋集』에 처음 『日下舊聞』이 소개되었으며 이후 『弘齋全書』, 『燕巖集』, 『靑莊館全書』, 『與猶堂全書』, 『研經齋全集』 등 많은 문헌에서 이 책을 인

용했다. 『薊山紀程』, 『熱河日記』, 『心田稿』 등 燕行錄에서도 이 책을 여러 차례 인용했다. 『正祖實錄』, 『研經濟全集』, 『斗室存稿』 등에서 『日下舊聞考』를 소개했다. 규장각과 국립중앙도서관에 朱昆田이 補遺를 보탠 42권 목판본 『日下舊聞』이 소장되어 있다.

臨戎孝經

唐 員半千이 『孝經』을 모방하여 쓴 저술. 員半千(621~714)은 字가 榮期이고 齊州 全節 출신이다. 선조 劉凝之가 劉宋이 망한 후 北魏로 달아나 스스로를 伍員(伍子胥)에 견주자 北魏의 皇帝가 員氏를 姓으로 삼게 했다고 한다. 이 책은 『舊唐書』와 『新唐書』에는 2권으로, 『國史經籍志』와 『通志』 등에는 1권으로 되어 있지만 일실되어 전하지 않는다. 『五洲衍文長箋散稿』에도 書名만 보인다.

臨川集

北宋 王安石의 文集. 王安石(1021~1086)은 字가 介甫이고 號가 半山이며, 江西 臨川 출신이다. 荊國公에 봉해졌기 때문에 王荊公이라고도 하며, 諡號를 따라 王文公이라고도 한다. 많은 저술이 있었지만 『字說』, 『鍾山目錄』 등은 일실되었고, 『臨川集』, 『臨川集拾遺』, 『周官新義』, 『老子注』 등이 전한다. 王安石의 문집을 일반적으로 『臨川集』이라 하지만, 『臨川先生文集』, 『王臨川全集』, 『臨川介甫王先生文集』, 『王文公文集』 등으로도 부른다. 그의 문집은 南宋 때 杭州, 臨川 등 여러 지방에서 간행되었는데, 현존하는 가장 이른 것은 紹興 10년(1140) 詹大和가 校定하여 重刊한 『王荊文公詩』다. 이 판본은 일본 宮內省 圖書寮에 50권이 소장되어 있다. 전체 100권으로 詩가 38권, 文이 62권이다. 규장각에 甲辰字로 간행한 『王荊文公詩』가 일부 남아 있는데 16세기 무렵 간행된 것으로 추정된다. 『成宗實錄』에 따르면 成宗 16년(1485) 甲辰字로 『王荊公集』을 간행하여 하사한 기록이 보인다. 『慵齋叢話』에도 성종 연간에 『王荊公集』, 『陳簡齋集』 등을 간행했다는 기록이 확인된다. 또 成宗 辛卯(1471)에 『王荊公集』과 『歐陽公集』의 글자로 辛卯字를 만들었다는 기록이 보인다. 이로 보아 조선 전기에는 『王荊公集』을 주로 보았음을 알 수 있다. 규장각에는 嘉靖 연간(1522~1566), 萬曆 연간(1573~1620) 등에 간행된 다양한 판본이 소장되어 있다. 세종 때 安平大君이 王安石의 시를 선발한 『半山精華』가 전한다.

규장각에는 조선 후기 간행한 목판본 『王文抄』도 소장되어 있다. 王安石의 문집은 고려시대부터 널리 읽혔는데, 『四佳集』, 『私淑齋集』, 『逍遙齋集』 등 조선 초기 문헌에 『王荊公集』을 읽었다는 기록이 있다. 『海東繹史』, 『靑莊館全書』 등에 『臨川集』이 언급되어 있다.

林下詩談

편찬자를 알 수 없는 宋代의 詩話書. 『說郛』에 8조가 수록되어 있는데 蘇軾 등 宋代의 인물과 관련된 시화를 다루었다. 范靖同의 妻 沈氏, 王淑英의 婦 등 여성 관련 시화도 수록되어 있다. 『五洲衍文長箋散稿』에서 歷代 詩話書를 소개할 때 이 책을 들었다.

林下偶談

南宋 吳子良이 편찬한 筆記雜錄. 吳子良(1198~1257?)은 字가 明補이고 號가 荊溪이며 臨海 출신이다. 文集 『荊溪集』이 있었다고 하지만 전하지 않는다. 이 책은 『四庫全書總目』에 따르면 원래 8권이었으나 전하는 것은 4권이라 했다. 『四庫全書』에 4권으로 실려 있다. 唐宋의 著述을 論評하거나 중요한 사건에 대한 의견을 개진한 것이 대부분이다. 退之原性, 退之作墓誌銘, 柳子厚龍城錄 등과 같은 표제어를 달았다. 편찬자가 밝혀져 있지 않은 판본도 있다. 『弘齋全書』에는 편찬자를 荊溪吳氏라 했다. 서울대 중앙도서관에 소장되어 있는 寶顔堂 목판본과 규장각에 소장되어 있는 『唐宋叢書』에 수록된 판본에는 편찬자가 吳子良으로 되어 있다. 書名이 『荊溪林下偶談』으로 된 것도 많다. 『星湖僿說』에서도 이 책을 인용했다.

臨漢隱居詩話

北宋 魏泰가 편찬한 詩話書. 魏泰는 徽宗 연간(1100~1126) 활동한 문인으로, 字가 道輔이고 號가 臨漢이며 襄陽 출신이다. 『臨漢隱居集』, 『東軒筆錄』 등의 저술이 전한다. 梅堯臣의 이름을 가탁하여 小說 『碧雲騢』를 지었는데, 朝鮮 張維의 『谿谷漫筆』 등에 이에 대한 기록이 보인다. 이 책은 唐宋의 詩와 관련한 일화를 수록한 것으로, 『說郛』와 『御覽知不足齋叢書』, 『庚溪詩話』 등에 수록되어 있다. 국립중앙도서관에 乾隆 44년(1779) 鮑廷博의 序가 달린 목판본 1권이 소장되어 있는데 『說郛』에 실린 것보다 훨씬 방대하다. 金 王若虛의 『滹南

詩話』가 합철되어 있다. 『五洲衍文長箋散稿』에서 歷代 詩話書를 소개할 때 이 책을 들었다.

入頭五嶽訣 → 靈寶畢法

ㅈ

資暇錄

唐 李匡乂가 편찬한 筆記雜錄. 李匡乂는 字가 濟翁인데 宋 太祖 趙匡胤의 이름을 避諱하여 李濟翁으로 표기하기도 한다. 李匡文으로 된 데도 있다. 大中 연간(847~860)과 咸通 연간(860~873)에 활동했다. 『唐皇室維城錄』, 『十代鐲疑史目』, 『漢後隋前瞬貫圖』, 『兩漢至唐年記』 등 많은 저술을 남겼다. 이 책은 『資暇集』으로 된 데도 있다. 上卷에서는 글자의 正誤를 다루고, 中卷에서는 사물의 연원을 다루었으며, 下卷에서는 사물의 근본에 대해 고증했다. 明 胡氏文會堂에서 판각한 『格致叢書』에 실린 판본과 明 顧氏文房小說本이 선본으로 알려져 있다. 『說郛』에도 3권으로 수록되어 있으며 『百川學海』에는 1권으로 실려 있다. 규장각에 소장된 『三家隨錄』, 『顧氏文房小說』에 이 책이 수록되어 있다. 『海東繹史』에는 3권이라 했다. 『五洲衍文長箋散稿』에는 편찬자를 李濟翁이라 했다. 『靑莊館全書』에서는 李東陽의 『資暇錄』이라고 인용했는데 같은 내용이 明 張自烈 『正字通』에 보인다. 李東陽의 『資暇錄』은 여기서만 확인된다.

字考

포르투갈 출신의 선교사 曾德昭가 편찬한 字書. 曾德昭(Alvare de Semedo, 1585~1658)는 예수회 소속의 포르투갈 선교사로 萬曆 41년(1613) 南京에 왔으며 萬曆 44년(1616) 귀국했다가 天啓 元年(1621) 다시 중국으로 와서 江蘇

등 江南 지역에서 활동했으며 廣州에서 죽었다. 謝務祿이라고도 한다. 『大中國志(*Imperio de la China*)』를 편찬했다. 이 책은 2권으로 되어 있으며 포르투갈어와 漢文 어휘집을 각기 1권으로 설명한 사전이다. 지금은 전하지 않는 듯하다. 『五洲衍文長箋散稿』에서 이 책을 소개했다.

字詁 → 古今字詁

字貫

淸 王錫候가 편찬한 字書. 王錫候(1713~1777)는 江西 新昌 출신인데 이 책에서 『康熙字典』의 오류를 논박했다 하여 乾隆 42년(1777) 大逆罪로 처형되었다. 이 책도 禁書 목록에 올랐다. 『字貫提要』라고도 한다. 總目 1권, 提要 10권, 本編 42권, 附錄 7권 등 총 60권으로 되어 있다. 『爾雅』의 체제를 따라 4類 40部로 나누어 音義가 같은 것을 한 곳에 모으고 그 아래에 音義를 기록했다. 『五洲衍文長箋散稿』에서 이 책을 여러 차례 소개했는데, 특히 正祖 2년(1778) 書狀官으로 중국에 다녀온 趙時偉가 보고한 『聞見』에 따르면, 이 책은 王錫候가 『字彙』와 『字典』을 부연한 것인데, 그와 惡感이 있던 族兄이 이 책이 『康熙字典』을 무시했다고 고발하여 문제가 되었고 乾隆帝가 그 책에서 御諱가 있는 것을 보고 반역죄로 죽였다고 했다. 또 그가 죽음에 임하여 지은 시를 두 편 인용했고, 당시 燕京에 간 인물들이 이 책을 보았으며 조선에 유입된 듯하지만 직접 보지는 못했다고 했다. 『靑莊館全書』에도 이 책을 소개했다. 淸 劉夢麟 등이 교감하여 乾隆 39년(1774)에서 40년 사이 吉安의 隆慶寺에서 간행했는데 重刊本이 일본 齊政館文庫와 靜嘉堂文庫 등에 소장되어 있다.

字略

唐 李商隱이 편찬한 字書. 李商隱(813~858)은 懷州 河內 출신이고 字가 義山이다. 문집 『李商隱詩集』이 전한다. 이 책은 원본은 일실되어 전하지 않으며 宋 郭忠恕의 『汗簡』과 夏竦의 『古文四聲韻』 등에 일부가 인용되어 전한다. 梁의 阮孝緖와 北齊 宋世良도 동일한 서명의 책을 편찬했다. 『五洲衍文長箋散稿』에서는 李商隱의 것과 함께 阮孝緖의 책도 함께 소개했지만 내용은 보지 못하고 書名만 제시했다. 阮孝緖의 책은 원래 서명이 『文字集略』이다.

字略 → 文字集略

字林

晉 呂忱이 편찬한 字書. 呂忱은 字가 伯雍인데 생애가 자세하지 않다. 이 책은 『隋書』에 7권이라 했으나 원본은 宋代에 일실되고 『玉燭寶典』과 『一切經音義』 등에 일부가 인용되어 전한다. 『說郛』에도 일부가 실려 있다. 淸 乾隆 연간(1736~1795) 任大椿이 『字林考逸』 8권으로 정리했고, 光緖 연간(1875~1908) 陶方琦가 다시 『字林考逸補本』을 편찬했다. 이 책은 『說文解字』의 부수에 의거하여 글자를 배열했으며 약 12,000여 자를 수록했다. 『東史綱目』에 따르면 高句麗에 이 책이 있었고 高麗 때에는 이 책이 國子學의 교재로 채택되었다고 한다. 『沙溪全書』, 『星湖僿說』, 『經世遺表』, 『五洲衍文長箋散稿』 등 여러 문헌에서 이 책이 언급되었다.

紫微斗數

北宋 陳摶이 편찬한 占星術에 관한 책. 陳摶(871~989)은 字가 圖南이고 號는 扶搖子, 希夷先生 등을 사용했다. 儒敎와 道敎, 佛敎에 두루 능통했고, 『指玄篇』, 『觀空篇』, 『胎息訣』, 『陰眞君還丹歌注』, 『龜鑑』, 『心相篇』, 『三峰寓言』, 『高陽集』, 『釣譚集』, 『木巖集』, 『詩評』 등 많은 저술을 남겼다. 이 책은 紫微星 관찰을 통해 人事의 吉凶을 점치는 방법을 설명한 것이다. 규장각에 19세기 후반 중국에서 간행한 목판본 6권 6책이 전하는데 서명이 『飛星紫微斗數』로 되어 있다. 『紫微斗數方書』, 『紫微斗數吉凶論』, 『紫微斗數全書』, 『紫微斗數四柱評法』, 『紫微斗數會要』 등 여러 이름의 필사본이 규장각과 고려대 등에 소장되어 있다. 『仁祖實錄』, 『頤齋遺藁』, 『熱河日記』, 『與猶堂全書』, 『五洲衍文長箋散稿』 등에 이 서명이 보인다.

紫微詩話

南宋 呂本中이 편찬한 詩話書. 呂本中(1084~1145)은 字가 居仁이고 東萊先生으로 불렸으며, 壽州 출신이다. 이 책 외에 『童蒙訓』, 『春秋集解』, 『東萊先生詩集』, 『官箴』, 『紫微集』, 『軒渠錄』 등의 저술이 전한다. 中書舍人을 지냈으므로 中書省의 別稱인 紫微를 따서 이 책의 이름으로 삼았다. 1권이며 모두 90여 條로 되어 있다. 呂氏 집안의 견문과 江西詩派와 관련한 일화 등 잡다한 내용

으로 구성되어 있다. 규장각 등에 소장되어 있는 『說郛』, 『唐宋叢書』 등에 실려 있다. 『五洲衍文長箋散稿』에 이 책을 소개하면서 편자를 呂伯恭이라 했는데 呂本中을 가리킨다.

字辨

北齊 李鉉이 편찬한 字書. 李鉉은 字가 寶鼎이고 渤海 南皮 출신이다. 書法에 뛰어났고 經學에도 일가를 이루어 『周易義例』, 『三傳異同』, 『毛詩同異』, 『論語異同』, 『孝經異同』 등 많은 저술을 남겼지만 모두 전하지 않는다. 『北齊書』에 『說文解字』와 『倉雅』의 오류를 수정하여 이 책을 편찬했다고 하지만 일실되어 전하지 않는다. 『五洲衍文長箋散稿』에 이 책을 소개했다. 清 顧雄藻, 熊文登 등이 동일한 서명의 책을 편찬했지만 내용은 전혀 다르다.

子不語 → 新齊諧

子思子

春秋時代 子思가 편찬한 諸子書. 子思는 이름이 孔伋이고 子思는 그의 字이며 孔子의 嫡孫이다. 이 책은 원래 33편으로 구성되었으나 일실되고 『禮記』에 中庸, 表記, 坊記, 緇衣 4편만 남았다. 통상적으로 『子思子』라 하면 南宋 汪晫이 子思의 語錄을 모은 책을 이르며 특히 『子思子全書』라 부른다. 『四庫全書』에 1권으로 편입되어 있다. 汪晫(1162~1237)은 績溪 출신으로 字가 處微이고 號가 環谷이며 康范先生으로 불렸다. 과거에 나아가지 않고 은거하여 학문에 전심했으며 문집 『環谷存稿』가 있다. 『子思子全書』는 內篇에 天命, 鳶魚, 誠明, 外篇에 無憂, 胡毋豹, 喪服, 魯繆公, 任賢, 過齊 등 9편이 실려 있는데 모두 『中庸』의 구절로 篇名을 삼았다. 『高麗史』에 따르면 宣宗 8년(1091) 宋의 館伴이 일실된 서적 129종의 목록을 주고 고려에서 찾도록 했는데, 여기에 『子思子』가 포함되어 있으며 8권이라 했다. 『海東繹史』, 『青莊館全書』에도 같은 기록이 보인다. 『秋江集』, 『芝峯類說』 등 여러 문헌에도 이 책이 인용되어 있다.

子史精華

清 康熙帝의 命으로 편찬한 類書. 이 책의 원서명은 『御定子史精華』다. 允祿이 중심이 되어 張廷玉, 蔣廷錫, 厲廷儀 등 40여 인이 참여하여 160권으로 편찬

했다. 允祿(1695~1767)은 康熙帝의 16子로, 號가 愛月主人이며 康熙帝의 命으로 이 책과 함께 『數理精蘊』, 『雨陽時若』 등을 편찬했다. 이 책은 諸子書와 史書에 실린 名言警句를 모아 天, 地, 歲時, 帝王, 皇親, 言語, 形色, 倫常, 樂, 文學, 居處, 邊塞, 婦女, 政術, 設官, 方術, 巧藝, 靈異, 釋道, 服飾, 儀飾, 珍寶, 器物, 武功, 品行, 動植, 食饌, 人事, 産業, 例義 등 30類로 나누고 279子目에 수록했다. 康熙帝 말년에 160권으로 완성되고 雍正 5년(1727) 간행되었다. 규장각에 이때 간행한 판본이 소장되어 있는데 允祿의 序가 붙어 있다. 『靑莊館全書』와 『五洲衍文長箋散稿』에는 서명이 『子史英華』로 되어 있다.

字書誤讀

北宋 王雱이 편찬한 字書. 王雱(1044~1076)은 字가 元澤이고 臨川 출신으로 王安石의 아들이다. 『南華眞經新傳』, 『老子訓傳』, 『佛書義釋』, 『論語解』, 『孟子注』 등 많은 저술이 있다. 이 책은 『說郛』에 1권으로 실려 있다. 妃嬪, 諛聞, 螭頭 등 단어를 중심으로 音을 半切로 표기했다. 138條로 되어 있다. 성암고서박물관에 소장되어 있는 목판본 『居家心備』에도 수록되어 있다. 『五洲衍文長箋散稿』에서 이 책을 소개했다.

字始連環

南宋 鄭樵가 편찬한 字書. 鄭樵(1104~1162)는 興化軍 莆田 출신으로 字가 漁仲이고 夾漈先生으로 일컬어진다. 많은 저술을 남겼으나 『夾漈遺稿』, 『通志』, 『爾雅註』 등 일부만 전한다. 이 책은 宋 陳振孫의 『直齋書錄解題』에는 2권으로 六書의 원리를 논한 책이라 했는데, 일실되어 전하지 않는다. 『五洲衍文長箋散稿』에서 서명만 소개했다.

紫巖易傳

南宋 張浚이 『周易』을 풀이한 책. 張浚(1097~1164)은 字가 德遠이고 號는 紫巖이며 漢州 綿竹 출신이다. 이 책은 10권이며 『通志堂經解』에 『紫巖居士易傳』으로 수록되어 있다. 전남대 도서관에 이 판본이 소장되어 있다. 『四庫全書』에도 편재되어 있다. 曾孫 張獻之의 跋에 따르면 紹興 戊寅(1158) 이 책이 완성되었다고 한다. 經, 繫辭 외에 부록으로 「讀易雜說」이 붙어 있다. 吳道一의 「丙寅燕行日乘」에 北京에서 宋 張浚의 『柴容易傳』 9권을 구입해 왔다고 했

는데 곧 이 책이다. '柴容'은 '紫巖'의 誤刻이다. 또 같은 글에서 張獻之의 『易雜說』 1권을 구입해 왔다고 했는데 부록으로 붙은 「讀易雜說」을 가리킨다. 『青莊館全書』, 『研經齋全集』, 『五洲衍文長箋散稿』에서도 『紫巖易傳』을 소개했다.

字源偏旁小說 → 偏旁小說

子劉子學言 → 劉子學言

字義 → 性理字義

字典 → 康熙字典

自轉車記 → 戴氏遺書

煮泉小品

明末 田藝衡이 편찬한 茶에 관한 雜錄. 田藝衡은 字가 子藝이고 錢塘 출신으로 田汝成(1503~1557)의 아들이다. 田藝蘅으로 표기된 데도 있다. 『玉笑零音』, 『大明同文集』, 『煮泉小品』, 『留青日札』, 『留留青』 등 많은 저술이 있다. 이 책은 源泉, 石流, 清寒, 甘香, 宜茶, 靈水, 異泉, 江水, 井水, 緒談 등 10門으로 나누어 茶에 대해 자세히 기술했다. 규장각에 소장되어 있는 『眉公秘笈』과 『說郛』 등에 실려 있다. 『五洲衍文長箋散稿』에서 이 책을 언급했다.

資治通鑑

北宋 司馬光이 主編한 編年體 歷史書. 司馬光(1019~1086)은 字가 君實이고 號가 迂叟이며 諡號는 文正이다. 陝州 夏縣 涑水 출신이므로 涑水先生이라고도 한다. 『資治通鑑』, 『涑水紀聞』, 『司馬文正公集』 등 많은 저술이 있다. 周 威烈王 23년(B.C.403)부터 시작하여 五代 後周 世宗 顯德 6년(959)까지 16왕조 1,363년의 역사를 기록했다. 周紀 5권, 秦紀 3권, 漢紀 60권, 魏紀 10권, 晉紀 40권, 宋紀 16권, 齊紀 10권, 梁紀 22권, 陳紀 10권, 隋紀 8권, 唐紀 81권, 後梁紀 6권, 後唐紀 8권, 後晉紀 6권, 後漢紀 4권, 後周紀 5권 등 294권이다. 1099년 尹瓘이 宋에서 『資治通鑑』을 받아왔으며 고려 明宗 22년(1192) 崔詵

을 시켜 인쇄하게 했다는 기록이 『高麗史』에 보인다. 조선시대에도 世宗 18년(1436) 集賢殿에서 교열하여 『資治通鑑』을 간행했다. 英祖 연간에 다시 간행했는데 규장각, 국립중앙도서관, 고려대 등에 소장되어 있다. 규장각에는 한글로 번역된 『資治通鑑』이 소장되어 있는데 조선조 문인뿐만 아니라 부녀자에게도 이 책이 읽혔음을 방증한다. 『芝峰類說』, 『海東繹史』, 『五洲衍文長箋散稿』에도 두루 보인다.

資治通鑑綱目

南宋 朱熹가 司馬光의 『資治通鑑』을 綱目體로 재편집한 歷史書. 朱熹(1130~1200)는 建陽 출신으로, 字가 元晦 혹은 仲晦이고 號는 晦庵, 紫陽 등을 사용했다. 北宋의 程顥, 程頤의 理學을 계승하여 宋代 理學을 집대성했으며, 『四書章句集注』, 『四書或問』, 『太極圖說解』, 『通書解』, 『西銘解』, 『周易本義』, 『易學啓蒙』 등의 저술을 남겼다. 朱熹는 魏를 正統으로 보는 司馬光의 역사관에 동의하지 않는 점이 있어 이를 바로잡기 위해 이 책을 편찬했다. 凡例 19門 137條를 두어 편찬 지침을 밝혔다. 朱熹 생전에 이 책이 완성되지 못했는데 그 문인 趙師淵이 樊川書院에서 59권으로 완성했다. 褒貶을 중시하는 春秋筆法을 따른 것으로 알려져 있다. 綱目에서 綱은 『春秋』의 체제를, 目은 『左傳』의 체제를 따랐다. 조선시대 여러 차례 이 책이 간행되어 庚子字本, 丙辰字本, 癸丑字本, 甲寅字本, 仁祖 연간 木板本, 韓構字本 등이 전한다. 대부분 卷頭에 朱熹의 「資治通鑑綱目序例」(1172), 「朱子與訥齋趙氏師淵論綱目手書」, 「建安舊刻本李氏方子後序」(1219), 「金華刻本王魯齋栢後語」(1265), 「宣城刻本廬山文氏識語」, 「海寧任家刻本新安汪氏克寬序」(1343) 등의 序가 있고, 이어 「通鑑凡例目錄」, 「資治通鑑綱目訓義序」(柳義孫, 1438), 「資治通鑑綱目凡例」(朱熹), 「資治通鑑綱目凡例考異」(汪克寬), 「目錄」 등이 실려 있다. 『浩亭集』, 『春亭集』 등 일찍부터 조선 문인의 문집에서 자주 인용되었다. 『芝峰類說』, 『星湖僿說』, 『海東繹史』, 『五洲衍文長箋散稿』 등 많은 문헌에 두루 인용되었다. 규장각, 장서각 등에 다양한 판본이 소장되어 있다. 또 淸 宋犖 등이 康熙帝의 命을 받아 편찬하여 康熙 49년(1710) 간행한 『御批資治通鑑綱目全書』가 규장각과 경희대 등에 소장되어 있는데 여기에도 이 책이 수록되어 있다.

資治通鑑考異
北宋 司馬光이 『資治通鑑』을 편찬하면서 역사적 사실을 고증한 책. 司馬光(1019~1086)은 字가 君實이고 號가 迂叟이며 原籍을 따라 涑水先生이라고도 한다. 『資治通鑑』, 『涑水紀聞』, 『司馬文正公集』 등 많은 저술이 있다. 이 책은 30권으로 되어 있으며 『通鑑考異』라고도 한다. 書證, 物證, 校勘 등의 방법을 동원하여 史實의 眞僞를 고증했다. 『資治通鑑』의 편차에 의거하여 2,977개의 조목으로 나누어 서술했다. 嘉靖 24년(1545) 간본이 중국 國家圖書館 등에 소장되어 있다. 『四庫全書』에도 편입되어 있다. 『順菴集』, 『硏經齋全集』, 『五洲衍文長箋散稿』 등 여러 문헌에서 이 책을 인용했다.

資治通鑑釋文
北宋 史炤가 편찬한 『資治通鑑』의 註釋書. 史炤는 字가 見可이고 眉山 출신이다. 蘇軾 형제의 스승이라 하지만 자세한 생애는 알려져 있지 않다. 이 책은 『資治通鑑』의 어휘를 풀이한 것으로 『釋文』이라고도 한다. 모두 30권으로 되어 있다. 天啓 6년(1626) 간본이 미국 워싱턴대에 소장되어 있다. 규장각 등에 소장되어 있는 『十萬卷樓叢書』에도 이 책이 실려 있다. 국립중앙도서관에는 光緖 5년(1879) 간행된 목판본이 소장되어 있다. 『星湖僿說』, 『芝山集』, 『靑莊館全書』 등에 관련 기록이 보인다. 규장각에 소장되어 있는 『少微家塾點校附音通鑑節要』에 史炤의 주석이 달린 책이 수록되어 있다. 규장각에 소장되어 있는 『通鑑釋文辯誤』는 宋末元初 胡三省이 이 책의 오류를 바로잡은 책이다.

資治通鑑音註
宋末元初 胡三省이 『資治通鑑』의 讀音과 註釋을 붙인 책. 胡三省(1230~1302)은 字가 身之 혹은 景參이고 號는 梅磵이며 台州 寧海 출신이다. 문집 『竹素園稿』가 있다. 宋이 쇠망하자 은거하여 寶佑 4년(1256)부터 『資治通鑑廣注』를 저술하기 시작하여 『廣注』, 『通論』, 『辨誤』의 세 체제로 97권을 완성했지만 전란 중에 원고가 일실되고 宋 멸망 후 재집필하여 至元 22년(1285) 완성한 후 서명을 『資治通鑑音注』로 고쳤다. 294권인데 『釋文辯誤』 12권이 더 붙어 있다. 『資治通鑑』에 기록된 典章制度를 중심으로 音韻과 訓詁 등에 상세한 주석을 붙였다. 『東史綱目』, 『海東繹史』, 『靑莊館全書』, 『硏經齋全集』 등에 이 책이 인용되었다. 규장각에 胡三省이 편찬한 또 다른 저술 『通鑑釋文辯誤』가 소장

되어 있고, 같은 책이 규장각 소장 『資治通鑑』 뒤에도 붙어 있다.

資治通鑑節要續編

明 劉剡이 편찬한 宋과 元의 역사를 綱目體로 기술한 史書. 劉剡은 字가 用章이고 號가 仁齋이며 福建 建陽 출신인데 생몰년이 밝혀져 있지 않다. 元末明初에 활동한 것으로 보인다. 이 책은 『宋元資治通鑑節要』, 『宋元節要續』, 『增修附註通鑑節要續編』 등 여러 이름으로 되어 있다. 규장각에 소장되어 있는 『增修附註通鑑節要續編』은 宣德 4년(1429) 序가 달려 있으며 30권 15책 목판본이다. 卷頭에 張光啓의 序에 이어 凡例와 目錄이 붙어 있다. 宋 建隆 1년(960)부터 元 至正 27년(1367)까지의 宋紀, 南宋紀, 元紀를 중심으로 하되 遼, 夏, 金, 西遼의 역사도 다루었다. 조선에서 戊申字로 간행한 판본도 소장되어 있다. 『宋鑑』, 『元鑑』으로 나누어져 유통되기도 했다. 『世宗實錄』, 『春亭集』 등 조선 초기 문헌에서부터 이 책이 다양한 이름으로 소개되어 있다. 李宜顯의 『陶谷集』에 明 張光啓의 『節要續編』을 들고 宋元의 역사를 다룬 책으로 『宋鑑』이라고도 부른다고 했다. 『五洲衍文長箋散稿』에는 張啓의 『通鑑節要續』을 언급했는데 張啓는 張光啓의 잘못이다. 張光啓는 盱江 출신으로 永樂 연간(1403~1424) 출사했다. 이 책의 序를 썼으며 訂定을 한 인물이다. 『英祖實錄』과 『承政院日記』에 英祖가 經筵에서 자주 사용한 『宋鑑』이 여러 차례 보이는데 이 책의 일부를 가리킨다. 문집 외에 『國朝寶鑑』, 『五洲衍文長箋散稿』 등의 문헌에서 자주 이 책이 언급되어 있다. 李晩燾의 「宋鑑瑣論」이 이 책을 보고 논평한 것이다.

字統

北魏 陽尼와 손자 陽承慶이 편찬한 字書. 陽尼는 字가 景文이고 北平 無終 출신이다. 『字釋』 수십 篇을 편찬하고자 했으나 완성하지 못했는데 從孫 陽承慶이 『字統』 20권으로 완성했다는 기록이 『魏書』에 보인다. 『五洲衍文長箋散稿』에는 陽尼의 『字統』으로 소개되어 있지만 일실되고 전하지 않는다. 『舊唐書』 등에 楊承慶의 『字統』 20권이 보인다. 일본 東京大 등에 『字統』 혹은 『楊承慶字統』 1권이 소장되어 있다. 규장각에 소장되어 있는 『玉函山房輯佚書』에도 실려 있다. 『與猶堂全書』에 唐 杜佑의 『通典』을 인용하여 高句麗에 『字統』 등이 있다고 했는데 陽尼의 것을 가리키는 듯하다.

子夏易傳

春秋時代 子夏가 편찬한 『周易』의 註釋書. 子夏는 이름이 卜商이고 子夏는 그의 字다. 春秋 末年 晉의 溫地 출신인데 衛國 출신이라는 설도 있다. 孔門十哲의 한 사람이다. 이 책은 緯書의 일종으로 평가된다. 『子夏傳』이라고도 한다. 梁 阮孝緖의 『七錄』에 6권이라 했고 晉 荀勖의 『中經簿』에는 4권으로 되어 있어 기록마다 차이가 나며 편찬자도 韓嬰, 丁寬 등 다르게 된 데도 있다. 淸 馬國翰의 『玉函山房輯佚書』에 11권으로 수록되어 있다. 『通志堂經解』와 『學津討原』에도 수록되어 있다. 『靑莊館全書』, 『硏經齋全集』, 『與猶堂全書』, 『五洲衍文長箋散稿』 등에서 이 책을 소개했다.

字學元元

明 袁子讓이 편찬한 字書. 袁子讓은 字가 仔肩이고 郴州 출신인데 萬曆 연간(1573~1620) 出仕하여 眉州知州를 지냈다. 書名은 班固의 「西都賦」 "元元本本"에서 가져온 것으로 사물의 근본을 탐색한다는 뜻이다. 이 책은 10권으로 되어 있다. 元 劉鑑의 『切韻指南』의 미비점을 보완하기 위해 편찬했는데 20門으로 분류하고 韻에 따라 배열했다. 七音과 六書에 대해서도 언급했다. 『五先堂字學元元』이라고도 한다. 萬曆 丁酉(1597) 郴陽袁氏 原刊本이 중국 國家圖書館에 소장되어 있다. 『五洲衍文長箋散稿』에서 이 책을 소개했다.

子華子

春秋時代 晉 程本이 편찬한 것으로 알려져 있는 道家書. 程本은 字가 子華이고 號는 程子다. 이 책은 全生, 虧生, 死, 迫生 등의 개념을 중심으로 養生術에 대해 설명한 것이다. 10권으로 되어 있는데 후대의 緯書로 평가된다. 明 陳仁錫의 『諸子奇賞』과 明 深津의 『百家類纂』 등 叢書에 이 책이 실려 있다. 『希樂堂稿』, 『惺所覆瓿藁』, 『耳溪集』, 『弘齋全書』, 『海東繹史』, 『五洲衍文長箋散稿』 등에서 이 책을 소개했다. 許筠과 正祖는 漢代의 저술로 보았다.

字彙

明 梅膺祚가 편찬한 字書. 梅膺祚는 字가 誕生이고 宣城 출신으로 萬曆 연간(1573~1620) 활동했다. 字典 體例를 창시한 인물로 평가되지만 자세한 생애는 밝혀져 있지 않다. 이 책은 14권으로, 卷頭에 萬曆 乙卯(1615) 梅鼎祚의

序, 凡例와 目錄 등이 실려 있다. 楷書를 기준으로 『說文解字』의 部首를 214部로 간략화하고 12集으로 나누었으며 각 部首 안에서는 筆劃順에 따라 총 33,179字를 수록했다. 音은 反切로 표기하고 本音을 注로 달았다. 部首檢字法을 택하여 후대의 『正字通』, 『康熙字典』의 모범이 되었다. 萬曆 43년(1615) 梅鼎祚의 序가 달린 중국 목판본 14책이 규장각에 소장되어 있다. 梅鼎祚의 序에 明 李世澤의 韻法을 따른 것이라 했는데 이 책 끝에 李世澤의 「韻法橫圖」가 실려 있다. 『星湖僿說』, 『青莊館全書』, 『海東繹史』, 『五洲衍文長箋散稿』 등에서 이 책을 인용했다.

字彙補

淸 吳任臣이 梅膺祚의 『字彙』를 增補한 字書. 吳任臣(1628~1689)은 본명이 志伊이고 字가 任臣인데 字로 행세하면서 字를 志伊, 爾器 등으로 바꾸었다. 先代에 福建 莆田에 살았는데 부친을 따라 仁和에 거주했다. 號는 托園이다. 歷史, 天文, 音樂 등에도 능했고 藏書家로도 이름이 높다. 이 책 외에 『十國春秋』, 『周禮大義』, 『春秋正朔考辨』, 『托園詩文集』, 『山海經廣注』 등 많은 저술이 있다. 이 책은 明 梅膺祚의 『字彙』를 보완하여 俗字를 많이 채록했다. 서울대 중앙도서관에 康熙 5년(1666) 彙賢齋에서 간행한 목판본이 소장되어 있고, 경기대에는 康熙 60년(1721) 映旭齋에서 간행한 목판본이 소장되어 있다. 『宋子大全』, 『青莊館全書』, 『研經齋全集』, 『五洲衍文長箋散稿』 등 조선 후기 문헌에 俗字와 관련하여 자주 이 책을 인용했다. 규장각에 소장되어 있는 『增補字彙』는 梅膺祚의 『字彙』를 明 張自烈이 增補한 것으로, 康熙 29년(1690) 간행되었으며 13책으로 되어 있다.

昨夢錄

南宋 康譽之가 편찬한 筆記小說. 康譽之는 字가 伯可 혹은 叔聞이며 號는 退軒 혹은 順庵이다. 洛陽 출신으로 滑州에 거주했는데 자세한 이력은 밝혀져 있지 않다. 宋 高宗 연간(1127~1162) 활동했으며 이 책 외에 『狄氏傳』이 전한다. 이 책은 宋이 남쪽으로 천도한 이후 북송 시대의 軼聞을 기록한 것으로 1권이다. 직접 보았던 북송의 수도 卞都의 성대함이 어젯밤 꿈과 같다는 뜻에서 서명을 붙였다. 규장각에 소장되어 있는 『說郛』에 실려 있다. 『廣百川學海』, 『古今說海』 등에도 수록되어 있다. 『研經齋全集』, 『海東繹史』, 『五洲衍文長箋散

稿』 등에 이 책을 인용해 高麗에서 생산되는 猛火油(石油)를 다루었다.

潛居錄
편찬자를 알 수 없는 宋代의 筆記小說. 揚子雲, 馮布, 崔文子, 天灸 등의 신이한 이야기를 적은 雜錄으로 원문은 일실되고 『廣博物志』, 『格致鏡原』, 『奩史』 등에 일부가 전한다. 『說郛』에는 5條가 수록되어 있다. 『靑莊館全書』, 『五洲衍文長箋散稿』 등에서 이 책을 인용했다.

潛溪文集 → 宋學士全集

潛溪詩眼
北宋 范溫이 편찬한 詩話書. 范溫은 字가 元實이고 號가 潛溪이며 成都 華陽 출신이다. 范祖禹의 아들이고 秦觀의 사위다. 이 책은 『詩眼』이라고도 하는데 원문은 일실되고 『說郛』에 3條만 실려 있다. 郭紹虞가 편찬한 『宋詩話輯佚』에는 29조를 찾아 실었다. 字法, 句法, 章法, 命意 등 詩法과 관련한 내용이 중심을 이루며 神韻說의 濫觴으로 평가된다. 『五洲衍文長箋散稿』에 이 책에 대한 언급이 보인다.

潛丘集
元 王約의 文集. 王約(1252~1333)은 字가 彦博이고 號는 豫齋로 汴京 출신이다. 高麗에 사신으로 온 적이 있으며 集賢殿大學士를 지냈다. 經史에 능통하여 문집 외에 『大元通制』, 『史論』 등의 저술을 남겼지만 전하지 않는다. 이 문집은 원래 30권이었다고 하지만 일실되고 일부 전하는 시를 편집한 『彦博先生詩』만 남아 있다. 『海東繹史』에서 이 책과 함께 『史論』을 소개했지만 『萬姓統譜』에서 인용한 것이다. 『史論』은 『元史』 등에 30권으로 되어 있지만 전하지 않아 내용을 알 수 없다. 『海東繹史』에서는 그가 편찬한 『高麗志』 4권을 소개했다.

潛邱劄記
淸 閻若璩가 經書에 관해 고증한 雜錄. 閻若璩(1638~1704)는 字가 百詩이고 號가 潛丘이며 山西 太原 출신인데 淮安 山陰에 거주했다. 淸代의 經學을 대

표하는 인물로 많은 저술을 남겼는데 그중『四書釋地補』,『毛朱詩說』 등이 규장각에 소장되어 있다.『潛邱箚記』도 소장되어 있는데 光緖 14년(1888) 6권 4책으로 간행한 石板本이다. 乾隆 9년(1744) 沈儼의 序가 붙어 있다.『潛邱札記』라고도 한다. 이 책은 乾隆 9년(1744) 손자 閻學林이 眷西堂에서 간행한 판본이 일본 東京大에 소장되어 있다.『四庫全書』에도 6권으로 실려 있다.『楓石全集』의「答宋莊伯論闕與書」에 이 책에 대한 자세한 기록이 보인다.『海東繹史』에는 宋이 高麗에서『百篇尙書』를 구한 일을 기록하면서 이 책을 인용했다.『百篇尙書』는『論衡』에 보이는 孔子의 집 벽에서 나왔다고 하는 古文으로 된『尙書』를 이른다.『海東繹史』에서『釋地餘論』을 소개했는데 이 책의 권2에 수록되어 있다. 주로 地理를 고증한 것이다. 또『五洲衍文長箋散稿』에서는 淸 王士禎의『居易錄』을 인용하여 閻若璩의『博湖掌錄』과『改歲改時改月解』 등을 소개했는데 모두 전하지 않는다.

蠶尾集 → 帶經堂集

潛夫論

後漢 王符가 편찬한 經世書. 王符(85?~163?)는 字가 節信이고 安定 臨涇 출신이다. 이 책은 贊學, 務本, 遏利, 論榮, 賢難 등 35편으로 되어 있는데 後漢의 弊政을 비판했다.『四部叢刊』 등에 10권으로 실려 있다. 규장각에 소장되어 있는『百子全書』,『漢魏叢書』,『諸家類纂』,『諸子品節』 등에도 수록되어 있다.『梅月堂集』,『芝峯類說』,『陶谷集』,『與猶堂全書』,『海東繹史』,『五洲衍文長箋散稿』 등에서 이 책을 언급했다.

蠶書

北宋 秦觀이 편찬한 養蠶에 관한 著述. 秦觀(1049~1100)은 字가 少遊 혹은 太虛이고 號는 淮海居士이며 揚州 高郵 출신이다. 黃庭堅, 張耒, 晁補之 등과 함께 蘇門四學士로 일컬어진다. 문집『淮海集』 외에『三家品格』,『蠶書』,『法帖通解』 등 많은 저술이 전한다. 이 책은 種變, 時食, 制居, 化治, 錢眼, 鎖星, 添梯, 繅車, 禱神, 戎治의 10개 부문으로 나누어 養蠶에 대해 자세히 설명했다. 규장각에 소장되어 있는『說郛』,『御覽知不足齋叢書』,『龍威秘書』,『藝苑捃華』 등에 이 책이 실려 있다.『五洲衍文長箋散稿』에서 이 책을 소개했다. 조선 초

梁誠之가 『蠶書』를 편찬하고 金安國이 『諺解蠶書』를 편찬했지만 이 책과는 다른 것이다.

簪雲樓雜說

淸 陳尙古가 편찬한 筆記雜錄. 陳尙古는 字가 雲瞻이고 德淸 출신이며 順治 연간(1644~1661) 활동했다. 그림에도 능했다고 하지만 생애는 자세히 밝혀져 있지 않다. 이 책은 규장각에 소장되어 있는 『說鈴』에 1권으로 실려 있다. 일본 靜嘉堂文庫에 淸 康熙 44년(1705)의 序가 달린 간본이 소장되어 있다. 『簪雲樓雜記』로 된 데도 있다. 魏忠賢 養女 任氏, 倒垂蓮, 義優, 春聯, 珠母 등에 대한 신이한 이야기를 다루었다. 『四庫全書存目』에는 61條가 실려 있다고 했다. 『海東繹史』, 『林下筆記』, 『五洲衍文長箋散稿』 등에 이 서명이 보인다.

潛虛

北宋 司馬光이 『周易』을 풀이한 책. 司馬光(1019~1086)은 字가 君實이고 號가 迂叟이며 陝州 夏縣 涑水 출신이므로 涑水先生이라고도 한다. 『資治通鑑』, 『涑水紀聞』, 『司馬文正公集』 등 많은 저술이 있다. 이 책은 漢 揚雄의 『太玄經』을 모방하여 1권으로 편찬한 것으로 元祐 원년(1086) 완성되었다. 義理, 圖式, 術數 등으로 나누었는데 義理는 五行을 중심으로 하여 萬物 생성의 원리를 설명했다. 圖式은 氣, 體, 性, 名, 行, 命 등에 대한 그림을 붙이고 풀이했다. 術數는 生數, 成數 등의 개념을 통하여 점을 치는 방식을 설명한 것이다. 끝에 司馬光의 跋이 실려 있다. 『唐宋叢書』, 『知不足齋叢書』, 『性理會通』, 『說郛』, 『四庫全書』 등에 수록되어 있다. 『旅軒集』, 『靑莊館全書』, 『性齋集』, 『五洲衍文長箋散稿』 등 여러 문헌에서 이 책을 언급하고 있는 것으로 보아 조선시대 상당한 영향을 끼친 책이라 할 수 있다.

潛確居類書

明 陳仁錫이 편집한 類書. 陳仁錫(1581~1636)은 字가 明卿이고 長洲 출신이며, 文集 『無夢園集』 외에 『明史藝文志』, 『古文奇賞』, 『蘇文奇賞』, 『史品』, 『赤函』, 『四書考』 등 여러 저술이 있는데 대부분 『四庫全書』에 수록되어 있다. 이 책은 『潛確類書』라고도 한다. 전체 120권으로 天, 歲時, 區宇, 人倫, 方外, 藝習, 稟受, 遭遇, 交與, 服御, 歆呡, 藝植, 藥草, 異木, 藝習, 飛躍, 白閑, 島, 羽, 獸,

魚, 介, 昆蟲 등으로 분류되어 있다. 국립중앙도서관에 淸代 목판본 80책이 소장되어 있다. 『人政』, 『靑莊館全書』, 『五洲衍文長箋散稿』, 『恩誦堂集』, 『名數咫聞』 등에 『潛確類書』로 인용되어 있다.

雜禮纂要

元 惠希孟이 편찬한 禮書. 惠希孟은 字가 秋崖이고 江陰 출신이며 이 책 외에 『易象鉤玄』, 『家範』 등의 저술이 있었다고 하지만 모두 전하지 않는다. 明 李賢의 『明一統志』 등에 간략한 이력과 함께 저술이 소개되어 있다. 이 책은 『千頃堂書目』에는 5권으로 되어 있지만 전하지 않는다. 『經義考』에도 逸書로 되어 있다. 『五洲衍文長箋散稿』에는 書名만 소개했다.

雜事秘辛

漢代 작자를 알 수 없는 小說. 『說郛』, 『龍威秘書』 등에 실려 있는데 『龍威秘書』에는 明 徐仁中이 교열한 것이라 했다. 徐仁中은 『唐文粹』 등을 교열하여 간행한 출판업자로 추정되지만 자세한 것은 알려져 있지 않다. 이 책은 後漢 桓帝의 妃 懿憲梁后 女瑩이 皇后로 선발되어 入宮한 후 冊封되는 과정을 서술한 것이다. 吳姁가 女瑩의 신체를 묘사한 대목이 세밀하고 음란하여 후세에 많은 관심을 끌었다. 『四庫全書總目』에 따르면 明 沈德符가 明 楊愼의 僞作으로 보았고 史實과 어긋난 곳에 대해 明 胡震亨, 姚士粦 두 사람이 跋에서 상세하게 변론했다고 한다. 『星湖僿說』에서 祕辛이라는 항목을 두어 이 소설을 자세히 다루었다. 『五洲衍文長箋散稿』에서도 인용했다.

雜五行書

唐代 편찬자를 알 수 없는 雜錄. 원문은 일실되고 『齊民要術』, 『太平御覽』, 『藝文類聚』 등에 일부가 인용되어 전한다. 淸 馬國翰이 光緖 10년(1884) 간행한 『玉函山房輯佚書』에 殘編을 모아 1권으로 엮었다. 신이한 동식물에 대한 기록이 많다. 『五洲衍文長箋散稿』에서 이 책을 여러 차례 인용했지만 다른 책에서 가져온 것이다.

雜纂續

南宋 王銍이 편찬한 筆記雜錄. 王銍은 字가 性之이고 號가 汝陰老民이며 汝陰

출신이다. 建炎 연간(1127~1130)과 紹興 연간(1131~1162)의 인물이지만 자세한 이력은 밝혀져 있지 않다. 저서로 『雲溪集』, 『補侍兒小名錄』, 『默記』, 『國老談苑』 등이 있다. 이 책은 唐 李商隱의 『雜纂』을 계승한 것이다. 『雜纂』은 殺風景, 不如不解, 惡不久, 意想, 枉屈, 無見識 등 小品을 모은 것인데, 王銍이 이를 이어 奴婢相, 不相稱, 不濟事 등의 항목을 두어 비슷한 방식으로 기술했다. 宋 蘇軾의 『再續雜纂』, 明 黃允交의 『三續雜纂』이 이를 이어 편찬된 책이다. 규장각에 소장되어 있는 『說郛』 등에는 『雜纂續』으로 수록되어 있고, 『星湖僿說』에는 『續纂』으로 인용했다.

莊渠遺書

明 魏校의 文集. 魏校(1483~1543)는 字가 子才이고 號가 莊渠이며 昆山 출신이다. 文字學에 조예가 깊어 古文으로 小篆의 잘못된 점을 바로잡았다. 『周禮沿革傳』, 『周禮義疏』, 『春秋經世』, 『魏莊渠粹言』, 『巷牖錄』 등 많은 저술이 있다. 특히 『六書經緯』는 洪良浩, 李晩秀 등 조선 학자들의 관심을 끌었다. 이 책은 奏疏, 經筵講章, 講義, 書, 說, 序, 譜牒, 公移, 拾遺 등 16권으로 구성되어 있다. 일본 公文書館에 明 嘉靖 40년(1612) 序가 달린 간본이 소장되어 있다. 『四庫全書』에도 16권으로 편입되어 있다. 『海東繹史』에는 12권이라 했는데 오류인 듯하다. 『與猶堂全書』에도 이 책이 인용되어 있다.

葬經

後漢 郭璞이 편찬한 風水地理書. 郭璞(276~324)은 字가 景純이고 河東 聞喜縣 출신으로, 文學과 訓詁學, 道學, 術數 등에 능했다. 『周易』, 『山海經』, 『穆天子傳』, 『方言』과 『楚辭』 등에 주석을 단 것으로 유명하다. 이 책은 『葬書』라고도 하는데, 묘지의 風水를 다룬 것이다. 『唐書』에 『葬書地脈經』 1권과 『葬書五陽』 1권이 보이지만 郭璞의 이름으로 되어 있지 않고 『宋志』에서 처음 『葬書』가 그의 저술로 나타난다. 후에 12편으로 粉飾한 것을 蔡元定이 8편으로 했고 吳澄이 至純한 것을 골라 內篇으로, 至純한 것과 雜駁한 것이 반반인 것을 外篇으로, 雜駁한 것을 雜篇으로 엮었는데 이것이 주로 유통된다. 『古本葬經內篇』으로 『津逮秘書』에 1권이 실려 있다. 淸 吳元音이 주석을 단 『葬經箋註』가 서울대 중앙도서관에 소장되어 있는데 1812년 중국에서 간행된 목판본이다. 『甁窩集』, 『與猶堂全書』, 『林下筆記』 등에는 郭璞의 『葬經』으로 인용했다. 『星

湖僕說』에는 『錦囊』이 곧 이 책이라 했다. 우리나라 문헌에서 靑烏나 錦囊은 보통 풍수설이라는 뜻의 일반명사로 쓰이고, 書名으로 쓰인 예는 그리 많지 않다. 이 책은 『靑烏先生葬經』과 혼동된 예도 많다.

葬經 → 靑烏先生葬經

張果星宗

唐 張果가 편찬한 占星術에 관한 책. 張果(596~735)는 唐 玄宗 때의 道士로 玄宗으로부터 通玄先生이라는 號를 하사받았으며 銀靑光祿大夫에 발탁되었다. 『新唐書』에 그에 대한 기록이 보인다. 『陰符經太無傳』이 그의 저술이다. 이 책은 『張果星宗命格』이라고도 하는데, 書名의 星宗은 北極星을 이르는 말이다. 원본은 전하지 않고 明 陸位가 10권으로 편집하여 간행한 『新編評註通玄先生張果星宗大全』이 알려져 있다. 陸位는 그 이력이 알려져 있지 않다. 규장각에 萬曆 22년(1594) 간행한 판본이 소장되어 있는데 韓擢의 序가 붙어 있다. 권10은 『鄭氏星案』으로 元代 異人을 만나 점술을 얻었다는 鄭希誠의 著作을 실었다. 장서각에 소장된 동일한 판본이 소장되어 있다. 李宜顯의 『陶谷集』에 이 책을 중국에서 구입해 왔다는 기록이 보인다. 『五洲衍文長箋散稿』에도 이 책을 인용했다.

粧樓記

唐 張泌가 지은 小說. 張泌는 唐末의 문인으로 字는 子澄이다. 詩에 뛰어났고 이 소설 외에 『韋安道傳』도 남겼다. 이 책은 1권으로 玉觀音, 翡翠指環, 粉指印靑編 등 70여 편의 짧은 이야기가 실려 있다. 『說郛』, 『唐代叢書』 등에 수록되어 있다. 『五洲衍文長箋散稿』에서 여러 차례 인용했다.

長安客話

明 蔣一葵가 편찬한 筆記雜錄. 蔣一葵는 字가 仲舒이고 號는 石原이며 江蘇 武進 출신이다. 萬曆 연간(1573~1620) 출사했고 堯山堂 주인으로 불렸다. 이 책 외에 『堯山堂外紀』, 『堯山堂偶雋』 등이 알려져 있다. 이 책은 8권의 毛氏汲古閣本이 전한다. 明代 北京 지역의 歷史와 地理 등을 기술했는데 皇都雜記, 郊垌雜記, 畿輔雜記, 關鎭雜記, 邊鎭雜記 등으로 구성되어 있다. 『說郛』와 『唐

宋叢書』 등에 일부가 수록되어 있다. 『燕巖集』, 『研經齋全集』, 『海東繹史』 등에 이 책이 인용되어 있다.

莊子闕誤

北宋 陳景元이 『莊子』의 闕誤를 고증한 책. 陳景元(1024~1094)은 字가 太初 혹은 太虛이고 號는 碧虛子이며 建昌 南城 출신이다. 老莊에 박학했고 『道德眞經藏室纂微』, 『南華眞經義章句音義』, 『餘事雜錄』, 『西升經集注』 등 많은 저술을 남겼다. 이 책은 逍遙遊, 齊物論 등 『莊子』의 篇名에 따라 闕誤를 설명했다. 明 焦竑의 『莊子翼』에 실린 1권의 『莊子闕誤』는 바로 이 책을 옮긴 것이다. 『明史』와 『千頃堂書目』 등에는 편찬자가 明 楊愼으로 되어 있다. 淸 李調元의 「莊子闕誤跋」에는 明末의 焦竑이 楊愼의 이름을 밝히지 않고 『莊子翼』으로 편입했다고 비판했다. 『說郛續』에는 闕名으로 처리되어 있다. 『五洲衍文長箋散稿』에는 無名氏의 책으로 소개되어 있다.

莊子解

北宋 呂惠卿이 『莊子』를 풀이한 책. 呂惠卿(1032~1111)은 字가 吉甫이고 號가 恩祖이며 泉州 南安 출신이다. 이 책 외에 『道德眞經傳』이 전한다. 이 책은 『宋史』 등에 10권으로 되어 있다. 『莊子義』라고도 한다. 중국 國家圖書館 등에 『宋呂觀文進莊子義』, 『宋呂氏莊子義』 등의 서명으로 소장되어 있다. 『星湖僿說』에는 『呂吉甫文集』 20권에 이 책이 있다고 했지만 『郡齋讀書志』에서 인용한 것으로 보인다. 『五洲衍文長箋散稿』에는 南朝 祖中之의 『莊子解』로 소개했는데 祖沖之(429~500)를 이르는 듯하지만, 그의 저술 중 『莊子解』는 확인되지 않고 『易老莊義釋』이 『北齊書』에 보이지만 전하지 않는다. 祖沖之는 字가 文遠이고 建康 출신이며 數學과 天文學에 뛰어났다. 淸 吳世尙, 王夫之 등도 같은 서명의 저술을 남겼다.

張仲景方

漢 張仲景이 편찬한 醫書. 張仲景(150~219)은 이름은 機이고 仲景은 字이며 鄧州 출신이다. 의학에 뛰어나 『傷寒雜病論』, 『金匱要略』 등의 저술을 남겼다. 『隋書』 「經籍志」 등에서 이 책이 언급되었고 『本草綱目』 등 여러 의학서에서 인용되었지만 일실되어 전하지 않는다. 『高麗史』에 따르면 宣宗 8년(1091) 宋

의 館伴이 일실된 서적 129종의 목록을 주고 고려에서 찾도록 했는데, 여기에 이 책이 포함되어 있으며 15권이라 했다. 『靑莊館全書』, 『海東繹史』에도 같은 내용이 수록되어 있다.

蔣村草堂稿

淸 蔣炯의 文集. 蔣炯은 錢唐 출신으로 字가 葆存이고 號는 蔣村이다. 道光 연간(1781~1850)의 인물이다. 자세한 이력은 밝혀져 있지 않은데 『安陸縣志』가 그의 저술이다. 淸 査揆의 「蔣村草堂圖序」에 그의 蔣村草堂이 보인다. 淸 潘衍桐의 『兩浙輶軒續錄』과 王昶의 『蒲褐山房話』 등에 그의 시가 수록된 것으로 보아 문학에 뛰어났던 것으로 보인다. 淸 丁仁의 『八千卷樓書目』에는 이 책이 1권이라 했다. 『海東繹史』의 인용 서목에 이 책이 보이고, 忠宣王의 일화를 소개하면서 蔣炯의 師子寺 詩를 인용했다. 이 문집은 현재 확인되지 않는다.

張太岳集

明 張居正의 文集. 張居正(1525~1582)은 字가 叔大이고 號가 太岳이며 江陵 출신이다. 이 책 외에 『書經直解』, 『四書直解』, 『通鑑直解』, 『太岳雜著』, 『帝鑑圖說』 등의 저술이 있다. 이 책은 『太岳集』이라고도 한다. 雷思霈의 교감을 거쳐 萬曆 40년(1612) 『新刻張太岳先生文集』으로 간행했다. 47권이며 各體詩와 序, 記, 紀, 文, 銘, 頌, 表, 書牘과 奏疏 등의 문장이 수록되어 있다. 「先公文集凡例」가 붙어 있다. 규장각에 이 판본이 2종 소장되어 있다. 『芝峯類說』, 『弘齋全書』, 『林下筆記』 등에 이 책이 소개되어 있다.

裝潢志

明 周嘉胄가 裝潢에 관해 기술한 책. 周嘉胄는 萬曆 연간(1573~1620)의 문인으로 字는 江左이고 揚州 출신이며 『香乘』을 저술했다. 이 책은 書畵와 碑帖의 장황에 관한 기술과 격식을 42조로 나누어 서술했다. 국립중앙도서관에 소장되어 있는 『昭代叢書』에 1권으로 수록되어 있다. 규장각에 소장된 『述古叢鈔』에도 실려 있다. 『警修堂全藁』, 『五洲衍文長箋散稿』에 이 서명이 보인다.

在昔篇

漢 班固가 書法을 논한 책. 班固(32~92)는 字가 孟堅이고 扶風의 安陵 출신으

로 『漢書』의 편찬자로 알려져 있다. 이 책은 『唐書』 「藝文志」에 서명이 보이지만 전하지 않는다. 『高麗史』에 따르면 宣宗 8년(1091) 宋의 館伴이 일실된 서적 129종의 목록을 주고 고려에서 찾도록 했는데, 여기에 이 책이 포함되어 있으며 1권이라 했다. 『靑莊館全書』, 『海東繹史』에도 같은 내용이 수록되어 있다.

楮記室

明 潘塤이 편찬한 雜錄. 潘塤(1476~1562)은 字가 伯和이고 號가 熙台이며 淮安 출신이다. 『明史』 「潘塤傳」에 자세한 이력이 보인다. 이 책 외에 『淮郡文獻志』 등의 저술이 전한다. 이 책은 15권으로 되어 있으며 天地人 3部로 나누고 部마다 子目을 두어 기술했다. 중국 遼寧省圖書館에 明 潘蔓 간본이 전한다. 『說郛』에도 일부가 수록되어 있는데 李光進, 宣宗, 鐵雨, 翟欽甫, 靈山神, 巴寡婦, 顧榮, 袁盎 등의 조목만 간략하게 뽑아 수록했다. 『山林經濟』, 『靑莊館全書』, 『五洲衍文長箋散稿』 등에 이 서명이 보인다.

褚氏遺書

南齊 褚澄이 편찬한 醫書. 褚澄은 南齊 建元 연간(479~480)의 학자로, 字가 彦適이고 陽翟 출신이며 褚淵의 아우다. 宋 文帝의 딸 廬江公主와 혼인하여 駙馬都尉가 되었으며 左民尙書를 역임했다. 이 책은 『說郛』에 1권으로 수록되어 있는데 受形, 本氣, 平脉, 津潤, 分體, 精血, 除疾, 審微, 辨書, 問子 등 10條로 되어 있다. 衛國釋 義堪의 序와 甘泉寄士 丁介의 跋이 있다. 『星湖僿說』, 『五洲衍文長箋散稿』에서 이 책을 인용했다.

樗蒲經略

南宋 程大昌이 樗蒲 놀이 방법을 적은 책. 程大昌(1123~1195)은 字가 泰之이고 徽州 休寧 출신이며 吏部尙書, 龍圖閣直學士 등을 역임했다. 『詩論』, 『考古編』, 『程氏演繁錄』 등의 저술을 남겼다. 이 책은 규장각에 소장되어 있는 『叢書』와 『說郛』 등에 1권으로 수록되어 있다. 投五木瓊橩玖骰, 采, 盧雉, 五白梟犍 등으로 나뉘어 기술되어 있다. 『演繁露』 중에서 樗蒲 놀이와 관련한 것만 뽑은 것이다. 『五洲衍文長箋散稿』에 이 서명이 보인다.

樗蒲志

唐 柳宗直이 樗蒲 놀이에 관해 적은 책. 柳宗直(784~816)은 字가 正夫이고 河東 출신으로 柳宗元의 從弟다. 書法에 능했고 『西漢文類』를 편찬했지만 이 책과 함께 모두 전하지 않는다. 이 책은 宋 沈作喆의 『寓簡』에만 보이므로 그 내용은 알 수 없다. 『五洲衍文長箋散稿』에 서명만 소개했는데 李圭景이 직접 이 책을 본 것은 아닌 듯하다.

摘輔象 → 論語摘輔象

赤雅

明 鄺露가 편찬한 筆記雜錄. 鄺露(1604~1650)는 初名이 鄺瑞露이고 字는 湛若이고 號는 海雪이며 南海 출신이다. 詩와 琴에 뛰어났으며 『鄺露詩集』이 전한다. 이 책은 上中下 3권으로 되어 있는데 先秦부터 明代까지 南方 소수민족의 다양한 神話와 傳說, 故事, 風俗 등을 197條로 다루었다. 明代의 『山海經』으로 평가되었다. 『四庫全書』에 편입되어 있다. 규장각 등에 소장되어 있는 『知不足齋叢書』, 『龍威秘書』에도 실려 있다. 『靑莊館全書』에서 鄺露에 대해 소개하면서 이 책을 언급했다. 『與猶堂全書』와 『五洲衍文長箋散稿』에서도 이 책을 소개했다.

赤霆經

漢 張良이 편찬한 道家書. 張良(B.C.250~B.C.186)은 字가 子房이고 河南 潁川 출신으로 『陰符經』 등의 저술이 있다. 이 책은 陰陽五行과 吉凶禍福의 說을 다룬 것으로, 『張子房赤霆經』이라고도 한다. 宋 張洞玄의 『玉髓眞經』에 3권으로 실려 있는데 국립중앙도서관에 天啓 丁卯(1627) 徐之鏌의 跋이 달린 중국 목판본 28권이 소장되어 있다. 『玉髓眞經』은 『宣祖實錄』과 『象村稿』에 보인다. 전남대에 소장된 『增圖地理大全十三種』에도 실려 있다. 『星湖僿說』, 『頤齋遺藁』, 『五洲衍文長箋散稿』 등에 『張子房赤霆經』으로 소개되어 있다.

田家五行

元末明初 婁元禮가 편찬한 농사와 관련한 雜錄. 婁元禮는 字가 鶴天이고 霅川 출신으로 農學에 뛰어나 이 책 외에 『農桑輯要』를 편찬했다. 이 책은 「拾

遺』까지 3권으로 되어 있으며 正月에서 12月까지 吳 지역의 天文, 地理, 草木, 鳥獸, 鱗魚, 氣候, 雜物, 月占 등에 대해 적고 있다. 『說郛續』에도 일부를 수록했다. 미국 하버드대에 『新刻田家五行』 2권이 소장되어 있는데 萬曆 연간(1573~1620) 胡文煥 刻本이다. 明末 張師說이 校訂한 판본도 중국 國家圖書館에 소장되어 있다. 『千頃堂書目』에 편자가 婁元善으로 되어 있으나 잘못이다. 成渾의 『牛溪集』에 실린 「書田家五行卷面」에 따르면 金愼敬이 1596년 중국에서 이 책을 구입해 왔다고 한다. 『芝峯類說』과 『阮堂全集』, 『五洲衍文長箋散稿』 등에도 이 책이 인용되어 있다. 元 陸泳의 『吳下田家志』가 『田家五行志』로 표기된 데가 있어 이 책의 편찬자를 陸泳이라 한 데도 있지만, 『五洲衍文長箋散稿』에서는 두 책을 구분하여 다루었다.

田居乙記

明 方大鎭이 편찬한 筆記雜錄. 方大鎭(1560~1629)은 字가 君靜이고 號가 寧澹이며 桐城 출신으로 이 책 외에 『寧澹居奏議』, 『寧澹語』, 『寧澹居遺文』, 『荷薪韻』 등의 저술이 전한다. 이 책은 方大鎭이 독서를 하면서 자유롭게 기록한 것으로, 潛見, 筌宰, 伐閱, 居息으로 분류하고 다시 潛見 아래 記學과 記仕, 筌宰 아래 記君과 記臣, 伐閱 아래에 記操持와 記作用, 居息 아래에 記家倫과 記性命 등으로 세분하여 기술했다. 萬曆 연간(1573~1620) 간본 4권이 중국 國家圖書館에 소장되어 있다. 『說郛續』에는 記學과 記仕 두 항목 아래 몇 조목만 초록하여 실었다. 『海東繹史』, 『與猶堂全書』, 『五洲衍文長箋散稿』 등 여러 문헌에 이 책이 인용되어 있다.

滇黔紀游

淸 陳鼎이 편찬한 雲南과 貴州의 地理書. 陳鼎(1650~?)은 字가 定九이고 號가 留溪이며 江蘇 江陰 출신이다. 詩文에 뛰어났으며 역사에도 정통했다. 『留溪草堂詩稿』, 『東林列傳』, 『留溪外傳』 등의 저술이 있다. 이 책은 2권으로 上卷은 滇(雲南), 下卷은 黔(貴州) 지역을 다루었다. 山川과 名所에 대해 기술했는데 허황하고 비속한 내용이 있다는 비판을 받았다. 『四庫全書』와 규장각 등에 소장되어 있는 『說鈴』, 『龍威秘書』 등에 수록되어 있다. 『五洲衍文長箋散稿』 여러 곳에서 이 책을 인용했는데 『黔滇紀遊』라고도 했다. 『靑莊館全書』, 『警修堂全藁』 등에도 이 책을 이용한 변증이 보인다.

滇黔土司婚禮記

清 陳鼎이 편찬한 雲南과 貴州의 婚禮風俗書. 雲南과 貴州 지역의 土司 벼슬을 지낸 가문과 漢族 가문의 혼례를 다룬 책이다. 처음에는 『洞中風土記』라 했다 나중에 이 이름으로 바꾸었다. 土司는 중국 少數民族을 통치하던 기구다. 『昭代叢書』와 『知不足齋叢書』 등에 1권으로 실려 있다. 李圭景은 『五洲衍文長箋散稿』에서 「陳鼎滇黔土司婚禮記辨證說」을 두어 이 책을 자세히 검토했다.

傳課增刪 → 靈樞經

戰國策

漢 劉向이 先秦에서 戰國時代까지 여러 나라의 史實을 기록한 책. 劉向(B.C. 77?~B.C.6)은 原名이 更生이고 字는 子政이며 沛縣 출신이다. 『別錄』, 『春秋穀梁傳』, 『新序』, 『說苑』, 『列女傳』 등 많은 저술을 남겼다. 이 책은 『國策』이라고도 하며 12策, 33卷, 497篇으로 되어 있다. 西周, 東周, 秦, 齊, 楚, 趙, 魏, 韓, 燕, 宋, 衛, 中山 등의 史實을 다루었다. 규장각에 肅宗 11년(1685) 戊申字로 간행한 판본이 전하며, 乾隆 11년(1746)의 중국 목판본 10권 10책 등 여러 종이 소장되어 있다. 『成宗實錄』에 이 책을 經筵에서 사용한 기록과, 金訢이 元 吳師道가 교정한 판본을 바쳤다는 기록이 보인다. 『陶谷集』, 『星湖僿說』, 『海東繹史』, 『五洲衍文長箋散稿』 등 많은 문헌에서 이 책을 인용했다. 漢 延篤이 註釋을 붙인 『戰國策音義』를 편찬했다. 延篤은 後漢의 문인으로 字는 叔堅이고 南陽 犨縣 출신이다. 『戰國策音義』는 원문이 일실되었는데 후대 『顔氏家訓』 등에서 "寧爲雞口, 無爲牛後"라는 속담을 설명하기 위해 인용되었다. 『星湖僿說』에서 『戰國策音義』를 인용했지만 역시 『顔氏家訓』에서 다시 가져온 것이다.

全金詩

清 郭元釪가 康熙帝의 命을 받아 편찬한 金代의 詩를 모은 總集. 郭元釪(?~1722)는 字가 于宮이고 號는 一鶴이며 揚州 출신으로 江左十五子의 한 사람이다. 『佩文韻府』의 편찬에도 관여했다. 문집 『一鶴庵詩抄』가 전한다. 이 책은 원서명이 『御訂全金詩增補中州集』이다. 宋末金初 元好問의 『中州集』을 증보한 것인데 전체 74권으로 358인의 작품 5,544수를 수록했으며 뒤에 論說을

붙였다. 元好問의 小傳이 부록에 실려 있다. 康熙 50년(1711) 揚州詩局 간본이 중국 國家圖書館에 소장되어 있다. 『四庫全書』에도 실려 있다. 『五洲衍文長箋散稿』에 이 책에 대한 언급이 보인다.

錢塘記

南朝 宋 劉道眞이 편찬한 杭州 지역의 地理書. 劉道眞은 宋 文帝 연간(423~453) 錢塘令을 지냈는데 字號와 이력은 자세하지 않다. 이 책은 元嘉 13년(436) 무렵 편찬된 최초의 杭州 地理志인데 원본은 일실되어 전하지 않고 『水經注』와 『太平御覽』 등에 인용되어 일부가 전한다. 『五洲衍文長箋散稿』에 『錢唐記』로 소개되어 있는데 중국 문헌에도 이 이름으로 된 데가 많다.

全唐詩

淸 康熙帝의 命으로 唐詩를 모은 總集. 원서명은 『欽定全唐詩』다. 康熙 44년(1705) 彭定求, 沈三曾, 楊中訥, 汪士鋐, 汪繹, 兪梅, 徐樹本, 車鼎晉, 潘從律, 查嗣瑮 등 10인이 편찬한 것으로 900권에 목록 12권으로 구성되어 있으며 2,200여 작가의 시 48,900여 수를 수록했다. 다양한 서적과 碑碣 등을 참조하여 唐詩를 모두 수록하고자 했다. 帝王, 后妃의 작품부터 시작하여 樂章, 樂府 등을 수록하고 작가의 연대순으로 작품을 배열하고 작가의 小傳을 달았다. 聯句, 逸句, 名媛, 僧, 道士, 仙, 神, 鬼, 怪, 夢, 諧謔, 判, 歌, 讖記, 語, 謎語, 諺謎, 謠, 酒令, 占辭, 蒙求, 補遺, 詞綴 등의 항목을 두었다. 규장각에 康熙 46년(1707) 御製序가 달린 판본 120책이 소장되어 있다. 光緖 13년(1887) 판본도 소장되어 있다. 국립중앙도서관, 장서각, 한양대 등에도 여러 판본이 소장되어 있다. 1713년 金昌業이 康熙帝로부터 이 책과 함께 『古文淵鑑』, 『佩文韻府』 등을 받아왔다. 『燕巖集』, 『靑莊館全書』, 『金陵集』, 『五洲衍文長箋散稿』 등 여러 문헌에 이 책에 대한 언급이 있다. 규장각에는 『全唐詩鈔』 80권이 소장되어 있는데 淸 吳成儀가 편찬한 별개의 책으로 乾隆 己卯(1759) 沈德潛의 序가 달려 있으며 嘉慶 13년(1808) 간행된 판본이다. 『海東繹史』에 편찬자를 적지 않고 『全唐詩注』를 인용 서목에 별도로 두고 본문에서도 따로 인용했는데 『全唐詩』의 주석을 이른다.

全唐詩話

南宋 賈似道가 편찬한 詩話書. 賈似道(1213~1275)는 字가 師憲이고 號가 悅生이며 右丞相 兼 樞密使를 지내 理宗으로부터 師臣의 칭호를 받았다. 『促織經』이 그의 저술이다. 이 책은 4권으로 되어 있는데 대만 故宮博物院圖書館에 正德 12년(1517) 東魯 鮑繼文 雲中敎養堂 간본 3권과 伊蔚堂 간본 4권이 소장되어 있다. 『五洲衍文長箋散稿』에는 賈似道가 門客 廖瑩中과 함께 이 책을 편찬했다고 되어 있다. 『醉吃集』, 『退溪集』(文集考證)에도 이 서명이 보이지만 편찬자를 밝히지 않았다. 廖瑩中(?~1275)은 字가 群玉이고 邵武 출신으로 韓愈의 문집에 주석을 달았으며 『江行雜錄』이 전한다. 이보다 앞서 宋 尤袤가 같은 이름의 저술 8권을 남겼는데 동일한 내용이 많다. 尤袤(1127~1194)는 字가 延之이고 號가 遂初居士이며 無錫 출신이다. 九龍山 아래에 書室 遂初堂을 짓고 수많은 책을 소장했는데 『遂初堂書目』이 그의 대표적인 저술이며 문집 『梁溪遺稿』를 남겼다. 賈似道의 門客 廖瑩中이 尤袤의 저술을 표절하여 넣은 것이라는 견해가 많다. 尤袤가 편자로 되어 있는 판본은 乾隆 39년(1774)의 序가 달린 6권과 續集 2권이 일본 東京大 등에 소장되어 있다. 규장각 등에 소장된 『津逮秘書』에도 수록되어 있으며 『歷代詩話』에는 3책으로 실려 있다. 唐 太宗부터 昭宗까지의 시와 시화를 수록했는데, 宋 計有功의 『唐詩紀事』와 일치하는 것이 많으며 咸淳 연간(1265~1274)의 일을 언급하고 있어 廖瑩中이 덧붙인 것으로 추정된다. 『五洲衍文長箋散稿』에는 『三禮節』과 『左傳節要』를 소개하면서 편자를 廖瑩中과 賈似道라 했으나, 이 서명의 책은 확인되지 않는다.

傳燈錄 → 景德傳燈錄

剪燈新話

明 瞿祐가 편찬한 小說集. 瞿祐(1341~1427)는 字가 宗吉이고 號가 存齋이며 錢塘 출신이다. 이름이 瞿佑로 표기된 데도 많다. 『存齋詩集』, 『樂府遺音』, 『歸田詩話』, 『餘淸詞』, 『春秋貫珠』, 『閱史管見』, 『宣和牙牌譜』 등의 저술이 있다. 이 책은 단편소설을 모은 것으로 洪武 11년(1378) 편찬되었다. 自序에 따르면 이보다 앞서 『剪燈錄』 40권을 지었지만 일실되었다고 한다. 이에 成化 연간(1465~1487), 乾隆 연간(1736~1795), 同治 연간(1862~1874) 등 여러 차

례 간행되었다. 권1에 「水宮慶會錄」, 「三山福地志」, 「華亭逢故人記」, 「金鳳釵記」, 「聯芳樓記」 등이, 권2에 「令狐生冥夢錄」, 「天台訪隱錄」, 「滕穆醉遊聚景園記」, 「牡丹燈記」, 「渭塘奇遇記」 등이, 권3에 「富貴發跡司志」, 「永州野廟記」, 「由陽洞記」, 「愛卿傳」, 「翠翠傳」 등이, 권4에 「龍堂靈會錄」, 「太虛司法傳」, 「修文舍人傳」, 「鑑湖夜泛記」, 「綠衣人傳」 등이 실려 있고, 附錄에 「秋香亭記」, 「寄梅記」 등이 실려 있다. 국립중앙도서관에 乾隆 辛亥(1791) 간기가 있는 목판본 4책이 소장되어 있는데 『剪燈新話』 외에 『覓燈因話』, 『剪燈餘話』가 함께 붙어 있다. 규장각에는 조선에서 간행한 『剪燈新話句解』가 소장되어 있다. 1547년 宋糞으로부터 註解를 요청받은 林芑가 尹春年의 도움을 받아 註解를 달고 1549년 목활자로 간행했으며 尹春年이 1559년 다시 교정을 보아 목판본으로 간행했다. 서울대 중앙도서관에 『剪燈新話句解』 4권 2책이 소장되어 있는데 1648년 일본에서 간행한 목판본이다. 같은 곳에 한글 필사본도 전한다. 『梅月堂集』, 『龍泉談寂記』, 『希樂堂稿』 등 조선 초기부터 『剪燈新話』에 대한 기록이 보이며, 『錦溪日記』, 『芝峯類說』, 『青城雜記』, 『海東雜錄』, 『五洲衍文長箋散稿』 등에서도 이 책을 언급했다. 『燕山君日記』에 따르면 1506년 이 책이 이미 조선에 들어와 있었고 또 연산군이 이 책과 함께 『剪燈餘話』, 『效顰集』, 『嬌紅記』, 『西廂記』 등을 중국에서 구입해 오도록 하고 이 책의 印出도 命한 바 있다. 『仁祖實錄』에는 1640년 對馬島主가 이 책과 함께 『蘇東坡詩集』, 『四書章圖』, 『楊誠齋集』 등을 구입하고자 한다는 기록이 보인다.

剪燈餘話

明 李禎이 편찬한 小說集. 李禎(1376~1452)은 廬陵 출신으로 字가 昌祺인데 이름처럼 사용했다. 維卿이라는 字도 사용했다. 翰林院의 庶吉士로 『永樂大典』 편찬에 참여했으며, 이 책 외에 『運甓漫稿』, 『容膝軒草』, 『僑庵詩餘』 등의 저술이 있다. 이 소설은 瞿祐의 『剪燈新話』를 본떠 지은 것으로, 永樂 18년(1420) 완성했다. 앞에 自敍가 붙어 있다. 4권에 걸쳐 「長安夜行錄」, 「鶯鶯傳」, 「瓊奴傳」, 「田洙遇薛濤聯句記」, 「江廟泥神記」, 「青城舞劍錄」, 「泰山御史傳」, 「芙蓉屏記」, 「鞦韆會記」 등 20篇이 수록되어 있으며 부록에 「還魂記」 1편이 더 실려 있다. 元末明初를 배경으로 婚姻과 愛情을 주제로 한 신이한 이야기가 주다. 국립중앙도서관에 소장되어 있는 『剪燈叢話』는 乾隆 56년(1791) 序가 달린 판본으로, 『剪燈新話』, 『覓燈因話』와 함께 이 책을 묶은 것이다. 같은

곳에 明 張光啓가 교정한 것을 일본에서 간행한 목판본도 소장되어 있다. 『燕山君日記』(1506년 4월 13일)에 『剪燈新話』와 함께 이 책을 중국에서 구입하여 간행하라는 기록이 보인다. 宋碩忠의 『訥翁先生遺事』에 「剪燈餘話跋耕織圖記八分書識」가 보이므로 이 책 역시 16세기에는 조선에서 널리 읽힌 것이 분명하다. 『洛下生集』에도 이 책을 소개했다. 『五洲衍文長箋散稿』에서 『餘話』라 한 것이 바로 이 책이다.

錢牧齋集 → 牧齋初學集, 牧齋有學集

錢譜

北宋 董逌가 동전에 관해 기술한 책. 董逌는 字가 彦遠이고 東平 출신이며, 欽宗 말년 徽猷閣 待制 등을 지냈다. 『廣川書跋』, 『廣川詩考』 등의 저술이 있다. 동전에 대한 저술로 南朝 梁 顧烜의 『錢譜』 1권과 唐 張台의 『錢錄』 2권이 있는데 北宋 李孝美가 이를 증보하여 『錢譜』 10권을 편찬했다. 董逌의 책은 이를 이은 것으로, 董逌가 그 조부가 구한 太昊葛天氏에서부터 堯, 舜, 夏, 商까지의 古錢 100개를 대상으로 했다. 『宋史』에는 10권으로 되어 있으나, 원문은 일실되고 『說郛』에는 1권으로 일부가 수록되어 있다. 고대부터 宋, 元, 高麗의 동전을 언급하고 있으며 董逌의 『錢譜』를 인용하고 있어 明代에 다시 증보된 것으로 보인다. 朝鮮의 동전으로는 三韓重寶, 朝鮮通寶 등 8종을 소개하고 있다. 『芝峯類說』에는 이 책을 인용하면서 朝鮮通寶가 조선 초기에 주조된 것이라 했는데 『說郛』에 실린 것을 참조한 것으로 보인다. 『熱河日記』에서는 董逌의 『錢譜』에 朝鮮通寶가 실려 있지 않다고 했다. 『夢經堂日史』, 『靑莊館全書』, 『硏經齋全集』, 『林下筆記』, 『五洲衍文長箋散稿』 등에도 이 서명이 보인다.

塡詞集艶

明 莊昶이 詞를 選集한 책. 莊昶(1467~1499)은 字가 孔暘이고 號가 定山이며 江浦 출신이다. 文集 『定山集』이 전하는데 『眉巖日記』에도 소개되어 있다. 淸 朱彝尊의 『明詩綜』에 그의 詩가 수록되어 있다. 이 책은 일실되어 전하지 않는다. 淸 王初桐의 『奩史』, 周銘의 『林下詞選』 등에서 이 책을 인용했는데 편찬자가 밝혀져 있지 않다. 『五洲衍文長箋散稿』에 詞選集의 하나로 莊泉의 『塡詞集』을 들었는데, 莊泉은 莊昶의 잘못이고 『塡詞集』은 이 책을 이르는 듯하다.

傳習錄
明 王守仁의 語錄을 정리한 책. 王守仁(1472~1528)은 字가 伯安이고 號가 陽明이며 紹興 출신이다. 문집 『王文成公全書』가 있다. 이 책은 『論語』의 "傳不習乎"에서 서명을 취한 것으로, 주로 제자들의 물음에 대한 답변으로 되어 있다. 上中下 3권으로, 上卷에는 知行合一, 心卽理, 心外無理, 心外無物 등의 학설이 실려 있고, 中卷에는 8편의 書信과 2편의 短文이 실려 있으며, 下卷에는 良知說과 관련한 내용이 실려 있다. 장서각에 正德 戊寅(1518) 간기가 있는 浪華嵩山堂版 4권 4책이 소장되어 있다. 규장각에 隆慶 壬申(1572) 간기가 있는 『王文成公全書』가 소장되어 있는데 그중 처음 3권이 이 책이다. 존경각에 正德 2년(1712) 序가 달린 일본 목판본이 소장되어 있고, 서울대 중앙도서관과 국립중앙도서관에도 유사한 판본이 전한다. 『退溪集』, 『鶴峯集』, 『西溪集』, 『霞谷集』 등 중요한 학자의 문집에 이 책에 대한 언급이 자주 보이고, 『五洲衍文長箋散稿』에도 인용되어 있다.

傳信錄 → 中山傳信錄

錢氏私志
北宋 錢愐이 편찬한 筆記雜錄. 錢愐(?~1136)은 字가 子平이고 彭城王 錢景臻의 3子로 秦國公에 봉해졌다. 이 책은 『說郛』, 『學海類編』, 『古今說海』, 『宋人百家小說』, 『歷代小史』에 1권으로 실려 있는데 『錢氏私誌』로 표기된 판본도 있다. 규장각에 소장된 『歷代小史』, 『鴉村叢話』 등에도 이 책이 수록되어 있다. 淸 錢曾의 『讀書敏求記』에 이 책의 편찬자가 錢愐임을 고증한 바 있다. 판본에 따라 錢愐의 조카 錢世昭 혹은 錢惟演으로 된 데도 있다. 錢世昭는 이력이 자세하지 않다. 錢惟演(977~1034)은 字가 希聖이고 錢塘 출신이며 吳越忠懿王 錢俶의 아들이다. 이 책은 錢氏 집안 선조의 일화를 중심으로 하여 宋代의 逸話와 風俗을 기록했다. 『硏經齋全集』, 『斗室存稿』 등에서 편찬자를 밝히지 않고 이 책을 인용했다. 『五洲衍文長箋散稿』에서 相人之法을 다룰 때 서명을 밝히지 않고 이 책을 인용한 바 있다.

全遼志
明 李輔와 陳絳 등이 嘉靖帝의 命으로 편찬한 遼 지역의 地理書. 李輔는 字가

芝松이고 淸遠 출신인데, 嘉靖 연간(1522~1566) 활동했으며 『芝松詩集』, 『洪武京城圖』 등의 저술이 있지만 이력은 자세하지 않다. 陳絳(1513~1566)은 字가 用言이며 浙江 上虞 출신이며, 『山堂隨鈔』를 저술했다. 이 책은 嘉靖 44년(1565) 편찬되었는데 6권이다. 이 판본이 규장각에 소장되어 있다. 권1 圖考志, 沿革志, 山川志, 권2 賦役志, 邊方志, 兵役志, 馬政志, 권3 職官志, 選擧志, 권4 宦業志, 人物志, 典禮志, 風俗志, 方物志, 祥異志, 古跡志, 雜志, 권5와 권6 藝文志와 外志로 구성되어 있다. 국립중앙도서관에 필사본이 소장되어 있다. 『研經齋全集』, 『與猶堂全書』, 『海東繹史』 등에 이 책이 언급되었다.

篆韻 → 鍾鼎篆韻

傳載

唐 劉餗이 편찬한 雜錄. 劉餗은 字가 鼎卿이고 徐州 彭城 출신이며, 생몰년은 자세하지 않은데 唐 玄宗 연간(712~756)의 인물로 추정된다. 이 책 외에 『隋唐嘉話』, 『樂府解題』 등의 저술이 전한다. 이 책은 1권으로 『說郛』에 수록되어 있다. 李潼, 董表儀 등과 관련한 신이한 이야기를 수록했다. 『五洲衍文長箋散稿』에서 이 책을 인용했다.

錢箋杜詩

明末淸初 錢謙益이 杜甫의 詩에 주석을 단 책. 錢謙益(1582~1664)은 字가 受之이고 號가 牧齋이며 만년에 蒙叟 혹은 東澗老人이라 했다. 常熟 출신으로 문집 『牧齋有學集』과 『牧齋初學集』 등 많은 저술을 남겼다. 『陶谷集』에 李宜顯이 1570년 중국에서 『錢箋杜詩』를 구입해 온 것으로 되어 있다. 『牧齋有學集』에 실려 있는 「注李義山詩集序」에 자신이 杜甫의 詩에 箋注했다는 기록이 보이는데 중국 國家圖書館에 宣統 3년(1911) 石印本으로 간행한 『錢牧齋牋註杜詩』 20권이 소장되어 있다. 『海東繹史』에 錢謙益이 편찬한 『杜詩箋注』를 들고 智異山에 관한 기록을 인용했다. 『靑莊館全書』에 淸 朱鶴齡을 소개하면서 『牧齋有學集』에 실려 있는 「冬夜假我堂文宴詩」와 그 序를 소개하면서 朱鶴齡이 杜甫의 詩에 箋注한 사실을 적었다. 규장각 등에 소장되어 있는 『杜工部詩集』이 朱鶴齡의 주석을 실은 것으로 20권이고 錢謙益의 序가 달려 있다. 朱鶴齡(1606~1683)은 江南 吳江 출신으로 字가 子孺이고 號가 愚菴이며, 『讀左日

鈔』, 『尙書埤傳』, 『愚菴小集』 외에 『李義山詩集箋注』를 편찬했다.

全浙兵制風土記 → 兩浙兵制

典制紀略

明末淸初 孫承澤이 편찬한 典章과 制度에 관한 著述. 孫承澤(1593~1676)은 字가 耳北 혹은 耳伯이며 號는 北海, 退谷 등을 사용했다. 山東 益都 출신으로, 兵科給事中을 지냈다. 『畿輔人物志』, 『春明夢餘錄』, 『元朝典故編年考』 등 많은 저술을 남겼다. 이 책은 『四庫全書總目』에 卷次가 없이 官制, 河道, 漕運, 鹽茶, 錢鈔, 禮樂 등 여러 부문으로 나누어 기술한 책으로, 添削이 표시된 데가 많아 후인이 殘稿를 기록한 것이라 했지만 일실되어 전하지 않는다. 『五洲衍文長箋散稿』에 서명만 언급했다.

轉注古音略

明 楊愼이 편찬한 音韻書. 楊愼(1488~1559)은 字가 用修이고 號가 升庵이며 新都 출신이다. 『升菴集』, 『丹鉛總錄』, 『升庵詩話』 등 280여 종의 저술을 남겼다. 이 책의 書名에서 이른 古音은 周, 秦, 兩漢의 漢語 語音 系統을 가리킨다. 古韻, 古紐, 古聲調 등을 다루는 古音學 중에 古韻은 宋의 吳棫이 처음 연구했고, 古音에 대해서는 이 책에서부터 본격적인 연구가 이루어진 것으로 평가된다. 『五洲衍文長箋散稿』에서 『轉注古音略』이 『古音叢目』, 『古音獵要』, 『古音餘』, 『古音附錄』을 따로 4集으로 구성한 것이라 했다. 『硏經齋全集』에도 이 책을 인용했다. 서울대 중앙도서관에 淸 李調元이 校定하여 19세기에 간행한 목판본 5권 2책이 소장되어 있는데 부록에 『古音後語』가 실려 있다. 규장각에 소장되어 있는 『楊升菴外集』에 「古音略例」가 실려 있어 참고가 된다.

滇行紀略

明 馮時可가 雲南 일대의 見聞을 기록한 雜錄. 馮時可는 萬曆 연간(1573~1620)의 문인으로 字가 元成, 元敏이고 號가 敏卿이며, 『賜閒堂集』, 『左氏釋』, 『上池雜記』, 『超然樓集』, 『雨航雜錄』 등의 저술이 있다. 이 책은 규장각 등에 소장되어 있는 『說郛續』에 실려 있다. 馮時可가 萬曆 37년(1609) 雲南布政司 右參議로 있을 때 그곳의 견문을 기록한 책이다. 『靑莊館全書』와 『五洲衍文長

箋散稿』에는 『滇行日記』로 잘못 기록되어 있다. 『滇行日記』는 淸 李澄中이 雲南 지역에 대한 견문을 적은 책이다. 李澄中(1629~1700)은 字가 渭淸이고 號가 茵田 혹은 漁村이며 山東 諸城 출신이다. 明史纂修官, 雲南鄕試正考官, 侍讀 등의 벼슬을 역임한 후 濰上에 물러나 은거했다. 저서로 『臥象山房集』, 『日雲村集』 등이 있다. 이 책은 2권으로 되어 있으며, 康熙 庚午(1690) 과거를 주관하기 위해 雲南으로 가는 84일 동안의 견문을 적었다. 雲南 지역의 산천과 풍토, 유적과 고사 등이 자세하다.

滇行紀程

淸 許纘曾이 雲南 지역에 관한 見聞을 적은 책. 許纘曾은 字가 孝修이고 號가 鶴沙이며 華亭 출신이다. 順治 연간(1644~1661)과 康熙 연간(1662~1722)에 활동했지만 자세한 이력은 밝혀져 있지 않다. 詩에 뛰어났으며, 저서로 이 책 외에 『寶綸堂集』, 『東還紀程』, 『續抄』 등이 있다. 이 책은 許纘曾이 雲南으로 부임하면서 지은 見聞記이고, 『東還紀程』은 雲南에서 돌아올 때 지은 것이다. 내용은 山川과 古跡, 物産과 風土 등을 기록한 것으로 그 성격이 地理志와 유사하다. 『五洲衍文長箋散稿』에 이 책과 함께 『東還紀程』을 인용했다. 규장각에 소장되어 있는 『說鈴』과 『龍威秘書』에 이 두 책이 수록되어 있다.

滇行日記 → 滇行紀略

浙江書目 → 浙江採集遺書總錄

浙江採集遺書總錄

淸 鍾音 등이 乾隆帝의 命으로 折江 일대의 서적을 정리한 書目. 鍾音은 乾隆 연간(1736~1795) 활동한 문인으로 福建巡撫를 지냈다. 英祖 24년(1748) 조선에 사신으로 온 바 있다. 이 책은 乾隆 39년(1774) 浙江 지역의 서적을 조사해 엮었으며 12권 10책이다. 규장각에 乾隆 39년 鍾音의 序가 붙은 목판본이 소장되어 있는데 正祖의 장서인 弘齋가 찍혀 있다. 甲集에 易類, 書類, 詩類, 乙集에 周禮類, 儀禮類, 禮記類, 通禮類, 春秋類, 丙集에 論語類, 孝經類, 孟子類, 四書類, 群經類, 樂類, 爾雅類, 小學類, 六書類, 丁集에 通史類, 編年類, 別史類, 霸史類, 雜史類, 掌故類, 戊集에 傳記類, 地理類, 史鈔類, 譜系類, 己集에

儒家類, 雜家類, 說家類, 庚集에 說家類, 藝玩類, 類事類, 叢書類, 天文術算類, 五行類, 兵家類, 農家類, 醫家類, 道家類, 釋家類, 辛集에 總集類, 楚辭類, 別集類, 壬集과 癸集에 別集類를 수록했다. 典籍의 版本과 流轉, 학술적 가치 등을 다룬 책으로 版本學과 目錄學에서 소중한 저술로 평가된다. 卷頭에 纂錄職名이 실려 있는데 여기에 大冢宰에 閩浙提督 鍾音, 提調에 浙江布政使 王亶望, 總裁에 翰林院侍講 沈初 등의 명단이 보인다. 이 때문에 판본에 따라 편찬자가 王亶望 혹은 沈初로 된 데도 있다. 王亶望(?~1781)은 山西 臨汾 출신으로 浙江巡撫를 지냈다. 沈初(1729~1799)는 字가 景初이고 號가 萃巖 혹은 雲椒이며 浙江 平湖林家埭 출신으로, 『石渠寶笈』, 『秘殿珠林』, 『蘭韻堂詩文集』, 『西淸筆記』 등의 저술을 남겼다. 이 책은 『弘齋全書』에 『遺書目錄』으로, 『奎章總目』에 『浙江遺書總目』, 『明皐全集』에 『浙江遺書目錄』으로, 『金陵集』, 『楓石全集』, 『海東繹史』, 『林下筆記』 등에는 『浙江書目』으로 소개되어 있다. 『靑莊館全書』에는 浙江布政使 王亶望의 『浙江書目』으로 인용되었다.

絕域紀略 → 寧古塔志

切韻
隋 陸法言이 편찬한 韻書. 陸法言은 이름이 詞지만 字 法言을 이름처럼 사용했다. 劉臻, 蕭該, 顏之推, 盧思道, 李若, 辛德源, 薛道衡, 魏彥淵 등과 音韻學에 대해 토론한 것으로 유명하다. 이 책은 원래 5권으로 되어 있었는데 원본은 일실되고 唐 王仁昫의 『刊謬補缺切韻』, 宋 陳彭年의 『大宋重修廣韻』 등으로 계승되었다. 宋 司馬光의 『切韻指掌圖』, 淸 江永의 『四聲切韻』 등도 이 책을 이은 것이다. 총 193韻에 11,500여 字가 수록되었는데 平聲 54韻, 上聲 51韻, 去聲 56韻, 入聲 32韻으로 되어 있다. 唐代부터 국가에서 지정한 韻이다. 『明谷集』, 『湛軒書』, 『靑莊館全書』, 『五洲衍文長箋散稿』 등 여러 책에서 이 책을 언급했다.

切韻射標
明 李世澤이 『切韻』에 관해 기술한 책. 李世澤은 上元 출신으로 號는 半野다. 飛白體에 능했지만, 이력은 자세하지 않다. 이 책은 『說郛續』에 실려 있는데, 隋 陸法言이 편찬한 韻書 『切韻』의 체제에 따라 한자를 배열하고 그 音價를

표시한 것으로, 表譜를 먼저 제시하고 그 끝에 이 表譜를 보는 방법을 설명했다. 『五洲衍文長箋散稿』에 여러 韻書를 소개하면서 이 책을 들었다. 明 梅膺祚가 편찬한 字書 『字彙』가 규장각에 소장되어 있는데 梅鼎祚의 序에 李世澤의 韻法을 따른 것이라 하고 「韻法橫圖」를 실었다.

點將錄

明 魏忠賢이 중심이 되어 작성한 將帥의 點號 名簿. 魏忠賢(1568~1627)은 字가 完吾이고 北直隸 肅寧 출신인데 스스로 宦官이 되었다. 왕의 유모 奉聖夫人 客氏와 私通하고 국정을 농단하다가 毅宗 때 탄핵을 받아 자살했다. 이 책은 『星湖僿說』과 『五洲衍文長箋散稿』에는 魏忠賢이 만든 것이라 했지만 『明史綱目』에는 崔呈秀가, 『明史』에는 王紹徽가 만든 것이라 했다. 崔呈秀(1584~1627)는 薊州 출신의 관리로 兵部尙書를 지냈고, 王紹徽는 비슷한 시기 咸寧 출신의 문인으로 吏部尙書를 지냈다. 또 『林下筆記』에는 東林의 賢人을 나열하고 天罡, 地煞 등의 항목을 달았으며 『水滸傳』을 본떠 急時雨, 黑旋風 등의 별명을 기록했다고 했다. 그리고 崔呈秀와 阮大成 등이 楊漣과 左光斗 등을 모함하여 환관 魏忠賢에게 아첨하기 위해 만든 책이라 했다. 『英祖實錄』, 『靑莊館全書』, 『研經齋全集』에도 이 책이 보인다. 『研經齋全集』에는 明 朱茂曜의 『識小錄』을 인용하여 이 책을 소개했다. 『東林點將錄』으로 중국 國家圖書館 등에 1권이 소장되어 있다.

貞觀公私畵史

唐 裴孝源이 隋 皇室의 書畵에 관해 기록한 책. 裴孝源은 생애가 자세하지 않은데 貞觀 연간(627~649) 中書舍人, 吏部員外郎 등을 지냈다. 이 책은 『公私畵史』라고도 한다. 규장각 등에 소장되어 있는 『說郛』, 『唐代叢書』, 『唐宋叢書』에 1권으로 편입되어 있다. 隋 皇室에 소장되어 있던 그림 가운데 唐 貞觀 연간까지 남아 있던 그림에 대해 기술했다. 『海東繹史』에서 南朝 宋 陸探微의 「高麗赭白馬圖」에 대한 기록을 인용했다.

貞觀氏族志 → 氏族志

丁寬易傳

前漢 丁寬이 『周易』을 풀이한 책. 丁寬은 字가 子襄이고 梁 睢陽 출신으로 易學大師를 지냈다. 이 책은 『易傳』 혹은 『易說』이라고도 한다. 원문은 일실되었는데 清代 『玉函山房輯佚書』에서 『周易丁氏傳』 2권으로 편집된 판본이 전한다. 『五洲衍文長箋散稿』에서 書名만 소개했다.

貞觀政要

唐 吳兢이 편찬한 唐 太宗과 신하들의 言行錄. 吳兢(670~749)은 汴州 浚儀 출신으로, 『梁史』, 『齊史』, 『陳史』, 『隋史』 등의 편찬에 참여했다. 『樂府古體要解』, 『唐春秋』 등 많은 책을 저술했지만 이 책만 전한다. 이 책은 10권 40편으로 되어 있으며, 唐 太宗 在位 23년 동안의 중요한 문장을 기록했다. 권1 論君道, 論政體, 권2 論任賢, 論求諫, 論納諫, 권3 論君臣鑑戒, 論擇官, 論封建, 권4 論太子諸王定分, 論尊敬師傅, 論敬戒太子, 論規諫太子, 권5 論仁義, 論忠義, 論孝友, 論公平, 論誠信, 권6 論儉約, 論謙讓, 論仁惻, 愼所好, 愼言語, 杜讒邪, 論悔過, 論奢縱, 論貪鄙, 권7 崇儒學, 論文史, 論禮樂, 권8 論務農, 論刑法, 論赦令, 論貢賦, 辯興亡, 권9 議征伐, 議安邊, 권10 論行幸, 論田獵, 論災祥, 論愼終 등으로 되어 있다. 成化 元年(1465) 內府 간본이 중국 國家圖書館에 소장되어 있다. 『高麗史』에 따르면 1116년 金緣 등에게 命하여 이 책을 註解하여 올리게 했다는 기록이 보인다. 조선시대 經筵의 교재로도 사용되었기에 여러 차례 간행되었다. 『益齋亂藁』, 『太祖實錄』, 『訥齋集』, 『穌齋集』 등 이른 시기의 문헌에서부터 이 책에 대한 언급이 보이고 『五洲衍文長箋散稿』에서도 이 책을 인용했다. 규장각과 장서각 등에 改鑄甲寅字本과 丁酉字本, 壬辰字本 등 다양한 판본이 전한다.

征南本集 → 杜征南集

亭林集

清 顧炎武의 文集. 顧炎武(1613~1682)는 江蘇 昆山 출신으로 原名은 絳이었으나, 明이 멸망한 후 炎武로 改名했으며 字는 寧人이고 號는 亭林이다. 『日知錄』, 『韻補正』, 『天下郡國利病書』 등 많은 저술이 있다. 그의 문집은 『亭林詩集』 5권, 『校補』 1권, 『文集』 6권으로 구성되어 있다. 『海東繹史』에는 辯論 1권, 序

1권, 書 2권, 記와 墓誌銘 1권, 補遺 1권 등 총 6권으로 된 판본을 소개했는데 散文만을 모은 『亭林文集』을 이른다. 『靑莊館全書』, 『硏經齋全書』, 『淵泉集』, 『巖棲集』 등에서 『亭林集』을 소개했다. 규장각에는 蓬瀛閣에서 간행한 『顧亭林先生遺書十種』이 소장되어 있는데 『亭林文集』과 『亭林詩集』 외에 『左傳杜解補正』, 『九經誤字』, 『金石文字記』, 『韻補正』, 『昌平山水記』, 『譎觚十事』, 『顧氏譜系考』 등이 수록되어 있다. 『獻齋集』에서 이른 『十種書』가 이 책을 가리킨다. 간행 시기를 알 수 없는 『亭林文集』도 규장각에 전한다. 국립중앙도서관에는 『亭林餘集』이 소장되어 있다. 『五洲衍文長箋散稿』에서 소개한 顧炎武의 「書廣韻後」는 『亭林文集』에 실려 있다.

正蒙

北宋 張載가 편찬한 性理書. 張載(1020~1077)는 字가 子厚이고 鳳翔 郿縣 출신이며 橫渠先生, 張子로 일컬어진다. 문집 『崇文集』은 일실되었고 淸代 편집된 『張子全書』가 전한다. 이 책은 『張子正蒙』이라고도 한다. 『周易』의 「蒙卦」 卦辭에 보이는 "蒙以養正"에서 취하여 서명을 삼았다. 儒家의 학설에 근거하여 佛家와 道家를 비판하고 氣一元論을 주창했다. 熙寧 9년(1076) 완성되었다. 太和篇, 參兩篇, 天道篇, 神化篇, 動物篇, 誠明篇, 大心篇, 中正篇, 至當篇, 作者篇, 三十篇, 有德篇, 有司篇, 大易篇, 樂器篇, 王禘篇, 乾稱篇 등 17편으로 구성되어 있다. 『雙梅堂篋藏集』, 『中宗實錄』 등을 위시하여 『星湖僿說』, 『五洲衍文長箋散稿』 등 다양한 문헌에 이 책이 인용되어 있다. 규장각에 소장된 『性理大全書』와 『新編音點性理群書句解』 등 15세기 조선에서 간행한 책에 이 책이 실려 있다. 필사본 『五子近思錄發明』에도 실려 있다. 그밖에 明 李文炤가 이 책을 풀이한 『正蒙集解』도 전한다. 王夫之의 『張子正蒙注』는 이 책에 주석을 붙인 것으로 중국 國家圖書館에 소장되어 있다.

桯史

南宋 岳珂가 편찬한 野史雜錄. 岳珂(1183~1243)는 岳飛의 손자로 字가 肅之이고 號가 亦齋 혹은 倦翁이며 相州 湯陰 출신인데 嘉興에 거주했다. 『寶眞齋書贊』, 『吁天辨誣』, 『天定錄』, 『金陀粹编』 등 많은 저술을 남겼다. 이 책은 15권으로 宋代 朝野의 견문을 기록했는데, 특히 부친 岳霖의 임지인 廣州에 대한 기록이 상세하다. 해상 교통과 무역, 이슬람교 등의 연구에 중요한 자료로

평가되고 있다. 天啓 壬戌(1622) 長水岳氏 간본이 중국 國家圖書館에 소장되어 있으며 같은 곳에 嘉靖 乙酉(1525) 복간한 판본도 소장되어 있다. 『星湖全集』, 『靑莊館全書』, 『東史綱目』 등에 이 책에 대한 언급이 보인다. 『四部叢刊』의 續編에 실려 있고 규장각에 소장되어 있는 『說郛』와 『稗海』, 『宋人百家小說』 등에 일부가 수록되어 있다.

程氏家塾讀書分年日程

元 程端禮가 朱熹의 讀書法에 관해 기록한 책. 程端禮(1271~1345)는 字가 敬叔 혹은 敬禮이고 號는 畏齋이며 慶元 출신이다. 『春秋本義』, 『畏齋集』 등의 저술이 있다. 이 책은 『讀書分年日程』으로 줄여 부른다. 전체 3권으로 되어 있다. 1권은 宋 朱熹의 讀書法에 의거한 독서의 순서를 적었다. 8세 入學 전에는 宋 程端蒙의 『性理字訓』을 읽고, 8세 入學 후에는 『小學』, 『大學』, 『論語』, 『孟子』, 『中庸』, 『孝經』을 읽으며, 그 후에 『周易』, 『書經』, 『詩經』, 『儀禮』, 『禮記』, 『周禮』, 『春秋』 三傳 등을 읽고, 15세 이후에는 朱熹의 四書注를 병행하여 經書들을 읽어야 한다고 했다. 2권에서는 史學과 문장에 관련된 글들을 읽는 순서를 적었다. 우선 역사서로는 『通鑑』을 읽고, 문장서로는 韓愈의 文章과 『楚辭』를 읽은 후, 다양한 문장을 익히고 科擧文字를 배워 과거시험에 대비하도록 했다. 2권 말미에는 5종의 表格이 있어서 공부의 일정을 상세히 표로 제시했다. 3권에는 宋 王柏의 『正始之音』을 읽어서 音義의 方法을 이해할 것을 적었으며 맨 끝에는 朱子 讀書法 6條(循序漸進, 熟讀精思, 虛心涵泳, 切己體察, 著緊用力, 居敬持志)의 本意를 밝혔다. 존경각에 淸 康熙 28년(1689) 跋이 달린 3권 2책 목판본이 소장되어 있다. 서울대 중앙도서관, 영남대 등에도 19세기의 판본이 소장되어 있다. 규장각의 『當歸堂叢書』에도 이 책이 실려 있다. 『靑莊館全書』, 『五洲衍文長箋散稿』 등에 이 책이 인용되어 있다.

鄭氏家儀

元 鄭泳이 편찬한 禮書. 鄭泳은 字가 仲潛이며 浦江 출신으로 溫州路總管府經歷을 역임했다. 이 책은 원래 서명이 『義門鄭氏家儀』다. 『四庫全書總目』에 따르면 五禮에 의거하여 5篇으로 나누어 기술했는데, 宋 司馬光의 『書儀』와 宋 朱熹의 『家禮』를 바탕으로 편집하여 집안에서 日用常行하는 의식을 기록한 책이다. 말미에 鄭泳의 「祭田祠堂記」 2편과 15세손 鄭崇嶽의 「祭田號畝記」가

실려 있다. 『續金華叢書』에 1권으로 실려 있다. 『愚伏集』, 『石泉遺稿』, 『常變通攷』, 『五洲衍文長箋散稿』 등에서 이 책을 인용했다.

鄭氏詩譜補亡

北宋 歐陽修가 漢 鄭玄의 『詩譜』를 보완하여 편찬한 책. 歐陽修(1007~1072)는 字가 永叔이고 號가 醉翁이며 吉州 출신으로, 『新唐書』, 『新五代史』 등을 편찬했다. 문집 『歐陽公居士集』 외에 『洛陽牡丹記』, 『集古錄』, 『歸田錄』 등의 저술이 있다. 이 책은 鄭玄의 『詩譜』를 보완하여 『春秋』와 『史記』 등을 참조하여 만든 것이다. 『詩譜補亡』 혹은 『鄭氏詩譜補亡』, 『詩譜補亡』이라고도 한다. 中國과 朝鮮의 여러 문헌에서 『鄭氏詩譜』라 한 것은 鄭玄이 아닌 歐陽修의 이 책을 이른다. 歐陽修의 『毛詩本義』에 附錄으로 붙어 있으며 1권이다. 淸 丁晏이 이 책을 고증하여 『鄭氏詩譜攷正』을 편찬했는데 규장각에 光緖 16년(1883) 간본이 소장되어 있다. 周南召南譜, 邶鄘衛譜, 鄶鄭譜, 齊譜, 魏譜, 唐譜, 秦譜, 陳譜, 曹譜, 豳譜, 王譜, 小大雅譜, 周頌譜, 魯頌譜, 商頌譜로 구성되어 있으며 마지막에 丁晏이 보충한 詩總譜가 실려 있다. 歐陽修의 문집 『歐陽文忠公集』에 「詩譜補亡序」가 실려 있다. 『白湖全書』, 『靑莊館全書』, 『金陵集』 등에서 『鄭氏詩譜』를 인용했는데 「詩譜補亡序」에서 가져온 것이다. 『惕齋集』에는 이 책이 『毛詩正義』에 散見되지만 全文이 실려 있지 않다고 했다. 『海東繹史』, 『研經齋全集』에는 宋 王應麟의 『詩地理考』에 이 책이 全載되어 있다고 했다. 『研經齋全集』의 「通志堂經解書目」에서 이 책을 자세히 다루었다. 『雲溪漫稿』, 『石泉遺稿』 등에도 이 책이 인용되어 있다. 『五洲衍文長箋散稿』에는 『鄭氏詩譜補亡』, 『詩譜補亡』 등으로 인용했다. 『江漢集』과 『貞菴集』에도 『詩譜補亡』으로 소개했다. 규장각에 소장되어 있는 淸 吳騫의 『重刊拜經樓叢書七種』에 이 책을 고증한 『詩譜補亡後訂』이 실려 있다.

程氏易傳 → 周易程氏傳

程氏外書

南宋 朱熹가 程顥와 程頤의 일화를 모은 책. 程顥(1032~1085)는 字가 伯淳이고 明道先生으로 일컬어지며, 그 아우 程頤(1033~1107)는 字가 正叔이고 伊川先生으로 불렸다. 『二程外書』는 『明道文集』, 『伊川文集』, 『伊川易傳』, 『程氏

經說』, 『二程粹言』 등과 함께 『二程全書』로 간행되었다. 『中宗實錄』에 따르면 1515년 『二程全書』가 조선에서 간행되었으므로 이른 시기부터 이 책이 널리 유통되었음을 알 수 있다. 이 책은 12권으로 朱光庭, 陳淵, 李參, 馮忠恕, 羅從彦, 王蘋, 時紫芝 등 7인의 기록을 바탕으로 했다. 이 책에 앞서 25권의 『程氏遺書』가 편찬되었는데 여기에 수록되지 않은 것을 朱熹가 모았다. 『二程外書』라고도 한다. 『栗谷全書』, 『星湖僿說』, 『九思堂集』, 『弘齋全書』, 『海隱遺稿』 등에서 이 책을 인용했다. 『肅齋集』, 『西溪集』(朴泰茂) 등에는 『二程外書』로 인용되었다. 규장각 등에 소장된 『二程全書』에 『河南程氏外書』로 수록되어 있다. 조선 中宗 연간에 明 楊廉의 『程氏外書分類』가 간행되었는데 동국대, 존경각 등에 24권 3책이 소장되어 있다.

程氏遺書

南宋 朱熹가 程顥와 程頤의 語錄을 모은 책. 이 책은 程顥와 程頤가 弟子에게 남긴 語錄을 朱熹가 편집한 것으로 『二程全書』에 수록되어 있는데 25편으로 구성되어 있으며 28권이다. 附錄에 明道先生行狀, 門人朋友敍述, 書行狀後, 哀詞, 明道先生墓表, 伊川先生年譜, 祭文, 奏狀 등 8편이 실려 있다. 『河南程氏遺書』, 『二程遺書』라고도 한다. 成宗 12년(1481) 『資治通鑑』, 『眞西山集』, 『事文類聚』, 『致堂管見』, 『宋朝文鑑』 등과 함께 이 책을 중국으로부터 하사받았다. 규장각에 조선 후기 목판본으로 간행된 『二程全書』에 실려 있다. 『退溪集』, 『栗谷全書』, 『星湖僿說』, 『人定』 등 많은 문헌에 『程氏遺書』로 인용되었다. 『朱子大全』, 『寒水齋集』 등에는 『二程遺書』로 인용되어 있다.

貞元廣利方

唐 德宗이 편찬한 醫書. 德宗(742~805)이 貞元 12년(796) 편찬했고 5권에 586종의 처방을 실었다고 하지만 원문은 일실되고 『醫心方』, 『證類本草』 등 후대의 醫書에 인용되어 일부가 전한다. 『廣利方』이라고도 한다. 宋 王堯臣의 『崇文書目』에는 서명을 『正元集要廣利方』이라 하고 5권인데 전하지 않는다고 했다. 宋 高保衡의 『新校備急千金要方』의 序에는 이 책의 서명이 『正元廣利』로 되어 있다. 『海東繹史』에는 『文苑英華』에 실려 있는 唐 劉禹錫의 「代淮南杜司徒奏新羅請廣利方狀」을 인용하여 新羅의 賀正使 朴如가 이 책을 가지고 본국으로 돌아가고자 한 사실을 적었다.

正音 → 續音

正字通

明末清初 張自烈이 편찬한 字書. 張自烈(1597~1673)은 字가 爾公이고 號가 芑山이며 江西 宜春 출신이다. 『四書大全辨』, 『諸家辨』, 『古今文辨』, 『芑山集』 등의 저술이 있다. 清 鈕琇의 『觚賸』에 따르면 張自烈이 편찬한 이 책을 清 廖文英이 목판을 사들여 보완했다고 한다. 廖文英은 字가 百子이고 號가 昆湖이며 連州 출신이다. 康熙 연간(1662~1722) 南康府知府를 지냈고 『南康府志』를 편찬했다. 규장각에 목판본 12권 31책이 2종 소장되어 있다. 康熙 10년(1671) 黎元寬의 序가 붙어 있는 弘文書院 간본, 康熙 24년(1685) 秀水 吳氏의 清畏堂 간본이다. 凡例, 寥綸璣의 十二字頭引, 滿文十二字頭, 引證書目 등이 앞에 붙어 있다. 이 책은 明 梅膺祚의 『字彙』를 바탕으로 하여 240部에 33,671字를 수록했다. 『青莊館全書』에서 이 책을 자주 인용했다. 『弘齋全書』, 『明皐全集』, 『屐園遺稿』, 『金陵集』, 『研經齋全集』, 『與猶堂全書』, 『五洲衍文長箋散稿』 등에서도 이 책을 언급했다.

艇齋詩話

南宋 曾季貍가 편찬한 詩話書. 曾季貍는 字가 裘甫이고 號가 艇齋이며, 曾鞏의 아우 曾宰의 曾孫이다. 撫州 臨川 출신으로 『艇齋雜著』, 『論語訓解』 등의 저술을 남겼고, 朱熹와 문답한 書札이 있어 李滉이 『朱子書節要』 目錄에 그 行錄을 채집하려 했다. 『星湖僿說』에 曾季貍에 대한 항목을 두어 기술했다. 順治丁亥(1647) 兩浙督學 李際期 간본이 중국 國家圖書館에 소장되어 있다. 『說郛』에는 淵明題甲子, 東坡有德, 天馬之子, 攤錢, 口號, 長結, 東海釣客, 身訓我 등 8條만 실려 있다. 清 胡珽의 『琳琅秘室叢書』에 실린 판본은 이보다 많은 내용을 담고 있다. 『洛下生集』, 『五洲衍文長箋散稿』에서 이 책을 소개했다.

艇齋雜著

南宋 曾季貍가 지은 筆記雜錄. 宋 陳振孫의 『直齋書錄解題』와 元 馬端臨의 『文獻通考』에 따르면 이 책은 1권이며 古今 文辭에 대해 논한 책인데 전하지 않는다고 한다. 『星湖僿說』에서 曾季貍에 대해 기술하면서 1권이라 했는데 『直齋書錄解題』나 『文獻通考』의 기록을 정리한 것으로 추정된다.

訂正篇海

明 張忻이 편찬한 文字學 관련 저술. 張忻(1590~1658)은 字가 靜之이고 號가 北海이며 弘文院大學士를 지냈다. 이 책 외에 『歸園日記』가 전한다. 이 책은 10권인데 『重刊訂正篇海』로 되어 있는 崇禎 甲戌(1634) 간본이 중국 國家圖書館에 소장되어 있다. 『靑莊館全書』, 『海東繹史』, 『五洲衍文長箋散稿』에 이 책이 소개되어 있다. 『海東繹史』에 『證正篇海』로 잘못 표기되어 있다.

定正洪範

元 胡一中이 『尙書』 「洪範」을 풀이한 주석을 모은 책. 胡一中은 字가 允文이고 諸暨 출신이며, 『詩童子問存』, 『四書集箋』 등의 저술이 있다. 이 책은 『定正洪範集說』이라고도 하는데 1권이다. 乾隆 50년(1785) 內府 간본이 중국 國家圖書館에 소장되어 있으며, 『通志堂經解』에도 실려 있다. 『靑莊館全書』와 『弘齋全書』, 『硏經齋全集』, 『五洲衍文長箋散稿』 등에서 이 책을 소개했다. 『金陵集』에는 胡一中의 『詩童子問存』을 인용했다.

鄭志

魏 鄭小同이 漢 鄭玄과 그 제자들의 經書에 대한 문답을 모은 책. 鄭小同은 字가 子眞이고 北海國 高密 출신으로 鄭玄의 손자다. 『隋書』 「經籍志」에 이 책이 11권이며 鄭玄의 제자가 편찬한 『鄭記』가 더 있다고 했다. 淸 武英殿聚珍版叢書本이 전하는데 3권과 補遺 1권으로 되어 있다. 上에 65조, 中에 48조, 下에 62조가 실려 있다. 8권으로 된 別本이 淸 袁鈞의 『鄭氏佚書』에도 수록되어 있다. 『知足齋叢書』에도 1권으로 실려 있다. 『星湖僿說』, 『順菴集』, 『靑莊館全書』, 『海東繹史』 등에서 이 책을 인용했고, 『常變通攷』 인용 서목에도 이 책이 보이는데 『禮說答問』이라 했다.

靜志居詩話

淸 朱彝尊이 편찬한 詩話書. 朱彛尊(1629~1709)은 秀水 출신으로 字가 錫鬯이고 號가 竹垞 또는 醧舫이며 만년에는 小長廬釣魚師라고 했다. 『明史』 편찬에 참여했고 考證學에 능통했으며 古文과 詩詞에도 뛰어났다. 저서로 『經義考』, 『日下舊聞』, 『曝書亭集』 등이 있으며, 『明詩綜』, 『詞綜』 등을 편찬했다. 淸 曾燠의 序에 따르면 錢謙益 『列朝詩集』의 잘못을 바로잡기 위해 이 책을 저술

했다고 했지만 실제 체제는 『列朝詩集』과 유사하여 각 詩人의 傳記를 앞에 싣고 시와 관련된 기사를 수록했다. 이 책에 許蘭雪軒 등 고려와 조선 관련 기사를 많이 수록했기 때문에 『海東繹史』, 『林下筆記』에서 여러 차례 이 책을 인용했다. 『靑莊館全書』에 수록되어 있는 『磊磊落落書』에서 특히 이 책을 인용하여 다양한 明代 인물의 행적을 기록했다. 『五洲衍文長箋散稿』에서도 이 책을 인용하여 중국의 인물과 전적을 다양하게 고증했다. 서울대 중앙도서관에 淸 姚柳依가 편집한 嘉慶 扶荔山房 刻本 목판본 24권 16책이 소장되어 있다.

靜惕堂書目

淸 曹溶이 편찬한 書目. 曹溶(1613~1685)은 字가 秋岳 혹은 潔躬, 鑑躬이고 號는 倦圃, 鉏菜翁 등을 사용했으며 浙江 秀水 출신이다. 靜惕堂에 방대한 서적을 소장하여 이를 바탕으로 이 책을 편찬했으며, 『靜惕堂詩集』, 『靜惕堂詞』 등의 문집이 전한다. 이 책은 宋代의 문헌 1권, 元代의 문헌 1권으로 구성되어 있다. 『靜惕堂書目』, 『靜惕堂藏宋元人集目』, 『靜惕堂藏宋元人集目』 등의 서명으로 중국 國家圖書館과 일본 京都大 등에 소장되어 있다. 『五洲衍文長箋散稿』에서 『池北偶談』을 인용하여 이 책을 소개했다.

正統辨 → 春秋透天關

諸家本草

唐 日華子가 편찬한 本草書. 日華子는 이름이 大明인데 號로 행세했다. 四明 출신인데 雁門 출신으로 된 데도 있다. 이 책은 『日華子諸家本草』 혹은 『大明本草』라고도 하는데 지금 전하지 않고 宋 唐愼微의 『證類本草』와 明 李時珍의 『本草綱目』 등에 일부가 인용되어 있다. 『海東繹史』에서 이 책을 여러 차례 언급했지만 다른 문헌의 기사를 옮긴 것으로 추정된다.

諸葛亮集

三國 蜀 諸葛亮의 文集. 諸葛亮(181~234)은 字가 孔明이고 號가 臥龍이며 徐州 琅琊 陽都 출신이다. 이 책은 晉 陳壽가 諸葛亮의 文章과 兵書, 奏折 등을 모아 편찬한 것으로 『諸葛氏集』이라고도 한다. 『高麗史』에 따르면 宣宗 8년(1091) 宋의 館伴이 일실된 서적 129종의 목록을 주고 고려에서 찾도록 했

는데, 여기에 이 책이 포함되어 있으며 24권이라 했다. 『靑莊館全書』, 『海東繹史』에도 같은 내용이 수록되어 있다. 『三國志』에도 『諸葛氏集』이 24篇이라 했다. 淸 正誼堂全書本 『諸葛武侯文集』 4권이 전하는데 淸 朱璘이 후대의 문헌에서 諸葛亮의 글을 모아 편집한 것이다. 朱璘은 字가 靑巖이고 上虞 출신으로 康熙 연간(1662~1722)의 문인이다. 淸 張伯行이 『正誼堂續集』에 「諸葛武侯文集序」가 실려 있는데 여기에는 자신이 편찬한 것으로 되어 있다. 張伯行(1651~1725)은 字가 孝先이고 號가 恕齋 혹은 敬庵이며 河南 儀封 출신인데 禮部尙書를 지냈다. 지금 전하는 『諸葛武侯文集』은 그가 편집한 것이다. 諸葛亮의 저술은 明 黃邦彦이 판각한 『心書』, 청대에 판각된 『便宜十六策』 등이 따로 전한다.

諸葛武侯心書

蜀 諸葛亮이 편찬한 兵書. 1권으로 『孔明心書』, 『治兵心書』, 『心書』, 『將苑』, 『新書』라고도 부른다. 『四庫全書總目』에서는 『將苑』보다 후대에 나온 僞作으로 보았다. 총 46편으로 『孫子』, 『吳子』를 위주로 하되, 『三略』, 『六韜』, 『尉繚子』 등의 兵書를 발췌하고 주제별로 나누어 기술했다. 규장각에 萬曆 46년(1618) 明 邵可立의 序가 달린 목판본 1권이 소장되어 있다. 光海君 연간 訓鍊都監字로 간행된 판본도 전하는데 내용이 동일하다. 여기에는 兵機, 逐惡, 知人性, 將才, 將器, 將弊, 將忠, 將善, 將剛, 將驕, 將彊, 出師, 擇才, 智用, 不陣, 試將, 戒備, 習服, 軍蠹, 腹心, 謹候, 機刑, 重刑, 將蠹, 審因, 天勢, 勝敗, 假權, 哀死, 三賓, 設應, 使制, 應機, 端能, 輕戰, 地勢, 情勢, 擊勢整師, 勵士, 自勉, 戰道, 和人, 察情, 將情, 威令, 東夷, 南蠻, 西戎, 北狄 등의 항목으로 되어 있다. 규장각에는 光緖 7년(1881) 간행된 중국 목판본도 소장되어 있다. 朴世采의 「題武侯心書後」에는 元 馬端臨의 『文獻通考』를 인용하여 『便宜十六事』와 함께 이 책에 대해 논했다. 또 任埅의 「先考今是堂府君行狀」에 따르면 부친 任義伯이 『三略』, 『孫武子』 등과 이 책을 합친 책을 만들었다고 한다. 『星湖僿說』에는 『武侯心書』로 인용되어 있다. 『儉齋集』, 『游齋集』, 『俛宇集』, 『艮齋集』 등에서도 이 책을 인용했다.

帝京景物略

明 劉侗과 于奕正이 편찬한 北京의 景物을 기록한 책. 劉侗(1593?~1637)은

字가 同人이고 麻城 출신이다. 于奕正(1597~1636)은 字가 司直이고 宛平 출신이다. 이 책은 于奕正이 史蹟을 모으고 劉侗이 편찬했다. 北京 지역의 山川과 園林, 庵廟, 寺觀, 橋臺, 泉潭, 歲時, 風俗 등에 대하여 129항목으로 기록했으며 끝에 詩를 붙였다. 崇禎 8년(1635) 간행된 판본이 臺灣大學圖書館 등에 전하는데 8권으로 되어 있다. 규장각에 소장되어 있는 『文娛』와 『說郛』에 이 책의 일부가 실려 있다. 국립중앙도서관에 崇德堂에서 乾隆 31년(1766) 간행한 목판본이 소장되어 있고 같은 곳에 소장된 일본 목판본 『陳眉公訂正遊名山記』에도 일부가 실려 있다. 『靑莊館全書』, 『硏經齋全集』, 『與猶堂全書』, 『碩齋稿』, 『五洲衍文長箋散稿』 등 많은 문헌에 이 책에 대한 언급이 보인다. 『退溪集』(文集攷證), 『燕行記事』에는 『帝京景物志』로 인용되어 있다.

諸器圖說

明 王徵이 서양 器機의 작동 원리를 담은 技術書. 王徵(1571~1644)은 字가 良甫이고 號는 葵心이며 一道人, 一子, 支離叟 등을 사용했다. 涇陽 魯橋鎭 출신으로 『周易參同契注』, 『百字牌』, 『辨道篇』, 『元眞人傳』, 『下學』, 『了心丹』 등 道家書를 많이 편찬했으며 『兵約』, 『客問』 등의 兵法書도 지었다. 이 책은 독일인 선교사 鄧玉函(Jean Terrenz)에게 서양 器機에 대해 자문한 내용을 바탕으로 편찬한 것이다. 이 책과 鄧玉函이 편찬한 『奇器圖說』을 합쳐 『遠西奇器圖說錄最』로 간행되었는데 규장각에 필사본이 소장되어 있다. 『諸器圖說』은 『寄器圖說』에 없는 圖說 10편을 싣고 銘贊을 붙였다. 天啓 6년(1626) 王徵의 小序가 권두에 실려 있다. 국립중앙도서관과 장서각에 嘉慶 21년(1816) 간기가 있는 중국 목판본 1책이 소장되어 있는데 서명이 『新製諸器圖說』로 되어 있다. 崔漢綺의 『心器圖說』에서 이 책을 자세히 참고했다. 『五洲衍文長箋散稿』에서 여러 차례 이 책을 인용하고, 『連弩圖說』을 따로 인용했는데 이 책의 「新製連弩圖說引」을 가리킨다.

齊東野語

宋末元初 周密이 편찬한 筆記雜錄. 周密(1232~1298)은 字가 公謹이고 號는 草窓, 四水潛夫, 弁陽老人, 華不注山人 등을 사용했다. 豐儲倉檢察, 義烏令 등의 벼슬을 지냈지만 宋이 멸망한 후 弁山에 은거했다. 『志雅堂雜抄』, 『武林舊事』, 『癸辛雜識』 등의 저술이 있다. 書名은 『孟子』의 "此非君子之言, 齊東野人

之語也"에서 유래한 것이다. 이 책은 20권으로, 宋의 政治와 經濟, 典章制度, 宮中의 秘事, 문인의 逸話, 金石과 書畵, 民俗과 風物 등 다채로운 내용으로 되어 있다. 규장각에 掃葉山房에서 石印本으로 간행한 20권 10책이 소장되어 있다. 규장각에 소장되어 있는 『稗海』, 『說郛』, 『宋人百家小說』 등의 叢書에도 일부가 실려 있다. 『退溪集』, 『星湖僿說』, 『青莊館全書』, 『海東繹史』, 『五洲衍文長箋散稿』 등 많은 문헌에서 이 책을 인용했다.

齊民要術

北魏 賈思勰이 편찬한 農書. 賈思勰은 高陽太守를 지낸 것 외에는 밝혀져 있지 않다. 이 책은 10권이며 萬曆 연간(1573~1620) 胡震亨이 간행한 판본이 중국 國家圖書館에 소장되어 있다. 6세기경 각종 농작물의 재배 방식과 식품의 저장 방식, 야생 동식물에 대해 다루었다. 序, 雜說에 이어 92편의 正文을 수록했다. 『說郛』, 『百子全書』에도 일부가 수록되어 있다. 『燕巖集』, 『青莊館全書』, 『弘齋全書』, 『與猶堂全書』, 『山林經濟』, 『五洲衍文長箋散稿』 등 많은 문헌에 이 책이 인용되어 있다. 洪奭周의 『洪氏讀書錄』에서 이 책을 많이 인용했다.

諸寺奇物記

明 顧起元이 편찬한 雜錄. 顧起元(1565~1628)은 字가 太初이고 號가 遁園居士이며 江寧 출신이다. 『蟄庵日錄』, 『客座贅語』, 『金陵古金石考』, 『說略』 등의 저술이 알려져 있다. 이 책은 『客座贅語』에 『諸寺奇物八則』으로 실려 있다. 『說郛續』에도 실려 있는데 편찬자를 遯園居士라 했다. 寶光寺, 幽棲寺, 弘覺寺, 靜海寺, 定林寺, 天界寺, 永慶寺, 靈谷寺 등 古刹에서 소장하고 있는 乳鐘, 貝葉經, 貝多婆力叉經 등의 기물을 소개했다. 『五洲衍文長箋散稿』에 이 책이 인용되어 있다.

諸史提要

南宋 錢端禮가 여러 역사서의 뛰어난 문장을 뽑아 엮은 책. 錢端禮(1109~1177)는 字가 處和이고 號는 松窓道人이며 臨安 출신이다. 이 책은 歷代의 史書에서 문장에 도움이 될 만한 것을 뽑아 엮고 짧은 표제를 달았는데, 초록한 책은 『史記』 1권, 『前漢書』 2권, 『後漢書』 2권, 『三國志』 1권, 『晉書』 3권, 『南史』 1권, 『北史』 1권, 『新唐書』 3권, 『五代史』 1권 등이다. 康熙 52년(1713) 武

英殿 간본 15책이 고려대에 소장되어 있다. 『五洲衍文長箋散稿』에서 이 책을 소개했다.

諸臣奏議 → 宋諸臣奏議

帝王經世圖譜

南宋 唐仲友가 편찬한 類書. 唐仲友(1136~1188)는 金化 출신으로 字가 與政이고 號가 說齋이며 『六經解』, 『諸史精義』, 『皇極經世圖譜』 등의 저술이 있다. 이 책은 『宋元學案』 등에 10권으로 되어 있지만 대만 故宮博物院圖書館 등에 소장되어 있는 판본은 16권이다. 서울대 중앙도서관에 소장된 판본 16권은 同治 12년(1873) 간행된 것이다. 규장각에 소장되어 있는 『金華叢書書目提要』에도 실려 있다. 天文, 地理, 禮樂, 刑政, 陰陽 등 122篇으로 되어 있다. 『星湖僿說』에 이 책이 소개되어 있다.

帝王世紀

晉 皇甫謐이 중국 고대 帝王의 역사에 관해 기술한 책. 皇甫謐(214~282)은 初名은 靜이고 字는 士安이며 安定 朝那 출신이다. 玄晏先生이라 自號했는데 책을 좋아하여 書淫의 칭호를 얻었다. 『年曆傳』, 『逸士傳』, 『列女傳』, 『玄晏春秋』, 『黃帝甲乙經』, 『高士傳』 등 많은 저술을 남겼다. 이 책은 三皇에서부터 漢魏까지 역대 帝王의 世系, 年譜, 史蹟 등을 기술했다. 『說郛』에 1권으로 실려 있다. 清 宋翔鳳이 다른 문헌에 전하는 내용을 모아 10권으로 편집하고 錢保塘이 續補와 考異를 덧붙여 光緖 연간(1875~1908) 간행한 판본이 『訓纂堂叢書』에 수록되어 있다. 『宋子大全』, 『白湖集』, 『星湖僿說』, 『五洲衍文長箋散稿』 등 여러 문헌에서 이 책을 인용했다.

制義科瑣記

清 李調元이 편찬한 科擧 관련 筆記雜錄. 李調元(1734~1803)은 字가 美堂이고 號가 雨村 혹은 童山蠢翁이라고 했으며 綿州 출신이다. 문집 『童山詩集』 외에 『雨村曲話』, 『雨村劇話』, 『全五代詩』, 『粵風』, 『函海』, 『續函海』 등 많은 저술을 남겼다. 조선 후기 北學派 문인들과도 교유가 있었다. 이 책은 서울대 중앙도서관에 道光 5년(1825) 간행된 목판본 4권 1책이 소장되어 있다. 乾隆

43년(1778) 李調元의 序가 붙어 있다. 李調元이 편찬한 『函海』에도 실려 있다. 『海東繹史』에 이 책이 인용되어 있는데 高麗 金濤가 會試에 합격하여 安邱縣丞에 제수된 일을 옮겼다.

諸子詩傳附錄纂疏 → 詩傳附錄纂疏

齊春秋

梁 吳均이 편찬한 齊의 歷史書. 吳均(469~520)은 字가 叔庠이고 吳興 故鄣 출신이며, 『廟記』, 『十二州記』, 『錢塘先賢傳』 등의 저술이 있었다고 하지만 모두 일실되어 전하지 않는다. 이 책은 원래 30권으로 되어 있었지만 일실되고 『說郛』에 일부만 수록되어 있다. 王儉의 기사가 실려 있어 『靑莊館全書』, 『研經齋全集』, 『五洲衍文長箋散稿』 등에서 이 책을 인용했다.

帝學

北宋 范祖禹가 편찬한 歷史書. 范祖禹(1041~1098)는 字가 淳甫 혹은 夢得이고 成都 華陽 출신이다. 『帝學』, 『仁宗政典』, 『唐鑑』 등의 저술이 있다. 이 책은 8권이며 乾隆 乙未(1775) 永瑆의 寫本이 대만 故宮博物院圖書館에 소장되어 있다. 『四庫全書』에도 실려 있다. 伏羲에서부터 宋 神宗에 이르기까지 帝王의 귀감이 될 만한 내용을 정리한 것이다. 明 代宗이 직접 편찬한 『歷代君鑑』이 이 책의 體例를 따른 것이라 한다. 『五洲衍文長箋散稿』에서 이 책을 소개했다.

齊諧記

南朝 宋 東陽無疑가 신이한 이야기를 모은 책. 『隋書』에 7권이며 宋 散騎侍郎 東陽無疑가 편찬했다고 하지만 어떤 인물인지 알 수 없다. 원문은 일실되어 전하지 않고 일부가 1권으로 편집되어 『玉函山房輯佚書』에 실려 있다. 『退溪文集攷證』, 『息山集』, 『希菴集』, 『山林經濟』 등에 이 책이 인용되어 있지만 南朝 梁 吳均의 『續齊諧記』를 가리킬 때가 많다. 『五洲衍文長箋散稿』에는 『續齊諧記』와 별개로 이 책을 소개하고 '齊諧'가 『莊子』에 나오는 말로 괴이한 것을 적은 것이라 했다. 淸 袁枚의 『新齊諧』도 별개의 책이다.

醍醐苑譚 → 譚苑醍醐

除紅譜

元 楊維楨이 놀이도구에 관해 적은 책. 楊維楨(1296~1370)은 字가 廉夫이고 號는 鐵崖 혹은 東維子, 鐵笛道人 등을 사용했으며 諸暨 출신이다. 『遼史』, 『金史』, 『宋史』의 修撰에 참여했고 『東維子文集』, 『鐵崖先生古樂府』, 『樂府補』, 『復古詩集』, 『春秋透天關』 등의 저술이 있다. 이 책은 元末에 어지러운 세상을 피하여 吳下에 머물 때 기생 小蓉, 瓊花 등과 놀이를 하기 위하여 만든 것이라 한다. 『說郛』에 수록되어 있는데 앞부분에 洪武 元年(1368) 楊維楨의 序가 실려 있고 이어 擲法開列於左, 標目六十二條 등 구체적인 놀이 방식이 기술되어 있다. 序만 楊維楨의 것이고 내용 자체는 宋 朱河가 편찬한 것이라는 설이 많다. 朱河는 字가 天明이고 朱光庭의 후예인데 생애가 자세하지 않다. 『五洲衍文長箋散稿』에는 편찬자를 朱河로 적고 一說에는 楊維楨이 편찬한 것이라고 했다.

釣磯立談

北宋 史溫이 편찬한 筆記雜錄. 史溫은 北海 출신인데 宋 眞宗 연간(997~1022) 출사하여 虞部員外郎을 지냈다. 이 책의 序에서 自號를 釣磯閑客이라 했다. 『知不足齋叢書』에는 史虛白이 편찬한 것으로 되어 있는데 史溫의 祖父다. 史虛白(894~961)은 南唐의 은사로 字가 畏名이고 山東 출신인데 崇山에 은거하며 저술에 힘썼다. 이 책은 南唐의 政事와 君臣의 事跡 등을 120여 條로 기록하고 議論을 붙였다고 하는데 『知不足齋叢書』에는 30條만 전한다. 동일한 서명의 책이 『說郛』에 실려 있는데 편찬자가 南宋의 費樞이며 별개의 저술이다. 費樞는 字가 道樞이고 廣都인데 이 책과 함께 『廉吏傳』이 전한다. 費樞의 『釣磯立談』은 南唐의 雜事와 함께 論斷을 붙였다는 점에서는 유사하다. 『五洲衍文長箋散稿』에 淸 李淸이 『南唐書』를 지을 때 『釣磯立談』에서 채록했다는 기사를 소개했는데 동일한 내용이 淸 王士禎의 『帶經堂集』에 실려 있는 「跋合刻馬令陸游南唐書」에서 보인다. 王士禎이 『釣磯立談』의 편찬자를 밝히지 않아 史溫의 책인지 費樞의 책인지 확인할 수 없다.

棗林雜俎

明末淸初 談遷이 편찬한 筆記雜錄. 談遷(1594~1657)은 浙江 海寧 출신으로 字가 仲木이고 號가 射父인데 明이 멸망한 후 본명 以訓을 이 이름으로 바꾸고 字는 孺木, 號는 觀若이라 했으며 江左遺民으로 자처했다. 『國榷』을 편찬하고 그 나머지를 이 책으로 엮었다. 이 책은 『張氏適園叢書』에 6권으로 실려 있는데 일본 東京大 등에 소장되어 있다. 智, 仁, 聖, 義, 中, 和로 나누고 18개의 大綱, 1,300여 개의 子目으로 구성했다. 逸典, 先正流聞, 技餘, 名勝 등 다양한 내용을 수록했다. 『海東繹史』, 『五洲衍文長箋散稿』에 明 太祖의 碽妃가 된 고려 여인에 대하여 기술하면서 이 책을 인용했는데 淸 朱彝尊의 「南京太常寺志跋文」에서 가져온 것이다. 『國榷』은 黃景源의 「國榷序」에서 자세히 소개했다.

趙飛燕外傳

漢 伶玄이 漢 成帝의 妃 趙飛燕의 傳記를 적은 책. 伶玄은 伶元이라고도 하는데 潞水 출신으로 字는 子予다. 趙飛燕은 몸매가 날씬하고 나는 제비처럼 춤을 잘 추어 飛燕이라는 칭호를 얻었다. 이 책은 『說郛』에 수록되어 있다. 규장각에 소장되어 있는 明 顧元慶의 『顧氏文房小說』에도 실려 있다. 『默齋集』, 『惺所覆瓿藁』, 『滄溪集』 등 이른 시기의 문헌에서부터 이 책이 보인다. 『五洲衍文長箋散稿』 등에도 소개되어 있다.

朝鮮國記

明 黃洪憲이 편찬한 朝鮮에 관한 雜錄. 黃洪憲은 隆慶 연간(1567~1572) 활동한 문인으로, 字는 懋中이고 號는 葵陽이며 浙江 秀水 출신이다. 『大明會典』 편찬에 참여했고 이 책 외에 『玉堂日鈔』를 저술했다. 1582년 翰林編修로 工科給事中 王敬民과 함께 조선에 사신으로 왔다. 이 책은 이때 先代의 實記를 보고 朝鮮 王位의 次序와 興廢의 大要를 기록한 것이지만 소략하다. 『學海類編』에 1권으로 수록되어 있다. 『海東繹史』에 이 책이 소개되어 있는데 『四庫全書總目』을 인용한 것이다.

朝鮮記事

明 倪謙이 朝鮮에 관해 기록한 雜錄. 倪謙(1415~1479)은 字가 克讓이고 上元 출신이다. 『英宗實錄』을 편수한 학자로 1450년 景泰帝의 登極을 알리러 朝鮮

에 사신으로 온 경험을 바탕으로 『朝鮮紀事』를 남겼으며 『皇華集』에 이때의 詩가 수록되어 있다. 『四庫全書總目』에는 李東陽의 序를 인용하여 『玉堂稿』, 『上谷稿』, 『歸田稿』, 『南宮稿』, 『遼海編』 등의 저술이 있다고 했는데 그중 문집 『倪文僖集』과 『朝鮮紀事』, 『遼海編』 등이 전한다. 이 책은 鴨綠江에서부터 漢陽까지 1,170리의 行程을 따라 견문을 적은 것으로 1권이다. 『明史』, 『四庫全書總目』, 『浙江書目』 등에도 소개되어 있다. 중국 國家圖書館에 소장되어 있는 『遼海編』 권3이 이 책과 내용이 동일하다. 『說郛』에는 1권으로 실려 있다. 단국대에 소장되어 있는 『玉簡齋叢書』에 『西遊錄注』, 『奉使朝鮮倡和集』 등과 함께 수록되어 있다. 『靑莊館全書』, 『海東繹史』, 『研經齋全集』, 『與猶堂全書』, 『五洲衍文長箋散稿』 등에서 이 책을 소개했다.

朝鮮圖說

明 鄭若曾이 편찬한 壬辰倭亂에 관한 책. 鄭若曾(1503~1570)은 字가 伯魯이고 號가 開陽이며 江蘇 昆山 출신이다. 『蘇松浮賦議』, 『江南經略』, 『鄭開陽雜著』 등의 저술이 전한다. 『海東繹史』에 『浙江書目』과 『四庫全書總目』을 인용하여 이 책이 1권인데 圖를 그리고 뒤에 考를 붙였으며, 世紀, 都邑, 山川, 風俗, 土産, 道里, 貢式을 상세하게 적고 宋 鄭興裔의 奏議 1편을 첨부했다고 했다. 臺北國立中央圖書館에 明代의 간본이 소장되어 있다. 문집 『鄭開陽雜著』에 「日本圖纂」, 「安南圖說」, 「琉球圖說」 등과 함께 이 책이 수록되어 있는데 『鄭開陽雜著』는 『四庫全書』에 수록되어 있다.

朝鮮復國經略要編

明 宋應昌이 편찬한 朝鮮에 관한 책. 宋應昌(1536~1606)은 字가 時祥이고 號가 桐岡이며 浙江 仁和 출신이다. 임진왜란 때 經略의 직함으로 조선에 출정했으며, 이 책 외에 『道器圖說』, 『心經茅鋤』, 『窺測陳筌』 등의 저술이 있다. 이 책은 『經略復國要編』, 『朝鮮復國經略』 등으로도 불린다. 『海東繹史』에 『浙江書目』을 인용하여 이 책이 14권이며 兵部侍郎 宋應昌이 經略으로 朝鮮에 파견되었다가 일을 마친 후 당시의 疏, 咨, 檄, 諭 등을 모아 편찬한 것이라 했다. 또 『明史』에 『朝鮮復國經略』 6권으로 되어 있다고 하면서 『經略復國要編』과 같은 듯한데 권수가 달라 의심스럽다고 했다. 『靑莊館全書』, 『五洲衍文長箋散稿』 등에서는 『明史』를 인용하여 6권이라 했다. 『四庫全書』에 14권의 『經略復

國要編』이 수록되어 있다. 고려대에 목판본 宋應昌의 『東征紀事』 1책이 따로 전하는데 萬曆 癸巳(1593) 明 楊鎬의 序가 붙어 있다.

朝鮮賦

明 董越이 조선에서 견문한 바를 기록한 賦. 董越(1430~1502)은 字가 尙矩이고 江西 寧都縣 출신이다. 弘治 원년(1488) 右春坊右庶子 兼 翰林院侍講으로 弘治帝의 등극을 알리는 사절단의 正使가 되어 副使 刑科給事中 王敞 등과 함께 朝鮮에 왔다. 이때 이 책과 함께 『使東日錄』, 『朝鮮雜志』 등의 저술을 남겼다. 이 책은 謝靈運의 「山居賦」를 모범으로 하여 조선의 沿革, 風俗, 山川, 亭館, 人物, 畜産에 대해 상세하게 적고 주석을 달았다. 明의 王政이 校刊한 판본을 甲辰字로 다시 간행한 판본이 규장각에 전하는데 전라도 관찰사였던 蘇世讓이 柳灌의 소장본을 구하여 南原府使였던 太斗南에게 간행하도록 한 것이며 1490년 지은 後序가 달려 있다. 고려대에 中宗 26년(1531) 간기가 있는 목판본이 전한다. 필사본도 여러 종 있는데 서명이 『大明董越朝鮮賦』로 된 것도 있다. 중국과 일본에서 간행한 판본도 여러 곳에 소장되어 있다. 『成宗實錄』 등 당대의 기록에서부터 꾸준히 이에 대한 기록이 보인다. 『新增東國輿地勝覽』, 『稗官雜記』, 『芝峯類說』, 『星湖僿說』, 『經世遺表』, 『東史綱目』, 『燃藜室記述』, 『迂書』, 『海東繹史』, 『五洲衍文長箋散稿』, 『林下筆記』 등에서 이 책을 인용하여 조선의 풍속과 지리 등에 대해 기술했다.

朝鮮史略

明代 편찬자를 알 수 없는 朝鮮의 歷史書. 『四庫全書』에 12권으로 실려 있다. 『海東繹史』에 『浙江書目』을 인용하여 이 책을 소개했다. 檀君에서부터 高麗 恭讓王까지의 역사를 다루었다. 대만 故宮博物院圖書館에 萬曆 丁巳(1617) 간행한 6권이 소장되어 있다. 『東國史略』이라고도 한다. 또 『四庫全書總目』을 인용하여 萬曆 庚戌(1610)에 쓴 明 趙琦美의 跋이 있는데, 馮仲纓에게서 빌려다가 기록했다고 했다. 『海東繹史』에서는 『東國通鑑』과 같은 것으로 보고 太宗 3년(1403) 權近 등이 편찬한 판본과 世祖 때 申叔舟가 편찬한 판본 두 종이 있다고 했다.

朝鮮三咨

朝鮮에서 明에 보낸 咨文 세 통을 묶은 책. 이 책은 따로 전하는 판본이 없다. 『海東繹史』에서 『佩文齋書畫譜』를 인용하여 明 王世貞의 爾雅樓에 있는 法書라 하고 『弇州續稿』에 실린 王世貞의 跋을 소개했다. 弘治 8년(1495) 東宮의 千秋節을 축하하기 위한 사신을 호송하는 데 대해 遼東都指揮使司에게 보낸 咨文, 嘉靖 41년(1562) 萬壽節의 進賀에 대한 咨文, 萬曆 11년(1583) 慈聖皇太后의 進獻에 대한 咨文 등 세 통을 1권으로 묶은 것이라 했다. 『六藝之一錄』, 『佩文齋書畫譜』, 『珊瑚網』 등에도 비슷한 내용이 실려 있다. 『三淵集』, 『疎齋集』, 『臺山集』 등에도 王世貞의 跋을 인용했다.

朝鮮世紀 → 高麗世紀

朝鮮詩選

明 吳明濟가 편찬한 朝鮮의 漢詩選集. 吳明濟는 會稽 출신으로 字가 子魚인데 壬辰倭亂 때 조선에 出兵했으나 자세한 이력은 밝혀져 있지 않다. 이 책 외에 『高麗世紀』를 편찬했다고 하지만 전하지 않는다. 이 책은 宣祖 33년(1600) 조선에서 간행된 판본 7권이 중국 國家圖書館에 소장되어 있다. 『列朝詩集』에 吳明濟의 序가 실려 있는데 이에 따르면 萬曆 丁酉(1597)에 조선으로 왔고 이듬해 조선 문인의 도움을 받아 200편을 수록한 것으로 되어 있다. 尹國馨은 『甲辰漫錄』에서 중국에서 간행된 판본을 자세히 소개했다. 『頤齋遺藁』, 『風月亭集』, 『熱河日記』, 『海東繹史』, 『五洲衍文長箋散稿』 등에도 이 책에 관한 기록이 보인다.

朝鮮詩選

明 藍芳威가 편찬한 朝鮮의 漢詩選集. 미국 버클리대에 『朝鮮詩選全集』 6권이 소장되어 있는데 여기에서 藍芳威는 昌江 출신으로 字는 萬里라고 되어 있다. 申欽이 援兵으로 온 중국 장수의 명단을 작성한 글에는 饒州 江西縣 출신으로 號가 雲鵬이며, 欽差統領浙兵游擊將軍 署都指揮僉事로 浙江의 군사 3,300인을 이끌고 1598년 1월 조선으로 왔다가 이듬해 7월 돌아갔다고 되어 있다. 이 책은 6권인데 許蘭雪軒의 詩 2권이 부록으로 실려 있다. 萬曆 甲辰(1604) 봄에 지은 吳知過의 序가 붙어 있고 585수의 한시가 수록되어 있다. 이 책은 李

宜顯의 『陶谷集』에서부터 보인다. 『海東繹史』에는 許筠의 「朝鮮詩選後序」를 인용하여 藍芳威가 萬曆 연간(1573~1620) 遊擊으로 조선에 원병으로 왔을 때 편찬한 것이라 했다. 이 책은 吳明濟의 『朝鮮詩選』과 내용이 거의 같은데 『靑莊館全書』에서 두 책의 편찬자 문제를 언급했다.

朝鮮詩選

明 焦竑이 편찬한 朝鮮의 漢詩選集. 焦竑(1541~1620)은 字가 弱侯이고 號는 澹園이며 江寧 출신으로 『國朝獻徵錄』, 『禹貢解』, 『遜國忠節錄』, 『焦弱侯問答』, 『焦氏筆乘』, 『焦氏類林』, 『玉堂叢話』, 『熙朝名臣實錄』, 『國史經籍志』, 『中原文獻』 등 많은 저술을 남겼다. 『海東繹史』에서 淸 鐘音의 『浙江書目』을 인용하여 이 책을 3권으로 소개했다. 『浙江書目』은 규장각에 소장된 『浙江採進遺書總錄』을 이른다. 이 책은 전하지 않으며 다른 문헌에서도 확인되지 않는다.

朝鮮詩集 → 明詩綜

朝鮮雜志

明 錢溥가 朝鮮에 관해 기록한 책. 錢溥(1408~1488)는 字가 原溥이고 華亭 출신이며 南京吏部尙書를 지냈다. 『使交錄』, 『秘閣書目』 등의 저술이 있는데 『使交錄』은 安南에 사신으로 갔을 때 唱和한 시를 모은 책이다. 이 책은 明 焦竑의 『國史經籍志』에 3권으로 되어 있지만 현전하지 않는다. 『海東繹史』, 『靑莊館全書』, 『五洲衍文長箋散稿』 등에서 『明史』를 인용해 이 책을 소개했다. 『海東繹史』와 『林下筆記』에서 淸 鍾音의 『浙江書目』을 인용하여 華察이 조선에 왔을 때 蘇世讓이 『朝鮮志』를 편찬해 바친 것이라 했는데 이 책과 다른 것이다.

朝鮮雜志

明 董越이 朝鮮에서의 見聞을 기록한 책. 董越(1430~1502)은 字가 尙矩이고 江西 寧都縣 출신이다. 弘治 원년(1488) 右春坊右庶子 兼 翰林院侍講으로 弘治帝의 등극을 알리는 사절단의 正使가 되어 副使 刑科給事中 王敞 등과 함께 朝鮮에 왔다. 이때 이 책과 함께 『使東日錄』 등의 저술을 남겼다. 이 책은 『浙江書目』, 『四庫全書總目』 등에 소개되어 있는데 1권이다. 乾隆 연간(1736~1795) 浙江巡撫進呈舊鈔本이 중국 國家圖書館에 소장되어 있다. 『四

庫全書總目』에는 『朝鮮賦』의 自註와 같은 내용인데 好事家가 이를 분리하여 별도로 간행한 것이라 했다. 『海東繹史』에서 이 책을 소개했다.

朝鮮征倭紀略

明 蕭應宮이 편찬한 朝鮮에 관한 책. 蕭應宮은 字가 觀復이고 常熟 출신인데 丁酉再亂에 海防使로 조선에 출정했다. 『甲辰漫錄』, 『亂中雜錄』, 『於于集』 등에 그의 행적이 소개되어 있다. 이 책은 1권인데 『明史』 등에 보이지만 전하지 않는다. 『靑莊館全書』, 『海東繹史』, 『五洲衍文長箋散稿』 등에서 서명만 소개했다.

朝鮮採風錄

淸 孫致彌가 편찬한 朝鮮의 漢詩選集. 孫致彌(1642~1709)는 字가 愷似이고 號는 松坪이며 嘉定 출신으로, 康熙 27년(1688) 출사하여 翰林院侍讀學士를 지냈다. 詞에 능하여 『別花餘事』, 『海汼』, 『衲琴』 등의 작품집을 남겼다. 淸 王士禛의 『池北偶談』에 따르면 康熙 17년(1678) 一等侍衛 狼曋에게 命하여 孝昭皇后의 尊謚를 朝鮮에 반포하게 하고, 東國의 시를 채집하여 돌아와 아뢰게 했을 때 孫致彌가 이 책을 편찬한 것이라 했다. 『漁洋詩話』에도 비슷한 내용이 보인다. 이 책은 지금 전하지 않는데 『明詩綜』, 『池北偶談』, 『艮齋雜說』 등에 여기에 실린 45인 60여 수의 작품을 옮겨놓았다. 金正中의 『燕行錄』, 『歸巖集』, 『樊巖集』, 『靑莊館全書』, 『海東繹史』 등에서 이 책을 인용했지만 모두 재인용이다.

蜩笑偶言

明 鄭瑗이 편찬한 雜錄. 鄭瑗은 成化 연간(1465~1487) 활동한 문인으로 莆田 출신이며 字가 仲璧이다. 『說郛續』에는 閩南 출신으로 되어 있다. 이 책 외에 『明省齋集』, 『井觀鎖言』 등의 저술이 있다. 이 책은 중국 國家圖書館에 嘉靖 甲寅(1554) 간기가 있는 목판본 1권이 소장되어 있다. 『說郛續』에는 26조의 잡다한 내용이 기록되어 있는데 諸葛亮, 季羔, 陳琳, 袁紹, 周昌, 晉靈公, 劉禪, 叔孫通, 楚莊王, 盜跖, 唐明皇, 陳寶謀 등의 일화를 다루었다. 『尙白齋鐫陳眉公訂正秘笈』에도 이 책이 수록되어 있다. 『五洲衍文長箋散稿』에는 왕위의 簒奪과 관련한 사항을 다루면서 이 책을 인용했는데 明 許自昌의 『樗齋漫錄』과 淸

趙吉士의 『寄園寄所寄』에 같은 내용이 보인다.

曹植集

三國 魏 曹植의 文集. 曹植(192~232)은 字가 子建이고 東武陽 출신이며 曹操의 아들로 陳思王이 되었다. 建安文學의 대표적인 인물이다. 그의 문집 『曹子建集』이 宋代 10권으로 편찬되었는데 대만 故宮博物院圖書館 등에 明代의 간본이 소장되어 있다. 明代에 4권으로 편집된 『陳思王集』도 같은 곳에 전한다. 『高麗史』에 따르면 宣宗 8년(1091) 宋의 館伴이 일실된 서적 129종의 목록을 주고 高麗에서 찾도록 했는데, 여기에 이 책이 포함되어 있고 30권이라 했다. 현재 이 계열의 판본은 확인되지 않는다. 『靑莊館全書』, 『海東繹史』 등에도 같은 기록을 인용했다.

晁氏新書

前漢 晁錯의 저술을 모은 책. 晁錯(B.C.200~B.C.154)는 潁川 출신으로 御史大夫를 지냈다. 『言兵事書』, 『晁家令集』 등이 전한다. 이 책은 『舊唐書』에 3권, 『新唐書』에 7권이라 했지만 일실되고 『說郛』와 『玉函山房輯佚書』에 「上書言太子事」, 「上言兵事」, 「言守邊備塞勸農力本當時急務二事」 등 일부가 편집되어 전한다. 『高麗史』에 따르면 宣宗 8년(1091) 宋의 館伴이 일실된 서적 129종의 목록을 주고 高麗에서 찾도록 했는데, 여기에 이 책이 포함되어 있고 3권이라 했다. 『靑莊館全書』, 『海東繹史』 등에도 같은 기록을 인용했다.

朝野異聞錄 → 異聞錄

肇域志

淸 顧炎武가 편찬한 明의 地理書. 顧炎武(1613~1682)는 江蘇 昆山 출신으로 原名은 絳이었으나, 明이 멸망한 후 炎武로 改名했으며 字는 寧人이고 號는 亭林이다. 『日知錄』, 『韻補正』, 『天下郡國利病書』, 『亭林詩文集』 등 많은 저술이 있다. 이 책의 自序에 따르면 崇禎 己卯(1639)에 집필을 시작하여 20여 년간 고심한 끝에 初稿를 완성했다고 한다. 21史와 明代의 實錄, 地方志, 文集, 『明一統志』 등을 참조하여 편찬했다. 建置, 沿革, 山川, 名勝, 水利, 貢賦 등을 상세히 서술했는데 南直隸, 雲貴 부분의 자료 수집과 고증 부분이 더욱 자세

하다. 중국 國家圖書館에 同治 연간(1862~1874) 간본『肇域志』50권이 소장되어 있다. 柳得恭이 1801년 北京에 갔을 때의 기록인『燕臺再遊錄』에 당시 이 책을 판각하려 한다는 정보를 수록하고 있다.『靑莊館全書』,『五洲衍文長箋散稿』등에서 이 책을 언급했지만 淸 朱彝尊의『靜志居詩話』를 재인용한 것이다.『硏經齋全集』에서 일실된 책이라 했다.

漕運全書

淸代 戶部에서 편찬한 漕運에 관한 책.『欽定戶部漕運全書』라고도 한다. 雍正 12년(1734) 夏之芳이 주청을 올려 이 책을 편찬하기로 하고, 10년마다 續纂하기로 정했다. 이에 따라 이 書名의 책은 판본에 따라 卷數가 다르다. 嘉慶 24년(1819) 간본은 88권, 道光 2년(1824) 간본은 96권, 道光 24년(1844) 간본은 92권으로 되어 있는데 모두 일본 東京大에 소장되어 있다. 39권으로 된 판본도 같은 곳에 소장되어 있다. 道光 25년(1825) 간본은 프린스턴대에 소장되어 있다. 중국 國家圖書館에는 潘世恩, 托津, 傅雲龍, 載齡 등 서로 다른 편찬자로 표기된 판본이 소장되어 있다. 光緖 2년(1876) 간행한 판본이『四庫全書』에 실려 있는데 96권이며 편자가 福趾로 되어 있다. 潘世恩(1769~1854)은 初名이 世輔이고 字는 日麟과 槐堂, 槐庭 등을 사용했고 號는 芝軒, 思輔老人, 眞意齋, 恩輔齋, 淸頌 등을 사용했다. 문집『恩輔齋集』이 전한다. 托津(1755~1835)은 字가 知亭이고 滿洲 鑲黃旗 소속의 大臣이다. 載齡(1812~1883)은 愛新覺羅氏로 字가 鶴峰이고 滿洲 鑲藍旗 소속이며 宗室大臣으로 體仁閣 大學士를 지냈다. 가장 널리 알려진 96권본은 편찬자가 福趾와 何桂芳으로 되어 있다. 楊錫紱도 편찬에 참여했다. 楊錫紱(1700~1768)은 字가 方來이고 號가 蘭畹이며 江西 淸江 출신이며, 何桂芳은 字가 小亭이고 江西 鄱陽 출신이다. 福趾는 戶部員外郞을 지낸 것 정도만 알려져 있다.『五洲衍文長箋散稿』에 이 책을 인용했는데 淸 阮元의『揅經室集』에 실린 내용을 재인용한 것으로 추정된다. 서울대 중앙도서관과 고려대 등에 96권의 목판본이 소장되어 있다.

趙威伯詩話 → 娛書堂詩話

祖訓 → 皇明祖訓

尊孟辨

南宋 余允文이 『孟子』를 辨證한 책. 余允文은 字가 隱文이고 建安 출신이지만 이력은 자세하지 않다. 司馬光, 李覯, 鄭厚叔 등이 『孟子』를 비판한 것을 다시 변증한 것으로 3권으로 되어 있으며, 『四庫全書』에 실려 있다. 溫公疑孟, 李公泰伯常語, 鄭氏叔友藝圃折衷 등으로 되어 있다. 續錄은 2권으로 王充刺孟, 蘇子辯孟으로 되어 있으며 尊孟辯別錄 1권이 더 붙어 있다. 清 錢熙祚의 『守山閣叢書』에도 실려 있다. 柳成龍의 『西厓集』에 실려 있는 「讀余隱之尊孟辨」은 이 책을 읽고 所懷를 적은 글이므로 조선 중기에 이 책이 조선에 유입된 것으로 보인다. 宋 朱熹의 「讀余隱之尊孟辨」이 조선에서 널리 읽혔기에 이 책이 많은 관심을 끈 것으로 보인다. 『默軒集』, 『明皐全集』, 『茶山詩文集』, 『艮齋集』, 『五洲衍文長箋散稿』 등에도 이 책이 소개되어 있다.

存餘堂詩話

明 朱承爵이 편찬한 詩話書. 朱承爵(1480~1527)은 字가 子儋이고 號가 舜城漫士 혹은 左庵이며 江陰 출신이다. 藏書家로 이름을 떨쳤으며 이 책 외에 『灼新劇談』 등의 저술이 있다. 이 책은 『說郛續』에 수록되어 있는데 古樂府, 謝朓, 蘇軾, 王建, 歐陽修 등 26條에 걸쳐 다양한 작품과 인물을 논하고 있다. 서울대 중앙도서관에 소장되어 있는 清代의 간본 『歷代詩話』에도 이 시화가 수록되어 있다. 『五洲衍文長箋散稿』에 시화서의 하나로 이 책을 들었다.

種痘新書

清 張琰이 편찬한 種痘 치료법에 관한 저술. 張琰은 字가 遜玉이고 山東 寧陽 출신이며, 집안 대대로 種痘 치료에 관심이 높아 이 책을 편찬했다. 이 책은 初刊本과 이후의 판각본이 중국 國家圖書館 등에 소장되어 있다. 『續修四庫全書』에도 수록되어 있다. 乾隆 辛酉(1741) 自序가 붙어 있으며 凡例가 따로 있다. 전체 12권인데, 권1~2는 藥性과 진단 및 치료의 개요를 수록하고, 권3에 種鼻痘法, 권4~8에 種痘의 病症 진단법, 권9에 전염의 증세와 조치법, 권10에 여성의 種痘, 권11에 痲疹의 치료, 권12에 麻痘諸方 등을 소개하고 있다. 『五洲衍文長箋散稿』에 1826년 北京에 다녀온 사람이 이 책을 가지고 왔다는 기록이 있다. 純祖 17년(1817) 李種仁이 편찬한 『時種通編』은 이 책을 참조한 것이다.

鍾律緯

梁 武帝가 악기 제조 방법을 적은 책. 梁 武帝(464~549)는 字가 叔達이고 이름은 蕭衍이다. 蘭陵 출신으로 南北朝 때 梁을 건국했다. 이 책은 『隋書』에 6권으로 되어 있는데 원문은 일실되고 『律呂新書』, 『玉海』 등에 일부가 인용되어 있다. 19세기 후반 淸 馬國翰이 간행한 『玉函山房輯佚書』에 편집되어 실려 있다. 『五洲衍文長箋散稿』에서 이 책을 인용했지만 『隋書』의 내용을 전재한 것이다.

鍾鼎篆韻

北宋 王楚가 편찬한 韻書. 王楚는 어떤 인물인지 확인되지 않는다. 이 책은 宋 晁公武의 『郡齋讀書錄』에는 元祐 연간(1086~1094) 呂大臨의 『考古圖』와 王黼의 『宣和博古圖』를 바탕으로 하여 10,125자의 篆字를 집성한 것이라 했다. 또 宋 陳振孫의 『直齋書錄解題』에는 편찬자를 알 수 없다 하고 7권본과 1권본이 있는데 7권본은 薛尙功이 편찬한 것이고, 1권본은 王楚가 편찬한 것이라 했다. 薛尙功은 字가 用敏이고 錢塘 출신이다. 南宋 紹興 연간(1131~1162)의 학자로 金石學과 文字學에 뛰어났다. 이 책과 함께 『歷代鐘鼎彝器款識法帖』을 편찬했지만 전하지 않는다. 宋 鄭樵의 『通志』에는 王楚가 편찬한 책으로 3권이라 했다. 『宋史』에는 王楚의 것을 『鍾鼎篆韻』, 薛尙功의 것을 『重廣鍾鼎篆韻』이라 했다. 중국 國家圖書館에 『增廣鐘鼎篆韻』 7권이 전하는데 元의 揚鉤이 이를 다시 增補한 것이다. 『五洲衍文長箋散稿』에 『鍾鼎篆韻』을 소개하고 薛尙功이 편찬자라 했다.

種杏仙方

明 龔廷賢이 편찬한 醫書. 龔廷賢(1522~1619)은 字가 子才이고 號가 雲林山人 혹은 悟眞子이며 江西 金溪 출신이다. 『古今醫鑑』을 편찬한 龔信의 아들이다. 부친과 다른 醫員에게 醫學을 배워 天下醫之魁首, 醫林壯元의 평가를 받았다. 『濟世全書』, 『壽世保元』, 『萬病回春』, 『雲林醫聖普渡慈航』 등 많은 저술을 남겼다. 이 책은 4권이며 일본 東京大 등에 소장되어 있다. 간편한 經驗方을 수록했는데 일상에서 쉽게 구할 수 있는 藥材를 이용하여 中風, 中濕, 脾胃 등 질병의 치료법을 기술했다. 朝鮮 許浚 『諺解胎産集要』의 인용 서목에 이 책이 보인다. 『五洲衍文長箋散稿』에서도 이 책을 소개했다. 규장각에 소장된

『冶城宋氏三世稿』에 朝鮮 宋厚謹의 『三笑窩遺稿』가 실려 있는데 「書新刊種杏仙方後」에 이 책의 간행과 관련한 기록이 보인다.

左氏膏肓

後漢 何休가 『左傳』을 풀이한 책. 何休(129~182)는 字가 邵公이고 任城樊 출신이다. 曆算에 능했고, 특히 『春秋』에 정통하여 『公羊墨守』, 『左氏膏肓』, 『穀梁廢疾』 3부작을 편찬했다. 이 책은 『直齋書錄解題』에 10권으로 되어 있으나 일실되고 『漢魏叢書』에 1권으로 편집된 판본이 실려 있다. 漢 鄭玄의 『箴左氏膏肓』 1권, 漢 服虔의 『春秋左氏膏肓釋痾』 1권 등이 이 책과 관련이 있다. 『退溪集』, 『德溪集』, 『宋子大全』, 『無名子集』, 『五洲衍文長箋散稿』 등에서 이 책을 소개했다.

左氏集解 → 春秋經傳集解

左氏綴節

南宋 陳天麟이 『左傳』을 풀이한 책. 陳天麟은 字가 季陵이고 宣城 출신이며, 紹興 연간(1131~1162)의 학자로 이 책과 함께 『左氏西漢南北史』, 『易三傳』 등을 편찬했다고 하지만 모두 일실되어 전하지 않는다. 이 책은 『明一統志』, 『經義考』 등에 서명만 보일 뿐 내용은 설명하지 않았다. 『五洲衍文長箋散稿』에서 편자를 宋 郭天麟이라 했지만 잘못이다.

左傳經世

淸 魏禧가 『左傳』을 풀이한 책. 魏禧(1624~1681)는 字가 冰叔 혹은 叔子이고 號가 裕齋이며 江西 寧都縣 출신이다. 明이 망한 후 寧都 翠微峰에 은거하며 勺庭에 거주했으므로 勺庭先生이라 불렀다. 康熙 연간(1662~1722) 博學鴻詞科에 천거되었으나 응하지 않았다. 문집 『魏叔子集』 외에 『左傳經世』, 『兵謀』, 『兵法』, 『兵跡』 등의 저술이 있다. 이 책은 『左傳經世書』, 『左傳經世鈔』라고도 한다. 『八千卷樓書目』에는 『左傳經世鈔』 23권, 『淸文獻通考』에는 『左傳經世』 10권, 『經義考』에는 『左傳經世』 30권으로 되어 있어 권수가 다르다. 自序에는 讀書가 經世를 위한 것이므로 이 책을 편찬한 것이라 했다. 『靑莊館全書』, 『研經齋全集』, 『楓石全集』, 『五洲衍文長箋散稿』 등에서 이 책을 소개했는데 모두

若干卷이라 했다. 서울대 중앙도서관에 乾隆 13년(1748) 聯墨堂에서 간행한 『左傳經世鈔』 23권이 소장되어 있다. 『五洲衍文長箋散稿』에 "淸高宗御製左傳經世鈔春秋直解"라 했으나 淸 高宗과 관련하여 편찬된 『左傳經世鈔』는 확인되지 않는다. "春秋直解"는 淸 高宗의 命으로 편찬한 『御纂春秋直解』를 이른다.

左傳詁 → 春秋左傳詁

左傳發明義

淸 梅巨儒가 『春秋左傳』을 풀이한 책. 梅巨儒는 字가 謏聞이고 宣城 출신인데 벼슬을 포기하고 학문에 전념했다. 『大淸一統志』에 『史鑑大事錄』과 『左傳發明義』를 저술한 것으로 되어 있지만, 모두 전하지 않는다. 淸 何紹基의 『重修安徽通志』에도 비슷한 내용이 보인다. 『五洲衍文長箋散稿』에서 梅巨儒의 『書傳發明義』와 『史鑑大事錄』을 소개했는데, 『書傳發明義』는 『書經』 관련 저술로 보이지만 다른 문헌에서 확인되지 않는다.

左傳事緯

淸 馬驌이 편찬한 史書. 馬驌(1621~1673)은 山東省 鄒平 출신으로 字는 宛斯 또는 驄御이다. 博學好古하고 古史에 해박하여 馬三代라는 별칭을 얻었다. 이 책 외에 『十三代緯書』를 集成했지만 일실되었다. 다른 저술 160권의 『繹史』는 규장각에 소장되어 있다. 이 책은 『事緯』라고도 하는데 12권이다. 편년체의 『春秋左氏傳』을 사건 중심으로 분류하여 108편의 敍事로 만들고 편마다 자신의 論斷을 붙였다. 卷首에 晉 杜預와 唐 孔穎達의 「序論」이 있고 「丘明小傳」 1권, 「辨例」 3권, 「圖表」 1권, 「覽左隨筆」 1권, 「名字譜」 1권, 「左傳字奇」 1권 등도 함께 붙어 있다. 『四庫全書』에 12권으로 수록되어 있다. 淸 李調元이 편찬한 『函海』에는 이 책이 4권으로 실려 있다. 서울대 중앙도서관에 道光 5년(1825) 간본 4권이 소장되어 있다. 『五洲衍文長箋散稿』에서 이 책을 자세히 다루었다. 『左傳事偉』로 잘못 표기된 데도 있다.

左傳音義

唐 陸元朗이 『周易』의 어휘를 풀이한 책. 陸元朗(550~630)은 字가 德明이라 陸德明으로 일컬어지며 蘇州 출신이다. 여러 經書 및 老莊 諸家書에 대한

각종 주석을 모아 편집하여, 經典의 原文 및 注文의 字音과 字意를 풀이하여 583년 무렵 『經典釋文』을 완성했다. 『周易』, 『古文尙書』, 『毛詩』, 『周禮』, 『儀禮』, 『禮記』, 『春秋左氏傳』, 『春秋公羊傳』, 『春秋穀梁傳』, 『孝經』, 『論語』, 『老子』, 『莊子』, 『爾雅』의 편찬 순서에 따라 각각 文字의 異同과 諸子百家의 音義를 集錄했다. 『經典釋文』 가운데 『左傳音義』가 실린 판본이 많은데 규장각 소장본도 그러하다. 『春秋左氏音義』라고도 하는데 2권이며 일본 京都大에 소장되어 있다. 『陸氏三傳釋文音義』도 중국 國家圖書館에 소장되어 있다. 『五洲衍文長箋散稿』에 『左傳音義』로 소개되어 있다.

左傳節要 → 全唐詩話

左稗 → 歷代史纂左編

左編 → 歷代史纂左編

酒經

北宋 蘇軾이 편찬한 술에 관한 雜錄. 蘇軾(1037~1101)은 眉州 眉山 출신으로 字는 子瞻 혹은 仲和이고 號는 東坡居士다. 문집 『東坡集』 외에 『東坡志林』 등의 잡록을 남겼다. 『說郛』에는 宋 朱肱의 『酒經』, 宋 李保의 『續北山酒經』과 함께 이 책이 실려 있다. 『五洲衍文長箋散稿』에는 蘇軾이 편찬한 것과 宋 朱肱이 편찬한 『酒經』을 소개하고 王勣이 편찬한 『北山酒經』, 李保가 편찬한 『續北山酒經』도 있다고 했다. 王勣의 『北山酒經』은 唐 王績의 『酒經』을 가리키는데 전하지 않는다. 蘇軾의 『酒經』은 『蘇軾酒經』, 『東坡酒經』, 『坡酒經』이라고도 하는데 조목을 나누지 않고 떡으로 된 술을 제조하는 방법을 간략하게 적었다. 『谿谷集』, 『五洲衍文長箋散稿』 등 여러 문헌에 이 서명이 보인다. 『佔畢齋集』, 『恬軒集』, 『藥山漫稿』, 『苔川集』, 『泊翁詩鈔』 등에도 『酒經』이 보이지만 편자는 밝히지 않았다.

周官旁注 → 禮記旁注

周官辨非
清 萬斯大가 『禮記』를 풀이한 책. 萬斯大(1633~1683)는 字가 充宗 혹은 褐夫이고 號는 跛翁이며 浙江 鄞縣 출신이다. 아우 萬斯同과 함께 黃宗羲의 제자이며, 『春秋』와 『禮記』에 능통했다. 이 책은 1권으로 그의 다른 저술 『禮記偶箋』, 『儀禮商』, 『學禮質疑』, 『學春秋隨筆』 등과 함께 『經學五書』로 묶여 있다. 『經學五書』는 서울대 중앙도서관에 嘉慶 元年(1796) 阮元의 序가 달린 판본이 소장되어 있다. 乾隆 戊寅(1758) 盧見曾의 序도 붙어 있다. 장서각에 道光 9년(1883) 간본도 전한다. 『靑莊館全書』와 『硏經齋全集』에 그의 생애와 함께 이 책을 소개했다. 『五洲衍文長箋散稿』에도 소개되어 있다.

奏對機緣
明末淸初 승려 道忞이 佛敎의 法統에 관해 기술한 책. 道忞(1596~1674)은 臨濟宗의 승려로 廣東 潮陽 출신이다. 俗姓은 林氏이며 字는 木陳이고 號는 山翁 혹은 夢隱이다. 世祖로부터 弘覺大師의 號를 받았다. 『弘覺禪師語錄』, 『弘覺忞禪師北游集』, 『弘覺忞禪師奏對錄』 등의 저술이 있다. 이 책은 淸 張潮가 편찬한 『昭代叢書』에 1권으로 실려 있다. 『五洲衍文長箋散稿』에는 이 책에 쓴 張潮의 題辭를 인용했다. 『熱河日記』의 『鳴盛堂書目』에서 이 책을 소개했다.

周禮家說 → 項氏家說

周禮講義
宋 鄭宗顔이 『周禮』를 풀이한 책. 鄭宗顔은 字號와 이력이 밝혀져 있지 않은데 北宋과 南宋 교체기의 학자로 추정된다. 이 책은 明 朱睦㮮의 『授經圖』에 2권으로 되어 있지만 일실되어 전하지 않는다. 『五洲衍文長箋散稿』에 『周禮新講義』로 소개되어 있다. 淸 李紱의 『穆堂類稿』에 『周禮新講義』로 소개하고 逸書라 했다. 北宋 王安石의 『周官新義』 16권이 『四庫全書』에 편재되어 있는데 그 끝에 鄭宗顔이 王安石의 字說을 편집한 『考工記解』 2권이 붙어 있다. 南宋 史浩도 『周禮講義』 14권을 편찬했는데 일부가 대만 故宮博物院圖書館에 소장되어 있다.

周禮大史正歲年解 → 戴氏遺書

周禮辨

金 楊雲翼이 『周禮』를 풀이한 책. 楊雲翼(1170~1228)은 字가 之美이고 平定 樂平 출신으로 翰林學士를 지냈다. 이 책과 함께 『龜鏡萬年錄』, 『續通鑑』 등을 저술했지만 모두 일실되었다. 『青莊館全書』에는 趙秉文과 함께 『龜鏡萬年錄』을 지었다는 기록이 보인다. 『元史』에 이 책이 1篇이라 했는데 일실되어 전하지 않는다. 『五洲衍文長箋散稿』에서 書名만 소개했다. 『五洲衍文長箋散稿』에는 그의 『續通鑑』도 소개했다.

周禮辨學 → 詩書周禮辨學

周禮詳解

北宋 王昭禹가 편찬한 『周禮』의 註釋書. 王昭禹는 字가 光遠인데 貫鄕과 이력은 자세하지 않다. 徽宗 연간(1100~1126)과 欽宗 연간(1126~1127) 활동했다. 이 책은 『四庫全書』에 40권으로 수록되어 있다. 北宋 王安石의 학설을 부연한 책이다. 『周禮』의 편제에 따라 원문을 적고 자세한 주석을 달았다. 丁若鏞이 『喪禮四箋』에서 이 책을 인용했다. 『五洲衍文長箋散稿』에서는 書名만 들었다.

周禮疏 → 周禮注疏

周禮新講義 → 周禮講義

周禮義

北宋 王安石이 편찬한 『周禮』의 註釋書. 王安石(1021~1086)은 字가 介甫이고 號가 半山이며 江西 臨川 출신이다. 荊國公에 봉해졌기 때문에 王荊公이라고도 하며, 謚號를 따라 王文公이라고도 한다. 많은 저술이 있었지만 『字說』, 『鍾山目錄』 등은 일실되고, 현재 『臨川集』, 『臨川集拾遺』, 『周官新義』, 『老子注』 등이 남아 있다. 王安石의 문집 『臨川集』 등에 「周禮義序」가 실려 있는데 皇命으로 편찬한 것이며 22권이라 했다. 『宋史』에는 『新經周禮義』 22권이 보이는데, 熙寧 연간(1068~1077) 經義局을 설치하고 편찬한 것이라 했다. 지금은 전하지 않는다. 『五洲衍文長箋散稿』에도 서명만 들었다. 『雲養集』에는 「周禮

義序」에 대한 논의가 있다. 王安石의 『周官新義』가 이 책과 관련이 있는 듯하지만 16권이라 권수에 차이가 있다. 宋 黃裳의 『周禮義』 2권이 『四庫全書』에 실려 있지만 별개의 저술이다.

周禮義疏 → 周禮注疏

周禮傳
明 王應電이 『周禮』를 풀이한 책. 王應電은 王電으로도 알려져 있는데 字가 昭明이고 昆山 출신이며, 嘉靖 연간(1522~1566)의 학자다. 이 책 외에 『同文備考』, 『六義圖解』 등의 저술이 있다. 이 책은 嘉靖 癸亥(1563) 武豐知縣 吳鳳瑞 간본이 대만 故宮博物院圖書館에 소장되어 있다. 10권이며 翼傳 2권과 圖說 2권이 더 붙어 있다. 『四庫全書』에도 수록되어 있다. 『周禮』의 편제에 따라 天官, 地官, 春官, 夏官, 秋官, 冬官 등으로 나누고 주석을 붙였다. 『與猶堂全書』에서 이 책을 언급했다. 『五洲衍文長箋散稿』에서 泉府를 풀이한 대목이 이 책을 인용한 것이다. 『五洲衍文長箋散稿』에서 漢 馬融이 66세에 『周禮傳』을 지은 일도 언급했다. 馬融(79~166)은 字가 季長이고 扶風 茂陵 출신이며, 經學에 뛰어나 『孝經』, 『論語』, 『詩經』, 『尙書』, 『列女傳』, 『老子』, 『淮南子』 등 많은 경전에 주석을 달았는데 모두 일실되고 淸代 『玉函山房叢書』에 일부가 편집되어 전한다.

周禮訂義
南宋 王與之가 『周禮』를 풀이한 책. 王與之는 溫州 樂淸 출신으로 字는 次點이고 號는 東巖이다. 이 책은 80권이며, 앞에 宋代 45家의 『周禮』 주석을 실었다. 南宋 眞德秀의 序에는 紹定 5년(1232) 완성되었다 하고, 南宋 趙汝騰의 後序에는 嘉熙 元年(1237) 완성된 것이라 했다. 성암고서박물관에 15세기 후반 乙亥字로 간행된 판본 일부가 소장되어 있는데 서명이 『東巖周禮訂義集說』로 되어 있다. 康熙 19년(1680) 通志堂 간본이 대만 故宮博物院圖書館에 소장되어 있다. 『四庫全書』에도 80권으로 편입되어 있다. 『靑莊館全書』, 『硏經齋全集』, 『五洲衍文長箋散稿』 등에 이 책이 소개되어 있다. 『西坡集』에는 『周禮證義』로, 『弘齋全書』에는 『訂義』로, 『龜巖集』에는 『周禮證義』로 소개되어 있다.

周禮正義 → 周禮注疏

周禮注疏

唐 賈公彦이 漢 鄭玄이 『周禮』에 붙인 註를 풀이한 책. 賈公彦은 唐州 永年 출신의 학자로 太常博士를 지냈다. 생몰년과 이력은 밝혀져 있지 않다. 이 책은 50권 혹은 42권으로 되어 있다. 『周禮疏』, 『周禮正義』라고도 한다. 16세기 乙亥字로 간행한 『附釋音周禮註疏』가 성암고서박물관에 소장되어 있다. 장서각에는 乾隆 40년(1775)의 『周禮注疏』 42권이 소장되어 있다. 明 王志長이 편집한 목판본 『周禮註疏刪翼』도 규장각과 장서각 등에 소장되어 있다. 고려대 등에 소장된 萬曆 연간(1573~1620) 목판본 『十三經注疏』에도 이 책이 수록되어 있다. 『陶菴集』, 『星湖全集』, 『五洲衍文長箋散稿』에는 『周禮注疏』로, 『穌齋集』, 『與猶堂全書』, 『海東繹史』에는 『周禮疏』로, 『研經齋全集』에는 『周禮義疏』 혹은 『周禮正義』로 인용되어 있다. 『海東繹史』에서 賈公彦의 『周禮正義』로 소개했는데 『周禮注疏』에 실린 「正義序」를 이른다. 『靑莊館全書』에는 賈公彦의 『儀禮周禮正義』를 소개했다. 『周禮正義』라 하면 보통 唐 孔穎達의 저술을 이른다. 또 『海東繹史』에 鄭玄의 『周禮注』를 인용하고 42권이라 했는데 『周禮注疏』에 함께 실린 漢 鄭玄의 注를 이른다. 규장각에 조선에서 간행한 『纂圖互註周禮』가 소장되어 있는데 鄭玄의 注를 단 것으로 12권이다.

周禮集傳

元 毛應龍이 편찬한 『周禮』의 註釋書. 毛應龍은 字가 介石이고 豫章 출신이며 大德 연간(1297~1307) 澧州敎授를 지냈다. 이 책은 『國史經籍志』와 『經義考』에 24권, 『授經圖』에 13권, 『續文獻通考』에 16권 등 권수가 다르게 나타난다. 『五洲衍文長箋散稿』에서는 書名만 들었다. 이 서명의 책은 지금 전하지 않고 『四庫全書』에 『周官集傳』 16권이 실려 있는데 이와 관련이 있는 듯하다.

周禮纂圖互注

宋代 편찬자가 알려져 있지 않은 『周禮』의 註釋書. 『纂圖互注周禮』라고도 한다. 淸 陳鱣의 『經籍跋文』에 「宋本周禮注跋」이 실려 있는데 宋代의 간본으로 12권이며 부록에 『音義』가 실려 있고 首題가 『纂圖互注周禮』라고 했다. 또 淸 吳壽暘의 『拜經樓書跋記』에 「周禮纂圖互注重言重意」가 실려 있는데 宋代의

간본 12권을 소장하고 있다 하고, 漢 鄭玄의 注, 唐 陸元朗의 『音義』, 『重言重意互注』 등을 합친 것이라 했다. 이 판본이 영인본으로 출판된 바 있다. 『五洲衍文長箋散稿』에는 書名만 소개했는데 편자를 無名氏라 했다.

周禮總義

南宋 易祓이 편찬한 『周禮』의 註釋書. 易祓(1156~1240)은 字가 彦章 혹은 彦偉, 彦祥이고 號는 山齋이며 長沙 출신이다. 이 책 외에 『周易總義』 등의 저술이 있다. 이 책은 『郡齋讀書志』에 30권으로, 『宋史』에 36권으로 되어 있지만 중국 國家圖書館 등에 소장되어 있는 판본은 6권이며 考證 1권이 붙어 있다. 『四庫全書』에 『周官總義』 30권이 수록되어 있는데 이 책과 관련이 있는 듯하다. 『五洲衍文長箋散稿』에는 『周禮總義』로 소개했다.

周末列國有今郡縣考

淸 閔麟嗣가 周末 列國의 郡縣 위치를 고증한 책. 閔麟嗣(1628~1704)는 字가 賓連이고 號가 檄庵이며 徽州 巖寺鎭 출신이다. 『黃山志定本』, 『廬山集』, 『古國都今郡縣合考』 등의 저술이 있다. 李德懋의 『磊磊落落書』와 『皇明遺民傳』에 그의 전기를 적고 있는데 淸 王士禎의 『感舊集』을 인용하여 문집 『廬遊艸悟雪艸堂集』을 소개했다. 『硏經齋全集』에도 전기가 소개되어 있다. 이 책은 『昭代叢書』에 1권으로 수록되어 있으며 道光 13년(1833) 간본도 중국 國家圖書館에 소장되어 있다. 서명이 『周末列國古今郡縣考』로 된 데도 있다. 『五洲衍文長箋散稿』에서 이 책을 소개했다.

酒名記

宋 張能臣이 편찬한 酒名에 관한 雜錄. 張能臣은 貫鄕이나 이력이 밝혀져 있지 않다. 이 책은 규장각 등에 소장되어 있는 『說郛』와 『宋人百家小說』 등에 실려 있다. 皇室의 家釀酒 외에 后妃家의 香泉酒, 天醇酒, 瓊酥酒, 瑤池酒, 瀛玉酒 등과 親王家나 駙馬家의 瓊腴酒, 蘭芷酒, 玉瀝酒, 金波酒, 淸醇酒 등 100여 종의 술을 기록했다. 『五洲衍文長箋散稿』에 이 서명이 보인다.

朱文公易說 → 文公易說

酒譜

北宋 竇苹이 편찬한 술에 관한 서적. 竇苹은 字가 子野이고 汶上 출신이다. 이 책 외에 『唐書音訓』 등의 저술이 있다. 『說郛』에는 편찬자가 竇革으로 되어 있지만 竇苹의 잘못이다. 『唐宋叢書』에는 宋 竇憲이 편찬자로 되어 있는데 역시 잘못이다. 이 책은 仁宗 2년(1024) 완성되었다. 『說郛』와 『唐宋叢書』 등에 실려 있는데 酒源, 酒名, 歡伯, 懦酒, 酒旗, 劉白墮, 醉聖, 祖台州書, 般若湯, 崑崙觴, 卧黍穰, 瘿木杯, 竹根, 蓮子杯, 安石榴, 酒令 등의 표제어를 달았다. 『芝峯類說』, 『雲坪集』, 『旅菴遺稿』, 『警修堂全藁』, 『星湖全集』, 『五洲衍文長箋散稿』 등 여러 문헌에서 이 서명을 언급했다. 『海東雜錄』에는 蕉華가 『酒譜』를 지었다고 했는데 竇苹의 잘못이다.

周髀算經

편찬자를 알 수 없는 古代의 算術書. 원래 서명은 『周髀』였는데, 唐代 國子監 明算科의 교재로 채택되면서 『周髀算經』으로 改名되었다. 周는 圓의 뜻이고 髀는 股의 뜻으로 고대 수학의 원리를 나타내는 말이다. 편찬자는 알려져 있지 않은데 卷頭에 周公과 商高의 대화를 수록하고 있어 周公의 저술로 오인된 바 있다. 규장각에 소장되어 있는 『說郛』에는 謝察微가 편찬한 것으로 되어 있다. 『新唐書』, 『崇文總目』, 『玉海』, 『宋史』 등에는 唐 謝察微의 저술로 『算經』 3권이 소개되어 있지만 謝察微에 대해서는 밝혀진 바가 없다. 『唐宋叢書』에는 漢 趙蕤가 편찬한 것으로 되어 있으나 趙爽의 잘못이다. 趙爽은 이름이 嬰이라고도 하고 字는 君卿이다. 일본 東京大에 소장되어 있는 『周髀算經』은 2권이며 『音義』 1권이 붙어 있다. 漢 趙爽 注, 北周 甄鸞 重述, 唐 李淳風 等奉敕注釋, 宋 李籍 撰音義로 되어 있어 趙爽이 『周髀算經』에 주석을 달았음을 알 수 있다. 南宋 嘉定 6년(1213)에 처음 간행된 것이 중국 上海圖書館에 소장되어 있다. 『四部叢刊』에도 3권으로 편입되어 있다. 이 책은 일찍이 조선과 일본으로 유입되어 다양하게 간행되었다. 서울대 중앙도서관에 중국본 『算經十書』가 소장되어 있는데 그 안에 漢 趙爽이 주석을 단 판본이 실려 있으며 『四部叢刊』에 실린 것과 유사한 계열이다. 『星湖全集』에는 편자가 趙爽으로 되어 있다. 『象村稿』, 『磻溪隨錄』, 『保晩齋叢書』, 『與猶堂全書』, 『林下筆記』, 『弘齋全書』, 『五洲衍文長箋散稿』 등에 이 책이 인용되어 있지만 편자는 따로 밝히지 않았다.

麈史

北宋 王得臣이 편찬한 宋代의 雜史. 王得臣(1036~1116)은 字가 彦輔이고 號는 鳳台子이며 安州 安陸 출신이다. 『江夏辨疑』, 『鳳台子和杜詩』, 『江夏古今紀詠集』 등 많은 저술을 남겼지만 이 책 3권만 전한다. 이 책은 『王氏麈史』라고도 한다. 王得臣이 政和 乙未(1115)에 완성한 책으로 卷上에 12門, 卷中에 17門, 卷下에 15門 등 모두 44門으로 나누어 284조의 사적을 기록했다. 朝廷 안팎의 다양한 故事와 傳聞을 수록했는데 經典을 참고하여 異同을 분별하고 考證을 실었다. 규장각 등에 소장되어 있는 『知不足齋叢書』에 3권으로 실려 있다. 『宋子大全』, 『五洲衍文長箋散稿』 등에 이 책이 인용되어 있다.

酒小史

元 宋伯仁이 편찬한 술에 관한 雜錄. 宋伯仁은 字가 器之이고 號가 雪巖이며 廣平 출신이다. 嘉熙 연간(1237~1240)의 인물로, 詩書畵에 능했으며 『雪巖詩集』과 『梅花喜神譜』 등의 저술이 전한다. 이 책은 『說郛』에 1권으로 실려 있는데 春秋椒漿酒, 西京金漿醪, 杭城秋露白, 相州碎玉, 薊州薏苡仁酒, 金華府金華酒, 高郵五加皮酒, 長安新豐市酒, 汀州謝家紅, 南唐臘酒, 處州金盤露, 廣南香蛇酒, 黃州茅柴酒, 燕京內法酒 등 100여 종의 술이 소개되어 있다. 高麗의 林慮醬에 대한 기록도 보인다. 『海東繹史』, 『五洲衍文長箋散稿』에 이 서명이 보인다.

周氏冥通記 → 冥通記

周易擧正

唐 郭京이 『周易』의 여러 판본을 교감한 책. 郭京은 蘇州司戶參軍을 지낸 사실 외에는 거의 밝혀진 것이 없다. 이 책은 曹魏 王弼과 東晉 韓伯이 필사한 古本을 바탕으로 당시에 유통되던 여러 판본을 교감한 것으로 3권이다. 전남대 도서관에 淸代에 목판으로 간행한 汲古閣本 3권 1책이 전한다. 『津逮秘書』에도 3권으로 수록되어 있다. 『說郛』에는 일부만 수록되어 있다. 『星湖僿說』에 '易擧正'이라는 항목을 두어 자세히 다루었는데 洪邁의 『容齋隨筆』에 수록된 것을 보고 비평한 것이다. 『與猶堂全書』, 『五洲衍文長箋散稿』에도 이 책을 인용했다.

周易啓蒙翼傳

元 胡一桂가 『周易』을 풀이한 책. 胡一桂(1247~?)는 字가 庭芳이고 號는 雙湖이며 徽州 婺源 출신이다. 부친 胡方平의 학문을 이어받아 易學에 정통하여 이 책 외에 『周易本義附錄纂注』도 편찬했다. 『十七史纂古今通要』도 그의 저술이다. 이 책의 원서명은 『周易本義啓蒙翼傳』이며 『易學啓蒙翼傳』 혹은 『啓蒙翼傳』이라고도 한다. 上篇에 天地自然之易, 伏羲易, 文王易, 周公易, 孔子易 등이, 中篇에 三代易, 古易, 古易之變, 古易之復, 易學傳授, 易學傳注 등이, 下篇에 擧要, 辨疑, 筮法 등이, 外篇에 周易緯, 焦氏易林, 京氏易傳, 楊氏太玄, 魏氏參同, 郭氏洞林, 關氏洞極, 衛氏元包, 司馬氏潛虛, 邵子皇極經世, 蔡氏皇極內篇 등이 실려 있다. 『退溪集』에서부터 이 책에 대한 언급이 보이는데, 특히 1570년에 쓴 「新刊啓蒙翼傳跋」에 따르면 禹性傳이 柳成龍에게서 이 책을 빌려 李滉에게 보내주었고, 이를 필사하여 易東書院에 두었는데 星州牧使 金克一이 監司 李陽元의 도움을 받아 조선에서 간행했다는 기록이 보인다. 『英祖實錄』에도 이 책을 書筵의 교재로 사용했다는 기록이 보이므로 조선에 널리 유통되었음을 알 수 있다. 『弘齋全書』, 『青莊館全書』, 『研經齋全集』, 『五洲衍文長箋散稿』 등 여러 문헌에서 이 책을 소개했다. 『五洲衍文長箋散稿』에서 『翼傳外篇』으로도 소개했다. 『星湖僿說』, 『大山集』 등에서 書名을 들지 않고 胡一桂의 『周易』 해석을 소개했는데 이 책을 인용한 것이다. 규장각 등에 조선과 중국에서 간행한 목판본이 소장되어 있다.

周易稽疑

明 朱睦㮮이 『周易』을 풀이한 책. 朱睦㮮(1517~1586)은 字가 灌甫이고 號가 西亭이며 明의 宗室로 定王 朱橚의 6세손이다. 經學에 밝았으며 『萬卷堂書目』, 『異林』, 『授經圖』 등의 저술이 있다. 『周易』, 『尙書』, 『毛詩』, 『春秋』, 『禮記』 등의 의문처에 대해 諸家의 주석을 참조하고 자신의 견해를 붙여 8권의 『五經稽疑』를 편찬했는데, 그중 권1이 이 책이다. 『五經稽疑』는 『四庫全書』에 8권으로 수록되어 있다. 元亨利貞, 彖傳爻傳, 文言 등의 표제어가 달려 있다. 『說郛續』에도 실려 있는데 편찬자를 '卞上睦㮮'로 표기했다. 卞上은 安徽 休寧을 가리킨다. 『五洲衍文長箋散稿』에서 서명만 들었다.

周易圖象

明末淸初 方以智가 『周易』을 풀이한 책. 方以智(1611~1671)는 字가 密之이고 號가 鹿起 혹은 曼公이며 桐城 출신이다. 明이 멸망한 후 출가하여 승려가 되어 이름을 大智라 하고 字를 無可라 했다. 號는 弘智, 藥地和尙, 極丸老人 등을 사용했다. 『稽古堂門集』, 『物理小識』, 『浮山集』, 『藥地炮莊』, 『易䄂』, 『古今性說合觀』, 『一貫問答』, 『東西均』, 『通雅』 등 많은 저술이 있다. 이 책은 『周易』을 그림으로 풀이한 것인데 『周易圖』라고도 한다. 지금은 일실되어 전하지 않는 듯하다. 李德懋의 『磊磊落落書』에서 方以智를 소개하면서 『周易圖』를 위시한 그의 저술을 다루었지만 『大明一統志』에서 인용한 것이다. 『五洲衍文長箋散稿』에도 이 서명이 보인다.

周易本義

南宋 朱熹가 『周易』을 풀이한 책. 朱熹(1130~1200)는 建陽 출신으로 字가 元晦 혹은 仲晦이고 號는 晦庵, 紫陽 등을 사용했다. 宋代 理學을 집대성했으며 『四書章句集注』, 『四書或問』, 『太極圖說解』, 『通書解』, 『西銘解』, 『易學啓蒙』 등의 저술을 남겼다. 이 책은 呂祖謙의 『古周易』을 바탕으로 上經과 下經, 彖上傳, 彖下傳, 象上傳, 象下傳, 繫辭傳, 文言傳, 說卦傳, 序卦傳, 雜卦傳 등 十翼의 체계를 갖추었으며, 앞에 河圖洛書伏羲八卦次序, 伏羲八卦方位, 伏羲六十四卦次序, 六十四卦方位, 文王八卦次序, 文王八卦方位, 變卦圖 등을 붙이고 끝에 五贊, 筮儀, 音訓, 考異 등을 붙였다. 原集 12권, 부록 4권으로 되어 있다. 규장각에 英祖 30년(1754) 조선에서 간행한 목판본 12권과 萬曆 28년(1600) 2권으로 간행한 『新刊官板周易本義』 4권 등이 소장되어 있다. 『朱子全書』에도 실려 있다. 崔岦이 이 책에 口訣을 달아 올리면서 쓴 「周易本義口訣附說投進疏」가 『簡易集』에 실려 있다. 또 權得己는 이 책을 발췌하여 『本義還元』을 저술했다. 『靑莊館全書』, 『研經齋全集』, 『五洲衍文長箋散稿』 등 여러 문헌에서 이 책을 소개했다.

周易本義附錄纂注

元 胡一桂가 宋 朱熹의 『周易』 풀이를 집성한 책. 胡一桂(1247~?)는 徽州 婺源 출신으로 字가 庭芳이고 號는 雙湖다. 부친 胡方平의 학문을 이어받아 易學에 정통하여 이 책 외에 『周易啓蒙翼傳』을 편찬했다. 『十七史纂古今通要』도

그의 저술이다. 이 책은 朱熹의 『周易本義』를 종주로 삼고 附錄에 朱熹의 文集과 語錄 등에서 『周易』과 관련한 여러 설을 모은 것이다. 『周易本義附錄纂疏』라고도 한다. 『通志堂經解』에 15권으로 실려 있고 『四庫全書』에도 편입되어 있다. 『宣祖實錄』, 『靑莊館全書』, 『硏經齋全集』, 『五洲衍文長箋散稿』 등에서 이 책을 소개했다.

周易本義集成

元 熊良輔가 宋 朱熹의 『周易』 풀이를 집성한 책. 熊良輔(1310~1380)는 字가 任重이고 號가 梅邊居士이며 南昌 출신이다. 『小學入門』, 『風雅遺音』 등을 저술했으며 『周易』에 통달하여 이 책을 저술했다. 전남대 등에 소장되어 있는 『通志堂經解』에 12권으로 실려 있다. 朱熹의 『周易本義』에 의거하되 문집과 어록의 관련 기록을 덧붙이고 集疏를 두어 諸家의 학설도 함께 실었다. 『宋元學案』에 실린 自序에 따르면 至治 2년(1322) 간행한 것으로 되어 있으나, 생년을 고려할 때 믿기 어렵다. 『靑莊館全書』, 『硏經齋全集』, 『五洲衍文長箋散稿』 등에서 이 책을 소개했다.

周易本義通釋

元 胡炳文이 宋 朱熹의 『周易』 풀이를 집성한 책. 胡炳文(1250~1333)은 字가 仲虎이고 考水 출신이다. 經學史에서 雲峯胡氏로 일컬어지는데 雲峰은 그의 號다. 『雲峰集』, 『書集解』, 『春秋集解』, 『大學指掌圖』, 『四書通』, 『四書辨疑』, 『禮書纂述』, 『爾雅韻語』, 『大學指掌圖』 등 많은 저술을 남겼다. 이 책은 『通志堂經解』에 15권으로 실려 있는데 같은 판본이 규장각과 전남대 등에 소장되어 있다. 延祐 丙辰(1316) 胡炳文의 自序가 붙어 있으므로 이즈음 완성된 것으로 보인다. 이 책은 朱熹의 『周易本義』를 바탕으로 하여 諸家의 학설을 절충한 것이다. 『靑莊館全書』, 『硏經齋全集』, 『五洲衍文長箋散稿』 등에서 이 책을 소개했다.

周易備考

明 陳弘緖가 『周易』을 풀이한 책. 明 文德翼의 『求是堂文集』에 「陳石莊先生傳」이 실려 있는데 陳弘緖는 字가 士業이고 江西 新建 출신의 문인으로 이 책과 함께 『石莊集』, 『恒山存藁』, 『寒崖集』 등의 저술이 있다고 했다. 이 책은

『經義考』에 未見書로 되어 있는데 일실되어 전하지 않는 듯하다. 李德懋의 『磊磊落落書』에 方以智를 소개하면서 이 책을 소개했지만 淸 施閏章의 『愚山集』에 실려 있는 그의 墓誌에서 인용한 것이다. 『五洲衍文長箋散稿』에도 서명만 보인다.

周易裨傳

南宋 林至가 『周易』을 풀이한 책. 林至는 字가 德久이고 松江 출신이며, 淳熙 연간(1174~1189) 활동한 문인으로 朱熹의 제자다. 이 책은 『宋史』에 1권으로, 『文獻通考』에 2권으로 되어 있으며, 元 至正 연간(1341~1368) 처음 간행되었다. 法象, 極數, 觀變 등 3편으로 구성되어 있으며 自序가 붙어 있다. 外篇 1권이 더 있다. 『通志堂經解』에 『易裨傳』으로 수록되어 있다. 『硏經齋全集』, 『五洲衍文長箋散稿』 등에서 이 책을 소개했다.

周易飛候 → 易飛候

周易象意

淸 王世業이 『周易』을 풀이한 책. 王世業은 廬陵 출신으로 字가 險三이고 號가 恒齋다. 王世貞의 伯父 王愔의 아들이다. 이 책은 30권이며, 중국 國家圖書館과 하버드대에 乾隆 연간(1736~1795) 판본이 소장되어 있다. 국립중앙도서관에는 필사본이 소장되어 있다. 『五洲衍文長箋散稿』에서 이 책이 30권이라 소개했고 太極에 대한 그의 학설을 상세하게 인용했다. 明 唐鶴徵이 동일한 서명의 책을 편찬했다. 唐鶴徵(1538~1619)은 號가 凝菴이고 武進 출신이다. 金誠一, 許篈, 李廷龜 등이 중국에서 만난 일이 있어 여러 기록에 그의 행적이 보인다. 『與猶堂全書』에 『周易』에 대한 그의 학설을 인용했는데 이 책을 참고한 듯하다.

周易述義

淸 乾隆帝의 命으로 『周易』의 주석을 모아 집성한 책. 傅恒 등이 乾隆 20년(1755) 10권으로 편찬했다. 傅恒(1720~1770)은 字가 春和이고 淸 高宗 孝賢純皇后의 아우다. 이 책 외에 『春秋直解』, 『欽定旗務則例』, 『西域圖志』 등의 저술이 있다. 이 책은 卦爻 4권, 彖傳 1권, 象傳 2권, 繫辭傳 2권, 文言傳 1권, 說

卦傳 1권, 序卦傳 1권, 雜卦傳 1권으로 구성되어 있다. 淸 李光地 등이 乾隆帝의 命으로 편찬한 『周易折中』을 계승한 것이다. 국립중앙도서관에 淸 王由敦의 序가 달린 목판본 10권 4책이 소장되어 있고, 일본 목판본도 전남대 등에 소장되어 있다. 『五洲衍文長箋散稿』에서 서명만 간단히 소개했다.

周易略例

魏 王弼이 『周易』을 풀이한 책. 王弼(226~249)은 字가 輔嗣이고 山陽 高平 출신이다. 24세에 요절했지만 이 책 외에 『周易注』, 『老子注』, 『老子指略』, 『論語釋疑』 등 많은 저술을 남겼다. 이 책은 총 7篇으로 이루어졌으며 『周易注』와 더불어 易學에 관한 가장 깊이 있는 저술로 알려져 있다. 『四部叢刊』과 『漢魏叢書』 등에 수록되어 있는데 唐 邢璹의 注釋이 붙어 있다. 규장각에 소장되어 있는 『周易兼義上經』은 이 책에 唐 孔穎達의 正義를 붙여 明 李長春이 간행한 판본이다. 『靑莊館全書』, 『硏經齋全集』, 『五洲衍文長箋散稿』 등에 『周易略例』로 『硏經齋全集』에 『易略例』로 소개되어 있다.

周易玩辭

南宋 項安世가 『周易』을 풀이한 책. 項安世(1129~1208)는 字가 平甫이고 號가 平庵이며 括蒼 출신이다. 이 책 외에 『項氏家說』, 『平庵悔稿』 등의 저술이 있다. 이 책은 16권이며 『易玩辭』라고도 한다. 『通志堂經解』와 『四庫全書』에 16권으로 수록되어 있다. 經, 繫辭, 說卦, 序卦傳, 雜卦 등으로 구성되어 있다. 전남대 등에 비슷한 판본과 필사본이 소장되어 있다. 『靑莊館全書』, 『硏經齋全集』, 『與猶堂全書』, 『五洲衍文長箋散稿』 등에서 이 책을 소개했다. 『五洲衍文長箋散稿』에는 淸 査愼行의 『周易玩辭』도 함께 소개했다. 査愼行(1650~1727)은 浙江 海寧 袁花 출신으로 初名이 嗣璉이고 字가 夏重, 號가 査田인데 나중에 이 이름으로 바꾸고 字는 悔餘로, 號는 他山으로 바꾸었다. 烟波釣徒로도 불리며 만년에 初白庵에 머물면서 査初白으로 일컬어졌다. 淸朝六家의 한 사람이며 『他山詩抄』, 『蘇詩補註』 등의 저술이 있다. 이 책은 원래 서명이 『周易玩辭集解』이며 『四庫全書』에 10권으로 수록되어 있다. 전남대에도 비슷한 판본이 소장되어 있는데 雍正 2년(1724)의 序가 달려 있다. 8권까지는 經이고 9권에 上繫傳이, 10권에 下繫傳이 실려 있다.

周易音義

唐 陸元朗이 『周易』의 어휘를 풀이한 책. 陸元朗(550~630)은 字가 德明이라 陸德明으로 일컬어지며 蘇州 출신이다. 여러 經書 및 老莊 諸家書에 대한 각종 주석을 모아 편집하여, 經典의 原文 및 注文의 字音과 字意를 풀이하여 583년 무렵 『經典釋文』을 완성했다. 『周易』, 『古文尙書』, 『毛詩』, 『周禮』, 『儀禮』, 『禮記』, 『春秋左氏傳』, 『春秋公羊傳』, 『春秋穀梁傳』, 『孝經』, 『論語』, 『老子』, 『莊子』, 『爾雅』의 편찬 순서에 따라 각각 文字의 異同과 諸子百家의 音義를 集錄했다. 乾隆 21년(1756) 1권으로 간행된 판본이 중국 國家圖書館 등에 소장되어 있다. 『經典釋文』에 『周易音義』가 실린 판본이 많은데 규장각본도 그러하다. 『周易兼義』의 附錄에 1권으로 붙어 있는 판본도 있다. 『五洲衍文長箋散稿』에 이 책이 소개되어 있다.

周易義例

北齊 李鉉이 『周易』을 풀이한 책. 李鉉은 字가 寶鼎이고 渤海 南皮 출신이다. 書法에 뛰어났고 經學에도 일가를 이루어 이 책 외에 『字辨』, 『三傳異同』, 『毛詩同異』, 『論語異同』, 『孝經異同』 등 많은 저술을 남겼지만 모두 전하지 않는다. 『北齊書』에 이 책이 보이지만 일실되어 전하지 않는다. 『五洲衍文長箋散稿』에 書名을 소개했다.

周易義海撮要

南宋 李衡이 『周易』의 풀이를 집성한 책. 李衡(1100~1178)은 字가 彦平이고 號가 樂庵이며 江都 출신이다. 문집 『樂庵集』은 일실되고 이 책만 전한다. 이 책은 12권이며 『四庫全書』에 실려 있다. 『通志堂經解』에도 12권으로 실려 있는데 같은 판본이 장서각과 전남대 등에 소장되어 있다. 經, 彖傳, 象傳, 繫辭傳, 文言傳, 說卦傳, 序卦傳, 雜卦傳 등에 雜論이 더 붙어 있다. 胡瑗, 魏徵, 何維翰, 程頤 등 諸家의 학설을 집성한 것이다. 『靑莊館全書』, 『硏經齋全集』, 『五洲衍文長箋散稿』 등에서 이 책을 소개했다.

周易傳

後漢 荀爽이 『周易』을 풀이한 책. 荀爽(128~190)은 이름을 諝라고도 하며 字는 慈明이고 潁川 출신이다. 『禮傳』 등의 저술이 있다. 『周易』에 능통하여 九

家易을 集成한 것으로 알려져 있다. 『高麗史』에 따르면 宣宗 8년(1091) 宋의 館伴이 일실된 서적 129종의 목록을 주고 고려에서 찾도록 했는데, 여기에 이 책이 포함되어 있고 『荀爽周易』 10권이라 했다. 『靑莊館全書』에도 같은 내용이 보인다. 『五洲衍文長箋散稿』에서 荀爽이 『周易』 10권을 편찬했다고 했는데 이 기록을 옮긴 것으로 보인다. 이 책은 일실되고 淸代에 일부를 수습하여 편집한 판본이 전한다. 『黃氏逸書』에 『荀爽周易注』로, 『玉函山房輯佚書』에 『荀爽易言』과 『周易荀氏注』 등으로 실려 있다.

周易傳義大全

明 胡廣 등이 朱熹의 『周易』 주석을 집성한 책. 胡廣(1370~1418)은 字가 伯始이고 南郡 華容 출신이다. 永樂 13년(1415) 翰林院學士로 있으면서 『五經大全』을 편찬했는데 宋 朱熹의 『周易傳義大全』, 『書傳大全』, 『詩傳大全』, 『禮記集說大全』, 『春秋集傳大全』에 대한 諸家의 小註를 集成한 것으로 永樂 15년(1417) 간행되었다. 『五經大全』으로 묶여 있지만 『周易傳義大全』, 『書傳大全』, 『詩傳大全』, 『禮記集說大全』, 『春秋集傳大全』 등의 서명으로 독립되어 유통되었다. 규장각 등 여러 도서관에 다양한 판본이 소장되어 있다. 『世宗實錄』에 永樂 17년(1419) 敬寧君 李裶가 『性理大全』과 함께 『四書五經大全』을 받아왔다고 했다. 『四書大全』과 『牛溪集』, 『靑莊館全書』, 『五洲衍文長箋散稿』에도 『四書五經大全』 혹은 『五經四書大全』이 소개되었다. 『明齋遺稿』, 『木齋集』, 『星湖全集』 등에서는 『周易傳義大全』을 별도로 언급했다.

周易傳義附錄

南宋 董楷가 『周易』의 풀이를 집성한 책. 董楷는 字가 克正이고 天台 출신이며, 南宋 咸淳 연간(1265~1274) 활동했다. 이 책은 원래 서명이 『周易程朱先生傳義附錄』인데, 元 至正 9년(1349) 廬陵 竹坪書堂 간본이 중국 國家圖書館에 소장되어 있다. 『四庫全書』에도 14권으로 수록되어 있다. 經, 繫辭, 說卦, 序卦, 雜卦 등으로 구성되어 있으며 宋 朱熹, 程頤 등의 학설을 중심으로 하고 있다. 『通志堂經解』에도 실려 있다. 전남대에 소장되어 있는 『董氏周易』이 같은 판본으로 보인다. 『五洲衍文長箋散稿』에서 이 책을 소개했으며, 『弘齋全書』, 『研經齋全集』에서 書名을 들지 않고 董楷의 說을 인용했는데 이 책에서 가져온 것이다.

周易傳注

清 李塨이 『周易』을 풀이한 책. 李塨(1659~1733)은 字가 剛主이고 號가 恕谷이며 直隸 蠡縣 출신으로, 이 책 외에 『四書傳注』, 『春秋傳注』, 『小學稽業』, 『李氏學樂錄』, 『論學』, 『大學辨業』 등 많은 저술을 남겼다. 『五洲衍文長箋散稿』에서 李塨이 『易說』을 남겼다고 했는데 이 책을 이르는 것으로 추정된다. 清 穆彰阿의 『大清一統志』에 그의 저술로 『易說』, 『樂解』, 『四書義疏』 등을 소개했지만 『易說』로 된 책은 전하지 않는다. 『五洲衍文長箋散稿』에서 함께 소개하고 있는 『四書義疏』, 『樂解』도 다른 문헌에서 확인되지 않는다. 『周易傳注』는 7권으로 『四庫全書』에 수록되어 있는데 經, 繫辭, 說卦 등으로 구성되어 있다. 끝에 『周易筮考』가 붙어 있다.

周易折中

清 李光地 등이 康熙帝의 命을 받아 『周易』 註釋을 집성한 책. 李光地(1642~1718)는 字가 晉卿이고 號가 厚庵 혹은 榕村이며 泉州 安溪 湖頭 출신이다. 문집 『榕村全集』이 있고, 康熙帝의 命을 받아 『御纂朱子全書』, 『欽定篆文六經四書』, 『御纂性理精義』 등을 편찬했다. 이 책은 康熙 54년(1715) 편찬되었는데 『御纂周易折中』이라고도 한다. 『周易折衷』으로 된 데도 있다. 역대 諸家의 학설을 종합하고 고증하여 22권으로 엮었다. 『星湖僿說』, 『頤齋遺藁』, 『青莊館全書』, 『弘齋全書』, 『與猶堂全書』, 『五洲衍文長箋散稿』 등에 이 책이 언급되어 있다. 『景宗實錄』(1723년 9월 7일)에 康熙帝로부터 이 책과 함께 『朱子全書』 등을 받아온 것으로 되어 있다. 규장각, 장서각 등에 康熙 54년 序가 달린 판본이 소장되어 있다. 규장각 소장본에는 正祖의 장서인이 찍혀 있다. 徐命膺의 장서인이 압인된 판본이 개인 소장으로 전한다. 『五洲衍文長箋散稿』에는 "清聖祖御纂周易折中易學圖說"이라는 기사가 보이는데 康熙帝의 『易學圖說』은 확인하기 어렵다.

周易程氏傳

北宋 程頤가 『周易』을 풀이한 책. 程頤(1033~1107)는 字가 正叔이고 號가 伊川이며, 형 程顥와 함께 北宋을 대표하는 學者다. 『二程全書』와 『易傳』, 『經說』이 전한다. 이 책은 『程氏易傳』, 『伊川易傳』, 『易傳』이라고도 한다. 元符 2년(1099) 완성되어 문인 楊時가 編次했지만 간행되지 못했는데 清代에 呂留良

이 4권으로 정리하여 『二程全書』에 수록했다. 이 책은 魏 王弼, 北宋 胡瑗, 北宋 王安石 등의 영향을 받아 義理로 『周易』을 해석했다. 『高麗史節要』에 따르면 忠烈王 5년(1308) 처음 이 책이 전래되었다고 하는데 어떤 판본인지는 알 수 없다. 『程氏易傳』, 『伊川易傳』, 『周易程傳』, 『周易程氏傳』, 『易傳』 등으로 조선 초기부터 지속적으로 인용되었다. 『二程全書』는 16세기 무렵 조선에서 유통되기 시작한 것으로 보인다. 규장각에 淸代의 간본 『周易程氏傳』 4권과 활자본 『程氏易傳』 5책 등이 소장되어 있다. 『二程全書』도 소장되어 있다.

周易輯聞

南宋 趙汝楳가 『周易』을 풀이한 책. 趙汝楳는 宋 太宗의 8世孫으로 明州 鄞縣 출신이며, 易學에 밝아 이 책 외에 『易雅』, 『筮宗』, 『易序叢書』 등을 편찬했다. 宋 理宗 연간(1224~1264) 戶部侍郎을 지냈다. 이 책은 규장각 등에 소장된 『通志堂經解』에 6권으로 실려 있다. 序에 따르면 부친 趙善湘의 원고에 20년 동안 자신이 연구한 것을 보태 이 책을 편찬한 것이라 한다. 十翼을 비판하며 大象傳, 彖傳, 繫辭傳, 說卦傳, 序卦傳, 雜卦傳 등을 인정하지 않고 經文에만 주석을 달았다. 『靑莊館全書』에는 편찬자를 趙汝祺로, 『五洲衍文長箋散稿』에는 汝祺로 잘못 표기했다. 『硏經齋全集』에는 바르게 표기되어 있다.

周易輯說 → 大易輯說

周易集說 → 大易集說

周易集解

北宋 掌禹錫이 『周易』을 풀이한 책. 掌禹錫(992~1068)은 字가 唐卿이고 許州 郾城 출신이다. 北宋 王洙와 함께 『皇祐方域國志』를, 北宋 蘇頌과 함께 『嘉祐補注本草』를 편찬했다. 淸 朱彝尊의 『經義考』에 따르면 이 책이 10권인데 일실되었다고 했다. 『五洲衍文長箋散稿』에 이 책이 소개되어 있다. 『硏經齋全集』, 『阮堂全集』에는 唐 李鼎祚가 편찬한 『周易集解』를 소개했다. 李鼎祚는 資州 盤石 출신의 문인으로 생애가 밝혀져 있지 않다. 代宗 연간(762~766) 이 책을 편찬하여 바쳤다. 淸 劉毓崧의 「周易集解跋」이 이 책의 跋이다. 이 책은 『津逮秘書』와 『四庫全書』 등에 17권으로 실려 있다. 『與猶堂全書』에 여러 차

례 李鼎祚의 이 책을 소개했다. 丁若鏞의 「題黃裳幽人帖」에도 이 서명이 보인다. 『研經齋全集』과 『靑莊館全書』에는 宋 丘富國과 淸 應撝謙의 『周易集解』도 각기 소개했다. 丘富國은 字가 行可이고 建安 출신이며 朱熹의 문인이다. 이 책과 『經世補遺』를 남겼지만 모두 전하지 않는다. 應撝謙(1615~1683)은 字가 嗣寅이고 號가 潛齋이며 이 책 외에 『詩傳』, 『應潛齋集』 등의 저술이 전하지만 이 책은 일실된 듯하다.

周易勦說

明末淸初 邱維屛이 『周易』을 풀이한 책. 邱維屛(1614~1679)은 字가 邦士이고 寧都 河東 출신이며 魏禧가 처남이다. 『魏徵君雜錄』, 『松下集』 등을 남겼다. 이 책은 『疇人傳四編』, 『淸一統志』 등에 서명이 보이고 『淸史稿』에는 12권으로 되어 있지만, 일실된 듯하다. 『靑莊館全書』에서 『淸一統志』를 인용하여 그의 전기를 소개했다. 『五洲衍文長箋散稿』에 書名이 보인다.

周易叢說 → 漢上易傳

周易通義

南宋 洪興祖가 『周易』을 풀이한 책. 洪興祖(1090~1155)는 字가 慶善이고 號가 練塘이며 丹陽 출신이다. 經學에 뛰어나 太常博士를 지냈다. 이 책 외에 『繫辭要旨』를 편찬했는데 이 역시 『五洲衍文長箋散稿』에서 소개했지만 이 책과 함께 일실되어 전하지 않는다. 『靑莊館全書』, 『研經齋全集』 등에 그의 전기와 함께 이 책을 소개했다. 『五洲衍文長箋散稿』에서는 書名만 들었다.

周易解

南宋 金安節이 『周易』을 풀이한 책. 『五洲衍文長箋散稿』에는 편찬자를 安節이라 했으나, 金安節의 잘못이다. 金安節(1094~1170)은 字가 彦亨이며 休寧 출신의 문인이다. 이 책은 『明一統志』에 서명이 『易解』로 되어 있지만 일실되어 전하지 않는다. 淸 朱彝尊의 『經義考』에도 일실된 것으로 되어 있다. 『五洲衍文長箋散稿』에 淸 郝谷도 같은 이름의 저술을 남긴 것으로 되어 있는데, 郝谷이 누구인지 확인할 수 없다. 같은 서명의 책을 宋 張根, 淸 牛運震 등 여러 사람이 편찬했다. 淸 牛運震의 책은 『塞山堂易解』라고도 한다. 張根

(1062~1120)은 字가 知常이고 饒州 德興 출신이다. 牛運震(1706~1758)은 字가 階平이고 空山先生으로 불린다. 『空山堂文集』, 『史論』, 『春秋傳』, 『金石圖』 등의 저술이 있다.

周易解 → 易解

周易會通

元 董眞卿이 『周易』을 풀이한 책. 董眞卿은 字가 季眞이고 鄱陽 출신이며 『孝經大義』 등을 편찬한 董鼎의 아들이다. 이 책은 『易傳會通』, 『周易纂注會通』이라고도 하는데, 처음에는 서명을 『周易經傳集程朱解』라 했다. 『四庫全書』, 『通志堂經解』에 14권으로 수록되어 있다. 經, 繫辭, 說掛 등의 체제로 되어 있으며 集解, 附錄, 纂注 등의 항목 아래 諸家의 說을 집성했다. 규장각과 국립중앙도서관에 소장된 『周易經傳集程朱解附錄纂註』 14권이 같은 책이다. 康熙 16년(1677) 董眞卿의 「周易會通序」가 붙어 있다. 『靑莊館全書』, 『研經齋全集』, 『五洲衍文長箋散稿』 등에서 이 책을 소개했다.

酒爾雅

北宋 何剡이 술과 관련한 용어의 의미를 정리한 책. 何剡은 字가 聖從이고 陵州 출신으로 景祐 연간(1034~1038) 출사하여 龍圖閣直學士와 尙書右丞 등을 지냈다. 이 책은 『說郛』에 수록되어 있는데 醡, 醿, 醱, 酎, 醅, 醪, 醑, 醨, 醴, 醆, 醥, 酏, 醠 등 술과 관련된 다양한 용어를 풀이했다. 『五洲衍文長箋散稿』에 書名만 간략히 언급했다.

朱子家禮 → 家禮

朱子綱目 → 資治通鑑綱目

朱子大全 → 晦庵先生朱文公文集

朱子晩年全論

淸 李紱이 朱熹의 만년 저술을 논한 책. 李紱(1675~1750)은 字가 巨來이고

號는 穆堂이며 臨川 출신이다. 『穆堂類稿』, 『陽明學錄』, 『八旗志書』 등의 저술이 있다. 규장각에 雍正 壬子(1732) 李紘의 序가 달린 『穆堂初藁』가 소장되어 있다. 宋代 이래 朱熹와 陸九淵의 門徒 사이에 學說이 갈렸는데 明 王守仁이 『朱子晩年定論』을 지어 朱熹와 陸九淵의 학설이 다르지 않음을 주장했고, 明 陳建이 『學蔀通辨』을 지어 朱熹를 높이고 陸九淵을 비판했다. 李紱은 陸九淵과 同鄕으로 이 책을 지어 陸九淵을 높였다. 朱熹의 문집 중 50세부터 71세까지의 글을 선발하고 고증과 논변을 부기했다. 규장각에 雍正 壬子 李紱의 序와 雍正 13년(1735) 李光墺의 序가 달린 목판본 8권 3책이 소장되어 있다. 『五洲衍文長箋散稿』에는 李紱이 이 책에 붙인 序를 인용했다. 『明臯全集』, 『靑莊館全書』, 『五洲衍文長箋散稿』 등에 이 책이 인용되어 있다.

朱子晩年定論

明 王守仁이 朱熹의 만년 저술에 관해 논변한 책. 王守仁(1472~1529)은 初名이 雲이고 字는 伯安이고 號는 陽明이며 浙江 餘姚 출신이다. 이 책은 王守仁이 朱熹와 陸九淵의 학설이 다르지 않음을 주장한 저술이다. 규장각에 『王文成公全書』가 소장되어 있는데 明 徐愛가 편집한 것으로 隆慶 壬申(1572) 徐階의 序가 붙어 있다. 여기에 『傳習錄』과 함께 이 책이 附錄으로 실려 있다. 단국대에 필사본이 따로 전한다. 洪汝河의 「題陽明集朱子晩年定論後」, 朴世采의 「王陽明學辨」, 李獻慶의 「朱子晩年定論辨」, 李鈺均의 「王陽明傳習錄附朱子晩年定論辨」이 이 책을 두고 쓴 글이다. 『五洲衍文長箋散稿』에서 「朱子晩年定論辨證說」을 두어 상세히 따졌다.

朱子詩傳附錄纂疏 → 詩傳附錄纂疏

朱子語類

南宋 黎靖德이 朱熹의 語錄을 정리한 책. 黎靖德은 永嘉 출신의 학자로 景定 연간(1260~1264) 활동했다. 景定 4년(1263) 李道傳이 편집하여 池州에서 간행한 『朱子語錄』, 李性傳이 편집하여 饒州에서 간행한 『朱子語錄續』, 蔡抗이 편집하여 饒州에서 간행한 『朱子語後錄』, 黃士毅가 편집하여 眉州에서 간행한 『朱子語類』, 王佖이 편집하여 徽州에서 간행한 『朱子語續類』 등을 종합하여 咸淳 6년(1270) 140권으로 간행했다. 26目 1,151條로 되어 있는데 理氣,

鬼神, 性理, 學, 大學 5권, 論語 32권, 孟子 11권, 中庸 3권, 易 13권, 書 2권, 詩 2권, 孝經 1권, 春秋 1권, 禮 8권, 樂 1권, 孔孟周程張邵朱子와 呂伯恭 1권, 陳葉 1권, 陸氏 1권, 老莊 1권, 釋氏 1권, 本朝 6권, 歷代 3권, 戰國漢唐諸子 1권, 雜類 1권, 作文 2권 등으로 구성되어 있다. 『宣祖實錄』에는 1571년 校書館에 이 책을 인쇄하라고 命한 기사가 보인다. 英祖 47년(1771) 간기가 있는 『朱子語類大全』 140권 외에 『朱子語類大全考證』, 李宜哲이 1774년 주석을 달아 편찬한 『朱子語類考文解義』, 중요 내용을 초록하여 丁酉字로 간행한 『朱子語類抄』 등 다양한 판본이 규장각에 소장되어 있다. 『一蠹集』, 『退溪集』, 『眉巖集』 등 조선 전기 이래 수많은 책에서 인용했으며, 『星湖僿說』, 『五洲衍文長箋散稿』에서도 여러 차례 인용했다. 『朱子語錄』으로 된 기록은 대부분 이 책을 지칭한다.

朱子年譜

南宋 朱熹의 年譜. 이 책은 宋 黃幹이 편찬하고 明 葉公回가 보완한 3권본이 가장 널리 알려져 있다. 黃幹(1152~1221)은 字가 直卿이고 號가 勉齋이며, 朱熹의 사위이자 제자다. 『黃勉齋文集』, 『晦庵先生語續錄』 등 많은 저술을 남겼다. 이 책은 朱熹 생전의 행적과 사후 配享과 관련한 내용 등이 綱目體로 구성되어 있다. 규장각에 景泰 3년(1452) 간기가 적힌 『太師徽國文公年譜』가 전한다. 규장각 소장 일사본 『朱子年譜』도 유사한 계열의 판본인데 鏡城에서 간행한 것이다. 朱熹의 연보는 다른 책에 부록으로 실린 곳도 많은데 규장각 소장 『易學啓蒙』, 『五先生禮說分類』 등이 그러한 예다. 『退溪集』에 『朱子年譜』 간행과 관련한 기사가 보이며 이른 시기부터 조선에서 자체적으로 인쇄되어 문인들의 필독서로 읽혔다. 淸 王懋竑이 편찬한 4권본이 있는데 이 판본이 『英祖實錄』에 보인다. 『寒岡集』, 『宋子大全』, 『星湖僿說』, 『五洲衍文長箋散稿』 등 많은 문헌에 이 책이 언급되었다.

朱子全書

淸 李光地 등이 康熙帝의 命을 받아 편찬한 朱熹의 文集. 李光地(1642~1718)는 字가 晉卿이고 號가 厚庵 혹은 榕村이며 泉州 安溪 湖頭 출신이다. 문집 『榕村全集』이 있고, 康熙帝의 命을 받아 이 책 외에 『欽定篆文六經四書』, 『御纂性理精義』 등을 편찬했다. 이 책의 원서명은 『御纂朱子全書』다. 규장각에

康熙 53년(1714) 李光地의 序가 달린 66권이 소장되어 있다. 『小學』, 『周易本義』, 『易學啓蒙』, 『詩集傳』, 『儀禮經傳通解』, 『四書章句集注』, 『四書或問』, 『論孟精義』, 『家禮』, 『資治通鑑綱目』, 『近思錄』, 『朱子語類』, 『楚辭集注』, 『昌黎先生集考異』 등의 저술과 함께 문집 『晦庵先生朱文公文集』이 망라되어 있다. 景宗 3년(1723) 康熙帝에게 『御纂周易折中』 등과 함께 이 책을 받아왔다는 기록이 보인다. 이보다 앞서 李滉의 『退溪集』, 金麟厚의 『河西全集』, 趙穆의 『月川集』 등 16세기 문헌에서 여러 차례 이 책을 언급하고 있는데 이는 『朱子大全』을 지칭하는 듯하다. 『梅山集』, 『五洲衍文長箋散稿』 등 18세기 이래 많은 문헌에서 『朱子全書』를 언급하고 있다. 규장각, 장서각 등에 다양한 판본이 소장되어 있다.

周子通書

北宋 周敦頤가 편찬한 性理學書. 周敦頤(1017~1073)는 원명이 惇實이고 字는 茂叔이고 號는 濂溪이며 道州 營道 출신이다. 이 책은 理, 氣, 五行과 『周易』의 원리를 궁구하고 이를 經世에 응용하는 방법을 풀이했다. 1권으로 되어 있으며 『通書』라고도 한다. 이 책을 풀이한 元 保八의 『周子通書訓義』가 전한다. 誠, 誠幾德, 聖, 愼動, 道, 師, 幸, 思, 志, 順化, 治, 禮樂, 務實, 愛敬, 動靜, 樂, 聖學, 公明, 理性命, 顔子, 師友, 過, 勢, 文辭, 聖蘊, 精蘊, 乾損益動, 家人睽復無妄, 富貴, 陋, 擬議, 刑, 公, 孔子, 蒙艮 등 40편으로 구성되고, 부록으로 太極圖와 太極圖說이 실려 있다. 宋 潘興嗣의 「濂溪先生墓誌銘」에 周敦頤가 『易通』을 저술했다고 했는데 朱熹는 「再定太極通書後序」에서 『易通』을 이 책으로 보았다. 『退溪集』 등 이른 시기의 문헌에서부터 자주 이 책이 인용되어 있으며 『星湖僿說』에도 보인다.

主制群徵

독일 출신의 선교사 湯若望이 편찬한 기독교 서적. 湯若望(Johann Adam Schall von Bell, 1592~1666)은 독일의 天主教 耶蘇會 소속의 修士로 중국에서 字를 道未라 했다. 47년간 중국에 살다가 北京의 마테오리치 무덤 옆에 묻혔다. 중국 科學史와 思想史에 크게 기여했고 이 책 외에 『主教緣起』를 지었다. 이 책은 2권으로 상권 10편, 하권 15편으로 이루어져 있는데 論神的智慧, 論靈魂不滅 등의 표제를 달았다. 明代의 간본이 일본 京都大에 소장되어 있다. 『陶谷集』, 『星湖僿說』, 『與猶堂全書』, 『五洲衍文長箋散稿』에서 이 책을 인용했다.

周秦行記
唐 牛僧孺가 편찬한 小說. 牛僧孺(779~847)는 字가 思黯이고 安定 鶉觚 출신으로, 宰相을 역임했으며 傳奇集 『玄怪錄』을 남겼다. 이 책은 『說郛』와 『唐代叢書』 등에 실려 있다. 끝에 「周秦行紀論」이라 하여 賈黃中의 말을 인용하여 李德裕의 측근인 韋瓘이 牛僧孺를 모함하기 위하여 僞撰한 것이라 했다. 張維의 『谿谷集』에 보이는 「讀周秦行記」가 이 글을 읽고 쓴 것인데 비슷한 내용을 담고 있다. 『默軒集』, 『芝峯類說』, 『五洲衍文長箋散稿』에도 이 서명이 보인다.

周處風土記 → 風土記

籌海重編 → 高麗圖記

肘後備急方
晉 葛洪이 지은 醫書. 葛洪(284~364)은 字가 稚川이고 抱朴子라는 自號를 사용했으며 小仙翁이라고도 한다. 丹陽郡 출신인데 후에 羅浮山에 은거하여 鍊丹術을 익혔다. 일상에서 자주 당하는 急症과 外傷, 寄生蟲病 등에 대한 經驗方과 藥材 등을 기술했다. 처음에는 『肘後救卒方』 혹은 『肘後方』이라 했는데 후에 南朝 梁 陶弘景이 증보하여 『補闕肘後百一方』이라 했다. 金의 楊用道가 『證類本草』의 일부를 보태 『附廣肘後方』이라 했다. 明 正統 연간(1436~1449) 편찬된 『道藏』에 8권 70편으로 수록되어 있다. 장서각에 『葛仙翁肘後備急方』이 소장되어 있다. 『谿谷集』, 『靑莊館全書』, 『貞菴集』, 『海東繹史』 등에 관련 언급이 보인다. 『五洲衍文長箋散稿』에는 孫思邈의 『肘後方』을 인용했는데 같은 내용이 唐 孫思邈의 『千金要方』에 보이므로 李圭景의 착오인 듯하다.

竹林詩評
편찬자를 알 수 없는 詩話書. 明 馮惟訥의 『古詩紀』 등에 여러 차례 인용되어 있는데 漢과 六朝 시대의 詩를 다룬 것으로 보아 唐代에 편찬된 것으로 추정된다. 『說郛』에 韋孟, 蘇武에서부터 謝靈運 등 중국 古代의 시를 대상으로 한

詩話 21條가 수록되어 있다. 『五洲衍文長箋散稿』에 歷代의 詩話書를 소개하면서 書名만 소개했다.

竹譜

晉 戴凱之가 편찬한 대나무에 관한 著述. 戴凱之는 字가 慶預이고 武昌 출신이다. 『隋書』「經籍志」에 『竹譜』 1권이 보이지만 편찬자가 기록되어 있지 않고 『舊唐書』에서부터 편찬자가 戴凱之로 나타난다. 이 책은 『百川學海』, 『說郛』, 『昭代叢書』, 『御覽知不足齋叢書』 등에 수록되어 있다. 70여 종의 대나무를 소개하고 있으며 四言의 본문에 주석이 함께 달려 있다. 『芝峯類說』, 『白洲集』, 『記言』, 『息山集』, 『星湖僿說』, 『五洲衍文長箋散稿』 등 여러 문헌에 이 서명이 보인다. 『四庫全書』에 10권의 『竹譜』가 따로 실려 있는데 元 李衎이 편찬한 다른 책이다. 李衎(1245~1320)은 字가 仲賓이고 號가 息齋道人이며 薊丘 출신이다.

竹譜

淸 陳鼎이 편찬한 대나무에 관한 저술. 陳鼎(1650~?)은 字가 定九이고 號가 留溪이며 江蘇 江陰 출신이다. 詩文에 뛰어났으며 歷史에도 정통했다. 저서로 『留溪草堂詩稿』, 『東林列傳』, 『留溪外傳』 등이 있다. 이 책은 『荔枝譜』와 함께 『昭代叢書』에 실려 있다. 回春竹, 孝子竹, 忠臣竹, 君子竹 등 59종의 대나무를 소개했다. 『海東繹史』에 이 책을 인용했는데 조선에서 나는 龜脚竹에 대한 것이다.

竹書紀年

戰國 魏의 史官이 夏에서부터 魏 襄王 20년(B.C.299)까지의 역사를 기록한 編年體의 歷史書. 『晉書』에 따르면 晉 武帝 太康 2년(281) 汲郡의 不準이 魏 襄王의 능을 도굴하여 小篆으로 기록된 竹簡을 발견하자 이를 荀勖과 和嶠가 정리하여 편집했는데 이를 初釋本 혹은 荀和本이라고 부르는데 13권으로 되어 있었다. 晉 惠帝 때 衛恒이 정리한 것을 束晳(264~303)이 다시 편찬했는데 이를 考正本 혹은 衛束本이라 한다. 이들은 五代十國의 혼란을 거치면서 일실되고 明代에 逸文을 집록한 『竹書紀年注』가 나왔다. 淸 嘉慶 연간(1796~1820) 朱右曾이 逸文을 考證하여 『汲冢紀年存眞』을 편집했는데 이를 古本이라 부른다. 汲郡의 무덤에서 발굴되었으므로 『汲冢紀年』, 『汲冢古文』,

『汲冢書』라고도 한다. 규장각 등에 소장되어 있는 『漢魏叢書』, 『平津館叢書』, 『御覽郝氏遺書』, 『四部叢刊』 등에 2권으로 실려 있다. 淸 陳逢衡이 편찬하여 嘉慶 18년(1813) 간행한 『竹書紀年集證』, 淸 林春溥가 주석을 달아 道光 20년(1840) 간행한 『竹書紀年補證』 등이 규장각에 전한다. 『霞谷集』, 『陶谷集』, 『星湖僿說』, 『順菴集』, 『青莊館全書』, 『明臯全集』, 『五洲衍文長箋散稿』 등 조선 후기 문헌에 자주 보이는데 梁 沈約의 『竹書紀年注』를 인용한 것이다.

竹窓小品

편찬자와 편찬 시기를 알 수 없는 筆記雜錄. 이 책은 지금 전하지 않는다. 『五洲衍文長箋散稿』에서 이 책을 여러 차례 인용했지만 모두 淸 趙吉士의 『寄園寄所寄』에서 재인용한 것이다. 『竹窓小品』이라는 서명 자체도 『寄園寄所寄』에서만 확인된다.

竹坡詩話

南宋 周紫芝가 편찬한 詩話書. 周紫芝(1082~1155)는 字가 少隱이고 號가 竹坡居士이며 宣城 출신이다. 樞密院編修官을 역임했고 저술로 『太倉稊米集』 등이 있다. 이 책은 杜甫, 戴良 등 唐宋의 詩를 논한 80條로 되어 있으며 1권이다. 『說郛』, 『百川學海』, 『歷代詩話』 등에 수록되어 있다. 『阮堂集』, 『警修堂全藁』, 『林下筆記』 등에도 이 책이 인용되어 있으며, 『五洲衍文長箋散稿』에는 『竹坡老人詩話』로 소개되어 있다.

俊靈機要

魯至剛이 편찬한 雜錄. 魯至剛은 어떤 인물인지 알 수 없다. 明 高儒의 『百川書志』에 『採眞機要』 3권이 보이고 편자가 毘陵 魯至剛이라 했으므로, 毘陵 출신임을 알 수 있다. 『採眞機要』가 같은 책인 듯하다. 『千頃堂書目』에 『採眞機要』가 보이는데 魯至剛이 常州 출신이라 했다. 毘陵은 常州의 옛 이름이다. 『本草綱目』의 인용 서목에 『魯至剛俊靈機要』로 되어 있다. 『五洲衍文長箋散稿』에서 『本草綱目』을 인용해 이 책을 인용했다. 이 책은 전하지 않는데 인용된 것을 볼 때 養生書로 추정된다.

遵生八牋

明 高濂이 편찬한 筆記雜錄. 高濂(1573~1620)은 字가 深甫이고 號가 瑞南道人이며 錢塘 출신이다. 藏書家로 명성이 높았고 戱曲作家로도 알려져 있는데 「玉簪記」, 「節孝記」 등이 그의 작품이다. 『雅尙齋詩草』, 『芳芷樓詞』, 『牡丹花譜』, 『蘭譜』 등의 저술이 있다. 이 책은 19권으로 되어 있으며 淸修妙論牋, 四時調攝牋, 起居安樂牋, 延年却病牋, 飮饌服食牋, 燕閒淸賞牋, 靈秘丹藥牋, 塵外遐擧牋 등으로 구성되어 있다. 萬曆 연간(1573~1620) 간본이 중국 國家圖書館에 소장되어 있는데 『雅尙齋遵生八牋』으로 되어 있다. 『四庫全書』에도 수록되어 있다. 장서각에 『弦雪居重訂遵生八牋』이 소장되어 있는데 嘉慶 15년(1810) 간본으로 明 鍾惺이 校閱한 것을 弦雪居가 重訂하여 간행한 것이다. 규장각에 소장되어 있는 『存笥新鈔』에도 이 책이 수록되어 있다. 許筠의 『閑情錄』에 이 책이 인용되어 있다. 『三淵集』, 『靑莊館全書』, 『冠巖全書』, 『五洲衍文長箋散稿』 등에도 보인다. 『五洲衍文長箋散稿』에서 臞仙의 『焚香七要』를 소개했는데 『遵生八牋』에 실려 있는 짧은 글이다. 香爐, 香合, 爐灰 등 7조만 간략하게 적었다.

尊彝之辨 → 演繁露

尊前集

편찬자와 편찬 시기를 알 수 없는 詞選集. 『苕溪漁隱叢話』 등에 이 책이 보이므로 宋代에 이 책이 있었음을 알 수 있다. 明 吳訥의 『唐宋名賢百家詞』에 1권으로 실려 있다. 崇禎 연간(1628~1644) 虞山毛氏 汲古閣 간본 등이 중국 國家圖書館에 소장되어 있다. 서울대 중앙도서관에도 乾隆 17년(1752)의 판본이 전한다. 36인의 작품 260수가 실려 있다. 『五洲衍文長箋散稿』에 『尊前』으로 소개되어 있다.

中饋錄

宋代 편찬자를 알 수 없는 요리에 관한 雜錄. 『說郛』에는 편찬자가 吳氏로 되어 있다. 『浦江吳氏中饋錄』이라고도 하므로 편자는 浙江 중부의 浦江 출신으로 추정된다. 이 책은 脯鮓에 蟹生 등 22종의 음식, 製蔬에 配鹽瓜菽 등 39종의 음식, 甛食에 炒麵方 등 15종의 음식이 소개되어 있다. 『綠窓女史』, 『古今圖

書集成』에도 실려 있다. 『五洲衍文長箋散稿』에 書名만 소개되어 있다.

中堂事記

元 王惲(1227~1304)이 편찬한 筆記雜錄. 王惲(1227~1304)은 字가 仲謀이고 號가 秋澗이며 衛州 汲縣 출신이다. 학문과 시에 뛰어났으며 『秋澗集』과 『玉堂嘉話』가 전한다. 이 책은 『秋澗集』에 序와 함께 上中下 3권으로 실려 있는데 『秋澗集』은 『四庫全書』에 100권으로 수록되어 있다. 『中堂事記』는 元代의 官制와 함께 해당 관직에 임명된 인물의 略傳을 적었다. 『熱河日記』, 『研經齋全集』, 『林下筆記』, 『海東繹史』, 『五洲衍文長箋散稿』 등 여러 문헌에 이 책이 인용되어 있지만 대부분 다른 문헌의 재인용으로 보인다.

中峯廣錄

元 明本이 편찬한 雜錄. 明本은 天目山에서 住錫한 승려로 號가 中峯이며 普應國師로 불린다. 忠肅王이 그로부터 法名과 法號를 받았다. 이 책 외에 『中峰禪師梅花百詠』, 『天目中峰禪師垂示法語』 등의 저술이 전한다. 이 책은 30권이며 『中峯和尙廣錄』이라고도 한다. 중국 國家圖書館에서 元代의 간본이 전한다. 장서각에 후쇄본이 소장되어 있으며 경상대에 필사본이 전한다. 『海東繹史』에서 이 책을 인용하여 明本이 忠肅王의 詩에 차운한 작품을 수록했다. 『海東繹史』에는 이 책과 별도로 『中峯行錄』을 인용하여 明本이 忠宣王, 忠肅王과 교유한 사실을 기록했는데 이 책은 다른 문헌에서 확인할 수 없다.

中峯行錄 → 中峯廣錄

中山傳信錄

淸 徐葆光이 편찬한 琉球國 관련 저술. 徐葆光(1671~1740)은 字가 亮直이고 號가 澄齋이며 蘇州 長洲 출신이다. 이 책 외에 『二友齋集』, 『海船集』 등의 저술이 있다. 『五洲衍文長箋散稿』에 淸 張學禮의 『使琉球記』와 함께 徐葆光의 『使琉球記』와 『使琉球國記略』을 인용했는데 동일한 내용이 張學禮의 『使琉球記』에 보인다. 琉球에 대한 저술은 淸 李鼎元의 『使琉球記』 6권, 淸 張學禮의 『使琉球記』 1권 등이 전하지만 徐葆光의 두 책은 확인되지 않는다. 徐葆光은 康熙 57년(1718) 册封琉球國副使로 琉球에 갔는데 康熙帝의 命으로 琉球 여

러 섬의 명칭과 위치 등을 상세히 파악하여 저술한 책이 『中山傳信錄』이다. 이 책이 『使琉球記』 혹은 『使琉球國記略』으로도 불렸을 듯하다. 이 책은 6권이며 「中山贈送詩文」 1권이 붙어 있다. 康熙 60년(1721) 간본이 대만 中硏院 傅斯年圖書館, 일본 東京大와 미국 버클리대에 소장되어 있다. 琉球國의 政治, 社會, 風俗, 文化, 對外關係 등을 기술했다. 조선시대 문헌에 『中山傳信錄』으로 소개된 예는 확인되지 않는다. 『五洲衍文長箋散稿』에는 徐葆光의 말을 인용해 琉球國의 風俗을 소개한 글이 따로 있는데 淸 周煌의 『琉球國志略』에서 인용한 것이다. 『海東繹史』에서 『傳信錄』을 인용하여 太監의 冠帽가 高麗王의 冠帽에서 유래한 것이라 했는데 『傳信錄』은 별개의 책으로 보인다. 같은 내용이 明 李默의 『孤樹裒談』에 보이는데 『侍信錄』을 출처로 적었다. 『侍信錄』은 이 책에서만 확인되며 편찬자는 알 수 없다.

中說

梁 王通이 편찬한 儒家書. 王通(584~617)은 河東 龍門 출신으로 字가 仲淹이고 諡號를 따라 文中子로 통칭된다. 『元經』, 『續書』, 『續詩』, 『禮經』, 『樂論』, 『贊易』 등의 저술이 있었지만 모두 일실되어 전하지 않고 제자 姚義와 薛收가 편집한 이 책만 전한다. 『文中子』, 『文中子說』, 『文中子中說』이라고도 한다. 『論語』를 부연한 것으로 仁政과 三敎合一을 주장했다. 宋 阮逸이 주석을 달았다. 이 책은 고려말 『牧隱藁』에서부터 우리나라 문인들에 의해 꾸준히 읽혔다. 고려대 도서관에 조선 전기 甲辰字로 간행한 『中說』이 전하고, 장서각에 元祿 8년(1695) 간기가 있는 일본 목판본 10권 3책의 『文中子中說』이 전한다. 규장각에 『文中子箋釋』 10권이 소장되어 있는데 嘉慶 9년(1804) 간행된 책으로 北宋 阮逸의 주석이 달려 있다. 『芝峯類說』, 『磻溪隨錄』, 『五洲衍文長箋散稿』 등 많은 문헌에서 이 책을 언급하고 있다.

中星考

元 陳櫟이 北極星 觀測에 관해 기술한 글. 陳櫟(1252~1334)은 字가 壽翁 혹은 徽之이고 號가 東阜老人이며 休寧 출신인데, 宋이 멸망한 뒤 은거하면서 宋 朱熹를 宗主로 삼아 저술에 전념했다. 문집 『定宇集』 외에 『歷朝通略』, 『勤有堂隨錄』 등의 저술이 있다. 『五洲衍文長箋散稿』에서 이 책을 인용했는데 陳櫟의 『定宇集』에는 한 편의 글로 수록되어 있다. 程敏政의 『新安文獻志』 등 다

른 문헌에도 동일한 글이 보인다.

中星表

清 徐朝俊이 편찬한 天文學 관련 저술. 徐朝俊은 字가 冠千이고 號가 恕堂이며 婁縣 출신이다. 嘉慶 연간(1796~1820)의 학자로 『天學入門』, 『海域大觀』, 『定時儀器』, 『高弧合表』, 『儀器圖說』, 『自鳴鐘表圖說』 등 많은 저술을 남겼는데 그중 일부만 전한다. 『阮堂全集』에서 『藝海珠塵』에 들어 있는 이 책을 보았다고 했는데, 『藝海珠塵』은 清 吳省蘭이 편찬한 叢書다. 『藝海珠塵』은 단국대 등에 목판본이 소장되어 있으며 『中星表』가 1권으로 수록되어 있다. 이 책은 中星前表와 中星後表로 되어 있고 四十五大星圖, 中星儀圖, 彌綸儀圖, 簡平儀天盤圖와 이에 대한 說로 되어 있다. 嘉慶 丙辰(1796)의 序가 붙어 있다. 『五洲衍文長箋散稿』에 실려 있는 「中星儀中星全儀辨證說」이 이 책에 대한 辨證이다.

中庸大學論語孟子諸圖

元 林起宗이 四書를 圖解한 책. 林起宗은 字가 伯始이고 號가 魯庵이며 邢臺內邱 출신인데, 至大 연간(1308~1311)에서 至元 연간(1335~1340)에 활동했다. 평생 程朱學에 힘을 쏟았고 圖說에 능하여 『志學指南圖』, 『心學淵源圖』, 『考經圖解』 등을 편찬하고, 『小學題辭發明』, 『魯庵家說』 등의 저술도 남겼다고 하지만 모두 전하지 않는다. 이 책은 『元史』에 書名만 확인된다. 中庸圖, 大學圖, 論語圖, 孟子圖 등으로 되어 있었던 것으로 보인다. 『五洲衍文長箋散稿』에는 『中庸圖』와 『大學圖』가 인용되어 있는데 다른 문헌에서 가져온 것으로 추정된다.

中庸圖 → 中庸大學論語孟子諸圖

中庸旁注

元末明初 朱升이 편찬한 『中庸』의 註釋書. 朱升(1299~1370)은 字가 允升이고 安徽 休寧 출신으로, 明의 開國功臣이다. 『朱楓林集』, 『女戒』, 『五經旁訓』 등의 저술이 있다. 清 朱彝尊의 『經義考』에서 『中庸旁注』가 1권이라고 했지만 朱彝尊 역시 직접 보지는 못하고 그 序와 두 편의 跋만 수록했다. 清 黃虞稷의 『千

頃堂書目』에 『四書旁注』를 들고 결본이라 했다. 『五洲衍文長箋散稿』에 참고할 만한 『中庸』의 주석서로 소개했지만 직접 본 것은 아닌 듯하다.

中庸述解

金 潘迪이 『中庸』을 풀이한 책. 潘迪은 字가 牖民 혹은 允功이고 元城 출신으로, 『憲臺通紀』, 『周易述解』, 『春秋述解』, 『六經發明』 등을 저술했지만 『石鼓文音訓』만 전한다. 그가 세운 石鼓音訓碑가 玉河館 인근에 있어 조선 후기 燕行使들의 글에 그의 이름이 자주 보인다. 明 馮從吾의 『元儒考略』에서 그의 저술로 『庸學述解』를 들었으므로 『大學述解』와 합쳐진 책도 있었을 듯하고, 明 李賢의 『明一統志』에서 『庸孟述解』를 언급했으므로 『孟子述解』도 있었을 듯하지만 모두 일실되어 전하지 않는다. 『五洲衍文長箋散稿』에서 『中庸』을 풀이한 대표적인 저술로 소개했다.

中庸或問 → 四書或問

中原音韻

元 周德淸이 편찬한 韻書. 周德淸(1277~1365)은 字가 日湛이고 號가 挺齋이며 高安 출신이다. 이 책은 2권으로 되어 있으며 詞를 짓는 데 참고하기 위한 韻書다. 平聲을 陰陽으로 나누고, 上聲과 去聲을 함께 수록했다. 東과 鐘, 江과 陽, 支와 思, 齊와 微, 魚와 模, 皆와 來, 眞과 文, 寒과 山, 桓과 歡, 先과 天, 蕭와 豪, 歌와 戈, 家와 麻, 車와 遮, 庚과 靑, 尤와 侯, 侵과 尋, 鹽과 咸, 廉과 纖 등 19부로 나누어져 있다. 뒤에 作詞十法이 부기되어 있다. 『四庫全書』에 上下 2권으로 수록되어 있다. 正統 6년(1441) 간본이 전하며 萬曆 연간(1573~1620) 간본이 미국 國會圖書館 등에 소장되어 있다. 康熙 壬寅(1662) 간본도 중국 國家圖書館에 소장되어 있다. 단국대에는 필사본이 소장되어 있다. 『順菴集』, 『五洲衍文長箋散稿』에서 이 책을 인용했다.

中州金石記

淸 畢沅이 中州 지역의 金石文을 모은 책. 畢沅(1730~1797)은 字가 纕蘅 혹은 秋帆이고 號는 靈巖山人이다. 湖廣總督을 지냈으며 經學, 金石學, 地理學에 두루 능했다. 『續資治通鑑』의 편찬에 참여했고, 『傳經表』, 『經典辨正』, 『靈巖山

人詩文集』 등의 저술이 있다. 畢沅이 乾隆 50년(1785) 河南巡撫使로 나가 인근 지역의 금석문을 조사하여 이 책을 편찬했다. 5권으로 되어 있는데 商, 周에서 元, 明에 이르기까지의 금석문을 10府 3州로 나누어 기술했다. 『靑莊館全書』, 『五洲衍文長箋散稿』에 이 책을 소개했는데 淸 洪亮吉의 『卷施閣集』에 실려 있는 「中州金石紀後序」에서 인용한 것이다. 『卷施閣集』은 장서각에 소장되어 있다.

中州集

金 元好問이 편찬한 金代 漢詩 選集. 元好問(1190~1257)은 字가 裕之이고 號가 遺山이며 鮮卑 拓跋氏의 후예로 太原 秀容 출신이다. 이 책 외에 『遺山樂府』, 『壬辰雜編』 등의 저술이 있다. 이 책은 규장각에 弘治 丙辰(1496) 嚴永濬의 序가 붙은 판본 10권 10책이 소장되어 있으며, 같은 序와 嘉靖 5년(1536) 彭汝寔의 序가 붙어 있는 판본 10권 10책도 소장되어 있다. 甲集에서 亥集까지 총 10권에 『中州樂府』 1권이 부록으로 붙어 있다. 正大 9년(1232) 元好問의 引이 붙어 있으므로 이 무렵 편찬되었음을 짐작할 수 있다. 255인이 지은 1,920여 편의 詩를 수록했다. 작가마다 小傳을 실어 행적을 간략히 기술하고 시를 평했다. 『中州樂府』는 36인이 제작한 118수의 詞를 수록한 것이다. 『陶谷集』, 『頭陀草』, 『弘齋全書』, 『靑莊館全書』, 『五洲衍文長箋散稿』 등에서 『中州集』을 언급했다. 『與猶堂全書』에는 『中州樂府』를 언급했다.

中川集

明 高克正의 文集. 高克正은 萬曆 연간(1573~1620) 문인으로, 『千頃堂書目』과 『明史』에 字가 朝憲이고 海澄 출신이며, 문집 『木天遺稿』 28권이 있다고 했다. 『御選宋金元明四朝詩』에는 漳州 출신으로 萬曆 壬辰(1592) 進士가 되었고 문집 『木天遺草』가 있다고 했다. 『木天遺稿』와 『木天遺草』는 모두 전하지 않는다. 『海東繹史』에는 그의 「禦倭議」를 소개하면서 『中川集』을 인용했는데 이 책 역시 확인되지 않는다. 『海東繹史』에는 明 馮琦의 「撤兵留兵議」도 함께 소개했는데 馮琦의 문집 『宗伯集』에 실려 있다. 馮琦의 저술은 『經濟類編』과 『北海集』 등이 전한다.

中華古今注

唐 馬縞가 名物과 制度를 고증한 책. 馬縞는 莊宗 연간(923~926)과 明宗 연간(926~933)의 학자지만 世系와 이력이 자세하지 않다. 이 책은 晉 崔豹가 편찬한 『古今注』의 부록으로 붙어 있으며 그 체제가 비슷하며 내용도 중복되는 것이 많다. 『說郛』 등에 上中下 3권으로 수록되어 있다. 上卷에 帝王의 宮闕과 都邑, 羽儀, 冕服, 州縣의 儀仗과 軍器 등 66門, 中卷에 皇后의 冠帶, 士庶의 衣裳, 文籍, 書契, 草木, 答問, 釋義 등 44門, 下卷에 古今의 音樂, 鳥獸, 魚蟲, 龜鼈 등 78門으로 구성되어 있다. 서울대 중앙도서관에 順治 4년(1647) 간기가 있는 목판본 3책이 소장되어 있다. 장서각에 소장되어 있는 淸 汪士漢의 『秘書二十一種』에도 수록되어 있다. 『五洲衍文長箋散稿』에 이 서명이 보인다.

中興天文志

宋代 편찬자를 알 수 없는 천문학 관련 저술. 『文獻通考』, 『登壇必究』 등에 빈번하게 인용되어 있으므로 宋代에 이 책이 있었던 것은 분명하지만 일실되어 전하지 않는다. 규장각에 소장되어 있는 『歷代象緯考』에 이 책이 인용문헌으로 제시되어 있다. 『星湖僿說』, 『鳳谷桂察訪遺集』 등에 이 책이 보인다.

證類本草 → 經史證類備急本草

增修東萊書說

南宋 時瀾이 呂祖謙의 『東萊書說』을 증보한 책. 時瀾(1156~1222)은 字가 子瀾 혹은 書觀이고 號는 南堂拙叟이며 開封 출신이다. 南宋 呂祖謙의 제자다. 이 책은 35권이며 『通志堂經解』에 수록되어 있다. 전남대 등에 이 책이 소장되어 있다. 규장각에 소장되어 있는 『金華叢書書目提要』에도 이 책이 보인다. 『青莊館全書』, 『研經齋全集』, 『五洲衍文長箋散稿』 등에서 이 책을 소개했다.

增修禮部韻略

南宋 毛晃이 『禮部韻略』을 증보한 책. 毛晃은 字가 明權이고 江山 출신인데 鐵硯先生으로 불린다. 이 책과 함께 『禹貢指南』이 전한다. 紹興 32년(1162) 이 책을 5권으로 편찬했는데 『增修互注禮部韻略』 혹은 『增韻』이라고도 한다. 2,655字를 증보하고 1,691字에 圈點을 달았으며 485字를 교정했다. 臺灣 故宮

博物院圖書館에 嘉定 16년(1223) 國子監에서 간행한 판본이 소장되어 있다. 『世宗實錄』과 『世祖實錄』에 『毛晃韻』이라 한 책이 이를 이른다. 『五洲衍文長箋散稿』에는 毛晃의 『增修互注韻約』, 『增韻』으로 인용했다.

增修互注韻約 → 增修禮部韻略

增韻 → 增修禮部韻略

證正篇海 → 訂正篇海

證學編

明 楊起元이 편찬한 雜錄. 楊起元(1547~1599)은 字가 貞復이고 號가 復所이며 廣東 歸善 출신이다. 이 책 외에 『證道書義』, 『楊子學解』, 『楊子格言』, 『復所集』 등 많은 저술을 남겼다. 불교에도 밝았으며 儒佛合一을 주장하여 『諸經品節』을 편찬하여 다양한 불경을 묶었다. 이 책은 4권으로 되어 있으며 『證學論策』 1권이 함께 붙어 있다. 明 萬曆 45년(1617) 余永寧이 판각한 판본이 중국 國家圖書館에 소장되어 있는데 『太史楊復所先生證學編』으로 되어 있다. 筆記, 尺牘節文, 龍興寺會記, 大學首章擧要 등의 標題 아래 잡다한 내용을 담았다. 『林下筆記』와 『五洲衍文長箋散稿』에 이 책이 인용되어 있다.

指訣圖

北宋代 편찬자를 알 수 없는 音樂書. 일실되어 전하지 않는다. 『高麗史』에 政和 3년(1113) 高麗의 安稷崇이 宋에서 『指訣圖』 10책을 받아온 것으로 되어 있다. 『海東繹史』에도 같은 내용을 실었다. 『東文選』에 실려 있는 高麗 朴景綽의 「謝賜新樂表」에도 유사한 내용이 보인다. 중국 문헌에는 이 책이 확인되지 않는다.

志怪錄

明 祝允明이 편찬한 志怪小說. 祝允明(1460~1527)은 字가 希哲이고 號가 枝山, 枝山老樵, 枝脂生, 枝指山人 등이며 長洲 출신이다. 書畵에 뛰어나 唐寅, 文徵明, 徐禎卿 등과 이름을 나란히 하여 吳門四才子로 일컬어진다. 『祝氏集略』,

『懷星堂集』 등의 저술이 있다. 이 책은 『說郛』와 『唐代叢書』 등에 수록되어 있다. 『說郛』에는 勸酒女子, 人頭食肉, 怪疾 등 30條가 수록되어 있다. 서울대 중앙도서관에 소장되어 있는 『異聞實錄』에도 수록되어 있는데 順治 4년(1647) 간기가 붙어 있다. 『五洲衍文長箋散稿』에 이 서명이 보인다. 『說郛』에는 晉 祖台之의 『志怪錄』도 실려 있는데 내용이 다른 책이다.

志略 → 琉球國志略

地理通釋 → 通鑑地理通釋

志林 → 東坡志林

知不足齋叢書

淸 鮑廷博이 嘉慶帝의 命으로 편찬한 叢書. 鮑廷博(1728~1814)은 字가 以文이고 號가 淥飮이며 安徽 歙縣 출신이다. 『花韻軒咏物詩存』 등의 저술이 있다. 이 책은 원래 서명이 『御覽知不足齋叢書』다. 鮑廷博이 소장하고 있던 문헌에서 207종을 선별하여 간행한 것인데 知不足齋는 그의 書齋名으로 『大戴禮記』의 "學然後知不足"에서 취한 것이다. 鮑廷博이 27집까지 간행했고 사후에 아들 鮑士恭이 나머지 3집을 간행했다. 도합 30집으로 구성되어 있으며 전체 2,400책에 이른다. 嘉慶 연간(1796~1820) 중간되었는데 규장각에 道光 2년(1822) 간행된 판본이 소장되어 있다. 1집에 唐 高彦休의 『御覽闕史』 등 8종, 2집에 宋 劉敞의 『公是先生弟子記』 등 8종, 3집에 宋 陸游의 『入蜀記』 등 7종, 4집에 唐 李淳風의 『孫子算經』 등 7종, 5집에 宋 王鞏의 『淸虛雜著』 등 10종, 6집에 宋 釋文瑩의 『玉壺淸話』 등 5종, 7집에 魏 何晏의 『論語集解義疏』 등 3종, 8집에 北周 張丘建의 『張丘建算經』 등 5종, 9집에 梁 元帝 蕭繹의 『金樓子』 등 7종, 10집에 唐 林愼思의 『續孟子』 등 9종, 11집에 宋 謝枋得의 『詩傳注疏』 등 10종, 12집에 宋 段昌武의 『昌武段氏詩義指南』 등 12종, 13집에 宋 岳珂의 『相臺書塾刊正九經三傳沿革例』 등 10종, 14집에 陳 陳叔齊의 『籟記』 등 7종, 15집에 宋 吳縝의 『新唐書糾繆』 등 5종, 16집에 宋 董史의 『皇宋書錄』 등 4종, 17집에 宋 吳縝의 『五代史纂誤』 등 5종, 18집에 宋 黃庭堅의 『宣州乙酉家乘』 등 6종, 19집에 宋 彭叔夏의 『文苑英華辨證』 등 7종, 20집에 元 李冶의 『測圓海鏡細

草』 등 5종, 21집에 漢 鄭玄의 『孝經鄭注』 등 12종, 22집에 後蜀 何光遠의 『重雕足本鑑戒錄』 등 7종, 23집에 淸 全祖望의 『讀易別錄』 등 14종, 24집에 宋 兪文豹의 『吹劍錄外集』 등 6종, 25집에 宋 孫奕의 『履齋示兒編』 등 2종, 26집에 隋 蕭吉의 『五行大義』 등 5종, 27집에 宋 李心傳의 『道命錄』 등 7종, 28집에 宋 杜綰의 『雲林石譜』 등 5종, 29집에 元 王逢의 『梧溪集』 등 2종, 30집에 宋 程洵의 『克庵先生尊德性齋小集』 등 7종이 수록되어 있다. 『熱河日記』, 『靑莊館全書』, 『五洲衍文長箋散稿』 등에 이 서명이 보인다.

池北偶談

淸 王士禎이 편찬한 筆記雜錄. 王士禎(1634~1711)은 字가 子眞 혹은 貽上이고 號는 阮亭 혹은 漁洋이다. 원래 이름은 士禛이었으나 雍正帝의 諱를 피해 士正으로 바꿨다가 다시 詔命을 받고 士禎으로 고쳤다. 山東 新城 출신으로 이 책 외에 『漁洋山人精華錄』, 『香祖筆記』, 『居易錄』, 『帶經堂集』 등의 저술이 있다. 이 책은 총 26권으로 되어 있으며 약 1,300여 조의 기사를 실었는데, 談故, 談獻, 談藝, 談異 네 부분으로 구성되어 있다. 談故 4권은 淸의 典章制度 등을, 談獻 6권은 明 중엽 이래 淸 초기까지의 名臣과 畸人, 烈女 등을 기록했다. 談藝 9권은 詩文을 평론하고 佳句를 채록했으며, 談異 7권은 신이하고 괴이한 고사를 기록했다. 自序에 따르면 정원의 연못 북쪽에 집을 짓고 책을 수장했는데 白居易의 池北書庫의 뜻을 따라 池北書庫라 했다고 한다. 이 책의 이름도 여기에서 유래했다. 『閑情錄』, 『澹軒書』, 『燕巖集』, 『靑莊館全書』, 『硏經齋全集』, 『五洲衍文長箋散稿』 등 많은 문헌에서 이 책을 인용했다. 규장각에 康熙 40년(1701)의 序가 달린 목판본이 소장되어 있으며, 비슷한 판본이 장서각, 국립중앙도서관, 고려대 등에 소장되어 있다.

志樂 → 苑洛志樂

至正條格

元 順帝의 命으로 편찬된 法制書. 順帝 4년(1338) 3월 中書平章政事 阿吉剌根 등이 順帝의 命을 받아 『大元通制』에 근거해 편찬한 책으로 至正 6년(1326) 4월에 반포되었다. 詔制 150條, 條格 1,700條, 斷例 1,059條가 포함되어 있다. 27항목에 걸쳐 祭祀, 戶令, 學令, 選擧, 宮衛, 軍防, 儀制, 衣服, 公式, 祿令, 倉庫,

廐牧, 田令, 賦役, 關市, 捕亡, 賞令, 醫藥, 假寧, 獄官, 雜令, 僧道, 營繕, 河防, 服制, 跕赤, 榷貨 등으로 구성되어 있다. 『稼亭集』, 『圃隱集』 등 고려 말의 문헌과 『木齋集』, 『稗官雜記』 등 조선 전기 문헌에 이 책에 대한 언급이 보이며, 『五洲衍文長箋散稿』에는 高麗 鄭夢周가 이 책을 참조하여 『新律』을 만들었다는 기사를 싣고 있다. 『世宗實錄』에는 세종 5년(1423) 이 책을 인출했다는 기록이 보인다. 중국에서는 일실되었지만 경주 손씨 집안에 소장된 元代의 판본이 2003년 영인되었다.

職方外記

이탈리아 출신의 선교사 艾儒略이 세계 각국의 風俗과 文化를 기술한 책. 艾儒略(Julio Aleni, 1582~1649)은 萬曆 38년(1610) 중국으로 와서 字를 思及이라 하고 布敎 활동을 했으며, 天文과 曆學에 조예가 깊어 天啓 3년(1623) 이 책을 편찬했다. 마테오 리치의 『坤輿萬國全圖』를 계승한 世界地理志다. 이 책은 五大洲, 亞世亞, 歐羅巴, 利未亞, 亞墨利加, 墨瓦蠟尼加, 四海 등으로 나누어져 있으며 뒤에 지도가 붙어 있다. 明 楊廷筠이 彙記한 崇禎 연간(1628~1644) 간본 5권이 대만 故宮博物院圖書館에 소장되어 있다. 『四庫全書』에도 5권으로 수록되어 있다. 『職方外紀』로 된 판본도 많다. 규장각에 5권 2책으로 된 필사본 『職方外紀』가 전한다. 규장각에 소장되어 있는 『守山閣叢書』에도 수록되어 있다. 哲宗代 淸에 使臣으로 갔던 使行員들의 報告文書帖인 필사본 『稗叢』(규장각 소장)에도 실려 있어 조선 후기 상당히 널리 유통된 책으로 보인다. 『星湖全集』에 실려 있는 「跋職方外紀」가 이 책에 붙인 跋이다. 『國朝寶鑑』, 『瓶窩集』, 『星湖僿說』, 『順菴集』, 『氣測體義』, 『靑莊館全書』 등에 이 서명이 보인다.

職方會覽

淸代 편찬자를 알 수 없는 外國에 관한 類書. 서명으로 보아 『職方外紀』처럼 세계 각국의 지리와 풍속 등을 기록한 책으로 추정되지만 전하지 않는다. 淸 王昶의 『金石萃編』 등에도 서명만 보인다. 『職方會覽圖』로 된 데도 있다. 『五洲衍文長箋散稿』에 『四彝圖說』과 함께 서양의 명칭 표기와 관련하여 이 책을 인용했다. 유사한 내용이 淸 魏源의 『海國圖志』에 보이는데 서명이 『欽定聯方會覽』으로 되어 있다. 皇帝의 命으로 편찬한 것이 분명하지만 이 서명의 책도

확인이 어렵다.

直齋書錄解題

南宋 陳振孫이 편찬한 目錄書. 陳振孫은 字가 伯玉이고 號가 直齋이며 浙江 梅溪鎭 출신이다. 嘉定 연간(1208~1224) 出仕하여 國子司業을 지내고 淳祐 9년(1249) 寶章閣 待制로 致仕했다. 이 책 외에 『易解』, 『尙書解』, 『吳興人物志』, 『氏族志』, 『玄眞子漁歌碑傳集』 등의 저술이 있었다고 하지만 전하지 않는다. 南宋의 대표적인 藏書家로 目錄學에 뛰어났다. 집안이 부유하여 5만여 권의 책을 소장했으며, 寶慶 3년(1227) 출판의 중심지였던 福建 興化의 軍通判이 되었을 때 전적들을 수집하여 이 책을 편찬했다. 宋 晁公武가 편찬한 『郡齋讀書志』의 체제를 따랐다. 이 책은 원래 56권이었지만 원문은 일실되고 『永樂大典』을 편찬할 때 22권으로 편집된 판본이 전한다. 역대 典籍의 卷帙과 著者의 성명을 자세하게 기록하고 得失을 논했으며 善本의 습득 경위를 밝혔다. 『直齋書錄』, 『書錄解題』라고도 한다. 『硏經齋全集』, 『海東繹史』, 『五洲衍文長箋散稿』에서 『書錄解題』로, 『明皐全集』에서 『陳振孫書錄』 혹은 『直齋書錄』으로 소개했다. 『弘齋全書』에서는 『直齋書錄』으로 인용했다. 규장각과 서울대 중앙도서관에 武英殿에서 乾隆 38년(1773) 간행한 목판본이 소장되어 있다.

晉記

晉 干寶가 편찬한 歷史書. 干寶(283~336)는 字가 令升이고 海鹽 출신이다. 이 책은 『搜神記』와 함께 그의 대표적인 저술이다. 『晉紀』는 여러 종이 있는데 紀傳體로 된 것은 南朝 齊 臧榮緖의 『晉書』가 유명하다. 編年體로 된 『晉紀』로는 西晉 陸機의 것이 가장 빠르다. 干寶의 『晉紀』는 20권 혹은 22권, 30권으로 기록되어 있지만 원문은 일실되고 『黃氏逸書考』에 1권으로 편집된 판본과 『輯佚叢刊』에 2권으로 편집된 판본이 있다. 『高麗史』에 따르면 宣宗 8년(1091) 宋의 館伴이 일실된 서적 129종의 목록을 주고 고려에서 찾도록 했는데, 여기에 이 책이 22권으로 포함되어 있다. 『海東繹史』와 『靑莊館全書』의 기록 역시 이를 옮긴 것이다. 『五洲衍文長箋散稿』에서는 30권이라 했고 『晉書』로 소개했다. 『高麗史』의 같은 기록에 102권의 『十六國春秋』도 보이는데 『海東繹史』와 『靑莊館全書』에서도 같은 기록을 옮겼지만 중국의 다른 문헌에서는 이 책이 확인되지 않는다.

眞臘風土記

元 周達觀이 편찬한 眞臘 지역의 地理書. 周達觀(1266?~1346)은 字가 草庭이고 號가 草庭逸民이며 浙江 溫州 永嘉 출신이지만 자세한 이력은 밝혀져 있지 않다. 이 책은 周達觀이 13세기 말에 皇命을 받고 眞臘, 지금의 캄보디아 일대를 방문한 후 캄보디아의 왕실과 풍토, 지리, 문화, 여정 등을 기록했다. 提要, 總敍, 城郭, 宮室, 服飾, 官屬, 三教, 人物, 産婦, 室女, 奴婢, 語言, 野人, 文字, 正朔時序, 爭訟, 病癩, 死亡, 耕種, 山川, 出産, 貿易, 欲得唐貨, 草木, 飛鳥, 走獸, 蔬菜, 魚龍, 醞釀, 鹽醋醬麵, 蠶桑, 器用, 車轎, 舟楫, 屬郡, 村落, 取膽, 異事, 澡浴, 流寓, 軍馬, 國主出入 등의 항목으로 되어 있다. 『四庫全書』에 1권으로 편입되어 있으며 규장각에 소장된 『古今說海』와 『說郛』에도 실려 있다. 규장각 소장 『古今釋林』은 이 책을 참조하여 편찬한 것으로 되어 있다. 『芝峰類說』, 『靑莊館全書』, 『五洲衍文長箋散稿』 등에 인용되어 있다. 『五洲衍文長箋散稿』에서 인용한 대목은 淸 王槩 등의 『芥子園畵譜』에서 재인용한 것이다.

眞靈位業圖 → 靈寶眞靈位業圖

陳輔之詩話

北宋 陳輔가 편찬한 詩話書. 陳輔는 字가 輔之이고 自號를 南郭子라 했으며 金陵 출신이다. 이 책은 원본이 일실되고 『說郛』 등에 일부가 수록되어 있다. 『說郛』에는 花詩相, 月詩用韻, 道味, 好石, 杜詩, 文正公詩, 煎茶詩, 燈火, 怨詩, 乃心王室, 飮博 등으로 구성되어 있다. 南宋 曾慥의 『類說』에 이 시화가 인용되어 있지만 『說郛』에 실리지 않은 것이 많다. 南宋 胡仔의 『苕溪漁隱叢話』, 宋 祝穆의 『事文類聚』 등에도 여러 條가 인용되어 있다. 『五洲衍文長箋散稿』에는 서명만 간략히 소개되어 있다.

晉史 → 十八家晉史

進士彩選

北宋 趙明遠이 편찬한 놀이 기구에 관한 책. 趙明遠은 字가 景昭인데 元豐 연간(1078~1085)의 학자지만 자세한 이력은 알려져 있지 않다. 『宋史』에는 서명이 『皇宋進士彩選』으로 되어 있고 1권이라 했다. 이 책은 일실되어 전하지

않고 『直齋書錄解題』 등에 간략한 소개만 있다. 彩選은 주사위 놀이의 하나인데 唐 李郃이 처음 만들었고 宋 劉蒙叟, 陳堯佐 등이 增補했으며 趙明遠과 尹洙 등이 升官圖로 발전시킨 것으로 알려져 있다. 『五洲衍文長箋散稿』에 서명만 소개되어 있다.

陳書

唐 姚思廉이 太宗의 命으로 편찬한 陳의 歷史書. 姚思廉(557~637)은 本名이 姚簡이고 字는 思廉이며 雍州 萬年에 거주했다. 부친이 陳의 史官을 지낸 姚察인데 梁과 陳의 歷史를 편찬하고자 했지만 완성하지 못하고 姚思廉이 이를 이어 貞觀 10년(636) 『梁書』와 함께 이 책을 완성했다. 모두 36권으로 本紀 6권, 列傳 30권으로 구성되어 있다. 규장각에 順治 16년(1659), 康熙 39년(1700), 乾隆 4년(1739) 등의 간기가 있는 목판본 여러 종이 소장되어 있다. 『陶谷集』, 『順菴集』, 『青莊館全書』, 『海東繹史』, 『五洲衍文長箋散稿』 등에서 이 책을 소개했다.

晉書

唐 房玄齡이 晉의 역사를 기술한 책. 房玄齡(579~648)은 이름이 喬인데 字 玄齡으로 행세했다. 齊州 출신으로 『唐律疏議』, 『大唐新禮』 등의 저술이 있다. 이 책은 太宗의 命을 받아 편찬한 것으로, 西晉의 4대 52년과 東晉의 11대 102년 동안의 역사를 기록했다. 帝紀 10권, 志 20권, 列傳 70권, 載記 30권 등 총 130권으로 되어 있으며 四夷列傳의 東夷條에 扶餘, 馬韓, 辰韓 등의 기사가 실려 있다. 규장각에 조선에서 甲寅字로 간행된 판본 외에 萬曆 24년(1596), 康熙 39년(1700) 등의 다양한 중국 판본이 소장되어 있다. 『成宗實錄』에 이 책의 간행과 관련한 기록이 보인다. 『佔畢齋集』 등 이른 시기의 문헌에서부터 『芝峯類說』, 『星湖僿說』, 『海東繹史』 등 수많은 문헌에서 이 책을 다루었다.

眞西山讀書記 → 大學衍義

晉陽秋

東晉 孫盛이 晉의 역사를 기술한 책. 孫盛(302?~374)은 字가 安國이고 太原 中都 출신이다. 博學多聞하고 辯論에 뛰어났으며 이 책 외에 『魏氏春秋』 등이

있었지만 모두 전하지 않는다. 이 책은『隋書』「經籍志」에 편찬자가 孫盛이고 32권이라 했으나 일찍 일실되었다.『三國志』,『世說新語』 등의 문헌에 일부가 전하는 것을 모아『說郛』,『黃氏逸書』,『古今說部叢書』 등에서 실었다.『五洲衍文長箋散稿』에는 晉 孫綽이『晉陽秋』를 편찬하고 孫盛이『晉陽春秋』 33권을 편찬한 것으로 되어 있으나 근거는 알 수 없다. 孫綽(314~371)은 孫盛의 아우로,『論語集解』 등의 저술이 있어 후대『漢魏六朝百三家集』에 수습되었지만,『晉陽秋』를 편찬했다는 기록은 보이지 않는다. 淸 章履仁의『姓史人物考』에 이들의 저술이 보이는데 이를 잘못 인용한 듯하다.『六臣注文選』 등에 孫盛의『晉陽春秋』를 인용했으므로『晉陽秋』와『晉陽春秋』는 같은 책이라 하겠다.『舊唐書』에는『晉陽春秋』 22권을 들고 편찬자를 鄧粲이라 했다. 鄧粲은 東晉의 학자로『晉紀』 등의 저술이 있다.『說郛』에는『晉陽秋』를 싣고 편자를 東晉의 庾翼이라 했다. 庾翼(305~345)은 字가 稚恭이고 鄢陵 출신이며 書法에 능했다. 또 南朝 宋 檀道鸞의『續晉陽秋』가『說郛』 등에 1권으로 수록되어 있는데『舊唐書』 등에는 20권이라 했다.『東史綱目』,『靑莊館全書』,『無名子集』에서『晉陽秋』를 소개했는데 모두 편자를 孫盛이라 했다.『與猶堂全書』에는 편찬자를 밝히지 않았다.

陳龍川先生集 → 龍川集

陳鼎竹譜 → 竹譜

珍珠船

明 陳繼儒가 편찬한 筆記雜錄. 陳繼儒(1558~1639)는 華亭 출신으로 字가 仲醇이고 號가 眉公 혹은 麋公이며 寶顔堂 등의 堂號를 사용했다. 文學과 書畫에 뛰어나 董其昌과 함께 文人畫를 창도했고 南北宗論을 주장했다.『妮古錄』,『梅花冊』,『雲山卷』,『陳眉公全集』,『小窓幽記』 등 많은 저술을 남겼다. 이 책은 通夢法, 祓夢法, 象洞酒, 花姑, 味江, 鐵鉤鎖 등 잡다한 내용의 글을 모아 4권으로 편찬한 것이다.『寶顔堂秘笈』,『叢書集成』 등에 수록되어 있다.『五洲衍文長箋散稿』에 여러 차례 인용했는데『寶顔堂秘笈』에 실린 것을 보았다고 했다.

眞珠船

明 胡侍가 편찬한 筆記雜錄. 胡侍(1492~1553)는 字가 奉之 혹은 承之이고 號는 蒙溪이며 寧夏 출신이다. 이 책 외에 『蒙谿集』, 『墅談』, 『淸涼經』 등의 저술이 있다. 이 책은 8권으로 되어 있으며 經書와 史書, 小說 등을 초록한 것이다. 책을 읽어 한 번 義를 얻는 것은 하나의 眞珠船을 얻는 것과 같다는 뜻을 취한 것이다. 『寶顏堂秘笈』에 이 책이 8권으로 수록되어 있다. 규장각과 하버드대 등에 『增選小題眞珠船集』 20책이 전하는데 光緖 12년(1886) 간본이다. 『靑莊館全書』에는 『珍珠船』을 들고 편자를 明 胡侍라 했는데 『眞珠船』의 잘못이다. 『五洲衍文長箋散稿』에서 이 책을 여러 차례 인용했다. 조선시대 眞珠船은 통상적으로 寶物船이라는 뜻의 전고로 사용되었다.

晉中興書

南朝 宋의 何法盛이 東晉의 역사를 기술한 책. 何法盛은 湘東太守를 지낸 인물이지만 생애가 자세하지 않다. 이 책은 원래 78권 혹은 80권이었다고 하는데, 520여 條만 전하며 그중 『說郛』에 騎從, 入宮酷寒, 淸暑 등 12條가 실려 있다. 『海東繹史』, 『靑莊館全書』, 『五洲衍文長箋散稿』 등에 이 서명이 보이지만 직접 본 것은 아닌 듯하다. 『高麗史』에 따르면 宣宗 8년(1091) 宋의 館伴이 일실된 서적 129종의 목록을 주고 고려에서 찾도록 했는데, 여기에 이 책 80권이 포함되어 있다. 『海東繹史』와 『靑莊館全書』의 기록 역시 이를 옮긴 것이다. 『五洲衍文長箋散稿』에서는 『日知錄』에서 소개한 내용을 재인용했다. 『日知錄』 등에서는 南朝 宋 郗紹가 편찬한 것을 竊錄한 것이라 했다.

陳振孫書錄 → 直齋書錄解題

震川集

明 歸有光의 文集. 歸有光(1507~1571)은 字가 熙甫이고 號가 震川이며 江蘇 崑山 출신이다. 南京 太僕寺丞으로 천거되어 『世宗實錄』 편찬에 참여했으며 『評點百二十子』, 『三吳水利錄』 등의 저술이 있다. 규장각에 康熙 14년(1675) 徐乾學의 序가 달린 목판본 『歸震川先生全集』 40권이 소장되어 있는데 全集 30권, 別集 10권이다. 장서각에도 유사한 판본이 소장되어 있다. 全集은 經解, 序, 論, 議, 說, 雜文, 題跋, 書, 贈送序, 壽序, 記, 墓誌銘, 權厝誌, 生誌, 壙誌, 墓

表, 碑碣, 行狀, 傳, 譜, 世家, 銘, 頌, 贊, 祭文, 哀誄 등으로, 別集은 應制論, 應制策, 制誥, 奏疏, 策問, 志, 宋史論贊, 紀行, 小簡, 公移, 讞辭, 古今詩 등으로 구성되어 있다. 卷首에는 董正位, 徐乾學, 王崇簡 등 6인의 序와 震川先生小傳, 明史文苑傳 등이 수록되어 있다. 제자 王子敬이 福建 建寧에서 2권으로 판각한 復古堂本, 아들 歸子寧, 歸子祜가 32권으로 편찬한 昆山本, 歸有光의 從弟 歸道傳이 常熟에서 20권으로 판각한 常熟本 등 다양한 판본이 있다. 『農巖集』, 『研經齋全集』, 『海東繹史』 등에서 이 책을 언급했다.

振滯 → 春秋振滯

津逮秘書

明末淸初 毛晉이 편찬한 叢書. 毛晉(1599~1659)은 常熟人으로 原名은 鳳苞이고 字는 子久인데 후에 字를 子晉으로, 號를 潛在로 바꾸었다. 『隱湖題跋』, 『毛詩陸疏廣義』 등의 많은 저술을 남겼다. 汲古閣과 目耕樓를 세웠는데 그곳에 소장한 宋代와 元代의 전적이 8만 권을 넘었다고 한다. 『十三經註疏』, 『十七史』, 『漢魏六朝百三名家集』, 『津逮秘書』 등 수많은 책을 인쇄한 것으로 이름이 높다. 『津逮秘書』는 崇禎 3년(1630) 毛晉의 序가 달린 木版本 175책이 규장각에 소장되어 있다. 이 책은 15集으로 되어 있으며 139종의 전적을 수록했다. 1集에 『詩序辯說』 등 8종, 2集에 『京氏易傳』 등 11종, 3集에 『通鑑地理通釋』 등 6종, 4集에 『佛說四十二章經』 18종, 5集에 『全唐詩話』 등 11종, 6集에 『法書要錄』 등 4종, 7集에 『畫品見聞志』 등 10종, 8集에 『詩品』 등 12종, 9集에 『酉陽雜俎』 등 9종, 10集에 『洛陽伽藍記』 등 12종, 11集에 『搜神記』 등 6종, 12集에 『東坡題跋』 등 9종, 13集에 『六一題跋』 등 11종, 14集에 『樂府古題要解』 등 4종, 15集에 『夢溪筆談』 등 10종이 실려 있다. 『金石錄』, 『墨池篇』 등 기록만 전하던 책이 137종에 이른다. 卷首에 실린 明 胡震亨의 序에 따르면 胡震亨이 자신이 소장하던 서적들을 편찬하여 『秘冊匯函』이라는 叢書를 편찬하려 했지만 뜻을 이루지 못하고 일부가 兵火에 훼손되었는데 나중에 남은 서적을 毛晉에게 주었고, 이에 毛晉은 자신이 소장하던 서적에 이를 더하여 『津逮秘書』를 만들었다고 한다. 이 때문에 『津逮秘書』는 宋本의 舊式에 따른 胡震亨의 판본과 汲古閣이 새겨진 毛晉의 판본이 섞여 있다. 『弘齋全書』, 『研經齋全集』, 『臺山集』, 『五洲衍文長箋散稿』 등에 이 서명이 보인다.

晉太康地理志

편찬자를 알 수 없는 晉代의 地理書. 이 책은 일실되어 전하지 않는다. 『太平寰宇記』 등에 『晉太康地理志』 혹은 『晉太康地理記』로 일부가 인용되어 전하는데 淸의 畢沅이 편집하여 『經訓堂十七種』 등에 1권으로 수록했다. 『晉太康三年地記』라고도 한다. 『海東繹史』에서 이 책을 인용했지만 다른 문헌에서 가져온 것이다.

震澤長語

明 王鏊가 편찬한 雜錄. 王鏊(1450~1524)는 蘇州 吳縣 출신으로 字는 濟之이고 號는 守溪 혹은 拙叟, 震澤 등을 사용했다. 이 책 외에 『姑蘇志』, 『震澤集』 등 여러 저술이 있다. 이 책은 『寶顔堂秘笈』, 『指海』 등에 2권으로 실려 있다. 서울대 중앙도서관에 嘉慶 17년(1812) 간기가 있는 2권의 목판본이 소장되어 있다. 『說郛續』에는 그 일부를 뽑아 1권으로 수록했는데 景淸, 鐵布政女詩, 平保兒, 戴元禮, 王振, 陳繼, 張益, 王竑 등의 표제를 달았다. 鄭齊斗의 『霞谷集』에 「王文恪公論性」 등이 실려 있는 등 조선시대 문인들 사이에 王鏊에 대한 관심이 제법 높았다. 『五洲衍文長箋散稿』와 『燕巖集』에 이 책이 인용되어 있다. 규장각에 淸代의 목판본 『震澤編』 8권 2책이 소장되어 있다. 弘治 10년(1505) 楊循吉의 序가 달려 있는데 王鏊가 편수하고, 蔡昇이 편집한 것으로 되어 있다. 『四庫全書總目』에 『震澤編』 8권은 明 蔡昇이 편찬한 것으로 王鏊가 重修한 것으로 되어 있다. 蔡昇은 字가 景東이고 吳江 출신으로 『史餘』 등의 저술을 남겼다. 『震澤編』은 중국의 古跡, 風俗, 人物, 土産, 賦稅, 水利, 官署, 寺觀, 菴廟, 詩文 등을 수록한 책이다. 『明史』, 『千頃堂書目』 등에는 『震澤編』의 편자를 王鏊라 했다. 『震澤編』은 조선시대 문헌에서 확인되지 않는다.

震澤集

明 王鏊의 문집. 王鏊의 문집은 36권의 『王文恪公集』이 규장각에 소장되어 있다. 嘉靖 丙申(1536) 霍韜의 序와 萬曆 27년(1599)의 跋이 붙어 있고, 明 朱國禎 訂, 董其昌 閱로 되어 있다. 朱國禎의 序도 붙어 있다. 賦, 詩, 聯句, 近體樂府, 序, 引, 說, 記, 內制, 奏疏, 碑, 傳, 行狀, 墓表, 表碣, 誌銘, 哀詞, 祭文, 頌讚, 箴銘, 雜著, 題跋, 書 등의 순서로 엮여 있다. 부록에 『白社詩草』가 실려 있는데 증손인 王禹聲이 지은 것이다. 萬曆 연간(1573~1620) 三槐堂에서 간행

한 판본이 중국 國家圖書館에 소장되어 있는데 규장각 소장본과 같은 판본으로 추정된다. 國立臺灣圖書館에 嘉靖 연간(1522~1566) 간본 『震澤集』 36권이 소장되어 있다. 『四庫全書』에도 『震澤集』 36권으로 수록되어 있다. 『五洲衍文長箋散稿』에 『震澤集』으로 이 책이 언급되어 있다. 王鏊의 학설이나 문장을 두고 鄭齊斗, 蔡濟恭 등이 언급한 것으로 보아 그의 문집이 제법 널리 유통된 듯하다.

集古錄

北宋 歐陽修가 편찬한 金石學에 관한 책. 歐陽修(1007~1072)는 字가 永叔이고 號가 醉翁이며 吉州 출신이다. 『新唐書』, 『新五代史』 등을 편찬했고, 이 책 외에 『六一居士集』, 『表奏書啓四六集』, 『歐陽文忠公全集』, 『洛陽牡丹記』, 『歸田錄』 등 많은 저술을 남겼다. 이 책은 金石學의 효시로 평가되는데 원래 서명은 『集古錄目』이다. 『四庫全書』에 10권으로 수록되어 있다. 권1은 周, 秦, 前漢, 後漢, 권2~3은 後漢, 권4는 魏, 吳, 晉, 宋, 齊, 南齊, 梁, 陳, 後魏, 東魏, 北齊, 後周, 권5는 隋, 唐, 권6~10은 唐의 金石文을 실었다. 『說郛』에는 周穆王刻石 등 16條만 수록했다. 규장각에 소장된 『叢書』에도 실려 있다. 규장각에 소장된 『廬陵歐陽文忠公全集』에도 『集古錄跋尾』 10권으로 수록되어 있다. 清代 목판으로 인쇄된 『集古錄目』도 국내에 여러 종 전한다. 이 책은 우리나라에 이른 시기부터 널리 읽혔다. 특히 李匡師의 『斗南集』에 실린 「書永叔集古目錄序及與蔡君謨求書集古錄序書後-初九日」은 歐陽修의 「集古目錄序」와 「與蔡君謨求書集古錄序書」를 보고 歐陽修의 감식안을 비판한 글이다. 조선 후기 金石學의 유행과 함께 南公轍, 成海應, 申綽, 金正喜, 李裕元 등이 이 책을 즐겨 참조했다. 『星湖僿說』, 『五洲衍文長箋散稿』에도 여러 차례 이 책을 인용했다.

輯釋 → 四書輯釋

集說 → 續音

集韻

北宋 丁度가 편찬한 韻書. 丁度(990~1053)는 字가 公雅이고 祥符 출신이며, 『武經總要』, 『禮部韻略』 등의 저술이 전한다. 이 책은 寶元 2년(1039) 완성되

었으며 모두 10권이다. 당시 『廣韻』이 널리 사용되었는데 宋 景祐 4년(1037) 宋祁 등이 『廣韻』의 문제점을 들자, 仁宗의 命을 받들어 丁度, 李淑 등이 주관하고 國子監 直講 賈昌朝, 王洙 등의 도움을 받아 2년 후에 완성했다. 平聲 4권, 上聲과 去聲, 入聲 각 2권이며 53,525字를 수록했다. 『廣韻』을 보완하되 동일하게 206韻으로 나누었다. 이를 보기 편하게 축약한 것이 『禮部韻略』이다. 『集韻』은 錢氏 述古堂 宋抄本, 毛氏 汲古閣 宋抄本 등과 함께 曹楝亭 揚州使院 간본이 널리 알려져 있으며 嘉慶 연간(1796~1820) 중간한 판본이 규장각 등에 소장되어 있다. 『芝峯類說』, 『與猶堂全書』, 『人政』, 『五洲衍文長箋散稿』 등에서 이 책을 언급했다.

集異記

唐 薛用弱이 唐代의 逸話와 傳奇를 모아 편찬한 책. 薛用弱은 字가 中勝이고 河東 출신이며, 長慶 연간(821~824)에서 大和 연간(827~835) 활동했다. 이 책은 『古異記』라고도 하며 원래 3권이었지만 지금은 2권 16篇이 전하는데 『顧氏文房小說』에 수록되어 있다. 규장각에 소장된 『唐宋叢書』, 『說郛』, 국립중앙도서관과 장서각, 존경각 등에 소장되어 있는 『秘書』에는 1권으로 수록되어 있다. 徐佐卿, 王積薪, 平等閣, 裴珙, 蕭穎士, 韋宥, 蔡少霞, 集翠裘, 王維, 王之渙, 張鎰, 裴通遠, 邢曹退, 韋知微, 狄梁公, 寧王 등의 항목으로 되어 있다. 『明皐全集』, 『五洲衍文長箋散稿』 등에 이 서명이 보인다.

集解 → 春秋經傳集解

ㅊ

纂圖互注周禮 → 周禮纂圖互注

纂禮 → 春秋集傳纂例

纂文

南朝 宋 何承天이 편찬한 字書. 何承天(370~447)은 東海郡 출신으로 乾象曆을 수정하여 元嘉曆을 만든 인물이지만 이력이 자세하지 않다. 明 張溥가 편집한 『宋何衡陽集』이 전한다. 『纂文』과 함께 『姓苑』, 『何承天說』 등 清代에 편집된 저술도 전한다. 이 책은 『纂文』 혹은 『纂文奇博』이라고도 하는데 원문은 일실되었다. 方言이나 특수한 어휘를 풀이한 책이다. 『後漢書』, 『初學記』 등 후대 문헌에 인용된 것을 바탕으로 清 茆泮林이 편집한 『何承天纂要文徵遺』가 전한다. 『玉函山房輯佚書』에도 1권으로 실려 있다. 『五洲衍文長箋散稿』에서 이 책을 언급했지만 『南史』 등의 기록을 옮긴 것이다.

纂文

明 張陛가 편찬한 散文選集. 張陛는 字가 登子이고 號가 小隱이며 山陰 출신으로 崇禎 연간(1628~1644)의 문인이지만 자세한 이력은 밝혀져 있지 않다. 『救荒事宜』, 『引勝小約』 등의 저술이 있다. 書名으로 보아 散文을 모은 책으로 추정되지만 전하지 않아 내용을 알기 어렵다. 『五洲衍文長箋散稿』에서 清 魏

憲의 『詩持』를 인용하여 張陛는 字가 平子이고 闠閿縣 출신이며 두 눈이 멀었는데 『詩規』 2권과 『纂文』 4권을 저술했다고 했다. 『詩規』도 전하지 않는다. 『詩持』는 미국 하버드대 등에 소장되어 있는데 『靑莊館全書』에 여러 차례 인용된 것으로 보아 조선에서 유통된 듯하다.

纂文纂要

明末淸初 呂留良이 편찬한 散文選集. 呂留良(1629~1683)은 呂光輪 혹은 呂光綸 등의 이름을 사용했고, 字는 莊生 혹은 用晦이며 號는 晩村, 耻翁, 南陽布衣, 呂醫山人 등 여러 가지를 썼다. 말년에 승려가 되어 이름을 耐可, 字를 不昧, 號는 何求老人이라 했다. 浙江 崇德縣 출신으로, 『呂晩村文集』, 『東莊詩存』, 『天蓋樓四書語錄』 등의 저술이 있다. 『五洲衍文長箋散稿』에 呂留良의 散文選集으로 '八代家', '三家文抄' 등과 함께 '纂文纂要'를 들었다. 『新唐書』에 何承天의 『纂文』과 顔延之의 『纂要』가 보이지만 呂留良의 散文選集으로 이러한 이름의 저술은 확인되지 않는다. 淸 丁立中의 『八千卷樓書目』에 呂留良의 저술로 『古文精選』(8권), 『精選唐宋八大家文鈔』(8권), 『山曉閣古文選』(32권) 등을 소개했는데, 이와 어떤 관련이 있는지는 확인할 수 없다. '三家文抄' 역시 실체를 알 수 없다.

參同契

漢 魏伯陽이 『周易』의 원리를 통해 養生術을 설명한 책. 魏伯陽은 이름이 翶이며 伯陽은 字다. 號는 雲牙子 또는 雲霞子를 사용했고 會稽 上虞 출신이다. 이 책은 『周易參同契』라고도 한다. 『周易』과 『老子』, 煉丹의 세 가지 道가 契合한다는 뜻으로 參同契라 했다. 약 6,000여 字로 되어 있으며 上中下 3편으로 이루어져 있다. 내용은 煉丹과 養性의 방도를 설명한 것이다. 후대 많은 주석본이 나왔는데 규장각에는 五代 彭曉의 『周易參同契通眞義』, 元 陳致虛의 『周易參同契分章註』, 宋 陳顯微의 『周易參同契解』 등 많은 판본이 소장되어 있다. 『正統道藏』에 실린 판본에는 11종의 주석이 실려 있다. 宋 朱熹의 『周易參同契考異』와 元 兪琰의 『周易參同契發揮』 등도 널리 알려져 있다. 光海君 연간 訓鍊都監字로 간행한 판본도 규장각에 소장되어 있다. 高麗 『東國李相國集』 이래 朝鮮의 『花潭集』, 『星湖僿說』, 『氣測體義』, 『五洲衍文長箋散稿』 등 많은 문헌에서 이 책을 언급했다. 韓無畏의 『海東傳道錄』에 따르면 開成 연간

(836~840) 신라의 崔承祐와 金可紀가 唐에 유학하여 進士가 된 후 함께 終南山에 놀러갔다가 廣法寺에서 申元之, 승려 慈惠와 사귀었는데 이때 伯陽의 『參同契』, 『黃庭經』, 『龍虎經』, 『淸淨心印經』 등을 전수받았다고 한다. 『淸淨心印經』은 어떤 책인지 알 수 없다.

讒書

唐 羅隱이 편찬한 道家書. 羅隱(833~909)은 字가 昭諫이고 新城 출신이다. 『甲乙集』, 『羅昭諫集』, 『讒書』, 『兩同書』, 『廣陵妖亂志』 등의 저술이 전한다. 이 책은 5권이며 黃老思想에 의거하여 時事에 대한 불평한 심기를 담은 것이다. 원래 60편이었는데 2편은 일실되었다. 嘉慶 연간(1796~1821)의 간본이 중국 古宮博物館에 소장되어 있다. 風雨對, 蒙叟遺意, 三帝所長 등과 같은 표제어를 두었다. 『五洲衍文長箋散稿』에 인용되어 있는 「荊巫論」이 이 책에 실려 있는 한 편의 글인데 荊楚 지역의 巫俗에 대해 기록한 것이다.

滄浪詩話

南宋 嚴羽가 詩學에 관해 논한 책. 嚴羽는 字가 丹丘 혹은 儀卿이고 號는 滄浪逋客이며 邵武 출신이다. 자세한 생몰년은 밝혀져 있지 않다. 이 책이 紹定 연간(1228~1233)에서 淳祐 연간(1241~1252) 사이 편찬된 것으로 보아 이 무렵의 문인으로 추정된다. 順治 4년(1647) 序가 달린 宛委山堂 간본 1권이 서울대 중앙도서관에 소장되어 있으며, 『津逮秘書』, 『歷代詩話』 등에도 수록되어 있다. 詩辨, 詩體, 詩法, 詩評, 考證 등 다섯 부분으로 이루어져 있으며 「答吳景仙書」가 부록으로 붙어 있다. 漢魏와 盛唐의 詩를 본받아야 하며 시에서 興趣와 妙悟가 중요하다고 했다. 경희대에 필사본이 소장되어 있다. 『五洲衍文長箋散稿』에 이 서명으로 인용되어 있다. 이 서명으로 인용하지는 않았지만 『農巖集』, 『頭陀草』 등 많은 문헌에서 嚴羽의 詩論을 인용했다.

昌黎集

唐 韓愈의 詩文集. 韓愈(768~842)는 字가 退之이고 河陽 출신이며 韓昌黎로 불린다. 韓愈의 문집은 唐 李漢이 편집한 『昌黎先生文集』, 宋 魏仲擧가 輯注한 『五百家昌黎集注』, 宋 廖瑩中이 輯注한 『昌黎先生集』, 宋 文讜의 註가 달린 『詳註昌黎先生文集』, 宋 朱熹가 고증한 『朱文公校昌黎先生文集』, 明 蔣之翹가

輯注한 『韓柳全集』의 『唐韓昌黎集』 등 여러 종이 있다. 조선에는 明 東雅堂에서 간행한 『韓昌黎集注』가 많이 유통되었고, 『朱文公校昌黎先生集』은 訓鍊都監字로 다시 간행되었다. 『白沙集』, 『芝峯類說』, 『研經齋全集』, 『五洲衍文長箋散稿』 등 여러 문헌에서 이 책을 인용했다. 『世宗實錄』에 따르면 晉州 斷俗寺에 『韓昌黎集』 목판이 소장되어 있었다고 한다. 규장각에 8권 8책의 『昌黎集』이 있는데 필사본이지만 正祖의 장서인이 찍혀 있다. 그밖에 崇禎 6년(1633) 序가 달린 『唐韓昌黎集』, 慶元 丁巳(1197) 朱熹의 序가 달린 『朱文公校昌黎先生集』 등 다양한 판본이 소장되어 있다. 장서각, 국립중앙도서관 등에도 여러 종의 판본이 소장되어 있다.

彰明附子記

北宋 楊天惠가 편찬한 地理書. 楊天惠(1053~1123)는 字가 祐父이고 號는 回光居士이며 郪縣 출신이다. 이 책 외에 『楊天惠集』, 『三國人物論』 등의 저술이 있었지만 지금은 전하지 않는다. 이 책은 綿州의 彰明에서 생산되는 약재인 附子를 기록한 것으로, 줄여서 『附子記』라고도 한다. 『說郛』에 수록되어 있다. 『五洲衍文長箋散稿』에 附子에 대해 기술하면서 인용했다.

蒼霞草

明 葉向高의 文集. 葉向高(1559~1627)는 字가 進卿이고 號가 臺山 혹은 紫雲이다. 內閣首輔大臣을 지냈고 魏忠賢의 국정 농단에 대항한 인물로 알려져 있다. 『四夷考』, 『詩經大全』 등의 저술이 규장각에 소장되어 있다. 『綸扉奏草』, 『葉太史彙纂玉堂鑑綱』 등도 존경각에 소장되어 있다. 대만 故宮博物院圖書館에 『蒼霞草』 28권, 『餘草』 14권, 『續草』 22권, 『綸扉奏草』 3권, 『續綸扉奏草』 14권, 『後綸扉尺牘』 10권이 소장되어 있다. 규장각에 『蒼霞草』 20권이, 장서각에 『蒼霞草』 12권이 소장되어 있는데 萬曆 丙午(1606) 董應擧의 序가 붙어 있다. 그의 上疏를 모은 필사본 『葉蒼霞疏抄』가 일본 大阪府立圖書館에 소장되어 있다. 『荀全集』에서 이 책을 소개했다. 『海東繹史』에 『葉蒼霞集』으로 인용되어 있다. 『芝峯類說』, 『星湖僿說』 등에 서명은 밝히지 않고 葉向高의 言行에 대한 기록이 보인다.

蒼頡篇

秦 李斯가 편찬한 字書. 李斯(B.C.284~B.C.208)는 字가 通古이며 楚의 上蔡 출신으로, 荀子에게서 帝王의 학술을 배워 秦이 천하를 통일하는 데 큰 공을 세웠다. 文學과 筆法에도 뛰어났다. 秦始皇이 천하를 통일한 후 혼란한 文字의 字體를 小篆으로 통일하기 위하여 이 책을 편찬했다. 中車府令 趙高의 『爰歷篇』, 太史令 胡毋敬의 『博學篇』과 함께 『三倉』으로 묶였다. 이 책은 『蒼詰篇』, 『倉詰篇』으로 표기하기도 한다. 60字를 1章으로 하여 55章에 3,300字를 수록했다. 漢 揚雄의 『蒼頡訓纂』, 杜林의 『蒼頡訓纂』과 『蒼頡考』, 晉 張揖의 『三蒼訓故』, 郭璞의 『三蒼解詁』 등의 주석본이 나왔다. 후대에 일실되었는데 淸代에 孫星衍의 『蒼詰篇』을 위시하여 다양한 輯錄本이 출현했다. 『春秋釋例』와 『玉函山房輯佚書』에도 수록되어 있다. 서울대 중앙도서관에 淸 陳其榮이 光緖 20년(1894) 輯錄한 판본 3권이 소장되어 있다. 『芝峯類說』, 『記言』, 『靜觀齋集』, 『星湖僿說』, 『五洲衍文長箋散稿』 등 많은 문헌에서 이 책을 다루었다.

菜根譚

明 洪應明이 修養과 處世에 관한 名言을 모은 책. 洪應明은 萬曆 연간(1573~1620)의 학자로 字가 自誠이고 號가 還初道人이라는 점 외에 貫鄕이나 이력 등은 알려져 있지 않다. 이 책 외에 『仙佛奇踪』 등의 저술이 있다. 이 책은 萬曆 연간 편찬되었는데 중국 上海圖書館 등에 이 시기의 간본이 소장되어 있다. 于孔兼의 題辭가 앞에 붙어 있고 前集에 223條, 後集에 141條가 실려 있다. 康熙 47년(1708) 辛太가 滿洲語로 번역하여 武英殿에서 간행한 판본도 있는데 대만 故宮博物院圖書館, 중국 國家圖書館 등에 소장되어 있다. 修省, 應酬, 評議, 閑寂, 概論 등 5類에 274條를 수록했다. 전남대, 영남대 등에 필사본이, 존경각에 文政 8년(1825) 일본 간본이 소장되어 있다. 『艮齋集』, 『五洲衍文長箋散稿』 등에 이 책이 보인다. 다만 『五洲衍文長箋散稿』의 기록은 淸 趙吉士의 『寄園寄所寄』에 실린 것을 재인용한 것으로 보인다.

採茶錄

唐 溫庭筠이 茶에 관해 기술한 책. 溫庭筠(812~870)은 本名이 岐이고 庭筠은 筆名인데 字 飛卿으로도 불렸다. 太原 祁 출신이며 詞에 뛰어나 『花間集』

을 남겼고 이로 인해 花間派의 鼻祖로 평가된다. 후대 그의 글을 모아 『溫飛卿集』, 『金奩集』 등이 편찬되었다. 이 책은 咸通 元年(860) 3권으로 편찬되었으나 일실되었고, 『說郛』에 辨, 嗜, 易, 苦, 致 등 5類 6條가 수록되어 있다. 『五洲衍文長箋散稿』에 서명만 소개되어 있다.

採蘭雜志

宋代 편찬자를 알 수 없는 雜錄. 원문은 일실되고 元 伊世珍의 『瑯嬛記』, 明 董斯張의 『廣博物志』, 清 陳元龍의 『格致鏡原』 등에 일부가 인용되어 전한다. 『說郛』에 1권으로 실려 있는데 靈蛇髻, 知更魚, 步搖, 鬼陣, 待女, 綠朝雲, 扶老, 春駒, 相思子, 結草蟲, 秋海棠, 蘋婆, 辟塵, 玉香獨見鞋, 喜子母, 解憂, 女奴, 陽會 등 특수한 어휘의 유래를 적고 있다. 『靑莊館全書』, 『斗室存稿』, 『警修堂全藁』, 『林下筆記』, 『五洲衍文長箋散稿』 등에 이 서명이 보인다.

彩選百官鐸

明代 편찬자를 알 수 없는 陞卿圖 놀이를 설명한 책. 彩選은 골패를 던져 겨루는 놀이의 하나로 彩選格, 鳳凰碁, 葫蘆問, 選仙圖라고도 한다. 이 책은 『說郛』에 1권으로 실려 있는데 규장각에 소장된 『叢書』에도 실려 있다. 脩學治法例, 分別流品例, 起局出色例, 采色敗色例, 卓異陞遷例, 京外京堂例, 屬官輸籌例, 統屬重輸例, 文武蔭官例, 復任回位例, 賀贈輸籌例, 罰籌追籌例, 注籌會籌例 등의 항목 아래 벼슬과 연결하여 놀이를 하는 법을 설명했다. 『五洲衍文長箋散稿』에서 놀이 도구를 변증할 때 이 책을 인용했다.

蔡傳旁通 → 書蔡傳旁通

蔡沈書集傳 → 書傳輯錄纂註

冊府元龜

北宋 王欽若 등이 眞宗의 命으로 편찬한 類書. 王欽若(962~1025)은 字가 定國이고 臨江 軍新喩 출신으로, 眞宗 때 宰相으로 있으면서 主和派를 대표했다. 이 책은 景德 2년(1005) 王欽若, 楊億, 孫奭 등 18인이 歷代 君臣의 事迹을 모아 1,000권으로 편찬했다. 冊府는 帝王이 서적을 보관하는 곳을 이르고, 元

龜는 국가대사를 점치던 일을 가리킨다. 帝王部, 閏位部, 僭僞部, 列國君部, 儲宮部, 宗室部, 外戚部, 宰輔部, 將帥部, 臺省部, 邦計部, 憲官部, 諫諍部, 詞臣部, 國史部, 掌禮部, 學校部, 刑法部, 卿監部, 環衛部, 銓選部, 貢擧部, 奉使部, 內臣部, 牧守部, 令長部, 宮臣部, 幕府部, 陪臣部, 總錄部, 外臣部 등 31部 1,115門으로 나누어 기술했다. 『高麗史』에 따르면 毅宗 5년(1151) 寶文閣學士에게 이 책을 교열하게 命한 기사가 있고, 『牧隱藁』에도 이 책을 언급하고 있으므로 고려시대부터 읽힌 것이 분명하다. 『太宗實錄』(1412)에는 忠州史庫에서 이 책을 올렸다는 기록이, 李宜顯의 「庚子燕行雜識」에 이 책을 구입해 왔다는 기록이 보인다. 조선 초기 문집에서부터 『海東繹史』, 『五洲衍文長箋散稿』 등 많은 문헌에서 이 책을 인용했다. 국립중앙도서관에 康熙 11년(1672) 序가 달린 판본이 소장되어 있고, 규장각에는 嘉慶 19년(1814) 간기가 있는 목판본이 소장되어 있다.

策算

淸 戴震이 편찬한 算學書. 戴震(1724~1777)은 安徽 休寧 출신이고 字는 東原 혹은 愼修이고 號는 杲溪다. 考證學의 大家로 文字學, 音韻學, 訓詁學에서 출발하여 經書의 의미를 해명하고, 이를 바탕으로 옛 聖賢의 道를 구명하는 고증학적인 經學方法論을 주창하여, 考證學의 체계적인 이론을 수립했다. 대표적인 저술로 『孟子字義疏證』, 『屈原賦注』, 『考工圖記』, 『方言疏證』, 『戴氏遺書』 등이 있다. 曲阜孔氏 微波榭 간본 1권이 일본 東京大에 소장되어 있다. 『算經十書』에도 실려 있다. 戴震의 저술을 모은 『戴氏遺書』에 乾隆 甲子(1744)에 쓴 序와 함께 이 책이 실려 있다. 『五洲衍文長箋散稿』에 이 序를 실었다.

摭異記

唐 李濬이 편찬한 筆記雜錄. 李濬은 『舊唐書』에 立傳되어 있지만 생몰 연대는 밝혀져 있지 않다. 隴西 출신으로 開元 연간(713~741) 여러 곳의 刺史를 지냈다. 이 책은 원문은 일실되고 『說郛』에 일부가 실려 있다. 李濬이 젊은 시절 들었던 國朝의 故事와 奇事를 모은 것이라는 序가 앞에 실려 있다. 芍藥, 擊毬, 李泌 등 다양한 항목으로 되어 있으며 끝에 物之異聞이라 하여 煖金魚袋, 靑龍皮, 日中軟杖子, 龍腦香崑崙子, 桃源洞中仙人棋子, 白玉劒 등 기이한 물건 20종을 소개했다. 『唐代叢書』에도 수록되어 있다. 『海東繹史』에 高麗의 夜明

簾을 소개하면서 이 책을 인용했다.

天開眼

淸 江登雲이 지은 소설. 江登雲(1717~1778)은 字가 舒靑이고 號는 愛山 혹은 素壺이며 歙縣 출신이다. 『橙陽散志』, 『東南三國記』 등의 저술이 있다. 이 소설은 『廣虞初新志』에 실려 있다. 『五洲衍文長箋散稿』에서 『天開眼』, 『天開眼記』로 인용했다. 『五洲衍文長箋散稿』에서는 江登雲의 다른 소설 『黃河源』도 소개했다.

千頃堂書目

明末淸初 黃虞稷이 편찬한 書目. 黃虞稷(1626~1692)은 字가 兪邰이고 號는 楮園이며 千頃堂은 그의 서재 이름이다. 『我貴軒集』, 『建初集』, 『朝爽閣集』, 『蟬巢集』, 『史傳紀年』, 『楮園雜志』 등의 저서가 있다고 하나 대부분 일실되었다. 이름난 藏書家로 이 책은 자신의 藏書를 기초로 하여 당시의 文獻을 종합한 目錄이며 32권이다. 經史子集 4部로 나누고 다시 51類로 분류한 다음, 각 著作의 著者, 書名, 卷數, 提要 등을 적었다. 앞에 明의 저작을 적고 뒤에 南宋 咸淳 이후 遼와 金, 元의 저작도 함께 수록했다. 明의 저작은 14,000여 종이고 나머지 4대의 2,400여 종이 소개되어 있다. 『四庫全書』에 편입되어 있다. 『海東繹史』에 이 책을 인용했지만 『四庫全書總目』에서 가져온 것이다.

天經或問

明末淸初 游藝가 편찬한 天文書. 游藝는 字가 子六이고 號가 岱峰이며 建寧 출신이다. 『曆象成書』, 『奇門超接』, 『曆法歸宗』 등의 저술이 있다. 이 책은 前集과 後集으로 나누어져 있는데 『四庫全書』에 前集 4권이 편입되어 있다. 권1에 昊天一氣渾淪變化圖 등의 圖說이 실려 있고, 권2에 天體, 地體 등의 항목에서 天地의 형상, 해와 달, 별의 運行, 日蝕과 月蝕, 비와 바람, 우레, 무지개 등의 현상에 대한 問答을 실었다. 권3도 같은 방식으로 歲差, 經星名位, 星座 등을 기술했으며, 권4에는 分野, 年月, 曆法 등에 대한 문답을 수록했다. 淸 官修의 『淸通志』에는 後集을 소개하고 卷數가 없다고 했다. 『五洲衍文長箋散稿』에서 이 책을 인용하고 있는데 동일한 내용이 『和漢三才圖會』에 실려 있으므로 재인용일 가능성도 있다. 국립중앙도서관에 享保 17년(1732) 간행한 일본 목

판본이 소장되어 있다.

天工開物

明末淸初 宋應星이 편찬한 農書. 宋應星(1587~1661)은 字가 長庚이고 奉新 출신이다. 이 책 외에 『野議』, 『思憐詩』, 『論氣』, 『談天』 등의 저술이 있다. 이 책의 書名은 『書經』의 "天工人其代之"와 『周易』의 "開物成務"에서 온 것이다. 18권으로 되어 있으며, 乃粒, 乃服, 彰施, 粹精, 作鹹, 甘嗜, 膏液, 陶埏, 冶鑄, 舟車, 錘鍛, 播石, 殺靑, 五金, 佳兵, 丹靑, 曲糵, 珠玉 등의 18항목을 두고 穀物, 染色, 制鹽, 糖分, 搾油, 陶瓷, 舟車, 製紙, 兵器 등 다양한 내용을 담고 있다. 崇禎 연간(1628~1644) 간본이 일본 東京大에 소장되어 있다. 존경각에 肅宗 41년(1715) 李天植이 초록한 필사본이 소장되어 있다. 『燕巖集』, 『楓皐集』, 『警修堂全藁』, 『五洲衍文長箋散稿』 등에서 이 책을 언급했다.

千金月令

唐 孫思邈이 節氣에 따른 행사를 적은 책. 孫思邈(581?~682)은 京兆 華原 출신으로 醫術과 養生術에 뛰어났으며 藥王, 妙應眞人으로 일컬어진다. 『千金寶要』, 『銀海精微』, 『備急千金要方』, 『千金翼方』 등의 많은 저술을 남겼다. 이 책은 『新唐書』에는 3권으로 되어 있지만 일실되고 『說郛』에 일부가 수록되어 있다. 절기에 따른 賜綵, 宜春字, 傳柑, 祓除, 踏靑, 赤靈符, 菖蒲, 進湯餠, 盂蘭會, 登高, 拜墳, 藏彄 등의 의식을 소개했다. 『五洲衍文長箋散稿』에서 이 책을 인용했다.

天機素書

唐 邱延翰이 편찬한 것으로 알려진 秘書. 邱延翰은 字가 翼之이고 聞喜 출신인데 玄宗 연간(712~756) 활동한 風水家다. 『通志』에 『玉函經』과 『黃囊大卦訣』 등을 저술한 것으로 되어 있으나 모두 전하지 않는다. 『四庫全書總目』에는 이 책이 4권이라 하고 開元 연간(713~741) 山을 조성하여 이 때문에 河東의 별자리에 이상이 생겼을 때 邱延翰이 『天機書』와 『理氣心印』을 바쳤다고 했고, 唐末에 曾求已, 楊益 등이 瓊林庫에서 발견한 『玉函』에서 『天機書』가 나왔다고 했다. 또 明代의 地師가 宋 吳景鸞의 說을 빌려 만든 僞書라 했다. 『五洲衍文長箋散稿』에는 唐 楊筠松의 『山法全書』를 인용해 이 책의 내용을 소개

했다.

天遁鍊魔法 → 靈寶畢法

天祿識餘

清 高士奇가 편찬한 筆記雜錄. 高士奇(1645~1704)는 字가 澹人이고 號는 江村이며 錢唐 출신이다. 『春秋地名考略』, 『左傳紀事本末』, 『春秋講義』, 『毛詩講義』, 『江邨消夏錄』 등 많은 저술을 남겼다. 이 책의 自序에 따르면 康熙 丁巳(1677)부터 13년 동안 宋代와 明代의 言說을 모아 이 책을 편찬했다고 한다. 清 康熙 연간(1662~1722) 간본 2권이 중국 國家圖書館에 소장되어 있다. 규장각, 고려대 등에 소장된 『說鈴』에도 2권으로 수록되어 있다. 竈門, 貢雲, 煙樓, 星矢, 網巾, 摺疊扇 등 다양한 사물을 고증하고 있어 조선의 문인들이 자주 참조한 책이다. 『靑莊館全書』, 『夢經堂日史』, 『研經齋全集』, 『嘉梧藁略』, 『五洲衍文長箋散稿』에 언급되어 있다.

千里面談

明 楊愼이 편찬한 詩話書. 楊愼(1488~1559)은 字가 用修이고 號가 升庵이며 新都 출신이다. 이 책 외에 『丹鉛總錄』, 『升庵詩話』 등 280여 종의 저술을 남겼다. 이 책은 『千頃堂書目』에는 2권이라 했지만, 『說郛續』에는 梁 簡文帝의 「春情」에서부터 蔡孚의 「打毬篇」에 이르기까지 9편의 작품만을 인용하고 평을 달았다. 원광대 도서관에 필사본으로 전하는 것이 있는데 동일한 책인 듯하다. 『五洲衍文長箋散稿』에 詩話書의 하나로 이 책을 소개했다.

天文大成管窺輯要

明末淸初 黃鼎이 편찬한 天文學 관련 저술. 黃鼎은 六安 출신이며 字는 玉耳인데 생몰년은 알려져 있지 않다. 淸의 화가 黃鼎과는 同名異人이다. 이 책은 80권으로, 『天文大成』 혹은 『管窺輯要』라고도 한다. 장서각 등에 順治 10년(1653) 黃鼎 등의 序가 달린 목판본이 소장되어 있고, 규장각에 이 판본을 韓構字로 간행한 조선 판본이 소장되어 있다. 卷頭에 黃鼎 외에 아들 黃九命, 조카 黃九錫, 黃九疇, 黃九如 등 편찬에 참여한 사람들의 성명 및 纂例, 總目, 集用書目 등이 실려 있다. 내용은 天文學에 占術을 연결시킨 것이다. 『正祖實錄』

에 『管窺輯要』와 함께 『觀象玩占』을 내주라고 한 기록이 보인다. 『五洲衍文長箋散稿』에는 『天文大成管窺輯要』, 『天文大成』, 『管窺輯要』 등의 서명이 두루 보인다.

天問略

포르투갈 출신의 선교사 陽瑪諾이 편찬한 天文書. 陽瑪諾(Emmanuel Diaz, 1574~1659)은 字가 演西이며 이 책 외에 『聖經直解』, 『代疑論』, 『經世金書』, 『天學擧要』, 『天文論』 등의 저술이 있다. 이 책은 萬曆 43년(1615) 北京에서 간행되었는데 중국 國家圖書館에 소장되어 있다. 問答 형식으로 日蝕과 月蝕의 원리, 節氣, 晝夜, 대기의 흐름, 태양의 운동 등을 자세히 적었다. 卷頭에 陽瑪諾의 序가 있는데 天主教를 예찬하는 내용이다. 『四庫全書』에도 1권으로 편입되어 있으며, 淸 吳省蘭이 편집한 『藝海珠塵』에도 실려 있다. 『星湖全集』에 「跋天問略」이 실려 있다. 『星湖僿說』에서 鄭斗源이 燕京에 갔을 때 陸若漢에게 『天問略』, 『遠鏡說』, 『職方外紀』, 『西洋貢獻神威大鏡疏』 등을 받았다고 했는데 인조 9년(1631)의 일이다. 『西洋貢獻神威大鏡疏』는 1권으로 되어 있는데 다른 문헌에서 확인되지 않는다. 『林下筆記』에도 같은 기록이 보인다. 『天問略』은 존경각, 국학진흥원 등에 필사본이 소장되어 있는 것으로 보아 널리 유통된 것으로 보인다.

天文步天歌 → 步天歌

天文星占

戰國時代 齊의 甘德이 편찬한 天文書. 甘德은 楚 혹은 魯 출신이라는 說도 있다. 기원전 4세기 중엽에 활동한 천문학자다. 『史記』에 이 책이 8권이라 했으나 일찍 일실되었다. 그의 저술로 『歲星經』도 있었는데 이 역시 일실되고 후대 天文學과 관련한 일부가 魏 石申의 『石氏星經』과 합쳐져 『甘石星經』으로 편집되었다. 『星湖僿說』에서 『天文星占』을 소개했으며 『性齋集』에도 이 서명이 보인다.

天府廣記

淸 孫承澤이 편찬한 北京의 地理書. 孫承澤(1592~1676)은 字가 耳北 혹은 耳

伯이고 號는 北海, 退谷, 退道 등을 사용했으며 益都 출신이다. 저서로 『庚子消夏記』, 『己亥存稿』, 『五經翼』, 『春明夢餘錄』, 『四朝人物略』, 『尙書集解』 등이 전한다. 『五洲衍文長箋散稿』에는 明의 역사를 다룬 저술로 '山書廣記'라 했는데 唐 劉蛻의 『山書』와 이 책을 가리킨다. 이 책은 明代 北京의 역사와 관아 등을 44권으로 정리한 것이다. 建置, 形勝, 險隘, 分野, 風習, 府縣治, 城坊, 學宮, 武學, 書院, 國學, 城池, 宮殿, 齋宮, 帝王廟, 文廟, 內閣, 六科, 宗人府, 吏部, 戶部, 禮部, 兵部, 刑部, 工部, 大理寺, 通政司, 翰林院, 太常寺, 四譯館, 欽天監, 觀象臺, 鴻臚寺, 人物, 巖麓, 川渠, 漕渠, 水利, 名迹, 寺廟, 石刻, 陵園, 賦, 詩 등 방대한 내용을 담고 있다. 淸代의 필사본이 전한다. 『山書』는 嘉慶 2년(1797) 四明盧氏 抱經樓 鈔本이 대만 中研院傅斯年圖書館에 소장되어 있는데 18권이다.

天山子書法 → 雪庵長語

川玉集

편찬자를 알 수 없는 宋代의 醫書. 『崇文總目』, 『宋史』에 1권으로 되어 있는데 편찬자 이름은 보이지 않는다. 『高麗史』에 文宗 12년(1058) 忠州에서 이 책 10판을 올려 祕閣에 보관하게 했다는 기록이 보인다. 『海東繹史』에서도 이 기록을 인용했다. 世宗 때 편찬된 『醫方類聚』의 인용 서목에 이 책이 보이므로 조선 초기에 유통된 것으로 추정된다.

天運紹統

明 朱權이 편찬한 帝王의 世系와 系譜에 관한 책. 朱權(1378~1448)은 明 太祖의 16男으로, 獻이라는 諡號를 받아 寧獻王이라고도 불렸다. 自號는 大明居士, 涵虛子 등을 사용했으며, 『琴阮啓夢』, 『神奇秘譜』, 『太和正音譜』, 『天皇至道太淸玉冊』, 『漢唐秘史』 등 많은 저술을 남겼다. 이 책은 2권이며 卷頭에 永樂 4년(1406) 朱權이 쓴 序가 붙어 있다. 중국 國家圖書館 등에 이때의 간본이 소장되어 있다. 伏羲氏에서부터 元代에 이르기까지 帝王과 諸侯의 編年, 譜系, 世次를 기록했다. 世系는 앞에 圖表로 나타내고 뒤에 즉위한 순서에 따라 稱號를 쓰고 略傳과 在位 연한을 기록했다. 규장각에 중종 연간에 간행된 것으로 추정되는 목판본이 있으며 일본 東洋文庫에도 永樂 연간(1403~1424) 간행한 조선 간본이 소장되어 있다. 규장각에는 萬曆 47년(1619) 간행된 중

간본도 소장되어 있다. 이 책에 箕子朝鮮에 대한 기사가 있어 『筆苑雜記』, 『三灘集』, 『東史綱目』, 『藥泉集』, 『燃藜室記述』, 『五洲衍文長箋散稿』 등 여러 책에서 인용했다.

天元玉册

伏羲가 편찬한 것으로 알려져 있는 醫書. 伏羲는 중국 創世의 신으로 燧人氏의 아들이며, 醫藥의 시조로 받들어진다. 唐 王冰이 편찬한 『黃帝內經素問』에 그의 어록이 수록되어 있다. 중국의 문헌과 조선의 『孤山遺稿』, 『醫林撮要』 등에는 이 책의 편찬자를 伏羲라 했지만, 『宋史』, 『郡齋讀書後志』 등에는 唐 王冰이 편찬한 것으로 되어 있다. 『宋史』에 10권, 『郡齋讀書後志』에는 30권이라 했다. 『天元玉策』으로 된 데도 있다. 王冰은 號가 啓元子이며 唐 景雲 연간(710~711)에 태어나 貞元 연간(785~805)에 사망했다. 『補注黃帝內經素問』을 편찬했다. 『玄珠密語』, 『昭明隱旨』, 『元和紀用經』과 함께 이 책이 그의 저술로 되어 있지만 이 역시 後人의 僞作으로 알려져 있으며, 지금은 전하지 않는다. 『東醫寶鑑』의 序에서 『天元玉冊』을 소개하면서 저자 미상이라 했고, 『熱河日記』와 『海東繹史』에서도 이 책을 소개했다.

千字文

南朝 梁 周興嗣가 편찬한 字書. 周興嗣(470?~521)는 字가 思纂이고 陳郡 출신이다. 이 책은 四言古詩의 韻文으로, 梁武帝가 晉 王羲之의 글씨에서 자주 쓰이는 글자 1,000자를 뽑아 엮게 한 것이다. 중국과 한국에서 고대부터 대표적인 童蒙 學習書로 사용되었다. 조선에서는 1575년 光州에서 간행된 판본과 1583년 韓濩의 글씨를 판각한 『石峯千字文』이 알려져 있다. 규장각에 『歐陽詢千字文』, 『註解千字文』, 『明本全相註釋千字文』 등 다양한 판본이 소장되어 있다. 『芝峯類說』, 『星湖僿說』, 『海東繹史』, 『五洲衍文長箋散稿』 등에도 이 책에 대한 고증과 비평이 보인다.

天爵堂筆餘

明 薛崗이 편찬한 雜錄. 薛岡은 字가 千仞이고 四明 출신이며, 『天爵堂文集』 등의 저술이 있지만 생애는 자세하지 않다. 萬曆 연간(1573~1620)에서 崇禎 연간(1628~1644) 활동했다. 문집 『天爵堂文集』과 함께 崇禎 연간 간행된 이

책 3권이 대만 故宮博物院圖書館에 소장되어 있다. 『千頃堂書目』에는 이 책을 2책이라 했는데, 『說郛續』에는 1권이며, 客星, 舍利, 宣成正嘉窯에서 생산된 磁器와 宣宗의 銅爐, 山水畵와 人物畵, 讀書와 作文, 『季漢書』, 七言律詩의 유래, 南茶北酒 등 30여 조의 기사가 실려 있다. 규장각에 소장되어 있는 『叢書』에도 이 책이 실려 있다. 『五洲衍文長箋散稿』에서 이 책을 인용했다.

天篆記 → 東坡集

天廚禁臠

北宋 惠洪이 편찬한 詩論書. 惠洪(1071~1128)은 德洪이라고도 하는데, 字가 覺範이고 筠州 출신이며 승려가 되어 法號를 寂音尊者라 했다. 『冷齋夜話』가 전한다. 이 책은 唐詩와 宋詩의 格式을 논한 것으로 偸春體 등 특수한 格도 설명했다. 3권이며 『石門洪覺範天廚禁臠』이라는 서명으로 중국 國家圖書館에 소장되어 있다. 『五洲衍文長箋散稿』에서 이 책을 소개했다.

天主實義

이탈리아 출신의 예수회 선교사 利瑪竇가 편찬한 天主教 教理書. 利瑪竇(Matteo Ricci, 1552~1610)는 號가 西泰 혹은 淸泰, 西江 등이고, 萬曆 연간(1573~1620) 중국에 와서 徐光啓, 李之藻 등의 도움을 받아 數學, 天文學, 地理學 등 다양한 西學을 전파했다. 이 책 외에 『辨學遺牘』, 『畸人十篇』, 『天主教要』 등의 저술이 있다. 이 책은 8편으로 되어 있는데, 1편은 天主가 天地萬物을 창조하고 생육한 것에 대해 논했고, 2편은 세상 사람들이 天主에 대해 잘못 알고 있는 점을 해명했으며, 3편은 인간의 영혼이 불멸하다는 것을 논했고, 4편은 귀신과 인간의 영혼이 다르다는 것을 논했다. 5편은 輪回思想의 오류를 논변했고, 6편은 意志가 불멸하며 천당과 지옥이 존재한다는 것을 논했으며, 7편은 人性이 본래 선하다는 것을 논했고, 8편은 서양의 풍속과 전도사들이 결혼하지 않는 이유, 天主가 서방에 강림한 이유 등을 논했다. 『星湖全集』, 『順菴集』, 『無名子集』 등 여러 책에 언급이 보이며, 正祖 12년(1788) 『日省錄』에 이 책에 대한 蔡濟恭의 의견이 실려 있다. 『天學初函』에 편입되어 있는데 萬曆 35년(1607)의 刊記가 있으며 일본 東京大 등에 소장되어 있다.

泉志

南宋 洪遵이 편찬한 화폐에 관한 저술. 洪遵(1120~1174)은 字가 景嚴이고 鄱陽 출신이며 洪適, 洪邁와 형제 사이다. 이 책은 15권으로 되어 있는데 五代 이전 시기 中國과 外國의 錢幣 300여 종을 正用品, 僞品, 不知年代品, 天品, 刀布品, 外國品, 奇品, 神品, 厭勝品 등 9개로 나누어 기록했다. 紹興 19년(1149) 완성되었는데 『說郛』와 『津逮秘書』 등에 수록되어 있다. 『海東繹史』에서 이 책을 인용하여 우리나라 고대의 화폐에 대해 기술했다. 이 책의 속편이 淸代 시기 여러 차례 나왔는데 瞿木夫의 『泉志補政』과 『泉志續編』, 宋振譽의 『續泉志』, 宋慶凝의 『續泉志續補』 등이 전한다.

天地運度經

편찬자와 편찬 시기를 알 수 없는 道家書. 唐 陸海羽의 『三洞珠囊』에 이 책이 보이므로 唐代에 있던 책이지만 일실되어 전하지 않는다. 『靈寶天地運度經』이라고도 한다. 『星湖僿說』에 이 책이 인용되어 있는데 같은 내용이 宋 張君房의 『雲笈七籤』 등에 보인다.

千秋金鏡錄

唐 張九齡이 편찬한 占術書. 張九齡(678~740)은 字가 子壽이고 博物이라는 이름도 사용했으며 韶州 曲江 출신이다. 千秋節 玄宗에게 寶鏡과 함께 이 책 5권을 만들어 올렸는데 거울로는 자신의 모습을 비추어 보고, 사람으로는 길흉을 비추어 보라는 뜻을 담은 것이라 한다. 『金鑑錄』, 『千秋金鏡錄』이라고도 한다. 대만 故宮博物院圖書館에 『千秋金鑑錄』 5권이 소장되어 있다. 이 고사에 의거하여 李穡, 李仁復이 『金鑑錄』을 편찬하여 올렸다는 기록이 『東文選』, 『五洲衍文長箋散稿』 등에 보인다. 『芝峯類說』에는 李齊賢의 『海東金鏡錄』을 소개했다. 鄭可臣, 鄭摠 등도 비슷한 저술을 남겼다는 기록이 보인다.

天下郡國利病書

明末淸初 顧炎武가 편찬한 地理志. 顧炎武(1613~1682)는 江蘇 昆山 출신으로 原名은 絳이었으나, 明이 멸망한 후 炎武로 改名했으며 字는 寧人이고 號는 亭林이다. 이 책 외에 『日知錄』, 『肇域志』, 『韻補正』, 『亭林詩文集』 등 많은 저술이 있다. 이 책은 『郡國利病書』라고도 하는데, 明 崇禎 12년(1639) 저술

을 시작하여 康熙 元年(1662) 완성했다. 經世致用을 근간으로 하여 歷代 名臣의 奏疏, 개인 文集, 地方志, 『明實錄』, 『大明一統志』 등 다양한 자료를 널리 수집하여 편찬했다. 전국 각지의 政治, 經濟, 軍事 방면의 利病과 得失을 종합적으로 분석했다. 각종 細目 중에서 賦役, 水利, 兵防을 天下經略의 3大 急務로 파악하고 분석에 역점을 두었다. 明代의 史書 및 地方志를 원본 그대로 인용했기 때문에 사료적 가치가 높다. 규장각에는 光緖 5년(1879) 간행된 蜀南桐華書室 薛氏家塾本이 소장되어 있다. 『硏經齋全集』, 『五洲衍文長箋散稿』 등에 인용되어 있다.

天下山河兩戒考

淸 徐文靖이 편찬한 地理書. 徐文靖(1667~?)은 字가 位山이고 安徽 當涂 출신으로, 『管城碩記』, 『志寧堂稿』, 『禹貢會箋』, 『竹書紀年統箋』, 『皇極經世考』, 『天文考異』 등의 저술이 있다. 이 책은 『山河兩戒考』라고도 한다. 별자리와 중국의 지리를 결합한 책으로 14권이다. 1권부터 8권까지는 여러 책에서 초록한 것이고 9권부터 14권까지는 자신의 說을 보충한 것이다. 『海東繹史』에 이 책이 인용되어 있지만 직접 본 것 같지는 않다. 중국 天津圖書館과 대만 臺北國立中央圖書館 등에 雍正 元年(1723) 간본이 소장되어 있다.

天學初函

明 李之藻가 天主敎 敎理書와 科學技術書 등 西洋學文에 관한 저술을 모은 叢書. 李之藻(1565~1630)는 字가 振之 혹은 我存이고 號가 凉庵居士 혹은 凉庵逸民이며 浙江 仁和 출신이다. 『同文算指』, 『名理探』, 『大統曆』, 『崇禎曆法』, 『渾蓋通憲圖說』, 『圜容較義』 등 많은 저술을 남겼다. 이 책은 理, 器 2편에 19種의 저술을 수록했다. 理編에는 『西學凡』 1권, 『畸人十論』 2권, 『交友論』 1권, 『二十五言』 1권, 『天主實義』 2권, 『辨學遺牘』 1권, 『七克』 7권, 『靈言蠡勺』 2권, 『職方外紀』 5권 등 9종이 수록되어 있고, 器編에는 『泰西水法』 6권, 『渾蓋通憲圖說』 2권, 『幾何原本』 6권, 『表度說』 1권, 『天問略』 1권, 『簡平儀說』 1권, 『同文算指前編』 2권, 『通編』 8권, 『圜容較義』 1권, 『測量法義』 1권, 『測量異同』 1권, 『勾股義』 1권 등 10종이 수록되어 있다. 萬曆 연간(1573~1620) 간본이 일본 東京大에, 崇禎 연간(1628~1644) 간본이 중국 國家圖書館에 소장되어 있다. 『五洲衍文長箋散稿』에서 이 책을 소개했다.

天香樓偶得

清 虞兆漋이 편찬한 筆記雜錄. 虞兆漋은 字가 虹升이고 嘉興 출신으로, 康熙 연간(1662~1722) 활동한 학자지만 자세한 이력은 밝혀져 있지 않다. 이 책은 『四庫全書總目』에 10권이며 康熙 초반기에 여러 문헌을 참고하여 天文, 地理, 宮室, 器用, 鳥獸, 蟲魚, 草木, 典制, 字學, 人事, 藝文 등 10部로 나누어 다양한 사실을 기록했다고 했지만, 현전하는 판본은 『說鈴』에 수록된 1권뿐이다. 淸代의 抄本 1권이 전하는데 天學, 日月食, 端午, 黃梅, 倒塔影 등의 표제어를 달고 있다. 『靑莊館全書』, 『五洲衍文長箋散稿』 등에서 이 책을 인용했다.

天皇會通

明 王應電이 편찬한 天文學書. 王應電은 王電으로도 알려져 있는데 字가 昭明이며 昆山 출신이다. 嘉靖 연간(1522~1566)의 학자로, 『周禮傳』, 『同文備考』, 『六義圖解』 등의 저술이 있다. 이 책은 『天王會通』이라고도 한다. 清 朱彝尊의 『經義考』에서 일실된 책이라 했는데 『稗編』에 일부가 실려 있다. 『星湖僿說』에서 觀象書로 이 책을 소개했다. 『靑莊館全書』에도 이 책을 인용했지만 明 鄧元錫의 『皇明書』와 明 章潢의 『圖書篇』 등에 실린 내용과 같으므로 재인용인 듯하다. 『五洲衍文長箋散稿』에 「天皇會通補說辨證說」이 실려 있고 여기에 이 책을 인용했는데 내용은 『稗編』에 인용된 것과 같다. 『天王會通』으로도 인용했다.

輟耕錄

元末 陶宗儀가 편찬한 筆記雜錄. 陶宗儀(1329~1412?)는 字가 九成이고 號가 南村이며 浙江 黃巖 출신이다. 이 책과 함께 『說郛』가 그의 대표적인 저술이다. 이 책은 그의 號를 따서 『南村輟耕錄』이라고도 한다. 농사를 지으면서 터득한 뜻을 나뭇잎에 적어 저녁에 필사했다는 뜻에서 붙인 이름이다. 이 책은 嘉靖 연간(1522~1566) 玉蘭草堂 간본 30권이 대만 中研院傅斯年圖書館에, 崇禎 연간(1628~1644) 虞山毛氏 汲古閣本이 東京大 등에 소장되어 있다. 국립중앙도서관에 承應 1년(1652) 일본 간본이 소장되어 있으며 서울대 중앙도서관, 고려대 등에도 光緖 연간(1875~1908) 木版本이 소장되어 있다. 규장각에 소장된 『存笥新鈔』와 『說郛』에 일부가 실려 있다. 宋元代의 史料, 典章, 文物, 小說, 戲劇, 書畵 등 각 방면에 대해 580여 조로 기록했다. 『遣閑雜錄』, 『退溪

集』, 『眉巖集』 등 조선 전기 문헌에서부터 이 책이 인용되었고, 『閑情錄』, 『老稼齋集』, 『星湖僿說』, 『燕行紀』(徐浩修), 『熱河日記』, 『順菴集』, 『靑莊館全書』, 『明皐全集』, 『弘齋全書』, 『與猶堂全書』, 『五洲衍文長箋散稿』 등 조선 후기 문헌에도 자주 보인다.

鐵網珊瑚

明 都穆이 편찬한 筆記雜錄. 都穆(1459~1525)은 字가 元敬이고 吳縣 출신이며, 『壬午功臣爵賞錄』, 『使西日記』, 『金薤琳琅』, 『吳下塚墓遺文』, 『談纂』, 『南濠詩話』 등 많은 저술을 남겼다. 서명은 李商隱의 「碧城」 "鐵網珊瑚未有枝"에서 나온 말로 진기한 보물을 망라한다는 뜻이다. 이 책은 20권이며 乾隆 23년(1758) 간본이 국립중앙도서관에 소장되어 있는데 淸 沈德潛의 序가 붙어 있다. 臺灣大, 중국 國家圖書館과 미국 컬럼비아대, 버클리대 등에 유사한 판본이 소장되어 있다. 『都氏鐵網珊瑚』라고 한다. 앞 4권은 都穆이 붙인 序跋과 題跋을 실었고, 5권 이하는 그가 본 書畵에 대해 적은 것이라 했지만 明 何良俊의 『書畵銘心錄』, 宋 張掄의 『紹興古器評』, 宋 湯垕의 『四畵鑑』, 宋 趙希鵠의 『洞天淸綠』, 周密의 『雲烟過眼錄』 등에서 초록한 것이다. 明 朱存理가 같은 이름으로 16권의 『鐵網珊瑚』를 편찬했다. 朱存理(1444~1513)는 字가 性甫 혹은 性之이고 號는 野航이며 長洲 출신이다. 都穆, 吳寬 등과 경쟁하여 10만여 권의 藏書를 갖추고 이를 바탕으로 하여 周와 石鼓文에서 明 崔氏의 友竹卷에 이르기까지 다양한 書畵에 대한 詩文을 모아 이 책을 엮었다. 明 趙琦美 역시 같은 이름의 저술을 남겼는데 18권이며 『趙氏鐵網珊瑚』라고 한다. 萬曆 28년(1600) 趙琦美의 跋이 붙어 있는 판본이 대만 中硏院文哲所圖書館 등에 소장되어 있다. 장서각에 『鐵網珊瑚書品』 6권 7책이 소장되어 있는데 正德 연간(1506~1521)의 판본인 듯하다. 고려대에는 雍正 6년(1728) 간기가 있는 목판본이 소장되어 있는데 零本으로 書品 10권, 畵品 6권만 있다. 宋代의 圖書 100여 종과 元代의 圖書 30여 종을 대상으로 하여 다양한 詩文을 모은 책이다. 『四庫全書』에 편입되어 있다. 趙琦美(1563~1624)는 原名이 開美이고 字가 仲朗 혹은 如白이며 號는 玄度 혹은 元度, 淸常道人 등을 사용했고 常熟 출신이다. 『靑莊館全書』와 『五洲衍文長箋散稿』에서 인용한 책은 都穆이 편찬한 것이다. 『鐵鋼珊瑚』로 잘못 표기된 곳도 있다.

掇英

편찬자를 알 수 없는 散文選集.『五洲衍文長箋散稿』에는『四大家』,『名世文宗』 등과 함께『掇英』을 소개했는데 明 陳仁錫의 저술처럼 되어 있으나 陳仁錫의『掇英』은 확인되지 않는다. 이 이름으로 된 散文選集은『會稽掇英總集』이 전한다.『會稽掇英總集』은 宋 孔延之가 편찬한 詩文選集이다. 孔延之(1013~1074)는 字가 長源이고 江西 출신으로, 孔子의 47代孫이다.『會稽掇英總集』은 20권으로 되어 있는데, 明 山陰 祁氏 淡生堂 鈔本이 중국 國家圖書館에 소장되어 있으며,『四庫全書』에도 수록되어 있다. 秦始皇에서부터 宋代까지의 詩文 805편을 수록했다. 宋 黃康弼이 편찬한『續會稽掇英集』 5권도 중국 國家圖書館에 소장되어 있는데 隆慶 2년(1569) 錢穀의 手寫本이다. 조선의 任埅이『選文掇英』을 편찬했다는 기록이 있는데 이 책과 무관하다. 규장각에 이 서명의 책 목활자본와 顯宗實錄字로 간행한 3책이 소장되어 있는데 梁 昭明太子의『文選』에서 다시 선별한 것이다. 朝鮮 문인의 律詩를 뽑은『掇英』도 규장각에 소장되어 있다.

鐵圍山叢談

宋 蔡絛가 편찬한 筆記雜錄. 蔡絛는 字가 約之이고 自號를 百衲居士라 했으며 興化 仙遊 출신으로 蔡京의 季子다. 이 책은 蔡絛가 靖康 연간(1126~1127) 白州에 유배되었을 때 저술한 筆記로, 白州에 鐵圍山이 있어 이 이름이 붙었다. 宋代의 文物制度에 대한 考證이 뛰어난 것으로 평가되고 있다. 6권이며, 宋 太祖 建隆 연간(960~963)부터 宋 高宗 紹興 연간(1131~1162)까지 약 200년 동안 朝廷의 掌故와 宮闕의 秘記, 歷史 事件, 人物의 逸話, 詩文의 典故, 文字와 書畵, 金石과 碑刻 등 다양한 내용을 담고 있다.『四庫全書』에 편입되어 있으며,『說郛』에는 일부가 수록되어 있다.『宋人百家小說』,『知不足齋叢書』 등에도 실려 있다. 그의 다른 저술『西淸詩話』도『說郛』에 수록되어 있다.『星湖僿說』에는『蔡絛叢談』으로 인용되어 있다.『海東繹史』,『警修堂全藁』,『五洲衍文長箋散稿』 등에『鐵圍山叢談』으로 인용되어 있다.『五洲衍文長箋散稿』에 蔡氏『古器說』로 인용한 대목이『鐵圍山叢談』에 실려 있다.

甜食品

明 高濂이 편찬한 음식에 관한 책. 高濂(1573~1620)은 字가 深甫이고 號가

瑞南道人이며 錢塘 출신이다. 藏書家로 명성이 높았고 戲曲作家로도 알려져 있는데 「玉簪記」, 「節孝記」 등이 그의 작품이다. 『雅尙齋詩草』, 『芳芷樓詞』, 『牡丹花譜』, 『蘭譜』, 『遵生八牋』 등의 저술이 있다. 이 책은 단음식 조리법을 기술한 것으로, 『遵生八牋』에 「甛食類」로 수록되어 있다. 起糖滷法, 炒麪方, 麪和油法 등 58종을 다루었는데 高麗栗糕方도 보인다. 『海東繹史』에서 『食品』으로 인용한 것이 이 책이다. 『居家必備』에도 『甜食品』으로 1권이 실려 있다.

簷曝偶談

明 顧元慶이 편찬한 筆記雜錄. 顧元慶(1487~1565)은 字가 大有이고 號가 大石山人이며 長洲 출신인데 篆刻과 茶, 書畵에 능했다. 『瘞鶴銘考』, 『夷白齋詩話』, 『顧氏文房小說』, 『茶譜』 등의 저술을 남겼다. 『說郛續』에는 『詹曝偶談』으로 수록되어 있지만, 卷頭에 序가 있는데, 1541년 여러 날 눈이 내리다가 날이 개어 사람들과 처마 아래서 볕을 쬐다가 들은 이야기를 적었다고 했으므로 서명은 『簷曝偶談』이 옳다. 楊維楨, 李東陽 등 明代 인물의 일화 20여 條를 수록했다. 『五洲衍文長箋散稿』에서 이 책을 인용했다. 金柱臣의 『壽谷集』에 『顧元慶偶談』을 인용했는데 동일한 책을 가리키는 듯하지만, 『說郛續』에 수록된 책에는 이 글이 실려 있지 않아 자세한 것은 알 수 없다. 『星湖僿說』에 顧元慶의 『夷白齋詩話』를 인용했다.

靑溪寇軌

北宋 方勺이 野史와 逸話를 모은 雜錄. 方勺(1066~?)은 字가 仁盤이고 婺州 출신인데 湖州로 옮겨가 살았다. 唐 張志和의 泛宅浮家에서 빌어 號를 泊宅翁이라 하고 그 마을을 泊宅村이라 했다. 『泊宅編』 등을 저술했다. 이 책은 『說郛』와 『古今說海』에 1권으로 수록되어 있지만 규장각에 소장된 『古今說海』는 완질이 아니어서 이 책이 수록된 부분은 빠져 있다. 後漢 張角과 張燕의 일화, 宣仁太后 때의 사건, 喫菜事魔法 등 몇 條가 실려 있다. 『五洲衍文長箋散稿』에서 이 책을 인용했다.

靑樓集

元 黃雪蓑이 妓女의 逸話를 모은 책. 黃雪蓑는 妓女로 추정되는데 그 이력은 알려져 있지 않다. 『五洲衍文長箋散稿』에서 淸 周亮工의 『因樹屋書影』을 인

용해 이 책을 소개했다. 明末의 간본이 중국 國家圖書館에 소장되어 있다. 『說郛』에도 1권으로 실려 있다. 『古今說海』에도 실려 있는데 편찬자가 元 雪簑釣隱으로 되어 있다. 淸 王初桐의 『奩史』에 이 책이 빈번하게 인용되었다. 元 夏文彦이 편찬한 동일한 서명의 책이 중국 國家圖書館에 소장되어 있는데 별개의 책이다.

靑門集

淸 邵長蘅의 文集. 邵長蘅(1637~1704)은 字가 子湘이고 號는 靑門山人이며 江蘇 武進 출신이다. 明 唐順之와 歸有光을 계승한 문장가로 알려져 있다. 『古今韻略』이 그의 저술이다. 이 책은 『靑門全集』 혹은 『邵子湘全集』이라고도 한다. 卷首에 宋犖과 王士禎, 田彭, 王元烜의 序가 있다. 1678년 이전의 詩文을 모은 『靑門簏藁』 16권, 1691년 이전의 작품을 모은 『靑門旅藁』 6권, 그 이후의 작품을 모은 『靑門賸藁』 8권으로 구성되어 있다. 규장각과 존경각에 『邵子湘全集』이 소장되어 있는데 康熙 연간(1662~1722) 판본으로 내용은 동일하다. 『靑莊館全書』, 『明皐全集』, 『弘齋全書』, 『淵泉集』, 『五洲衍文長箋散稿』 등에서 이 책을 인용했다. 특히 李德懋가 『磊磊落落書』를 편찬할 때 이 책을 많이 참고했다. 趙斗淳의 『心庵遺稿』에 그의 「啓禎樂府」를 인용하고, 李學逵의 『洛下生集』에 그의 「哀思陵樂府」를 인용했으므로 『靑門集』이 널리 유통된 듯하다. 『順菴集』, 『靑莊館全書』, 『硏經齋全集』에 그의 『古今韻略』을 인용했다.

淸文穎 → 皇淸文穎

靑箱雜記

北宋 吳處厚가 지은 筆記雜錄. 吳處厚는 邵武 출신이며 字는 伯固다. 皇祐 연간(1049~1053) 출사했고 『宋史』의 「姦臣傳」에 立傳되어 있다. 『論相』, 『賦評』 등의 저술이 있다. 이 책은 元祐 2년(1087) 편찬되었으며, 五代와 宋의 朝廷과 在野의 雜事, 詩話, 掌故 등을 기록했다. 魏野, 李淑, 王禹偁, 王安國, 陳堯佐, 曹翰, 陳亞, 夏竦, 韓琦 등의 詩話가 후대 주목되었다. 『稗海』, 『四庫全書』 등에 10권으로 실려 있다. 규장각에 10권 1책의 淸代 목판본이 소장되어 있다. 『說郛』에도 수록되어 있다. 『東國李相國集』에 이 책이 인용되어 있어 고려시대에 유입되었다는 사실을 알 수 있다. 『星湖僿說』, 『常變通攷』, 『靑莊館全

書』, 『與猶堂全書』, 『五洲衍文長箋散稿』 등에도 인용되어 있다.

靑瑣詩話

北宋 劉斧가 편찬한 詩話書. 劉斧는 宋 熙寧 연간(1068~1077)의 문인으로 字號나 이력은 밝혀져 있지 않다. 이 책은 『靑瑣高義』, 『玄散詩話』 등과 함께 『說郛』에 수록되어 있는데 李淸臣, 范仲淹 등의 일화가 실려 있다. 『五洲衍文長箋散稿』에는 詩話書의 하나로 서명만 제시했다.

靑巖叢錄

明 王褘가 편찬한 雜錄. 王褘는 字가 子充이고 義烏 출신이며, 明初에 中書省에서 『元史』 편찬을 도와 翰林待制의 벼슬을 지냈으며 『大事紀續編』, 『續志林』, 『王忠文公集』 등의 저술이 있다. 『說郛續』에는 이 책과 함께 『卮辭』, 『逐鹿記』 등이 실려 있다. 이 책은 『四庫全書』에 편입되어 있는 『王忠文公集』 권20의 「叢錄」에 실려 있다. 앞부분에 序가 있는데 독서를 하다 마음에 드는 것을 적었다고 한다. 『周易』, 『尙書』, 『詩經』 등에서부터 堪輿書와 醫書에 이르기까지 다양한 내용을 다루고 있다. 『說郛續』에는 이 책의 내용 중 緯書, 佛敎와 道敎의 源流, 堪輿書와 醫書의 同異 등 5條가 실려 있다. 규장각에 소장되어 있는 『金華叢書書目提要』에도 수록되어 있다. 『五洲衍文長箋散稿』에 이 책을 인용했다.

靑烏先生葬經

後漢 靑烏先生이 편찬한 風水地理書. 靑烏先生에 대해 구체적으로 알려진 바는 없지만, 風水의 術에 정통하여 후세 風水家들이 숭배했고 이로 인하여 風水術을 靑烏術이라 부르게 되었다. 金 丞相 兀欽의 序에는 漢代의 인물로 나와 있다. 이 책은 唐 楊筠松이 註解한 『地理全書靑烏先生葬經』이 알려져 있다. 『葬經』, 『靑烏經』 등으로도 불린다. 李植의 『澤堂先生別集』에는 地理에 관한 서적을 모조리 불태워 버리고 오직 『靑烏』와 『錦囊』 등 10여 권의 책만을 남겨 觀象監에서 학습하도록 했다는 기록이 보인다. 『牧隱集』에 『錦囊』을 보았다는 기록이 있으므로 이른 시기 우리나라에 영향을 끼친 책이라 하겠다. 『星湖僿說』에 작자 미상으로 되어 있으며 『靑烏』라 줄여 불렀다. 『宣祖實錄』 등에도 靑烏先生의 『葬經』을 인용했다. 규장각 등에 소장되어 있는 明 黃廉의

『地理五經』 및 明 李思聰의 『堪輿十一種書』 가운데 편입되어 있다.

淸異錄

北宋 陶穀이 편찬한 筆記雜錄. 陶穀(903~970)은 字가 秀實이고 號는 鹿門先生이다. 邠州 新平 출신으로, 本姓은 唐인데 先代에 避諱하여 陶로 바꾸었다. 刑部와 戶部의 尙書를 지냈다. 이 책은 唐과 五代 新穎의 일화를 天文과 地理 등 37門으로 나누고 아래 標題를 달아 관련 事實을 기술했다. 규장각 등에 소장되어 있는 『寶顏堂秘笈』, 『唐宋叢書』 등에 4권으로 수록되어 있다. 서울대 중앙도서관에 順治 4년(1647) 宛委山堂에서 간행한 판본도 소장되어 있다. 『芝峯類說』, 『無名子集』, 『斗室存稿』, 『靑莊館全書』, 『與猶堂全書』, 『阮堂集』, 『海東繹史』, 『五洲衍文長箋散稿』 등 여러 문헌에 이 책이 인용되어 있다.

淸一統志 → 大淸一統志

淸淨心印經 → 參同契

淸波雜志

北宋 周輝가 편찬한 筆記雜錄. 周輝(1127~?)는 周煇라고도 적는데 字가 昭禮이며 淮海 출신이다. 博學宏詞로 이름을 날렸지만 金이 들어서자 杭州 淸波門에 만여 권의 장서를 갖추고 은거했다. 『海東繹史』에 그의 『北轅錄』을 인용서목으로 들었다. 이 책은 別志 3권을 포함하여 15권으로 되어 있는데 당시의 逸話와 逸文, 逸詩를 많이 수록했으며, 制度와 風俗에 대해서도 다채롭게 기록했다. 『御覽知不足齋叢書』에 15권 모두 실려 있고, 『野客叢書』, 『說郛』, 『稗海』 등에는 일부만 수록되어 있다. 『芝峯類說』, 『靑莊館全書』, 『楓石全集』, 『五洲衍文長箋散稿』 등에서 이 책을 인용했다. 『高麗圖經』과 관련한 기사가 있어 조선시대 문인의 관심을 끈 책이다. 『弘齋全書』에는 周輝가 만난 渤海使 관련 기사를 싣고 있다.

淸虛山房集 → 王太岳集

淸虛雜著

北宋 王鞏이 편찬한 筆記雜錄. 王鞏(1048~1117)은 字가 定國이고 號는 淸虛이며 莘系 출신으로 王旦의 손자다. 만년에 高郵에 은거했고 그림과 시에 뛰어났다. 이 책은 『甲申雜記』 1권, 『聞見近錄』 1권, 『隨手雜錄』 1권으로 구성되어 있다. 『海東繹史』에서 『淸虛居士隨手雜錄』이라고도 한다고 되어 있다. 『儉齋集』, 『省齋集』 등에 『隨手雜錄』으로 인용되어 있다. 규장각에 소장된 『知不足齋叢書』, 『說郛』 등에 수록되어 있다. 서울대 중앙도서관에 順治 4년(1647) 간기가 있는 『甲申雜記』가 소장되어 있다.

苕溪漁隱叢話

南宋 胡仔가 편찬한 詩話書. 胡仔(1095~1170)는 字가 元任이고 徽州 績溪 출신이다. 迪功郎을 지냈으나 부모의 상을 당한 뒤 苕溪에 은거했다. 이 책은 『漁隱叢話』라고도 한다. 前集 60권, 後集 40권으로 구성되어 있다. 전집은 紹興 18년(1148), 후집은 乾道 3년(1167) 완성되었다. 宋 阮閱의 『詩話總龜』가 黨禁으로 인해 元祐 연간(1086~1094) 인물의 詩文을 수록하지 못한 것을 한계로 여겨 널리 자료를 수집하여 이 책을 편찬했다. 『詩經』에서부터 南宋 초기까지의 시를 작자와 시대에 따라 배열했다. 陶淵明, 李白, 杜甫, 韓愈, 柳宗元, 白居易, 杜牧 등의 시가 수록되었으며, 특히 杜甫의 시를 방대하게 다루었다. 宋代의 인물로는 歐陽修, 王安石, 蘇軾, 黃庭堅 등이 수록되었으며, 이 중 蘇軾의 시를 많이 다루었다. 수록된 작자는 100여 인에 이른다. 『海山仙館叢書』, 『四部備要』 등에 수록되어 있다. 서울대 중앙도서관에 順治 4년(1647) 宛委山堂에서 간행한 판본과 同治 4년(1865) 耘經樓에서 간행한 판본이 소장되어 있다. 『靑莊館全書』, 『五洲衍文長箋散稿』 등에 이 책이 인용되어 있다.

草堂詩餘

편찬자를 알 수 없는 宋代의 詞選集. 明 高儒의 『百川書誌』에는 五代와 宋代의 저술로, 4권이며 59題 400闋의 작품이 수록되어 있고 註釋과 引證이 붙어 있다고 했다. 宋 陳振孫의 『直齋書錄解題』에는 2권으로, 明 陳第의 『世善堂藏書錄』에는 7권으로 되어 있다. 宋 王楙의 『野客叢書』에는 慶元 연간(1195~1200) 편찬된 것이라 했다. 明 洪武 연간(1368~1398) 遵正書堂에서 간행한 『增修箋註妙撰群英草堂詩餘』와 明 楊愼의 『楊升庵叢書』에 수록되어

있는 『批點草堂詩餘』(5권) 등이 알려져 있다. 『芝峯類說』, 『星湖僿說』, 『櫟翁遺稿』, 『冠巖全書』, 『五洲衍文長箋散稿』 등에서 이 책을 인용했지만 편찬자는 밝히지 않았다. 서울대 중앙도서관에 武陵逸史가 편찬하고 乾隆 17년(1752) 간기가 있는 10권 1책의 『草堂詩餘』, 明 顧從敬이 選하고 淸 沈際飛가 評定한 『草堂詩餘總集』, 『草堂詩餘正集』, 『草堂詩餘新集』, 『草堂詩餘別集』 등이 소장되어 있다. 이화여대에 淸 夏秉衡이 편찬한 같은 이름의 詞選集이 소장되어 있다.

草堂集

唐 李白의 文集. 李白(701~762)은 字가 太白이고 號가 靑蓮居士이며 謫仙으로 일컬어진다. 이 책은 『新唐書』 등에 20권으로 되어 있다. 같은 곳에 杜甫의 『杜甫集』 60권이 보인다. 『李太白詩集注』에 唐 李陽氷의 「草堂集序」가 실려 있는데 여기에 『草堂集』에 대한 기록이 보이지만 이 판본은 전하지 않는다. 李白의 문집은 『李太白詩注』 혹은 『分類補註李太白詩』가 널리 알려져 있다. 李白의 시집 『草堂集』에 대한 기록은 『芝峯類說』, 『星湖僿說』 등에 보인다.

草木子

元末明初 葉子奇가 편찬한 雜錄. 葉子奇(1327~1390?)는 字가 世杰이고 號가 靜齋이며 龍泉 출신이다. 性理學과 함께 天文, 醫學, 音律에도 박학했다. 『范通元理』, 『本草醫書節要』, 『齊東野語』, 『又餘錄』 등의 저술이 있다. 이 책은 4권으로, 管窺, 觀物, 原道, 鉤元, 克謹, 雜志, 談藪, 雜俎로 구성되어 있으며 각 항목에 대하여 치밀한 변증을 했다. 元末 紅巾賊에 대한 기술이 자세하다. 성암고서박물관에 16세기 중국에서 간행한 목판본이 전한다. 『四庫全書』에 4권으로 편입되어 있으며 『說郛續』에도 일부가 수록되어 있다. 『靑莊館全書』, 『研經齋全集』, 『五洲衍文長箋散稿』 등에 인용되어 있다.

楚辭集注

南宋 朱熹가 屈原의 『楚辭』를 풀이한 책. 朱熹(1120~1200)는 福建 尤溪 출신으로 字가 元晦 혹은 仲晦이고 號가 晦庵, 晦翁, 雲谷老人, 遯翁 등인데, 높여서 朱子라고 한다. 『四書章句集注』와 『四書或問』, 『詩集傳』, 『周易本義』, 『孝經刊誤』, 『儀禮經傳通解』, 『資治通鑑綱目』, 『八朝名臣言行錄』, 『韓文考異』 등 많

은 저술을 남겼다. 이 책은 규장각에 중국 판본 외에 조선에서 간행한 여러 종의 판본이 소장되어 있다.『宋子大全』,『南溪集』등 17세기 문헌에서부터 이 책이 인용되었다.『星湖僿說』에『注楚辭』라 한 것이 이 책을 이른다.『五洲衍文長箋散稿』에서는『楚辭注』로 인용했다.

椒山集 → 楊忠愍集

焦氏易林

漢 焦延壽가『周易』을 풀이한 책. 焦延壽는 字가 贛이고 梁 출신이다.『隋書』「經籍志」에『易林變占』도 저술한 것으로 되어 있지만 이 책만 전한다. 이 책은 16권으로 되어 있는데『周易』의 원리를 바탕으로 卦의 변화를 4,096가지로 설정하고, 각기 四言의 韻語를 붙여 의미를 해설했다. 규장각에 明의 唐琳이 訂正한 목판본이 소장되어 있으며 장서각 등에도 비슷한 판본이 소장되어 있다.『黃氏叢書』,『漢魏叢書』등에도 수록되어 있다. 清 張世寶의『易林補遺』도 규장각에 소장되어 있다.『慕齋集』,『藥圃集』,『西厓集』등 조선 전기의 문헌에서부터『星湖僿說』,『五洲衍文長箋散稿』등 많은 문헌에서 이 책을 언급했다.

焦氏類林

明 焦竑이 편찬한 雜錄. 焦竑(1541~1620)은 字가 弱侯이고 號는 澹園이며 江寧 출신으로, 이 책 외에『國朝獻徵錄』,『禹貢解』,『遜國忠節錄』,『焦弱侯問答』,『焦氏筆乘』,『玉堂叢話』,『熙朝名臣實錄』,『國史經籍志』,『中原文獻』등 많은 저술을 남겼다.『朝鮮詩選』을 편찬했다는 기록이 있지만 전하지는 않는다. 이 책은 8권으로 되어 있으며 앞에 自序가 달려 있는데『世說新語』의 부족함을 보완하기 위하여 편찬한 것이라 했다. 59類로 나누어져 있다. 동짓날 밤 子時에 머리를 1,200번 빗으면 陽氣가 강해지고 五臟六腑가 건강해지므로 神仙洗頭法이라 한다는 등 다소 황당한 내용이 많다. 萬曆 15년(1587) 王元貞이 간행한 판본이 중국 國家圖書館과 일본 東京大 등에 소장되어 있다. 王元貞 등 3인의 序가 붙어 있다. 규장각에 소장되어 있는『粵雅堂叢書』에도 수록되어 있다.『青莊館全書』와『五洲衍文長箋散稿』에 이 서명이 보인다.

焦氏筆乘

明 焦竑이 편찬한 筆記雜錄. 이 책은 6권으로 經學과 史學, 文學, 醫學 등 다양한 내용을 포괄하고 있다. 중국 國家圖書館에 萬曆 丙午(1606) 謝與棟이 간행한 판본이 소장되어 있는데 續集 8권이 함께 실려 있다. 장서각에 慶安 2년(1649) 간행한 일본 목판본 6권 6책이 소장되어 있는데 明 謝與棟과 焦尊生이 함께 교정한 판본이다. 규장각에 소장되어 있는 『粵雅堂叢書』에도 편입되어 있다. 『五洲衍文長箋散稿』에서 이 책을 인용했다.

初學記

唐 徐堅이 玄宗의 命을 받아 편찬한 類書. 徐堅(659~729)은 字가 元固이고 浙江 長興 출신이며 이 책 외에 『則天實錄』을 편찬했다. 이 책은 30권으로 되어 있으며 『藝文類聚』의 체제를 따라 經書와 諸子百家, 역대의 詩賦 등에서 초록하여 23部 313개의 子目으로 구성했다. 天部, 地部, 州郡部, 帝王部, 中宮部, 儲宮部, 帝戚部, 職官部, 禮部, 樂部, 人部, 政理部, 居處部, 器用部 등의 部 아래 敍事, 事對, 詩文 순으로 되어 있다. 敍事는 子目의 표제를 설명하는 각종 자료를 모은 것이고, 事對는 對偶의 형식으로 典故를 제시하고 주석을 달았으며, 詩文은 관련 문학작품을 정선해 놓은 것이다. 『世宗實錄』에서 이 책을 인용한 것으로 보아 이른 시기 조선에 유입된 것으로 보인다. 『芝峯類說』, 『息山集』, 『靑莊館全書』, 『弘齋全書』, 『五洲衍文長箋散稿』 등 많은 문헌에서 이 책을 인용했다. 국립중앙도서관에 紹興 4년(1134)의 序가 붙은 明代의 목판본 30권 10책이 소장되어 있고, 장서각에 淸代의 목판본 30권 12책 『古香齋鑑賞袖珍初學記』가 전한다.

初學尙書詳解 → 尙書詳解

初學集 → 牧齋初學集

楚漢春秋

前漢 陸賈가 편찬한 楚漢의 歷史書. 陸賈는 漢 初期 楚國 출신으로 文帝 때 南越을 복속했다. 黃老와 道家, 法家의 思想家로 알려져 있다. 이 책은 『舊唐書』 등에 9권으로 되어 있다. 漢 高祖 劉邦에서부터 文帝 初期까지의 잡다한 역사

를 기록했으며, 司馬遷이 『史記』를 편찬할 때 자료로 활용되었는데 唐 이후 일실되었다. 清代 洪頤煊, 茆泮林 등이 편집한 판본이 『問經堂叢書』, 『十種古逸書』, 『後知不足齋叢書』 등에 수록되었다. 『成宗實錄』에 이 책과 함께 『東萊歷代史詳絶』, 『陸賈新語』, 『唐臣奏議』, 『魏略』 등의 책을 민간에서 구해 올리도록 한 기사가 보인다. 『太虛亭集』, 『順菴集』, 『自著』, 『五洲衍文長箋散稿』 등에서 이 책을 언급했다.

蜀文翁禮殿圖 → 禮殿圖

蜀都雜抄

明 陸深이 편찬한 蜀 지역에 관한 雜錄. 陸深(1477~1544)은 初名이 榮이고 字가 子淵이며 號는 儼山이다. 松江 출신으로 『儼山集』, 『南巡日錄』, 『古今說海』 등의 저술이 있다. 이 책은 陸深이 四川左布政使로 나가 있을 때 蜀의 山川과 古蹟을 기록한 것이다. 奇姓, 月竹, 松江, 地震, 氣候, 峨眉山, 伏龜山 등 다양한 내용을 담고 있다. 규장각에 소장되어 있는 『說郛續』, 『尙白齋鐫陳眉公訂正秘笈』, 『叢書』 등에 실려 있다. 아들 陸楫(1515~1552)이 陸深의 저술을 모아 편찬한 『儼山外集』에도 실려 있다. 중국 國家圖書館에 嘉靖 24년(1545) 간본이 소장되어 있다. 『五洲衍文長箋散稿』에서 이 책을 인용했다.

蜀爾雅

唐 李商隱이 蜀 지역의 언어를 기술한 책. 李商隱(813~858)은 懷州 河內 출신이고 字가 義山이며 號는 玉溪生이다. 『李義山詩集』이 전한다. 이 책은 『直齋書錄解題』에서 3권이며 저자를 알 수 없다고 하고 李商隱이 蜀語를 기록한 것이라는 설을 부기했다. 『五洲衍文長箋散稿』에서 이 책을 들었지만 일실되어 전하지 않는다.

蜀中詩話

明 曹學佺이 편찬한 詩話書. 曹學佺(1574~1646)은 字가 能始이고 號는 雁澤, 石倉居士, 西峰居士 등을 사용했으며 侯官縣 洪塘 출신이다. 노년에 石倉園을 건립하고 저술에 힘을 쏟았으며, 『蜀中名勝記』, 『周易可說』, 『蜀中風土記』, 『方物記』, 『宋詩選』 등을 남겼다. 이 책은 『千頃堂書目』과 『明史』 등에는 4권으로

되어 있지만 일실되고, 『說郛續』에 杜甫, 花蕊夫人, 范成大, 花間集 등 15조만 실려 전한다. 『五洲衍文長箋散稿』에 詩話書의 하나로 이 책을 들었다.

促織志

明 袁宏道가 편찬한 귀뚜라미에 관한 저술. 袁宏道(1568~1610)는 字가 中郎이고 號가 石公이며 湖廣 公安 출신이다. 國子助敎, 吏部郞中 등의 벼슬을 지냈지만 노년에 은거하여 학문과 문학에 전념했다. 『袁中郎全集』, 『觴政』, 『廣莊』, 『瓶史』 등의 저술이 있다. 이 책은 『說郛續』에 論畜, 論似, 論體性, 論形, 論病, 名色, 養法, 治法, 總論 등으로 나누어 귀뚜라미의 외형과 성질, 사육법 등을 소개했다. 袁宏道의 『袁中郎全集』에 실려 있는 「畜促織」과 일부 내용이 겹친다. 『五洲衍文長箋散稿』에는 이 책과 함께 明 劉侗의 『促織志』도 소개했다. 劉侗(1593?~1636?)은 字가 同人이고 號가 格庵이며 湖廣 麻城縣 출신이다. 『帝京景物略』 등의 저술이 있다. 이 책 역시 『說郛續』에 수록되어 있는데 產, 捕, 辨, 材, 鬪, 名, 留, 俗, 別 등으로 나누어 귀뚜라미를 잡아서 키우는 문제, 싸움을 시키는 방식, 귀뚜라미의 명칭과 품종 등 다양한 내용을 다루었다.

崔駰集

後漢 崔駰의 文集. 崔駰은 涿郡 安平 출신으로 班固와 이름을 나란히 했다. 長岑長을 지내 이 이름으로도 불렸다. 『隋書』에 이 책이 10권이라 했다. 『高麗史』에 따르면 宣宗 8년(1091) 宋의 館伴이 일실된 서적 129종의 목록을 주고 고려에서 찾도록 했는데, 여기에 이 책 10권이 포함되어 있다. 『靑莊館全書』, 『海東繹史』 등에도 같은 기사를 싣고 있다. 일실되어 전하지 않는다.

秋笳集

淸 吳兆騫의 文集. 吳兆騫(1631~1684)은 字가 漢槎이고 號가 季子이며 吳江 출신이다. 그의 문집은 吳振臣이 편집했는데 대만 故宮博物院圖書館에 雍正丙午(1726) 衍厚堂 간본 8권이 소장되어 있다. 규장각에 소장되어 있는 『粵雅堂叢書』에도 8권으로 실려 있다. 『海東繹史』에 이 책을 인용했고 『與猶堂全書』와 『五洲衍文長箋散稿』에서 그의 「長白山賦」를 소개했는데 『秋笳集』에 실려 있다. 『貞蕤閣集』에도 이 책이 보인다.

推篷寤語
明 李豫亨이 편찬한 筆記雜錄. 李豫亨은 字가 元薦이고 松江 출신이다. 隆慶 연간(1567~1572) 활동했다. 『青烏』, 『三事遡眞』 등의 저술이 전한다. 이 책은 『明史』에는 12권, 『四庫全書總目』에는 9권에 『餘錄』 1권이 더 있다고 했다. 測微, 原敎, 本術, 還眞, 訂疑, 毗政 등 6篇이며 30類로 나누고 550章으로 구성했다. 隆慶 연간 간본이 중국 國家圖書館에 소장되어 있다. 『五洲衍文長箋散稿』에 이 책이 인용되어 있다.

秋星閣詩話
明 李沂가 편찬한 詩話書. 李沂(?~1606)는 字가 景魯이고 嘉魚 출신인데, 이 책과 함께 『中秘草』 등의 저술이 있다. 이 책은 규장각 등에 소장되어 있는 『昭代叢書』에 수록되어 있다. 앞에 明 張潮의 序가 있고 이어 八字訣, 勸虛心, 審趨向, 指陋習, 戒輕梓, 勉讀書 등을 표제로 한 6조가 실려 있다. 初學者를 위한 詩學入門書다. 『五洲衍文長箋散稿』에 書名만 소개했다.

鄒氏傳
漢代 편찬자를 알 수 없는 『春秋』를 풀이한 책. 『鄒氏傳』, 『夾氏傳』, 『左氏傳』, 『公羊傳』, 『穀梁傳』 등과 함께 『春秋』 五傳의 하나다. 『鄒氏傳』은 『漢書』의 「藝文志」에 11권이라 했지만 일실되어 전하지 않는다. 『星湖僿說』에도 11권으로 소개했지만 『漢書』를 인용한 것이다. 『海隱遺稿』에도 전하지 않는다고 하면서 이 책을 소개했다.

秋園雜珮
明末清初 陳貞慧가 편찬한 筆記雜錄. 陳貞慧(1604~1656)는 字가 定生이고 宜興 출신이며, 부친 陳於廷과 함께 東林黨의 復社에 가담했다. 陳維崧이 그의 아들이다. 陳於廷은 『雪岑集』, 『皇明語林』, 『山陽錄』, 『書事七則』 등 많은 저술을 남겼으며, 陳貞慧도 『山陽錄』, 『復社姓氏』, 『書事七則』, 『過江七事』, 『陳定生先生遺書三種』 등을 저술했다. 이 책은 1권으로, 道光 13년(1833) 간본이 중국 國家圖書館 등에 소장되어 있으며, 규장각에 소장된 『粤雅堂叢書』에도 수록되어 있다. 서울대 중앙도서관에 소장되어 있는 『陳定生先生遺書』에도 실려 있다. 清 侯方域의 『侯方域集』에 「秋園雜佩序」가 실려 있다. 蘭, 竹, 茶, 香,

書硯, 鸜鵒, 杜鵑, 摺疊扇, 海棠 등 일상의 비근하고 사소한 사물 16種에 대해 기술했다. 『海東繹史』에서 이 책을 인용하여 조선의 摺疊扇에 대해 언급했다.

春明夢餘錄

明末淸初 孫承澤이 편찬한 筆記雜錄. 孫承澤(1592~1676)은 字가 耳北 혹은 耳伯이고 號는 北海 혹은 退谷이며 山東 益都 출신이다. 『元朝典故編年考』, 『典制紀略』 등 많은 저술을 남겼다. 이 책은 70권 24책의 방대한 분량으로 『四庫全書』에 편입되어 있다. 서울대 중앙도서관에 『古香齋鑑賞袖珍春明夢餘錄』 50권이, 규장각에는 惜分陰館에서 목판으로 간행한 70권이 소장되어 있는데 淸末의 판본이다. 京師의 建置와 形勝, 城池, 畿甸, 城防, 宮殿, 壇廟, 官署, 名蹟, 寺廟, 石刻, 巖麓, 川渠, 陵園 등의 항목을 두어 서술했다. 地理에서부터 沿革, 職制 등을 자세히 기술하고 明代의 章疏까지 두루 싣고 있다. 이 책은 조선 후기 널리 읽혔기에 『熱河日記』, 『靑莊館全書』, 『明皐全集』, 『研經齋全集』, 『楓石全集』, 『恩誦堂集』, 『薊山紀程』, 『心田稿』, 『海東繹史』, 『五洲衍文長箋散稿』 등 많은 문헌에서 인용되었다. 특히 중국의 지리를 고증하는 데 이 책이 자주 인용되고 있어 燕行에서 필독서로 인식되었던 듯하다. 『五洲衍文長箋散稿』에서 石鼓文과 관련하여 『春夢錄餘錄』을 인용했는데 이 책의 잘못으로 보인다.

春明退朝錄

北宋 宋敏求가 편찬한 雜錄. 宋敏求(1019~1079)는 字가 次道이고 越州의 平棘 출신이다. 史館修撰, 龍圖閣直學士를 지내면서 『新唐書』 편찬에 참여했고, 私撰으로 『唐大詔令集』을 편찬했으며 『長安志』도 그의 저술이다. 이 책은 明代에 간행된 『歷代小史』에 수록되어 있으며 卷數가 나뉘어 있지 않다. 宋代의 掌故와 雜說, 雜事 등을 모은 것인데 宋敏求가 高宗 建炎 3년(1129) 金에 사신으로 갔다 15년 동안 구금을 당했으므로 金에 관한 기사가 많고 白山과 黑水 일대의 風俗과 民情, 金國 초기의 建制와 怪奇, 異聞 등을 담았다. 『四庫全書』에 上中下 3권으로 편입되어 있으며 卷頭에 宋敏求의 序가 실려 있다. 『說郛』에도 일부가 수록되어 있다. 『惺所覆瓿藁』, 『五洲衍文長箋散稿』 등에 이 서명이 보인다.

春夢錄餘錄 → 春明夢餘錄

春王正月考

元末明初 張以寧이 正月을 建子月로 정한 문제를 다룬 책. 張以寧(1301~1370)은 字가 志道이고 古田 출신이며, 翠屛峰 아래 거주하면서 翠屛山人으로 自號를 삼았다. 이 책 외에 문집『翠屛集』이 있다. 이 책은『春秋春王正月考』라고도 하는데 전남대 등에 소장되어 있는『通志堂經解』에 2권으로 실려 있다.『硏經齋全集』에서 이 책을 자세히 다루었는데 考 1권, 辨疑 1권이며, 洪武 3년(1370) 安南王을 책봉하는 사신으로 다녀오다 중도에 죽었는데 雲南 寓舍에서 지은 것이라 했다.『靑莊館全書』,『五洲衍文長箋散稿』등에서도 이 책을 소개했다.

春渚紀聞

南宋 何薳이 편찬한 筆記雜錄. 何薳(1077~1145)은 何去非의 아들로, 字가 子遠이고 浦城 출신이며 韓靑老農이라 自號했다. 이 책은『津逮秘書』에 10권으로 수록되어 있다. 권1~5는 奇聞逸話를 수록한「雜記」인데 木果異事, 祐陵符兆, 定陵兆應 등의 표제어를 달고 있다. 권6은 蘇軾의 일화를 적은「東坡事實」인데 文章快意, 後山往杏園, 坡仙之終 등의 기사가, 권7은「詩詞事略」인데 詩話 및 詞話로 牧之詩誤, 冬瓜堰誤, 作文不憚屢改 등의 기사가 실려 있다. 권8~9는「雜書琴事」인데 辨廣陵散, 六琴說, 古琴品飾 등의 기사와「墨說」,「記硯」이 부록으로 실려 있다. 권10은「記丹藥」인데 序丹竈, 鳳翔僧煅朱鎔金 등의 기사가 실려 있다. 규장각 등에 소장되어 있는『說郛』,『陳眉公訂正叢書』,『宋人百家小說』등에 일부가 수록되어 있다.『與猶堂全書』,『硏經齋全集』,『海東繹史』,『五洲衍文長箋散稿』등에서 이 책을 인용했다.

春秋感精符

漢代의 편찬자를 알 수 없는 緯書.『春秋緯感精符』라고도 하며『感精符』로 줄여 부르기도 한다. 원문은 일실되고 일부가『說郛』에 실려 있다. 明 孫瑴의『古微書』에도 수록되어 있다.『古微書』는 장서각에 淸代의 목판본이 소장되어 있다. 규장각에 소장되어 있는『守山閣叢書』에도 실려 있다. 崔致遠의 문집에 이 책이 보이고 조선 중기 이후 申欽, 張維 등 여러 학자들의 문집에서

緯書를 논할 때 자주 보인다. 『芝峯類說』, 『與猶堂全書』, 『研經齋全集』, 『五洲衍文長箋散稿』 등에 이 책이 인용되어 있다. 『五洲衍文長箋散稿』에서 인용한 대목은 『說郛』에 보이지 않고 明 楊愼의 『升菴集』에 보이므로 『五洲衍文長箋散稿』는 이 책을 재인용했을 가능성이 높다.

春秋決事

漢 董仲舒가 편찬한 法律書. 董仲舒(B.C.179~B.C.104)는 廣川郡 출신으로, 『董子文集』 등을 저술했다. 決事는 漢代의 법률로 죄수를 심리할 때 前例가 없으면 比類에 따라 결정하는 것을 이른다. 董仲舒의 저술로 『後漢書』에 『春秋斷獄』이, 『隋書』에 『春秋決疑』 등의 서명도 보이는데 이 책과 관련이 있는 것으로 보기도 한다. 『崇文總錄』에는 董仲舒가 노년에 致仕한 후 漢 武帝가 廷尉 張湯을 시켜 得失을 문의하게 했는데 이에 『春秋決事』 232事를 지어 올렸으나 78事만 남았다고 했다. 責備, 誅心, 無將 등에 대한 說이 있었다고도 한다. 원문은 일실되고 淸代에 1권으로 편집되어 『漢魏遺書鈔』, 『玉函山房輯佚書』 등에 실려 있다. 『星湖僿說』에 이 책을 인용하면서 『春秋決事比』라 했는데 『春秋決事』의 잘못이다. 『春秋決事比』는 淸 龔自珍이 편찬한 책이다. 淸 劉逢祿이 董仲舒의 저술 중 법률과 관련한 것을 바탕으로 『儀禮決獄』 4권을 편찬했고 龔自珍이 다시 『春秋決事比』 11篇을 지었는데 120事를 수록했으며 君道篇, 君守篇, 臣守篇, 不應重律篇, 不應輕律篇, 不定律篇, 不屑教律篇, 律目篇, 律細目篇, 人倫之變篇, 自序篇 등으로 구성되어 있다. 이 책은 『皇淸經解續編』에 실려 있다.

春秋經筌

北宋 趙鵬飛가 『春秋』를 풀이한 책. 趙鵬飛는 字가 企溟이고 號는 木訥이며 綿州 출신이다. 宣和 6년(1124) 출사했다. 이 책은 『通志堂經解』와 『四庫全書』에 16권으로 실려 있다. 『木訥先生春秋經筌』이라고도 한다. 自序에 經에 의거하여 공변된 마음으로 經을 해석한다고 했다. 『靑莊館全書』, 『研經齋全集』, 『五洲衍文長箋散稿』 등에서 이 책을 소개했다.

春秋經傳注

晉 虞溥가 『春秋』를 풀이한 책. 虞溥는 字가 允源이고 高平 昌邑 출신이며 學

校를 세워 교육하는 일에 힘을 쏟았다. 이 책 외에 『江表傳』, 『厲學』 등을 남겼다. 이 책은 『春秋』의 經文과 傳文을 상세하게 교감하고 주석을 붙였다고 하지만 일실되어 전하지 않는다. 『注春秋經傳』으로 표기된 데도 있다. 『五洲衍文長箋散稿』에서 서명만 소개했다.

春秋經傳集解

晉 杜預가 『春秋』의 經文과 傳文을 풀이한 책. 杜預(222~284)는 字가 元凱이고 京兆 杜陵 출신이며, 『春秋』에 뛰어나 이 책과 함께 『春秋釋例』, 『春秋左傳正義』 등을 저술했다. 이 책은 30권으로 『四庫全書』에 실려 있다. 『春秋集解』, 『左氏集解』, 『春秋左傳經傳集解』, 『春秋左氏傳集解』라고도 한다. 조선에서 이 책을 중시하여 여러 차례 간행했는데, 中宗 무렵 甲寅字로 간행한 판본, 光海君 3년(1611) 訓鍊都監字로 간행한 판본 등 여러 종이 규장각에 소장되어 있다. 世宗 22년(1440)의 跋에서 "杜預의 『春秋左氏經傳集解』가 가장 精要하지만 너무 간략한 단점이 있고, 林堯叟의 『音註全文春秋括例始末左傳句讀直解』와 朱申의 『春秋左傳詳節句解』는 아주 자세해서 자못 번쇄하지만 始, 會, 歸, 趣를 참고하는 데는 필수적이다"라고 했다. 『太宗實錄』(1416년 8월 21일)에 이 책이 소개되어 있다. 서명을 명시하지 않았지만 『春秋』와 관련해 杜預의 注라 한 것은 모두 이 책을 이른다. 『眉巖日記』, 『貞菴集』, 『研經齋全集』, 『五洲衍文長箋散稿』 등 여러 문헌에서 이 책을 소개했다.

春秋考

南宋 葉夢得이 『春秋』에 관해 고증한 책. 葉夢得(1077~1148)은 字가 少蘊이고 號가 石林居士이며 吳縣 출신이다. 만년에 湖州 玲瓏山의 石林에서 은거하며 독서와 저술에 몰두했다. 저서로 『石林燕語』, 『玉洵雜書』, 『石林避暑錄』, 『巖下放言』, 『健康集』, 『石林詩話』 등이 있다. 이 책은 寧宗 開禧 연간(1205~1207)에 『春秋傳』, 『春秋讞』과 함께 30권으로 간행되었다. 元 程端學이 『春秋三傳辨疑』를 편찬할 때 이 책을 많이 인용한 것으로 보아 당시까지는 전해진 듯하다. 淸 朱彝尊의 『經義考』에는 일실되었다고 했지만 『永樂大典』을 편찬할 때 16권으로 정리했는데 이것이 『四庫全書』에 편입되었다. 앞에 統論이 있고 이어 魯 12公의 순서대로 기술했다. 『春秋』의 經文은 수록하지 않았다. 春秋時代 周의 법과 제도를 설명한 내용이 많다. 『星湖僿說』에서 이 책을

인용했다.

春秋考異郵

明 孫穀이 『春秋』를 고증한 책. 孫穀(1585~1643)은 字가 子雙이고 華容 출신이며 『古微書』, 『賁園詩文稿』, 『洛書緯』, 『河圖緯』, 『孝經緯』, 『論語緯』, 『詩緯』, 『樂緯』, 『禮緯』, 『易緯』, 『春秋緯』, 『尙書緯』, 『禮含文嘉』 등 많은 저술을 남겼다. 이 책은 4권으로 되어 있는데 『左傳』, 『公羊傳』, 『穀梁傳』 사이에 나타난 經文의 차이를 정밀하게 고증했다. 孫穀이 편찬한 『古微書』에 실려 있다. 『古微書』는 장서각에 淸代의 목판본이 소장되어 있다. 규장각에 소장된 『守山閣叢書』에도 실려 있다. 『諸家曆象集』, 『惕齋集』, 『與猶堂全書』, 『五洲衍文長箋散稿』 등에 이 서명이 보인다.

春秋公羊墨守

漢 何休가 『春秋公羊傳』을 풀이한 책. 何休(129~182)는 字가 邵公이고 任城樊 출신이다. 『春秋』에 밝아 이 책과 함께 『左氏膏肓』, 『穀梁廢疾』 등 3종의 책을 편찬했다. 이 책은 『公羊墨守』라고도 한다. 『隋書』「經籍志」에 이 書目이 올라 있지만 淸 朱彛尊의 『經義考』에서는 일실된 책이라 했다. 원래는 14권이었다고 하는데 淸 王謨가 여러 책에 인용된 것을 편집하여 1권으로 엮어 『漢魏遺書鈔』에 수록했다. 『退溪集』, 『德溪集』 등 16세기 문헌에서부터 이 서명이 보이며, 『宋子大全』, 『無名子集』, 『靑莊館全書』 등에서 이 책을 들고 있지만 서명만 소개한 것이다.

春秋孔演圖

편찬자를 알 수 없는 漢代의 緯書. 『孔演圖』, 『演孔圖』라고도 한다. 春秋緯에 속하는 14종의 서적 중 하나다. 원문은 일실되었는데 후대의 輯本이 『說郛』, 『玉函山房輯佚書』 등에 수록되어 있다. 孔子에 대한 서술이 주이며, 吉凶이 미리 정해져 있다는 운명론을 반영하고 있다. 『星湖僿說』에는 『孔演圖』로, 『谿谷集』, 『象村稿』, 『海隱遺稿』, 『五洲衍文長箋散稿』 등에는 『演孔圖』로 인용되어 있다.

春秋究遺

清 葉酉가 『春秋』를 풀이한 책. 葉酉는 字가 書山인데 이름처럼 사용했다. 桐城 출신으로 乾隆帝 때 활동했지만 벼슬에는 나아가지 않았다. 이 책 외에 『詩經拾遺』를 저술했다. 이 책은 16권으로 『四庫全書』에 수록되어 있다. 清 戴震의 「春秋究遺序」가 한 권의 책으로 전한다. 戴震의 『戴戴原集』에 실려 있다. 『五洲衍文長箋散稿』에서 이 책을 소개했다.

春秋權衡

北宋 劉敞이 『春秋』에 관한 諸家의 說을 집성한 책. 劉敞(1019~1068)은 字가 原父 혹은 原甫이고 臨江 新喻荻斜 출신으로, 集賢院學士를 지냈다. 歐陽修가 六經과 百家에서부터 天文, 地理, 卜醫, 數術, 浮圖, 老莊에 두루 능했다고 평한 인물이다. 『公是集』, 『七經小傳』 등의 저술이 있으며, 『春秋』에 능통하여 이 책과 함께 『春秋傳』, 『春秋意林』, 『春秋傳說例』 등을 남겼다. 이 책은 17권으로 『通志堂經解』에 실려 있다. 『靑莊館全書』, 『研經齋全集』, 『五洲衍文長箋散稿』 등에서 이 책을 소개했다.

春秋金鎖匙

元 趙汸이 『春秋』를 풀이한 책. 趙汸(1319~1369)은 字가 子常이고 休寧 출신이며 東山先生으로 일컬어졌다. 黃澤에게 『周易』과 『春秋』를 배웠고 만년에 東山精舍에 은거하면서 저술에 힘을 쏟았다. 문집 『東山存稿』 외에 『周易文詮』, 『師說』, 『左氏補注』, 『春秋集傳屬辭』 등의 저술이 전한다. 이 책은 清 張海鵬이 편집하여 嘉慶 10년(1805) 虞山 張氏 照曠閣에서 간행한 『學津討原』에 수록되어 있는데 1권이다. '隱元年春王正月' 등의 經文을 싣고 풀이했다. 乾隆 연간(1736~1795) 판본이 중국 國家圖書館 등에 소장되어 있다. 『四庫全書』에도 수록되어 있다. 『五洲衍文長箋散稿』에 서명만 간략히 언급되어 있다.

春秋斷獄

後漢 應劭가 편찬한 『春秋』의 獄事를 다룬 책. 應劭(153?~196)는 字가 仲遠이고 汝南 南頓 출신으로 應奉의 아들이다. 博學多識하여 『漢書集音義』, 『中漢輯敘』 등 많은 저술을 남겼는데 『漢官儀』와 『風俗通義』만 전한다. 이 책도 일실되어 전하지 않는다. 『五洲衍文長箋散稿』에서 편자를 漢 應奉이라 했지만,

應劭의 잘못이다. 『後漢書』 등에도 應劭의 저술로 되어 있으며 250편이라 했다. 漢 董仲舒의 『春秋決獄』처럼 『春秋』의 獄事 判決과 관련한 내용을 담았을 것으로 추정된다. 應奉은 字가 世叔이고 汝南 南頓 출신이며, 順帝 말년의 인물이다.

春秋大全 → 春秋集傳大全

春秋論

北宋 趙瞻이 편찬한 『春秋』에 관한 저술. 趙瞻(1019~1090)은 字가 大觀이고 鳳翔의 盩厔에 거주했다. 이 책과 함께 『史記牴牾論』, 『唐春秋』 등의 저술이 있었지만 모두 전하지 않는다. 『宋史』에는 이 책이 30권으로 되어 있다. 『五洲衍文長箋散稿』에 서명만 소개되었다. 淸 朱彝尊의 「春秋論」이 『曝書亭集』에 실려 있지만 별개의 저술이다.

春秋類對賦

北宋 徐晉卿이 『春秋』의 뜻을 賦로 제작한 책. 徐晉卿은 이름이 麒라고도 하며 字는 國粱이고 開化 출신으로, 仁宗 연간(1022~1063) 활동했다. 이 책은 『通志堂經解』에 1권으로 수록되어 있다. 『春秋左傳類對賦』, 『春秋經傳類對賦』라고도 한다. 150번 韻字를 바꾸어 15,000字로 제작했다. 『靑莊館全書』, 『硏經齋全集』, 『五洲衍文長箋散稿』에 이 책이 소개되어 있다. 淸 王繩曾의 『春秋經傳類聯』은 이 책이 聲韻에 구애되고 사건을 선발한 것이 정교하지 못하다 여겨 편찬한 책이다.

春秋名號歸一圖

後蜀 馮繼先이 『春秋』의 人名과 字號를 기록한 책. 대부분의 문헌에는 馮繼先으로 되어 있으나 成海應은 馮繼元의 잘못으로 보았는데 淸 閻若璩의 『潛邱札記』에 같은 견해가 보인다. 이 책은 『春秋』에 보이는 인물의 名字와 號를 기록한 것으로 2권이며 160篇이다. 宋 淳熙 3년(1176) 閩山阮氏 種德堂에서 간행한 판본이 전한다. 晉 杜預의 『春秋經傳集解存』이 중국 國家圖書館 등에 소장되어 있는데 이 책의 부록에 복각된 판본이 붙어 있다. 2권으로 『通志堂經解』에도 실려 있다. 『靑莊館全書』, 『硏經齋全集』, 『五洲衍文長箋散稿』에 이 책이

소개되어 있다.

春秋門例通解

宋末元初 王鎡가 『春秋』를 풀이한 책. 王鎡는 字가 介翁이고 池州 출신인데, 元이 臨安을 함락하자 湖山에 은거하여 尹綠坡, 虞君集, 葉招山 등과 結社했으며, 『月洞吟別虞君集』, 『紫薇集』, 『春秋門例通解』, 『戚里元龜』, 『易象寶鑑』 등의 저술을 남겼다고 하지만 모두 전하지 않는다. 『宋史』와 『授經圖』에는 편자를 王炫이라 하고 10권이라 했다. 『經義考』에는 『易象寶鑑』과 함께 이 책을 들고 편자를 王鎡라 했으므로 같은 인물로 보면 될 듯하다. 『五洲衍文長箋散稿』에 이 책을 소개했다.

春秋繁露

漢 董仲舒가 『春秋』를 풀이한 책. 董仲舒(B.C.179~B.C.104)는 廣川郡 출신으로, 『董子文集』 등을 저술했다. 이 책은 『隋書』 「經籍志」에 처음 書名이 보이는데 후대의 僞作으로 보는 것이 정설이다. 『公羊傳』을 중심으로 하고 있는데 특히 天人感應說, 陰陽五行說, 性三品說, 三統說 등이 후대 많은 영향을 끼쳤다. 82편으로 되어 있으며 『董子春秋繁露』라고도 한다. 宋 嘉定 연간(1208~1224) 江右計臺에서 간행한 판본, 明 正德 연간(1506~1521) 蘭雪堂에서 간행한 판본 등이 있으며 『四庫全書』에도 실려 있다. 서울대 중앙도서관에 淸 凌曙가 注를 단 목판본 17권이 소장되어 있으며 규장각 등에 소장된 『說郛』, 『漢魏叢書』 등에도 실려 있다. 이 책은 『陶谷集』, 『北軒集』, 『江漢集』, 『星湖僿說』, 『五洲衍文長箋散稿』 등 많은 문헌에 언급되어 있다.

春秋辨義

明 卓爾康이 『春秋』를 풀이한 책. 卓爾康(1570~1644)은 仁和 출신으로 字가 去病인데 明이 멸망하자 울분에 죽었다. 이 책과 함께 『詩學』 등의 저술이 전한다. 이 책은 30권이며 首卷이 8권으로 되어 있다. 서명이 『春秋辯義』로 된 데도 있다. 崇禎 辛未(1631)의 序가 달린 판본이 중국 國家圖書館에 소장되어 있다. 『研經齋全集』에서 卓爾康의 說로 소개한 것이 이 책을 이른다. 『五洲衍文長箋散稿』에서 『春秋』를 풀이한 저술로 이 책을 소개했다.

春秋保乾圖
漢代 편찬자를 알 수 없는 『春秋』의 緯書. 『保乾圖』라고도 한다. 『七緯』, 『守山閣叢書』, 『玉函山房輯佚書』 등에 수록되어 있다. 『谿谷集』, 『象村集』, 『星湖僿說』, 『研經齋全集』, 『五洲衍文長箋散稿』 등에서 위서를 다루면서 이 책을 소개했다.

春秋本例
宋 崔子方이 『春秋』를 풀이한 책. 崔子方은 字가 彦直 혹은 伯直이고 號는 西疇居士이며 四川 涪陵 출신이다. 北宋과 南宋 교체기의 학자로, 『春秋』에 능통하여 眞州 六和에 은거하면서 이 책과 함께 『春秋經解』, 『春秋例要』 등을 편찬했다. 이 책은 『通志堂經解』에 20권으로 수록되어 있다. 編年體로 구성하되 16門으로 분류했다. 『西疇居士春秋本例』라고도 한다. 『靑莊館全書』, 『研經齋全集』, 『五洲衍文長箋散稿』에 이 책이 소개되어 있다.

春秋本義
元 程端學이 『春秋』를 풀이한 책. 程端學(1278~1334)은 元鄞 출신으로 字가 時叔이고 號는 積齋이며 程端禮의 아우다. 『春秋』에 조예가 깊어 이 책과 함께 『春秋或問』, 『春秋三傳辨疑』를 남겼으며 문집 『積齋集』도 전한다. 이 책은 『通志堂經解』와 『四庫全書』에 30권으로 수록되어 있다. 176家의 학설을 수록했다. 『靑莊館全書』, 『研經齋全集』, 『五洲衍文長箋散稿』에 이 책이 소개되어 있다.

春秋分記
南宋 程公說이 『春秋』를 풀이한 책. 程公說(1171~1207)은 字가 伯剛이고 號가 克齋이며 眉州 眉山 출신인데 敍州 宣化 출신이라고도 한다. 이 책은 90권인데 『四庫全書』에 실려 있다. 宋 游似와 程公許의 序, 淸 孫星衍과 嚴可均의 手校並題記가 달린 陽湖孫氏 平津館 鈔本도 중국 國家圖書館에 소장되어 있다. 『左傳』을 중심에 두고 『穀梁傳』과 『公羊傳』의 기사를 아래 실었으며 年表, 世譜, 世本 등을 붙였다. 『五洲衍文長箋散稿』에서 서명만 소개했다.

春秋備忘

元 敬鉉이 『春秋』를 풀이한 책. 敬鉉은 字가 鼎臣이고 易州 출신으로 金 興定 4년(1220) 출사했는데 元이 들어선 후 提擧司를 지냈다. 經學에 능하여 太寧先生으로 불렸다. 元 吳澄의 『吳文正集』에 「春秋備忘序」가 실려 있는데 30권이라 했고, 淸 朱彝尊의 『經義考』에서도 30권이라 했다. 明 焦竑의 『國史經籍志』와 『元史』 등에는 40권, 明 朱睦㮮의 『授經圖』에는 10권으로 다르게 되어 있다. 『五洲衍文長箋散稿』에는 40권으로 소개했다. 明 楊士奇의 『文淵閣書目』에는 敬鉉의 『春秋備忘續遺說』도 함께 소개했다.

春秋師說

元 趙汸이 『春秋』를 풀이한 책. 趙汸(1309~1369)은 字가 子常이고 休寧 출신이며, 이 책 외에 『東山存稿』, 『周易文詮』, 『左氏補注』, 『春秋集傳屬辭』 등의 저술이 있다. 이 책은 『通志堂經解』와 『四庫全書』에 3권으로 실려 있으며 洪武 연간(1368~1398) 판본도 전한다. 黃澤에게 수학하여 『春秋』의 요체를 깨닫고 11篇으로 이 책을 편찬했다. 『左傳』을 중심에 두고 주석은 杜預의 것을 참조했으며 『左傳』에 보이지 않는 것은 『公羊傳』과 『穀梁傳』으로 보완했다. 『靑莊館全書』, 『硏經齋全集』, 『五洲衍文長箋散稿』에 이 책이 소개되어 있다.

春秋三傳古義

淸 洪亮吉이 『左氏傳』, 『公羊傳』, 『穀梁傳』을 풀이한 책. 洪亮吉(1746~1809)은 字가 君直 혹은 稚存이고 號는 北江이다. 江蘇 陽湖 출신으로 經史와 音韻 訓詁에 뛰어났고 특히 地理에 정통했다. 『卷施閣詩文集』, 『更生齋詩文集』, 『北江詩話』, 『比雅』, 『六書轉注錄』 등 저술이 많다. 淸 袁枚가 쓴 『卷施閣文乙集』의 序에 洪亮吉이 이 책을 편찬한 것으로 되어 있고, 淸 葛嗣浵의 『愛日吟廬書畫別錄』에는 4卷이라 했지만 일실되어 전하지 않는다. 洪亮吉은 『春秋左傳詁』와 『春秋十論』을 따로 저술했다. 『貞㽔閣集』과 『五洲衍文長箋散稿』에는 『春秋三傳古義』와 『左傳詁』를 각기 들고 있다.

春秋三傳訂疑

明末淸初 李魁春이 『春秋』의 三傳을 고증한 책. 李魁春(1597~1677)은 字가 元英이고 號가 鈎叟이며 長洲 출신이다. 明이 멸망한 후 은거하며 대나무를

그리는 일로 소일했다. 많은 저술이 있었지만 전하는 것이 거의 없다. 그의 생애는 沈德潛이 지은 「李逸民墓誌銘」이 있어 조선에서도 제법 읽혔다. 여기에 이 책이 남아 있다고 했지만 일실되어 전하지 않는다. 『靑莊館全書』, 『硏經齋全集』에서 이 책과 『痘科合璧』이 전한다고 했는데 墓誌銘의 기록을 옮긴 것이다. 『五洲衍文長箋散稿』 등에서는 서명만 소개했다.

春秋詳說

宋末元初 家鉉翁이 『春秋』를 풀이한 책. 家鉉翁(1213?~1297)은 號가 則堂이고 眉州 출신이다. 元이 들어선 후 출사하지 않아 處士의 일컬음을 받았다. 『硏經齋全集』에서는 德祐 연간(1275~1276) 瀛州에서 10년 동안 이 책을 저술하며 울분을 풀었다고 했다. 『通志堂經解』와 『四庫全書』에 30권으로 실려 있다. 『靑莊館全書』, 『硏經齋全集』, 『五洲衍文長箋散稿』 등에서도 이 책을 소개했다.

春秋世論

北宋 江休復이 『春秋』를 풀이한 책. 江休復(1005~1060)은 開封 陳留 출신으로 字가 鄰幾다. 『唐宜鑑』, 『春秋世論』 등의 저술이 있었지만 일실되고 『江鄰幾雜誌』만 전한다. 宋 歐陽修의 「江鄰幾墓誌銘」에 30권이라 했지만 『經義考』에서는 일실된 책이라 했다. 『五洲衍文長箋散稿』에서 書名만 들었다.

春秋屬辭

元 趙汸이 『春秋』를 풀이한 책. 趙汸(1309~1369)은 字가 子常이고 休寧 출신이며, 이 책 외에 『東山存稿』, 『周易文詮』, 『春秋師說』, 『左氏補注』, 『春秋集傳』 등의 저술이 있다. 이 책은 『通志堂經解』와 『四庫全書』 등에 15권으로 수록되어 있다. 趙汸의 序例에 따르면 筆削이 制作의 근원이라 하고 8篇으로 이 책을 지어 制作의 근원을 가르치고 이를 통해 經世의 뜻을 알게 하기 위한 것이라 했다. 至正 17년(1357) 『春秋集傳』의 초고를 완성한 후 이 책을 편찬한 것으로 알려져 있다. 대만 故宮博物院圖書館에 至正 24년(1364) 海寧 商山義塾 간본과 弘治 6년(1493) 太平 黃倫이 修補한 판본이 소장되어 있다. 『靑莊館全書』, 『硏經齋全集』, 『五洲衍文長箋散稿』에 이 책이 소개되어 있다.

春秋隨筆 → 學春秋隨筆

春秋述解

金 潘迪이 『春秋』를 풀이한 책. 潘迪은 字가 牖民 혹은 允功이고 元城 출신으로, 이 책 외에 『憲臺通紀』, 『易述解』, 『中庸述解』, 『六經發明』 등을 저술했지만 『石鼓文音訓』만 전한다. 그가 세운 石鼓音訓碑가 玉河館 인근에 있어 조선 후기 燕行使들의 글에 그의 이름이 자주 보인다. 이 책은 일실되어 전하지 않는다. 『五洲衍文長箋散稿』에서 書名만 소개했다.

春秋讞義

元 王元杰이 『春秋』를 풀이한 책. 王元杰은 字가 子英이고 吳江 출신이며 至正 연간(1341~1368) 활동했다. 이 책은 『四庫全書』에 9권으로 수록되어 있다. 宋 程顥와 朱熹의 학설을 계승하여 이 책을 편찬했으며, 經文 아래 宋 胡安國의 說을 刪削하여 넣었다. 『千頃堂書目』에는 편찬자의 이름을 王原傑로 표기하고 10권이라 했다. 『五洲衍文長箋散稿』에도 王原傑로 표기했다.

春秋演孔圖 → 春秋孔演圖

春秋列傳

明 劉節이 『春秋』의 인물을 列傳으로 재구성한 책. 劉節(1476~1555)은 字가 介夫이고 號가 梅國이며 大庾 출신이다. 이 책 외에 『四書考』를 저술했다. 『澹生堂藏書目』에는 劉節重이 16권으로 편찬한 것으로, 『萬卷堂書目』에는 劉節이 5권으로 편찬한 것으로 되어 있다. 또 『天一閣書目』에는 5권으로 明 魏節重이 편찬한 것인데, 周瑯이 교감하고 卷首에 明 丘九仞의 序가 붙어 있다고 했다. 중국 國家圖書館에 萬曆 戊申(1608) 潘氏 廬州 간본 5권이 소장되어 있는데 劉節 編, 潘榛 增釋, 竇子偁 序, 方學御 跋로 되어 있다. 또 8권으로 된 판본도 소장되어 있는데 萬曆 己卯(1579) 屠安民 등이 趙州에서 간행한 판본으로 劉節 編, 丘九仞 序, 劉士忠 序로 되어 있다. 『五洲衍文長箋散稿』에는 편자를 劉介夫라 했다.

春秋例統 → 春秋統例

春秋五論
宋末元初 呂大圭가 『春秋』를 풀이한 책. 呂大圭는 泉州 南安 출신으로 淳右 7년(1247) 進士가 되어 출사했다. 『春秋或問』 20권과 함께 『春秋五論』 1권을 합쳐 寶祐 2년(1254) 간행했는데 이 무렵의 판본 일부가 대만 故宮博物院圖書館에 소장되어 있다. 이 책은 5편으로 되어 있으며 朱熹의 관점을 천명했다. 『通志堂經解』에 1권으로 수록되어 있다. 『靑莊館全書』, 『硏經齋全集』, 『五洲衍文長箋散稿』 등에서 이 책을 소개했다.

春秋王覇列國世紀編
南宋 李琪가 春秋時代 列國의 역사를 편집한 책. 李琪는 字가 孟開이고 連江 출신이며 國子司業을 지냈다. 이 책은 『通志堂經解』와 『四庫全書』에 3권으로 수록되어 있다. 東周 14王의 계통을 기록한 王世紀 1편, 齊와 晉 13伯의 목록을 제시한 覇世紀 8편, 諸侯의 世系를 작성한 列國同姓世紀 9편으로 구성했으며, 至正 乙酉(1285) 간행되었다. 成大中의 『硏經齋全集』에는 嘉定 辛未(1211) 7월 李琪의 自序가 있는데 南渡 후에 『春秋』를 빌려 時事에 대한 뜻을 담은 것이라 했다. 『靑莊館全書』에는 서명이 『春秋五伯列國世紀編』으로, 『五洲衍文長箋散稿』에는 『春秋王伯列國世紀編』으로 소개되어 있다.

春秋外傳
元 郝經이 春秋時代 列國의 역사를 기록한 책. 郝經(1223~1275)은 初名이 儒이고 字가 伯常이며 澤州 陵川에 세거하다 許州 臨潁에서 생활했다. 문집 『陵川集』과 『續後漢書』, 『周易外傳』 등 많은 저술을 남겼다. 이 책은 『千頃堂書目』에는 81권이고, 郝經이 宋에 사신으로 갔다가 구금되어 있을 때 지은 것이라 했지만 일실되어 전하지 않는다. 『章句音義』 8권, 『春秋制作本原』 10권, 『三傳折衷』 50권 등으로 구성되었다고 한다. 『五洲衍文長箋散稿』에는 서명만 보인다. 『春秋外傳』이라 하면 보통 『國語』를 이른다. 『五洲衍文長箋散稿』에서 韋昭의 『春秋外傳注』라 한 것은 『國語注』를 이른다. 韋昭(204~273)는 韋曜라고도 하는데 字가 弘嗣이고 吳郡 雲陽 출신이며, 『漢書音義』, 『官職訓』, 『三吳郡國志』 등의 저술이 있다.

春秋緯

편찬자를 알 수 없는 『春秋』의 緯書. 西漢 말에 孔子를 가탁하여 經義에 길흉화복을 논한 豫言書로, 七經에 대응하여 『易緯』, 『書緯』, 『詩緯』, 『禮緯』, 『樂緯』, 『春秋緯』, 『孝經緯』의 7종을 七緯라 하는데 그중 하나가 이 책이다. 『七緯』는 淸 趙在翰이 38권으로 편집하여 嘉慶 14년(1809) 간행했다. 『春秋緯』는 『說郛』에 9條가 수록되어 있다. 李睟光, 申欽, 張維, 李瀷 등 17세기 문인의 글에서부터 緯書를 논할 때 자주 인용되었지만 책 자체가 조선에 전해졌는지는 불분명하다. 『星湖僿說』, 『五洲衍文長箋散稿』 등에도 서명이 보인다.

春秋意林

北宋 劉敞이 『春秋』에 관한 諸家의 說을 집성한 책. 劉敞(1019~1068)은 字가 原父 혹은 原甫이고 臨江 新喩荻斜 출신으로 集賢院學士를 지냈다. 歐陽修가 六經과 百家에서부터 天文, 地理, 卜醫, 數術, 浮圖, 老莊에 두루 능했다고 평한 인물이다. 『公是集』, 『七經小傳』 등의 저술이 있으며 『春秋』에 능통하여 이 책과 함께 『春秋傳』, 『春秋權衡』, 『春秋傳說例』 등을 남겼다. 이 책은 『劉氏春秋意林』이라고도 하며 『通志堂經解』에 2권으로 실려 있다. 『本庵集』, 『青莊館全書』, 『研經齋全集』, 『五洲衍文長箋散稿』 등에서 이 책을 소개했다.

春秋人物考

明 張事心이 편찬한 『春秋』의 인물에 관한 저술. 張事心은 字가 子靜이고 福淸 출신이며 萬曆 연간(1573~1620)의 인물이다. 淸 朱彝尊의 『經義考』에서 이 책을 자세히 다루었는데 서명을 『春秋人物譜』라 했다. 『春秋』에 나오는 인물이 姓名과 字, 官名, 爵名 등으로 다양하게 나타나므로 이를 정리한 것이라 했다. 2,539인을 다루었으며 徐㷒의 序도 실었다. 朱彝尊은 이 책을 직접 보았다고 했지만 지금은 존재를 알 수 없다. 『春秋左氏人物譜』로 된 데도 있다. 『五洲衍文長箋散稿』에서 『春秋人物考』로 소개했는데 淸 周亮工의 『因樹屋書影』에서 가져온 듯하다. 규장각에 필사본 『春秋人物』 1책이 소장되어 있는데 1,751인을 수록했고 내용은 이 책과 유사하다.

春秋日食質疑

淸 吳守一이 『春秋』에 기록된 日食의 오류를 고증한 책. 吳守一은 字가 萬先

이고 歙縣 출신인데 이력이 알려져 있지 않다. 이 책은 1권으로 『學海類編』에 실려 있다. 『借月山房彙鈔』에도 실려 있다. 『五洲衍文長箋散稿』에서 이 책을 소개했다. 조선의 南相吉이 편찬한 『春秋日食攷』가 규장각에 소장되어 있는데 1책의 필사본이며 春秋時代 242년 동안의 日食을 고증한 책으로, 이 책을 참조한 듯하다.

春秋災異

北宋 劉羲叟가 편찬한 春秋時代 災異에 관한 著述. 劉羲叟는 字가 仲更이고 澤州 晉城 출신이다. 『十三代史志』를 편찬했다는 기록이 보이지만 전하지 않는다. 劉羲叟의 曆法에 대해서는 『諸家曆象集』, 『星湖僿說』, 『與猶堂全書』 등에서 소개했다. 宋 歐陽修의 「繳進劉羲叟春秋災異奏狀」이 이 책을 올리면서 쓴 글인데 澤州 進士 劉羲叟의 『春秋災異集』 1책이라 했다. 일실되어 전하지 않는다. 『五洲衍文長箋散稿』에서 이 책을 소개했다. 許穆의 『春秋災異』가 『記言』에 실려 있는데 이 책과 성격이 유사하다.

春秋傳

北宋 劉敞이 『春秋』에 관한 諸家의 說을 집성한 책. 劉敞(1019~1068)은 字가 原父 혹은 原甫이고 臨江 新喻荻斜 출신으로 集賢院學士를 지냈다. 歐陽修가 六經과 百家에서부터 天文, 地理, 卜醫, 數術, 浮圖, 老莊에 두루 능했다고 평한 인물이다. 『公是集』, 『七經小傳』 등의 저술이 있으며 『春秋』에 능통하여 이 책과 함께 『春秋意林』, 『春秋權衡』, 『春秋傳說例』 등을 남겼다. 이 책은 『劉氏春秋傳』, 『春秋傳說例』라고도 하며 『通志堂經解』와 『四庫全書』에 2권으로 실려 있다. 三傳의 事跡을 節錄하고 자신의 의견을 붙였다. 『沖齋集』, 『靑莊館全書』, 『硏經齋全集』, 『五洲衍文長箋散稿』 등에서 이 책을 소개했다.

春秋傳

北宋 王巖叟가 『春秋』를 풀이한 책. 王巖叟(1043~1093)는 字가 彦霖이고 大名 淸平 출신으로 『韓忠獻別錄』 등의 저술이 있다. 明 王圻의 『續文獻通考』에 王巖叟가 이 책을 편찬한 것으로 되어 있다. 『宋史』에 그의 저술로 『易詩春秋傳』을 들고 있는데 『易傳』, 『詩傳』, 『春秋傳』을 풀이한 것을 합친 책을 이르는 듯하다. 『五洲衍文長箋散稿』에는 그의 저술로 이 책과 함께 『易傳』과 『詩傳』

을 들고 있지만 모두 전하지 않는다.

春秋傳

北宋 許翰이 『春秋』를 풀이한 책. 許翰(?~1133)은 字가 崧老이고 拱州 襄邑 출신인데, 문집 『襄陵集』과 『許友丞奏疏』, 『許右丞制誥』, 『攀古小廬雜箸』, 『韓詩外傳校議』 등이 전한다. 『宋史』에 이 책과 함께 그의 저술로 『論語解』를 들었지만 일실되어 전하지 않는다. 『五洲衍文長箋散稿』에 書名만 들었다.

春秋傳

南宋 耿秉이 『春秋』를 풀이한 책. 耿秉은 江陰 출신으로 字는 直之다. 乾道 2년(1166) 新城知縣을 역임했고 이 책 외에 『五代會史』를 저술했다. 『明一統志』, 『續文獻通考』 등에는 20권이라 했지만 일실되어 전하지 않는다. 『五洲衍文長箋散稿』에도 書名만 들었다.

春秋傳 → 石林春秋傳

春秋傳 → 胡氏春秋傳

春秋正義 → 春秋左傳正義

春秋程傳補

明末清初 孫承澤이 宋 程頤의 『春秋傳』을 보완한 책. 孫承澤(1592~1676)은 字가 耳北 혹은 耳伯이고 號는 北海, 退谷, 退道 등을 사용했으며 益都 출신이다. 書畫의 鑑識에 능했고 직접 필사한 200여 권을 萬卷樓에 두었다. 저서로 『庚子消夏記』, 『己亥存稿』, 『五經翼』, 『春明夢餘錄』, 『四朝人物略』, 『尙書集解』 등이 전한다. 이 책은 20권이며 康熙 9년(1670) 완성했다. 宋 程頤의 『春秋傳』이 온전하지 못하다 여겨 諸家의 학설을 보충했다. 『四庫全書總目』에도 해제가 실려 있다. 『五洲衍文長箋散稿』에서 이 책을 소개했다.

春秋提綱

宋末元初 陳則通이 『春秋』를 풀이한 책. 陳則通은 號가 鐵山인데 이력은 밝혀

져 있지 않다. 『國事經籍志』와 『經義考』 등에는 모두 元代의 인물로 되어 있다. 이 책은 『通志堂經解』와 『四庫全書』에 10권으로 실려 있다. 『春秋』의 大旨를 征伐, 朝聘, 會盟, 雜例의 4門으로 나누고 유사한 사건을 例라는 항목으로 정리했다. 『靑莊館全書』, 『五洲衍文長箋散稿』 등에서 이 책을 소개했다. 『硏經齋全集』에는 『春秋操綱』으로 표기되어 있다.

春秋諸國統記

元 齊履謙이 『春秋』를 풀이한 책. 齊履謙(1263~1329)은 字가 伯恒이고 大名 출신으로, 太史院使를 지냈으며 汝南郡公에 봉해졌다. 經學뿐만 아니라 天文, 地理, 禮樂, 律曆, 醫藥 등 다방면에 많은 저술을 남겼지만 이 책 외에는 전하지 않는다. 이 책은 『通志堂經解』와 『四庫全書』에 6권으로 실려 있다. 延祐 4년의 序(1317)가 있으며 20편으로 구성되어 있다. 目錄 1권이 붙어 있으며 列國統紀의 의의를 서술했는데 宋 李琪의 『春秋王霸列國世紀編』과 체제가 유사하다. 『靑莊館全書』, 『硏經齋全集』, 『五洲衍文長箋散稿』 등에서 이 책을 소개했다.

春秋諸傳會通

元 李廉이 『春秋』의 여러 풀이를 모은 책. 李廉은 字가 行簡이고 廬陵 출신으로 信豐縣令을 지냈다. 이 책은 24책인데 『春秋會通』으로 줄여 부르기도 한다. 국립중앙도서관에 永樂 元年(1403) 晉州에서 간행한 판본이 소장되어 있다. 卷頭에 至正 9년(1349)에 쓴 李廉의 自序, 杜預, 何休, 范甯 등의 序, 諸春秋綱領, 春秋諸傳會通凡例 등이 실려 있고, 左氏傳, 公羊傳, 穀梁傳, 胡氏傳, 陳氏, 張氏 등 6家의 說을 수록했다. 程子나 다른 제가의 說도 謹案이라는 이름 아래에 수록했다. 元 至正 11년(1351) 虞氏 明復齋 판본이 전하며, 『通志堂經解』에도 수록되어 있다. 『太宗實錄』(1403년 10월 27일)에 明의 사신 黃儼 등이 이 책과 함께 『元史』, 『十八史略』, 『山堂考索』, 『諸臣奏議』, 『大學衍義』, 『眞西山讀書記』, 『朱子成書』 등의 서적을 가져왔다는 기사가 보인다. 『潛谷遺稿』, 『頤齋遺稿』, 『海東繹史』, 『歷代要覽』, 『五洲衍文長箋散稿』 등 여러 곳에서도 이 책을 언급했다.

春秋條例 → 春秋左氏條例

春秋調人

晉 劉兆가 『春秋』를 調人 중심으로 정리한 책. 劉兆는 字가 延世이고 濟南의 東平 출신이다. 『晉書』에 행적이 자세하다. 博學하여 武帝가 세 번이나 불렀지만 나아가지 않고 『春秋』 연구와 저술에 전념했다. 三傳의 같고 다른 점을 정리하되 『周禮』에 調人이라는 관직을 중심에 두고 이 책을 지었다는 기록이 『晉書』와 『太平御覽』 등에 보이지만 책 자체는 일찍 일실되었다. 『五洲衍文長箋散稿』에서도 서명만 소개했다.

春秋尊王發微

北宋 孫復이 『春秋』를 풀이한 책. 孫復(992~1057)은 字가 明復이고 號가 富春이며 晉州 平陽 출신이다. 문집 『孫明復小集』 외에 『易說』 등 여러 저술을 남겼다. 이 책은 『通志堂經解』와 『四庫全書』에 12권과 부록 1권으로 실려 있다. 天聖 연간(1023~1031) 편찬된 것으로, 『左傳』을 중시하는 宋 陸淳의 說을 따라 諸儒의 학설을 참작했다. 『春秋』에 褒가 없고 貶만 있는 것을 비판했다. 『靑莊館全書』, 『研經齋全集』, 『五洲衍文長箋散稿』 등에서 이 책을 소개했다.

春秋左氏遺意

金末元初 李昶이 『春秋左傳』을 풀이한 책. 李昶(1203~1289)은 字가 士都이고 東平 須城 출신으로, 이 책 외에 『孟子權衡遺說』 등을 저술했지만 모두 일실되었다. 孫復에게 『春秋』를 배우고 『春秋』에 대한 諸家의 說을 절충하여 20권으로 이 책을 편찬했다는 기록이 『元史』에 보인다. 『經義考』에도 일실된 책이라 했다. 『五洲衍文長箋散稿』에서 이 책을 書名만 들어 소개했다.

春秋左氏條例

漢 潁容이 『春秋』를 풀이한 책. 潁容은 字가 子嚴이고 陳國 長平 출신인데 後漢 말기의 학자다. 『後漢書』에 5만여 자의 『春秋左氏條例』를 편찬한 것으로 되어 있지만 전하지 않는다. 『五洲衍文長箋散稿』에 潁容의 『春秋條例』로 소개했다. 鄭斗卿의 『東溟集』에 漢 靈帝 때 劉陶가 『春秋條例』를 편찬했다는 기록을 소개했는데 『後漢書』에서 가져온 것으로 다른 책인 듯하다. 後漢의 荀爽 역시 『春秋條例』를 편찬했다는 기록이 보인다. 또 『五洲衍文長箋散稿』에는 『春秋釋例』도 潁容의 저술로 소개했는데 이 책은 1권이 『玉函山房輯佚書』에

실려 있다. 晉 杜預가 같은 서명의 저술 15권을 남겼는데 『四庫全書』에 편입되어 있다. 『高麗史節要』에 1113년 遼의 耶律固에게 『春秋釋例』를 주었다는 기록이 보인다. 『與猶堂全書』에도 이 책이 보이는데 杜預의 책을 가리킨다.

春秋左氏傳補注

元 趙汸이 『春秋左傳』을 풀이한 책. 趙汸(1309~1369)은 字가 子常이고 休寧 출신이며, 『東山存稿』, 『周易文詮』, 『春秋師說』, 『春秋集傳』, 『春秋屬辭』 등의 저술이 있다. 이 책은 대만 故宮博物院圖書館에 至正 24년(1364) 海寧 商山義塾 간본이 소장되어 있고, 『通志堂經解』에도 10권으로 실려 있다. 『左氏補注』라고도 한다. 스승 黃澤의 뜻을 따르되 晉 杜預의 주석을 중심에 두고 元 陳傅良의 『左傳章旨』를 통해 『左傳集解』의 미비한 점을 보완했다. 『靑莊館全書』, 『硏經齋全集』, 『五洲衍文長箋散稿』에 이 책이 소개되어 있다.

春秋左氏傳事類始末

南宋 章沖이 『春秋左傳』을 풀이한 책. 章沖은 淳熙 연간(1174~1189) 문인으로 字가 茂深이고 福建 浦城 출신이며 葉夢得의 사위다. 이 책은 『通志堂經解』와 『四庫全書』에 5권과 目錄 1권, 附錄 1권으로 실려 있다. 淳熙 14년(1187) 台州에 있을 때 目錄을 만들고 후에 附錄으로 災異와 事物 등을 붙였다. 春秋時代 列國의 사건을 年月에 따라 배치하고 부류에 따라 節目을 두어 紀事本末體로 구성했다. 『靑莊館全書』, 『硏經齋全集』, 『五洲衍文長箋散稿』 등에서 이 책을 소개했다. 『五洲衍文長箋散稿』에는 편자의 이름이 章仲으로 잘못 표기되어 있다.

春秋左氏正義 → 春秋左傳正義

春秋左氏傳說

南宋 呂祖謙이 『春秋左傳』을 풀이한 책. 呂祖謙(1137~1181)은 婺州 출신으로 字가 伯恭이고 號가 東萊이며, 『皇朝文鑑』, 『東萊集』, 『古周易』, 『東萊博議』 등 많은 저술이 있다. 『春秋』에 조예가 깊어 이 책 외에 『春秋集解』를 저술했다. 『左傳』도 깊이 연구하여 이 책과 함께 『左氏類篇』, 『左傳博義』를 편찬했다. 이 책은 『左傳』을 19目으로 나누어 정리한 것인데 『書錄解題』에는 30권으로 되

어 있지만 『永樂大全』을 편찬할 때 수습한 것은 20권이다. 나머지 10권은 『續說』로 추정되고 있다. 대만 故宮博物院圖書館에 소장되어 있는데 20권이다. 『硏經齋全集』의 『通志堂經解書目』에는 『左氏類篇』은 일실되었고 이 책은 20권으로 『左傳博義』와 함께 내용이 상세하다고 했다. 『五洲衍文長箋散稿』에도 이 서명이 보인다.

春秋左氏傳解

後漢 服虔이 『春秋左傳』을 풀이한 책. 服虔은 字가 子愼이고 初名은 重이었는데 祇로 고쳤다가 다시 虔으로 고쳤다. 河南 滎陽 출신인데 孝廉으로 천거되어 尙書侍郎 등을 지냈다. 『春秋漢議駁』, 『通俗文』, 『漢書音義』 등을 남겼다고 하지만 전하지 않는다. 이 책은 『隋書』에 31권으로 되어 있으나 원문은 일실되고 『漢學堂叢書』, 『黃氏逸書考』 등에 1권으로 편집된 『春秋左氏傳解誼』만 전한다. 『五洲衍文長箋散稿』에 언급되어 있다.

春秋左氏函傳義

晉 干寶가 『春秋左傳』을 풀이한 책. 干寶(283~336)는 字가 令升이고 海鹽 출신이며, 『晉紀』, 『搜神記』 등의 저술이 있다. 이 책은 『五洲衍文長箋散稿』에서 『春秋左氏傳』으로 소개했지만, 『隋書』에는 『春秋左氏函傳義』 15권으로, 『新唐書』와 『國史經籍志』 등에는 『干寶春秋左氏義函傳』 16권으로 되어 있다. 일실되어 전하지 않는다.

春秋左傳詁

淸 洪亮吉이 『春秋左傳』을 풀이한 책. 洪亮吉(1746~1809)은 字가 君直 혹은 稚存이고 號는 北江이며 江蘇 陽湖 출신으로, 『卷施閣詩文集』, 『更生齋詩文集』, 『北江詩話』, 『比雅』, 『六書轉注錄』 등의 저술이 있다. 이 책은 줄여서 『左傳詁』라고도 하며 『春秋三傳古義左傳詁』로 된 데도 있다. 20권으로 되어 있다. 晉 杜預가 편찬한 『春秋經傳集解』가 訓詁와 地理에서 오류가 많아 이를 바로잡기 위하여 이 책을 편찬했다. 漢唐의 石經 등을 참조하여 俗字를 바로잡기도 했다. 이 책은 洪亮吉의 저술을 모은 『江北全集』에 수록되어 있다. 光緖 연간(1875~1908) 간행된 『洪北江全集』은 고려대와 서울대 중앙도서관에 소장되어 있다. 『皇淸經解續編』에도 『春秋左傳詁』가 실려 있다. 『貞蕤閣集』과

『五洲衍文長箋散稿』에는 『春秋三傳古義』와 함께 『左傳詁』를 소개했다.

春秋左傳正義

晉 杜預가 『春秋左傳』에 注를 달고 唐 孔穎達이 疏를 달아 풀이한 책. 杜預(222~284)는 字가 元凱이고 京兆 杜陵 출신이며, 『春秋』에 뛰어나 『春秋左氏經傳集解』, 『春秋釋例』 등의 저술을 남겼다. 孔穎達(574~648)은 字가 仲遠이고 冀州 衡水 출신이다. 顔師古와 함께 『隋書』, 『大唐儀禮』 등을 편찬했다. 貞觀 12년(638) 孔穎達이 중심이 되어 편찬한 『五經正義』의 하나인데 『高麗史』에 1045년 秘書省에서 『新刊禮記正義』와 『毛詩正義』를 바쳤다는 기사가 보이므로, 이 무렵에 『五經正義』가 각각 따로 유통되었음을 확인할 수 있다. 『成宗實錄』에 1478년 8월 25일 姜希孟이 外典校署에 보관되어 있는 판목을 보각하여 간행하기를 청한 것으로 보아, 조선 초기부터 유통되었던 듯하다. 이 책은 『春秋正義』라고도 하는데 60권이며 『十三經注疏』에 편입되어 있다. 『記言』, 『與猶堂全書』, 『五洲衍文長箋散稿』 등 많은 문헌에 인용되어 있다. 『海東繹史』에는 『春秋左氏正義』로 인용되어 있다. 또 杜預의 『春秋左傳註』를 인용했는데 이 책에 포함되어 있다.

春秋注 → 孝經正義

春秋地理氏族志

明末清初 吳偉業이 『春秋』의 地理와 氏族에 관해 기술한 책. 吳偉業(1609~1672)은 字가 駿公이고 號가 梅村인데 別署鹿樵生, 灌隱主人, 大雲道人 등도 사용했다. 江蘇 太倉 출신으로 錢謙益, 龔鼎孳 등과 이름을 나란히 했고 詩에 뛰어나 類東詩派를 개창했으며, 七言歌行에 능하여 梅村體로 일컬어졌다. 『梅村家藏稿』, 『梅村詩餘』 등의 문집 외에 소설 「秣陵春」과 雜劇 「通天臺」, 「臨春閣」을 남겼으며, 『綏寇記略』, 『吳詩集覽』 등을 편찬했다. 『五洲衍文長箋散稿』에서 『春秋』와 관련한 책으로 소개하면서 『春秋地里氏族志』를 소개했는데 淸 趙宏恩의 『江南通志』에 이 서명이 기재되어 있지만, 『春秋地理志』와 『春秋氏族志』 두 종을 가리키는 것으로 보아야 할 것이다. 淸 顧師軾의 『吳梅村先生年譜』에 『春秋地理志』 16권과 『春秋氏族志』 24권을 편찬한 것으로 되어 있지만, 모두 전하지 않는다. 淸 吳騫의 『尖陽叢筆』에 따르면 『春秋氏族志』는 18권으

로, 『春秋』에 보이는 氏族의 유래와 함께 유명 姓氏의 인물을 다루었는데 春秋時代 이외의 인물도 수록했다고 한다.

春秋直解

淸 乾隆帝의 命으로 편찬한 『春秋』 註釋書. 傅恒 등이 편찬에 참여했는데 傅恒(1720~1770)은 字가 春和이고 淸 高宗 孝賢純皇后의 아우다. 이 책 외에 『欽定旗務則例』, 『西域圖志』 등의 저술이 있다. 이 책은 원서명이 『御纂春秋直解』다. 乾隆 23년(1758) 武英殿 간본 12권이 대만 故宮博物院圖書館에 소장되어 있다. 『純祖實錄』(1821년 8월 12일) 기사에 이 책을 인용했다. 『五洲衍文長箋散稿』에도 소개되어 있다. 明 郝敬이 편찬한 동일한 서명의 저술 15권이 따로 전한다.

春秋振滯

唐 王元感이 『春秋』를 풀이한 책. 王元感은 濮州 鄄城 출신으로, 經學에 뛰어나 四門博士를 지냈다. 『尙書糾謬』, 『春秋振滯』, 『禮記繩愆』 등의 저술이 있었다고 하지만 모두 전하지 않는다. 이 책은 『舊唐書』 등에 20권으로 되어 있지만 전하지 않는다. 『振滯』라고도 한다. 『五洲衍文長箋散稿』에서 『禮記繩愆』, 『振滯』 등 서명만 들어 소개했다.

春秋集傳

唐 啖助가 『春秋』를 풀이한 책. 啖助(724~770)는 字가 叔佐이고 趙州 출신이다. 『春秋』에 밝아 이 책 외에 『春秋統例』도 편찬했다. 이 책은 『通志堂經解』에 15권으로 수록되어 있다. 규장각에 소장된 『玉函山房輯佚書』에도 실려 있다. 『左傳』이 左丘明 1인의 것이 아니며 『公羊傳』을 편찬한 公羊의 이름이 高이고, 『穀梁傳』의 편찬자 穀梁의 이름이 赤이라는 점을 밝혔다. 『硏經齋全集』, 『阮堂全集』, 『五洲衍文長箋散稿』 등 여러 문헌에서 이 책을 소개했다. 『南溪集』, 『弘齋全書』 등에는 啖助를 소개하면서 서명을 밝히지 않고 이 책을 인용했다.

春秋集傳

元 趙汸이 『春秋』를 풀이한 책. 趙汸(1309~1369)은 字가 子常이고 休寧 출신

이며, 『東山存稿』, 『周易文詮』, 『春秋師說』, 『左氏補注』, 『春秋屬辭』 등의 저술이 있다. 이 책은 『通志堂經解』와 『四庫全書』 등에 15권으로 수록되어 있다. 대만 故宮博物院圖書館에 至正 24년(1364) 海寧 商山義塾 간본과 弘治 6년(1493) 黃倫이 修補한 판본이 소장되어 있다. 自序와 倪尙誼의 跋이 붙어 있는데 이에 따르면 至正 8년(1348) 작업을 시작했으나 昭公 28년 이후는 다루지 못하고 죽었기에 제자 倪尙誼가 『春秋屬辭』의 例에 따라 완성했다고 한다. 『靑莊館全書』, 『硏經齋全集』, 『五洲衍文長箋散稿』에 이 책이 소개되어 있다.

春秋集傳大全

明의 胡廣이 『春秋』의 주석을 집성한 책. 胡廣(1370~1418)은 字가 伯始이고 南郡 華容 출신이다. 永樂 13년(1415) 翰林院學士로 있던 胡廣이 永樂帝의 命으로 『四書大全』, 『性理大全』과 함께 『五經大全』을 편찬했는데 이 책은 그중 하나다. 胡安國의 『春秋傳』에 근거하여 大字로 經文을 적고 三傳의 주석을 그 아래 붙였는데 元 汪克寬의 『春秋纂疏』를 그대로 가져왔다는 비판을 받았다. 永樂 13년(1415) 완성되어 간행되었다. 『春秋大全』이라고도 한다. 明 內府의 간본이 전하며 『四庫全書』에도 16권으로 수록되었다. 世祖 연간 乙亥字本 일부가 국립중앙도서관 등에 소장되어 있으며, 고려대, 이화여대, 성암고서박물관 등에도 유사한 판본이 소장되어 있다. 『世宗實錄』에 永樂 17년(1419) 敬寧君 李裶가 『性理大全』과 함께 『四書五經大全』을 받아왔다고 했는데 『四書大全』과 『五經大全』을 합쳐 부른 것으로 보인다. 『牛溪集』, 『靑莊館全書』, 『五洲衍文長箋散稿』에서도 『四書五經大全』 혹은 『五經四書大全』으로 소개되어 있는데 이 책이 포함되어 있다. 『春秋大全』으로도 소개되어 있다.

春秋集傳辨疑

唐 陸淳이 啖助의 『春秋』에 관한 說을 보완한 책. 陸淳(?~806)은 字가 伯冲이고 후에 陸質로 개명했으며 吳郡 출신이다. 이 책은 스승 啖助와 동문 趙匡의 설을 계승한 것이다. 趙匡은 字가 伯循이고 河東 출신으로 大曆 연간(766~779) 활동했다. 啖助가 편찬한 『春秋集傳』과 『春秋統例』를 합쳐 『春秋闡微纂類義疏』를 편찬했는데 그중 일부가 편집되어 『玉函山房輯佚書』에 1권으로 실려 있다. 陸淳은 이 책과 함께 『春秋集傳纂例』, 『春秋集傳微旨』를 편찬했다. 『春秋集傳纂例』는 啖助의 설을 經文에 따라 조목별로 取捨한 뜻을 밝혔

는데, 『春秋集傳辨疑』에서는 여기에 포함되어 있지 않은 傳文을 중심으로 하여 取捨한 뜻을 규명하고자 했다. 이 책은 『四庫全書』에 10권으로 수록되어 있다. 權橃의 『冲齋集』에 「春秋胡傳節義」가 실려 있는데, 陸淳이 편찬한 '春秋集傳纂例辨疑十七卷'이라는 기사가 보인다. 중국 國家圖書館에 『春秋啖趙二先生集傳纂例』 10권이 소장되어 있는데 嘉靖 庚子(1540) 吳縣 汪旦 간본이다. 여기에 『辨疑』 10권과 附錄 1권이 더 붙어 있는데 『辨疑』가 『春秋集傳辨疑』다. 다만 權橃이 17권이라 한 것과는 맞지 않으므로 조선에는 다른 판본이 들어왔을 가능성도 있다.

春秋集傳釋義大成

元 兪皐가 『春秋』의 주석을 집성한 책. 兪皐는 字가 心遠이고 江西 婺源 출신이며 趙良鈞에게 『春秋』를 배워 이 책을 편찬했다. 經文 아래 『左傳』과 『公羊傳』, 『穀梁傳』을 나란히 두어 宋 胡安國 『春秋傳』의 풀이를 수록했다. 元 吳澄의 序가 달려 있다. 『通志堂經解』와 『四庫全書』에 12권으로 수록되어 있다. 『青莊館全書』, 『研經齋全集』, 『五洲衍文長箋散稿』 등에서 이 책을 소개했다.

春秋集傳纂例

唐 陸淳이 啖助의 『春秋』에 관한 說을 보완한 책. 陸淳의 「春秋集傳纂例序」에 따르면 3권의 『春秋統例』에 趙匡이 주석을 덧붙여 40篇 10권으로 완성했다고 한다. 이 책은 『四庫全書』에 10권으로 수록되어 있다. 『退溪集』에 『春秋纂例』가 소개되어 있는데 李滉은 趙匡의 저술로 보았다. 吳健의 『德溪集』에도 이 책에 대한 질문이 보인다. 『退溪文集考證』에서 『文獻通考』를 인용하여 『春秋纂例』가 『春秋集傳纂例』이며, 陸淳이 啖助와 趙匡의 설을 참작하여 『春秋集傳纂例』와 『春秋集傳辨疑』를 편찬했다고 했다. 『五洲衍文長箋散稿』에서 '纂禮辨疑十七卷'이라 했는데 같은 내용이 淸 趙吉士의 『寄園寄所寄』에 보이지만 '纂例辨疑十七卷'의 잘못이다.

春秋集注

南宋 張洽이 『春秋』의 주석을 집성한 책. 張洽(1160~1237)은 字가 元德이고 號가 主一이며 江西 淸江 출신이다. 『春秋』에 능하여 『春秋集注』와 『春秋集傳』을 편찬했다. 이 책은 『通志堂經解』와 『四庫全書』에 11권으로 수록되어 있

다.『左傳』과『公羊傳』,『穀梁傳』을 나란히 두고 宋 胡安國의 주석을 위시한 諸家의 학설을 두루 모았다.『綱領』 1권이 붙어『春秋集注綱領』이라고도 한다.『靑莊館全書』,『硏經齋全集』,『五洲衍文長箋散稿』 등에서 이 책을 소개했다.

春秋集解

南宋 呂祖謙이『春秋』를 풀이한 책. 呂祖謙(1137~1181)은 婺州 출신으로 字가 伯恭이고 東萊先生으로 일컬어진다. 朱熹, 張栻 등과 함께 東南三賢으로 불렸다.『皇朝文鑑』,『東萊集』,『古周易』,『東萊博議』 등 많은 저술이 있다. 이 책은『通志堂經解』에 30권으로 실려 있고, 중국 國家圖書館에 淸 乾隆 50년(1785) 內府 간본이 소장되어 있다. 존경각에는『呂東萊先生春秋集解』가 소장되어 있다. 이 책의 편자가 東萊先生으로 되어 있는데, 呂祖謙의 손자 呂本中 역시 같은 號를 사용하여 혼동되고 있다.『經義考』에서는 呂祖謙이 아니라 呂本中을 편찬자로 보았다. 呂本中(1084~1145)은 字가 居仁이고 東萊先生으로 불렸으며 壽州 출신이다. 이 책 외에『童蒙訓』,『東萊先生詩集』,『官箴』,『紫微詩話』,『紫微集』,『軒渠錄』 등의 저술이 전한다. 宋 蘇轍, 元 胡炳文, 淸 李集鳳 등도 같은 이름의 책을 편찬했는데『五洲衍文長箋散稿』에는 呂祖謙, 胡炳文, 李集鳳의 것을 언급했다.『靑莊館全書』,『硏經齋全集』에 呂祖謙의 30권 본을 소개했다.『五洲衍文長箋散稿』에는 呂祖謙의『春秋集解』와 별도로 呂本中의『春秋解』를 소개했으므로, 李圭景이 같은 책인 줄 몰랐던 듯하다.『中宗實錄』과『慕齋集』에는 金安國이 明 陳喆의『春秋集解』를 간행할 것을 청한 기사가 보이는데 이 책과 다른 것이다. 국립중앙도서관과 성암고서박물관에『春秋胡氏傳集解』가 소장되어 있는데 明宗 연간 금속활자로 간행한 판본으로 陳喆이 편찬한 책이다.『眉巖集』,『市南集』에도『春秋集解』를 언급했지만 편찬자는 밝히지 않았다.

春秋集解

元 胡炳文이『春秋』를 풀이한 책. 胡炳文(1250~1333)은 字가 仲虎이고 考水 출신이다. 經學史에서 雲峯胡氏로 일컬어지는데 雲峰은 그의 號다. 이 책 외에『雲峰集』,『書集解』,『四書通解』,『禮書纂述』,『爾雅韻語』,『大學指掌圖』 등 많은 저술을 남겼다. 明 王圻의『續文獻通考』에 이 서명이 보이지만 일실되어 전하지 않는다. 淸 朱彛尊의『經義考』에도 일실된 것으로 되어 있다.『五洲衍

文長箋散稿』에서 이 책을 소개했다.

春秋集解

淸 李集鳳이 『春秋』를 풀이한 책. 李集鳳은 字가 翽升이고 臨楡 출신으로 順治 연간(1644~1661) 활동했다. 『畿輔通志』에 李集鳳이 『春秋』에 능통하여 先儒의 註解를 모아 『春秋辨疑』 65권을 편찬했다는 기록이 보인다. 『四庫全書總目』에 56책으로 권수가 나누어져 있지 않은 『春秋輯傳辨疑』를 소개하면서 이 책이 『春秋辨疑』와 권수에 차이가 크다고 하고, 經文 아래 宋 胡安國의 설을 싣고 부록에 三傳의 같고 다른 점을 붙였다고 했다. 대만 中研院傅斯年圖書館에 소장되어 있는 56책의 『春秋輯傳辨疑』가 이 책이다. 『五洲衍文長箋散稿』에서 李集鳳의 『春秋集解』 40권을 소개했는데, 淸 王士禎의 『帶經堂集』에 실려 있는 「跋春秋集解」의 기록을 옮긴 것으로 보인다. 40권으로 된 『春秋集解』가 따로 존재한 것은 분명하지만 일실되어 전하지 않으므로 『春秋辨疑』 혹은 『春秋輯傳辨疑』와의 연관성은 확인할 수 없다.

春秋集解 → 春秋經傳集解

春秋纂疏

元 汪克寬이 『春秋』의 주석을 집성한 책. 汪克寬(1304~1372)은 字가 德輔 또는 仲裕이고 號는 環谷이며 新安 祁門 출신이다. 『周易程朱傳義音考』, 『詩集傳音義會通』, 『經禮補逸』, 『四書音證』, 『通鑑綱目考異』 등의 저술이 있다. 특히 『春秋』에 뛰어나 『春秋作義要訣』, 『春秋諸傳提要』, 『左傳分紀』 등도 편찬했다. 이 책은 『春秋胡傳附錄纂疏』 또는 『胡傳纂疏』라고도 한다. 自序에 따르면 列國의 紀年과 諡號에 상세한 주석을 붙이고 經文의 異同을 갖추었으며 諸家의 학설을 망라했다고 한다. 至正 8년(1348) 日新堂 간본이 전하며 『四庫全書』에도 30권으로 수록되어 있다. 『星湖全集』과 『順菴集』, 『弘齋全書』에 이 책을 참조한 기록이 있다. 『五洲衍文長箋散稿』에서도 소개했다.

春秋統例

唐 啖助가 『春秋』의 풀이를 집성한 책. 啖助(724~770)는 字가 叔佐이고 趙州 출신이다. 『春秋』에 밝아 이 책과 함께 『春秋集傳』을 편찬했다. 이 책은 『春秋

例統』으로도 표기되었다. 啖助의 「春秋統例序」가 『全唐文』에 실려 있는데, 三傳을 연구하여 단점을 버리고 장점을 취했으며 前賢의 주석을 집성한 것이라 했다. 『全唐文』에 실려 있는 陸淳의 「春秋例統序」에 따르면 上元 辛丑(761) 三傳을 집성하여 주석을 모으기 시작하여 庚戌(770)에 마쳤으며, 弟子 趙匡이 산삭과 보완을 한 후 大曆 乙卯(775) 완성했다고 한다. 또 陸淳의 「春秋集傳纂例序」에 따르면 『春秋統例』가 3권으로 條文에 의거하여 의미를 풀이한 것이라 했다. 원문은 일실되고 후대에 1권으로 편집된 판본이 『玉函山房輯佚書』에 실려 있다. 『通志』에는 明 朱臨의 『春秋統例』 30권이 보이는데 별개의 책이다.

春秋通說

南宋 皇仲炎이 편찬한 『春秋』의 註釋書. 皇仲炎은 字가 若晦이고 永嘉 출신이다. 이 책은 紹定 3년(1230) 완성되었다. 自序에 따르면 事跡을 直敍하여 義理를 밝히는 것이 목적이라고 했다. 隱公에서 哀公까지 13권으로 구성했는데 『通志堂經解』와 『四庫全書』에 실려 있다. 『星湖僿說』에는 『春秋說』로 인용되어 있다. 『靑莊館全書』, 『硏經齋全集』, 『五洲衍文長箋散稿』에서 이 책을 소개했다.

春秋透天關

元 楊維楨이 『春秋』를 풀이한 책. 楊維楨(1296~1370)은 字가 廉夫이고 號는 鐵崖 혹은 東維子, 鐵笛道人 등을 사용했으며 諸曁 출신이다. 『遼史』, 『金史』, 『宋史』의 편찬에 참여했고, 『東維子文集』, 『鐵崖先生古樂府』, 『樂府補』, 『復古詩集』, 『除紅譜』 등을 저술했다. 이 책은 『明一統志』, 『元史』 등에는 편찬자가 楊維楨으로 되어 있지만 『續文獻通考』, 『國史經籍志』 등에는 元 晏兼善으로 되어 있으며 12권이라 했다. 『四庫全書總目』에는 4권이며 元 晏兼善이 편찬한 책이라 했다. 晏兼善은 宋代의 인물로 된 데도 있는데 字號와 이력이 밝혀져 있지 않다. 元代의 간본 일부가 중국 國家圖書館에 소장되어 있는데 편찬자가 晏兼善으로 되어 있다. 『五洲衍文長箋散稿』에는 楊維楨의 저술로 소개하고 권수는 밝히지 않았다. 또 『五洲衍文長箋散稿』에는 楊維楨의 「正統辨」을 인용했는데 明 賀復徵의 『文章辨體彙選』에 수록되어 있으며 독립된 저술은 아닌 듯하다.

春秋合誠圖

편찬자를 알 수 없는 『春秋』의 緯書. 이 책은 上古 시대의 역사와 전설을 기록한 것으로, 堯帝의 모친이 河圖를 등에 지고 나온 赤龍과 결혼하여 堯帝를 낳았다는 등의 이야기가 수록되어 있다. 隋 蕭吉의 『五行大義』에서부터 보이므로 그 이전의 저술로 볼 수 있다. 『谿谷集』, 『象村稿』, 『研經齋全集』, 『五洲衍文長箋散稿』 등에서 緯書의 하나로 소개되어 있다. 규장각 등에 소장된 『說郛』, 『玉函山房輯佚書』, 『黃氏逸書考』 등에 실려 있다.

春秋解 → 春秋集解

春秋胡傳附錄纂疏 → 春秋纂疏

春秋或問

南宋 呂大圭가 『春秋』를 풀이한 책. 呂大圭는 泉州 南安 출신으로 淳右 7년(1247) 進士가 되어 출사했다. 『春秋或問』 20권과 함께 『春秋五論』 1권을 합쳐 寶祐 2년(1254) 간행했는데 이 무렵의 판본 일부가 대만 故宮博物院圖書館에 소장되어 있다. 『靑莊館全書』, 『研經齋全集』, 『五洲衍文長箋散稿』 등에서 이 책을 소개했다. 元 程端學이 같은 이름의 저술을 남겼지만 별개의 것이다.

春秋或問

元 程端學이 『春秋』를 풀이한 책. 程端學(1278~1334)은 元鄞 출신으로 字가 時叔이고 號는 積齋이며 『春秋』에 조예가 깊어 『春秋本義』, 『春秋或問』, 『春秋三傳辨疑』를 남겼으며 문집 『積齋集』도 전한다. 이 책은 『通志堂經解』에 10권으로 수록되어 있다. 諸家의 說을 들어 長短을 논했는데 『四庫全書總目』에는 臆說이 많다는 비판을 실었다. 『靑莊館全書』, 『研經齋全集』, 『五洲衍文長箋散稿』에 이 책이 소개되어 있다.

春秋皇綱論

北宋 王晳이 『春秋』를 풀이한 책. 王晳은 太原 출신으로 至和 연간(1054~1056) 太常博士를 지냈다. 王晰, 王哲로 표기된 데도 많다. 이 책은 『通志堂經解』와 『四庫全書』에 5권으로 실려 있다. 三傳의 주석과 함께 唐 啖助와 趙匡

의 說을 붙이고 자신의 의견도 보탰다. 『五洲衍文長箋散稿』에는 王晳의 저술로 소개되어 있다.

春秋會通 → 春秋諸傳會通

春秋後語

晉 孔衍이 春秋時代의 逸史를 모은 책. 孔衍(268~320)은 魯國 출신으로 孔子의 22대손이며 字가 舒元 혹은 元舒다. 이름이 孔演으로 표기된 데도 있다. 『春秋時國語』, 『公羊集解』, 『漢尚書』, 『漢春秋』 등 많은 저술이 있었다고 하지만 대부분 전하지 않는다. 그의 저술 중 『春秋後國語』 10권이 있었다고 하는데 이 책과 관련이 있어 보인다. 이 책은 원문은 일실되고 秦穆公, 燕太子 丹 등 일부 내용만 『說郛』에 실려 전한다. 『青莊館全書』, 『五洲衍文長箋散稿』 등에 日本刀와 관련하여 이 서명이 보이지만 모두 明 楊愼의 글에서 재인용한 것이다. 이 글에서 『三史加注』, 張孟의 『押韻集』, 『聖曆諸書』(『聖曆百家書』로 된 데도 있다) 등과 함께 이 책을 언급하고 있는데 『春秋後語』 외에는 알 수 없는 것들이다.

春秋後傳

南宋 陳傅良이 『春秋』를 풀이한 책. 陳傅良(1137~1203)은 字가 君擧이고 號가 止齋이며, 『詩解詁』, 『周禮說』, 『春秋後傳』, 『左傳章旨』, 『建隆編』, 『止齋集』 등의 저술이 있다. 이 책은 12권이며 『通志堂經解』와 『四庫全書』에 실려 있다. 『穀梁傳』과 『公羊傳』을 주로 하고 『左傳』을 참작했다. 『青莊館全書』, 『研經齋全集』, 『五洲衍文長箋散稿』에 이 책이 소개되어 있다. 『約軒集』과 『常變通攷』에는 宋 陸佃이 같은 이름의 저술을 남긴 것으로 되어 있다.

春風堂隨筆

明 陸深이 편찬한 筆記雜錄. 陸深(1477~1544)은 初名이 榮이고 字가 子淵이며 號는 儼山이다. 松江 출신으로, 『儼山集』, 『南巡日錄』 등의 저술이 있다. 이 책은 아들 陸楫(1515~1552)이 陸深의 저술을 모아 편찬한 『儼山外集』에 실려 있는데 중국 國家圖書館에 嘉靖 24년(1545) 간본이 소장되어 있다. 동아대에 『儼山外集』 일부가 소장되어 있으며 『陸文裕公外集』으로 된 것도 있다.

『春風堂隨筆』은 『說郛續』에도 실려 있다. 화훼, 서화, 부채, 역사 논설, 일화, 경학 논설 등 23개 조로 구성되어 있다. 화훼 중에서 海棠, 海榴, 海紅 등과 같이 海字가 붙은 것은 해외에서 들어온 것이라 했는데 그중 우리나라 품종이 있어 조선시대 문인이 이 문헌에 관심을 가졌다. 東夷에서 왔다는 摺扇의 일종인 高麗白松扇도 소개하고 있다. 말미에 「歙硯志」 1편이 붙어 있지만 『說郛續』에는 보이지 않는다. 『尙白齋鐫陳眉公訂正秘笈』에도 실려 있다. 『海東繹史』에서 이 책을 인용했다.

春暉堂詩鈔

淸 張廷枚의 文集. 張廷枚는 字가 卜臣이고 春暉堂은 그의 號이며 선대가 朝鮮 출신이며 福建布政使를 지냈다. 1717년(숙종 43)에 副使로 조선에 왔다. 문집 『春暉堂集』이 있었다고 하지만 전하지 않고 『春暉堂詩鈔』 역시 전하지 않는다. 『海東繹史』에 그의 「奉使高麗紀事詩」가 소개되어 있는데 淸 杭世駿의 『榕城詩話』에서 인용한 것이다. 杭世駿은 張廷枚의 『春暉堂詩鈔』에 序를 썼다고 한다. 「奉使高麗紀事詩」의 序에서 折風巾에 대해 소개했다.

忠武誌

淸 張鵬翮이 諸葛亮과 관련한 기록을 모은 책. 張鵬翮(1649~1725)은 字가 運青이고 四川 遂寧 출신이다. 李宜顯, 金昌業 등이 중국에 갔을 때 만나 이들의 燕行錄에 등장한다. 『張文端公全集』이 전한다. 이 책은 장서각에 嘉慶 19년(1814) 跋이 붙은 목판본 10권 6책이 소장되어 있는데 卷頭에 康熙 44년(1705) 張鵬翮의 序가 붙어 있다. 권1 圖像, 本傳, 年表, 世系, 권2 心書, 新書, 遺文, 권3 遺文, 권4 遺制, 권5 遺事, 用人, 勝蹟, 권6 表, 碑記, 권7 銘, 贊, 評, 권8 論, 辨, 序, 권9 詩, 권10 賦와 跋 등으로 구성되어 있다. 계명대에 康熙 51년(1712) 간기가 있는 목판본도 소장되어 있다. 『五洲衍文長箋散稿』에 여러 차례 이 책을 인용했다. 규장각에 표제가 『忠武誌』로 된 책 21권 8책이 소장되어 있는데 明 諸葛羲가 편집한 『漢丞相諸葛忠武侯集』으로 이 책과는 다른 것이다.

吹劍錄

南宋 俞文豹가 편찬한 筆記雜錄. 俞文豹는 字가 文蔚이고 號가 堪隱이며 括蒼

출신이다. 자세한 생몰연대는 밝혀져 있지 않은데 孝宗 연간(1162~1189)에서 理宗 연간(1224~1264)에 활동했다. 『淸夜錄』이 그의 저술로 알려져 있다. 이 책의 서명에서 吹劍은 피리를 불면 높게 울리는 소리가 나지만, 칼자루의 구멍을 불면 가느다란 소리가 날 뿐이라는 『莊子』에서 나온 말이다. 이 책은 南宋 宮中과 官邊의 遺聞과 逸事를 기록한 것으로 科擧制의 폐단, 士大夫의 문란한 風氣, 관리의 貪虐, 宦官의 낭비, 백성에 대한 苛斂誅求 등을 다루었다. 4集으로 구성되어 있다. 正錄과 續錄은 淳祐 3년(1243) 완성되었고 三錄과 四錄도 이를 이어 편찬되었다. 四錄만 『四庫全書』에 수록되어 있고 나머지는 일실되었다. 『說郛』, 『御覽知不足齋叢書』 등에도 일부가 실려 있다. 『芝峯類說』, 『星湖僿說』, 『五洲衍文長箋散稿』에서 이 책을 인용했다.

醉綠圖

편찬자와 편찬 시기를 알 수 없는 주사위 놀이 방법을 적은 책. 『說郛』에 수록되어 있는데 편찬자를 張光이라 했지만 어느 시대 인물인지 알 수 없다. 淸 金學詩의 『牧豬閑話』에는 편찬자를 알 수 없다고 했다. 이 책은 간략한 凡例에 이어 醉綠圖, 賞采二盃圖, 罰采一盃圖, 賞采二盃罰采一盃圖, 罰采二盃圖, 賞采罰采各一盃圖, 賽采竝不賞不罰圖 등 주사위의 그림을 그려 설명하고, 규정에 따른 상벌 조항을 보였다. 『五洲衍文長箋散稿』에 놀이를 다룬 책에서 張光의 『醉綠圖』로 간략히 소개했다.

翠寒集

元 宋無의 文集. 宋無(1260~1340)는 字가 子虛이고 號가 晞顔이며 蘇州 출신으로, 詩에 능했고 墨梅로 명성을 날렸다. 宋无로 표기된 데도 많다. 문집 『翠寒集』은 6권 혹은 8권이었다고 하지만 지금은 『明元人十種詩』에 1권만 전한다. 『四庫全書總目』에는 元 趙孟頫의 序를 들어 宋無가 至元 연간(1264~1294)에 領征東萬戶案牘으로 가게 된 부친을 대신하여 任地로 떠났는데 高麗의 여러 산을 지나면서 鯨背吟을 지었다는 기사를 소개했다. 『海東繹史』에서는 이를 인용하여 宋無의 文集을 『鯨背吟集』이라 했다. 그러나 대부분의 書目에는 『鯨背吟集』이 元 朱晞顔의 문집으로 되어 있다. 朱晞顔(1132~1200)은 字가 子淵 혹은 子囦이고 休寧 출신이다. 문헌에 따라 晞顔이 字이고 본명은 名世로 된 데도 있다. 宋無의 號가 晞顔이므로 혼란스럽다. 『靑

莊館全書』에서 「子虛翠寒集」를 두어 그의 시를 자세히 소개했다.

醉鄕律令

明 田汝成이 술자리에서의 규칙에 관해 적은 책. 田汝成(1503~1557)은 字가 叔禾이고 浙江 錢塘 출신이다. 『田叔禾集』, 『遼記』, 『炎徼紀聞』, 『龍憑記略』 등의 저술을 남겼다. 『說郛續』에는 편찬자를 田藝衡이라 했다. 田藝衡은 字가 子藝이고 錢塘 출신으로 田汝成의 아들이다. 明 焦竑의 『焦氏筆乘』 등에서는 이 책의 편자를 田汝成으로 보았다. 田藝蘅의 『留靑日札』의 「酒經」에도 이 책의 편찬자를 부친 田汝成이라 했으므로 이 책의 편찬자를 田汝成으로 보는 것이 옳다. 이 책은 『說郛續』에 실려 있는데 앞에 실린 序에서 皇甫子奇의 『醉鄕日月』이 너무 번다하여 이 책을 편찬했다고 한다. 본문은 醉鄕之宜 10조, 酒徒之選 12조, 酒所不懼之候 14조 등으로 되어 있다. 『五洲衍文長箋散稿』에서 술에 대한 변증에서 이 책을 인용했다.

治曆緣起

明 徐光啓 등이 편찬한 天文曆法書. 徐光啓(1562~1633)는 字가 子先이고 號는 玄扈이며 松江 출신이다. 『農政全書』, 『測量異同』, 『句股義』, 『崇禎曆書』, 『宜耕令』, 『北耕錄』, 『農遺雜疏』 등을 편찬했고 『幾何原本』을 번역했다. 이 책은 明 崇禎 2년(1629)에서 崇禎 17년(1644)까지 『新法曆書』의 편찬 과정에 있었던 勅諭, 揭帖, 奏疏, 題疏 등을 집성한 것이다. 규장각에 明 崇禎 17년(1644) 편찬된 『新法曆書』가 소장되어 있는데 권1~8에 실려 있는 '緣起'가 이 책이다. 『星湖僿說』에는 鄭斗源이 燕京에 갔을 때 淸 陸若漢에게서 이 책과 함께 『天問略』, 『遠鏡說』, 『職方外紀』, 『西洋貢獻神威大鏡疏』 등을 받았다고 했는데 仁祖 9년(1631)의 일이다. 다만 1권이라 하여 권수가 맞지 않다. 『林下筆記』에도 같은 기록이 보인다. 『西洋貢獻神威大鏡疏』는 1권으로 되어 있는데 다른 문헌에서 확인되지 않는다.

致身錄

明 史仲彬이 편찬한 雜錄. 史仲彬은 吳江 출신으로 永樂 연간(1403~1424) 활동한 인물이지만 자세한 이력은 밝혀져 있지 않다. 『千頃堂書目』에서 僞書로 의심했다. 淸 朱彝尊의 『曝書亭集』에 이에 대한 변증이 보인다. 이 책은 『說郛

續』에 실려 있으며 규장각에 소장된 明 程榮의 『叢書』에도 수록되어 있다. 明 초기 史仲彬이 궁중에서 겪은 일을 기록한 것인데, 끝에 正統 3년(1438) 아들 史晟의 識가 붙어 있다. 이에 따르면 史仲彬이 임금을 모신 전말을 기록한 것이라 했다. 『熱河日記』에서 朴趾源이 이 책에 대해 질문한 대목이 보인다. 『五洲衍文長箋散稿』에도 이 책을 인용했는데 朱彝尊의 『曝書亭集』의 것을 재인용한 듯하다. 『沙磯集』에도 이 책을 언급했다.

致虛雜俎

唐代 편찬자가 알려져 있지 않은 雜錄. 『說郛』에 11條가 수록되어 있는데 溫暾湯, 文鵠, 趾離, 裘鍾, 佩阿 등 특수한 어휘에 대한 것이다. 『說郛』의 것은 元 伊世珍의 『瑯嬛記』 등에 인용된 것을 모은 것으로 보인다. 내용으로 보아 唐代의 저술로 추정된다. 『五洲衍文長箋散稿』에서 이 책을 인용했다. 『致虛閣雜俎』라고도 하는데 『警修堂全藁』, 『林下筆記』에 이 이름으로 인용되어 있다.

七經小傳

北宋 劉敞이 七經에 관한 諸家의 說을 집성한 책. 劉敞(1019~1068)은 字가 原父 혹은 原甫이고 臨江 新喻荻斜 출신으로 集賢院學士를 지냈다. 歐陽修가 六經과 百家에서부터 天文, 地理, 卜醫, 數術, 浮圖, 老莊에 두루 능했다고 평한 인물이다. 『公是集』, 『七經小傳』 등의 저술이 있으며 『春秋』에 능통하여 『春秋傳』, 『春秋權衡』, 『春秋意林』, 『春秋傳說例』 등을 남겼다. 이 책은 『公是先生七經小傳』이라고도 하는데 3권이다. 『尙書』, 『毛詩』, 『周禮』, 『儀禮』, 『禮記』, 『公羊傳』, 『論語』를 대상으로 義理의 설을 개진했다. 『通志堂經解』와 『四庫全書』에 3권으로 수록되어 있다. 『宋子大全』, 『與猶堂全書』, 『靑莊館全書』, 『硏經齋全集』, 『阮堂全集』, 『五洲衍文長箋散稿』 등에서 이 책을 소개했다.

七克大全

스페인 출신의 선교사 龐迪我가 天主敎 교리를 설명한 책. 龐迪我(Didaco de Pantoja, 1571~1618)는 예수회 선교사로 萬曆 27년(1599) 澳門에 도착하여 마테오 리치와 함께 北京으로 들어가 曆法을 개정하고 地圖를 편찬했다. 萬曆 44년(1616) 禁敎 정책에 따라 추방되었다. 이 책 외에 『龐子遺詮』을 저술했다. 이 책은 『七克』이라고도 한다. 萬曆 42년(1614)의 自序로 보아 이 무렵 완성된 것으로 보인다. 天主教의 修養論에 대한 것으로 驕慢, 嫉妬, 吝嗇, 忿怒, 貪食, 色慾, 懶怠 등 일곱 가지의 죄를 설명했다. 『正祖實錄』(1791년 11월 7일)에 尹持忠의 供招가 실려 있는데 金範佑의 집에 『天主實義』와 이 책이 있었다고 한다. 『星湖僿說』, 『順菴集』, 『與猶堂全書』 등에 언급되어 있다. 국립중앙도서관에 嘉慶 3년(1798) 간기가 있는 목판본이 소장되어 있다.

七略

漢 劉歆이 편찬한 圖書目錄集. 劉歆(B.C.53~A.D.23)은 字가 子駿이고 沛 출신이며 劉向의 아들이다. 漢代 국가적인 사업으로 도서목록 사업을 실시했는데 劉向이 이를 주관하다 죽은 뒤 그의 아들 劉歆이 완성했다. 六藝略, 諸子略, 詩賦略, 兵書略, 術數略, 方技略 등 七部로 되어 있다. 六藝略은 易, 書, 詩, 禮, 樂, 春秋, 論語, 孝經, 小學 등 9종으로 분류하고, 諸子略은 儒, 道, 陰陽, 法, 名, 墨, 縱橫, 雜, 農, 小說 등 10종으로, 詩賦略은 屈原賦, 陸賈賦, 孫卿賦, 雜賦, 歌詩 등 5종으로, 兵書略은 兵權謀, 兵形勢, 兵陰陽, 兵技巧 등 4종으로, 數術略은 天文, 曆譜, 五行, 蓍筮, 雜占, 刑法 등 6종으로, 方技略은 醫經, 經方, 房中, 神仙 등 4종으로 분류했다. 원본은 唐末에 일실되고 『漢書』의 「藝文志」에 실려 전하는 일부를 모은 것이 『問經堂叢書』, 『快閣師石山房叢書』 등에 실려 있다. 『高麗史』에 따르면 宣宗 8년(1091) 宋의 館伴이 일실된 서적 129종의 목록을 주고 고려에서 찾도록 했는데, 여기에 이 책이 포함되어 있으며 7권이라 했다. 『靑莊館全書』에도 같은 내용이 수록되어 있다. 『海東繹史』에도 같은 기사를 실었으며 劉歆의 『七毗』 7권으로 되어 있는데 七毗는 七略의 잘못이다. 『象村集』, 『星湖僿說』, 『順菴集』, 『五洲衍文長箋散稿』 등에 이 책에 대한 언급이 보이지만 다른 문헌에서 재인용한 듯하다.

七錄

南朝 梁 阮孝緖가 편찬한 圖書目錄集. 阮孝緖(479~536)는 字가 士宗이고 梁의 陳留 출신이다. 梁 武帝 연간(520~527) 公私의 典籍이 많이 일실된 것을 보고 南朝 宋과 齊 이래의 도서를 바탕으로 이 책을 만들었지만 지금은 전하지 않는다. 唐의 승려 道宣의 『廣弘明集』에 自序가 실려 있는데 이에 따르면 內篇은 經典, 記傳, 子兵, 文集, 術技 등으로, 外篇은 佛法, 仙道로 구성되었다. 漢 劉歆의 『七略』과 齊 王儉의 『七志』를 계승한 것으로 알려져 있다. 『高麗史』

에 따르면 宣宗 8년(1091) 宋의 館伴이 일실된 서적 129종의 목록을 주고 고려에서 찾도록 했는데, 여기에는 劉向의 『七錄』 20권과 함께 阮孝緖의 『七錄』, 劉歆의 『七略』이 따로 보이는데 劉向의 『七錄』은 확인되지 않는다. 『靑莊館全書』, 『海東繹史』에도 같은 내용이 보인다. 『弘齋全書』, 『明皐全集』, 『研經齋全集』, 『與猶堂全書』 등에도 梁 阮孝緖의 『七錄』에 대한 언급이 있다. 특히 丁若鏞은 이 책이 44,526권이라 했다. 宋 鄭寅이 자신의 소장 도서를 정리한 책도 같은 이름으로 되어 있다.

七修類藁

明 郎瑛이 편찬한 筆記雜錄. 郎瑛(1487~1566)은 字가 仁寶이고 浙江 仁和 출신이다. 草橋門에 거주하여 自號를 草橋子라 했다. 이 책 외에 『訂正孝經』, 『大學格物傳』, 『萃忠錄』, 『靑史袞鉞』 등의 저술을 남겼다. 이 책은 天地類 6권, 國事類 8권, 義理類 4권, 辨證類 10권, 詩文類 11권, 事物類 8권, 奇謔類 4권으로 되어 있으며 續稿 7권이 더 있다. 전체 58권 12책이다. 국립중앙도서관에 光緖 6년(1880) 간행된 목판본이 소장되어 있는데 陳仕賢의 序와 陳善의 續藁序와 함께 乾隆 40년(1775) 重刊序가 붙어 있다. 일본 東京大에 明代의 간본이 소장되어 있으며, 淸 乾隆 연간(1736~1795) 판본도 소장되어 있다. 『五洲衍文長箋散稿』에도 이 책을 인용했는데 서명을 『類藁』로도 표기했다.

七緯

漢代 편찬자를 알 수 없는 緯書를 모은 책. 西漢 말에 孔子를 가탁하여 經義에 길흉화복의 의론을 붙인 豫言書로 七經에 대응하여 『易緯』, 『尙書緯』, 『詩緯』, 『禮緯』, 『樂緯』, 『春秋緯』, 『孝經緯』 등 7종으로 편찬한 것이다. 淸 趙在翰이 38권으로 편집하여 嘉慶 14년(1809) 간행했는데 서울대 중앙도서관에 이 판본이 소장되어 있다. 『易緯』에 『乾鑿度』, 『乾坤鑿度』, 『稽覽圖』 등 19종, 『書緯』에 『璇璣鈐』, 『考靈曜』, 『刑德放』 등 8종, 『詩緯』에 『推度災』, 『氾歷樞』, 『含神霧』 등 4종, 『禮緯』에 『含文嘉』, 『稽命徵』, 『斗威儀』 등 4종, 『樂緯』에 『動聲儀』, 『稽耀嘉』, 『落葉圖徵』 등 4종, 『春秋緯』에 『演孔圖』, 『元命包』, 『文耀鉤』 등 26종, 『孝經緯』에 『援神契』, 『鉤命訣』, 『內事』 등 27종이 수록되어 있다. 『谿谷集』, 『象村集』, 『星湖僿說』, 『研經齋全集』, 『五洲衍文長箋散稿』 등에서 緯書를 다루면서 『七緯』를 소개했다.

七政內編 → 新法曆書

七政萬年書 → 新法曆書

七政細草 → 新法曆書

七政外編 → 新法曆書

漆雕子

春秋時代 漆彫開의 語錄을 모은 책. 漆彫開는 字가 子若 혹은 子開이며 春秋末 魯國 출신으로 孔子의 제자다. 『漢書』 등에 이 책이 13편이라 했는데, 일실된 원문을 편집하여 1권으로 만든 판본이 『玉函山房輯佚書』에 실려 있다. 『星湖僿說』, 『老峯集』 등에 이 책을 소개했는데 모두 다른 문헌에서 가져온 것이다.

七志

南朝 宋 王儉이 편찬한 圖書目錄集. 王儉(452~489)은 字가 仲寶이고 琅邪 출신이다. 元徽 元年(473) 祕書丞으로 있으면서 국가의 藏書를 정리하여 『宋元徽元年四部書目錄』 4권을 편찬했는데, 2,020帙 15,074卷의 문헌을 망라했지만 일실되었다. 또 漢 劉歆의 『七略』의 體例를 본떠 升明 2년(478) 齊의 도서목록을 모아 30卷의 『七志』를 편찬했는데 經典志, 諸子志, 圖譜志, 文翰志, 軍書志, 陰陽志 등으로 나누고 佛經과 道經도 함께 다루었다. 이 역시 일실되어 전하지 않는다. 『明皐全集』, 『弘齋全書』, 『五洲衍文長箋散稿』 등에서 이 책을 소개했다.

七招

淸 洪亮吉이 지은 賦. 洪亮吉(1746~1809)은 字가 君直 혹은 稚存이고 號는 北江이다. 江蘇 陽湖 출신으로 經史와 音韻 訓詁에 뛰어났고 특히 地理에 정통했다. 『卷施閣詩文集』, 『更生齋詩文集』, 『北江詩話』, 『春秋左傳詁』, 『比雅』, 『六書轉注錄』 등 저술이 많다. 이 책은 1권으로, 宋玉의 「大招賦」와 枚乘의 「七發」을 모의한 것이며 空同主와 그 벗 愚公의 대화체로 되어 있다. 장서각 등에 소장된 『卷施閣集』에 실려 있다. 서울대 중앙도서관 등에 소장된 『昭代叢

書』에도 수록되어 있다. 『五洲衍文長箋散稿』에서 담배를 고증하면서 이 글을 인용했다.

針灸大成

明 楊繼洲가 편찬한 鍼灸에 관한 저술. 楊繼洲(1522~1620)는 字가 濟時이고 浙江 三衢 출신이며, 祖父 楊益 이래 대대로 太醫院 太醫를 지냈다. 이 책 외에 『神應經』, 『古今醫統』, 『針灸節要』 등의 저술을 남겼다. 이 책은 10권인데 권1에 『黃帝內經』과 『難經』 등에 실린 이론을 수록하고, 권2와 권3에 針灸와 관련한 詩歌, 권4에 針法, 권5에 子午流注와 靈龜飛騰針法, 권6~7에 經絡과 腧穴, 권8에 諸症針灸法, 卷9에 陳氏의 『小兒按摩經』을 수록했다. 萬曆 29년(1601) 간행되었으며 清 康熙 연간(1662~1722)과 乾隆 연간(1736~1795)의 重刊本이 중국 針灸博物館 등에, 光緖 연간(1875~1908)의 간행본이 고려대 등에 소장되어 있다. 『五洲衍文長箋散稿』에서 이 책을 언급했다.

ㅌ

彈棋經

東晉 徐廣이 편찬한 바둑에 관한 저술. 徐廣(352~425)은 字가 野民이고 東莞 姑幕 출신이며 徐邈의 아우다. 『車服儀注』, 『晉紀』 등의 저술이 있다. 이 책은 『說郛』에 2인이 黑白의 알을 가지고 대국을 한다는 등 3조만 간략하게 수록되어 있다. 『五洲衍文長箋散稿』에 편찬자와 서명만 간략하게 적었다. 宋 晁公武의 『郡齋讀書志』에는 1권이며 편찬자를 알 수 없다고 했고, 宋 陳振孫의 『直齋書錄解題』 등에는 편찬자를 唐 張柬之라 했다. 張柬之(625~706)는 字가 孟將이고 襄陽 출신이다. 『太平御覽』에 序와 後序가 실려 있다.

太白陰經

唐 李筌이 편찬한 兵書. 李筌은 號가 達觀子이고 隴西 출신으로 玄宗 연간(712~756) 활동했다. 정치와 군사에 밝았고 道士로도 명성이 높았다. 『陰符經注疏』, 『青囊括』, 『閫外春秋』 등의 저술이 있다. 이 책은 원서명이 『神機制敵太白陰經』이다. 太白星이 殺伐을 주관하므로 이렇게 이름 붙인 것이다. 人謀, 雜儀, 戰具, 預備, 陣圖, 祭文, 捷書, 藥方, 雜占, 遁甲, 雜式 등으로 구성되어 있다. 君主가 道德을 바탕으로 국가의 부강을 이루어 內外를 兼修하면 태평을 이룰 수 있다는 것이 그 요지다. 『四庫全書』에는 8권으로 수록되었고, 『守山閣叢書』 등에는 10권으로 수록되어 있다. 『湛軒書』, 『青莊館全書』, 『五洲衍文長箋散稿』에 이 서명이 보인다.

太上感應篇

南宋 李昌齡이 편찬한 道教書. 李昌齡(937~1008)은 字가 天錫이고 宋州 楚丘 출신이다. 이 책은 『感應篇』으로 줄여 부를 때가 많다. 1권이며 1,000여 字로 되어 있다. 天人感應과 勸善懲惡을 강조하고 있으며 『文昌帝君陰騭文』, 『關聖帝君覺世眞經』 등과 더불어 三聖經이라 부른다. 因果法則을 강조하는 등 佛教와도 상통하는 부분이 많다. 『星湖僿說』, 『直菴集』, 『研經齋全集』, 『澹人集』, 『重菴集』, 『五洲衍文長箋散稿』 등 여러 문헌에서 이 책을 인용하고 있다. 규장각에 順治 12년(1655) 序가 달린 『太上感應篇圖說』 10책, 嘉慶 戊午(1798) 錢大昕의 序가 달린 『太上感應篇』 1책 등이 소장되어 있다. 또 철종 17년(1880) 崔瑆煥이 번역한 『太上感應篇圖說諺解』도 소장되어 있다. 규장각에 소장된 『新訂演經編』, 『參同契演說』, 『增訂敬信錄』, 『立命功過格』 등에도 이 책이 수록되어 있다.

太常寺志 → 南京太常寺志

太上元始天尊說大雨龍王經 → 龍王經

泰西水法

이탈리아 출신의 선교사 熊三拔이 구술하고 明 徐光啓가 기록한 水理技術書. 徐光啓(1562~1633)는 字가 子先이고 松江 출신으로 『農政全書』, 『測量異同』, 『句股義』, 『崇禎曆書』 등을 편찬했고, 『幾何原本』을 번역했다. 熊三拔(Sabatino de Ursis, 1575~1620)은 예수회 선교사로 중국에 가서 星盤의 원리를 응용하여 簡平儀를 만들고 태양 관측에 사용한 인물로 알려져 있다. 『甘薯疏』, 『吉貝疏』, 『種棉花法』, 『代圓和竹圖說』 등의 저술이 있다. 이 책은 『水法』이라고도 하는데 萬曆 40년(1612) 완성되었다. 모두 6권이며 龍尾車, 玉衡車, 水庫記, 水法附餘, 水法或問, 諸器之圖式 등으로 구성되어 있다. 徐光啓의 『農政全書』에 수록되어 있다. 『授時通考』, 『天學初函』 등에도 수록되어 있다. 『研經齋全集』, 『與猶堂全書』, 『五洲衍文長箋散稿』 등에 관련 기록이 보인다. 규장각에 清代의 판본 5권 1책이 소장되어 있다. 徐光啓의 『農政全書』 역시 규장각에 소장되어 있다.

太霄琅書

南北朝時代 편찬자를 알 수 없는 道家의 經典. 원래 10권이었으나 『正統道藏』의 正一部에 9권으로 실려 있다. 『洞眞太上太霄琅書』라고도 한다. 『五洲衍文長箋散稿』에 道教書로 소개되어 있고 『大宵琅書』로도 표기되었다.

胎息經

편찬자를 알 수 없는 古代 道教書. 『津逮祕書』에 수록되어 있는데 幻眞先生이 註를 단 것으로 되어 있지만 편찬자나 편찬 시기는 밝혀져 있지 않다. 幻眞先生은 唐代의 인물로 추정된다. 이 책은 호흡을 통한 養生法을 풀이한 것으로, 經文은 83字에 불과한데 이를 8節로 나누어 주석을 달았다. 장서각에 소장된 萬曆 27년(1599) 序가 달린 『道言內外秘訣全書』에 이 책이 실려 있다. 이 책을 풀이한 明 王文祿의 『胎息經疏』가 『說郛續』에 실려 있다. 『惺所覆瓿藁』, 『水村集』, 『阮堂集』 등 여러 문헌에서 이 서명이 보인다. 『五洲衍文長箋散稿』에서 인용한 부분은 明 高濂의 『遵生八牋』에 그대로 실려 있는데 『幻眞註解胎息經』을 인용한 것으로 되어 있다.

太易

唐 張志和가 『周易』을 모방하여 편찬한 책. 張志和(732~774)는 字가 子同이고 初名은 龜齡이며 號는 玄眞子다. 祁門縣 燈塔鄉 출신으로 노년에 苕溪와 霅溪 일대에서 노닐면서 *浮家泛宅*의 고사를 남긴 隱者다. 『玄眞子』도 저술했는데 일부만 편집되어 전한다. 이 책은 일실되어 전하지 않는다. 宋 王應麟의 『玉海』에는 이 책이 원래 15권인데 15篇 365卦로 되어 있다고 했다. 『五洲衍文長箋散稿』에서 『周易』을 모방한 저술로 이 책을 소개했다.

太乙經

편찬자를 알 수 없는 道教書. 『說郛』, 『居家必備』 등에 1권으로 실려 있고 편찬자가 玄女로 되어 있는데, 九天玄女는 전설에 나오는 仙女로, 黃帝에게 兵法을 가르쳐 蚩尤를 제압한 인물이다. 이 책은 『九天玄女秘授六壬太乙經』이라고도 한다. 『五洲衍文長箋散稿』에 道教書로 소개하고 인용했고 『神蹈太乙經』으로도 인용했다. 규장각에 필사본 『太乙經』이 전하는데 周文王의 後天性圖를 바탕으로 한 四柱定支法과 伏羲氏의 先天性圖를 응용한 定四柱日辰干支法

이 실려 있는데 『說郛』에 실린 것과 내용이 다르다.

太乙金鏡式經

唐 王希明이 玄宗의 命으로 편찬한 道敎書. 王希明은 開元 연간(713~741)의 方士로 翰林이 되었다. 『丹元子步天歌』가 그의 저술인데 『新唐書』에 1권으로 되어 있지만 일실되어 전하지 않는다. 이 책은 『太一金鏡式經』, 『泰壹金鏡式』, 『金鏡式』이라고도 한다. 『四庫全書』에 10권으로 수록되어 있다. 兵法, 星神, 九宮分野, 斷諸事吉凶, 陰遁陽遁 등으로 구성되어 있다. 推上元積年, 推太歲所在法, 推入六紀三元法 등의 표제를 달고 있다. 宋 景祐 연간(1034~1038)의 일을 함께 다루었으므로 후대에 덧붙여진 것임을 알 수 있다. 『世祖實錄』(1468년 8월 6일)에 崔灝元과 安孝禮에게 『講解律』, 『律學解頤』, 『交食推步』, 『本草得效方』, 『五行精紀』, 『三辰通載』, 『太乙遁甲』과 함께 『鏡式經』을 하사했다는 기록이 보인다. 『成宗實錄』에도 『太一金鏡式』의 반포와 관련한 기사가 보인다. 『夢觀詩稿』, 『五洲衍文長箋散稿』에도 이 서명이 보인다. 『五洲衍文長箋散稿』에 『金鏡』과 『泰壹經』 등이 明 胡翰의 『泰壹全書』에 수록되어 있다고 했는데 이 책과 관련이 있는 듯하다. 규장각에 소장된 『太乙統宗寶鑑』이 이 책을 바탕으로 편찬된 것이다.

太乙肘後備檢

南宋 王湜이 편찬한 歷史書. 王湜(?~1150)은 紹興 연간(1131~1162) 同州 출신의 문인으로 『幼幼新書』와 『易學』의 편찬자로 알려져 있다. 이 책은 3권이며 堯에서부터 紹興 6년(1136)까지 興亡을 六十甲子에 따라 표로 정리한 것이라 하지만 일실되어 전하지 않는다. 『五洲衍文長箋散稿』에서는 宋 張世南의 『遊宦記聞』의 기사를 인용하여 이 책을 소개했다.

泰壹金鏡式 → 太乙金鏡式經

泰壹全書

元末明初 胡翰이 편찬한 叢書. 胡翰(1307~1381)은 字가 仲申 혹은 仲子이고 浙江 金華 출신이며 長山先生으로 불렸다. 『元史』의 편찬에 참여하고 『賓州續稿』, 『金華先民傳』 등을 편찬했으며 문집 『胡仲子集』이 전한다. 『五洲衍文長箋

散稿』에서 「衡運論」과 함께 이 책 80권을 저술했다 하고, 여기에 郭璞의 『靈曜經』, 『三元經』, 樂産의 『王佐祕訣』, 『福應』, 『金鏡』, 『原始』, 『玉文』, 『宋乾坤寶典』, 唐順之의 『稗編』, 王鶴鳴의 『登壇必究』, 茅元儀의 『武備志』, 『玄女』, 『泰壹經』 등이 수록되어 있다고 했다. 『福應』은 『景祐太乙福應集要』, 『金鏡』은 『泰壹金鏡式』, 『原始』는 『素書』의 「原始正道」, 『玉文』은 『玉文寶籙』, 『玄女』는 『小女經』, 『泰壹經』은 『太乙經』을 이르는 듯하다. 『王佐祕訣』은 『王佐祕珠』의 잘못이다. 『泰壹金書』는 다른 문헌에는 보이지 않고 현재 전하지도 않는다.

太祖實錄

明 太祖의 實錄. 朱元璋이 처음 봉기한 1351년부터 몰년 1398년까지 48년간의 기록으로 총 257권이다. 『太祖實錄』은 세 차례 편찬되었다. 建文 元年(1399) 董倫, 王景彰 등이 總裁를 맡아 편찬했고, 永樂帝 즉위 초에 解縉이 총재를 맡고 李景隆, 茹瑺이 監修하여 다시 편찬했으며, 永樂 9년(1411)부터 17년까지 監修官 姚廣孝, 夏原吉 등과 總裁官 胡廣, 胡儼, 黃淮, 楊榮이 세 번째로 편찬했다. 현재는 三修本만 남아 있다. 『五洲衍文長箋散稿』에서 인용한 대목은 淸 顧炎武의 『日知錄』에 같은 내용이 보인다. 『東谿集』, 『與猶堂全書』에서도 이 책을 인용했다.

太眞外傳 → 楊太眞外傳

太平經 → 包元太平經

太平經國之書

南宋 鄭伯謙이 『周禮』를 풀이한 책. 鄭伯謙은 永嘉 출신으로 字가 節卿이고 嘉定 연간(1208~1224) 활동했다. 宋 王與之의 『周禮訂義』에서 거론한 宋代 『周禮』를 풀이한 45家의 한 사람이다. 이 책은 11권으로, 劉歆이 이른 "周公致太平之迹"에서 서명을 가져왔다. 成周官制, 秦漢官制, 漢官制, 漢南北軍 등의 그림이 붙어 있고 教化, 奉天, 省官, 內治, 官吏, 宰相, 宮民, 官刑, 攬權, 養民, 稅賦, 節財, 保治, 考課, 賓祭, 相體, 內外, 官制, 臣職, 官民, 官衛, 奉養, 祭享, 愛物, 醫官, 鹽酒, 理財, 內帑, 會計, 內治 등 30門으로 되어 있다. 嘉靖 15년(1507) 高叔嗣 山西 간본이 대만 故宮博物院圖書館에 소장되어 있으며 『通志

堂經解』에도 편입되어 있다. 『靑莊館全書』, 『硏經齋全集』, 『五洲衍文長箋散稿』에서 이 책을 소개했다.

太平廣記

北宋 李昉 등 12인이 太宗의 命으로 편찬한 類書. 李昉(925~996)은 字가 明遠이며 深州 饒陽 출신이다. 『舊五代史』 편찬에 참여했고 『太平御覽』, 『太平廣記』, 『文苑英華』 등의 편찬 사업을 주관했는데 이 세 책은 『冊府元龜』와 함께 宋代 四大類書라 불린다. 이 책의 편찬에 참여한 사람은 李昉 외에 扈蒙, 李穆, 徐鉉, 趙鄰幾, 王克貞 등이 있다. 太平興國 2년(977) 편찬을 시작하여 다음해에 완성하고, 『太平御覽』과 함께 출간했으므로 『太平廣記』라는 이름이 붙었다. 전체 500권이며 漢代부터 宋初에 이르는 野史小說類와 佛敎類, 道家類, 小說家類 등 343종의 典籍에서 선별하여 神仙, 女仙, 道術, 方士, 鬼神 등 92類로 나누고, 150여 細目에 수록했다. 이 책은 『東國李相國集』에 처음 보이고 「翰林別曲」에도 보이므로 고려시대 들어온 것이 분명하다. 『世宗實錄』에도 여러 차례 인용되어 있다. 『谿谷集』, 『惺所覆瓿稿』, 『熱河日記』, 『星湖僿說』 등 많은 문헌에 인용되었다. 李宜顯의 「庚子燕行雜識」에 따르면 1720년 중국에서 구입한 서책 목록에서 이 책이 보이는데 40권이라 했다. 규장각에 明 馮夢龍이 편집한 『正續太平廣記』가 소장되어 있는데 明代의 간본이다. 조선에서 세조 8년(1462)에 成任이 50권으로 축약하여 143개 항목에 843편의 이야기를 수록한 『太平廣記詳節』을 간행했는데 고려대, 이화여대 등에 일부가 전한다. 한글로 번역된 『太平廣記諺解』도 몇 종 전한다.

太平聖惠方 → 聖惠方

太平御覽

北宋 李昉 등 14인이 太宗의 命으로 편찬한 類書. 太平興國 2년(977) 편찬이 시작되어 8년(983) 완성되었다. 14인은 扈蒙, 李穆, 湯悅, 徐鉉, 張洎, 宋白, 吳淑, 舒雅, 呂文仲, 阮思道 등이다. 전체 1,000권인데 55部로 나누고 그 아래에 子目을 두어 4,558類로 구성했다. 太平興國 연간(976~983)에 출간했으므로 처음에는 『太平類編』 혹은 『太平編類』라 했는데 太宗이 하루에 3권씩 1년 동안 독파했다고 해서 이 이름으로 불리게 되었다. 『太平廣記』, 『文苑英華』, 『冊

府元龜』 등과 함께 宋代 四大類書로 평가된다. 『高麗史』에 따르면 肅宗 6년(1101) 吳延寵이 徽宗에게 이 책과 함께 『神醫補救方』을 받아왔으며 明宗 23년(1192)에 宋의 商人에게서 이 책을 받아와 崔詵이 訛謬를 校讎했다는 기록이 보이므로 고려에서 간행되었을 가능성이 높다. 『成宗實錄』(1490년 2월 15일)에 민간에서 이 책과 함께 『東萊歷代史詳節』, 『陸賈新語』, 『楚漢春秋』, 『唐臣奏議』, 『魏略』, 『陳后山集』, 『韋蘇州集』, 『司馬溫公集』, 『司馬先生家範』, 『山海經』, 『唐鑑』, 『管子文苑』, 『英華文章正印』 등을 구해 올리라는 기록이 보인다. 『宋史』의 「高麗傳」에 哲宗이 즉위하자 고려에서 金上琦와 林曁를 파견하여 이 책과 함께 『開寶通禮』, 『文苑英華』 등을 구입하고자 했는데 哲宗이 『文苑英華』만 하사했다는 기록이 보인다. 유사한 내용이 『青莊館全書』와 『海東繹史』에 보인다. 『芝峯類說』, 『五洲衍文長箋散稿』 등 많은 문헌에도 이 책이 언급되었다. 嘉慶 23년(1818) 간본이 규장각과 국립중앙도서관 등에 소장되어 있다. 『海東繹史』에서 車穎의 『秦書』를 인용하여 新羅의 역사를 기술했지만 이 책에서 가져온 것이다. 『秦書』는 전하지 않는다.

太平淸話

明 陳繼儒가 편찬한 筆記雜錄. 陳繼儒(1558~1639)는 華亭 출신으로 字가 仲醇이고 號가 眉公 혹은 麋公이며 寶顔堂 등의 堂號도 사용했다. 文學과 書畵에 뛰어나 董其昌과 함께 文人畵를 창도했고 南北宗論을 주장했다. 『妮古錄』, 『梅花冊』, 『雲山卷』, 『陳眉公全集』, 『小窓幽記』 등 많은 저술을 남겼다. 이 책은 4권으로 되어 있는데 규장각 등에 소장된 『尙白齋鐫陳眉公訂正秘笈』에 수록되어 있다. 규장각 등에 소장된 『寶顔堂秘笈』과 『陳眉公先生全集』에도 실려 있다. 申昉의 「跋陳眉公語」(『屯菴集』)가 이 책을 읽고 쓴 글이다. 許筠의 『閑情錄』, 『五洲衍文長箋散稿』 등에도 이 서명이 보인다.

太平寰宇記

北宋 樂史가 편찬한 地理書. 樂史(930~1007)는 字가 子正이고 撫州 宜黃 출신이며 이 책 외에 『廣卓異記』를 저술했다. 이 책은 『太平寰宇志』라고도 한다. 太平興國 연간(976~983) 편찬된 것으로 河南道, 關西道, 河東道, 河北道, 劍南西道, 劍南東道, 江南東道, 江南西道, 淮南道, 山南西道, 山南東道, 隴右道, 嶺南道, 四夷 등으로 나누고, 다시 府, 州, 監, 軍, 縣으로 나누어 각 지방의 沿革과

戶口, 山川, 城邑, 屬縣 등을 수록했으며, 風俗, 人物, 姓氏, 藝文, 物產, 名勝古蹟 등의 항목을 두었다. 이 책은 원래 200권이었으나 宋代의 간본이 일실되었다. 元代와 明代에 여러 차례 간행되었지만 缺漏가 많았다. 淸代에 『四庫全書』를 편찬할 때 浙江 汪家藏鈔本을 저본으로 삼았지만 이 역시 권113~119가 누락되었다. 규장각에 光緖 8년(1882) 金陵書局에서 간행된 목판본이 소장되어 있는데 이 판본이 가장 온전한 것으로 알려져 있다. 淸 陳蘭森의 『太平寰宇記補闕』, 陳運溶의 『太平寰宇記拾遺』, 『太平寰宇記辨僞』 등도 따로 간행되었다. 正祖는 『群書標記』에서 『海東輿地通載』가 이 책의 체제를 따른 것이라 했다. 『警修堂全藁』, 『海東繹史』, 『五洲衍文長箋散稿』 등에도 이 서명이 보인다.

太學志

明 郭鎜과 王材 등이 國子監에 관한 기록을 모아 엮은 책. 提調官 郭鎜(?~1558)은 字가 允新이고 號는 三泉이며 高平縣 출신으로 國子監祭酒를 지냈다. 『大明會典』의 편찬에 참여했고 『翰林詩稿』, 『國學文集』, 『家居集』 등의 저술을 남겼다. 總裁官 王材(1509~1586)는 字가 子難이고 號가 稚川이며 江西 撫州 黎川縣 출신이다. 문집 『念初堂集』을 남겼다. 이 책은 明代 南京과 北京에 있던 國子監에 대한 문헌을 정리하여 12권으로 엮은 것이다. 典制, 謨訓, 禮樂, 政事, 論議, 人才가 각 2권으로 되어 있다. 규장각에 소장된 『皇明太學志』가 바로 이 책이다. 嘉靖 36년(1557) 郭盤의 序가 붙어 있다. 趙憲의 「東還封事」에서 隆慶 연간(1567~1572)의 『太學志』를 언급한 것으로 보아 隆慶 연간 간행된 판본이 조선에 전해진 듯하다. 『宣祖實錄』, 『夢經堂日史』, 『熱河日記』, 『海東繹史』 등에 이 책이 인용되어 있다. 규장각에 소장된 『太學志』는 閔鍾顯이 正祖의 命을 받아 成均館을 대상으로 하여 편찬한 朝鮮本이다.

太學勑式

北宋代 國子監과 관련한 勅令을 모은 책. 이 책은 현재 전하지 않고 일부 문헌에서만 확인된다. 宋 蘇軾의 「論高麗買書利害箚子」에서 高麗의 使臣이 『冊府元龜』, 『敕式』 등을 구입해 가지 못하게 하라는 내용에 처음 보인다. 宋 李燾의 『續資治通鑑長編』에 같은 내용이 실려 있는데 書名은 『冊府元龜』, 『太學敕式』으로 조금 차이가 있으며, 宋 趙汝愚의 『諸臣奏議』에도 같은 내용이 보인다. 『通鑑續編』, 『宋史』 등에는 御使中丞 李定이 『國子監敕式』을 올렸다는 기

록이 보인다. 李定은 字가 資深이고 揚州 출신인데 神宗 연간(1067~1085)의 인물이지만 자세한 이력은 확인되지 않는다. 『海東繹史』에서는 『東坡集』에서 인용하여 『冊府元龜』와 『太學敕式』 등을 언급했다.

太函集

明 汪道昆의 文集. 汪道昆(1525~1593)은 字가 伯玉이고 號가 南溟 혹은 太函이며 歙縣 橫山 출신으로, 兵部侍郎을 지냈다. 古文辭에 능했는데 後七子를 존숭하여 後五子의 한 사람으로 일컬어졌다. 『群書拾唾』, 『五湖遊』, 『數錢葉譜』 등의 저술이 있다. 『海東繹史』에는 그의 문집을 『汪伯玉集』이라 했지만 『太函集』으로 일컬어진다. 규장각 등에 소장되어 있는데 120권 40책이며 萬曆 19년(1591) 汪道昆의 自序가 붙어 있다. 권1~106까지 文이 실려 있는데 권94까지는 內題가 『太函集』으로 되어 있고, 나머지는 『太函集書牘』으로 되어 있다. 권107~120까지는 詩가 실려 있는데 內題가 『太函集詩漫』이다. 卷頭에 目錄 6권이 따로 있다. 그의 문학에 대한 관심이 許筠의 『鶴山樵談』에서부터 보이며 金昌協도 그의 문장에 대해 논평했다. 『熱河日記』에 尹根壽가 그를 무척 敬畏하여 중국에서 보고 피했다는 기록이 보인다. 尹根壽의 『月汀漫筆』에도 그에 대한 언급이 실려 있다. 清 談遷의 『棗林雜俎』에도 비슷한 내용이 보인다.

太玄經

前漢 揚雄이 편찬한 經書. 揚雄(B.C.53~A.D.18)은 字가 子雲이고 蜀郡 成都 출신이다. 박학다식하고 辭賦에 능했는데 「甘泉賦」, 「羽獵賦」, 「長楊賦」 등이 알려져 있으며, 이 책 외에 『法言』, 『方言』 등의 저술을 남겼다. 그의 문집은 明 張溥가 일실된 작품을 모은 『揚侍郎集』이 『漢魏六朝百三家集』에 실려 전한다. 『太玄經』은 『揚子太玄經』이라고도 하며, 康熙帝의 이름을 避諱하여 『太元經』이라고도 한다. 『周易』의 兩儀, 4象, 8卦, 64重卦, 384爻 체제를 본떠 1玄, 3方, 9州, 27部, 81家, 729贊으로 구성했고, 『周易』에서 彖傳, 象傳 등 十翼에 대한 보충 설명이 있는 것처럼, 玄沖, 玄攡 등 10편의 설명을 붙였다. 儒家, 道家, 陰陽家의 사상을 통합한 것으로 알려져 있다. 宋 司馬光의 『太玄經集注』, 清 陳本禮의 『太玄闡秘』 등이 대표적인 주석서다. 『東國李相國文集』에 인용되어 있는 것으로 보아 이른 시기 이 책이 우리나라에 유입되었음을 알 수 있

다. 『高峯集』, 『簡易集』, 『茶山詩文集』, 『星湖僿說』 등 조선시대 문헌에서 빈번히 보인다. 서울대 중앙도서관에 天啓 7년(1627) 간행된 목판본이 전한다.

太玄經

西晉의 楊泉이 편찬한 저술. 楊泉은 梁 출신으로 字가 德淵이다. 道家 계열의 인물로 이 책 외에 『物理論』을 저술했다. 이 책은 揚雄의 『太玄經』을 모방하여 지은 것으로, 원래 14권이었지만 일실되고 淸代 일부를 모아 편집한 것이 『玉函山房輯佚書』에 실려 있다. 『太元經』이라고도 한다. 『五洲衍文長箋散稿』에서 『周易』을 모방한 저술로 서명만 들었다.

宅譜邇言 → 陽宅大成

通鑑 → 資治通鑑

通鑑綱目 → 資治通鑑綱目

通鑑綱目前編

元 金履祥이 편찬한 歷史書. 金履祥(1232~1303)은 字가 吉父이고 號가 仁山이며 蘭溪 출신이다. 『大學章句疏義』, 『尙書表注』 등의 저술이 있다. 이 책은 『通鑑前編』이라고도 한다. 北宋 司馬光의 『資治通鑑』이 나오자 劉恕가 『通鑑外紀』를 편찬하여 그 앞 시대의 일을 다루었으나 부족한 점이 많았기에, 金履祥이 『皇極經世書』, 『皇王大紀』의 예에 따라 經典과 史書를 두루 참고하여 이 책을 편찬했는데 唐堯부터 『資治通鑑』의 앞 시대까지를 다루었다. 明末 陳仁錫이 宋 朱熹의 『通鑑綱目』과 金履祥의 『資治通鑑綱目前編』, 明 商輅의 『續資治通鑑綱目』 등을 교열하고 合本하여 간행했는데 규장각 등에 소장되어 있다. 康熙 49년(1710) 康熙帝의 命을 받아 宋犖 등이 3종을 합쳐 간행한 『御批資治通鑑綱目全書』에도 실려 있는데, 이 판본도 규장각에 소장되어 있다. 『世宗實錄』 등에 등장하므로 이른 시기부터 『通鑑綱目前編』이 조선에 유입되었음을 알 수 있다. 『眉巖集』을 위시한 조선시대 문헌에 자주 보이며 『五洲衍文長箋散稿』에서도 소개되었다.

通鑑綱目集覽正誤

明 陳濟가 宋 朱熹의 『資治通鑑綱目』의 오류를 수정한 저술. 陳濟(1364~1424)는 字가 伯載이고 武進 출신의 문인인데 布衣로 『永樂大全』의 都總裁를 맡았다. 『元史擧要』, 『思齋集』, 『書傳補』 등의 저술이 있었지만 전하지 않는다. 『靑莊館全書』에 『永樂大全』을 다루면서 陳濟를 소개했다. 이 책은 『明史』에 1권으로 되어 있으나 일실되었다. 『資治通鑑集覽正誤』가 원래의 서명이며 『通鑑集覽正誤』 혹은 『集覽正誤』로도 불렸다. 『千頃堂書目』과 『明史』에 59권으로 되어 있다. 『宣祖修正實錄』의 부록에 『集覽正誤』라 한 것이 이 책을 이르는 듯하다. 『五洲衍文長箋散稿』에 書名만 소개되어 있다.

通鑑考異 → 資治通鑑考異

通鑑紀事本末

南宋 袁樞가 宋 司馬光의 『資治通鑑』을 紀事本末體로 엮은 歷史書. 袁樞(1131~1205)는 字가 機仲이며 建安 출신이다. 國子監 祭酒를 지냈으며 자세한 이력은 『宋史』의 「袁樞傳」에 보인다. 乾道 9년(1173) 司馬光의 『資治通鑑』을 대상으로 하여 淳熙 3년(1176) 42권으로 편찬한 다음 孝宗에게 바쳤다. '三家分晉'에서 '周世宗之征淮南'까지 1,300년의 역사를 다루었는데 『資治通鑑』의 記事를 주로 하되 239개의 사건을 뽑아 그 始末을 적었다. 宋代의 간본이 중국 國家圖書館에 소장되어 있다. 『眉巖日記』와 『宣祖實錄』에 따르면 宣祖 7년(1574) 辛應時가 이 책의 印出을 청했다는 기사가 보인다. 규장각에는 萬曆 35년(1607)의 序를 붙여 24권으로 간행된 판본이 소장되어 있으며, 明 張溥가 論正을 덧붙이고 『宋史紀事本末』과 합쳐 간행한 판본도 몇 종 전한다. 그밖에 『歷朝通鑑紀事本末』 등의 이름으로 된 淸代의 간본도 소장되어 있다. 『靑莊館全書』, 『五洲衍文長箋散稿』 등에서 『通鑑紀事本末』을 소개했다. 李宜顯의 「陶峽叢說」에 이 책과 함께 明 沈朝陽의 『通鑑紀事本末前編』, 明 陳邦瞻의 『宋元紀事本末』, 淸 谷應泰의 『明紀事本末』을 언급했다.

通鑑博論

明 朱權이 편찬한 歷史書. 朱權(1378~1448)은 明 太祖의 16子로, 獻이라는 諡號를 받아 寧獻王이라고도 불렸다. 自號는 大明居士, 涵虛子 등이며, 음악에

통달했고 樂府에 능했다. 『琴阮啓夢』, 『神奇秘譜』, 『太和正音譜』, 『漢唐秘史』, 『活人心法』, 『天運紹統』 등의 저술이 있다. 이 책은 『寧獻王通鑑博論』이라고도 하는데 明 太祖의 命으로 洪武 29년(1396) 편찬되었다. 2권으로 되어 있는데 歷代 歷史의 大略을 논했다. 나중에 年表 1권을 보태 함께 간행했다. 天下의 正統이 宋, 元, 明으로 이어진다는 正統論에 입각하여 元代의 정치를 비교적 긍정적으로 평가했다. 중국 上海圖書館에 明 萬曆 14년(1586) 內府에서 간행한 판본 3권이 소장되어 있다. 『四庫全書存目叢書』에 解題가 실려 있다. 『星湖僿說』에 『寧獻王通鑑』으로 인용되었다.

通鑑續編

元末明初 陳桱이 편찬한 歷史書. 陳桱은 字가 子經이고 奉化 출신이며, 翰林編修를 지냈다. 『資治通鑑』에 밝아 이 책 외에 『通鑑前編舉要新書』, 『資治通鑑綱目前編外紀』 등을 저술했다. 이 책은 宋 司馬光의 『資治通鑑』의 앞 시기 역사를 보완한 것으로 『資治通鑑』 이전의 사실을 수록한 元 金履祥의 『通鑑前編』을 이은 것이다. 이 책은 24권으로, 盤古에서 高辛氏까지의 역사를 1권, 唐代 契丹國의 역사를 2권으로 편찬했으며, 나머지 22권은 宋代의 역사를 기록했다. 綱目體로 되어 있다. 『四庫全書』에 수록되어 있다. 『世宗實錄』에 鑄字所에서 이 책을 간행했다는 기록이 보이는데 『通鑑續編』으로 추정된다. 『四佳集』에 陳桱의 續編을 언급한 것으로 보아 15세기 조선에 들어온 것으로 보인다. 『活齋集』, 『星湖僿說』, 『順菴集』, 『五洲衍文長箋散稿』 등에서도 이 책을 언급했다. 明 商輅의 『續資治通鑑綱目』과는 별개의 저술이다.

通鑑外紀

北宋 劉恕가 편찬한 歷史書. 劉恕(1032~1078)는 字가 道原이고 筠州 출신이며, 司馬光과 함께 『資治通鑑』을 편찬했다. 이 책은 『資治通鑑』 이전의 史蹟을 前紀로, 이후의 史蹟을 後紀로 편찬하려 했으나 노쇠하여 아들 劉羲仲에게 일부만 口述하여 편찬한 것이다. 『資治通鑑外紀』라고도 한다. 明代의 간본이 전하며 『四庫全書』에도 실려 있다. 전체 10권이며 包羲以來紀 1권, 夏紀 및 商紀 1권, 周紀 8권으로 되어 있다. 目錄 5권이 붙어 있다. 믿을 만한 사실은 大字로 쓰고, 이견이 있거나 믿기 어려운 것은 小字 또는 주석으로 부기했다. 규장각에 조선에서 금속활자로 간행한 『重新校正入註附音通鑑外紀』가 소장되어

있는데 『少微家塾點校附音通鑑節要目錄』, 『通鑑釋例』도 섞여 있는 零本이다. 牌記에 "永樂 壬寅(1422)仲冬朱氏尊德堂刊"이라 했다. 19세기 후반의 목판본 『資治通鑑外紀』도 소장되어 있다. 『芝峯類說』, 『宋子大全』, 『東史綱目』, 『海東繹史』, 『五洲衍文長箋散稿』 등에 이 책이 인용되어 있다.

通鑑音註 → 資治通鑑音註

通鑑長編 → 續資治通鑑長篇

通鑑前編 → 通鑑綱目前編

通鑑節要

北宋 江贄가 司馬光이 편찬한 『資治通鑑』의 大要를 뽑아 편찬한 歷史書. 江贄는 徽宗 연간(1100~1126) 학자로, 字가 叔圭이고 號는 少微이며 崇安縣 출신이다. 處士를 상징하는 별 少微星이 나타나 遺逸을 천거하게 되었을 때 세 번이나 초빙되었지만 끝내 나아가지 않아 徽宗이 少微先生이라는 號를 하사했다. 이 책은 『資治通鑑』 294권을 5권으로 축약한 것으로, 『少微通鑑節要』라고도 한다. 周紀, 秦紀, 後秦紀, 漢紀, 東漢紀, 後漢紀, 晉紀, 宋紀, 齊紀, 梁紀, 陳紀, 隋紀, 唐紀, 後梁紀, 後唐紀, 後晉紀, 後漢紀, 後周紀 등으로 구성되어 있다. 蜀漢을 正統으로 삼았기에 朱熹의 칭상을 받아 널리 알려지게 되었다. 嘉熙元年(1237) 南宋의 江淵이 간행했다. 일찍 조선에 수입되어 初學者들의 교재로 널리 이용되었다. 1444년(世宗 26) 『通鑑訓義』, 『通鑑綱目』 등과 함께 이 책을 淸州 鄕校에 頒賜했다는 기록이 『世宗實錄』에 보인다. 규장각에 庚申年孟春에 京中에서 開刊한 판본이 소장되어 있는데 1440년일 가능성이 높다. 己卯年 春坊의 소장으로 기록된 판본도 소장되어 있지만 刊年은 확인되지 않으며 壬辰字로 간행한 활자본도 소장되어 있다. 규장각에 소장된 『少微家塾點校附音通鑑節要』는 南宋 史炤가 音釋하고 明 王逢이 輯義하고 劉剡이 增校하여 宣德 3년(1428) 간행한 판본이다. 經筵에서 교재로 사용되었기에 역대 實錄에 자주 보인다. 『眉巖集』 이래 여러 문집에도 꾸준히 나타나며 특히 安鼎福, 丁若鏞 등의 문집에는 이 책을 읽고 쓴 글이 여러 편 실려 있다.

通鑑節要續 → 資治通鑑節要續編

通鑑地理通釋

宋末元初 王應麟이 『資治通鑑』의 地名을 풀이한 책. 王應麟(1223~1296)은 字가 伯厚이고 號가 厚齋이며 慶元府 鄞縣 출신이다. 이 책 외에 『玉堂類稿』, 『鄭氏周易注』, 『漢制考』, 『困學紀聞』, 『論語孟子考異』, 『六經天文編』, 『四明文獻集』, 『小學紺珠』 등 방대한 저술을 남겼다. 이 책은 『資治通鑑』에 수록된 地名을 여러 조목으로 나누어 설명했다. 『地理通釋』이라고도 한다. 至元 16년(1279) 王應麟의 跋이 실려 있는 것으로 보아 이즈음 완성된 것으로 보인다. 歷代州域, 歷代都邑, 十道山川, 歷代形勢, 唐河湟十一州, 石晉十六州, 燕雲十六州 등의 조목으로 이루어졌으며 모두 14권이다. 지명을 고증하고, 여러 史書를 참조하여 역대의 興亡盛衰를 논하여 국방에 참고하도록 했다. 규장각에 소장된 『玉海』에 실려 있다. 『燕巖集』, 『與猶堂全書』, 『燕轅直指』, 『燕行記』, 『海東繹史』, 『五洲衍文長箋散稿』 등에 이 책이 인용되어 있다.

通鑑輯覽

淸 乾隆帝의 命으로 편찬한 歷史書. 총 116권의 編年體 史書로 乾隆 33년(1768) 편찬되었다. 黃帝로부터 明代에 이르기까지의 역사적 사실이 기록되어 있다. 明 李東陽의 『通鑑纂要』에 대한 불만으로 乾隆帝가 편찬을 命한 책으로, 乾隆帝의 御批가 부기되어 있어 『御批通鑑輯覽』 혹은 『御批歷代通鑑輯覽』이라고도 한다. 太學士 傅恒, 來保, 尹繼善, 劉統勳 등이 總裁가 되고 朱筠, 趙翼, 畢沅, 紀昀 등의 학자들이 대거 참여했다. 『四庫全書』에 수록되어 있는데 卷首에 乾隆帝의 御製序가 붙어 있다. 乾隆 36년(1771) 批語錄을 붙여 12권의 『評鑑闡要』로 다시 간행했다. 『熱河日記』, 『靑莊館全書』, 『研經齋全集』, 『與猶堂全書』, 『海東繹史』, 『五洲衍文長箋散稿』 등에 『通鑑輯覽』으로 인용했다. 『五洲衍文長箋散稿』에서 淸 高宗의 『續綱目』이라 한 책이 이것을 가리키는 듯하다. 『太祖實錄』, 『世宗實錄』, 『燕山君日記』, 『東國輿地勝覽』, 『筆苑雜記』 등에서 이른 『通鑑輯覽』은 元 王幼學의 『資治通鑑綱目集覽』을 가리키는 것으로 보인다.

通鑑輯覽評鑑闡要

淸 乾隆帝의 歷史 評論書. 『評鑑闡要』라고도 한다. 乾隆 36년(1771) 『通鑒輯覽』에서 뽑은 史蹟에 대해 乾隆帝가 직접 批點을 찍고 品評한 것을 大學士 劉統勳 등이 편찬했다. 劉統勳(1698~1773)은 字가 爾鈍이고 號가 延淸이며 山東 諸城 출신이다. 모두 12권이며 수록된 乾隆帝의 批評은 모두 798則인데, 批點과 簽注로 이루어져 있다. 『靑莊館全書』와 『五洲衍文長箋散稿』 등에 인용된 바 있다. 국립중앙도서관에 乾隆 연간(1736~1795) 목판본이 소장되어 있다.

通鑑纂要

明 李東陽이 孝宗의 命으로 편찬한 綱目體 歷史書. 李東陽(1447~1516)은 字가 賓之이고 號가 西涯이며 長沙府 茶陵縣 출신이다. 『懷麓堂稿』, 『懷麓堂詩話』, 『燕對錄』 등 많은 저술을 남겼다. 이 책의 原書名은 『歷代通鑑纂要』이며 孝宗의 命을 받아 焦芳, 王鏊 등과 함께 正德 2년(1507) 완성했다. 夏殷周 三代부터 元代까지의 사실이 기록되어 있으며 모두 92권이다. 治亂興亡과 善惡得失을 밝혀 鑑戒로 삼기 위해 편찬한 것으로 『資治通鑑綱目』을 바탕으로 했다. 『皇王大紀』, 『資治通鑑外紀』, 『通鑑前編』, 『春秋左氏傳』 등의 史論을 인용하고 '臣等按'의 조목을 두어 자신의 史論을 붙였다. 淸 高宗이 乾隆 32년(1767) 傅恒 등에게 命하여 이 책의 오류를 바로잡아 『御批通鑑輯覽』으로 다시 편찬했다. 『中宗實錄』(1518년 11월 26일)의 기사에 許磁이 『通鑑纂要』를 중국에서 구입하여 中宗이 印出하도록 命한 기록이 보인다. '廣運之寶'가 날인된 판본이 있어 寶藏했다는 기록도 『英祖實錄』에 보인다. 『眉巖集』, 『芝峯類說』, 『五洲衍文長箋散稿』 등 여러 문헌에 인용되었다.

通考 → 文獻通考

通卦驗 → 易緯通卦驗

通略

宋末元初 陳櫟이 편찬한 歷史書. 陳櫟(1252~1334)은 字가 徽之 혹은 壽翁이며 休寧 출신이다. 宋이 멸망하자 은거하여 東阜老人이라 自號했다. 저술로 『尙書集傳纂疏』, 『勤有堂隨錄』, 『定宇集』 등이 있다. 이 책은 原書名이 『歷朝通

略』이며, 『增廣通略』이라고도 한다. 歷代 興亡과 得失을 논한 책으로 모두 4권이다. 1代를 1篇으로 삼아 伏羲에서 五代까지가 2권, 北宋과 南宋이 각기 1권으로 되어 있으며 南宋은 寧宗에서 그쳤다. 권말에 陳櫟의 跋이 있다. 『四庫全書』에서 4권으로 실려 있다. 『五洲衍文長箋散稿』에서 이 책을 언급했다.

洞簫記

明 陸粲이 퉁소를 소재로 한 筆記小說. 『說郛續』에는 저자가 陸燦으로 되어 있으나 『明史』 등에는 모두 陸粲으로 되어 있다. 陸粲(1494~1551)은 字가 子余 혹은 浚明이며 長洲 출신이다. 『春秋胡氏傳辨疑』, 『左傳附註』, 『左氏春秋鐫』, 『陸子餘集』 등 많은 저술이 있다. 이 책은 규장각에 소장된 『說郛』에 실려 있다. 이 책은 徐鏊라는 인물이 퉁소를 매개로 하여 佳緣을 맺는 내용의 소설이다. 陸粲의 筆記小說인 『庚己編』의 권2에 「洞簫記」라는 이름으로 같은 글이 실려 있으며 『說郛續』에도 실려 있다. 『五洲衍文長箋散稿』에 이 글이 인용되어 있다.

通俗文

後漢 服虔이 편찬한 字書. 服虔은 字가 子愼이고 初名은 重이었는데 祇로 고쳤다가 다시 虔으로 고쳤다. 河南 滎陽 출신으로, 孝廉으로 천거되어 尙書侍郎 등을 지냈다. 『春秋左氏傳解誼』, 『春秋漢議駁』 등을 남겼다고 하지만 모두 전하지 않는다. 이 책은 漢代에 새로 만들어진 글자를 다수 수록했으며, 『說文解字』에 누락된 先秦의 글자도 적지 않았다고 하지만, 宋代에 일실되었다. 『釋名疏證』, 『方言傳疏』 등 다른 문헌에 나오는 글자를 모아 淸代에 輯本이 만들어졌는데 『玉函山房輯佚書』, 『漢學堂叢書』 등에 수록되어 있다. 『靑莊館全書』와 『五洲衍文長箋散稿』에 이 책이 2권이라 했는데 다른 문헌을 인용한 것으로 보인다. 『燕巖集』, 『與猶堂全書』 등에서도 이 책을 인용했다.

通雅

明末淸初 方以智가 편찬한 字書. 方以智(1611~1671)는 字가 密之이고 號가 鹿起 혹은 曼公이며 桐城 출신이다. 明末 四公子의 한 사람으로 明이 멸망한 후 출가하여 승려가 되어 이름을 大智라 하고 字를 無可라 했다. 號는 弘智, 藥地和尙, 極丸老人 등을 사용했다. 音韻, 天文, 地理, 歷史, 生物, 醫藥, 文學,

物理 등 다방면의 학문에 정통했다. 『稽古堂門集』, 『物理小識』, 『浮山集』, 『藥地炮莊』, 『易微』, 『古今性說合觀』, 『一貫問答』, 『東西均』 등 많은 저술이 있다. 이 책은 康熙 5년(1666) 55권으로 간행되었는데 장서각에 이때의 간본이 소장되어 있다. 疑始, 釋詁, 天文, 地輿, 身體, 稱謂, 姓名, 官制, 事制, 禮儀, 樂曲, 樂舞, 樂器, 器用, 衣服, 宮室, 飮食, 算數, 植物, 動物, 金石, 諺原, 切韻聲原, 脈考, 古方解答 등 44門으로 구성되어 있다. 『青莊館全書』, 『與猶堂全書』, 『海東繹史』, 『五洲衍文長箋散稿』 등 후기 문헌에 자주 인용되어 있어 서양의 과학기술에 대한 비판과 수용을 확인할 수 있다.

通義大成 → 四書輯釋

通載 → 佛祖統載

通典 → 杜氏通典

統宗寶鑑

元 曉山老人이 편찬한 道家書. 曉山老人은 누구인지 알 수 없는데 문헌에 따라 元曉山人으로 된 데도 있다. 이 책의 원서명은 『太乙統宗寶鑑』이다. 『明史』에는 吳琉의 『太一統宗寶鑑』 20권으로 되어 있다. 吳琉은 字가 汝秀이고 號가 甘泉子이며 長興 출신으로, 『三才廣志』가 전한다. 正德 연간(1506~1521)과 嘉靖 연간(1522~1566) 활동했으므로 曉山老人과는 다른 인물이다. 明 焦竑의 『國史經籍志』에도 『太一統宗寶鑑』으로 되어 있다. 중국 國家圖書館과 대만 故宮博物院圖書館 등에 明代의 간본과 淸代의 抄本 20권이 전한다. 卷頭에 大德 7년(1303)의 自序가 있다. 求太乙積年術, 求太乙四計入曆起元術, 求天正積月術 등 200여 目으로 구성되어 있다. 起例, 眞數, 淘金歌, 數林, 籌數, 專征集略, 神機三經 등이 2권으로 묶여 있다. 『燕山君日記』(1502년 5월 1일)에 『太一統宗寶鑑』으로 인용되어 있어 이른 시기 조선에 유입된 것으로 보인다. 규장각, 성암고서박물관 등 여러 곳에 필사본이 전하고, 계명대와 국립중앙도서관 등에 韓構字로 조선에서 간행된 판본도 소장되어 있어 조선에 상당한 영향을 끼친 책이다. 『五洲衍文長箋散稿』에 이 책이 인용되어 있는데 편찬자가 秦 曉山으로 기록했다. 裵相說의 『槐潭遺稿』에서 이 책을 자세히 다루었다.

通州志

明 林雲程과 沈明臣이 편찬한 通州 일대의 地理書. 林雲程은 字가 登卿이고 晉江 출신이며, 嘉靖 연간(1522~1566) 進士에 올라 通州知州 등을 역임했다. 저서로 『叢蘭館史編抄』, 『蘭窓雜記』 등이 있다. 沈明臣(1518~1596)은 字가 嘉則이고 號가 句章山人이며 만년에는 櫟社長으로 자처했고 鄞縣 출신이다. 벼슬길에 오르지는 못했지만 시에 뛰어나 王叔承, 王稚登과 함께 萬曆 연간(1573~1620) 三大布衣詩人으로 불렸다. 『豐對樓詩選』, 『越草』 등의 저술을 남겼다. 이 책은 北京 通州 일대를 대상으로 한 地方志로 萬曆 5년(1577) 8권으로 간행되었다. 이때 간행된 판본이 대만 故宮博物院圖書館에 소장되어 있다. 李宜顯의 「庚子燕行雜識」에 따르면 1720년 중국에서 구입한 서책 목록 중에 이 책이 보이는데 8권이라 했다. 『通州志』는 明 鐘汪이 편찬한 판본과 淸 高建勳 등이 편수한 판본이 있는데 이 책과 다른 것이다. 『海東繹史』에서 이 책을 인용했는데 같은 내용이 淸 于敏中의 『日下舊聞考』에 보인다.

通志

南宋 鄭樵가 편찬한 歷史書. 鄭樵(1104~1162)는 字가 漁仲이고 興化軍 莆田 출신으로 夾漈先生으로 일컬어진다. 金과의 항전을 주장해 南宋에서 벼슬하지 않았다. 많은 저술을 남겼으나 이 책과 함께 『夾漈遺稿』, 『爾雅註』 등 일부만 전한다. 이 책은 三皇五帝부터 唐末까지 典章制度를 통시적으로 정리한 것이다. 紹興 31년(1161) 완성되었는데 元代의 판본이 대만 故宮博物院圖書館에 소장되어 있고 계명대와 국립중앙도서관에 元代로 추정되는 판본 일부가 소장되어 있다. 乾隆帝의 命에 의해 校訂 重刻된 판본이 규장각에 소장되어 있는데 乾隆 14년(1749)의 序가 달려 있다. 帝紀 18권, 后妃傳 2권, 年譜 4권, 略 52권, 周同姓世家 1권, 宗室傳 8권, 周異姓世家 2권, 列傳 98권, 載記 8권, 四夷傳 7권 등 200권으로 되어 있다. 『四庫全書』에도 수록되어 있다. 乾隆帝가 三通館을 特設하고 이 책과 함께 『通典』, 『文獻通考』 등 三通을 重刊했으며, 『欽定續通典』, 『欽定續通志』, 『欽定續文獻通考』, 『欽定皇朝通典』, 『欽定皇朝通志』, 『欽定皇朝文獻通考』 등의 6通도 함께 편찬했다. 『高麗史』에 이 책을 田祿生이 明에서 구해 왔고, 『文宗實錄』에도 이 책을 明에서 구입했다는 기록이 보인다. 1747년(英祖 23) 조선에서 이 책을 간행한 판본이 전한다. 조선 초기 문집에서부터 조선 후기 『海東繹史』, 『五洲衍文長箋散稿』 등 많은 문헌에

서 이 책을 인용했다.

通志略

南宋 鄭樵가 『通志』를 추려 엮은 책. 民族, 六書, 七音, 天文, 地理, 都邑, 禮, 謚, 器服, 樂, 職官, 選擧, 刑法, 食貨, 藝文, 校讎, 圖譜, 金石, 災祥, 昆蟲草木 등 20篇으로 되어 있어 『二十略』이라고도 한다. 『通志』의 가장 핵심적인 부분을 뽑아 52권으로 간행했다. 乾隆 13년(1748) 序가 달린 판본이 중국 國家圖書館 등에 소장되어 있다. 규장각에 소장된 『通志略』은 至元 4년(1267) 간본인데 표제와 달리 『通志略』이 아닌 『通志』다. 『通志略』은 『星湖僿說』, 『靑莊館全書』, 『硏經齋全集』, 『警修堂全藁』, 『海東繹史』, 『五洲衍文長箋散稿』 등에서 언급했다.

退朝錄 → 春明退朝錄

鬪茶記

北宋 唐庚이 茶에 관해 기록한 글. 唐庚(1071~1121)은 字가 子西이고 眉州 丹稜 출신이며, 『眉山文集』, 『三國雜事』, 『文錄』, 『唐眉山詩集』 등의 저술이 있다. 이 글은 政和 2년(1112) 3월 벗들과 寄傲齋에서 龍塘水로 차를 끓여 마시면서 차에 대해 품평한 내용을 담고 있다. 이 글은 『說郛』에 실려 있는데 독립된 저술로 보기 어려우며 唐庚의 『唐先生集』에 한 편의 記文으로 실려 있다. 『五洲衍文長箋散稿』에서 서명만 언급했다.

投甕隨筆

明 姜南이 편찬한 雜錄. 姜南은 浙江 仁和 출신으로 字가 叔明이고 號가 蓉塘이며, 正德 연간(1506~1521) 활동했다. 『半村野人閒談』, 『抱璞簡記』, 『蓉塘詩話』, 『風月堂雜識』, 『洗硯新錄』, 『瓠里子筆談』 등 많은 저술이 전한다. 『說郛續』에 이 책이 1권으로 수록되어 있는데 그의 저술 『丑庄日記』, 『大賓辱語』, 『抱璞簡記』, 『洗硯新錄』, 『蓉塘詩話』 등이 함께 실려 있다. 淸 吳省蘭의 『藝海珠塵』에도 수록되어 있다. 이 책의 체제는 『風月堂雜識』와 비슷한데 사람과 사건에 따라 37條로 구성되어 있다. 인물의 褒貶, 詩文의 品評과 함께 風土와 人情 등 다양한 내용을 담고 있다. 『恩誦堂集』에서 이 책을 인용했다. 『五洲衍

八家古文精選

明末清初 呂留良이 편찬한 古文選集. 呂留良(1629~1683)은 呂光輪 혹은 呂光綸 등의 이름을 사용했고, 字는 莊生 혹은 用晦이며 號는 晩村, 恥翁, 南陽布衣, 呂醫山人 등을 썼다. 말년에 승려가 되어 이름을 耐可, 字를 不昧, 號를 何求老人이라 했다. 浙江 崇德縣 출신으로, 『呂晩村文集』, 『東莊詩存』, 『天蓋樓四書語錄』 등의 저술이 있다. 이 책은 韓愈, 柳宗元, 歐陽修, 蘇洵, 蘇軾, 蘇轍, 曾鞏, 王安石 등 唐宋 八代家의 산문을 선발한 것이다. 일본 東京大에 『晩村先生八家古文精選』이 소장되어 있는데 8권이다. 『五州衍文長箋散稿』에서 이 책을 인용했는데 서명을 『晩村八大家』라 했다. 『五洲衍文長箋散稿』에 呂留良의 저술로 『八大家』를 들고 있는데 이 책을 가리키는 듯하다. 淸 丁立中의 『八千卷樓書目』에는 『古文精選』(8권), 『精選唐宋八大家文鈔』(8권), 『山曉閣古文選』(32권) 등의 저술을 소개했는데 『精選唐宋八大家文鈔』가 이 책을 가리킨다.

八家文抄 → 唐宋八大家文鈔

八大家 → 八家古文精選

八代文鈔

明 李賓이 편찬한 散文選集. 李賓은 字가 烟客이고 梁山 출신인데 생몰년과 이력은 자세하지 않다. 屈原에서 明 鍾惺에 이르기까지 92인의 산문을 선발했고 卷頭에 序가 달려 있다. 중국 國家圖書館에 明代의 간본이 소장되어 있는데 卷數가 나누어져 있지 않다. 편자가 王賓으로 된 清代의 판본 『八代文鈔』가 중국 國家圖書館에 소장되어 있다. 王賓은 永樂 연간(1403~1424)의 문인으로 浙江 海寧 출신이다. 『五洲衍文長箋散稿』에서 편자를 밝히지 않고 『百家小集』(『百家山集』으로 표기한 곳도 있다)을 소개하고 '一名八代文抄'라 했는데 李賓의 것과 같은 책을 가리킨 것인지는 확인할 수 없다. 『百家山集』이나 『百家小集』이 어떤 책인지 확인할 수 없다.

八十一難經 → 黃帝八十一難經

牌經十三篇 → 馬弔牌經

佩文韻府

淸 康熙帝의 命으로 편찬한 類書. 正集 106권은 張玉書, 陳廷敬, 李光地 등이 編修하여 康熙 50년(1711) 완성했고, 拾遺 106권은 張廷玉 등이 正集의 부족한 부분을 보충한 것으로 康熙 59년(1720) 완성했다. 康熙帝의 서재인 佩文齋의 이름을 따 『御定佩文韻府』라고 했다. 平水韻 106韻에 따라 분류하고 중요한 詩語를 앞에 수록했다. 韻字를 검색하고 詩語를 선택하는 데 편리하도록 했다. 『肅宗實錄』에 1713년 謝恩使 金昌集이 康熙帝로부터 『全唐詩』, 『古文淵鑑』 등과 함께 이 책을 받아왔다는 기사가 보인다. 『英祖實錄』, 『燃藜室記述』, 『弘齋全書』, 『靑莊館全書』, 『心田稿』, 『五州衍文長箋散稿』 등 많은 문헌에 이 책이 인용되어 있다. 규장각과 서울대 중앙도서관 등에 康熙 50년(1711) 序가 달린 목판본이 소장되어 있다.

佩文齋書畵譜

淸 王原祁 등이 康熙帝의 命을 받아 편찬한 書畵에 관한 類書. 王原祁(1642~1715)는 字가 茂京이고 號가 麓臺이며 江蘇省 太倉 출신이다. 山水畵에 뛰어나 四王의 하나로 일컬어졌다. 康熙 44년(1705) 孫岳頒, 宋駿業, 吳暻, 王銓 등과 함께 3년여에 걸쳐 100권으로 완성했다. 經史子集을 비롯해 稗官野乘 등에 수록된 서화 자료를 모으고 출처를 밝혔다. 論書, 論畵, 歷代帝王書, 歷代帝王畵, 書家傳, 畵家傳, 歷代無名氏書, 歷代無名氏畵, 御製書畵跋, 歷代帝王書跋, 歷代帝王畵跋, 歷代名人書跋, 歷代名人畵跋, 書辨証, 畵辨証, 歷代鑑藏書類, 歷代鑑藏畵類 등으로 분류되어 있다. 『靑莊館全書』, 『金陵集』, 『海東繹史』, 『五洲衍文長箋散稿』 등에 이 책이 인용되어 있다. 규장각과 장서각 등에 康熙 47년(1708) 靜永堂藏 初刊本이 소장되어 있다.

稗乘

明代 편찬자를 알 수 없는 野史叢書. 중국 國家圖書館, 대만 臺灣大 등에 소장되어 있는데 47권이며 明 李維楨의 序가 붙어 있다. 萬曆 46년(1618) 孫幼安이 이 책을 교정하고 간행한 것으로 되어 있다. 明 黃昌齡이 편찬한 것으로 된 판본도 있는데 어떤 인물인지는 알 수 없다. 史略, 訓詁, 說家, 二氏 등 4類로 나누어져 있으며 42종의 서적을 수록했다. 『五州衍文長箋散稿』에 『稗乘』을 여러 차례 인용했지만 이 책인지는 알 수 없다. 조선 太祖의 聯句를 소개할 때

에도 이 책을 인용했고 '稗乘隨筆' 등으로도 인용했는데 구체적인 서명이 아니라 稗史 혹은 小說과 같은 의미로 사용된 듯하다. '華東稗乘野談' 역시 중국과 조선의 雜史를 이르는 말이다.

稗編 → 荊川先生稗編

稗海

明 商維濬이 편찬한 野史叢書. 商維濬은 商濬이라고도 하는데 會稽 출신으로 字는 初陽이다. 생몰년과 행적은 자세히 밝혀져 있지 않다. 이 책 외에 『古今評錄』 등의 저술이 있다. 당시 會稽 지역에 紐世溪라는 사람이 世學樓를 세우고 백만 권의 장서를 소장하고 있었는데 이를 교정하면서 다른 서적을 두루 모아 『稗海』를 편찬했다. 이 책은 총 365권이며 魏晉 이후로 전래되던 74종의 小說 혹은 雜記가 수록되어 있다. 明 萬曆 연간(1573~1620) 商氏半埜堂에서 간행한 판본과 康熙 연간(1662~1722) 振鷺堂에서 간행된 판본이 알려져 있다. 규장각에 중국 振鷺堂藏版本 100책이 소장되어 있고 이와 별도로 本衙藏版本 80책도 소장되어 있다. 두 종 모두 淸代의 목판본이다. 서울대 중앙도서관과 고려대 등에도 80책의 『稗海全書』가 소장되어 있는데 역시 청대의 목판본이다. 그밖에 규장각에 몇 종의 『稗海』에서 일부를 모아 엮은 책이 전하는데 『商氏隨錄』, 『野客叢書』가 그러하다. 『稗海』는 『惺所覆瓿藁』, 『農巖集』 등 17세기 문헌에서부터 인용되어 있다. 『定齋集』, 『修山集』, 『靑莊館全書』, 『明皐全集』, 『弘齋全書』, 『而已广集』, 『研經齋全集』, 『星湖僿說』, 『海東繹史』, 『五洲衍文長箋散稿』 등 많은 문헌에도 이 서명이 보인다.

佩觿集

五代末 宋初 郭忠恕가 편찬한 字書. 郭忠恕(?~977)는 字가 恕先 혹은 國寶이며 洛陽 출신이다. 文字學과 文學에 정통했고 篆書와 隸書에도 뛰어났으며 특히 누각이나 정자, 수레와 배 등을 그리는 界畵로 유명했다. 古文字學에 관한 저술 『汗簡』을 남겼다. 이 책은 『佩觿』라고도 한다. 3권으로 되어 있는데 上卷은 造字, 四聲, 傳寫로 구성되어 있고, 中卷과 下卷은 글자를 취하여 유사한 그림을 그린 것으로 마지막에 특정 글자에 대한 고증을 붙였다. 규장각에 淸代에 간행한 목판본이 소장되어 있다. 『唐宋叢書』, 『說郛』 등에도 수록되어 있

다. 『貞蕤閣集』, 『石泉遺稿』, 『與猶堂全書』, 『五洲衍文長箋散稿』 등에서 이 책을 인용했다.

彭比部集

明 彭輅의 文集. 彭輅는 字가 子殷이고 號가 沖谿이며 海鹽 출신이다. 생몰년은 밝혀져 있지 않은데 嘉靖 연간(1522~1566) 활동했다. 『五洲衍文長箋散稿』에는 그의 문집 『彭比部集』을 인용했는데 淸 趙吉士의 『寄園寄所寄』에 실린 것을 재인용한 듯하다. 『彭比部集』은 현재 전하지 않고 明 焦竑의 序만 전한다. 『四庫全書總目』에는 8권이라 했지만 淸 盛楓의 『嘉禾徵獻錄』에는 22권이라 했다. 淸 徐乾學의 『傳是樓書目』에는 『彭比部集』 10권과 『彭沖谿集』 22권을 따로 적고 있다. 明 萬曆 39년(1611) 彭潤宏이 편집한 문집 『沖谿先生集』 22권이 중국 上海圖書館에 소장되어 있다.

編金葉子格

五代 南唐 李煜의 妻인 周氏가 葉子戲에 관해 기술한 책. 李煜(937~978)은 南唐의 마지막 임금으로 初名은 從嘉이고 字는 重光이며 號는 鍾隱 혹은 蓮峰居士라 했다. 그의 妃 周娥皇(936~965)은 周宗의 장녀로 19세에 입궁하여 妃가 되었고 周娥皇에 책봉되었으며 大周后로 일컬어진다. 歌舞와 琵琶에 능하여 「邀醉舞破」, 「恨來遲破」 등의 악곡을 만들었다. 葉子戲는 종이 위에 그림을 놓고 주사위를 던져 노는 놀이의 하나다. 이 책은 『金葉子格』이라고도 한다. 葉子戲를 다룬 책으로 이 외에 『葉子原起』, 『小葉子格』, 『新定葉子格』, 『擊蒙葉子格』 등이 있다. 李裕元은 「玉磬觚賸記」에서 『南唐書』를 인용하여 李後主의 妃 周氏의 『金葉子格』에서 다룬 놀이가 조선의 紙牌, 곧 投牋과 유사하다고 했다. 『五洲衍文長箋散稿』에도 비슷한 내용이 실려 있다.

編年通載

北宋 章衡이 지은 編年體 歷史書. 章衡(1025~1099)은 字가 子平이고 浦城 출신이다. 이 책은 元祐 3년(1088) 序로 보아 이 무렵 편찬된 듯하다. 원래 15권인데 宋代의 殘本 4권이 일본 京都大에 소장되어 있으며, 『四部叢刊』에 15권이 수록되어 있다. 堯에서부터 宋代까지의 역사가 編年體로 기술되어 있다. 神宗이 읽고 칭찬하며 品服을 하사했다고 한다. 『高麗史節要』에 高麗 睿宗이

이 책을 보고 고려의 사적을 바탕으로 續編을 편찬하게 했다는 기사가 보인다. 『拙翁集』, 『東史綱目』, 『靑莊館全書』, 『五洲衍文長箋散稿』 등에 이 책이 인용되어 있다.

偏旁小說

後蜀 林罕이 편찬한 字書. 林罕은 字가 仲緘이고 西江 출신인데 蜀의 後主 때 太子洗馬를 지냈다. 이 책의 원래 서명은 『字源偏旁小說』인데 『林罕小說』이라고도 한다. 字源은 部首를 가리킨다. 『崇文總目』에 3권, 『玉海』에 2권, 『書史會要』에는 20권으로 되어 있지만 일실되어 전하지 않는다. 宋 陳思의 『書苑菁華』에 廣定 12년(962) 林罕의 後序가 실려 있는데 541개의 한자 偏旁에 대해 해설했다고 한다. 『五洲衍文長箋散稿』에 서명만 소개되어 있어 李圭景이 직접 보지는 않은 듯하다.

編蓬集

明 唐汝詢의 文集. 唐汝詢은 字가 仲言이고 號는 酉陽山人이며 華亭 출신이다. 明 天啓 연간(1621~1627) 활동했다. 5세 때 시력을 잃었지만 『唐詩解』, 『唐詩十集』 등의 저술을 남겼다. 그의 문집은 『酉陽山人編蓬集』인데 『編蓬集』으로 줄여 부른다. 本集은 10권으로 擬古 19首, 擬古 100篇, 感懷 46首가 실려 있고, 15권의 後集에는 雜文 수십 편이 실려 전한다. 중국 國家圖書館에 萬曆 연간(1573~1620) 간본이 소장되어 있다. 『五洲衍文長箋散稿』에 장애인의 저술로 이 문집을 들었다. 唐汝詢에 대해서는 『芝峯類說』, 『而已广集』 등에 보이는데 그의 『唐詩解』를 두고 이른 것이다.

篇海類編

元末明初 宋濂이 편찬한 字書. 宋濂(1310~1381)은 字가 景濂이고 號가 潛溪이며 玄眞子, 玄眞道士, 玄眞遁叟 등의 別號도 사용했다. 浦江 출신으로 高啓, 劉基와 함께 明初 三代家로 일컬어진다. 『孝經新說』, 『周禮集說』, 『龍門子』, 『潛溪集』, 『蘿山集』, 『浦陽人物記』, 『翰苑集』, 『芝園集』 등의 저술이 있다. 이 책은 20권으로, 金 韓道昭 『五音篇海』의 部首를 分類하고 編次를 세운 것이다. 宋濂보다 후대 인물이 나오고 일부 인용 서적의 편찬자에 오류가 많아 『四庫總目』에서는 書商이 그의 이름을 가탁한 것으로 보았다. 미국 국회도서관에

萬曆 연간(1573~1620)에서 天啓 연간(1621~1627)의 간본이 소장되어 있고, 寬文 9년(1669) 간행한 일본판도 여러 곳에 소장되어 있다. 『五洲衍文長箋散稿』에서 漢字의 음을 비정할 때 인용했는데 편찬자를 明 屠隆이라 했지만, 屠隆은 이 책을 간행할 때 교정을 본 인물이다. 또 司馬의 『類編』이라 한 것은 司馬光의 저술을 이른다.

篇海五音 → 五音類聚四聲篇海

評鑑闡要

淸 乾隆帝의 命으로 편찬한 歷史批評書. 이 책은 『通鑑輯覽』에서 뽑은 史蹟에 대해 批點을 찍고 品評했는데 『御製評鑑闡要』라고도 한다. 乾隆 36년(1771) 大學士 劉統勳 등이 乾隆帝의 命으로 편찬했다. 劉統勳(1698~1773)은 字가 爾鈍이고 號가 延淸이며 山東 諸城 출신이다. 이 책은 모두 12권이며 수록된 乾隆帝의 批評은 798조인데, 批點과 簽注로 이루어져 있다. 『靑莊館全書』와 『五洲衍文長箋散稿』 등에 인용되었다. 국립중앙도서관에 乾隆 연간(1736~1795) 목판본이 소장되어 있다.

平妖傳

元末明初 羅貫中이 짓고 明 馮夢龍이 개정한 神魔小說. 羅貫中(1330?~1400?)은 원래 이름이 本인데 字 貫中으로 행세했다. 號는 湖海散人이고 太原府 祁縣 출신이다. 『三國演義』, 『隋唐兩朝志傳』, 『殘唐五代史演義』 등을 남겼다. 馮夢龍(1574~1646)은 字가 猶龍 혹은 子猶이고 號는 龍子猶, 墨憨齋主人, 顧曲散人 등을 사용했다. 蘇州 長洲 출신으로 『古今小說』, 『警世通言』, 『醒世恒言』 등의 저술이 있다. 『平妖傳』은 처음에 羅貫中이 20회로 지었으나 후에 馮夢龍이 수정하고 보충하여 40회로 늘렸다. 河北省 貝州의 王則이 요술로 폭동을 일으킨 이야기로, 涿州 王則이 폭동을 일으켜 東平郡王이라고 칭했지만 文彦博에게 평정된 史實을 소재로 했다. 『星湖僿說』에서 李瀷이 이 책을 읽은 적이 있다고 했다. 성균관대 존경각에 淸末의 목판본이 소장되어 있고 단국대에 한글로 번역된 필사본이 소장되어 있다.

評訂孟子 → 或菴評春秋三傳

評訂春秋三傳 → 或菴評春秋三傳

炮灸論 → 雷公炮灸論

抱朴子

東晉 葛洪이 저술한 道家書. 葛洪(283~343)은 字가 稚川이고 號는 抱朴子이며 丹陽郡 句容 출신이다. 이 책 외에 『肘後備急方』, 『西京雜記』 등의 저술이 있다. 이 책은 神仙方藥과 不老長壽의 秘法을 서술한 것으로 內篇 20편과 外篇 50편으로 이루어져 있다. 內篇에는 초기의 道敎思想과 함께 金銀丹藥의 제조법 등이 기술되어 있고, 外篇에는 사회의 이해득실에 대한 道家의 풀이가 실려 있다. 崔致遠의 문집에서부터 이 책이 보이므로 우리나라에 매우 이른 시기 들어온 것이 분명하다. 『牧隱集』, 『星湖僿說』, 『五洲衍文長箋散稿』 등 수많은 문헌에 언급되었다. 규장각에 소장된 『百子全書』, 『百家類纂』, 『廣漢魏叢書』 등 叢書에 두루 실려 있다. 『五洲衍文長箋散稿』에서 『道經總目』 혹은 『道經總錄』이라 한 것이 이 책의 「遐覽」에 실려 있는 道家書의 목록을 이른다.

鮑昭集 → 鮑照集

包元太平經

前漢 甘忠可가 편찬한 道家書. 甘忠可는 齊 출신으로 漢 成帝 연간(B.C.33~B.C.7) 활동한 方士다. 漢의 氣運이 다하여 새롭게 天命을 받아야 한다고 주장하다 獄死했다. 이 책은 『天官曆包元太平經』, 『太平經』이라고도 한다. 『漢書』에는 12권으로 되어 있지만 일실되어 전하지 않는다. 儒家의 讖諱學說을 많이 수록했고 儒道가 서로 융합하는 추세를 보여주는 저작으로 평가된다. 『星湖僿說』에서는 僞書로 판단했다. 『五洲衍文長箋散稿』에서도 이 책을 소개했다.

鮑照集

南朝 宋 鮑照의 文集. 鮑照(414~466)는 字가 明遠이고 東海郡 출신이다. 謝靈運, 顔延之와 더불어 元嘉三大家로 불렸다. 鮑照의 文集은 『鮑照集』, 『鮑參軍集』, 『鮑明遠集』 등으로 불린다. 永明 연간(483~493) 文惠太子 蕭長懋의 命으

로 虞炎이 10권으로 편찬했다고 하지만 전하지 않고, 후대 일부 詩文을 편집한 판본이 여러 이름으로 전한다. 明 張溥가 『漢魏六朝百三家集』에 함께 넣은 『鮑參軍集』이 널리 유통되었다. 서울대 중앙도서관에 萬曆 15년(1587) 간기가 있는 목판본 『鮑明遠集』 10권이, 규장각에 淸末의 목판본 『鮑氏集』 10권이 소장되어 있다. 『五洲衍文長箋散稿』에는 『鮑昭集』으로 인용되어 있는데, 唐 武后 때에 避諱 관계로 鮑照를 鮑昭로 불렀다. 明 田汝成의 『西湖遊覽志餘』에 같은 내용이 보이므로 재인용일 가능성이 높다.

捕蝗考

淸 陳芳生이 메뚜기떼를 잡는 방법을 기록한 저술. 陳芳生은 字가 漱六이고 浙江 仁和 출신인데 乾隆 연간(1736~1795) 활동했다. 이 책은 농작물에 피해가 큰 메뚜기떼를 퇴치하는 방법을 다룬 저술로, 역사서에 기록된 捕蝗法에 대한 事跡을 적고 議論을 붙였다. 『昭代叢書』, 『學海類編』 등에 1권으로 실려 있다. 備蝗事宜, 前代捕蝗法 등을 차례로 기술했으며, 끝에 陳龍正의 의론과 자신의 논지를 2條로 나누어 실었는데 淸 陳龍正의 『救荒策會』에서 가져온 것이다. 陳龍正은 崇禎 연간(1628~1644) 문인으로, 字는 惕龍이고 號는 幾亭이며 嘉善 출신이다. 『政書』, 『學言』, 『文錄』 등 많은 저술을 남겼다. 『五洲衍文長箋散稿』에 이 책을 인용했다.

曝書亭集

淸 朱彝尊의 文集. 朱彝尊(1629~1709)은 秀水 출신으로 字가 錫鬯이고 號가 竹垞 또는 醧舫이며 만년에는 小長廬釣魚師라고 했다. 『明史』 편찬에 참여했고 考證學에 능통했으며 古文과 詩詞에도 뛰어났다. 저서로 『經義考』, 『日下舊聞』, 『曝書亭集』 등이 있으며, 『明詩綜』, 『詞綜』 등을 편찬했다. 이 문집은 전체 80권이다. 규장각에 康熙 48년(1709) 序가 달린 판본 80권이 소장되어 있다. 賦 1권, 詩 22권은 제작 연도에 따라 편집되었는데 1645년부터 1709년까지의 작품이 실려 있다. 詞 7권은 『江湖載酒集』, 『茶煙閣體物集』, 『蕃錦集』이라는 제목이 붙어 있다. 雜文 50권은 26개의 문체로 분류되어 있다. 附錄인 『葉兒樂府』 1권은 詞의 小令이다. 『靑莊館全書』, 『硏經齋全集』, 『海東繹史』, 『林下筆記』, 『五洲衍文長箋散稿』 등에서 이 책이 인용되었다. 규장각에 『曝書亭集詞注』 7권이 소장되어 있는데 嘉慶 19년(1814) 간행된 판본으로 淸 李當

孫과 嚴榮 등이 편집한 것이다. 『曝書亭金石文字跋尾』도 소장되어 있다.

品茶要錄

北宋 黃儒가 편찬한 茶에 관한 저술. 黃儒는 字가 道輔이고 建安 출신이며, 熙寧 6년(1073) 進士가 되었다. 이 책은 熙寧 8년(1075) 1권으로 완성되었는데 10篇이다. 采造過時, 白合盜葉, 入雜, 蒸不熟, 過熟, 焦釜, 壓葉, 清膏, 傷焙, 辨壑源沙溪 등 9편은 茶葉의 제조 시기, 불순물의 혼입, 적정한 薰蒸 등을 다루었다. 나머지 1편에서는 지리적 환경의 중요성을 논의했다. 각 편의 前後에 總論을 달아 茶의 제조 방법을 자세하게 논했고, 농민이 이익을 증대하기 위해 차를 섞는 방식 등도 함께 다루었다. 규장각에 소장된 『說郛』와 『宋人百家小說』 등에 1권으로 실려 있다. 『五洲衍文長箋散稿』에 서명만 소개했다.

品彙 → 唐詩品彙

風角書

明末清初 張爾岐가 天文과 氣候 등을 다룬 저술. 張爾岐(1612~1677)는 字가 稷若이고 自號는 蒿庵居士이며 山東 濟陽 출신이다. 저술로 『蒿庵集』, 『弟子職注』, 『周易說略』, 『詩說略』, 『儀禮鄭注句讀』 등이 있다. 이 책은 8권으로 程朱理學의 관점에서 天文과 氣候를 설명했다. 清 張澍의 跋이 있는데 이에 따르면 張爾岐가 간행한 것을 자신이 중간했다고 한다. 風角은 바람을 보고 吉凶을 아는 점술의 하나다. 清 道光 14년(1834) 간본이 중국 國家圖書館과 대만 臺灣大, 일본 京都大 등에 소장되어 있다. 『五洲衍文長箋散稿』에 인용되었다.

風俗通義

漢 應劭가 神話와 異聞을 기록한 雜錄. 應劭(153?~196)는 字가 仲遠이고 汝南郡 南頓縣 출신이다. 博學多識하여 평생 11종의 저술 136권을 지었다고 하는데 『漢官儀』와 『風俗通義』만 전한다. 이 책은 皇霸, 正失, 衍禮, 過譽, 十反, 聲音, 窮通, 祀典, 怪神, 山澤 등 10권과 附錄 1권만 전한다. 漢代의 神話와 異聞을 수록하고 자신의 평론을 더했다. 『高麗史』에 따르면 宣宗 8년(1091) 宋의 館伴이 일실된 서적 129종의 목록을 주고 고려에서 찾도록 했는데, 여기에는 30권이라 했다. 『隋書』에 31권, 『新唐書』에 30권, 『宋史』에는 10권으로 되

어 있다. 『東國李相國集』에 이 서명이 보이므로 고려시대 유통된 것이 분명하다. 『芝峯類說』, 『青莊館全書』, 『與猶堂全書』, 『海東繹史』, 『五洲衍文長箋散稿』에서 이 책을 인용했다. 규장각에 소장된 『百子全書』, 『百家類纂』, 『漢魏叢書』, 『重刻諸子彙函』 등에 실려 있다. 장서각에 소장된 『秘書二十一種』에도 실려 전한다.

馮氏錦囊秘錄 → 錦囊秘錄

楓窓小牘

明 袁褧이 편찬한 雜錄. 袁褧은 字가 尙之이고 吳縣 출신인데 嘉靖 연간(1522~1566) 활동했다. 아우 6인과 학문이 깊어 袁氏六俊으로 일컬어졌다. 만년에 謝湖에서 직접 농사를 지으면서 은거하여 號를 謝湖居士라 했다. 書法이 뛰어나 文徵明과 이름을 나란히 했고 花鳥畵에도 뛰어났다. 『奉天刑賞錄』, 『田舍集』 등의 저술이 있다. 이 책은 2권으로 되어 있는데 아들 袁頤가 袁褧을 이어 완성했다. 袁頤는 그 생애가 자세하지 않다. 『說郛』와 『唐宋叢書』에는 宋 袁褧이 편찬한 것으로 上下 2권이 수록되어 있다. 宋 米芾 혹은 宋 張端義가 편찬했다는 설도 있다. 『四庫全書總目』에는 찬자 미상이라 했는데 책 본문으로 볼 때 찬자의 성이 袁氏임은 분명하다. 이 책은 宋의 수도 汴京의 人物과 故事, 逸史, 臨安의 여러 雜事를 기록했다. 艮獄, 京城, 河渠, 官闕, 戶口 등도 다루었다. 卷頭에 明 姚士粦의 序가 있다. 『尙白齋鐫陳眉公訂正秘笈』에는 찬자를 袁氏라 했고 『稗海』에는 闕名으로 되어 있다. 이 책은 『星湖僿說』, 『熱河日記』, 『青莊館全書』, 『與猶堂全書』, 『五洲衍文長箋散稿』 등에 인용되어 있는데 모두 찬자를 밝히지 않았다.

風土記

晉 周處가 晉 지역의 風俗을 기록한 책. 周處(236~297)는 字가 子隱이고 吳郡陽羡 출신이며, 周魴의 아들이다. 이 책 외에 『默語』를 저술했다. 이 책은 『隋書』에는 3권, 『玉海』에는 10권으로 되어 있지만 『說郛』에 일부만 실려 전한다. 端午, 七夕, 重陽 등의 유래에 대한 기록은 모두 이 책에 근거한다. 다른 지역의 風土記와 구분하기 위하여 『周處風土記』라고도 한다. 『芝峯類說』, 『東槎錄』(黃床), 『星湖僿說』, 『常變通攷』, 『五洲衍文長箋散稿』 등에 이 책이 인용되

어 있다.

風后握奇圖 → 握奇經

披肝露膽

明 劉基가 편찬한 地理書. 劉基(1311~1375)는 字가 伯溫이고, 浙江 青田 출신이다. 『郁離子』, 『覆瓿集』, 『寫情集』, 『犁眉公集』, 『春秋明經』 등의 저술이 『誠意伯文集』에 수록되어 전한다. 그의 저술로 알려진 『百戰奇略』, 『時務十八策』, 『火龍神器陣法』 등은 모두 후인의 僞書로 평가된다. 이 책 역시 후인이 그의 이름에 가탁한 것으로 의심된다. 1권이며 『披肝露膽經』이라고도 한다. 중국 國家圖書館에 道光 19년(1839) 간본이 소장되어 있다. 『四庫全書總目』에 따르면 「龍訣」과 「穴情」 두 편은 『撼龍』, 『葬法』 등을 표절한 것이라 한다. 書名은 肝膽을 다 드러낼 정도로 충심을 보인다는 뜻이다. 『五洲衍文長箋散稿』에서 이 책을 인용했지만 朱彝尊의 『靜志居詩話』에서 僞書로 변증한 대목에서 가져온 것이다.

避署錄話

宋 葉夢得이 편찬한 筆記雜錄. 葉夢得(1077~1148)은 字가 少蘊이고 號가 石林居士이며 吳縣 출신이다. 만년에 湖州 玲瓏山의 石林에서 은거하며 讀書와 著述에 몰두했다. 저서로 『石林燕語』, 『玉洵雜書』, 『巖下放言』, 『健康集』, 『石林詩話』 등이 있다. 이 책은 『避暑錄』, 『石林避暑錄』이라고도 한다. 2권이며 唐代와 宋代의 인물과 고사, 詩話 등을 기록한 것이다. 규장각에 소장된 『野客叢書』, 영남대에 소장된 『百部叢書集成』의 『學津討原』 등에 실려 있다. 『芝峯類說』에는 『避暑錄』으로 여러 차례 인용했다. 『海東繹史』에서 이 책을 인용해 조선 먹의 우수성을 소개했다. 許筠의 『閑情錄』에도 인용되어 있다.

避暑漫錄

南宋 陸遊의 筆記雜錄. 陸遊(1125~1210)는 字가 務觀이고 號가 放翁이며 越州 山陰 출신이다. 문집 『劍南詩稿』, 『渭南文集』 등이 전한다. 이 책은 則天武后, 玄宗, 安祿山을 위시하여 唐宋代 여러 인물의 逸事와 奇聞을 수록했다. 『避暑漫抄』로 된 곳도 있다. 규장각에 소장된 『說郛』와 『叢書』 등에 이 책이 수록

되어 있다. 『古今說海』에도 실려 있다. 『五洲衍文長箋散稿』에서 이 책을 인용했다.

筆陣圖

東晉 衛鑠이 편찬한 것으로 알려져 있는 書法書. 衛鑠(272~349)은 字가 茂漪이고 河東 安邑 출신이다. 汝陰太守 李矩의 妻로 隸書에 능하여 衛夫人이라 불렸다. 王羲之는 어린 시절 衛夫人에게 書法을 배웠는데 永和 12년(356) 『筆陣圖』에 「題筆陣圖後」를 썼다. 王羲之(321?~379)는 字가 逸少이며 琅琊 臨沂 출신이다. 右軍將軍을 지냈으므로 王右軍으로도 불린다. 『筆陣圖』라 하면 衛夫人과 王羲之의 것 둘 모두 이를 때가 많다. 趙龜命의 「習筆陳圖帖序」, 李匡師의 「書訣」, 南公轍의 「筆陣圖帖墨刻」 등이 이와 관련한 글이다. 『五山說林草藁』, 『星湖僿說』, 『五洲衍文長箋散稿』 등에도 두루 인용되어 있다. 규장각, 국립중앙도서관 등 여러 곳에 목판본 『羲之筆陳圖帖』이 전한다. 규장각에 南宋 陳思의 『書苑菁華』가 소장되어 있는데 여기에 衛夫人의 「筆陣圖」, 王羲之의 「題衛夫人筆陣圖後」와 「筆勢論十二章並序」 등이 수록되어 있다. 『五洲衍文長箋散稿』에서 『衛夫人圖筆陣』으로 소개했다.

筆叢錄 → 少室山房筆叢

ㅎ

河南程氏外書 → 程氏外書

河南程氏遺書 → 程氏遺書

河南集

北宋 邵伯溫의 文集. 邵伯溫(1057~1134)은 字가 子文이고 洛陽 출신이다. 부친 邵雍을 계승하여 象數學을 발전시켰고 정치적으로는 王安石의 新法을 반대했다. 저서로 이 책 외에 『易辨惑』, 『聞見錄』, 『皇極系述』, 『皇極經世序』, 『觀物內外篇解』 등이 전한다. 이 책은 『宋史』에 서명이 보이지만 지금은 전하지 않으며, 『五洲衍文長箋散稿』에도 서명만 소개되어 있다. 『河南邵氏集』으로 된 데도 있다. 宋 穆修와 尹洙 등의 문집도 『河南集』이지만 이 책과는 무관하다.

河圖絳象

편찬자를 알 수 없는 『河圖』 緯書의 하나. 伏羲氏 때 黃河에서 龍馬가 지고 나왔다는 河圖를 풀이한 책이다. 明 孫瑴이 편집한 『古微書』 등에 수록되어 있다. 黃河, 太湖 등 중국 고대의 지리에 대한 짧은 글이 실려 있다. 『屐園遺稿』, 『與猶堂全書』, 『五洲衍文長箋散稿』 등에서 이 책을 인용했지만 다른 데서 가져온 것으로 보인다.

河圖稽命徵

편찬자를 알 수 없는 『河圖』 緯書의 하나. 明 孫瑴이 편집한 『古微書』 등에 짧게 수록되어 있다. 『說郛』에는 『河圖稽命北』으로 실려 있다. 『五洲衍文長箋散稿』에서 緯書의 하나로 『河圖稽命曜』를 소개했지만 이 책의 잘못으로 보인다.

河圖括地象

편찬자를 알 수 없는 『河圖』 緯書의 하나. 明 孫瑴이 편집한 『古微書』 등에 수록되어 있다. 禹가 治水 사업을 할 때 얻었다는 括地象을 기록한 것이다. 중국 고대의 지리에 대해 논하면서 『屐園遺稿』, 『靑莊館全書』, 『與猶堂全書』, 『五洲衍文長箋散稿』 등에서 이 책을 인용했지만 다른 데서 가져온 것으로 보인다.

河圖錄運法

편찬자를 알 수 없는 『河圖』 緯書의 하나. 淸 喬松年의 『緯攟』에 수록되어 있다. 黃帝와 舜 등의 기이한 고사를 간략히 적었다. 『五洲衍文長箋散稿』에서 緯書의 하나로 서명만 들었다.

河圖秘徵

편찬자를 알 수 없는 『河圖』 緯書의 하나. 明 孫瑴이 편집한 『古微書』 등에 수록되어 있다. 帝王의 정치와 변고가 연결된 사례를 간략히 소개하고 있다. 『五洲衍文長箋散稿』에서 緯書의 하나로 서명만 들었다.

河圖握矩記

편찬자를 알 수 없는 『河圖』 緯書의 하나. 明 孫瑴이 편집한 『古微書』 등에 수록되어 있다. 『河圖矩起』라고도 한다. 燧人氏, 伏羲, 黃帝 등에 대한 짧은 기사로 이루어져 있다. 『五洲衍文長箋散稿』에는 『河圖矩起』로 서명만 소개했다.

河圖玉版

편찬자를 알 수 없는 河圖 緯書의 하나. 明 孫瑴이 편집한 『古微書』 등에 수록되어 있다. 蒼頡, 湘夫人, 禹 등의 고사가 몇 조목 실려 있다. 『靑莊館全書』, 『金陵集』 등에서 帝堯의 딸 湘夫人에 대해 고증하면서 이 책을 들었지만 재인용으로 보인다. 『五洲衍文長箋散稿』에서 緯書의 하나로 서명만 들었다.

河圖著命

편찬자를 알 수 없는 河圖 緯書의 하나. 明 孫瑴이 편집한 『古微書』 등에 수록되어 있다. 黑帝 顓頊의 탄생과 관련한 짧은 기사로 되어 있다. 『五洲衍文長箋散稿』에서 緯書의 하나로 서명만 들었다.

河圖挺輔佐

편찬자를 알 수 없는 河圖 緯書의 하나. 宋 羅泌의 『路史』, 明 胡應麟의 『少室山房筆叢』 등에 書名만 보인다. 『五洲衍文長箋散稿』에서 緯書의 하나로 서명만 들었다.

河圖帝覽嬉

편찬자를 알 수 없는 河圖 緯書의 하나. 明 孫瑴이 편집한 『古微書』 등에 수록되어 있다. 黃道 등의 천문 현상에 대한 간략한 기사가 실려 있다. 『五洲衍文長箋散稿』에서 緯書의 하나로 서명만 들었다.

河圖帝通紀

편찬자를 알 수 없는 河圖 緯書의 하나. 明 孫瑴이 편집한 『古微書』 등에 수록되어 있다. 구름, 바람, 비 등의 천문 현상에 대한 간략한 기사가 실려 있다. 『五洲衍文長箋散稿』에서 緯書의 하나로 서명만 들었다.

河圖眞鉤

편찬자를 알 수 없는 河圖 緯書의 하나. 明 胡應麟의 『少室山房筆叢』 등에 書名이 보인다. 明 孫瑴이 편집한 『古微書』 등에는 『河圖眞紀鉤』로 수록되어 있다. 王者는 泰山에 封禪한다는 짧은 기록만 보인다. 『五洲衍文長箋散稿』에서 緯書의 하나로 서명만 들었다.

河圖天靈

편찬자를 알 수 없는 河圖 緯書의 하나. 淸 喬松年의 『緯攟』에 수록되어 있다. 趙王 政이 白璧을 河水에 빠뜨리자 黑頭公이 나타났다는 기이한 이야기가 실려 있다. 『五洲衍文長箋散稿』에서 緯書의 하나로 서명만 들었다.

河東集

北宋 柳開의 文集. 柳開(947~1000)는 字가 仲塗이고 號는 東郊野夫 혹은 補亡先生이며 大名 출신이다. 韓愈와 柳宗元의 古文과 古道를 계승할 것을 제창했고 宋의 古文運動이 그로부터 시작된 것으로 평가된다. 『小學』에 治家에 대한 그의 言行이 기록되어 있어 조선시대 널리 알려졌다. 문집 외에 『遊天平山記』가 전한다. 이 책은 門人 張景이 편집했지만 간행되지 못하고 필사본으로 유통되다 乾隆 60년(1795) 蘭溪 柳氏 文印堂에서 간행되었다. 光緖 7년(1881) 巴陵 方功惠의 碧琳琅館에서 판각한 『三宋人集』에도 실려 있다. 규장각에 이 책이 소장되어 있는데 『行狀』 1권이 더 붙어 있다. 『五洲衍文長箋散稿』에 이 책이 인용되어 있다. 『東文選』에 실려 있는 高麗 林惟正의 「宮中四景集句」에서 柳開의 시가 인용되어 있어 그의 시가 高麗時代부터 읽혔음을 알 수 있다.

河洛理數

北宋 陳搏이 편찬한 理學書. 陳搏(871~989)은 字가 圖南이고 號는 扶搖子, 希夷先生 등을 사용했다. 儒教와 道教, 佛教에 두루 능통했고, 『指玄篇』, 『觀空篇』, 『胎息訣』, 『陰眞君還丹歌注』, 『龜鑑』, 『心相篇』, 『三峰寓言』, 『高陽集』, 『釣譚集』, 『木巖集』, 『詩評』 등 많은 저술을 남겼다. 이 책은 8권으로 되어 있으며, 河圖와 洛書의 기원과 八卦의 원리, 數理의 묘법 등을 설명했다. 장서각에 萬曆 24년(1596) 跋이 붙은 목판본 8권이 소장되어 있는데 후쇄본으로 추정된다. 이화여대에 목활자본이 소장되어 있는데 宋 邵雍이 풀이한 판본이며 崇禎 5년(1632) 陳仁錫의 序가 붙어 있다. 존경각, 미국 하버드대 등 여러 곳에 조선 필사본이 전하는 것으로 보아 조선시대 널리 유통된 것으로 보인다. 장서각에는 高宗 연간 黃泌秀가 增補한 필사본도 소장되어 있다. 『澤堂集』, 『雪峰集』 등 17세기 문헌에서부터 이 책이 자주 인용되어 있으며 『五洲衍文長箋散稿』에서도 인용했다.

河汾燕閒錄

明 陸深이 편찬한 讀書箚記. 陸深(1477~1544)은 初名이 榮이고 字가 子淵이며 號는 儼山이다. 南直隸 松江府 출신으로, 『儼山集』, 『南巡日錄』 등의 저술이 있다. 이 책은 『燕閒錄』이라고도 한다. 2권으로 되어 있으며, 歷史의 得失,

經傳의 同異 및 當代의 故實 등을 다루었다. 山西提學僉事로 있을 때 이 책을 편찬했는데 河汾은 山西의 서남부 지역을 이르는 말이다. 陸深의 『儼山外集』에 上下 2권으로 실려 있다. 『說郛續』에는 杜甫와 戴石屛 등의 詩評, 山西의 기후, 序記의 문체, 夏禹의 貢物, 李勘과 石撰平의 일화 등 20여 조가 실려 있다. 『亦政堂鐫陳眉公家藏廣秘笈』에도 실려 있다. 『五洲衍文長箋散稿』에 이 책이 인용되어 있다. 宋 畢仲詢이 편찬한 『幕府燕閒錄』은 별개의 책이다.

夏書

편찬자를 알 수 없는 夏代의 歷史書. 『尙書』 가운데 「禹貢」, 「五子之歌」, 「胤征」, 「甘誓」 등 4篇을 따로 떼서 『夏書』라고 한다. 「禹貢」은 후인의 저작이며, 「五子之歌」와 「胤征」은 僞古文尙書이며, 「甘誓」는 본래 「商書」의 일부분이었던 것으로 보는 견해가 많다. 규장각에 소장된 『書傳大全』, 『書傳諺解』 등에 夏書로 실려 있고 『霞光書經』, 『讀書隨筆』 등에도 수록되어 있다. 『東國李相國集』, 『牧隱藁』, 『太宗實錄』 등 이른 시기 문헌에서부터 이 서명이 보이며, 『磻溪隨錄』, 『星湖僿說』, 『五洲衍文長箋散稿』 등에도 이 서명이 보인다.

夏小正

戰國時代 편찬자를 알 수 없는 曆書. 中國에 현존하는 가장 이른 科學書로 알려져 있다. 漢代까지 『大戴禮記』 중에 포함되었다가 隋代부터 단행본으로 유통되었지만 宋代 이전에 『大戴禮記』와 함께 일실되었다. 南宋 傅崧卿이 이 책을 풀이한 『夏小正戴氏傳』이 널리 알려져 있다. 傅崧卿은 字가 子駿이고 會稽 출신이다. 傅嵩卿, 傅松卿 등으로 표기된 문헌도 많다. 『夏小正戴氏傳』은 『通志堂經解』에 4권으로 실려 있다. 春, 夏, 秋, 冬이 각 1권으로 되어 있으며, 다시 月別로 12章으로 되어 있으며 모두 118條다. 經文에는 每月의 天文, 曆法, 星象, 物候, 農事, 政事 등을 수록했다. 『研經齋全集』에 『夏小正戴氏傳』으로 인용되어 있으며, 『靑莊館全書』, 『五洲衍文長箋散稿』 등에는 『夏小正解』로 인용되어 있다. 많은 문헌에 인용되어 있는 『夏小正』이 대부분 이 책을 가리킨다. 규장각에 宋 金履詳이 註를 단 것을 淸 張爾岐가 편집한 판본이 소장되어 있다. 淸의 任兆麟이 주를 달고 張景銘 등이 內姪 張錫范, 張慶科 등과 교정하고 간행한 『夏小正注』, 淸 高郵顧가 諸家의 풀이를 모은 『夏小正集解』 등도 소장되어 있다. 규장각에 소장된 『唐荊川先生稗編』, 『說郛』 등에도 『夏小正』으로

수록되어 있다. 『夏小正』에 대해서는 『芝山集』, 『記言』, 『星湖僿說』, 『山林經濟』, 『五洲衍文長箋散稿』 등 많은 문헌에서 언급하고 있다.

夏小正解

明末淸初 徐世溥가 『夏小正』을 풀이한 책. 徐世溥(1608~1657)는 字가 巨源이고 江西 南昌 新建 출신이며, 古文辭와 詩, 書에 뛰어났다. 이 책 외에 『韻蕞』, 『榆墩集』, 『江變紀略』, 『詩解』 등의 저술이 있다. 이 책은 『豫章叢書』, 『百部叢書集成』 등에 1권으로 실려 있다. 『夏小正戴氏傳』의 편제를 따라 月別에 따른 天文, 曆法, 星象 등을 기술했다. 『五洲衍文長箋散稿』에서 이른 『夏小正解』는 대부분 宋 傅崧卿의 『夏小正戴氏傳』을 이르지만 따로 徐世溥의 『夏小正解』도 소개했다. 『五洲衍文長箋散稿』 등에 이 책과 함께 『禮記正義』가 소개되어 있지만, 徐世溥의 『禮記正義』는 다른 문헌에서는 확인되지 않는다.

何心隱集

明 何心隱의 文集. 何心隱(1517~1579)은 原名이 梁汝元이고 字는 柱乾이고 號는 夫山이며 江西 吉安 永豐 출신이다. 心學을 주창한 王陽明의 泰山學派에 속한다. 그의 저작은 대부분 일실되었고, 문집도 1981년 中華書局에서 편집한 것만 전한다. 何心隱의 학설에 대해서는 李植, 金昌翕 등에 의해 17세기 무렵 조선에 알려졌지만 그의 문집에 대한 기록은 찾기 어렵다. 『五洲衍文長箋散稿』에 그의 문집 간행에 대한 기록이 보이지만 淸 周亮工의 『因樹屋書影』에 실린 내용을 재인용한 것으로 보인다. 明 陳際泰의 「何心隱文集鈔序」로 보아 明代의 판본이 있었던 듯하지만 전하지 않는다.

何氏語林 → 世說新語

河源紀略

淸 紀昀이 편찬한 黃河 일대 地理書. 紀昀(1724~1805)은 字가 曉嵐 혹은 春帆이고 號는 石雲 또는 觀弈道人이며 河北 獻縣 출신이다. 『唐韻考』, 『杜律疏』, 『玉臺新詠考異』, 『閱微草堂筆記』 등의 저술이 있다. 이 책은 乾隆帝의 命을 받아 편찬한 것으로 원서명은 『欽定河源紀略』이다. 『河源紀』라고도 한다. 紀昀이 직접 黃河의 근원을 찾아 崑崙山 일대를 답사한 기록이다. 전체 36권으로

되어 있으며, 그림과 表를 붙이고 古今의 학설을 고증했다. 黃河 일대의 風俗과 產物, 古迹, 逸事 등을 자세히 다루었다. 『四庫全書』에 수록되어 있다. 『正祖實錄』, 『研經齋全集』 등에서 이 책을 소개했다. 『薊山紀程』, 『心田稿』, 『五洲衍文長箋散稿』 등에 이 이름으로 인용되어 있다.

河源辨

元 潘昂霄가 편찬한 黃河 일대 地理書. 潘昂霄는 字가 景梁이고 號가 蒼崖이며 濟南 출신이다. 世祖 연간(1260~1294) 翰林侍讀學士, 通奉大夫 등을 지냈다. 『金石例』, 『蒼崖類稿』, 『蒼崖漫稿』 등의 저술이 있다. 이 책은 1권으로, 『河源考』, 『河源紀』, 『河源志』라고도 한다. 元 至元 17년(1280) 朝廷에서 都實을 星宿海로 파견하여 黃河의 원류를 찾아보게 했던 일을 적은 것이다. 潘昂霄가 都實의 아우인 闊闊의 이야기에 근거하여 이 책을 편찬했다. 黃河의 원류가 되는 지역의 地形, 水係, 動植物, 人口, 物產 등을 기록했다. 『說郛』, 『學海類編』 등에 실려 있다. 『五洲衍文長箋散稿』에 『河源辨』으로 인용되어 있다. 『芝峯類說』에 『河源志』를 인용했는데 明 何鏜의 『古今遊名山記』에 인용되어 있는 元 梁寅의 「河源記」에서 가져온 것으로 보인다.

夏侯陽算經

唐 夏侯陽이 편찬한 數學書. 夏侯陽은 唐代의 인물로 추정되지만 자세한 것은 알 수 없다. 『隋書』와 『舊唐書』 등에 2권으로, 『唐書』에 1권으로 되어 있지만 『武英殿聚珍版叢書』에는 3권으로 실려 전한다. 明乘除法, 辨度量衡, 言斛法不同 등의 표제가 달려 있다. 『磻溪隨錄』, 『五洲衍文長箋散稿』 등에 이 책이 소개되어 있다. 서울대 중앙도서관에 소장된 『算經十書』에도 실려 있다.

學古編

元 吾丘衍이 편찬한 篆刻에 관한 저술. 吾丘衍(1272~1311)은 字가 子行이고 號는 貞白, 竹房, 竹素 등을 사용했으며 布衣道士, 貞白先生 등의 別號도 있다. 후대 孔丘를 避諱하여 吾邱衍이라 표기했다. 吾衍이라고도 한다. 衢縣 棠村 출신으로 杭州에 거주했고, 金石學과 印章에 출중했다. 古學을 좋아하여 經史百家에 능통했고, 書法과 音律에도 뛰어났다. 한쪽 눈을 失明한 데다 오른다리를 절었지만 趙孟頫와 명성을 나란히 했다. 이 책 외에 『周秦石刻釋音』, 『閑

居錄』, 『竹素山房詩集』, 『尙書要略』, 『九歌譜』 등의 저술이 있다. 이 책은 2권으로 大德 4년(1300) 완성되었다. 1권에 三十五擧, 2권에 合用文籍品目이 실려 있고 附錄이 붙어 있다. 三十五擧는 篆隸의 변천과 篆刻에 관한 내용을 서술한 것이다. 明 何震이 『續學古編』을, 淸 代桂馥이 『續三十五擧』를 저술했다. 『學古編』은 규장각 등에 소장된 『說郛』, 『尙白齋鐫陳眉公訂正秘笈』 등에 실려 있다. 『金陵集』, 『五洲衍文長箋散稿』에 이 책이 인용되었다. 『玉垂集』에서 三十五擧를 소개했다. 『雲陽集』에는 書名을 밝히지 않고 이 책을 인용했다.

學校問

明末淸初 毛奇齡이 편찬한 學校에 관한 저술. 毛奇齡(1623~1716)은 字가 大可이고 號가 西河이며 浙江 蕭山 출신이다. 考證學에 뛰어나 經學, 歷史, 地理 등에 관한 많은 저술을 남겼는데, 특히 宋 朱熹를 비판한 『四書改錯』, 閻若璩의 『古文尙書疏證』을 반박한 『古文尙書冤詞』가 대표적인 업적이다. 이 책은 門人 張希良이 질문한 學校의 명칭에 대해 답을 싣고, 이어 門人 吳鼎이 질문한 廟學 중 先師라는 神主와 鄕飮養老의 禮에 대한 답을 실었다. 규장각 등에 소장된 毛奇齡의 文集 『西河合集』에 실려 있다. 『五洲衍文長箋散稿』에 이 책이 여러 차례 인용되어 있다.

學禮質疑

淸 萬斯大가 『禮記』를 풀이한 책. 萬斯大(1633~1683)는 字가 充宗 혹은 褐夫이고 號는 跛翁이며 浙江 鄞縣 출신이다. 아우 萬斯同과 함께 黃宗羲의 제자이며, 『春秋』와 『禮記』에 능통했다. 이 책은 2권으로 그의 다른 저술 『禮記偶箋』, 『儀禮商』, 『周官辨非』, 『學春秋隨筆』 등과 함께 『經學五書』로 묶여 있다. 『經學五書』는 서울대 중앙도서관에 嘉慶 元年(1796) 阮元의 序가 달린 판본이 소장되어 있다. 乾隆 戊寅(1758) 盧見曾의 序도 붙어 있다. 장서각에 道光 9년(1883) 간본도 전한다. 『靑莊館全書』와 『研經齋全集』에 그의 생애와 함께 『學禮質疑』를 소개했다. 『五洲衍文長箋散稿』에도 이 책을 소개했다.

學林

南宋 王觀國이 편찬한 筆記雜錄. 王觀國은 長沙 출신으로, 紹興 연간(1131~1162) 활동한 문인이다. 이 책은 『學林新編』이라고도 하는데, 10권으로 되어

있고 358條가 수록되어 있다. 내용은 字體, 字音, 字義를 구별하고 고증한 것으로 經史의 諸書와 前人의 詩歌를 두루 인용했으며, 『說文』, 『玉篇』, 『廣韻』, 『經典釋文』 등의 注疏를 널리 채용했다. 『四庫全書』에 수록되어 있다. 규장각에 소장된 淸 陳春의 『湖海樓叢書』에도 10권으로 실려 있다. 『五洲衍文長箋散稿』에 이 책을 인용했지만 明 王世貞의 『宛委餘編』 등에 실린 것을 재인용한 듯하다.

鶴林玉露

南宋 羅大經이 편찬한 筆記雜錄. 羅大經(1196~1242)은 字가 景綸이고 號가 儒林 혹은 鶴林이며 吉水 출신이다. 이 책 외에 『易解』를 편찬했다. 淳祐 8년(1248)에 쓴 自序에 따르면, 이 책은 羅大經이 鶴林에서 한가로이 지낼 때 찾아오는 손님들과 주고받은 淸談을 童子에게 기록하게 하여 완성했다고 한다. 書名은 杜甫의 「贈虞十五司馬」의 "淸談玉露繁"에서 따온 것이다. 16권으로 天集, 地集, 人集 혹은 甲集, 乙集, 丙集으로 나누어져 있다. 南宋의 和親 정책과 秦檜의 失政을 비판하고 백성의 고충에 동정을 표한 것이 많으며, 朱熹, 張拭, 眞德秀 등의 語錄, 詩文에 대한 評論도 수록했다. 규장각과 장서각 등에 明代의 목판본이 소장되어 있으며 『稗海』, 『北夢瑣言』, 『東軒筆錄』 등의 총서에도 이 책이 수록되어 있다. 高麗 朴宜中의 문집에서부터 이 책이 보이므로 이른 시기 수용되었음을 알 수 있다. 李滉의 『宋季元明理學通錄』, 鄭逑의 『五先生禮說分類』, 朴世采의 『朱子大全拾遺』, 黃道吉의 『經史倫會』 등에서 중요한 참고자료로 이 책이 활용되었다. 『遣閑雜錄』, 『芝峯類說』, 『光海君日記』, 『星湖僿說』, 『五洲衍文長箋散稿』 등에서 자주 이 책을 인용했다. 鶴灘에 살던 趙泰億이 靜林에 살던 申義集과 수창한 시집을 『鶴林玉露』라 한 고사도 있다.

學福齋雜著

淸 沈大成의 文集. 沈大成(1700~1771)은 字가 學子이고 號가 沃田이며 江蘇 華亭 출신이다. 經史百家는 물론 天文, 樂律, 九章諸術에도 정통했다. 『十三經注疏』, 『杜氏通典』, 『文獻通考』, 『昭明文選』 등을 교감하여 간행했다. 이 책은 1권이며 淸 吳省蘭이 편집한 『藝海珠塵』에 수록되어 있다. 『藝海珠塵』은 국립중앙도서관, 영남대 등에 소장되어 있다. 沈大成의 문집은 『學福齋集』이 있는데 乾隆 36년(1771) 간행된 판본이 서울대 중앙도서관에 소장되어 있다. 『學

福齋集』 외에 『學福齋詩集』 37권이 더 있다. 『五洲衍文長箋散稿』에 勾股儀와 관련하여 『學福齋雜著』를 소개하고, 「勾股竿器圖說」의 내용을 따로 인용했는데 『學福齋集』에 「句股小述」이라는 이름으로 실린 글이다.

學蔀通辨

明 陳建이 편찬한 性理學書. 陳建(1497~1567)은 字가 廷肇이고 號가 淸瀾이며 東莞 출신이다. 이 책 외에 『朱陸編年』, 『西涯樂府通考』, 『周子全書』, 『程氏遺書類編』, 『小學古訓』, 『治安要議』, 『皇明通紀』 등 많은 저술을 남겼다. 이 책은 『學蔀通辯』으로도 표기되어 있다. 嘉靖 27년(1548) 편찬된 책으로, 佛敎와 陽明學을 異端으로 간주하고 비판했다. 佛敎, 陸象山, 王陽明의 학문을 三蔀로 설정하고, 前篇, 後篇, 續篇, 終篇으로 나누었으며, 『朱子文集』, 『朱子語類』, 『朱子年譜』 등을 주로 인용했다. 『眉巖日記』, 『宣祖實錄』 등에 1573년 이 책의 開刊에 대한 기록이 보이는데 고려대와 계명대에 이때의 판본이 전한다. 고려대, 국립중앙도서관, 존경각 등에 중국 목판본 및 필사본이 소장되어 있다. 『退溪集』, 『眉巖集』, 『栗谷全書』, 『南溪集』, 『宋子大全』, 『五洲衍文長箋散稿』 등 많은 문헌에서 이 책을 인용했다.

鶴山渠陽讀書雜抄 → 讀書雜抄

鶴山集

南宋 魏了翁의 文集. 魏了翁(1178~1237)은 字가 華父이고 號가 鶴山이며 臨邛 출신이다. 이 책 외에 『九經要義』, 『古今考』, 『鶴山筆錄』, 『周易集義』, 『讀書雜鈔』, 『經史雜抄』 등 많은 저술을 남겼다. 魏了翁의 詩文은 『渠陽集』, 『朝京集』, 『菴類稿』 등 독립된 文集으로 유통되다 『四部叢刊』에서 『鶴山全集』으로 편집되었는데 110권이다. 卷頭題가 『重校鶴山先生大全文集』으로 되어 있다. 『四庫全書』에도 수록되어 있다. 규장각에 일부를 뽑은 『鶴山文鈔』가 소장되어 있다. 『海東繹史』에서 『四庫全書總目』을 인용하여 이 책을 소개했다.

學案 → 明儒學案

學言 → 劉子學言

學餘集

明末淸初 施閏章의 文集. 施閏章(1618~1683)은 字가 尙白 혹은 屺雲이고 號는 愚山, 蠖齋 등을 사용했다. 宣城 출신으로,『明史』 편찬에 참여했다. 이 문집 외에『蠖齋詩話』,『觀海紀行』 등의 저술이 있다. 그의 문집은『學餘集』 혹은『學餘堂集』이라 한다.『四庫全書』에『學餘堂集』으로 실려 있는데 전체 80권이다.『五洲衍文長箋散稿』에는『學餘集』으로 여러 차례 인용되어 있다.『靑莊館全書』에는 그의 문집으로『愚山集』을 여러 차례 인용했다. 존경각에『施愚山先生全集』 88권이 소장되어 있는데 淸 乾隆 12년(1747)의 序가 붙어 있다.

學易記

元 李簡이『周易』을 풀이한 책. 李簡은 字가 士廉이고 廬陵 출신이다. 이 책은『四庫全書』,『通志堂經解』에 9권으로 수록되어 있다. 經, 繫辭로 되어 있으며, 程顥와 程頤, 邵雍 등 64家의 학설을 집성했다. 綱領과 圖說이 각 1권으로 붙어 있다.『靑莊館全書』,『研經齋全集』,『五洲衍文長箋散稿』 등에서 이 책을 소개했다. 明 金賁亨이 동일한 서명의 책을 편찬했다.『五洲衍文長箋散稿』에는 元 何榮祖가 편찬한 같은 서명의 책도 함께 소개했다. 何榮祖(1221~1299)는 字가 繼先이고 太原 출신인데 廣平으로 이주했다. 淸 朱彛尊의『經義考』에 일실된 것으로 되어 있다.

學易蹊徑

南宋 田疇가『周易』을 풀이한 책. 田疇는 華亭 출신으로 號는 與齋다. 嘉定 연간(1208~1224) 활동했으며 이 책 외에『四書說約』을 편찬했지만 모두 전하지 않는다. 이 책은『宋元學案』 등에 20권으로 되어 있다. 淸 朱彛尊은『經義考』에서 이 책을 書目에서만 보았다고 했다.『五洲衍文長箋散稿』에서도 서명만 소개했다.

學庸章句或問 → 四書或問

學齋佔畢

南宋 史繩祖가 편찬한 筆記雜錄. 史繩祖(1192~1274)는 字가 慶長이고 號가 學齋다. 四川 眉山 출신이며 魏了翁의 제자다. 이 책 외에『孝經集解』,『周易

古經傳斷』,『學齋類稿』 등의 저술이 있다. 이 책은 『百川學海』, 『四庫全書』 등에 4권으로 실려 있다. 119條에 걸쳐 經史子集과 百家의 學問을 논했다. 『與猶堂全書』에서 이 책을 인용했다. 『弘齋全書』에서 宋 沈括의 저술로 『學齋佔畢纂』을 소개하고, 새로운 견해를 높게 평가했다. 『五洲衍文長箋散稿』에는 편찬 미상으로 『學齋佔畢纂要』를 인용했는데 동일한 내용이 史繩祖의 『學齋佔畢』에 보인다. 康熙 연간(1662~1722) 간행된 『學齋佔畢纂』 1권이 중국 國家圖書館에 소장되어 있는데 편찬자가 史繩祖로 되어 있다. 『學齋佔畢纂』은 『學齋佔畢』의 중요 부분을 초록한 책으로 보인다. 규장각에 소장된 『稗海』, 『野客叢書』 등에는 『學齋佔畢纂』이 1권으로 실려 있는데 편찬자가 宋 沈括로 되어 있다. 沈括(1031~1095)은 字가 存中이며 錢塘 출신으로, 노년에 潤州의 夢溪에 은거하면서 『夢溪筆談』, 『長興集』, 『本朝茶法』, 『忘懷錄』 등 많은 저술을 남겼다.

學春秋隨筆

淸 萬斯大가 『春秋』를 풀이한 책. 萬斯大(1633~1683)는 字가 充宗 혹은 褐夫이고 號는 跛翁이며 浙江 鄞縣 출신이다. 아우 萬斯同과 함께 黃宗羲의 제자이며, 『春秋』와 『禮記』에 능통했다. 242권 분량의 『春秋』를 편찬했으나 화재로 소실된 후 다시 수집하여 이 책을 편찬한 것이라 한다. 이 책은 10권으로 그의 다른 저술 『禮記偶箋』, 『儀禮商』, 『周官辨非』, 『學禮質疑』 등과 함께 『經學五書』로 묶여 있다. 『經學五書』는 서울대 중앙도서관에 嘉慶 元年(1796) 阮元의 序가 달린 판본이 소장되어 있다. 乾隆 戊寅(1758) 盧見曾의 序도 붙어 있다. 장서각에 道光 9년(1883) 간본도 전한다. 『靑莊館全書』와 『硏經齋全集』에 그의 생애와 함께 『學春秋隨筆』을 소개했다. 『五洲衍文長箋散稿』에도 소개되어 있다.

汗簡

北宋 郭忠恕가 편찬한 字書. 郭忠恕(?~977)는 字가 恕先이고 河南 洛陽 출신이다. 篆籀에 뛰어났으며 이 책 외에 『佩觿』가 전한다. 이 책은 『汗簡說文』이라고도 한다. 『說文』의 체제를 따라 部首를 나누고, 71家의 古文을 인용하여 주석을 달았다. 隸書의 글자를 나눌 때 古文의 偏旁에 의거했으므로 후대에 楷書로 부수를 나누고 韻에 따라 글자를 배열한 것과 다르다. 인용된 古文이 대부분 일실되었으므로 이 책의 자료적 가치가 크다. 康熙 42년(1703) 간

행된 목판본 7권이 일본 東京大 등에 소장되어 있다. 규장각에는 19세기 후반의 목판본 7권이 소장되어 있다. 『五洲衍文長箋散稿』에 이 책이 인용되었다.

閑居錄

元 吾丘衍의 筆記雜錄. 吾丘衍(1272~1311)은 字가 子行이고 號는 貞白, 竹房, 竹素, 布衣道士, 貞白先生 등을 사용했다. 후에 孔丘를 避諱하여 吾邱衍이라 표기했다. 이 책 외에 『周秦石刻釋音』, 『竹素山房詩集』, 『學古編』 등의 저술이 있다. 이 책은 『吾子閑居錄』이라고도 한다. 陸友仁이 吾丘衍의 從父 집에서 이 책을 보고 기록하여 후세에 전하게 된 것이라 한다. 前人의 著作을 고증하고 분석한 내용이 많다. 『說郛』에 실려 있다. 일본 公文書館에 소장된 明代의 간본 『閒中三書』에 3권의 『閒中漫編』이 수록되어 있는데 같은 책으로 보인다. 『靑莊館全書』에는 『吾子行閒居錄』으로 소개되어 있다. 『五洲衍文長箋散稿』에도 이 책이 인용되어 있다.

漢官禮儀 → 漢官儀

漢官儀

後漢 應邵가 편찬한 漢代의 官制에 관한 책. 應邵(153?~196)는 字가 仲遠이고 汝南 南頓 출신으로 應奉의 아들이다. 博學多識하여 『漢書集音義』, 『中漢輯敘』, 『春秋斷獄』 등 많은 저술을 남겼는데 『漢官儀』와 『風俗通義』만 전한다. 이 책은 漢代 百官의 官制와 職掌, 爵秩, 郊祀, 籍田, 刑制, 軍事 등 다양한 制度를 기술한 것이다. 後漢 말기에 완성되었지만 원문이 일실되었다. 『隋書』에는 10권이라 했는데 宋代에 다시 3권으로 편집되었다. 지금은 『說郛』에 16條만 전한다. 『平津館叢書』에도 일부가 수록되어 있다. 淸 孫星衍이 편찬한 『漢官六種』에도 실려 있다. 『芝峯類說』, 『磻溪隨錄』, 『研經齋全集』, 『與猶堂全書』, 『五洲衍文長箋散稿』 등에 이 책이 인용되어 있다. 『五洲衍文長箋散稿』에는 『漢官禮儀』로 인용하고 편찬자를 應奉이라 했다. 『漢官禮儀』는 『玉海』 등에 書名이 보이는데 편찬자가 應邵로 되어 있다.

漢官儀彩選

北宋 劉敞이 주사위 놀이를 풀이한 책. 劉敞(1019~1068)은 字가 原父 혹은

原甫이며 臨江 출신이다. 문집 『公是集』이 있다. 『五洲衍文長箋散稿』에는 劉原의 『漢官彩選』이라 했는데 劉原은 劉原父의 잘못이다. 宋 晁公武의 『郡齋讀書志』 등에는 1권으로 되어 있지만 일실되어 전하지 않는다. 漢代의 관제를 바탕으로 한 升官圖 놀이를 설명한 것으로 보인다.

漢官解詁

後漢 王隆이 漢代 官職을 정리한 저술. 王隆은 字가 文山이고 馮翊 雲陽 출신으로, 後漢 初의 인물이다. 이 책은 『小學漢官篇』, 『王隆漢官解詁』라고도 한다. 漢代 公卿과 內外官의 名稱 및 職分, 변방 少數民族 政權의 官名 등을 수록했다. 아동의 학습서 형식으로 四言의 韻文體로 기록하여 외우고 익히기 편하게 했다. 後漢의 胡廣이 주석을 단 판본 1권이 전한다. 『靑莊館全書』, 『海東繹史』, 『五洲衍文長箋散稿』에 3권이라 했지만 규장각 소장 『平津館叢書』 등에는 1권으로 실려 있다.

漢舊儀

後漢 衛宏이 편찬한 前漢의 官制에 관한 책. 衛宏은 字가 敬仲이고 東海 출신으로, 光武帝 연간(25~57) 활동했다. 謝曼卿에게서 『毛詩』를 배워 『毛詩序』를 지었고 杜林에게서 『古文尙書』를 배워 『訓旨』를 지었다. 이 책은 4권으로 되어 있으며 『漢書舊儀』라고도 한다. 『直齋書錄解題』에서 『漢官舊儀』라고 했다. 衛宏이 任議郞을 지낼 때 前漢의 雜事를 모아 편찬한 책으로, 官制와 함께 籍田, 宗廟, 春桑, 祭天 등의 禮儀와 制度를 서술했다. 원문은 일실되고 후대 逸文을 편집한 판본이 전하는데 규장각에 소장된 『平津館叢書』에 수록되어 있다. 『芝峯類說』, 『研經齋全集』, 『與猶堂全書』, 『五洲衍文長箋散稿』 등에 인용되어 있지만 재인용으로 보인다. 『星湖僿說』에는 『漢官舊儀』로 인용되어 있는데 『北堂書抄』 등 후대의 類書에서 가져온 듯하다.

漢宮香方注

後漢 鄭玄이 편찬한 香에 관한 저술. 鄭玄(127~200)은 字가 康成이고 山東 北海 高密 출신으로, 『周易』, 『尙書』, 『毛詩』, 『周禮』 『儀禮』, 『禮記』, 『論語』, 『孝經』 등의 경전에 주석을 달았다. 이 책은 일실되어 전하지 않는다. 宋 張邦基의 『墨莊漫錄』에 沈水香을 소개하면서 이 책을 인용했고, 후대의 다른 문헌

역시 같은 내용만 수록했다. 『五洲衍文長箋散稿』에서 편찬자를 宋 明帝라 하면서 이 책을 소개했는데 宋 明帝가 편찬한 책은 『香方』이다. 이 책은 전하지 않는데 『隋書』 등에 『香方』 1권이라 했다. 宋 明帝는 南朝 宋 明皇帝 太宗 劉彧(439~472)인데 字가 榮期 혹은 休炳이고 『江左以來文章志』를 편찬했다.

漢紀

後漢 荀悅이 편찬한 前漢의 歷史書. 荀悅(148~209)은 字가 仲豫이고 穎川 潁陰 출신으로, 이 책과 『申鑑』 등의 저술을 남겼다. 漢 獻帝가 『漢書』가 난해하다 하여 荀悅에게 『左傳』의 編年紀事體를 따라 前漢의 역사를 다시 기술하게 한 것이 이 책이다. 30권으로 되어 있으며 漢 開國에서 王莽 地皇 4년(23)까지의 역사를 적었다. 『四部叢刊』에 수록되어 있다. 규장각에 30권의 『前漢紀』가 소장되어 있는데 같은 책으로, 光緒 연간(1875~1908) 판본이다. 淸 陳璞의 『兩漢紀校記』도 소장되어 있는데 『後漢紀』도 실려 있다. 『四佳集』, 『睿宗實錄』, 『希樂堂稿』 등 조선 초기 문헌과 조선 후기 『星湖僿說』, 『五洲衍文長箋散稿』에 『漢紀』가 인용되었다.

翰林志

唐 李肇가 편찬한 翰林院에 관한 저술. 李肇는 憲宗 연간(805~820)의 문인이지만 생애가 자세하지 않다. 尙書左司郎, 左補闕, 翰林學士, 中書舍人 등의 벼슬을 지냈다. 이 책 외에 『唐國史補』 등의 저술이 있다. 이 책은 元和 14년(819)에 翰林學士로 있을 때 편찬한 것으로, 唐 翰林院의 제도를 매우 상세하게 기록했다. 규장각 등에 소장된 『說郛』에 실려 있다. 『希樂堂稿』, 『明皐全集』, 『海東繹史』 등에 이 책이 인용되어 있다.

漢名臣奏

晉 陳壽가 편찬한 奏議類 選集. 陳壽(233~297)는 字가 承祚이고 巴西 安漢 출신이다. 『三國志』가 그의 대표적인 저술이다. 이 책은 漢代 名臣들의 上奏文 중 뛰어난 것들을 選錄한 것인데, 『隋書』에는 30권으로 되어 있으나 원문은 일실되었다. 『高麗史』에 따르면 宣宗 8년(1091) 宋의 館伴이 일실된 서적 129종의 목록을 주고 고려에서 찾도록 했는데, 여기에는 29권이라 했다. 『海東繹史』와 『靑莊館全書』, 『五洲衍文長箋散稿』에서도 이 기록을 인용했다. 光緒 연

간(1875~1908) 清의 趙承恩이 『歷代名臣奏議選』을 편찬하면서 逸文을 편집하여 『漢名臣奏議選』을 간행했다.

漢武故事

편찬자를 알 수 없는 漢 武帝에 관한 傳記. 『漢武帝故事』라고도 한다. 漢武帝의 출생에서 茂陵에 안치될 때까지의 사건을 기록했다. 武帝가 長生不老를 위해 신선을 찾고 道를 수련한 이야기와 함께 당시 인물의 일화가 수록되어 있다. 규장각 등에 소장된 『古今說海』에는 漢 班固가 편찬한 것으로 되어 있다. 『說郛』와 『古今逸史』 등에도 실려 있다. 『弘齋全書』에서 본래 南朝 齊 王儉의 저작인데 班固의 이름으로 가탁한 책이라 했다. 『四庫全書總目』에도 이와 비슷하게 되어 있다. 『芝峯類說』, 『星湖僿說』, 『希菴集』, 『自著』, 『弘齋全書』, 『順菴集』, 『林下筆記』, 『五洲衍文長箋散稿』 등 많은 문헌에서 인용되었다.

漢武內傳 → 漢武帝內傳

漢武洞冥記 → 洞冥記

漢武帝內傳

편찬자를 알 수 없는 漢 武帝의 傳記. 『漢武內傳』 혹은 『漢武帝傳』으로도 불린다. 漢 班固 혹은 晉 葛洪이 편찬한 것이라는 說이 있지만 실제로는 後人이 가탁한 것이다. 『四庫全書總目』에는 魏晉 시대 지어진 것이라고 했고, 『守山閣叢書』를 편찬한 淸 錢熙祚는 東晉 후기의 작품으로 추정했다. 漢 武帝 출생부터 장례 때까지의 고사를 기록한 것으로, 西王母와 武帝가 만나는 고사처럼 道家的인 내용이 많아 『道藏』에 수록되었다. 『漢魏叢書』, 『龍威秘書』, 『說郛』, 『粵雅堂叢書』, 『守山閣叢書』 등에도 수록되었다. 『芝峯類說』, 『陶谷集』, 『海東繹史』 등에 인용되었다.

翰墨志

南宋 高宗 趙構가 편찬한 書法 理論書. 宋 高宗(1107~1187)은 字가 德基이고 徽宗의 아홉째 아들이며, 欽宗의 아우다. 金이 北宋의 수도 開封을 함락하자 臨安으로 수도를 옮겨 南宋을 건국하고 연호를 建炎이라 했다. 부친 徽宗을

닮아 書畵와 文學에 능했고 특히 書法에 뛰어났는데 王羲之와 王獻之의 필법을 바탕으로 했다. 이 책은 1권으로 『評書』 혹은 『高宗翰墨志』, 『思陵翰墨志』라고도 한다. 원래 25條였지만 『說郛』에 22조만 남아 있다. 宋 李建中, 蔡襄, 李時雍, 蘇軾, 黃庭堅 등의 글씨에 대해서 논했는데 특히 米芾의 行草를 높였다. 『百川學海』에도 실려 있다. 『海東繹史』에는 『思陵翰墨志』로, 『五洲衍文長箋散稿』에는 『翰墨志』로 소개되어 있다.

翰墨叢記

宋 滕康이 편찬한 筆記雜錄. 滕康(1085~1132)은 字가 子濟이고 應天府 宋城 출신이다. 『宋史』에 立傳되어 있다. 이 책은 北宋 관리와 학자의 逸話와 野史를 적은 것으로, 『文獻通考』 등에는 5권으로 되어 있으나 일실되고 1권만 『說郛』에 실려 있다. 서울대 중앙도서관에 소장된 元 周達觀의 『誠齋雜記』에도 수록되어 있다. 『五洲衍文長箋散稿』에는 『翰苑叢紀』로 소개되어 있다.

韓文考異

南宋 朱熹가 唐 韓愈의 文集을 교감한 책. 朱熹(1130~1200)는 字가 元晦 혹은 仲晦이며 號가 晦庵인데 紫陽이라고도 했다. 建陽 출신이며 『四書章句集注』, 『四書或問』, 『太極圖說解』, 『通書解』, 『西銘解』, 『周易本義』, 『易學啓蒙』 등 많은 저술이 있다. 이 책은 『四庫全書』에 10권으로 편입되어 있다. 朱熹가 韓愈 문집의 여러 판본을 비교하여 異同을 교감한 책이다. 正文에서 한두 자를 摘出하여 大字로 적고, 그에 대한 校訂을 아래에 夾註로 적었다. 韓愈의 문집과 별도로 유전되다가 宋末 王伯大가 韓愈의 문집을 다시 편집하면서 본문 아래 『韓文考異』를 나누어 넣고 音釋을 더하여 『朱文公校昌黎先生集』으로 엮었다. 규장각에 이 책이 소장되어 있는데 萬曆 33년(1605) 序가 달려 있으며 本集 40권, 外集 10권, 集傳 1권, 遺文 1권으로 되어 있다. 이후 이 판본이 韓愈 文集의 善本으로 인정받았다. 李喜朝의 「雜記」에 따르면 柳希春이 이 책의 예에 따라 『續韓辨』을 편찬했다고 한다. 鄭夢周의 年譜인 『年譜攷異』를 편찬할 때 이 책의 예를 따랐다고 한다. 『眉巖集』, 『芝山集』, 『月汀集』, 『宋子大全』, 『芝村集』, 『後溪集』, 『星湖僿說』, 『研經齋全集』, 『與猶堂全書』, 『五洲衍文長箋散稿』, 『俛宇集』 등에서도 이 책을 인용하고 있다.

韓非子

戰國時代 韓非와 그 일파의 論著. 韓非(B.C.280?~B.C.233)는 韓國 新鄭 출신으로, 諸子百家의 한 사람이며 法家의 학설을 창시했다. 이 책은 孤憤, 說難, 顯學, 五蠹 등 55篇이며 20권으로 되어 있다. 규장각에 萬曆 10년(1582) 趙用賢이 간행한 판본이 소장되어 있다. 『希樂堂稿』 등 조선 초기 문헌에서부터 『星湖僿說』, 『海東繹史』, 『五洲衍文長箋散稿』 등 다양한 문헌에 이 책이 인용되어 있다.

漢尙書

晉 孔衍이 『書經』을 본떠 지은 저술. 孔衍(268~320)은 字가 舒元이고 魯國 출신으로, 孔子의 22대손이다. 『太平御覽』에는 이름이 孔演으로 되어 있다. 『春秋時國語』, 『春秋後國語』, 『後漢春秋』, 『漢魏春秋』, 『公羊集解』 등의 저술이 있었지만 모두 전하지 않는다. 『舊唐書』 등에 이 책 10권과 함께 『後漢尙書』 6권, 『魏尙書』 14권, 『續漢尙書』 등을 편찬한 것으로 되어 있지만 이 역시 전하지 않는다. 모두 『書經』을 본뜬 저술이다. 『五洲衍文長箋散稿』에 이들 책이 소개되었다.

漢上易傳

宋 朱震이 『周易』을 풀이한 책. 朱震(1072~1138)은 荊湖 荊門 출신으로 字가 子發이고 漢上先生으로 일컬어졌다. 이 책은 『漢上易集傳』이라고도 한다. 紹興 6년(1136) 자신이 저술한 『周易集傳』, 『周易圖』, 『周易叢說』을 高宗에게 올린 것을 후인이 합쳐 이 책으로 편집했다. 『通志堂經解』에 11권으로 실려 있는데 앞에 「進周易表」가 붙어 있다. 『四部叢刊』에도 실려 있다. 政和 6년(1116) 시작하여 紹興 4년(1134) 완성한 것으로 되어 있다. 『周易』의 流傳과 河圖洛書의 淵源을 고찰한 것이다. 經, 繫辭, 說卦傳, 雜卦傳으로 구성되어 있다. 吳道一의 「丙寅燕行日乘」에 北京에서 朱震의 『易傳幷圖說』을 구입해 왔다고 했는데 곧 이 책이다. 『三山集』, 『靑莊館全書』, 『硏經齋全集』, 『五洲衍文長箋散稿』에서도 이 책을 소개했다. 『五洲衍文長箋散稿』에 11권이며 『卦圖』 3권, 『叢說』 1권이 붙어 있다고 했는데 『玉海』, 『宋史』 등을 따른 것으로 추정된다.

閒書杜律

明 楊愼이 杜甫의 律詩를 품평한 책. 楊愼(1488~1559)은 字가 用修이고 號가 升庵이며 新都 출신이다. 文集 외에 『丹鉛總錄』, 『升庵詩話』 등 280여 종의 저술을 남겼다. 이 책은 『升菴集』 권4에 같은 이름으로 실려 있는데, 杜甫의 律詩를 품평한 것이다. 『說郛續』에도 같은 내용이 실려 있다. 『五洲衍文長箋散稿』에 詩話書의 하나로 이 책을 들었다.

漢書音義

後漢 服虔이 편찬한 『漢書』의 註釋書. 服虔은 字가 子愼이고 初名은 重이었는데 祇로 고쳤다가 다시 虔으로 고쳤다. 河南 滎陽 출신으로 靈帝 연간(184~189) 九江太守를 지냈다. 『春秋左氏傳解誼』, 『通俗文』, 『春秋漢議駁』 등을 남겼지만 모두 전하지 않는다. 이 책은 1권으로 되어 있었지만 전하지 않는다. 『五洲衍文長箋散稿』에서 여러 차례 편찬자를 漢 延篤이라 했는데 근거를 알 수 없다. 延篤(?~167)은 字가 叔堅이고 南陽 犨縣 출신인데, 『隋書』에 『史記音義』와 『戰國策音義』를 편찬한 것으로 되어 있다. 後漢 應劭가 『漢書音義』를 이어 『漢書集解音義』를 편찬했으며 隋 蕭該, 唐 劉伯莊도 『漢書音義』를 남겼다. 그중 蕭該의 것만 『拜經堂叢書』에 실려 있다. 『芝峯類說』, 『研經齋全集』, 『與猶堂全書』 등에서는 편찬자를 밝히지 않고 이 책을 인용했다.

漢書音注 → 史記音義

漢書註

唐 顏師古가 『漢書』에 주석을 단 책. 顏師古(581~645)는 이름이 籒인데 주로 字인 師古로 불렸다. 雍州 萬年 출신으로, 秘書監을 지냈으며 『匡謬正俗』, 『大業拾遺記』 등의 저술이 전한다. 규장각 등에 明 凌稚隆이 萬曆 11년(1583) 간행한 『漢書』가 소장되어 있는데 이를 위시하여 대부분의 『漢書』는 顏師古의 주석이 병기되어 있다. 『艮齋集』, 『厚齋集』, 『芝峯類說』, 『星湖僿說』, 『海東繹史』 등 여러 문헌에서 이 서명으로 인용했다.

漢書評林

明 凌稚隆이 『漢書』를 풀이하고 평한 저술. 凌稚隆은 字가 以棟이고 號가 磊泉

이며 浙江 烏程 출신으로 嘉靖 연간(1522~1566) 활동했는데 자세한 이력은 밝혀져 있지 않다. 이 책 외에 『史記評林』, 『史記纂』, 『五車韻瑞』 등 많은 저술이 있다. 이 책은 『漢書』의 체제에 따라 100권으로 구성했고, 본문은 景祐 2년(1035) 간행된 宋本을 저본으로 하되 明代의 國子監本을 참고하여 교정하고 주석을 달았으며 『班馬異同』, 『黃氏日抄』 등을 참조하여 평을 실었다. 『宣祖實錄』에 1600년 이 책 50本, 『史記評林』 30本을 購得한 기록이 보인다. 金昌業의 『燕行日記』에 1712년 이 책을 구입했다는 기록도 보인다. 『東圃集』에 자신의 宗家에 이 책이 있다는 기록도 보인다. 서울대와 이화여대, 국립중앙도서관 등에 淸代의 목판본이 소장되어 있다. 『五洲衍文長箋散稿』에서도 이 책을 소개했다.

韓詩外傳

前漢 韓嬰이 『詩經』을 풀이한 책. 韓嬰(B.C200?~B.C.130?)은 燕 출신으로, 武帝 때 董仲舒와 논쟁을 벌인 고사가 있다. 前漢 初에 전해지던 魯氏, 齊氏, 韓氏, 毛氏 등 四家의 『詩經』을 바탕으로 이 책을 편찬했다. 360조에 걸쳐 儒家의 道德과 倫理를 주장하며 『詩經』의 작품을 인용했다. 원래 『韓詩內傳』 4권과 『詩經外傳』 6권을 편찬했으나, 後漢 시기 毛詩가 흥성하면서 일실되고 淸 趙懷義가 『韓詩內傳』의 逸文들을 1권으로 편집했다. 『詩經外傳』은 南宋 洪邁가 慶曆 연간(1041~1048) 간행했는데, 明의 毛晉이 그 抄本을 10권으로 간행했다. 규장각에 嘉靖 18년(1539) 刊記가 있는 목판본이 소장되어 있다. 『百家類纂』, 『漢魏叢書』, 『津逮秘書』, 『說郛』에도 수록되어 있다. 『韓詩內傳』은 『玉函山房輯佚書』에 수록되어 있다. 『希樂堂稿』, 『芝峯類說』, 『星湖僿說』, 『海東繹史』, 『五洲衍文長箋散稿』 등 많은 문헌에 『韓詩外傳』이 인용되어 있다.

漢隷分韻

元代 편찬자가 알려져 있지 않은 漢代의 隸書를 정리한 책. 宋 洪適의 『漢隷』를 바탕으로 한 것으로 元代의 韻을 따랐다. 7권으로 이루어져 있다. 대만 中研院傅斯年圖書館에 元代의 간본이 소장되어 있다. 明 嘉靖 9년(1530) 李宗樞가 간행한 판본이 미국 버클리대에 소장되어 있다. 국립중앙도서관에 『集漢隷分韻』 7권이 소장되어 있는데 版心題가 『漢隷分韻』으로 되어 있고 李宗樞의 序가 있어 같은 판본으로 보인다. 乾隆 37년(1772) 施養浩의 序로 보아 이때

판각된 것으로 추정된다.『五洲衍文長箋散稿』에 서명만 소개되어 있다.

翰苑叢紀 → 翰墨叢記

漢魏音

淸 洪亮吉이 편찬한 音韻書. 洪亮吉(1746~1809)은 字가 君直 혹은 稚存이고 號가 北江이다. 江蘇 陽湖 출신으로 經史와 音韻 訓詁에 뛰어났고 특히 地理에 정통했다.『卷施閣詩文集』,『更生齋詩文集』,『北江詩話』,『春秋左傳詁』,『比雅』,『六書轉注錄』,『史記以下四史謬誤』,『金石記』 등 저술이 많다. 이 책은 4권으로 漢과 魏의 漢字音을 설명한 책이다. 乾隆 연간(1736~1795) 간행된 목판본이 일본 東京大 등에 소장되어 있다. 嘉慶 14년(1809) 간행된『卷施閣集』이 장서각에 소장되어 있는데 여기에도 실려 있다.『貞蕤閣集』과『五洲衍文長箋散稿』에서 이 책을 소개했지만 淸 袁枚가 쓴『卷施閣文乙集』의 序를 인용한 것이다.

漢魏叢書

明 程榮이 편찬한 叢書. 程榮은 字가 伯仁 혹은 仲仁이며 安徽 歙縣 출신이다.『山居淸賞』,『嵇中散集』,『藝苑巵言』 등을 편찬했다. 생몰년은 확인되지 않는다. 이 책은 漢魏六朝의 저작 38종을 선별하고 經籍, 史籍, 子籍으로 분류하여 수록했다. 經籍에는 漢 京房의『京氏易傳』, 晉 王弼의『周易略例』, 晉 阮咸의『古三墳』, 漢 申培의『詩說』, 漢 韓嬰의『韓詩外傳』, 漢 戴德의『大戴禮記』, 漢 董仲舒의『春秋繁露』, 漢 班固의『白虎通德論』, 漢 蔡邕의『獨斷』, 漢 馬融의『忠經』, 漢 揚雄의『方言』 등 11종, 史籍으로는 隋 王通의『元經薛氏傳』, 晉 孔晁의『汲冢周書註』, 晉 郭璞의『穆天子傳註』, 晉 葛洪의『西京雜記』 등 4종, 子籍으로는 漢 黃石公의『素書』, 漢 陸賈의『新語』, 漢 孔鮒의『孔叢子』, 漢 劉向의『新序』와『說苑』, 漢 賈誼의『新書』, 漢 揚雄의『法言』, 漢 王符의『潛夫論』, 漢 荀悅의『申鑑』, 漢 徐幹의『中論』, 北齊 顔之推의『顔氏家訓』, 秦 公孫鞅의『商子』, 魏 劉邵의『人物志』, 漢 應劭의『風俗通義』, 梁 劉勰의『劉子新論』, 漢 東方朔의『神異經』, 漢 郭憲의『洞冥記』, 梁 任昉의『述異記』, 晉 王嘉의『王子年拾遺記』, 魏 石申의『甘石星經』, 漢 伶玄의『飛燕外傳』, 梁 陶弘景의『古今刀劍錄』, 漢 王充의『論衡』 등 23종을 수록했다. 수록한 문헌은 대부

분 漢魏와 六朝의 古經, 逸史, 稗官野史, 志怪小說 등이다. 萬曆 20년(1592) 屠隆이 58종의 저술을 모아 같은 이름으로 간행한 판본이 일본의 蓬左文庫에 소장되어 있는데 「東海屠氏序」가 붙어 있고 305권 51책으로 되어 있다. 屠隆(1543~1605)은 字가 長卿 혹은 緯眞이고 號는 赤水이며 浙江 鄞縣 출신이다. 詩文과 戱曲에 뛰어났으며, 博學으로도 이름이 높았다. 何允中은 다시 이 책을 80종으로 증보하여 『廣漢魏叢書』를 편찬했다. 何允中은 明末의 학자로 武林 출신이지만 자세한 생애는 알려져 있지 않다. 『廣漢魏叢書』는 經翼, 別史, 子餘, 載籍 네 부분으로 구성되어 있다. 經翼에는 『漢魏叢書』의 經籍에 수록된 11종 외에 漢 焦贛의 『易林』, 衛 端木賜의 『詩傳』, 晉 陶潛의 『孝傳』, 漢 劉熙의 『釋名』, 魏 張揖의 『博雅』, 漢 孔鮒의 『小爾雅』 6종을 증보하여 17종을 수록했다. 別史는 『漢魏叢書』의 史籍에 수록된 4종 가운데 葛洪의 『西京雜記』 대신 『神僊傳』을 수록했고, 漢 趙曄의 『吳越春秋』, 漢 無名氏의 『越絶書』, 魏 崔鴻의 『十六國春秋』, 晉 陸翽의 『鄴中記』, 梁 沈約의 『竹書紀年』, 漢 班固의 『漢武內傳』, 漢 伶玄의 『飛燕外傳』, 漢 無名氏의 『秘辛』, 晉 陶潛의 『群輔錄』, 晉 皇甫謐의 『高士傳』, 魏 王粲의 『英雄記』 등을 보태 15종을 수록했다. 子餘는 『漢魏叢書』의 子籍에 수록된 11종을 子餘와 載籍에 나누어 싣되 漢 伶玄의 『飛燕外傳』은 別史로 분류하고, 秦 公孫鞅의 『商子』는 삭제했다. 子餘에는 漢 魏伯陽의 『參同契』, 漢 張良의 『陰符經』, 漢 諸葛亮의 『心書』, 魏 武帝의 『孫子』, 漢 劉安의 『鴻烈解』, 晉 葛洪의 『抱朴子』, 隋 王通의 『中說』, 晉 葛洪의 『枕中書』, 漢 王符의 『潛夫論』, 漢 黃憲의 『外史』 등을 보태 21종을 수록하고, 載籍에는 晉 干寶의 『搜神記』, 漢 東方朔의 『十洲記』, 梁 吳均의 『續齊諧記』, 漢 劉歆의 『西京雜記』, 晉 張華의 『博物志』, 晉 崔豹의 『古今注』, 梁 劉勰의 『文心雕龍』, 梁 鍾榮의 『詩品』, 梁 庾肩吾의 『書品』, 漢 桓寬의 『鹽鐵論』, 漢 無名氏의 『三輔黃圖』, 晉 常璩의 『華陽國志』, 後魏 楊衒之의 『洛陽伽藍記』, 漢 桑欽의 『水經』, 晉 宗懍의 『荊楚歲時記』, 晉 嵇含의 『南方草木狀』, 晉 戴凱之의 『竹譜』, 梁 虞荔의 『鼎錄』 등을 보태 27종을 수록했다. 『廣漢魏叢書』는 明代의 간본이 규장각에 소장되어 있는데 100책 중 86책을 제외한 99책이 소장되어 있다. 萬曆 20년 屠隆의 序와 何允中의 識가 실려 있다. 『漢魏叢書』, 『廣漢魏叢書』는 그 후에도 증보되었다. 『增訂漢魏叢書』는 乾隆 56년(1791) 王謨가 배열 순서를 조금 조정하고 86종으로 증보하여 편찬한 것이다. 규장각에 이 판본이 소장되어 있다. 『樗村遺稿』, 『藥山漫稿』, 『順菴集』, 『保晚齋集』, 『而已广集』, 『弘

齋全書』, 『硏經齋全集』 등 18세기 이후 많은 문헌에서 『漢魏叢書』를 인용하여 고증하고 있다. 徐命膺은 이 책과 함께 『唐宋叢書』, 『格致叢書』 등을 明의 대표적인 총서로 꼽았다. 李德懋는 「仍呵呵生聞柳金肝於宋子堂中癖漢魏叢書戲寄要和」에서 朴齊家가 『漢魏叢書』에 癖이 있다고 했다. 『弘齋全書』에서 正祖는 叢書類가 『津逮祕書』에 이르러 방대해졌지만 『漢魏叢書』보다 못하다고 했다. 成海應의 「外集序」에 따르면 『硏經齋全集』의 『外集』을 편집할 때 『漢魏叢書』를 본떠 經翼, 史料, 子餘, 載籍 등 四部로 나누었다고 한다.

漢儀注 → 漢舊儀

韓子

唐 韓愈가 자신의 散文 26편을 선발한 책. 韓愈(768~842)는 字가 退之이고 河陽 출신이며 韓昌黎로 불린다. 이 책은 明 曹安의 『讕言長語』에 보이는데 지금은 전하지 않는다. 『五洲衍文長箋散稿』에서도 이 기록을 인용했다. 통상적으로 『韓子』라 하면 『韓非子』를 가리킨다. 洪良浩의 「讀韓子」는 韓愈의 글을 읽고 쓴 것이지만 『韓子』라는 책 자체는 아닌 듯하다.

閒者軒帖考

明末淸初 孫承澤이 書畫를 평론한 책. 孫承澤(1592~1676)은 字가 耳北 혹은 耳伯이고 號는 北海 혹은 退谷이며 山東 益都 출신이다. 書畫와 骨董의 수장가로 이름이 높고 鑑別에도 뛰어났다. 저서로 이 책 외에 『春明夢餘錄』, 『天府廣記』, 『庚子消夏記』, 『九州山水考』, 『學典』, 『溯洄集』 등이 있다. 이 책은 38條로 書畫에 관한 평론을 수록했다. 규장각에 소장된 『知不足齋叢書』에 실려 있고, 明 郭宗昌의 『金石史』에 부록으로 실려 있다. 『五洲衍文長箋散稿』에 이 책이 소개되어 있다.

漢雜事秘辛 → 雜事秘辛

漢制考

南宋 王應麟이 漢의 制度에 관해 기술한 책. 王應麟(1223~1296)은 字가 伯厚이고 號가 厚齋이며 慶元府 鄞縣 출신이다. 博學을 바탕으로 是非를 고증하

는 데 뛰어났다. 『玉堂類稿』, 『鄭氏周易注』, 『漢制考』, 『困學紀聞』, 『論語孟子考異』, 『通鑑地理通釋』, 『六經天文編』, 『四明文獻集』, 『小學紺珠』 등 방대한 저술을 남겼다. 이 책은 4권으로 『漢書』와 『續漢書』의 여러 志에 수록된 制度의 細目을 보충한 것으로, 諸家의 經注와 『說文』 등의 기록에서 보충할 만한 내용을 채록하여 수록했으며, 古今의 註釋에서 명칭이나 달라진 풍속도 일일이 고증했다. 규장각에 소장된 『玉海』에 실려 있다. 『五洲衍文長箋散稿』에서 이 책을 인용했다.

漢雋

南宋 林鉞이 편찬한 漢代의 제도를 설명한 책. 林鉞은 林絨이라고도 적는데 括蒼 출신으로 紹興 연간(1131~1162) 활동했고, 저서로 이 책과 『少陵詩格』이 전한다. 이 책은 前漢까지의 제도를 기록했는데 10권이다. 稱制, 三宮, 群僚 등 50편이 수록되어 있는데 漢代의 중요한 제도와 관련한 語彙를 풀이했다. 일본 東京大 등에 萬曆 연간(1573~1620)과 嘉慶 연간(1796~1820)의 판본이 소장되어 있다. 明 凌迪知가 後漢의 역사를 함께 기술하여 『兩漢雋言』으로 다시 편찬했다. 凌迪知(1529~1600)는 字가 稚哲이고 浙江 湖州 출신이며 凌濛初의 부친이다. 『萬姓統譜』, 『國朝名公翰藻存』, 『左國腴史』, 『名公翰藻』, 『太史華句』, 『文選錦字』 등 많은 저술을 남겼다. 『兩漢雋言』은 10권까지가 林越의 『漢雋』이고, 나머지 16권까지가 凌迪知의 저술이다. 각기 前集과 後集으로 나누어져 있다. 규장각에는 光緒 연간(1875~1908) 판본이 소장되어 있는데 萬曆 4년(1576) 凌迪知의 序가 붙어 있다. 『五洲衍文長箋散稿』에서 이 책을 인용했다. 『五洲衍文長箋散稿』에서는 여러 차례 『漢雋格物』을 인용했지만 어떤 책인지는 확인할 수 없다. 같은 내용이 모두 淸 趙吉士의 『寄園寄所寄』에 보인다.

漢晉印章圖譜 → 吳氏印譜

漢晉春秋

晉 習鑿齒가 편찬한 漢과 晉의 歷史書. 習鑿齒(317~383)는 字가 彦威이고 襄陽 출신이며, 저서로 『漢晉春秋』, 『襄陽耆舊傳』, 『逸人高士傳』 등이 있다. 이 책은 54권이며 後漢 光武帝로부터 西晉 愍帝에 이르는 281년의 역사를 기록

한 것으로, 三國史를 기록할 때는 蜀漢을 正統으로 삼았다. 清 黃奭, 湯球, 王仁俊 등이 각기 편집한 판본이 일본 東京大에 소장되어 있다. 『順菴集』, 『息山集』, 『警修堂全藁』, 『五洲衍文長箋散稿』 등에 이 책이 인용되었다.

韓昌黎文公集 → 昌黎集

韓昌黎集 → 昌黎集

漢春秋

北宋 胡旦이 편찬한 漢의 歷史書. 胡旦(955~1034)은 字가 周父이고 濱州 渤海 출신이며, 이 책 외에 『五代史略』, 『將帥要略』, 『演聖通訟』, 『唐乘』, 『家傳』 등이 전한다. 이 책은 漢代의 역사를 기록한 것인데, 宋 王堯臣의 『崇文總目輯釋』과 『宋史』 등에는 100권이라 했지만 전하지 않는다. 『兩漢春秋』로 된 문헌도 있다. 『經義考』에도 일실된 것으로 되어 있다. 『五洲衍文長箋散稿』에서 서명만 소개했다.

陷虜記

五代 胡嶠가 契丹에서의 見聞을 기록한 책. 胡嶠는 字가 文嶠이고 華陽 출신이며, 宋 胡舜陟의 高祖다. 會同 10년(947) 宣武軍節度使 蕭翰의 掌書記로서 契丹으로 들어갔는데 蕭翰이 죽임을 당한 후 7년 동안 억류되었다 탈출하여 돌아왔다. 胡嶠가 중원으로 돌아올 때 回紇의 瓜種을 가지고 와서 재배했는데, 곧 수박으로 西瓜라고 불렀다. 이 책은 胡嶠가 契丹에서 직접 見聞한 契丹의 풍토와 풍속, 문화, 典章 등을 적었다. 『陷北記』라고도 한다. 『崇文總錄』에는 3권으로 되어 있으나 원문은 일실되고 『五代史』와 『全唐文』 등에 일부가 수록되어 전하며, 『說郛』에도 일부가 실려 있다. 『靑莊館全書』, 『林下筆記』, 『五洲衍文長箋散稿』에 인용되었다.

含文嘉 → 禮含文嘉

函史

明 鄧元錫이 上古부터 明 중엽까지의 역사를 기록한 책. 鄧元錫(1529~1593)

은 字가 汝極이고 號가 潛谷이며 江西省 南城 출신이다. 이 책 외에 『五經繹』, 『三禮編繹』, 『明書』, 『潛學稿』 등을 저술했다. 이 책은 규장각에 康熙 20년(1681) 序가 달린 목판본 10권이 소장되어 있다. 卷首에는 張朝璘과 許世昌의 「重刻函史序」, 熊人霖과 陳際泰의 「重刻函史上下編序」, 楊日升의 「函史序」 등이 실려 있다. 鄧元錫의 「上編序」가 萬曆 연간(1573~1620)의 것이고, 「下編序」는 隆慶 연간(1567~1572)의 것이므로 上編이 나중에 간행된 듯하다. 『通志』의 체제를 따라 『史記』에서 『元史』에 이르기까지의 각종 사료를 모은 책이다. 上編은 商代까지의 上古史를 古初帝王表로 정리하고, 周代부터 元代까지는 紀와 列傳으로 나누어 기록했는데 81권이다. 下編은 21권으로 天官書, 方域志, 人官考, 時令記, 曆數考, 災祥考, 土田志, 賦役書, 漕河志, 封建志, 任官考, 學校志, 經籍記, 禮儀志, 樂律考, 財賄考, 刑法志, 兵制考, 邊防書, 戎狄志, 異教考 등으로 구성되어 있다. 明 陳仁錫의 『經世八編類纂』에도 수록되어 있다. 『順菴集』, 『五洲衍文長箋散稿』 등에 이 책이 소개되어 있다.

函海

清 李調元이 편찬한 叢書. 李調元(1734~1803)은 字가 美堂이고 號가 雨村이며 童山俊翁이라고도 하며 綿州 출신이다. 문집 『童山詩集』 외에 『雨村曲話』, 『雨村劇話』, 『全五代詩』, 『粵風』, 『續函海』 등 많은 저술을 남겼다. 조선 후기 北學派 문인들과도 교유가 있었다. 『函海』는 30集 150種의 문헌으로 이루어져 있는데 晉代와 梁代부터 清代까지의 小說, 史書, 小學書, 詩文集, 詩話 등이 실려 있다. 明 楊愼의 저술 40종이 포함되어 있으며 『詩話』, 『詞話』, 『曲話』, 『劇話』, 『賦話』 등 자신의 저서 40여 종도 실려 있다. 『詩話』에는 李德懋 등 조선 문인의 시에 대한 비평도 보인다. 『研經齋全集』, 『貞蕤閣集』, 『阮堂全集』, 『梣溪遺稿』, 『海翁藁』, 『恩誦堂集』, 『五洲衍文長箋散稿』 등에서 이 책을 인용했다. 서울대 중앙도서관, 국립중앙도서관 등에 道光 5년(1825) 목판본이 소장되어 있다.

合璧事類 → 古今合璧事類備要

合誠圖 → 春秋合誠圖

合訂刪補大易粹言

清 納蘭成德이 『周易』을 풀이한 학설을 모은 책. 納蘭成德(1655~1685)은 叶赫那拉氏로 皇室의 外戚이다. 字가 容若이고 號가 楞伽山人이며 滿洲 正黃旗 출신이다. 『通志堂經解』가 그가 편찬한 총서다. 이 책은 원래 『合訂刪補大易集義粹言』이라 했으며 80권이다. 『通志堂經解』에 실려 있는데 국립중앙도서관에도 소장되어 있다. 宋 陳友文의 『大易集義』와 方聞一의 『大易粹言』을 합친 것이다. 陳友文은 貫鄕과 이력이 자세하지 않다. 『大易集義』는 『大易集傳精義』라고도 하는데 독립된 책으로는 전하지 않는다. 宋 曾穜이 知舒州로 있을 때 이 책을 간행하게 했는데 이 때문에 편찬자가 曾穜으로 잘못 알려졌다. 『靑莊館全書』, 『硏經齋全集』, 『五洲衍文長箋散稿』에는 納蘭性德의 『合訂刪補大易集義粹言』을 소개했다.

恒星出沒表

독일 출신 선교사 湯若望과 羅雅谷이 편찬한 天文學書. 湯若望(Johann Adam Schall von Bell, 1592~1666)은 독일 天主敎 耶蘇會 소속의 修士로 중국에서 字를 道未라 했다. 47년간 중국에 살다가 北京의 마테오리치 무덤 옆에 묻혔다. 중국 科學史와 思想史에 크게 기여했고 『崇禎曆書』, 『主敎緣起』 등의 저술이 있다. 羅雅谷(Giacomo Rho, 1593~1638)은 이탈리아 출신 天主敎 耶蘇會 소속의 修士로 중국으로 와서 字를 味韶라 했다. 崇楨 4년(1631) 北京曆局에 소환되어 徐光啓, 湯若望, 龍華民, 鄧玉函 등과 함께 曆法을 개혁하고 이들과 『崇禎曆書』를 편찬했다. 이 책은 2권으로 되어 있으며, 恒星의 出沒을 수학적으로 산출한 천문학서다. 卷上에 算近黃道四十五大星斜升斜入竝在中各節氣時刻原法, 查表求二十四節氣昏旦中星法, 北京各節氣昏旦時刻表, 北京各節氣恒星出沒在中表 등이, 卷下에 南京各節氣昏旦時刻表, 南京各節氣恒星出沒在中表 등이 실려 있다. 규장각에 필사본이 소장되어 있으며 『西洋新法曆書』에도 수록되어 있다. 『五洲衍文長箋散稿』에 이 책이 인용되어 있다.

項氏家說

南宋 項安世가 고대의 禮說을 집성한 책. 項安世(1129~1208)는 字가 平甫이고 號가 平庵이며 括蒼 출신이다. 『易玩辭』, 『項氏家說』, 『平庵悔稿』 등의 저술이 있다. 『直齋書錄解題』에는 項安世의 저술로 『項氏家說』 10권과 附錄 4권이

있다고 했다. 이 책은 『四庫全書』에 10권으로 수록되어 있다. 說經, 說事, 說政, 說學으로 구성되어 있다. 『五洲衍文長箋散稿』에서 『周禮家說』이라 했으나 이러한 서명은 확인되지 않는다. 『項氏家說』의 說經에 『周禮』를 다룬 부분이 있다. 『五洲衍文長箋散稿』에는 『項氏家說』이 따로 소개되어 있다.

亢倉子

庚桑楚가 편찬한 것으로 알려져 있는 道教書. 庚桑楚는 姓이 庚桑이고 이름이 楚이며 亢桑子 또는 亢倉子, 庚桑子라고도 한다. 『莊子』에 등장하는 인물로 太上老君의 道를 얻어 毗陵孟峰에 은거하다 신선이 되었다고 한다. 唐 玄宗 天寶 元年(742) 『亢倉子』를 『洞靈眞經』으로 높여 부르면서, 庚桑楚를 洞靈眞人으로 책봉했다. 『亢桑子』는 『漢書』「藝文志」와 『隋書』「經籍志」에 모두 수록되지 않았는데, 『新唐書』의 「藝文志」에 王士元이 편찬한 것으로 되어 있으며 2권이라 했다. 王士元은 唐의 處士지만 생애가 자세하지 않다. 규장각 등에 소장된 『說郛』와 『百家類纂』, 『百子全書』, 『奇賞齋古文彙編』, 『諸子奇賞』, 『重刻諸子彙函』, 『百家類纂』 등에 수록되어 있다. 『莊子』의 庚桑楚를 기초로 諸子 중에서 文義가 비슷한 것들을 모아서 편집한 것이다. 全道, 用道, 政道, 君道, 臣道, 賢道, 訓道, 農道, 兵道 등으로 구성되어 있다. 『芝峯類說』, 『陶谷集』, 『燕巖集』, 『青莊館全書』, 『海東繹史』, 『楓石全集』, 『五洲衍文長箋散稿』 등에 이 책이 인용되어 있다. 『青莊館全書』에는 王士元이 편찬한 것이라 했다. 『林下筆記』에 따르면 鄭元容이 『文英珍選』을 편찬할 때 이 책에서도 글을 선발했다고 한다. 『洞靈眞經』으로 된 판본은 『四部叢刊』에 5권으로 수록되어 있는데 편자가 周 庚桑楚로 되어 있고 宋 何粲이 注를 달았다. 『五洲衍文長箋散稿』에는 『亢倉子』와 함께 『洞靈眞經』이 보이는데 『道藏』에 실려 있다. 『道藏』에 수록되어 있는 『洞靈眞經』은 3권이다.

海嶠志

唐 竇叔蒙이 편찬한 海洋의 波濤와 潮汐 등에 관한 책. 竇叔蒙은 唐 寶應 연간(762~763)에서 大曆 연간(766~779) 활동한 학자지만 생애는 자세하지 않다. 浙江省 東部 지역의 해변에서 성장하여 매일 海洋을 관찰하고 이 책을 엮었다. 海濤志, 濤曆, 濤日時, 濤期, 朔望體象, 春秋仲月漲濤解 등 6篇으로 구성되어 있었지만 원문은 일실되고 『全唐文』에 海濤志 1篇만 남아 있어 『海濤志』

라고도 부른다. 나머지 5편은 宋 歐陽修의 『稽古錄』에 篇名만 보인다. 清 兪思謙이 편찬한 『海潮輯說』에도 『海濤志』가 수록되어 있다. 『研經齋全集』, 『洛下生集』, 『海東繹史』, 『林下筆記』, 『五洲衍文長箋散稿』 등에서 이 서명이 보이는데 주로 潮汐說과 관련하여 이 책을 인용했지만 이 책을 직접 보았을 가능성은 거의 없다.

海國圖志

清 魏源이 편찬한 世界地理書. 魏源(1794~1857)은 原名이 遠達이고 字는 默深 혹은 默生이며 湖南省 寶慶府 邵陽縣 출신이다. 저서로 이 책 외에 『皇朝經世文編』, 『古微堂詩文集』, 『聖武記』, 『元史新編』, 『老子本義』 등이 있다. 이 책은 道光 22년(1842) 50권으로 완성되었고, 道光 27년(1847) 60권으로 增補되었으며, 咸豐 2년(1852) 100권으로 최종본이 완성되었다. 光緒 연간(1875~1908) 판본이 규장각에 소장되어 있다. 籌海編(議守, 議戰, 議款), 海國沿革各圖(地球正背面圖, 亞細亞洲各圖, 利夫亞洲各圖, 歐羅巴洲各圖, 亞墨利加洲各圖), 東南洋海岸諸國, 東南洋海島各國, 西南洋亞細亞洲, 小西南洋利夫亞洲, 大西洋歐羅巴洲, 外大西洋亞墨利加洲, 西南洋各國教門表, 中西曆法同異表, 中西紀年通表, 國地總論, 籌海總論, 夷情備采, 倣造戰船議, 火輪船圖記 등으로 구성되어 있다. 『日省錄』에는 1867년 申觀浩가 이 책을 보고 水雷砲를 제작했다는 기록이 보인다. 『阮堂全集』, 『性齋集』, 『瓛齋集』, 『圭齋遺藁』, 『五洲衍文長箋散稿』 등에서 이 책을 자세히 다루었다. 李裕元의 『嘉梧藁略』에 실려 있는 「異域竹枝詞」가 이 책을 바탕으로 제작한 것이다.

海內十洲記 → 十洲記

海錄碎事

宋 葉廷珪가 편찬한 類書. 葉廷珪는 字가 嗣忠이고 號가 翠巖이며 崇安 출신이다. 政和 5년(1115) 進士가 되었으며 紹興 18년(1148) 知泉洲를 지냈다. 이 책과 함께 『名香譜』 등이 전한다. 이 책은 『海錄』이라고도 한다. 『四庫全書』에 24권으로 수록되어 있다. 自序에는 175門으로 분류했다고 했지만 실제는 16部 584門으로 되어 있다. 曾穹, 天闔, 紫宸 등과 같은 표제를 두고 『文選』 등 다양한 문헌에서 海路 관련 사항을 뽑아 인용했다. 中國 國家圖書館에 萬曆

26년(1598) 간본이 소장되어 있다. 국립중앙도서관에 일본에서 간행한 판본이 소장되어 있다. 『五洲衍文長箋散稿』에서 여러 차례 이 책을 인용했다.

該聞錄

北宋 李畋이 편찬한 筆記雜錄. 李畋은 蜀 출신이지만 생애가 자세하지 않다. 이 책은 宋 晁公武의 『郡齋讀書錄』에는 10권으로 되어 있다. 熙寧 연간(1068~1077) 벼슬에서 물러나 문인들과 나눈 閑談을 모아 이 책을 편찬했는데 끝에 자신의 雜詩 12수를 붙였다고 했다. 元 馬端臨의 『文獻通考』에서 李畋의 『歸田錄』 10권을 소개하면서 『該聞錄』으로도 부른다고 했다. 『駭聞錄』이라고도 한다. 원문은 일실되고 『說郛』, 『宋人百家小說』 등에 1권으로 실려 있다. 『青莊館全書』, 『五洲衍文長箋散稿』 등에 인용되어 있는데 『五洲衍文長箋散稿』에는 편찬자가 李略으로 잘못 표기되어 있다.

海防議

明 華鈺이 편찬한 兵書. 華鈺은 字가 德夫이고 丹徒 출신이다. 萬曆 연간(1573~1620) 進士가 되어 벼슬길에 올랐지만 젊은 시절부터 오랜 기간 투옥생활을 하면서 저술에 힘을 쏟았다. 이 책은 『淵鑑類函』에서 언급했지만 다른 문헌에서는 확인되지 않는다. 朝鮮의 龜船을 언급한 내용이 있어 『李忠武公全書』에서 이 책을 인용했는데 『海東繹史』에서는 이를 다시 인용했다. 明 張萱의 『西園聞見錄』에 같은 내용이 보이지만 출처를 밝히지 않았다.

蟹譜

北宋 傅肱이 편찬한 게에 관한 저술. 傅肱은 字가 自翼이고 號를 怪山이라고 했는데 怪山은 곧 越州의 飛來山이므로 會稽 출신임을 알 수 있다. 자세한 이력은 밝혀져 있지 않다. 이 책은 게에 관한 정보를 모은 것인데 上下 2권으로 되어 있으며 嘉祐 4년(1059)의 自序가 있다. 上篇에서는 옛 문장을 채록하고, 下篇에서는 자신의 見聞을 기록했다. 게에 관한 저술로 이 책 외에 唐 陸龜蒙의 『蟹志』, 明 汪介의 『蟹春秋』, 清 褚人獲의 『續蟹譜』 등이 알려져 있다. 『星湖僿說』, 『青莊館全書』, 『五洲衍文長箋散稿』 등에서 이 책을 인용했다. 규장각 등에 소장된 『說郛』와 영남대 등에 소장된 『百川學海』에 이 책이 실려 있다.

海槎錄 → 海槎餘錄

海槎餘錄

明 顧岕가 海南島 지역의 見聞을 기록한 책. 顧岕는 字가 彙堂이고 吳郡 출신으로, 嘉靖 元年(1522)부터 嘉靖 6년(1527)까지 儋州에서 관직 생활을 하면서 見聞을 바탕으로 이 책을 엮었다. 규장각에 소장된 『尙白齋鐫陳眉公訂正秘笈』, 『叢書』, 『顧氏四十家小說』 등에 이 책 1권이 수록되어 있다. 卷頭에 顧岕의 識가 수록되어 있고, 載酒堂, 波羅蜜樹, 黎俗藏, 佛桑花, 相思子, 檳榔, 鸚鵡杯 등 40여 조로 되어 있다. 『五洲衍文長箋散稿』에는 顧玠의 『海槎錄』으로 인용되어 있다.

諧聲指南

明 吳元滿이 편찬한 文字學書. 吳元滿은 字가 敬甫이고 歙縣 출신이며 萬曆 연간(1573~1620) 활동했지만 벼슬은 하지 않았다. 『六書總要』가 그의 저술인데 이 책이 1권으로 부록에 실려 있다. 萬曆 12년(1584) 간본이 中國 科學院圖書館에 소장되어 있다. 독립된 간본은 浙江 汪啓淑 家藏本이 전하며 일본 東京大에도 소장되어 있다. 이 책은 六書를 설명한 것으로 주로 한자의 諧聲 현상에 근거하여 이론을 펼쳤다. 諧本聲, 諧葉聲, 諧本音, 諧葉音, 諧轉聲, 諧轉葉聲, 諧轉音, 諧轉葉音과 같은 여덟 가지의 구별이 있는데, 古字의 근본은 하나의 聲音이었으므로 諧聲을 따른 글자들도 독법이 크게 다르지 않다고 했다. 『五洲衍文長箋散稿』에 『六書總要』와 함께 이 책이 인용되어 있다.

海嶽書史 → 書史

海嶽畵史 → 畵史

海藥本草

前蜀 李珣이 편찬한 醫學書. 李珣(855?~930?)은 字가 德潤이고 四川 梓州 출신으로, 페르시아 상인 李蘇沙의 후예이며 대대로 향수와 약품을 판매했다. 이 책은 『隋書』 「經籍志」 등에 6권으로 되어 있지만 일실되어 전하지 않는다. 『香譜』, 『本草綱目』 등에 일부가 인용되어 전한다. 南海 郡縣의 藥物 생산과

효능, 치료 방법 등을 기술했다. 藥品 131종과 藥物 66종 등이 기록되어 있었다. 신라의 松子와 조선의 人蔘을 소개하면서 『海東繹史』에서 인용했다.

海語

明 黃衷이 편찬한 南海 일대에 관한 雜錄. 黃衷(1473~1553)은 字가 子和이고 廣東 南海 출신이며, 兵部侍郞을 지냈다. 이 책은 1권으로 黃衷이 만년에 은퇴한 후 南海 일대의 海洋과 船舶, 船員 등을 관찰하고 해변의 山川과 風土 등을 조사하여 편찬한 것이다. 규장각에 소장된 『嶺南遺書』에 실려 있으며 『百部叢書集成』에도 수록되어 있다. 風俗, 物産, 畏途, 物怪 등 4類로 분류하고 風俗에 暹羅, 滿剌加 등, 物産에 象, 海狗 등, 畏途에 分水, 萬里長沙 등, 物怪에 海和尙, 海神 등으로 구성했다. 매 항목의 끝에 論斷을 붙여서 자신의 의견을 실었다. 고려에서 나는 猛火油를 소개했는데 이 때문에 『海東繹史』에서 이 책을 인용했다.

海鹽縣圖經

明 樊維城과 胡震亨, 姚士粦 등이 편찬한 海鹽 지역의 地理書. 樊維城은 字가 亢宗이고 號가 紫蓋이며 黃岡 출신이다. 萬曆 47년(1619) 海鹽知縣을 역임했다. 胡震亨(1569~1645)은 字가 君鬯인데 孝轅으로 바꾸었고 號는 赤城山人 혹은 遯叟라고 했으며 海鹽 출신이다. 藏書家로 이름이 높다. 姚士粦은 字가 叔祥이고 海鹽 출신으로 書畵에 능했다. 이 책은 16권이며 明 天啓 4년(1624) 완성되어 淸 乾隆 12년(1747) 간행되었는데 대만 故宮博物院圖書館 등에 소장되어 있다. 浙江省 杭嘉湖 일대를 이르는 海鹽 지역의 地理志로, 方域, 食貨, 戍海, 堤海, 官師, 人物, 雜識 등으로 구성되어 있다. 『五洲衍文長箋散稿』에 인용되어 있는데 淸 趙吉士의 『寄園寄所寄』에서 가져온 것으로 보인다.

海外怪洋記 → 怪洋記

海外覃皇澤詩

北宋 呂祐之의 詩集. 呂祐之(947~1007)는 字가 元吉이고 濟州 鉅野 출신으로, 刑部侍郞을 지냈다. 『宋史』에 따르면 端拱 元年(988) 呂端의 副使로서 高麗에 사신으로 갔다가 돌아올 때 풍랑을 만나 財物을 모두 바다에 버렸는데

復命할 때 『海外覃皇澤詩』 19수를 지어 헌상하자 宋 太宗이 기뻐하여 그가 빌린 돈 50만 냥을 갚지 말게 했다는 기록이 보인다. 『海東繹史』에서 宋 劉延世의 『孫公談圃』를 인용해 이 책을 소개했지만 『宋史』에서 옮긴 것이다. 『玉海』에도 같은 기사가 보인다. 일실되어 전하지 않는다.

海外使程廣記

南唐 章僚가 高麗에 사신으로 갔을 때의 見聞을 기록한 雜錄. 章僚는 어떤 인물인지 자세하지 않다. 宋 陳振孫의 『直齋書錄解題』에 南唐의 如京使 章僚가 편찬한 책으로 3권이며, 高麗에 사신으로 갔을 때 기록한 海道와 그 나라의 山川, 事跡, 物産이 상세하다고 했다. 또 史虛白의 序에서 己未年(959) 10월 高麗로 갔다고 했다. 같은 내용이 『文獻通考』에도 실려 있다. 『通志』에 『高麗國海外使程記』가 3권이며 昇元 연간(937~943)에 기록한 것이라 했다. 宋 程大昌의 『續演繁露』에는 『海外行程記』로 자세히 소개되어 있다. 지금은 일실되어 전하지 않는다. 『海東繹史』에는 『通志』, 『文獻通考』 등의 내용을 인용했으며 특히 『演繁露續集』에 실린 내용을 비교적 자세히 인용했다. 『靑莊館全書』, 『五洲衍文長箋散稿』 등에도 비슷한 내용이 보인다.

海外異物記

漢 張騫이 西域 일대를 見聞하고 기록한 雜錄. 張騫(B.C.164~B.C.114)은 字가 子文이고 漢中 成固 출신이다. 비단길을 개척하여 漢이 西域으로 통할 수 있는 통로를 만들었고 西域의 여러 나라에서 汗血馬, 葡萄, 苜蓿, 石榴, 胡桃, 胡麻 등의 물산을 중국으로 들여왔다. 이 책은 張騫이 西域을 여행하면서 알게 된 풍토와 山川, 風俗, 物産 등을 적었다고 하지만 지금은 전하지 않는다. 『五洲衍文長箋散稿』에서 이 책을 인용했지만 『山堂肆考』 등 後代의 문헌에서 가져온 것이다.

海外行程記 → 海外使程廣記

蟹志

唐 陸龜蒙이 편찬한 게에 관한 저술. 陸龜蒙(?~881)은 字가 魯望이고 吳江 출신으로, 『唐書』에 立傳되어 있다. 이 책 외에 『小名錄』, 『耒耜經』, 『甫里集』 등

도 그의 저술이다. 이 책은 陸龜蒙의 『甫里集』에 실려 있는 한 편의 글인데, 게와 관련한 역대의 詩文을 인용하여 게에 대해 설명했다. 게에 대한 저술로 이 책 외에 宋 傅肱의 『蟹譜』, 明 汪介의 『蟹春秋』, 淸 褚人獲의 『續蟹譜』 등이 알려져 있는데 모두 『五洲衍文長箋散稿』에서 소개했다. 『靑莊館全書』에는 『蟹譜』와 이 글이 소개되어 있다.

蟹春秋

明末淸初 汪价가 편찬한 게에 관한 저술. 汪介는 字가 介民이고 號가 三儂外史 혹은 三儂贅人인데 생애는 자세하지 않다. 『河南通志』와 『嘉定縣志』의 편찬에 참여했으며, 『儂雅』, 『火山客譙』, 『廣禪喜』, 『鼠嚇』, 『中州雜俎』, 『千里面目』, 『化化書』, 『人林題目』, 『三儂贅人詩文全集』 등 많은 저술을 남겼다. 이 책은 1권으로 되어 있는데, 汪价가 노년에 중국의 여러 지역을 유람하면서 쓴 筆記의 하나로, 평소 즐겨 먹던 게에 관한 고사를 기록했다. 淸 張潮의 『虞初新志』에 이 책이 소개되어 있지만, 독립된 책으로 전하지는 않는다. 『靑莊館全書』, 『硏經齋全集』, 『五洲衍文長箋散稿』 등에 소개되어 있지만 이 역시 『虞初新志』를 참조한 것으로 보인다.

海篇統宗

明 張溥가 편찬한 筆記雜錄. 『海東繹史』에서 新羅의 絹을 언급하면서 이 책을 인용했는데 引用書目에서 張天如가 편찬한 것이라 했다. 『海東繹史』의 기록은 宋 丁度의 『集韻』 등에 보인다. 張天如는 明 張溥(1602~1641)로 天如가 그의 字다. 號는 西銘이고 江蘇 太倉 출신이며 發奮讀書하여 七錄七焚의 고사를 남겼고 同鄕의 張采와 婁東二張으로 일컬어졌다. 『七錄齋文集』, 『五人墓記』, 『元史紀事本末』, 『元文類刪』, 『唐文粹刪』, 『宋史紀事本末論正』, 『歷代名臣奏議』, 『漢魏六朝一百三家集』 등 많은 저술을 남겼다. 이 책은 중국의 書目이나 다른 문헌에서 확인되지 않는다.

幸魯盛典

淸 孔毓圻가 康熙帝의 孔子 사당 참배 과정을 기록한 책. 孔毓圻(1657~1723)는 字가 鍾在 혹은 翊宸이고 號는 蘭堂이며 曲阜 출신이다. 문집 『蘭堂集』이 있다. 孔子의 64代孫으로 康熙 6년(1667) 衍聖公을 襲封했다. 康熙帝가 康熙

23년(1684) 孔子의 사당을 참배하고 九拜之禮를 행한 후 孔子와 孟子의 후예들에게 官職과 土地를 내려 제사를 받들게 하고 賦役과 租稅를 면제했는데, 이듬해 孔毓圻가 이 일을 기록으로 남길 것을 上奏했고 이에 康熙帝의 命에 의하여 金居敬 등 8인의 도움을 받아 康熙 27년(1688) 18권으로 완성했다. 그 후 孔毓圻가 증보하여 40권으로 완성했다. 규장각과 장서각 등에 康熙 50년(1711) 孔毓圻의 序가 달린 목판본 40권이 소장되어 있다. 『正祖實錄』에 1796년 譯官 尹得運이 이 책과 함께 『闕里誌』, 『闕里文獻考』 등을 구입해 바쳤다는 기록이 보인다. 『靑莊館全書』, 『五洲衍文長箋散稿』에도 이 책에 대한 기록이 보인다.

行營雜錄

南宋 趙葵가 편찬한 筆記雜錄. 趙葵(1186~1266)는 字가 南仲이고 號가 信菴 혹은 庸齋이며 衡山 출신이다. 시와 매화 그림으로 이름을 날렸으며 이 책 외에 『信庵詩稿』, 『杜甫詩意圖』 등의 저술이 있다. 이 책은 『說郛』와 『古今說海』에 1권으로 실려 있는데 宋初 궁중과 민간의 잡다한 견문을 기록했다. 『星湖僿說』에는 서명을 밝히지 않고 南宋의 기록이라고 했는데 이 책을 이른다.

行程記

後晉 張匡鄴이 西域 일대를 여행하고 편찬한 雜錄. 張匡鄴은 天福 연간(936~944)의 문인으로 玉河 출신이다. 天福 3년(938) 高居誨와 함께 사신으로 新疆의 于闐 지역을 방문하고 이 책을 지었다. 『西域行程記』라고도 한다. 靈州에서 출발하여 2년이 걸려 于闐에 도착했고, 天福 7년(942) 귀향했다. 涼州, 甘州, 肅州, 瓜州, 沙州 등 여행에서 들른 지역의 山川과 地理를 수록했다. 원문은 일실되고 일부 내용이 『新五代史』 등에 전한다. 『五洲衍文長箋散稿』에 인용되어 있지만 다른 문헌에서 가져온 것으로 보인다.

行程錄 → 奉使行程錄

香奩集

唐 韓偓의 詩集. 韓偓(842~923)은 小名이 冬郎이고 字가 致堯 혹은 致光이며 號는 玉山樵人이다. 京兆 萬年 출신으로 이 책 외에 『韓內翰集』, 『玉山樵人』

등의 저술이 있다. 이 책은 섬세한 필치로 남녀 간의 애정을 읊은 작품을 모은 詩集인데 이로 인해 후대에 香奩體라는 명칭이 생겨났다. 『直齋書錄解題』에는 『香奩集』 2권, 『內廷後詩集』 1권, 別集 3권으로 구성되어 있다고 되어 있으나 이 판본은 전하지 않고, 3권으로 된 『韓內翰香奩集』이 『唐詩百名家全集』에 수록되어 있다. 『四部叢刊』에는 1권으로 실려 있다. 규장각에 소장된 『唐騈體文抄』에서 이 책에 쓴 韓偓의 自序가 실려 있다. 『澤堂集』, 『芝峯類說』, 『貞甤閣集』, 『五洲衍文長箋散稿』 등 여러 문헌에 이 책이 소개되어 있다.

香譜

北宋 洪芻가 편찬한 香에 관한 저술. 洪芻(1066~?)는 字가 駒父이고 南昌 출신이며 형 洪朋, 아우 洪炎, 洪羽와 함께 四洪으로 일컬어진다. 이 책과 『老圃集』, 『海外怪洋記』 등이 전한다. 이 책은 『百川學海』에는 2권으로, 『說郛』에는 1권으로 실려 있다. 규장각에 소장된 『唐宋叢書』에도 수록되어 있다. 국립중앙도서관에는 順治 4년(1647) 간기가 붙어 있는 宛委山堂 판본이 소장되어 있다. 香之品과 香之異에서 龍腦香 등 다양한 香을 소개했고, 香之事에서 香과 관련한 고사를 수록했으며 香之法에서 香 제조법을 다루었다. 『五洲衍文長箋散稿』에서 이 책과 葉廷珪의 『香譜』를 함께 인용했다.

香譜 → 名香譜

鄕射直節

明 何景明이 鄕射禮를 풀이한 책. 何景明(1483~1521)은 字가 仲默이고 號가 白坡 혹은 大復山人이며 信陽 출신이다. 文壇四傑로 일컬어졌고 문집 『大復集』 외에 『何子雜言』 등이 전한다. 이 책은 鄕射禮의 節目을 서술한 것으로, 『說郛續』에 1권으로 실려 있다. 序에 이어 序器, 序事, 樂譜, 射儀, 射義 등의 항목을 두고 기술했다. 문집 『大復集』에 실려 있는 「射禮直節序例」가 이 책과 같은 내용이다. 『五洲衍文長箋散稿』에 활과 관련하여 이 책을 인용했다. 『大復集』은 규장각에 소장되어 있다.

香說 → 演繁露

香嚴三昧

宋代 편찬자를 알 수 없는 香에 관한 저술. 『直齋書錄解題』에는 1권으로 되어 있고 『文獻通考』에는 10권으로 되어 있지만 전하지 않는다. 香의 이름과 품목, 조제와 감상 방법 등을 다룬 것으로 추정된다. 『五洲衍文長箋散稿』에서 서명만 소개했다.

香宇詩談

明 田藝衡이 편찬한 詩論書. 田藝衡은 字가 子藝이고 錢塘 출신으로 田汝成의 아들이다. 田藝蘅으로 표기된 데도 있다. 『玉笑零音』, 『大明同文集』, 『煮泉小品』, 『留靑日札』, 『留留靑』 등 많은 저술이 있다. 이 책은 규장각 등에 소장된 『說郛』에 1권으로 실려 있는데 43條로 구성되어 있다. 『留靑日札』 중에 포함되어 있는 『詩談初編』, 『詩談二編』에서 일부를 선별하여 편집한 것이다. 주로 唐詩를 논한 내용이며 前代 作家의 作品도 언급했다. 『五洲衍文長箋散稿』에서 詩話를 다루면서 간략히 언급했다. 『五洲衍文長箋散稿』에서는 『留靑日札』도 따로 소개했다.

香祖筆記

淸 王士禛의 筆記雜錄. 王士禛(1634~1711)은 字가 貽上이고 號가 阮亭인데 別號인 漁洋山人을 따서 王漁洋으로 불렸다. 원래 이름은 士禛이었으나 世宗의 諱를 피해 士正으로 바꿨다가, 다시 詔命을 받고 士禎으로 고쳤다. 山東 新城 출신으로, 문집 『帶經堂集』 외에 『漁洋山人精華錄』, 『池北偶談』, 『居易錄』 등 많은 저술이 있다. 이 책은 康熙 41년(1702) 편찬을 시작하여 3년 만에 완성한 만년의 筆記集으로, 12권이다. 編年體의 형식으로 詩文의 批評, 器物과 典禮의 고증, 당대 인물의 逸話 등을 기록했다. 『四庫全書』에 실려 있다. 국립중앙도서관에 康熙 연간(1662~1722) 판본이 소장되어 있다. 규장각에 전하는 것은 光緖 연간(1875~1908) 活字本이다. 규장각에 소장된 『淸代筆記叢刊』에도 실려 있다. 연세대 등에 필사본이 전한다. 『燕巖集』, 『靑莊館全書』, 『硏經齋全集』, 『五洲衍文長箋散稿』 등 조선 후기 문헌에 자주 인용되었다.

許文穆公集

明 許國의 文集. 許國(1527~1596)은 字가 維貞이고 文穆은 그의 諡號다. 安徽

歙縣 출신으로, 吏部尙書, 武英殿大學士 등의 관직을 지냈다. 萬曆 12년(1584) 雲南을 공략하는 데 큰 공을 세웠는데 이를 기리는 許國石坊이 安徽省 歙縣에 남아 있다. 이 책은 『許文穆集』이라고도 한다. 萬曆 연간(1573~1620) 許立言이 간행한 판본 6권이 전하는데 규장각에는 후쇄본이 소장되어 있다. 序, 奏議, 議, 墓誌銘 등에 이어 詩가 실려 있다. 乾隆 연간(1736~1795) 禁書로 지정되어 전하는 판본이 많지 않다. 李宜顯의 『燕行雜識』에는 『陸宣公集』과 『宗忠簡集』, 『許文穆集』을 합쳐 6권이라 했다. 『海東繹史』, 『林下筆記』에서 이 책을 인용했다.

許彦周詩話

宋 許顗의 詩話. 許顗(1091~?)는 字가 彦周이고 開封 襄邑 출신이지만 이력이 자세하지 않다. 이 책은 규장각에 소장된 『說郛』에 140여 條로 수록되어 있다. 南宋 初에 완성된 것으로 추정되며, "詩話者, 辨句法, 備古今, 紀盛德, 錄異事, 正訛誤也."라 하여 詩話를 定義한 내용이 알려져 있다. 宋代까지 다양한 漢詩에 대한 評論과 考證, 관련한 인물과 사건을 기록했다. 陶潛, 蘇軾, 黃庭堅 등을 높이 평가했으며 唐宋 詩人들을 주로 다루었다. 또 六朝의 詩文을 논하면서 神怪와 幻夢의 이야기도 넣었다. 『唐宋叢書』, 『百川學海』, 『稗海』, 『古今詩話抄』 등에도 수록되어 있다. 『五洲衍文長箋散稿』에서 詩話書의 하나로 소개했다.

軒轅述寶藏論

편찬자를 알 수 없는 古代의 雜錄. 서명으로 보아 軒轅氏, 곧 黃帝가 구술한 보물에 관해 기록한 글인 듯하다. 이 책은 明 李時珍이 편찬한 『本草綱目』에 처음 소개하고 인용했는데, 淸 方以智의 『物理小識』에도 이 서명으로 거의 같은 내용이 인용되어 있다. 金과 銀, 鐵 등의 금속 외에 鹿蹄, 赤芹 등 특이한 사물에 대해 다루었다. 『五洲衍文長箋散稿』에 『軒轅述寶藏論』으로 인용했는데 『物理小識』나 『本草綱目』에서 재인용한 것이다. 『海東繹史』에는 新羅의 銀에 대한 기록을 『寶藏論』에서 인용하고 승려 通本이 편찬한 것이라 했다. 이는 明 黃汝亨의 「寶藏論序」에서 『寶藏論』의 편자를 保叔塔의 僧 通本이라 한 데서 근거한 것이지만 東晉의 승려 僧肇(384~414)가 佛法에 관해 적은 책을 잘못 이해한 것으로 보인다.

獻帝起居注

漢 獻帝 劉協의 言行을 기록한 책. 獻帝(181~234)는 字가 伯和이며 189~220년 在位했다. 起居注는 帝王의 言行錄을 이르는 말인데 唐 溫大雅의 『大唐創業起居注』, 明 神宗의 『萬曆起居注』 등만 전하고 이 책은 전하지 않는다. 『漢獻帝起居注』라고도 하는데 『隋書』에는 5권으로 되어 있으나 『國史經籍志』에는 1권으로 되어 있다. 『三國志』, 『後漢書』 등에 일부가 인용되어 전한다. 『海東繹史』에 이 책을 인용했지만 다른 문헌에서 옮긴 것이다.

憲宗實錄

明 張懋, 劉吉 등이 편찬한 憲宗의 實錄. 張懋(1440~1515)는 字가 廷勉이고 北京에 세거했다. 劉吉(1427~1493)은 字가 祐之이고 博野 출신이며, 成化 23년(1487) 首輔大臣에 올랐다. 『英宗實錄』과 『憲宗實錄』을 편찬했다. 이 책은 원래 서명이 『大明憲宗純皇帝實錄』이며 『明實錄』의 일부로 293권이다. 明 朱格의 鈔本이 대만 故宮博物院圖書館에 소장되어 있다. 『靑莊館全書』, 『海東繹史』 등에서 이 책을 인용했다.

獻徵錄 → 國朝獻徵錄

革象新書

宋末元初 趙友欽이 편찬한 科學書. 趙友欽(1279~1368)은 趙敬이라고도 하며, 字가 子恭이고 自號는 緣督이다. 江西 鄱陽縣 출신으로 宋 皇室 漢王의 12세손이다. 宋이 멸망한 후, 隱逸하며 道家에 침잠했다. 저서로 『金丹正理』, 『盟天錄』, 『推步立成』 등이 있었지만 『革象新書』만 전한다. 이 책은 5권이며 대만 故宮博物院圖書館 등에 소장되어 있다. 주로 數學, 天文學, 光學 등에 대한 것으로, 圓周率의 계산이나 빛의 직선 전파, 極限 등의 개념을 다루고 있다. 明 王禕가 刪定한 『重修革象新書』 2권이 『四庫全書』에 편입되어 있다. 『續金華叢書』에도 실려 있다. 『國朝寶鑑』에 따르면 1525년 李純이 이 책을 중국에서 구해 와 目輪이라는 기상 관측 기구를 만들었다고 한다. 『月汀集』에도 같은 기록이 보인다. 『明谷集』, 『星湖全集』, 『林下筆記』, 『五洲衍文長箋散稿』 등에도 이 책이 인용되어 있다.

懸談 → 華嚴懸談

玄覽

明 朱謀瑋가 편찬한 道家書. 朱謀瑋는 字가 鬱儀이고 寧獻王의 7세손이지만 생애는 자세하지 않다. 萬曆 연간(1573~1620) 石城王 밑에서 中尉 벼슬을 지냈고, 저서로 『周易象通』, 『詩故』, 『駢雅』, 『邃古記』 등이 있다. 『明史』와 『千頃堂書目』에 『玄覽』이 8권이라 했지만 일실되어 전하지 않는다. 道家의 養生術에 관한 저술일 것으로 추정된다. 『弘齋全書』, 『海東繹史』, 『五洲衍文長箋散稿』 등에 人蔘과 관련하여 이 책을 인용했지만 清 王士禛의 『香祖筆記』 등에서 가져온 듯하다.

縣笥瑣探

明 劉昌이 편찬한 筆記雜錄. 劉昌은 字가 欽謨이고 長洲 출신이며, 正統 연간(1436~1449) 出仕했다. 저서로 『中州名賢文表』, 『河南志』, 『姑蘇志』 등이 있다. 이 책은 明代의 간본이 중국 國家圖書館에 소장되어 있으며 『說庫』에도 수록되어 있다. 『縣笥瑣探摘鈔』로 된 것도 있다. 明代의 掌故와 人物, 樓亭 등을 다루었으며 龍卵 등 신이한 사건도 수록했다. 『月汀集』에서 元 許衡의 학술을 논하면서 이 책을 인용했다. 『五洲衍文長箋散稿』에도 이 책이 인용되어 있다.

玄散詩話

北宋 劉斧가 편찬한 詩話書. 劉斧는 宋 熙寧 연간(1068~1077) 문인이지만 字號나 이력이 밝혀져 있지 않다. 『青瑣高義』, 『玄散詩話』, 『青瑣詩話』 등이 『說郛』에 실려 있다. 이 책은 高麗 繭紙, 縫衣詩, 沈雲卿, 蘇紫藭 등 4條만 『說郛』에 전한다. 『海東繹史』에도 高麗 繭紙와 관련하여 이 책을 인용하고 있으며, 『五洲衍文長箋散稿』에는 詩話書의 하나로 서명만 제시했다.

賢識錄

明 陸釴이 편찬한 筆記雜錄. 陸釴(1495~1534)은 字가 擧之이고 號가 少石子이며 浙江 鄞縣 출신이다. 經史百家에 조예가 있었고, 『少石子集』, 『病逸漫記』, 『山東通志』 등 많은 저술을 남겼다. 『四庫全書總目』에는 이 책이 1권이며 『餘

冬序錄』, 『客座新聞』, 『草木子』 등을 인용했다. 洪武 연간(1368~1398)의 雜事를 다룬 것이라 했다. 嘉靖 연간(1522~1566) 판본이 중국 國家圖書館에 소장되어 있다. 『百部叢書集成』, 『今獻彙言』 등에도 수록되어 있다. 『說郛續』에도 실려 있지만 宛委閣 계열의 판본에는 목록만 있고 본문은 빠져 있다. 『海東繹史』에서 이 책을 인용하여 東夷의 여러 나라에서 『周易』을 가져가려 하면 배가 전복되었다는 野史를 소개했다.

玄亭涉筆

明 王志遠의 筆記雜錄. 王志遠은 字가 而玄이고 號가 龍溪이며 漳州 출신으로, 萬曆 연간(1573~1620)의 문인이다. 『王氏意推』, 『玄亭集』 등의 저술이 있다. 이 책은 『明史』, 『千頃堂書目』, 『駢字類編』 등에 『元亭涉筆』로 되어 있다. 『明史』와 『千頃堂書目』에는 10권이라 했지만 『說郛續』에는 1권으로 실려 있다. 天弓(무지개), 威雪(서리), 竹胎(죽순), 銀灣(은하수), 青士(대나무), 石髮(이끼), 水簾(부평초), 水栗(마름), 水芝(연꽃), 木蜜(대추), 快果(배), 菊婢(봉숭아), 一寸樓臺(벌통), 兄公(남편의 형), 凉友(부채), 清防(병풍), 飛奴(비둘기), 羶根(양) 등 별칭을 다양하게 소개했다. 『五洲衍文長箋散稿』에는 羶根, 獼猴, 清防, 竹胎 등을 고증할 때 이 책을 인용했다.

玄中記

晉 郭璞의 志怪小說. 郭璞(276~324)은 字가 景純이고 河東 聞喜 출신으로, 文學과 訓詁學, 道學, 術數 등에 능했다. 『周易』, 『山海經』, 『穆天子傳』, 『方言』, 『楚辭』 등에 주석을 붙인 것이 전한다. 이 책은 『山海經』에 수록된 특수한 지역의 동식물, 山川의 神話 등 기이한 일을 두루 기록했다. 원문은 일실되고 『說郛』에 일부가 실려 전한다. 『東國李相國集』, 『梅月堂集』, 『與猶堂全書』, 『五洲衍文長箋散稿』 등에 인용되었다.

賢奕篇

明 劉元卿의 筆記雜錄. 劉元卿(1544~1609)은 字가 調甫이고 號는 旋宇 혹은 瀘瀟이며 江西 萍鄉 蓮花 출신이다. 『大學新編』, 『山居草』, 『還山續草』, 『通鑑纂要』, 『六鑑』, 『諸儒學案』, 『劉聘君全集』 등 많은 저술을 남겼다. 『與猶堂全書』에 『大學略疏』를 인용했는데 『大學新編』을 가리키는 듯하다. 『賢奕篇』은

규장각에 萬曆 34년(1606) 序가 붙은 판본 4권이 소장되어 있는데 『尙白齋眉公訂正秘笈』에 편입된 것이며 서울대 중앙도서관에도 같은 시기 판각된 『寶顔堂訂正賢奕編』 4권이 소장되어 있다. 爭雁, 王婆釀酒 등의 寓言을 위시하여 貂蟬冠 등 다양한 내용을 담았다. 『靑莊館全書』, 『海東繹史』, 『五洲衍文長箋散稿』에서 인용했다.

夾氏傳

편찬자를 알 수 없는 『春秋』를 풀이한 책. 『鄒氏傳』, 『胡氏傳』, 『左氏傳』, 『公羊傳』, 『穀梁傳』 등과 함께 『春秋』 五傳의 하나다. 『夾氏傳』은 『漢書』 「藝文志」에 11권이라 했지만 일실되어 전하지 않는다. 『星湖僿說』에도 11권으로 소개했지만 『漢書』를 인용한 것이다. 『海隱遺稿』에도 전하지 않는다고 하면서 이 책을 소개했다.

峽程記

唐 韋莊의 筆記雜錄. 韋莊(836?~910)은 字가 端己이고 京兆 杜陵 출신인데 唐이 멸망한 후 前蜀에 출사하여 吏部侍郎兼平章事를 지냈다. 詩人으로도 이름이 높다. 이 책과 『韋莊箋表』, 『諫草』, 『韋莊集』, 『又玄集』, 『浣花集』, 『韋莊詞注』 등의 저술이 전한다. 이 책은 『說郛』에 1권으로 실려 있다. 三峽을 지나면서 보고 들은 자연 환경과 풍물, 풍습 등을 기록한 것이다. 『五洲衍文長箋散稿』에서 인용했다.

荊溪林下偶談 → 林下偶談

荊巫論

唐 羅隱이 荊楚 지역의 巫俗에 관해 기록한 글. 羅隱(833~909)은 字가 昭諫이고 新城 출신이다. 『甲乙集』, 『羅昭諫集』, 『讒書』, 『兩同書』, 『廣陵妖亂志』 등의 저술이 전한다. 『五洲衍文長箋散稿』에 이 글을 인용했는데 동일한 내용이 宋 姚鉉의 『唐文粹』, 祝穆의 『事文類聚』, 明 唐順之의 『荊川稗編』 등에 실려 있으므로 이러한 데서 가져왔을 듯하다. 이 서명으로 독립된 책은 확인되지 않는다.

衡山縣志

明 劉熙 등이 편찬한 衡山縣의 地理書. 衡山縣을 대상으로 한 縣志는 明代와 清代 여러 차례 편찬되었다. 『五洲衍文長箋散稿』에는 明 楊愼의 『丹鉛總錄』을 인용하여 『衡山縣志』를 소개했다. 楊愼 이전의 『衡山縣志』로는 明 弘治 元年(1488) 劉熙, 何紀 등이 편찬한 판본이 중국 國家圖書館과 대만 故宮博物院圖書館 등에 소장되어 있는데 6권이다. 劉熙, 何紀는 어떤 인물인지 확인되지 않는다. 嘉靖 4년(1525) 彭簪이, 萬曆 15년(1587) 王三畏가, 萬曆 48년(1620) 張國偉가 이 책을 증보했다. 清 德貴가 편찬하여 乾隆 39년(1774) 간행된 14권의 『衡山縣志』, 清 侯鈐이 편찬하여 道光 3년(1823) 간행한 55권의 『衡山縣志』 등도 전한다.

螢雪叢說

南宋 兪成이 편찬한 筆記雜錄. 兪成은 字가 元德이고 東陽 출신이다. 이 책은 『說郛』에 2권으로 수록되어 있는데 편찬자가 子兪子로 되어 있다. 卷頭에 慶元 6년(1200)에 쓴 「自序」가 실려 있으므로 이 무렵의 인물로 추정된다. 모두 59條의 기사를 수록했다. 上卷은 致字說, 忍字說, 記史法, 解書訣, 歌頌, 祭文, 四凶辯, 賦假人名體狀題意, 賦善使事, 韻學, 詩隨景物下語, 詩人警句, 史臣不載人臣實事, 功臣特奏朝請, 試畵工形容詩題, 陳同甫議論作文之法, 文章活法, 注題目出處, 文字節要, 以論語法言章句戲有官君子, 夢見主盟道學, 不責酒過, 不怪炎涼, 矢魚于棠, 溺於陰陽, 人之小名, 事要有分, 得失有時 등으로 되어 있고, 下卷은 克己復禮天下歸仁, 聖人之於天道, 學易無大過, 解書, 解孟子, 東萊敎學者作文之法, 徐積悟作文之法, 辯滕王閣序落霞之說, 賦以一字見工拙, 詩貴熟讀, 廷對二說, 自悟前身, 天堂地獄, 修外功德內功德, 善惡有報, 心目相亂, 責己說, 斷飮說, 茹蔬說, 聲律對偶假借用字, 戒食菰蕈 등으로 되어 있다. 규장각에 소장된 『唐宋叢書』, 『稗海』 등에도 수록되어 있다. 『五洲衍文長箋散稿』에 여러 차례 이 책이 인용되어 있다.

荊園小語

明末清初 申涵光이 편찬한 筆記雜錄. 申涵光(1618~1677)은 字가 孚孟 혹은 和孟이고 號는 鳧盟 혹은 聰山이며, 直隸 永年 출신이다. 明末清初의 畿南三才子로 불렸으며 이 책 외에 『聰山集』, 『荊園進語』, 『說杜』, 『性習圖』, 『義利說』

등의 저술이 있다. 이 책은 『荊園小識』라고도 한다. 『聰山集』에 1권으로 수록되어 있다. 天文, 術數, 小說 등 잡다한 주제를 小品體의 짧은 글로 기술했다. 『靑莊館全書』에는 이 책의 저자 申涵光이 자세히 소개되어 있다. 이 책은 『研經齋全集』, 『五洲衍文長箋散稿』 등에 인용되어 있다. 서울대 중앙도서관에 嘉慶 연간(1796~1820) 목판본이 소장되어 있다.

荊園進語

明末清初 申涵光의 筆記雜錄. 이 책은 『荊園小語』와 함께 『聰山集』에 1권으로 수록되어 있으며, 내용 역시 비슷하여 經書, 格物, 年號 등 잡다한 주제에 대해 小品體의 짧은 글로 기술했다. 『五洲衍文長箋散稿』에 인용되어 있다. 일본 東京大 등에 嘉慶 연간(1796~1820) 목판본이 소장되어 있다.

荊州記

南朝 宋 盛弘之가 편찬한 荊州 일대의 地理書. 盛弘之는 어떤 인물인지 알 수 없다. 『隋書』「經籍志」에 『荊州記』 3권을 소개하고 宋 臨川王의 侍郞 盛弘之가 편찬한 것이라는 기록만 전한다. 이 책은 湖北省 江漢 일대를 이르는 荊州 지역의 지리와 풍속, 고사 등을 기록한 것이다. 『齊民要術』, 『水經注箋』, 『六臣文選註』, 『太平御覽』 등 南北朝와 唐宋 시기의 저술에 자주 인용되었지만 원문은 일실되고 衡山, 巴陵, 武陵 등 20여 조가 『說郛』에 수록되어 있다. 『江左集』, 『與猶堂全書』, 『五洲衍文長箋散稿』 등에서 인용했다.

荊川先生稗編

明 唐順之가 편찬한 類書. 唐順之(1507~1560)는 字가 應德 혹은 義修이고 號는 荊川이며 武進 출신이다. 『荊川文集』, 『文編』, 『武編』, 『右編』, 『史纂左編』, 『兩漢解疑』, 『南北奉使集』, 『荊川稗編』 등 방대한 저술을 남겼다. 이 책은 규장각에 120권 32책의 목판본이 소장되어 있는데 萬曆 연간(1573~1620)에 간행된 것으로 추정된다. 卷頭題는 新刊唐荊川先生稗編으로, 표제와 판심제에는 荊川稗編으로 되어 있다. "萬機之暇", "弘齋", "朝鮮國" 등의 도장이 있어 正祖가 아껴 보던 책임을 알 수 있다. 萬曆 9년(1581) 唐順之의 自序, 茅一相의 「文霞閣刻牌編引」과 「例義」가 실려 있다. 萬曆 9년(1581) 茅一相이 人名과 書名의 착오를 수정하여 처음으로 간행했는데 처음에는 雜編이라 했다가

稗編으로 바꾸었다. 茅一相은 字가 康伯이고 東海 출신이며 『續欣賞編』을 저술했다. 卷頭題 아래에는 "門生毘陵左烝考校"로 되어 있다. 左烝은 어떤 인물인지 알 수 없다. 「目錄」은 上中下 3권이다. 본문은 120권으로 經書와 歷史, 諸子百家, 文學, 藝術 등 다방면에 걸쳐 明代에 전해지는 稗官雜記를 수록하고 고증했다. 체제는 宋 章如愚의 『山堂考索』을 바탕으로 했다. 六經總論, 易, 書, 詩, 春秋, 禮經, 禮(郊祀, 群祀, 廟, 喪服雜禮, 諸侯廟服, 大夫士宗廟爲後, 士庶喪服, 婚宗, 謚法, 氏族, 器服), 樂, 諸家(法家, 名家, 墨家, 縱橫家, 雜家, 兵家, 農, 圃, 賈, 天文, 曆, 地理, 理數, 術數, 相, 醫, 道, 釋), 文藝(史, 詩賦, 詞賦, 文, 學, 書法), 畵, 古器(琴, 射, 奕), 君, 相, 將, 謀, 諫, 政, 后, 儲, 宗, 戚, 主, 宦, 倖, 奸, 簒, 封建, 鎭, 亂, 夷, 名世, 節, 俠, 隱逸, 烈, 婦, 方技, 吏, 戶, 禮, 兵, 刑, 工 등으로 분류하고 다양한 자료를 수록했다. 계명대, 충남대 등에도 같은 계열의 목판본이 소장되어 있다. 충남대본에 실린 序에는 "萬曆辛巳(1581)春正月旣望晩學東海一相姜伯撰幷書"라 했다. 국회도서관에 필사본 『荊川稗編抄』 3책이 전한다. 「庚子燕行雜識」에 따르면 1720년 李宜顯이 구입한 서책 목록 중에 이 책이 보이는데 『荊川稗編』 60권이라 했다. 『海東繹史』에는 『荊川稗編』 120권으로 되어 있고, 『五州衍文長箋散稿』에는 서명을 『稗編』이라 줄여 표기했다. 『南溪集』, 『游齋集』, 『陶谷集』에도 이 서명이 보인다. 李種徽의 『修山集』에 「唐荊川稗編後序」가 실려 있는데 『稗編』은 六經에서부터 諸子百家, 陰陽, 卜筮, 五行, 星曆, 風水, 醫巫, 射奕 등의 雜技에 이르기까지 빠뜨린 것이 없고, 吏兵禮刑工戶 등 六官의 업무를 마지막에 편성했기 때문에 宇宙間에서 반드시 있어야 하고 없어서는 안 된다고 높게 평가했다. 이어지는 글에서 『左編』과 『文編』은 유통된 지 오래되었고 『稗編』은 가장 나중에 나왔음에도 가장 널리 유포되었지만 『右編』만 일실되어 전하지 않는 것이 안타깝다고 했다. 규장각에 『歷代史纂左編』, 『文編』 등이 소장되어 있고, 『荊川文集』, 『唐荊川先生全集』도 함께 전한다.

荊楚歲時記

南朝 梁 宗懍이 편찬한 荊楚 지역의 풍물에 관한 저술. 宗懍(501~565)은 字가 元懍이고 荊州 출신으로, 梁 元帝 때 吏部尙書를 지냈고 北周가 건국되자 車騎大將軍을 지냈다. 이 책은 荊楚 일대의 歲時와 節令, 風物, 故事 등을 기록한 것으로, 원래 20권이었으나 원문은 일실되고 『說郛』, 『漢魏叢書』 등에 일부

가 수습되어 있다. 元旦부터 除夕까지 24節令의 풍속을 모두 37篇으로 나누어 기술했다. 農事와 질병, 의학, 제사, 혼인 등 다양한 내용으로 구성되어 있다. 崔致遠의 『孤雲集』에 인용되었으며, 조선시대 『梅月堂集』, 『看羊錄』, 『象村稿』, 『海東繹史』, 『常變通考』, 『五洲衍文長箋散稿』 등 다양한 문헌에서 이 책이 확인된다.

虎鈐經

北宋 許洞이 편찬한 兵書. 許洞(976~1015)은 字가 洞夫 혹은 淵夫이며 吳郡 출신이다. 저서로 이 책 외에 『春秋釋幽』, 『演玄』 등이 있다. 이 책은 明代의 판본이 대만 故宮博物院圖書館 등에 전하는데 20권이다. 天功, 地利, 人用 등 210篇으로 되어 있다. 人謀를 최상으로 두고 地利, 天時를 다음에 두었다. 風向과 氣候 예측, 人馬의 醫藥과 救護 등 다양한 내용을 다루었다. 규장각에 소장된 『粤雅堂叢書』에 3책으로 수록되어 있으며, 국립중앙도서관에 필사본이 소장되어 있다. 『游齋集』, 『與猶堂全書』, 『五洲衍文長箋散稿』 등에 인용되어 있다.

壺公符

後漢 壺公이 편찬한 것으로 알려진 道家書. 壺公은 玄壺子, 懸壺子라고도 한다. 시장에서 호리병을 걸어두고 약을 팔다가 시장이 파하면 호리병 안으로 들어갔다는 고사가 있다. 후대 醫學의 상징으로 일컬어졌다. 『召軍符』와 『召鬼神治病玉府符』 20여 권을 지었는데 이를 합쳐 『壺公符』라고 부른다. 지금은 전하지 않고 『太平御覽』 등에 서명만 소개되어 있다. 壺公符는 부적이라는 일반명사로도 쓰인다. 『五洲衍文長箋散稿』에서 이 책을 인용했지만 『太平御覽』의 기록을 가져온 것이다.

壺關錄

唐 韓昱이 편찬한 筆記雜錄. 韓昱의 생애와 행적은 밝혀져 있지 않다. 이 책은 宋 高似孫의 『史略』에 따르면 3권인데, 『新唐書』, 『宋史』, 『崇文總目』 등에도 소개되어 있다. 편찬자가 韓笠으로 된 데도 있는데 韓笠 역시 어떤 인물인지 알 수 없다. 주로 隋唐 시기의 야사를 기록하거나 安史의 亂과 李密, 王世充 등의 사건을 다루었는데, 隋末 農民起義軍의 영수인 李密의 생애와 사적, 李

密이 주고받은 편지 등을 다루었기에 후대에 관심을 끌었다. 原書는 일실되고 『說郛』에 일부가 수록되었는데 편찬자가 太行山人으로 되어 있다. 壺關은 山西 동남쪽에 있는 지명으로 인근에 太行山이 있다. 『海東繹史』에서 인용했다.

虎丘茶經

明末清初 陳鑑이 편찬한 茶에 관한 저술. 陳鑑(1594~1676)은 字가 子明이고 化州 樂嶺村 출신이다. 虎丘는 宋 陸羽가 오랫동안 거주하면서 茶를 연구하여 『茶經』을 저술한 곳으로, 蘇州 북서부에 있다. 이 책은 陸羽의 『茶經』을 보완하면서 자신의 견해를 보탠 것이므로 『虎丘茶經補註』라고도 한다. 『檀几叢書』에 1권으로 실려 있다. 茶의 원리, 도구, 제조법, 물 끓이는 법, 마시는 법 등으로 구성되어 있다. 陸羽의 『茶經』을 싣고 여러 문헌을 동원하여 補注를 달았으며 鑑謂에 자신의 의견을 밝혔다. 『五洲衍文長箋散稿』에 이 책이 소개되어 있다.

胡非子

戰國時代 胡非子가 편찬한 諸子書. 胡非子는 齊國 출신인데 이름은 알려져 있지 않다. 墨翟의 제자다. 이 책은 『漢書』 등에 3篇이라 했는데 원문은 일실되고 후대의 문헌에 인용된 자료를 모은 輯佚本이 『說郛』, 『玉函山房輯佚書』 등에 실려 있다. 『高麗史』에 따르면 高麗 宣宗 8년(1091) 宋의 館伴이 일실된 서적 129종의 목록을 주고 고려에서 찾도록 한 書目에 이 책이 보이는데 1권으로 되어 있다. 『海東繹史』, 『青莊館全書』에서도 이 기사를 소개했다.

胡三省音註通鑑 → 資治通鑑音注

胡氏傳 → 胡氏春秋傳

胡氏春秋傳

宋 胡安國이 『春秋』를 풀이한 책. 胡安國(1074~1138)은 字가 康侯이고 福建 崇安 출신이다. 『時政論』을 저술하고 『資治通鑑擧隅補遺』를 편찬했다. 宋 王應麟의 『玉海』에 따르면 紹興 5년(1135) 조칙을 받아 이 책을 편찬하기 시작해 紹興 10년(1140) 완성하여 진상했다. 『胡傳春秋』라고도 한다. 宋代부터 經

筵의 讀本으로 채택되었고 元代와 明代의 科擧에서 표준적인 해석서로 인정되었다. 규장각에 光海君 때 조선에서 간행한 목판본 30권이 소장되어 있는데 侍講院, 弘文館 등의 장서인이 날인되어 있다. 淸代의 목판본도 따로 전한다. 明 遠仁의 『春秋胡傳考誤』, 陸粲의 『春秋胡氏傳辨疑』, 淸 康熙帝의 命으로 편찬된 『春秋傳說彙纂』 등이 이 책을 보완한 것이다. 『仁祖實錄』, 『象村稿』, 『星湖僿說』, 『磻溪隨錄』, 『谿谷集』, 『宋子大全』 등 여러 문헌에 이 책이 인용되어 있다. 『五洲衍文長箋散稿』에서 『春秋』를 다루면서 胡安國의 『傳』이라 한 책이 이를 이른다. 「春秋胡傳序」도 따로 인용했다.

湖壖雜記

淸 陸次雲이 편찬한 筆記雜錄. 陸次雲은 字가 雲士이고 浙江 錢塘 출신이며 康熙 연간(1662~1722)의 학자다. 저서로 이 책 외에 『八紘釋史』, 『紀餘』, 『八紘荒史』, 『峒溪纖志』, 『志餘』, 『北墅緖言』, 『尙論持平』, 『析疑待正』, 『事文標異』, 『及澄江集』, 『玉山詞』 등이 있다. 이 책은 1권으로 되어 있는데 明 田藝蘅의 『西湖志餘』를 이어서 편찬한 것으로, 西湖 지역의 풍물과 풍토, 인물, 고사 등을 기록하고 고증했으며 그중에는 기괴한 이야기도 포함되어 있다. 규장각에 소장된 『說鈴』, 『藝苑捃華』, 『龍威秘書』 등에 수록되어 있다. 조선시대 널리 읽힌 『虞初新志』에도 일부를 수록하고 있다. 이 책은 『靑莊館全書』, 『海東繹史』, 『五洲衍文長箋散稿』 등에 인용되어 있으며, 『靑莊館全書』에는 陸次雲의 또다른 저술 『峒谿纖志』도 인용하고 있다.

虎苑

明 王穉登이 호랑이에 관한 고사를 모은 책. 王穉登(1535~1612)은 字가 伯谷 혹은 百谷이고 號는 半偈長者, 靑羊君, 廣長庵主 등을 사용했다. 江陰 출신으로 萬曆 14년(1586) 汪道昆, 王世貞, 屠隆, 汪道貫, 汪道會 등과 杭州에서 南屛社를 결성하고 詩詞를 통한 교류를 즐겼으며 書法에도 능했다. 저서로 『燕市集』, 『燕市後集』, 『吳社編』, 『弈史』, 『吳郡丹靑志』 등이 있다. 이 책은 중국에 전해오는 호랑이 이야기를 모은 것으로 2권이다. 학질을 앓던 王穉登이 호랑이에 대한 이야기를 모으자 학질이 나았고 이에 이 책을 지었다고 한다. 규장각 소장 『說郛』와 『述古叢鈔』 등에 수록되어 있다. 『太平廣記』의 虎八卷, 『太平御覽』의 虎二卷, 明 陳繼儒의 『虎薈』 등이 이 책과 관련이 있는 것으로 알려

져 있다. 『五洲衍文長箋散稿』에 인용되었다.

胡傳纂疏 → 春秋纂疏

湖州府志

湖州府의 풍토와 연혁 등을 기록한 地理書. 『湖州府志』는 여러 차례 편찬되었는데 明 王珣이 弘治 연간(1488~1505)에 24권으로 처음 편찬했고, 그 후 勞鉞, 唐樞, 張應雷, 栗祁 등이 다시 편찬했는데 체제가 서로 다르다. 勞鉞의 『湖州府志』는 33目을 禮, 樂, 射, 御, 書, 數의 6集으로 나누었고, 唐樞의 『湖州府志』는 土地, 人民, 政事의 3門으로 나누었으며, 栗祁의 『湖州府志』는 土地, 人民, 政事의 三綱과 31門으로 나누었다. 萬曆 연간(1573~1620) 편찬된 栗祁의 『湖州府志』가 가장 널리 알려져 있다. 清代에도 몇 차례 편찬되었다. 『五洲衍文長箋散稿』에서 이 책을 인용했지만 清 趙吉士의 『寄園寄所寄』에 실린 것을 가져온 것인데 편찬자는 밝히지 않았다.

胡仲子集

元末明初 胡翰의 文集. 胡翰(1307~1381)은 字가 仲申 혹은 仲子이고 浙江 金華 출신이며, 長山先生으로 불렸다. 書法에 뛰어났고 『元史』 편찬에 참여했으며 『賓州續稿』, 『金華先民傳』 등의 저술이 있다. 胡翰과 그의 문집 『胡仲子集』은 조선 후기 문인들에게 상당한 관심을 끌었다. 『與猶堂全書』, 『研經齋全集』 등에 이 책에 실린 여러 글을 인용했다. 『胡仲子集』은 『四庫全書』에 수록되어 있다. 『金華叢書』에도 실려 있는데 규장각에는 『金華叢書書目提要』만 소장되어 있다. 『五洲衍文長箋散稿』에는 「衡運論」을 인용했는데 『胡仲子集』의 권1에 한 편의 짧은 글로 수록되어 있다. 乾, 坤, 否, 泰를 天地否泰의 運이라 하고, 恒, 益, 旣濟, 未濟, 損, 咸을 男女交親의 運이라 했다. 『星湖僿說』에도 이 글이 인용되어 있다. 『五洲衍文長箋散稿』에는 「犧尊辨」도 인용되어 있는데 역시 『胡仲子集』에 실려 있는 한 편의 짧은 글이다. 이 글은 『稗編』에도 실려 있다. 「衡運論」도 소개했는데 『稗編』에도 실려 있다. 『五洲衍文長箋散稿』에는 胡翰이 80권의 『泰壹全書』도 편찬했다고 했지만 다른 문헌에서는 확인되지 않는다.

或菴評春秋三傳
淸 王源이 『春秋』를 비평한 책. 王源은 大興 출신으로 高郵에 우거했으며 康熙 연간(1662~1722) 활동했다. 魏禧를 좇아 古文을 익혔으며 『或菴文集』과 『評訂孟子』 등을 저술했다는 기록이 『大淸一統志』에 보인다. 유사한 내용이 淸 李元度의 『國朝先正事略』에도 보이는데 字가 崑繩 혹은 或菴이라 했다. 『四庫全書總目』에는 서명이 『或菴評春秋三傳』으로 되어 있다. 원서명은 『文章練要』로, 『左傳』을 중심에 두고 百家의 문장을 논한 책이라 했다. 중국 國家圖書館에 2책으로 된 목판본 『或菴評春秋三傳』이 소장되어 있다. 『五洲衍文長箋散稿』에 『評訂春秋三傳』으로 이 책이 소개되어 있다. 『五洲衍文長箋散稿』에 『評訂孟子』도 소개했는데 『大淸一統志』에 이 서명이 보이지만 일실되어 전하지 않는 듯하다.

渾蓋通憲圖說
明 李之藻가 편찬한 天文學書. 李之藻(1565~1630)는 字가 振之이고 號는 凉庵居士이며 浙江 仁和 출신이다. 利瑪竇(Matteo Ricci)에게 天文, 數學, 地理 등의 科學을 배워 『同文算指』, 『名理探』, 『大統曆』, 『崇禎曆法』, 『渾蓋通憲圖說』, 『圜容較義』 등 많은 저술을 남겼다. 이 책은 2권이며 『百部叢書集成』, 『守山閣叢書』 등에 실려 있다. 李之藻가 利瑪竇의 도움을 받아 편찬했으며 중국인이 최초로 서양의 天文學을 소개한 저술로 알려져 있다. 天文을 도형화한 서양의 簡平儀法에 기초한 학설을 다루었다. 卷頭에 渾天儀의 형체를 총론으로 기술하고, 上卷에서는 度分과 時刻의 규정, 渾天儀의 제조와 용법을 설명했으며, 下卷에서는 이론에 근거하여 그린 圖案을 실었다. 『弘齋全書』, 『湛軒書』, 『明皐全集』, 『楓石全集』, 『圭齋遺藁』, 『五洲衍文長箋散稿』 등에서 이 책을 인용했다.

弘簡錄
明 邵經邦이 편찬한 歷史書. 邵經邦(?~1558)은 字가 仲德이고 浙江 仁和 출신이며, 文集 『弘藝錄』이 전한다. 이 책은 254권에 續集 42권으로 되어 있으며 嘉靖 36년(1557) 완성되었다. 宋 鄭樵의 『通志』를 이어 唐, 宋, 遼, 金에 이르는 여러 왕조의 역사를 기록한 책이다. 凡例, 史傳, 讀史筆記, 叢目이 있고 世紀, 天王, 宰輔, 功臣, 侍從, 臺諫, 直諫, 庶官, 皇后, 公主, 系屬, 儒學, 文翰, 旌

德, 烈女, 雜行, 附載 등으로 구성되어 있다. 서울대 중앙도서관에는 康熙 27년(1688) 간기가 있는 목판본 254권이 소장되어 있고, 규장각에 乾隆 18년(1753) 간행된 목판본이 소장되어 있다. 소장자 尹汲의 장서인이 찍혀 있다. 이 책은 『燕巖集』, 『海東繹史』, 『弘齋全書』, 『五洲衍文長箋散稿』 등에서 인용되었다.

鴻慶集

宋 孫覿의 文集. 孫覿(1081~1169)은 字가 仲益이고 號는 鴻慶居士이며 常州 晉陵 출신이다. 저서로 이 책 외에 『內簡尺牘』이 전한다. 宋이 金에 항복하는 글을 지은 것으로 조선에 널리 알려졌다. 그의 문집은 『鴻慶居士集』으로 『四庫全書』에 실려 있다. 宋代 『孫尙書大全文集』으로 57권이 간행되었는데 일부가 전한다. 明代에는 『南蘭陵孫尙書大全集』 70권이 간행되었다. 『星湖僿說』, 『海東繹史』에 이 책이 인용되어 있다. 서울대 중앙도서관에 光緖 연간(1875~1908) 목판본 『鴻慶居士集』 42권이 소장되어 있다.

紅樓夢

淸 曹雪芹이 지은 長篇小說. 曹雪芹(1724~1764)은 本名이 曹沾이고 字는 夢阮이고 號는 雪芹, 芹圃, 芹溪 등이며 河北 豐潤 출신이다. 『紅樓夢』은 原名이 『石頭記』이며 『金玉緣』이라고도 한다. 章回體로 되어 있으며, 榮國府 賈氏 가문의 興亡盛衰와 賈寶玉, 薛寶釵, 林黛玉 3인의 애정 갈등이 중심을 이룬다. 10년에 걸쳐 집필하고 5차의 수정 작업 끝에 80회본으로 완성되었다. 장서각에 필사본 120책이 소장되어 있다. 규장각에 揷圖가 있는 光緖 연간(1875~1908) 판본 『增刻紅樓夢圖詠』, 『增評全圖足本金玉緣』, 『繪圖紅樓夢』 등이 소장되어 있다. 『紅樓夢』이 큰 인기를 얻자 이후에 많은 續作이 출현했는데, 그중 淸 高鶚이 후반부를 증보한 120회본 『紅樓夢』이 알려져 있다. 장서각에 『續紅樓夢』, 『補紅樓夢』, 『紅樓夢補』, 『後紅樓夢』 등이 소장되어 있고, 규장각에 『紅樓夢曲譜』, 『續紅樓夢』, 『繡像紅樓復夢』 등이 소장되어 있다. 『澤堂集』 등에 이 소설의 일부가 보인다. 『五洲衍文長箋散稿』에는 『續紅樓夢』도 함께 소개했다.

洪武正韻

明 樂韶鳳과 宋濂이 明 太祖의 命을 받아 편찬한 韻書. 樂韶鳳(?~1380)은 字가 舜儀 혹은 來儀, 致和이고 安徽 全椒 출신이다. 宋濂(1309~1381)은 字가 景濂이고 號가 潛溪이며 浦江 출신이다. 이 책은 洪武 8년(1375) 樂韶鳳과 宋濂 등 11인이 太祖의 命을 받아 편찬한 것으로 16권으로 되어 있다. 宋濂이 序를 지었다. 元代 편찬된 『蒙古字韻』에서부터 唐宋의 206韻의 체계로 복귀하고자 하는 목적에서 편찬되었지만 당시의 現實音을 고려하여 平聲, 上聲, 去聲 각 22部와 入聲 10部로 나누었다. 李崇仁의 『陶隱集』에 이 책의 韻目에 따라 지은 詩가 실려 있어 고려 말에 이 책이 수용되었음을 알 수 있다. 『世祖實錄』에 따르면 당시 이 책의 韻을 표준으로 삼았다고 한다. 고려대에 申叔舟 등이 譯訓하여 1455년 간행된 『洪武正韻譯訓』이 소장되어 있으며, 隆慶 元年(1567) 간행된 중국본도 같은 곳에 소장되어 있다. 『仁祖實錄』에도 이 책의 간행과 반포에 대한 기사가 실려 있다. 규장각 등에는 1770년 英祖의 命으로 간행한 판본이 소장되어 있다. 『慵齋叢話』, 『稗官雜記』, 『磻溪隨錄』, 『五洲衍文長箋散稿』 등 많은 문헌에서 이 책을 다루었다.

洪範經傳集義

明末清初 孫承澤이 『書經』「洪範」의 풀이를 모은 책. 孫承澤(1592~1676)은 字가 耳北 혹은 耳伯이고 號는 北海, 退谷, 退道 등을 사용했으며 益都 출신이다. 書畵의 鑑識에 능했고 직접 필사한 서적 200여 권을 萬卷樓에 두었다. 저서로 『庚子消夏記』, 『己亥存稿』, 『五經翼』, 『春明夢餘錄』, 『尙書集解』, 『四朝人物略』 등이 전한다. 이 책은 『洪範集義』라고도 한다. 1권으로 되어 있으며 여러 經傳을 섭렵하여 「洪範」을 풀이한 주석과 해석을 모은 것이다. 清 朱彝尊의 『經義考』에 따르면 이 책은 禹疇와 箕傳을 나누고 五紀, 皇極, 五福, 六極 등은 宋과 元의 학설을 따랐지만, 三八政은 傳이 없이 朝鮮本에서 취하여 채워 넣었다고 한다. 『海東繹史』에서 이 내용을 인용했다. 朱彝尊은 이 책이 전한다고 했지만 현전 여부는 알 수 없다.

洪範五行傳

漢 劉向이 편찬한 雜家類의 저술. 劉向(B.C.77?~B.C.6)은 原名이 更生이고 字는 子政이며 沛縣 출신이다. 『別錄』, 『春秋穀梁傳』, 『新序』, 『說苑』, 『列女傳』

등 많은 저술을 남겼다. 「洪範」은 『尙書』의 篇名인데 箕子가 周 武王에게 진술한 天地之大法으로 알려져 있다. 이 책은 「洪範」을 五行으로 풀이한 것으로 당시 유행하던 讖緯나 天人感應說 등을 수용했고, 正直, 剛克, 柔克을 통치 이론으로 세웠으며, 거북점이나 기후의 변화가 정세와 관련이 있다고 했다. 서울대 중앙도서관에 소장된 『三山陳氏家刻左海全集』에 이 책이 3권으로 실려 있다. 『高麗史節要』, 『退溪集』, 『記言』, 『星湖僿說』, 『五洲衍文長箋散稿』 등 여러 문헌에서 이 책을 인용했다.

洪範皇極內篇

南宋 蔡沈이 편찬한 性理書. 蔡沈(1167~1230)은 字가 仲默이고 九峰先生으로 일컬어졌으며 建州 建陽 출신이다. 蔡元定의 아들이며 朱熹의 제자로, 벼슬에 뜻을 두지 않고 九峰에 은거하며 학문과 저술에 힘을 쏟았다. 이 책 외에 『書集傳』, 『蔡九峰筮法』, 『九峰公集』 등이 전한다. 蔡沈은 부친을 이어 邵雍의 『皇極經世書』에 담긴 先天數學을 洪範으로 풀이하여 天, 地, 人이 모두 數에서 파생되었다고 강론했는데 이 책 역시 邵雍의 象數學과 宇宙觀을 풀이한 책이다. 『洪範皇極』, 『洪範內篇』, 『皇極內篇』, 『洪範數』라고도 한다. 『四庫全書』에는 『洪範皇極內外篇』 5권으로 실려 있는데 皇極內篇과 皇極內篇數總名으로 되어 있어 앞의 것을 外篇, 뒤의 것을 內篇으로 보는 견해가 많다. 『性理大全』, 『性理會通』, 『周易啓蒙翼傳』, 『洪範皇極內篇』 등 性理學의 중요 학설을 집성한 책에 두루 실려 있다. 성암고서박물관과 고려대 등에 明 韓邦奇의 圖解를 붙인 중종 연간과 선조 연간 판본도 전한다. 『中宗實錄』, 『退溪集』, 『默齋集』, 『晦齋集』, 『南溪集』, 『五洲衍文長箋散稿』 등 많은 문헌에 인용되어 있다.

鴻書 → 劉氏鴻書

鴻苞

明 屠隆의 文集. 屠隆(1543~1605)은 字가 長卿 혹은 緯眞이고 號는 赤水이며 浙江 鄞縣 출신이다. 詩文과 戲曲에 뛰어났으며, 博學으로도 이름이 높았다. 『漢魏叢書』를 편찬했고 『冥寥子記遊』, 『遊具雜編』, 『由拳集』, 『白楡集』, 『婆羅館淸言』, 『棲眞館集』 등 많은 저술을 남겼다. 賣文으로 생활했기에 후대 그의 이름으로 가탁된 책이 많다. 이 책은 『鴻苞集』이라고도 하는데 사후 그의 아

들 屠玉衡이 부친의 遺稿를 모아 간행했다. 규장각에 萬曆 28년(1610) 序가 달린 목판본 48권이 소장되어 있다. 儒家의 학설에 老佛의 학설을 즐겨 원용했고 雜駁한 내용이 많다. 老子와 釋迦를 孔子보다 추켜세웠다 하여 明 李贄의 亞流로 비판받기도 했다. 『星湖僿說』과 『牧民心書』에서 여러 차례 이 책을 인용했다. 『記言』에는 趙絅이 屠隆의 『荒政考』를 顯宗에게 올렸다는 기록이 보이는데 『荒政考』는 『鴻苞』에 실려 있다.

花間集

五代 後蜀 趙崇祚가 편찬한 晩唐五代의 詞選集. 趙崇祚는 字가 弘基이고 甘肅 天水 출신인데 생애는 자세하지 않다. 後蜀 歐陽炯의 「花間集序」에 後蜀 廣政 3년(940) 衛尉少卿 趙崇祚가 편찬한 것으로, 唐末五代의 詞 500首가 10권에 나뉘어 실려 있다고 했다. 민간의 정서를 섬세하게 묘사하여 花間派를 창도한 것으로 알려져 있다. 서울대 중앙도서관에 乾隆 17년(1752) 간기가 있는 목판본 10권이 소장되어 있다. 국립중앙도서관과 충남대, 전남대 등에 필사본이 소장된 것으로 보아 조선에서 널리 유통되었음을 알 수 있다. 『惺所覆瓿藁』, 『林下筆記』, 『五洲衍文長箋散稿』, 『冠巖全書』 등에 인용되었다.

畫鑑

元 湯垕가 편찬한 書畵批評書. 湯垕는 字가 君載이고 號가 采眞子이며 山陽 출신으로, 天曆 연간(1328~1330)에서 至元 연간(1335~1340) 활동한 문인이다. 『說郛』, 『四庫全書』에는 편찬자가 湯垕로 되어 있지만 『唐宋叢書』, 『學海類編』 등에는 湯厚로 되어 있는데 湯垕가 옳은 듯하다. 이 책은 天曆 元年(1328) 京師에서 鑑畵博士 柯九思와 그림에 대해 토론한 내용을 정리하여 1권으로 편찬한 것이다. 吳畵, 晉畵, 六朝畵, 唐畵, 五代畵, 宋畵, 金畵, 元畵 등으로 나누어 書畵에 대해 평론하고 畵法 이론을 제시했다. 卷末에 『雜論』 1권을 붙여 書畵의 鑑賞과 收藏 등도 기술했다. 『古今畵鑑』이라고도 한다. 『海東繹史』, 『五洲衍文長箋散稿』 등에 이 책이 인용되어 있다. 『四庫全書』에 편입되어 있으며, 규장각 등에 소장된 『說郛』와 『唐宋叢書』 등에도 실려 있다.

畫訣

明末淸初 龔賢이 편찬한 書畵理論書. 龔賢(1618~1689)은 이름이 豈賢이라고

도 하는데 字는 半千 혹은 半畝이고 號는 野遺, 柴丈人, 鍾山野老 등을 사용했으며 江蘇 昆山 출신인데 南京에 거주했다. 詩書畵에 두루 능했으며, 특히 그림에 뛰어나 金陵八大家로 일컬어진다. 이 책은 『龔半山畵訣』, 『龔半山畵法』, 『龔安節先生畵訣』, 『柴丈人先生畵訣』이라고도 한다. 규장각과 국립중앙도서관 등에 소장된 『知不足齋叢書』에 1권으로 실려 있다. 『警修堂全藁』, 『五洲衍文長箋散稿』에 『畵訣』을 들었지만 이 책인지는 확실하지 않다. 보통 畵訣이라 하면 宋 郭思의 『林泉高致集』에 실려 있는 『畵訣』을 가리킬 때가 많다.

花經

唐末宋初 張翊이 편찬한 花卉 관련 저술. 張翊은 先代에는 長安에 거주했으며 唐末에 廬陵 禾川으로 이주하여 은거한 인물인데 자세한 이력은 알려져 있지 않다. 이 책은 꽃을 九品九命으로 나누어 품평한 것이다. 九品은 『漢書』에서 人材의 高下를 上上, 上中, 上下, 中上, 中中, 中下, 下上, 下中, 下下로 나눈 것이고, 九命은 周代의 官爵을 上公九命, 三公八命, 侯伯七命, 王卿六命, 子男五命 등으로 나눈 것인데 이를 花卉에 적용한 것이다. 蘭, 牡丹, 蠟梅, 酴醾, 紫風流 등을 一品九命에, 瓊花, 蕙, 巖桂, 茉莉, 含笑 등을 二品八命에 넣었다. 『說郛』, 『香艶叢書』, 『宋人百家小說』 등에 1권으로 실려 있다. 宋 陶穀의 『淸異錄』에도 실려 있다. 『五洲衍文長箋散稿』에 인용되어 있다.

花鏡 → 秘傳花鏡

畵繼

宋 鄧椿이 편찬한 繪畵에 관한 저술. 鄧椿은 字가 公壽이고 四川 雙流 출신인데 北宋末에서 南宋 光宗 연간(1190~1194)까지 활동했다. 이 책은 唐 張彦遠의 『歷代名畵記』와 宋 郭若虛의 『圖畵見聞志』 등을 계승했다 하여 이 이름을 붙였다. 熙寧 7년(1074)에서 乾道 3년(1167)까지의 화가 219인을 기술하고 雜說을 수록했다. 『四庫全書』에 10권으로 수록되어 있으며 明 王世貞의 『王氏畵苑』에도 10권으로 실려 있다. 『硏經齋全集』, 『海東繹史』 등에 이 책을 소개했다.

花九錫

唐 羅虬가 편찬한 花卉에 관한 저술. 羅虬는 台州 출신으로 僖宗 乾符 연간(874~879) 활동한 문인이다. 詩文의 문체가 화려하여 羅隱, 羅鄴과 함께 三羅로 불렸다. 이 책은 『說郛』, 『香艶叢書』, 『唐代叢書』 등에 1권으로 실려 있다. 蘭, 蕙, 梅, 蓮 등 꽃나무의 운치를 더하는 방법을 적은 것으로, 重頂帷로 바람을 막고 金剪刀로 가지를 치고 甘泉의 물을 주고 玉缸의 화분에 담고 雕文台座에 배치하며 그림으로 그리고 음악을 연주하며 좋은 술을 마시면서 감상하고, 새로운 시를 지어 읊는 등을 열거한 짧은 글이다. 『惺所覆瓿稿』, 『弘齋全書』, 『警修堂全藁』, 『雲養集』, 『五洲衍文長箋散稿』 등에서 이 책을 인용했다.

畵墁錄

北宋 張舜民이 편찬한 筆記雜錄. 張舜民은 字가 芸叟이고 號가 矴齋 혹은 浮休居士이며 邠州 출신이다. 陳師道의 姊夫로 治平 2년(1065) 출사했다. 이 책 외에 『畵墁詞』, 『郴行錄』, 『避暑錄話』 등의 저술이 전한다. 이 책은 일실되었다가 『永樂大全』을 편찬할 때 1권으로 편집되었다. 『詩文名畵墁集』이라고도 한다. 徐禧의 逸話와 蔡邕의 隸書, 五都倉 등 잡다한 내용을 수록했는데 역사적 사실과 다른 것도 있다. 『稗海』, 『說郛』에 실려 있다. 규장각에 소장된 宋 鄭伯熊의 『蒙齋筆談』에 이 책이 합쳐져 있다. 『夢經堂日史』와 『海東繹史』에서 이 책을 인용했다.

畵史

北宋 米芾이 편찬한 繪畵理論書. 米芾(1051~1107)은 潤州 출신으로, 初名이 黻이고 字는 元章이며 號는 襄陽居士 혹은 海嶽山人 등을 사용했다. 書畵에 뛰어났는데 『大行皇太后挽辭』, 『蜀素帖』, 『苕溪詩帖』, 『拜中嶽命帖』, 『虹縣詩卷』, 『草書九帖』, 『多景樓詩帖』 등이 알려져 있다. 문집 『山林集』은 일실되었지만 書畵理論書인 『書史』, 『畵史』, 『寶章待訪錄』 등은 전한다. 이 책은 『海嶽畵史』라고도 한다. 米芾이 소장하고 있던 書畵를 중심으로 古畵의 감상법 및 감별법과 함께 서화에 대한 이론을 다루었다. 규장각 등에 소장된 『說郛』에 실려 있으며 『津逮秘書』에도 수록되어 있다. 『海東繹史』, 『林下筆記』, 『五洲衍文長箋散稿』 등에서 『畵史』로 이 책을 인용했다.

畵史會要

明 朱謀垔이 편찬한 繪畵에 관한 저술. 朱謀垔(1584~1628)은 字가 隱之이고 號가 八桂이며 皇室의 일원으로 奉國將軍에 봉해졌다. 經史에 정통하고 書法에 능했다. 이 책은 『佩文齋書畵譜』 등에 明 金賚가 편찬한 것으로 되어 있으나 朱謀垔으로 보는 것이 옳다. 金賚는 어떤 인물인지 자세하지 않다. 이 책은 崇禎 4년(1631) 편찬된 것으로 5권이다. 『四庫全書』에 실려 있다. 1권부터 3권까지는 上古 시대부터 元代까지의 화가 傳記를 기술하고, 4권에서는 明代의 화가 傳記를 적었으며, 5권에서는 畵論, 批評, 鑑定, 收藏, 裝褫 등을 다루었다. 自序에 의하면 이 책은 陶宗儀의 『書史會要』를 모방한 것으로, 元 이전의 부분은 『畵品』, 『歷代名畵記』, 『唐朝名畵錄』 등을 참고했고, 元 이후의 부분은 劉璋의 『皇明書畵史』 등을 참고했다고 한다. 『金陵集』, 『海東繹史』에서 이 책을 인용했다. 『海東繹史』에 편찬자를 明 金賚라 하고 渤澥의 화가 大簡之의 기사를 다루었는데 朱謀垔의 책과 같은 내용이다.

華山秘訣

北宋 陳搏이 편찬한 道家書. 陳搏(871~989)은 字가 圖南이고 號는 扶搖子, 希夷先生 등을 사용했는데, 『指玄篇』, 『觀空篇』, 『胎息訣』, 『陰眞君還丹歌注』, 『龜鑑』, 『心相篇』, 『三峰寓言』, 『高陽集』, 『釣譚集』, 『木巖集』, 『詩評』 등 많은 저술을 남겼다. 『五洲衍文長箋散稿』에는 李圭景이 이 책을 구했는데 宋 華山處士 陳搏이 지은 것이라 했다. 『圖南華山祕訣』로도 소개되어 있다. 일실되어 전하지 않는다. 『正祖實錄』에 徐浩修로 하여금 『金鎖玄關』, 『鱗甲奇符』, 『萬化仙禽』 등과 함께 이 책을 구입해 오게 한 기사가 보인다. 『明史』에 『華山秘要』가 보이지만 같은 책인지는 알 수 없다.

化書 → 譚子化書

華陽國志

晉 常璩가 편찬한 四川, 雲南, 貴州 일대의 地理書. 常璩는 字가 道將이고 益州 蜀郡 江原縣 출신으로, 西晉 惠帝부터 東晉 穆帝 시기에 활동했다. 이 책 외에 『漢之書』가 그의 저술이다. 이 책은 『華陽國記』, 『華陽記』라고도 한다. 四川, 雲南, 貴州에 이르는 중국 西南部 일대의 地理와 歷史를 上古時代부터 成漢

정권이 東晉에 투항한 347년까지 수록했다. 12권으로 되어 있으며, 巴志, 漢中志, 蜀志, 南中志, 公孫述劉二牧志, 劉先主志, 劉後主志, 大同志, 李特雄期壽勢志, 先賢士女總讚, 後賢志, 序志幷益梁寧三州先後以來士女名目錄 등으로 구성되어 있다. 地理志와 編年史, 紀傳體를 혼합한 체제를 취했다. 『漢魏叢書』와 『函海』 등에 수록되어 있다. 규장각에 嘉慶 19년(1814) 간기가 있는 목판본이 소장되어 있다. 서울대 중앙도서관, 국립중앙도서관 등에도 비슷한 판본이 소장되어 있다. 『函海叢書』에도 수록되어 있다. 서울대 중앙도서관의 『龍谿精舍叢書』에도 실려 있다. 『芝峯類說』, 『自著』, 『貞蕤閣集』, 『與猶堂全書』, 『五洲衍文長箋散稿』 등에 인용되었다.

華嚴疏鈔 → 華嚴懸談

華嚴懸談

唐 淸涼 澄觀이 자신의 저술 『大方廣佛華嚴經疏』를 풀이한 책. 淸涼 澄觀(738~839)은 華嚴宗의 4祖로, 淸涼山 大華嚴寺에 머물며 『華嚴經』을 풀이한 60권의 『大方廣佛華嚴經疏』를 편찬하고 이를 상세하게 설명한 『大方廣佛華嚴經隨疏演義』 90권을 편찬했는데, 이 책은 『大方廣佛華嚴經隨疏演義』의 도입부 8권을 따로 모아 편집한 것이다. 원래 서명은 『大方廣佛華嚴經疏鈔懸談』이다. 『華嚴懸談』 혹은 『華嚴玄談』, 『華嚴經疏鈔玄談』, 『淸凉玄談』, 『懸談』이라고도 하는데 『華嚴經』의 大要를 설명하고 불교사적인 의의를 상술했다. 教起因緣, 藏教所攝, 義理分齊, 教所被機, 教體淺深, 宗趣通別, 部類品會, 傳譯感通, 總釋教題, 別解文義 등 十門으로 구성되어 있다. 『孤雲集』, 『海東繹史』에 인용되었다. 元 普瑞가 주석을 단 『華嚴懸談會玄記』가 규장각에 소장되어 있다.

華嚴懸談會玄記

宋末元初 普瑞가 淸涼 澄觀의 『華嚴懸談』에 주석을 단 책. 普瑞는 字가 雪庭이고 號가 妙觀이며 榆城 출신이다. 어려서 출가하여 皎淵禪師 밑에서 불법을 전수받았고 元이 천하를 통일한 후 再光寺의 주지가 되었다. 저서로 이 책 외에 『楞嚴纂要』, 『華嚴心鏡』, 『玄談輔翼』 등이 있다. 이 책은 『華嚴懸談』에 대한 가장 권위 있는 주석서로 평가받는다. 규장각에 性聰(1631~1700)이 肅宗 21년(1695) 지리산 쌍계사에서 간행한 판본이 소장되어 있는데 40권 20책으로

되어 있다. 전남대, 동국대, 부산대 등에 같은 판본이 소장되어 있다. 중국 國家圖書館에 崇禎 연간(1628~1644) 목판본 40권도 소장되어 있다. 『孤雲集』, 『山木軒集』, 『海東繹史』 등에 『會玄記』로 인용되어 있다.

花底拾遺

明 黎遂球가 편찬한 筆記雜錄. 黎遂球(1602~1646)는 字가 美周이고 廣東 番禺 출신이다. 『黃牡丹詩畫圖』, 『蓮須閣詩文集』, 『易史』, 『花底拾遺』 등 여러 저술이 전한다. 이 책은 1권이며 150여 조로 이루어져 있다. 여성을 꽃에 비유하여 여성의 생활과 주변 잡사를 짤막하고 감각적인 문체로 적은 소품문이다. 규장각 소장 『昭代叢書』, 『檀幾叢書』, 국회도서관 소장 『香艷叢書』 등에 실려 있다. 『五洲衍文長箋散稿』에 인용되었다. 『淸脾錄』에 그의 시가 소개되었다.

華川集

元末明初 王禕의 文集. 王禕(1322~1374)는 字가 子充이고 浙江 義烏 출신이다. 『元史』의 總裁官이었으며 『玉堂雜著』, 『靑巖叢錄』, 『逐鹿記』, 『演連珠編』 등의 저술이 전한다. 『續文獻通考』 등에 이 책이 25권이라 했고, 『海東繹史』에는 前集과 後集을 합쳐 25권이라 했다. 明 正統 연간(1436~1449) 간행된 『王忠文公集』 25권이 중국 國家圖書館에 소장되어 있는데 「華川集序」가 붙어 있으므로 이 책과 같은 것으로 보인다. 『四庫全書』에 『王忠文公集』 25권이 실려 있다. 『人政』에 書名을 밝히지 않은 王禕의 글이 인용되어 있는데 같은 내용이 『王忠文公集』에 실려 있다. 『南塘集』, 『雷淵集』, 『立齋集』, 『金陵集』, 『硏經齋全集』 등 여러 문헌에도 王禕의 글이나 일화가 인용되어 있다.

環溪詩話

宋 吳沆의 詩論을 모은 詩話書. 吳沆(1116~1172)은 字가 德遠이고 號가 無莫居士이며 撫州 崇仁 출신인데 環溪에 은거했다. 이 책 외에 『易璇璣』를 편찬했다. 이 책은 3권인데 吳沆이 직접 편찬한 것이 아니라 후손이 吳沆의 詩歌創作論과 批評을 적은 것이며 자신의 詩作을 약간 수록했다. 詩論에서는 唐詩를 중시하여 杜甫를 一祖로 삼고, 李白과 韓愈를 二宗으로 삼았으며, 句法의 중요성과 實字, 事實, 健語의 사용을 강조했다. 규장각 소장 『說郛』, 영남대 소

장 『學海類編』 등에 실려 있다. 『五洲衍文長箋散稿』에 詩話書의 하나로 이 책을 들었다.

桓譚新論

後漢 桓譚이 편찬한 雜錄. 桓譚(B.C.23?~56)은 字가 君山이고 沛國相 출신으로 博學하여 五經을 잘 알았고 音律과 악기에도 능했다. 이 책은 『新論』, 『桓譚新語』라고도 한다. 원래는 29篇이 있었다고 하지만 일실되고, 元 陶宗儀가 1권으로 편집한 판본이 전한다. 明 吳康虞의 『弘明集』에 『新論』의 「形神篇」만 옮겨 놓았는데, 정신이 형체를 떠날 수 없다는 것을 강조하며 神仙과 讖緯의 설을 반박한 내용이다. 清 孫馮翼, 嚴可均 등이 편집한 판본에 『新論』의 「琴道篇」이 전하는데, 琴曲과 樂論 등을 설명한 내용이다. 『星湖全集』, 『燕巖集』, 『研經齋全集』, 『與猶堂全書』, 『五洲衍文長箋散稿』 등에 이 책이 인용되었다.

寰宇記 → 太平寰宇記

寰宇訪碑錄

清 孫星衍과 邢澍가 편찬한 碑刻에 관한 저술. 孫星衍(1753~1818)은 字가 淵如이고 號가 季逑이며 江蘇 陽湖 출신이다. 經史, 文字, 音韻, 弟子百家, 金石 등에 두루 능했고, 이 책 외에 『尙書今古文注疏』, 『周易集解』, 『芳茂山人集』 등의 저술을 남겼다. 邢澍(1759~1823)는 字가 雨民이고 號는 佺山이며 甘肅 階州 출신이다. 歷史와 目錄, 金石에 밝았고 수장가로도 명성이 높다. 『關右經籍考』, 『兩漢希姓錄』, 『金石文字辨異』, 『守雅堂稿輯存』 등의 저술을 남겼다. 이 책은 清代 各省에 소재한 역대의 碑石 및 古磚瓦의 목록을 정리한 것으로 12권이다. 연대순에 따라 周秦부터 元代까지의 石刻 8,000여 종과 약간의 瓦文을 수록했고, 石刻의 명칭 아래 立石의 年月, 書體와 撰者 등을 밝혀 놓았다. 1권은 周秦부터 晉까지의 石刻, 2권은 南北朝 및 隋의 石刻, 3~4권은 唐의 石刻, 5권은 五代十國의 石刻, 6~9권은 宋의 石刻, 10권은 遼와 金의 石刻, 11~12권은 元의 石刻을 수록했다. 규장각에 光緖 연간(1875~1908) 목판본이 소장되어 있고 『平津館叢書』에도 실려 있다. 국립중앙도서관에도 목판본이 소장되어 있으며, 고려대에는 필사본이 소장되어 있다. 『林下筆記』, 『靑莊館全書』, 『海東繹史』 등에 이 책이 인용되어 있다.

寰宇志

明末淸初 孫承澤이 편찬한 地理書. 孫承澤(1592~1676)은 字가 耳北 혹은 耳伯이고 號는 北海, 退谷, 退道 등을 사용했으며 益都 출신이다. 書畵의 鑑識에 능했고 직접 필사한 서적 200여 권을 萬卷樓에 두었다. 저서로 『庚子消夏記』, 『己亥存稿』, 『五經翼』, 『春明夢餘錄』, 『四朝人物略』, 『尙書集解』 등이 전한다. 『五洲衍文長箋散稿』에서 그의 저술 『山書廣記』, 『春明夢餘錄』, 『人物志』, 『元明典故編年考』, 『典制紀略』, 『山居小箋』, 『硏山齋集考』 등과 함께 이 책을 소개했다. 이들은 모두 明代의 정치와 제도, 풍속 등을 정리한 책이므로 이 책 역시 書名으로 보아 地理志로 추정되지만 전하지 않는다. 『五洲衍文長箋散稿』에서 인용한 대목은 淸 方以智의 『物理小識』에 보인다.

宦遊記聞 → 遊宦記聞

宦遊錄聞 → 遊宦記聞

皇極經世紀年

南宋 張栻이 편찬한 年表. 張栻(1133~1180)은 字가 敬夫인데 나중에 欽夫로 바꾸었고 樂齋도 사용했으며 號는 南軒이다. 『論語解』, 『孟子解』, 『南軒易說』, 『張南軒公全集』 등의 저술이 있다. 이 책은 줄여서 『經世紀年』이라고도 부르는데 원래는 2권이었으나 지금은 전하지 않는다. 唐堯에서부터 南宋까지 3,500여 년간의 역사를 年表로 만든 것으로 6개의 그림을 붙였는데, 宋 邵雍의 『皇極經世書』에 의거하여 編年譜로 작성했다. 徐瀅修는 『明皐全集』에 실려 있는 「答金庭堅」에서 이 책에 대해 자세히 적었는데 宋 陳振孫의 『直齋書錄解題』와 元 馬端臨의 『文獻通考』에 실린 내용을 인용한 것이다. 『三淵集』, 『弘齋全書』, 『肅齋集』, 『五洲衍文長箋散稿』 등에서 이 책을 인용했지만 모두 재인용이다. 鄭逑가 『皇極經世書』를 참조하여 같은 서명의 책을 편찬한 바 있다.

皇極經世書

北宋 邵雍이 堯부터 後周까지의 歷史를 기술한 책. 邵雍(1011~1077)은 字가 堯夫이고 號가 安樂先生이며 諡號가 康節이어서 흔히 邵康節이라 부른다. 이 책은 모두 12권 64편으로 『元會運世』 6권, 『聲音律品』 4권, 『觀物內篇』 1권,

『觀物外篇』 1권으로 이루어져 있다. 經世는 以運經世를 줄인 말로, 『周易』의 원리를 이용하여 宇宙의 起源과 自然의 변화, 社會歷史의 변천을 설명하고자 했다. 『性理大全書』에 편입되어 있다. 『性理大全書』는 1426년 明에서 120책을 구입하여 바로 간행하게 했으므로 이른 시기부터 조선 문인들이 이 책을 널리 보았을 것으로 추정된다. 中宗 때에 經筵의 교재로도 사용되었다. 1530년, 1644년에도 이 책을 간행했다는 기록이 실록에 보인다. 또 1542년에는 金安國이 이 책을 풀이한 朱隱老의 『皇極經世書說』을 明에서 구입해 와서 간행할 것을 청한 바 있다. 徐敬德의 「聲音解」, 「皇極經世數解」 등이 이 책을 풀이한 글이다. 『海東雜錄』에는 李滉이 『皇極經世書註』를 편찬한 것으로 기록되어 있다. 鄭介淸도 이 책에 관심이 높아 「皇極經世書二纂圖指要」, 「皇極經世書五觀物外篇」 등을 저술했으며, 林象德의 「皇極經世書」, 黃胤錫의 「邵子皇極經世書四象體用聲音卦數圖解」, 尹愭의 「皇極經世書」, 崔有海의 「皇極經世說」 등도 이 책과 관련한 논문이라 할 만하다. 1644년에는 申翊聖이 이 책에 우리나라 역사를 덧붙인 『康節先生皇極經世書東史補編通載』를 편찬했는데 규장각에 소장되어 있다. 1808년에는 大邱에서 『七書俱解皇極經世書』를 간행하도록 한 기록도 확인된다. 규장각에 여러 종의 『皇極經世書』가 소장되어 있는데 50卷 46冊의 필사본, 明代에 간행한 木版本 2책(零本), 그리고 이 책을 풀이한 淸 何夢瑤의 『皇極經世易知』 8권 8책, 劉斯組의 『皇極經世緖言』 9권 10책이 소장되어 있다. 전남대, 국립중앙도서관 등에도 여러 판본이 전한다. 규장각에 소장된 『邵子全書』에도 실려 있다. 『皇極經世書』는 조선 초기 문헌에서부터 많이 인용되고 있으며, 『己丑錄』, 『海東繹史』, 『五洲衍文長箋散稿』 등에도 이 책이 보인다.

皇極經世義

金末元初 耶律楚材가 편찬한 性理書. 耶律楚材(1190~1244)는 字가 晉卿이고 號가 玉泉이며 法號는 湛然居士다. 거란 출신으로 金에 출사했다가 몽골의 칭기즈칸에게 발탁되었고 훗날 廣寧王에 追封되었다. 『西征庚午元曆』, 『大明曆』, 『回鶻曆』, 『湛然居士文集』 등의 저서를 남겼다. 이 책은 『元史』 등에 耶律楚材가 편찬했다고 되어 있지만 일실되어 내용을 확인하기 어렵다. 『經義考』에서도 보지 못한 책으로 되어 있다. 『五洲衍文長箋散稿』에서는 이 책과 함께 『湛然文集』, 『曆說』, 『乙未元曆』, 『回鶻曆』 등이 그의 저술이라 했는데 『湛然文

集』을 제외한 나머지는 모두 전하지 않는다. 또 이 기록은 『明一統志』 등에 耶律楚材의 저술로 『湛然文集』, 『曆說』, 『乙未元曆』, 『回鶻曆』 등을 소개한 기록을 인용한 것이다.

皇極經世解

宋 邵伯溫이 邵雍의 『皇極經世書』를 풀이한 책. 邵伯溫(1057~1134)은 字가 子文이고 洛陽 출신이며 邵雍의 아들이다. 『易辨惑』, 『河南集』, 『聞見錄』, 『皇極系述』, 『觀物內外篇解』 등의 저술이 있다. 이 책은 宋 潘自牧의 『記纂淵海』에 보이지만 독립된 저술로는 전하지 않는다. 『宋史』에 邵伯溫의 『皇極經世序』를 들고 있는데 동일한 책일 가능성이 높다. 『皇極經世書解』라고도 한다. 明 胡廣의 『性理大全書』에 『皇極經世書』가 실려 있는데 여기에 邵伯溫의 解가 함께 실려 있다. 『五洲衍文長箋散稿』에 서명만 소개되어 있다. 『五洲衍文長箋散稿』에 『皇極經世解觀物解』로 소개되어 있는데 『皇極經世書』의 일부를 이루고 있는 邵雍의 『觀物篇』에 대한 邵伯溫의 풀이이므로 같은 책이라 하겠다. 『觀物內外篇解』라고도 한다. 李光靖의 『小山集』에는 朝鮮 徐敬德의 『皇極經世解』를 소개했는데 다른 책이다.

皇極內篇 → 洪範皇極內篇

皇極聲音文字通 → 聲音文字通

黃道總星圖

독일 출신의 예수회 선교사 戴進賢이 편찬한 天文圖. 戴進賢(Ignatius Kögler, 1680~1746)은 康熙 55년(1716) 中國으로 온 이후 29년 동안 欽天監監正을 지냈다. 저서로 이 책 외에 『曆象考成後編』, 『儀象考成』 등이 있다. 이 책은 黃極을 중심에 두고 바깥의 큰 원으로 黃道를 표시한 2幅의 南北恒星圖다. 直線을 12宮으로 나누고 宮名을 열거했으며, 節氣를 표시하고 恒星을 6等으로 나누었다. 이탈리아 예수회 전도사인 利白明(F. B. Moggi)이 銅版으로 새겨서 雍正 元年(1723) 간행했다. 국립중앙도서관에 利白明의 銅版本이 소장되어 있다. 『五洲衍文長箋散稿』에 인용되어 있다.

皇覽

魏 文帝 曹丕의 命으로 편찬한 類書. 劉劭, 王象, 桓范, 韋誕, 繆襲 등이 편찬에 참여했다. 40여 部로 분류하여 800만 字 내외의 분량으로 만들어졌지만 唐代에 일실되었다. 淸 孫憑翼이 逸文을 모아 1권으로 편집한 것이 『問經堂叢書』에 실려 있는데 塚墓의 記文 등 80여 조에 불과하다. 후대 『藝文類聚』, 『太平御覽』 등의 전범이 되었다. 『靑莊館全書』, 『與猶堂全書』, 『五洲衍文長箋散稿』 등에서 이 책의 내용을 인용했지만 모두 후대의 문헌에서 가져온 것이다.

皇靈孝經

편찬자와 편찬 시기를 알 수 없는 『孝經』의 緯書. 宋 歐陽修의 『新五代史』에 1권이라 했지만 현재 전하지 않는다. 『文獻通考』에는 수명을 연장하고 재앙을 물리치는 일과 志符文을 적은 道家 계열의 책이라 했다. 高麗 光宗 10년(959) 後周로 사신을 보내며 『別敍孝經』, 『越王孝經新義』, 『皇靈孝經』, 『孝經雌雄圖』 등을 보냈다는 기록이 『高麗史』, 『舊五代史』, 『新五代史』, 『文獻通考』, 『居易錄』 등에 보인다. 『星湖僿說』, 『東史綱目』, 『海東繹史』, 『五洲衍文長箋散稿』 등에서 언급한 내용도 같다.

皇明館課經世宏辭 → 經世宏辭

皇明紀略

明 皇甫錄이 편찬한 明의 歷史書. 皇甫錄은 字가 世庸이고 號가 近峰이며 長洲 출신이다. 明 弘治 연간(1488~1505)에서 正德 연간(1506~1521) 활동했으며 이 책 외에 『近峰聞略』, 『下陴記談』, 『蘋溪集』, 『容台集』, 『果山集』 등이 전한다. 이 책은 『明紀略』이라고도 한다. 皇甫錄이 작성한 원고를 아들 皇甫沖이 刪定하여 嘉靖 21년(1542) 4권으로 묶어낸 것이다. 明 武宗 正德 연간 이전까지의 明代 역사를 野史와 함께 기록했다. 明 萬曆 14년(1586) 간기가 있는 판본 1권이 중국 國家圖書館에 소장되어 있으며, 『十種歷代小史』에 실린 판본도 여러 곳에 전한다. 『肅宗實錄』에 이 책에 仁祖 때의 일이 잘못 기록되어 있다는 기사가 보이므로 肅宗代 조선에 유입된 듯하다. 『柏谷集』, 『西坡集』, 『碩齋稿』, 『存齋集』 등에 이 책이 인용되어 있다. 『五洲衍文長箋散稿』에는 2권 혹은 3권으로 되어 있으며 서명만 소개되어 있다. 규장각에 6권 3책의 목판본 『皇

明紀略』이 있는데 편찬자가 밝혀져 있지 않다. 朝鮮 金堉이 편찬한 같은 이름의 역사서 3권이 규장각 등 여러 곳에 소장되어 있지만 내용은 다르다.

皇明紀事本末 → 明史記事本末

皇明文選

明 汪宗元이 편찬한 明代의 詩文總集. 汪宗元(1503~1570)은 字가 子允이고 號가 春谷이며 崇陽 출신이다. 이 책 외에 『國朝名臣所建白經濟考』, 『春谷集』 등의 저술이 있다. 이 책은 嘉靖 33년(1554)에 20권으로 편찬되어 바로 간행되었다. 대만 中研院傅斯年圖書館, 미국 하버드대 등에 이 판본이 소장되어 있다. 『海東繹史』에서 이 책을 인용하여 明 岳正의 「送陳緝熙使朝鮮詩序」를 인용했는데 같은 글이 明 黃宗羲의 『明文海』에도 실려 있다.

皇明世法錄

明 陳仁錫이 明代의 典章과 制度 등을 정리한 책. 陳仁錫(1581~1636)은 字가 明卿이고 長洲 출신이다. 文集 『無夢園集』 외에 『古文奇賞』, 『蘇文奇賞』, 『史品』, 『赤函』, 『四書考』 등 여러 저술이 있는데 대부분 『四庫全書』에 수록되어 있다. 이 책은 維皇建極, 懸象設教, 法祖垂憲, 裕國卹民, 制兵勅法, 浚河利漕, 衛邊嚴備, 沿海置防, 獎順伐讐, 崇文援武 등 12類로 나누어 明代의 典章制度와 故事, 故實을 기록했다. 崇禎 3년(1630) 92권으로 편찬되었다. 규장각에 崇禎 연간(1628~1644) 간행된 목판본 16권 8책이 소장되어 있다. 『與猶堂全書』, 『海東繹史』에 이 책이 인용되어 있다.

皇明實錄

明代에 편찬된 編年體 歷史書. 『明實錄』, 『大明實錄』이라고도 한다. 『太祖實錄』 257권, 『太宗實錄』 130권, 『仁宗實錄』 10권, 『宣宗實錄』 115권, 『英宗實錄』 361권, 『憲宗實錄』 293권, 『孝宗實錄』 224권, 『武宗實錄』 197권, 『世宗實錄』 566권, 『穆宗實錄』 70권, 『神宗實錄』 594권, 『光宗實錄』 8권, 『熹宗實錄』 84권으로 이루어져 있다. 趙秀三은 「明實錄歌」를 지었는데 그 序에서 明 列朝의 實錄이 461권인데 洪武에서 시작하여 天啓에 그쳤고 崇禎의 實錄은 찬술하지 못했다고 한다. 史官 谷氏의 후손가에서 흘러나온 책을 1829년 趙秀三이 중

국에 사신으로 갔을 때 함께 간 역관 李鎭九가 書肆에서 비싼 값에 구입했다고 한다. 『海東繹史』, 『弘齋全書』, 『五洲衍文長箋散稿』 등에 이 책이 인용되어 있다. 1830년 『皇明實錄』 2,825권 461책을 구입하여 大報壇 敬奉閣에 奉安하라는 기록이 『日省錄』에 보이고, 1844년 內閣에 봉안하던 『皇明實錄』을 皇壇의 敬奉閣에 봉안하라고 한 기사가 『憲宗實錄』에 보이며, 『承政院日記』에도 1875년 몇 차례 이 책과 관련한 기록이 보인다. 4책의 필사본 『皇明實錄鈔』가 규장각에 소장되어 있는데 朝鮮에 관계된 史實만을 抄錄한 것이다. 『海東繹史』, 『梣溪遺稿』, 『荷亭集』 등에도 『明實錄』 혹은 『皇明實錄』으로 인용되어 있다.

皇明馭倭錄

明 王士騏가 편찬한 일본 관련 雜錄. 王士騏는 萬曆 연간(1573~1620)의 인물로 字가 冏伯이고 太倉 출신이며 王世貞의 아들이다. 兵部主事, 禮部員外郎 등을 역임했고, 『晉史』, 『四侯傳』, 『醉花庵詩選』, 『武侯全書』 등의 저술을 남겼다. 이 책은 『馭倭錄』이라고도 한다. 兵部主事로 있을 때 洪武 元年(1368)부터 萬曆 연간(1573~1620)까지 倭寇의 사적을 모아 편찬한 책이다. 총 9권으로 왜적 평정을 위한 詔勅, 上奏 및 中外의 戰略을 상세히 수록했다. 自序에 따르면 明 薛俊의 『日本考略』, 王文光의 『日本考略補遺』, 鄭若曾의 『籌海圖編』 등을 참조했다고 한다. 대만 故宮博物院圖書館 등에 萬曆 연간 간본이 전한다. 『續修四庫全書』에도 수록되어 있다. 『海東繹史』에 이 책이 인용되어 있다.

皇明祖訓

明 太祖 朱元璋이 後孫에게 남긴 遺訓을 기록한 책. 朱元璋(1328~1398)은 原名이 重八이고 字가 國瑞이며 濠州 鍾離 출신이다. 1368년 明을 開國하고 年號를 洪武라 했다. 이 책은 洪武 6년(1373) 완성되었을 때는 『祖訓錄』이라고 했는데 洪武 28년(1395) 『皇明祖訓』으로 바꾸었다. 1권이며 四款, 持守, 嚴祭祀, 謹出入, 愼國政, 禮儀, 法律, 內令, 內官, 職制, 兵衛, 營繕, 供用 등 13章으로 되어 있다. 『燕山君日記』에 보이므로 이즈음 조선에 들어왔음을 알 수 있다. 『明宗實錄』에는 開城留守 韓岬가 이 책을 바쳤다는 기록이 보인다. 李忔의 『雪汀先生朝天日記』에 이 책을 자세히 기록했다. 『再造藩邦志』, 『國朝寶鑑』, 『簡易集』, 『海東繹史』, 『林下筆記』 등에도 인용되었다. 대만 故宮博物院圖書館 등에 洪武 연간(1368~1398) 간본이 소장되어 있다.

皇明通紀

明 陳建이 편찬한 明의 歷史書. 陳建(1497~1567)은 字가 廷肇이고 號가 淸瀾이며 東莞 출신이다. 이 책과 『學蔀通辨』, 『朱陸編年』, 『西涯樂府通考』, 『周子全書』, 『程氏遺書類編』, 『小學古訓』, 『治安要議』 등 많은 저술을 남겼다. 이 책은 『皇明資治通紀』라고도 하며 줄여서 『通紀』라고 한다. 編年體로 되어 있으며 전체 34권이다. 前篇은 啓運錄으로 1351년부터 1398년까지의 기사가, 後篇은 革朝靖難紀로 1398년부터 1521년까지의 기사가 실려 있다. 내용에 문제가 있다 하여 隆慶 5년(1571) 明의 조정에서 毁版하고 禁書로 지정했기에 원래의 판본은 거의 남아 있지 않다. 후에 明 岳元聲이 删訂하고 1522년부터 1572년까지의 기사를 增補하여 『皇明歷朝資治通紀』를 편찬했는데 『皇明資治續紀』라고도 한다. 또 馬晉允이 天啓 연간(1621~1627) 기사를 증보하여 24권으로 만들었는데 이를 『皇明通紀輯要』라 한다. 『皇明歷朝資治通紀』는 조선 중종 혹은 선조 연간에 乙亥字로 간행되었는데 국립중앙도서관과 고려대에 소장되어 있다. 목판본도 전하는데 1699년 內賜記가 적힌 것도 있다. 규장각에는 목판본 『皇明資治通紀』가 소장되어 있다. 이 책은 『明宗實錄』, 『宣祖實錄』 등을 위시하여 『退溪集』, 『眉巖集』, 『月川集』, 『牛溪集』 등 16세기 문헌에서부터 널리 인용되어 있다. 『肅宗實錄』, 『英祖實錄』 등에 經筵의 교재로 사용했다는 기록이 보인다. 『星湖僿說』, 『燃藜室記述』, 『東史綱目』, 『涪溪記聞』, 『五洲衍文長箋散稿』 등에서도 자주 인용하고 있다. 조선의 宗系에 대한 오류 때문에 英祖 때에는 금서로 지목되었으며, 桂德海 등이 이 책을 구입했다는 이유로 국문을 당했다. 英祖의 命으로 1771년 宗系에 대한 오류를 바로잡은 『皇明通紀輯要』 24권이 편찬되어 壬辰字로 간행되었는데 규장각 등 여러 곳에 소장되어 있다.

荒史

明 陳士元이 편찬한 上古時代의 歷史書. 陳士元(1516~1597)은 字가 心叔이고 號가 養吾 혹은 江漢潛夫, 環中愚叟 등이고 西鄕 陳嶺 출신이다. 저서로 이 책 외에 『嶽記』, 『缶鳴集』, 『金陵集』, 『名疑』, 『海濱集』, 『易象彙解』, 『五經異文』, 『論語類考』, 『孟子雜記』 등이 있다. 『五洲衍文長箋散稿』에는 淸代의 인물이라 했으나 잘못이다. 이 책은 6권이며 천지가 개벽하던 시기 盤古, 天皇, 地皇 등의 사적을 적은 것이다. 九頭, 元始本紀, 二靈本紀 등으로 구성되어 있다.

宋 羅泌의 『路史』를 底本으로 증보한 것으로 알려져 있다. 『甁窩集』, 『靑莊館全書』, 『五洲衍文長箋散稿』 등에 인용되었다. 明 嘉靖 연간(1522~1566) 판본이 중국 國家圖書館에 소장되어 있다.

黃山谷集 → 山谷集

黃山史槪

淸 陳鼎이 편찬한 黃山의 地理書. 陳鼎(1650~?)은 字가 定九이고 號가 留溪이며 江蘇 江陰 출신이다. 詩文에 뛰어났으며 역사에도 정통했다. 저서로 『留溪草堂詩稿』, 『東林列傳』, 『留溪外傳』 등이 있다. 이 책은 陳鼎이 黃山을 유람하면서 黃山의 自然과 沿革, 人物, 故事 등을 적은 것이다. 『昭代叢書』, 『小方壺齋輿地叢鈔』 등에 실려 있다. 淸 丁仁의 『八千卷樓書目』에는 書名이 『黃山志槪』로 되어 있다. 『五洲衍文長箋散稿』에는 『黃山史槪』와 『黃山志槪』 두 서명이 모두 보인다.

黃石公素書 → 素書

黃氏日鈔

南宋 黃震의 文集. 黃震(1213~1280)은 字가 東發이고 江西 慈溪 출신이며 于越先生이라 불렸다. 朱熹의 학설을 계승하면서도 독창성을 발휘하여 東發學派를 창시했다. 저서로 이 책 외에 『春秋集解』, 『禮記集解』, 『古今紀要』 등이 있다. 이 책은 97권인데 68권까지는 讀經者, 讀三傳, 孔氏書者, 讀諸儒者, 讀史者, 讀雜史, 讀諸子者, 讀文集者 등 고대의 인물과 저술을 평론한 것이고, 69권부터는 奏箚, 申明, 公移, 講義, 策問, 書記, 序, 跋, 祝文, 祭文, 行狀, 墓志 등으로 구성되었다. 규장각에 『慈溪黃氏日抄』가 소장되어 있는데 至元 3년(1266) 沈陸의 序가 붙은 明代의 간본이다. 淸代의 복각본 1종과 乾隆 32년(1767) 序가 실린 『黃氏日抄紀要』 19권도 규장각에 소장되어 있다. 이 책은 『同春堂集』, 『農巖集』, 『星湖全集』, 『靑莊館全書』, 『弘齋全書』, 『與猶堂全書』, 『明皐全集』, 『五洲衍文長箋散稿』 등 여러 문헌에서 인용되었다.

皇輿考

明 張天復이 편찬한 地理書. 張天復(1513~1578)은 字가 復亭이고 號는 內山이며 山陰 출신이다. 문장과 서법에 능했고 이 책 외에 『紹興志』, 『鳴玉堂稿』 등이 전한다. 이 책은 嘉靖 36년(1557) 12권으로 완성되었다. 自序에 의하면 明 桂萼의 『輿地圖志』, 羅洪先의 『廣輿圖』, 許論의 『九邊論』 등이 너무 소략하여 이를 보완했다고 한다. 『熱河日記』, 『與猶堂全書』, 『燕轅直指』, 『海東繹史』 등에 이 책이 인용되어 있다. 萬曆 16년(1588) 간기가 있는 목판본이 일본 東京大 등에 전한다. 明 張元忭이 增廣한 『廣皇輿考』도 중국 國家圖書館에 소장되어 있다.

皇輿表

淸 康熙帝의 命으로 편찬한 地理書. 1679년 각 省의 자료와 地志를 모아, 唐虞三代부터 淸代까지 中國 歷代 행정구역의 변천을 시대에 따라 表로 작성한 책이다. 康熙 43년(1704) 누락된 지역과 朝貢國 등을 增輯하여 16권으로 增修했다. 규장각에 이 판본이 소장되어 있다. 京師, 盛京, 江南布政使司, 山東布政使司, 山西布政使司, 河南布政使司, 陝西布政使司, 浙江布政使司, 福建布政使司, 江西布政使司, 湖廣布政使司, 廣東布政使司, 廣西布政使司, 四川布政使司, 貴州布政使司, 雲南布政使司, 朝貢諸國 등으로 구성되어 있다. 『弘齋全書』와 『五洲衍文長箋散稿』에 이 책이 소개되어 있다.

皇王大紀

宋 胡宏이 편찬한 歷史書. 胡宏(1102~1161)은 字가 仁仲이고 號가 五峰이며 崇安 출신으로, 胡安國의 아들이다. 湖湘學派를 창시했고 저서로 이 책 외에 『知言』, 『易外傳』 등이 있다. 이 책은 80권으로, 盤古, 赧王 이래 2천여 년 동안의 史蹟과 史傳을 광범위하게 인용했으며 일관되게 經義에 의거하여 역사를 설명했다. 萬曆 연간(1573~1620) 간본이 대만 故宮博物館圖書館과 중국 國家圖書館 등에 소장되어 있다. 『五洲衍文長箋散稿』에서 항목을 두어 이 책을 자세히 다루면서 淸 朱彝尊의 跋을 소개했다. 『西溪集』, 『本庵集』, 『林下筆記』 등에 이 책이 인용되어 있다.

皇祐方域圖志

北宋 王洙와 掌禹錫이 편찬한 地理書. 王洙(997~1057)는 字가 原叔 혹은 源叔, 尙汝이고 應天 宋城 출신이다. 方技, 術數, 陰陽, 五行, 音韻, 訓詁, 書法 등에 두루 능했으며 『金匱要略』, 『宋元史質』 등의 저술이 전한다. 掌禹錫(992~1068)은 字가 唐卿이고 許州 郾城 출신이며, 易學과 地理, 醫藥 등에 조예가 깊었다. 皇佑 3년(1053) 각 지방의 지리와 사적 등을 모으고 지도를 붙여 이 책을 편찬했다고 하지만 일실되어 전하지 않는다. 『續資治通鑑長編』에는 50권, 『宋史』에는 30권으로 되어 있다. 『五洲衍文長箋散稿』에 『皇祐方域國志』로 소개되어 있다.

黃庭經

晉 魏華存이 편찬했다고 하는 道教書. 魏華存(251~334)은 女道士로 字는 賢安이고 道教에서 四大女神으로 추중되며, 紫虛元君 혹은 南岳魏夫人으로 일컬어진다. 任城 출신 魏舒의 딸이다. 이 책과 『上清大洞眞經』이 그의 저술로 알려져 있다. 『黃庭經』은 『上清黃庭內景經』과 『上清黃庭外景經』 두 종류가 있는데, 내용과 형식이 비슷하다. 두 책은 모두 七言 歌訣의 형식으로 養生과 修煉의 원리를 설명했으므로, 道教의 修養書로 중시되었다. 『黃庭內景經』은 東華가 秘傳하던 것으로, 梁邱子가 주석을 달았고, 『黃庭外景經』은 老子가 저술한 것으로 務成子가 주석을 달았다. 『黃庭內景經』은 上清章, 上有章, 口爲章, 黃庭章부터 沐浴章까지 36章으로 나뉘어 있고, 『黃庭外景經』은 上部經, 中部經, 下部經 등으로 이루어져 있다. 『黃庭中景經』도 있는데, 후대에 편찬된 것이라 하여 『黃庭經』에 포함하지 않는다. 이 책은 書法家들이 심신수양의 한 방법으로 法帖으로 남기거나 序를 작성했는데, 王羲之의 楷書 法帖이 가장 유명하다. 崔致遠의 『孤雲集』, 李奎報의 『東國李相國集』 등 이른 시기 문헌에서부터 이 책이 언급되고 있으며, 『芝峯類說』, 『海東雜錄』, 『五洲衍文長箋散稿』 등 많은 문헌에서 인용되었다. 장서각 등에 王羲之의 拓本이 소장되어 있고 고려대, 규장각 등 여러 곳에 필사본이 전한다.

荒政考

明 屠隆이 편찬한 救荒 관련 雜錄. 屠隆(1543~1605)은 字가 長卿 혹은 緯眞이고 號는 赤水이며 浙江 鄞縣 출신이다. 詩文과 戲曲에 뛰어났으며, 博學으

로도 이름이 높았다. 『漢魏叢書』를 편찬했고 『冥寥子記遊』, 『遊具雜編』, 『由拳集』, 『白榆集』, 『婆羅館淸言』, 『棲眞館集』 등 많은 저술을 남겼다. 賣文으로 생활했기에 후대 그의 이름으로 가탁된 책이 많다. 이 책은 1권이며, 救荒 정책과 관련한 30條로 되어 있어 『荒政三十條』라고도 한다. 『屠隆荒政考』로도 불린다. 『顯宗實錄』에 趙絅이 이 책을 올렸다는 기록이 보인다. 『正祖實錄』에도 이 책을 賑恤의 법으로 삼았다는 기록이 보인다. 『記言』, 『龍洲遺稿』, 『星湖僿說』, 『牧民心書』에도 이 책을 소개했다. 규장각에 소장된 屠隆의 文集 『鴻苞集』에 실려 있고 『荒政叢書墨海金壺』, 『守山閣叢書』 등에도 실려 있다.

荒政叢言

明 林希元이 救恤 정책을 제시한 책. 林希元(1481~1565)은 字가 茂貞이고 號가 次崖이며 福建 同安縣 출신이다. 『易經存疑』, 『四書存疑』는 당시 禮部에서 간행하여 널리 읽혔고 『新政八要』, 『王政附言』, 『荒政叢言』 등의 저술도 높은 평가를 받는다. 그 외에 『程文繩尺』, 『太極圖解』, 『古文類抄』, 『考古界聞』 등의 저서가 전한다. 이 책은 嘉靖 8년(1529) 편찬된 것으로 1권이다. 『守山閣叢書』에 실려 있다. 歷代의 구휼 정책을 정리하고 대안을 제시한 것으로, 이재민에 차등을 두어 구휼 정책을 실시하고, 농업생산력을 빨리 회복할 것과 民間의 역량을 충분히 이용하여 구휼 정책을 실시할 것 등을 주장했다. 『星湖僿說』에 이 책이 인용되었다. 『牧民心書』에는 『荒政叢書』로 인용했다. 淸 俞森의 『荒政叢書』가 따로 전한다.

黃帝內經

上古時代 黃帝가 편찬한 것으로 알려진 醫書. 黃帝는 五帝의 한 사람으로, 軒轅氏로도 불린다. 이 책은 黃帝가 그의 스승 岐伯과 醫術에 관하여 토론한 것을 기록한 것이라고 하지만 秦漢 시대 黃帝의 이름을 假託하여 지은 것이라는 것이 통설이다. 줄여서 『內經』 혹은 『黃帝素問』이라고 하며 『黃帝內經素問』이라고도 한다. 총 18권으로 전반 9권은 素問, 후반 9권은 靈樞다. 素問은 天人合一說, 陰陽五行說을 기본사상으로 하고 있으며, 靈樞는 鍼灸와 導引 등을 기술하고 있다. 『太宗實錄』에 따르면 1412년 史官 金尙直으로 하여금 忠州史庫에서 바치게 한 서목 중에 이 책이 보인다. 또 1461년 醫學의 取才에서 이 책을 講하게 했다. 『二樂亭集』, 『養心堂集』, 『栗谷全書』, 『五山集』, 『芝峯

集』, 『存齋集』, 『訒齋集』, 『澤堂集』, 『南溪集』, 『霞谷集』, 『星湖全集』, 『南塘集』, 『立齋遺稿』, 『五洲衍文長箋散稿』 등 여러 문헌에서 인용되었다. 1615년 內醫院에서 『新刊補註釋文黃帝內經素問』을 간행했는데 국립중앙도서관, 고려대 도서관, 장서각, 경희대 도서관, 연세대 도서관 등에 소장되어 있다. 이화여대 도서관에는 『黃帝內經素問註證癸微』 9권 12책이 소장되어 있는데 淸 馬元臺가 註를 단 것으로 嘉慶 10년(1805) 木活字로 간행한 것이다. 국립중앙도서관에는 明 吳崑이 註를 단 책을 일본에서 목판으로 간행한 『黃帝內經素問』이 소장되어 있다.

黃帝內經太素

隋末唐初 楊上善이 『黃帝內經』을 풀이한 책. 『宋史』에는 『黃帝太素經』 3권이라 했는데, 『舊唐書』와 『新唐書』에는 『黃帝內經太素』 30권이라 했다. 『高麗史』에 따르면 宣宗 8년(1091) 宋의 館伴이 일실된 서적 129종의 목록을 주고 고려에서 찾도록 한 書目에 『黃帝太素』가 보이는데 30권으로 되어 있다. 『海東繹史』, 『靑莊館全書』에서도 이 기사를 소개했다. 淸 光緖 연간(1875~1908) 판본이 중국 國家圖書館에 소장되어 있다.

黃帝內傳

上古時代 黃帝의 역사를 기록한 傳記. 宋 晁公武의 『郡齋讀書志』에는 彭祖가 衡山의 石室에서 얻은 것으로 1권이라 했다. 후대 일실되어 전하지 않는데 宋 高承의 『事物紀原』 등에 일부가 실려 전한다. 黃帝 시기 蚩尤의 전쟁, 器物의 제작, 건축과 농경의 시작, 西王母 고사 등이 기록되어 있다. 『世宗實錄』, 『五洲衍文長箋散稿』 등에서 이 책을 인용했지만 宋 高承의 『事物紀原』 등 후대 자료에서 재인용한 것으로 보인다.

黃帝書

上古時代 黃帝가 편찬한 道敎書. 일실되어 전하지 않고 일부가 『列子』, 『晉書』 등에 실려 전한다. 1973년 長沙 馬王堆 3호 漢墓에서 출토된 經法, 經(十六經, 十大經이라고도 한다), 稱, 原道 등 4편이 이 책의 일부분인 것으로 밝혀졌다. 『黃帝四經』이라고도 한다. 후대에는 黃帝와 老子를 통칭하여 黃老라 하며 黃老의 학설을 담은 책을 통칭한다. 『象村稿』, 『靑莊館全書』, 『與猶堂全書』, 『五

洲衍文長箋散稿』 등에서 이 책을 인용했지만 후대 다른 문헌의 재인용이다.

黃帝素問 → 黃帝內經

黃帝鍼經

上古時代 黃帝가 편찬했다고 하는 침술에 관한 책. 『隋書』에는 12권, 『舊唐書』와 『新唐書』에는 10권, 『宋史』에는 9권으로 권수가 다르다. 지금은 일실되어 전하지 않는다. 『高麗史』에 따르면 1090년 高麗 宣宗이 黃宗慤을 宋에 보내 哲宗에게 이 책을 헌상하고 宋의 다른 서적을 구입해 오도록 했는데 蘇軾 등의 반대에도 불구하고 『冊府元龜』 등을 구입했다는 기사가 보인다. 또 이듬해 宋에서 고려에 요구한 서적 목록 중 이 책이 실려 있는데 9책으로 되어 있다. 『宋史』, 『文獻通考』 등에도 비슷한 기록이 보이며 『靑莊館全書』, 『海東繹史』, 『東史綱目』, 『五洲衍文長箋散稿』 등에도 이러한 사실이 기록되어 있다.

黃帝宅經

上古時代 黃帝가 편찬했다고 하는 건축 관련 저술. 이 책은 『宅經』이라고도 하는데 上下 2권으로 나누어져 있으며 圖說도 수록되어 있다. 24路를 나누고 吉凶을 가리는 방식으로 기술되어 있다. 明 周履靖이 편찬한 叢書인 『夷門廣牘』에 실려 있다. 규장각 등에 소장된 『說郛』, 『唐宋叢書』 등에도 실려 있다. 『山林經濟』, 『硏經齋全集』, 『與猶堂全書』, 『五洲衍文長箋散稿』 등 여러 문헌에 이 서명이 보인다.

黃帝太素 → 黃帝內經太素

黃帝八十一難經

편찬자를 알 수 없는 중국 고대의 醫書. 『難經』 혹은 『八十一難』이라고도 부른다. 黃帝의 이름으로 되어 있지만 漢代 혹은 秦代의 저술로 보는 것이 통설이다. 三國 吳의 太醫였던 呂廣이 최초로 이 책에 주석을 붙였는데 3권으로 이루어졌으며 81항목의 難으로 되어 있다. 脈學, 經絡, 髒腑, 疾病, 腧穴, 針法 등에 관한 것으로, 人體의 生理, 解剖, 疾病, 症候, 診斷, 針灸, 陰陽五行學說 등 다양한 내용을 다루었다. 『東史綱目』에 따르면 신라 神文王 12년(692)에 이 책을 교재로 삼았다는 기록이 보인다. 高麗 文宗 12년(1058) 忠州牧에서 이 책을 간행했다는 기록이 『高麗史』에 보인다. 『世宗實錄』, 『己卯錄補遺』 등 조선 초기 문헌에서부터 대표적인 의학서로 평가된 것으로 보아 매우 이른 시기 우리나라에 수용된 듯하다. 『五州衍文長箋散稿』에도 여러 차례 이 책을 인용했다. 장서각에 正統 戊午(1438) 識가 있는 목판본과 明의 熊宗立이 註解한 필사본이 소장되어 있다.

皇朝禮器圖式

淸 允祿과 蔣溥 등이 康熙帝의 命으로 편찬한 禮書. 允祿(1695~1767)은 康熙帝의 아들로, 본명은 愛新覺羅 胤祿이며 號는 愛月主人이다. 『數理精蘊』, 『雨暘時若』 등의 저술이 있다. 蔣溥(1708~1761)는 字가 質甫이고 號가 恒軒이며 江蘇 常熟 출신으로, 大學士 蔣廷錫의 아들이다. 그림에 능했고 東閣大學士兼戶部尙書를 지냈다. 이 책은 乾隆 24년(1759) 편찬한 것으로 총 18권이며 目錄 1권이 붙어 있다. 『禮器圖式』이라고도 한다. 후에 福隆安과 王際華 등이 다시 補纂했다. 이 책은 典章制度에 필요한 器物들을 圖解와 함께 실었다. 祭器, 儀器, 冠服, 樂器, 鹵簿, 武備 등으로 분류하여 기술했는데 우측에 그림이 있고 좌측에 설명이 있다. 乾隆 31년(1766) 武英殿 刻本이 장서각 등에 소장되어 있다. 『靑莊館全書』, 『研經齋全集』, 『警修堂全藁』, 『五洲衍文長箋散稿』 등에서 이 책을 인용했다.

皇朝文鑑 → 宋文鑑

皇淸開國方略

淸 阿桂 등이 乾隆帝의 命으로 淸 開國의 역사를 적은 책. 阿桂(1717~1797)는 滿洲 正白旗 출신으로 章佳氏에 속하며, 字는 廣廷이고 號는 雲巖이다. 이 책은 『大淸開國方略』, 『開國方略』이라고도 한다. 乾隆 39년(1774) 편찬에 착수하여 乾隆 51년(1786) 완성되었다. 淸 太祖의 건국부터 世祖가 中原을 평정하기까지의 사실을 編年體로 기술했다. 徐浩修의 『燕行記』에는 乾隆 55년(1790) 武英殿에서 이 책을 간행한 사실을 적고 있으며, 朴齊家가 琉璃廠 書肆에서 장정하지 않은 이 책 한 질이 冊工에게 있는 것을 보고 謄寫해 왔는데 三學士에 대한 내용이 있었다고 한다. 『燃藜室記述』에 1790년 徐浩修가 청국

에 갔다가 서점에서 이 책을 보았다는 기사가 실려 있다. 『正祖實錄』, 『海東繹史』, 『明皐全集』 등 후기 문헌에 이 책에 대한 언급이 많다. 국립중앙도서관에 乾隆 51년(1786) 乾隆帝의 序가 달린 판본이 소장되어 있다. 규장각에도 淸代의 목판본이 소장되어 있다.

皇淸經解

淸 阮元이 편찬한 經學叢書. 阮元(1763~1849)은 字가 伯元이고 號가 芸臺이며 儀徵 출신이다. 體仁閣大學士를 지냈으며, 저서로 『揅經室集』과 續集 및 再續集 등이 있다. 이 책은 淸代 儒學者들의 經學研究書를 집성한 것으로 일명 『學海堂經解』라고도 한다. 阮元이 兩廣總督에 재직하던 道光 5년(1825) 편집을 시작하여 道光 9년(1829) 완성했다. 經書의 註釋書를 위시하여 개인의 文集에 실린 經書 관련 註解나 考證까지 두루 수습하여 淸 顧炎武 이하 73인의 저술 188종, 1,400권을 수록했다. 『日省錄』에 따르면 1834년 司譯院 官生이 購來한 道光 9년(1829) 간본 『皇淸經解』 183部 1,400卷 360冊을 上納할 것을 청한 기사가 보인다. 규장각에 『皇淸經解』 140卷 360冊과 王先謙이 편찬한 『皇淸經解續編』 209卷 32冊, 그리고 서목을 정리한 『皇淸經解敬修堂編目』 등이 소장되어 있고, 그밖에 국립중앙도서관 등 여러 곳에도 『皇淸經解』 관련 문헌이 소장되어 있다. 『性齋集』, 『巖棲集』, 『五洲衍文長箋散稿』 등 19세기 후반의 문헌에 주로 인용되어 있다.

皇淸文穎

淸 王際華와 于敏中 등이 乾隆帝의 命을 받아 편찬한 淸代 詩文總集. 王際華(1717~1776)는 字가 秋瑞 혹은 秋水이고 號는 白齋이며 浙江 錢塘 출신이다. 于敏中(1714~1780)은 字가 叔子 혹은 重棠이고 號는 耐圃이며 江蘇 金壇 출신이다. 『四庫全書』 편찬의 總裁를 맡았다. 이 책은 24권의 卷首에 康熙帝, 雍正帝, 乾隆帝의 순으로 論, 說, 序, 記, 雜著, 詩 등의 御製를 수록하고 이어 100권에 淸代의 산문과 시를 수록했다. 『四庫全書』에 수록되어 있다. 『五洲衍文長箋散稿』에서 『淸文穎』과 『皇淸文穎』을 나란히 언급했다. 또 『明文穎』을 들고 있는데 이 書名의 책은 확인되지 않는다. 『皇淸文穎續編』은 이 책을 이어 淸 董誥가 편찬한 것으로 108권이다.

皇淸職貢圖

淸 傅恒 등이 乾隆帝의 命으로 편찬한 朝貢에 관한 책. 傅恒(1720?~1770)은 字가 春和이고 滿洲族으로 孝賢純皇后의 아우다. 『欽定旗務則例』, 『西域圖』, 『御批歷代通鑑輯』 등을 편찬했다. 乾隆 16년(1751) 이 책을 편찬하기 시작하여 乾隆 22년(1757) 7권을 완성했고, 乾隆 28년(1763)에 『續圖』 1권을 增修하고 卷首를 새롭게 첨가하여 9권으로 간행했다. 1권에서는 中國과 朝貢 관계를 유지해 온 변방 국가 및 제한적인 通交를 맺고 있는 朝鮮國, 琉球國, 安南國, 暹羅國, 英吉利國, 法蘭西國, 日本國, 柔佛國, 荷蘭國, 俄羅斯 등을 대상으로 각국 官民의 외모와 服飾을 묘사한 그림을 수록하고 지리와 풍속 등을 설명했다. 2권에서 9권까지는 중국 내 소수민족들의 외모, 복식, 풍속 등을 수록했다. 2권은 西藏과 新疆, 3권은 東北, 蒙古, 福建, 湖南, 4권은 廣東, 5권은 甘肅, 6권은 四川, 7권은 雲南, 8권은 貴州, 9권의 「續圖」에는 앞에 포함되지 않은 愛烏罕(아프가니스탄), 霍罕(우즈베키스탄, 타지키스탄, 키르기스스탄) 등이다. 이 책은 李裕元의 『嘉梧稿略』, 韓致奫의 『海東繹史』 등에서 인용했다. 특히 李裕元은 1875년 奏請正使로 燕京에 갔다가 돌아올 때 이 책을 선물로 받았다. 규장각에 乾隆 28년(1763) 간행한 중국 목판본 9권 16책이 소장되어 있고, 고려대 등에도 같은 판본이 소장되어 있다.

黃初篇

後漢 蔡邕이 편찬한 小學書. 蔡邕(132~192)은 字가 伯喈이고 陳 留圉 출신이다. 博學多識하며 辭章과 音律에 능했다. 明 張溥가 詩, 賦, 碑, 誄, 銘 등 모두 104篇을 모아 편집한 『蔡中郎集』이 전한다. 蔡邕은 小學書인 『聖皇篇』, 『黃初篇』, 『吳章篇』 등을 저술했는데 이 책은 1권이었지만 이른 시기 일실되어 전하지 않는다. 『五洲衍文長箋散稿』에 書名만 제시되어 있다.

皇華紀聞

淸 王士禛이 편찬한 筆記雜錄. 王士禛(1634~1711)은 字가 子眞 혹은 貽上이고 號가 阮亭 혹은 漁洋山人이며, 『阮亭詩抄』, 『漁洋集文』, 『蠶尾集文』, 『帶經堂集』 등의 문집과 『池北偶談』, 『居易錄』 등의 저술이 전한다. 이 책은 淸 康熙 23년(1684) 王士禛이 少詹事로 南海에 가서 제사를 지내고 오면서 그 견문을 채록한 것으로 6권이다. 대부분 小說과 地方志에서 인용한 것이고 고증은 많

지 않다. 『熱河日記』, 『靑莊館全書』, 『五洲衍文長箋散稿』, 『硏經齋全集』, 『沙磯集』 등에 인용되어 있다. 동아대에 소장된 목판본 『漁洋山人全集』과 이화여대에 소장된 석인본 『雜集』에도 이 글이 실려 있다. 이 책의 상당 부분이 규장각에 소장된 王士禎의 『漁洋詩話』에 실려 있다.

皇后內訓 → 內訓

會稽典錄

東晉 虞預가 편찬한 會稽 지역의 地理書. 虞預(285?~340)는 字가 叔寧이고 本名은 虞茂이며 會稽 출신이다. 이 책 외에 『晉書』, 『諸虞傳』 등이 전한다. 이 책은 會稽 지역의 地理와 風土, 人物, 故事 등을 수록한 地方志다. 『隋書』에는 24권으로 되어 있지만 일실되고 『說郛』에 1권으로 수록되어 있다. 『與猶堂全書』에는 晉 張璠의 『漢紀』와 함께 唐 虞世南의 『北堂書鈔』에 인용된 것을 언급했고, 『五洲衍文長箋散稿』에는 晉 陳壽의 『三國志』의 注에서 인용한 것을 언급했다.

會稽土地記

吳 朱育이 편찬한 會稽 지역의 地理書. 朱育은 字가 嗣卿이고 山陰 출신으로 太平 연간(256~258) 벼슬을 했다. 字學에 뛰어나 『異字』를 남겼다. 이 책은 會稽 지역의 地理를 다룬 것인데, 『隋書』에는 1권으로, 『新唐書』 등에는 4권으로 되어 있지만 이른 시기 일실되고 『世說新語』에 『土地記』로 2條가 인용되어 있을 뿐이다. 근대 魯迅이 輯錄한 『會稽郡故書雜集』에 일부가 수록되어 있다. 『貞蕤閣集』과 『五洲衍文長箋散稿』에서 이 책을 소개했는데 淸 洪亮吉의 『卷施閣集』에서 가져온 것이다.

會稽掇英總集 → 掇英

淮南子萬畢術

前漢 劉安이 편찬한 道家書. 劉安(B.C.179~B.C.122)은 高祖 劉邦의 손자이며 淮南厲王 劉長의 장자로, 淮南王에 봉해졌다. 이 책 외에 『淮南子』, 『淮南王賦』, 『群臣賦』, 『淮南歌詩』, 『淮南雜星子』 등 많은 저술을 남겼다. 이 책은 『淮

南萬畢術』이라고도 하며, 人爲와 自然의 變化를 기술했다. 『漢書』에 劉安은 方術에 능한 賓客 수천 명을 초빙하여 內書와 中書, 外書를 편찬했다고 했는데 『淮南鴻烈』(『淮南子』)이 內書이고 이 책은 外書로 추정된다. 『隋書』에 『淮南萬畢經』과 『淮南變化述』이 보이는데 일실되었다. 『齊民要術』, 『太平御覽』, 『本草綱目』 등에 일부가 인용되어 있으며 『說郛』에서 20條를 수습했다. 煉丹術과 神仙術 등에 관한 것이 대부분이다. 서울대 중앙도서관에 光緒 20년(1894) 葉德輝가 편집한 목판본 2권이 소장되어 있고, 장서각에 소장된 『十種古逸書』에도 일부가 실려 있다. 서울대 중앙도서관의 『問經堂叢書』에도 수록되어 있다. 『五洲衍文長箋散稿』에 여러 차례 이 책을 인용했지만 『太平御覽』 등에서 가져온 듯하다.

淮南子注

後漢 許愼이 편찬한 『淮南子』의 註釋書. 許愼(58?~147?)은 字가 叔重이고 汝南 召陵 출신으로, 經傳에 해박했고 『五經異義』, 『說文解字』 등의 저술을 남겼다. 이 책은 『淮南鴻烈解』, 『許愼淮南子注』라고도 한다. 장서각에 萬曆 연간(1573~1620)의 序가 달린 목판본 21권 『淮南鴻烈解』가 소장되어 있으며, 서울대 중앙도서관 등에도 유사한 판본이 소장되어 있다. 明 劉績이 補註하고 王溥가 간행한 판본을 明宗 때 목활자로 간행한 『淮南鴻烈解』의 일부가 고려대에 소장되어 있다. 『芝峯類說』, 『星湖僿說』, 『與猶堂全書』, 『五洲衍文長箋散稿』 등 여러 문헌에 이 책이 인용되어 있다.

淮南鴻烈解 → 淮南子注

懷麓堂詩話

明 李東陽이 편찬한 詩話書. 李東陽(1447~1516)은 字가 賓之이고 號가 西涯이며 長沙府 茶陵縣 출신이다. 이 책 외에 『懷麓堂詩話』, 『燕對錄』, 『西涯擬古樂府』 등 많은 저술을 남겼다. 『知不足齋叢書』에 이 책이 1권으로 편입되어 있는데 詩에 대한 원론적인 설명과 함께 聲律, 詩法, 唐詩와 宋詩의 차이 등 다양한 내용을 담고 있다. 明 姚希孟의 『松癭集』에 이 책의 跋이 실려 있다. 『林下筆記』, 『五洲衍文長箋散稿』에 이 책이 보인다.

懷麓堂集

明 李東陽의 文集. 이 책은 李東陽이 正德 11년(1516) 간행했는데 詩稿 20권, 文稿 30권, 詩後稿 10권, 文後稿 30권, 雜稿 10권 등 총 100권이다. 조선에서는 明宗 4년(1540) 乙亥字로 간행되었는데 규장각에 소장된 『懷麓堂詩稿』가 이 판본으로 추정된다. 乙亥字로 간행된 『懷麓堂文續藁』도 규장각에 소장되어 있다. 『錦帶詩文鈔』, 『靑莊館全書』에는 『懷麓堂集』으로 소개했다. 『武陵雜稿』에 「次應制啓沃詩」가 보이는데 『懷麓堂集』에 「應制啓沃詩」가 보이므로 이 무렵부터 조선에서 그의 문집이 읽혔음을 알 수 있다. 『海東繹史』에는 『西涯集』을 소개하고 시를 인용했는데 그 시는 『懷麓堂集』에 실려 있다. 『西涯集』은 확인되지 않는다. 『西涯擬古樂府』 3권이 중국 國家圖書館에 소장되어 있다.

懷素別傳

唐 陸羽가 편찬한 唐 懷素의 傳記. 陸羽(733~804)는 字가 鴻漸 혹은 季疵이고 號는 竟陵子, 桑苧翁, 東岡子, 茶山御史 등을 사용했다. 復州 竟陵 출신으로 평생 茶 연구에 매진하여 『茶經』을 저술했다. 懷素(737~799)는 俗姓이 錢氏이고 湖南 零陵 출신인데 佛門에 들어가 字를 藏眞으로 바꾸었으며, 零陵僧 혹은 釋長沙라고도 불렸다. 唐代의 유명한 書法家로서 특히 草書가 뛰어나 唐 張旭과 張顚素狂 혹은 顚張醉素로 불렸다. 醉素라 함은 懷素가 술에 취해 써 내려간 草書를 이르는 말이다. 이 글은 懷素의 생애와 書法을 적은 것이다. 책의 형태로 전해지는 것은 없고 『六藝之一錄』 등에 인용되어 전한다. 淸 董誥의 『全唐文』에 全文이 실려 있다. 『五洲衍文長箋散稿』에 인용되어 있지만 다른 문헌에서 가져온 것이다.

會粹

唐 鄭虔이 편찬한 唐代의 歷史書. 鄭虔(691~759)은 字가 趨庭 혹은 弱齊, 若齊이며 鄭州 滎陽 출신이다. 이 책은 明 胡我琨의 『錢通』에서 인용되었지만 지금은 전하지 않는다. 明 朱國禎의 『湧幢小品』에 편찬 경위가 보인다. 天寶 연간(742~756)에 鄭虔이 協律郎으로 있을 때 當代의 史蹟을 모아 80편으로 저술했는데, 사사로이 國史를 편찬한다는 상소가 올라오자 원고를 불태우고 10년간 유배되었다. 그 후 唐 玄宗이 廣文館을 설치하고 그를 博士로 삼았는데 이때 다시 옛글을 수집하여 40편으로 편찬했고, 唐 蘇源明이 서명을 『會

粹』라 했다. 『五洲衍文長箋散稿』에 이 내용이 실려 있는데 清 趙吉士의 『寄園寄所寄』에서 가져온 듯하다.

晦庵先生朱文公文集

南宋 朱熹의 文集. 朱熹(1130~1200)는 建陽 출신으로 字가 元晦 혹은 仲晦이고 號는 晦庵, 紫陽 등을 사용했다. 宋代 理學을 집대성했으며 『四書章句集注』, 『四書或問』, 『太極圖說解』, 『通書解』, 『西銘解』, 『易學啓蒙』 등의 저술을 남겼다. 朱熹의 文集은 宋代 판각된 『晦庵文集』이 있는데 100권이고, 明代에 宋代의 판본을 보완한 『朱文公集』이 있는데 正集 100권, 續集 11권, 別集 10권이며, 清 康熙 27년(1688) 蔡方炳이 간행한 『晦庵集』이 있는데 正集 100권, 續集 5권, 別集 7권으로, 이 판본이 『四庫全書』에 편입되어 있다. 또 『四部叢刊』에 수록된 판본은 『朱子大全集』, 『四部備要』에 수록된 판본은 『朱子大全』으로 되어 있다. 규장각에 『晦庵先生朱文公文集』이 소장되어 있는데 萬曆 33년(1605) 劉洪謨의 序가 달려 있으며 正集 88권에 別集 10권이 더 붙어 있다. 또 『朱子大全集』도 소장되어 있는데 康熙 27년(1688) 藏眉錫의 序가 붙어 있고 卷頭題가 『晦庵先生朱文公文集』으로 되어 있으며, 正集 100권, 續集 5권, 別集 11권으로 구성되어 있다. 『朱子大全集』이라는 서명은 『宋子大全』, 『頤齋遺藁』, 『青莊館全書』, 『五洲衍文長箋散稿』 등에 보인다. 『晦庵先生朱文公文集』, 『朱文公文集』 등의 서명으로 소개된 문헌은 보이지 않는다. 『成宗實錄』에 1476년 謝恩使 鄭孝常과 朴良信이 北京에서 돌아와 『朱子語類』와 함께 『大全』 20권을 올렸다는 기록이 보이는데 『大全』이 『朱子大全集』을 이르는 듯하다. 『一蠹集』, 『冲齋集』 등 이른 시기의 문헌에 『朱子大全』이 자주 보인다. 『芝峯類說』, 『星湖僿說』, 『五洲衍文長箋散稿』 등 후기 문헌에도 대부분 『朱子大全』으로 인용되어 있다. 『宣祖實錄』(1573)에 『朱子大全』의 印出에 대한 기록이 보이며, 조선시대 여러 차례 『朱子大全』이라는 이름으로 朱熹의 문집이 간행되었다. 규장각에는 1771년 完營藏板으로 간행된 『朱子大全文集』이 소장되어 있다. 조선시대 『朱子大全』을 보완하거나 주석을 붙인 책이 여러 차례 나왔는데 朴世采의 『朱子大全拾遺』, 宋時烈의 『朱子大全箚疑』, 金昌協의 『朱子大全箚疑問目』 등이 규장각에 전한다.

悔菴集 → 西堂全集

會語文言
清 陸鳴鼇가 편찬한 性理學 관련 저술. 陸鳴鼇는 字가 石菴이고 仁和 출신이며, 康熙 연간(1662~1722) 河陽縣知縣을 지냈다. 노년에 趙士麟과 書院에 들어가 講學을 하며 지냈는데 이 책 역시 講學에서의 問答을 기록한 것이다. 性理學을 중심으로 하되 禪이나 養生 등 道佛의 학설을 비판한 내용도 있다. 『清文獻通考』, 『四庫全書總目』 등에 4권으로 소개되어 있지만 현전 여부는 확인되지 않는다. 『五洲衍文長箋散稿』에 이 책을 인용했지만 清 毛奇齡의 『四書賸言』에서 가져온 것이다.

會要 → 宋會要

會典 → 大明會典

會典 → 大清會典

會眞記
唐 元稹이 지은 傳奇小說. 元稹(779~831)은 字가 微之이고 河南 河內 출신이다. 詩에 뛰어나 白居易와 함께 元白으로 불렸고 이들의 詩體를 元和體라 했다. 저서로 『元氏長慶集』 100권이 전한다. 이 책은 『鶯鶯傳』이라고도 하며, 사대부인 張生과 몰락한 가문의 여식 崔鶯鶯의 愛情談을 적은 것으로, 문체가 우아하고 묘사가 세밀하여 唐代 傳奇의 명작으로 꼽힌다. 후대에 나온 金代 董解元의 『西廂記諸宮調』나 元代 王實甫의 『西廂記』 등이 모두 『會眞記』를 원작으로 한 것이다. 규장각 소장 『唐代叢書』, 『說郛』, 『龍威秘書』 등에 실려 있다. 『芝峯類說』에 『鶯鶯傳』으로 소개되어 있으며, 『三灘集』, 『熱河日記』, 『五洲衍文長箋散稿』에 직접 서명을 들지는 않았지만 이 책을 본 흔적은 확인할 수 있다.

會通 → 性理會通

會玄記 → 華嚴懸談會玄記

回回曆法

이슬람 역법을 기록한 책. 回回曆은 무함마드[穆罕默德, 馬哈麻]가 창제한 것으로 알려진 역법이다. 回回曆은 줄여서 回曆이라고도 하는데 여기서는 이를 한문으로 번역한 책을 가리킨다. 回回曆은 太陰年과 太陽年의 두 종류로 나뉘는데 太陰年은 이슬람교의 종교 활동과 역사 기록에 사용하는 역법이고, 太陽年은 아랍인들이 농경에 사용하는 역법이다. 明 洪武 16년(1383) 內府에서 1冊으로 간행한 판본이 중국 國家圖書館에 소장되어 있다. 明 貝琳의 『回回曆法釋例』는 回回曆을 풀이한 책이다. 세종 때 『七政算外篇』 등을 편찬할 때 이 책을 참고한 것으로 알려져 있다. 『世宗實錄』, 『芝峯類說』, 『明谷集』, 『近齋集』, 『與猶堂全書』, 『五洲衍文長箋散稿』 등 많은 문헌에 『回回曆法』이 언급되어 있다.

橫渠易說

北宋 張載가 『周易』을 풀이한 책. 張載(1020~1077)는 字가 子厚이고 鳳翔 郿縣 출신이며 橫渠先生, 張子로 일컬어진다. 문집 『崇文集』이 있었으나 일실되고 후대 『張子全書』가 편찬되었다. 이 책은 『易說』이라고도 한다. 이화여대에 필사본이 전한다. 『張子全書』에 4권으로 실려 있으며 『通志堂經解』에는 3권으로 수록되어 있다. 『張子全書』는 서울대 중앙도서관과 고려대 등에 소장되어 있다. 앞부분에 64괘를 설명하고 이어 繫辭, 說卦, 序卦, 雜掛 등을 붙였다. 性理學의 중요한 이론을 제공한 책이므로 조선시대 학자 대부분이 읽었을 것으로 추정된다. 『栗谷全書』, 『沙溪遺稿』, 『宋子大全』, 『三淵集』, 『默軒集』, 『靑莊館全書』, 『研經齋全集』, 『五洲衍文長箋散稿』 등 많은 문헌에 이 책이 소개되어 있다.

孝經刊誤

南宋 朱熹가 『孝經』의 經文과 傳文의 오류를 교감한 책. 朱熹(1130~1200)는 建陽 출신으로 字가 元晦 혹은 仲晦이고 號는 晦庵, 紫陽 등을 사용했다. 宋代 理學을 집대성했으며 『四書章句集注』, 『四書或問』, 『太極圖說解』, 『通書解』, 『西銘解』, 『易學啓蒙』 등의 저술을 남겼다. 이 책은 今古文 『孝經』을 經 1章과 傳 14章으로 새롭게 구성한 다음 舊文 223字를 삭제한 것이다. 經文 중에 "仲尼閑居"부터 "孝無終始而患不及者未之有也"까지가 今文 『孝經』의 前6章이고,

古文『孝經』의 前7章인데 이를『孝經』의 經文이라 보고, 그 이하의 문장은 傳記를 인용하여 經文을 해석한『孝經』의 傳이라고 보았다. 이 책은『四庫全書』에 수록되었다. 규장각 등에 소장된『朱子遺書』,『經苑』,『孝經十書』등에도 실려 있다.『河西全集』,『弘齋全書』,『白湖全書』,『五洲衍文長箋散稿』등 여러 문헌에 이 책이 인용되어 있다. 元 董鼎의『孝經大義』는 이 책을 보완한 것이다.

孝經鉤命決

漢 宋均이 편찬한『孝經』의 註釋書. 宋均은 字가 叔癢이고 南陽 安衆 출신이며 建武 연간(25~56) 활동했다. 이 책은 宋 宋均이『孝經』에 주석을 붙인 것으로『北海三考』등에 6권으로 되어 있지만, 原書는 일실되고『文選』등 후대의 문헌에 일부가 인용되어 전한다.『說郛』,『玉函山房輯佚書』,『百部叢書集成』,『黃氏逸書考』등에 1권으로 일부가 실려 있다.『研經齋全集』,『海東繹史』,『五洲衍文長箋散稿』등에 이 책이 인용되어 있다. 이 책은『孝經說』이라고도 하는데『孝經說』은 통상적으로『孝經』의 주석을 가리키지만『研經齋全集』에는 南朝 宋 荀昶이 편찬한『孝經』의 緯書『孝經說』을 따로 소개했다. 荀昶은 字가 茂祖이고 潁川 潁陰 출신으로, 武帝 永初 연간(420~422) 활동했다.

孝經大義

元 董鼎이『孝經』을 풀이한 책. 董鼎은 字가 季亨이고 號가 深山이며 江西 鄱陽 출신이다. 이 책 외에『尙書輯錄纂注』가 전한다. 이 책은 宋 朱熹의『孝經刊誤』가 經文과 傳文의 오류를 산정했는데 이를 이어 訓釋을 덧붙인 것이다. 1권으로 되어 있으며『朱文公刊誤古文孝經』이라고도 한다. 成化 22년(1486)의 後識가 있으므로 이즈음 간행된 듯하다.『古文孝經』을 經1章, 傳14章으로 編次하고 1,780字 중 223字를 刪去했다. 萬曆 연간(1573~1620) 仁和 朱氏 간본이 중국 國家圖書館에 소장되어 있다.『通志堂經解』에도 1권으로 실려 있다. 규장각에는 仁祖 9년(1631) 간기가 있는 조선본이 있으며 顯宗, 肅宗, 正祖, 純祖 때 간행된 것으로 추정되는 여러 종의 조선본이 소장되어 있다. 이 책은『澗松集』,『西厓集』,『寒岡集』등 조선 중기 문헌에서부터 자주 인용되어 있다.『研經齋全集』,『五洲衍文長箋散稿』등 후기 문헌에서도 빈번히 보인다.

孝經旁注

元末明初 朱升이 편찬한 『孝經』의 註釋書. 朱升(1299~1370)은 字가 允升이고 安徽 休寧 출신으로, 明의 開國功臣이다. 『朱楓林集』, 『女戒』, 『五經旁訓』 등의 저술이 있다. 淸 朱彛尊의 『經義考』에서 『孝經旁注』가 1권이라고 했지만 朱彛尊 역시 직접 보지는 못했다. 『五洲衍文長箋散稿』에 참고할 만한 『孝經』의 주석서로 서명만 소개했다.

孝經說 → 孝經鉤命決

孝經新義 → 越王孝經新義

孝經緯

편찬자를 알 수 없는 『孝經』의 緯書. 前漢 말에 孔子에 가탁하여 經義에 길흉화복의 說을 붙인 豫言書로 七經에 대응하여 『易緯』, 『書緯』, 『詩緯』, 『禮緯』, 『樂緯』, 『春秋緯』, 『孝經緯』의 7종을 七緯라 하는데 그중 하나다. 『七緯』는 淸 趙在翰이 38권으로 편집하여 嘉慶 14년(1809) 간행했다. 『孝經緯』는 『說郛』도 일부가 실려 있다. 이 책은 李睟光, 申欽, 張維, 李瀷 등 17세기 문인의 글에서부터 緯書를 논할 때 자주 인용되었지만 조선에 전해졌는지는 불분명하다. 『芝峯類說』, 『星湖僿說』, 『五洲衍文長箋散稿』 등에 이 서명이 보인다.

孝經緯援神契 → 援神契

孝經異同

北齊의 李鉉이 『孝經』을 풀이한 책. 李鉉은 字가 寶鼎이고 渤海 南皮 출신이다. 書法에 뛰어났고 經學에도 일가를 이루어 이 책 외에 『字辨』, 『周易義例』, 『三傳異同』, 『毛詩異同』, 『論語異同』 등 많은 저술을 남겼지만 모두 전하지 않는다. 『北齊書』에 이 책이 보이지만 일실되어 전하지 않는다. 『五洲衍文長箋散稿』에 이 책의 서명만 소개했다.

孝經雌雄圖

편찬자와 편찬 시기를 알 수 없는 『孝經』의 緯書. 『隋書』에는 3권으로 되어 있지만 일실되어 전하지 않는다. 唐 瞿曇悉의 『唐開元占經』에 일부가 인용되어 있어 淸代 이를 1권으로 편집한 판본이 『黃氏逸書』 등에 실려 있다. 『文獻通考』에는 태양의 햇무리와 별의 彗孛가 災異와 상응하는 관계를 설명한 讖緯書라 했다. 高麗 光宗 10년(959) 後周로 가는 사신이 『別敍孝經』, 『越王孝經新義』, 『皇靈孝經』, 『孝經雌雄圖』 등을 가져갔다는 기록이 『高麗史』와 함께 『舊五代史』, 『新五代史』, 『文獻通考』, 『居易錄』 등에 보인다. 『星湖僿說』, 『東史綱目』, 『海東繹史』, 『五洲衍文長箋散稿』 등에서 언급한 내용도 같다.

孝經正義

唐 玄宗이 注를 달고, 宋 邢昺이 疏를 단 『孝經』의 註釋書. 玄宗(685~762)은 이름이 李隆基이며 712~756년 동안 재위에 있었고 明皇으로 일컬어진다. 『唐玄宗御注道德眞經』 등의 저술이 있다. 漢代에 鄭玄의 注와 孔安國의 傳이 포함된 『孝經』의 今文과 古文이 존재했는데 唐 玄宗이 이를 합치고 注를 달았으며 元行沖에게 疏를 달아 『孝經注疏』(『孝經疏』라고도 함)를 반포하여 사용하게 했다. 그 후 宋 邢昺이 元行沖의 疏를 기초로 다시 疏를 작성했다. 邢昺(932~1010)은 字가 叔明이고 曹州 濟陰 출신이며, 『論語正義』, 『爾雅義疏』 등의 저술이 있다. 이 책은 淸代 阮元이 교감하여 발행한 『十三經注疏』에 포함되어 善本으로 통용된다. 판본에 따라 서명이 『孝經注疏』 혹은 『孝經正義』로 다른데, 경희대와 중앙대에 소장된 崇禎 2년(1629) 汲古閣 간기가 있는 판본은 『孝經正義』로, 국회도서관에 소장된 崇禎 2년 간기가 있는 판본과 장서각에 소장된 乾隆 40년(1775) 간기가 있는 판본은 『孝經注疏』로 되어 있다. 『四庫提要』에는 『孝經正義』로 되어 있다. 근래 中華書局 등에서 『十三經注疏』를 출간하면서 孔穎達이 注를 단 經典에 대해서만 正義라는 명칭을 붙이고 나머지는 注疏로 처리했다. 이 책은 『研經齋全集』, 『海東繹史』 등 많은 조선시대 서적에서 인용되었다. 『五洲衍文長箋散稿』에는 唐 玄宗, 宋 司馬光, 范祖禹가 공동으로 편찬한 『孝經注解』 1권을 소개했는데 『通志堂經解』에 1권으로 실려 있는 판본을 이른다. 唐 玄宗 注, 宋 司馬光 指解, 宋 范祖禹 說로 되어 있다. 또 唐 玄宗의 『孝經注疏』 序도 소개했다. 또 韋昭 『孝經注』 1권, 劉邵 『孝經注』 1권을 들었는데 『國史經籍志』 등에서 재인용한 것이다. 唐 盧陵의 『孝經注』도 소개했는데 이 책은 다른 문헌에서 확인할 수 없다. 盧陵의 『春秋注』라 한 것도 확인되지 않는다.

孝經注 → 孝經正義

孝經注疏 → 孝經正義

效驗方

南朝 梁 陶弘景이 편찬한 醫藥과 攝生에 관한 책. 陶弘景(456~536)은 字가 通明이고 號는 華陽隱居이며 丹陽 秣陵 출신으로, 道敎 茅山派의 대표적 인물이다. 華陽에 隱居했으며 세간으로부터 山中宰相으로 일컬어졌다. 이 책 외에 『學苑』, 『孝經論語集注』, 『帝代年歷』, 『本草集注』, 『肘後百一方』, 『古今州郡記』, 『圖像集要』 등의 저술이 있다. 이 책은 『隋書』에 6권, 『舊唐書』와 『新唐書』에 10권으로 되어 있지만 일실되어 전하지 않는다. 『陶隱居效驗方』이라고도 한다. 『高麗史』에 따르면 宣宗 8년(1091) 宋의 館伴이 일실된 서적 129종의 목록을 주고 고려에서 찾도록 했는데, 여기에 이 책이 포함되어 있고 6권이라 했다. 『靑莊館全書』, 『海東繹史』 등에도 같은 기사가 실려 있다.

後山詩話

北宋 陳師道가 편찬한 詩話書. 陳師道(1053~1102)는 字가 履常 혹은 無己이고 號는 後山이며 彭城 출신이다. 문집 『後山集』 외에 『後山詩話』, 『後山談叢』 등이 전한다. 이 책은 규장각에 소장된 『說郛』, 『稗海』, 『枕中秘』 등에 1권으로 수록되어 있다. 『津逮秘書』에도 실려 있다. 『後山居士詩話』라고도 한다. 陳師道가 자신의 詩論과 評論에 杜甫, 韓愈, 歐陽修 등 唐宋 詩人의 일화를 수록한 책이다. 『林下筆記』, 『五洲衍文長箋散稿』 등에 이 책이 소개되어 있다.

後艶品

明 潘之恒이 편찬한 雜錄. 潘之恒(1556~1621)은 字가 景升이고 號가 鸞嘯生 혹은 冰華生이며, 安微 歙縣 출신이다. 『盛明雜劇』, 『新安山水志』, 『亘史』, 『六博譜』, 『葉子譜』, 『續葉子譜』. 『廣菌譜』, 『金陵妓品』, 『曲艶品』, 『續艶品』, 『半塘小志』 등 많은 저술을 남겼다. 『五洲衍文長箋散稿』에서 周亮工의 『因樹屋書影』을 인용해 이 책을 소개했다. 이 책은 『說郛續』에 실려 있는데, 앞에 序가 있고 慧心憐, 瑤蕚英, 直素如, 正之反, 昭氷玉 등 4인의 기생에 대한 설명과 함께 七言絶句 한 수를 소개했다.

後魏書

北齊 魏收가 文宣帝의 命으로 北魏의 역사를 기술한 책. 魏收(506~572)는 巨鹿 下曲陽 출신으로, 字가 伯起 혹은 佛助다. 『北齊史』를 편찬할 때 監修를 맡았다. 이 책은 北魏의 建國에서부터 東魏 孝靜帝까지 165년 동안의 역사를 기록했는데 帝紀 14권, 列傳 96권, 志 20권 등 총 130권으로 이루어져 있다. 100권에 高句麗, 百濟, 勿吉의 역사가 수록되어 있다. 규장각에 崇禎 연간(1628~1644) 汲古閣에서 간행한 판본이 소장되어 있으며 清 乾隆 연간(1736~1795)의 판본도 있다. 『桂苑筆耕集』을 위시하여 『與猶堂全書』, 『海東繹史』, 『五洲衍文長箋散稿』 등에서 이 책을 소개했다.

後周書

唐 令狐德棻이 太宗의 命으로 後周의 역사를 기술한 책. 令狐德棻(583~666)은 宜州 華原 출신인데 字號는 알려져 있지 않다. 이 책 외에 『五代史志』, 『太宗實錄』 등을 편찬했다. 이 책은 北周 5대 25년 동안의 역사를 기록했는데 貞觀 3년(629) 완성되었다. 本紀 8권, 列傳 42권 등 총 50권으로 되어 있다. 49권 異域傳에 高句麗와 百濟에 대한 기록이 보인다. 국민대에 崇禎 5년(1632) 간기가 있는 판본 일부가 소장되어 있다. 서명이 『周書』로 된 것도 있다. 『陶谷集』, 『靑莊館全書』, 『明皐全集』, 『與猶堂全書』, 『海東繹史』 등 여러 문헌에 이 책이 보인다.

侯鯖錄

南宋 趙令畤가 편찬한 筆記雜錄. 趙令畤(1061~1134)는 宋 太祖의 후손으로, 처음 字가 景貺인데 蘇軾이 德麟으로 바꾸어 주었다. 號는 聊復翁이라 했다. 南宋 初에 安定郡王에 봉해졌다. 문집 『聊復集』이 전한다. 이 책은 『知不足齋叢書』에 8권으로 실려 있고 『說郛』에는 일부만 수록되어 있다. 唐과 五代 시기의 故事와 李商隱, 李白, 杜牧 등에 대한 詩話 등 잡다한 내용으로 되어 있다. 『芝峯類說』, 『宋子大全』, 『熱河日記』, 『靑莊館全書』, 『五洲衍文長箋散稿』 등 많은 책에 이 서명이 보이므로 조선에서 매우 널리 읽힌 것으로 보인다.

後村詩話

南宋 劉克莊이 편찬한 詩話書. 劉克莊(1187~1269)은 莆田 출신으로 初名이

灼이고 字는 潛夫이며 號는 後村이다. 自編한 문집 『後村集』과 아들 劉山甫가 엮은 『後村先生大全集』 등이 있다. 이 외에도 『後村別調』, 『後村長短句』, 『千家詩選』 등의 저술이 전한다. 이 책은 淳佑 연간(1241~1252) 혹은 寶佑 연간(1253~1258) 편찬을 시작하여 咸淳 2년(1266) 완성된 것으로, 前集 2권, 後集 2권, 續集 4권, 新集 6권으로 이루어져 있으며 『後村先生大全集』에 실려 있다. 문집이 전하지 않는 宋代 인물의 작품이 많이 수록되어 있다는 점에서 자료적 가치가 높다. 『說郛』, 『適園叢書』 등에도 일부가 실려 있다. 『久堂集』, 『研經齋全集』, 『五洲衍文長箋散稿』 등에 이 책이 인용되어 있다.

後村集

南宋 劉克莊의 文集. 『後村集』은 自編한 문집으로, 『四庫全書』 등에 50권으로 실려 있다. 『燕巖集』, 『靑莊館全書』 등에 이 책에 관한 기록이 보인다. 아들 劉山甫가 엮은 『後村先生大全集』은 196권이며 중국 國家圖書館 등에 抄本이 소장되어 있다. 淳祐 9년(1249) 50권으로 간행된 『後村居士集』이 있는데 대만 故宮博物院圖書館에 일부가 소장되어 있다. 康熙 59년(1720) 간기가 있는 『劉後村全集』 6권이 國立臺灣圖書館에 소장되어 있다. 『五洲衍文長箋散稿』에 『劉後村集』으로 인용되어 있는데 이 판본을 이르는 듯하다.

後漢紀

東晉 袁宏이 편찬한 後漢의 歷史書. 袁宏(328~376)은 字가 彦伯이고 陽夏 출신이며, 이 책 외에 『三國名臣贊』이 전한다. 이 책은 30권으로, 後漢의 역사를 編年體로 기술했다. 新莽 元鳳 4년(27) 綠林의 봉기에서 시작하여 獻帝 延康 元年(220) 曹魏의 건국까지 기술했다. 성균관대에 明代의 간본이 소장되어 있고, 원광대 등에는 필사본이 소장되어 있다. 규장각에는 淸 陳璞이 이 책과 함께 『漢記』를 교감한 『兩漢紀校記』가 소장되어 있다. 『順菴集』, 『與猶堂全書』, 『五洲衍文長箋散稿』 등에서 이 책을 인용했다.

後漢尙書 → 漢尙書

後漢書

南朝 宋 范曄이 後漢의 역사를 기록한 正史. 范曄(398~445)은 字가 蔚宗이고

山陰 출신이다. 이 책은 後漢 14世 195년 동안의 역사를 기록했는데 本紀 10권, 志 30권, 列傳 80권 등 총 120권으로 되어 있다. 南朝 梁의 劉昭가 西晉 司馬彪의 『續漢書』에서 취해서 註를 달고 志를 추가했다. 규장각에 成化 17년(1481)에서 正德 9년(1514)까지의 간본이 섞인 판본을 위시하여 乾隆 4년(1739) 판본 등 여러 종이 소장되어 있다. 『桂苑筆耕集』 등 이른 시기의 문헌에서부터 조선 후기 『與猶堂全書』, 『海東繹史』, 『五洲衍文長箋散稿』 등에 이르기까지 지속적으로 이 책이 인용되어 있다. 『海東繹史』에 『後漢書註』로 인용했는데, 독립된 책은 전하지 않지만 章懷注로 대부분의 『後漢書』에 실려 있다. 章懷注는 唐의 章懷太子 李賢이 『後漢書』에 붙인 주석을 이른다. 李賢(655~684)은 字가 明允이고 唐 高宗 李治의 第六子인데 후에 피살되었다. 『君臣相起發事』, 『春宮要錄』, 『修身要覽』 등 많은 저술을 남겼지만 모두 일실되었다. 또 『五洲衍文長箋散稿』에는 『後漢書集注』 100권으로 소개했는데 梁 劉昭가 『後漢書』의 주석을 모은 책이다. 劉昭는 字가 宣卿이고 平原 高唐 출신이며 510년 전후 활동한 문인이다. 『老子』와 『莊子』에 능통했고 역사에도 밝아 『晉紀』와 『後漢書』에 주석을 달았다. 『南史』 등에 『集注後漢』 130권이라 했고, 『梁書』에는 『集注後漢』 180권이라 했지만 지금은 전하지 않는다.

後漢書年表 → 補後漢書年表

後漢年表 → 補後漢書年表

訓纂篇

前漢 揚雄이 편찬한 字學書. 揚雄(B.C.53~A.D.18)은 字가 子雲이고 蜀郡 成都 출신이며 辭賦에 능했다. 『太玄經』, 『法言』, 『方言』 등의 저술이 전한다. 明 張溥가 일실된 그의 작품들을 모은 『揚侍郎集』이 『漢魏六朝百三家集』에 실려 있다. 이 책은 漢代 아동에게 글자를 가르치던 학습서다. 晉 郭璞이 李斯의 『蒼頡篇』, 賈魴의 『滂喜篇』과 함께 注를 달아 『三蒼』이라 했다. 이 책은 14편에 총 5,340자가 수록되었다고 하지만 原書는 일실되고 후대 일부를 편집한 판본이 『玉函山房輯佚書』 등에 실려 있다. 『五洲衍文長箋散稿』에 소개되어 있다.

彙刻書目

淸 顧脩가 편찬한 叢書目錄. 顧脩는 字가 仲歐이고 號가 松泉 혹은 菉涯이며 石門 출신이다. 嘉慶 연간(1796~1820)의 문인으로, 詩와 畵에 능통했으며 藏書가 많아 藏書樓의 이름을 讀畵齋라고 했다. 자신의 장서를 판각하여 『讀畵齋叢書』를 편찬했고 『南宋群賢小集』, 『讀畵齋學語草』, 『百迭蘇韻詩』 등의 저술을 남겼다. 이 책은 중국 최초의 叢書目錄이다. 初編은 10권으로 嘉慶 4년(1799) 간행하고 후에 12권으로 增補했다. 수록된 叢書는 270種으로 叢書 書名을 大綱으로 삼아 각 叢書의 편찬자의 姓名, 出版年度를 기록했다. 장서각과 서울대 중앙도서관 등에 嘉慶 연간(1796~1820) 혹은 光緖 연간(1875~1908)의 판본이 소장되어 있다. 『五洲衍文長箋散稿』에서 이 책이 崔漢綺의 집에 소장되어 있다고 했다.

揮塵錄

南宋 王明淸이 朝野의 逸話와 名言을 모아 편찬한 책. 王明淸(1127?~1202?)은 字가 仲言이고 汝陰 출신이며, 후에 嘉興에 우거했다. 이 책 외에 『玉照新志』, 『投轄錄』, 『摭靑雜記』, 『熙豐日曆』 등의 저술이 있는데 대부분 『說郛』에 실려 전한다. 이 책은 『揮麈錄』으로 된 데도 있는데 잘못이다. 또 편자를 王淸臣이라 한 곳도 있는데 동일 인물인 듯하다. 前錄 4권, 後錄 11권, 第三錄 3권, 餘話 2권 등으로 되어 있다. 朝廷의 典故와 賢哲의 言行이 중심을 이룬다. 乾道丙戌年(1166) 會稽에서 기록한 것이 많은데 史書에 보이지 않은 기록이 있어 사료적 가치가 높다. 마지막에 王明淸의 跋이 실려 있다. 『四部叢刊』에 20권으로 수록되어 있다. 『說郛』, 『唐宋叢書』에는 일부가 실려 있다. 『說郛』의 판본 중에는 편찬자를 王明淸이라 한 데도 있고 王淸臣이라 한 데도 있다. 仁宗不寶玉帶, 欲封夫子爲帝, 避諱易姓, 沿襲之誤, 古印章, 告身著形貌, 潮, 降王舊臣修書, 帝學權輿, 赤脚仙人, 高宗臥處龍現, 愼刑, 温公得人心, 蔡元長南遷, 碑工辭刻黨人碑, 蘇叔黨榮遇 등의 제목을 달았다. 또 『揮麈餘話』를 나란히 실었는데 역시 편찬자를 王淸臣이라 했으며, 永昌陵, 符兆, 阜陵中選, 平楚樓, 秦熺 등의 항목을 수록했다. 宋 楊萬里가 이 책을 바탕으로 『誠齋揮塵錄』을 편찬했다. 특히 李德懋가 『宋史筌』을 편찬할 때 『揮塵錄』을 자주 참조했다. 『靑莊館全書』, 『金陵集』, 『浣亭集』, 『海東繹史』, 『靑莊館全書』 등에서도 이 책을 인용했다. 『海東繹史』에 『宋史』를 인용하여 高麗의 凌虛安濟致遠과 靈飛順濟라는

선박을 소개했는데 비슷한 내용이 王明清의 『熙豐日曆』을 인용한 清 兪樾의 『茶香室續鈔』에 보인다.

徽州志

明 汪尙寧이 편찬한 徽州 지역의 地理書. 汪尙寧은 字가 廷德이고 徽州의 歙縣 출신이며, 嘉靖 연간(1522~1566)에 進士가 되었다. 이 책은 何東序와 함께 嘉靖 45년(1566) 편찬한 것으로, 安徽省 南部 지역의 지리와 풍속 등을 기록했다. 『徽州府志』라고도 하는데 22권이며 圖 1권이 붙어 있다. 嘉靖 45년(1566) 간기가 있는 판본이 중국 國家圖書館에 소장되어 있다. 徽州 지역의 地理志는 이 책 외에 明 弘治 15년(1502) 汪舜民이 편찬한 『徽州府志』, 清 康熙 38년(1699) 趙吉士가 편찬한 『徽州府志』, 道光 연간(1821~1850) 편찬된 『徽州府志』 등이 전한다. 『海東繹史』에는 汪尙寧이 편찬한 『徽州志』를 소개했다. 朴敏의 『凌虛集』에 소개한 『徽州志』는 어떤 책인지 확인하기 어렵다.

休寧縣志

休寧縣 지역의 地理書. 休寧縣은 歙縣에서 갈라져 나온 縣인데 이 책은 이 지역의 地理志로 明 成化 연간(1465~1487) 편찬된 판본과 明 弘治 연간(1488~1505) 程敏政이 편찬한 판본, 嘉靖 연간(1522~1566) 宋國華가 편찬한 판본 등이 있다. 『五洲衍文長箋散稿』에서 이 책을 인용했지만 편찬자를 밝히지 않아 어떤 판본인지는 알 수 없다. 같은 내용이 明 汪舜民이 편찬한 『徽州府志』에 보인다. 清 康熙 연간(1662~1722) 廖騰煃가 編修하고 汪晉徵이 8권으로 편찬한 판본도 중국 甘肅省圖書館에 전한다.

欽教坊記 → 教坊記

欽定書經傳說彙纂 → 書經彙纂

欽定盛京通志 → 盛京通志

欽定授時通考 → 授時通考

欽定詩經傳說彙纂 → 詩經傳說彙纂

欽定音韻闡微 → 音韻闡微

欽定儀象考成 → 儀象考成

欽定日下舊聞考 → 日下舊聞

欽定全唐詩 → 全唐詩

欽定職方會覽 → 職方會覽

欽定佩文齋書畵譜 → 佩文齋書畵譜

欽定戶部漕運全書 → 漕運全書

欽定皇輿表 → 皇輿表

洽聞記

唐 鄭常이 편찬한 筆記雜錄. 鄭常(?~787)은 滎陽 출신으로 唐 德宗 貞元 초에 殿中侍御史로서 淮西節度使인 吳少誠의 判官이 되었는데, 吳少誠이 반역하려 하자 大將 楊冀와 함께 이를 막으려다 누설되어 죽임을 당했다. 이 책 외에 『鄭常詩』가 있었다고 하지만 전하지 않는다. 이 책은 『郡齋讀書記』에는 3권이라 했지만 原書는 일실되고 규장각에 소장된 『說郛』와 『叢書』 등에 일부가 실려 있다. 人魚나 頻婆果, 風脚駝, 吐谷渾桃 등 신기한 사물에 대한 이야기가 주를 이룬다. 『五洲衍文長箋散稿』에 인용되어 있다.

歙硯說

南宋 曹繼善이 편찬한 歙州의 벼루에 관한 著述. 曹繼善은 字와 출신 지역이 알려져 있지 않다. 『元史藝文志』에 그의 『安遠堂酒令』이 소개된 것으로 보아 宋末의 인물로 추정된다. 이 책은 규장각에 소장된 『說郛』, 『叢書』 등

에 실려 있다. 『百川學海』에도 수록되어 있다. 歙州의 벼룻돌은 唐 開元 연간(713~741)부터 알려지기 시작했는데, 靑瑩을 포함하고 있어 결이 매우 세밀하고 옥처럼 매끄러워서 먹을 갈 때 소리가 나지 않아 宋代부터 본격적으로 發墨에 사용했다. 이 책은 采石의 場所와 硏磨의 方法, 品質의 高下 등을 기록했다. 跋에 의하면 南宋 洪適이 唐積의 『歙州硯譜』와 曹繼善의 『辨歙石說』, 『歙硯說』을 모아 北宋 蘇易簡의 『文房四譜』 뒤에 함께 붙여 간행했다고 한다. 『五洲衍文長箋散稿』에서 이 책을 인용했다.

歙州硯譜

宋 洪適이 편찬한 歙州의 벼루에 관한 著述. 洪適(1117~1184)은 字가 景伯이고 鄱陽 출신이며, 洪邁의 형이다. 書法에 능했으며 石刻 해독에도 탁월했다. 저서로 『隸釋』, 『隸續』, 『隸韻』, 『隸纂』, 『盤洲集』, 『五代登科記』, 『宋登科記』 등이 있다. 이 책은 『百川學海』와 『說郛』 등에 1권으로 수록되어 있는데 편찬자를 洪景伯이라 했는데 곧 洪適이다. 벼루를 만드는 돌의 採掘, 돌이 나오는 地脈, 品目, 硏磨, 形狀, 石病, 道路, 匠人, 器具 등 10門으로 나누어서 기록했는데, 採掘과 硏磨의 방법이 매우 상세하다. 원래 圖譜가 붙어 있었다고 하지만 『百川學海』와 『說郛』에는 그림이 실려 있지 않다. 권1의 끝에 "大宋治平丙午歲重九日"이라고 되어 있다. 宋 陳振孫의 『書錄解題』에는 太子中舍 知婺源縣 唐積이 治平丙午歲(1066)에 편찬한 것이라 했다. 唐積은 이력이 자세하지 않다. 『五洲衍文長箋散稿』에는 이 책의 편찬자를 洪景伯이라 했다.

歙縣志

安徽省 歙縣 지역의 地理書. 『歙縣志』는 萬曆 연간(1573~1620) 知縣 張濤가 편찬한 판본, 天啓 연간(1621~1627) 載東旻이 편찬한 판본, 順治 연간(1644~1661) 宋希肅이 편찬한 판본, 康熙 29년(1690) 靳治荊과 吳苑이 편찬한 판본, 乾隆 36년(1771) 張佩芳과 劉大가 편찬한 판본 등이 있다. 서명은 『歙志』로 줄여 부르기도 한다. 『海東繹史』에 이 책이 인용되어 있는데 淸 趙吉士의 『寄園寄所寄』에서 가져온 것이며, 어느 판본을 가리키는지는 알 수 없다. 張濤와 宋希肅 등은 이력이 자세하지 않다. 靳治荊과 吳苑이 편찬한 책은 『康熙歙縣志』라 부른다. 靳治荊은 康熙 9년(1670)에 歙縣知縣을 지냈고, 吳苑은 歙縣 출신이므로 이 책을 함께 편찬하게 된 것이다. 康熙 29년(1690) 완성

했는데 圖說, 建置, 星野, 疆域, 學校, 戶口, 官司, 選擧, 人物, 藝文 등의 10類로 나누고, 子目은 39개로 분류하여 12권으로 편찬했다. 일본 內閣文庫에 소장되어 있다. 張佩芳은 劉大와 함께 乾隆 36년(1771) 勳績, 宦跡, 節概, 儒林, 文苑, 材武, 孝友, 義行, 士林, 遺佚, 列女, 拾遺 등으로 편목을 나누어 『翕縣志』 20권을 완성했다. 張佩芳(1732~1793)은 字가 蓀圃이고 號가 蔔山이며 平定 출신이다. 歙縣知縣을 지냈고 『陸宣公翰苑集注』, 『平定州志考誤』 등의 저술이 있다. 劉大는 이력이 자세하지 않다. 일본 東京大에 소장된 乾隆 36년(1771) 간본이 그가 편찬한 것이다.

羲經易簡錄

明 陳仁錫이 『周易』을 풀이한 책. 陳仁錫(1581~1636)은 字가 明卿이고 長洲 출신이다. 『無夢園集』, 『蘇文奇賞』, 『史品』, 『赤函』, 『四書考』 등 많은 저술을 남겼다. 이 책은 『明史』, 『千頃堂書目』에는 10권이며 自序가 붙어 있다고 했고, 『經義考』에는 8권이라 했지만, 일실된 듯하다. 陳仁錫의 문집 『無夢園遺集』에 序가 실려 있다. 『五洲衍文長箋散稿』에서 書名만 소개했다. 『鼓山集』과 『艮齋集』에는 『易簡錄』이라는 이름으로 인용되어 있다. 淸 李兆賢이 편찬한 『易史易簡錄』이 있는데 이 책과의 관련은 알 수 없다.

熙寧酒課

北宋 趙珣이 편찬한 筆記雜錄. 趙珣은 雄州 歸信 출신의 학자로, 仁宗 연간(1022~1063)에 출사하여 濠州 兵馬都監을 지냈으며 이 책 외에 『聚米圖經』을 남겼다. 書名의 熙寧은 神宗의 年號(1068~1077)다. 이 책은 1권으로 규장각 등에 소장된 『說郛』에 실려 있는데 宋代의 酒業, 釀酒, 飮用, 品評 등의 술 문화를 기록했다. 『五洲衍文長箋散稿』에 이 책이 인용되어 있다.

禧叔子集 → 魏叔子集

熙朝新語

淸 余金이 편찬한 筆記雜錄. 余金은 누구인지 확실하지 않다. 『淸史稿』에는 편찬자를 余奎라 했는데 역시 어떤 인물인지 알 수 없다. 徐錫齡의 余와 錢泳의 金을 취하여 만든 筆名으로 보기도 한다. 錢泳(1759~1844)은 原名이 錢鶴灘

으로 字는 立群이고 號는 臺仙 혹은 梅溪다. 江蘇 金匱 출신으로 『履園叢話』, 『履園譚詩』, 『蘭林集』, 『梅溪詩抄』, 『藝能考』 등의 저술이 있다. 『履園叢話』의 序에는 벗 徐明經과 함께 『熙朝新語』 16권을 편찬했다고 되어 있다. 또 淸 兪樾의 『春在堂隨筆』에는 편찬자를 徐錫齡이라 했는데 徐錫齡은 字 厚卿 이외에 알려진 바 없다. 淸 陶煦의 『周莊鎭志』에는 徐錫齡이 匿名으로 저술한 것이며, 嘉慶 23년(1818) 郡人 翁子敬이 간행한 것으로 되어 있다. 嘉慶 23년(1818) 守缾老人 莊氏의 序에는 嘉慶 15년(1810) 余德水가 편집한 『熙朝新語』를 보고 자신이 보태 다시 16권으로 간행했다고 한다. 이 책은 洪武 연간(1368~1398)부터 嘉慶 연간(1796~1820)까지의 野史와 逸話가 기록되어 있다. 대부분 淸 王士禎과 袁枚의 저술, 蔣良騏의 『東華錄』, 李調元의 『淡墨錄』, 李集의 『鶴征錄』 등 다른 서적에서 轉載한 것이다. 규장각에 光緖 6년(1880) 經綸堂에서 木板으로 간행한 16권 6책이 소장되어 있는데 嘉慶 23년(1818) 翁子敬 履莊氏의 序가 있다. 道光 2년(1822) 有金堂에서 木版으로 간행한 16권 4책본도 전한다. 『五洲衍文長箋散稿』에서 중요한 인용서의 하나로 활용되었다.

犧尊辨 → 胡仲子集

熙豐日曆 → 揮麈錄

찾아보기

[ㄷ]

[ㅁ]

[ㅂ]

[ㅅ]

[ㅇ]

Abstract

Chinese Books in Joseon Korea: An Annotated Bibliography

Lee, Jongmook · Kim, Hyoungsool · Jang, Yooseung · Baek, Seungho · Park, Minsu · Dang, Yunhui · Han, Jongjin

Oh, Soohyoung · Ok, YoungJung

Our book is based on the long-term support from the Kyujanggak Institute for Korean Studies, which has enabled us to publish this preliminary research on the various Chinese books circulated in the late Joseon Dynasty. Theoretically, there can be two interpretations on understanding what "Chinese books in Joseon Korea" means. The first being an overview of all of the currently surviving Chinese books in Korea, and the second being the Chinese books quoted in books published during the Joseon era. Indeed, both deserve their own separate examination, but here we have focused on the latter.

On the other hand, it would be a daunting and unrealistic task to review every Korean book published in Joseon Korea and then identify every Chinese book. Therefore, we examined traditional "reference works (*yuseo* or Ch. *leishu* [類書], also known as *yuseol* [類說] in Korean)" which were based on Chinese works circulated in the late Joseon period. Specifically, we have referred to *Seong Ho's Encyclopedic*

Discourse (*Seongho Saseol* 星湖僿說), *Bibliographical History of Korea* (*Haedong Yeoksa*, 海東繹史) and *Oju's Writings on Various Topics* (*Oju yeonmun jangjeon san-go*, 五洲衍文長箋散稿). These works of three prominent late Joseon Dynasty scholars provide broad coverage of this period's bibliographical landscape, thus enabling us to maintain a sufficiently comprehensive view of the Chinese book we intended to cover.

The analysis of the three works was based on the edition provided in the *Database of the Institution of the Translations of Korean Classics* (https://db.itkc.or.kr/). The Korean translation provided in the database were extremely beneficial to our work, but when necessary, our team checked the original text to see if some of the book titles were unintentionally lost in translation. From the list of the books we extracted from the three works, we concluded that some of the seemingly book titles were not existing works, others were either lost or too old to properly examine, and some were too brief to warrant an individual explanation. In the end, our list of books consisted of approximately 2,400 works.

In the end, the result of this work is an annotated bibliography of these approximately 2,400 Chinese books. Our annotations are based on previously published bibliographical introductions, our own examinations of the original texts as found in the various DBs such as the *Database of Traditional Chinese Classics and Books* (*Zhongguo jiben guji ku* 中國基本古籍庫) and *Complete Collection of the Four Treasuries* (*Siku Quanshu* 四庫全書), other "Collected Works (*chongseo* or Ch. *congshu* [叢書])" such as Tao Zongyi's *The Environs of Fiction* (*Shoufu*, 說

郛), and other verified online based sources.

Whenever possible, we have located where these Chinese books are currently located in various Korean institutions and referred to other bibliographical information provided by Chinese and Japanese institutions. Our sources include the information presented at the *Korean Old and Rare Collection Information System* (https://www.nl.go.kr/korcis/), Kyujanggak Institute for Korean Studies, The Academy of Korean Studies, National Institute of Korean History in Korea; the Special Collections of National Central Library (*Zhongguo guojia tushuguan guji yu tezang wenxian ziyuan* 中國國家圖書館古籍與特藏文獻資源) in Taiwan; and the National Chinese Language Source Database (*Zen kuni kanseki dētabēsu* [全國漢籍デ_タベ_ス], also known as the *Riben suozang zhongwen guji shuju ku* [日本所藏中文古籍數據庫]) from Kyoto University.

Finally, our work includes how each of these Chinese books were cited in various Korean sources. Again, this worked was based on the information available from the Database of the Institution of the Translations of Korean Classics, as we checked all examples of the identified Chinese books found in Korean sources. For alleged "direct quotes," we also cross-referenced these quotes in the *Database of Traditional Chinese Classics and Books* and *Complete Collection of the Four Treasuries*. Interestingly, some of these alleged "direct quotes" were often requotes of the supposed original as found in other texts. With that, we conclude our introduction to the *Chinese Books in Joseon Korea: An Annotated Bibliography*.

발간사

'한국학'에 대한 관심과 요구가 국내외에서 높아지고 있다. 한국학을 전공으로 하는 학과도 생겨나고 한국학 연구자들의 국제학술대회도 종종 접하게 된다. 한국사회가 짧은 시기에 보여 준 역동적인 변화에 대한 학문적 관심이 나라 안팎으로 증대된 결과일 것이다. 한국의 역사와 문화, 사회적 경험에 점점 더 많은 연구자들의 관심 대상으로 되고 있다는 사실은 매우 반가운 일이다.

한국학이란 고정된 분과학문 체계 내의 한 부분영역이 아니라 다양한 분과학문들이 함께 참여하는 학제적 연구의 성격을 지닌다. 한국학은 과거의 전통에 깊은 관심을 갖지만 현재의 문제들에도 주목하며 미래의 전망을 모색하는 작업도 포함한다. 인문학적 논의와 사회과학적 관심은 물론이고 자연과학적 문제의식과 예술적 시각이 함께 어우러지는 곳이다. 당연히 한국학은 국내의 연구자들이 자신의 특수성만을 부각시키는 폐쇄적인 장이 아니라 전 세계의 학자들이 자유롭게 참여하는 지적 토론의 공간이다. 한국을 대상으로 한 다양한 연구를 지원하며 진지한 논의와 지적 실험을 뒷받침하는 것이야말로 한국학의 가장 중요한 역할이라 할 것이다.

이런 의미에서 한국학은 한국의 문화와 역사적 경험을 전 인류의 문화유산과 역사적 경험의 한 부분으로 바라보는 전 지구적 시각을 요구받고 있다. 한국학은 한국사회의 경험을 연구하되, 그것을 21세기 세계사적 과제들과 더불어 사고함으로써 새로운 문명적 대안을 모색하는 전 지구적 논의에 적극적으로 동참하는 작업이 되어야 한다. 이런 종합적이고 개방적인 연구의 집적을 통해서만 한국의 특수성만을 절대화하는 오류에서 벗어나면서 동시에 서구의 눈으로 한국을 대상화, 타자화하는 오리엔탈리즘적 지역학의 한계도 극복할 수 있는 길이 열릴 것이다.

한국의 학문 발전에 큰 책임을 지고 있는 서울대학교는 한국학의 바람직한 발전을 위해 적극적인 역할을 하고자 한다. 이를 위해 별도의 연구기금을 마련하여 '한국학 장기기초연구 지원사업'을 추진하고, 이 사업의 결과물들을 모아 연구총서, 자료총서, 모노그래프를 출간하기로 했다. 서울대학교 교수진의 연구역량과 진지한 문제의식들이 결집됨으로써 한국학의 연구수준이 더욱 높아지고 내용이 보다 풍부해질 것을 믿고 있다. 이 연구사업이 해를 거듭할수록 한국사회에 대한 이해가 깊어짐은 물론이고 한국의 경험을 통해 세계 학계의 시각과 논의도 더욱 풍성해질 것을 기대해 마지않는다.

2003년 8월

서울대학교 규장각한국학연구원 한국학연구사업위원회

[집필]

이종묵
서울대학교 국어국문학과 교수. 한국고전문학을 전공하고 있다. 『조선의 문화공간』, 『우리 한시를 읽다』, 『부부』, 『한시마중』, 『조선시대 경강의 별서』 등의 저술이 있다.

김형술
전주대학교 한문교육과 교수. 한국한문학을 전공하고 있다. 「백악시단의 진시 연구」, 「천기론의 비평사적 의의와 한시 창작상의 공효」, 「해악전신첩에 나타난 시화 교섭의 양상」 등의 논문이 있다.

당윤희
건국대학교 중어중문학과 교수. 중국고전문학을 전공하고 있다. 『중국 당송팔대가 시문집의 조선에서의 수용과 유통』, 『동아시아의 문헌교류』(공저), 『문헌과 주석』(공저) 등의 저술이 있다.

박민수
이화여자대학교 사회과교육과 교수. 중국근세사를 전공하고 있다. 『동문휘고』 역주에 참여했고, 「수도 북경의 주현 행정」, 「청의 북경 천도와 만주의 북경 이주」, 「'강옹건 성세' 생식은량 제도의 운영과 실제」 등의 논문이 있다.

백승호
한남대학교 국어국문창작학과 교수. 한국한문학을 전공하고 있다. 『정조의 신하들』, 『정조시대 정치적 글쓰기 연구』 등의 저술이 있다.

장유승
단국대학교 동양학연구원 연구교수. 한국한문학을 전공하고 있다. 「조선후기 서북지역 문인 연구」, 『동아시아의 문헌교류』(공저), 『한국산문선』(공역) 등의 저술이 있다.

한종진
중국 웨이팡대(濰坊大) 부교수. 중국 명청시기 산문을 연구하고 있다. 『주자는 왜 초사집주를 썼는가?』 외에 「명청시기 소품문에 나타난 글쓰기의 양상과 그 의미」, 「명말청초 신사층 주거문화의 한 단면」 등의 논문이 있다.

[감수]

오수형

전 서울대학교 중어중문학과 교수. 중국산문을 연구하고 있다. 『중국우언문학사』, 『당송팔대가의 산문세계』 등의 저서와 『욱리자』, 『유종원집』 등의 역서가 있다.

옥영정

한국학중앙연구원 교수. 한국서지학을 전공하고 있다. 『동아시아 금속활자 인쇄 문화의 창안과 과학성』, 『승명총록으로 보는 조선 후기 향촌 지식인의 생활사』, 「조선시대 인쇄관청의 활자인쇄 장인 연구」 등의 저술이 있다.

서울대학교 규장각한국학연구원 한국학연구총서

지방문학사: 연구의 방향과 과제 | 조동일
한국 근대과학 형성과정 자료 | 문만용·김영식
목석의 울음: 손창섭 문학의 정신분석 | 조두영
통일한국의 농업 | 김완배 외
현대 한국사회의 철학적 문제: 사회운영원리 | 백종현
한국유교의 과제 | 금장태
韓國 古代 · 中世初期 土地制度史: 古朝鮮~新羅 · 渤海 | 이경식
『무과총요』 연구 | 나영일
북한 주요 산업지역의 토지이용 변화와 개방지역에 관한 연구 | 황만익·이기석
재벌체제와 다국적기업: 경제개발의 두 가지 유형 | 이승훈
붉은악마와 월드컵 | 이순형
『조선왕조실록』 보존을 위한 기초 조사연구(1) | 송기중·신병주·박지선·이인성
한국 근대의 사회복지 | 안상훈·조성은·길현종
한국어 체언의 음변화 연구 | 이상억
조선 중기 무예서 연구 | 나영일·노영구·양정호·최복규
1950년대 사회주의 건설기의 북한 보건의료 | 황상익
후발 산업화와 국가의 동학: 탈관료화와 강성국가의 공동화 | 하용출
조선 후기의 기술도: 서양 과학의 도입과 미술의 변화 | 정형민·김영식
韓國 中世 土地制度史: 朝鮮前期 | 이경식
남북 언어의 문법 표준화 | 권재일
50권본 『화엄경』 연구 | 이승재
한 · 중 소화의 비교 | 서대석
고려전기의 전시과 | 이경식

개항기 전후 경상도의 육상교통 | 허우긍·도도로키 히로시
한국어의 주제와 통사 분석: 주제 개념의 새로운 전개 | 임홍빈
한국적 패션 디자인의 제다움 찾기: 전통미와 현대적 활용을 중심으로 | 김민자
한국 근대문학교육사 연구 | 우한용
『조선왕조실록』의 여진족 족명과 인명 | 김주원
중앙아시아 고려말의 문법 | 권재일
삼국통일전쟁사 | 노태돈
한국의 사회운동과 진보정당 | 임현진
한국 행락문화의 변천과정 | 황기원
노래의 상상계: '수사'와 존재생태 기호학 | 신범순
한국의 언어 민속지: 전라남북도편 | 왕한석
주시경의 언어이론과 표기법 | 송철의
일제강점기의 철도 수송 | 허우긍
인권으로 읽는 동아시아: 한국과 일본의 인권 개선조건 | 정진성·공석기·구정우
정조와 정조시대 | 김인걸 외
문화의 정치와 지역사회의 권력구조: 안동과 안동김씨 | 김광억
한국어 명사구의 의미론: 한정성/특정성, 총칭성, 복수성 | 전영철
한국의 건강 불평등 | 김창엽·김명희·이태진·손정인
한국어의 재구조화 1 · 2 | 임홍빈
조선에 전해진 중국 문헌 | 이종묵 외 6인

서울대학교 규장각한국학연구원 한국학자료총서

古代國語 語彙表記 漢字의 字別 用例 研究 | 송기중
한국철학자료집: 불교편1-삼국과 통일신라의 불교사상 | 허남진 외 편역
한국철학자료집: 불교편2-고려시대의 불교사상 | 심재룡 외 편역
한국철학자료집: 불교편3-조선시대의 불교사상 | 심재룡 외 편역
서울대학교 중앙도서관 고문헌자료실 소장『경제문고』해제집 | 권태억 외
한글본 이언 연구 | 민현식
원문 교주 구운몽 | 김만중 원작, 김병국 교주
현대역 구운몽 | 김만중 원작, 김병국 옮김
해방 이후 한국기업의 진화 I: 1976-2005년간의 통계의 구축과 기초분석 | 이근 외
해방 이후 한국기업의 진화II: 1956-1977년간의 통계의 구축과 기초분석 | 이근 외
서울대학교박물관 소장 식민지시기 유리건판 | 이문웅·강정원·선일 편
풍자 우화 그리고 계몽담론 | 권영민
한국근현대문학의 프랑스문학수용 | 이건우·이규현·김용기·박성창·김종웅·문혜원
한국 근대도면의 원점: 서울대학교 규장각한국학연구원 소장 근대 측량도와 건축도 1861-1910 | 전봉희·이규철·서영희
유원총보역주 1 | 허성도·김창환·강성위 역주
유원총보역주 2 | 허성도·김창환·강성위 역주
유원총보역주 4 | 이영주·허성도·김창환 역주
유원총보역주 5 | 이영주·김창환·이남종 역주
식민권력과 근대지식: 경성제국대학 연구 | 정근식·정진성·박명규·정준영·조정우·김미정

근대한국 국제정치관 자료집: 제1권 개항·대한제국기 | 장인성·김현철·김종학 엮음
근대한국 국제정치관 자료집: 제2권 제국-식민지기 | 장인성·김태진·이경미 엮음
1880년대 조선-청 국경회담 관련 자료 선역 | 김형종 편역
한국 근대문학의 러시아 문학 수용 | 권영민·박종소·오원교·이지연
18세기 통신사 필담 1: 1711·1719년 | 박희병·이효원 외
韓國 書誌學의 先鞭: 마에마 교사쿠의 작업을 중심으로 | 한재영·이현희·가와사키 케이고
사도세자의 죽음과 그 후의 기억: 『현고기(玄皐記)』 번역과 주해 | 김용흠·원재린·김정신·정두영·최성환 역주
손와만록(巽窩謾錄): 조선후기 향리 출신 선비 김경천의 인생이야기 | 김경천 지음, 이대형·이미라·박상석 역주
충역의 시비를 정하다: 『정변록(定辨錄)』 역주 | 김용흠·원재린·김정신·정두영 역주
금오헌록(金吾憲錄) 역주 | 박명양·이의현 편, 김영석 역주
교점역해(校點譯解) 정원고사(政院故事) | 김태웅·이강욱 감수·해설, 진현·하명준 교열·해제, 조은미 외 표점·번역
혜빈궁일기: 현전 유일의 궁궐 여성처소 일지 | 정병설 역주
육주약선·육고수권: 조선 정조가 편정한 당나라 재상 육지의 국가 경영책 | 당윤희·오수형·장유승 역주